Lexikon der Außenwirtschaft

Von
Professor
Dr. Adam Reining

R. Oldenbourg Verlag München Wien

Professor Dkfm. Dr. rer. com. Adam Reining
Ehrensenator der Fachhochschule Jena
Professor für Volkswirtschaftslehre, Wirtschaftspolitik und Politische Ökonomie
des Studienganges Außenwirtschaft der School of International Business
Fachhochschule Reutlingen – Reutlingen University of Applied Sciences
Internet-Adresse: adam.reining@fh-reutlingen.de

Mit Dank
für
Sophie

Bibliografische Information Der Deutschen Bibliothek

Die Deutsche Bibliothek verzeichnet diese Publikation in der Deutschen Nationalbibliografie; detaillierte bibliografische Daten sind im Internet über <http://dnb.ddb.de> abrufbar.

Rosenheimer Straße 145, D-81671 München
Telefon: (089) 45051-0
www.oldenbourg-verlag.de

Gedruckt auf säure- und chlorfreiem Papier
Gesamtherstellung: Druckhaus „Thomas Müntzer" GmbH, Bad Langensalza

ISBN 3-486-27416-3

Inhaltsübersicht

Vorwort

Deutschland hat im Jahre 2002 mit über 80 Mrd. € einen Rekord-Außenbeitrag erwirtschaftet. Die Fähigkeit, auf den Auslandsmärkten Waren und Dienstleistungen im Ausmaß von rund 750 Mrd. € verkaufen und von rund 670 Mrd. € kaufen zu können, ist – auch im Weltmaßstab betrachtet – beeindruckend. Die gesamtwirtschaftliche Exportquote betrug über 35 %, die gesamtwirtschaftliche Importquote über 31 %. Mehr als ein Drittel aller Arbeitsplätze in Deutschland hängt vom Export ab. Zahlreich sind auch die Arbeitsplätze, deren Inhaber sich mit der Abwicklung des Imports täglich befassen. All dies setzt spezifische, fundierte wissenschaftliche, organisatorische und praktische Qualifikationen voraus.

Die weltweite Anerkennung als fairer Außenwirtschaftspartner, die konkrete internationale Wettbewerbsfähigkeit des „Standortes Deutschland" und der damit verbundene Rang im Spitzenbereich des Weltmarktgeschehens wären ohne adäquate Bildungsleistungen und die daraus erwachsenden Verhaltensweisen nicht möglich.

Dieses „Lexikon der Außenwirtschaft" möchte zur weiteren Schaffung, Verfestigung und Verbreitung des fachspezifischen personengebundenen Leistungspotentials beitragen. Dieser Aufgabe widmen sich zahlreiche Fachbereiche bzw. Studiengänge und Kurse an deutschsprachigen Universitäten, Fachhochschulen, Berufsakademien und Fortbildungseinrichtungen.

Dieses Lexikon ist gedacht – im deutschen Sprachraum –
- für Studierende des Inlandes an den genannten Institutionen in außenwirtschaftlichen bzw. international orientierten Studienrichtungen,
- für ausländische Studierende, die ein Auslandssemester oder ein Aufbaustudium absolvieren bzw. an Intensivseminaren oder Fachkursen teilnehmen,
- für in- und ausländische Praktikanten, die in Unternehmen, Verbänden oder Verwaltungseinrichtungen Berufserfahrungen sammeln,
- für die in der Berufspraxis Tätigen, die außenwirtschaftliches Fachwissen zusätzlich erwerben oder vertiefen wollen,
- für alle an außenwirtschaftlichen Sachverhalten Interessierte.

Es ist auch gedacht für Lehrende und Studierende an den zahlreichen Partnerhochschulen weltweit.

Das Buch vermittelt Themen bzw. Inhalte von Lehrveranstaltungen, die u. a. die Fachhochschule Reutlingen – mit ihrer European School of Business (ESB), der Exportakademie Baden-Württemberg und der School of International Business (SIB) – neben anderen Hochschulen anbietet.

Es erläutert – alphabetisch nach Stichwörtern geordnet – Fachwissen aus der Ebene der weltwirtschaftlichen, der supranationalen, der volkswirtschaftlichen, der regionalwirtschaftlichen, der verbandswirtschaftlichen und nicht zuletzt der betriebswirtschaftlichen Sachlichkeiten des „Global Business"; angefangen bei den internationalen Organisationen und Abkommen, über die „Gemeinsamen Märkte" bis hin zu den zahlreichen Begriffen und Instrumenten der praktischen internationalen Geschäftsabwicklung durch Unternehmen.

Die im Text angebrachten Querverweise sollen es den Nutzerinnen und Nutzern erleichtern, sich den jeweils benötigten größeren Sachzusammenhang zu einzelnen außenwirtschaftlichen Themenbereichen gezielt erarbeiten zu können.

Das Buch enthält über 4.000 außenwirtschaftlich relevante Stichwörter (einschließlich der Abkürzungen).

Es bietet insgesamt über 570 Internet-Adressen (darunter auch E-Mail-Anschriften). Dadurch kommt es den Bedürfnissen der gegenwärtigen und zukünftigen StudentInnen-Generation entgegen; auch denen, die schon jetzt im Bereich der internationalen Organisationen, der staatlichen Institutionen, der Verbände und Unternehmen konkret Verantwortung tragen.

Verlag und Verfasser nehmen Anregungen für Verbesserungen und/oder Ergänzungen gerne entgegen.

Für die Beratung und Unterstützung danke ich Herrn Dipl.-Volkswirt Martin Weigert. Er hat von Seiten des Oldenbourg Wissenschaftsverlages ein kurzfristiges Erscheinen dieses Buches ermöglicht.

Reutlingen, Fachhochschule Reutlingen –
Reutlingen University of Applied Sciences
Moskau, Moskauer Staatliche Hochschule für
internationale Beziehungen – MGIMO-University
im Februar 2003
Adam Reining

Hinweise zur Benutzung

Die Begriffe sind nach dem Alphabet geordnet; wobei die Umlaute ä, ö und ü gleichbedeutend den Vokalen a, o, u eingereiht sind. Die alphabetische Reihenfolge ist auch bei Begriffen eingehalten, die sich aus mehreren Wörtern zusammensetzen; seien sie durch Leertasten voneinander getrennt oder durch Bindestriche miteinander verbunden. Deshalb steht z. B. „internationales Warenverzeichnis“ vor „internationale Währungsordnung“.

Begriffe, die Sonderzeichen, Zahlen oder Ziffern enthalten, werden nach deren vollständigem Wortlaut alphabetisch eingereiht; so wird z. B. „G 24“ als „G vierundzwanzig“, „Standard & Poor`s“ als „Standard and Poor`s“ eingeordnet.

Die Wiederholung eines aufgeführten Begriffes erfolgt im erklärenden Text abgekürzt gemäß den Buchstaben für den betreffenden Anlaut; z. B. A. wie Abgangszollstelle ..., S. wie Sammelzollanmeldung, Sch. wie Schutzzölle, Sp. wie Spezialhandel, St. wie Stückgut, ... Z. wie Zollverwaltung. In der Abkürzung kann sowohl Singular und Plural als auch eine Deklinationsform enthalten sein.

Wird bei der Erläuterung eines Begriffes auf andere Begriffe Bezug genommen („siehe“) bzw. verwiesen („vergleiche“), so geschieht dies durch das Verweiszeichen „→“. Dieses ermöglicht ein gezieltes Auffinden jeweils zusätzlich einschlägiger Sachverhalte.

Die Mehrfachbedeutung eines Stichwortes bzw. einer Abkürzung wird durch in Klammer angebene Ziffern angezeigt; z. B. „WHO“: (1) → Weltgesundheitsorganisation und (2) → Welthandelsorganisation.

Angaben zu Rechtsvorschriften/Gesetzestexten, wie z. B. „§ 10 V 2 AWG vom 28.04.1961 (BGBl. I 481)“, sind in der Regel wie folgt zu lesen: „Paragraph 10 Absatz 5 Satz 2 des Außenwirtschaftsgesetzes vom 28.04.1961 (Bundesgesetzblatt Teil I, Seite 481).“ Das Erscheinungsjahr des Gesetzes ist nur dann in der Klammer angegeben, wenn es nicht mit dem vorweg im Text angegebenen Jahr der Bekanntmachung übereinstimmt.

Allgemein gebräuchliche und im Text verwendete Abkürzungen sind im Abkürzungsverzeichnis erfasst.

Durchgängig wurde auf die Anwendung der neuen Rechtschreibregeln (zum Teil mit ihren Alternativen) geachtet.

Abkürzungsverzeichnis

Abk.	Abkürzung
Abs.	Absatz
Abschn.	Abschnitt
Abt.	Abteilung
allg.	allgemein
amerik.	amerikanisch
amtl.	amtlich(e)
Änd.	Änderung(en)
Anl.	Anlage
Art.	Artikel
Aufl.	Auflage
Begr.	Begriff
bes.	besonder(e, -er, -es, -s)
Bez./bez.	Bezeichnung/bezeichnet
BGBl.	Bundesgesetzblatt
bzgl.	bezüglich
ca.	zirka (circa), ungefähr, etwa
cbm	Kubikmeter
d.	den, die, das – i. V. m. für
d. i.	das ist
d. h.	das heißt
dt.	deutsch
dzt.	derzeit
einger.	eingerichtet
einschl.	einschließlich, inklusive (inkl.)
engl.	englisch
Erg.	Ergänzung(en)
etc.	et cetera (und die übrigen)
e. V.	eingetragener Verein
exkl.	exklusive, ausschließlich
evtl.	eventuell
f.	für
frz.	französich
g	Gramm
geg.	gegeben
gegr.	gegründet
gesetzl.	gesetzlich
gem.	gemäß
ggf.	gegebenenfalls
hl	Hektoliter
i. Allg.	im Allgemeinen
i. d. F.	in der Fassung
i. d. R.	in der Regel
i. e. S.	im engeren Sinn
inkl.	inklusive, einschließlich
insb.	insbesondere
insg.	insgesamt
ital.	italienisch
intern.	international
i. S. d./v.	im Sinne des/der/von
i. V. m.	in Verbindung mit
i. w. S.	im weiteren Sinn
Jhdt.	Jahrhundert
jur.	juristisch
Kap.	Kapitel
kg	Kilogramm
l	Liter
lat.	lateinisch
m	Meter
m.	mit
max.	maximal(e)
Mio.	Million(en)
Mrd.	Milliarde(n)
m. W. v.	mit Wirkung vom
Neuf.	Neufassung
Nr.	Nummer
p. a.	(lat.) per annum (pro Jahr)
port.	portugiesisch
rd.	rund
RGBl.	Reichsgesetzblatt
russ.	russisch
s.	siehe
s. a.	siehe auch
sog.	sogenannt
span.	spanisch
spät.	später(en)
Syn./syn.	Synonym/synonym
t	Tonne
u. a.	unter anderem/und andere
u. a. m.	und andere(s) mehr
u. Ä.	und Ähnliche(s)
u. Ä. m.	und Ähnliches mehr
usw.	und so weiter
u. U.	unter Umständen
u. v. a. m.	und viele(s) andere mehr
u. z.	und zwar
v.	vom
v. a.	vor allem
vgl.	vergleiche
vgl. a.	vergleiche auch
Vj.	Vierteljahr
z. B.	zum Beispiel
z. T.	zum Teil

A

AA → Auswärtiges Amt.

AAA. Beste → Rating-Einstufung.

aar. Abk. f. (engl.) against all risks – gegen alle Risiken (Gefahren); internationale → Handelsklausel.

ABC-Staaten. Abk. f. Argentinien, Brasilien und Chile.

Abfallverbringungsordnung. Verordnung des Bundesministers für Umwelt, Naturschutz und Reaktorsicherheit vom 18.11.1988. Regelt die grenzüberschreitende Verbringung von Abfällen in den, aus dem oder durch den Geltungsbereich des deutschen Abfallgesetzes.

Abfertigung von Zollgut. Bez. f. d. zollamtliche Behandlung von eingeführten Waren. → Zollbehandlung.

Abgabeneigung. Börsenbegriff für eine Börsentendenz, bei der Verkäufe überwiegen; hervorgerufen durch fallende Kurse.

Abgabenordnung (AO). Deutsches steuerrechtliches Rahmengesetz (am 01.01.1977 in Kraft getreten); enthält die materiellen und verfahrensrechtlichen Vorschriften, die grundsätzlich für das gesamte Steuerrecht gelten, einschl. des Zollrechts, des Abschöpfungsrechts und der Steuervergünstigungen. Es ist durch bundeseinheitliches Abkommensrecht oder EU-Recht geregelt und wird von Bundes- oder Landesbehörden verwaltet.
http://www.steuernetz.de/gesetze/ao

Abgabesätze. Bez. f. diejenigen Zinssätze, zu denen Zentralbanken (z. B. die Europäische Zentralbank) im Rahmen ihrer Offenmarktpolitik Geldmarktpapiere zum Verkauf anbieten.

Abgang. Bez. für den durch Schwund bedingten Verlust an Waren, der während des Transports eintritt und für den sich keine Ursache feststellen lässt.

Abgangszollstelle. Begr. aus dem EG-Zollrecht f. eine Binnen- oder Grenzzollstelle, bei der das → gemeinschaftliche Versandverfahren (gVV) durch Vorlage einer Versandanmeldung durch den Versender einer Ware beantragt und damit eröffnet wird. A. ist grundsätzlich das für den Sitz des Ausführers zuständige Hauptzollamt.

Abgeld oder Disagio. Betrag, um den der Preis/Kurs eines Wertpapiers oder einer Devise/Geldsorte hinter dem Nennwert zurückbleibt (meist in Prozent des Nennwertes ausgedrückt). Z. B. → Unterparieemission von Wertpapieren (führt zur Erhöhung der Effektivverzinsung). Aktien dürfen nicht mit einem Disagio ausgegeben werden. Bei Kreditgewährung: (Prozentualer) Abschlag auf den Nennwert eines Kredits (→ Damnum); der Schuldner zahlt dann einen höheren Betrag zurück, als er erhielt. Gegensatz: → Aufgeld oder Agio.

Abkommen über handelsbezogene Aspekte der Rechte am geistigen Eigentum – (engl.) Agreement on Trade-Related Aspects of Intellectual Property Rights (TRIPS). Am 15.04.1994 in Marrakesch, Marokko beschlossen; gemeinsam mit dem GATS-Abkommen (als Abschluss der → Uruguay-Runde). Es ist Bestandteil des Abkommens über die → Welthandelsorganisation (WHO/WTO) und für deren Mitglieder verbindlich. Es dehnt das materielle Recht der → Pariser Verbandsübereinkunft zum Schutz des gewerblichen Eigentums (PVÜ) auf alle WTO-

Mitglieder aus; also auch auf die Nicht-Mitglieder der PVÜ. Immaterielle Güterrechte werden als private Rechte anerkannt. Die Mitgliedstaaten sind verpflichtet, Mindeststandards im Bereich der → gewerblichen Schutzrechte und der → Urheberrechte in ihrem nationalen Recht aufzunehmen und Angehörige (jeweils) anderer Mitgliedstaaten so zu behandeln, wie im Abkommen festgelegt. Andere bestehende internationale Abkommen (wie → PVÜ und → Welt-Urheberrechts-Abkommen; s. a. → Weltorganisation für geistiges Eigentum – WIPO) werden durch das TRIPS-Abkommen nicht außer Kraft gesetzt. Letzteres schafft daher kein einheitliches internationales materielles Schutzrecht am geistigen Eigentum. Der Rat für handelsbezogene Aspekte der Rechte des geistigen Eigentums (TRIPS-Rat) ist ein Unterorgan der WTO.

ABl. Abk. f. → Amtsblatt der Europäischen Gemeinschaften.

Abladegeschäft. I. w. S. umfasst es alle Warengeschäfte → Gebietsansässiger mit → Gebietsfremden (Lieferanten) und die Beförderung der Ware (Verfrachtung) vom ausländischen Abladeort in das Wirtschaftsgebiet des inländischen Käufers (Importeurs). I. e. S. bezieht es sich nur auf die Abladung überseeischer Waren im inländischen Bestimmungshafen.

Abladeklausel. Im internationalen Handelsverkehr übliche Vertragsklausel, die die Übernahme der Beförderungskosten, die Bestimmung des Erfüllungsortes und der Erfüllungszeit regelt. S. a. → Incoterms 2000.

Ablader (engl.: shipper). Begriff aus dem Seefrachtgeschäft. Als A. wird bezeichnet, wer im eigenen Namen eine Ware an das Schiff heranbringt und sie zur weiteren Beförderung dem → Befrachter übergibt. Ist der A. gleichzeitig → Befrachter, schließt er mit dem → Verfrachter (→ Reeder) oder dessen Vertreter (Schiffsmakler) den Seefrachtvertrag ab.

Abnahmerisiko. S. → Annahmerisiko im Außenhandel.

ABS. Abk. f. (engl.) → Asset Backed Securities.

Absatzförderungsfonds gem. → Absatzförderungsfondsgesetz. Anstalt des öffentlichen Rechts. Sitz: Bonn. Er bedient sich zur Durchführung seiner Aufgaben (Erschließung und Pflege von in- und ausländischen Märkten) der → Centralen Marketinggesellschaft der deutschen Agrarwirtschaft (CMA).

Absatzförderungsfondsgesetz. Gesetz über die Errichtung eines zentralen Fonds zur Förderung des Absatzes und der Verwertung von Erzeugnissen der deutschen Land-, Forst- und Ernähungswirtschaft i. d. F. v. 08.11.1976 (BGBl. I 3109) mit spät. Änd.

Abschlusstag (engl.: trade date – T). Datum, an dem ein Geschäftsabschluss getätigt wird, d. h. eine Vereinbarung über eine bestimmte Transaktion zwischen zwei Geschäftspartnern unterzeichnet wird. Der Abschlusstag kann dem → Abwicklungstag um eine bestimmte Anzahl von Geschäftstagen vorausgehen; er kann aber auch mit dem Abwicklungstag zusammenfallen (gleichtägige Abwicklung).

Abschöpfung. Instrument der Abgabenerhebung durch die Europäische Gemeinschaft im Rahmen der EG-Agrarmarktordnung. Mit den Abschöpfungsregelungen sollen auf dem gemeinsamen europäischen Agrarmarkt die angestrebten Preise (→ Richtpreise, → Referenzpreise oder Orientierungspreise) durchgesetzt werden. Agrarprodukte dürfen aus → Drittländern in die EG-Mitgliedstaaten nur eingeführt werden, wenn die angeordneten EG-Mindestpreise (Schwellenpreise) nicht unterschritten werden. Bei Marktordnungswaren wird im Falle des Imports der Differenzwert zwischen dem in der Regel niedrigeren Weltmarktpreis und dem i. d. R. höheren EG-Binnenmarktpreis nach Maßgabe des Referenzsatzes „abgeschöpft". Sollten höhere Weltmarktpreise bestehen, können durch Abschöpfungsabgaben die exportierten EG-Produkte verteuert werden. → Gegensatz: Ausfuhrerstattung.

Abschreibungen. Begr. f. die Wertminderung des Anlagevermögens (eines Unternehmens) bzw. des reproduzierbaren Anlagevermögens (einer Volkswirtschaft) im Laufe einer Rechnungsperiode durch technischen Verschleiß und wirtschaftliches Veralten.

Absender. Begriff aus dem Gütertransportrecht. Absender ist bei einem → Frachtgeschäft derjenige, der im eigenem Namen mit dem → Frachtführer den → Frachtvertrag abschließt. Wenn der A. (z. B. ein Spediteur) den Frachtvertrag für fremde Rechnung abschließt, ist dieser Dritte nicht A., sondern → Versender.

Absendeerklärung. Begriff aus dem Zollrecht. Der Absender einer Ware ist verpflichtet, zur zollamtlichen Behandlung einer Sendung (auf einem vorgeschriebenen Formular) eine schriftliche Erklärung abzugeben und diese der Sendung beizulegen.

Absichtserklärung (engl.: letter of intend). Damit kommt es – vor allem im Außenhandelsgeschäft – zu einer vorläufigen Vereinbarung (an Stelle eines verbindlichen Angebots). Aus ihr kann kein Rechtsanspruch abgeleitet werden. A. sind zweckmäßig, wenn im Zuge von → Ausschreibungen mit einem längeren Entscheidungsprozess zu rechnen ist; wenn Anbieter hinsichtlich Preis, Währung und anderem flexibel bleiben wollen.

Absteigerung. S. → Auktion.

Abstraktes Schuldversprechen. Schriftliche Vereinbarung, mit der eine Leistung derart versprochen wird, dass allein das Schuldversprechen die Verpflichtung zur Leistungserfüllung begründet; unabhängig von einem zu Grunde liegenden Verpflichtungsgeschäft (wie Kauf-, Darlehensvertrag u. ä.). Ein a. S. gibt es z. B. beim → Dokumentenakkreditiv und → Wechsel.

Abtretung, Zession. Ist ein abstraktes → Verfügungsgeschäft, durch das eine Forderung von dem bisherigen → Gläubiger (Zendent) durch Vertrag auf einen anderen Gläubiger (Zessionar) übertragen wird. Die Einigung zwischen diesen beiden bewirkt allein den Forderungsübergang; das Einverständnis oder die bloße Kenntnis des Schuldners ist dazu nicht erforderlich. S. a. → Factoring, → Fortaitierung.

Abtretung von Forderungen gegenüber dem Ausland. Forderungen eines Gebietsansässigen können in Deutschland an einen ausländischen Dritten – genehmigungsfrei – abgetreten werden.

Abwehrzölle. Art des → Zolls; erhoben auf die Einfuhr aus Ländern, die auf Grund sehr kostengünstiger Produktionsbedingungen bzw. einer diesbezüglichen Subventionspolitik ihre Waren zu besonders niedrigen Preisen auf dem Weltmarkt anbieten können.

Ab Werk (.... benannter Ort) – (engl.) Ex Works (EXW). International verwendete Handelsklausel, die besagt, dass der Verkäufer liefert, wenn er auf seinem Betriebsgelände oder an einem anderen benannten Ort (z. B. Lager, Fabrikationsstätte) die Ware dem Käufer zur Verfügung stellt, ohne dass die Ware zur Ausfuhr freigemacht und auf ein abholendes Beförderungsmittel verladen ist. Alle Kosten und Gefahren, die mit dem Transport der Ware verbunden sind, trägt der Importeur. Für den Exporteur stellt die EXW-Klausel eine Minimalverpflichtung dar; im Gegensatz zu seiner Maximalverpflichtung bei Vereinbarung der → DDP-Klausel. S. a. → Incoterms 2000.

Abwertung (Devalvation, Devaluation). Verminderung des Wertes einer Währung gegenüber einer anderen. Im Falle der → Mengennotierung: Eine inländische Währungseinheit ist – abgewertet – in einer ausländischen Währung ausgedrückt weniger wert. Im Falle der → Preisnotierung: Eine ausländische Währungseinheit ist in der – abgewerteten – inländischen Währung ausgedrückt mehr wert. (Bei der ausländischen Währung kommt es somit zu einer → Aufwertung.) Der → Wechselkurs (→ Leitkurs) sinkt im Falle der → Mengennotierung und steigt im Falle der → Preisnotierung. Abwertung bedeutet also, dass die Kaufkraft der inländischen Währung im Ausland abnimmt. Damit werden Importe teurer und Exporte – für den ausländischen Käufer – billiger.

Abwicklungstag (engl.: settlement date). Datum, an dem eine Transaktion zwischen Geschäftspartnern abgewickelt wird. Der Abwicklungstag kann mit dem → Abschlusstag zusammenfallen (gleichtägige Abwicklung); er kann aber auch einen oder mehrere Tage nach dem Abschlusstag liegen (definiert als T + Zeit bis zur Abwicklung).

Abzinsungspapiere. Meist → Geldmarktpapiere, deren Ausgabekurs unter dem Nennwert liegt. Der Käufer zahlt einen um den Diskont (Abschlag) verringerten Preis und erhält am Ende der Laufzeit den vollen Nennwert zurück; z. B. → Commercial Papers, → Treasury Bills, → U-Schätze.

Abzugsfranchise. S. → Franchise.

a/c/e. Abk. f.: alliance/CBOT®/Eurex®. Die im Jahre 2000 eingeführte elektronische Handelsplattform von → CBOT® und → Eurex®.

ACE-System. Abk. f. d. beteiligten Vereinigungen → AIBD, → CEDEL und → EUROCLEAR. Zur Vereinfachung der Abwicklung und Kontrolle internationaler Wertpapiergeschäfte wurde dieses System 1987 eingeführt. Alle beteiligten Unternehmen erhalten einen Tag nach Geschäftsabschluss eine Rückmeldung über die am Vortag getätigten Geschäfte. S. a. → Clearing-House.

Accepting House Banks (Akzepthäuser). Londoner → Merchant Banks, die u. a. zur Finanzierung des Außenhandels → Akzeptkredite gewähren. Die führenden 16 englischen Merchant Banks arbeiten im (engl.) Accepting Houses Committee (gegr. 1914) zusammen.

ACI. Abk. f. (frz.) Association Cambiste Internationale; → Internationale Devisenhändlervereinigung (Forex Club) oder (engl.) International Association of Exchange Dealers (IAED).

ACP. Abk. f. (engl.) African, Caribbean and Pacific Countries. Sitz: Brüssel. Diese Organisation (gegr. 1976; 71 Mitglieder) betreut die bevorzugten wirtschaftlichen Beziehungen dieser Länder mit der EU und unterstützt die Umsetzung der EU-Hilfsprogramme.
http://www.acpsec.org

act/360 oder **actual/360**. S. → Eurozinsmethode.

Actuals. (Engl.) Bez. für die einem → Future-Kontrakt zu Grunde liegenden Instrumente (Aktien, Devisen, Waren, Zinstitel).

ADB. Abk. f. Allgemeine Deutsche Binnentransport-Versicherungsbedingungen.

ADF. Abk. f.: (1) African Development Fund; → Afrikanischer Entwicklungsfonds. (2) Asian Development Fund; → Asiatischer Entwicklungsfonds.

AdR. Abk. f. → Ausschuss der Regionen der Europäische Union (EU).

Adressen von Auslandsvertretungen. Die Adressen (mit der Angabe der jeweiligen Amtsbezirke) sämtlicher Vertretungen der Bundesrepublik Deutschland im Ausland (Botschaften, Generalkonsulate, Konsulate, Honorarkonsuln, Ständige Vertretungen) sowie aller ausländischen Vertretungen und Internationalen Organisationen in Deutschland können auf der Internet-Site des → Auswärtigen Amtes (AA) eingesehen bzw. als pdf-Datei heruntergeladen werden. Ferner die Adressen der deutschen Vertretungen bei zwischen- und überstaatlichen Organisationen sowie alle Internet-Adressen der Auslandsvertretungen.
http://www.auswaertiges-amt.de/www/de/laenderinfos/vertretungen/index_html

ADS. Abk. f. Allgemeine Deutsche Seeversicherungsbedingungen.

ADSp → Allgemeine Deutsche Spediteurbedingungen.

AE. Abk. f. Ausfuhrerklärung. S. a. → Ausfuhranmeldung.

AEE. Abk. f. (frz.) Agence européenne pour l'environement oder (engl.) European Environment Agency (EEA); Europäische Umweltagentur. S. → Europäische Union (Gemeinschaftsagenturen).

AESt → Allgemeiner Europäischer Stückguttarif.

AfDB. Abk. f. (engl.) African Development Bank; → Afrikanische Entwicklungsbank.

Affidavit. (1) Allgemein: Eidesstattliche Versicherung zur Glaubhaftmachung eines Rechts. (2) Im (internationalen) Wertpapierhandel: Schriftliche Erklärung zur Glaubhaftmachung eines Rechts über das Eigentum, den Besitz und die Herkunft bestimmter Wertpapiere. Syn. auch für → Lieferbarkeitsbescheinigung.

AFIC → Asian Finance and Investment Corporation.

Afloat (aflt.). Engl. Bez. für schwimmend, an Bord, umlaufend, in Umlauf.

à forfait. (Frz.) In Bausch und Bogen, zum Pauschalpreis. Bez. für die Aufgabe von Rechten, insb. der Ausschluss des Rückgriffs auf vorherige Eigentümer beim Ankauf von Forderungen. Vgl. → Forfaitierung.

Afrikanische Entwicklungsbank – (frz.) Banque Africaine de Développement (BAD) oder (engl.) The African Development Bank (AfDB). Gegr. 1963 von 30 unabhängigen afrikanischen Staaten. Sitz: Abidjan, Elfenbeinküste. Mitglieder: 53 regionale und 25 nicht regionale Staaten (letztere können seit 1982 der AfDB angehören, nach dem Vorbild der → Inter-American Development Bank und der → Asian Development Bank). Ursprüngliche Hauptaufgabe: Finanzierung einzelner Entwicklungsprojekte; 1987 kamen langfristige Finanzierungsprogramme zur Unterstützung des Strukturwandels und der Stärkung zukunftsträchtiger wirtschaftlicher Sektoren hinzu. Wurden zu Beginn nur staatlich initiierte und kontrollierte Pro-

jekte finanziert, so werden mittlerweile auch Kredite an nicht staatliche Einrichtungen zur Unterstützung privater Entwicklungsinitiativen vergeben. Die AfDB ist die kleinste der → regionalen Entwicklungsbanken.
http://www.afdb.org

Afrikanischer Entwicklungsfonds – (engl.) The African Development Fund (ADF). Gegr. 1972. Spezialfonds der → Afrikanischen Entwicklungsbank, an dem auch 24 nicht afrikanische Staaten beteiligt sind. Hauptziel: Armutsbekämpfung. Der ADF finanziert zu Sonderkonditionen die Entwicklung der ärmsten regionalen Mitgliedsländer (die sich die marktüblichen Bankbedingungen nicht leisten können), unterstützt durch Zahlungen aus den Entwicklungshilfebudgets westlicher Industriestaaten sowie arabischer Öl exportierender Länder). Die unverzinslich vergebenen Mittel haben eine Laufzeit von 50 Jahren bei einem tilgungsfreien Zeitraum von 10 Jahren.
http://www.afdb.org/about/afdbgrp/adf.html

Afrikanische Union (AU). Am 11.07.2001 wurde auf einer Gipfelkonferenz in Lusaka, Sambia, beschlossen, die → Organisation für Afrikanische Einheit in eine Afrikanische Union umzuwandeln. Die Umwandlung sollte innerhalb von zwei Jahren vollzogen werden.

Afrika-Verein e. V. (AV). Sitz: Hamburg. Außenwirtschaftsverband deutscher Unternehmen und Institutionen mit Interesse am Aufbau und Ausbau von Wirtschaftsbeziehungen mit den Staaten des afrikanischen Kontinents. Der AV bietet seinen Mitgliedern (darunter ein wachsender Anteil aus dem → Mittelstand) umfangreiche Dienstleistungen. Seine Öffentlichkeitsarbeit trägt zu einer positiven Einstellung in Bezug auf die Wachstumsmärkte in Afrika bei. Der AV bildet in Deutschland eine Plattform zur Pflege und Intensivierung geschäftlicher Kontakte mit Afrika.
http://www.afrikaverein.de

AFTA. Abk. f. (engl.) ASEAN Free Trade Area; → Asiatische Freihandelszone.

AG → Aktiengesellschaft.

AGA-Report. (AGA ist die Abk. f. AusfuhrGewährleistungen Aktuell.) Eine – online – Publikation mit Berichten zu den jeweils neuesten Entwicklungen auf dem Gebiete der → Ausfuhrgewährleistungen des Bundes; Länderinformationen, Grundsatzthemen zur Deckungspraxis.
www.hermes-kredit.com/aga

Agent. (1) Syn. Bez. für → Handelsvertreter. (2) Bez. für eine (Agent-)Bank, die → Konsortialführerin bei der → Emission von Wertpapieren, der → Syndizierung von Krediten oder den → Fazilitäten bei der Begebung von → Euronotes. (3) Im Wertpapiergeschäft sorgt der Agent als → Kommissionär für die Geschäftsvermittlung; er führt diese im eigenen Namen und auf fremde Rechnung aus.

Agio. → Aufgeld.

Agrarabgaben. Bez. für alle Abgaben, die seit der Einführung des gemeinsamen Agrarmarktes in der Europäischen Gemeinschaft als Steuerungsinstrument gegenüber der Einfuhr von Agrarprodukten aus Drittländern erhoben werden. S. a. → Abschöpfung.

Agrarmarktordnung. Begriff für alle staatlichen Institutionen und Instrumente zur Gestaltung des Agrarmarktes im Rahmen der EG-Agrarpolitik.

AHK/AHKn → Auslandshandelskammern (frühere Bez.: Außenhandelskammern).

AIBD. Abk. f. (engl.) → Associaton of International Bond Dealers; bis 1991. Dann ISMA, (engl.) → International Securities Market Association.

AIG. Abk. f. → Auslandsinvestitionsgesetz (auch f. → Auslandsinvestmentgesetz).

Air consignment note; › Luftfrachtbrief.

ais. Abk. f. Arbeitgeber-Informations-Service der → Zentralstelle für Arbeitsvermittlung. Vgl. → asis und → sis.

AIST → Arbeitsgemeinschaft zur Förderung und Entwicklung des Internationalen Straßenverkehrs.

AKA → Ausfuhrkredit-Gesellschaft mbH.

Akkreditierter. Bez. für den durch ein → Akkreditiv Begünstigten (Exporteur).

Akkreditiv. Vertragliche Verpflichtung eines Kreditinstitutes gegenüber einem Auftraggeber (Importeur), in dessen Auftrag, für dessen Rechnung und nach dessen Weisung innerhalb eines bestimmten Zeitraums und unter bestimmten Voraussetzungen eine vereinbarte Geldzahlung oder eine andere finanzielle Leistung zu Gunsten eines Dritten (Exporteurs) zu erbringen. Die → Akkreditivbank kann in die Akkreditivabwicklung eine → Korrespondenzbank oder die Hausbank des Exporteurs – zu dessen zusätzlicher Absicherung – als → Akkreditivstelle einschalten. Ein eröffnetes Akkreditiv stellt ein → abstraktes Schuldversprechen dar, d. h., die Bank hat die versprochene Leistung selbstständig (unabhängig von dem zu Grunde liegenden Rechtsgeschäft zwischen Exporteur und Importeur) zu erbringen. Nach den zu erfüllenden Voraussetzungen unterscheidet man zwischen → Barakkreditiv und → Dokumenten- (oder Waren-)Akkreditiv. S. a. → Sichtakkreditiv, → Akzeptakkreditiv, → Nachsichtakkreditiv, → Deferred-Payment-Akkreditiv, → Rembours-Akkreditiv, → bestätigtes Akkreditiv, → unbestätigtes Akkreditiv, → unwiderrufliches Akkreditiv, → widerrufliches Akkreditiv, → übertragbares Akkreditiv, → nicht übertragbares Akkreditiv, → revolvierendes Akkreditiv, → nicht revolvierendes Akkreditiv, → Commercial Letter of Credit (CLC), → Gegenakkreditiv, → Negoziierungsakkreditiv, → Vorschussakkreditiv, → Zahlungsakkreditiv. Im Außenhandel sind Akkreditive besonders gebräuchlich. Ihre Abwicklung erfolgt nach den in fast allen Ländern akzeptierten → Einheitlichen Richtlinien und Gebräuchen für Dokumentenakkreditive (ERA). In Deutschland ist eine Akkreditiveröffnung gem. → Außenwirtschaftsverordnung meldepflichtig.

Akkreditivauftrag. Der von einem Zahlungspflichtigen (Importeur) an sein Kreditinstitut gerichtete Auftrag, ein Akkreditiv zu eröffnen.

Akkreditivbank. Kreditinstitut, das ein → Akkreditiv eröffnet (die eröffnende Bank); dies ist i. d. R. die Bank des zahlungspflichtigen Käufers (Importeurs).

Akkreditivbestätigung. Damit wird einem → Akkreditierten (Exporteur) seitens der → Akkreditivstelle (bestätigenden Bank) im Auftrag und unter Obligo der Akkreditivbank (eröffnenden Bank) ein → abstraktes Schuldversprechen bescheinigt. Die A. begründet also eine selbstständige Leistungsverpflichtung der bestätigenden Bank; diese ist ihrerseits durch die Rembourszusage (→ Rembours) der eröffnenden Bank abgesichert. → Bestätigtes Akkreditiv.

Akkreditivklausel. Vereinbarung in (Kauf-, Werk- u. a.)Verträgen, nach der zur Vertragserfüllung ein → (Dokumenten-)Akkreditiv zu eröffnen ist.

Akkreditivstelle. Das für den Akkreditivbegünstigten (Exporteur) zuständige Kreditinstitut.

Akkreditivsteller. Bez. f. d. Akkreditivauftraggeber (Importeur).

AKM → Ausfuhrkontrollmeldung.

AKP-Staaten. Bez. f. (anfangs 46) Entwicklungsländer in Afrika, im karibischen und im pazifischen Raum, mit denen die → EU auf der Grundlage des → Lomé-Abkommens aus dem Jahr 1975 eine umfassende Zusammenarbeit vereinbart hat. Dafür wird in Brüssel ein eigenes Büro unterhalten. Z. Zt. gibt es mit 70 AKP-Staaten → Assoziierungsabkommen; Handel, wirtschaftliche Zusammenarbeit und Finanzhilfen betreffend. Im Zeichen zunehmender Globalisierung nimmt die Bedeutung der AKP-Staaten für die EU ab.

Akquisition. Begr. f.: (1) Gewinnung von Kunden; insb. durch spezifische Angebote und Beratungen durch Außendienstmitarbeiter. Sowohl beim Vertrieb von Waren als auch von Dienstleistungen (z. B. Transporten) relevant. (2) Erwerb eines Unternehmens oder eines Unternehmensteiles durch ein anderes Unternehmen; dergestalt, dass das akquirierte Unternehmen mit seinem Verkauf, also der Übernahme durch das kaufende Unternehmen, einverstanden ist (freundliche Übernahme). Gegenteil: → feindliche Übernahme.

AktG. Abk. f. → Aktiengesetz.

Aktie. Sie ist ein → Wertpapier, das seinem Inhaber (dem Aktionär) einen Anteil am Grundkapital einer Aktiengesellschaft verbrieft. Dieses Anteilsrecht kann entweder in einer Nennwertaktie oder einer Stückaktie verbrieft sein. Erste gibt einen in einer Währung (z. B. Euro oder Rubel) ausgedrückten, nach der Gesamtzahl der ausgegebenen A. berechneten Bruchteil des Grundkapitals an. Letztere repräsentiert einen Anteil am Grundkapital, ohne einen Nennbetrag auszuweisen; in diesem Fall sind alle Stückaktien in gleichem Maße am Grundkapital beteiligt.

Aktiengesellschaft (AG). Sie ist eine handelsrechtliche Gesellschaft mit eigener Rechtspersönlichkeit (juristische Person). Ihr Grundkapital ist in → Aktien zerlegt. Die AG haftet ihren Gläubigern gegenüber nur mit dem Gesellschaftsvermögen. Sie ist wie eine Körperschaft organisiert, also von ihrem Mitgliederbestand unabhängig. Sie ist Kapitalgesellschaft und Handelsgesellschaft, selbst wenn der Gegenstand des Untenehmens nicht der Betrieb eines Handelsgewerbes ist.

Aktiengesetz (AktG) v. 06.09.1965 (BGBl. I 1089), zuletzt geändert durch Art. 1 G v. 19.07.2002 (BGBl. I 2681).
http://www.aktiengesetz.de

Aktienmarkt. Als Teil des → Kapitalmarktes ist der A. der Markt für Beteiligungskapital in Form von Aktien. Er umfasst die Ausgabe von Aktien (auf dem → Primärmarkt) und den Handel mit Aktien (auf dem → Sekundärmarkt). Für den börsenmäßigen Aktienhandel (→ amtlicher Handel, → Geregelter Markt, → Freiverkehr; → Neuer Markt) sowie den außerbörslichen Aktienhandel wird vielfach auch der Begr. A. verwendet; es handelt sich dabei aber nur um einen Teilmarkt des Sekundärmarktes. Mit dem → DAX wird die Kursentwicklung am deutschen Aktienmarkt ermittelt.

Aktive Handelsbilanz. S. → Außenhandelsbilanz.

Aktive Lohnveredelung. Begr. f. → Veredelungsverkehr, bei dem ausländische Waren für eine außerhalb des eigenen Zollgebiets ansässige Person auf deren Rechnung (oder unentgeltlich) im Inland bearbeitet, verarbeitet oder ausgebessert werden. Der aktive Veredelungsverkehr bedarf der Bewilligung des für den Veredelungsort zuständigen Hauptzollamtes. Das unveredelte Zollgut wird zollrechtlich abgefertigt; nach dem Nichterhebungsverfahren oder dem Verfahren der Zollrückvergütung. S. → aktive Veredelung. Vgl. → Lohn-Veredelung, → Eigen-Veredelung, → passive Lohnveredelung.

Aktiver Transithandel. → Transithandel, bei dem der gebietsansässige Transithändler Waren von außerhalb des eigenen Wirtschaftsgebietes an Gebietsfremde in einem anderen Wirtschaftsgebiet verkauft.

Aktive Veredelung. → Besonderes Zollverfahren (gem. Art. 4 Nr. 16 d ZK), durch welches verarbeitende Unternehmen innerhalb der EG begünstigt und deren internationale Konkurrenzfähigkeit aufrechterhalten werden soll. Nach dem ZK der EG gibt es dazu zwei Möglichkeiten: (1) Abgabenbefreiung für die zu veredelnden Waren (Nichterhebungsverfahren) und (2) Erstattung oder Erlass von Abgaben, mit denen Veredelungserzeugnisse belastet sind (Verfahren der Zollrückvergütung oder Draw-back-Verfahren). In beiden Fällen werden die Vergünstigungen nur gewährt, wenn die veredelten Erzeugnisse nachweislich und innerhalb einer bestimmten Frist wieder ausgeführt werden. → Aktive Lohnveredelung.

Aktivgeschäft. Sammel-Bez. f. alle Geschäfte, die der Mittelverwendung der Finanzinstitute dienen und auf der Aktivseite ihrer Bilanzen ausgewiesen werden. Zum kurzfristigen A. zählen v.a. → Diskont-, → Akzept-, → Lombard-, → Kontokorrent-, → Aval- und → Rembourskredit; zum langfristigen A. → Hypothekarkredit, → Darlehen. Gegensatz: → Passivgeschäft.

Aktivisches Devisenkursrisiko. S. → Wechselkursrisiko.

Aktivzinsen. → Sollzinsen.

AKV → Allgemeine Kreditvereinbarungen.

Akzept. (1) Unterschrift eines → Bezogenen (Akzeptant) auf einem → Wechsel. Damit wird aus einer → Tratte eine vollständige Wechselurkunde. (2) Bez. für einen akzeptierten Wechsel. Der Bezogene hat sich – wechselmäßig – zur Bezahlung des Wechsels bei Fälligkeit verpflichtet. → Schuldwechsel.

Akzeptakkreditiv, Akzeptierungsakkreditiv oder Wechselakkreditiv. Bei dieser Art von → Dokumentenakkreditiv ist die eröffnende Bank (bei einem → bestätigten Akkreditiv auch die bestätigende Bank) verpflichtet, bei Vorlage der vereinbarten Dokumente und Erfüllung der Akkreditivbedingungen eine vom Akkreditivbegünstigten (Exporteur) gezogene → Tratte zu akzeptieren. → Rembourakkreditiv, → Negoziationsakkreditiv. Vgl. auch → Zahlungsakkreditiv.

Akzeptinkasso oder Wechselinkasso. S. → d/a inkasso; vgl. → Dokumenteninkasso.

Akzeptkredit. → Kreditleihe. Liegt vor, wenn eine Bank im Rahmen getroffener Kreditabsprachen von „guten Kunden" auf sie gezogene → Wechsel akzeptiert. Dieser Wechsel kann dann vom Wechselaussteller (durch die Akzeptbank im Rahmen eines → Diskontkredits) diskontiert werden, womit diesem Bargeld oder/und Buchgeld zufließt. Der Wechselaussteller könnte das → Akzept aber auch zum Ausgleich einer Zahlungsverpflichtung gegenüber einem seiner Gläubiger an diesen weitergeben (indossieren). Mit dem A. allein leiht eine Bank dem Aussteller kein Geld, sondern nur ihre Bonität (ihren „guten Namen"). Bedeutsam bei Außenhandelsgeschäften.

AL → Ausfuhrliste; EU-Güterliste.

ALADI. Abk. f. (span.) Asociación Latino-Americana de Integración; → Latein-Amerikanische Integrations-Assoziation (LAIA).

ALALC. Abk. f. (span.) Asociatión Latino-Americana de Libre Comercio; → Lateinamerikanische Freihandelsvereinigung oder (engl.) Latin American Free Trade Association (LAFTA).

ALCA. Abk. f. (span.) Área de Libre Comercio de las Américas oder (port.) Área de Livre Comércio de las Américas; → Amerikanische Freihandelszone.

ALÉNA. Abk. f. (frz.) Accord de libre-échange nord-américain; → Nordamerikanisches Freihandelsabkommen oder (span.) Tratado de Libre Comercio de Américana del Norte (TLCAN) oder (engl.) North-American Free Trade Agreement (NAFTA).

AL-Invest (America Latino-Invest). Netzwerk, das mittelständische Unternehmen in den lateinamerikanischen Staaten durch Vermittlung von Kontakten zu bzw. Kooperationen mit Unternehmen der EU fördert. Die Europäische Kommission lanciert die AL-Invest-Programme, mit denen eine Erhöhung europäischer Investitionen in Lateinamerika erreicht und der Handel zwischen der EU und Lateinamerika ausgeweitet werden soll.
http://www.al-invest.org

Allfinanzaufsicht → Bundesanstalt für Finanzdienstleistungsaufsicht (BAFin).

Allgemeine Auskunftspflicht der am Außenwirtschaftsverkehr Beteiligten gem. § 44 AWG. Ihr unterliegen nicht nur die am Außenwirtschaftsverkehr direkt beteiligten Exporteure und Importeure, sondern auch die daran indirekt Beteiligten, wie z. B. gebietsansässige Vorlieferanten von Waren (wenn diesen die Ausfuhrabsichten bekannt sind). Sie sind verpflichtet, den für den Außenwirtschaftsverkehr zuständigen Behörden, der Deutschen Bundesbank und einzelnen anderen Genehmigungsstellen auf Verlangen Auskünfte zu erteilen.

Allgemeine Deutsche Spediteurbedingungen (ADSp). Sie bilden in Ergänzung bzw. im Zusammenhang mit dem Speditionsrecht sowie dem Fracht- und Lagerrecht (§§ 407 HGB) die Rechtsgrundlage für das Speditionsgeschäft. Wenn der Spediteur Ausländer ist, dann sollte bei der Vertragsgestaltung auf diese Regelungen Bezug genommen werden.

Allgemeine Kreditvereinbarungen (AKV). Abkommen, das 1962 zwischen dem → Internationalen Währungsfonds (IWF) und den in der → G 10 vertretenen Ländern abgeschlossen wurde. Danach werden dem IWF Kredite in den Währungen der Mitgliedsländer für den Fall zur Verfügung gestellt, dass die aus den Quotenzeichnungen stammenden Devisenbestände des IWF nicht ausreichen, auftretende größere Währungsturbulenzen zu beherrschen. Den G 10-Mitgliedern wurde ein weitgehendes Mitspracherecht bei der Mittelverwendung eingeräumt. Sie können dadurch die Politik des IWF erheblich beeinflussen. 1998 wurden nach dem Beispiel der AKV die → Neuen Kreditvereinbarungen (NKV) abgeschlossen.

Allgemeiner Europäischer Stückguttarif (AESt). Am 01.05.1956 in Kraft getretener verbindlicher Tarif für den → Stückgut-Verkehr.

Allgemeines Abkommen über den Handel mit Dienstleistungen – (engl.) General Agreement on Trade in Services (GATS). Am 15.04.1994 in Marrakesch, Marokko beschlossen; gemeinsam mit dem → TRIPS-Abkommen (als Abschluss der → Uruguay-Runde). GATS stellt neben dem älteren → GATT und dem gleichaltrigen TRIPS eine tragende Säule der → Welthandelsorganisation (WTO) dar. Es reguliert den internationalen Handel mit Dienstleistungen. GATS besteht aus drei unterschiedlichen Vertragsteilen: (1) Im Rahmenabkommen sind die Grundprinzipien formuliert: → Meistbegünstigung, Transparenz, Liberalisierung und → Inländerbehandlung. Letzteres besagt, dass ausländische Dienstleister nicht schlechter gestellt werden dürfen als inländische. (2) In den Anhängen sind die unterschiedlichen Liberalisierungsgrade einzelner Dienstleistungssektoren festgelegt; Finanzdienstleistungen, Telekommunikation, Luft- und Schifffahrtsdienstleistungen und Bewegungsfreiheit natürlicher Personen im grenzüberschreitenden Verkehr. Bis Ende 1997 haben bereits 7O WTO-Mitglieder, die 90 % des weltweiten Handels mit Finanzdienstleistungen auf sich vereinen, und bis Anfang 1998 72 WTO-Mitglieder, auf die über 90 % aller Umsätze des Telekommunikationssektors entfallen, den diesbezüglichen Liberalisierungs-Übereinkomen zugestimmt. (3) In den nationalen Zugeständnissen ist seitens der Vertragspartner angegeben, welche Sektoren sie liberalisieren und welche vorerst von Liberalisierungsmaßnahmen ausgenommen werden. Der Rat für Handel und Dienstleistungen (GATS-Rat) ist ein Unterorgan der WTO.

Allgemeines Zoll- und Handelsabkommen – (engl.) General Agreement on Tariffs and Trade (GATT). 1947 im Rahmen der Vereinten Nationen geschlossener völkerrechtlicher Vertrag zur Liberalisierung des Welthandels. Das GATT ist zugleich als Diskussionsforum für internationale Handelsprobleme und als Organ für multilaterale Handelsverhandlungen zu begreifen. Es formulierte Grundregeln für eine allgemeine Kodifizierung der Zoll- und Handelsbedingungen. Dabei ging es insbesondere um die Verankerung des Grundsatzes der allgemeinen → Meistbegünstigung. Seit 1947 wurden mehrere Zollsenkungsrunden durchgeführt; Genf (1947), Annecy (1949), Torquay (1951), Genf (1956) sowie Genf (1960 – 1961). Bis 1964 ging es dabei um bilaterale Zollsenkungen auf der Grundlage der Meistbegünstigung. In der → Kennedy-Runde (1964 – 1967) wurden multilaterale Verhandlungen über lineare Zollsenkungen geführt. Die → Tokio-Runde (1973 – 1979) befasste sich zusätzlich mit der Beseitigung nicht tarifärer Handelshemmnisse (wie z. B. Einfuhr- und Zulassungsbestimmungen, Hygienevorschriften, technische Normen, Anti-Dumpingmaßnahmen). In all diesen Runden ging es im Wesentlichen um den Zollabbau und die tendenzielle Zollangleichung bei Industriegütern. In der → Uruguay-Runde (1986 – 1993) wurden dann eine Reihe neuer Bereiche in die Verhandlungen aufgenommen, wie die Liberalisierung des Agrar- und Textilbereiches und der Dienstleistungen sowie der Schutz geistigen Eigentums im internationalen Verkehr. Im Rahmen der WTO folgten Ministerkonferenzen. Vgl. a. → Havanna Charta. Das über 45 Jahre wirksame „Provisorium" des GATT wurde zum 01.01.1995 – modifiziert und erweitert – durch die → Welthandelsorganisation (WTO) abgelöst. Den drei Unterorganen – dem Rat für Warenhandel (GATT), dem Rat für Handel und Dienstleistungen (→ GATS) und dem Rat für handelsbezogene Aspekte der Rechte des geistigen Eigentums (→ TRIPS) obliegt die Weiterverfolgung der ursprünglichen Ziele des GATT. Vgl. a. → ITO, → UNCTAD, → ITC.

Allgemeine Zollordnung (AZO). Diese Verordnung vom 29.11.1961 (i. d. F. v. 18.05.1970) enthielt die materiellen und formellen Rechtsvorschriften, die sich aus dem → Zollgesetz (ZG) v. 14.06.1961 ergaben. Die AZO sowie das ZG wurden mit Inkrafttreten des → Zollkodex (ZK) am 01.01.1994 aufgehoben.

Allianz-Gruppe. Gruppe deutscher Versicherungsgesellschaften und Finanzdienstleister. Gegr. 1890 in Berlin. Heutiger Hauptsitz: München. Zählt zu den führenden Wettbewerbern auf ihren Zielmärkten.
www.allianz.de
Zunehmend auch im Wettbewerb auf dem globalen Weltmarkt. Gehört mit dzt. rd. 670 Mrd. EUR Vermögensanlagen zu den weltweit größten Investoren. Die A.-G. hat 60 Mio. Kunden in 70 Ländern. Erzielt über die Hälfte ihres Versicherungsprämien-Einkommens außerhalb Deutschlands. Seit dem Jahre 2000 wird die Allianz Aktie an der NYSE notiert. Site Allianz International:
http://www.allianz.com

Allotment. Begr. aus der → Konferenzschifffahrt. Beschränkung auf bestimmte Ladungsmengen. Diese darf ein Agent für ein Schiff nicht überschreiten.

Allowance (Erlaubnis, Bewilligung). Allg. Bez. für in Aussenhandelsverträgen getroffenen Vereinbarungen über die Zulässigkeit von Differenzen in Menge, Maß oder Gewicht bei gelieferten Gütern; insb. bei Massenwaren können durch Temperaturschwankungen, natürlichen Schwund etc. Verluste eintreten, die der Empfänger der Ware hinzunehmen hat.

All risks-Klausel. Begr. a. d. Seefrachtversicherungsrecht f. einen erweiterten Deckungsumfang eines Versicherungsvertrages beim Warentransport auf Seeschiffen. I. d. R. sind dabei nur die üblichen Risiken von Havarien, See- und Süßwasserschäden an der Ladung, Diebstahl und sonstiges Abhandenkommen der Ware (z. B. Seeräuberei) gedeckt. Nicht aber Schäden, die aufgrund der Beschaffenheit des Frachtgutes und durch Transportverzögerungen entstanden sind.

Altersrang. Begr. aus dem → gewerblichen Rechtsschutz. Bei Überschneidungen bestimmt der A., welches (wessen) Recht sich durchsetzt. S. a. → Prioritätsrecht.

Ambulanter Handel. Bei dieser Form des Handels werden Waren an wechselnden Standorten verkauft (z. B. → Wochenmärkte, Straßenhandel) oder gekauft (z. B. → Aufkaufhandel). Gegensatz: → stationärer Handel. Vgl. → fliegender Händler.

American Stock Exchange (AMEX oder ASE). Zweitgrößte Börse der USA. An der AMEX werden v. a. Aktien und festverzinsliche Wertpapiere von kleineren und mittleren Unternehmen gehandelt. An ihr notieren zahlreiche Optionen auf Aktien, die an der NYSE gehandelt werden. Ferner sind an ihr Aktienindex-Optionen (z. B. auf den → Major Market Index) gelistet.
http://www.amex.com

Amerikanische Freihandelszone – (engl.) Free Trade Area of the Americas (FTAA). Am 22.04.2001 von 34 amerikanischen Staaten (ohne Kuba) in Quebec/Kanada beschlossen. Die geplante Freihandelszone – von Alaska bis Feuerland – soll bis Dezember 2005 verwirklicht sein. In der dann größten Freihandelszone der Welt, die alle Staaten in Nord-, Mittel- und Südamerika sowie in der Karibik (mit Ausnahme Kubas) einschließen soll, leben etwa 800 Mio. Menschen, die Waren und Dienstleistungen von dzt. rd. 12.000 Mrd. US-Dollar erwirtschaften. In der FTAA würde dann die → NAFTA aufgehen. Vor dem Hintergrund der verschiedenen Sprachen auf dem amerikanischen Kontinent gibt es noch andere offizielle Bez.: (span.) Área de Libre Comercio de las Américas oder (port.) Área de Livre Comércio de las Américas (→ ALCA); (frz.) Zone de Libre-Échange des Amériques (ZLEA).

Amerikanische Option. → Option, die an jedem Handelstag innerhalb einer bestimmten Optionsfrist seitens des Optionsberechtigten ausgeübt werden kann. Vgl. → europäische Option, → Bermuda-Option.

Amerikanisches Zuteilungsverfahren (engl.: american auction, multiple rate auction). Ausschreibungsverfahren, bei dem im Rahmen eines → Zinstenders nur die individuellen Gebote mit den höchsten Bietungssätzen bedient werden. Im Grenzfall kann es zur → Repartierung kommen.

AMEX → American Stock Exchange.

AMF. Abk. f. (engl.) Arab Monetary Fund; → Arabischer Währungsfonds.

Amsterdamer-Vertrag. → Vertrag von Amsterdam.

Amt für amtliche Veröffentlichungen (→ EUR-OP). Das 1969 gegr. offizielle Verlagshaus der Institutionen und Organe der EU. An jedem Werktag wird das → Amtsblatt der Europäischen Gemeinschaften veröffentlicht. Die Texte erscheinen auch im Internet; die elektronischen Datenbanken → EUR-Lex, → CELEX und → EUDOR sind ab dem Jahre 2001 unter der Bez. EUR-Lex zusammengefasst. Über 4 Mio. EU-Rechtstexte, rund 70.000 Seiten (je EU-Sprache) sind abfragbar. Sitz des (engl.) Official Publishers der EU: Luxemburg.
http://www.eur-op.eu.int

Amt für Betrugsbekämpfung – (frz.) Office europèen de lutte antifraud (OLAF); seit dem 01.06.1999 eine Dienststelle der → EU-Kommission.

Amtlicher Handel (amtlicher Markt). Teilmarkt der Effektenbörse für den Handel mit Wertpapieren. Begr. f. d. „erste → Börsensegment", zu dem nur Wertpapiere gehören, die vor der Zulassung zur amtlichen Notierung (gem. Börsengesetz) strenge Kriterien erfüllen mussten. Der a. H. ist auch einer strengeren staatlichen Aufsicht unterworfen als der → geregelte Markt und der → Freiverkehr. Für die auf diesem „Ersten Markt" amtlich notierten Wertpapiere wird an jedem Börsentag ein → Einheitskurs durch Kursmakler festgestellt und veröffentlicht.

Amtsblatt der Europäischen Gemeinschaften (ABl.). Erscheint an allen Werktagen in den elf Amtssprachen der → Europäischen Union; hrsg. v. → Amt für amtliche Veröffentlichungen, Luxemburg. Es besteht aus zwei zusammenhängenden Reihen (Reihe L „Rechtsvorschriften/neue Rechtsakte der EU" und Reihe C „Mitteilungen und Bekanntmachungen der EU-Institutionen") sowie einem Supplement (Reihe S „Bekanntmachungen öffentlicher Aufträge/→ Ausschreibungen aus der EU"; s. → TED).

Amtsgericht. In Deutschland das ordentliche Gericht, das im Aufbau der Gerichtsbarkeit die Unterstufe darstellt. Es entscheidet grundsätzlich durch Einzelrichter oder Rechtspfleger, in gewissen Fällen durch den Urkundsbeamten; in Strafsachen auch durch ein Schöffengericht. Seine Zuständigkeit in Zivilsachen ist vielfältig. In Strafsachen erstreckt sich die Zuständigkeit des A. auf Vergehen und Verbrechen nur, soweit nicht nach § 24 GVG eine höheres Gericht (z. B. Landgericht oder Oberlandesgericht) zuständig ist. Vgl. → Bundesgerichtshof.

AMU. Abk. f. Arabische Maghreb-Union; → Union des Arabischen Maghreb (UAM).

Analysezertifikat (engl.: certificate of analysis). Qualifizierte Bescheinigung über die chemische Zusammensetzung (Reinheit) einer Ware, z. B. von Rohstoffen, landwirtschaftlichen Produkten, Lebensmitteln. A. werden von öffentlichen Stellen, Instituten, Sachverständigen oder Herstellern der Ware ausgestellt. Sie begleiten im Außenhandel die Ware während des Transportes und werden den Zollbehörden zur Export- und Importabfertigung vorgelegt. Vgl. → Warenbegleitdokumente.

An-Bord-Konnossement – Bordkonnossement – (engl.: Shipped on Board Bill of Lading/ Shipped on Board B/L). S. → Konnossement.

Andengruppe – (span.) Comunidad Andina oder (engl.) Andean Community. S. → Andenpakt.

Andenpakt – (span.) Pacto Andino. Durch das Abkommen von Cartagena/Kolumbien am 26.05.1969 (als Reaktion der Mitgliedstaaten auf Benachteiligungen innerhalb der → Lateinamerikanischen Freihandelsvereinigung – ALALC/LAFTA) gegründet. Sitz der Junta (Verwaltung): Lima/ Peru; Sitz des Gerichts und des Parlaments: Quito/Ecuador. Mitglieder: Bolivien, Ecuador, Kolumbien, Peru und Venezuela (bis 1976 auch Chile). Die ursprünglichen Ziele des A., innerhalb von 10 Jahren den Handel zwischen allen Mitgliedstaaten zu liberalisieren und einen gemeinsamen Außenzoll einzuführen, wurden nicht erreicht. Die Errichtung einer Freihandelszone ist lediglich zwischen Kolumbien und Venezuela erfolgt. Angestrebt wird weiterhin die schrittweise Angleichung des Außenzolls. Ziel bleibt die Errichtung eines Gemeinsamen Marktes (analog zum → Gemeinsamen Markt der EU). Angesichts zwischenzeitlich anderer regionaler Kooperationsabkommen (→ Mercosur, → ALADI) wird davon ausgegangen, dass es zur Auflösung des A. kommen wird.
http://www.comunidadandina.org

Anfangskurs. Der zu Beginn einer Börsensitzung beim → variablen Handel erstmals festgestellte Kurs. → Fortlaufende Notierung.

Ankaufskurs (→ Geldkurs) von → Sorten. Kurs, den Käufer von Sorten den verkaufenden Kreditinstituten/Wechselstuben zu zahlen haben.

Ankerwährung, → Leitwährung. Z. B. der US-Dollar beim → Gold-Devisen-Standard des → Bretton-Woods-Systems.

Anleihe → Schuldverschreibung.

Annahmerisiko oder Abnahmerisiko. Es besteht im Außenhandel für den Exporteur. Es liegt in der fristgerechten Annahme (Abnahme) des gelieferten Gutes sowie in der Unterlassung nicht berechtigter (schwer nachprüfbarer) Mängelrügen seitens des Importeurs. Analog dazu besteht ein → Lieferungsrisiko für den Importeur.

Anschreibeverfahren (ASV). Zollrechtlicher Begriff. Ein → Vereinfachtes Verfahren.

Antidumping- oder Ausgleichszölle. Können von einem Staat aus wirtschaftspolitischen Gründen bei Importen aus Drittländern erhoben werden, wenn die Einfuhrpreise unter den Marktpreisen des betreffenden Exportlandes liegen (z. B. wegen der Gewährung von Export-Prämien und -Subventionen).

ANV → Australien-Neuseeland-Verein.

Anzahlung (engl.: down payment). Bei A. leistet der Importeur einen Teil des Kaufpreises vor

Erhalt der vom Exporteur geschuldeten Ware. Sie stellt eine teilweise → Vorauszahlung dar. Zur A. kommt es bei Außenhandelsgeschäften in erster Linie dann, wenn sie branchenüblich ist, z. B. im Schiffbau, bei Spezialanfertigungen und Lieferung ganzer Fabrikanlagen. Sie ist für den Exporteur vor allem dann durchsetzbar, wenn er eine gute Marktstellung hat (Verkäufermarkt), wenn es langer Produktions- bzw. Lieferzeiten bedarf oder wenn es sich um ein Erstgeschäft handelt. A. stellen für den Exporteur einen Beschaffungskredit dar, durch den die Herstellungskosten mit finanziert und die Abnahme durch den Importeur abgesichert werden. Da es sich meistens um große Geldbeträge handelt, wird sich der Importeur gegenüber dem Exporteur absichern. Eine solche Sicherheit verschafft eine → Anzahlungsgarantie seitens der Bank des Exporteurs. A. können aber auch für den Importeur vorteilhaft sein, wenn sie einen niedrigeren Gesamtpreis ermöglichen (da sich der Exporteur einen ansonsten anfallenden Zinsaufwand während der Kapitalbindungsfrist ersparen kann).

Anzahlungsgarantie (engl.: advance payment guarantee) oder Rückzahlungsgarantie. Damit verpflichtet sich der Garant gegenüber dem Käufer (Importeur), eine geleistete Anzahlung zurückzuerstatten, wenn der Verkäufer (Exporteur) nicht vertragsgemäß liefert bzw. herstellt. A. wird insb. bei Außenhandelsgeschäften mit langen Liefer- und Herstellungsfristen, hohem Auftragswert oder Spezialanfertigungen verlangt; meistens als → Bankgarantie gewährt. Die Höhe der A. liegt i. d. R. zwischen 20 bis 30 % des Auftragswertes. Die Laufzeit einer A. endet meistens mit der Lieferung.

AO → Abgabenordnung.

APA → Asien-Pazifik-Ausschuss der Deutschen Wirtschaft.

APEC. Abk. f. (engl.) Asia-Pacific Economic Cooperation; → Asiatisch-Pazifische Wirtschaftskooperation.

APG → Ausfuhr-Pauschal-Gewährleistung.

APOLDA. Abk. f. Asien-Pazifik-OnLine-DAten. Online-Recherchen-Dienst des → Ostasiatischen Vereins (OAV).

Arabische Liga oder Liga der Arabischen Staaten – (engl.) League of Arab States (LAS). Sie ist aus der panarabischen Bewegung hervorgegangen. Gegr. am 22.03.1945 als loser Zusammenschluss anfangs sieben unabhängiger arabischer Staaten. Mitglieder sind z. Zt. zehn afrikanische und zwölf asiatische Staaten: Ägypten, Algerien, Dschibuti, Komoren, Libyen, Marokko, Mauretanien, Somalia, Sudan und Tunesien sowie Bahrein, Irak, Jemen, Jordanien, Katar, Kuwait, Libanon, Oman, Palästina (seit 1976 durch die PLO vertretenes Vollmitglied), Saudi-Arabien, Syrien und die Vereinigten Arabischen Emirate. Sitz: Kairo. Zu ihren Aufgaben gehören die Förderung der Beziehungen der Mitglieder auf politischem, kulturellem, sozialem und wirtschaftlichem Gebiet; die Wahrung der Unabhängigkeit und Souveränität der Mitgliedstaaten; die Wahrung der arabischen (Außen-)Interessen; die Verhütung und Schlichtung von Streitfällen der Mitglieder untereinander. Zentrales politisches Ziel ist die Anerkennung Palästinas als unabhängiger Staat. Hauptorgane: Gipfeltreffen – der Könige und Staatschefs; bei Bedarf. Ligarat – die halbjährlich stattfindende Tagung der Außenminister oder deren Vertreter; die vereinbarten Empfehlungen sind nur für die jeweils zustimmenden Mitglieder verbindlich und bedürfen zu ihrer Umsetzung der Billigung durch die Staatschefs und Regierungen. Sekretariat – geleitet von einem Generalsekretär; mit dzt. fast 500 Mitarbeitern.

Arabische Maghreb-Union (AMU). → Union des Arabischen Maghreb (UAM).

Arabischer Währungsfonds – (engl.) Arab Monetary Fund (AMF). Gegr. 1976. Sitz: Abu Dhabi, Saudi-Arabien. Er dient im Hinblick auf die Errichtung eines Arabischen Gemeinsamen Marktes (engl.: Arab Common Market – ACM) der „Korrektur" von Zahlungsbilanzungleichgewichten der Mitgliedsstaaten. Läuft faktisch auf eine Finanzierung von Leistungsbilanzdefiziten hinaus. Dem AMF gehören die Mitglieder der → Arabischen Liga außer Dschibuti und die Komoren an.

Arbeitsgemeinschaft für Sicherheit der Wirtschaft e. V. (ASW). Eine Zentralorganisation der deutschen Wirtschaft in Sicherheitsfragen. 1993 von Spitzenverbänden der Wirtschaft und von den Landesverbänden für Sicherheit in der Wirtschaft gegründet. Sie vertritt die Sicherheitsbelange der gewerblichen Wirtschaft gegenüber Politik und Verwaltung und fördert die Zusammenarbeit zwischen der Wirtschaft und dem Staat. Die ASW leitet aktuelle Informationen von den Sicherheitsbehörden des Bundes und der Länder an die Mitglieder weiter. Dazu zählen insb. organisierte Kriminalität und Wirtschaftsspionage.
www.asw-online.de

Arbeitsgemeinschaft zur Förderung und Entwicklung des Internationalen Straßenverkehrs (AIST). Besteht seit 1956. Sitz: Berlin. Tritt für die Interessen ihrer Mitgliedsunternehmen ein, stellt fundierte und aktuelle Imformationsmaterialien zu Transportfragen zur Verfügung, erteilt länderspezifische Beratungen zur Vorbereitung und Durchführung internationaler Gütertransporte, insb. auch im Bereich der Länder Ost-, Südost und Mitteleuropas; arbeitet in Gremien des internationalen Verkehrswesens aktiv mit. AIST gibt Zolldokumente (→ Carnet TIR) aus und übernimmt diesbezügliche Bürgschaftsleistungen (seit dem 01.03.1991); verkauft → TIR-Schilder sowie Gebührenbescheinigungen (Vignetten) und Steuerausweise für die Benutzung von Straßen und Autobahnen.
http://www.aist-ev.com

Arbeitslose oder Erwerbslose. Dazu zählen nach den Definitionen der → Internationalen Arbeitsorganisation (ILO) alle Personen innerhalb eines festgelegten Altersabschnittes, die während eines Beobachtungszeitraums nicht erwerbstätig sind, für die Aufnahme einer Erwerbstätigkeit zur Verfügung stehen und Arbeit suchen. In Deutschland gilt als arbeitslos, (1) wer seine Schulpflicht erfüllt hat und keinen Ausbildungs- oder Arbeitsplatz gefunden hat, (2) wer aus unselbstständiger, selbstständiger oder mithelfender Tätigkeit ausgeschieden und beim Arbeitsamt als arbeitssuchend gemeldet ist und (3) wer sich als Nichterwerbstätiger beim Arbeitsamt als arbeitssuchend gemeldet hat. Die offizielle Arbeitslosenstatistik wird von der → Bundesanstalt für Arbeit in Nürnberg erstellt.

Arbeitslosenquote. Verhältnis der Zahl der Arbeitslosen zu der Zahl der Erwerbspersonen, in Prozent ausgedrückt. Zu den Erwerbspersonen zählen die selbstständig und unselbstständig Erwerbstätigen sowie die Arbeitslosen (die sich als potentielle Erwerbstätige offiziell gemeldet haben). Der Berechnung der gesamtwirtschaftlichen A. kann die Zahl aller Erwerbspersonen oder nur die Zahl aller unselbstständigen Erwerbspersonen (also ohne die Selbstständigen) zu Grunde gelegt werden.

Arbeitslosigkeit. Begr. f. d. fehlende Beschäftigungsmöglichkeit eines Teils der arbeitsfähigen und arbeitswilligen, beim herrschenden Lohnniveau auch arbeitsbereiten Arbeitnehmer. Die A. kann durch ein gesamtwirtschaftlich, regional oder sektoral bedingtes Defizit an Arbeitsnachfrage verursacht sein. Bei stark steigender Zahl der Erwerbspersonen kann die A. auch durch einen Arbeitsangebotsüberschuss bedingt sein. In Deutschland werden als arbeitslose Arbeitnehmer grundsätzlich nur diejenigen erfasst, die sich beim Arbeitsamt als arbeitslos gemeldet haben. Es ist ein wichtiges Ziel der Wirtschaftspolitik, die Arbeitslosigkeit so gering wie möglich zu halten. Die A. wird neben der absoluten Zahl der Arbeitslosen v. a. durch die → Arbeitslosenquote ausgedrückt. Ob das Problem der A. ein anhaltend gravierendes oder vorübergehend nur weniger Besorgnis erregendes ist, ist auch aus der Gegenüberstellung der Zahl der Arbeitslosen und der Zahl der offenen Stellen (erfasst von der → Bundesanstalt für Arbeit) ersichtlich.

Arbeitsvermittlung mit Auslandsbezug. Die → Bundesanstalt für Arbeit (Nürnberg) hat eine → Zentralstelle für Arbeitsvermittlung (Frankfurt am Main); diese wiederum eine eigene Abteilung für Internationale Arbeitsvermittlung.
http://www.arbeitsamt.de

Arbitrage. Begr. f.: (1) Geschäfte zur Gewinn bringenden Ausnutzung von Kurs-, Preis- und Zinsunterschieden an verschiedenen räumlich (bei Kassamärkten) oder zeitlich (bei Terminmärkten) getrennten Teilmärkten zur gleichen Zeit. Die sog. Arbitrageure kaufen auf dem billigsten Markt und verkaufen auf dem teuersten. → Devisenarbitrage, → Wertpapierarbitrage, → Warenarbitrage, → Zinsarbitrage. A.-Geschäfte bedürfen der schnellsten Nachrichtenübermittlung (ermöglicht durch die moderne Informationstechnologie). Als Folge von A.-Geschäften gleichen sich die Preise auf den betroffenen unterschiedlichen Märkten an. Die A. ist im Gegensatz zur → Spekulation risikofrei. (2) Schiedsgerichtsbarkeit. Im internationalen Getreidehandel und Überseegeschäft kann nach Maßgabe einer vertraglich vereinbarten → Arbitrage-Klausel das → Schiedsgericht angerufen werden, um Streitigkeiten aus einer vertraglichen Beziehung zu schlichten; z. B. die Arbitrage der → Internationalen Handelskammer und die Hamburger Arbitrage. Seit 1976 gibt es die Schiedsordnung der Vereinten Nationen (→ UNCITRAL).

Arbitrage-Klausel oder → Schiedsklausel. Bez. für in (internationale) Handelsverträge aufgenommene Vereinbarung, nach der bei Streitigkeiten zwischen den Vertragspartnern nicht ein staatliches Gericht, sondern ein → Schiedsgericht angerufen wird und entscheidet.

ARCO. Abk. f. (engl.) Agency for Restructuring Credit Organisations. S. → Zentralbank der Russischen Föderation.

AsDB. Abk. f. (engl.) Asian Development Bank; → Asiatische Entwicklungsbank.

ASE → American Stock Exchange.

ASEAN. Abk. f. (engl.) Association of South-East Asian Nations; → Verband südostasiatischer Staaten.

Asia Bridge mit OAV-Report. Monatszeitschrift des → Ostasiatischen Vereins. Führender Informationsdienst für Wirtschaftsfragen der Länder Asiens.

ASIA Invest. Die ASIA-Invest-Förderprogramme sind eine Initiative der EU zur finanziellen Unterstützung und Erleichterung der wirtschaftlichen Zusammenarbeit zwischen europäischen und asiatischen Unternehmen, insb. im Bereich der KMU.
http://www.asia-invest.com

Asian Finance and Investment Corporation Ltd (AFIC). Gegr. 1989. Sitz: Manila. → Joint Venture zwischen der → Asiatischen Entwicklungsbank und 25 – meist privaten – Finanzinstituten aus neun Ländern Asiens, Europas und den USA. Hauptzweck: Beitrag zur Entwicklung privater Unternehmen; Ergänzung lokaler Finanzierungsquellen für private Investitionen.

Asian Trade Promotion Forum (ATPF). Forum zur Förderung des Außenhandels in den asiatisch-pazifischen Regionen; gegr. 1987. Wer an Handelsbeziehungen mit bzw. Direktinvestitionen in diesen Regionen interessiert ist, kann sich hier gezielt informieren. ATPF bietet umfassende Verzeichnisse von Messeveranstaltungen.
http://www.jetro.go.jp/atpf/index.html.

Asiatische Entwicklungsbank – (engl.) Asian Development Bank (AsDB). Gegr. 1966; Sitz: Manila, Philippinen. Zurzeit 58 Mitglieder; davon 16 nicht regionale Mitglieder; darunter Deutschland. Ihre Aufgaben: Förderung der wirtschaftlichen und sozialen Entwicklung in Asien und im pazifischen Raum durch die Vergabe von Darlehen; Förderung privater und öffentlicher Kapitalanlagen in Asien. Die asiatisch-pazifischen Länder halten 60 % des Stammkapitals. An besonders bedürftige Mitglieder werden mit Hilfe des → Asiatischen Entwicklungsfonds Darlehen zu günstigen Konditionen vergeben. Die AsDB bedient sich bei der Unterstützung des privaten Sektors auch der → Asian Finance and Investment Corporation, an der sie 30 % des Kapitals hält.
http://www.adb.org

Asiatische Freihandelszone - (engl.) ASEAN Free Trade Area (AFTA). Gegr. 1992; Sitz: Jakarta/Indonesien. Schlüsselprojekt der → ASEAN. Sieht die institutionalisierte Schaffung einer Asiatischen Freihandelszone vor, der sich auch Nichtmitglieder anschließen können. Durch die Abschaffung intraregionaler tarifärer und nicht tarifärer Handelshemmnisse soll ein größerer Markt geschaffen werden, der Investoren zu besseren → economies of scales verhilft, Auslandsinvestitionen attraktiver macht und die globale Wettbewerbsfähigkeit der Region steigert.
http://www.dbe.moc.go.th/mocnews/afta.html

Asiatischer Entwicklungsfonds – (engl.) Asian Development Fund (ADF). Gegr. 1974; vornehmlich mit westlichen Geberländern. Spezialinstitut der → Asiatischen Entwicklungsbank. Gewährt Entwicklungs-Darlehen zu Sonderkonditionen (z. B. 1 % Zinsen, 40 Jahre Laufzeit) an Mitgliedsländer mit niedrigem Pro-Kopf-Einkommen und geringer Schuldenrückzahlungskapazität.
http://www.adb.org/finance/adf

Asiatisch-pazifische Wirtschaftskooperation – (engl.) Asia-Pacific Economic Cooperation (APEC). Gegr.: 1989 in Canberra, Australien. Sitz: Singapur. Zu den 18 Mitglieds- und 3 Beobachterstaaten gehören alle wichtigen (sehr dynamischen und schnell wachsenden) Volkswirtschaften des asiatisch-pazifischen Raums; auf den rund 42 % des Welthandels entfallen. Durch einen mehr informellen Konsultationsprozess sollen Handel, Investitionen und wirtschaftliche Zusammenarbeit gefördert werden.
http://www.apecsec.org.sg

Asien-Pazifik-Ausschusses der Deutschen Wirtschaft (APA). Gegr. 1993 vom → Bundesverband der Deutschen Industrie e. V. (BDI), vom → Deutschen Industrie- und Handelstag (DIHT) und vom → Ostasiatischen Verein e. V. (OAV) mit der Zielsetzung, den Vorsprung von Unternehmen aus wichtigen Konkurrenzländern beim Asien-Engagement wettzumachen. Seit 1999 sind auch der → Bundesverband deutscher Banken (BdB) und der → Bundesverband des Deutschen Groß- und Einzelhandels (BGA) Träger des APA. Er versteht seine Aufgabe – auch in der Politikberatung – als „Zweibahnstraße“: Deutsche Unternehmen zu einem stärkeren Engagement in der asiatisch-pazifischen Region zu bewegen als auch das Interesse an Deutschland in der asiatisch-pazifischen Region zu erhöhen. Der APA hat seine Geschäftsstelle beim BDI in Berlin.

asis. Abk. f. Ausbildungs-Stellen-Informations-Service der → Zentralstelle für Arbeitsvermittlung. Vgl. → ais und → sis.

Ask → Briefkurs. Der Angebots-/Verkaufs-Preis/Kurs. Gegensatz: → Bid.

Asset Backed Securities (ASB). Wertpapiere zur Refinanzierung eines Bestandes gleichartiger Kredite oder sonstiger Forderungen, die ein Finanzierungsinstitut an einen rechtlich selbstständigen Fonds verkauft. Ähnlich dem → Factoring oder der → Forfaitierung. Beispiele: Automobilfinanzierungen, Kreditkartenforderungen.

Associaton of International Bond Dealers (AIBD). Bis 1991; dann → International Securities Market Association (ISMA).

Assoziierungsabkommen: (1) Im Völkerrecht: Verträge zwischen einer inter- oder supranationalen Organisation und einem Nichtmitgliedsland. (2) In der EU: Der EU-Vertrag kennt zwei Arten von Assoziierung Dritter; eine sog. konstitutionelle Assoziierung überseeischer Länder und Gebiete (→ AKP-Staaten) und eine vertragliche Assoziierung im Falle sonstiger Länder und internationaler Organisationen.

AStG → Außensteuergesetz.

AStR → Außensteuerrecht.

AStV. Abk. f. Ausschuss der Ständigen Vertreter. S. → EU-Kommission.

ASV. Abk. f. Anschreibeverfahren. S. → Vereinfachtes Verfahren; vgl. → Ergänzende Zollanmeldung.

ASW → Arbeitsgemeinschaft für Sicherheit der Wirtschaft.

ASX → Australien Stock Exchange.

ATA-Verfahren (ATA: Frz.-engl.-Zusammenfassung für Admission temporaire – Temporary admission). Rechtsgrundlage: Internationales Zollübereinkommen über das → Carnet ATA für die vorübergehende Einfuhr von Waren (ATA-Übereinkommen) v. 06.12.1965 (BGBl. II 948). Dem Übereinkommen haben sich nahezu alle europäischen Länder angeschlossen; ihm gehören aber auch Australien, Hongkong, Isreal, Japan, Kanada, die USA u. a. außereuropäische Länder an.

ATA Carnet → Carnet ATA.

ATLAS → Automatisiertes Tarif- und Lokales Zoll-Abwicklungs-System.

ATPF → Asian Trade Promotion Forum.

ATTAC. Abk. f. (engl.) Association for the Taxation of financial Transactions for the Aid of Citizens. Vereinigung zur Besteuerung von Finanztransaktionen im Interesse der BürgerInnen. Internationale Plattform, die Menschen und Organisationen verbindet, die für soziale und ökologische Gerechtigkeit im weltweiten Globalisierungsprozess eintreten. Gegr. 1998 in Frankreich. Anfang 2002 hatte diese Bewegung über 90.000 Mitglieder in 50 Ländern. ATTAC organisiert als Gegenpol zum → Weltwirtschaftsforum das → Weltsozialforum (WSF).
http://www.attac-netzwerk.de

At-the-Money, am Geld. Börsen-Begr. f. d. Situation, dass der Ausübungspreis (Basispreis) einer Option oder eines Optionsscheins mit dem Kassakurs des zu Grunde liegenden Basiswertes übereinstimmt. Der innere Wert einer Option (Ausübungswert) = 0. Vgl. → In-the-Money, → Out-of-the-Money.

AU → Afrikanische Union.

Aufgeld oder Agio. Aufschlag auf den Preis/Kurs eines Wertpapiers oder einer Devise/Geldsorte. Wird meist in Prozent des Nennwertes ausgedrückt. So führt z. B. eine → Überpariemission von Wertpapieren zu einer Reduzierung der Effektivverzinsung. Gegensatz: → Abgeld oder Disagio.

Aufkaufhandel. Begr. f. kollektierende Großhandelsbetriebe. Sie kaufen (sammeln) z. B. landwirtschaftliche Produkte (wie Obst, Tabak) oder Recycling-Produkte (wie Altpapier, Glas) – teils in kleinen Mengen – und verkaufen (die vorsortierten) Mengen an Großabnehmer. Dem → ambulanten Handel zurechenbar.

Auflage. Im Rahmen außenwirtschaftsrechtlicher Genehmigungen können die zuständigen Behörden zusätzliche Bestimmungen – Auflagen – vorschreiben, wenn dies zur Wahrung übergeordneter Belange erforderlich ist. Die Nichtbeachtung einer erteilten Auflage macht den Verwaltungsakt nicht unwirksam; sie kann aber ordnungswidrigkeitsrechtlich oder strafrechtlich geahndet werden.

Aufwertung (Revalvation). Erhöhung des Wertes einer Währung gegenüber einer anderen. Im Falle der → Mengennotierung: Eine inländische Währungseinheit ist – aufgewertet –, in einer ausländischen Währung ausgedrückt, mehr wert. Im Falle der → Preisnotierung: Eine ausländische Währungseinheit ist, in der – aufgewerteten – inländischen Währung ausgedrückt, weniger wert; bei der ausländischen Währung kommt es somit zu einer → Abwertung. Der → Wechselkurs (→ Leitkurs) steigt im Falle der → Mengennotierung und sinkt im Falle der → Preisnotierung. Aufwertung der inländischen Währung bedeutet, dass ihre Kaufkraft im Ausland zunimmt. Damit werden Importe billiger und Exporte – für den ausländischen Käufer – teurer.

Auktion, → Versteigerung. Marktveranstaltung, die nur zu bestimmten Zeiten (in gewissen Abständen) und an bestimmten Orten stattfindet. Am A.-Tag müssen die zu versteigernden Waren am A.-Ort präsent sein; versteigert werden nicht fungible Waren (im Unterschied zur → Börse). Die Waren werden in sog. Lose aufgeteilt und von einem Auktionator an den Meistbietenden verkauft. Die Auktion kann im Wege der Aufsteigerung (bei der sich der Preis mit jedem weiteren Gebot erhöht) oder der Absteigerung (bei der ein hoher Ausgangspreis stufenweise solange zurückgenommen wird, bis ein Käufer zuschlägt; sog. Diminuendo-Lizitation) durchgeführt werden. Die Warenübergabe erfolgt gegen Vorlage des Auktionsschlussscheins. Weltweit bekannte A. finden z. B. statt: in Bremen und Hamburg (Kaffee, Obst, insb. Bananen), Sydney (Wolle), Rotterdam (Gewürze), London (Tee), Kuala Lumpur (Kautschuk); bei Christie`s und Sothebey`s (Gemälde/Antiquitäten) in London und anderen Orten. Vgl. → Einschreibung.

AUMA → Ausstellungs- und Messeausschuss der Deutschen Wirtschaft e. V.

Ausfallzahlungsgarantie. Damit verpflichtet sich ein Garant (i. d. R. ein Kreditinstitut) im Auftrag eines Importeurs, dem Exporteur auf dessen erste Anforderung hin Zahlung zu leisten, wenn der Exporteur dem Garanten eine Erklärung vorlegt, dass der Importeur seiner Zahlungsverpflichtung nicht nachkommt. Eine solche A. wird oftmals im Zusammenhang mit Lieferungen auf „offene Rechnung" gefordert und gewährt; sie kann auch Wechselforderungen einschließen. S. → Zahlungsgarantie.

Ausflaggung. Registrierung eines Seeschiffes unter der Flagge eines anderen Staates (Flaggenstaat). Dabei bleibt es bei der (Erst-)Registrierung – mit allen Belastungen – im deutschen Seeschiffsregister (→ Schiffsregister). In Deutschland wird die A. auf Antrag des → Reeders vom → Bundesminister für Verkehr, Bau- und Wohnungswesen (→ Bundesamt für Seeschifffahrt und Hydrographie) für einen bestimmten Zeitraum gestattet. Die A. erfolgt i. d. R. auf der Grundlage eines → Bareboat-Chartervertrages. Ein solcher → Chartervertrag kann mit einer vom Reeder selbst gegründeten Gesellschaft im Flaggenstaat abgeschlossen werden (um Kostensenkungen zu erreichen und nur den einfacheren schiffsbezogenen Vorschriften sowie allein dem Arbeitsrecht des Flaggenstaates unterworfen zu sein).

Ausfuhr (Export). Bez. f. d. Wert der von Ausländern erworbenen inländischen Waren, Dienst- und Faktorleistungen sowie Vermögenstiteln (Kapital). Damit ist i. d. R. deren Verbringung aus dem eigenen Wirtschaftsgebiet in ein fremdes Wirtschaftsgebiet verbunden. Warenexporte werden in der → Außenhandelsbilanz, Dienstleistungsexporte in der → Dienstleistungsbilanz, Faktorleistungsexporte in der → Bilanz der Erwerbs- und Vermögenseinkommen erfasst; alle drei A. führen aus der Sicht der Inländer zu Zahlungseingängen. Kapitalexporte werden in der → Kapitalbilanz erfasst; sie führen aus der Inlandssicht zu Zahlungsausgängen.

Ausfuhrabfertigung. Begr. f. d. zollamtliche Behandlung einer zur Ausfuhr bestimmten → Ausfuhrsendung, die vom Ausführer oder Versender der Zollstelle gestellt und/oder gemeldet ist. Der Anmelder ist verpflichtet, die entsprechenden Ausfuhrpapiere auszufüllen und vorzulegen. Nach dem → Zollkodex (ZK) und der ZK-DVO ist bei der A. zu unterscheiden nach der Versandabfertigung (bei der zuständigen Binnenzollstelle) und der Ausgangsabfertigung (bei der Grenzzollstelle).

Ausfuhragent (Ausfuhrvertreter, Exportagent, Exportvertreter, Exportmakler). International tätiger → Handelsvertreter, der Geschäfte zwischen inländischen Herstellern und den auf bestimmte Absatzgebiete (aber nicht auf bestimmte Waren) spezialisierten → Ausfuhrhändlern vermittelt. Er ist in fremdem Namen und für fremde Rechnung tätig. Der A. unterhält meist ein Musterlager (→ Exportmusterlager) der von ihm vertretenen Warenhersteller. Er versorgt Ausfuhrhändler mit Mustern der auszuführenden Waren.

Ausfuhranmeldung. Nach Art. 59 (1) ZK sind Waren, für die ein → Zollverfahren eröffnet werden soll, bei der Zollbehörde anzumelden. Dies geschieht im Falle der Ausfuhr von Waren aus dem EG-Zollgebiet mit dem amtlichen → Einheitspapier. Der → Zollanmelder bekundet damit vorschriftsgemäß seinen schriftlichen Willen, Waren zum → Ausfuhrverfahren anzumelden. Die A. ist grundsätzlich von der Zollstelle anzunehmen, die für den Ort zuständig ist, an dem der Ausführer ansässig ist oder an dem die Ware zur Ausfuhr verpackt oder verladen wird; sie ist unverzüglich anzunehmen, wenn die betreffende Ware bereits gestellt worden ist. S. a. → Ausfuhrerklärung (AE).

Ausfuhrbeschränkung. Begr. f. alle Maßnahmen, durch die der Export von Gütern eingeschränkt oder gänzlich unterbunden werden kann. In Deutschland gilt der Grundsatz der Freiheit des Außenhandels. Rechtsgeschäfte und Handlungen im Außenwirtschaftsverkehr können aber gem. AWG und AWV durch Rechtsverordnungen eingeschränkt werden: Nach § 5 AWG, um zwischenstaatliche Vereinbarungen zu erfüllen, die durch ein Bundesgesetz gedeckt sind.

Ausfuhrbürgschaft

Nach § 6 AWG, um schädlichen Folgen für die eigene Wirtschaft vorzubeugen oder entgegenzuwirken, wenn diese durch Maßnahmen in fremden Wirtschaftsgebieten drohen oder entstehen. Nach § 7 AWG, um die Sicherheit der Bundesrepublik zu gewährleisten, um eine Störung des friedlichen Zusammenlebens der Völker zu verhüten oder, um zu verhindern, dass die auswärtigen Beziehungen Deutschlands erheblich beeinträchtigt werden. Dies betrifft z. B. die Ausfuhr oder Durchfuhr von Waffen, Munition und Kriegsgerät sowie zu deren Herstellung geeignete Konstruktionszeichnungen und andere Fertigungsunterlagen.

Ausfuhrbürgschaft. Eine Form der → Ausfuhrgewährleistung des Bundes (→ Bundesdeckungen im Außenhandel; → Hermes-Deckungen). A. übernimmt die Bundesregierung dann, wenn der ausländische Vertragspartner des deutschen Exporteurs oder ein für das Forderungsrisiko voll haftender Garant ein Staat, eine Gebietskörperschaft oder eine vergleichbare Institution ist. Die Selbstbeteiligungsquote des Deckungsnehmers beträgt für politische Risiken 5 %, für Nichtzahlungsrisiken 15 %. Vgl. → Ausfuhrgarantie.

Ausfuhrdeckung. Begr. f. ein Instrument der staatlichen Exportförderung in Deutschland (neben der → Fabrikationsrisikodeckung und Sonderdeckungen) – im Rahmen der → Ausfuhrgewährleistungen des Bundes. S. → Bundesdeckungen im Außenhandel; → Hermes-Deckungen. Die A. schützt den Exporteur ab Versand der Ware oder Beginn der Leistung bis zur vollständigen Bezahlung vor der Uneinbringlichkeit des vertraglich vereinbarten Kaufpreises aufgrund politischer und wirtschaftlicher Risiken.

Ausfuhrdeckungsrate. Begr. f. d. Anteil der Ausfuhr an der Einfuhr (in Prozent). So betrug z. B. die A. Deutschlands im Jahre 2001 rd. 117 % (Ausfuhr über 637 Mrd. €, Einfuhr über 543 Mrd. €), die A. der USA im Jahre 2000 rd. 75 % (Ausfuhr 1103 Mrd. US-$, Einfuhr 1467 Mrd. US-$), die A. Russlands im Jahre 1999 rd. 181 % (Ausfuhr über 74 Mrd. US-$, Einfuhr knapp 41 Mrd. US-$).

Ausführer. Begr. f. jede natürliche oder juristische Person, die eine Ware in fremdes Wirtschaftsgebiet verkauft, selbst ausführt oder ausführen lässt; die Ware also in das fremde Wirtschaftsgebiet verbringt oder verbringen lässt. (§ 8 Abs. 1 AWV). → Spediteure, → Frachtführer, → Absender und → Versender gelten daher nicht als A.

Ausfuhrerklärung (AE). → Ausfuhranmeldung (Anl. A 1 der AWV), die vom → Ausführer einer Ware zur Gestellung einer Ausfuhrsendung der → Zollstelle vorzulegen ist, unabhängig davon, ob die Waren ausfuhrgenehmigungspflichtig oder -frei sind. Zur → Ausfuhrabfertigung und zur Durchführung der → Ausfuhrüberwachung ist ein Ausführer in Deutschland gem. § 9 Abs. 1 AWV verpflichtet: (1) Der → Versandzollstelle jede Ausfuhrsendung unter Vorlage einer AE zu gestellen. (2) Der → Ausgangszollstelle die AE auszuhändigen und ihr auf Verlangen die Ausfuhrsendung ebenfalls zu gestellen. Die AE muss mit einer vom → Bundesamt für Wirtschaft und Ausfuhrkontrolle zugeteilten Nummer versehen werden. Angaben in der AE unterliegen der strikten Geheimhaltungspflicht (gem. § 203 Bundesstatistikgesetz); sie dürfen nur für Zwecke der Ausfuhrkontrolle und für die → Außenhandelsstatistik verwendet werden. Letzterer dient die entsprechende Datenerfassung in erster Linie. An Stelle der AE kann in den bestimmten Fällen der → Versandschein oder die → Ausfuhrkontrollmeldung (AKM) verwendet werden.

Ausfuhrerstattung. Handelspolitisches Instrument der EG zur Steuerung des Agrarpreisniveaus. Es kann zu Ausfuhrerstattungen kommen, wenn die höheren EG-Preise aus Gründen der Exportförderung auf das niedrigere Weltmarktpreisniveau gesenkt werden sollen.

Ausfuhrfinanzierung → Außenhandelsfinanzierung.

Ausfuhrförderung → Exportförderung.

Ausfuhrgarantien. Eine Form der → Ausfuhrgewährleistung des Bundes (→ Bundesdeckung im Außenhandel; → Hermes-Deckung). A. werden gewährt, wenn der ausländische Vertragspartner des deutschen Exporteurs ein insolvenzfähiges privatrechtlich organisiertes Unternehmen ist. Die Selbstbeteiligungsquote des Deckungsnehmers beträgt für politische Risiken 5 %, für Insolvenz- bzw. Nichtzahlungsrisiken 15 %. Vgl. → Ausfuhrbürgschaft.

Ausfuhrgenehmigung. Grundsätzlich ist in Deutschland der Außenwirtschaftsverkehr frei. Außenwirtschaftliche Vorgänge können nur aufgrund von Gesetzen und Verordnungen verboten sein oder einer Genehmigungspflicht unterliegen. Die A. ist für jede genehmigungspflichtige Ausfuhr (§ 17 AWG, § 5 AWV) bei der zuständigen Genehmigungsstelle zu beantragen. In Deutschland sind dies: für gewerbliche Waren das → Bundesamt für Wirtschaft und Ausfuhrkontrolle (BAFA); für landwirtschaftliche Erzeugnisse die → Bundesanstalt für Landwirtschaft und Ernährung (BLE). Antragsberechtigt ist nur der Ausführer selbst.

Ausfuhrgewährleistungen des Bundes. Instrument der deutschen Bundesregierung zur Exportförderung. Damit können deutsche Exporteure und Kreditinstitute ihr mit dem Exportgeschäft verbundenes Risiko gegen Zahlungsausfall absichern; sowohl für Käuferrisiken (→ ökonomische Risiken) als auch für Länderrisiken (→ politische Risiken). A. d. B. werden Exporteuren als → Ausfuhrgarantien oder als → Ausfuhrbürgschaften gewährt. Sie werden auch als → Bundesdeckungen bezeichnet und können als Einzeldeckung, Sammeldeckung oder Ausfuhr-Pauschal-Gewährleistung (APG) vergeben werden; diese können ihrerseits als → Fabrikationsrisikodeckung, → Ausfuhrdeckung und als diverse Sonderdeckungen gewährt werden. Export finanzierende Kreditinstitute können A. d. B. in Form von → gebundenen Finanzkredit-Garantien (analog zu den Ausfuhrgarantien) bzw. gebundenen Finanzkredit-Bürgschaften (analog zu den Ausfuhrbürgschaften) erhalten. Die Bearbeitung der Anträge auf A. d. B. erfolgt durch ein Mandatarkonsortium, bestehend aus → Hermes Kreditversicherungs-AG und → PwC Deutsche Revision AG. Dieses Konsortium ist von der Bundesregierung beauftragt und ermächtigt, alle die A. d. B. betreffenden Erklärungen namens, im Auftrag und für Rechnung der Bundesrepublik Deutschland abzugeben und entgegenzunehmen; federführend ist Hermes. Entscheidungen über Anträge auf Übernahme von A. d. B. werden im → Interministeriellen Ausschuss für Ausfuhrgarantien und Ausfuhrbürgschaften (IMA) beim → Bundesministerium für Wirtschaft und Technologie getroffen. Als Teilaspekt der Förderungswürdigkeit werden soziale, ökologische und entwicklungspolitische Aspekte berücksichtigt. Die benötigten staatlichen Mittel werden jährlich im Bundeshaushalt – als Verpflichtungsermächtigungen – bereitgestellt.
www.ausfuhrgewaehrleistungen.de
www.hermes-kredit.de

Ausfuhrhändler (Exporteur); eine Ausfuhrhandel betreibende Person. Der A. kauft im Inland Waren auf eigenen Namen und eigene Rechnung und verkauft diese an Abnehmer im Ausland, wiederum im eigenen Namen und auf eigene Rechnung. Der A. unterscheidet sich dadurch vom → Ausfuhragenten, Ausfuhrmakler, → Ausfuhrkommissionär. A. sind überwiegend auf bestimmte Absatzländer ausgerichtet. Sie können ihre Geschäfte mit unterschiedlichen Gütern (allgemeiner A., Ausfuhrsortimentshändler) oder nur mit bestimmten Warengruppen (Ausfuhrspezialhändler) abwickeln. A. tragen besondere → Ausfuhrrisiken, z. B. für Wechselkursveränderungen, lange (Schiffs-)Transportzeiten.

Ausfuhrkommissionär (Exportkommissionär, Verkaufskommissionär). Ein → Handelsmittler im Außenhandel. Er übernimmt im eigenen Namen, aber für Rechnung eines inländischen Exporteurs den Vertrieb von Waren im Ausland. Dazu dienen Kataloge, Proben, Muster. Der A. kann auch ein Auslieferungslager (Konsignationslager) unterhalten. Vorteile des Verkaufs über einen A. liegen darin, dass Kunden im Ausland die Waren vor Ort prüfen und auswählen können. Der ausländische Importeur kann sich eine eigene Lagerhaltung ersparen und wird kurzfristig beliefert. Der A. erhält für seine Leistungen eine → Provision (und Auslagenersatz).Vgl. → Kommissionäre für den Einkauf oder Verkauf im Außenhandel.

Ausfuhrkontingente. Wirtschaftspolitisches Instrument, mit dem die Ausfuhr bestimmter Waren – für einen bestimmten Zeitraum – auf eine festgelegte Höchstmenge (Mengenkontingent) oder einen festgelegten Höchstwert (Wertkontingengt) begrenzt werden kann. A. werden zu den → nicht tarifären Handelshemmnissen gerechnet. Sie sind nach dem GATT grundsätzlich untersagt; mit folgenden Ausnahmen: Schutz des Lebens, der Gesundheit und anderer Rechtsgüter; Schutz wesentlicher Sicherheitsinteressen; Sicherung der inländischen Versorgung; Bekämpfung inflationärer Entwicklung im Inland; Überwachung der Qualität der Ausfuhrgüter.

Ausfuhrkontrolle. In Deutschland ist das → Bundesamt für Wirtschaft und Ausfuhrkontrolle (BAFA) die zentrale Genehmigungsbehörde im komplexen System der Exportkontrollpolitik der Bundesregierung. Das BAFA arbeitet mit den Überwachungs- und Ermittlungsbehörden zusammen; insb. mit den verschiedenen Zolldienststellen.

Ausfuhrkontrollmeldung (AKM). Einem vertrauenswürdigen Ausführer kann – nach Genehmigung seitens der zuständigen → Oberfinanzdirektion (OFD) – im Verfahren der Vorausanmeldung erlaubt werden, anstelle der Ausfuhrerklärung (AE) die AKM zu erstatten. Voraussetzung hierfür ist: Der Betreffende beantragt dies; er führt ständig zahlreiche Sendungen aus; er gewährleistet die fortlaufende, richtige und vollständige Erfassung der Ausfuhrsendungen, z. B. durch einen entsprechenden EDV-Einsatz.

Ausfuhrkredite. S. → Kredite der Ausfuhrkredit-Gesellschaft.

Ausfuhrkredit-Gesellschaft mbH (AKA). Gegr. 1952. Sitz: Frankfurt am Main. Gesellschafter sind z. Zt. 35 namhafte Banken, die alle Bereiche der deutschen Kreditwirtschaft vertreten. Spezialinstitut (der Struktur nach ein permanentes Bankenkonsortium), das der deutschen und europäischen Exportwirtschaft Kredite zur Finanzierung und Refinanzierung ihrer Ausfuhren in alle Welt sowie andere Dienstleistungen im Zusammenhang mit Exportgeschäften (z. B. Montagen, Montagenüberwachungen, Know-how-Transfers) und anderen internationalen Geschäften (wie Engineering- und Consulting-Leistungen) anbietet. Zu den mittel- und langfristigen Lieferanten-, Besteller- und Margenkrediten s. → Kredite der AKA. Die AKA ist mit vielen ausländischen Banken (Kreditnehmer) vertraglich verbunden. Z. B. in Russland z. Zt. mit: Bank für Außenwirtschaft der UdSSR, Bank for Foreign Trade VNESHTORGBANK, Export-Import Bank of the Russian Federation (Eximbank of the Russian Federation), International Moscow Bank, Joint Stock Commercial Bank „Moskau Industrial Bank“ – alle in Moskau.
http://www.akabank.de

Ausfuhrkreditversicherung. Versicherung gegen Verluste im Falle von Verkäufen auf Kredit im Ausfuhrgeschäft. Private Versicherungsgesellschaften begrenzen die Deckung i. Allg. auf das → Delkredererisiko; sie übernehmen damit keine → politischen Risiken. Zur staatlichen A.

s. → Aufuhrgewährleistungen des Bundes.

Ausfuhrliste (AL). Die Anlage AL zur Außenwirtschaftsverordnung. Sie enthält sämtliche Waren, deren Ausfuhr genehmigungspflichtig ist. Die AL bezieht sich auch auf die → Durchfuhr und den → Transithandel. Sie ist eine „Negativliste", weil sie nur die Waren enthält, über die eine Kontrolle ausgeübt werden soll. Die AL ist in zwei Teile gegliedert: Teil I besteht aus den Abschnitten A (Liste für Waffen, Munition und Rüstungsmaterial), B (Liste sonstiger Güter) und C (gemeinsame Liste der EU für Güter mit doppeltem Verwendungszweck; gegliedert nach 9 Kategorien, von kerntechnischen Materialien bis zu Antriebssystemen, Raumfahrzeugen und zugehöriger Ausstattung). Teil II gilt für Waren, auf die sich die in § 6a AWV angeordneten Beschränkungen beziehen (Waren pflanzlichen Ursprungs). Vgl. → Embargo-Listen und → Embargowaren. Die AL ist z. B. beim → Bundesanzeiger-Verlag erhältlich.

Ausfuhrlizenz oder Exportlizenz. Eine solche ist im Rahmen der Bestimmungen der EG-(Agrar-)Marktordnung für die Ausfuhr bestimmter landwirtschaftlicher Erzeugnisse (Teil II der → Ausfuhrliste) in Länder außerhalb der EG erforderlich. Sie ist bei der → Bundesanstalt für Landwirtschaft und Ernährung (BLE) mit einem besonderen Formularsatz (AGREX) zu beantragen; dies kann auch auf elektronischem Wege geschehen. Die A. tritt an die Stelle der → Ausfuhrgenehmigung.

Ausfuhrmakler → Handelsmakler im Außenhandel.

Ausfuhrmusterlager → Exportmusterlager.

Ausfuhr-Pauschal-Gewährleistung (APG). Eine Form der → Bundesdeckungen im Außenhandel. S. a. → Ausfuhrgewährleistungen des Bundes.

Ausfuhrquote. Gesamtwirtschaftliche Quote, die den Anteil der Ausfuhr am Bruttoinlandsprodukt angibt. Die deutsche A. lag z. B. im Jahre 2001 bei rd. 35 %.

Ausfuhrrestriktion, Exportrestriktion. → Ausfuhrbeschränkung.

Ausfuhrrisiken. S. → Risiken im Außenhandel.

Ausfuhrsendung. Nach § 8 Abs. 2 AWV Bez. f. die Warenmenge, die ein Ausführer gleichzeitig über dieselbe Ausgangszollstelle für dasselbe → Käuferland nach demselben → Bestimmungsland ausführt.

Ausfuhrüberschuss. Begr. f. d. Differenz zwischen dem größeren Ausfuhr- und dem kleineren Einfuhrwert. Ein A. liegt bei positivem Außenbeitrag vor.

Ausfuhrüberwachung. Nach gemeinschaftlichem (EG) und deutschem Außenwirtschaftsrecht sind bei Ausfuhren von Waren Maßnahmen zur Kontrolle (Ausfuhrbeschränkungen) vorgesehen. Für die A. sind die Zollbehörden (gem. § 10 AWV) zuständig. Diese haben die Zulässigkeit der Ausfuhren (nach Maßgabe der Ausfuhrgenehmigung und sonstiger Dokumente über die Ausfuhrsendung und den Ausführer) sowie die Einhaltung von Ausfuhrverboten zu überprüfen. Die A. dient insb. auch der Überwachung des Zahlungsverkehrs mit dem Ausland und der Erstellung der Außenhandelsstatistik.

Ausführungsgeschäft. → Kommissionsgeschäft, → Kommissionär, → Kommittent.

Ausfuhrverfahren. Begr. f. d. bei der Ausfuhr zu beachtenden Vorschriften (der Außenhandelsstatistik, des Außenwirtschafts- und Zollrechts, sowie des Umsatzsteuer- und Verbrauchsteuerrechts) zur Durchführung von Überwachungsmaßnahmen und Erteilung von Genehmigungen. Ausfuhrüberwachung ist erforderlich zur Einhaltung von → Beschränkungen des Außenwirtschaftsverkehrs (z. B. bei Dual-use-Gütern; s. → Bundesamt für Wirtschaft und Ausfuhrkontrolle), zur Erfüllung der Anforderungen der Außenhandelsstatistik (sowohl für den → Extrahandel wie auch für den → Intrahandel) und des Steuerrechts (ausgeführte Waren sind umsatzsteuerfrei). Da es in der EU keine Ausfuhrzölle gibt, bedarf es einer zollrechtlichen Überwachung der Ausfuhr i. d. R. nur beim → besonderen Zollverkehr.

Ausfuhrvertreter → Ausfuhragent.

Ausfuhrzeugnis. Nach dem → Internationalen Kakaoabkommen ist beim genehmigungsfreien Export von Kakao und Kakaoerzeugnissen nach Ländern außerhalb der EG ein A. vorzulegen.

Ausfuhrzoll. Zoll, der auf Grund zollrechtlicher bzw. -tariflicher Vorschriften auf ausgeführte Waren erhoben wird. Er dient zur Drosselung der Ausfuhr (z. B. nicht regenerierbarer Rohstoffe), zur Sicherung des Inlandsbedarf an bestimmten Waren und Erzeugnissen sowie zur Begünstigung der Verarbeitung der betroffenen Güter im eigenen Zollgebiet. Der A. kann auch zum Abbau eines Ausfuhrüberschusses oder zur Erhöhung der Staatseinnahmen eingesetzt werden (→ Finanzzoll). In der EU gibt es keine Ausfuhrzölle.

Ausfuhrzollstelle. (Frühere Bez.: Versandzollstelle). Nach dem Zollrecht der EG (der ZK ist am 01.01.1994 in Kraft getreten) und nach dem deutschen → Außenwirtschaftsgesetz (AWG) der Begr. f. d. Hauptzollamt, das für den Ort zuständig ist, an dem der Ausführer ansässig ist oder an dem die Waren zur Ausfuhr verpackt oder verladen werden. Ausnahmsweise kann auf einen begründeten Antrag hin das zuständige Hauptzollamt auch eine andere Zollstelle (für einzelne Ausführer oder für bestimmte Ausfuhrsendungen) als A. schriftlich zulassen. Bei der A. sind Ausfuhranmeldung bzw. Ausfuhrerklärung vorzulegen; im Falle des Exports von Agrarerzeugnissen die → Ausfuhrlizenz. Vgl. → Ausgangszollstelle.

Ausgabekurs → Emissionskurs.

Ausgabewert, der durch den → Emissionskurs bestimmte Wert von Wertpapieren; im Unterschied zu → Nennwert.

Ausgangsabfertigung. Begr. f. d. → Ausfuhrabfertigung bei der Grenzzollstelle. Vgl. → Versandabfertigung.

Ausgangszollstelle. Begr. f. eine „Grenz"-Zollstelle (eines EG-Mitgliedlandes). Die für die Gestellung von Waren bei der Ausfuhr letzte Zollstelle, bevor die Ware das Zollgebiet (der Gemeinschaft) verlässt. A. kann eine Grenz- oder eine Binnenzollstelle sein; je nach dem eingesetzten Transportmittel (z. B. ein Seehafen- oder Flughafenzollamt). Der Ausführer kann die A. grundsätzlich frei wählen. Sie überwacht die tatsächliche Ausfuhr aus dem Wirtschaftsgebiet. Wenn die → Ausfuhrabfertigung bereits bei der → Ausfuhrzollstelle erfolgt ist, dann überprüft die A. nur deren Ordnungsmäßigkeit. Im Falle des → Versandverfahrens der EG ist die → Abgangszollstelle zugleich die A.

Ausgleichsabgaben. Im Gemeinschaftsrecht der EG Begr. f. Einfuhrabgaben, die auf bestimmte Drittlandswaren, die nicht durch → Abschöpfungen geschützt sind, erhoben werden. Dies betrifft Waren der zweiten und dritten Verarbeitungsstufe (z. B. Süßwaren), die aus landwirtschaftlichen Grunderzeugnissen (wie Getreide, Milch und Zucker) hergestellt wurden, deren Preise im betreffenden Exportland niedriger als im Gemeinschaftsgebiet sind. Durch solche A. wird der Unterschied zwischen höheren Agrarmarktpreisen in der Gemeinschaft und niedrigeren Weltmarktpreisen ausgeglichen.

Ausgleichsarbitrage → Arbitrage. Besondere Form der Devisenarbitrage, bei der die niedrigsten Kurse zum Ausgleich einer Fremdwährungsverbindlichkeit und der höchste Kurs zur Verwertung einer Fremdwährungsforderung gesucht werden.

Ausgleichsposten zur Auslandsposition der Deutschen Bundesbank. S. → Bilanz der Ausgleichsposten.

Ausgleichszoll oder → Antidumpingzoll.

Auskunftsstellen für den Außenhandel. In Deutschland und weltweit stehen tausende solcher Auskunftsstellen zur Verfügung. Dazu zählen die einschlägigen Ministerium (z. B. das → Bundesministerium für Wirtschaft und Technologie, das → Bundesministerium der Finanzen, das → Auswärtige Amt), die → Zollbehörden, die → Industrie- und Handelskammern, Außenhandelszentren und -vereinigungen, Wirtschaftsförderungseinrichtungen, → Auslandshandelskammern (→ E-Trade-Center), Botschaften, Konsulate, Auslandsvertretungen der deutschen Messegesellschaften (→ AUMA) u. v. a. m. S. → iXPOS, → Bundesagentur für Außenwirtschaft (bfai), → Euro Info Centre, → Market Access Database.

Auskunfts- und Kontaktstellen. Eine → bfai-Publikation, die für über 40 Länder Anschriften von Ministerien, Behörden, Institutionen, Kammern, Verbänden, Organisationen und wichtigen öffentlichen und privaten Unternehmen im Ausland enthält.

Ausland. Gebiet jenseits der Grenzen eines Staates. → Fremdes Wirtschaftsgebiet.

Ausländer. (1) In Deutschland gem. Ausländergesetz jede Person, die nicht die deutsche Staatsbürgerschaft besitzt. (2) Im außenwirtschaftsrechtlichen Sinne und im Sinne der → VGR sind A. → Gebietsfremde.

Ausländerbehörden. Behörden, die für Ausländer betreffende aufenthalts- und passrechtliche Maßnahmen und Entscheidungen nach dem Ausländergesetz v. 09.07.1990 (BGBl. I 1354 m. spät. Änd.) und nach ausländerrechtlichen Bestimmungen in anderen Gesetzen zuständig sind. Ausländer, die nach Deutschland einreisen und sich in Deutschland aufhalten wollen, bedürfen einer Aufenthaltsgenehmigung. Für sie besteht Ausweispflicht (Passpflicht).

Ausländerbeschäftigung. In Deutschland bedürfen Arbeitnehmer, die nicht Deutsche i. S. d. Art. 116 GG sind, zur Ausübung einer Beschäftigung einer Erlaubnis seitens der → Bundesanstalt für Arbeit/des zuständigen Arbeitsamtes. Dies gilt, soweit zwischenstaatliche Vereinbarungen nicht etwas anderes vorsehen. Ausländern aus Drittstaaten kann eine Arbeitserlaubnis nach Lage und Entwicklung des Arbeitsmarktes und unter Berücksichtigung der Verhältnisse des Einzelfalls erteilt werden. Ausländer, die Staatsangehörige eines EU-Mitgliedstaates sind, genießen Freizügigkeit auf dem deutschen Arbeitsmarkt; desgleichen ihre Familienangehörigen.

Ausländerkonten. Konten von Gebietsfremden bei → monetären Finanzinstituten im inländischen Wirtschaftsgebiet. In Deutschland dürfen A. uneingeschränkt in Euro oder in ausländischen Währungen geführt werden. Diese Konten und die über sie laufenden Zahlungen unterliegen aber der Meldepflicht gem. → Außenwirtschaftsverordnung. Gewisse kontobezogene Vorgänge können gem. → Außenwirtschaftsgesetz auch einer Genehmigungspflicht oder gar einem Verbot unterworfen werden.

Ausländerkonvertibilität. Recht von Gebietsfremden (Devisenausländern), Inlandsguthaben (Guthaben in inländischer Währung) jederzeit in ausländische Währung umzutauschen. Geregelt im Art. VIII des Abkommens über den IWF. Gegensatz: → Inländerkonvertibilität.

Auslandinvestment-Gesetz (AuslInvestmG). Gesetz über den Vertrieb ausländischer Investmentanteile und über die Besteuerung der Erträge aus ausländischen Investmentanteilen (Erster Teil des Gesetzes über den Vertrieb ausländischer Investmentanteile, über die Besteuerung ihrer Erträge sowie zur Änderung und Ergänzung des Gesetzes über Kapitalanlagegesellschaften) v. 28.07.1969 (BGBl. I 986); Neufassung v. 09.09.1998 (BGBl. I 2820), zuletzt geändert durch Art. 32 G v. 21.08.2002 (BGBl. I 3322). Das AuslInvestmG regelt den Vertrieb ausländischer Investmentanteile, deren Besteuerung und sichert den Sparerschutz. Ausländische Investmentgesellschaften haben einen inländischen Repräsentanten zu bestimmen und diesen der Aufsichtsbehörde zu melden. Sie müssen die Werte ihrer Fonds bei einer deutschen Depotbank verwahren lassen und inländische Zahlstellen benennen. Ihre Vertragsbedingungen sind gem. den im Inland geltenden Vorschriften zu formulieren und zu gestalten.
http://jurcom5.juris.de/bundesrecht/auslinvestmg/htmltree.html

Ausländische Auslandshandelskammern. S. → Auslandshandelskammern.

Ausländischer Abnehmer. Begr. d. deutschen Umsatzsteuerrechts. Gem. § 6 Abs. 2 UStG ist ausländischer Abnehmer, (1) wer seinen Wohnort oder Sitz im Ausland hat (ausgenommen die im § 1 Abs. 3 UStG genannten Zollgebiete) und (2) eine Zweigniederlassung eines im Inland oder in den in § 1 Abs. 3 UStG genannten Zollgebiete ansässigen Unternehmens, das seinen Sitz im Ausland hat (die genannten Zollgebiete wiederum ausgenommen).

Ausländischer Auftraggeber. → ausländischer Abnehmer.

Ausländische Tochtergesellschaft. Nach dem deutschen Außensteuerrecht Begr. f. ein wirtschaftliches und rechtsfähiges Gebilde im Ausland, dessen Kapitalanteile teilweise oder gänzlich von inländischen Muttergesellschaften (die dem deutschen Steuerrecht unterliegen) gehalten werden.

Auslandsagent (Außenhandelsvertreter). Begr. f. d. rechtlich selbstständigen → Handelsmittler (Absatzmittler) im Außenhandel. Er ist in fremdem Namen und für fremde Rechnung tätig. Ein A. ist Vermittlungsagent, wenn er nur die Rolle eines Vermittlers zwischen Lieferant und Abnehmer innehat. Er ist Abschlussagent, wenn zu seinem Aufgabenbereich auch die General- bzw. Alleinvertretung gehört; in diesem Fall unterhält er i. d. R. auch ein Auslieferungslager und Ausstellungsräume.

Auslandsakzept. Ein Finanzierungs- und Kreditsicherungsmittel im Außenwirtschaftsverkehr. Der ausländische Käufer verpflichtet sich mit einem → Akzept zur Bezahlung eines bestimmten Geldbetrages. Dabei akzeptiert eine Akzeptbank zur Finanzierung eines Warengeschäfts ihres Kunden einen auf sie gezogenen Wechsel. Gem. den internationalen wechselrechtlichen Bestimmungen ist der auf dem Wechsel angegebene Betrag am Fälligkeitstag vom ausländischen Bezogenen zu bezahlen bzw. vom Kreditinstitut einzulösen, u. z. unabhängig von dem der Wechselausstellung zu Grunde liegenden Rechtsgeschäft.

Auslandsanleihe. Begr. f. Anleihe, die im Inland von einem Ausländer (dazu zählen auch ausländische Tochterunternehmen inländischer Unternehmen) emittiert wird. Dabei kann es sich z. B. um eine Euro-Auslandsanleihe (Denomination, Zins- und Tilgungsleistungen erfolgen in Euro) oder um eine Währungsanleihe (Denomination, Zins- und Tilgungsleistungen erfolgen in fremder Währung) handeln. Eine A. unterliegt inländischem Recht. Die Platzierung erfolgt überwiegend im Inland. Das Anleihekonsortium besteht i. d. R. aus inländischen Banken und Emissionshäusern. Vgl. → Inlandsanleihe, → Euro- Anleihe.

Auslandsausschreibung. Bez. f. d. öffentliche Aufforderung ausländischer staatlicher Institutionen oder privater Unternehmen zur Abgabe von Angeboten für Auslandsgeschäfte. A. erfolgen in erster Linie bei Investitionsvorhaben; direkt oder indirekt (s. → Ausschreibung). Bei A. sichern sich die ausschreibenden Institutionen bzw. Unternehmen häufig gegen bestehende Risiken durch → Bietungsgarantien ab. S. a. → Absichtserklärung, → Vorvertrag, → Tender.

Auslandsbanken. (1) Zweigstellen ausländischer Banken in Deutschland. (2) Inländische Banken, die sich im Mehrheitsbesitz ausländischer Banken befinden. Bei A. dominieren das Auslandsgeschäft (Export- und Importfinanzierungen, Devisenhandel, Abwicklung des Zahlungsverkehrs mit dem Ausland) und die Beziehungen zu anderen Kreditinstituten (→ Interbankenhandel).

Auslandsbonds. Festverzinsliche Wertpapiere, die in Deutschland von gebietsansässigen Schuldnern auf ausländische Währungen ausgestellt wurden. A. sind sog. unechte Devisenwerte, weil sie Zahlungsansprüche in Devisen an Gebietsansässige verbriefen.

Auslands-Factoring. → Factoring.

Auslandshandelskammern (AHK/AHKn). Vereinigungen, die analog zu den → Industrie- und Handelskammern errichtet wurden. Ihre Aufgabe besteht in der Entwicklung und Förderung der Außenwirtschaftsbeziehungen – meist mit staatlicher Unterstützung. Sie unterhalten enge Verbindungen zu den nationalen diplomatischen Vertretungen im Ausland.

(1) Deutsche Auslandshandelskammern (AHKn): Sind privatrechtliche Vereinigungen (von Kaufleuten, Unternehmen und sonstigen Organisationen – wie Branchenverbänden – aus Deutschland und dem jeweiligen Gastland); organisiert nach dem Recht des jeweiligen Gastlandes. Diese „Delegierten der deutschen Wirtschaft" decken weltweit (z. Zt. gibt es 110 AHK-Büros) einen umfangreichen Aufgabenbereich ab: Auskunftserteilung über außenwirtschaftlich relevante Vorschriften und Entwicklungen (zu Investitionsförderungsmaßnahmen, zum Niederlassungs- und Steuerecht u. a.), Dienstleistungen bei der Anbahnung und Abwicklung von Geschäftsbeziehungen (z. B. bei → Joint Ventures), Vertretung bei Auslandsmessen und -Ausstellungen. 97 % des Auslandsumsatzes der deutschen Wirtschaft entfallen auf Länder mit AHK-Präsenz. Im Jahre 2001 gab es in rd. 80 Ländern mehr als 40.000 AHK-Mitglieder; mitbetreut vom → Deutschen Industrie- und Handelskammertag (DIHK). In der Russischen Föderation gibt es z. Zt. 4 deutsche AHKn; s. → Delegation der deutschen Wirtschaft.

www.ahk.de

(2) Ausländische Auslandshandelskammern: Nach Landesrecht gegründete Vereine oder → Körperschaften mit Sitz in Deutschland. Mitglieder sind meist deutsche Personen oder Firmen; aus ihrem Kreis stammt auch die Geschäftsführung. A. A. werden von den ausländischen Organisationen der Wirtschaft anerkannt und vertreten die wirtschaftlichen Interessen des Partnerstaates in Deutschland.

(3) Paritätische Auslandshandelskammern: Sind nach dem Recht des Landes gegründet, in dem sie ihren Sitz haben. Geschäftsführung und Gesellschafter setzten sich zu gleichen Teilen aus Personen und Firmen beider Staaten zusammen.

Auslandsinvestition. Übertragung von inländischem Kapital ins Ausland. Dies geschieht in Form von: (1) Direktinvestitionen, z. B. durch den Erwerb oder die Errichtung von Betriebsstätten; Beteiligung an Unternehmen mit dem Ziel, auf die dortige Unternehmenspolitik entscheidenden Einfluss zu nehmen. S. a. → Beauftragter für Auslandsinvestitionen in Deutschland. (2) Portfolio-Investitionen (Wertpapieranlagen), z. B. durch den Erwerb von Investmentzertifikaten, Obligationen; auch von Aktien, sofern damit kein wesentlicher Einfluss auf die Unternehmenspolitik der AG genommen wird. Vgl. dazu → Kapitalbilanz.

Auslandsinvestitionsgesetz (AuslInvG oder auch AIG). Gesetz über steuerliche Maßnahmen bei Auslandsinvestitionen der deutschen Wirtschaft v. 18.08.1969 (BGBl. I 1211, 1214) i. d. F. v. 25.07.1988 (BGBl. I 1093); zuletzt geändert am 29.10.2001. Seine Bestimmungen zur Einschränkung steuerlicher Hemmnisse bei Auslandsinvestitionen konnten letztmals im Veranlagungszeitraum 1989 in Anspruch genommen werden. Dazu zählten die Berücksichtigung ausländischer Betriebsstättenverluste bei der Anwendung eines Doppelbesteuerungsabkommens, die Rücklagenbildung bei (Anlauf-)Verlusten ausländischer Tochtergesellschaften, die Übertragung stiller Rücklagen auf Anteile an ausländischen Kapitalgesellschaften und die Erleichterung der Überführung von Wirtschaftsgütern ins Ausland.
http://jurcom5.juris.de/bundesrecht/auslinvg/index.html

Auslandskonten. Konten von → Gebietsansässigen bei Banken in → fremden Wirtschaftsgebieten. Gegensatz: → Ausländerkonten.

Auslandsmarkt → fremdes Wirtschaftsgebiet.

Auslandsmesseförderung. In Deutschland fördert der Bund (→ Bundesministerium für Wirtschaft und Technologie, → Bundesministerium für Verbraucherschutz, Ernährung und Landwirtschaft) die Teilnahme an rd. 200 Ausstellungen und Messen mit einem eigenen Auslandsmesseprogramm. Die Beteiligungsvorhaben werden im offiziellen Auslandsmesseprogramm des Bundes zusammengefasst und von → AUMA in Printform und im Internet veröffentlicht. Ergänzend dazu unterstützen auch die Bundesländer exportinteressierte Unternehmen, insb. kleinere und mittelständische Unternehmen, die ihren Sitz im jeweiligen Bundesland haben. Gefördert wird auch die Teilnahme an den internationalen Messen in Deutschland. Förderfähig sind alle im AUMA-Handbuch „Messeplatz Deutschland" aufgeführten Ausstellungen und Messen. Förderanträge sind bis spätestens 6 Wochen vor Messebeginn bei der Bewilligungsbehörde, dem → Bundesamt für Wirtschaft und Ausfuhrkontrolle, einzureichen. Über die Möglichkeiten und Förderungen der Beteiligung an Auslandsmessen informieren die Industrie- und Handelskammern, Handwerkskammern, zuständigen Referate der (Wirtschaft-) Ministerien und → Auslandshandelskammern.

Auslandsniederlassung. Begr. f. die von einem Gebietsansässigen in einem fremden Wirtschaftsgebiet unterhaltene gewerbliche Niederlassung. Als Niederlassung gelten die Geschäftsräume (Betriebsstätten) eines Kaufmanns. Es handelt sich um eine gewerbliche Niederlassung, wenn mit ihr dauerhafte wirtschaftliche Bindungen geschaffen werden. A. sind nach deutschem Auslandssteuerrecht grundsätzlich unbeschränkt zulässig. Einkünfte, die in A. erzielt werden, unterliegen in Deutschland der Besteuerung. Da sie auch im ausländischen (→ Quellen-)Staat besteuert werden, greift die Doppelbesteuerung. Vgl. → Doppelbesteuerungsabkommen.

Auslandsposition der Zentralbank. Sie zeigt, bilanzmäßig dargestellt, den gesamten Wert der Auslandsaktiva und Auslandspassiva zu einem bestimmten Stichtag. Die Auslandaktiva der Deutschen Bundesbank setzt sich aus den Währungsreserven, Forderungen innerhalb des

Eurosystems (Beteiligung am Kapital der EZB, Forderungen aus der Übertragung von Währungsreserven auf die EZB und sonstige Forderungen), sonstigen Forderungen an Ansässige in anderen EWU-Ländern sowie sonstigen Forderungen an Ansässige außerhalb des Euro-Währungsgebietes zusammen. Zu den Währungsreserven ihrerseits gehören Gold und Goldforderungen, Reservepositionen im IWF (→ Ziehungsrechte in der Reservetranche und Kredite aufgrund besonderer Kreditvereinbarungen), Sonderziehungsrechte und Devisenreserven (Einlagen bei Währungsbehörden – bei BIZ und MFIs – und Wertpapiere). Die Auslandspassiva bilden die Auslandsverbindlichkeiten, in denen die Verbindlichkeiten gegenüber Ansässigen in anderen EWU-Ländern und die Verbindlichkeiten gegenüber Ansässigen außerhalb der Euro-Währungsgebietes (einschl. TARGET-Positionen) enthalten sind. Die Differenz zwischen der Auslandsaktiva und der Auslandspassiva stellt die Netto-Auslandsposition dar. Die Deutsche Bundesbank wies zum Jahresende 2001 eine Auslandsaktiva von rd. 76 Mrd. EUR, eine Auslandspassiva von rd. 9 Mrd. EUR und damit eine Netto-Auslandsposition von rd. 67 Mrd. EUR auf. Sie nahm damit eine beachtliche Netto-Gläubigerposition im internationalen Zusammenhang ein.

Auslandsschulden. Begr. f. d. Summe der Verbindlichkeiten von Gebietsansässigen/eines Landes gegenüber Gebietsfremden/der → Übrigen Welt. Zu unterscheiden von der → Auslandsverschuldung, die sich als Differenz aus Auslandsverbindlichkeiten und Auslandsforderungen ergibt.

Auslandstochtergesellschaft → Ausländische Tochtergesellschaft.

Auslandsvereine. Bieten Exporteuren und Importeuren wertvolle Dienste bei der Förderung ihrer Außenhandelsgeschäfte (v. a. im Hinblick auf Kontakte und → Akquisition). Sie unterhalten enge Beziehungen zu deutschen Ministerien, Botschaften und Konsulaten, zu diplomatischen Vertretungen in Deutschland. A. gewähren aber auch verbandswirtschaftlichen Vertretungen, staatlichen Stellen, internationalen Organisationen, Studien- und Forschungseinrichtungen Zugang zu ihren Informationen. In Deutschland sind dies z. B. der → Afrika-Verein (AV), → Australien-Neuseeland-Verein (ANV), → Ibero-Amerika-Verein (IAV), → Nah- und Mittelostverein (NuMOV), → Ostasiatischer Verein (OAV), → Ost- und Mitteleuropa-Verein (OMV).

Auslandsverschuldung. Begr. f. d. Nettobestand an Verbindlichkeiten von Gebietsansässigen/eines Landes gegenüber Gebietsfremden/der Übrigen Welt. Die A. verringert sich durch Kapitalexporte, sie erhöht sich durch Kapitalimporte. Zurzeit ist Deutschland ein Netto-Auslandsgläubiger, Russland z. B. ein Netto-Auslandsschuldner. Vgl. → Auslandsschulden.

Auslandsvertretungen. (1) Diplomatische Vertretungen eines Landes im Ausland. Sie nehmen die Interessen des Heimatlandes im Gastland wahr. Insb. pflegen sie die Verbindungen zu den staatlichen Stellen der Gastländer. A. setzen sich für die Verbesserung der Marktzugangsbedingungen ein, beraten Unternehmen sowie Verbände und unterstützen sie bei der Durchsetzung ihrer Interessen gegenüber amtlichen (Regierungs-)Stellen. Deutschland unterhält zurzeit insg. 217 A. S. → Adressen von Auslandsvertretungen und → AA.
http://www.auswaertiges-amt.de
(2) Kommerzielle Vertretungen von Firmen eines Landes im Ausland. Diese sind nach vertraglichen Vereinbarungen gegen Entgelt (meistens Provision) tätig; z. B. → Ausfuhragent, → Einfuhragent.

Auslandswerte. Sammel-Bez. (gem. § 4 Abs. 2 AWG) f. unbewegliche Vermögenswerte (Häuser, Grundstücke) in fremden Wirtschaftsgebieten, Forderungen in EUR an Gebietsfremde, auf ausländische Währung lautende Zahlungsmittel, Forderungen und Wertpapiere.

Auslandszahlungsverkehr oder internationaler Zahlungsverkehr. Hierzu werden alle Zahlungen zwischen Wirtschaftssubjekten in unterschiedlichen Währungsgebieten gerechnet. Er kann durch → Überweisungen, → Scheck- und → Wechselzahlungen, → Dokumenteninkasso oder → Dokumentenakkreditive abgewickelt werden. Deutschland kennt grundsätzlich keine Beschränkungen des Zahlungsverkehrs mit dem Ausland; daher können internationale Zahlungen unabhängig von den zu Grunde liegenden Geschäften (aus dem Waren-, Dienstleistungs-, Faktorleistungs- oder Kapitalverkehr) und in unbegrenzter Höhe erfolgen. Es besteht lediglich eine Meldepflicht für Zahlungen zwischen Gebietsansässigen und Gebietsfremden (Kleinzahlungen ausgenommen); u. z. aus statistischen Gründen und zur Erstellung der Zahlungsbilanz. Zahlungseingänge aus Exportgeschäften bedürfen keiner Meldung; Exporte werden im Zuge des → Ausfuhrverfahrens erfasst. Hingegen sind Importe sowohl beim Wareneingang als auch beim Zahlungsausgang meldepflichtig; die → Zahlungsmeldungen (Anl. zur AWV) sind auf festgelegten Formularen vorzunehmen. S. a. → Zahlungsbedingungen im Auslandszahlungsverkehr (terms of payments).

Auslieferungslager oder Konsignationslager. Lager (Depot) aus dem Ware kommissionsweise (von einem → Kommissionär) verkauft wird.

AuslInvestmG → Auslandinvestment-Gesetz.

AuslInvG → Auslandsinvestitionsgesetz (abgekürzt auch AIG).

Auslisten. Streichen eines Artikels aus einem → Ordersatz.

Auspendler. Unselbstständig → Erwerbstätige, die ihren Arbeitsort im Ausland, ihren Wohnort aber im Inland haben. A. fahren regelmäßig (z. B. täglich oder wöchentlich) vom Inland ins Ausland zur Arbeit. Gegensatz: → Einpendler.

Ausrichtungs- und Garantiefonds. S. → Europäischer Ausrichtungs- und Garantiefonds für die Landwirtschaft (EAGFL).

Ausschreibung. Begr. f. die öffentliche Bekanntmachung von Bedingungen, zu denen staatliche oder private Auftraggeber Vertragsangebote für Liefer-, Bau- oder Dienstleistungen erwarten. Syn.: Submission oder Verdingung. Dabei können einschlägige Unternehmen auf direktem Wege (durch persönliches Anschreiben) oder auf indirektem Wege (z. B. über Anzeigen in Tages- oder Fachzeitschriften; über Verbandsmitteilungen, wie die der → Industrie- und Handelskammern; über die → Bundesagentur für Außenwirtschaft) zur Abgabe eines Angebotes aufgefordert werden. Man unterscheidet: Offene Ausschreibung (an der sich alle interessierten Anbieter beteiligen können); Ausschreibung mit Vorqualifikation (an der sich Anbieter beteiligen können, die sich in einer Vorauswahl qualifiziert haben, z. B. in Form von Referenzen); Ausschreibung mit Beschränkung auf registrierte Unternehmen (an der sich nur bereits bekannte oder vorher registrierte Anbieter beteiligen dürfen). Gegensatz: → Freihandvergabe. Vgl. → Einschreibung.

Ausschreibung auf dem → Europäischen Binnenmarkt. Auf diesem weitgehend liberalisierten Markt sind die Auftraggeber verpflichtet, unter Verwendung von EU-Normen öffentlich gemeinschaftsweit bzw. weltweit auszuschreiben. Öffentliche Auftraggeber sowie Auftraggeber in den Bereichen Energie- und Wasserversorgung, Verkehrswesen und Kommunikation sind in der EU gesetzlich verpflichtet, die jährlich beabsichtigten Beschaffungsvorha-

ben mit einem geplanten Gesamtwert von 750.000 Euro bei Liefer- und Dienstleistungsaufträgen sowie von 5 Mio. Euro bei Bauaufträgen vorab zu veröffentlichen; sie haben alle Einzelprojekte ab einem bestimmten Schwellenwert (z. B. ab 200.000 Euro bei Liefer- und Dienstleistungsaufträgen und ab 5 Mio. bei Bauaufträgen) auszuschreiben. Das wirtschaftlichste oder billigste Angebot soll den Zuschlag bekommen. Die vergebenen Aufträge sind nachträglich zu veröffentlichen. Die Ausschreibungen werden im Supplement zum → Amtsblatt der Europäischen Gemeinschaften veröffentlicht und sind oneline über die täglich aktualisierte Datenbank → TED verfügbar.
http://ted.eur-op.eu.int

Ausschreibungsplattform der EU im Internet. Mit ihr können seit Mai 2001 deutschsprachige europaweite Auschreibungen aus dem Supplement zum Amtsblatt der EU abgerufen werden.
www.ausschreibungs-abc.de

Ausschuss der Regionen (AdR) – (engl.) Committee of the Regions (CoR). Das jüngste Nebenorgan der → Europäischen Union. Der AdR wurde 1991 mit dem Vertrag von Maastricht als repräsentative beratende Versammlung errichtet, deren Auftrag es ist, den Regionen in der Europäischen Union Gehör zu verschaffen. Er setzt sich aus 222 Vertretern der regionalen und lokalen Gebietskörperschaften der EU zusammen. Diese werden vom EU-Ministerrat auf Vorschlag der Mitgliedstaaten für 4 Jahre ernannt und sind an keine Weisungen gebunden. In sämtlichen Bereichen, in denen Legislativvorschläge der EU Auswirkungen auf die regionale und kommunale Ebene haben könnten, wie bei der Regelung der Frage, wie die Zuständigkeiten zwischen Gemeinschafts-, nationaler, regionaler und kommunaler Ebene aufgeteilt werden, müssen EU-Kommission und EU-Rat vor diesbezüglichen Beschlüssen den AdR um Stellungnahme ersuchen. So ist z. B. in den Bereichen wirtschaftlicher und sozialer Zusammenhalt, transeuropäische Infrastrukturnetze, Gesundheitswesen, Bildung und Kultur, Beschäftigungspolitik, Sozialpolitik, Umwelt, Berufsbildung und Verkehr eine Befassung obligatorisch. EU-Kommission, EU-Rat und Europäisches Parlament können den AdR überdies in weiteren Bereichen befassen, wenn ein Legislativvorschlag ihres Erachtens erhebliche regionale oder lokale Auswirkungen hat. Der AdR kann auch Initiativstellungnahmen abgeben und hat dadurch die Möglichkeit, Themen auf die Tagesordnung der EU zu setzen. Um eine effektive transparente Demokratie in einer immer enger werdenden politischen Union in Europa zu gewährleisten, ist die Zustimmung der Bevölkerung erforderlich. Sie könnte durch dieses „Sprachrohr der europäischen Basis" vermittelt werden. Vgl. a. → Rat der Gemeinden und Regionen Europas/Deutsche Sektion.
http://www.cor.eu.int

Ausschuss für das globale Finanzsystem – (engl.) Committee on the Global Financial System (CGFS). Gegr. 1999. Mitglieder: Zentralbanken der G 10 und die EZB. Dieser Ausschuss soll mögliche Schwachstellen im weltweiten finanziellen Umfeld aufspüren und beurteilen sowie die Entwicklung effizienter, stabiler und transparenter Finanzmärkte und -systeme fördern.

Ausschuss für Entwicklungshilfe der → Organisation für wirtschaftliche Zusammenarbeit und Entwicklung (OECD) – (engl.) Development Assistance Committee (→ DAC).

Ausschuss für internationale Beziehungen – (engl.) International Relations Committee (IRC). Gegr. 1998. Dieser Ausschuss hat die Aufgabe, zu allen internationalen Fragen, die die Kompetenzen des → Eurosystems und des → ESZB betreffen, die erforderlichen gemeinsamen Positionen vorzubereiten. Ihm obliegt es, die Funktionsweise des internationalen Währungssystems und der internationalen Finanzmärkte zu überwachen sowie zu den in dieser Hinsicht international erörterten Problemen und Verbesserungsmöglichkeiten Stellung zu nehmen.

Außenbeitrag. Saldo zwischen → Export und → Import von Waren und Dienstleistungen. Der A. kann positiv sein (Ausfuhrüberschuss) oder negativ (Importüberschuss).

Außenbeitragsquote. Die gesamtwirtschaftliche A. ist grundsätzlich das Verhältnis von Außenbeitrag und Bruttoinlandsprodukt zu Marktpreisen, in Prozent ausgedrückt. Die deutsche A. betrug z. B. im Jahre 2001 rd. 1,86 %.

Außengebiet. Begr. a. d. deutschen Umsatzsteuerrecht. Was nach § 1 Abs. 1 Satz 2 UStG nicht zum Erhebungsgebiet des deutschen Umsatzsteuergesetzes zählt (Inland), ist A.

Außenhandel. Begr. f. den die Grenzen des eigenen Wirtschaftsgebietes überschreitenden Warenverkehr, einschl. der mit seiner Abwicklung verbundenen Maßnahmen bzw. Kosten (z. B. für Versand und Versicherung). So werden die exportierten Güter zum FOB-Wert, die importierten Güter zum CIF- und zum FOB-Wert ausgewiesen. Der A. stellt einen Teil des → Außenwirtschaftsverkehrs dar. Er wird in der amtlichen → Außenhandelsstatistik erfasst und nach mehreren Gesichtspunkten gegliedert: nach Menge und Wert, nach Bezugs- und Absatzgebieten (nach Herstellungs-/Einkaufs- bzw. Verbrauchs-/Käufer-Ländergruppen und Ländern). Gegensatz: → Binnenhandel.

Außenhandelsbilanz. Die erste und wichtigste Teilbilanz der → Leistungsbilanz (und damit auch der → Zahlungsbilanz). Im Soll der A. werden die Exporte (die zu Zahlungseingängen führen), im Haben die Importe (die zu Zahlungsausgängen führen) – für jeweils einen bestimmten Zeitraum – erfasst. Wenn die Exporte größer sind als die Importe, weist die A. einen Haben-Saldo auf. Er wird als A.-Überschuss bezeichnet und erscheint in der staffelförmigen Darstellung der Zahlungsbilanz mit einem Plus-Vorzeichen; daher spricht man in diesem Fall von einer aktiven A. Sind hingegen die Importe größer als die Exporte, liegt ein A.-Defizit vor. Es erscheint in der A. als Soll-Saldo und wird in der staffelförmigen Darstellung der Zahlungsbilanz mit einem Minus-Vorzeichen ausgewiesen; man spricht dann von einer passiven A. In Deutschland wird die A. – in der Abgrenzung des → Spezialhandels – vom Statistischen Bundesamt erstellt. Die Deutsche Bundesbank veröffentlicht die A. im Rahmen ihrer Zahlungsbilanzdarstellungen in zwei Versionen. In der Monatsversion werden die Exporte zum FOB-Wert, die Importe zum CIF-Wert ausgewiesen. In der Jahresversion werden sowohl die Exporte als auch die Importe zum FOB-Wert ausgewiesen; diese Daten werden dem Internationalen Währungsfonds zur Veröffentlichung im Rahmen seines Zahlungsbilanz-Jahrbuchs (engl.: Balance of Payments Yearbook) zur Verfügung gestellt. Die deutsche A. weist ununterbrochen seit 1952 einen Überschuss auf; er betrug z. B. im Jahre 2001 rd. 94 Mrd. EUR.

Außenhandelsdokumente. S. → Dokumente im Außenhandel.

Außenhandelsfinanzierung. Der Begr. umfasst i. w. S. die internationalen Zahlungs- und Finanzierungsinstrumente sowie die damit zusammenhängenden Sicherungsinstrumente; i. e. S. die Finanzierung der Ausfuhr und der Einfuhr. S. → Auslandszahlungsverkehr, → kurzfristige Außenhandelsfinanzierung, → mittel- und langfristige Außenhandelsfinanzierung.

Außenhandelsformulare. S. → Formulare für den Außenhandel.

Außenhandelskammer. Frühere Bez. f. → Auslandshandelskammer (AHK).

Außenhandelskommissionäre. Können Einkaufskommissionäre oder Verkaufskommissionäre sein. S. → Kommissionäre für den Einkauf oder Verkauf im Außenhandel.

Außenhandelskontingente. Begr. f. d. Mengen- oder Wertgrenzen (Quoten), die beim Export und Import von Waren aufgrund außenwirtschaftsrechtlicher Bestimmungen (Verordnungen) einzuhalten sind. Sie beruhen auf staatlichen oder internationalen Maßnahmen; bilateralen oder multilateralen (Selbstbeschränkungs-)Abkommen. A. dienen der Regulierung des Angebots bestimmter Waren auf den Export- und Importmärkten. Sie werden den → nicht tarifären Handelshemmnissen zugerechnet. In der Außenhandelspolitik der EG wird das Instrument der Kontingentierung eingesetzt.

Außenhandelsmonopol. Begriff f. d. Form eines Export- und/oder Importmarktes, bei der einem einzigen Anbieter viele Nachfrager gegenüberstehen. Bei einem privaten A. beherrscht ein einziges Unternehmen den Außenhandelsmarkt. Berühmte historische Beispiele hierfür sind die im 17. Jhdt. im Sinne des → Merkantilismus gegründeten Handelskompanien, wie die Holländische Ostindienkompanie oder die (engl.) East India Company Londoner Kaufleute. Bei einem staatlichen A. ist allein eine staatliche Zentralstelle zur Abwicklung des Außenhandels berechtigt, u. z. sowohl gegenüber inländischen als auch ausländischen Exporteuren und Importeuren. Ein historisches Beispiel hierfür ist der staatliche Außenhandel, wie er in den ehemaligen Ostblockstaaten praktiziert wurde.

Außenhandelspolitik. Sie umfasst als Teil der → Außenwirtschaftspolitik alle Maßnahmen zur Gestaltung der Welthandelsordnung und des Prozesses der internationalen Handelsbeziehungen (innerhalb einer bestehenden Welthandelsordnung). Die A. stand in der Vergangenheit und steht auch noch in der Gegenwart im Spannungsfeld der beiden Gegenpole → Freihandel und → Protektionismus. Die am individualistisch-klassischen Freihandelsideal ausgerichtete A. fordert die vollständige Abwesenheit staatlicher außenhandelspolitischer Maßnahmen, durch die internationale Handelsströme zu Gunsten binnenwirtschaftlicher Zielsetzungen verzerrt werden (könnten); wie z. B. durch zollpolitische Maßnahmen und → nicht tarifäre Handelshemmnisse. In ihrem Sinne kam es auch in der zweiten Hälfte des 20. Jhdt. zum Abbau staatlicher Regulierungen der internationalen Handelsbeziehungen; s. → Kennedy-Runde, → Tokio-Runde, → Uruguay-Runde. Die im Zeichen des Protektionismus stehende A. sieht im Hinblick auf die Erreichung bzw. Stärkung der internationalen Wettbewerbsfähigkeit der eigenen Volkswirtschaft bewusst den Einsatz staatlicher Maßnahmen zur Regulierung der Export-Import-Beziehungen vor (wie Exportförderung und Importbeschränkung). Vgl. a. → Welthandelsorganisation.

Außenhandelsrisiken → Risiken im Außenhandel.

Außenhandels-Software. Die Rainer Obermeit GmbH, Hamburg, entwickelt Software, die speziell den Bedürfnissen des Außenhandels Rechnung trägt.
http://www.obermeit.de

Außenhandelsstatistik. Sie wird in Deutschland auf der Rechtsgrundlage des → Gesetzes über die Statistik des grenzüberschreitenden Warenverkehrs sowie diverser EU-Verordnungen vom → Statistischen Bundesamt in Wiesbaden erstellt. Es werden grundsätzlich alle körperlich in das und aus dem → Wirtschaftsgebiet verbrachten Waren erhoben und nachgewiesen; somit auch unentgeltlich oder auf ausländische Rechnung abgewickelte Transaktionen. Die Ergebnisse der A. beruhen i. d. R. auf den direkten Angaben der Exporteure und Importeure. Diese Daten werden v. a. von den Zoll-Dienststellen unmittelbar an das Statistische Bundesamt wietergeleitet. Seit 1995 werden auch Zuschätzungen für die Ausfuhr- und Einfuhrwerte, die unterhalb der allgemeinen Befreiungsgrenze bzw. der Anmeldeschwellen liegen, in der A. mit ausgewiesen. Die A. setzt sich aus den Statistiken des → Extrahandels und des → Intrahandels zusammen. Deren Daten werden nach Ursprungs-, Einkaufs-, Versendungs- und Ziel- bzw. Bestimmungsland gegliedert. Dabei werden auch die Arten der Exporte und Importe (wie → Freiverkehr, → Veredlungsverkehr, → Lagerverkehr u. a.) nachgewiesen. Zudem wird nach → Generalhandel und → Spezialhandel differenziert. S. a. → Außenhandelsbilanz.

Außenhandelsstatistik-Durchführungsverordnung (BGBl. 1989 I 203) mit spät. Erg.
http://bgbl.makrolog.de

Außenhandelsstatistikgesetz. → Gesetz über die Statistik des grenzüberschreitenden Warenverkehrs.

Außenhandelstheorie. Sie stellt einen Teilbereich der Außenwirtschaftstheorie und damit auch der gesamten Volkswirtschaftstheorie dar. Sie untersucht Ursachen und Auswirkungen internationaler Handelsbeziehungen (im Lichte des Freihandels und des Protektionismus). Ihr Ziel ist die Gewinnung empirisch nachprüfbarer und erklärungskräftiger Hypothesen über die Zusammensetzung und das Volumen der Exporte und Importe einer Volkswirtschaft sowie über die → terms of trade im Rahmen der sich ständig verändernden internationalen Arbeitsteilung. Die reale A. analysiert langfristige güterwirtschaftliche Zusammenhänge internationaler Handelsbeziehungen. Die monetäre A. befasst sich mit den im internationalen Wirtschaftsverkehr auftretenden Zahlungsvorgängen und deren Auswirkungen auf und über die Zahlungsbilanz und den Wechselkurs. Die positive A. erklärt die Auswirkungen alternativer Gestaltungsmöglichkeiten der → Außenhandelspolitik. Sie vermag damit die Informationsgrundlagen für außenhandelspolitische Entscheidungen zu verbessern bzw. zu erweitern. Die normative A. liefert begründete Empfehlungen zur Gestaltung der Außenhandelspolitik.

Außenhandelsunternehmen. Unternehmen, die sich in erster Linie mit der Ausfuhr und Einfuhr von Waren befassen. Sie sind meist auf bestimmte Produktgruppen und/oder Länder spezialisiert, zunehmend auch auf Nebenleistungen, wie Beratung (z. B. zur Exportfinanzierung und -versicherung), Service, Softwarebereitstellung, Lizenzübertragung, Speditionsvermittlung u. a.

Außenhandelsurkunden. Sie können gegliedert werden nach → Versandpapieren, → Versicherungspapieren, → Lagerhaltungspapieren und → Handels- und Zollpapieren.

Außenhandelsvereinigung des Deutschen Einzelhandels (AVE) e. V.; gegr. 1952. Branchenverband im → Bundesverband des Deutschen Groß- und Außenhandels (BGA). Sitz: Köln. Die AVE vertritt die Außenhandelsinteressen des deutschen Einzelhandels. Dieser ist im Rahmen seiner weltweiten Einkaufspolitik auf eine möglichst problemlose Einfuhr von Konsumgütern aller Art angewiesen. Die AVE unterstützt den deutschen Einzelhandel in vielfältiger Weise beim Ausbau seiner globalen Handelsaktivitäten.
http://www.ave-koeln.de

Außenhandelsvertreter → Auslandsagent.

Außenmarkt. Bez. für internationalen Finanzmarkt, der sich außerhalb des hoheitlichen Geltungsgebietes einer Währung befindet. → Offshore-Finanzzentren, → Euro-Markt (Euro-Geld-/Kapital-/Kredit-Markt). Vgl. → Bankenfreizonen.

Außensteuergesetz (AStG). Gesetz über die Besteuerung bei Auslandsbeziehungen vom

08.09.1972 (BGBl. 1972 I 1713); zuletzt geändert am 20.12.2001. Wichtige Gesetzesnorm des deutschen → Außensteuerrechts. Es dient der Unterbindung unangemessener Steuervorteile aus der Ausnutzung des internationalen Steuergefälles. Mit ihm sollen die Gleichmäßigkeit der Besteuerung gewahrt und steuerliche Wettbewerbsverzerrungen verhindert werden.

Außensteuerrecht (AStR). Es umfasst alle staatlichen Rechtsnormen, die die Steuergewalt eines Staates im Verhältnis zum Ausland betreffen. Solche Normen können dem innerstaatlichen Recht oder dem Völkerrecht entstammen. Zum einen wirken sie sich auf die Steueransprüche gegenüber Steuerinländern bzgl. der im Ausland realisierten Sachverhalte oder gegenüber Steuerausländern bzgl. der im Inland realisierten Sachverhalte aus (sog. belastende Normen). Zum anderen dienen sie der Vermeidung bzw. Verringerung der Doppelbesteuerung. Vorschriften zum deutschen AStG finden sich in zahlreichen Einzelgesetzen: EStG, KStG, VStG, ErbStG, BewG, GewStG, UStG, AStG, DBA.

Außenwert der Währung. Kaufkraft einer über den → Wechselkurs ausgedrückten inländischen Währungseinheit im Ausland. Langfristig betrachtet gleichen sich bei → Freihandel Binnen- und Außenwert einer Währung tendenziell an. Kurz- und mittelfristig betrachtet gibt es Abweichungen. Dann ist eine Währung überbewertet oder unterbewertet; dies führt zur → Abwertung oder → Aufwertung der Währung. Binnen- und Außenwert einer Währung sind gleich groß, wenn der Wechselkurs mit der → Kaufkraftparität übereinstimmt. Die Deutsche Bundesbank veröffentlicht laufend (in den Monatsberichten) die dem Außenwert entsprechenden → effektiven Wechselkurse für den Euro und ausgewählte fremde Währungen; in → Indexform).
http://www.bundesbank.de

Außenwertstabilität → Stabilisierung des Außenwertes.

Außenwirtschaft. Begr. f.: (1) alle wirtschaftlichen Beziehungen einer Volkswirtschaft zu anderen Volkswirtschaften (zur Übrigen Welt). (2) alle wirtschaftlichen Beziehungen eines Unternehmens des eigenen Wirtschaftsgebietes zu Partnern (Unternehmen, Institutionen oder staatlichen Stellen) in fremden Wirtschaftsgebieten (betriebliche Außenwirtschaft).

Außenwirtschaftliche Praxis, Zeitschrift für Außenwirtschaft in Recht und Praxis. Hrsg. in Verbindung mit dem Europäischen Forum für Außenwirtschaft, Verbrauchssteuern und Zoll e. V. (EFA), Münster.
http://www.bundesanzeiger.de

Außenwirtschaftliches Gleichgewicht. Eine wirtschaftspolitische Zielsetzung gem. § 1 des → Gesetzes zur Förderung der Stabilität und des Wachstums der Wirtschaft (neben drei weiteren Zielsetzungen – Stabilität des Preisniveaus, hoher Beschäftigungsstand sowie stetiges und angemessenes Wirtschaftswachstum). Danach sind in Deutschland Bund und Länder verpflichtet, ihre wirtschafts- und finanzpolitischen Maßnahmen so zu treffen, dass sie auch zum a. G. beitragen. Das a. G. bzw. die Abweichung vom a. G. wird operational über den → Außenbeitrag oder die → Außenbeitragsquote einer Volkswirtschaft angegeben. Ein andauernder Exportüberschuss würde zu einer ständigen Erhöhung der Devisenreserven und damit (bei frei konvertierbarer Währung) zur importierten Inflation führen. Ein wiederkehrender Importüberschuss wäre hingegen mit einem ständigen Devisenabfluss verbunden, für den eine Zentralbank mit ihren immer nur begrenzten Devisenreserven auf Dauer nicht aufkommen könnte. In der monetären Außenwirtschaftstheorie wird zwischen einem kurzfristigen a. G. (dem Gleichgewicht auf dem Devisenmarkt) und einem langfristigen a. G. (bei gleichbleibenden Netto-Auslandsforderungen) unterschieden. Im weltwirtschaftlichen Zusammenhang hilft das

a. G. der Volkswirtschaften, die internationale Arbeitsteilung ohne staatliche Eingriffe in den Güter- und Kapitalverkehr zu praktizieren.

Außenwirtschaft Österreich (AWO). Ist als Teil der → Wirtschaftskammer Österreich mit einem Netz von z. Zt. über 70 Niederlassungen weltweit der größte österreichische Serviceanbieter im Exportbereich. Das AWO-Programm steht unter dem Motto „Export Support" und bietet Exportstrategieberatung, Marktunterstützung, Auslands- und Inlandsveranstaltungen sowie Publikationen und elektronische Medien.
http://www.wko.at/awo

Außenwirtschaftsförderung der deutschen Bundesregierung. Hierfür ist das Bundesministerium für Wirtschaft und Technologie (BMWi) federführend zuständig. Das BMWi wirkt wesentlich an der konzeptionellen Gestaltung mit und arbeitet dabei eng mit in- und ausländischen Vertretungen der deutschen Wirtschaft zusammen. Es fördert verschiedene Instrumente und passt diese an die sich wandelnden Erfordernisse an. → Auslandshandelskammern, → Netzwerk Technologiekoopertation zur Förderung der internationalen Forschungskooperation innovativer mittelständischer Unternehmen, → Bundesagentur für Außenwirtschaft, → Auslandsvertretungen, → Deutsche Industrie- und Handelszentren, → Hermes-Garantien und -Bürgschaften, → Investitionsgarantien, → Investitionsschutzverträge, spezielle → Finanzierungshilfen für Direktinvestitionen, → Gewährleistung für ungebundene Finanzkredite, → Auslandsmesseförderung. Das BMWi arbeitet intensiv und fruchtbar mit den Regionalinitiativen der deutschen Wirtschaft zusammen, wie dem → Asien-Pazifik-Ausschuss (APA) der deutschen Wirtschaft, dem Gesprächskreis → Lateinamerika (GLA), der → Nah- und Mittelost-Initiative (NuMOV), der → Südliches Afrika Initiative (SAFRI), dem → Ost-Ausschuss der Deutschen Wirtschaft. Es koordiniert die verschiedenen Akteure der Außenwirtschaftsförderung auf der Ebene des Bundes und der Länder, um durch Bündelung der Kräfte – insb. in den Gastländern – den deutschen Unternehmen eine bestmögliche Unterstützung zu gewähren.
http://www.bmwi.de/Homepage/Politikfelder/Au%dfenwirtschaft%20%26%20Europa/Au%dfenwirtschaftspolitik/Au%dfenwirtschaftsf%f6rderung/aussenwirtschaftsfoerderung.jsp

Außenwirtschaftsgesetz (AWG), Gesetz v. 28.04.1961 (BGBl. I 481, 495, 1555); zuletzt geändert durch Art. 8 G v. 16.08.2002 (BGBl. I 3202). Das AWG ist die wichtigste Gesetzesnorm des deutschen Außenwirtschaftsrechtes. § 1 (1) lautet: „Der Waren-, Dienstleistungs-, Kapital-, Zahlungs- und sonstige Wirtschaftsverkehr mit fremden Wirtschaftsgebieten sowie der Verkehr mit Auslandswerten und Gold zwischen Gebietsansässigen (Außenwirtschaftsverkehr) ist grundsätzlich frei. Er unterliegt den Einschränkungen, die dieses Gesetz enthält oder die durch Rechtsverordnung aufgrund dieses Gesetzes vorgeschrieben werden." Vgl. → Außenwirtschaftsverordnung.
http://jurcom5.juris.de/bundesrecht/awg/htmltree.html

Außenwirtschaftsinformationen. 14-tägig erscheinende Informationsschrift des → Bundesverbandes des Deutschen Exporthandels (BDEx). Darin werden die für Exporthandelsunternehmen wichtigen Sachverhalte und Veränderungen der weltweiten Exportdaten bekannt gegeben.

Außenwirtschaftsnachrichten der Dresdner Bank. Diese monatlich erscheinende Publikation liefert aktuelle Informationen für die Praxis von Importeuren und Exporteuren: Ländernachrichten, Berichte zu Wachstumsmärkten und wichtigen Ereignissen für die deutsche Außenwirtschaft, Service-Tipps für den Geschäftsalltag u. a. m.
http://group-economics.dresdner-bank.de

Außenwirtschaftspolitik. Begr. f. d. Gesamtheit aller staatlichen Maßnahmen zur gezielten (direkten oder indirekten) Beeinflussung (Förderung oder Einschränkung) außenwirtschaftlicher Beziehungen und daraus resultierender grenzüberschreitender Transaktionen. Sie können der Ordnungspolitik (z. B. → Freihandel, → Protektionismus), der Prozesspolitik (Einsatz der dem Ordnungsrahmen entsprechenden Instrumente, wie → Meistbegünstigung, → Zölle, → Kontingente, → Subventionen, → Aufwertung oder → Abwertung von Währungen) oder der Integrationspolitik (vgl. → Freihandelszone, → Zollunion) dienen.

Außenwirtschaftsportal des Bundesministeriums für Wirtschaft und Technologie im Internet. S. → iXPOS.

Außenwirtschaftsrecht. Es stellt die Summe aller Rechtsvorschriften (einschl. internationaler Übereinkommen) dar, die hinsichtlich des grenzüberschreitenden Waren-, Dienstleistungs- und Kapitalverkehrs gelten und somit bei den wirtschaftlichen Vorgängen zwischen Gebietsansässigen und Gebietsfremden von diesen zu beachten sind. In Deutschland bilden das → Außenwirtschaftsgesetz und die → Außenwirtschaftsverordnung die Grundlagen des A.

Außenwirtschaftstheorie. Teildisziplin der Wirtschaftswissenschaft, die sich mit den internationalen Wirtschaftsbeziehungen zwischen Wirtschaftsgemeinschaften (z. B. EG und NAFTA), Volkswirtschaften oder Regionen befasst. Dabei wird nach realwirtschaftlicher und monetärer A. unterschieden. Erstere analysiert die internationalen Güterströme, abstrahiert von der Existenz des Geldes und damit auch unterschiedlicher Währungen; sie konzentriert sich auf die Allokation und die Verteilung von Gütern und Produktionsfaktoren. Letztere rückt das Geld und die Währungen in den Mittelpunkt der Betrachtung; sie widmet sich damit in erster Linie Fragen der Stabilität. Probleme des Wachstums sind Gegenstand beider Bereiche.

Außenwirtschaftsverband des → Ost- und Mitteleuropa Vereins (OMV). Gibt das Wirtschaftsmagazin → OST-WEST-CONTACT heraus.

Außenwirtschaftsverkehr. Begr. (gem. § 1 AWG) f. d. gesamten Waren-, Dienstleistungs-, Kapital-, Zahlungs- und sonstige Wirtschaftsverkehr mit fremden Wirtschaftsgebieten sowie der Verkehr mit → Auslandswerten und Gold zwischen Gebietsansässigen. Er ist in Deutschland grundsätzlich frei. Er unterliegt nur den Beschränkungen, die nach deutschem und Gemeinschaftsrecht ausdrücklich angeordnet sind.

Außenwirtschaftsverordnung (AWV). Die Verordnung zur Durchführung des → Außenwirtschaftsgesetzes i. d. F. v. 02.07.2001.
http://www.google.de

Außenwirtschaftszentrum Hamburg. In Hamburg konzentriert sich eine weltweit einzigartige Außenwirtschaftskompetenz. Das Internet-Portal des A. H. ermöglicht den direkten Zugriff auf die Websites und Datenbanken von neun führenden Hamburger Außenwirtschaftsorganisationen. Diese bieten ein umfangreiches Spektrum an Dienstleistungen im Außenwirtschaftsbereich an. → Deutsches Übersee-Institut, → Handelskammer Hamburg, → Verein Hamburger Exporteure; → Afrika-Verein, → Australien-Neuseeland Verein, → Ibero-Amerika-Verein, → Nah- und Mittelost-Verein, → Ost- und Mitteleuropa Verein, → Ostasiatischer Verein.
www.aussenwirtschaftszentrum.de

Außenzolltarif → Gemeinsamer Zolltarif der EG.

Außerbörslicher Wertpapierhandel. Dieser Wertpapierhandel findet außerhalb der Börsen statt. Er wird vornehmlich vor- und nachbörslich abgewickelt. Der a. W. wird in erster Linie zwischen Banken sowie Banken und Versicherungen oder anderen institutionellen Kapitalanlegern praktiziert.

Ausstellungs- und Messeausschuss der Deutschen Wirtschaft e. V. (AUMA). Sitz: Köln. Unterhält eine umfassende Datenbank und bietet stets aktuelle Informationsdienste zu nationalen und internationalen Messe-Terminen, -Beteiligungen, -Daten, -Kosten, -Adressen, -Links. Veröffentlicht AUMA-Handbücher und gewährt Zugriff auf umfassende Literaturbestände der eigenen Bibliothek
http://www.auma.de.

Australien-Neuseeland-Verein e. V. (ANV). Gegr. 1952. Sitz: Hamburg. Enge Zusammenarbeit mit dem → Ostasiatischen Verein (OAV). Der ANV fördert die Wirtschaftsbeziehungen zwischen Deutschland/Europa und den Ländern seines Tätigkeitsbereiches, zu denen nicht nur Australien und Neuseeland gehören, sondern auch die Staaten des Südpazifiks. Er vertritt die handels- und wirtschaftspolitischen Interessen seiner Mitglieder und unterhält enge Beziehungen zu einschlägigen anderen Organisationen und Institutionen. Er bietet den Mitgliedsfirmen individuelle Beratung in allen außenwirtschaftlichen Fragen.
http://www.oav@oav.de/anv/anv.html

Australien Stock Exchange (ASX). 1987 aus dem Zusammenschluss von sechs unabhängigen Börsen, die zuvor in den Hauptstädten der sechs Bundesstaaten operierten, entstanden. Im gleichen Jahr begann auch der computerbasierte Handel (SEATS) für einen Teil der an der ASX gelisteten Aktien. Seit 1996 wird das elektronische Handelssystem CHESS voll eingesetzt. Für ausländische Unternehmen steht CUFS (engl.: Chess Units of Foreign Securities) zur Verfügung. Seit 2001 besteht eine elektronische Handelsverbindung mit → Singapore Exchange (SGX).
http://www.asx.com.au

Australische Gruppe (AG). Gegr. 1985. Ein informeller Zusammenschluss von dzt. 34 Staaten. Ihr Ziel ist die Minimierung des Risikos für Ausfuhr- und Durchfuhrländer, zur Verbreitung von chemischen und biologischen Waffen (CWB) beizutragen. Die AG wird von der Regierung Australiens verwaltet; sie tritt einmal jährlich in Paris zusammen. Die Teilnehmerstaaten haben sich auf gemeinsame Kontrolllisten und Ausfuhrgenehmigungsregelungen verständigt. Vgl. → Exportkontrollgremien.
http://www.australiagroup.net

Austrian Trade. Organisation der → Wirtschaftskammer Österreichs zur Förderung des internationalen Handels mit Österreich. Unterhält z. Zt. weltweit 70 Büros.
http://www.austriantrade.org

Ausübungspreis → Basispreis.

Auswärtiges Amt (AA). Das „Bundesministerium des Auswärtigen" der Bundesrepublik Deutschland. Es vertritt die Interessen Deutschlands in der Welt, fördert den internationalen Austausch und leistet Deutschen im Ausland Schutz und Hilfe. Bei der Pflege und Förderung der auswärtigen Beziehungen haben u. a. die Bereiche Wirtschaft (mit eigener Wirtschaftsabteilung), Wissenschaft und Technologie und Entwicklungszusammenarbeit einen besonderen Stellenwert. Mehr als die Hälfte aller Aktivitäten des AA entfallen heutzutage nicht mehr auf die „klassische Diplomatie", sondern auf das Dienstleistungsangebot. Ein zentraler Teil davon ist die Förderung der Außenwirtschaft. Dazu gehört die Verbesserung der Bedingungen für deutsche Exporte und Auslandsinvestitionen sowie das Werben um ausländische Investitionen

in Deutschland. Das AA unterhält dzt. 217 Auslandsvertretungen (142 Botschaften, 57 Generalkonsulate und Konsulate, 12 Ständige Vertretungen, 6 sonstige Auslandsvertretungen; hinzu kommen die ehrenamtlich tätigen Honorarkonsule. S. → Adressen der deutschen Auslandsvertretungen.
http://www.auswaertiges-amt.de

Ausweichklausel → Escape–Klausel.

Auszahlungsakkreditiv oder Zahlungsakkreditiv. → d/p credit. Kann ein → Sichtakkreditiv oder ein → Deferred Payment Akkreditiv (ein → Nachsichtakkreditiv) sein.

Autarkie. (Hypothetische) Situation eines Landes ohne irgendwelche internationalen Wirtschaftsbeziehungen. Heutzutage überholte wirtschaftspolitische Konzeption, nach der sich ein Staat vollständig vom Weltmarkt abkoppelt, in der Absicht, von fremden Einflüssen völlig unabhängig zu werden.

Authority to negotiate (engl.). Im Rahmen von → Negoziationskrediten vereinbarte → Ziehungsermächtigung. Die Bank des Importeurs verpflichtet sich – meist im Rahmen eines → commercial letter of credit (CLC) – Tratten, die vom Exporteur auf die Importbank gezogen und von den vereinbarten Exportdokumenten begleitet werden, einzulösen. Die Bank des Exporteurs negoziiert diese dokumentären Tratten aufgrund der → Bona-fide-Klausel. Ein Rückgriff auf den Exporteur ist ausgeschlossen.

Authority to pay (engl.). Eine von der Bank des Importeurs – im Auftrag des Importeurs – zu Gunsten der Bank des Exporteurs vertraglich eingeräumte (→ Ziehungs-)Ermächtigung, eine vom Exporteur auf den Importeur gezogene → Tratte, die von den vereinbarten Exportdokumenten begleitet wird, anzukaufen. Die negoziierende Bank behält sich aber das Regressrecht auf den Exporteur vor.

Authority to purchase (letter of authority; engl.). Die Bank des Importeurs ermächtigt den Exporteur (widerruflich), Tratten auf den Importeur auszustellen, die von einer Bank im Land des Exporteurs im eigenen Risiko negoziiert werden können. Der Exporteur bleibt auch selbst im Risiko. S. → Ziehungsermächtigung.

Automatisiertes Tarif- und Lokales Zoll-Abwicklungs-System (ATLAS). Damit schuf die deutsche Zollverwaltung die Voraussetzungen, den kommerziellen Warenverkehr mit Drittländern, weitestgehend automatisiert, mit Hilfe der modernen Informationstechnologie abzuwickeln. ATLAS integriert die Funktionen der als Insellösungen bestehenden IT-Altverfahren (ALFA, DOUANE, KOBRA, ZADAT) und löst diese ab. Alle Zollstellen werden mit ATLAS ausgestattet. Mit diesem System können Anmeldedaten zentral archiviert, Daten für Prüfungsdienste, Zollfahndung u. a. bereitgestellt, internationale IT-Projekte berücksichtigt und integriert, Informationen mit der am Außenhandel beteiligten Wirtschaft einheitlich ausgetauscht werden. Das IT-Verfahren ATLAS hat drei Subsysteme: Versand (→ NCTS), → Elektronischer Zolltarif (EZT) und Freier Verkehr.
http://www.zoll-d.de

Autonome Zölle. Bez. f. Zölle, die einzelne Staaten nach ihrem Ermessen festlegen. Dies können z. B. Zollsätze sein, die gegenüber Ländern erhoben werden, die nicht Mitglied des → GATT sind.

AuWi. Akronym der IHK Gesellschaft zur Förderung der Außenwirtschaft und Unterneh-

mensführung mbH. Sitz: Berlin. Sie ist Koordinator und Service-Dienstleister für eine Vielzahl von Projekten. Ihre Tätigkeit konzentriert sich auf die Erschließung ausländischer Märkte auf der Grundlage der Informationsbündelung und -weitergabe, insb. an kleine und mittlere Unternehmen. Zu ihren Schwerpunktregionen zählt u. a. Osteuropa.
http://www.ihk-gmbh.com

AV → Afrika-Verein.

Avalakzept. Akzept, mit dem ein Bürge durch seine Unterschrift auf einem Wechsel eine eigene – wechselmäßige – Verpflichtung übernimmt (Bürgschaftsakzept). Aus dem A. muss ersichtlich sein, zu wessen Gunsten gebürgt wird. Ohne eine solche Angabe gilt die Bürgschaft als für den Wechselaussteller übernommen.

Avalkredit. Kredit, bei dem ein Finanzinstitut (Avalkreditgeber) für und im Auftrag eines Kunden (Avalkreditnehmer) gegenüber einem Dritten (Begünstigten) im Inland oder im Ausland die Haftung für einen bestimmten Geldbetrag durch Bereitstellung einer → Bankbürgschaft oder einer → Bankgarantie übernimmt. Das Finanzinstitut stellt hierbei keine eigenen Mittel, sondern nur seine Kreditwürdigkeit zur Verfügung. Es wird nur dann in Anspruch genommen, wenn der eigentliche Schuldner nicht fristgerecht bezahlt bzw. seinen Vertragsverpflichtungen nicht nachkommt. Der A. dient insb. für Gewährleistungen im Außenhandel, wie zur Absicherung von Steuer- und Zollverpflichungen oder Frachtkosten. → Konnossementgarantie. Für einen A. verlangen die Finanzinstitute Avalprovision; sie beträgt – in Abhängigkeit von der Laufzeit, Bonität der Kreditnehmer, Art der abzusichernden Risiken, Stellung von Sicherheiten und deren Qualität – üblicherweise 0,5 % bis 3 % p. a. vom Wert der herausgegebenen Avalurkunden; zusätzlich wird i. d. R. je Urkunde eine Ausfertigungsgebühr in Rechnung gestellt.

AVB. Abk. f. Allgemeine Versicherungsbedingungen.

AVE → Außenhandelsvereinigung des Deutschen Einzelhandels e. V.

Average. (1) Intern. gebräuchliche Bez. f. Schaden in der Seeschifffahrt (Havarie, Haverei). (2) Übliche Bez. f. Durchschnitt bei Angaben von mittleren Qualitäten.

Avis.(1) Allg.: Anzeige, Mitteilung, Ankündigung. (2) Im außenwirtschaftlichen Bereich: Benachrichtigung der Akkreditivstelle an den Exporteur über den Eingang eines → (Dokumenten-)Akkreditivs. (3) Beim Wechsel: Mitteilung des Ausstellers an den Bezogenen über den Grund der Wechselziehung.

AWG → Außenwirtschaftsgesetz.

AWO → Außenwirtschaft Österreich.

AWV → Außenwirtschaftsverordnung.

AZO → Allgemeine Zollordnung.

B

Baby-Bonds. → Bonds in sehr kleinen Stückelungen.

Back-Office. Organisationseinheit einer Bank oder eines Brokers zur technischen Abwicklung von Handelsgeschäften.

BAF. Abk. f. (engl.) Bunker Adjustment Factor. → Frachtzuschlag, der für das Risiko schwankender Kosten der → Bunkerung (bei Erhöhung der Ölpreise) erhoben wird.

BAFA → Bundesamt für Wirtschaft und Ausfuhrkontrolle (vgl. → Bundesausfuhramt).

BAFin → Bundesanstalt für Finanzdienstleistungsaufsicht (Allfinanzaufsicht).

BAG → Bundesarbeitsgericht.

Baisse. Börsen-Begr. f. eine länger anhaltende negative Entwicklung, die sich in gleichgerichteten Kurssenkungen (auf allen Märkten oder auf Teilmärkten) ausdrückt. Diese Tendenz wird insb. an Aktienbörsen mit dem Symbol des Bären gekennzeichnet (engl.: bear market). Allgemein: Über Erwartungen stark hinausgehende wirtschaftliche Abwärtsentwicklung. Gegenteil: → Hausse.

Baisse-Klausel. Begr. aus dem Frachtgeschäft. Vertragliche Vereinbarung, nach der die in einem Frachtvertrag genannte Frachtrate ermäßigt wird, wenn es auf dem Markt zu einer allgemeinen Ermäßigung der offiziellen Frachtraten kommt.

Baissier, (engl.) bear. Bez. für einen Investor, der auf sinkende Kurse setzt (und seine Wertpapiere – ganz oder teilweise – verkauft). Gegenteil: → Haussier.

Baltic International and Maritime Council – BIMCO (engl.). Internationale Organisation, die sich mit allen wichtigen Fragen der internationalen Seeschifffahrt befasst. Ihr gehören fast 1000 Reeder (die über 60 % der Welthandelsflotte kontrollieren), über 1500 Schiffsmakler und -vertreter, 100 Club- und assoziierte Mitglieder aus über 100 Ländern an. Gegr. 1905. Sitz: Kopenhagen, Dänemark. BIMCO informiert die Mitglieder über die neuesten Entwicklungen und vertritt deren Interessen, auch gegenüber internationalen Organisationen, regionalen und nationalen Behörden; wirkt an der Entwicklung und Änderung von einschlägigen Regularien und gesetzl. Bestimmungen mit. Nimmt an Sitzungen von Arbeitsgruppen der → Internationalen Seeschifffahrtsorganisation (IMO) teil. Gibt eine Reihe wichtiger Schifffahrtsdokumente und -publikationen heraus (z. B. vereinheitlichte seerechtliche Charterverträge, bills of lading, waybills) und unterhält – abrufbare – elektronische Datenbanken. BIMCO Informatique A/S (BIAS) produziert und verkauft Software für die Geschäftsabwicklung der internationalen Seeschifffahrt.
http://www.bimco.dk

Baltischer Rat. Gegr. 1950 mit der Zielsetzung einer engeren politischen und wirtschaftlichen Zusammenarbeit von Estland, Lettland und Litauen. Der B. R. besteht aus den Außenministern der drei Mitgliedstaaten. Er tagt periodisch oder auf Antrag eines Signatarstaates. Eine Ständige Arbeitsgruppe dient dem Informationsaustausch und koordiniert die gemeinsamen außenpolitischen Zielsetzungen.

Baltischer Ring. S. → Ostseerat.

Bandbreite. Bez. f. d. in einem internationalen → Währungssystem mit festen Wechselkursen tolerierte (prozentuale) Schwankungsbreite der Wechselkurse, z. B. ± 15 %. Die aktuellen (Tages-)Wechselkurse können dann maximal um 15 % über oder unter dem festgelegten Mittelkurs (Leitkurs) einer Währung liegen. Mit der Bandbreite stehen zugleich der obere und der untere → Interventionspunkt bzw. der Höchst- und der Niedrigstkurs fest. Die Währungsbehörden sind nicht verpflichtet, bei Schwankungen innerhalb der Bandbreite an den Devisenmärkten – durch Stützungskäufe (bei Devisen-Angebotsüberschuss) oder Stützungsverkäufe (bei Devisen-Nachfrageüberschuss) – zu intervenieren.

Bankakzept. Bez. für einen von einem Unternehmen auf ein Finanzinstitut gezogenen und von diesem angenommenen → Wechsel zur Beschaffung eines kurzfristigen Darlehens. Ein solcher Wechsel ist ein erstklassiges Zahlungsmittel; bedeutsam im Außenhandel. S. → Rembourskredit.

Bankaval → Avalkredit.

Bankbürgschaft. Ist eine akzessorische Verpflichtung eines Finanzinstituts in Form einer Bürgschaft, die zur Sicherstellung einer gegen den Hauptschuldner bereits entstandenen oder noch entstehenden Forderung abgeben wird. Grundlage für einen → Avalkredit. Gegensatz: → Bankgarantie.

Bank deutscher Länder (BdL). Öffentlich rechtliche Bank, deren Aufgabe in der Koordinierung der Zentralbankpolitik bestand. Gegr. 1948. Sitz: Frankfurt am Main. Die BdL war ein Tochterinstitut der damals selbstständigen (westdeutschen) → Landeszentralbanken. Sie hatte das alleinige Recht, Banknoten auszugeben (Zentralnotenbank); bis 1950 auch das alleinige Emissionsrecht für Münzen. Ihr oberstes Organ war der Zentralbankrat. Das damals zweistufige Zentralbanksystem trug seit der Einführung der Deutschen Mark (DM) am 20. Juni 1948 die Verantwortung für die deutsche Währung. 1957 ging aus der Verschmelzung der BdL mit den Landeszentralbanken und der Zentralbank von Berlin die → Deutsche Bundesbank hervor.

Banken (Geld- und Kreditinstitute). Unternehmen, die Dienstleistungen „rund um das Geld" erbringen. B. nehmen fremde Gelder entgegen (Einlagengeschäft) und leiten diese Mittel an andere – private Haushalte, Unternehmen, öffentliche Haushalte, die übrige Welt – in Form von Darlehen weiter (Kreditgeschäft). Sie erfüllen damit eine Finanzmittlerfunktion. Daneben versorgen sie die Wirtschaft mit Zahlungsmitteln und wickeln den baren und unbaren Zahlungsverkehr ab. Sie betreiben → Geldschöpfung und unterscheiden sich dadurch von anderen → Finanzintermediären, z. B. → Kapitalmarktsammelstellen, → Factoring-Instituten, → Leasing-Gesellschaften. Vgl. → Monetäre Finanzinstitute.

Bankenfreizonen. Internationale Finanzmärkte innerhalb des hoheitlichen Geltungsbereiches einer Währung, die von bestimmten legislativen und/oder kreditpolitischen Regelungen des betreffenden Staates ausgenommen sind. In B. werden Geschäfte – nur in Großbeträgen, jeder Währung – mit Gebietsfremden abgewickelt. B. gibt es in Japan und den USA (→ International Banking Facilities). Die in einer B. operierenden Finanzinstitute können ihre Leistungen zu vergleichbar günstigen Bedingungen wie die in → Off-shore-Finanzzentren anbieten.

Bankenkonsortium → Konsortium.

Bankenliquidität. Die „flüssigen" Mittel, welche die Banken zur Aufrechterhaltung ihrer Zahlungsbereitschaft brauchen. Vom Standpunkt der einzelnen Bank zählen dazu grundsätzlich alle Aktiva, die jederzeit in Zahlungsmittel umgetauscht (liquidiert) werden können; z. B.

börsengehandelte Wertpapiere, Guthaben bei anderen Geld- und Kreditinstituten. Das Bankensystem insg. kann aber nicht mit Forderungen der Banken untereinander bezahlen, sondern nur mit Zentralbankgeld. Daher werden zur gesamtwirtschaftlichen Liquiditätsausstattung aller Banken nur der Bestand an Zentralbankguthaben, deren Kassenbestände an → Bargeld und die freien Kreditlinien bei der Zentralbank gerechnet.

Bankensystem. Bez. f. alle Banken in einer Volkswirtschaft. Das B. schließt die Zentralbank und alle Geld- und Kreditinstitute (Geschäftsbanken) ein.

Bank für Internationalen Zahlungsausgleich – BIZ oder (engl.) Bank for International Settlements – BIS. Gegr. 1930. Sitz: Basel, Schweiz. Älteste internationale Finanzorganisation. Sie operiert in der Rechtsform einer Aktiengesellschaft Schweizer Rechts; Aktionäre sind die Zentralbanken nahezu aller europäischen Länder sowie die Zentralbanken von Argentinien, Australien, Brasilien, China, Hongkong, Indien, Indonesien, Japan, Kanada, Malaysia, Mexiko, Saudi-Arabien, Singapur, Südafrika, Südkorea, Thailand, der Türkei und der USA. Die BIZ hat drei Organe: Die Generalversammlung, den Verwaltungsrat und die Direktion. Die 17 Mitglieder des Verwaltungsrates werden ausschließlich von den Zentralbanken der G 10-Länder ernannt; davon 9 von den nationalen Zentralbanken des Eurosystems. Der Direktion steht der Generaldirektor vor.
Die BIZ hilft bei der Bereitstellung von Krediten an Zentralbanken. Wichtiges Instrument sind sog. Vorschusszahlungen, die Zentralbanken in Anspruch nehmen, um vorübergehende Defizite auszugleichen. Die BIZ beteiligt sich an → Swap-Geschäften der Federal Reserve Bank der USA mit zahlreichen anderen Zentralbanken; zur Verbesserung der Geldbereitstellung für den Fall von Turbulenzen bei einzelnen Währungen. Dabei operiert sie mit gegenseitig gewährten Währungskrediten mit einer Laufzeit von drei Monaten. Als Agentin der → OEEC führte die BIZ (von 1950 – 1958) die Verrechnung der Forderungen und Verbindlichkeiten und den Ausgleich der Salden in Gold oder US-Dollar im Rahmen der Europäischen Zahlungsunion durch. Von 1973 bis 1994 war sie auch Agentin des → Europäischen Fonds für wirtschaftliche Zusammenarbeit (EFWZ).
Eine zentrale Rolle spielen seit 1982 auch Überbrückungskredite, die bis zur Vergabe von Krediten des → Internationalen Währungsfonds und der → Weltbankgruppe (deren Entscheidungswege oft lang sind und die Kredite nur in Teilbeträgen – Tranchen – bereitstellen) solchen Ländern gewährt werden, die sich für die Vergabe von IWF- und Weltbankkrediten bestimmten wirtschaftlichen Auflagen unterwerfen. Derartige – nur kurzfristige – Vor- bzw. Zwischenfinanzierungen durch die BIZ können nur erfolgen, wenn die Vergabe von IWF-/Weltbankkrediten in absehbarer Zeit bevorsteht; sie bedürfen auch der Zustimmung seitens des IWF bzw. der Weltbank.
Die Globalisierung der Finanzmärkte stellt die BIZ vor neue Herausforderungen im Hinblick auf eine internationale Aufsicht und Regulierung des Bankensektors und des internationalen Finanzgeschäfts; dazu hat sie bereits sog. (engl.) „core standards" (Kernstandards) erarbeitet. S. a. → Basler Ausschuss für Bankenaufsicht (BCBS) und Financial Stability Institute (→ FSI).
http://www.bis.org

Bankgarantie. Abstraktes, d. h. unabhängig von einer zu Grunde liegenden Zahlungsverpflichtung bestehendes Zahlungsversprechen eines Finanzinstituts. Damit wird garantiert, dass die Gewährleistung bzw. Haftung dafür übernommen wird, dass ein bestimmter Erfolg eintritt bzw. ein bestimmter Schaden nicht eintritt. Im Außenhandel von besonderer Bedeutung; zur Absicherung von Zahlungsrisiken (Zahlungsgarantie) oder zur Begründung einer Ausfallhaftung im Falle einer nicht plangemäßen Abwicklung eines Geschäfts. Der Garant haftet selbstschuldnerisch, d. h. er kann keine Einwendungen gegen seine Zahlungspflicht aus dem Grundgeschäft der Außenhandelspartner erheben. Er hat auf erstes Anfordern seine Zahlungspflicht zu erfüllen. S. → Garantien im Außenhandel. Gegensatz: → Bankbürgschaft.

Bankgeschäfte. Nach § 1 KWG begründen die aufgeführten Geschäfte, wenn sie gewerbsmäßig oder in größerem Umfang betrieben werden, die Eigenschaft eines → Kreditinstitutes: Einlagen-, Kredit-, Diskont-, Finanzkommissions-, Depot-, Investment-, → Revolving-, Garantie-, Giro-, Emissions-, Geldkarten- und Netzgeldgeschäft. Der von den → Geschäftsbanken auch betriebene Devisenhandel (einschl. Sortenhandel) stellt kein B. i. S. d. § 1 KWG dar.

Bankleitzahl (BLZ). Achtstellige Nummernfolge, mit der ein bestimmtes Geld- und Kreditinstitut identifiziert werden kann. In Deutschland wurde die BLZ 1970 von der Deutschen Bundesbank in Zusammenarbeit mit der Kreditwirtschaft eingeführt, um die Optimierung des automatisierten Zahlungsverkehrs zu ermöglichen. Die ersten sechs Stellen bilden zugleich die Kontonummer des Geld- und Kreditinstituts bei der zuständigen Hauptverwaltung der Deutschen Bundesbank (vor dem 01.05.2002: bei der Landeszentralbank).

Banknoten. Auf bestimmte Beträge (wie Euro oder Rubel) lautende Geldscheine (Papiergeld). B. sind in unbegrenzter Höhe → gesetzliches Zahlungsmittel. In Deutschland ist allein die Deutsche Bundesbank zur Ausgabe von B. berechtigt; in der Vergangenheit zum Druck und zur Weitergabe von DM-B., ab 2002 (im Rahmen des → Europäischen Systems der Zentralbanken) von Euro-B. In der WWU gibt es – im Gegensatz zu den unterschiedlichen Euro- und Cent-(→Scheide-)Münzen – einheitliche Banknoten, u. z. in sieben Stückelungen 5, 10, 20, 50, 100, 200 und 500 Euro. Bis zum 01.01.2002 wurden insg. 14,545 Mrd. Euro-Banknoten (im Gesamtwert rd. 616 Mrd. EUR) gedruckt; davon entfallen auf Deutschland rd. 30 %.

Bankplatz. In Deutschland Bez. f. einen Ort, an dem sich eine Zweiganstalt der Deutschen Bundesbank (→ Hauptverwaltung) oder eine Zweigstelle (Filiale) einer Hauptverwaltung befindet.

Bankschuldverschreibungen. Von Banken zu deren Fremdmittelbeschaffung emittierte → Schuldverschreibungen.

Bank von England – (engl.) Bank of England. Die Zentralbank des Vereinigten Königreichs Großbritannien und Nordirland. Gegr. 1694; 1946 verstaatlicht; seit 1997 im operativen Geschäft unabhängig. Vorrangige Kernaufgabe ist die Aufrechterhaltung der Integrität und des Wertes der Währung. Das hauptsächliche Instrument hierzu ist die Festsetzung (des kurzfristigen Niveaus) des offiziellen Zinssatzes. Dies erfolgt auf den monatlichen Sitzungen des dafür zuständigen Gremiums, des (engl.) Bank's Monetary Policy Committee (MPC). Allerdings erfolgt die Vorgabe, was unter Preisstabilität zu verstehen ist, nicht von der B. v. E., sondern seitens der Regierung. Der Schatzkanzler (engl.: Chancellor of Exchequer; Finanzminister), legt jedes Jahr das Inflationsziel fest. Zu den weiteren Kernaufgaben der B. v. E. zählen die Aufrechterhaltung der Stabilität des Finanzsystems (im Inland und im internationalen Zusammenhang) und die Sicherstellung der Effektivität der Finanzdienstleistungen. Unternehmen aller Größen soll der Zugang zu Kapital zu Bedingungen gewährleistet werden, die den Investoren einen adäquaten Schutz garantieren. Die führenden internationalen Wettbewerbspositionen der City von London und anderer britischer Finanzzentren sollen gewahrt bleiben.
www.bankofengland.co.uk

Bank von Frankreich – (frz.) Banque de France. Die französische → nationale Zentralbank (NZB).
http://www.banque-france.fr/

Bank von Italien – (ital.) Banca d'Italia. Die italienische → nationale Zentralbank (NZB).
http://www.bancaditalia.it/

Bank von Japan – (engl.) Bank of Japan. Die japanische Zentralbank.
http://www.boj.or.jp/

Bank von Russland → Zentralbank der Russischen Föderation.

Bank von Spanien – (span.) Banco de España. Die spanische → nationale Zentralbank.
http://www.bde.es/

Bank von Zentralafrika – (frz.) Banque des Etats de l'Afrique Centrale (BEAC) oder (engl.) Bank of Central African States (BCAS). Gegr. 1972. Sitz: Yaoundé, Kamerun. Mitglieder: Äquatorialafrika, Gabun, Kamerun, Kongo, Tschad, Zentralafrikanische Republik. Notenbank für den zentralafrikanischen Teil der → Franc-Zone (Gegenstück zur → Zentralbank westafrikanischer Staaten). Die BEAC emittiert den → Franc CFA (ISO-Währungscode XAF).

Bank-zu-Bank-Kredit. Im Interbankenhandel gewährtes Darlehen. S. a. → Kredite der Ausfuhrkredit-Gesellschaft (AKA), deren Margenkredite aus den Plafonds D und E; → Kredite der Kreditanstalt für Wiederaufbau (KfW); deren Bestellerkredite.

Bannbruch. Begr. a. d. Zollrecht f. d. verbotswidrige Ausfuhr, Einfuhr und Durchfuhr von Gegenständen.

BAnz → Bundesanzeiger.

Barakkreditiv. Auch glattes, offenes oder einfaches → Akkreditiv genannt. Dabei wird dem Akkreditivbegünstigten der Geldbetrag ohne bes. Gegenleistung ausgezahlt; dazu ist i. d. R. die Vorlage eines Ausweispapiers und die Leistung einer Unterschrift ausreichend. Das B. kann verwendet werden, um einem Geschäftspartner eine bestimmte Geldsumme zur Verfügung zu stellen; es kann auch auf den Akkreditivsteller selbst eröffnet werden.

Barausgleich (engl.: cash settlement). Begr. f. d. Auszahlung der Differenzbetrages zwischen dem → Basispreis und dem Schlussabrechnungspreis des → Basiswertes bei der Erfüllung der Terminkontraktverpflichtung eines → derivativen Finanzinstrumentes, wenn eine → physische Erfüllung nicht vorgesehen ist. Der B. ist eine Alternative zur tatsächlichen Lieferung des Basiswertes.

Bareboat-Charter. Begr. d. Seefrachtverkehrs. Beim B.-Ch. überlässt der Vermieter (Vercharterer) dem Mieter (Charterer) das Schiff gegen Zahlung des vereinbarten Charterentgelts für einen bestimmten (meist längeren) Zeitraum (→ Zeitcharter). Im Chartervertrag wird vereinbart, dass der Charterer das Schiff selbst als → Verfrachter voll verantwortlich betreibt; d. h. er stellt Kapitän, Mannschaft, Ausrüstung und trägt die Betriebskosten; allerdings ohne die Amortisation (Abschreibung für Abnutzung) und Versicherung. S. a. → Ausflaggung eines Schiffes.

Bargeld. Dazu zählen → Banknoten und → Scheidemünzen. B. ist → gesetzliches Zahlungsmittel. Es kann nur von der Zentralbank geschaffen werden (im Unterschied zum → Buchgeld). Auch das außerhalb des inländischen Bankensystems umlaufende B. zählt zur → Geldmenge (M 1).

Bargeldloser Zahlungsverkehr. Abwicklung von Zahlungsvorgängen ohne die Verwendung von Bargeld. Dies erfolgt über die Verrechnung von Konto zu Konto, z. B. durch → Überweisungen, über → Schecks, → Kreditkarten.

Bargeldquote. Begr. für das Verhältnis der Bargeldmenge (ohne Kassenbestände der monetären Finanzinstitute) zur gesamten → Geldmenge M 1 (der Transaktionsgeldmenge insgesamt).

Bargeldumlauf (engl.: currency in circulation). Begr. f. d. Banknoten und Münzen, die sich als allgemeines, gesetzliches Zahlungsmittel außerhalb des Sektors der Monetären Finanzinstitute im Umlauf befinden. Damit ist im B. weder der Kassenbestand der MFIs noch der Eigenbestand der Zentralbanken an Banknoten und Münzen enthalten.

Barge-Verkehr → Lash(Leichter)-Verkehr. Barge (engl.): Barkasse, flaches Fluss- oder Kanalboot, Lastkahn.

Barraterie. Begriff für die unrechtmäßige, strafbare Handlung eines Kapitäns oder einer Seeschiffsbesatzung zum Nachteil eines Schiffseigners oder eines Seeschiffs-Charterers; wie z. B. Schmuggel, Veruntreuung von Vermögenswerten, Unterschlagung von Schiff und/oder Ladung, vorsätzliche Strandung des Schiffes.

Barscheck. → Scheck, der dem Inhaber bei Vorlage in bar ausbezahlt werden kann. Der Scheckeinreicher kann selbst entscheiden, ob er sich den Scheckbetrag in bar auszahlen oder auf seinem Konto gutschreiben lässt. Erst durch den Vermerk „nur zur Verrechnung" wird ein Scheck zum → Verrechnungsscheck.

Bartergeschäft (engl.: counter trade). Variante eines → Kompensationsgeschäftes, bei dem zwei Vertragspartner Waren und/oder Dienstleistungen gleichen Wertes ohne Geldzahlungen tauschen. Beim erweiterten B. stehen sich in jedem Land je ein Importeur und ein Exporteur gegenüber, die unter sich den eigentlichen Zahlungsmittelaustausch abwickeln, während dem ausländischen Partner gegenüber nur der Waren- bzw. Dienstleistungsaustausch vollzogen wird. Vgl. → Gegengeschäft.

Basisgesellschaften. Bez. für Gesellschaften in ausländischen Staaten, die als zwischengeschaltete, von der Inlandsbesteuerung losgelöste Auslandsbasen inländischer Unternehmen selbstständige Träger von Einkommen und Vermögen sind; z. B. als Holding-, Zwischenhandels-, Vermögensverwaltungs-, Finanzierungs-, Patentverwertungsgesellschaft. Ihre Funktionen sind vielfaltig: Sie erstrecken sich von der reinen → Briefkastenfirma (um steuerliche Vorteile in einer → Steueroase zu erlangen), über geringe wirtschaftliche Aktivitäten im Geschäftssitzland bis zu bedeutsamen internationalen Führungs- und Abstimmungsfunktionen.

Basishafen. Als B. wird (in der → Konferenzschifffahrt) der Haupthafen eines Seeguttransportes bezeichnet. Er ist maßgebend für die Berechnung der Basisfracht (Grundfracht). Für den Transport der Güter an andere Küstenplätze, die von den Konferenzschiffen nicht angelaufen werden, fallen Anschlussfrachten an. Diese Güter werden im B. auf andere Schiffe bzw. andere Verkehrsmittel umgeladen. Die Schifffahrtskonferenz bestimmt die maximale wie die minimale Höhe der Basisfracht und der Zuschläge.

Basispreis, Ausübungspreis, Bezugspreis (engl.: strike price oder exercise price). Begr. aus dem Handel mit → derivativen Finanzinstrumenten für den Preis (Kurs), zu dem der Inhaber einer Option sein Optionsrecht ausüben kann. D. h.: Der Call-Optionsinhaber kann den zu Grunde liegenden Basiswert zum B. tatsächlich kaufen; der Put-Optionsinhaber kann den zu Grunde liegenden Basiswert zum B. verkaufen. Bei Abschluss eines Optionskontraktes werden zwei Preise vereinbart: Der B. und → die Optionsprämie. Der B. ist auch zum → Barausgleich erforderlich.

Basispunkt. 1/100 Prozentpunkt. So sind z. B. 0,25 Prozentpunkte 25 Basispunkte. Das B.-Maß bezieht sich immer auf → Nominalzinsen und → Renditen. Im Gegensatz dazu bezieht sich das Maß → Pips immer auf Kurse.

Basistender. Syn. f. d. → längerfristige Refinanzierungsgeschäft im Rahmen der Offenmarktpolitik der EZB. Er entlastet das im Wege des → Haupttenders vergleichsweise kurzfristig umsetzbare Refinanzierungsvolumen. Der B. gewährleistet dem Bankensystem eine Grundversorgung mit Zentralbankgeld und trägt dadurch zur Verstetigung der Refinanzierung und zur Dispositionssicherheit – insb. kleinerer Banken – bei. Er steht in der Tradition des ehemaligen Diskontkredits (der Deutschen Bundesbank).

Basiswert, Basisobjekt, Basisgut oder Kontraktgegenstand. Begr. f. d. Marktinstrument, das einem → derivativen Finanzinstrument zu Grunde liegt. B. können Waren (z. B. Rohstoffe) oder Finanzinstrumente, wie Aktien, Devisen, Wertpapiere (Zinsinstrumente) oder Indices (z. B. → DAX, → REX) sein.

Basiszinssatz. In Deutschland gem. Diskontsatz-Überleistungsgesetz (DÜG) vom 09.06.1998 der am 31.12.1998 geltende → Diskontsatz der Deutschen Bundesbank. Er trat bis zum 31.12.2001 an die Stelle des früheren Diskontsatzes, sofern dieser als Bezugsgröße für Zinsen und andere Leistungen in Rechtsvorschriften und Verträgen verwendet wurde. Der B. wird zum 01.01., 01.05. und 01.09. eines jeden Jahres verändert, sofern eine andere Bezugsgröße – nämlich der Satz der → längerfristigen Refinanzierungsgeschäfte der EZB – seit seiner letzten Veränderung gestiegen oder gefallen ist. Eine Neufestsetzung des B. erfolgt aber nur, wenn sich diese Bezugsgröße um mindestens 0,5 Prozentpunkte geändert hat.

Basler Ausschuss für Bankenaufsicht (engl.: Basle Committee on Banking Supervision – BCBS). Gegr. 1974. Sitz: Basel. Aufgaben: Förderung der Angleichung von allgemeinen Bankaufsichts-Methoden und -Standards; Formulierung allgemein gültiger Aufsichtsstandards und „Best-Practice-Verfahren“; Schließung von Lücken bei der länderübergreifenden Bankenaufsicht. Dadurch soll sichergestellt werden, dass auch ausländische Kreditinstitute in angemessener Weise der Bankenaufsicht unterliegen. Mitglieder sind sowohl Zentralbanken (der G 10-Länder) als auch sonstige für die Bankenaufsicht formal zuständige Behörden aus Belgien, Deutschland, Frankreich, Italien, Japan, Kanada, Luxemburg, den Niederlanden, Schweden, der Schweiz, Spanien, dem Vereinigten Königreich und den USA. Die EZB nimmt an den Sitzungen als Beobachter teil. Über ein Netzwerk regionaler Ausschüsse werden die Kontakte mit Nicht-G 10-Ländern gewährleistet. Der BCBS ermöglicht über ein leistungsstarkes Sekretariat einen Erfahrungsaustausch zwischen Aufsichtsbehörden weltweit. S. a. → Internationale Vereinigung der Versicherungsaufsichtsbehörden (IAIS), → Internationale Organisation der Wertpapieraufsichtsbehörden (IOSCO), → Joint Forum.
http://www.bis.org/bcbs/aboutbcbs.htm

Baumwollbörse. Warenbörse, an der Baumwolle in allen Qualitätsklassen gehandelt wird. Wichtige B. gibt es in Bremen, New Orleans, New York, Liverpool.

Bausparkassen. Sparkassen, deren alleiniger Zweck darin besteht, Bauvorhaben zu finanzieren. Gemäß den Bedingungen eines Bausparvertrages nehmen B. Bauspareinlagen entgegen und stellen (nach Ablauf einer gewissen Ansparzeit) zinsgünstige Darlehen zur Finanzierung privater Bauvorhaben bzw. zum Erwerb von privatem Wohneigentum zur Verfügung. Im ESZB zählen die B. zu den → Monetären Finanzinstituten.

BAV → Bundesaufsichtsamt für das Versicherungswesen.

BAW. Vormals → Bundesamt für Wirtschaft; jetzt → Bundesamt für Wirtschaft und Ausfuhrkontrolle.

BAWe → Bundesaufsichtsamt für den Wertpapierhandel.

BCAS. Abk. f. (engl.) Bank of Central African States; → Bank von Zentralafrika oder (frz.) Banque des Etats de l'Afrique Centrale (BEAC).

BCBS. Abk. f. (engl.) Basle Committee on Banking Supervision; → Basler Ausschuss für Bankenaufsicht.

BCEAO. Abk. f. (frz.) Banque Centrale des Etats de l'Afrique de l'Ouest; → Zentralbank westafrikanischer Staaten oder (engl.) Central Bank of West African States (CBWAS).

BCIE. Abk. f. (span.) Banco Centroamericano de Integración Económica; → Zentralamerikanische Bank für wirtschaftliche Integration oder (engl.) Central American Bank for Economic Integration (CABEI).

BC-Net → Business Cooperation Network.

BDA → Bundesvereinigung der Deutschen Arbeitgeberverbände.

BDB → Bundesverband der Deutschen Binnenschifffahrt.

BdB → Bundesverband deutscher Banken.

BDEAC. Abk. f. (frz.) Banque de Développement des États de l'Afrique Centrale; → Zentralafrikanische Entwicklungsbank oder (engl.) Central African States Development Bank (CASDB).

BDEx → Bundesverband des Deutschen Exporthandels.

BDH → Bundesvereinigung Deutscher Handelsverbände.

BDI → Bundesverband der Deutschen Industrie.

BDL → Bundesverband Deutscher Leasing-Gesellschaften.

BdL → Bank deutscher Länder.

BEAC. Abk. f. (frz.) Banque des Etats de l'Afrique Centrale; → Bank von Zentralafrika oder (engl.) Bank of Central African States (BCAS) .

Bear market (engl.). → Baisse.

Bearer Bond. Amerik. Bez. für → Inhaberschuldverschreibung.

Beauftragter für Auslandsinvestitionen in Deutschland. Er informiert über die ökonomischen Vorteile und Möglichkeiten des Standortes Deutschland; insb. auch als Sprungbrett für die expandierenden Märkte in Osteuropa. Er unterhält ein umfassendes Netzwerk an Kontakten mit Einrichtungen des privaten Sektors sowie mit staatlichen Behörden und gewährt Unter-

nehmen praktische Unterstützung beim Einstieg in Geschäftsbeziehungen – oder deren Erweiterung – in Deutschland.
http://www.foreign-direct-investment.de

Beförderer. Bez. für die gewerblich tätige Person, welche den Transport von Waren in eigener Verantwortung für fremde Rechnung tatsächlich durchführt.

Befrachter. Im Seefrachtgeschäft ist B., wer mit dem → Verfrachter einen → Seefrachtvertrag abschließt (kann z. B. ein Exporteur sein). B. und → Ablader müssen nicht identisch sein. B. kann auch ein → Spediteur sein. Bei anderen Transportgeschäften wird der B. als „frachtbriefgemäßer" → Absender der Ware bezeichnet.

Befristete Transaktionen (engl.: reverse transactions). Begr. f. ein Instrument der Refinanzierung, das im Rahmen der → Offenmarktgeschäfte des ESZB eingesetzt wird. B. T. erfolgen entweder über → Pensionsgeschäfte oder über Pfandkredite. Im ersten Fall erfolgt ein Kauf oder Verkauf von Vermögenswerten seitens der Zentralbank auf der Grundlage einer → Rückkaufsvereinbarung. Dabei wird das Eigentum an den Vermögenswerten – befristet – übertragen. Im zweiten Fall erfolgt eine Kreditgewährung seitens der Zentralbank gegen Verpfändung von → refinanzierungsfähigen Sicherheiten. Dabei verbleibt das Eigentum an den Vermögenswerten beim Schuldner (Pensionsgeber). Es wird nur ein rechtswirksames Sicherungsrecht eingeräumt. Über regelmäßige b. T. werden das → Hauptrefinanzierungsgeschäft und das → längerfristige Refinanzierungsgeschäft abgewickelt. Von Fall zu Fall kommen b. T. bei → Feinsteuerungsoperationen und → strukturellen Operationen zum Einsatz. Monetären Finanzinstituten wird über b. T. nur für einen bestimmten Zeitraum Bankenliquidität bereitgestellt bzw. entzogen. Gegensatz: → Definitive Käufe bzw. Verkäufe, → Outright-Geschäfte.

Beggar-my-neighbour-policy. Form der Außenwirtschaftspolitik, mit der angestrebt wird, durch den Außenhandel eigene Vorteile für das Inland unter bewusster Inkaufnahme von Nachteilen für das Ausland zu erzielen.

Begleitpapiere. Allg. Bez. für die eine Ware begleitenden Frachtpapiere, die dem im → Frachtbrief angegebenen Empfänger mit der Ware übergeben werden.

Benchmark. Im Rahmen des Finanzmanagements (Investment-Banking) verwendeter Begr. f. d. Richtwert für vergleichbare Finanzanlagen mit erstklassiger Ertragskraft (Performance). Benchmark können ein Aktienindex (z. B. der → DAX oder Dow Jones EURO STOXX 50[SM]) oder das Kurs-Gewinn-Verhältnis einer Alternativanlage sein. Die B. dient als Grundlage und Richtgröße für die langfristige Ausrichtung und Beurteilung des Anlageerfolges eines Portfoliomanagers.

Benchmark-Aktien. → Blue Chips.

Benchmark-Anleihe. → Schuldverschreibung, die als richtungweisend angesehen wird. In Deutschland kann dies z. B. die neueste zehnjährige Bundesanleihe sein, deren Kurs und Rendite als Maßstab für die Beurteilung der Kapitalmarktlage und -entwicklung herangezogen wird.

Benchmarking. Instrument zur andauernden Vergleichsanalyse von Produkten, Dienstleistungen oder Prozessen und Methoden mehrerer Unternehmen, um dadurch den „Klassenbesten" oder den Abstand zum (engl.) „best in class" zu ermitteln. B. zeigt bestehende Unterschiede und Verbesserungsmöglichkeiten auf. Zu den Zielen des B. zählen die Verbesserung der Produktqualität, die Minimierung von Kosten sowie die Erhöhung der Kundenzufriedenheit.

Benelux. Kurzbez. für die 1948 beschlossene Wirtschafts- und Zollunion zwischen Belgien, den Niederlanden und Luxemburg. Durch die Zugehörigkeit dieser Länder zur → EU sind die seinerzeitigen vertraglichen Vereinbarungen bedeutungslos geworden.

Bermuda-Option oder (engl.) Atlantic Option. → Option, die nur zu bestimmten Terminen während der Optionslaufzeit seitens des Optionsberechtigten ausgeübt werden kann. Mischform aus → amerikanischer Option und → europäischer Option. Mit der Ausgestaltung einer Option als B.-O., amerikanische Option oder europäische Option ist keine geographische Abgrenzung verbunden.

Berner Übereinkunft. Intern. Vereinbarung v. 09.09.1886 zum Schutz des Urheberrechts an Werken der Literatur, Musik und der bildenden Künste. Vgl. → Revidierte Berner Übereinkunft; → Welt-Urheberrechts-Abkommen.

Beschau → Zollbeschau.

Beschränkungen des Außenwirtschaftsverkehrs. In Deutschland ist nach § 1 AWG der Waren-, Dienstleistungs-, Kapital-, Zahlungs- und sonstige Wirtschaftsverkehr mit → fremden Wirtschaftsgebieten sowie der Verkehr mit Auslandswerten zwischen → Gebietsansässigen grundsätzlich frei. Das AWG kennt jedoch auch Ausnahmen (vorgeschrieben auch durch die AWV), wie Beschränkungen zur Erfüllung internationaler (zwischenstaatlicher) Vereinbarungen, zur Abwehr schädigender Einwirkungen aus fremden Wirtschaftsgebieten, zum Schutz der Sicherheit und auswärtiger Interessen.

Besitzwechsel. Begr. f. einen gezogenen → Wechsel, der sich im Besitz des Gläubigers (z. B. eines Exporteurs) befindet. Vgl. → Rimesse; → Schuldwechsel, → Passivwechsel.

Besondere Havarie. S. → Havarie.

Besonderer Zollverkehr. Drittes Zollverfahren neben der → Überführung in den zollrechtlich freien Verkehr und dem → Ausfuhrverfahren. Zum b. Z. zählen → Versandverfahren, → Veredelungsverkehr, → Zolllagerverfahren, → vorübergehende Verwendung, → Umwandlungsverfahren.

Besonderes Zollverfahren. S. → besonderer Zollverkehr.

Besondere Zollsätze. Sammelbez. für verschiedene Zollbegünstigungen, die auf bi- und/oder multilateralen Assoziierungs-, Präferenzzoll- oder Freihandelsabkommen beruhen. So sind z. B. im → Deutschen Gebrauchs-Zolltarif (DGebrZT) für Waren aus Entwicklungsländern und Ländern, mit denen die EU durch Assoziierungsabkommen verbunden sind, b. Z. enthalten. Vgl. → Präferenzzölle.

Bestätigtes Akkreditiv. Ein b. A. liegt vor, wenn neben der eröffnenden Bank (Akkreditivbank; der Bank des Importeurs) auch die bestätigende Bank (Akkreditivstelle; die Bank des Exporteurs oder eine Korrespondenzbank) gegenüber dem Akkreditivbegünstigten (Exporteur) ein schriftliches → abstraktes Schuldversprechen abgegeben hat. S. a. → Akkreditivbestätigung. Gegensatz: → unbestätigtes Akkreditiv.

Bestellerkredit. Im Außenhandel üblicher, i. d. R. mittel- oder langfristiger Kredit, den ein inländisches Finanzierungsinstitut einem ausländischen Importeur (oder dessen Bank; → Bank-zu-Bank-Kredit) zur Ablösung einer Exportforderung eines inländischen Exporteurs gewährt. Vgl. → Kredite der AKA, → Kredite der KfW, → gebundene Finanzkredite. Gegensatz: → Lieferantenkredit.

Bestimmungsland. Begr. d. Außenwirtschaftsrechts (§ 8 Abs. 5 AWV) für das Land, in das die aus einem anderen Land ausgeführten Waren verbracht oder in dem diese Waren bearbeitet, verarbeitet oder verbraucht werden sollen. Vgl. → Käuferland.

Bestimmungszollstelle. Zollstelle im Bestimmungsland, bei der die Waren, die im → Versandverfahren befördert wurden, erneut zu gestellen sind. I. d. R. endet das Versandverfahren bei der B. (meistens eine → Binnenzollstelle).

Betrieb. Begr. f. d. örtlich, technisch und organisatorisch einheitliche wirtschaftliche Gebilde zur Hervorbringung von Waren und Dienstleistungen. Zu unterscheiden vom Begriff der Unternehmung, der zusätzlich die rechtliche und wirtschaftlich-finanzielle Einheit bezeichnet. Betriebe können Teilbereiche einer Unternehmung sein.

Bevölkerungsfonds der Vereinten Nationen – (engl.) United Nations Population Fund (UNFPA). → Spezialprogramm der UN. Gegr. 1967. Sitz: New York; Verbindungsbüro in Chatelaine/Genf. UNFPA unterstützt Entwicklungsländer bei der Erarbeitung und Durchführung von Programmen zur Bevölkerungsentwicklung. Schwerpunkte: Familienplanung, Gesundheitsvorsorge für Mütter und Kinder, Sexualerziehung.
http://www.unfpa.org

Beweisurkunde. Urkunde, die zur Geltendmachung eines Rechts nicht vorgelegt werden muss. Vgl. → Wertpapier.

Beweisurkunden im Außenhandel. Dokumente, bei denen weder eine Vorlegungspflicht noch eine Einlösungspflicht besteht. D. h., dass der Gläubiger seine Berechtigung auch auf anderem Wege geltend machen bzw. der Schuldner die Rechtmäßigkeit der Vorlage abstreiten kann. Solche B. i. A. sind: → Frachtbrief; manche Spediteurdokumente, wie → Internationale Spediteurübernahmebescheinigung; → Posteinlieferungsschein; → Kreditversicherungspolice; alle → Handels- und Zollpapiere. Ihnen fehlt die Funktion eines → Wertpapiers (das seinerseits aber immer auch die Beweisfunktion besitzt).

BewG. Abk. f. d. deutsche Bewertungsgesetz.

Bezetteln. Begr. aus dem (internationalen) Transportwesen für die Anbringung von angehängten, aufgeklebten oder angenagelten Zetteln oder Karten (mit der Angabe von Packstücknummer, Bestimmungsstation u. Ä. m.) auf → Stückgütern.

Bezogener. Wechselschuldner. Die auf einem → Wechsel als zahlungspflichtig genannte Person. Mit der namentlichen Unterschrift auf dem Wechsel (→ Akzept) anerkennt der B. seine Zahlungsverpflichtung wie auch den im Wechsel genannten Zahlungs- bzw. Verfallstag.

Bezugsrecht. Recht eines Aktionärs, bei der Kapitalerhöhung seiner Aktiengesellschaft neue Aktien zu erwerben. Aktionäre können auf die Ausübung ihres B. verzichten und die Bezugsrechte an der Börse verkaufen.

bfai. Abk. f. Bundesstelle für Außenhandels-Information (vormals); heute → Bundesagentur für Außenwirtschaft.

bfai-Datenbank Außenwirtschaftsförderung und wirtschaftliche Zusammenarbeit. → Förderdatenbank der → Bundesagentur für Außenwirtschaft (bfai).

bfai-Zolldatenbank weltweit. → Zolldatenbank der Bundesagentur für Außenwirtschaft (bfai).

BfF → Bundesamt für Finanzen.

BFH → Bundesvereinigung der Fachverbände des Deutschen Handwerks.

b. f. n. → brutto für netto.

BfN → Bundesamt für Naturschutz.

BfS → Bundesamt für Strahlenschutz.

BGA → Bundesverband des Deutschen Groß- und Außenhandels.

BGA-Außenwirtschaftsreport. Zweimal monatlich erscheinende Zeitschrift des BGA.

BGB → Bürgerliches Gesetzbuch.

BGB-Gesellschaft. → Gesellschaft bürgerlichen Rechts (GbR).

BGH → Bundesgerichtshof.

BIAS. Abk. f. BIMCO Informatique A/S. Stellt Software für die Geschäftsabwicklung der internationalen Seeschifffahrt bereit. S. → Baltic International and Maritime Council.

BIC. Abk. f. (engl.) Bank Identifier Code. Code, mit dem eine Finanzinstitution innerhalb des → Swift-Systems eindeutig zu identifizieren ist. BIC enthält acht oder elf Stellen (Bank-Code: 4 Stellen; Länder-Code: 2 Stellen; Location-Code: 2 Stellen; Filial-Code: 3 Stellen) und dient der automatischen Nachrichtenverarbeitung. Der BIC ist Voraussetzung für die Teilnahme an → TARGET.

Bid → Geldkurs. Der Nachfrage-/Ankaufs-Preis/Kurs. Gegensatz: → Ask.

Bietungsgarantie. Angebots- oder Offertgarantie (engl.: tender guarantee). Besondere Form der → Bankgarantie, die insbes. bei internationalen → Ausschreibungen gefordert bzw. gegeben wird. Das bietende Unternehmen legt dann zusammen mit seinem Angebot eine B. eines Kreditinstituts vor. Die B. dient der Absicherung der ausschreibenden Stelle v. a. vor den finanziellen Folgen des Risikos, dass ein Bieter sein Angebot vorzeitig zurückzieht, es nachträglich ändert oder sich weigert, nach Zuschlag den Vertrag zu unterzeichnen (und deshalb eine Neuausschreibung vorgenommen werden muss). Die Höhe der B. liegt i. d. R. zwischen 2 bis 5 % des Auftragswertes. Die Laufzeit richtet sich nach der Bindefrist des Angebots; sie beträgt häufig drei Monate.

Bietungshöchstbetrag (engl.: maximum bid limit). Betragsmäßige Obergrenze für Gebote einzelner Geschäftspartner im Rahmen von → Tender-Operationen. B. können vom ESZB festgesetzt werden, um unverhältnismäßig hohe Gebote einzelner Geschäftspartner auszuschließen.

Big Bang. (Engl.) Bez. f. d. im Vereinigten Königreich am 27.10.1986 in Kraft getretene Deregulierung im Bereich des Investment-Banking.

Bilanz der Ausgleichsposten zur Auslandsposition der Deutschen Bundesbank. Teilbilanz der → Zahlungsbilanz. In ihr werden die Gegenposten der Veränderungen der Auslandsposition (des Wertes der → Währungsreserve-Bestände) erfasst, die sich nicht aus Transaktionen des Leistungs- und Kapitalverkehrs, sondern aus Wechselkurs- bzw. Preisveränderungen sowie der Zuteilung (Absorption) von Sonderziehungsrechten ergeben. So führt die Aufwertung einer als Währungsreserve gehaltenen fremden Währung (die Abwertung der eigenen Währung) zur Erhöhung des Wertes der Währungsreserven – in der Inlandswährung ausgedrückt; die Abwertung der fremden Währung (die Aufwertung der eigenen Währung) zur Reduzierung des Wertes der Währungsreserven. Die Erhöhung (Reduzierung) des Goldpreises steigert (verringert) den Wert der Auslandsaktiva. Auch die Zuteilung (Absorption) von → Sonderziehungsrechten seitens des IWF wird in der Bilanz der Ausgleichsposten gegengebucht. In der staffelförmigen Darstellung der Zahlungsbilanz erscheint nicht der (Netto-)Ausgleichsposten als solcher, sondern der Saldo der Bilanz der Ausgleichsposten; mit dem jeweils zutreffenden Plus- oder Minusvorzeichen.

Bilanz der Direktinvestitionen. Teilbilanz der → Kapitalbilanz (und damit auch der → Zahlungsbilanz). Auf der Soll-Seite werden die ausländischen Netto-Direktinvestitionen im Inland, auf der Haben-Seite die inländischen Netto-Direktinvestionen im Ausland erfasst. Als Direktinvestitionen gelten Finanzbeziehungen zu in- und ausländischen Unternehmen, an denen der Investor 10 % oder mehr der Anteile oder Stimmrechte unmittelbar hält; einschl. Zweigniederlassungen und Betriebsstätten (Beteiligungskapital und reinvestierte Gewinne). Ab 1996 werden auch kurzfristige Finanzkredite und Handelskredite als Direktinvestitionen ausgewiesen. Die Aufnahme von Krediten der Direktinvestoren bei ihren Töchtern wird als Rückführung der von Direktinvestoren zur Verfügung gestellten Mittel verbucht. Zu den Direktinvestitionen zählt auch der Erwerb von Grundbesitz.

Bilanz der Ergänzungen zum Warenverkehr. Teilbilanz der → Leistungsbilanz (und damit auch der → Zahlungsbilanz). In ihr werden die Zusetzungen und Absetzungen zur Ausfuhr (auf der Soll-Seite) und zur Einfuhr (auf der Haben-Seite) erfasst. Dazu zählen Ausfuhr aus Lager, Einfuhr auf Lager bzw. Einfuhr aus Lager, passiver/aktiver → Veredelungsverkehr, → Rückwaren, → Transithandel.

Bilanz der Erwerbs- und Vermögenseinkommen. Teilbilanz der → Leistungsbilanz (und damit auch der → Zahlungsbilanz). In ihr werden im Soll die Einnahmen, im Haben die Ausgaben aus Erwerbs- und Vermögenseinkommen erfasst. Zum Erwerbseinkommen zählt das Einkommen aus unselbstständiger Arbeit. Zum Vermögenseinkommen zählen Dividenden und sonstige Gewinne, Zuschüsse zur Verlustabdeckung, reinvestierte Gewinne, Zinsen aus Investmentzertifikaten, Zinsen für festverzinsliche Wertpapiere, Zinsen für Kredite, Miete und Pacht aus Grundbesitz.

Bilanz der laufenden Übertragungen. Teilbilanz der → Leistungsbilanz (und damit auch der → Zahlungsbilanz). In ihr werden Transaktionen erfasst, die ständig wiederkehrend ohne unmittelbare Gegenleistung (unentgeltlich) erfolgen: Auf der Soll-Seite die Leistungen vom Ausland; z. B. Steuereinnahmen; laufenden Übertragungen der EU (an Deutschland); Renten,

Pensionen und Unterstützungszahlungen. Auf der Haben-Seite die Leistungen an das Ausland; z. B. laufende Übertragungen an die EU (wie Zölle und EU-Anteile am Mehrwertsteueraufkommen); Beiträge an internationale Organisationen; Zuwendungen an Entwicklungsländer; Steuererstattungen; Renten, Pensionen und Unterstützungszahlungen; Heimatüberweisungen der Gastarbeiter (aus Deutschland).

Bilanz der statistisch nicht aufgliederbaren Transaktionen. Teilbilanz der → Zahlungsbilanz. S. → Saldo der statistisch nicht aufgliederbaren Transaktionen.

Bilanz der Veränderung der Netto-Auslandsposition der Zentralbank (in Deutschland: Bilanz der Veränderung der Netto-Auslandsaktiva der Deutschen Bundesbank). Eine der (vier) grundlegenden Teilbilanzen der → Zahlungsbilanz. In ihr werden erfasst: Auf der Soll-Seite die Veränderungen der Auslandsverbindlicheiten einer Volkswirtschaft (in Deutschland differenziert nach Verbindlichkeiten gegenüber Ansässigen in anderen EWU-Ländern und Ansässigen außerhalb des Euro-Währungsgebietes). Auf der Haben-Seite die Veränderungen der Währungsreserven (wie Devisenreserven, Reserveposition im IWF und Sonderziehungsrechte), (in Deutschland) die Forderungen innerhalb des Eurosystems sowie die sonstigen Forderungen (an Ansässige in anderen EWU-Ländern und an Ansässige außerhalb des Euro-Währungsgebietes). Wenn diese Bilanz einen Soll-Saldo ausweist, dann hat sich die Netto-Auslandsposition verbessert; im Rechnungszeitraum wurden dann netto mehr Auslandsforderungen als -verbindlichkeiten erworben. Der Saldenwert wird in der staffelförmigen Darstellung der Zahlungsbilanz aber – buchungstechnisch konsistent – mit einem Minus-Vorzeichen ausgewiesen. Wenn diese Bilanz einen Haben-Saldo ausweist, dann hat sich die Netto-Auslandsposition verschlechtert; die Netto-Auslandsverbindlichkeiten haben die Netto-Auslandsforderungen überstiegen. Der Saldenwert wird in der staffelförmigen Darstellung der Zahlungsbilanz mit einem Plus-Vorzeichen ausgewiesen.

Bilanz der Vermögensübertragungen. Eine der (vier) grundlegenden Teilbilanzen der → Zahlungsbilanz. Auf der Soll-Seite werden die (Vermögens-)Leistungen vom Ausland, auf der Haben-Seite die (Vermögens-)Leistungen an das Ausland erfasst. Es sind dies die unentgeltlichen „einmaligen" Leistungen; Leistungen, die nicht ständig wiederkehrend (laufend) anfallen. Sie werden nach öffentlichen und privaten Vermögensübertragungen differenziert. Für die Zuordnung zu öffentlichen und privaten Übertragungen ist maßgebend, welchem Sektor die an der Transaktion beteiligte inländische Stelle angehört.

Bilanz der Wertpapiertransaktionen und Finanzderivate. Teilbilanz der → Kapitalbilanz (und damit auch der → Zahlungsbilanz). Auf der Soll-Seite werden die ausländischen Wertpapieranlagen (ohne Direktinvestitionen) im Inland, auf der Haben-Seite die inländischen Wertpapieranlagen (ohne Direktinvestitionen) im Ausland erfasst. Dazu zählen Dividendenwerte (ohne Beteiligungscharakter), Investmentzertifikate (z. B. Geldmarktfonds), langfristige festverzinsliche Wertpapiere (öffentliche und private Anleihen), Geldmarktpapiere und → Finanzderivate (Saldo der Zahlungen in Optionen und Finanztermingeschäften).

Bilanz des Kreditverkehrs (ohne Direktinvestitionen). Teilbilanz der → Kapitalbilanz (und damit auch der → Zahlungsbilanz). Auf der Soll-Seite wird die ausländische Netto-Kreditgewährung an das Inland, auf der Haben-Seite die inländische Netto-Kreditgewährung an das Ausland erfasst. Dazu zählen Buchkredite, Schuldscheindarlehen, im Wege der Abtretung erworbene Forderungen u. ä. Bankguthaben sowie Handelskredite (Forderungen und Verbindlichkeiten aus Zahlungszielen und Anzahlungen im Waren- und Dienstleistungsverkehr). Es wird nach langfristiger Kreditgewährung (bei ursprünglich vereinbarter Laufzeit von mehr als einem Jahr oder bei unbegrenzter Laufzeit) und nach kurzfristiger Kreditgewährung (bei einer

Laufzeit bis zu einem Jahr) differenziert. Netto-Kreditgewährung besagt, dass letztendlich nur der Saldo aus Kreditneugewährung und Kreditrückzahlung ausgewiesen wird.

Bilaterale Geschäfte (engl.: bilateral procedure). Begr. f. d. Verfahren bei → Offenmarktgeschäften des ESZB, bei dem eine nationale Zentralbank oder die EZB nur mit einem oder wenigen Partnern direkt Geschäfte abschließt (also ohne → Tenderverfahren); dazu gehören auch Operationen, die über die Börsen oder über Marktvermittler durchgeführt werden. B. G. werden bei → Feinsteuerungsoperationen und → strukturellen Operationen getätigt.

Bilateraler Leitkurs (engl.: bilateral central rate). Offizieller (Mittelwert-)Wechselkurs zwischen zwei Währungen, die in einem System fester Wechselkurse miteinander verbunden sind (→ Parität). B. L. gab es z. B. im → Europäischen Währungssystem.

Billigflagge. Begr. f. Länder, unter deren Flagge ausländische Reeder ihre Schiffe fahren lassen, um in den Genuss besonderer wirtschaftlicher Vorteile zu gelangen: niedrige Steuern, Löhne und Sozialabgaben; Umgehung internationaler Abkommen und nationaler Schutzmaßnahmen. Der Begriff B. wird heute auch auf andere Verkehrsmittel ausgedehnt.

Bill of Lading (B/L). → Konnossement.

BIMCO → Baltic International and Maritime Council.

Binnenhandel. Begr. f. d. Warenverkehr, der innerhalb des eigenen Wirtschaftsgebietes abgewickelt wird. Gegensatz: → Außenhandel.

Binnenhauptzollamt. → HZA ohne Drittlandsgrenze sowie an einem Flughafen oder Seehafen.

Binnenmarkt. Inländisches Wirtschaftsgebiet, innerhalb dessen für die Produktion, den Handel und den Einsatz der Produktionsfaktoren die gleichen ökonomischen, sozialen und rechtlichen Rahmenbedingungen gelten und deshalb ein einheitlicher Markt entstanden ist. Vgl. → Europäischer Binnenmarkt. In der EU werden die Begr. Binnenmarkt und → Gemeinsamer Markt syn. verwendet.

Binnenschiffahrt. Sie befasst sich mit der gewerblichen Beförderung von Gütern und Personen mit Schiffen auf Binnengewässern (Flüssen, Kanälen, Seen). Die B. ist im Außenhandel für den Exporteur als Vortransportsystem – vor allem für Massengüter (Rohstoffe) und Container – zu den Seehäfen und für den Importeur als Nachtransportsystem von den Seehäfen ins Binnenland bedeutsam.

Binnenzollstelle. → Zollstelle, die innerhalb des inländischen (gemeinsamen) Wirtschaftsgebietes liegt; nicht an der Grenze zum fremden Wirtschaftsgebiet (Drittlandsgrenze), also keine Grenzzollstelle ist. Im Interesse einer zügigen Abfertigung im grenzüberschreitenden Warenverkehr kann im Rahmen des → Versandverfahrens die Exportabfertigung bereits durch eine B. erfolgen. Im → gemeinschaftlichen Versandverfahren wird die B. als → Abgangszollstelle bezeichnet.

BIP → Bruttoinlandsprodukt.

BIS. Abk. f. (engl.) Bank for International Settlements; → Bank für Internationalen Zahlungsausgleich (BIZ).

BIZ → Bank für Internationalen Zahlungsausgleich.

B/L – (engl.) Bill of Lading; → Konnossement.

Black List. „Schwarze" Boykottliste, nach der es keine Wirtschaftsbeziehungen zu bestimmten Unternehmen geben soll; z. B. die B. L. der Arabischen Liga. Nach dieser sollen keine Waren in die dem Boykottkomitee der Arabischen Liga angehörenden Staaten eingeführt werden, deren Hersteller enge wirtschaftliche Beziehungen mit Israel unterhalten.

Black List-Klauseln untersagen Wirtschaftsbeziehungen zu bestimmten Unternehmen. § 4a der deutschen AWV untersagt Gebietsansässigen die Abgabe von Erklärungen jeder Art, die Boykott gegenüber einem anderen Staat im Außenwirtschaftsverkehr bedeuten würden.

Blanko-Indossament. Das → Indossament auf einem Wertpapier besteht nur aus der Unterschrift des → Indossanten. Jeder Erwerber eines solchen Papiers kann seinen Namen oder den Namen eines anderen, an den er das Wertpapier weitergibt, eintragen.

Blanko-Scheck. Ist ein unvollständiger → Scheck, dem ein (oder mehrere) gesetzl. Merkmal(e) fehlt (fehlen). Daher ist ein B.-Sch. ungültig; z. B. ein ohne Betrag vom Aussteller unterschriebener Scheck. Dieser wird erst mit der Vervollständigung, hier der Eintragung der Scheckbetrages, gültig.

BLEG → Bundesanstalt für Landwirtschaft und Ernährung.

Blockfloating oder → Gruppenfloating.

Bloomberg. Weltweites Netz für Echtzeit-Finanzinformationen und Wirtschaftsnachrichten. http://www.bloomberg.com

Blue Chips. (Anglo-amerik.) Bez. f. Aktien bekannter und florierender Unternehmen, die sich durch erstklassige Bonität (Kreditwürdigkeit), gute Performance-Perspektiven (Kurswert-Entwicklungen) und zuverlässige Dividendenkontinuität (hohes → Rating) auszeichnen. B. C. enthält z. B. der Dow-Jones-Index (→ Dow-Jones-Industrial-Average).

BLZ → Bankleitzahl.

BMA → Bundesministerium für Arbeit und Sozialordnung.

BMBF → Bundesministerium für Bildung und Forschung.

BMF → Bundesministerium der Finanzen.

BMU → Bundesministerium für Umwelt, Naturschutz und Reaktorsicherheit.

BMVEL → Bundesministerium für Verbraucherschutz, Ernährung und Landwirtschaft.

BMVBW → Bundesministerium für Verkehr, Bau- und Wohnungswesen.

BMWi → Bundesministerium für Wirtschaft und Technologie.

BMZ → Bundesministerium für wirtschaftliche Zusammenarbeit und Entwicklung.

BND → Bundesnachrichtendienst.

BNP → Bruttonationalprodukt.

BOAD. Abk. f. (frz.) Banque Ouest Africaine de Développement; → Westafrikanische Entwicklungsbank oder (engl.) West African Development Bank (WADB).

Bordero. Verzeichnis der Sendungen im → Sammelladungsverkehr. Es enthält Informationen zur Behandlung der einzelnen Sendungen bis zu deren Auslieferung an die Empfänger.

BÖGA → Börsengeschäftsabwicklung.

Bogen (engl.: coupon sheet). Teil einer Wertpapierurkunde (die aus → Mantel und Bogen besteht). Der B. setzt sich seinerseits aus den → Coupons und dem Erneuerungsschein (→ Talon) zusammen. Im B. wird das Nebenrecht verbrieft, das zu dem im Mantel verbrieften Hauptrecht gehört.

Bona-fide-Klausel. Sie ist fester Bestandteil des → commercial letter of credit. Sie besagt, dass die den CLC ausstellende Bank sich gegenüber dem Trattenaussteller, jedem Indossanten und jedem gutgläubigen Erwerber verpflichtet, die im Rahmen des CLC ausgestellte und von den akkreditivgemäßen Dokumenten begleitete Tratte bei Vorlage durch den Bezogenen einzulösen.

Bonds. (1) Angelsächsiche Bez. f. Schuldverschreibungen (festverzinsliche Wertpapiere). (2) Bez. f. langfristige → Schuldverschreibungen (Kapitalmarktpapiere), im Gegensatz zu → Notes. Man unterscheidet u. a. nach → Auslandsbonds, → Baby Bonds, → Government Bonds, → Mortgage Bonds, → Zero Bonds.

Bonität → Kreditwürdigkeit.

Bordezeichen und → Haltezeichen.

Bonitätsrisiko. S. → Kreditrisiko im Außenhandel.

Bordkonnossement, An-Bord-Konnossement, (engl.) Shipped on Board Bill of Lading/ Shipped on Board B/L. S. → Konnossement.

Börse. Organisierter Markt, auf dem vertretbare (fungible) Sachen (z. B. Waren, Devisen, Wertpapiere, Futures, Optionen) nach bestimmten Regeln (hinsichtlich des Ortes, der Zeit, der Marktteilnehmer und des Ablaufs) gehandelt werden. Die Feststellung der Preise oder Kurse der gehandelten Objekte richtet sich nach Angebot und Nachfrage. In Deutschland gibt es acht → Wertpapierbörsen, fünf → Devisenbörsen und eine Wertpapierterminbörse (→ Eurex®). Websites weltweit wichtiger (Effekten-, Aktien-)Börsen (engl.: stock exchanges):

London:	→ London Stock Exchange (LSE)
Amsterdam (Euronext):	http://www.aex.nl
Brüssel (Euronext):	http://www.stockexchange.be
Lissabon (Euronext):	http://www.bvl.pt
Paris (Euronext):	http://www.bourse-de-paris.fr
Frankfurt (Eurex):	→ Franfurter Wertpapierbörse (FWB)
Schweiz (Eurex):	http://www.swx.com
Wien (Newex):	http://www.wienerboerse.at
Bangkok:	http://www.set.or.th

Börsenarten

Bombay:	http://www.nseindia.com
Chicago:	→ Chicago Stock Exchange (CHX)
Hong Kong:	http://www.hkex.com.hk
Jakarta:	http://www.jsx.co.id
Johannesburg:	http://www.jse.co.za
Kuala Lumpur:	http://www.klse.com.my
Mexiko:	http://www.bmv.com.mx
New York:	→ New York Stock Exchange (NYSE)
Sao Paulo:	http://www.bovespa.com.br
Singapur:	http://www.ses.com.sg
Shanghai:	http://www.sse.com.cn
Sydney:	http://www.asx.com.au
Taiwan:	http://www.tse.com.tw
Tokio:	→ Tokyo Stock Exchange (TSE)
Toronto:	http://www.tse.com

Börsenarten. Es wird unterschieden: nach der Art der gehandelten Güter zwischen → Wertpapier- oder Effektenbörsen, → Devisenbörsen, → Warenbörsen, Frachtenbörsen, Versicherungsbörsen; nach der Geschäftsform zwischen Börsen für → Kassageschäfte und Börsen für → Termingeschäfte bzw. spezielle Termingeschäfte (z. B. → Optionsbörsen); nach der Anwesenheit/Abwesenheit am/vom Börsenplatz (im Börsensaal) der am Handel Beteiligten zwischen → Präsenzbörsen und → Computerbörsen; nach dem Sitz der Börse zwischen Inlandsbörsen und Auslandsbörsen. Die jeweils führende Börse eines Landes oder eines größeren Wirtschaftsraumes wird als Zentral- oder → Leitbörse bezeichnet.

Börsengeschäftsabwicklung (BÖGA). Das elektronische Informationsverarbeitungssystem der → Deutsche Börse AG bzw. der → Deutsche Börse Systems AG, das zur Abwicklung von Wertpapiergeschäften eingesetzt wird.

Börsenkapitalisierung → Marktkapitalisierung.

Börsenkrach (Börsencrash). Starker Kursverfall innerhalb einer kurzen Zeit an einer oder mehreren der großen internationalen Börsen. Im 20. Jahrhundert gab es z. B. in den Jahren 1929 und 1987 besonders schwere B.

Börsen-Order-Service-System. → BOSS.

Börsenrat. Börsenorgan, in dem die zur Teilnahme am Börsenhandel zugelassenen Personen und Unternehmen, ggf. weitere Anleger und Wirtschaftsgruppen vertreten sind. Der B. erlässt die Börsen- und Gebührenordnung sowie die Bedingungen für die Geschäftsabwicklung an der Börse. Ihm obliegt die Bestellung und Abberufung der Geschäftsführer (in Abstimmung mit der Börsenaufsicht).

Börsensegmente. Teilmärkte (Marktsegmente) im Wertpapierhandel an Börsen. Grundsätzlich wird nach zwei Teilmärkten differenziert. (1) Vertikale Börsensegmente. Sie ergeben sich in erster Linie durch unterschiedliche Zulassungs- und Aufsichtsbestimmungen: → amtlicher Handel (1. Markt), → geregelter Markt (2. Markt), → Freiverkehr (3. Markt). (2) Horizontale Börsensegmente. Sie ergeben sich durch die Gliederung der drei vertikalen Börsensegmente in weitere Marktsegmente, wie → Kassamarkt, → Terminmarkt, → Optionsmarkt.

BOSS. Abk. f. Börsen-Order-Service-System.

BOSS-CUBE. Abk. f. Börsen-Order-Service-System und Computer unterstütztes Börsenhandels- und -Entscheidungssystem. Das Informationsverarbeitungssystem der → Deutsche Börse AG bzw. der → Deutsche Börse Systems AG. Dieses System stellt das elektronische Order-Routing vom Händlerplatz direkt in das Skontro des Maklers sicher und gibt Real-Time-Informationen zum aktuellen Geschehen auf dem Börsenparkett. Es leitet die Geschäfte an das → BÖGA-System weiter.

BPatG → Bundespatentgericht.

BRD. Abk. f. Bundesrepublik Deutschland.

Bretton-Woods-System. Bez. f. d. Internationale Währungssystem, das auf einer Währungs- und Friedenskonferenz (der späteren → Vereinten Nationen) in Bretton-Woods, einem an der amerikanischen Ostküste im Bundesstaat New Hampshire gelegen Badeort, verabredet wurde. Das am 27.07.1944 unterzeichnete Abkommen sah eine umfassende Neuordnung der Weltwirtschaft nach dem Zweiten Weltkrieg vor. Für den Wiederaufbau der Weltwirtschaft und als solide Grundlage für die Entwicklung des Welthandels konnte man sich damals nach übereinstimmender Auffassung nur ein → System fester Wechselkurse vorstellen. Es wurde nach dem → Gold-Devisen-Standard mit dem US-Dollar als „Ankerwährung“ (→ Leitwährung) konzipiert. Die Kernpunkte waren: Festlegung der Goldparität des US-Dollars (1 US-$ = 0,888671 g Feingold) und des Goldpreises (1 Unze Feingold = 35 US-$); Verpflichtung der USA zum An- und Verkauf von Dollar zu diesem Preis; Festlegung der → Paritäten der übrigen Währungen gegenüber dem US-Dollar (z. B. 1 US-$ = 119,107 französische Franc; bei einer Goldparität von 1 FF = 0,00746113 g Feingold); Verpflichtung der mitwirkenden Zentralbanken der Länder dieser übrigen Währungen, die Wechselkurse innerhalb einer → Bandbreite von (anfangs) ± 1 % zu halten; Möglichkeit des → Realignments bei fundamentalen Zahlungsproblemen einzelner Mitgliedstaaten; Errichtung des → Internationalen Währungsfonds (zur internationalen Kreditgewährung); Errichtung der → Weltbank (zur Bereitstellung von Finanzierungshilfen für Entwicklungsländer). Dieses „alte“ Internationale Währungssystem hatte bis zur Einstellung der offiziellen Konvertierbarkeit des US-Dollars in Gold im Dezember 1971 Bestand (obwohl die USA schon vorher ihrer uneingeschränkten → Goldeinlösungspflicht nicht mehr nachkommen konnten). Endgültig ging das Bretton-Woods-System im März 1973 zu Ende, nachdem die Bemühungen, durch ein Realignment ein neues internationales Währungssystem mit festen Wechselkursen zu schaffen, erfolglos blieben. Daraufhin erfolgte in Europa die Bildung der → Europäischen Währungsschlange und danach des → Europäischen Währungssystems. Das B.-W.-S. beruhte auf vertraglichen Vereinbarungen; im Unterschied dazu war der → Goldstandard das Ergebnis der autonomen Anwendung gleichartiger währungspolitischer Grundsätze.

BRH → Bundesrechnungshof.

Bridge. Bietet Informationen aus erster Quelle von 200 Börsen und von anderen Märkten; Echtzeit-Kurse für insg. rd. 400.000 Aktien, Optionen und Indices. Sitz: New York.
http://www.bridge.com

Bridge Telerate. Bildschirmdienst, über den → EONIA und → EURIBOR veröffentlicht wurden.

Briefkastenfirma. Nichtjuristischer Begriff für Gesellschaften, die ihren Sitz in einem Niedrigststeuerland (→ Steueroase) haben; sie werden dort meist nur durch eine Person mit Postvollmacht vertreten.

Briefkurs oder (engl.) Ask. (Angebots-)Preis, zu dem ein Verkäufer bereit ist, ein Wertpapier zu verkaufen; den B. „verlangt“ der Verkäufer eines Finanzinstrumentes. Verkaufskurs für Devisen durch Banken. Gegensatz: → Geldkurs.

Broker. (1) Bez. für Personen oder Unternehmen (sog. Broker-Häuser), die in den USA (→ im Trennbankensystem) im Wertpapierhandel tätig sind. Dort sind B. berechtigt, Aufträge von Kunden außerhalb der Börsen entgegenzunehmen und auszuführen; auch befugt, Wertpapiere zu verwalten und Anlageberatung durchzuführen. Sie betreiben das Wertpapiergeschäft nicht auf eigene Rechnung, sondern im Auftrag anderer. Diese B. sind daher → Kommissionäre und nicht Makler. Die Vergütung (Provision), die sie für ihre Dienstleistung erhalten, wird Brokerage genannt. An der → London Stock Exchange waren B. bis 1986 tätig. Wenn diese einen Auftrag von einem Kunden erhielten, wandten sie sich an einen → Jobber, nannten ihm die gewünschte Menge und erfuhren von ihm den Preis. Daraufhin entschied der B., ob er tatsächlich kaufte bzw. verkaufte. S. → Marketmaker. (2) Engl. Bez. f. → Kursmakler.

Brokerage. Engl. Bez. f. d. Vergütung (Provision), die ein → Broker für seine Dienstleistung erhält.

Browser. Programm, mit dem man sich im Internet bewegt. Der B. ermöglicht den Zugang zu → html-Dokumente (nicht aber deren Bearbeitung); er zeigt html-spezifische Funktionen, wie z. B. → Hyperlinks, an. Die gebräuchlichsten Web-B. sind Microsoft >Internet Explorer und >Netscape Navigator.

BRT → Bruttoregistertonne.

Brücke-Osteuropa. Arbeitsgemeinschaft für Wirtschafts- und Technologie-Kooperation mit Osteuropa. Sitz: Berlin. Unterhält ein Netzwerk vielfältiger Dienstleistungen; von Innovations- und Technologiezentren, über Unternehmens-, Technologie-, Messe-, Rechts- und Steuerberatung, Finanzierung und Förderprogramme, Patentinformationen bis zu Übersetzungsleistungen.
www.bruecke-osteuropa.de

Brüsseler Zollrat. Vorläufer des → Rates für die Zusammenarbeit auf dem Gebiet des Zollwesens (RZZ).

Brüsseler Zolltarifschema (BZT). Vorläufer der → Nomenklatur des Rates für die Zusammenarbeit auf dem Gebiet des Zollwesens (NRZZ).

Brutto-Abwicklungssystem in Echtzeit. → Echtzeit-Bruttozahlungssystem (→ RTGS-System).

brutto für netto (b. f. n.). → Handelsklausel, nach welcher der Kaufpreis nach dem Gewicht der Ware einschl. Verpackung (→ Tara) berechnet wird.

Bruttoinländereinkommen → Bruttonationaleinkommen.

Bruttoinlandsprodukt zu Marktpreisen (BIP). Wert aller Güter (Waren und Dienstleistungen), die in einem bestimmten Zeitraum (einem Jahr) im inländischen Wirtschaftsgebiet produziert werden (unabhängig davon, ob von Inländern oder von Ausländern erwirtschaftet). Ausdruck der wirtschaftlichen Leistung einer Volkswirtschaft, erfasst gem. dem → Inlandskonzept.
Von der Entstehung her gesehen (→ gesamtwirtschaftliche Entstehungsrechnung) errechnet

sich das BIP wie folgt: Summe der unbereinigten Bruttowertschöpfung aller Wirtschaftsbereiche abzüglich der unterstellten Bankgebühr = bereinigte → Bruttowertschöpfung. Diese ergibt zuzüglich der → Gütersteuern und abzüglich der → Gütersubventionen das BIP. Oder: → Produktionswerte aller Wirtschaftsbereiche abzüglich deren → Vorleistungen.
Von der Verwendung aus betrachtet ist das BIP die Summe von Verbrauch (Privatverbrauch und Staatsverbrauch), Bruttoinvestitionen und Außenbeitrag (Differenz zwischen Export und Import). Wenn zum BIP zu Marktpreisen das → Primäreinkommen aus der übrigen Welt hinzugezählt und das → Primäreinkommen an die übrige Welt abgezogen wird, erhält man das → Bruttonationalprodukt zu Marktpreisen (BNP). „Zu Marktpreisen" bedeutet, dass der Wert des BIP bzw. des BNP einschließlich der gesamtwirtschaftlichen → Abschreibungen und der → Produktions- und Importabgaben abzüglich der Subventionen ausgewiesen wird. Vgl. → Nettoinlandsprodukt zu Marktpreisen.

Bruttonationaleinkommen (Bruttoinländereinkomen) zu Marktpreisen. Syn. f. → Bruttonationalprodukt zu Marktpreisen.

Bruttonationalprodukt zu Marktpreisen (BNP); in Deutschland bis 1999 als Bruttosozialprodukt zu Marktpreisen (BSP) bezeichnet. Das BNP stellt den Wert aller Güter (Waren und Dienstleistungen) dar, der in einem bestimmten Zeitraum (einem Jahr) von → Inländern erwirtschaftet wird (zum größten Teil im Inland, teilweise aber auch im Ausland). Ausdruck der wirtschaftlichen Leistung einer Volkswirtschaft, erfasst gem. dem → Inländerkonzept. Vgl. → Bruttoinlandsprodukt. S. a. → Nettonationalprodukt.

Bruttoproduktionswert. S. → Produktionswert.

Bruttoregistertonne (BRT). Maßeinheit für den gesamten umbauten Raum eines Schiffes. 1 BRT = 2,8317 cbm. Vgl. → Nettoregistertonne, → tdw.

Bruttosozialprodukt zu Marktpreisen (BSP). Frühere Bez. f. → Bruttonationalprodukt zu Marktpreisen.

Bruttowertschöpfung. Begr. der Volkswirtschaftlichen Gesamtrechnungen f. die Differenz zwischen dem (größeren) → Produktionswert und dem (kleineren) Wert der → Vorleistungen.

BSG → Bundessozialgericht.

BSH → Bundesamt für Seeschifffahrt und Hydrographie.

BSL → Bundesverband Spedition und Logistik e. V.

BSP → Bruttosozialprodukt.

BSV → Bundesschuldenverwaltung. Jetzt → Bundeswertpapierverwaltung (BWV).

Bubills → unverzinsliche Schatzanweisungen des Bundes (der Bundesrepublik Deutschland).

Buchgeld oder Giralgeld. Geld, das nur in den Geschäftsbüchern der Banken erscheint; gehalten als jederzeit fällige Guthaben auf den Girokonten (Sichteinlagen) der Bankkunden. Über B. wird mittels Überweisung, Kreditkarten, Scheck oder Lastschrift – also bargeldlos – verfügt. B. entsteht durch die → Geldschöpfung der Banken; es kann jederzeit in → Bargeld umgetauscht werden.

Buffer-Stocks (engl.). Ausgleichs-(Puffer-)Lager für Rohstoffe. Sie sollen der Stabilisierung der Rohstoffpreise auf den Weltmärkten dienen. Deren Finanzierung sollen die Industriestaaten sichern. Eine B.-S.-Verwaltung soll gem. dem vereinbarten Stabilisierungsziel durch entsprechende Käufe und Verkäufe Angebot und Nachfrage steuern. B.-S. wurden insb. von den Entwicklungsländern gefordert, aber von den Industrieländern weitgehend abgelehnt.

Bulis. Abk. f. Bundesbank-Liquiditäts-U-Schätze. Kurzfristige Geldmarktpapiere – in Form von → unverzinslichen Schatzanweisungen des Bundes. Sie wurden seit 1993 von der Deutschen Bundesbank inländischen und ausländischen Privatpersonen über Kreditinstitute zum Kauf angeboten. Da die Deutsche Bundesbank alle Zins- und Tilgungsverpflichtungen selbst zu erfüllen hat, handelt es sich – im wirtschaftlichen Sinne – um Emissionen der Bundesbank.

Bull-market (engl.). S. → Hausse.

Bundesagentur für Außenwirtschaft (bfai), vormals Bundesstelle für Außenhandelsinformation (bis 2001). Sitz: Köln. Sie ist eine zentrale Adresse für umfassende aktuelle Informationen über Auslandsmärkte. Die bfai gehört als nachgeordnete Behörde zum Geschäftsbereich des → Bundesministeriums für Wirtschaft und Technologie und hilft als dessen Servicestelle beim Auslandsgeschäft; insb. auch kleinen und mittleren Unternehmen (KMU). Die Informationen werden online im Internet sowie in Broschüren, Zeitschriften und auf CD-ROM angeboten; sie sind schnell und kostengünstig einzuholen. Bei der Informationsbeschaffung und -aufbereitung stützt sich die bfai auf ein Netz von 45 Marktbeobachtern in der ganzen Welt. Der bfai-Auskunftsservice recherchiert bei speziellen Fragen. Die bfai-Datenbanken bieten Exportinformationen für über 150 Länder. Neben der Datenbank „Märkte" mit vier Datenpools (Länder und Märkte, Investitions- und Entwicklungsvorhaben, Ausschreibungen im Ausland, Geschäftswünsche) gibt es die Datenbank → Kontaktadressen, → Förderdatenbank, → Rechtsdatenbank und → Zolldatenbank. Folgende Zeitschriften werden veröffentlicht: Wöchentlich die „Geschäftskontakte"; 14-tägig „bfai-Info Asien/Lateinamerika/Nahost/Osteuropa; monatlich → „Recht und Steuern international"; monatlich → „Zoll spezial". bfai-Veröffentlichungen mit direkter Bestell- und Downloadmöglichkeit sind: → Wirtschaftstrends, → Wirtschaftsdaten aktuell, → Markt in Kürze, → Auskunfts- und Kontaktstellen, → Exportieren nach ...., → Rechtstipps für Exporteure, → Zolltipps. Für alle, die „auf den Märkten der Welt längst zu Hause sind" und daher sehr häufig Informationen über Auslandsmärkte brauchen, bietet die bfai die „CD-Rom zur Außenwirtschaft" im Jahresabonnement an (mit mehr als 100.000 Einzelinformationen aus aller Welt).
http://www.bfai.de

Bundesamt für Finanzen (BfF). Die größte der acht dem → Bundesministerium der Finanzen nachgeordneten Bundesoberbehörden. Arbeitsschwerpunkte liegen im Bereich Steuern sowie Dienstleistungen gegenüber Bürgern, der Wirtschaft und anderen Verwaltungen. In außenwirtschaftlicher Hinsicht ist das „Informationszentrum Steuern im In- und Ausland" des BfF von besonderem Interesse. Es nimmt die Aufgaben des vor 2002 im BMF angesiedelten Bereichs „Steuern und Steuerpolitik des Auslands" und des schon immer zum BfF gehörenden Auskunftsdienstes der „Informationszentrale für steuerliche Auslandsbeziehungen (IZA)" wahr. Das Informationszentrum beantwortet Anfragen (insb. aus dem BMF) zum ausländischen Steuerrecht. Es überprüft steuerliche Gesetzgebungsvorhaben auf ihre Vereinbarkeit mit internationalen Entwicklungstendenzen und mit den Grundzügen der Steuersysteme anderer EU- und OECD-Staaten. Das BfF stellt eine Standard-Prüfsoftware für die Prüfungsdienste der Länderfinanzverwaltungen und der Bundesbetriebsprüfung (bei großen Unternehmen) in Bezug auf den ab 2002 zugelassenen Zugriff auf steuerliche Daten in elektronischen Datenverarbeitungsanlagen der Steuerpflichtigen bereit. Es ist u. a. befasst: mit der Besteuerung der

Inländer mit Auslandseinkünften und mit Aufgaben im Zusammenhang mit der Doppelbesteuerung (s. → Doppelbesteuerungsabkommen) sowie der Umsatzsteuer (Umsatzsteuerkontrollverfahren der EU; Umsatzsteuervergütung an ausländische Unternehmen und an ausländische ständige diplomatische Missionen, berufskonsularische Vertretungen sowie an deren ausländische Mitglieder; Vergütung von Umsatzsteuer und anderer indirekter Steuern an internationale Organisationen und zwischenstaatliche Vereinigungen). Das BfF gewährt zwischenstaatliche Amtshilfe in Steuersachen.
http://www.bff-online.de

Bundesamt für Naturschutz (BfN). Eine Bundesoberbehörde im Geschäftsbereich des → Bundesministeriums für Umwelt, Naturschutz und Reaktorsicherheit. Sitz: Bonn. Das BfN berät das BMU in allen Fragen des nationalen und internationalen Naturschutzes und der Landschaftspflege, fördert Naturschutzprojekte, betreut Forschungsvorhaben und ist Genehmigungsbehörde für die Ein- und Ausfuhr geschützter Tier- und Pflanzenarten.
http://www.bfn.de

Bundesamt für Seeschifffahrt und Hydrographie (BSH). Eine Oberbehörde im Geschäftsbereich des → Bundesministeriums für Verkehr, Bau- und Wohnungswesen. Sitz: Hamburg und Rostock. Das BSH ist der maritime Dienstleister des Bundes. Zu seinen Aufgaben zählen: (1) allgemeine Schifffahrtsdienste: Schiffsvermessung aller deutschen Seeschiffe. Ausstellung internationaler und nationaler Schiffsmessbriefe. Entscheidung über die Zulassung zur Ausbildung und die Befähigung von Seeleuten. Schifffahrtsförderung (durch Gewährung von finanziellen Hilfen für die deutsche Handelsflotte). Führung der Schiffsstatistik. Das BSH stattet als Flaggenbehörde die Schifffahrt mit Dokumenten zum Nachweis des Flaggenführungsrechts aus (Flaggenbescheinigungen, Flaggenzertifikate) und führt das deutsche Flaggenregister. (2) Prüfung und Zulassung der nautischen Schiffsausrüstung, einschl. Funkanlagen. (3) Seevermessung und nautischer Informationsdienst: Wracksuche und -kontrolle. Bereitstellung von Seekarten sowie des elektronischen Seekartendarstellungs- und Informationssystems – (engl.) Electronic Chart Display and Information System (ECDIS). Nautische Veröffentlichungen (wie Jahrbücher, Seehandbücher). (3) Meereskundliche Dienste und Untersuchungen zur Sicherung der Seefahrt: wie Gezeitenvorausberechnung, Wasserstandsvorhersagen und Sturmflutwarnungen, Eisdienst. (4) Nutzung und Schutz der Meere: Überwachung der Meeresverschmutzung. Die bei Überwachungsfahrten gewonnenen Daten werden in der Meeresumwelt-Datenbank (MUDAB) gespeichert. Das BSH ist die Bußgeldbehörde für Umweltverstöße der Schifffahrt. Es stellt auch Ölhaftungsbescheinigungen aus, mit denen Öltankschiffe eine ausreichende Versicherung gegen etwaige Umweltschäden nachweisen müssen.
www.bsh.de

Bundesamt für Strahlenschutz (BfS). Seit 1989 eine Bundesoberbehörde im Geschäftsbereich des → Bundesministeriums für Umwelt, Naturschutz und Reaktorsicherheit. Sitz: Salzgitter. Es nimmt Vollzugsaufgaben des Bundes nach dem Atomgesetz und dem Strahlenschutzvorsorgegesetz wahr. Das BfS erfüllt Aufgaben auf den Gebieten des Strahlenschutzes, der kerntechnischen Sicherheit, der Beförderung radioaktiver Stoffe und der Entsorgung radioaktiver Abfälle. Dazu betreibt es einschlägige wissenschaftliche Forschung.
http://www.bfs.de

Bundesamt für Wirtschaft (BAW). Gegr. 1954 als Bundesamt für gewerbliche Wirtschaft. Arbeitete von 1987 bis 2000 als BAW. Seit dem 01.01.2001: → Bundesamt für Wirtschaft und Ausfuhrkontrolle.
http://www.bawi.de

Bundesamt für Wirtschaft und Ausfuhrkontrolle (BAFA). Zum 01.01.2001 aus dem Zu-

sammenschluss des → Bundesamtes für Wirtschaft und des → Bundesausfuhramtes hervorgegangen. Gehört als deutsche Bundesoberbehörde zum Geschäftsbereich des → Bundesministeriums für Wirtschaft und Technologie. Sitz: Eschborn/am Taunus (bei Frankfurt am Main). Das BAFA nimmt wichtige administrative Aufgaben des Bundes wahr.
Im Bereich „Außenwirtschaft" werden die Verwaltungs- und Überwachungsaufgaben im Zusammenhang mit der Ausfuhrkontrolle (gem. → AWG und → AWV) erledigt. Hauptaufgabe: Prüfung und Entscheidung über Genehmigungspflicht und Genehmigungsfähigkeit von Exporten im Antragsverfahren; also Erteilung oder Verweigerung von Ausfuhrgenehmigungen. Dies betrifft rüstungsrelevante Güter, Technologie und Software, → Dual-use-Güter. Hierfür gibt es eine EU-Güterliste bzw. deutsche → Ausfuhrliste. Der Bereich Außenwirtschaft des BAFA entscheidet über Anträge für internationale Einfuhrbescheinigungen. Ferner über Regelungen im Zusammenhang mit dem Atomgesetz (atomrechtliche Ein- und Ausfuhrgenehmigungen unter der Fach- und Rechtsaufsicht des → Bundesministeriums für Umwelt, Naturschutz und Reaktorsicherheit), dem Kriegswaffenkontrollgesetz und dem Ausführungsgesetz zum Chemiewaffenübereinkommen. Zu seinen Aufgaben gehören die Erarbeitung von Stellungnahmen in Ermittlungs- und Strafsachen im Bereich des Außenwirtschaftsrechts sowie die Mitwirkung in internationalen → Exportkontrollgremien. Die Ausfuhrkontrollen orientieren sich im Rahmen der gesetzlichen, aber auch der internationalen vertraglichen Verpflichtungen am Sicherheitsbedürfnis und außenpolitischen Interesse Deutschlands. Zu den außenwirtschaftlich relevanten Aufgaben zählt auch die Durchführung der im Rahmen der gemeinsamen Handelspolitik der EU getroffenen Einfuhrregelungen. Das BAFA ist eine von 15 Genehmigungsbehörden in der EU, die → Einfuhrgenehmigungen nicht liberalisierter Waren erteilen und mengen- oder wertmäßig beschränkte Einfuhren überwachen.
Im Bereich „Wirtschaftsförderung" wenden sich die Förderungprogamme insb. an den Mittelstand: Beratung, Schulung, Messeförderung, Vermarktung, Energieeinsparung, Ausbildung; institutionelle Förderung des → Deutschen Handwerksinstitutes und des → Rationalisierungs- und Innovationszentrums der Deutschen Wirtschaft (RKW).
Im Bereich „Energie" werden Förderungsmaßnahmen zur stärkeren Nutzung erneuerbarer Energien, zur Energieeinsparung und für den deutschen Steinkohlebergbau umgesetzt, z. B. durch Zuschüsse. Das BAFA überwacht die Krisenvorsorge im Mineralölbereich. Es ist Partner der → Internationalen Energieagentur (IEA). Seit dem 01.01.1999 ist es zuständig für die Indexierungskontrolle; die Genehmigungsverfahren für Wertsicherungsklauseln (hierfür waren bis zum 31.12.1998 die Deutsche Bundesbank bzw. die Landeszentralbanken verantwortlich).
http://www.bafa.de oder http://www.bawi.de

Bundesanleihen. Schuldverschreibungen des Bundes, die der langfristigen Deckung des Kreditbedarfs dienen. Sie werden mehrmals im Jahr im Tenderverfahren zum Ersterwerb angeboten; daran dürfen sich unmittelbar nur Kreditinstitute beteiligen, die Mitglied in der „Bietergruppe Bundesemissionen" sind. I. d. R. haben B. einen festen Zinssatz, jährliche Zinsauszahlung und Laufzeiten von 10 bis 30 Jahren. Es gibt aber auch B. mit variabler Verzinsung, bei der sich der Zinssatz am EURIBOR orientiert und die Zinsen vierteljährlich ausgezahlt werden. Die börsennotierten B. eignen sich insbesondere für institutionelle und international operierende Anleger, für die langfristige Vermögensbildung und auch für die Altersvorsorge privater Anleger. Seit 1997 lässt der Bund für neu begebene Anleihen auch das → Stripping zu. Vgl. → Bundesobligationen, → Bundesschatzanweisungen, → Bundesschatzbriefe.

Bundesanstalt für Arbeit (BA). Sie ist als deutsche Bundesoberbehörde eine Körperschaft des öffentlichen Rechts mit Selbstverwaltung (unter der Rechtsaufsicht des → Bundesministeriums für Arbeit und Sozialordnung, das jedoch keine fachliche Weisungsbefugnis hat). Sitz: Nürnberg. Die BA ist Trägerin der Arbeitsmarktpolitik. Dazu gehören auch Maßnahmen einer vorausschauenden aktiven Berufsförderungspolitik zur Vermeidung von Arbeitslosigkeit.

Gegliedert ist sie zurzeit in 11 Landesarbeitsämter und 184 Arbeitsämter mit 647 Nebenstellen. Hinzu kommen Fachvermittlungsstellen: die → Zentralstelle für Arbeitsvermittlung (ZAV) und Berufsinformationszentren (BIZ); letztere im Verbund mit den Europäischen Berufsberatungs-Zentren (EBZ), die keine Arbeitsvermittlung betreiben. Die BA bietet im Rahmen ihrer Mobilitätsberatung Orientierungs- und Entscheidungshilfen für die Integration von Migranten in den deutschen oder auch in den Arbeitsmarkt des Herkunftslandes an. Sie ist beauftragt, die MOE-Länder im Bereich Aufbau und Reform der dortigen Arbeitsverwaltungen zu beraten (Fördermittel werden vom Bundesministerium für Arbeit und Sozialordnung bereitgestellt). Mit der Konzeption von Modellarbeitsämtern wurde 1992 in Russland begonnen. Ein Handbuch über die Arbeitsabläufe im Arbeitsamt wurde in allen russischen Beschäftigungszentren verbindlich eingeführt. Die BA unterhält eine eigene Forschungseinrichtung: das Institut für Arbeitsmarkt- und Berufsforschung (IAB), mit Sitz in Nürnberg.
http://www.arbeitsamt.de

Bundesanstalt für Finanzdienstleistungsaufsicht (BAFin) – Allfinanzaufsicht. Bundesunmittelbare selbstständige rechtsfähige Anstalt des öffentlichen Rechts, die hinsichtlich der Rechts- und Fachaufsicht dem Bundesministerium der Finanzen unterstellt ist. Errichtet 2002. Sitz: Bonn und Frankfurt am Main. In ihr werden drei Bundesaufsichtsämter, die bislang als selbstständige Bundesoberbehörden im Geschäftsbereich der BMF existierten, zusammengefasst: das → Bundesaufsichtsamt für das Kreditwesen, das → Bundesaufsichtsamt für das Versicherungswesen und das → Bundesaufsichtsamt für den Wertpapierhandel. Damit werden die Aufsichtsziele – Solvenzaufsicht, Marktaufsicht und Kundenschutz – in einem integrierten Aufsichtskonzept vereint. Allfinanzaufsicht vermeidet Abstimmungs- und Koordinierungsprobleme und verringert die direkten Aufsichtskosten. Die Kosten werden zu 100 % von den beaufsichtigten Instituten und Versicherungsunternehmen getragen. Die BAFin soll zur Steigerung der internationalen Wettbewerbsfähigkeit des Finanzplatzes Deutschland beitragen; insb. gegenüber dem Finanzplatz London.

Bundesanstalt für Landwirtschaft und Ernährung (BLEG). Errichtet zum 01.01.1995. Sitz: Frankfurt am Main. Entstand aus der Zusammenlegung der ehemaligen Bundesanstalt für landwirtschaftliche Marktordnung (BALM) und des ehemaligen Bundesamtes für Ernährung und Forstwirtschaft (BEF). Die BLEG ist in Deutschland die Marktordnungsstelle für die in der EU bestehenden gemeinsamen Marktorganisationen für eine Reihe landwirtschaftlicher Erzeugnisse und Nahrungsmittel. Sie verwaltet die Vorräte an Nahrungs- und Futtermitteln, ist Genehmigungsstelle für den grenzüberschreitenden Verkehr mit Erzeugnissen der Ernährung, Land- und Forstwirtschaft (→ Ausfuhr- und → Einfuhrlizenzen), unterhält Büros für Aufgaben der Qualitätskontrolle, u. a. m.
http://www.ble.de

Bundesanzeiger (BAnz). Wöchentlich fünf mal erscheinende Zeitung, die aus zwei Teilen besteht. Im ersten – amtlichen – Teil werden Vorschriften, Entscheidungen und Bekanntmachungen von Bundes- und Landesbehörden veröffentlicht, im zweiten – nichtamtlichen – Teil, Bilanzen und Jahresabschlüsse von Unternehmen, Einladungen zu Hauptversammlungen u. Ä. Der B. wird von der Bundesanzeiger Verlagsgesellschaft mbH mit Sitz in Köln herausgegeben. Diese publiziert auch das → Bundesgesetzblatt I und II (und eine Vielzahl von Veröffentlichungen aus dem Bereich Recht, Wirtschaft und Soziales) und fungiert als Vertriebspartner des → Amtes für amtliche Veröffentlichungen der Europäischen Gemeinschaften. Interessenten kann bei Recherchen – auch zu völkerrechtlichen Vereinbarungen – dank der Zugriffsmöglichkeiten auf diverse Online-Datenbanken und CD-ROM-Anwendungen – in allen Amtssprachen der EU – rasch weitergeholfen werden.
http://www.bundesanzeiger.de

Bundesarbeitsgericht (BAG). Sitz: Erfurt. Das BAG ist das oberste Gericht der Bundesrepublik Deutschland in Sachen der Arbeitsgerichtsbarkeit. Diese ist dreistufig aufgebaut und besteht aus den Arbeitsgerichten, den Landesarbeitsgerichten und dem BAG. Grundsätzlich ist die Revision gegen ein Urteil eines Landesarbeitsgerichts beim BAG nur möglich, wenn sie im Urteil zugelassen wurde. Dies ist dann der Fall, wenn der Rechtsstreit von grundsätzlicher Bedeutung ist und der allgemeinen Klärung von Rechtsfragen dient. Aufgabe des BAG ist – neben der Verwirklichung der Gerechtigkeit im Einzelfall – v. a. die Wahrung der Einheitlichkeit der Rechtsprechung auf dem Gebiet des Arbeitsrechts und dessen Fortbildung.
http://www.bundesarbeitsgericht.de

Bundesaufsichtsamt für das Kreditwesen (BAKred). Organisatorisch selbstständige Bundesoberbehörde im Geschäftsbereich des Bundesministeriums der Finanzen. Errichtet 1961. Sitz: Bonn. Das BAKred war die zentrale Kontroll- und Überwachungsinstanz im Bereich der Bankenaufsicht. Es hatte mit den Aufsichtsbehörden aller EU-Mitgliedstaaten und einer Vielzahl weiterer Länder bilaterale Vereinbarungen – Memoranda of Understanding (MoU) – geschlossen. Diese sehen regelmäßige Treffen (mindestens Jahrestreffen) zur Klärung grundsätzlicher Fragen, zum Austausch von Hintergrundwissen über die beaufsichtigten Institute und zum Vorgehen bei Problemfällen vor. Im Rahmen von „supervisory visits“ bereisten Vertreter des BAKred, des Direktoriums der Deutschen Bundesbank und der Landeszentralbanken regelmäßig die großen internationalen Finanzplätze, um dort den Informationsaustauch zu pflegen; nicht nur mit den Aufsichtskollegen vor Ort, sondern auch mit dem Management der jeweiligen Banken. Das BAKred wurde 2002 mit dem BAV und dem BAWe in der → Bundesanstalt für Finanzdienstleistungsaufsicht (BAFin) – Allfinanzaufsicht vereinigt.
http://www.bakred.de

Bundesaufsichtsamt für das Versicherungswesen (BAV). Selbstständige Bundesoberbehörde im Geschäftsbereich des Bundesministeriums der Finanzen. Errichtet 1951. Sitz: Bonn. Führte die Aufsicht über die deutschen Versicherungsunternehmen (auch die in anderen EG-Mitgliedsländern tätigen); zur Sicherstellung der dauernden Erfüllbarkeit der von den Versicherungsnehmern abgeschlossenen Versicherungsverträge und zur Wahrung der Belange der Versicherten. Versicherungsunternehmen aus anderen EG-Ländern werden hinsichtlich ihrer Tätigkeit in Deutschland von ihrer Heimataufsichtsbehörde überwacht; sie erhalten eine Zulassung für die gesamte EG. Nur aufsichtsbehördlich zugelassenen Unternehmen ist das Versicherungsgeschäft in Deutschland gestattet. Das BAV wachte darüber, dass alle Versicherungsunternehmen die deutschen Gesetze beachten. Es wurde 2002 mit dem BAKred und dem BAWe in der → Bundesanstalt für Finanzdienstleistungsaufsicht (BAFin) – Allfinanzaufsicht vereinigt.
http://www.bav.bund.de

Bundesaufsichtsamt für den Wertpapierhandel (BAWe). Selbstständige Bundesoberbehörde im Geschäftsbereich des Bundesministeriums der Finanzen. Errichtet 1994. Sitz: Frankfurt am Main. Das BAWe hatte die Funktionsfähigkeit der Märkte für Wertpapiere und Derivate sicherzustellen. Zielsetzungen: Anlegerschutz, Markttransparenz, Marktintegrität. Diesen sind alle Aufgabenstellungen untergeordnet, wie: Verfolgung und präventive Bekämpfung von Insidergeschäften; Überwachung der Pflicht, alle Transaktionen in Wertpapieren und Derivaten zu melden; Überwachung der Publizitätspflicht börsennotierter Unternehmen; Hinterlegungsstelle für Wertpapierverkaufsprospekte; internationale Zusammenarbeit mit anderen Börsenaufsichtsbehörden. Das BAWe wurde 2002 mit dem BAKred und dem BAV in der → Bundesanstalt für Finanzdienstleistungsaufsicht (BAFin) – Allfinanzaufsicht vereinigt.
http://www.bawe.de

Bundesausfuhramt (BAFA). Gegr. am 01.04.1992. Seit dem 01.01.2001: → Bundesamt für

Wirtschaft und Ausfuhrkontrolle.
http://www.bafa.de

Bundesbürgschaften im Außenhandel. S. → Bundesdeckungen im Außenhandel.

Bundesdeckungen im Außenhandel. S. → Ausfuhrgewährleistungen des Bundes (in den Varianten → Ausfuhrgarantien und → Ausfuhrbürgschaften) und → Hermes Kreditversicherung. Folgende Deckungsformen werden angeboten: Einzeldeckung – für die Forderung aus einem Ausfuhrvertrag mit einem ausländischen Besteller. Sammeldeckung – für wiederholte Lieferungen an ein- und denselben ausländischen Besteller zu kurzfristigen Zahlungsbedingungen. Es werden alle Forderungen gegen den betreffenden Auslandskunden innerhalb eines – bei revolvierender Deckung – zur Verfügung stehenden Höchstbetrages abgesichert. Ausfuhr-Pauschal-Gewährleistung (APG) – für Forderungen, die aus einer laufenden Belieferung einer Vielzahl von ausländischen Kunden in verschiedenen Ländern zu kurzfristigen Zahlungsbedingungen resultieren; ein vereinfachtes Verfahren mit günstigen Entgeltsätzen.
Deckungen für deutsche Exporteure gibt es für Risiken sowohl vor Versand als auch nach Versand. Mit der → Fabrikationsrisikodeckung werden die Selbstkosten abgesichert, die dem Exporteur bis zum vorzeitigen Ende der Herstellung/Bereitstellung infolge des Eintritts gedeckter Risiken entstehen; der Versicherungsfall tritt ein, wenn die Fertigstellung bzw. der Versand der Ware auf Grund politischer oder wirtschaftlicher Umstände nicht mehr möglich oder dem Exporteur nicht mehr zumutbar ist. Die Ausfuhrdeckung schützt den Exporteur ab Versand der Ware oder Beginn der Leistung bis zur vollständigen Bezahlung, u. z. gegen die Uneinbringlichkeit der Exportforderung, ebenfalls aufgrund politischer und wirtschaftlicher Risiken. Deckungsgegenstand ist die vertraglich vereinbarte Geldforderung einschl. der Kreditzinsen bis zur Fälligkeit. Darüber hinaus gibt es eine Reihe von Sonderdeckungen, z. B. für Leasing-Geschäfte.
Deckungen für Export finanzierende Kreditinstitute werden in Form von → gebundenen Finanzkredit-Garantien bzw. gebundenen Finanzkredit-Bürgschaften gewährt. Hier beträgt die Selbstbeteiligungsquote des Deckungsnehmers für alle Risiken 5 %. Je nach Art/Bereich/Risiko der Deckung gibt es unterschiedliche Entgeltsätze. Hierfür besteht seit dem 01.10.1998 ein neues Entgeltsystem (auf der Grundlage einer auf OECD-Ebene erzielten Einigung über harmonisierte Entgelte im Bereich der Exportkreditversicherung). Im Schadensfall liegen die Selbstbeteiligungsquoten zwischen 5 und 15 %.
www.ausfuhrgewaehrleistungen.de

Bundesfinanzhof (BFH). Der BFH ist das oberste Gericht der Bundesrepublik Deutschland in Steuer- und Zollsachen. Sitz: München. Er entscheidet als letzte Instanz der deutschen Finanzgerichtsbarkeit in erster Linie über Abgabeangelegenheiten; also über die Rechtmäßigkeit von Steuerbescheiden und sonstigen Bescheiden der Finanzämter und Zollbehörden. Der BFH ist nicht für Steuer- und Zollstrafsachen zuständig; hierüber entscheidet – letztinstanzlich – der → Bundesgerichtshof.
http://www.bfh.bund.de

Bundesfinanzierungsschätze → Finanzierungsschätze des Bundes.

Bundesgarantien im Außenhandel. S. → Bundesdeckungen im Außenhandel.

Bundesgerichtshof (BGH). Errichtet am 01.10.1950. Sitz: Karlsruhe. Der BGH ist das oberste Gericht der Bundesrepublik Deutschland im Bereich der ordentlichen Gerichtsbarkeit (d. h. der Zivil- und Strafrechtspflege), die in den unteren Instanzen von den zur Zuständigkeit der Länder gehörenden Amts-, Land- und Oberlandesgerichten ausgeübt wird. Der BGH ist – bis

auf wenige Ausnahmen – Revisionsgericht. Seine Aufgabe besteht deshalb – neben der Wahrung der Gerechtigkeit im Einzelfall – v. a. in der Sicherung der Rechtseinheit und der Fortbildung des Rechts. Der BGH ist in 12 Zivilsenate und 5 Strafsenate gegliedert. In Zivilsachen richtet sich die Geschäftsverteilung nach Rechtsgebieten. Den Zivilsenaten sind z. B. zurzeit zugewiesen: dem I. das Urheberrecht, der gewerbliche Rechtsschutz – v. a. das Wettbewerbsrecht – das Speditions-, Lager- und Frachtrecht; dem II. das Gesellschaftsrecht, See- und Binnenschifffahrtsrecht; dem VIII. das Kauf- und Leasingrecht; dem X. das Patent- und Gebrauchsmusterrecht sowie das Werkvertragsrecht; dem XI. das Bank-, Börsen- und Wertpapierrecht sowie das Darlehensrecht). Dem V. Strafsenat sind die Steuer- und Zollstrafsachen zugeordnet; er hat seit 1997 seinen Sitz in Leipzig. Vgl. → Bundesfinanzhof. Die Entscheidungen des BGH (und sämtlicher Instanzen) werden in die → juris-Rechtssprechungsdatenbank aufgenommen. S. a. → Bundesverfassungsgericht.
http://www.bundesgerichtshof.de

Bundesgesetzblatt (BGBl). Amtliches Organ zur Verkündung der deutschen Bundesgesetze, Rechtverordnungen, Urteile des Bundesverfassungsgerichtes usw. (im Teil I) sowie völkerrechtliche Vereinbarungen u. a. (im Teil II). Die deutschen Bundesgesetze ab 1949 sind über folgende Internetadressen einsehbar, kopierbar bzw. auf eigene Datenträger übertragbar.
http://www.jura.uni-sb.de/BGBl
http://bgbl.makrolog.de
http://www.bundesgesetzblatt.de

Bundeskartellamt. Bundesoberbehörde im Geschäftsbereich des → Bundesministeriums für Wirtschaft und Technologie. Sitz: Bonn. Grundlage der Tätigkeit des B. ist das → Gesetz gegen Wettbewerbsbeschränkungen. Das B. ist für den Wettbewerbsschutz in Deutschland zuständig. Es befasst sich mit allen Wettbewerbsbeschränkungen, die sich in ganz Deutschland auswirken. Es prüft und entscheidet in Fragen der Marktbeherrschung; genehmigt oder verbietet Unternehmenszusammenschlüsse; registriert meldepflichtige Kartelle. Es wendet europäisches Wettbewerbsrecht an, soweit die Europäische Kommission nicht selbst tätig wird. Wenn eine wettbewerbsbeschränkende Wirkung nicht über ein Bundesland hinaus reicht, dann ist die jeweilige Landeskartellbehörde (beim Landes-Wirtschaftsministerium) zuständig. Fusionsfälle werden jedoch ausschließlich vom B. geprüft und entschieden. Seit dem 01.01.1999 sind zum Schutz von Bietern bes. Vergabekammern des Bundes (beim B.) und der Länder eingerichtet worden. Diese „Nachprüfungsbehörden" können von Bietern angerufen werden, wenn sie eine Verletzung von Vorschriften bei der Vergabe öffentlicher Aufträge befürchten.
http://www.bundeskartellamt.de

Bundesministerium der Finanzen (BMF). In seinen Zuständigkeitsbereich fallen die Finanz- und Steuerpolitik; die Geld-, Kredit- und Währungspolitik; die internationalen Finanz- und Währungspolitik Deutschlands (darunter die diesbezügliche Europapolitik); die Verwaltung der Monopole, des Bundesvermögens und des Zollwesens. (S. → Bundeszollverwaltung. Das BMF gibt selbst keine Auskünfte in außenwirtschaftlichen Rechtsfragen oder einzelnen Zollangelegenheiten; dafür sind die Zolldienststellen zuständig.) Das BMF führt die Dienstaufsicht über die ihm unterstellten Körperschaften und Anstalten des öffentlichen Rechts, z. B. die → Kreditanstalt für Wiederaufbau; über die nachgeordneten Oberbehörden, wie die → Bundesanstalt für Finanzdienstleistungsaufsicht, die → Bundeswertpapierverwaltung, das → Zollkriminalamt; über Mittelbehörden, → Oberfinanzdirektionen sowie über örtliche Behörden, wie → Hauptzollämter und → Zollfahndungsämter.
http://www.bundesfinanzministerium.de

Bundesministerium der Justiz (BMJ). 1. Dienstsitz: Berlin; 2. Dienstsitz: Bonn. Die zentrale Aufgabe des BMJ besteht in der Sicherung und Fortentwicklung des Rechtsstaates in Deutsch-

land. Dem dient die gesetzgeberische Arbeit des BMJ. Sie umfasst die Vorbereitung neuer Gesetze ebenso wie die Änderung oder die Aufhebung von Gesetzen; auf den Gebieten des gesamten bürgerlichen Rechts, des Strafrechts, des Handels- und Gesellschaftsrechts, des Urheberrechts und des gewerblichen Rechtsschutzes, des Gerichtsverfassungs- und Verfahrensrechts für die einzelnen Gerichtsbarkeiten (außer Arbeits- und Sozialgerichtsbarkeit), des Dienst- bzw. Berufsrechts der Richter, Staatsanwälte, Rechtsanwälte und Notare sowie des Europa- und Völkerrechts. Als "Verfassungsressort" hat das BMJ – gemeinsam mit dem Bundesministerium des Inneren – zu gewährleisten, dass gesetzliche Regelungen mit dem Grundgesetz vereinbar sind. Bei allen von anderen Ministerien vorbereiteten Gesetzentwürfen prüft das Ministerium die sogenannte "Rechtsförmlichkeit". Gesetzliche Regelungen sollen wirklich notwendig, klar und verständlich sein. Nach dem → Vertrag von Amsterdam widmet sich das BMJ verstärkt dem vereinbarten Aufbau und der Erweiterung der Zusammenarbeit der Europäischen Union in den Bereichen Justiz und Inneres.
www.bmj.bund.de

Bundesministerium des Inneren (BMI). 1. Dienstsitz: Berlin; 2. Dienstsitz: Bonn. Das BMI ist verantwortlich für die innere Sicherheit, für die Sicherheit der Bürgerinnen und Bürger und für den Schutz der Verfassung in Deutschland. Dazu stehen ihm das Bundesamt für Verfassungsschutz, das Bundeskriminalamt und der Bundesgrenzschutz (die Polizei des Bundes) zur Verfügung. Das BMI ist für die Ausländerpolitik in Deutschland zuständig. Es sorgt für die konsequente Anwendung des deutschen Ausländer- und Asylrechts unter Wahrung humanitärer Belange. Es regelt den Zuzug der Spätaussiedler (der Angehörigen der deutschen Minderheiten, v. a. aus den Republiken der GUS).
http://www.bmi.bund.de

Bundesministerium für Arbeit und Sozialordnung (BMA). 1. Dienstsitz: Berlin; 2. Dienstsitz: Bonn. Die Vielzahl der Politikfelder des BMA können nach zwei großen Bereiche gegliedert werden: (1) Arbeit und (2) Soziale Sicherheit. Zu (1) zählen die Arbeitsmarktpolitik und die Arbeitsförderung: Arbeitslosenversicherung, Arbeitsvermittlung, Berufsberatung, Förderung der beruflichen Bildung, alle sonstigen mit dem Arbeitsmarktförderungsgesetz zusammenhängenden Fragen. Dazu gehört auch die Beschäftigung und soziale Integration von Ausländern. Ferner das Arbeitsrecht und der Arbeitsschutz: Arbeitsvertragsrecht, kollektives Arbeitsrecht (einschl. Betriebsverfassung und Mitbestimmung), Tarifwesen, Arbeitsgerichtsbarkeit, technischer Arbeitsschutz, Arbeitsmedizin, Arbeitszeitfragen, Jugendarbeitsschutz sowie die Humanisierung des Arbeitslebens. Zu (2) zählen die Sozialversicherung (gesetzl. Rentenversicherung, einschl. Alterssicherung der Landwirte, Handwerker und freien Berufe, gesetzl. Unfallversicherung, Fragen der Sozialversicherung, die Selbstverwaltung, das Verfahrensrecht und die Sozialgerichtsbarkeit) sowie das Sozialgesetzbuch. Ferner die Aufgabenfelder der medizinischen und beruflichen Rehabilitation, die Förderung entsprechender Einrichtungen, die Behindertenpolitik, das Schwerbehindertenrecht sowie die Kriegs- und Wehrdienstopferversorgung. Das BMA wirkt auch bei der Gestaltung und Umsetzung der europäischen und internationalen Sozialpolitik mit; im Rahmen der EU, der → Internationalen Arbeitsorganisation, des → Europarats und der → OECD. Es fördert die → Bundesanstalt für Arbeit bei deren Auftrag, die MOE-Länder beim Aufbau und der Reform der dortigen Arbeitsverwaltungen zu beraten. Mit der Konzeption von Modellarbeitsämtern wurde 1992 in Russland begonnen. Ein Handbuch über die Arbeitsabläufe im Arbeitsamt wurde in allen russischen Beschäftigungszentren verbindlich eingeführt.
http://www.bma.de

Bundesministerium für Bildung und Forschung (BMBF). 1. Dienstsitz: Bonn; 2. Dienstsitz: Berlin. Es erfüllt im Rahmen seiner Zuständigkeiten Grundsatz- und Koordinierungsauf-

gaben im Bereich der Bildungsplanung, der Regelung der allgemeinen Grundsätze des Hochschulwesens, der Forschungsförderung, der Rechtssetzung für die außerschulische berufliche Bildung und Weiterbildung, für die Ausbildungs- und Begabtenförderung sowie die Förderung des Austausches von Auszubildenden, Studierenden, Weiterzubildenden und Wissenschaftlern mit anderen Staaten. Das BMBF fördert die internationale Zusammenarbeit in Bildung, Wissenschaft, Forschung und Technologie mit europäischen – zunehmend auch mittel- und osteuropäischen (Referat 116) – und außereuropäischen Staaten sowie innerhalb internationaler Organisationen wie der EU, UNESCO, OECD und dem Europarat. Es führt – zusammen mit den Bundesländern – die Verhandlungen in der EU zu Programmbeschlüssen und anderen Maßnahmen und koordiniert die Durchführung der entsprechenden EU-Programme; z. B. → COST, wofür das Referat 115 der Abt. 1, Europäische und internationale Zusammenarbeit, zuständig ist und vom EUREKA/COST-Büro beim Deutschen Zentrum für Luft- und Raumfahrt (DLR) unterstützt wird. S. a. → EUREKA.
http://www.bmbf.de

Bundesministerium für Umwelt, Naturschutz und Reaktorsicherheit (BMU). Zuständig für die Konzipierung und Umsetzung der nationalen und internationalen Umweltpolitik der deutschen Bundesregierung. Dementsprechend befasst es sich mit Ökologie und Ökonomie, mit Fragen erneuerbarer Energien, ökologischer Steuerreform, nachhaltiger Entwicklung, des Handels mit Treibgasen (in der EU) und der Globalisierung. Zu seinem Geschäftsbereich gehören das → Umweltbundesamt, das → Bundesamt für Naturschutz und das → Bundesamt für Strahlenschutz. Das BMU führt die Fach- und Rechtsaufsicht über die atomrechtlichen Ein- und Ausfuhrgenehmigungen des → Bundesamtes für Wirtschaft und Ausfuhrkontrolle.
http://www.bmu.de

Bundesministerium für Verbraucherschutz, Ernährung und Landwirtschaft (BMVEL). 1. Dienstsitz: Bonn; 2. Dienstsitz: Berlin. Im Zentrum seiner Aufgaben stehen der vorsorgende Verbraucherschutz, die Weiterentwicklung des Tierschutzes und die Umsetzung des Grundsatzes einer nachhaltigen Landwirtschaft auf der Basis eines partnerschaftlichen Verhältnisses zwischen Erzeugern und Verbrauchern. Da ein großer Teil der Politikbereiche des BMVEL dem → Gemeinschaftsrecht unterliegen, hat es die Aufgabe, die deutschen Interessen in den Meinungsbildungs- und Rechtssetzungsprozess der EU einzubringen. Für EU- und internationale Angelegenheiten ist die Abt. 6 zuständig (Außenwirtschaftsbeziehungen, Seefischerei, internationale Handelsangelegenheiten und Handelsorganisationen, Zollpräferenzen, Beratungshilfe für mittel- und osteuropäische Länder u. a. m.).
http://www.verbraucherministerium.de

Bundesministerium für Verkehr, Bau- und Wohnungswesen (BMVBW). 1. Dienstsitz: Berlin; 2. Dienstsitz: Bonn. Das BMVBW leistet mit seiner Infrastruktur- und Investitionspolitik einen wichtigen Beitrag zur Mobilität, zum sicheren Wohnen in einem lebenswerten Wohnumfeld und damit auch zur hohen Lebensqualität in Deutschland. Die Grundsatzabteilung widmet sich der Integration von Raumordnung und Verkehr (Verkehrswegeplanung und Koordinierung der Verkehrsinvestitionen des Bundes). Die Abt. Straßenbau/Straßenverkehr ist zuständig für den Bau und Erhalt der Bundesfernstraßen (Autobahnen). Sie leistet einen wichtigen Beitrag zur Verkehrsicherheit in Deutschland. Die Abt. Eisenbahnen/Wasserstraßen befasst sich mit allen Fragen der Eisenbahn-/Wasserstraßenpolitik und des Eisenbahn-/Wasserstraßenrechts; dabei hat die Beachtung der Aspekte des Umweltschutzes einen hohen Stellenwert. Die Abt. Luft- und Raumfahrt, Schifffahrt (See- und Binnenschifffahrt) sorgt dafür, dass der diesbezügliche, weltweit wachsende Verkehr möglichst effizient, sicher und umweltfreundlich abgewickelt werden kann; dazu ist die Mitwirkung des BWVBW in internationalen Organisationen außerordentlich bedeutsam. Die Abt. Bauwesen/Wohnungswesen befasst sich

mit Grundsatzfragen des Baurechts, der Bautechnik und Energieversorgung; ferner des Städtebaus („soziale Stadt"), der öffentlichen Aufträge und internationalen Städtebaupolitik. Die Abt. Wohnungswesen ist für die soziale Wohnraum-Absicherung und die Förderung des Wohneigentums zuständig; sie betreut Wohnraummodernisierungsprogramme.
http://www.bmvbw.de

Bundesministerium für wirtschaftliche Zusammenarbeit und Entwicklung (BMZ). 1. Dienstsitz: Bonn; 2. Dienstsitz: Berlin. Das BMZ ist zuständig für die Konzeption, Planung und Umsetzung der Entwicklungspolitik der deutschen Bundesregierung. Die Referate der Abt. 2 sind für die Entwicklungspolitik mit Ländern und Regionen (auch für die Kooperation mit Staaten Mittel- und Osteuropas), die der Abt. 4 für multilaterale Zusammenarbeit und Geberkoordinierung zuständig.
http://www.bmz.de

Bundesministerium für Wirtschaft und Technologie (BMWi). 1. Dienstsitz: Berlin; 2. Dienstsitz: Bonn. Aufgaben und Ziele des BMWi dienen dem zentralen Anliegen der Wirtschaftspolitik, das Fundament des wirtschaftlichen Wohlstands in Deutschland mit breiter Teilnahme aller Bürger zu festigen und die hierfür erforderlichen staatlichen Rahmenbedingungen zu setzen; dies insb. auch im Hinblick auf die Vertiefung der internationalen Wirtschaftsbeziehungen und die Teilhabe am globalen Geschehen auf den Weltmärkten nach dem Leitbild der Sozialen Marktwirtschaft. Die Abt. V des BMWi ist für die Außenwirtschaftspolitik zuständig. Das BMWi veröffentlicht laufend aktuelle wirtschaftspolitische Informationen und stellt über die ihr nachgeordnete → Bundesagentur für Außenwirtschaft alle wichtigen Informationen über Auslandsmärkte zur Verfügung; auch Informationen für ausländische Investoren. Über die → Förderdatenbank des Bundes informiert das BMWi über die aktuellen Förderprogramme des Bundes, der Länder und der EU (einschl. der vollständigen Richtlinientexte); insb. auch für Klein- und Mittelbetriebe (KMU). S. a. → iXPOS, das Außenwirtschaftsportal des BMWi im Internet und → Bundesamt für Wirtschaft und Ausfuhrkontrolle.
http://www.bmwi.de

Bundesnachrichtendienst (BND). Sitz: Pullach (bei München). Der einzige Auslandsnachrichtendienst Deutschlands. Er beschafft (mit seinen spezifischen nachrichtendienstlichen Möglichkeiten) geheim gehaltene Nachrichten über das Ausland und wertet sie für Zwecke der Bundesregierung aus. Ohne den BND würden der Bundesregierung wichtige Informationen für ihre außen- und sicherheitspolitischen Entscheidungen fehlen.
http://www.bundesnachrichtendienst.de

Bundesobligationen. Schuldverschreibungen des Bundes mit einer Laufzeit von 5 Jahren und 6 Monaten. Sie werden in aufeinander folgenden Serien mit fester Nominalverzinsung und variablen Ausgabekursen (zur Anpassung der Rendite an die jeweilige Marktlage) begeben. Jede neue Serie steht etwa 6 Monate für natürliche Personen, Wohnungseigentümergemeinschaften und gebietsansässige Einrichtungen, die gemeinnützigen, mildtätigen oder kirchlichen Zwecken dienen, ohne Berechnung von Kosten oder Gebühren zu einem Mindestauftragswert von 100 Euro zum Verkauf. Danach wird die Serie an allen deutschen Wertpapierbörsen eingeführt und kann dort von jedermann zum aktuellen Tageskurs im amtlichen Handel gekauft oder verkauft werden. Vgl. → Bundesanleihen, → Bundesschatzanweisungen, → Bundesschatzbriefe.

Bundespatentgericht (BPatG). Sitz: München. Es ist in erster Linie zuständig für Entscheidungen über Beschwerden gegen Beschlüsse des → Deutschen Patent- und Markenamtes.
http://www.bpatg.de

Bundesrechnungshof (BRH). Sitz: Bonn. Er prüft die Rechnung sowie die Wirtschaftlichkeit und Ordnungsmäßigkeit der Haushalts- und Wirtschaftsführung des Bundes und hat außer der Bundesregierung unmittelbar dem Bundestag und dem Bundesrat jährlich einen Bericht vorzulegen. Die Mitglieder des BRH besitzen richterliche Unabhängigkeit.
http://www.bundesrechnungshof.de

Bundesschatzanweisungen. Festverzinsliche Schuldverschreibungen des Bundes mit einer Laufzeit von zwei Jahren. Sie hießen bis 1991 Kassenobligationen. B. werden im Ausschreibungsverfahren begeben. An diesem dürfen sich unmittelbar nur Kreditinstitute, die Mitglied der „Bietergruppe Bundesemissionen“ sind, beteiligen. Erwerber sind v. a. institutionelle Anleger, einschl. Kreditinstitute. B. können nach Börseneinführung von jedermann zum aktuellen Tageskurs ge- und verkauft werden. Vgl. → Schatzanweisungen, → Bubills, → Bundesobligationen, → Bundesanleihen.

Bundesschatzbriefe. Speziell für den privaten Sparer gedachte → Schuldbuchforderungen des Bundes, die als Daueremissionen begeben werden. Sie können nur von natürlichen Personen sowie von Einrichtungen, die gemeinnützigen, mildtätigen oder kirchlichen Zwecken dienen, erworben werden (aber nicht von Gebietsfremden). Mindestanlage 50 Euro. Für B. werden keine Wertpapierurkunden ausgestellt. Die Erwerber erhalten abtretungsfähige Quittungen. B. haben im Voraus festgelegte, in der Regel steigende Zinssätze. Es gibt zwei Typen. Typ A mit einer Laufzeit von sechs Jahren und jährlicher (nachträglicher) Zinsauszahlung. Typ B mit einer Laufzeit von sieben Jahren und Zinsansammlung; die Zinsen mit Zinseszinsen werden gemeinsam mit dem Nennbetrag bei der Tilgung bezahlt (Aufzinsungspapier). B. zählen nicht zu den → Effekten, weil eine Börseneinführung nicht erfolgt. Vgl. → Bundesobligationen, → Bundesanleihen.

Bundesschuldbuch. S. → Bundeswertpapierverwaltung.

Bundesschuldenverwaltung. Seit dem 01.02.2002 → Bundeswertpapierverwaltung.
http://www.bsv.de

Bundessozialgericht (BSG). Sitz: Kassel. Das BSG entscheidet in letzter Instanz über Revisionen gegen Urteile des Landessozialgericht. Die Sozialgerichtsbarkeit ist in Deutschland dreistufig organisiert: Ihre Gerichte in den Ländern sind die Sozialgerichte (insg. 69) und die Landessozialgerichte (je Bundesland eines); als oberster Gerichtshof des Bundes besteht das BSG. Diese Gerichte sind v. a. in Angelegenheiten der „sozialen Sicherheit“ zuständig. Dazu gehören Renten-, Unfall-, Kranken- und Pflegeversicherung; soziale Entschädigung bei Gesundheitsschäden u. a. m. (Sie sind nicht zuständig für das Recht der Sozialhilfe.)
http://www.bundessozialgericht.de

Bundesstelle für Außenhandelsinformation (bfai), jetzt → Bundesagentur für Außenwirtschaft.

Bundesstatistiken. S. → Statistisches Bundesamt.

Bundesstatistikggesetz. → Gesetz über die Statistik für Bundeszwecke.

Bundesverband der Deutschen Binnenschifffahrt e. V (BDB). Gewerbevertretung der Unternehmen der Deutschen Binnenschifffahrt. Im BDB sind fast alle deutschen Reedereien, alle einschlägigen Genossenschaften und der überwiegende Teil der → Partikuliere vertreten. Diese verfügen mit ihren Schiffen über eine Tragfähigkeit von rd. zwei Dritteln der deutschen

Tonnage. Sitz: Duisburg-Ruhrort; dem größten Binnenhafen der Welt.
http://www.binnenschiff.de

Bundesverband der Deutschen Industrie (BDI). Zentralorgan der deutschen Industrie. Gegr. 1949. Sitz: Berlin. Auf außenwirtschaftlichem Gebiet setzt sich der BDI für die Anpassung der Rahmenbedingungen für Handel und Investitionen ein; durch die nationale Wirtschaftspolitik, im internationalen Bereich wie auch in internationalen Organisationen (z. B. der WTO). Er begleitet den Prozess der Globalisierung der Märkte durch zielgerichtete und gebündelte Interessenvertretung gegenüber der Bundesregierung und den Regierungen der Partnerländer. Zur wirksamen Unterstützung der Unternehmen in den wichtigsten Wirtschaftsregionen und Wachstumsmärkten der Welt hat der BDI gemeinsam mit anderen Spitzenverbänden Regionalinitiativen gegründet: → Asien-Pazifik-Ausschuss (APA), → Lateinamerika-Initiative (LAI), → Nordafrika-Mittelost-Initiative (NMI), → Südliches Afrika Initiative (SAFRI). Bes. Bedeutung hat der → Ost-Ausschuss der Deutschen Wirtschaft erlangt. Der BDI hat eine Servicestelle für industrielle Absatzfragen eingerichtet, die in- und ausländische Unternehmen und Verbände einschlägig kostenlos berät und vielfach qualifiziert unterstützt. Er ist an → FALEX beteiligt.
http://www.bdi-online.de

Bundesverband der Deutschen Volksbanken und Raiffeisenbanken e. V. (BVR). Sitz: Bonn. Spitzenverband der genossenschaftlich organisierten Finanzwirtschaft in Deutschland. Die genossenschaftlichen Banken stellen mit rd. 30 Mio. Kunden und 15 Mio. Mitgliedern die größte Gruppe genossenschaftlicher Unternehmen. Der BVR ist Förderer, Betreuer und Vertreter seiner Mitglieder – auf bundesweiter und internationaler Ebene. In den Regionen übernehmen 9 Regionalverbände diese Aufgaben. Die rd. 1.600 Volksbanken und Raiffeisenbanken stehen ihren Kunden als → Universalbanken zur Verfügung und bieten in einem Finanz-Verbund die gesamte Palette an Finanzdienstleistungen an.
http://www.bvr.de
Zu Produkten und Leistungen des FinanzVerbundes der Volksbanken und Raiffeisenbanken informiert die folgende Internet-Adresse:
http://www.vr-networld.de

Bundesverband des Deutschen Exporthandels e. V. (BDEx). Sitz: Berlin. Spitzendachverband von (im Jahre 2001) rd. 850 Exportunternehmen (größtenteils organisiert in Regional- oder Exportfachverbänden). Der BDEx vertritt die Interessen seiner Mitglieder in allen Exporthandelsfragen. Die Beratung und Vermittlung von Kontaktwünschen sowie die Informationserteilungen stellen einen wesentlichen Teil der täglichen Verbandsarbeit dar. Der BDEx veröffentlicht 14-tägig die → Außenwirtschaftsinformationen. Er ist ein Branchenverband im → Bundesverband des Deutschen Groß- und Außenhandels (BGA).
http://www.bdex.de

Bundesverband des Deutschen Groß- und Außenhandels e. V. (BGA). Gegr. 1916. Sitz: Bonn. Als Spitzenorganisation des Groß- und Außenhandels sowie des Dienstleistungssektors nimmt der BGA durch intensive Kontakte zu den politischen Entscheidungsträgern auf Bundesebene Einfluss auf die Gesetzgebung. Er informiert die Mitglieder über neueste Entwicklungen und Änderungen in der Gesetzgebung, z. B. auch über Außenhandelsrecht, Zolltarife, Importquoten und deren Änderungen. Er publiziert den BGA-Außenwirtschaftsreport (Zeitschrift) und Fachinformationen (wie Antidumping-Mailingliste, Adressenbroschüre zum Kompensationshandel, Leistungsverzeichnis Exporthandelsunternehmen u. a. m.).
http://www.bga.de

Bundesverband deutscher Banken e. V. (BdB). Gegr. 1951. Sitz: Berlin. Der BdB vertritt

die Interessen der privaten Banken. Er repräsentiert zurzeit 280 private Banken und regionale Verbände sowie Spezialverbände der Hypothekenbanken und der Schiffsbanken. Der Marktanteil der BdB-Banken, gemessen am Geschäftsvolumen, lag im Jahre 2000 bei rund 37 %. Der BdB arbeitet mit den anderen → Spitzenverbänden der deutschen Kreditwirtschaft im → Zentralen Kreditausschuss zusammen. Monatliche Publikation: Die Bank. Zeitschrift für Bankpolitik und Bankpraxis.
http://www.bdb.de

Bundesverband Deutscher Leasing-Gesellschaften (BDL). Gegr. 1972. Sitz: Berlin. Interessenvertreter von zurzeit über 120 → Leasing-Unternehmen. S. a. → LEAS EUROPE.
www.bdl-leasing-verband.de

Bundesverband Güterkraftverkehr Logistik und Entsorgung e. V. (BGL). Sitz: Frankfurt am Main. Er bietet über seine Landesverbände mehr als 15.000 Mitgliedsunternehmen Programme zur Sicherung von Qualitätsstandards, zur Förderung der Verkehrssicherheit sowie zur investitionssichernden Standardisierung der Fahrzeugausstattung, Kosten- und Leistungsrechnung. Der BGL tritt als Servicedienstleister für grenzüberschreitend tätige Transportunternehmen als Bürge und Ausgabeverband im Zollverfahren → Carnet TIR auf. Er bearbeitet Anträge auf Zuschüsse für förderungsfähige Unternehmensberatungen und vertreibt wichtige Publikationen und Software für Transportunternehmen.
http://www.bgl-ev.de

Bundesverband Möbelspedition (AMÖ). Sitz: Hattersheim/Main. Er vertritt als Spitzenorganisation des deutschen Möbelspeditionsgewerbes gemeinsam mit 18 regionalen Mitgliedsverbänden die Interessen von zurzeit rd. 1.350 Möbelspediteuren. Jeder einzelne AMÖ-Spediteur ist unmittelbar Mitglied im zuständigen Regionalverband. Auch die Gruppe Internationaler Möbelspediteure e. V. (GIM) ist Mitglied des AMÖ. S. a. → Bundesverband Spedition und Logistik (BSL), → Föderation der europäischen Möbelspediteure (FEDEMAC), → Föderation der internationalen Möbelspediteure (FIDI).
http://www.amoe.de

Bundesverband öffentlicher Banken Deutschlands e. V. (VÖB). Gegr. 1916. Sitz: Berlin. Er vertritt die Interessen von zurzeit 58 Mitgliedsinstituten (darunter die → Landesbanken/Girozentralen, die bundes- und landeseigenen Förderbanken und die Deutsche Postbank AG). Der Marktanteil der VÖB-Banken, gemessen an der Bilanzsumme, lag im Jahre 2000 bei rd. 27 %. Der VÖB arbeitet mit den anderen → Spitzenverbänden der deutschen Kreditwirtschaft im → Zentralen Kreditausschuss zusammen.
http://www.voeb.de

Bundesverband Spedition und Logistik e.V. (BSL). Einer der großen Spitzenverbände der deutschen Verkehrswirtschaft. Zurzeit wird er bundesweit von 18 Landesverbänden getragen. Er vertritt nahezu 3.600 vorwiegend mittelständisch strukturierte Mitgliedsunternehmen des Speditionsgewerbes in Deutschland. Der BSL kooperiert mit entsprechenden Verbänden in anderen Ländern, der → CLECAT und dem Weltverband → FIATA (der → Internationalen Föderation der Spediteurorganisationen).
http://www.spediteure.de

Bundesvereinigung der Deutschen Arbeitgeberverbände (BDA). Sitz: Berlin. Vorläufereinrichtungen waren: der Verein Deutscher Arbeitgeberverbände, gegr. am 23.06.1904. Am 04.04.1913 erfolgte die Fusion der Spitzenverbände der Arbeitgeber zur Vereinigung der Deutschen Arbeitgeberverbände. Am 15.11.1950 kam es zur Umbenennung des Zusammenschlusses der Arbeitgeberverbände aller Wirtschaftszweige in BDA. Mitglieder der BDA sind

Tarifträgerverbände und ihre Spitzenorganisationen aus den Bereichen Industrie, Dienstleistungen, Handwerk und Landwirtschaft. Auf Bundesebene sind mit der BDA 54 Branchenverbände (Spitzenverbände) und 14 Landesvereinigungen organisiert. Sie vertreten über 1.000 rechtlich und wirtschaftlich selbstständige Arbeitgeberverbände. Die Mitgliedschaft in den Arbeitgeberverbänden beruht auf der Grundlage der Freiwilligkeit. Z. Zt. werden in Deutschland etwa 75 % der Unternehmen mit rd. 80 % der Arbeitnehmerschaft über die BDA und ihre Arbeitgeberverbände betreut.
http://www.bda-online.de

Bundesvereinigung Deutscher Handelsverbände e. V. (BDH). Gegr. 1999. Sitz: Berlin. Die BDH vertritt die gemeinsamen Anliegen des deutschen Handels gegenüber den politischen Entscheidungsträgern und der Öffentlichkeit; in allen grundsätzlichen Fragen der Wirtschafts-, Finanz-, Steuer-, Sozial- und Gesellschaftspolitik sowie der Umwelt-, Verkehrs- und Bildungspolitik.
www.bdh-handelsverbaende.de

Bundesvereinigung der Fachverbände des Deutschen Handwerks (BFH). Sie wird von den 46 zentralen → Fachverbänden des deutschen Handwerks gebildet. Geschäftsstelle: Berlin (beim → ZDH). Die BFH hat die Aufgabe, die gemeinsamen fachlichen, wirtschaftspolitischen, sozialpolitischen und kulturellen Belange der ihr angehörenden Fachverbände zu vertreten.

Bundesverfassungsgericht (BVerfG). Sitz: Karlsruhe. Es legt im Verfahren der Verfassungsbeschwerde, in den Normenkontrollverfahren und in den Organstreitigkeiten (z. B. zwischen Bund und Ländern) für alle Staatsgewalten die Bestimmungen des Grundgesetzes (der Verfassung Deutschlands) verbindlich aus. Vgl. → Bundesgerichtshof.
http://www.bverfg.de

Bundesverwaltungsgericht (BVerwG). Sitz: Leipzig. Es ist das oberste deutsche Verwaltungsgericht und entscheidet – i. d. R. auf Revisionen hin – über die richtige Anwendung des Bundesrechts; insofern ist es reine Rechtsinstanz.
http://www.bverwg.de

Bundeswertpapierverwaltung (BWV). Vor dem 01.02. 2002 die Bundesschuldenverwaltung. Eine Bundesoberbehörde im Geschäftsbereich des Bundesministeriums der Finanzen. Sitz: Bad Homburg vor der Höhe. Der BWV obliegt die Beurkundung der vom Bund und seinen Sondervermögen aufgenommenen Kredite (soweit es sich nicht um Kassenkredite mit einer Laufzeit von bis zu sechs Monaten handelt) sowie die bankmäßige Verwaltung und Bedienung der Kredite. Sie ist außerdem verantwortlich für die Beurkundung der vom Bund und seinen Sondervermögen übernommenen Gewährleistungen und internationalen Beteiligungs- und Beitragsverpflichtungen sowie sonstiger im jeweiligen Haushaltsgesetz zugelassener Finanzierungsinstrumente. Die BWV führt das Bundesschuldbuch, einem – öffentlichen Glauben genießenden – elektronischen Register. Sie bietet als Dienstleistungsbehörde den gebührenfreien Erwerb und die kostenlose Verwahrung und Verwaltung von Bundeswertpapieren sowie den Verkauf von Gedenkmünzen und Umlaufmünzserien an.
http://www.bwpv.de

Bundeszollverwaltung. Die → Zollverwaltung in Deutschland. Alle wichtigen Informationen über Aufbau und Aufgaben der B., über ihre Hilfen für die Praxis, die Hinweise für Reisende und allgemeine Zollinformationen sind der Homepage zu entnehmen.
http://www.zoll-d.de

Bunkerung. Begr. f. d. Verladung von Brenn- und Treibstoffen für den Schiffsbetrieb.

Bürgerbeauftragten der EU. → Europäischer Bürgerbeauftragter.

Bürgerliches Gesetzbuch (BGB). Es ist in Deutschland am 01.01.1900 in Kraft getreten. Das BGB regelt in fünf Teilen die wichtigsten Gebiete des Privatrechtes. Erstes Buch: Allgemeiner Teil - §§ 1 – 240 (Fristen, Rechts- und Geschäftsfähigkeit, Stellvertretung u. a.). Zweites Buch: Recht der Schuldverhältnisse - §§ 241 – 853 (allgemeine Regeln über schuldrechtliche Verträge, wie z. B. Kauf-, Darlehens-, Miet-, Werk- und Bürgschaftsvertrag). Drittes Buch: Sachenrecht - §§ 854 – 1296 (regelt das Recht an beweglichen Sachen und Grundstücken). Viertes Buch: Familienrecht - §§ 1297 – 1921. Fünftes Buch: Erbrecht - §§ 1922 – 2385. Die Neufassung vom 02.01.2002 kann im Internet gelesen werden:
http://www.bundesanzeiger.de/bgbl1.htm

Bürgschaft. Rechtlich einseitig verpflichtender Vertrag (§§ 765 ff. BGB und §§ 349 ff. HGB), durch den sich der Bürge dem Gläubiger (z. B. einem Exporteur) eines Dritten (z. B. einem Importeur als Hauptschuldner) gegenüber verpflichtet, für die Erfüllung einer Verbindlichkeit dieses Dritten einzustehen. B. sind im Außenhandel i. d. R. nicht gebräuchlich. Die B. unterscheidet sich grundsätzlich von der → Garantie.

Bürgschaften und Garantien für ungebundene Finanzkredite an das Ausland. S. → Gewährleistungen für ungebundene Finanzkredite des Bundes.

Büro für Drogenkontrolle und Kriminalitätsvorbeugung der Vereinten Nationen – (engl.) United Nations Office for Drug Control and Crime Prevention (UNODCCP oder auch nur ODCCP). Errichtet 1997. Hauptsitz: Wien.
www.unvienna.org

Business Cooperation Network – BC-Net (engl.). Das computergestützte Netzwerk zur Unterstützung internationaler Unternehmenskooperationen, eingerichtet von der EU-Kommission. Sitz: Brüssel. Die Unternehmensprofile werden anhand bestimmter Codierungen so dargestellt, dass sie miteinander vergleichbar sind. Dadurch können geeignete Partner sachgerecht ermittelt werden. Zu diesem System haben nur akkreditierte Berater Zugang. Sie müssen die ihnen bekannt gewordenen Informationen vertraulich behandeln. Die Identität der potenziellen Geschäftspartner darf erst nach Rücksprache und konkreter Anweisung preisgegeben werden. Im BC-Net arbeiten zurzeit über 600 Korrespondenten, Vermittler und Firmen aus 50 europäischen und außereuropäischen Ländern zusammen. Darunter z. B. auch das → Rationalisierungs- und Innovationszentrum der Deutschen Wirtschaft (RKW).

Business Global. Der Manager-Berater für die internationale Wirtschaft der → VWD. B. G. erscheint monatlich. Mit den von namhaften Experten erarbeiteten Analysen, Fallstudien und Erfahrungsberichten lassen sich Internationalisierungsstrategien fundierter entwickeln und erfolgreicher umsetzen.

Buy-back-Geschäft. → Rückkaufgeschäft → Kompensationsgeschäft.

BVR → Bundesverband der Deutschen Volksbanken und Raiffeisenbanken e. V.

BVerfG → Bundesverfassungsgericht.

BVerwG → Bundesverwaltungsgericht.

BWV → Bundeswertpapierverwaltung; früher → Bundesschuldenverwaltung (BSV).

BZT. Abk. f. Brüsseler Zoll-Tarifschema. Vorläufer der → Nomenklatur des Rates für die Zusammenarbeit auf dem Gebiet des Zollwesens (NRZZ).

C

C → Commonwealth.

CABEI. Abk. f. (engl.) Central American Bank for Economic Integration; → Zentralamerikanische Bank für wirtschaftliche Integration oder (span.) Banco Centroamericano de Integración Económica (BCIE).

CACEU. Abk. f. (engl.) Central African Customs and Economic Union; → Zentralafrikanische Zoll- und Wirtschaftsunion oder (frz.) Union Douanière et Economique de l'Afrique Central (UDEAC).

CACM. Abk. f. (engl.) Central American Common Market; → Zentralamerikanischer Gemeinsamer Markt oder (span.) Mercado Común Centroamericano (MCCA).

CAF. Abk. f. (engl.) Currency Adjustment Factor. → Frachtzuschlag, der für das Risiko der Veränderung der Wechselkurse bei quotierten Währungen erhoben wird.

Call → Call-Option.

Callable Bond. → Schuldverschreibung, bei der dem Emittenten ein vorzeitiges Kündigungsrecht eingeräumt wird (→ Call-Option).

Call Exercise Price. Bezeichnung für den → Basispreis einer → Kaufoption (Vgl. → Optionsgeschäft).

Call-Leasing. → Leasing-Vertrag, nach dem der Leasing-Nehmer das Recht hat, nach Ablauf der Grundmietzeit den Leasing-Vertrag zu verlängern oder das Leasing-Objekt zu kaufen.

Call-Money. (Euro-)Geldmarktanlage bei einer Bank, für die keine bestimmte Laufzeit, sondern eine sehr kurze Kündigungsfrist vereinbart wurde; eintägig (engl.: „one day notice") oder zweitägig (engl.: „two days notice").

Call-Option. (1) Börsenbez. f. Kaufoption. Damit erwirbt der Optionskäufer die Berechtigung, aber nicht die Verpflichtung, einen bestimmten → Basiswert zu einem vorab vereinbarten Preis innerhalb einer bestimmten Frist (→ amerikanische Option) oder zu einem bestimmten Endfälligkeitstermin (→ europäische Option) vom Optionsverkäufer (dem → Stillhalter) zu erwerben. Der Optionskäufer zahlt für das Optionsrecht an den Stillhalter den Optionspreis (→ Optionsprämie). (2) Bez. f. die Berechtigung des Emittenten einer Schuldverschreibung, diese (unter bestimmten Bedingungen) vorzeitig zurückzuzahlen (Schuldnerkündigungsrecht; → Callable Bond). Gegenteil → Put-Option.

CACM. Abk. f. (engl.) Central American Common Market; → Zentralamerikanischer Gemeinsamer Markt oder (span.) Mercado Común Centroamerikano (MCCA).

CAP. Maximal- oder Höchstzinssatz. Instrument zur Absicherung gegen Zinssteigerungen (→ Hedging). Bei einer variabel verzinslichen Finanzierung garantiert der C.-Verkäufer dem C.-Käufer (Kreditnehmer) die Zahlung des Unterschiedsbetrages zwischen dem vereinbarten C. und einem höheren tatsächlichen Marktzinssatz. Der C.-Verkäufer kassiert bei Vertragsabschluss eine einmalige Prämie; der Kreditnehmer begrenzt sein Zinsrisiko. Gegenteil: → Floor. S. a. → Collar.

CAPS → Corporate Automated Purchasing System.

Cargo oder Frachtgut, → Ladung.

Caribbean Community and Common Market – CARICOM und CC (engl.); → Karibische Gemeinschaft.

CARICOM und CC. Abk. f. (engl.) Caribbean Community and Common Market; → Karibische Gemeinschaft.

CARIFTA. Abk. f. (engl.) Carribean Free Trade Area. Vorläuferorganisation der → Karibischen Gemeinschaft (CARICOM).

Carl Duisberg-Gesellschaft e. V. (CDG). Sitz: Köln. Eine gemeinnützige Organisation für internationale Weiterbildung und Personalentwicklung. Sie fördert in einem Netzwerk mit in- und ausländischen Partnern die berufliche Weiterbildung von Fach- und Führungskräften aus Entwicklungs- und Transformationsländern. Damit unterstützt sie auch den Reformprozess in Mittel- und Osteuropa.
http://www.cdg.de

Carnet ATA (→ ATA). Internationaler Zollpassierschein. Gilt für bestimmte Waren im Falle einer vorübergehenden Einfuhr oder Ausfuhr wie auch bei der Wiedereinfuhr in diejenigen Länder, die sich dem → gemeinschaftlichen Versandverfahren angeschlossen haben; z. B. für zollpflichtige Warenmuster, Ausstellungs- und Messegut, Gegenstände der Berufsausrüstung. Das C. ATA dient der Erleichterung der nur vorübergehenden Verbringung von Waren ins Ausland, da bei seiner Benutzung die Zahlung oder Hinterlegung von Zöllen und sonstigen Einfuhrabgaben entfällt, sowie keine besonderen Zollanmeldungen in den Einfuhrländern auszufertigen sind. Diese Erleichterungen sind deshalb möglich, weil die Industrie- und Handelskammern bzw. deren Spitzenorganisationen in den beteiligten Ländern sich wechselseitig gegenüber den Zollbehörden ihrer Länder verbürgt haben, im Falle eines nicht ordnungsgemäß verwendeten C. ATA die fälligen Abgaben zu entrichten. In Deutschland wird das C. ATA von den → Industrie- und Handelskammern ausgegeben; es kann während der üblichen Laufzeit von 1 Jahr beliebig oft benutzt werden. Bürgender Verband ist der → Deutsche Industrie und Handelskammertag. Die Kammern haben zur Abdeckung des mit der Ausstellung des C. ATA verbundenen Risikos eine Versicherung mit der → Hermes Kreditversicherungs-AG abgeschlossen. Vgl. → Carnet TIR.

Carnet TIR. (→ TIR). Internationaler Zollpassierschein; zur Erleichterung der Transporte, die ohne Warenumladung (unter → Zollverschluss) über eine oder mehrere Grenzen hinweg erfolgen. Die Straßenfahrzeuge oder Behälter sind mit TIR-Tafeln versehen. Der Transport findet von der Abgangzollstelle in einem Land bis zur Bestimmungszollstelle in einem anderen Land statt; dabei muss der Transport auf mindestens einer Teilstrecke auf der Straße erfolgen. Vorteil: Bevorzugte Zollabfertigung an den Grenzübergängen. Der C. TIR-Inhaber muss der Zollbehörde keine Sicherheiten bzw. Zahlungen leisten, da die Spitzenverbände der Fahrzeughalter eine Bürgschaft für die auf den beförderten Waren ruhenden Zollabgaben übernommen haben. Das C. TIR wird von der → Internationalen Straßentransport Union (IRU) ausgestellt und von den nationalen Verbänden ausgegeben. Ausgabestellen und Zollbürgen in Deutschland: → Bundesverband Güterkraftverkehr Logistik und Entsorgung und → Arbeitsgemeinschaft zur Förderung und Entwicklung des Internationalen Straßenverkehrs. Das C. TIR ist grundsätzlich nicht innerhalb der EU anwendbar, wenn der Transport innerhalb der Gemeinschaft beginnt und endet. Vgl. → Carnet ATA.

Carriage and Insurance Paid to (...named place of destination) – CIP. Handelsklausel: → frachtfrei versichert (... benannter Bestimmungsort). S. a. → Incoterms 2000.

Carriage Paid To (...named place of destination) – CPT. Handelsklausel: → frachtfrei (... benannter Bestimmungsort). S. a. → Incoterms 2000.

Carrier`s Haulage (CH). International gebräuchliche Klausel in Seefrachtverträgen. CH besagt, dass der Reeder/Verfrachter dem Absender einen leeren Container an einem gewünschten Ort und zum gewünschten Zeitpunkt bereitstellt. Der Absender belädt den Container. Danach befördert der Verfrachter den Container zum Ladehafen oder liefert ihn an einen vom Empfänger zu bestimmenden Ort. Von dort holt der Verfrachter den Container nach seiner Entladung durch den Empfänger wieder ab. Vgl. → Merchant`s Haulage (MH), → Voll-Containerladung (FCL), → Teil-Containerladung (LCL), → FCL for delivery FCL, → LCL for delivery LCL, → Feederschiff.

CAS. Abk. f. (engl.) computer aided selling. Computerunterstützte Verkaufsinformationssysteme. Durch den Einsatz von – mobilen – Computern (Notebooks) und durch Datenfernübertragung können die Absatzdaten (insb. auch die des Außendienstes) besser und schneller abgestimmt und zusammengefasst werden.

CASDB. Abk. f. (engl.) Central African States Development Bank; → Zentralafrikanische Entwicklungsbank oder (frz.) Banque de Développement des États de l'Afrique Centrale (BDEAC).

Cash-and-Carry-Großhandel (CC). Betriebsform des Großhandels. In großflächigen Abhollagern wird ein sehr breites Warensortiment angeboten. Die Kunden (Einzelhändler, Gewerbetreibende, Großverbraucher) wählen nach dem Prinzip der Selbstbedienung die gewünschten Waren aus, bezahlen diese an der Kasse und transportieren den Einkauf selbst an ihren Standort.

Cash-Flow. Finanzielle Stromgröße (ermittelt aus den Jahresabschlussdaten, insb. der Gewinn- und Verlustrechnung) eines Unternehmens, die den erfolgswirksamen Zahlungsmittelüberschuss einer Wirtschaftsperiode angibt. Der C.-F. zeigt die Innenfinanzierungskraft eines Unternehmens an; die Fähigkeit, Einzahlungsüberschüsse zu erwirtschaften, um die finanziellen Verpflichtungen, insb. auch die der Schuldenrückzahlung, erfüllen zu können. Kennzahl, die in der Bilanz-, Unternehmens- und Aktienanalyse verwendet wird.

Cash Management Systeme. Bez. f. elektronische Systeme, die es dem Finanzmanagement eines Unternehmens ermöglichen, stets aktuell informiert zu sein über Kontostände, Forderungen und Verbindlichkeiten, Zinskonditionen, Kurse von Devisen und Wertpapieren u. v. a. m. Diesbezügliche Konsolidierungen, Anlagen liquider bzw. Aufnahmen fremder Finanzierungsmittel können jederzeit selbst vom eigenen Büro bzw. eigenen PC aus geplant, durchgeführt und kontrolliert werden, im nationalen wie im weltweiten Bereich; unterstützt vom → Electronic Banking. C. M. S. sind für die Unternehmensführung ein wichtiges Instrument zur optimalen Liquiditäts- und Rentabilitätssteuerung.

Cash on delivery (c. o. d.). → Handelsklausel in internationalen Kaufverträgen; → Zahlung durch Nachnahme; Barzahlung bei Lieferung. Der Kaufpreis ist bei Übergabe der Ware (nicht der Dokumente) zu bezahlen.

Cash Settlement. → Barausgleich.

Causa Proxima. Begr. aus dem Seeversicherungsrecht: Kausalitätsregel. Ist ein Schaden durch mehrere Ursachen entstanden, dann wird nur die dem Schaden nächste (d. i. nicht immer die zeitlich erste) zur Prüfung der Ersatzpflicht herangezogen.

CBOE → Chicago Board Options Exchange.

CBOT® → Chicago Board of Trade.

CBWAS. Abk. f. (engl.) Central Bank of West African States; → Zentralbank westafrikanischer Staaten oder (frz.) Banque Centrale des Etats de l'Afrique de l'Ouest (BCEAO).

CC. Abk. f.: (1) → Cash-and-Carry. (2) Common Market (and Caribbean Community – CARICOM); s. → Karibische Gemeinschaft.

CCC. Abk. f. (engl.) Customs Cooperation Council; → Rat für die Zusammenarbeit auf dem Gebiet des Zollwesens (RZZ).

CCBM. Abk. f. (engl.) Correspondent Central Banking Model; → Korrespondenz-Zentralbankmodell.

CCI. Abk. f. (frz.) Chambre de Commerce International; → Internationale Handelskammer oder (engl.) International Chamber of Commerce (ICC).

CCIO. Abk. f. (engl.) Classification of Commodities by Industrial Origin; die Gütersystematik nach Herkunftsbereichen.

CD. Abk. f. (engl.) Certificate of Deposit; → Einlagenzertifikat.

CDAX – Composite DAX. Performance-Index der Deutschen Börse, der aus den Werten aller deutschen Aktien, die zum amtlichen Handel an der Frankfurter Wertpapierbörse zugelassen sind, errechnet wird. Zurzeit sind dies ca. 360. (Beim → DAX sind es nur 30 Standardwerte.) Der CDAX ermöglicht die Berechnung von 16 Branchenindices. Basisdatum ist ebenfalls Ultimo 1987, wobei aber als Basis auf 100 Indexpunkte gesetzt wurde.

CDB. Abk. f. (engl.) Caribbean Development Bank; → Karibische Entwicklungsbank.

CDG → Carl Duisberg-Gesellschaft.

CDH → Centralvereinigung Deutscher Wirtschaftsverbände für Handelsvermittlung und Vertrieb.

CDT. Abk. f. (frz.) Centre de Traduction des organes de l'Union Européenne; → Übersetzungszentrum für die Einrichtungen der Europäischen Union.

CEAC. Abk. f. (frz.) Conférence Européenne de l'Aviation Civile – (engl.) European Civil Aviation Conference (→ ECAC).

CEAO. Abk. f. (frz.) Communauté Economique de l'Afrique de l'Ouest; → Westafrikanische Wirtschaftsgemeinschaft.

CEDEAO. Abk. f. (frz.) Communauté Economique des Etats de l'Afrique de l'Ouest; → Wirtschaftsgemeinschaft westafrikanischer Staaten oder (engl.) Economic Community of West African States (ECOWAS).

CEDEFOP. Abk. f. (frz.) Centre européen pour le développement de la formation professionnelle; (engl.) European Centre for the Development of Vocational Training; Europäisches Zentrum für die Förderung der Berufsbildung. S. → Europäische Union (Gemeinschaftsagenturen).

CEDEL. Abk. f. (frz.) Centrale de Livraison de Valeurs Mobilières International. Gegr. 1970. Sitz: Luxemburg. CEDEL entwickelte sich zu einem der führenden, international ausgerichteten europäischen → Clearing-Institute. Bot seine Dienste über die Cedelbank an. War (→ Zentralverwahrungs-)Partner der → Deutsche Börse Clearing AG. Mit dieser Anfang 2000 zu → Clearstream International fusioniert. Gleiche Funktion wie → Euroclear.

CEEAC. Abk. f. (frz.) Communauté Economique des Etats de l'Afrique Centrale; → Wirtschaftsgemeinschaft der zentralafrikanischen Staaten (Zentralafrikanische Wirtschaftsgemeinschaft) oder (engl.) Economic Community of Central African States (ECCAS).

CEEC. Abk. f. (engl.) Committee for European Economic Cooperation. Dieser Ausschuss für europäische Wirtschaftshilfe wurde am 12.07.1947 von 16 europäischen Staaten und den Oberbefehlshabern der amerikanischen, britischen und französischen Besatzungszone Deutschlands mit Sitz in Paris gegründet. Seine Aufgabe bestand in der Aufstellung und Koordinierung der europäischen Wiederaufbaupläne; diese wurden von den USA bei der Gewährung der → Marshall-Plan-Hilfe verlangt. Aus dem CEEC ging 1948 die → OEEC und daraus 1961 die → OECD hervor.

CEED. Zum einen Abk. f. (engl.) Central and Eastern Europe Department. Gehört zur Gruppe der → Deutsche Börse AG und soll dazu beitragen, internationalen Investoren das interessante und enorme Wachstumspotential der jungen Kapitalmärkte in Mittel- und Osteuropa zugänglich zu machen. CEED stellt Informationen zu den dortigen Kapitalmärkten zur Verfügung, koordiniert die Aktivitäten der → Fördergesellschaft für Börsen und Finanzmärkte in Mittel- und Osteuropa (FBF) und beteiligt sich am Ausbau der → Newex. Zum anderen auch Abk. f. (engl.) „Competent and Efficient in Exchange Developments".
http://www.deutsche-boerse.de

CEFTA. Abk. f. (engl.) Central European Free Trade Agreement; → Zentraleuropäisches Freihandels-Abkommen.

CEI. Abk. f. (engl.) Central European Initiative; → Mitteleuropäische Initiative.

CELEX. Dokumentationsdienst zum EU-Recht des → Amtes für amtliche Veröffentlichungen der EU. Celex gibt umfassend und zuverlässig Auskunft zum EU-Recht, zu den Gründungsverträgen und zu den zwingenden und den nicht zwingenden Rechtsvorschriften (mehrsprachig und im vollen Wortlaut angeboten); enthält die Rechtsprechung des Europäischen Gerichtshofes. CELEX bietet auch Verweise zu nationalem Recht und diesbezüglichen Links. Vgl. → EUR-Lex. Anwender außerhalb der Gemeinschaftsorgane können CELEX auch über nationale Datenbankbetreiber (gegen Gebühr) benutzen. S. → juristische Datenbanken.
http://www.europa.eu.int/celex/htm

CEMAC. Abk. f. (frz.) Communauté Economique et Monétaire de l'Afrique Centrale; → Zentralafrikanische Wirtschafts- und Währungsgemeinschaft.

1-Cent-Methode. Methode zur Umstellung bestehender Anleihen auf den Euro. Die Stückelung von 1 Cent ist als kleinste handelbare Einheit zugelassen. „Krumme" Depotbestände, die sich aus der Umrechnung von früheren EWS-Währungen, z. B. von DM auf Euro ergaben, konnten damit durch individuelle Zu- und/oder Verkäufe am Markt wieder auf runde Beträge gebracht werden. (Aufwendige Spitzenausgleiche, wie bei einer Umstellung mit Nennwertbereinigung, erübrigten sich.)

Centrale Marketinggesellschaft der deutschen Agrarwirtschaft mbH (CMA). Sitz: Bonn. Betreibt das Gemeinschaftsmarketing für deutsche Agrarprodukte; fördert den Absatz deutscher Erzeugnisse der Land-, Forst- und Ernährungswirtschaft im Inland und im Ausland. Eine eigene Auslandsabteilung betreibt Export-Marketing (u. a. für verarbeitete Agrarprodukte nach Osteuropa, einschl. GUS-Staaten) und Exportmarktforschung. In 10 Ländern werden. Auslandsbüros unterhalten.
http://www.cma.de

Central Product Classification – CPC (engl.); → Zentrale Produktklassifikation der Vereinten Nationen.

Centralvereinigung Deutscher Wirtschaftsverbände für Handelsvermittlung und Vertrieb (CDH). Sitz: Berlin. Dachverband von 14 deutschen CHD-Landesverbänden. Zudem gegliedert nach Bundesfachverbänden, die die branchenbezogenen Interessen der Handelsvermittlung wahrnehmen; der Handelsvertretungen, Industrievertretungen, Handelsagenturen, Handelsmakler, Vertragshändler, Vertriebsingenieurbüros, Merchandiser u. a. Die CDH ist in vielen nationalen und internationalen Organisationen und Gremien vertreten, wie z. B. der → Bundesvereinigung Deutscher Handelsverbände e. V.; der → Internationalen Union der Handelsvertreter und Handelsmakler und bei → EuroCommerce.
http://www.cdh.de

CEPAL. Abk. f. (span.) Comisión Económica para América Latina y el Caribe; → Wirtschaftskommission für Lateinamerika und die Karibik (des ECOSOC der Vereinten Nationen) oder (engl.) Economic Commission for Latin America and the Caribbean (ECLAC).

Certificate of Deposit – CD (engl.). Ein überwiegend in London (am Euro-Markt) emittiertes kurz- oder mittelfristiges → Einlagenzertifikat; Mindesteinlage meist 1 Mio. US-$.

CFA-Franc. Abk. f. (frz.) Communauté Financière Africaine-Franc. Gemeinsame Währung der → Westafrikanischen Wirtschafts- und Währungsunion (emittiert von der → Zentralbank westafrikanischer Staaten; ISO-Währungscode XOF) und Bez. der gemeinsamen Währungseinheit der → Franc-Zone. Frankreich garantierte die Konvertierbarkeit des CFA-Franc (einen festen Wechselkurs gegenüber dem FRF/heute EUR) sowie den freien Kapitalverkehr.

CFR. Abk. der Handelsklausel (engl.) Cost and Freight; → Kosten und Fracht (... benannter Bestimmungshafen). S. a. → Incoterms 2000.

CGFS. Abk. f. (engl.) Committee on the Global Financial System; → Ausschuss für das globale Finanzsystem.

CH → Carrier`s Haulage.

ChamberPASS. Wurde als Internet-Service („Partner für Geschäftskontakte im Ausland") auf Initiative von → Eurochambres gegründet. Auf einer einheitlichen Website sind dzt. 93 IHKs

aus 18 europäischen Ländern zusammengeführt; ihre Erweiterung zu einer weltweiten Plattform ist in Aussicht genommen. Chamber-PASS bietet Unternehmen eine Vielzahl von Informationen, Kontaktmöglichkeiten und Dienstleistungen zur Förderung der Exporte, Importe und Auslandsinvestitonen.
http://www.chamberpass.com

Chart. Graphische Darstellung von in der Vergangenheit beobachteten Datenreihen, wie z. B. Kursverläufe und Umsatzvolumina einzelner Wertpapiere, Devisen oder Börsenindices. Sie können in unterschiedlichen Arten (z. B. als Linien- oder Balkencharts) wie auch für verschiedene Zeiträume (z. B. als Tages-, Wochen-, Monats- und Jahrescharts) dargestellt werden.

Charter-Konnossement – (engl.) Charter-Party Bill of Lading/Charter-Party B/L). S. → Konnossement.

Charterpartie, (engl.) Charter Party (C/P). Die über einen → Chartervertrag ausgestellte Beweisurkunde. Jede Vertragspartei erhält ein Belegstück der „carta partita", der im Zickzack zerschnittenen Doppelurkunde. Die C/P entspricht dem → Frachtbrief im Landfrachtgeschäft.

Charter-Party B/L – Charter-Konnossement. S. → Konnossement.

Charterverkehr. Verkehr mit Transportfahrzeugen (v. a. mit Schiffen; auch mit Flugzeugen), deren Kapazität ganz oder teilweise, einmalig, wiederholt oder für eine bestimmte Zeit – und i. d. R. mit Personal – gemietet oder gepachtet wird. → Chartervertrag.

Chartervertrag. Schriftliche Vereinbarung im Rahmen eines → Seefrachtgeschäftes; v. a. in der → Trampschifffahrt. Vertragsgegenstand ist die Vermietung (Vercharterung) eines ganzen Schiffes (→ Vollcharter), eines verhältnismäßigen Teiles (→ Teilcharter) oder eines bestimmten Raumes des Schiffes (→ Raumcharter). Der → Verfrachter schließt mit einem oder mehreren → Befrachtern den Chartervertrag ab; dabei muss er sich den individuellen Bedürfnissen der jeweiligen Gegenpartei anpassen. → Charterpartie. Es gibt u. a. folgende Charterformen: → Zeitcharter, → Reisecharter, → Bareboat-Charter. Vgl. auch → Stückgutvertrag.

CHC. Abk. f. (engl.) Cargo Handling Charges. → Frachtzuschlag, der für bes. Hafenkosten in einigen Fahrgebieten erhoben wird.

Cheapest-To-Deliver-Anleihe – CTD-Anleihe. Bez. f. jene im Future-Handel aus einem Pool lieferbare Anleihe, mit der ein Kontrakt seitens des Verkäufers am günstigsten erfüllt werden kann. Der → Short Position ist es freigestellt, welche Anleihe sie liefert; sie wählt am Kassamarkt diejenige Anleihe aus, die zu den geringsten Kosten erworben werden kann (wodurch der Verkäufer einen vergleichsweise höchsten Nettogewinn oder geringsten Verlust realisiert).

Chicago Board of Trade (CBOT®). Gegr. 1848 als Produktenbörse (für Getreide). Heute werden neben Futures auf Waren (vor allem Agrarprodukte) zahlreiche Futures und Optionen auf Finanztitel gehandelt. Die umsatzstärksten Kontrakte entfallen auf Zinsfutures, wie auf den 1977 eingeführten → Treasury Bond Future. Seit 1997 werden Futures und Future-Optionen auf den → Dow Jones Industrial Average gehandelt. Im Jahre 2000 wurde die elektronische Handelsplattform → a/c/e (alliance/CBOT®/Eurex) eingeführt. Die CBOT® ist heute die größte Terminbörse der Welt.
http://www.cbot.com

Chicago Board Options Exchange (CBOE). Gegr. 1973 als Tochtergesellschaft der CBOT®.

An dieser Börse werden ausschließlich Optionen gehandelt; Aktienoptionen (auf nationale Titel) sowie Optionen auf Zinstitel und auf Aktienindices. Sie ist umsatzmäßig die zweitgrößte Terminbörse der Welt.
http://www.cboe.com

Chicago Mercantile Exchange (CME). Gegr. 1874 als Produktenbörse (für Fleisch). Seit 1972 werden am International Monetary Market (IMM) Futures und Optionen auf Zinstitel sowie die wichtigsten Währungen der Welt gehandelt. 1982 kam der Index and Option Market (IOM) für den Handel mit Index-Kontrakten (wie Index-Futures und Index-Optionen) hinzu. Umsatzmäßig die drittgrößte Börse der Welt.
http://www.cme.com

Chicago Stock Exchange (CHX). Gegr. 1882. Zählt zu den großen und einflussreichen (Präsenz-)Wertpapierbörsen der Welt.
http://www.chicagostockex.com

Chipkarte. Aus Plastik hergestellte Wertkarte (Größe 85,4 x 54 mm) mit integriertem und programmierbarem Mikrochip. Es ist zu unterscheiden nach: (1) einfache Speicherkarte: Sie enthält ein bestimmtes Guthaben, das nach Verbrauch verfällt; wie z. B. die Telefon(wert)-karte. (2) Smart Card: Sie ist – je nach Verwendungszweck – beliebig programmierbar; das Guthaben auf der Karte kann wieder ergänzt werden. Vgl. → Elektronische Geldbörse oder → Quickcard; → Geldkarte.

CHX → Chicago Stock Exchange.

CIF. Abk. der Handelsklausel (engl.) Cost, Insurance and Freight; → Kosten, Versicherung und Fracht (... benannter Bestimmungshafen). S. a. → Incoterms 2000.

CIF-Agent. Sonderform des rechtlich selbstständigen Handelsvertreters (→ Handelsmittler im Außenhandel). Er ist in fremdem Namen und für fremde Rechnung tätig; meist für mehrere Unternehmen (weshalb er eine relativ unabhängige Stellung gegenüber den einzelnen Auftraggebern hat). Der C.-A. steht vor allem mit dem → Ablader (Exporteur) in vertraglicher Beziehung, für den er den Warenverkauf betreibt. Interessierte Importeure wenden sich ihrerseits an den C.-A., um ihr Importgeschäft, für das die Lieferbedingung CIF üblich ist, durchzuführen. Der C.-A. nimmt eine Zwischenstellung von → Handelsvertreter und → Handelsmakler im Außenhandel ein. CIF-Agenten werden auf Grund ihrer einschlägigen Sachkenntnisse gerne als Schiedsstelle bei Unstimmigkeiten und Qualitätsdifferenzen angerufen.

CIF-Vertreter oder → CIF-Agent.

CIM. Abk. f. (frz.) Convention Internationale concernant le transport des Marchandises par chemin de fer; → Internationales Übereinkommen über den Eisenbahnfrachtverkehr oder (engl.) International convention on the transport of goods by rail.

CIM-Frachtbrief – (frz.) lettre de voiture – CIM. → Internationaler Eisenbahnfrachtbrief.

CIP. Abk. der Handelsklausel (engl.) Carriage and Insurance Paid to; → frachtfrei versichert (... benannter Bestimmungsort). S. a. → Incoterms 2000.

Circa-Notierung. Bez. f. das Verfahren der Preisregistrierung an Börsen; im Gegensatz zur Preisermittlung an Börsen (z. B. fortlaufende Notierung). Es sind zu unterscheiden: (1) Stichkursverfahren. Als Börsenpreis wird der Kurs festgesetzt, der zu einem bestimmten Zeitpunkt beim letzten Abschluss festgestellt wurde. Dieses Verfahren wird z. B. an der Hamburger Kaffee-Terminbörse angewendet. (2) Durchschnittsverfahren. Der Börsenpreis ergibt sich aus dem gewogenen oder ungewogenen arithmetischen Mittel der Umsatz- bzw. Offerten-Kurse. (3) Spannkursverfahren (üblich an Getreidebörsen). Es werden alle Abschlüsse registriert und die Extremkurse festgehalten. (4) Circa-Kursverfahren (das an deutschen Produktenbörsen und im Telefonhandel üblich ist). Eine „Notierungskommission“ (an der alle Parteien vertreten sind) setzt aufgrund der Eindrücke über abgeschlossene Geschäfte sog. „Von-bis-Kurse“ fest.

CIRR. Abk. f. (engl.) Commercial Interest Reference Rate. Ein Referenzzinssatz, den die OECD ihren Mitgliedstaaten als Mindestzinssatz für staatlich geförderte Finanzierungen von Investitionsgüterexporten und damit verbundenen Leistungen in Entwicklungsländern vorgibt. Er entspricht – je Währung – den Kreditkosten für erste inländische Adressen zuzüglich eines Aufschlags von 100 Basispunkten. Für die Euro-Zone gilt ein einheitlicher CIRR-Satz.

CIRR-Kredite. Kredite, die auf Basis eines CIRR-Satzes vergeben werden. Auf nationaler Ebene unterscheiden sich die Voraussetzungen der Exportförderung über C.-K. So werden in Deutschland nur Länder gefördert, die als Entwicklungsländer im Teil I der → DAC-Liste aufgeführt sind. Die hierfür verfügbaren Mittel entstammen dem ERP-Sondervermögen. C.-Kr. vergibt z. B. die → Ausfuhrkredit-Gesellschaft (AKA) und die → Kreditanstalt für Wiederaufbau (KfW).

CIS. Abk. f. (engl.) Commonwealth of Independent States; → Gemeinschaft Unabhängiger Staaten (GUS).

CISG. Abk. f. (engl.) United Nations Convention on Contracts for the International Sale of Goods; → Übereinkommen der Vereinten Nationen über den internationalen Warenverkauf (UN-Kaufrecht) oder (frz.) Convention des Nations Unies sur les Contracts de Vente Internationale des Marchandises (CVIM).

CIS STAT. → Zwischenstaatliches statistisches Komitee der Gemeinschaft Unabhängiger Staaten.

C-Klauseln. → CFR, → CIF, → CIP, → CPT. Handelsklauseln, nach denen der Exporteur (Verkäufer) den Haupttransport bezahlt. Der Gefahrenübergang erfolgt am Lieferort, der Kostenübergang am Bestimmungsort. S. → Incoterms 2000.

CLC → Commercial Letter of Credit.

Clearing. Planmäßiger, periodischer Ausgleich von Forderungen und Verbindlichkeiten durch gegenseitige Aufrechnung; z. B. am Geldmarkt zwischen Geschäftsbanken einerseits und der Zentralbank. Auch zwischen Industrieunternehmen zum Ausgleich von Liquiditätsüberschüssen und -defiziten. Clearingsysteme im internationalen Wertpapierhandel: → Euroclear, → CEDEL, → Deutsche Börse Clearing AG.

Clearing Banks. Britische Finanzinstitute, die sich v. a. dem Austausch von Schecks und sonstigen Zahlungsanweisungen widmen; national mit den Mitgliedsbanken, international mit → Korrespondenzbanken.

Clearinggeschäfte. Variante der → Kompensationsgeschäfte, bei denen im Rahmen staatlicher Vereinbarungen Exporteure und Importeure beider Länder individuelle Geschäfte tätigen dürfen, die über Verrechungskonten beglichen werden. Dem jeweiligen Exporteur wird der Rechnungsbetrag durch Belastung der Verrechnungskonten in inländischer Währung ausbezahlt.

Clearing-House. Die Clearingstelle einer Termin- oder Optionsbörse. Sie tritt beim Börsengeschäft zwischen Käufer und Verkäufer als Vertragspartner ein. Das C.-H. garantiert und besorgt die ordnungsgemäße Verrechnung, Abwicklung und Besicherung der einzelnen Geschäfte. Keinem der Marktteilnehmer entstehen dadurch Erfüllungsrisiken aus den Bonitätsrisiken der Vertragspartner; Liefer- und Abnahmeverpflichtungen bestehen nur gegenüber dem C.-H.

Clearstream International. Anfang 2000 aus der Fusion von → Cedel International und → Deutsche Börse Clearing hervorgegangen. Sitz: Luxemburg. Aktionäre sind die weltweit führenden Kreditinstitute. Das Unternehmen stellt die führende internationale Clearing-Organisation dar. Es bietet umfangreiche Dienstleistungen für Anleihen und Aktien im inländischen wie im grenzüberschreitenden Geschäft. Gegenwärtig werden Wertpapiere im Wert von rd. 9 Billionen Euro verwahrt (bei einer Zahl von über 150 Mio. abgewickelter Aufträge pro Jahr). Clearstream International umfasst drei Abteilungen: Clearstream Banking Frankfurt, Clearstream Banking Luxemburg und Clearstream Services. Es bestehen Regionalbüros in Dubai, Hongkong, London, New York, São Paulo und Tokio. Mit der Schaffung einer paneuropäischen Clearing-Organisation, an der sich auch andere nationale und internationale → Zentralverwahrer beteiligen können, soll auf die steigende Marktnachfrage nach zentralisierter Wertpapierverwaltung angemessen reagiert werden. Dem dient das hochmoderne und kostengünstige System „Creation", eine einheitliche IT-Plattform für „Clearing, Settlement und Custody" (Verrechnungs-, Abwicklungs- und Verwahrungdienstleistungen). Vgl. → Euroclear.
http://www.clearstream.com

CLECAT. Abk. f. (frz.) Comité de Liaison Européen des Commissionaires et Auxiliaires de Transport. Europäisches Verbindungsbüro des Speditions- und Lagerei-Gewerbes. Sitz: Brüssel. Vertritt die Interessen der Mitgliedsverbände aus den Mitgliedstaaten der → Europäischen Union bei der Kommission, dem Ministerrat, dem Europäischen Parlament und allen angeschlossenen Organen. CLECAT unterstützt die Bemühungen, in Europa noch vorhandene Harmonisierungsdefizite zu beseitigen und einen fairen Wettbewerb zu sichern. Vgl. → Bundesverband Spedition und Logistik (BSL), → FIATA.

CLNI – Zustimmungsgesetz zu dem → Straßburger Übereinkommen vom 04.11.1988 über die Beschränkung der Haftung in der Binnenschifffahrt vom 06.08.1998 (BGBl.1998 II 1643). Es gilt für grenzüberschreitende Binnentransporte (insb. auf Rhein und Mosel).

CLS. Abk. f. (engl.) Continuous Linked Settlement. Weltweites Devisenhandels-Abwicklungssystem; betrieben von der CLS-Bank. Sitz: New York. Es kam auf Initiative international tätiger Großbanken zustande und ermöglicht einen weitgehenden Ausschluss des → Erfüllungsrisikos. CLS wickelt die Zahlungen nach dem Zug-um-Zug-Prinzip ab, so dass kein Handelspartner das Risiko eingeht, seinen Teil des Geschäftes (seine Währung) zu erfüllen, ohne den erwarteten Gegenwert in der anderen Währung tatsächlich zu erhalten. (Bislang wurden die beiden aus einem Devisenhandelsgeschäft resultierenden Zahlungen in unterschiedlichen Clearingsystemen und oft in verschiedenen Zeitzonen abgewickelt. Dadurch war eine risikomindernde zeitliche Synchronisierung kaum gegeben.) CLS ist 2002 mit sieben Währungen gestartet (US-Dollar, Euro, Yen, Pfund Sterling, Schweizer Franken, australischer und kanadischer Dollar); weitere Währungen sollen einbezogen werden. Zurzeit wird CLS von 69 Banken als Anteilseigner unterstützt.

CMA → Centrale Marketinggesellschaft der deutschen Agrarwirtschaft.

CME → Chicago Mercantile Exchange.

CMR. Abk. f. (frz.) Convention relative au contract de transport international des Marchandises par Route; → Übereinkommen über den Beförderungsvertrag im internationalen Straßengüterverkehr.

CMR-Frachtbrief

CMR-Frachtbrief – (frz.) lettre de voiture internationale – CMR. → Internationaler Frachtbrief im Straßengüterverkehr. Transportdokument des grenzüberschreitenden Straßengüterverkehrs. Kein Wertpapier im Sinne eines → Konnossements. Ist nur Beweisurkunde über den Abschluss eines Frachtvertrages und Warenbegleitpapier. Der Absender erhält mit der Warenübergabe an den Frachtführer das sog. Frachtbriefdoppel.

CMR-Versicherung. Versicherung des Risikos aus der Haftung des Frachtführers nach dem CMR, → Übereinkommen über den Beförderungsvertrag im internationalen Straßengüterverkehr. Solche Versicherungsverträge werden von Versicherungsgesellschaften angeboten.

COCOM. Abk. f. (engl.) Coordinating Committee for Multilateral Export Controls, Coordinating Committee for East-West Trade Policy. Gegr. 1949. Sitz: Paris. Ziel: Kontrolle des Außenhandels mit Waren, die v. a. einen wichtigen Beitrag zum militärischen Potenzial des ehemaligen Ostblocks und anderer die Sicherheit der „westlichen Welt" gefährdenden Staaten hätten leisten können. Für bestimmte „sensible"/„sensitive" Gütern wurden → Embargo-Listen geführt. Diese „Internationalen Listen – IL" wurden (einschl. bes. Kontrollverfahren) in die nationalen Außenwirtschaftsbestimmungen der (zuletzt 17) Mitgliedstaaten eingebunden. Sie bildeten die Grundlage nationaler → Ausfuhrlisten. COCOM wurde am 31.03.1994 aufgelöst. Nachfolgeorganisation: Wassenaar Arrangement, → Vereinbarung von Wassenaar über die Exportkontrolle konventioneller Waffen und Dual-Use-Güter und -Technologien.

c. o. d. → cash on delivery.

Collar. Instrument des → Hedging, das aus einer Kombination von → Cap und → Floor besteht; Kauf eines Cap und Verkauf eines Floor. C. können so konstruiert werden, dass sich die für einen Cap zu zahlende und die durch einen Floor vereinnahmte Prämie gegenseitig aufheben.

COL. Abk. f. (engl.) Customs Office List. Liste der für das → gemeinschaftliche Versandverfahren zuständigen Zollstellen.

Combined Transport B/L, CT-B/L – Multimodales Transportkonnossement. S. → Konnossement.

COMECON. Abk. f. (engl.) Council for mutual economic assistance; → Rat für gegenseitige Wirtschaftshilfe.

Commercial Bank. (In den USA) Bank, die in erster Linie das kurz- und mittelfristige Einlagen- und Kreditgeschäft betreibt und sich mit der Abwicklung des Zahlungsverkehrs befasst. Gegensatz: → Investment Bank.

Commercial Letter of Credit – CLC (engl.) – Handelskreditbrief oder Kreditbrief. Eine v. a. in anglo-amerikanischen Ländern zur Außenhandelsfinanzierung gebräuchliche Sonderform des Akkreditivs, das sich hinsichtlich Avisierung und Benutzbarkeit vom → Dokumentenakkreditiv unterscheidet. Der CLC ist eine Urkunde, mit der das ausstellende Finanzinstitut den Begünstigten (Exporteur) ermächtigt, von Dokumenten begleitete → (Sicht- oder Nachsicht-) Tratten auf das ausstellende Finanzinstitut zu ziehen und sich selbst jedem gutgläubigen Erwerber gegenüber zur Einlösung der Tratten zu verpflichten. Der CLC enthält also die → Bona-fide-Klausel und ist frei neogoziierbar (→ Negoziierung).

Commercial Paper – CP (engl.). → Geldmarktpapiere, die v. a. von „erstklassigen Adressen" (aus dem Bereich der Finanzgesellschaften, Industrie- und Handelsunternehmen) als Inhaberpapiere ausgegeben werden; v. a. auf dem US-amerikanischen Markt. Die Laufzeiten dieser kurzfristigen unbesicherten Schuldtitel sind nicht standardisiert (im Gegensatz zu den → Einlagenzertifikaten) und können daher auf individuelle Anlegerbedürfnisse abgestellt werden. Sie liegen zwischen wenigen Tagen bis unter zwei Jahren; ohne → SEC-Verfahren zwischen 30 und 270 Tagen. Die Verzinsung von CPs ergibt sich aus einem Abschlag auf den Nennwert. In den USA treten (seit 1991) auch Niederlassungen ausländischer Banken als Emittenten von CPs auf. Sie werden durch Broker vertrieben. CPs werden auf dem → Sekundärmarkt gehandelt. Für den Marktzugang ist ein ausgezeichnetes → Rating der höchsten Bonitätsstufe erforderlich. Weniger bekannte Adressen einer niedrigeren Ratingstufe können CPs mit der Garantie einer großen Geschäftsbank oder Versicherungsgesellschaft emittieren. CPs sind für Unternehmen eine kostengünstige Alternative zu Bankkrediten; für Großanleger eine Alternative zu Festgeld-Einlagen.

Commonwealth (C). Gegr. 1931. Sitz: London. 54 Mitgliedsstaaten. Freiwillige Vereinigung zur Pflege der multinationalen Zusammenarbeit und Unterstützung; hervorgegangen aus dem Britischen Empire.
http://www.thecommonwealth.org

Commonwealth of Independent States – CIS (engl.); → Gemeinschaft Unabhängiger Staaten (GUS).

Computerbörse. Börse, bei der die Geschäfte nicht mehr „auf dem Parkett" (→ Präsenzbörse), sondern standortunabhängig über ein vollelektronisches (automatisiertes) Computernetz (weltweit) abgewickelt werden, z. B. an der → Eurex®, im → Xetra®-Handelssystem oder im → NASDAQ-System.

Comunidad Andina (span.); → Andengruppe oder (engl.) Andean Community.

Congestion Surcharge (engl.). → Stauzuschlag für bestimmte Seehäfen.

Containerklausel – Stauwahlklausel (Linien-Konnossement); (engl.) Unitization Clause–Bill of Lading – Optional Stowage. International gebräuchliche Klausel in Beförderungsbedingungen der Linienschifffahrt hinsichtlich der Abwicklungsform von Containerladungen. S. → Voll-Container-Ladung (FCL), → Teil-Container-Ladung (LCL), → FCL for delivery FCL, → FCL for delivery LCL, → LCL for delivery LCL, → LCL for delivery FCL; → Carrier`s Haulage (CH), → Merchants` Haulage (MH), → Feederschiff.

Containerverkehr. Stückgutverkehr, bei dem Container als Normverpackung verwendet werden. Durch größere und gut transportierbare Ladungseinheiten wurde der Stückgutverkehr erheblich verbessert und beschleunigt. Man unterscheidet im Wesentlichen folgende Arten des

C.: (1) Haus/Haus-Verkehr (vom Betrieb des Lieferanten bis zum Betrieb des Empfängers); (2) Haus/Pier bzw. Pier/Haus-Verkehr (z. B. vom Standort des Exporteurs bis zum Seehafen bzw. vom Seehafen bis zum Standort des Importeurs); (3) Pier/Pier-Verkehr (z. B. vom heimischen Verschiffungshafen zum überseeischen Bestimmungshafen); (4) → Lash(Leichter)-Verkehr.

Convertible Bond. → Wandelanleihe.

Cookie. Auf einem lokalen Rechner in einer eigenen Datei abgelegte Daten einer → Website.

Copyright. Begr. aus dem → Welturheberrechtsabkommen. Dem Verfasser einer Arbeit werden bei Verwendung des Zeichens © (für Copyright) im Impressum neben seinem Namen die Urheberrechte in den Vertragsstaaten eingeräumt.

CoR. Abk. f. (engl.) Committee of the Regions; → Ausschuss der Regionen (AdR) der Europäischen Union.

CORDIS. Abk. f. (engl.) Community Research and Development Information Service. Der kostenlose Forschungs- und Entwicklungsinformationsdienst der Europäischen Union. CORDIS bietet einen benutzerfreundlichen Zugang zu einem breiten Spektrum an Informationen zu EU-Maßnahmen zur Förderung der Forschung und Innovation in Europa; insb. auch für KMU.
http://www.cordis.lu

Corporate Automated Purchasing System (CAPS). Vollelektronisches Bestell- und Abrechnungssystem zur Straffung und Vereinfachung des Einkaufsprozesses – vor allem bei geringwertigen Wirtschaftsgütern. → Gesellschaft für Zahlungssysteme.

COST. Abk. f. (engl.) European Cooperation in the field of Scientific and Technical Research; → Zusammenarbeit auf dem Gebiet der wissenschaftlichen und technischen Forschung im Rahmen der EU.

Cost and Freight (... named port of destination) – CFR; → Kosten und Fracht (... benannter Bestimmungshafen). S. a. → Incoterms 2000.

Cost, Insurance and Freight (... named port of destination) – CIF; → Kosten, Versicherung und Fracht (... benannter Bestimmungshafen). S. a. → Incoterms 2000.

Countertrade-Geschäft. Bez. f. internationales → Kompensationsgeschäft.

Coupon oder Kupon. Erträgnisschein, der dem → „Mantel" von Aktien (als → Gewinnanteil-/Dividendenschein), von festverzinslichen Wertpapieren (als → Zinsschein) oder von Investmentzertifikaten (als → Ertragsschein) beigefügt ist. C. werden von Banken eingelöst. Ansprüche aus C. verjähren nach vier Jahren. C. sind für einen längeren Zeitraum (z. B. 10 Jahre) auf einem Couponbogen zusammengefasst. S. → Bogen.

Courtage. Vergütung für die Vermittlungstätigkeit des → Handelsmaklers und → Kursmaklers.

CP → Commercial Paper.

C/P. Abk. f. (engl.) Charter Party; → Charterpartie.

CPA. (1) Abk. f. (frz.) Court Permanent d'Arbitration; → Haager Schiedsgerichtshof. (2) Abk. f. (engl.) Classification of Products by Activity; → Statistische Güterklassifikation in Verbindung mit den Wirtschaftszweigen in der EG.

CPC. Abk. f. (engl.) Central Product Classifikation; → Zentrale Güterklassifikation der Vereinten Nationen.

CPT. Abk. der Handelsklausel (engl.) Carriage Paid To; → frachtfrei (... benannter Bestimmungsort). S. a. → Incoterms 2000.

CPVO. Abk. f. (engl.) Community Plant Variety Office; Gemeinschaftliches Sortenamt (GS) oder (frz.) Office Communautaire des Variétés Végétales (OCVV). S. → Europäische Union (Gemeinschaftsagenturen).

Cross-Border-Leasing. Grenzüberschreitendes → Leasing, bei dem inländische Leasing-Geber das Leasing-Objekt von einem inländischen Hersteller kaufen und an einen ausländischen Leasing-Nehmer (Importeur) vermieten. Form der Exportfinanzierung, die dem Importeur die Finanzierung hoher Anschaffungskosten langfristig genutzter Anlagegüter ohne gleichzeitige Bereitstellung der entsprechenden Liquidität ermöglicht. Der Vorteil für den Leasing-Nehmer kann noch vergrößert werden, wenn das Leasing-Objekt sowohl beim Leasing-Geber als auch beim Leasing-Nehmer in der Bilanz aktiviert werden darf und durch die Verrechnung von Abschreibungen und Finanzierungkosten mit den Steuerschulden des Leasing-Gebers die Leasing-Raten relativ niedrig gehalten werden können.

Cross-Rate. → Kreuzkurs.

CSD. Abk. f. (1): (engl.) Commission on Sustainable Development; → Kommission für nachhaltige Entwicklung der Vereinten Nationen. (2): (engl.) Central Securities Depository; → Zentrale Wertpapierverwahrstelle.

CSTE. Abk. f. (engl.) Commodity Classification for Transport Statistics in Europe; → Internationales Güterverzeichnis für die Verkehrsstatistik in Europa.

CT-B/L – (engl.) Combined Transport Bill of Lading – Kombiniertes Transportkonnossement. S. → Konnossement (vgl. dort multimodales Transportkonnossement).

CTD-Anleihe. → Cheapest-to-Deliver-Anleihe.

Currency Board System. Begr. f. eine regelgebundene Geldordnung. Dabei ist die inländische Geldbasis zur Gänze oder teilweise durch internationale Währungsreserven oder durch Gold gedeckt. Die Emission der inländischen Banknoten und Münzen erfolgt zu einem fixen Kurs gegenüber der ausländischen (Reserve-/Leit-)Währung durch ein Währungsamt. Dieses garantiert den freien und unbeschränkten Umtausch der inländischen Währung in die ausländische Leitwährung zu einem festen Wechselkurs. C. B. S. sind für Länder relevant, die hohe Inflationsraten aufweisen und bestrebt sind, wieder monetäre Stabilität im eigenen Land zu erreichen; auch für Länder mit geringer eigener geldpolitischer Kompetenz. In Argentinien bestand z. B. ein solches C. B. S. über ein Jahrzehnt; der argentinische Peso war bis Februar 2002 im Verhältnis 1 : 1 an den US-Dollar gebunden.

Custody B/L – Lagerhallen- oder Lagerhalterkonnossement. S. → Konnossement.

Customs Cooperation Council (CCC); → Rat für die Zusammenarbeit auf dem Gebiet des Zollwesens (RZZ).

CVIM. Abk. f. (frz.) Convention des Nations Unies sur les Contracts de Vente Internationale des Marchandises; → Übereinkommen der Vereinten Nationen über den internationalen Waren-verkauf (UN-Kaufrecht) oder (engl.) United Nations Convention on Contracts for the International Sale of Goods (CISG).

D

DAAD – Deutscher Akademischer Austauschdienst. Eine gemeinsame Einrichtung der deutschen Hochschulen zur Förderung der akademischen Beziehungen mit dem Ausland. Gegr. 1925. Sitz: Bonn. Gefördert werden deutsche und ausländische Nachwuchseliten – Studierende, Praktikanten, Doktoranden und Wissenschaftler – an den besten Hochschulen im Ausland und in Deutschland. Der DAAD trägt wesentlich zur Erhaltung und Steigerung der internationalen Wettbewerbsfähigkeit des Studien- und Wissenschaftsstandorts Deutschland bei. Er ist die größte deutsche Förderungsorganisation für die internationale Hochschulzusammenarbeit. Der DAAD unterhält weltweit über ein Netzwerk von Büros, Lektoren und Alumnivereinigungen direkten Kontakt zu Partnern im Ausland. Er bietet umfangreiche Informationen und konkrete Beratung vor Ort.
http://www.daad.de

DAC. Abk. f. (engl.) Development Assistance Committee. Dieser Ausschuss für Entwicklungshilfe der → Organisation für wirtschaftliche Zusammenarbeit und Entwicklung (OECD) hat die Aufgabe, die Entwicklungshilfe international zu fördern und zu koordinieren.

DAF. Abk. der Handelsklausel (engl.) Delivered At Frontier; → geliefert Grenze (... benannter Ort). S. a. → Incoterms 2000.

d/a credit – Dokumente gegen Akzept auf Akkreditivbasis. → Zahlungsbedingung im Auslandszahlungsverkehr. Der Exporteur erhält bei diesem → Akkreditiv (Wechselakkreditiv) bereits eine gewisse Zeit vor dem Versand der Ware eine Akzeptzusage eines Kreditinstituts. Damit ist für ihn die Zahlung gesichert, das Annahmerisiko vermieden – wie beim → d/p credit auch. Der Exporteur räumt aber mit d/a credit dem Importeur ein Zahlungsziel ein. Er übernimmt die Finanzierung für die Dauer des Transports und die Zeit bis zur Fälligkeit des Wechsels. Der Exporteur erhält bei Vorlage der akkreditivgemäßen Dokumente ein Bankakzept. Er verliert damit die Verfügungsgewalt über die Ware, kann aber seine Lieferantenkreditgewährung gut refinanzieren. Zahlungsverkehr und Kreditgeschäft gehen hier ineinander über.

d/p credit – Dokumente gegen Zahlung auf Akkreditivbasis. → Zahlungsbedingung im Auslandszahlungsverkehr. Der Exporteur erhält bei diesem → Akkreditiv (Auszahlungsakkreditiv) bereits eine gewisse Zeit vor dem Versand der Ware eine Zahlungszusage eines Kreditinstituts; damit ist für ihn die Zahlung gesichert, ein Annahmerisiko vermieden. Er erhält bei Vorlage der vertragsgemäßen Dokumente die vereinbarte Zahlung und kann dann nicht mehr über die Ware verfügen. Zahlungs- und Erfüllungort liegen beim eingeschalteten Kreditinstitut im Versandland. Für den Exporteur ist d/p credit gegenüber → d/p inkasso (die Zahlung erfolgt erst bei Ankunft der Ware am Bestimmungsort) von Vorteil; die Finanzierung der Transportdauer trägt bereits der Importeur.

d/a inkasso → Dokumenteninkasso. → Zahlungsbedingung im Auslandszahlungsverkehr (Dokumente gegen Akzept), mit der sich der Importeur verpflichtet, Zug-um-Zug gegen Übergabe der die Ware verkörpernden Dokumente einen Wechsel zu akzeptieren, der ihm von der mit der Zahlungsabwicklung beauftragten Bank vorgelegt wird. Diese wird vom Exporteur auf Grund eines Geschäftsbesorgungsauftrags ohne eigene Verpflichtung – wie beim → d/p inkasso – zur Gewährleistung der Zahlungssicherheit eingeschaltet; der Importeur erhält die Dokumente somit nicht direkt vom Exporteur.

Damnum. → Abgeld → Aufgeld. Unterschiedsbetrag zwischen gewährter und zurückzuzahlender Darlehenshöhe. Abschlag bei Darlehensauszahlung (→ Disagio) oder Zuschlag bei Darlehensrückzahlung (→ Agio). D. wird neben Darlehenszinsen berechnet.

Darlehen. Nach § 607 BGB: Hingabe von Geld oder anderen vertretbaren Sachen mit der vertraglichen Vereinbarung, dass der Empfänger das Empfangene in gleicher Art, Güte und Menge zurückerstattet. Somit ist jeder → Kredit, mit dem Bargeld und/oder Buchgeld in einer Summe oder in Teilbeträgen dem Kreditnehmer zur Verfügung gestellt wird und von diesem vertragsgemäß an den Kreditgeber in vereinbarten Raten (→ Ratenkredit) oder in einer Summe am Ende der festgelegten Laufzeit zurückgezahlt wird (je nach Vereinbarung auch mit Zinsen), ein Darlehen (eine Geldleihe). In der wirtschaftlichen Praxis wird ein langfristiger Kredit vielfach mit D. gleichgesetzt.

Datenbanken zur Außenwirtschaft. Die → Bundesagentur für Außenwirtschaft (bfai) unterhält sechs spezifische Datenbanken zur Außenwirtschaft: Länder und Märkte; Ausschreibungen im Ausland; Investitions- und Entwicklungsvorhaben; Geschäftswünsche; Recht; Zoll. Über komfortable Suchmaschinen können Daten und Informationen aus rd. 60.000 Datensätzen eingeholt werden.
http://www.bfai.de

Datenbanken für Gesetze, Verordnungen, Verträge usw.; einzelne Länder und internationale Organisationen betreffend. → Juristische Datenbanken.
http://www.jura.uni-sb.de
http://www.jura-lotse.de
http://www.juris.de

Datowechsel. S. → Wechsel.

Datumswechsel, Tages- oder Tagwechsel. S. → Wechsel.

DAX → Deutscher Aktienindex.

DAX 100. Er entspricht im Aufbau und in der Berechnung dem DAX. Er enthält aber 100 deutsche Standardwerte (30 Aktien des DAX und 70 Aktien des → MDAX), die variabel gehandelt werden (→ variabler Handel); börsentäglich zwischen 10.30 und 11.30 Uhr. Zur äußerlich deutlichen Unterscheidung vom DAX wurde zum Basiszeitpunkt Ultimo 1987 die Basis mit 500 Indexpunkten gewählt.

DAX 100 Branchenindices. Aus den Werten des DAX 100 berechnet die Deutsche Börse zehn Branchenindices, z. B. DAX 100 Automobile & Transport, DAX 100 Banks & Finance, DAX 100 Software & Technology.

DBA. Abk. f. → Doppelbesteuerungsabkommen.

DBC → Deutsche Börse Clearing AG.

DC. Abk. f. (engl.) Development Committee; Entwicklungsausschuss des → Internationalen Währungsfonds und der → Weltbank.

DDP. Abk. der Handelsklausel (engl.) Delivered Duty Paid; → geliefert verzollt (... benannter Bestimmungsort). S. a. → Incoterms 2000.

DDU. Abk. der Handelsklausel (engl.) Delivered Duty Unpaid; → geliefert unverzollt (... benannter Bestimmungsort). S. a. → Incoterms 2000.

DDR. Abk. f. Deutsche Demokratische Republik (1949 – 1990).

Dealer. (1) Natürliche oder juristische Person, die mit Wertpapieren handelt. (2) Juristische Person (i. d. R. eine Bank), die im Rahmen einer Absicherungsfazilität (z. B. der → Note Issuance Facility) → Notes platziert und ggf. auch am Sekundärmarkt handelt.

Debitkarte. → Zahlungskarte, bei deren Verwendung der Karteninhaber unmittelbar mit dem Zahlungsbetrag auf seinem Girokonto belastet wird, z. B. eurocheque- und Kundenkarten von Kreditinsituten. Vgl. → Kreditkarte.

Debitorenwechsel. Art des Finanzwechsels. S. → Wechsel.

Deckladungsgüter. Güter, die an Deck eines Schiffes verladen sind.

Deckungsformen der → Ausfuhrgewährleistungen des Bundes. Einzeldeckung, Sammeldeckung, Ausfuhr-Pauschal-Gewährleistung (APG). S. → Bundesdeckungen im Außenhandel.

Deckung von Risiken durch die → Ausfuhrgewährleistungen des Bundes. Fabrikationsrisikodeckung, Ausfuhrdeckung, Sonderdeckungen. S. → Bundesdeckungen im Außenhandel.

Deferred-Payment-Akkreditiv oder Zielzahlungsakkreditiv. Eine Variante des → Nachsichtakkreditivs, bei dem der Akkreditivbegünstigte (Exporteur) dem Akkreditivauftraggeber (Importeur) ein Zahlungsziel einräumt (z. B. 30 Tage nach Dokumenteneinreichung).

Definitiver Kauf bzw. Verkauf (engl.: outright transaction). Begr. aus der Offenmarktpolitik im ESZB. Transaktion, bei der die Zentralbank Vermögenswerte am offenen Markt per Kassa oder Termin definitiv (ohne → Rückkaufsvereinbarung) kauft oder verkauft. → Outright-Geschäft.

Defizitquote (engl.: deficit ratio) eines → Staates. Definiert als das Verhältnis zwischen der öffentlichen Neuverschuldung (dem Finanzierungsdefizit) und dem Bruttoinlandsprodukt zu Marktpreisen eines Jahres. Begr. f. ein fiskalpolitisches Stabilitäts- bzw. → Konvergenzkriterium gem. Art. 104c Abs. 2 des EG-Vertrages. Vgl. → Schuldenquote.

Deflation. Begr. f. d. andauernde Sinken des → Preisniveaus über einen längeren Zeitraum hinweg. Damit verbunden ist ein Anstieg der Kaufkraft des Geldes (vgl. → Geldwertstabilität). Zur D. kommt es, wenn das gesamtwirtschaftliche Angebot größer als die gesamtwirtschaftliche Nachfrage ist und dadurch die Preise allgemein sinken. Es kann nicht von D. gesprochen werden, wenn nur die Preise einzelner Güter sinken. Auf Teilmärkten kann es – vorübergehend – zu Deflationssituationen kommen, wenn z. B. bei einem Überangebot an Gewerberäumen die Mieten sinken. Gegensatz: → Inflation.

DEG. Abk. f. → Deutsche Investitions- und Entwicklungsgesellschaft.

Delcreda Finanz-Service. Seit dem 01.01.2001 → Hermes Forderungsmanagement GmbH.

Delegation der Deutschen Wirtschaft in der Russischen Föderation. Die deutschen → Auslandshandelskammern in der RF. Zu erreichen über
http://www.ahk.de
Neben dem Büro in Moskau gibt es zurzeit drei Außenstellen.

Delegierte der deutschen Wirtschaft

Moskau: Predstawitelstwo nemezkoi ekonomiki w Rossiskoi Federazii
Kasatschi per. 7, RF-109017 Moskau
E-mail: ahk@diht.ru

St. Petersburg: Predstawitelstwo nemezkoi ekonomiki w Rossiskoi Federazii – otdelenie St. Petersburg
W.O. Bolschoj prospekt 10, RF-199034 St. Petersburg
E-mail: service@hkhamb-ahk.spb.ru
Auch über die Homepage der Vertretung der Handelskammer Hamburg in St. Petersburg zu erreichen:
http://www.hkhamb-ahk.spb.ru

Novosibirsk: Predstawitelstwo nemezkoi ekonomiki w Rossiskoi Federazii – otdelenie Novosibirsk
Ul. Lenina 21, Hotel „Sibir", Zimmer 729, RF-630004 Novosibirsk
E-mail: deis@center-fl.ru

Kaliningrad: Predstawitelstwo nemezkoi ekonomiki w Rossiskoi Federazii – otdelenie Kaliningrad
Ul. Kutusowa 39, RF-236010 Kaliningrad
E-mail: service@hkhamb-ahk-kaliningrad.com
http://www.hkhamb-ahk-kaliningrad.com

In Deutschland erreichbar über die
Delegation der Deutschen Wirtschaft in der Russischen Föderation
c/o APK Worldwide Courier GmbH
Desenissstr. 54, D-22083 Hamburg
oder
Delegation der Deutschen Wirtschaft in der Russischen Föderation
c/o DIHT, Poststelle DP
Breite Str. 29, D-10178 Berlin.

Delegierte der deutschen Wirtschaft – Deutsche Auslandshandelskammern. S. → Auslandshandelskammern.

Delivered At Frontier (... named place) – DAF; → geliefert Grenze (... benannter Ort). S. a. → Incoterms 2000.

Delivered Duty Paid (... named place of destination) – DDP; → geliefert verzollt (... benannter Bestimmungsort). S. a. → Incoterms 2000.

Delivered Duty Unpaid (... named place of destination) – DDU; → geliefert unverzollt (... benannter Bestimmungsort). S. a. → Incoterms 2000.

Delivered Ex Quay (... named port of destination) – DEQ; → geliefert ab Kai (... benannter Bestimmungshafen). S. a. → Incoterms 2000.

Delivered Ex Ship (... named port of destination) – DES; → geliefert ab Schiff (... benannter Bestimmungshafen). S. a. → Incoterms 2000.

Delivery Order – D/O; → Konnossementanteilschein.

Delkredererisiko. Wenngleich unterschiedlich definiert, ist damit im internationalen Geschäftsverkehr das Zahlungsausfall-/Inkassorisiko gemeint, d. h. die Gefahr, dass ein Käufer gegenüber dem Verkäufer vertraglich begründete Zahlungsverpflichtungen gar nicht, nicht vollständig oder nicht fristgerecht erfüllt oder Schadenersatzforderungen stellt. Der Exporteur kann sich durch den Abschluss einer (Delkredere-) Versicherung oder durch die Einholung einer Ausfuhrgewährleistung (des Bundes) – gegen Zahlung einer Prämie bzw. eines Entgelts – gegen das D. absichern. Das D. wird beim → Factoring und bei der → Forfaitierung überwälzt. Unter D. wird auch das Warenabnahmerisiko verstanden.

Dematerialisierung. Begr. f. d. Abschaffung von effektiven Stücken oder Dokumenten, die das Eigentum an Finanzaktiva verbriefen. Diese existieren nur mehr als Bucheinträge.

Denominierung. Die D. eines Wertpapiers ist die Währung, in welcher der Nominalwert (Nennwert) des Wertpapiers angegeben wird. Vgl. → Neudenominierung.

Deport. → Swapsatz, der sich als negative Differenz – aus Terminkurs minus Kassakurs – ergibt. Abschlag vom Devisenkassakurs zur Bestimmung des Devisenterminkurses.

Deposit Notes. Sind am → Geldmarkt gehandelte Forderungen, die nicht wertpapiermäßig verbrieft oder als → Wertrechte ausgestattet sind.

Depotbank (engl.: custodian). Ein Kreditinstitut, das Wertpapiere und andere Finanzinstrumente im Auftrag Dritter (Hinterleger) verwahrt und verwaltet.

Depotwechsel oder Kautionswechsel. Art des Finanzwechsels. S. → Wechsel.

DEQ. Abk. der Handelsklausel (engl.) Delivered Ex Quay; → geliefert ab Kai (... benannter Bestimmungshafen). S. a. → Incoterms 2000.

Derivate. Kurzbez. v. a. für „abgeleitete", am Terminmarkt gehandelte → derivate Finanzinstrumente, deren Wert vom Preis eines → Basiswertes abgeleitet wird. Es gibt aber auch D., die am Kassamarkt für strukturierte Anleihen und Produkte gehandelt werden (z. B. → Floating Rate Notes); s. → Finanzinnovationen.

Derivative Finanzinstrumente. Sammelbegr. f. Finanzinstrumente (Rechte), deren eigener Wert aus dem Marktpreis eines oder mehrerer anderer Finanzinstrumente (→ Basiswert) abgeleitet ist. Allen d. F. gemeinsam ist ein auf die Zukunft gerichtetes Vertragselement, das als Kauf- oder Verkaufsverpflichtung (z. B. bei → Futures und → Swaps) oder als (→ Call- oder → Put-)Option ausgestaltet sein kann. Der Gewinn bzw. Verlust aus einem Derivate-Geschäft hängt davon ab, wie sich der Marktpreis im Vergleich zum vereinbarten Preis tatsächlich entwickelt. D. F. werden sowohl auf den Terminbörsen (in Form von standardisierten Kontrakten wie Futures und Optionen) als auch auf den → OTC-Märkten (im Freiverkehr) gehandelt. Sie eignen sich zum → Hedging, → zur Arbitrage und zur → Spekulation. Entscheidende Voraussetzungen für die dynamische Entwicklung der Märkte für d. F. waren die Liberalisierung der Kapitalmärkte (Abschaffung von Kapitalverkehrskontrollen, Beseitigung von Marktzugangsbeschränkungen für ausländische Banken), der Einsatz moderner Informations- und Kommunikationstechniken, die damit einhergehende Vernetzung und Globalisierung der Finanzmärkte sowie die Akzeptanz von Marktteilnehmern, verbriefte Rechte auf Basiswerte als Handelsobjekt zu akzeptieren.

DES. Abk. der Handelsklausel (engl.) Delivered Ex Ship; → geliefert ab Schiff (... benannter Bestimmungshafen). S. a. → Incoterms 2000.

Deutsche Ausgleichsbank (DtA-Bank). Gegr. 1950. Sitz: Bonn. Die DtA-Bank ist die Grün-

der- und Mittelstandsbank des Bundes. Mit ihren Krediten, Bürgschaften, Beteiligungen und individuellen Beratungen fördert sie Existenzgründungen sowie Festigungen und Umweltschutzinvestitionen der mittelständischen Wirtschaft und freien Berufe.
http://www.dta.de

Deutsche Auslandshandelskammern oder Delegierte der deutschen Wirtschaft. S. → Auslandshandelskammern.
www.ahk.de

Deutsche Börse AG. Holding der Gruppe Deutsche Börse, gegr. am 01.01.1993. Sitz: Frankfurt am Main. Die D. B. ist eine der erfolgreichsten Börsenorganisationen der Welt und spielt eine wichtige Rolle bei der Gestaltung der europäischen und globalen Börsenlandschaft. Sie ist Trägerin der Frankfurter Wertpapierbörse (FWB) und der weltweit größten Terminbörse → Eurex®. Die Handelsplattform → Xetra® macht die D. B. zur zweitgrößten vollelektronischen Kassamarktbörse der Welt. Ein 100-prozentiges Tochterunternehmen ist die → Deutsche Börse Systems AG. Mit → Clearstream steht der D. B. der Marktführer unter den europäischen Clearinghäusern zur Verfügung. Die D. B. ist an der → Newex und der → Fördergesellschaft für Börsen und Finanzmärkte in Mittel- und Osteuropa (FBF) beteiligt. S. a. → CEED.
Zu den Kernkompetenzen der D. B. zählen die Ausrichtung der Märkte und Marktsegmente auf spezielle Unternehmensprofile und die Entwicklung innovativer Produkte. Sie bietet ihren Teilnehmern sämtliche Börsendienstleistungen „aus einer Hand". Neben den drei gesetzlichen Börsensegmenten → amtlicher Handel, → Geregelter Markt und → Freiverkehr hat die D. B. eigenständige, privatrechtlich organisierte Segmente geschaffen: → DAX, → MDAX, → SMAX, → Neuer Markt, → XTF, → EEX. Seit 1998 auch die → STOXX-Indices.
Der Unternehmensbereich „Information Products" der D. B. entwickelt und vermarktet Kapitalmarktinformationen (Kurse, Indices, Statistiken). S. a. → Xelsius.
http://www.deutsche-boerse.de

Deutsche Börse Clearing AG (DBC). Am 01.10.1997 aus der Umfirmierung des DKV (→ Deutscher Kassenverein) hervorgegangen. Ein gem. § 1 III Depotgesetz anerkanntes Kreditinstitut, über das als Spezialbank insb. die (Giro) → Sammelverwahrung von Wertpapieren und der Effektengiroverkehr abgewickelt wurden. Alleinaktionär war die Deutsche Börse AG. Anfang 2000 mit → Cedel fusioniert; heute → Clearstream International.

Deutsche Börse Systems AG. Ein 100-prozentiges Tochterunternehmen der Deutschen Börse AG. Gegr. 1996. Heute führendes europäisches Systemhaus für die gesamte Informationstechnologie. Es entwickelt, wartet und betreibt die gesamten elektronischen Handels-, Abwicklungs- und Informationssysteme, die im Kassamarkt (→ Xetra®) und im Terminmarkt (→ Eurex®) eingesetzt werden: Z. B. → BOSS-CUBE (Börsen-Order-Service-System und Computerunterstützes Börsenhandels- und -entscheidungssystem); BÖGA (Börsengeschäftsabwicklung); CASCADE (Abk. f. engl.: Central Application for Settlement and Depository Expansion); WSS (Wertpapier-Service-System); TPF (Ticker Plant Frankfurt); SIMA (System zur integrierten Marktüberwachung). S. a. → Xentric®.
http://www.deutsche-boerse.com/systems

Deutsche Botschaften. Sie vertreten die Bundesrepublik Deutschland im Ausland gegenüber den Regierungen der jeweiligen Staaten. Die Wirtschafts- und Wissenschaftsabteilungen der D. B. informieren auf Anfrage aber auch Personen und Unternehmen über bilaterale Beziehungen und Förderprogramme; sie vermitteln Kontakte. Deutsche Auslandsvertretungen, die bereits über einen eigenen Internet-Auftritt verfügen (Liste ausgewählter Websites):
Argentinien – Buenos Aires: http://www.embajada-alemana.org.ar
Australien – Canberra: http://www.deutschebotschaft-canberra.com

Brasilien	–	Brasilia:	http://www.embaixada-alemanha.org.br
		São Paulo:	http://www.alemanha.org.br/saopaulo/
China	–	Peking:	http://www.deutschebotschaft-china.org/de/home/index.html
		Hongkong:	http://www.germanconsulate-hongkong.org/de/home/index.html
Indien	–	New Delhi:	http://www.germanembassy-india.org/de/home/index.html
Indonesien	–	Jakarta:	http://www.germanembjak.or.id/de/home/index.html
Iran	–	Teheran:	http://www.apadana.com/~germ-emb-ir/
Japan	–	Tokio:	http://www.germanembassy-japan.org/
Kanada	–	Ottawa:	http://www.germanembassyottawa.org/
Mexiko	–	Mexiko-Stadt:	http://www.embajada-alemana.org.mx/
Russische Förderation	–	Moskau:	http://www.deutschebotschaft-moskau.ru/de/index.html
		St. Petersburg:	http://www.deutschesgeneralkonsulat-stpetersburg.ru/de/
		Saratow:	http://embassy.debis.ru/saratow/
Singapur	–	Singapur:	http://www.deutschebotschaft-singapur.org.sg/de/home/index.html
USA	–	Washington:	http://www.germany-info.org/relaunch/index.html
		Atlanta:	http://www.germany-info.org/atlanta
		Boston:	http://www.germanconsulate.org/boston
		Chicago:	http://www.germany-info.org/chicago
		Houston:	http://www.germanconsulatehouston.org
		Los Angeles:	http://germany-info.org/losangeles
		Miami:	http://www.germanconsulatemiami.org/
		New York:	http://www.germanconsulate.org/newyork
		San Francisco:	http://www.germanconsulate.org/sanfrancisco

Deutsche Bundesbank. Sie wurde auf der Rechtsgrundlage des Gesetzes über die Deutsche Bundesbank vom 26.07.1957 als Zentralbank der Bundesrepublik Deutschland errichtet. Sie ging aus der Verschmelzung der bis dahin selbstständigen (west-)deutschen Landeszentralbanken und der Zentralbank von Berlin mit der → Bank deutscher Länder hervor. Sitz: Frankfurt am Main. Mit dem Beginn der dritten Stufe der → Europäischen Wirtschafts- und Währungsunion am 01.01.1999 hat sich ihre Stellung erheblich geändert. Die D. B. stellt heute einen integralen Bestandteil des ESZB dar; als Zentralbank der Bundesrepublik Deutschland ist sie eine der dzt. 12 → NZB im Euro-Währungsgebiet. Die Organisationsstruktur der D. B. hat sich mit der Eingliederung in das ESZB geändert. Mit dem am 30.04.2002 in Kraft getretenen 7. Gesetz zur Änderung des Gesetzes über die Deutsche Bundesbank übernahm der Vorstand als einziges Organ die einheitliche Leitung und Verwaltung der Bank. Er besteht aus 8 Personen, dem Präsidenten, Vizepräsidenten und sechs weiteren Mitgliedern. Der Vorstand löste den bisherigen → Zentralbankrat, das → Direktorium und die Vorstände der → Landeszentralbanken ab; trat also als einziges Organ der D. B. an die Stelle von bisher elf Organen mit bis zu 32 Organ-Mitgliedern. In ihm werden die Auswirkungen der vom EZB-Rat bestimmten Geld- und Währungspolitik erörtert und die sich danach orientierende Geschäftspolitik der D. B. beschlossen. Die D. B. ist in neun → Hauptverwaltungen untergliedert.

Die D. B. nimmt weiterhin historisch gewachsene Aufgaben wahr: (1) als Notenbank: Die EZB hat zwar das ausschließliche Recht, die Ausgabe von Banknoten innerhalb des Euro-Währungsgebietes zu genehmigen. Zur Ausgabe von Banknoten sind aber die NZB – wie auch die EZB selbst – berechtigt. (2) als Bank der Banken: Die Kreditinstitute sind zur Aufrechterhaltung ihrer Zahlungsfähigkeit (z. B. in Form von Bargeld-Auszahlungen an ihre Kunden) auf Zentralbankguthaben angewiesen. Deshalb müssen sie auch → Mindestreserven unterhalten. Bargeld und Zentralbankguthaben können sich die Kreditinstitute aber nur durch Geschäftsbeziehungen mit ihrer Zentralbank beschaffen. Somit ist die D. B. auch die „letzte" Refinanzierungsquelle für das deutsche Bankensystem. Im Übrigen stellt sie den → Monetären Finanzinstituten Dienstleistungen für die Abwicklung des bargeldlosen Zahlungsverkehrs zur

Verfügung. (3) als Bank des Staates: Die D. B. fungiert als Hausbank des Bundes und eingeschränkt auch der Länder. Sie unterstützt den Bund und die Länder bei der Kreditaufnahme auf dem Kapitalmarkt; sie darf staatlichen Stellen aber keine Kredite gewähren. Die D. B. bringt die Münzen in Umlauf, die in Deutschland allein der Bund ausgeben darf; der Umfang der Münzenausgabe bedarf aber der Genehmigung seitens der EZB. (4) als Verwalterin der Währungsreserven: Die D. B. verwaltet die offiziellen Währungsreserven der Bundesrepublik Deutschland. Ihre Devisenreserven werden fast ausschließlich in US-Dollar gehalten und sind größtenteils – Gewinn bringend – bei Banken und Notenbanken im Ausland angelegt. Hinzu kommen Goldbestände sowie Reservepositionen und Forderungen gegenüber dem IWF und der EZB. Die D. B. hat zum 01.01.1999 12,2 Mrd. Euro (davon 15 % in Gold und 85 % in Devisen) auf die EZB übertragen. Im ESZB verbleibt die Verwaltung der Währungsreserven weiterhin bei den NZB. Deren Geschäfte mit nationalen Währungsreserven bedürfen allerdings ab einer bestimmten Größenordnung der Zustimmung der EZB, damit die Einheitlichkeit der Geld- und Wechselkurspolitik gewahrt werden kann.
Über die traditionellen Befugnisse hinaus hat die D. B. an der Erfüllung der Aufgaben der EZB mitzuwirken (mit dem vorrangigen Ziel der Gewährleistung von Preisstabilität) und die gemeinsame Geldpolitik des ESZB in Deutschland durchzuführen (hier für die reibungslose bankmäßige Abwicklung des Zahlungsverkehrs im Inland und mit dem Ausland zu sorgen). Im Mittelpunkt der Geldpolitik stehen die Instrumente der → Offenmarktpolitik (→ Hauptrefinanzierungsgeschäft, → längerfristiges Refinanzierungsgeschäft, → Feinsteuerungsoperationen und → strukturelle Operationen.
http://www.bundesbank.de

Deutsche Gesellschaft für Technische Zusammenarbeit GmbH (GTZ). Sitz: Eschborn. Ein weltweit tätiges Bundesunternehmen für internationale Zusammenarbeit. Die GTZ plant und organisiert Entwicklungsprojekte – vornehmlich im Auftrag der Bundesregierung – nach dem Leitbild der Nachhaltigkeit. Ein Projekt ist nachhaltig, wenn es auf lange Sicht ohne Unterstützung von außen funktioniert und die Existenzgrundlagen künftiger Generationen nicht gefährdet. Ziel ist es, die Lebensbedingungen und Perspektiven der Menschen in Entwicklungs- und Transformationsländern zu verbessern. So ist die GTZ z. B. auch in die Regierungsberatung in den Staaten der ehemaligen Sowjetunion eingebunden.
http://www.gtz.de

Deutsche Handelsflotte. Sie hat einen Anteil von lediglich knapp 2 % der Seeschiffe bzw. 3 % der Bruttoregistertonnen der → Welthandelsflotte. Sie stellt nur einen Teil der von deutschen Außenhandelsunternehmen benötigten Ladekapazität. Nur rd. 50 % ihrer Schiffe fahren unter deutscher Flagge. Die D. H. zählt zu den modernsten; ihre Schiffe weisen ein hohes → Klassifikations-Niveau auf.

Deutsche Industrie- und Handelszentren (DIHZ) – (engl.) German Centres for Industry and Trade. Instrumente der Außenwirtschaftsförderung. Die DIHZ beruhen auf privater Trägerschaft. Sie vereinigen unter einem Dach die Außenwirtschaftsförderungseinrichtungen der Bundesregierung, der Bundesländer und der → Spitzenverbände der deutschen Wirtschaft. Ihr Ziel ist die umfassende Unterstützung v. a. kleiner und mittlerer deutscher Unternehmen zum Aufbau eigener Stützpunkte in Zukunftsmärkten im Ausland. Die DIHZ stellen Büro-, Konferenz- und Schulungsräume sowie Ausstellungs-, Montage- und Lagerflächen zu kostengünstigen und langfristig kalkulierbaren Mieten zur Verfügung. Sie bieten umfassende Beratungs- und Serviceleistungen vor Ort; einschl. der Dienstleistungen der → Auslandshandelskammern. Sie können als vorübergehende Anlaufstelle, z. B. bei Geschäftsreisen, genutzt werden. DIHZ gibt es in China/Beijing und Shanghai, Japan/Yokohama, Indonesien/Jakarta, Mexiko/Mexiko-

City, Russland und in Singapur.
http://www.germancentre.com

Deutsche Informationszentren (DIZ) in Sibirien; Novosibirsk und Irkutsk. Anlauf- und Beratungsstellen für deutsche und sibirische Unternehmen und Verbände.
http://www.diz-sibirien.de

Deutsche Investitions- und Entwicklungsgesellschaft mbH (DEG). Sitz: Köln. Spezialinstitut für langfristige Projekt- und Unternehmensfinanzierungen. Eines der größten europäischen Entwicklungs-Finanzierungsinstitute. Die DEG berät private Unternehmen, strukturiert und finanziert ihre Investitionen in Afrika, Asien, Lateinamerika sowie in Mittel- und Osteuropa. Sie investiert in Projekte in allen Wirtschaftssektoren; dabei wird darauf geachtet, dass diese nicht nur rentabel, sondern auch ökologisch und sozial tragfähig sind. Im Besonderen will sie auch dazu beitragen, in den mittel- und osteuropäischen Reformländern privatwirtschaftliche Strukturen zu etablieren und auszubauen; als Grundlage für nachhaltiges Wirtschaftswachstum und dauerhafte Verbesserung der Lebensbedingungen der Menschen. S. a. → Finanzierungshilfen für Direktinvestitionen.
www.deginvest.de

Deutscher Aktienindex (DAX). Er wurde von der → Frankfurter Wertpapierbörse (FWB) im Hinblick auf die → Deutsche Terminbörse (DTB) – heute → Eurex® – als handelbarer Aktienindex entwickelt und 1988 eingeführt. Er enthält die 30 umsatzstärksten deutschen → Standardwerte (→ Blue Chips); Aktien, die zum überwiegenden Teil an allen deutschen Wertpapierbörsen zum → amtlichen Handel zugelassen sind. Das Gewicht einer Aktie im Index bemisst sich nach dem Anteil an der gesamten Kapitalisierung. Der DAX repräsentiert über 60 % des Grundkapitals der inländischen börsennotierten Aktiengesellschaften sowie rd. 75 % des → Free Floating Capital. Der DAX wird als → Performanceindex börsentäglich von 9 bis 20 Uhr im Abstand von 15 Sekunden neu berechnet und publiziert; ist also ein Real-Time-Index (Laufindex). Er wird als → Kursindex einmal täglich ermittelt und veröffentlicht. Seine Berechnung basiert auf der Laspeyres-Formel. Der DAX zeigt die Wertentwicklung eines → Portfolios, also den Anlageerfolg auf. Er liefert die statistische Messzahl für die Gesamtkursentwicklung am deutschen Aktienmarkt. Seine historische Zeitreihe reicht bis 1959 zurück. Ultimo 1987 wurde die Basis des DAX auf 1000 Punkte gesetzt. Der DAX ist heute einer der weltweit bedeutendsten Aktienindices. Er bildet seinerseits die Basis für eine Reihe weiterer Börsen-Produkte. Z. B. → DAX 100, → MDAX, → SMAX-All-Share-Index, → CDAX, → VDAX.
http://www.deutsche-boerse.com/dax

Deutscher Gebrauchs-Zolltarif (DGebrZT). Fasst als Handbuch für die Zollbehandlung, hrsg. vom → Bundesministerium der Finanzen, zusammen: Den → Zolltarif (gebildet aus dem → Gemeinsamen Zolltarif der EG und der Zolltarifverordnung), die Einfuhrliste und andere gemeinschaftliche und nationale Rechtsvorschriften sowie Verwaltungsanordnungen. Der DGebrZT hat keine eigenständige rechtliche Bedeutung. Er wird in der Zentralstelle Zolldateien (ZZD) bei der Oberfinanzdirektion Karlsruhe automationsgerecht gespeichert und laufend aktualisiert. Vgl. → Elektronischer Zolltarif (EZT).

Deutscher Handwerkskammertag (DHKT). Er wird von den 55 → Handwerkskammern in Deutschland gebildet. Er vertritt die gemeinsamen Angelegenheiten der ihm angehörenden Handwerkskammern auf Bundesebene. Auf der Ebene der Bundesländer werden die Interessen der Handwerkskammern von den regionalen Handwerkskammertagen bzw. den Landeshandwerksvertretungen wahrgenommen. Vgl. → Zentralverband des Deutschen Handwerks.

Deutscher Industrie- und Handelskammertag (DIHK). Die Spitzenorganisation der 82 deutschen → Industrie- und Handelskammern (IHK). Sitz: Berlin. Der DIHK spricht für über drei Millionen Unternehmer. Er repräsentiert Unternehmen aller Größen und Branchen, multinationale Konzerne ebenso wie den kleinen Lebensmittelhändler „an der Ecke"; d. h. die gesamte gewerbliche Wirtschaft in Deutschland. Dies verleiht dem DIHK als einem der großen → Spitzenverbände der deutschen Wirtschaft hohes politisches Gewicht.
http://www.dihk.de

Deutscher Industrie- und Handelstag (DIHT). Bis zum 01.07.2001 die Bez. d. → Deutschen Industrie- und Handelskammertags (DIHK).

Deutscher Kassenverein AG (DKV). Am 29.12.1989 aus der Verschmelzung der nach 1945 gegründeten sieben ehemals rechtlich selbstständigen deutschen Wertpapiersammelbanken/ Kassenvereinen hervorgegangen. Das Unternehmen verwahrte und verwaltete Wertpapiere für Kreditinstitute mit Depotgeschäft. Es fungierte auch als Depotbank für Investmentfonds und vermittelte Wertpapier-Leihgeschäfte. 1996 integrierte der DKV den 1970 gegründeten Deutschen Auslandskassenverein AG. Zum 01.10.1997 erfolgte die Umfirmierung in → Deutsche Börse Clearing AG.

Deutscher Pfandbriefindex (PEX). Vom Verband deutscher Hypothekenbanken und vom Verband öffentlicher Banken entwickelter Index für den Pfandbriefsektor. Der PEX und seine Teilindices stellen die Preisentwicklung des deutschen Pfandbriefmarktes dar. PEX GESAMT (Kursindex), PEX GESAMT (Performanceindex).

Deutscher Rentenindex (REX). Erstmals 1991 von der Deutschen Börse AG errechnet. Er beruht auf 30 „repräsentativen" Anleihen und zeigt die tägliche Markttendenz am deutschen → Rentenmarkt auf. REX GESAMT (Kursindex), REX GESAMT (Performanceindex).

Deutscher Sparkassen- und Giroverband e. V. (DSGV). Gegr. 1924. Der Dachverband der Finanzgruppe der deutschen → Sparkassen. Sitz: Berlin. Der DSGV wird von den regionalen Sparkassen- und Giroverbänden sowie den → Landesbanken getragen. Er vertritt die Interessen von zurzeit 594 Sparkassen, der → DGZ-DekaBank, 12 Landesbanken, 13 Landesbausparkassen, 40 öffentlichen Versicherungen und rd. 100 Finanzdienstleistern. Mit dem DSVG verschafft sich die Sparkassen-Finanzgruppe sowohl auf nationaler Ebene (insb. gegenüber dem Bund) als auch auf internationaler Ebene (insb. gegenüber der EU-Kommission und anderen europäischen Einrichtungen) Gehör. Er ist Mitglied der → Europäischen Sparkassenvereinigung und im → Weltinstitut der Sparkassen.
http://www.dsgv.de

Deutscher Teil-Zolltarif. Er dient zum Schließen der im → Gemeinsamen Zolltarif der EG (GZT) nicht erfassten Lücken; ausgefüllt im Rahmen nationaler Kompetenzen. Vgl. → Deutscher Gebrauchszolltarif (DGebrZT).

Deutsches Handwerksinstitut (DHI). Gegr. 1929. Sitz: München. Zu seinen Aufgaben gehören die anwendungsorientierte Handwerksforschung und die praktische Gewerbeförderung (in den Bereichen Handwerkswirtschaft, berufliche Bildung, Management, neue Medien, Handwerkstechnik sowie Recht und Steuern); dies auch im internationalen Zusammenhang. Das DHI tritt als Dachorganisation für sieben regional verteilte Forschungsinstitute auf. Sitz der Geschäftsstelle: Berlin; beim → Zentralverband des Deutschen Handwerks. Die Finanzierung des DHI erfolgt aus Zuwendungen des BMWi, der Wirtschaftsministerien der Länder sowie des → Deutschen Handwerkskammertages. Die Administration der Zuwendungen seitens des

BMWi erfolgt durch das → Bundesamt für Wirtschaft und Ausfuhrkontrolle.
http://www.dhi.zdh.de

Deutsches Institut für Wirtschaftsforschung (DIW). Gegr. 1925 als „Institut für Konjunkturforschung". Sitz: Berlin. Es zählt zu den großen Wirtschaftsforschungsinstituten in Deutschland (neben dem → HWWA, Hamburg, → Ifo-Institut, München, → IfW, Kiel, → IWH, Halle, → RWI, Essen u. a.). Das DIW ist als unabhängiges Institut ausschließlich gemeinnützigen wissenschaftlichen Zwecken verpflichtet, betreibt Grundlagenforschung und wirtschaftspolitische Beratung. Es wirkt an der Erstellung der → Frühjahrs- und Herbstgutachten mit und veröffentlicht diese in seinen DIW-Wochenberichten. Die Forschungsarbeiten und Datendokumentationen des DIW haben sich auch immer in besonderer Weise mit der wirtschaftlichen Entwicklung in den osteuropäischen Staaten (den vormaligen Comecon-Staaten) befasst.
http://www.diw.de

Deutsches Kongressbüro – (engl.) German Convention Bureau (GCB). Hauptsitz: Frankfurt am Main. Zentrale – nicht kommerzielle – Interessenvertretung und Marketingorganisation für den Kongressstandort Deutschland. Branchenverband im → Bundesverband des Deutschen Groß- und Außenhandels (BGA).
http://www.gcb.de

Deutsches Patent- und Markenamt (DPMA). Sitz: München, mit Dienstorten in Berlin und Jena. Das DPMA ist die Zentralbehörde auf dem Gebiet des → gewerblichen Rechtsschutzes in Deutschland und dem → Bundesministerium der Justiz nachgeordnet. Es erteilt und verwaltet gemäß dem gesetzlichen Auftrag die → gewerblichen Schutzrechte (Patente, Marken, Gebrauchs- und Geschmacksmuster). Es informiert die Öffentlichkeit über bestehende gewerbliche Schutzrechte mit Wirkung für Deutschland. Beim DPMA sind Schiedsstellen eingerichtet. Diese haben bei Streitfällen nach dem Urheberrechtsgesetz bzw. dem Urheberrechtswahrnehmungsgesetz eine gütliche Einigung zwischen den Beteiligten anzustreben.
www.dpma.de

Deutsches Übersee-Institut. Ein Verbund von mehreren Instituten, der sich der anwendungsorientierten Forschung, Beratung und Dokumentation auf dem Gebiet der politischen, wirtschaftlichen und gesellschaftlichen Entwicklungen in den Ländern Afrikas, Asiens, Lateinamerikas und des Nahen und Mittleren Ostens sowie der Nord-Süd- und Süd-Süd-Beziehungen widmet.
www.duei.de

Deutsche Terminbörse (DTB). Gegr. 1988. Sitz: Frankfurt am Main. Trägerin dieser reinen Computerbörse war die DTB-GmbH. Die DTB entwickelte sich zur weltweit führenden vollelektronische Terminbörse. Der Handel mit Optionskontrakten wurde 1990 aufgenommen. Die DTB entwickelte sich zur leistungsstärksten Terminbörse für Optionen und → derivative Finanzinstrumente, die den Ansprüchen nationaler und internationaler Geldanlage suchender Investoren Rechnung trug. Durch die DTB stieg die Attraktivität des Finanzplatzes Deutschland im Wettbewerb auf den globalen Geld-, Kredit- und Kapitalmärkten. Sie fusionierte 1998 mit der → SOFFEX zur → Eurex®.
http://www.deutsche-boerse.com

Deutsche Zentralbibliothek für Wirtschaftswissenschaften (ZBW). S. → Institut für Weltwirtschaft an der Universität Kiel.
http://www.uni-kiel.de/ifw/zbw

Deutsch-Russisches Forum e. V. Sitz: Berlin. Es fördert die bilateralen Beziehungen zwischen Russland und Deutschland. Dies geschieht v. a. durch Vortragsveranstaltungen, Konferenzen, Tagungen und den gezielten Austausch von politischen, wirtschaftlichen und kulturellen Führungskräften. Mitglieder sind Persönlichkeiten aus Politik, Wirtschaft, Wissenschaft, Medien und Kultur. Es können nur natürliche Personen Mitglied sein.
http://www.deutsch-russisches-forum.de

Devaluation → Abwertung.

Devisen. (1) I. w. S. zählen dazu alle Ansprüche auf Zahlungen in fremder Währung an einem ausländischen Platz; dies sind meist Guthaben bei ausländischen Banken sowie Schecks und Wechsel, die auf fremde Währung lauten und im Ausland zahlbar sind. (2) I. e. S. zählen zu den D. die bei ausländischen Banken gehaltenen Guthaben; diese Definition entspricht auch i. d. R. der Handhabung in der Praxis des Devisenhandels. Vgl. → Sorten.

Devisenarbitrage. Ein Devisengeschäft, bei dem unterschiedliche Wechselkurse einer Währung an verschiedenen Devisenplätzen Gewinn bringend ausgenutzt werden; dabei ist zu unterscheiden zwischen Kassa- und Termingeschäften. Bei Kauf von Devisen am Platz mit den niedrigsten Kassakursen und Verkauf am Platz mit höheren Terminkursen handelt es sich um Devisen-Differenzarbitrage; bei Verkauf einer bestehenden Fremdwährungsforderung am Platz mit dem höchsten Kurs bzw. bei Erfüllung einer bestehenden Fremdwährungsverbindlichkeit durch Devisenkauf am Platz mit dem niedrigsten Kurs, um Devisen-Ausgleichsarbitrage.

Devisen-Ausgleichsarbitrage. S. → Devisenarbitrage.

Devisenausländer. Devisenrechtliche Bez. für natürliche und juristische Personen, die einen ordentlichen Wohnsitz bzw. ihre Hauptniederlassung im ausländischen Wirtschaftsgebiet haben. Hierfür wird in den deutschen außenwirtschaftsrechtlichen Bestimmungen der Begriff → Gebietsfremder verwendet.

Devisenbewirtschaftung, Devisenkontrolle, Devisenzwangswirtschaft. Begr. f. die teilweise oder vollständige Reglementierung der Verwendung der Deviseneinnahmen eines Staates; auf Grund chronischer Devisenknappheit oder im Rahmen einer staatlichen → Zentralverwaltungswirtschaft. D. impliziert das Devisenmonopol des Staates bzw. dessen Zentralbank. Exporteure müssen ihre Deviseneinnahmen abführen, Importeuren werden auf Antrag Devisen zugeteilt; nach unterschiedlichen Kriterien, wie Leistungszweck, Art der Zahlungsverpflichtung, Zahlungsort, Zahlungswährung u. a. m.. Devisen dürfen nur über die zuständigen staatlichen Behörden – zu offiziell festgesetzten Kursen – an- und verkauft werden. Mit der D. ist immer eine mehr oder weniger ausgeprägte zentrale staatliche Lenkung des Außenhandels verbunden. Sie erfordert einen großen (kostspieligen) Verwaltungs- und Kontrollapparat. Erhoffte positive Wirkungen einer D. sind mit erheblichen Nachteilen verbunden. Einschränkungen der internationalen Arbeitsteilung und der internationalen Kapitalverkehrsströme sowie Verzerrungen der internationalen Handelsströme und Wechselkursrelationen beeinträchtigen die internationalen Wirtschaftsbeziehungen. Die Währungen von Ländern mit D. sind oftmals überbewertet; dies führt dazu, dass Devisen auf dem → Schwarzen Markt gehandelt werden. Gegensatz: → Konvertibilität.

Devisenbilanz. Als Bestandteil der → Kapitalbilanz i. w. S. eine Teilbilanz der → Zahlungsbilanz. In der D. werden auf der Haben-Seite die Veränderungen der Forderungen (Deviseneingänge) und auf der Soll-Seite die Veränderungen der Verbindlichkeiten (Devisenausgänge) der Zentralbank einer Volkswirtschaft gegenüber der → Übrigen Welt erfasst. Der Saldo zeigt, ob die Devisenbestände der Zentralbank zugenommen oder abgenommen haben; er gibt also die Veränderung der Netto-Auslandsposition der Zentralbank innerhalb eines bestimmten Zeitraums an. Da aber heutzutage nicht nur Devisen zu den Währungsreserven zählen, sondern z. B. auch Goldbestände und bestimmte Forderungen gegenüber dem IWF, ist an die Stelle der Bez. D. die zutreffendere Bez. → Bilanz der Veränderung der Netto-Auslandsposition der Zentralbank (in Deutschland: Bilanz der Veränderung der Netto-Auslandsaktiva der Deutschen Bundesbank) getreten.

Devisenbörse. Abteilung (unselbstständige Einrichtung) einer → Wertpapierbörse. An D. werden fremde Währungen gehandelt und die Kurse für → Kassadevisen festgestellt (→ Kursfeststellung); unter Einschaltung eines oder mehrerer amtlicher Kursmakler. In Deutschland ist die Frankfurter D. unangefochten die gewichtigste. Sie spielte bis zum 01.01.1999 auch insofern eine besondere Rolle, als allein an ihr die amtlichen Devisenkurse festgestellt wurden. An den vier anderen D. (Berlin, Düsseldorf, Hamburg und München) wurden die erteilten Kauf- und Verkaufsaufträge von den Kursmaklern nur gesammelt und nach Frankfurt weitergereicht. Zu den international bedeutendsten D. zählen New York, London, Tokio, Frankfurt und Zürich.

Devisen-Differenzarbitrage. S. → Devisenarbitrage.

Deviseninländer. Devisenrechtliche Bez. für natürliche und juristische Personen, die einen ordentlichen Wohnsitz bzw. ihre Hauptniederlassung im inländischen Wirtschaftsgebiet haben. Hierfür wird in den deutschen außenwirtschaftsrechtlichen Bestimmungen der Begriff → Gebietsansässiger verwendet.

Devisenkassahandel. Form des Devisenhandels, bei der sofortige Vertragserfüllung (im Regelfall am zweiten Geschäftstag nach dem Abschlusstag) vereinbart wird.

Devisenkassakurs (Spotkurs). Devisenkurs, der sich auf dem Devisenkassamarkt bildet.

Devisenkassamarkt (Spotmarkt).Teilbereich des Devisenmarktes, auf dem gleich nach Abschluss des Devisengeschäftes die Übertragung der Devisen bzw. deren Gutschrift auf Konten erfolgt. Vgl. → Devisenterminhandel.

Devisenklausel. → Wertsicherungsklausel (→ Fremdwährungsklausel), von der in Außenhandelsverträgen zwischen Gebietsansässigen und Gebietsfremden Gebrauch gemacht wird, um Geldforderungen gegen einen etwaigen Währungsverfall abzusichern. Dabei verpflichtet sich der Schuldner, Zahlungsverpflichtungen gegenüber dem Gläubiger in einer bestimmten ausländischen Währung zu einem bestimmten Kurs zu erfüllen.

Devisenkurs. Der in inländischen Währungseinheiten notierte Preis für eine bzw. 100 oder 1000 ausländische Währungseinheiten. Im Allg. gleich wie → Preisnotierung der Wechselkurse verwendet.

Devisenkursrisiko – aktivisches und passivisches Devisenkursrisiko. S. → Wechselkursrisiko.

Devisenmarkt. Markt, auf dem mit verschiedenen ausländischen Währungen bzw. auf ausländische Währung lautende Finanztitel (aus der Inlandssicht → Devisen) gehandelt wird. Käufer und Verkäufer sind fast ausschließlich Geschäftsbanken, Zentralbanken und große (Nichtbanken-)Unternehmen. Gehandelt werden Guthaben in frei konvertiblen Währungen. Dabei gibt es Devisen-Kassageschäfte, -Termingeschäfte, -Swapgeschäfte.

Devisenswap (engl.: foreign exchange swap). Koppelung einer Kassa- und einer Termintransaktion in einer Währung gegen eine andere. Solche Geschäfte werden z. B. als Instrument der geldpolitischen → Feinsteuerungsoperationen im Rahmen der Offenmarktgeschäfte des ESZB (als Variante des → Pensionsgeschäfts) zum Ausgleich unerwarteter Schwankungen der Bankenliquidität und der Marktzinssätze durchgeführt. Die Zentralbank kauft (verkauft) von (an) Geschäftsbanken Devisen per Kassa und verkauft (kauft) diese gleichzeitig per Termin an (von) die (den) Geschäftsbanken zurück. Beim Devisenankauf seitens der Zentralbank wird den Geschäftsbanken Zentralbankgeld zugeführt (der Devisenbestand der Zentralbank nimmt auch zu). Beim Devisenverkauf seitens der Zentralbank wird den Geschäftsbanken Zentralbankgeld entzogen (der Devisenbestand der Zentralbank nimmt ebenfalls ab). Die relative Differenz zwischen dem Devisenkurs für das Termin- und dem für das Kassageschäft wird als → Swapsatz bezeichnet. Der Swapsatz wird jeweils zwischen Zentralbank und Geschäftsbank vereinbart.

Devisen-Switch. S. → Dreiecksgeschäft, → Switchgeschäfte.

Devisenterminhandel. Form des Devisenhandels, bei der die Erfüllung des Geschäfts zu einem vereinbarten zukünftigen Termin erfolgt, der Kurs jedoch schon bei Geschäftsabschluss festgelegt wird. Dient im internationalen Handel der Absicherung von Kursrisiken. Vgl. → Forward-Kontrakt; → Devisenkassamarkt.

DGebrZT → Deutscher Gebrauchszolltarif.

DGZ-DekaBank (Deutsche Girozentrale – DGZ). Sie ist zum 01.01.1999 aus der Verschmelzung der Deutschen Girozentrale-Deutsche Kommunalbank (DGZ) und der DekaBank entstanden. Sitz: Frankfurt am Main. Diese DGZ ist ein öffentlich-rechtliches Institut, an dem die → Landesbanken und – über den → Deutschen Sparkassen- und Giroverband – die regionalen Sparkassen- und Giroverbände je zur Hälfte beteiligt sind. Sie ist der zentrale Investmentdienstleister der Sparkassenorganisation. Ein Hauptgeschäftsfeld ist die private und betriebliche Altersvorsorge. Daneben besteht die Vermögensverwaltung auf Fondsbasis. Die DGZ will im Investmentfondsbereich am europäischen Binnenmarkt ein Geschäftsvolumen erreichen, das ihrer starken Marktstellung im Privatkundengeschäft entspricht.
http://www.deka.de

DHKT → Deutscher Handwerkskammertag.

Dienstleistungsbilanz. Teilbilanz der → Leistungsbilanz (und damit auch der → Zahlungsbilanz). In der D. werden im Soll die Einnahmen, im Haben die Ausgaben aus dem Dienstleistungsverkehr verbucht. Die Gliederung erfolgt auf beiden Seiten in gleicher Weise. Erfasst werden die Transaktionen zu folgenden Bereichen: Reiseverkehr, Transportleistungen, Transithandelserträge, Versicherungsleistungen, Finanzdienstleistungen, übrige Dienstleistungen (z. B. Patente und Lizenzen, Forschung und Entwicklung, EDV-Leistungen) sowie sonstige Dienstleistungen (wie Werbe- und Messekosten, Filmgeschäft u. a. m.). Ein Haben-Saldo wird als D.-Überschuss, ein Soll-Saldo als D.-Defizit bezeichnet. Ersterer wird in staffelförmigen Zahlungsbilanzdarstellungen mit einem Plusvorzeichen, letzterer mit einem Minusvorzeichen ausgewiesen. Die deutsche D. weist seit Jahren ein Defizit aus; 2001 betrug es – 47 Mrd. Euro. Um diesen Betrag überstiegen die Dienstleistungsausgaben (147 Mrd. Euro) die Dienstleistungseinnahmen (100 Mrd. Euro).

Dienstvertrag. Gegenseitiger Vertrag, in dem sich eine (dienstpflichtige) Person zur Leistung von vereinbarten Diensten (Arbeiten) und eine andere (dienstberechtigte) Person (Dienstherr) zur Zahlung der vereinbarten Vergütung verpflichten. §§ 611 ff. des deutschen → BGB. Vgl. → Werkvertrag.

Differenzialzölle. Zölle, die für Waren gleicher Art und Gattung in unterschiedlicher Höhe erhoben werden. D. verstoßen gegen das Gebot der Nichtdiskriminierung im internationalen Handel.

Differenzverzollung. Erfolgt beim → passiven Veredlungsverkehr in Höhe des Differenzbetrages, der sich – nach dem Zolltarif – aus der Zollabgabe für unveredelte Waren einerseits und für veredelte Waren andererseits ergibt.

Differenzzoll → Differenzverzollung.

DHI → Deutsches Handwerksinstitut.

DIHK → Deutscher Industrie- und Handelskammertag.

DIHT → Deutscher Industrie- und Handelstag.

DIHZ → Deutsche Industrie- und Handelszentren.

Diminuendo-Lizitation. S. → Auktion.

Direkte Garantie. Bei dieser besteht eine unmittelbare Rechtsbeziehung zwischen dem Garantiegeber, z. B. der inländischen Hausbank eines Exporteurs und dem ausländischen Garantiebegünstigten (dem Importeur). Der Importeur wird direkt vom Garantiegeber schadlos gehalten. Gegensatz: → indirekte Garantie.

Direkter Export. Der inländische Exporteur liefert unmittelbar – ohne Einschaltung eines inländischen Zwischenhändlers – an den ausländischen Abnehmer. Käufer kann ein Endabnehmer, ein Einzel- oder Großhändler, ein Außenhandelsunternehmen, eine eigene Auslandsniederlassung oder ein → Handelsmittler im Ausland sein. Gegensatz: → indirekter Export.

Direkter Import. Der inländische Importeur bezieht unmittelbar – ohne Einschaltung eines inländischen Zwischenhändlers – von einem ausländischen Lieferanten. Verkäufer kann ein Hersteller, ein Groß- oder Außenhandelsunternehmen, eine eigene Einkaufniederlassung oder ein → Handelsmittler im Ausland sein. Gegensatz: → indirekter Import.

Direkte Steuern. Sie umfassen alle vom Staat erhobenen Steuern, die das Einkommen der Steuerpflichtigen belasten, die diese Abgaben zu leisten haben. Dazu zählen: (1) Steuern auf das Einkommen und Vermögen, wie die Lohnsteuer, veranlagte Einkommensteuer, Ergänzungsabgaben zur Lohn- und Einkommensteuer (z. B. Solidaritätszugschlag), Kapitalertragsteuer (einschl. Zinsabschlagsteuer), Körperschaftsteuer, Vermögensteuer. (2) Steuern im Zusammenhang mit dem privaten Verbrauch, wie die Kraftfahrzeugsteuer, Hundesteuer u. Ä. Vgl. → Einkommen- und Vermögensteuern.

Direktinvestitionen. S. → Bilanz der Direktinvestitionen.

Direktorium der Deutschen Bundesbank. Deren zentrales Exekutivorgan bis zum 30. April 2002. Ihm gehörten der Präsident und der Vizepräsident der Deutschen Bundesbank sowie bis zu sechs weitere Mitglieder an; sie alle wurden auf Vorschlag der Bundesregierung vom Bundespräsidenten ernannt. Ihre Amtszeit betrug grundsätzlich acht Jahre. Dieses D. war für die Durchführung der Beschlüsse des Zentralbankrats verantwortlich. Es führte die vielfältigen Geschäfte mit dem Bund und seinen Sondervermögen sowie mit den Kreditinstituten, die zentrale Aufgaben im Gebiet der Bundesrepublik Deutschland wahrnehmen, aus. Zu seinen wichtigsten Aufgaben zählten die Durchführung der → Offenmarktgeschäfte im Auftrag des EZB-Rats, die Geschäfte mit dem Ausland und die Verwaltung der Währungsreserven.

Direktorium der Europäischen Zentralbank – EZB-Direktorium (engl.: Executive Board). Es ist das zweite Beschlussorgan der EZB und setzt sich aus dem Präsidenten und dem Vizepräsidenten der EZB sowie vier weiteren Mitgliedern zusammen. Die Mitglieder dieses D. werden von den Regierungen der Mitgliedstaaten auf der Ebene der Staats- und Regierungschefs auf Empfehlung des Rats der EU, der hierzu das Europäische Parlament und den EZB-Rat anhört, aus dem Kreis der in Währungs- und Bankfragen anerkannten und erfahrenen Persönlichkeiten einvernehmlich ausgewählt und ernannt. Es müssen Staatsangehörige von EU-Mitgliedstaaten, die den Euro eingeführt haben, sein. Ihre Amtszeit beträgt acht Jahre; Wiederernennung ist nicht zulässig. Das D. der EZB beschließt grundsätzlich mit einfacher Mehrheit; bei Stimmengleichheit ist die Stimme des Präsidenten ausschlaggebend. Zu den Hauptaufgaben dieses D. gehören die Ausführung der gemeinschaftlichen Geldpolitik gem. den Leitlinien und Entscheidungen des EZB-Rats sowie die Erteilung der erforderlichen Weisungen an die nationalen Zentralbanken (NZBen). Es bereitet die Sitzungen des EZB-Rats vor und führt die Tagesgeschäfte der EZB.

Disagio → Abgeld oder Abschlag. Differenz, um die der Auszahlungsbetrag eines Kredites geringer ist als der Rückzahlungsbetrag. Oder: Differenz bei Wertpapieren zwischen niedrigerem Ausgabekurs und höherem Fälligkeitskurs.

Diskont. Begr. f. d. Zinsabzug bei noch nicht fälligen Zahlungen, z. B. beim Ankauf von Wechseln seitens der Banken für die Zeit vom Erwerbstag bis zum Fälligkeitstag. Der Verkäufer erhält am Verkaufstag die um den D. verringerte (Wechsel-)Summe ausbezahlt bzw. gutgeschrieben. Als D. werden auch die Kosten der → Forfaitierung bezeichnet.

Diskontgeschäft. Wichtiges → Aktivgeschäft der Banken, bes. in Form der → Wechseldiskontierung. Es ist wegen der → Wechselstrenge und Haftung der → Giranten ein sehr sicheres Kreditgeschäft. Im rechtlichen Sinne ist das D. ein Kaufgeschäft, kein Darlehensgeschäft. In Deutschland konnten bis Ende 1998 die Geschäftsbanken „gute“ Handelswechsel (im Rahmen eines → Rediskontkontingents) an die Deutsche Bundesbank weiterverkaufen, rediskontieren (→ rediskontfähige Wechsel, → Diskontpolitik).

Diskontierung. (1) Finanzwesen: Begr. f. d. Ankauf von noch nicht fälligen → Wechseln (seltener von Schecks) unter Abzug des → Diskonts. (2) Mathematik: Abzinsung.

Diskontkredit → Diskontgeschäft.

Diskontpolitik. Gestaltung des Ankaufs von (bereits einmal diskontierten) Wechseln (aus dem Portefeuille von Geschäftsbanken) seitens der Zentralbank über Diskontsatz und → Rediskontkontingente. Spielte in Deutschland im Rahmen der Refinanzierungspolitik der Deutschen Bundesbank bis zum 31.12.1998 eine wichtige Rolle. Die D. ist mit dem Übergang zur WWU entfallen.

Diskontsatz, auch Eskont (in Österreich). Zinssatz (als Prozentsatz pro Jahr ausgedrückt), den eine Zentralbank für die Gewährung eines Diskontkredits Geschäftsbanken in Rechnung stellt.

Bis zum Jahresende 1998 war dies in Deutschland der niedrigste Zinssatz der Deutschen Bundesbank und zugleich der „erste“ → Leitzinssatz. Vgl. → Basiszinssatz.

Diskont-Überleitungsgesetz (DÜG) v. 09.06.1998 (BGBl. 1998 I 1242). Da die Deutsche Bundesbank zum 01.01.1999 ihre geldpolitischen Befugnisse an die EZB abzugeben hatte, konnte sie auch die Festsetzung eigenständiger Diskont- und Lombardsätze nicht mehr vornehmen. Das DÜG bestimmte den sog. → Basiszinssatz als Nachfolger des Diskontsatzes. Dies war erforderlich, weil der Diskontsatz in vielen Rechtsvorschriften als Bezugsgröße für Zinszahlungen und andere Leistungen diente. Nach den erfolgten diversen Rechtsangleichungen wurde das DÜG mit Wirkung vom 27.03.2002 aufgehoben.

Dispositionskredit. Ein Privatpersonen gewährter → Kontokorrentkredit; dient der Konsumfinanzierung (→ Konsumentenkredit).

Dispositionspapier. S. → Traditionspapier.

Dividendenschein. Gewinnanteilschein, der Aktien beigefügt ist. Der D. ist ein selbstständiges Wertpapier (Inhaberpapier), das den Anspruch auf die Dividende des Aktionärs verbrieft. Die Vorlegungsfrist beträgt vier Jahre.

Dividendenscheinbogen. Teil der Aktienurkunde, der die → Dividendenscheine für mehrere Jahre enthält. Der D. unterscheidet sich vom → Zinsscheinbogen daduch, dass der Gewinnanteils-Betrag und das Fälligkeitsdatum nicht angegeben sind. Der letzte (unterste) Teil des D. ist der → Talon, der zum Bezug des nachfolgenden D. berechtigt.

DIW → Deutsches Institut für Wirtschaftsforschung.

DJ. Abk. f. Dow Jones.

DJCA → Dow Jones Composite Average.

DJ Euro STOXX 50 → Dow Jones EURO STOXX 50^{SM}.

DJIA → Dow Jones Industrial Average.

DJ STOXX → Dow Jones $STOXX^{SM}$.

DJ STOXX 50 → Dow Jones STOXX 50^{SM}.

DJTA → Dow Jones Transportation Average.

DJUA → Dow Jones Utility Average.

D-Klauseln. Ankunftsklauseln → DAF, → DES, → DEQ, → DDU, → DDP. Handelsklauseln, nach denen der Exporteur (Verkäufer) sämtliche Kosten und Risiken bis zum Bestimmungsort zu tragen hat. Der Kosten- und Gefahrenübergang erfolgt am Bestimmungsort, der gleichzeitig Lieferort ist. S. → Incoterms 2000.

DKV → Deutscher Kassenverein.

D/O – (engl.) Delivery Order; → Konnossementanteilschein.

Dokumente im Außenhandel. Im Außenhandel übergibt der Exporteur i. d. R. die Ware nicht direkt an den Importeur. Vielmehr werden Dritte mit der Durchführung des Transports, der Versicherung und Übergabe der Ware sowie der Empfangnahme/Zahlung des Kaufpreises beauftragt. Zur ordnungs- und vertragsgemäßen Abwicklung dieser Außenhandelsgeschäfte wird eine Reihe von Dokumenten verwendet. Diese lassen sich unterschiedlich klassifizieren.

I. In zivilrechtlicher Hinsicht:

A. → Wertpapiere in Form von → Orderpapieren, wie → Konnossemente, → Ladescheine, → Lagerscheine, Versicherungspolicen (s. → Transportversicherungspolice).

B. Legitimationspapiere, wie Versicherungspolicen und Versicherungszertifikate (s. → Transportversicherungspolice und → Transportversicherungszertifikat).

C. Beweisurkunden, wie → Handelsrechnungen, → Internationale Spediteurbescheinigungen, → Frachtbriefe, → Posteinlieferungsschein u. a.

II. In der Außenhandelspraxis:

A. Kaufmännische Dokumente:

1. Handelsdokumente:

a. Warenbegleitdokumente, wie → Analysezertifikate, → Inspektionszertifikate, Wiegezertifikate, → Packlisten, → Gesundheitszertifikate, → Handelsrechnungen, → legalisierte Handelsrechnungen, → Konsulatsfakturen, → Zollfakturen.

b. Versanddokumente im Straßenfrachtverkehr (→ CMR-Frachtbrief, → Frachtbrief, → Frachtbriefdoppel), im Eisenbahnverkehr (→ CIM-Frachtbrief, → EVO-Frachtbrief), im Luftfrachtverkehr (→ Luftfrachtbrief) und im Seefrachtverkehr (→ Konnossemente, → Kai-Receipt, → Mate's receipt).

2. Verladedokumente, wie → Ladeschein, → Internationale Spediteur-Übernahmebescheinigung, → Posteinlieferungsschein.

3. Lagerdokumente, wie → Lagerscheine (als → Orderlagerscheine oder → Namenslagerscheine).

4. Versicherungsdokumente, wie → Transportversicherungspolice (als → Einzelpolice oder → Generalpolice) und → Transportversicherungszertifikat.

5. Zahlungsdokumente, wie → Wechsel, → Scheck, → Akkreditiv, → Dokumentenakkreditiv.

B. Außenwirtschaftsrechtliche Dokumente:

1. Exportdokumente wie → Ausfuhranmeldung, → Ausfuhrerklärung (AE), → Ausfuhrgenehmigung, → Ausfuhrkontrollmeldung (AKM), → Ausfuhrlizenz, → Endverbleibserklärung (EVE), → Internationale Einfuhrbescheinigung (IEB), → Negativbescheinigung, → Versandanmeldung, → Wareneingangsbescheinigung (WEB), → Qualitätszeugnis.

2. Importdokumente wie → Zollanmeldung (→ Zollantrag), → Einfuhranmeldung, → Einfuhrgenehmigung, → Einfuhrkontrollmeldung (EKM), → Einfuhrerklärung (EE), → Einfuhrlizenz, → Internationale Einfuhrbescheinigung (IEB), → Ursprungszeugnis (U), → Ursprungserklärung (UE), → Qualitätszeugnis, → Wareneingangsbescheinigung (WEB).

C. Zollrechtliche Dokumente: → Einheitspapier, → Carnet ATA, → Carnet TIR, → Rückwarenerklärung, → Zollkontingentschein.

Dokumentenakkreditiv oder Warenakkreditiv. Besonders im Außenhandel gebräuchliche Form des → Akkreditivs, bei dem ein Kreditinstitut dem Akkreditierten (Exporteur) den Akkreditivbetrag nur gegen Vorlage bestimmter vereinbarter Dokumente, die das Recht an der Ware verkörpern (wie → Frachtbrief, → Versicherungsschein, → Konnossement; s. a. → Traditionspapier), zur Verfügung stellt. (Die Dokumente werden von der → Akkreditivstelle über die → Akkreditivbank an den Akkreditivauftraggeber – den Importeur – weitergeleitet; dessen Konto wird dann mit dem Akkreditivbetrag belastet.) Vorteile des D.: Sie liegen für den

Exporteur darin, dass er zum einen bereits gegen die Vorlage der Dokumente die beanspruchte Zahlung erhält, unabhängig davon, ob und wie lange sich die Güter noch auf dem Transportweg befinden, und dass er zum zweiten mit der Akkreditivbank (und der Akkreditivstelle, → bestätigtes Akkreditiv) einen weiteren potentiellen Schuldner hat, der für die Zahlung garantiert. Für den Importeur ist mit dem D. der vertragsgemäße Warenexport sichergestellt. Beim D. liegen Zahlungs- und Erfüllungsort immer im Versandland beim eingeschalteten Kreditinstitut.

Dokumentengarantie. Damit verspricht ein Garant, i. d. R. ist es eine Bank, demjenigen, der einen Anspruch auf Aushändigung der Dokumente hat, diese nachzuliefern. Der Garant steht auch für den Schaden ein, der dadurch entstehen kann, dass der Importeur ohne vorgelegte Dokumente oder mit nicht ordnungsgemäßen (gefälschten) Dokumenten die Verfügung über die Ware erlangt hat. Eine D. wird meist als → Konnossementsgarantie gestellt.

Dokumenteninkasso. Üblich im → Auslandszahlungsverkehr. Der Exporteur übergibt seiner Hausbank die (Versand-)Dokumente, die Lieferung an den Importeur betreffend; zugleich beauftragt er seine Hausbank, entweder den Gegenwert seiner Leistung vom Zahlungspflichtigen einzuziehen bzw. durch eine Korrespondenzbank im Land des Importeurs einziehen zu lassen oder gegen → Akzept des Importeurs diesem die Dokumente auszuhändigen und den Wechsel am Fälligkeitstag einzulösen. Im ersten Falle handelt es sich um ein Zahlungsinkasso (→ d/p inkasso), im zweiten um ein Akzept- oder Wechselinkasso (→ d/a inkasso). Beim D. sind Zahlungs- und Erfüllungsort immer der Bestimmungsort der Ware.

Dokumententratte. Im Außenhandel gebräuchlichen Form der Sicherung von → Rembourskrediten. Bei Übergabe der Dokumente, die das Recht an der Ware verbriefen, akzeptiert die Remboursbank die D. Dadurch wird die D. rediskontfähig. → Negoziierung.

Domizilwechsel. S. → Wechsel.

Doppelbesteuerung. Begr. f. den Sachverhalt, dass mindestens zwei Staaten denselben Steuerpflichtigen für den gleichen Zeitraum aufgrund desselben Steuertatbestandes (desselben Steuergegenstandes) zu einer gleichartigen Steuer heranziehen. Neben dieser „rechtlichen" D. kann es eine „wirtschaftliche" D. geben. Letztere liegt z. B. vor, wenn zur Gewinnbesteuerung eines Tochterunternehmens auch die Besteuerung der Gewinnausschüttung beim Mutterunternehmen (einem anderen Steuersubjekt) hinzukommt.

Doppelbesteuerungsabkommen (DBA). Völkerrechtliche Verträge zwischen zwei Staaten (sog. bilaterale DBA; zwischen dem Wohnsitzstaat und dem Quellenstaat) oder zwischen mehr als zwei Staaten (sog. multilaterale DBA), die der weitgehenden oder vollständigen Vermeidung der juristischen oder wirtschaftlichen → Doppelbesteuerung dienen. Deutschland unterhält weltweit eines der dichtesten DBA-Netze aller Staaten. Die Texte der geltenden DBA und eine Übersicht über alle laufenden Verhandlungen sowie künftige Abkommen sind dem Internet über die Homepage des → Bundesamtes für Finanzen zu entnehmen.
http://www.bff-online.de/dba

Doppelwährungsanleihe (engl.: dual currency bond). Anleihe, bei der Emissionsbetrag und Zinszahlungen in einer anderen Währung denominiert sind als die Tilgungszahlung. Eine D. kann mit einer → Put-Option für den Gläubiger und/oder einer → Call-Option für den Schuldner zum vorzeitigen Kündigungsrecht ausgestattet sein. Dann ist eine Eingrenzung des mit der Zeichnung bzw. Emission einer D. verbundenen Wechselkursrisikos möglich. Vgl. → Foreign Currency Bond.

Dow. Kurzbez. f. d. → Dow Jones Index. Dieser bekannteste Börsenindex wird seit 1897 von der Börsenzeitung des Verlages → Dow Jones & Company für die → New York Stock Exchange (NYSE) veröffentlicht. Er stellt eine wichtige Grundlage für die Bewertung der Lage und Entwicklung der US-amerikanischen Wirtschaft dar.

Dow Jones & Company. Gegr. 1882 von drei jungen Reportern: Charles Dow, Edward Jones und Charles Bergstresser. Aus ihren anfangs handgeschriebenen Rundschreiben (den sog. „flimsies") entstand 1889 das → Wall Street Journal. DJ publiziert weltweit die wichtigsten und neuesten Nachrichten und Informationen aus der Wirtschafts- und Finanzwelt. Eine diesbezüglich kompetente und umfassende Berichterstattung liefert im globalen Fernsehen DJ gemeinsam mit NBC, dem führenden US-amerikanischen Fernsehnetz. Dow Jones Interactive bietet einen Online-Zugang zu über 6000 Quellen; zu einem Finanzzentrum mit mehr als zehn Millionen öffentlicher und privater Unternehmen. Dow Jones Newswires ist der weltweit führende unabhängige Provider von Echtzeit-Finanzdaten. S. weiter unter → Dow Jones Indices und → Dow Jones STOXX Indices.
http://www.dowjones.com

Dow Jones Composite Average (DJCA). Dieser US-amerikanische Aktienindex (mit 65 Werten) setzt sich aus dem → Dow Jones Industrial Average (DJIA), dem → Dow Jones Utility Average (DJUA) und dem → Dow Jones Transportation Average (DJTA) zusammen.

Dow Jones Index. Erstmals veröffentlicht 1884. → Dow Jones Industrial Average (DJIA).

Dow Jones Industrial Average (DJIA). Zeigt seit 1896 den Verlauf des weltgrößten Aktienmarktes auf. Er ist als „Barometer" richtungweisend für alle anderen Aktienmärkte. Im DJIA sind seit 1928 die ersten 30 US-amerikanischen Standardwerte (→ Blue Chips) enthalten, die an der → New York Stock Exchange (NYSE) gehandelt werden. Der DJIA wird als Echtzeit-(Lauf-)Index während der Börsenzeit kontinuierlich neu berechnet und vom → Wall Street Journal auf dem jeweils neuesten Stand veröffentlicht. 1997 wurden Futures und Optionen auf Basis des DJIA als handelbare Instrumente zugelassen.
http://www.dowjones.com/corp/index_average.html

Dow Jones Global Indices enthalten mehr als 3000 Einzelindices, die den Verlauf der Aktienkurse von über 2900 Gesellschaften in 33 Ländern, 10 Weltregionen, 9 Marktsegmenten – in 122 Wirtschaftsbereichen – aufzeigen.

Dow Jones STOXX^{SM} Indices. Eine Reihe europäischer (→ Benchmark-)Indices, die von → STOXX Limited, einem Joint Venture von Dow Jones & Company, Deutsche Börse AG, Euronext Paris SA und SWX Swiss Exchange ermittelt und veröffentlicht werden. Sie wurden am 26.02.1998 von der Deutschen Börse AG eingeführt. Dazu gehört der
Dow Jones STOXX^{SM} Total Market Index, ein Aktienindex für Europa. Er enthielt bei seiner Einführung 666 Titel, differenziert nach 19 Branchen. Er ist so konstruiert, dass er jeweils 80 % der Kapitalisierung der einbezogenen Märkte umfasst. Er wird an Handelstagen alle 15 Minuten neu berechnet. Der DJ STOXX^{SM} TMI enthält als Teilmengen: Dow Jones EURO STOXX^{SM} TMI für die Eurozone, Dow Jones STOXX^{SM} NORDIC TMI für Skandinavien, Dow Jones STOXX^{SM} ex UK TMI für Europa ex Vereinigtes Königreich und Dow Jones STOXX^{SM} ex EURO TMI für Europa ex Eurozone. Diese beinhalten nur Aktien der entsprechenden Gebiete. Hinzu kommen weitere Untergliederungen und eine Vielzahl von Branchenindices; insgesamt sind es 250 Indices, die sowohl als Kurs- wie auch als Performanceindices (jeweils in Euro und US-Dollar) berechnet werden. Blue-Chip-Indices sind z. B. der
Dow Jones STOXX 50^{SM}. Er umfasst 50 Aktien. In ihn fließen 16 Aktienmärkte Europas ein.

Dow Jones EURO STOXX 50^{SM}. Er umfasst 50 Aktien. In ihn fließen nur die Aktienmärkte der Länder der Eurozone ein.
http://www.stoxx.com

Dow Jones Transportation Average (DJTA). Teilmenge des → Dow Jones Industrial Average (DJIA). Er setzt sich aus den Aktienwerten von 20 Transportgesellschaften (z. B. Eisenbahnen, Luftfahrt) zusammen.

Dow Jones Utility Average (DJUA). Teilmenge des → Dow Jones Industrial Average (DJIA). Er setzt sich aus den Aktienwerten von 15 Versorgungsgesellschaften (z. B. Gas, Strom, Infrastruktur) zusammen.

d/p credit – Dokumente gegen Zahlung auf Akkreditivbasis. → Zahlungsbedingung im Auslandszahlungsverkehr. Der Exporteur erhält bei diesem → Akkreditiv (Auszahlungsakkreditiv) bereits eine gewisse Zeit vor dem Versand der Ware eine Zahlungszusage eines Kreditinstituts; damit ist für ihn die Zahlung gesichert, ein Annahmerisiko vermieden. Er erhält bei Vorlage der vertragsgemäßen Dokumente die vereinbarte Zahlung und kann dann nicht mehr über die Ware verfügen. Zahlungs- und Erfüllungsort liegen beim eingeschalteten Kreditinstitut im Versandland. Für den Exporteur ist d/p credit gegenüber → d/p inkasso (die Zahlung erfolgt erst bei Ankunft der Ware am Bestimmungsort) von Vorteil; die Finanzierung der Transportdauer trägt bereits der Importeur.

d/p inkasso – Dokumente gegen Zahlung oder Kasse gegen Dokumente. → Zahlungsbedingung im Auslandszahlungsverkehr. Die Aushändigung der die Ware verkörpernden Dokumente darf nur gegen vollständige Bezahlung erfolgen. Der Exporteur sendet (zur Gewährleistung der Zahlungssicherheit) die Dokumente nicht direkt an den Importeur, sondern an (s)eine Bank, die ihrerseits die Dokumente dem Importeur andient. Auf diese Weise kann der Exporteur bis zum Erhalt der Zahlung über die Ware verfügen. Bei diesem reinen → Dokumenteninkasso sind Zahlungs- und Erfüllungsort immer der Bestimmungsort der Ware. Dies trifft auch bei → d/a inkasso zu.

DPMA → Deutsches Patent- und Markenamt.

DR. Abk. f. (engl.) Drawing Rights. → Ziehungsrechte (ZR).

Draw-back-Verfahren. S. → Zollrückvergütung.

Drawing Authorizations. Insbesondere im engl. Überseegeschäft übliche → Ziehungsermächtigungen. Der Importeur ermächtigt den Exporteur, Tratten auf sich oder seine Bank zu ziehen. Gleichzeitig beauftragt er seine Bank oder eine Bank im Land des Exporteurs, diese Tratten zu negoziieren. Die Banken behalten sich meist ein Regressrecht auf den Exporteur vor.

Dreiecksgeschäft. Besondere Form eines → Kompensationsgeschäftes, bei dem drei Vertragspartner beteiligt sind: Ein Unternehmen im Lande A liefert (z. B. Investitionsgüter) an ein Unternehmen im Lande B. Dieses liefert (z. B. landwirtschaftliche Produkte) an ein Unternehmen im Lande C. Und dieses leistet einen Ausgleich an das Unternehmen im Lande A; entweder in Form von Devisen (Devisen-Switch) oder in Form von Waren (Waren-Switch). S. → Switchgeschäfte. Vgl. → Parallelgeschäft.

Dritte Welt. S. → Entwicklungsländer. Vgl. → Vierte Welt.

Drittländer. Als solche werden Länder bezeichnet, die außerhalb eines zwischen zwei oder mehreren Staaten gebildeten Abkommens über wirtschaftliche Zusammenarbeit (insb. auf den Gebieten des Außenhandels und des Kapitalverkehrs) stehen. So sind aus der Sicht der Europäischen Gemeinschaft alle Staaten, die nicht EG-Mitglieder sind, Drittländer.

Drittlandsgebiet. Nach dem deutschen Umsatzsteuerrecht Begr. f. alle Staaten, die nicht zum Zollgebiet der EG gehören.

Drittlandsgut oder Drittlandsware. Begr. aus dem EG-Zollrecht für eine Ware aus einem Drittland (Nichtgemeinschaftsware), die zollamtlich noch nicht abgefertigt und daher nicht zum freien Verkehr freigegeben ist. Gegensatz: → Gemeinschaftsgut.

Drittlandszoll. Begr. f. d. von der EG bei der Einfuhr von Waren aus Drittländern erhobenen Zoll. Die Zollsätze „Drittländer" sind nicht anzuwenden, wenn → besondere Zollsätze festgesetzt sind. Für die Staaten der EG stellt der → Gemeinsamer Zolltarif (GZT) die Rechtsgrundlage für die Verzollung von Waren aus Drittländern (Nichtgemeinschaftswaren) dar.

DRV. Abk. f. Deutscher Raiffeisenverband e. V.

DSGV → Deutscher Sparkassen- und Giroverband.

DtA-Bank → Deutsche Ausgleichsbank.

DTB → Deutsche Terminbörse.

Dual-Use-Güter. Begr. f. Güter mit doppeltem Verwendungszweck, die sowohl zivil als auch militärisch genutzt werden können. Mit einer Fräsmaschine können z. B. Bauteile sowohl für zivile als auch für militärische Produkte bearbeitet werden.

DÜG → Diskont-Überleitungsgesetz.

Duplikatfrachtbrief oder → Frachtbriefdoppel.

Durchfuhr. Begr. f. d. Durchlaufen von beweglichen Sachen wie auch von Strom, Wertpapieren und Zahlungsmitteln eines Wirtschaftsgebietes. Die D. erfolgt i. d. R. auf direktem Wege. Wenn es nicht nur zu transportbedingten Umladungen, sondern zu Einlagerungen kommt oder, wenn das Bestimmungsland noch nicht feststeht, dann handelt es sich um Einfuhr mit anschließender Ausfuhr.

Durchfuhr- oder Transitzölle. Zölle, die lediglich aufgrund des Transportes durch das Zollgebiet erhoben werden. In den Mitgliedstaaten des GATT-/WTO-Abkommens nicht erlaubt.

Durchfuhrware. Ware, die im Land eines → Transithändlers ein- und ausfuhrrechtlich als Transitware abgefertigt wird.

Durchkonnossement oder Durchfrachtkonnossement – (engl.) Through Bill of Lading/ Through B/L. S. → Konnossement; → Internationales Spediteur(durch-)konnossement.

Durchschnitts(kurs)verfahren. S. → Circa-Notierung.

DVO. Abk. f. Durchführungsverordnung.

DZ Bank – Deutsche Zentralgenossenschaftsbank. Am 18. 09. 2001 durch den Zusammenschluss der beiden genossenschaftlichen Zentralbanken GZ-Bank und DG BANK entstanden. Sitz: Frankfurt am Main.
http://www.dz-bank.de

E

EADB. Abk. f. (engl.) East African Development Bank; → Ostafrikanische Entwicklungsbank.

EAF-2. Abk. f. Elektronische Abrechnung Frankfurt. Elektronisches Abrechnungssystem zur Abwicklung des Zahlungsverkehrs in Form eines Clearingsystems. Wurde 1996 durch die Landeszentralbank Hessen in Betrieb genommen.

EAG → Europäische Atomgemeinschaft (EURATOM).

EAGFL. Abk. f. → Europäischer Ausrichtungs- und Garantiefonds für die Landwirtschaft. Ein → Strukturfonds der EU.

EAR. Abk. f. (engl.) European Agency for Reconstruction; Europäische Agentur für Wiederaufbau. S. → Europäische Union (→ Gemeinschaftsagenturen).

EASDAQ. Abk. f. (engl.) European Association of Securities Dealers Automated Quotation. → NASDAQ Europe.

EBA. Abk. f. Euro Banking Association (vorher: ECU Banking Association).

EBA-Clearing. Euro-Clearingsystem der → EBA in Kooperation mit → SWIFT und der → EZB, über das der tägliche Saldenausgleich erfolgt. Zahlungssystem, das rund 60 im Euro-Raum operierende Großbanken unterhalten.
www.abe.org

EBDD. Abk. f. Europäische Beobachtungsstelle für Drogen und Drogensucht – (engl.) European Monitoring Centre for Drugs and Drug Addiction (oder EMCDDA). S. → Europäische Union (→ Gemeinschaftsagenturen).

EBRD. Abk. f. (engl.) European Bank for Reconstruction and Development; → Europäische Bank für Wiederaufbau und Entwicklung (EBWE) – „Osteuropabank".

EBWE → Europäische Bank für Wiederaufbau und Entwicklung oder (engl.) European Bank for Reconstruction and Development (EBRD).

ec → Eurocheque.

EC. Abk. f. (engl.) European Council; → Europäischer Rat (ER).

ECA. Abk. f.: (1) (engl.) Economic Commission for Africa; → Wirtschaftskommission für Afrika (des ECOSOC der Vereinten Nationen) oder (2) (engl.) Economic Cooperation Administration; s. → ERP.

ECAC. Abk. f (engl.) European Civil Aviation Conference oder (frz.) Conférence Européenne de l'Aviation Civile (CEAC). Mitglieder sind zurzeit 38 europäische Staaten. Sitz: Neuilly sur Seine, Frankreich. Aufgabe: Förderung einer kontinuierlichen Entwicklung der Sicherheit, Effizienz und Nachhaltigkeit des europäischen Lufttransportsystems. ECAC arbeitet eng mit der → Internationalen Zivilluftfahrtorganisation (ICAO) zusammen.
http://www.ecac-ceac.org

ECB. Abk. f. (engl.) European Central Bank; → Europäische Zentralbank (EZB).

ECCAS. Abk. f. (engl.) Economic Community of Central African States; → Wirtschaftsgemeinschaft der zentralafrikanischen Staaten (Zentralafrikanische Wirtschaftsgemeinschaft) oder (frz.) Communauté Economique des Etats de l'Afrique Centrale (CEEAC)

ECE. Abk. f. (engl.) Economic Commission for Europe; → Wirtschaftskommission für Europa (des ECOSOC der Vereinten Nationen).

Echtzeit → Real Time.

Echtzeit-Bruttozahlungssystem. RTGS-System (Real-Time Gross Settlement-System). Bruttozahlungssystem innerhalb der EU-Mitgliedstaaten. Jede Transaktion wird in Echtzeit (kontinuierlich) verarbeitet und ausgeglichen; ohne → Netting. Jedes EU-Land unterhält ein eigenes RTGS-System. Die nationalen RTGS-Systeme sind durch das → Interlinking-System miteinander verbunden, so dass grenzüberschreitende Überweisungen im gesamten Euroraum taggleich abgewickelt werden können. S. a. → $RTGS^{plus}$ und → TARGET-System.

ECLAC. Abk. f. (engl.) Economic Commission for Latin America und the Caribbean; → Wirtschaftskommission für Lateinamerika und die Karibik (des ECOSOC der Vereinten Nationen) oder (span). Comisión Económica para América Latina y el Caribe (CEPAL)

ECODATA. Die Datenbanken und Dienstleistungen rund um das Handelsregister.
http://www.ecodata.de

ECOFIN. Kurz-Bez. f. den → Rat der Europäischen Union, wenn dieser in der Zusammensetzung der Wirtschafts- und Finanzminister tagt.

ECONIS. Eine der weltweit größten Datenbanken für wirtschaftswissenschaftliche Fachliteratur der → Deutschen Zentralbibliothek für Wirtschaftswissenschaften (ZBW). S. → Institut für Weltwirtschaft an der Universität Kiel.
http://econis.zbw.ifw-kiel.de

E-Commerce (engl.: electronic commerce). Kurz-Bez. f. den Handel, der mittels neuer elektronischer Informations- und Kommunikationstechnologien abgewickelt wird, insb. über das → Internet. Dabei werden Güter elektronisch ausgewählt, bestellt und bezahlt; sie werden danach entweder dinglich oder als Leistungen in digitalisierter Form (ebenfalls elektronisch) geliefert.

Economies of scales. Größen-Kostenersparnisse. Begr. f. d. Kostenersparnis, die dadurch zustande kommt, dass bei gegebenen produktionstechnischen Möglichkeiten und damit gegebener Produktionsfunktion die Durchschnittskosten (und damit die Preise) bei steigender Ausbringungsmenge sinken. Dies ist möglich, weil bei konstanten Fixkosten deren Anteil je produzierter Einheit bei wachsender Betriebs- bzw. Unternehmensgröße immer kleiner wird.

ECOSOC. Abk. f. (engl.) United Nations Economic and Social Council; → Wirtschafts- und Sozialrat der Vereinten Nationen.

ECOWAS. Abk. f. (engl.) Economic Community of West African States; → Wirtschaftsgemeinschaft westafrikanischer Staaten oder (frz.) Communauté Economique des Etats de l'Afrique de l'Ouest (CEDEAO).

ECP → Euro Commercial Paper.

ECU. Abk. f. (engl.) European Currency Unit; wörtlich übersetzt „Europäische Währungseinheit“. Die ECU war im → Europäischen Währungssystem von 1979 bis 1998 (EWS I) aber keine Währung, sondern eine Rechnungseinheit. Ihr Wert bestimmte sich nach einem definierten Währungskorb, der feste Mengenbeträge der Währungen der EWS-Mitgliedstaaten enthielt. Die ECU war u. a. Bezugsgröße für den → Wechselkursmechanismus (die Festlegung der ECU-Leitkurse), Rechengröße des Interventions- und Kreditmechanismus der Währungsbehörden der EWS-Mitgliedstaaten und Reserveinstrument der EG-/EU Zentralbanken. Die ECU ging am 01.01.1999 zum Umrechnungskurs 1 : 1 in die gemeinsame, „echte“ europäische Währung – den → Euro – über.

edc. Das Debitkarten-Akzeptanzssymbol der → Europay International. Vgl. → Maestro.

EDIFACT. Abk. f. (engl.) Electronic Data Interchange for Administration, Commerce and Transport. Von den Vereinten Nationen geschaffener branchen- und länderübergreifender Nachrichtenstandard mit einheitlichem Datenformat. Ermöglicht den direkten Datenaustausch von Rechner zu Rechner, ohne weitere manuelle Nachbearbeitung.
http://www.dedig.de

EE → Einfuhrerklärung.

EEA. (1) → Einheitliche Europäische Akte. (2) Abk. f. (engl.) European Environment Agency; Europäische Umweltagentur. S. → Europäische Union (→ Gemeinschaftsagenturen).

EEF → Europäischer Entwicklungsfonds.

EESC. Abk. f. (engl.) European Economic and Social Committee; → Europäischer Wirtschafts- und Sozialausschuß (WSA).

EEX. Abk. f. (engl.) European Energy Exchange. Die Börse der „Energiewirtschaft für die Energiewirtschaft“. Sie ist mit über 50 % im Besitz von 48 Unternehmen der Energiewirtschaft aus 10 Ländern; 48 % der Anteile hält die mit Abstand umsatzstärkste Terminbörse der Welt → Eurex®. EEX stellt den ersten integrierten Spot- und Terminmarkt für Strom in Zentraleuropa dar. Der → Spotmarkt startete am 08.08.2000. Auf ihm wird Strom für den nächsten Tag gehandelt. Die Abwicklung erfolgt über → Xetra® (mit Zugang über das Internet). Der → Terminmarkt folgte am 01.03.2001. Er ermöglicht die Risikoabsicherung über Terminkontrakte. Dazu wird auf das Handelssystem von → Eurex® zurückgegriffen. Die EEX wird sich nicht auf den Handel mit elektrischer Energie beschränken; hinzu kommen Gas, Öl, Emissionszertifikate oder Wetter (vgl. → Xelsius). Die EEX ist offen für die Zusammenarbeit mit anderen Energiebörsen. Die Liberalisierung der europäischen Elektrizitätsmärkte war die Voraussetzung für den Aufbau des Börsen-Strommarktes und für die Ausschöpfung der Wettbewerbsspielräume für Produzenten, Verteiler und Verbraucher.
http://www.eex.de

EFA. Abk. f. Elektronische Abrechnung Frankfurt. Das von der Bundesbank entwickelte Zahlungssystem deutscher Banken. Es vereint als Hybridsystem die Vorteile eines Brutto-Systems (frühe Endgültigkeit, geringes Risiko) und die eines Netto-Systems (niedriger Liquiditätsbedarf) in sich und ist für Teilnehmer weltweit geöffnet.

EFF → Erweiterte Fonds-Fazilität des IWF.

Effekten. Begr. f. → fungible Wertpapiere, die am organisierten Kapitalmarkt (→ Börse) gehandelt werden. E. dienen Schuldnern zur Kapitalbeschaffung, Gläubigern zur Kapitalanlage. Sie sind Ertrag bringende Wertpapiere (als fest bzw. variabel verzinsliche Papiere oder als Dividendenpapiere). E. verbriefen Forderungsrechte als Schuldverschreibungen, Teilhaberrechte als Aktien, Miteigentumsrechte als Investmentzertifikate und damit auch einen Ertragsanspruch.

Effektenbörse. → Börse für den Handel mit vertretbaren Wertpapieren und Rechten auf Wertpapiere; daher auch die Bez. → Wertpapierbörse.

Effektiver Wechselkurs. Entspricht dem → Außenwert der betreffenden Währung.

Effektivzins. Zins (i. d. R. als Prozentsatz pro Jahr ausgedrückt), der mit einem Kapitaleinsatz als → Rendite erzielt oder mit einer Kapitalaufnahme als Kosten verursacht wird. Neben dem → Nominalzins sind hierfür auch andere Kosten- und Ertragsfaktoren maßgeblich, wie Disagio oder Agio (beim Auszahlungs- bzw. Rückzahlungsbetrag), Gebühren, Laufzeit, Tilgungsmodalitäten, Wertstellungstermine u. a. Der E. kann dadurch erheblich vom Nominalzins abweichen.

EFOUND oder EUROFOUND. Abk. f. (engl.) European Foundation for the Improvement of Living and Working Conditions; Europäische Stiftung zur Verbesserung der Lebens- und Arbeitsbedingungen. S. → Europäische Union (→ Gemeinschaftsagenturen).

EFRE → Europäischer Fonds für Regionale Entwicklung. Ein → Strukturfonds der EU.

EFSA. Abk. f. (engl.) European Food Safety Authority; Europäische Behörde für Lebensmittelsicherheit. S. → Europäische Union (→ Gemeinschaftsagenturen).

EFTA. Abk. f. (engl.) European Free Trade Association; → Europäische Freihandelsassoziation.

EFWZ → Europäischer Fonds für währungspolitische Zusammenarbeit.

EG. Abk. f.: (1) → Europäische Gemeinschaften. (2) → Europäische Gemeinschaft. (3) → Einfuhr-Genehmigung.

EGBGB → Einführungsgesetz zum Bürgerlichen Gesetzbuch.

EGDAT. Ein Verfahren des → Bundesamtes für Wirtschaft und Ausfuhrkontrolle (BAFA). Damit können Einfuhr-Genehmigungen im Wege der elektronischen DATenfernübertragung papierlos beantragt und erteilt werden. Importeure können sich des EGDAT-Verfahrens bedienen, wenn sie dazu vom BAFA zugelassen worden sind. Das BAFA entscheidet i. d. R. innerhalb von zwei Tagen über die vom Importeur elektronisch übermittelten Antragssätze; ebenfalls auf elektronischem Wege. Der Zugang zum EGDAT-Server des BAFA ist rund um die Uhr möglich. Das BAFA stellt ein Merkblatt zum EGDAT-Verfahren mit allen notwendigen Informationen zur benötigten Hard- und Software sowie die entsprechenden Formblätter zur Beantragung der Teilnahme am Verfahren kostenlos zur Verfügung.

EG-Kommission. S. → EU-Kommission.

EGKS → Europäische Gemeinschaft für Kohle und Stahl – Montanunion.

EGV. Abk. f. EG-Vertrag; → Vertrag zur Gründung der Europäischen Gemeinschaft.

EG-Zollkodex. → Zollkodex.

EIB. Abk. f. (engl.) European Investment Bank und → Europäische Investitionsbank.

EIB-Gruppe. Sie besteht aus der → Europäischen Investmentbank (EIB) und dem → Europäischen Investitionsfonds (EIF).

EIC → Euro Info Centre.

EIF. Abk. f. (engl.) European Investment Fund und → Europäischer Investitionsfonds.

Eigengewicht. Nach dem Zollrecht das Gewicht der Ware, ausschließlich aller → Umschließungen. Vgl. → Rohgewicht.

Eigentümer-Unternehmen. Bez. f. Unternehmen, das vom Eigentümer selbst geführt wird; der → Selbstständige arbeitet im Unternehmen mit. Gegensatz: → Manager-Unternehmen.

Eigen-Veredelung. Begr. f. d. aktiven → Veredelungsverkehr, bei dem ausländische Waren im Inland bearbeitet, verarbeitet oder ausgebessert werden, und zwar auf eigene Rechnung des inländischen Veredlers; (nicht auf Rechnung einer außerhalb des Zollgebietes ansässigen Person, wie dies bei der → aktiven Lohnveredelung der Fall ist). Die veredelte Ware wird auch auf Rechnung des inländischen Veredlers wieder ausgeführt. Bei der E.-V. hat der Veredler nachzuweisen, warum er bei seinem Ausfuhrgeschäft auf ausländische Waren angewiesen ist (z. B. wegen der Beschaffenheit und/oder Liefermöglichkeit).

Eigenwechsel oder Solawechsel. Gegensatz: Gezogener Wechsel. S. → Wechsel.

Einfuhr (Import). Bez. f. d. Wert oder die Menge der von Inländern erworbenen ausländischen Waren, Dienst- und Faktorleistungen sowie Vermögenstiteln (Kapital). Damit ist i. d. R. deren Verbringung aus dem fremden Wirtschaftsgebiet in das eigene Wirtschaftsgebiet verbunden. Warenimporte werden in der → Außenhandelsbilanz, Dienstleistungsimporte in der → Dienstleistungsbilanz, Faktorleistungsimporte in der → Bilanz der Erwerbs- und Vermögenseinkommen erfasst; alle drei E. führen aus der Sicht der Inländer zu Zahlungsausgängen. Kapitalimporte werden in der → Kapitalbilanz erfasst; sie führen aus der Inlandssicht zu Zahlungseingängen.

Einfuhrabfertigung. Dient der Überprüfung der Einhaltung der für das jeweilige Einfuhrgut geltenden außenwirtschafts- und zollrechtlichen Vorschriften. Die E. stellt ein formelles Verwaltungsverfahren dar, das auch bei der Einfuhr genehmigungsfreier Waren zur Anwendung kommt. Die E. ist vom Importeur oder seinem Vertreter bei der zuständigen Zollstelle zu beantragen. Dies ist i. d. R. die Eingangszollstelle (die erste an der → Zollstraße gelegene deutsche Zollstelle), der die Waren auf Verlangen zu gestellen sind. Die Waren können einer Beschau oder einer Durchsuchung unterworfen werden. Mit dem Antrag auf E. erfolgt meist zugleich die statistische → Einfuhranmeldung.

Einfuhrabgaben → Importabgaben.

Einfuhranmeldung. Im Rahmen der Einfuhrabfertigung erfolgt mit der Zollanmeldung (dem

→ Zollantrag) zugleich die statistische Einfuhranmeldung, u. z. auf dem Exemplar 7 des → Einheitspapiers. Die E. dient der Erstellung der → Außenhandelsstatistik.

Einfuhrausschreibungen. Die Richtlinien für die Erteilung von Einfuhrgenehmigungen (nach Maßgabe der → Einfuhrliste und mengenmäßiger Kontingentierungen) werden vom → Bundesministerium für Wirtschaft und Technologie und vom → Bundesministerium für Verbraucherschutz, Ernährung und Landwirtschaft erlassen (im Benehmen mit dem → Bundesministerium der Finanzen). Die E. werden vom Interministeriellen Einfuhrausschuss (IEA) beschlossen und von diesem regelmäßig (zu Beginn eines jeden Jahres) im → Bundesanzeiger öffentlich bekannt gemacht. Sie geben Auskunft über Antragsbedingungen, Modalitäten der Genehmigungserteilung, Umfang der Einfuhrkontingente.

Einführer. Begr. f. jede natürliche oder juristische Person, die eine Ware im fremden Wirtschaftsgebiet für sich kauft, selbst einführt oder einführen lässt; sie also in das eigene Wirtschaftsgebiet verbringt oder verbringen lässt (§ 23 Abs. 1 AWV). → Spediteure, → Frachtführer, → Absender und → Versender gelten daher nicht als E.

Einfuhrerklärung (EE). Sie ist (gem. § 28a Abs. 1 AWV) bei der Einfuhr von Waren erforderlich, die durch Verordnung des Rates oder der Kommission der EU einer gemeinschaftlichen Überwachung unterliegen. Ein solches Überwachungsdokument kann auch nach nationalem Recht vorgeschrieben sein. Die EE ist bei der Einfuhrabfertigung der zuständigen Zollstelle vorzulegen. Sie steht nicht unter einem Genehmigungsvorbehalt und kann deshalb auch nicht zurückgewiesen werden.

Einfuhrfinanzierung → Außenhandelsfinanzierung.

Einfuhrgenehmigung (EG). Diese ist nach geltendem Außenwirtschaftsrecht für die Einfuhr von Waren, die in der → Einfuhrliste als genehmigungsbedürftig aufgeführt sind, erforderlich. Die EG ist auf einem vorgeschriebenem Formularsatz (Anl. E 3 der AWV) zu beantragen; nur der Einführer ist antragsberechtigt. Sie wird auf einem Vordruck aus dem Formularsatz erteilt. Hierfür ist für gewerbliche Waren das → Bundesamt für Wirtschaft und Ausfuhrkontrolle (BAFA), für landwirtschaftliche Erzeugnisse die → Bundesanstalt für Landwirtschaft und Ernährung (BLE) zuständig. Einzelheiten der Genehmigungsbedingungen bzw. des Umfangs von → Einfuhrkontingenten werden in den → Einfuhrausschreibungen veröffentlicht. S. a. → EGDAT.

Einfuhrkommissionär (Importkommissionär). Ein → Handelsmittler im Außenhandel. Er übernimmt im eigenen Namen, aber für Rechnung eines inländischen Importeurs den Einkauf von Waren im Ausland. Da ein E. seinen Sitz im Ausland hat und den dortigen Markt gut kennt, kann er seinem Kommittenten auf dem von ihm vertretenen Gebiet besonders günstige Bezugssquellen erschließen. Dies trifft insb. dann zu, wenn einerseits der inländische Importeur zahlreiche unterschiedliche Produkte führt (wie z. B. Sortimentsgroßhändler und Warenhäuser) und andererseits viele kleinere Anbieter im Exportland als Lieferanten in Frage kommen. Der E. erhält für seine Leistungen eine → Provision (und Auslagenersatz). Vgl. → Kommissionäre für den Einkauf oder Verkauf im Außenhandel.

Einfuhrkontingentierung. Handelspolitische Maßnahme, die eine Einfuhrbeschränkung bezweckt. Sie kann – für einen bestimmten Zeitraum – in Form der Festlegung eines Mengenkontingents (Höchstmenge) oder eines Wertkontingents (Höchstwertes) erfolgen. In der EG liegt die Kompetenz zur Einrichtung von Einfuhrkontingenten bei der EU-Kommission. E. gibt es in der EG und damit auch in Deutschland insb. im Textilbereich (die hierfür erforderlichen → Einfuhrgenehmigungen sind beim → Bundesamt für Wirtschaft und Ausfuhrkontrolle zu beantragen) und im Landwirtschaftsbereich (für eine Reihe von Marktordnungswaren, für die → Einfuhrlizenzen der → Bundesanstalt für Landwirtschaft und Ernährung benötigt werden). Das jeweilige Gesamtkontingent für die EG wird nach Quoten auf die Mitgliedstaaten aufgeteilt. Die Höhe der Einfuhrkontingente wird in Handelsabkommen mit einzelnen Staaten vereinbart (Länderkontingente) oder für alle Vertragsstaaten gemeinsam festgesetzt (Globalkontingent). E. gibt es auch auf der Grundlage von Selbstbeschränkungsabkommen sowie im Rahmen von Zollpräferenzen. S. a. → Interministerieller Einfuhrausschuss, → Einfuhrausschreibungen und → Verfahren zur Aufteilung von Einfuhrkontingenten.

Einfuhrkontrollmeldung (EKM). Dient (neben der → Einfuhrerklärung) im liberalisierten Warenverkehr zur Überwachung der Einfuhr bestimmter sensibler oder kontingentierter Waren sowie auch als Nachweis für das Einkaufs- oder Ursprungsland (Anl. E 2 zur AWV). In § 27b AWV ist die Pflicht zur Vorlage von EKM (in Verbindung mit der Einfuhrliste und der in ihr mit EKM gekennzeichneten Waren) geregelt.

Einfuhrliste. Als Anlage zum Außenwirtschaftsgesetz enthält sie die Waren, deren Einfuhr ohne Genehmigung zulässig ist oder einer Genehmigung bedarf. Teil I: Anwendungsvorschriften. Teil II ist aufgehoben (frühere Länderlisten). Teil III enthält die Warenliste; in ihr sind alle Warenpositionen des Warenverzeichnisses für die Außenhandelsstatistik aufgeführt. Die Warennummern entsprechen den Codenummern des Zolltarifs. Die E. ist z. B. beim → Bundesanzeiger-Verlag erhältlich.

Einfuhrlizenz oder Importlizenz. Eine solche ist im Rahmen der Bestimmungen der EG-(Agrar-)Marktordnung für die Einfuhr bestimmter landwirtschaftlicher Erzeugnisse – zur Gewährleistung einer ordnungsgemäßen Verwaltung der gemeinsamen Marktorganisationen für Marktordnungswaren – erforderlich. Die E. ist unter Verwendung des hierfür vorgeschriebenen Formularsatzes (AGRIM) bei der → Bundesanstalt für Landwirtschaft und Ernährung (BLE) zu beantragen; dies kann auf elektronischem Weg erfolgen. Die E. tritt an die Stelle der Einfuhrgenehmigung. Dies ist bei den entsprechenden Erzeugnissen der Fall, die unmittelbar aus Drittländern oder über ein anderes EG-Mitgliedsland (in dem diese Ware noch nicht zum Freiverkehr zugelassen wurde) eingeführt werden und zollrechtlich im Wirtschafts-/Gemeinschaftsgebiet in den Freiverkehr gelangen sollen.

Einfuhrumsatzsteuer (EUSt). Sie wird durch die Zollbehörden auf die Einfuhr von Waren in das Zollgebiet erhoben. Sie ist eine besondere Form der Erhebung der → Umsatzsteuer und hat den Sinn, eingeführte Waren, die von der Umsatzsteuer des Ausfuhrlandes entlastet sind, der Umsatzsteuerbelastung inländischer Waren anzupassen. In Deutschland gelten für die Erhebung der EUSt die gleichen Steuersätze wie für die Umsatzsteuer. Die EUSt kann im Rahmen des → Vorsteuerabzugs mit dem Finanzamt verrechnet werden. Sie wird nicht zu den → Importabgaben gezählt.

Einfuhr- und Vorratsstellen (EVSt). Staatliche Einrichtungen zur Stabilisierung von Inlandspreisen wichtiger landwirtschaftlicher Güter sowie zur Bevorratung wichtiger Grundnahrungs- und Futtermittel für Krisenzeiten. Sie sind in Deutschland in der → Bundesanstalt für Ernährung und Landwirtschaft zusammengefasst.

Einführungsgesetz zum Bürgerlichen Gesetzbuch (EGBGB) i. d. F. vom 21.09.1994 (BGBl. I 2494), zuletzt geändert am 23.07.2002 (BGBl. I 2850). Ein Einführungsgesetz ist ein Gesetz im formellen und materiellen Sinne, das i. d. R. gleichzeitig mit der umfassenden Neuregelung eines größeren Rechtsgebietes erlassen wird. Es regelt insb. das Verhältnis des neuen Rechts zum alten Recht (v. a. durch Anpassung anderer Rechtsgebiete an die neuen Bestimmungen). Es kann aber auch selbstständige Rechtsnormen enthalten, wie z. B. das mit dem → Bürgerlichen Gesetzbuch erlassene EGBGB, das Vorschriften über das → internationale Privatrecht enthält.

Einfuhrverfahren. Außenwirtschaftsrechtlicher Begr. f. d. im Zusammenhang mit der Einfuhr von Waren zu beachtenden Bestimmungen. Für Gebietsansässige ist die Einfuhr von Waren nach Deutschland frei, sofern sich aus der Einfuhrliste kein Genehmigungsvorbehalt oder Verbot ergibt. Gebietsfremde bedürfen immer einer Einfuhrgenehmigung. Gebietsfremde → Gemeinschaftsansässige in der EU sind Gebietsansässigen in Deutschland gleichgestellt. Es wird nach drei E. unterschieden: (1) Genehmigungsfreie Einfuhr. Bei dieser hat der Importeur die Ware unter Vorlage der erforderlichen Einfuhrdokumente dem Zoll zur → Einfuhrabfertigung zu gestellen. Für bestimmte Waren (ersichtlich aus der Einfuhrliste) kann auch die Vorlage einer → Einfuhrkontrollmeldung (EKM) oder einer → Einfuhrerklärung (EE) verlangt werden. (2) Genehmigungspflichtige Einfuhr. Hierfür ist immer eine → Einfuhrgenehmigung zu beantragen; diese ist bei der → Einfuhrabfertigung vorzulegen. Für Waren, die der bes. EG-Marktordnung unterliegen, sind die → Einfuhrlizenzen nachzuweisen. (3) Vereinfachte oder erleichtere Einfuhr. Diese kann besonders vertrauenswürdigen Unternehmen bei der Einfuhr bestimmter Waren gestattet werden, indem z. B. eine laufende Einfuhranmeldung ohne Gestellung verlangt wird oder nur von Zeit zu Zeit Stichproben gemacht werden. Sie kommt auch beim → besonderen Zollverkehr zur Anwendung.

Einfuhrzölle. Die auf eingeführte Waren gem. zollrechtlichen und -tariflichen Bestimmungen erhobenen Abgaben (Einfuhrsteuer). Die EU kennt nur E.

Einheitliche Europäische Akte (EEA). Sie wurden am 17. und 28.02.1986 in Luxemburg bzw. Den Haag unterzeichnet und sind am 01.07.1987 in Kraft getreten. Durch sie wurden die → Römischen Verträge (1958) erstmals grundlegend geändert und ergänzt: Die Organe der EG wurden gestärkt, ihre Kompetenzen und die Ziele der europäischen Integration erweitert, die Schaffung des europäischen Binnenmarktes (mit freiem Verkehr von Waren, Personen, Dienstleistungen und Kapital; als Termin war Ende 1992 geplant) festgeschrieben.

Einheitliche Richtlinien für Vertragsgarantien (ERV) der → Internationalen Handelskammer in Paris (Publikation Nr. 458 der Revision 1989).

Einheitliche Richtlinien und Gebräuche für Dokumentenakkreditive (ERA) der → Internationalen Handelskammer in Paris. Sie werden in den meisten Ländern angewandt.

Einheitliche Richtlinien für Inkassi – ERI. Von der → Internationalen Handelskammer in Paris ausgearbeitet, um die Abwicklung von Inkassogeschäften zu erleichtern. Dieses Regelwerk ist international (weitgehend) anerkannt. Die Revision 1995 ist am 1.1.1996 in Kraft getreten; ICC-Broschüre 522.

Einheitliches Gesetz über den internationalen Kauf beweglicher Sachen (EKG) – Haager einheitliches Kaufgesetz. Das EKG dient zur Regelung sowohl des Zustandekommens von Kaufverträgen als auch der Rechte und Pflichten von Käufer und Verkäufer (sowie der Rechtsfolgen) für den Fall nicht ordnungsgemäßer Vertragserfüllung. In Deutschland war dieses Gesetz auf der Grundlage der Haager Übereinkunft 1974 in Kraft getreten. Es wurde nur von wenigen anderen Staaten ratifiziert. Es ist – weltweit – durch das → Übereinkommen der Vereinten Nationen über den internationalen Warenkauf v. 11.04.1980 ersetzt worden; in Deutschland seit dem 01.01.1991 in Kraft.

Einheitliches Güterverzeichnis für die Verkehrsstatistik der EU – (frz.) Nomenclature uniforme de marchandises pour les Statistiques de Transport (NST). Seit 1968 Grundlage für die Gliederung der Güterverkehrsstatistiken der EU. Es ist abgestimmt mit dem → Internationalen Güterverzeichnis für die Verkehrsstatistik in Europa und dem → Internationalen Warenverzeichnis für den Außenhandel der UN. Teil der → internationalen Waren- und Gütersystematiken.

Einheitskurs (Einheitsnotierung). → Kassakurs. Zum E. werden im → amtlichen Börsenhandel alle Aufträge abgerechnet, die nicht im → variablen Handel abgewickelt werden.

Einheitsmarkt. Begr. f. eine Form des Kassahandels an Wertpapierbörsen, bei dem börsentäglich nur ein Kurs festgestellt wird. In die Feststellung des → Einheitskurses gehen alle Kauf- und Verkaufsaufträge ein. Gegensatz: → variabler Markt.

Einheitspapier. Begr. f. d. einheitlichen Formularsatz, der in der EG bei der Abwicklung des grenzüberschreitenden Warenverkehrs sowohl für die Anmeldung bei der Einfuhr, bei der Ausfuhr als auch bei der Überführung in ein besonderes Zollverfahren anzuwenden ist. Das E. ist zur Einhaltung außenwirtschaftsrechtlicher, außenhandelsstatistischer und zollrechtlicher Bestimmungen verbindlich zu verwenden. Es ersetzt aber nicht andere zwingend vorgeschriebenen Papiere, wie Ursprungszeugnis, Genehmigungen und Bescheinigungen im Bereich der Verbote und Beschränkungen, Carnet-ATA und Carnet TIR. Der achtfache Vordrucksatz (der je nach Verfahren nicht immer vollständig benötigt wird) weist insgesamt 54 Felder auf, die unter Heranziehung der entsprechenden Codeschlüssel auszufüllen sind.
Exemplar 1: Versandschein für die Abgangszollstelle; aufbewahrt im Versendungs-/Ausfuhrmitgliedstaat.
Exemplar 2: für die Statistik des Versendungs-/Ausfuhrmitgliedstaates (Ausfuhrerklärung).
Exemplar 3: Durchschrift der Ausfuhrerklärung. Wird dem Versender/Ausführer nach Bescheinigung durch die Zollstelle ausgehändigt (zur Vorlage bei der Ausgangszollstelle).
Exemplar 4: Zweitstück des Versandscheins für die Bestimmungszollstelle.
Exemplar 5: → Rückschein im → gemeinschaftlichen Versandverfahren.
Exemplar 6: Erststück der Zollanmeldung für die Zollstelle; aufbewahrt im Bestimmungsmitgliedstaat.
Exemplar 7: Statistische Einfuhrmeldung; bestimmt für die Statistik des Bestimmungsmitgliedstaates.
Exemplar 8: Zweitstück der Zollanmeldung für den Beteiligten. Wird dem Empfänger nach Bescheinigung durch die Zollstelle ausgehändigt.
Seit Verwirklichung des → Binnenmarktes am 01.01.1993 entfällt die Verwendung des E. im innergemeinschaftlichen Warenverkehr mit Gemeinschaftswaren.

Einkäufer im Markt. Fakten und Trends für Einkauf, Materialwirtschaft und Logistik. Newsletter der → VWD. Dieser erscheint zweimal im Monat und bringt komprimiertes Expertenwissen für die im internationalen Management Tätigen, z. B. zu Themen der globalen Beschaffungspolitik (Global Sourcing).

Einkommen- und Vermögensteuern. In Deutschland Begr. für einen Teil der → laufenden Steuereinnahmen des Staates; der → direkten Steuern. Sie setzen sich aus den Einkommensteuern (der Lohnsteuer, der veranlagten Einkommensteuer, der nicht veranlagten Steuer vom Ertrag – Kapitalertragsteuer – sowie der Körperschaftsteuer) und den sonstigen direkten Steuern und Abgaben (wie der Vermögensteuer, Kraftfahrzeug- und Hundesteuer – der privaten Haushalte – u. ä.) zusammen.

Einlagefazilität (engl.: deposit facility). Eine der beiden → ständigen Fazilitäten im ESZB. Damit wird den Geschäftsbanken die kontinuierliche Möglichkeit eingeräumt, auf eigene Initiative Zentralbankguthaben bis zum nächsten Geschäftstag zu einem vorgegebenen Zinssatz bei den nationalen Zentralbanken anzulegen (Übernachtguthaben). Der Zinssatz für die Einlagefazilität ist der niedrigste der drei → Leitzinsen der EZB; er bildet i. d. R. die Untergrenze für den Tagesgeldsatz am Geldmarkt.

Einlagen mit vereinbarter Kündigungsfrist. → Spareinlagen.

Einlagen mit vereinbarter Laufzeit. → Termineinlagen.

Einlagenzertifikate (engl.: Certificates of Deposits – CD). Von Banken emittierte Geldmarktpapiere in Form von Inhaberpapieren (verbriefte Bankeinlagen; Depositenzertifikate; Geldmarktzertifikate); auf dem Euro-Markt seit 1966. Die Laufzeiten von E. sind standardisiert (im Gegensatz zu den → Commercial Papers) und liegen i. d. R. zwischen sieben Tagen und einem Jahr (sie können aber auch fünf Jahre betragen). Ihr Vorteil liegt – gegenüber nicht verbrieften → Termineinlagen – darin, dass sie am → Sekundärmarkt gehandelt werden können.

Einpendler. Unselbstständig → Erwerbstätige, die ihren Arbeitsort im Inland, ihren ordentlichen Wohnsitz aber im Ausland haben. E. fahren regelmäßig (z. B. täglich oder wöchentlich) vom Ausland ins Inland zur Arbeit. Gegensatz: → Auspendler.

Einschreibung. Begr. f. eine der → Versteigerung (Auktion) verwandte einzelwirtschaftliche Marktveranstaltung, bei der ein Anbieter verschiedene Nachfrager mittels eines öffentlich annoncierten Aufrufs auffordert, bis zu einem bestimmten Zeitpunkt schriftlich das Angebot anzunehmen oder ein höheres Angebot vorzulegen. Durch die E. sollen Absprachen zwischen den Nachfragern verhindert werden. Da die Nachfrager sich nicht in öffentlicher Konkurrenz bewerben, sind sie gehalten, einmalige und geheime Angebote abzugeben. E. werden z. B. bei der Vergabe von Lizenzen und Schürfrechten durchgeführt. Vgl. → Ausschreibung.

Einzeldeckung. Eine Form der → Bundesdeckungen im Außenhandel. S. a. → Ausfuhrgewährleistungen des Bundes.

Einzelkaufmann, Einzelfirma oder → Einzelunternehmung. Unternehmensform, bei der ein gewerbetreibender → Kaufmann Alleininhaber ist oder nur stille Gesellschafter hat. Die → Firma des E. muss den Rechtsformzusatz e. K. (eingetragener Kaufmann) oder e. Kfr. (eingetragene Kauffrau) enthalten. Gegensatz: → Handelsgesellschaft.

Einzelkurs. Ein solcher Kurs wird im Handel mit Wertpapieren bei → fortlaufender Notierung und im → Geregelten Markt zwischen dem Käufer und Verkäufer vereinbart. Er gilt daher nur für ein spezielles Börsengeschäft. Gegensatz: → Gesamtkurs.

Einzelpolice. Begr. f. einen in der Transportversicherung gebräuchlichen → Versicherungsschein, der für einzelne Warentransporte (Einzeldeckung) ausgestellt wurde. Ein im Außenhandel häufig verwendetes Versicherungsdokument. Das im Rahmen einer → Generalpolice ausgestellte → Versicherungszertifikat für einen Einzeltransport wird gelegentlich auch als E. bezeichnet.

Einzelunternehmung. Bez. f. einen → Gewerbebetrieb, dessen Eigenkapital von einer → natürlichen Person – evtl. mit stillem(n) Gesellschafter(n) – aufgebracht wird. Diese Person muss → Kaufmann oder → Kleingewerbetreibender sein. Eine E. wird vom Eigentümer selbstverantwortlich geleitet; dieser trägt allein das Risiko und haftet unbeschränkt für alle Verbindlichkeiten. Vgl. → Einzelkaufmann.

Einzugswechsel oder Inkassowechsel. S. → Wechsel.

EK → Europäischer Konvent.

EKG → Einheitliches Gesetz über den internationalen Kauf beweglicher Sachen – Haager einheitliches Kaufgesetz.

E-Klausel. Die Abholklausel → EXW. Der Kosten- und Gefahrenübergang erfolgt am Lieferort; → ab Werk. Die für den Exporteur (Verkäufer) günstigste, für den Importeur (Käufer) ungünstigste Handelsklausel. S. → Incoterms 2000.

EKM → Einfuhrkontrollmeldung.

Electronic Banking. Durchführung von Bankgeschäften unter Nutzung der neuesten elektronischen Informations- und Kommunikationssysteme. Diese ermöglichen das beleglose und automatische Erfassen, Verarbeiten, Transportieren und Wiederverwenden von Daten über Personal Computer, Terminals und Leitungsnetze; u. z. innerhalb wie auch außerhalb der Einrichtungen des Bankbetriebes bzw. zwischen Banken und Nichtbanken. Z. B. über Geldausgabeautomaten, Kontoauszugsdrucker, → Selbstbedienungsbank(schalter); Zahlungssysteme, gesteuert durch → Kreditkarten und → Debitkarten (→ Electronic cash, → POS-Banking, → POZ); → Home banking (Handy-Banking, Internet-Banking, Online-Banking); → Cash Management Systeme. S. a. → Online Dienste.

Electronic Cash. Verfahren, bei dem an automatisierten Kassen (engl.: electronic-cash-terminals) mit → eurocheque-Karten, anderen Bank(zahlungs)karten und auch → Kreditkarten bargeldlos gezahlt werden kann. Dazu muss der Karteninhaber seine persönliche Geheimzahl (→ PIN) in das Electronic-cash-Terminal (→ POS-Terminal) eingeben; dadurch wird überprüft, ob alle Beteiligten zu den erforderlichen Transaktionen berechtigt sind („Online-Autorisierung"). Der Rechnungsbetrag wird vom Konto des Käufers abgebucht und dem Konto des Verkäufers gutgeschrieben. Kommt zunehmend nicht nur im nationalen Bereich, sondern auch international zum Einsatz.

Elektronische Geldbörse. Eine aufladbare → multifunktionale vorausbezahlte Karte; → elektronisches Geld. S. a. → Geldkarte.

Elektronischer Zolltarif (EZT). Er ersetzt den gedruckten → Deutschen Gebrauchszolltarif (DGebrZT). Der EZT ermöglicht bei der Einfuhr und Ausfuhr eine umfassende Einreihungsunterstützung durch Nomenklaturtext, Anmerkungen zu Abschnitten und Kapiteln, einführende Vorschriften, Anhänge, Erläuterungen, Stichwortverzeichnis und den Zugriff auf verbindliche Zolltarifauskünfte. Mit dem EZT und den Daten aus der elektronischen Zollanmeldung kann die automatisierte Auswahl der anzuwendenden Maßnahmen und die Berechnung der zu erhebenden Abgaben bzw. der zu leistenden (Ausfuhr-)Erstattungen vorgenommen werden. Kern des EZT ist die → TARIC2-Datenbank der Europäischen Union.
http://www.tarife-ezt.de

Elektronisches Geld (engl.: electronic money – e-money). Geldwert, der auf einer technischen Vorrichtung (Chipkarte) elektronisch gespeichert ist und für Zahlungen (mit Ausnahme an den Emittenten) genutzt werden kann; → elektronische Geldbörse. S. a. → Multifunktionale vorausbezahlte Karte.

Embargo. Begr. f. d. Beschränkung (Verbot) des Warenverkehrs für bestimmte Waren (häufig Waffen) oder für Kapital; bestimmte Staaten (für eine gewisse Zeit) betreffend. Bei Totalembargos kann das → Bundesamt für Wirtschaft und Ausfuhrkontrolle für die Lieferung von medizinischen Erzeugnissen oder von Gütern des grundlegenden humanitären Bedarfs auf Antrag Genehmigungen erteilen (zurzeit z. B. für die Ausfuhr in den Irak). Vgl. → Wirtschaftsblockade.

Embargo-Listen. Teile von (internationalen) → Ausfuhrlisten, das Embargo betreffend. In fünf Abschnitte gegliedert. A: für Waffen, Munition und Rüstung sowie Spezialmaschinen zur Herstellung von Rüstungsmaterial. B: für Kernenergie. C: für Embargowaren mit strategischer Bedeutung, z. B. elektronische Geräte. D: für Chemieanlagen und Chemikalien. E: für Anlagen zur Erzeugung biologischer Kampfstoffe. Für die aufgeführten Güter wird i. d. R. auch eine Unbedenklichkeitsbescheinigung des Importlandes verlangt. Die obligatorische Zuverlässigkeitsprüfung erfolgt in Deutschland durch das → Bundesamt für Wirtschaft und Ausfuhrkontrolle.

Embargowaren. Aufgeführt in der → Ausfuhrliste. Die meisten E. unterliegen seit 1995 einer gleichartigen Exportkontrolle in den EU-Staaten. Darunter fallen v. a. die → Dual-Use-Güter; ferner Waren, für die bestimmte Regelungen gem. multilateralen Übereinkommen (z. B. Kaffeeabkommen) oder gem. EU-Normen und -Qualitäten (z. B. bei landwirtschaftlichen Erzeugnissen) einzuhalten sind.

EMCDDA. Abk. f. (engl.) European Monitoring Centre for Drugs and Drug Addiction; Europäische Beobachtungsstelle für Drogen und Drogensucht (EBDD). S. → Europäische Union (→ Gemeinschaftsagenturen).

EMEA. Abk. f. (engl.) European Agency for the Evaluation of Medical Products; Europäische Agentur für die Beurteilung von Arzneimitteln. S. → Europäische Union (→ Gemeinschaftsagenturen).

Emission. Ausgabe von Aktien und anderen Wertpapieren. Dazu gehören deren Ausstellung, Einführung und Unterbringung auf dem Kapitalmarkt. E. dienen der Beschaffung von Eigen- oder Fremdkapital. Wertpapier-E. erfolgen i. d. R. zur Beschaffung größerer Finanzmittel und werden meist öffentlich ausgeschrieben. Sie können als Eigenemission oder als Fremdemission (z. B. bei Wertpapieren von Staaten oder internationalen Organisationen) erfolgen.

Emissionskonsortium. → Konsortium (entweder nur für einen bestimmten Fall oder auch dauerhaft gebildet), das die Emission von Wertpapieren und deren Unterbringung auf dem Markt übernimmt; es kann auch die Börseneinführung und die → Kurspflege besorgen. Auf den internationalen → Finanzmärkten sind Übernahme- und Begebungskonsortium häufig getrennt (→ Underwriting bzw. Selling).

Emissionskurs oder Ausgabekurs. Zu diesem Kurs werden neu emittierte Wertpapiere Kapitalanlegern angeboten und verkauft. → Schuldverschreibungen können mit einem → Disagio abgegeben werden. (Bei einer solchen → Unterparieemission ist die Rendite der Wertpapiere höher als die Nominalverzinsung). Seltener werden Wertpapiere mit einem Agio ausgegeben. (Bei einer solchen → Überparieemission ist die Rendite niedriger als die Nominalverzinsung).

Empfangsspediteur, Abrollspediteur. → Spediteur, der für Empfänger von Waren den Transport besorgt; er liefert die Waren aus.

EMU. Abk. f. (engl.) European Monetary Union; → Europäische Währungsunion (EWU).

Endverbleibsdokumente. Mit der Antragsstellung für die Genehmigung der Ausfuhr/Verbringung genehmigungspflichtiger Waren ist grundsätzlich ein E. (§ 17 AWV) vorzulegen. Das kann sein: (1) eine Endverbleibserklärung (EVE). Dies ist die schriftliche Erklärung eines privaten Empfängers oder Endverwenders über den Endverbleib und die Endverwendung der Waren. Die EVE muss den Briefkopf des Empfängers enthalten und dem vorgegebenen Textmuster des → Bundesamtes für Wirtschaft und Ausfuhrkontrolle (BAFA) entsprechen. (2) eine → Internationale Einfuhrbescheinigung (IEB). Dies ist die schriftliche Erklärung einer staatlichen Behörde des Bestimmungs- oder Empfängerlandes, dass sie von der beabsichtigten Einfuhr der fraglichen Waren unterrichtet ist, dieser zustimmt und eine eventuelle Wiederausfuhr nach dem eigenen Exportrecht überwachen wird.

Endverbleibserklärung (EVE); s. → Endverbleibsdokument.

Englische Versicherungsklauseln. → Versicherungsklauseln.

Entstehungsrechnung. S. → gesamtwirtschaftliche Entstehungsrechnung.

Entwicklungsbank. Spezialinstitut zur Förderung und Finanzierung wirtschaftlicher und sozialer (insb. öffentlicher) Entwicklungsprojekte. Im internationalen Bereich sind dies die → Weltbank und die → regionalen Entwicklungsbanken; in der EU z. B. die → Europäische Investitionsbank, in Deutschland die → Kreditanstalt für Wiederaufbau.

Entwicklungsgemeinschaft des Südlichen Afrika – (engl.) Southern African Development Community (SADC). Gegr. 1992. Sitz: Gaborone, Botswana. 12 Mitgliedsstaaten. Aufgabe: Förderung der regionalen wirtschaftlichen Entwicklung und Integration.
http://www.sadcreview.com

Entwicklungsländer, Dritte Welt. Es gibt keine generellen einheitlichen Kriterien für die Charakterisierung und internationale Anerkennung von Staaten als E. Davon hängen nämlich Prestigeerwägungen und Ansprüche auf materielle Hilfeleistungen in essenzieller Weise ab. Dementsprechend auch keine einheitliche, allgemein anerkannte Liste der Entwicklungsländer. Meistens bezieht man sich immer noch auf die von der → Weltbank und dem → DAC der OECD vorgenommene, rein ökonomische Einteilung. Danach werden Staaten dann den E. zugeordnet, wenn deren Bruttoinlandsprodukt pro Einwohner bzw. Pro-Kopf-Einkommen einen bestimmten – (sehr) niedrigen – Betrag nicht übersteigt. Eine Arbeitsgruppe des → Entwicklungsprogramms der Vereinten Nationen hat einen „Index der menschlichen Entwicklung" (engl.: Human Development Index – HDI) entwickelt, der den geforderten höheren und differenzierten Ansprüchen entgegenkommt. Dieser Maßstab umfasst zu gleichen Teilen die drei Bereiche Lebensdauer (gemessen als Lebenserwartung bei der Geburt), Bildungsniveau (gemessen aus Analphabetisierungsrate von Erwachsenen und Gesamteinschulungsrate auf Primar-, Sekundar- und tertiärer Bildungsstufe) und Lebensstandard (gemessen als Pro-Kopf-Einkommen in realer Kaufkraft). Innerhalb der Gruppe der E. gibt es weitere – unterschiedliche – Differenzierungen. Z. B. die „am schwersten betroffenen Ländern" (engl.: most seriously affected countries – MSAC), die „armen hochverschuldeten Länder" (engl.: poor highly indebted countries). Diese „am wenigsten entwickelten Länder" (engl.: least developed countries – LDC) werden bereits begrifflich von der Dritten Welt getrennt und als → Vierte Welt bezeichnet. In der Liste des DAC der OECD sind zurzeit 148 Entwicklungsländer und -gebiete verzeichnet (d. s. 77 % aller Staaten). Die → Schwellenländer befinden sich in einer ambivalenten Lage zwischen E. und Industrieländern.

Entwicklungsprogramm der Vereinten Nationen – (engl.) United Nations Development Programme (UNDP). → Spezialprogramm der UN. Gegr. 1965. Sitz: New York. Es unterhält weltweit 132 Regionalbüros. Als zentrale Planungs-, Finanzierungs- und Koordinierungsagentur des UN-Systems beauftragt UNDP in der Regel Trägerorganisationen mit der Durchführung seiner Projekte. Dabei handelt es sich schwerpunktmäßig um die Armutsbekämpfung, Regenerierung der Umwelt, Schaffung von Arbeitsplätzen und Unterstützung von Frauen im Entwicklungsprozess. Zurzeit fließen rd. 90 % der UNDP-Mittel in Länder mit einem jährlichen Pro-Kopf-Einkommen unter 750 US-$. UNDP verwaltet mehrere Treuhand- und Sonderfonds, z. B. das Freiwilligenprogramm UNV (engl.: UN Volunteers), den Entwicklungsfonds für Frauen UNIFEM (engl.: UN Development Fund for Women) und den Kapitalentwicklungsfonds UNCDF (engl.: UN Capital Development Fund) zur Finanzierung von Entwicklungsprojekten in Staaten der Dritten Welt.
http://www.undp.org

EONIA. Akb. f. (engl.) Euro OverNight Index Average. Eine Messgröße für den effektiven umsatzgewichteten Tagesgeldsatz für den Euro. Dieser gewogene Durchschnitts-Zinssatz wird seit dem 04.01.1999 von der EZB auf der Basis effektiver Umsätze (gemeldet von einer Gruppe größerer Kreditinstitute im Euro-Währungsgebiet) nach der Zinsmethode act/360 für unbesicherte Übernachtkontrakte im Interbankengeschäft berechnet. Er wird über → Moneyline Telerate (früher → Bridge Telerate) veröffentlicht.

EP. Abk. f. (engl.) European Parliament und → Europäisches Parlament.

EPA → Europäisches Patentamt.

EPO. Abk. f.: (1) → Europäische Patentorganisation. (2) (engl.) European Patent Office; das Europäische Patentamt.

EPÜ → Europäisches Patentübereinkommen.

ER → Europäischer Rat.

ERA. Abk. f.: (1) → Einheitliche Richtlinien und Gebräuche für Dokumenten-Akkreditive der IHK Paris. (2) Exchange Rate Agreement; Vgl. → SAFE.)

ErbStG. Abk. f. d. deutsche Erbschafts- und Schenkungssteuergesetz.

Erfüllungsgarantie. S. → Vertragserfüllungsgarantie.

Erfüllungsrisiko. Gefahr, dass eine geschuldete Leistung (z. B. Zahlung) nicht erbracht wird.

Ergänzende Zollanmeldung (EZ). Sie tritt bei Inanspruchnahme → vereinfachter Verfahren an die Stelle der → Zollanmeldung für Einzelsendungen. EZ erfolgt – unter bestimmten Voraussetzungen – bei → Sammelzollverfahren, wie unvollständiger Zollanmeldung (UZA), vereinfachtem Anmeldeverfahren (VAV), Anschreibeverfahren (ASV). Es kann z. B. einem Zollbeteiligten (einem Importeur oder dessen Vertreter, z. B. einem Spediteur) erlaubt sein, nur einmal im Monat eine EZ für alle eingeführten Sendungen abzugeben.

Ernährung- und Landwirtschaftsorganisation – (engl.) Food and Agriculture Organization (FAO). Gegr. am 16.10.1945 mit dem Mandat, weltweit die Ernährungs- und Lebensstandards anzuheben, eine Steigerung der land-, forst-, und fischereiwirtschaftliche Produktivität zu

erreichen sowie die Lebensbedingungen der ländlichen Bevölkerung zu verbessern. 1965 wurde das Ziel „Befreiung der Menschheit vom Hunger" explizit in den Zielkatalog aufgenommen. Sitz: Rom. Mitglieder sind zurzeit 183 Staaten und die EU. Die FAO ist heute eine der größten → Sonderorganisationen der UN. Auf den Gebieten der Nahrungsmittelsituation, Land- und Forstwirtschaft sowie Fischerei werden weltweit zum einen Daten und Informationen gesammelt, analysiert und verbreitet, zum anderen intra- und internationale Forschungs-, Ausbildungs- und Verwaltungsmaßnahmen empfohlen und gefördert. Dazu gehören: Verbesserung von Methoden der landwirtschaftlichen Erzeugung, Vermarktung und Verteilung; Erhaltung der natürlichen Ressourcen; Ermutigung zu nachhaltiger ländlicher Entwicklung; Vergabe staatlicher und internationaler Kredite. FAO gewährt technische Hilfe und Notstandshilfen bei Hungerkatastrophen (in Zusammenarbeit mit dem → Welternährungsprogramm).
http://www.fao.org

ERI → Einheitliche Richtlinien für Inkassi der IHK Paris.

ERM I + II. Abk. f. (engl.) Exchange Rate Mechanism I + II; → Wechselkursmechanismus I + II (WKM I + II).

Erneuerungsschein. → Talon.

ERP. Abk. f. (engl.) European Recovery Program; → Europäisches Wiederaufbauprogramm.

ERP-Kredite. Kredite, die aus Mitteln des ERP-Sondervermögens gewährt und in Deutschland von der Bundesregierung zur Wirtschaftsförderung eingesetzt werden. Die Besonderheit und der Vorteil der Verwendung der ERP-Mittel in Deutschland lagen von Anfang an in der Schwerpunktförderung, der Anteilsfinanzierung (nur ausnahmsweise eine 100 %-Finanzierung) sowie in der Verzinsungs- und Rückzahlungspflicht seitens der Kreditnehmer. ERP-Kr. zeichnen sich durch Langfristigkeit, unter dem Marktzinsniveau liegende Festzinssätze und vorzeitige Rückzahlbarkeit ohne Vorfälligkeitskosten aus. Sie werden über Geschäftsbanken vergeben (wobei die Kreditwürdigkeit nach branchenüblichen Maßstäben gegeben sein muss). Es gibt keinen Rechtsanspruch auf ERP-Kr. Zur Kreditgewährung stehen heutzutage jährlich 2 bis 2,5 Mrd. € zur Verfügung.

ERP-Programme. Diese werden aus Mitteln des ERP-Sondervermögens finanziert. Die Maßnahmen betreffen v. a. die Förderung der Strukturpolitik, der Existenzgründung, der Investitionen im Bereich des Umweltschutzes; insbes. auch die Exportförderung. S. → Kredite der KfW.

ERP-Sondervermögen. Vermögensteil im Eigentum des Bundes; hat keine eigene Rechtsfähigkeit. Daher kann es nur gemäß dem vom Bundestag jedes Jahr neu beschlossenen Haushaltsgesetz eingesetzt werden. Neukreditierungen erfolgen auf der Basis der Kapitalrückflüsse. Die ersten Einlagen stammen aus den ERP-Counterpart-Mitteln, den DM-Gegenwerten zu US-Dollar-Devisen; s. → Europäisches Wiederaufbauprogramm. Später wurden die aus Tilgungs- und Zinszahlungen zurückfließenden sowie zusätzlich am Kreditmarkt aufgenommenen Mittel für Finanzierungszwecke verwendet. Anfangs wurde das ERP-S. zur Finanzierung des Wiederaufbaus eingesetzt, danach zur gezielten regionalen und sektoralen Förderung der deutschen Wirtschaft und anderer öffentlicher Aufgaben (z. B. für ein Stipendienprogramm für Studierende aus Russland).

Ertragsschein. Begr. f. den verbrieften Anspruch auf die Ausschüttung eines Anteils vom Ertrag aus dem Fondsvermögen einer Kapitalanlagegesellschaft (→ Investmentfonds). Nebenpapier zu einem → Investmentzertifikat.

Ertragscheinbogen. Enthält die nummerierten → Ertragsscheine eines Investmentzertifikates und einen Erneuerungsschein (→ Talon).

ERV → Einheitliche Richtlinien für Vertragsgarantien der IHK Paris.

Erweiterte Fondsfazilität (EFF). Eine → Sonderfazilität des IWF. Sie ermöglicht es Mitgliedstaaten, die insb. unter strukturbedingten Zahlungsbilanzdefiziten leiden, im Rahmen eines auf max. drei Jahre angelegten Programms Ziehungen bis zu 140 % ihrer Quote (über die normalen → Ziehungsrechte hinaus) vorzunehmen und diese Kredite in einem Zeitraum von viereinhalb bis zehn Jahren wieder zurückzuzahlen.

Erweiterter Rat (engl.: General Council). Das dritte Beschlussorgan der → Europäischen Zentralbank. Er setzt sich aus dem Präsidenten und dem Vizepräsidenten der EZB sowie den Präsidenten aller (zurzeit 15) nationalen Zentralbanken (NZB) der EU-Mitgliedstaaten zusammen. Der E. R. hat primär beratende und koordinierende Funktionen; z. B. bei der unwiderruflichen Festlegung der Wechselkurse (gegenüber dem Euro) der Währungen von EU-Mitgliedstaaten, die den Euro noch nicht eingeführt haben oder bei der Erhebung statistischer Daten. Er ist an den Vorbereitungen für eine mögliche Erweiterung des ESZB beteiligt. Er wird vom Präsidenten der EZB über die vom EZB-Rat gefassten Beschlüsse unterrichtet.

Erwerbslose. Syn. f. → Arbeitslose.

Erwerbspersonen. Begr. f. d. Erwerbstätigen und die Erwerbslosen (Arbeitslosen) einer Volkswirtschaft. In Deutschland gab es z. B. im Dezember 2001 – nach dem Inlandskonzept – 43,103 Mio. E.; 39,139 Mio. Erwerbstätige und 3,964 Mio. Arbeitslose. Die Zahl der E. ergibt sich auch aus der Bevölkerungszahl abzüglich der Nichterwerbspersonen.

Erwerbstätige. Begr. f. d. in einer Volkswirtschaft tatsächlich erwerbstätigen Arbeitnehmer und Selbstständigen (Arbeitgeber). Daher wird in der Arbeitsmarktstatistik nach der Zahl der unselbstständig E. und der selbstständig E. unterschieden. Außerdem werden die E. zum einen nach dem → Inlandskonzept (Arbeitsortprinzip) erfasst; es zeigt, wie viele E. (aus dem In- und Ausland) im Inland arbeiten. Zum anderen werden die E. auch nach dem → Inländerkonzept (Wohnortprinzip) erfasst; dieses zeigt, wie viele Inländer als E. im Inland und im Ausland arbeiten. Für den Übergang vom Inländer- zum Inlandskonzept werden die → Einpendler hinzugezählt und die → Auspendler abgezogen. Diese Übergangsposition wird – zusammengefasst – als → Pendlersaldo nachgewiesen.

Erziehungszölle. Durch sie sollen inländische Wirtschaftsbereiche vor ausländischer Konkurrenz (vorübergehend) geschützt werden. Durch E. sollen sich inländische Produzenten nicht nur auf dem Binnenmarkt behaupten, sondern auch eine internationale Wettbewerbsfähigkeit gegenüber derzeit überlegenen Wettbewerbern aus fortschrittlicheren Ländern erlangen können. Dies ist die theoretische Rechtfertigung für E. Denn erst ein höheres Entwicklungsniveau gibt den Anbietern aus zunächst rückschrittlicheren Volkswirtschaften die Chance, ebenbürtige Partner in einem freien globalen Wettbewerb zu werden.

Erweiterte Fondsfazilität (EFF) des IWF. Über die (vier) → Kredittranchen hinaus können Mitgliedstaaten des IWF (bei Zahlungsbilanzdefiziten) im Rahmen der EFF weitere Kredite mit Laufzeiten von viereinhalb bis zu zehn Jahren in der Höhe von max. 200 % ihrer Quote erhalten, u. z. zur Behebung besonders hartnäckiger außen- und binnenwirtschaftlicher Strukturverzerrungen.

Erweiterte Strukturanpassungsfazilität (ESAF) des IWF. 1987 als vom IWF verwaltetes Sondervermögen eingerichtet. ESAF-Kredite sollen insb. zur Überwindung langfristiger Zahlungsbilanzprobleme und zur Förderung des Wirtschaftswachstums beitragen. Dazu wird gemeinsam vom kreditnehmenden Land, dem IWF und der Weltbank ein umfassender mittelfristiger wirtschaftspolitischer Rahmenplan erarbeitet, der als Grundlage für dreijährige Anpassungsprogramme dient und in jährlichen Vereinbarungen konkretisiert wird. ESAF-Kredite sind bis auf weiteres mit 0,5 % zu verzinsen und in fünfeinhalb bis zehn Jahren nach Auszahlung in zehn Halbjahresraten zu tilgen.

ESA. Abk. f. (engl.) European System of Accounts; → Europäisches System Volkswirtschaftlicher Gesamtrechnungen (ESVG).

ESAF → Erweiterte Strukturanpassungsfazilität des IWF.

ESCAP. Abk. f.(engl.) Economic and Social Commission for Asia an the Pacific; → Wirtschafts- und Sozialkommission für Asien und den Pazifik (des ECOSOC der Vereinten Nationen).

ESF. Abk. f. Europäischer Sozial-Fonds. Ein → Strukturfonds der EU.

Eskont → Diskontsatz.

ESS. Abk. f. Europäisches Statistisches System. S. → Eurostat.

ESCWA. Abk. f. (engl.) Economic and Social Commission for Western Asia; → Wirtschafts- und Sozialkommission für Westasien (des ECOSOC der Vereinten Nationen).

Escape-Klausel – Ausweichklausel. Handelspolitische Klausel in internationalen Abkommen; nach ihr wird den beteiligten Staaten erlaubt, protektionistische Maßnahmen für ihr Land dann zu treffen, wenn durch die (erhöhte) Einfuhr einer Ware die eigene Wirtschaft ernsthaft gestört würde. Gegensatz zu → Meistbegünstigung. Die Escape-Klausel wird regelmäßig in US-amerikanische Handelsverträge zum Schutz der amerikanischen Industrie aufgenommen (zulässig gem. Art XIX GATT).

EStG. Abk. f. d. deutsche Einkommensteuergesetz.

ESV → Europäische Sparkassenvereinigung.

ESVG (1995) → Europäisches System Volkswirtschaftlicher Gesamtrechnungen (1995). S. a. → Eurostat.

ESZB → Europäisches System der Zentralbanken.

ESZB-Geschäftstag (engl.: ESCB business day). Jeder Tag, an dem die EZB und mindestens eine → NZB zur Ausführung von geldpolitischen Operationen des ESZB geöffnet ist.

ETF. Abk. f. (engl.) European Training Foundation; → Europäische Stiftung für Berufsbildung; eine → Gemeinschaftsagentur der Europäische Union.

E-Trade-Center. Die Internet-Börse der deutschen → Auslandshandelskammern (AHKn) und

der → Industrie- und Handelskammern (IHKn) in Deutschland. Sie präsentiert die Geschäftswünsche für Kooperationen, Waren und Consulting, die täglich den AHKn in 76 Ländern der Welt und den 82 IHKn zugehen. Mittels aktueller Datenbank hilft das E-Tr.-C. Interessenten bei der Suche nach Waren und Dienstleistungen, neuen Kunden und Partnern.
www.e-trade-center.de

EU → Europäische Union.

EUDOR. Abk. f. (engl.) European Union Document Delivery Service. Der Dokumenten-Lieferdienst des → Amtes für amtliche Veröffentlichungen der EU. Die EU-Dokumente können – kostenpflichtig – online bestellt werden. Vgl. → EUR-Lex, → CELEX.

EUFIS. Abk. f. d. internetgestützte EU-Förder-Informations-System des → Rates der Gemeinden und Regionen Europas.

EuGH → Europäischer Gerichtshof – Gerichtshof der Europäischen Gemeinschaften.

EU-Gipfeltreffen. (Gipfel-)Treffen des → Europäischen Rats.

EU-Güterliste. → Ausfuhrliste der Europäischen Union.

EU-Kommission oder Europäische Kommission; auch kurz: die Kommission – (engl.) European Commission. Seit Inkrafttreten des Fusionsvertrags zum 01.07.1967: die EG-Kommission, die gemeinsame Kommission der (damaligen) → Europäischen Gemeinschaften. Diese hatten bis dahin eigene Kommissionen; die → Europäische Gemeinschaft für Kohle und Stahl die Hohe Behörde, die → Europäische Wirtschaftsgemeinschaft die EWG-Kommission und die → Europäische Atomgemeinschaft die Euratom-Kommission. Seit Inkrafttreten des Maastrichter Vertrags zum 01.11.1993: die EU-Kommission, die Kommission der → Europäischen Union. Das Exekutivorgan von EG/EU; die „Regierung" der EU. Sitz: Brüssel. Zurzeit setzt sich die EU-K. i. e. S. aus 20 Mitgliedern, den Kommissaren zusammen. Diese werden von den Regierungen der Mitgliedstaaten im gegenseitigen Einvernehmen für eine fünfjährige Amtszeit ernannt. Ihrer Ernennung muss das → Europäischen Parlament zustimmen (dem gegenüber die EU-K. verantwortlich ist). Die Kommissare sind den Interessen der EU verpflichtet; sie dürfen Anweisungen von einer Regierung oder einer anderen Stelle weder anfordern noch entgegennehmen. Die Kommissionsverwaltung, der ein Generaldirektor vorsteht, setzt sich aus 24 Generaldirektionen und 11 Diensten (darunter → EUR-OP; → Eurostat; das Amt für Zusammenarbeit EuropeAid, seit dem 01.01.2001 und das → Amt für Betrugsbekämpfung) zusammen.
Die EU-K. verwaltet die gemeinsamen europäischen Politiken.
Für die → Europäische Gemeinschaft (EG) besitzt die EU-K. im Bereich der Gesetzgebung das alleinige Initiativrecht. Sie ist für die Ausarbeitung von Vorschlägen für → gemeinschaftliche Rechtsakte (Verordnungen, Richtlinien, Entscheidungen, Empfehlungen und Stellungnahmen) zuständig. Die wichtigsten politischen Entscheidungen über Maßnahmen und Prioritätensetzungen in den Politikbereichen werden jedoch vom → EU-Ministerrat oder von diesem und dem → Europäischen Parlament gemeinsam getroffen. Diese beiden Organe können die Kommission zur Vorlage von Vorschlägen zur Verwirklichung der gemeinsamen Ziele auffordern. Die EU-K. sorgt als Hüterin der Verträge (gemeinsam mit dem → Europäischen Gerichtshof) für die Befolgung der gemeinschaftlichen Vertragsbestimmungen, der Grundsätze des → Gemeinsamen Marktes und der gemeinschaftlichen Rechtsvorschriften (z. B. in den Bereichen Subventions- und Wettbewerbspolitik). Sie ist als ausführendes Organ für die Erstellung des EU-Haushaltsentwurfs, den Vollzug des Haushaltsplans, für die Verwaltung der

→ Strukturfonds sowie die Abwicklung der Forschungs- und diverser anderer Programme zuständig. Die EU-K. vertritt das Gemeinschaftsinteresse, sowohl nach außen als auch gegenüber den Mitgliedstaaten und deren Bürgern. Sie hat supranationale Funktionen und handelt auf weltweiter Ebene völkerrechtliche Abkommen mit (Gruppen von) Drittstaaten aus; v. a. in den Bereichen Handel und Zusammenarbeit. Hingegen sind die Befugnisse der EU-K. auf den Gebieten der → Gemeinsamen Außen- und Sicherheitspolitik (GASP) sowie der polizeilichen und justiziellen Zusammenarbeit in Strafsachen (s. → Zusammenarbeit in den Bereichen Justiz und Inneres) dzt. noch deutlich eingeschränkt.
Die EU-K. hat Vertretungen in allen EU-Mitgliedstaaten.
http://europa.eu.int/comm

EUMC. Abk. f. (engl.) European Monitoring Centre on Racism and Xenophobia; Europäische Stelle zur Beobachtung von Rassismus und Fremdenfeindlichkeit. S. → Europäische Union (→ Gemeinschaftsagenturen).

EU-Ministerrat oder Rat der Europäischen Union; auch EU-Rat oder nur: der Rat – (engl.) Council of the European Union – (frz.) Conseil de l'Union Européenne – (span.) Consejo de la Unión Europea. Mit Inkrafttreten des Fusionsvertrags zum 01.07.1967 trat der Rat der Europäischen Gemeinschaften an die Stelle des Besonderen Ministerrats der EGKS, des Rats der EWG und des Rats der Euratom. Seit Inkrafttreten des Maastrichter Vertrags ist dies der Rat der Europäischen Union. Sitz: Brüssel. Der Rat ist das wichtigste Entscheidungsorgan der EU sowie das zentrale Rechtssetzungsorgan der EG. Er übt seine legislative Gewalt bei einem breiten Spektrum vertraglich übertragener gemeinschaftlicher Befugnisse im Rahmen des Mitentscheidungsverfahrens mit dem → Europäischen Parlament aus. Er sorgt für die Koordinierung der allgemeinen Wirtschaftspolitiken der Mitgliedstaaten. Er bildet gemeinsam mit dem Europäischen Parlament die Haushaltsbehörde, die den (von der EU-Kommission als Entwurf vorgelegten) Haushaltsplan der Gemeinschaft feststellt. Er schließt im Namen der Gemeinschaft internationale Verträge zwischen ihr und einem oder mehreren Staaten oder weltweiten Organisationen. Er ist auch mit der → Zusammenarbeit auf dem Gebiet der wissenschaftlichen und technischen Forschung (COST) befasst, die weit über die Grenzen der EU hinaus reicht. Nach dem → Vertrag über die Europäische Union (EUV) trifft der Rat die notwendigen Entscheidungen zur Festlegung und Durchführung der → gemeinsamen Außen- und Sicherheitspolitik (GASP) anhand der vom → Europäischen Rat festgelegten allgemeinen Leitlinien. Nach dem EUV ist es auch Aufgabe des Rates, im Bereich der justiziellen und polizeilichen Zusammenarbeit in Strafsachen das gemeinsame Vorgehen der Mitgliedstaaten zu koordinieren und Maßnahmen zu erlassen. (S. → Zusammenarbeit in den Bereichen Justiz und Inneres.)
Der Rat besteht aus je einem Vertreter eines jeden Mitgliedstaates auf Ministerebene. Er vertritt die Regierungen der Mitgliedstaaten. Jedes Ratsmitglied ist befugt, für seine Regierung verbindlich zu handeln; es ist seinem nationalen Parlament gegenüber politisch verantwortlich. Der Rat tagt – je nach den Beratungsgegenständen und der Dringlichkeit – in unterschiedlicher Zusammensetzung und Häufigkeit. Dzt. finden Ratssitzungen zu 22 verschiedenen Sachgebieten statt, z. B. Rat „Allgemeine Angelegenheiten" (Außenminister), → ECOFIN (Wirtschafts- und Finanzminister), Landwirtschaft (Landwirtschaftsminister) etc. Alle sechs Monate übernimmt ein anderer Mitgliedstaat turnusmäßig (in einer vom Rat einstimmig beschlossenen Reihenfolge) den Ratsvorsitz. Der Rat wird unterstützt von einem Generalsekretariat, das einem vom Rat einstimmig ernannten Generalsekretär und Hohen Vertreter für die GASP untersteht.
Jeder Mitgliedstaat unterhält in Brüssel eine Ständige Vertretung bei der EU. Der AStV – Ausschuss der Ständigen Vertreter (i. d. R. Diplomaten im Botschafterrang) tritt wöchentlich zur Vorbereitung der Ratstagungen zusammen.
http://ue.eu.int

EUR. ISO-Währungscode der Währung der europäischen WWU-Staaten – Euro (€).

EU-Rat oder Rat der Europäischen Union, auch nur: der Rat oder → EU-Ministerrat.

EURATOM → Europäische Atomgemeinschaft (EAG).

EUREKA. Abk. f. (engl.) European Research Coordination Agency. Errichtet 1985. Sitz des Sekretariats: Brüssel. EUREKA ist ein Netzwerk für anwendungsnahe und grenzüberschreitende Forschung in Europa. Es bietet Unternehmen und Forschungseinrichtungen einen Rahmen, innerhalb dessen vorhandene fachliche und finanzielle Ressourcen effektiver genutzt werden können und die Wettbewerbsfähigkeit Europas auf dem Weltmarkt gestärkt werden soll. EUREKA hat sich zu einem festen Bestandteil der europäischen Forschungslandschaft entwickelt und stellt – technologieübergreifend, marktorientiert und dezentral – eine wichtige Ergänzung zu den Forschungsprogrammen der EU dar. An dieser europäischen Forschungsinitiative beteiligen sich zurzeit 36 Staaten – 31 Vollmitglieder und 5 assoziierte Mitglieder – sowie die EU-Kommission.
http://www.eureka.be
Das deutsche EUREKA/→COST-Büro ist beim Deutschen Zentrum für Luft- und Raumfahrt e. V. (DLR) in Bonn angesiedelt.
http://www.eureka.dom.de

EURES. Abk. f. (engl.) EURopean Employment Services. Kooperationsnetz der europäischen Arbeitsverwaltungen. Zielt auf die Freizügigkeit von Arbeitnehmern in den EU-Ländern ab. Zu den Partnern gehören die öffentlichen Arbeitsverwaltungen, Gewerkschaften und Arbeitgeberorganisationen. EURES informiert und berät potenziell mobile Arbeitnehmer über Arbeitsmöglichkeiten, Lebens- und Arbeitsbedingungen in Europa; unterstützt Arbeitgeber bei der Rekrutierung von Arbeitskräften aus anderen Ländern; leistet spezielle Beratung und Orientierungshilfen für Arbeitnehmer und Arbeitgeber in Grenzregionen. Unterhält zurzeit rd. 500 „Euroberater".
http://europa.eu.int/comm/dg05/elm/eures/de/about/index.htm

Eurex®. Abk. v. (engl.) European Exchange. 1996 gemeinsam von der Deutschen Börse AG und der Schweizer Börse (SWX) gebildet und 1998 durch den Zusammenschluss der → Deutschen Terminbörse (DTB) und der Swiss Options and Financial Futures Exchange (SOFFEX) gegründet. Eurex® ist weltweit die größte Terminbörse für den grenzüberschreitenden Handel mit Futures und Optionen. Sie bietet als einzige elektronische Handels- und (mehrwährungsfähige) Clearing-Plattform mit weltweitem Zugriff eine einheitliche Palette standardisierter und innovativer Produkte auf der Grundlage eines harmonisierten Regelwerks an. Zurzeit werden mehr als 100 Derivate auf europäische Aktien, Aktienindices, deutsche und schweizer Anleihen sowie den Geldmarktreferenzzins Euribor gehandelt. Zugangspunkte (engl.: access points) außerhalb Deutschlands (Eurex® Deutschland) und der Schweiz (Eurex® Zürich) gibt es zurzeit in Amsterdam, Chicago, Helsinki, London, Madrid und Paris; geplant sind New York, Tokio, Hongkong, Sydney. Im Jahre 2000 wurde die elektronische Handelsplattform a/c/e (alliance/CBOT®/Eurex®) mit → CBOT® eingeführt.
http://www.eurexchange.com

EuRH → Europäischer Rechnungshof.

EURIBOR. Abk. f. (engl.) Euro Interbank Offered Rate. Seit dem 31. Dezember 1998 von 49 Referenzbanken – 41 aus Euro-Ländern, 4 aus übrigen EU-Ländern und 4 aus Nicht-Euro-Ländern (Bank of Tokio-Mitsubishi, Chase Manhattan, Citibank, UBS/Warburg Dillon Read) ermittelter ungewichteter Durchschnittszinssatz. Dazu werden täglich um 11 Uhr MEZ die

Briefsätze für Wochen-, Monats-, Dreimonats-, Sechsmonats-, Neunmonats- und Zwölfmonatsgelder im Interbankenhandel an den Bildschirmdienst → Moneyline Telerate (seit 30.12.1998; früher an → Bridge Telerate) übermittelt, der nach der Zinsmethode act/360 den EURIBOR berechnet. Er ist der → Referenzzinssatz, den erstklassige Banken innerhalb der Europäischen Währungsunion anderen erstklassigen Banken für Geldmarktanlagen bieten. Der EURIBOR hat zum 01.01.1999 den → FIBOR, → PIBOR und andere Referenzzinssätze der Staaten der Eurozone abgelöst.
http://www.euribor.org.

EUR-Lex. Für die Öffentlichkeit bestimmter Informationsdienst zum EU-Recht des → Amtes für amtliche Veröffentlichungen. Der Dienst wird täglich auf den neuesten Stand gebracht; er kann kostenlos abgefragt werden. Vgl. → CELEX und → EUDOR. → juristische Datenbanken.
http://www.europa.eu.int/eur-lex/de

Euro (€). Im Dezember 1995 beschloss der Europäische Rat auf seiner Tagung in Madrid, die zu Beginn der dritten Stufe der → Europäischen Wirtschafts- und Währungsunion einzuführende europäische Währungseinheit "Euro" zu nennen. Der Euro ist seit dem 01.01.1999 die gemeinsame Währung des → Eurosystems; damit auch die Währung Deutschlands. Auf Euro lautendes Bargeld ist erst ab dem 01.01.2002 in Umlauf. (Bis dahin war die DM eine Untereinheit des Euro und fest mit ihm verbunden: 1 Euro = 1,95583 DM.) Das Bargeld des Euro-Währungsgebietes besteht aus auf Euro lautende Banknoten und Münzen und auf Cent lautende Münzen. Ein Euro besteht aus 100 Cent.

Euro-Anleihe oder Euro Bond. Begr. f. die auf dem Euro-Markt – außerhalb des Stammsitzlandes des Emittenten – begebenen mittel- und langfristigen Wertpapiere (→ Inhaberschuldverschreibungen) zur Aufnahme von Fremdkapital. Sie lauten nicht auf die Währung des Heimatlandes des Emittenten und werden in mehreren Ländern – von einem internationalen Konsortium ausgehend – abgesetzt. E.-A. gibt es in vielen Varianten, z. B. als → Straight Bonds oder als → Floating Rate Notes. Vgl. → Auslandsanleihe, → Inlandsanleihe.

Euro Bond → Euro-Anleihe.

Eurocard. Gegr. 1964. Heute die → Kreditkarte von Europay International. Eurocard ist zurzeit unangefochten die Nummer 1 unter den in Deutschland ausgegebenen Kreditkarten: Marktanteil von 53 %, rund 9,5 Mio. Karteninhaber, 200 Mio. Transaktionen, 17 Mrd. € Umsatz; in Europa rund 4 Mio., weltweit über 16 Mio. Vertragspartner. Eurocard kooperiert weltweit mit MasterCard. In Deutschland ist seit 1994 EURO-Kartensystem, ein Unternehmen der deutschen Banken und Sparkassen, für das Marken- und Lizenzmanagement der Eurocard/ MasterCard verantwortlich.
http://www.eurocard.de

Eurochambres. Die Vereinigung der Europäischen Industrie- und Handelskammern. Eurochambres vertritt über seine Mitgliedsorganisationen rd. 1500 → IHKn und deren 15 Mio. Mitgliedsunternehmen in 36 Ländern. Viele dieser Kammern beteiligen sich bereits am Netzwerk → ChamberPASS zur Förderung der Geschäftsbeziehungen außenwirtschaftlich tätiger Unternehmen.
http://www.eurochambres.be

Eurocheque (ec) – Euroscheck. Einheitlich gestalteter → Scheck(vordruck) des ec-Systems, gekennzeichnet durch das ec-Symbol auf der Vorderseite und die Leerzeile für die ec-Kartennummer auf der Rückseite. Er wird seit dem 01.01.2002 nicht mehr ausgegeben. Das bezogene

Kreditinstitut garantierte bis zum 31.12.2001 die Einlösung eines ausgestellten ec bis zu einem bestimmten Höchstbetrag (z. B. 400 DM); dazu musste u. a. die Nummer der → Eurocheque Karte angegeben werden. Ein ec konnte als → Barscheck oder als → Verrechnungsscheck ausgestellt werden. Er konnte auch in der Landeswährung des Ausstellungsortes ausgefertigt werden. Bei der ec-Übergabe war die ec-Karte mit vorzulegen. Die am ec-System beteiligten Banken (Mehrheit aller Kreditinstitute der europäischen Länder, der Mittelmeer-Anrainerstaaten wie auch nordafrikanischer Reiseländer) und Nichtbanken (vor allem Handel, Gastronomie und Hotellerie) waren an einem speziellen ec-Aufkleber zu erkennen. Die Verrechnung von ec erfolgte in Deutschland durch die → Gesellschaft für Zahlungssysteme (GZS).

Eurocheque-Karte (ec-Karte). Eine auf den Namen eines Kontoinhabers oder eines Kontobevollmächtigten ausgestellte Karte, die mehrere Funktionen hat und im Rahmen des ec-Service gemäß den geltenden Bedingungen verwendet werden kann als: (1) Scheckgarantiekarte für den → eurocheque. Das die ec-K. ausgebende Kreditinstitut garantierte die Zahlung eines auf seinen ec-Vordrucken ausgestellten Schecks bis zu einem bestimmten Höchstbetrag (z. B. 300 €); u. z. jedem Schecknehmer in Europa und in den an das Mittelmeer angrenzenden Ländern. (2) → Debitkarte zur Benutzung der ec-Geldautomaten (Bargeldausgabe). (3) Debitkarte zur Verwendung im Rahmen des → POS-Banking (zur bargeldlosen Bezahlung von Waren und Dienstleistungen an den zum ec-Service zugelassenen automatisierten Kassen – ec-Kassen; → POS-Terminals). (4) Servicekarte zur Nutzung besonderer Dienstleistungen (wie z. B. Abfrage des Kontostandes und der -bewegungen bzw. deren Ausdruck an Kontoauszugsdruckern – KAD).

Euroclear. 1968 als weltweit größte Clearing-Organisation im internationaler Wertpapierhandel durch die Morgan Guaranty Trust Co gegründet und vom Euroclear Operations Centre, dem Brüsseler Büro der Morgan Guaranty Trust Company, New York, geleitet. Sitz: Brüssel. 1972 durch Euroclear Clearance System übernommen. 2000 wurde die Euroclear Bank geschaffen; Sitz: Brüssel. Aus der Fusion von Euroclear und Sicovam SA entstand 2001 Euroclear France; Sitz: Paris. Die Euroclear Gruppe bietet Dienstleistungen in allen einschlägigen Bereichen, wie Eurobond-Geschäften, Wertpapierverwaltung (→ Zentralverwahrer), Verrechnung und Abwicklung in verschiedenen Währungen, Sofortausgleich von Zentralbank- oder Geschäftsbankengeld, Goldclearing, weltweiter Zutritt zu Wertpapiermärkten und Handelspartnern. (S. a. → Wertpapiersammelbank.) Vgl. → Clearstream International.
http://www.euroclear.com

EuroCommerce. Sitz: Brüssel. Repräsentiert den Einzel-, Groß- und Außenhandel sowie die Handelsvermittlung bei den EU-Institutionen. Formuliert und fördert die Interessen der Mitglieder; unterrichtet diese über sie betreffende EU-Vorhaben und EU-Entscheidungen. In Deutschland nimmt diese Funktion die → Bundesvereinigung Deutscher Handelsverbände (BDH) wahr.
http://www.eurocommerce.be

Euro Commercial Paper (ECP). Kurzfristige, unbesicherte Schuldtitel, die erstklassige Adressen am Euro-Markt begeben. Die Laufzeiten liegen meistens zwischen einer Woche und einem Jahr; die Verzinsung erfolgt laufend oder durch einen Abschlag (Disagio) vom Nennwert. ECPs werden von einem oder mehreren Händlern platziert. Im Unterschied zu den Euro-Note-Fazilitäten wird keine Übernahmeverpflichtung durch eine Bank oder Bankengruppe gegeben.

Euro-DM. Vor dem 01.01.2002 Bez. f. DM-Währungsguthaben, die auf Finanzplätzen außerhalb des deutschen Währungsgebietes als Kredite von ausländischen, aber auch von deutschen

Banken inländischen und ausländischen Kreditnehmern angeboten wurden; i. d. R. kurzfristig.

Euro-Dollar. Guthaben in US-$, die im Besitz von nicht amerikanischen Gläubigern (Banken) und Gegenstand eines regelmäßigen Handels sind. Gehandelt auf dem → Euro-Dollarmarkt.

Euro-Dollarmarkt. Ein → Euro-Markt, auf dem US-$ gehandelt werden. Ein → Außenmarkt der Währung der USA, der unabhängig von einer bestimmten geographischen Region ist und nicht unter der Aufsicht des → Federal Reserve Systems steht.

Euro-Einlagen. Einlagen in einer auf dem Euro-Markt gehandelten Währung außerhalb des Ursprungslandes der Währung (→ Euro-Währung).

Euro-EUR-Markt. Teil des → Euro-Marktes, auf dem der € gehandelt wird. Dieser Außenmarkt des € besteht unabhängig von einer bestimmten geographischen Region und unterliegt nicht der Kontrolle der EZB.

Euro-Fazilitäten. Bez. f. bes. Formen und Verfahren zur Absicherung des revolvierenden Absatzes von Geldmarktpapieren auf dem Euro-Markt. Meist größere Finanzinstitute übernehmen federführend die Emission, organisieren die Syndizierung und Platzierung der jeweils kurzfristigen Schuldtitel; dabei wird die Übernahme nicht platzierter Papiere garantiert. In erster Linie sind dies die → Note Insurance Fazilität (NIF), die → Revolving Underwriting Fazilität (RUF), → Transferable Revolving Underwriting Fazilität (TRUF). Es gibt viele Varianten von E.-F., wie Prime Underwriting Fazilität (PUF), Global Revolving Underwriting Fazilität (GRUF), Revolving Euronote Insurance Fazilität (REIF), Multi-Option Funding Fazilität (MOFF) u. a.; alle diese Finanzkonstruktionen unterscheiden sich in der Grundstruktur kaum. S. a. → Euro-Kreditmarkt.

EUROFOUND → EFOUND.

Euro-Geldmarkt. Teil des → Euro-Marktes für kurzfristig fällige Bankguthaben und → Geldmarktpapiere in konvertiblen Währungen, die i. d. R. außerhalb des Währungsursprungslandes gehandelt werden. → Außenmarkt. Der E.-G. ist unabhängig von der Politik nationaler Zentralbanken, unterliegt kaum bankrechtlichen und aufsichtsbehördlichen Vorschriften, genießt beträchtliche Steuervorteile und hat dementsprechend auch ein eigenes Zinsgefüge. Er ist attraktiv für Festgeldanleger, zur Finanzierung von Außenhandelsgeschäften, für kurzfristige Geldmarktgeschäfte der Banken und den internationalen Liquiditätsausgleich.

Eurogruppe (Eurogroup). Informelles Gremium, in dem sich die Minister des ECOFIN-Rats treffen; dazu werden auch die EU-Kommission und gegebenenfalls die EZB eingeladen. Die E. tritt regelmäßig zusammen – i. d. R. im Vorfeld von ECOFIN-Ratssitzungen. Erörtert werden Fragen der gemeinsamen Zuständigkeit der Mitgliedstaaten des Euroraums für die Einheitswährung.

Euro Info Centre (EIC). Über 330 Beratungseinrichtungen bilden dieses hochqualifizierte europäische Netzwerk in allen EU-Staaten, den europäischen Anrainerstaaten und im Mittelmeerraum. Die EICs sind kommunalen Wirtschaftsförderungen, Kammerverbänden, Banken und Technologiezentren angegliedert. Sie informieren und beraten kleinere und mittlere Unternehmen über Entwicklungen, Initiativen und Programme der EU und sind bei der Suche nach geeigneten Kooperationspartnern behilflich.
http://www.eic.de

Euro-Kapitalmarkt. Teil des → Euro-Marktes (neben dem Euro-Geldmarkt und dem Euro-Kreditmarkt). Internationaler Finanzmarkt für mittel- und langfristige Kapitalanlagen bzw. Finanzierungen. Auf dem E.-K. werden fungible, börsenfähige → Euro Bonds (Euro-Anleihen mit Laufzeiten von i. d. R. zwei bis fünfzehn Jahren; teils auch von über zwanzig Jahren) und Euro-Aktien in Euro-Währungen (in erster Linie in US-$, €, ¥, Schweizer Franken) von internationalen → Bankenkonsortien emittiert, platziert und gehandelt (außerhalb des Landes, auf dessen Währung sie lauten). Der E.-K. unterliegt keiner staatlichen Kontrolle oder nationalen Zentralbankaufsicht. Die → International Securities Market Association (ISMA) stellt Regeln und Empfehlungen für den E.-K. auf. Der E.-K. entstand nach der Einführung einer Zinsausgleichssteuer in den USA (1963). Durch diese Maßnahme wurde die Kapitalbeschaffung in den USA verteuert. Eine Ausweichmöglichkeit wurde zunächst mit dem → Euro-Dollarmarkt geschaffen. Zinszahlungen auf → Euroanleihen blieben steuerfrei.

Euro-Kreditmarkt. Teil des → Euro-Marktes. Internationaler Finanzmarkt für meist kurzfristige, aber auch mittelfristige → Euro-Einlagen und Euro-Kredite. Kurzfristige Euro-Kredite sind → Tagesgeld, → Festgeld, → Kündigungsgeld, → Euro Commercial Paper. Mittelfristige Euro-Kredite sind → Roll-over-Kredit, → Konsortialkredit, → Certificate of Deposit (CD), → Euro-Notes-Fazilitäten, → Medium Terms Notes.

Euro-Leitkurs (engl.: euro central rate). Der offizielle Wechselkurs der am → Wechselkursmechanismus II teilnehmenden Währungen gegenüber dem Euro. Die Schwankungsbreiten des WKM II werden zu beiden Seiten des Leitkurses festgelegt.

Euro-Markt. Internationaler Finanzplatz, auf dem Währungen außerhalb ihres hoheitlichen Geltungsbereiches (→ Währungsgebiet) gehandelt werden, ohne Beschränkungen und Kontrollen seitens einer (nationalen) Bankenaufsicht bzw. Währungsbehörde. Der Begriffsteil „Euro“ kennzeichnet keine geographische Abgrenzung; er ergab sich aus dem europäischen Ursprung dieser Finanztransaktionen. Im Unterschied zu → Offshore-Märkten können auf dem E.-M. Geldgeber und Kreditnehmer auch Gebietsansässige sein.

Euronext. Zusammenschluss der Börsen von Amsterdam, Brüssel, Lissabon und Paris. Derzeit in Europa zweitgrößter, vollständig integrierter, grenzüberschreitender Handelsplatz für Wert-papiere, Derivate und Waren (nach London, vor Frankfurt am Main).
http://www.euronext.com

Euronext Paris SA. Teil von → Euronext und zuständig für die Organisation, Geschäftsabwicklung und Förderung des französischen Wertpapier- und Derivatemarktes.
http://www.bourse-de-paris.fr

Euro-Notes. Kurzfristige Schuldtitel (ungesicherte → Schuldscheine), die von ersten Adressen am → Euromarkt emittiert werden; i. d. R. revolvierend. Sie haben Laufzeiten von einem, drei, sechs, neun oder zwölf Monaten. Die Verzinsung der E. erfolgt entweder über einen Diskont (Abschlag) oder über die Beifügung eines → Coupons. Die Rendite orientiert sich meistens am Dreimonats- oder Sechsmonats-Interbankensatz. E.-N. werden auf dem Sekundärmarkt nur begrenzt gehandelt; jedoch umfangreicher als Euro Commercial Papers.

Euro-Notes-Fazilitäten. Erstklassigen kapitalmarktfähigen Schuldnern (internationale Organisationen, Staaten, multinationale Unternehmen, Banken) wird es ermöglicht, nicht börsenfähige Euro-Notes revolvierend bis zu einem bestimmten Gesamtbetrag auf dem Euro-Markt unterzubringen. Die Kreditnehmer beziehen die fremden Finanzierungsmittel nicht mehr (direkt) von Euro-Banken, sondern durch die Euro-Notes-Emission von institutionellen Investoren (Versicherungsgesellschaften, Fonds, Unternehmen). Die revolvierende Platzierung der Euro-Notes wird von Geschäfts- und Investmentbanken organisiert. Vielfach verpflichten sich (Gruppen von) Banken, (nicht platzierte) Euro-Notes selbst zu übernehmen (→ Revolving Underwriting Fazilität). Euro-Notes werden auch über → Euroclear und → Clearstream International übertragen.

EUR-OP. Abk. f. (engl.) European Office for Publication. Das → Amt für amtliche Veröffentlichungen ist das offizielle Verlagshaus der Institutionen und Organe der EU.
http://www.eur-op.eu.int

Europäische Atomgemeinschaft (EAG), auch als EURATOM bezeichnet. Gegr. mit der Unterzeichnung des ersten der beiden → Römischen Verträge am 23.03.1957, in Kraft getreten am 01.01.1958. Eine der drei ursprünglich selbstständigen Institutionen der → Europäischen Gemeinschaften. Mit ihr sollte die Entwicklung der Kernindustrie und die Versorgung mit spaltbarem Material in den Mitgliedsstaaten sichergestellt werden. Den EURATOM-Vertrag unterzeichneten 1957 Belgien, die Bundesrepublik Deutschland, Frankreich, Italien, Luxemburg und die Niederlande; ihm traten 1973 Großbritannien, Dänemark und Irland, 1981 Griechenland und 1986 Portugal und Spanien bei. Das Forschungs- und Ausbildungsprogramm auf dem Gebiet der kontrollierten Kernfusion stellt das aufwändigste gemeinsame Projekt dar. EAG arbeitet eng mit der → Internationalen Energie-Agentur, der Europäischen Kernenergie-Agentur (engl.: Nuclear Energy Agency – NEA) und der → Internationalen Atomenergie-Organisation (IAEO) zusammen.

Europäische Bank für Wiederaufbau und Entwicklung (EBWE) – (engl.) European Bank for Reconstruction and Development (EBRD); die „Osteuropabank". Gegr. 1990. Sitz: London. 60 Mitglieder: 58 Länder (darunter alle 25 OECD-Staaten und alle Nachfolgerepubliken der UdSSR), die EU und die → Europäische Investitionsbank). Seit 1991 als Entwicklungsbank für mittel- und osteuropäische Länder sowie für die → Gemeinschaft unabhängiger Staaten (GUS) tätig. Empfängerländer: Albanien, Armenien, Aserbaidschan, Bosnien und Herzegowina, Bulgarien, Estland, Georgien, Kasachstan, Kirgisistan, Kroatien, Lettland, Litauen, Mazedonien, Moldau, Polen, Rumänien, Russland, Slowakische Republik, Slowenien, Tatschikistan, Tschechische Republik, Turkmenistan, Ukraine, Ungarn, Usbekistan, Weißrussland. In diesen „Reformstaaten" soll der Demokratisierungsprozess und der Aufbau einer marktwirtschaftlichen Ordnung durch die Bereitstellung von Investitionskrediten und Kapitalbeteiligungen (auch über Ko-Finanzierungen) und die Übernahme von Garantien unterstützt werden. Insb. Förderung der Privatisierung der Wirtschaft (höchstens 40 % der Mittel dürfen in öffentliche Projekte fließen).
http://www.ebrd.org

Europäische Freihandelsassoziation – (engl.) European Free Trade Association (EFTA). Gegr. am 04.01.1960 in Stockholm. Sitz: Genf. Mitglieder sind zurzeit Island, Liechtenstein, Norwegen, Schweiz. Ausgetretene (der EU beigetretene) Mitglieder: Dänemark, Finnland, Großbritannien, Österreich, Portugal, Schweden. Durch die Beseitigung von Handelshemmnissen unter den Mitgliedstaaten bei nicht agrarischen Gütern und durch verstärkte internationale Zusammenarbeit sollten Wirtschaftswachstum, Vollbeschäftigung sowie die Erhöhung des Lebensstandards gesichert werden. 1984 fielen im Handel mit der EG die Zollbarrieren für industrielle Güter; 1994 ist das → EWR-Abkommen in Kraft getreten; zwischen 1992 und 1999 wurden mit einer Reihe von (v. a. osteuropäischen) Staaten Freihandelsverträge und Kooperationsvereinbarungen unterzeichnet.
http://www.efta.int

Europäische Gemeinschaft (EG). Sie trat 1993 mit dem Inkrafttreten des Maastrichter Vertrags (zur Gründung der Europäischen Union) an die Stelle der → Europäischen Wirtschaftsgemeinschaft (EWG). Mit der geänderten Bezeichnung sollte verdeutlicht werden, dass die EG auch währungs-, sozial- und allgemein politische Zielsetzungen verfolgt, die weit über wirtschaftliche Belange hinaus reichen. Diese EG ist nicht zu verwechseln mit den älteren → Europäischen Gemeinschaften (EG). Die – „jüngere" – EG stellt neben der → Gemeinsamen Außen- und Sicherheitspolitik (GASP) und der „polizeilichen und justiziellen Zusammenarbeit in Strafsachen" eine der drei tragenden Säulen der → Europäischen Union dar. Die Organe der EG sind zugleich die Organe der → Europäischen Union).
Aufgabe der EG (nach Art. 2 EGV) ist es, „in der ganzen Gemeinschaft eine harmonische, ausgewogene und nachhaltige Entwicklung des Wirtschaftslebens, ein hohes Beschäftigungsniveau und ein hohes Maß an sozialem Schutz, die Gleichstellung von Männern und Frauen, ein beständiges, nicht inflationäres Wachstum, einen hohen Grad von Wettbewerbsfähigkeit und Konvergenz der Wirtschaftsleistungen, ein hohes Maß an Umweltschutz und Verbesserung der Umweltqualität, die Hebung der Lebenshaltung und Lebensqualität, den wirtschaftlichen und sozialen Zusammenhalt und die Solidarität zwischen den Mitgliedstaaten zu fördern". Die EG besitzt Rechtspersönlichkeit und eine eigene Rechtsordnung. Diese findet auf dem Gebiet der EG unmittelbar Anwendung. Im Rahmen ihrer Befugnisse kann die EG durch ihre supranationalen Organe Recht setzen, das nicht nur für die Gemeinschaft und ihre Organe, sondern auch für die Mitgliedstaaten und deren natürliche und juristische Personen unmittelbar gilt; s. → gemeinschaftliche Rechtsakte.
In den Politikbereichen der EG bestehen unterschiedliche Grade der Kompetenzübertragung. Je nach Tätigkeitsgebiet kann es sich um eine „einheitliche" Politik (wie der Geldpolitik, s. → Europäische Zentralbank), eine „gemeinsame" Politik (z. B. im Bereich der Landwirtschaft, Fischerei, des Verkehrs und Handels), eine „enge Koordinierung" (z. B. der Wirtschaftspolitik), „eine" Politik (z. B. Umwelt-, Sozial- und Entwicklungspolitik), einen „Beitrag" (z. B. zum Gesundheits- und Verbraucherschutz), „Maßnahmen" (z. B. in den Bereichen freier Personenverkehr, Energie, Katastrophenschutz, Fremdenverkehr) oder die „Förderung" (z. B. der Forschung und Koordinierung der Beschäftigungspolitik) – unter Beachtung des Prinzips der Subsidiarität – handeln. Seit dem 01.01.1973 besteht die ausschließliche Zuständigkeit der E(W)G für die außenhandelspolitischen Beziehungen zu Drittstaaten und zu internationalen Organisationen. Deshalb besteht auch auf Seiten von Drittstaaten das ständig rege Interesse, besondere Beziehungen zur EG/EU zu pflegen oder neu zu begründen.
Die Bereiche Kontrolle der EU-Außengrenzen (s. → Schengener Übereinkommen), Asyl, Einwanderung und justizielle Zusammenarbeit in Zivilsachen – die seit 1993 Teilbereiche der → Zusammenarbeit in den Bereichen Justiz und Inneres (der dritten EU-Säule) waren – wurden 1999 mit dem Vertrag von Amsterdam in den Kompetenzbereich der EG übertragen. Neben der Schaffung und Gestaltung des → Gemeinsamen Marktes wurde 1993 (mit dem EUV) auch eine gemeinsame Unionsbürgerschaft eingeführt; in Ergänzung der nationalen Staatsbürgerschaft. Damit ist u. a. das Recht der Staatsangehörigen der Mitgliedstaaten auf Freizügigkeit und Aufenthalt in der gesamten EG/EU verbunden.

Europäische Gemeinschaften (EG). Sammelbez. für die folgenden drei – ursprünglich rechtlich selbstständigen – europäischen Institutionen:
(1) → Europäische Gemeinschaft für Kohle und Stahl (EGKS); auch als Montanunion bezeichnet. Gegr. 1952.
(2) → Europäische Wirtschaftsgemeinschaft (EWG). Gegr. 1957. Seit 1993: → Europäische Gemeinschaft; abgekürzt auch EG!
(3) → Europäische Atomgemeinschaft (EAG); auch als EURATOM bezeichnet. Gegr. 1957.
Diese waren ungeachtet ihrer rechtlichen Eigenständigkeit durch vielfältige gemeinsame vertragliche Bestimmungen, allgemeine Rechtsgrundsätze, einen gemeinsamen Haushalt sowie

auch von vornherein durch Organe eng miteinander verbunden. Gleichzeitig mit den Römischen Verträgen wurde in einem Abkommen die Bildung gemeinsamer Organe für alle drei Gemeinschaften beschlossen. Seit Errichtung von EWG und EAG fungierten als gemeinsame Organe aller drei Gemeinschaften der → Europäische Gerichtshof (EuGH) und die zunächst sog. Gemeinsame Versammlung (das ist – seit 1979 – das → Europäische Parlament); auch der → Wirtschafts- und Sozialausschuss (WSA) ist seit dem 01.01.1958 tätig. Hingegen wurden die Exekutiv- und Legislativ-Organe erst durch den → Fusionsvertrag vom 08.04.1965 mit Wirkung vom 01.07.1967 zusammengelegt: die → Europäische Kommission und der Europäische Ministerrat (→ EU-Ministerrat oder Rat der Europäischen Union). Als Folge davon wurden die drei Gemeinschaften unter der Bezeichnung EG (für: Europäischen Gemeinschaften) organisatorisch zusammengefasst. Mitglieder waren die sechs Gründungsstaaten der EGKS und die bis zur Errichtung der EU schrittweise hinzugekommenen sechs weiteren Staaten: Dänemark, Irland, Vereinigtes Königreich (01.01.1973), Griechenland (01.01.1981), Portugal und Spanien (01.01.1986). Mit dem → Vertrag über die Europäische Union, in Kraft getreten am 01.11.1993, wurden die gemeinsamen und einheitlichen Institutionen der → Europäischen Union endgültig festgeschrieben.

Europäische Gemeinschaft für Kohle und Stahl (EGKS); auch als Montanunion bezeichnet. Die erste der drei ursprünglich selbstständigen Institutionen der → Europäischen Gemeinschaften. Der Gründungsvertrag wurde 1951 in Paris von sechs Staaten – Belgien, Deutschland, Frankreich, Italien, Luxemburg und den Niederlanden – unterzeichnet (Pariser Vertrag) und trat 1952 in Kraft. Er war auf 50 Jahre befristet (im Unterschied zur unbegrenzten Gültigkeitsdauer von EWG- und EAG-Vertrag). Bis 1967 verfügte die EGKS über eine eigenständige Exekutive, die Hohe Behörde und ein spezielles Entscheidungsorgan, den Besonderen Ministerrat. Mit der EGKS war von Anfang an nicht nur an die Schaffung eines gemeinsamen Marktes für Kohle und Stahl gedacht (es ging auch um die Förderung des Wettbewerbs, Einführung durchgehender Transporttarife, Freizügigkeit der Arbeitnehmer). In betonter Weise wurden nicht ökonomische Absichten verfolgt. Die Montanunion gilt daher als wesentlicher erster Schritt zur politischen Vereinigung Europas; erstmals haben mehrere souveräne Staaten freiwillig einen Teil ihrer Hoheitsrechte an eine supranationale Körperschaft mit eigener Rechtssetzungsbefugnis abgetreten. Der Pariser Vertrag ist am 23.07.2002 ausgelaufen. Vermögen und Verbindlichkeiten der EGKS gingen auf die → Europäische Gemeinschaft (EG) über.

Europäische Investitionsbank (EIB) – (engl.) European Investment Bank (EIB). Mit Inkrafttreten des EWG-Vertrags am 01.01.1958 als öffentlich-rechtliches Kreditinstitut gegründet. Heute ein Nebenorgan der → Europäischen Union und deren Finanzierungsinstitut. Sitz: Luxemburg. Mitglieder: Die EU-Staaten. Aufgaben: Förderung einer ausgewogenen Entwicklung des → Gemeinsamen Marktes durch Gewährung von langfristigen Darlehen sowie von Garantien an Gebietskörperschaften und Unternehmen; für Infrastruktur-Investitionen und Investitionsvorhaben von gemeinsamem europäischem Interesse sowie v. a. auch in wirtschaftsschwachen Regionen. Vorrangig werden Projekte finanziert, die den Förderungsbedingungen der → Strukturfonds der EU Rechnung tragen. Die EIB finanziert auch Vorhaben in Ländern, die über Assoziierungs- bzw. Kooperationsabkommen mit der EU verbunden sind. Sie ist Teil der → EIB-Gruppe. Alle Risikofinanzierungen wurden an den Europäischen Investitionsfonds (EIF) übertragen.
http://www.eib.org

Europäische Kommission. Von 1967 bis 1993 die Kommission der Europäischen Gemeinschaften (EG-Kommission), seit Inkrafttreten des Maastrichter Vertrags die Kommission der Europäischen Union. Das Exekutivorgan von EG/EU. S. → EU-Kommission.

Europäische Option. → Option, die nur zu einem festgelegten Endfälligkeitstermin seitens des Optionsberechtigten ausgeübt werden kann. Vgl. → amerikanische Option, → Bermuda-Option.

Europäische Patentorganisation (EPO). Gegr. 1973 durch das → Europäische Patentübereinkommen. Sitz: München. EPO ist eine selbstständige Organisation (keine EU-Institution) zur Errichtung eines einheitlichen europäischen Patentsystems. Dazu wurde als Exekutivorgan das → Europäische Patentamt und als Überwachungsorgan der Verwaltungsrat geschaffen. Der EPO gehören zurzeit 19 Staaten, darunter alle EU-Länder, an.

Europäischer Ausrichtungs- und Garantiefonds für die Landwirtschaft (EAGFL). Ein → Strukturfonds der EU. 1964 zur Finanzierung der gemeinsamen EG-Agrarpolitik eingerichtet. Über ihn werden das Interventionssystem der gemeinsamen Agrarmarktorganisation, die infrastrukturellen und produktivitätssteigernden Verbesserungsmaßnahmen in der Landwirtschaft sowie die Stützung von Überschussverkäufen finanziert. Wenn auf dem freien Markt die garantierten Mindestpreise (Interventions- oder Schwellenpreise) nicht erzielbar sind, werden aus EU-Mitteln landwirtschaftliche Produkte (wie Milch, Butter, Getreide, Fleisch etc.) aufgekauft und gelagert. Dies dient auch dem Schutz vor der Einfuhr von Agrarprodukten, die auf dem Weltmarkt zu niedrigeren Preisen erworben werden könnten. Auf den EAGFL entfällt der weitaus größte Anteil an den Ausgaben des EU-Haushalts.

Europäischer Ausschuss der Regionen. → Ausschuss der Regionen (AdR) der Europäischen Union.

Europäischer Binnenmarkt. Begr. f. d. seit dem 01.01.1993 bestehenden gemeinsamen Markt der → Europäischen Union (EU) mit freiem Personen-, Waren-, Dienstleistungs- und Kapitalverkehr. Syn. verwendet: Binnenmarkt und Gemeinsamer Markt.

Europäischer Bürgerbeauftragter – (engl.) European Ombudsman. Dieses Nebenorgan der → Europäischen Union wurde mit dem Maastrichter Vertrag 1992 geschaffen. Sitz: Straßburg. Der E. B. nimmt Beschwerden von EU-Bürgern über Missstände oder Mängel bei der Tätigkeit der Organe oder Einrichtungen der Gemeinschaft entgegen und befindet darüber. Er führt Untersuchungen auch aus eigener Initiative in den Institutionen der EU (ausgenommen Europäischer Gerichtshof und Gericht erster Instanz) durch und berichtet über Missstände in der Verwaltungstätigkeit. Ein Datenschutzbeauftragter wacht über die Einhaltung gemeinschaftlicher Rechtsakte über den Schutz natürlicher Personen bei der Verarbeitung personenbezogener Daten.
http://www.euro-ombudsman.eu.int

Europäischer Entwicklungsfonds (EEF). Ein Fonds der EU, mit dem Finanzmittel für die wirtschaftliche und soziale Entwicklung der mit der EU assoziierten außereuropäischen Staaten bereitgestellt werden (i. d. R. für jeweils fünf Jahre). Vgl. → Strukturfonds der EU.

Europäischer Fonds für Regionale Entwicklung (EFRE). Er ist ein → Strukturfonds der EU und deren zentrales regionalpolitisches Instrument; eingerichtet 1975. Mit ihm sollen gem. EG-Vertrag die strukturelle Anpassung von Regionen „mit erheblichem Entwicklungsrückstand“ oder „mit industriell rückläufiger Entwicklung“ (in denen früher z. B. der Kohlebergbau, Schiffbau oder die Stahlindustrie einseitig dominierten) gefördert und dadurch die „wichtigsten regionalen Ungleichgewichte“ abgebaut werden. Die Förderungsmittel werden nach dem sog. Prinzip der Additionalität vergeben; d. h., der EFRE gewährt seine Finanzierungshilfen immer nur als ergänzende Unterstützung zu regionalen Förderungsmaßnahmen der Mitgliedstaaten. Finanziert werden sowohl Sachinvestitionen in Unternehmen als auch Maßnahmen zur Verbesserung der Infrastruktur. In den letzten Jahren flossen Mittel des EFRE in beachtlicher Größenordnung auch nach Deutschland: in die vom Strukturwandel bes. negativ betroffenen Neuen Bundesländer.

Europäischer Fonds für währungspolitische Zusammenarbeit (EFWZ). Er wurde nach dem Zusammenbruch des internationalen Währungssystems (von → Bretton-Woods) im Jahre 1973 von den Mitgliedstaaten der → Europäischen Gemeinschaften gegründet und bei der → Bank für Internationalen Zahlungsausgleich (BIZ) in Basel eingerichtet. Seine Aufgabe bestand darin, die im Zuge der Stützungskäufe und -verkäufe im Rahmen der damaligen „Europäischen Währungsschlange" anfallenden Devisentransaktionen zu verwalten. Seit der Gründung des → Europäischen Währungssystems im Jahre 1979 diente der EFWZ der Abwicklung des Kreditmechanismus im Rahmen der Beistandsabkommen des EWS. Die aus den Devisenmarkt-Interventionen der teilnehmenden Zentralbanken anfallenden Guthaben und Verbindlichkeiten wurden über den EFWZ abgerechnet. Mit der Errichtung des Europäischen Währungsinstituts zum 01.04.1994 wurde gleichzeitig der EFWZ aufgelöst.

Europäischer Gerichtshof (EuGH) – (engl.) European Court of Justice. Gegr. 1952. Seit dem 01.01.1958 der gemeinsame Gerichtshof der Europäischen Gemeinschaften. Die Judikative der EG. Sitz: Luxemburg. Die Mitglieder des EuGH – 15 Richter und 8 Generalanwälte – werden von den Regierungen der Mitgliedstaaten im gegenseitigen Einvernehmen für eine Amtszeit von sechs Jahren ernannt. Der EuGH ist die höchste richterliche Instanz in der EG. Er trägt durch seine Rechtssprechung (Urteile und Auslegungen) zur Schaffung eines einheitlichen europäischen Rechtsrahmens bei. Der EuGH ist in erster Linie Verfassungsgericht, dessen Aufgabe darin besteht, bei Streitigkeiten zum einen die jeweiligen Befugnisse der einzelnen Gemeinschaftsorgane, zum anderen die der Gemeinschaft übertragenen und die den Mitgliedstaaten verbliebenen Zuständigkeiten voneinander abzugrenzen. Er fungiert aber auch als Verwaltungsgericht (z. B. bei Klagen von natürlichen und juristischen Personen gegen Maßnahmen der EU). 1989 wurde dem EuGH ein Gericht erster Instanz (mit 15 Richtern) beigeordnet. Damit soll der Rechtsschutz der Betroffenen verbessert werden: Ihnen steht nunmehr ein zweistufiger Instanzenzug zur Verfügung, und der Gerichtshof kann sich auf seine wesentliche Aufgabe, die einheitliche Auslegung des Gemeinschaftsrechts, konzentrieren. Der EuGH darf weder mit dem → Internationalen Gerichtshof (der Vereinten Nationen) in Den Haag noch mit dem Gerichtshof für Menschenrechte (des Europarates) in Straßburg verwechselt werden.
http://www.curia.eu.int

Europäischer Investitionsfonds (EIF) oder (engl.) European Investment Fund (EIF). Gegr. am 14.06.1994 als autonome Finanzierungsinstitution mit eigener Rechtspersönlichkeit innerhalb der EIB-Gruppe. Sitz: Luxemburg. Anteilseigner sind die → Europäische Investitionsbank (EIB), die EU-Kommission und zahlreiche private und öffentliche Banken aus allen EU-Staaten. Der EIF wurde als spezialisiertes Finanzierungsinstitut der EU zur Förderung von Investitionsvorhaben auf Kreditbasis geschaffen. Er stellt Risikokapital (→ Venture Capital) bereit und übernimmt langfristige Darlehensgarantien; v. a. für die Gründung, das Wachstum und die Entwicklung technologieorientierter Klein- und Mittelbetriebe. Der EIF übernimmt Garantieleistungen für Banken, die Kredite an innovative mittelständische Wachstumsunternehmen vergeben. Er verwaltet die 1997 gegr. Europäische Technologiefazilität der EIB zur Beteiligung an → Risikokapitalfonds, die auf die Eigenkapitalausstattung innovativer KMU in der Aufbauphase spezialisiert sind.
http://www.eif.eu.int

Europäischer Konvent (EK). Er wurde als Ergebnis der Tagung des → Europäischen Rates

im Dezember 2001 in Laeken ins Leben gerufen. Sein Ziel ist es, für die weitere Entwicklung der EU einen Rahmen und Strukturen vorzuschlagen, die den Herausforderungen in einer globalisierten Welt, einer noch besseren Funktionsweise der EU und den Bedürfnissen der europäischen Bürger gerecht werden. Für die Debatte um die Zukunft der EU und das Auffinden sowie Aufzeigen neuer Wege des Fortschritts und der transparenten und effizienten Demokratie, auch eines Weges zu einer eigenen Verfassung der EU, wurden in den EK die folgenden Vertreter berufen: die Staats- und Regierungschefs der EU-Staaten, die Staats- und Regierungschefs der beitrittswilligen Länder, 30 Vertreter der nationalen Parlamente der EU-Staaten, 26 Vertreter der nationalen Parlamente der beitrittswilligen Länder, 16 Vertreter aus den Reihen des → Europäischen Parlaments, 2 Vertreter der → EU-Kommission. Als Beobachter werden eingeladen: 3 Vertreter des → Europäischen Wirtschafts- und Sozialausschusses, 6 Vertreter des → Ausschusses der Regionen, 3 Vertreter der Sozialpartner sowie der → Europäische Bürgerbeauftragte.
http://european-convention.eu.int

Europäischer Rat (ER) – (engl.) European Council (EC) – (frz.) Conseil Europeen (CE) – (span.) Consejo Europeo (CE). In ihm kommen seit 1975 die Staats- und Regierungschefs der zurzeit 15 Mitgliedstaaten der → Europäischen Union (in Begleitung von Fachministern und engen Mitarbeitern) sowie der Präsident der EU-Kommission (als vollberechtigtes Mitglied) und der Präsident des → Europäischen Parlaments regelmäßig (mindestens zweimal jährlich) zusammen; zum sog. EU-Gipfeltreffen. Der ER tagt jeweils in dem Land, das den Vorsitz im EU-Ministerrat innehat. Der ER ist Impulsgeber für die Weiterentwicklung der EU. Er legt die großen politischen Leitlinien der EU fest und befasst sich im Rahmen der → Gemeinsamen Außen- und Sicherheitspolitik (GASP) mit jeweils aktuellen internationalen Problemen. Der ER darf weder mit dem → Europarat (einer internationalen Organisation) noch mit dem Rat der Europäischen Union (dem → EU-Ministerrat) verwechselt werden.

Europäischer Rechnungshof (EuRH) – (engl.) European Court of Auditors (ECA). Errichtet 1977. Sitz: Luxemburg. Er besteht aus einem Kollegium von 15 weisungsungebundenen Mitgliedern, die vom EU-Ministerrat nach Anhörung des Europäischen Parlaments einstimmig auf 6 Jahre ernannt werden; sie repräsentieren die 15 Mitgliedstaaten. Der EuRH prüft die Recht- und Ordnungsmäßigkeit der Einnahmen und Ausgaben der EU-Haushalte. Er hat insb. auch dazu beizutragen, dass die Haushaltsführung nach dem Prinzip der Wirtschaftlichkeit und Sparsamkeit erfolgt. Über etwaige Unregelmäßigkeiten setzt er das Europäische Parlament und den EU-Ministerrat in Kenntnis. Der EuRH arbeitet mit den Rechnungsprüfungsbehörden der EU-Staaten zusammen. Er erstellt einen Jahres(Rechnungsprüfungs)bericht. Dieser sowie diverse andere Berichte und Stellungnahmen werden in sämtlichen Amtssprachen im Amtsblatt der Europäischen Union veröffentlicht und können auch über die Internet-Site des EuRH abgerufen werden.
http://www.eca.eu.int

Europäischer Sozialfonds (ESF). Der älteste → Strukturfonds der EU. Er wurde schon am Anfang der EWG im Art. 123 ff. des Römischen Vertrages verankert. Dieses zentrale sozialpolitische Instrument der EU zur Flankierung arbeitsmarktpolitischer Maßnahmen der Mitgliedstaaten kommt bereits seit 1960 zum Einsatz. Der ESF dient dazu, die räumliche und berufliche Mobilität von Arbeitskräften zu fördern und die Beschäftigungsmöglichkeiten der Arbeitskräfte (z. B. durch Maßnahmen der beruflichen Bildung) im Gemeinsamen Markt zu verbessern. Dadurch soll zur Hebung des Lebensstandards – insb. in wirtschaftlich weniger leistungsfähigen Regionen – beigetragen, die harmonische Entwicklung der Gemeinschaft als Ganzes vorangebracht und der wirtschaftliche und soziale Zusammenhalt (die Kohäsion) in der EU gestärkt werden.

Europäischer Wirtschaftsraum (EWR). Bez. f. d. Freihandelszone zwischen der EU und der → EFTA. Am 01.01.1994 ist das EWR-Abkommen (vom 02.05.1992) zur Schaffung eines gemeinsamen Wirtschaftsraums in Kraft getreten. Nach dem sich die Schweiz im Dezember 1992 in einer Volksabstimmung gegen die Teilnahme am EWR entschieden hatte und Finnland, Österreich und Schweden am 01.01.1995 EU-Mitglieder wurden, verblieben als EFTA-Staaten Island, Liechtenstein und Norwegen. Mit diesem → Assoziierungsabkommen (aus der Sicht des EG-Rechts betrachtet) übernahmen die EFTA-Staaten die für den → Europäischen Binnenmarkt geltenden Regeln: freier Verkehr von Waren, Personen, Dienstleistungen und Kapital (die „vier Grundfreiheiten“) sowie die Grundzüge des EU-Wettbewerbsrechts.

Europäischer Wirtschafts- und Sozialausschuss (WSA) – (engl.) European Economic and Social Committee (EESC). Mit Inkrafttreten der Römischen Verträge am 01.01.1958 als beratendes Organ der EWG gegründet; heute ein Nebenorgan der → Europäischen Union. Sitz: Brüssel. Der WSA besteht aus 222 weisungsungebundenen Personen, die vom EU-Ministerrat einstimmig auf Vorschlag der EU-Mitgliedstaaten ernannt werden und verschiedene Gruppen des wirtschaftlichen und sozialen Lebens vertreten (wie Arbeitgeber, Arbeitnehmer, freie Berufe, Wissenschaft, Verbraucher, Umweltschützer, Familien, Vereine). Er arbeitet Stellungnahmen aufgrund einer Befassung durch die EU-Kommission, den EU-Rat oder das Europäische Parlament aus. Er muss vor Beschlüssen in einer ganzen Reihe von Politikbereichen gehört werden. So dient der WSA als „Sprachrohr der organisierten Bürgergesellschaft“ auf europäischer Ebene und wirkt an der Verwirklichung des → Gemeinsamen Marktes mit.
http://www.esc.eu.int

Europäisches Markenamt. → Harmonisierungsamt für den Binnenmarkt der EU.

Europäische Sparkassenvereinigung (ESV). Gegr. 1963. Ihr gehören dzt. 24 Sparkassen und Sparkassenorganisationen aus 24 europäischen Ländern (auch Mittel- und Osteuropas) an. Sitz: Brüssel. Die ESV ist die Interessenvertretung der Sparkassen gegenüber den Institutionen der Europäischen Union. Sie ist zugleich ein Forum zur Entwicklung von Konzepten für die geschäftliche Kooperation der Sparkassen in Europa und erfüllt damit eine wichtige Funktion für die gemeinsame Erschließung der Potentiale des – erweiterten – Binnenmarktes. Basismerkmale des gemeinsamen Verständnisses der ESV-Mitglieder sind: die enge lokale und regionale Bindung, die besondere Konzentration auf Privatkunden, mittelständische Unternehmen und Kommunen. Auch auf europäischer Ebene betonen die Sparkassen, dass für sie nicht allein Fragen der wirtschaftlichen Integration, sondern auch der politischen Verantwortung für das europäische Gemeinwesen im Vordergrund stehen. Der ESV gehört auch der → Deutsche Sparkassen- und Giroverband (DSGV) an. S. a. → Weltinstitut der Sparkassen.
http://www.savings-banks.com/esbg/esbg.htm

Europäisches Parlament (EP) – (engl.) European Parliament (EP) – (frz.) Parlement Européen (PE) – (span.) Parlamento Europeo (PE); von 1958 bis 1979 die sog. Gemeinsame Versammlung der → Europäischen Gemeinschaften. Das EP stellt die demokratische Vertretung der Bürger der Mitgliedstaaten der → Europäischen Union dar. Die (zurzeit 626) Abgeordneten des EP werden seit 1979 von den Bürgern der Mitgliedstaaten alle fünf Jahre in allgemeiner und direkter Wahl bestimmt; je nach Land – über nationale oder regionale Listen. Sitz: Straßburg, Luxemburg und Brüssel.
Das EP besitzt - so wie jedes nationale Parlament - drei zentrale Befugnisse: Gesetzgebungs-, Haushalts- und Kontrollbefugnisse. Es verabschiedet gemeinsam mit dem EU-Ministerrat die europäischen Gesetze (Verordnungen, Richtlinien, Entscheidungen). Das Gesetzgebungsverfahren ist das der Mitentscheidung: Als gleichberechtigte Partner erlassen EU-Ministerrat und EP gemeinsam die von der EU-Kommission → vorgeschlagenen gemeinschaftlichen Rechts-

akte. Durch die Mitwirkung des EP an deren Zustandekommen wird die demokratische Rechtmäßigkeit dieser Texte gewährleistet. Die legislativen Befugnisse des EP sind aber bisher (trotz der in der Vergangenheit schrittweise vollzogenen Ausweitung der Rolle des Parlaments) stark begrenzt. Das EP und der EU-Ministerrat bilden gemeinsam die Haushaltsbehörde der EU. Beide teilen sich also auch die Haushaltsbefugnis; wobei aber das EP den Gesamthaushalt in letzter Instanz annimmt. Die Haushaltsbeschlüsse des EP werden von dessen Haushaltsausschuss in Zusammenarbeit mit Fachausschüssen vorbereitet. Das EP übt die demokratische Kontrolle über die EU-Kommission aus. Es stimmt der Ernennung der Kommissare zu und kann gegen diese einen Misstrauensantrag einbringen. Es übt darüber hinaus die politische Kontrolle über sämtliche Institutionen bzw. Tätigkeiten der EU aus. Dazu kann es zur Erleichterung der Befugniswahrnehmung (nicht ständige) Untersuchungsausschüsse einsetzen. Das EP ernennt den → Europäischen Bürgerbeauftragten. Das EP ist die einzige Institution der EU, die öffentlich tagt und berät. Seine Entschließungen, Stellungnahmen und Debatten werden im Amtsblatt der Europäischen Gemeinschaften veröffentlicht. Das EP unterhält Informationsbüros in allen Mitgliedstaaten.
http://www.europarl.eu.int

Europäisches Patentamt (EPA) – (engl.) European Patent Office (EPO). Zwischenstaatliche Organisation, 1973 auf der Grundlage des → Europäischen Patentübereinkommens errichtet. Das EPA ist keine nachgeordnete Dienststelle der EU. Das EPA ist finanziell vollständig selbsttragend und administrativ weitgehend unabhängig. Seine Einnahmen stammen aus Verfahrensgebühren und Jahresgebühren für erteilte europäische Patente. Sitz: München; Dienststellen in Berlin, Den Haag und Wien. Aufgabe des EPA: Erteilung europäischer Patente nach einem einheitlichen und zentralisierten Verfahren. Es genügt, eine Patentanmeldung in einer der drei Amtsprachen (Deutsch, Englisch, Französisch) einzureichen, um Patentschutz in allen Mitgliedstaaten zu erlangen. Die europäischen Patente gehen nach ihrer Erteilung in die Verwaltung jener Staaten über, die bei der Patentanmeldung benannt wurden. Sie haben dort dieselbe Wirkung wie ein entsprechendes nationales Patent. Ihre Laufzeit beträgt einheitlich grundsätzlich 20 Jahre. Europäische Patente werden erst nach einer umfassenden Neuheitsrecherche in einer Dokumentation von über 31 Mio. Patent-Schriftstücken und nach einer gründlichen Prüfung erteilt. Sie besitzen eine hohe Rechtssicherheit.
http://www.european-patent-office.org

Europäisches Patentübereinkommen (EPÜ) – Abkommen über die Erteilung europäischer Patente v. 05.10.1973 (BGBl. 1976 II 826). Multilateraler völkerrechtlicher Vertrag, der für alle beteiligten Staaten ein gemeinsames Verfahren zur Erteilung europäischer Patente nach einheitlichen Voraussetzungen schuf. Es regelt auch das Zusammenwirken von EPÜ und → Patentzusammenarbeitsvertrag. → Europäische Patentorganisation, → Europäisches Patentamt.
http://www.european-patent-office.org/legal/epc/d/ma1.html

Europäisches Polizeiamt → Europol.

Europäische Sponsoring-Börse (ESB). Sitz in St. Gallen, Schweiz. Europaweiter Marktplatz für Sponsoren und Sponsorensucher; unterhält Netzwerk von Agenturen und Beratern; betreibt spezielle Weiterbildung für → Sponsoring und → Event-Marketing an; bietet Beratungs- und Informationsdienstleistungen.
http://www.esb-online.com

Europäische Stiftung für Berufsbildung – (engl.) European Training Foundation (ETF). Sitz: Turin. Eine der → Gemeinschaftsagenturen der Europäischen Union. Sie unterstützt die Schaffung berufsbegleitender Bildungsmaßnahmen, u. a. in den mittel- und osteuropäischen Ländern. ETF wirkt bei der Durchführung der → Tempus-Programme der EU-Kommission

mit. S. a. → Phare und → Tacis.
http://www.etf.eu.int

Europäisches System Volkswirtschaftlicher Gesamtrechnungen (ESVG). System einheitlicher statistischer Definitionen und Klassifikationen zur kohärenten Ermittlung und Darstellung volkswirtschaftlicher Daten der EU-Mitgliedstaaten. Es ist die EU-Version des Systems of National Accounts (SNA) der UN. Das neue „ESVG 1995" wird ab 1999 in der EU umgesetzt.
http://www.statistik-bund.de/esvg_d.htm

Europäisches System der Zentralbanken (ESZB) – (engl.) European System of Central Banks (ESCB). Es besteht aus der → Europäische Zentralbank (EZB) und den nationalen Zentralbanken (NZB) aller (dzt. 15) EU-Mitgliedstaaten. Somit umfasst es zurzeit neben den 12 Mitgliedern des → Eurosystems auch die NZB von Dänemark, Großbritannien und Schweden, die den Euro zu Beginn der dritten Stufe der WWU nicht einführten. Das ESZB wird vom EZB-Rat und dem EZB-Direktorium geleitet. Als drittes Beschlussorgan fungiert der → Erweiterte Rat. Die Satzung des ESZB und der EZB ist abrufbar über:
http://www.ecb.int/about/statescb.htm

Europäisches Versicherungsvertragsgesetz. In Deutschland durch Art. 7 ff. des Einführungsgesetzes zum → Versicherungsvertragsgesetz (VVG) niedergelegt. Nach ihm ist im Massengeschäft das Recht des Landes anzuwenden, in dem das versicherte Risiko belegen ist; dadurch bleibt für deutsche Versicherungskunden in der Mehrzahl der Fälle der Schutz des VVG erhalten, auch bei einem Vertragsabschluss mit einem ausländischen Versicherer. Für die Absicherung von Großrisiken besteht hingegen die Freiheit der Rechtswahl.

Europäisches Währungsinstitut (EWI). Errichtet am 01.01.1994 gem. dem Vertrag von Maastricht. Sitz: Frankfurt am Main. Es war Vorläuferin der → Europäischen Zentralbank; war aber kein Rechtssetzungsorgan und hatte keinerlei geldpolitische Steuerungsbefugnisse. Diese verblieben zunächst noch bei den nationalen Zentralbanken. Es hatte die operationalen Aufgaben des → Europäischen Fonds für währungspolitische Zusammenarbeit (EFWZ) übernommen. Das EWI legte jährlich einen Bericht über die Vorbereitungen der dritten Stufe der → Europäischen Wirtschafts- und Währungsunion vor, stellte die rechtlichen, institutionellen, instrumentalen und organisatorischen Grundlagen für die einheitliche europäische Geldpolitik des ESZB her. Besondere Bedeutung hatten seine Konvergenzberichte an den Europäischen Rat (s. → Konvergenzkriterien). Das EWI wurde mit der Errichtung der Europäischen Zentralbank am 01.06. 1998 aufgelöst.
http://www.ecb.int

Europäisches Währungssystem (EWS). Gegr. 13.03.1979. Vorläufer war der 1972 ins Leben gerufene europäische Währungsverbund (→ Europäische Währungsschlange). Ziel war die Schaffung einer auf innere und äußere Stabilität ausgerichtete Währungszone in Europa, um den Übergang in die → Europäische Wirtschafts- und Währungsunion zu beschleunigen und zu erleichtern. Das EWS war ein System fester, aber anpassungsfähiger Wechselkurse. Zwischen den Währungen der beteiligten Länder wurden → bilaterale Leitkurse vereinbart; bis zum 02.08.1993 bestanden → Bandbreiten für Wechselkursschwankungen von ± 2,25 % (als Regel; ± 6 % als Ausnahme, z. B. für die italienische Lira). Innerhalb der Bandbreiten durften die Wechselkurse der beteiligten Währungen an den Devisenmärkten schwanken, ohne dass die Zentralbanken des EWS zu Eingriffen verpflichtet waren. Erst wenn die Wechselkurse (zwischen zwei oder mehreren Währungen) die obere oder untere Bandbreitengrenze (die oberen oder unteren → Interventionspunkte) erreichten, kam die Interventionspflicht der betroffenen Zentralbanken zum Zuge. Die EWS-Zentralbanken hatten dazu einen besonderen

Kreditmechanismus vereinbart. Sie räumten sich gegenseitig Kreditlinien in volumensmäßig unbegrenzter Höhe ein, um jederzeit ihren Interventionspflichten nachkommen zu können. Die Wechselkurse der Währungen des EWS durften gegenüber Währungen dritter Staaten frei schwanken (floaten; Blockfloating oder → Gruppenfloating). Um realen gesamtwirtschaftlichen Veränderungen währungspolitisch Rechnung zu tragen, wurden mehrere → Realignments im EWS vorgenommen. Nach extremen Währungsturbulenzen erfolgte am 02.08.1993 die Ausdehnung der Bandbreiten auf ± 15 %; gemäß einem bilateralen Abkommen zwischen Deutschland und den Niederlanden betrugen die Schwankungsbreiten zwischen der D-Mark und dem Hollandgulden aber weiterhin ± 2,25 %. Mit der Errichtung des EWS war auch die Einführung der → ECU verbunden. Zum 31.12.1998 wurde deren Verwendung beendet, wie auch das nunmehr „EWS I“ bezeichnete EWS. Am 01.01.1999 begann der neue Zeitabschnitt des → Euro. Vgl. → EWS I und → EWS II.

Europäisches Wiederaufbauprogramm – (engl.) European Recovery Program (ERP). Nach dem Zweiten Weltkrieg beschlossen die USA zur Milderung der großen Versorgungsprobleme der europäischen Bevölkerung das → GARIOA-Programm. Hierfür wurden in den Jahren 1945 – 1947 rd. 15 Mrd. US-$ bereitgestellt. Dann erarbeitete 1947 der Ausschuss für europäische Wirtschaftshilfe (s. → CEEC) ein einheitliches Hilfsprogramm, das 1948 erlassen und nach dem amerikanischen Außenminister George C. Marshall → Marshall-Plan genannt wurde. Die Verwaltung lag bei der Economic Cooperation Administration (ECA). Die Mittel (US-$ Devisen) wurden größtenteils als Geschenke vergeben. Sie durften v. a. zum Erwerb von Nahrungsmitteln und Rohstoffen (in erster Linie aus den USA) verwendet werden. Hierfür hatten die Importeure die entsprechenden Beträge in heimischer Währung auf Gegenwertfonds (engl.: counterpart funds) einzuzahlen. Deutschland erhielt bis Ende 1957 rd. 1,7 Mrd. US-$ (zu den damaligen Wechselkursen rd. 6,5 Mrd. DM). Die DM-Gegenwerte bildeten die Grundlage des → ERP-Sondervermögens.

Europäische Union (EU). Sie wurde mit dem am 07.02.1992 in Maastricht vom → Europäischen Rat beschlossenen und am 01.11.1993 in Kraft getretenen → Vertrag über die Europäische Union gegründet. Unterzeichnerstaaten waren die zwölf Mitglieder der → Europäischen Gemeinschaften: Seit dem Beitritt von Finnland, Österreich und Schweden am 01.01.1995 hat die EU 15 Mitgliedstaaten. Hauptsitz: Brüssel.

Der europäische Kooperations- und Integrationsprozess, der 1951 mit der Errichtung der → Europäische Gemeinschaft für Kohle und Stahl (EGKS) begann, wurde stufenweise erweitert und vertieft. Die vertraglichen Schritte zur heutigen EU waren: die → Römischen Verträge, der → Fusionsvertrag, die → Einheitlichen Europäischen Akte, der → Maastrichter Vertrag, der → Vertrag von Amsterdam und der → Vertrag von Nizza. Die nächste Stufe bildet die sog. Osterweiterung. Die ersten offiziellen Beitrittsverhandlungen haben bereits am 31.03.1998 mit Estland, Polen, Slowenien, der Tschechische Republik und Ungarn begonnen. In Kopenhagen wurden auf der Tagung des Europäischen Rats am 12./13.12.2002 die Beitrittsverhandlungen mit Estland, Lettland, Litauen, Malta, Polen, der Slowakei, Slowenien, der Tschechischen Republik, Ungarn und Zypern abgeschlossen. Diese zehn Staaten können – nach Ratifizierung des Beitrittsvertrags durch die jeweiligen nationalen Parlamente – zum 01.05.2004 als vollwertige Mitglieder in die EU aufgenommen werden. Für Bulgarien und Rumänien besteht das Ziel, diese Länder – bei Erfüllung der Beitrittskriterien – im Jahre 2007 als EU-Mitglieder aufzunehmen. Wenn der Europäische Rat im Dezember 2004 auf der Grundlage eines Berichts und einer Empfehlung der EU-Kommission entscheidet, dass die Türkei die politischen Kriterien von Kopenhagen erfüllt, dann können offizielle Beitrittsverhandlungen mit der Türkei ohne Verzug eröffnet werden. Das EU-Beitrittsgesuch der Schweiz ruht zurzeit. EU-Anwärter-Staat ist auch Albanien.

Die EU ist eine supranationale Organisation mit einem in der Welt einzigartigen institutionellen System, das auf den Grundsätzen der Rechtsstaatlichkeit und Demokratie beruht. Amtssprachen sind zurzeit: Dänisch, Deutsch, Englisch, Finnisch, Französisch, Griechisch, Italienisch, Niederländisch, Portugiesisch, Schwedisch und Spanisch. Zusätzlich ist Irisch Vertragssprache.

Die EU beruht heute auf drei Säulen: der → Europäischen Gemeinschaft, der → Gemeinsamen Außen- und Sicherheitspolitik und der „polizeilichen und justiziellen Zusammenarbeit in Strafsachen" (s. → Zusammenarbeit in den Bereichen Justiz und Inneres).

Aufgabe der EU ist es, die Beziehungen zwischen den Mitgliedsstaaten und ihren Völkern in gegenseitiger Übereinstimmung zu gestalten. Dabei werden umfassende Zielsetzungen verfolgt: Vollendung der wirtschaftlichen Integration durch Förderung des wirtschaftlichen und sozialen Fortschritts. Behauptung der europäischen Identität auf internationaler Ebene. Zubilligung einer Unionsbürgerschaft (in Ergänzung zur nationalen Staatsbürgerschaft). Schaffung eines Raums der Rechtsstaatlichkeit, in dem die Freiheit und Sicherheit aller Bürger gewährleistet wird. Dazu ist das Gemeinschaftsrechts zu erhalten und weiter zu entwickeln. Die EU ist gehalten, ihre Ziele unter Beachtung des Prinzips der → Subsidiarität und der → Kohäsion zu verfolgen.

Zur Umsetzung der Zielsetzungen der EU delegieren die Mitgliedstaaten einen Teil ihrer Hoheitsrechte an selbstständige Institutionen, welche die gemeinschaftlichen, die nationalen und die Bürgerinteressen vertreten. Es sind dies: die → EU-Kommission (sie vertritt die Interessen der Gemeinschaft), der → EU-Ministerrat (in ihm ist jede Regierung der Mitgliedstaaten vertreten) und das → Europäisches Parlament (das von den Bürgern der EU direkt gewählt wird). Dieses „institutionelle Dreieck" wird ergänzt durch: den → Europäischen Gerichtshof und den → Europäischen Rechnungshof. Diese fünf Hauptorgane wurden im Vertrag von Maastricht endgültig festgeschrieben.

Hinzu kommen fünf Nebenorgane: die → Europäische Zentralbank (EZB), der → Europäische Wirtschafts- und Sozialausschuss (WSA), der → Ausschuss der Regionen (AdR), die → Europäische Investitionsbank (mit dem → Europäischen Investitionsfonds – EIB und EIF) und der → Europäische Bürgerbeauftragte.

Ferner gibt es zur Wahrnehmung besonderer technischer, wissenschaftlicher und administrativer Aufgaben dreizehn → Gemeinschaftsagenturen:

→ Harmonisierungsamt für den Binnenmarkt (Marken, Muster und Modelle) – HABM; (span.) Oficina de Armonización del Mercado Interior (Marcas, Dibujos y Modelos) – OAMI; (engl.) Office for Harmonization in the Internal Market (Trade marks and Designs) – OHIM. Sitz: Alicante, Spanien.

http://www.oami.eu.int

Europäische Umweltagentur – (engl.) European Environment Agency (EEA). Sitz: Kopenhagen.

http://www.eea.eu.int

Europäisches Zentrum für die Förderung der Berufsbildung – (frz.) Centre européen pour le développement de la formation professionnelle (CEDEFOP). Sitz: Thessaloniki, Griechenland.

http://www.cedefop.eu.int

→ Europäische Stiftung für Berufsbildung – (engl.) European Training Foundation (ETF). Sitz: Turin, Italien.

http://www.etf.eu.int

Europäische Agentur für Sicherheit und Gesundheitsschutz am Arbeitsplatz – (engl.) European Agency for Safety and Health at Work (OSHA). Sitz: Bilbao, Spanien.

http://agency.osha.eu.int

Europäische Stiftung zur Verbesserung der Lebens- und Arbeitsbedingungen – (engl.) European Foundation for the Improvement of Living and Working Conditions (EFOUND). Sitz: Dublin.

http://www.eurofound.eu.int

Europäische Agentur für die Beurteilung von Arzneimitteln – (engl.) European Agency for the Evaluation of Medical Products (EMEA). Sitz: London.
http://www.emea.eu.int
Europäische Beobachtungsstelle für Drogen und Drogensucht (EBDD) oder (engl.) European Monitoring Centre for Drugs and Drug Addiction (EMCDDA). Sitz: Lissabon.
http://www.emcdda.org
Europäische Stelle zur Beobachtung von Rassismus und Fremdenfeindlichkeit – (engl.) European Monitoring Centre on Racism and Xenophobia (EUMC). Sitz: Wien.
http://www.eumc.eu.int
Gemeinschaftliches Sortenamt (GS) – (engl.) Community Plant Variety Office (CPVO) oder (frz.) Office Communautaire des Variétés Végétales (OCVV). Sitz: Angers, Frankreich.
http://www.cpvo.eu.int
Europäische Agentur für Wiederaufbau (EAR) oder (engl.) European Agency for Reconstruction. Sitz: Thessaloniki, Griechenland.
http://www.ear.eu.int
Europäische Behörde für Lebensmittelsicherheit – (engl.) European Food Safety Authority (EFSA).
http://www.efsa.eu.int
→ Übersetzungszentrum für die Einrichtungen der Europäischen Union – (frz.) Centre de Traduction des organes de l'Union Européenne (CDT). Sitz: Luxemburg.
http://www.cdt.eu.int
Darüber hinaus gibt es noch weitere (Neben-)Einrichtungen, wie das → Amt für amtliche Veröffentlichungen, → Eurostat, → Europol, neuerdings den → Europäischen Konvent und viele (Unter-/Fach-)Ausschüsse. Einzelheiten dazu sind der zentralen Internet-Site der EU zu entnehmen:
http://www.europa.eu.int

Europäische Union des Handwerks und der Klein- und Mittelbetriebe – (frz.) Union Européenne de l'Artisanat et des Petites et Moyennes Entreprises (UEAPME). Gegr. 1979. Sitz: Brüssel. UEAPME ist ein Arbeitgeberverband, dem die nationalen Spitzenverbände des Handwerks und der KMU in der EU als Vollmitglieder angehören (hinzu kommen assoziierte Mitglieder und europäische (internationale) Branchenverbände); darunter der → Zentralverband des Deutschen Handwerks und die → Bundesvereinigung der Fachverbände des Deutschen Handwerks. 2001 gehörten UEAPME 70 Mitgliedsorganisationen an. UEAPME vertritt auf der europäischen Ebene die Interessen des Handwerks sowie der KMU in der EU und in den Bewerberländern für den Beitritt zur EU; in der EU sind dies die Anliegen von 7 Mio. (von insg. 19 Mio.) Unternehmen mit mehr als 30 Mio. Beschäftigten; in ganz Europa von über 10 Mio. Unternehmen mit rd. 50 Mio. Beschäftigten.
http://www.ueapme.com

Europäische Währungsschlange. Bez. f. d. nach dem Zusammenbruch des Bretton-Woods-System von den E(W)G-Ländern in Europa geschaffenen Währungsverbund von 1972 – 1979. In diesem System fester (aber veränderbarer) Wechselkurse wurde die Bandbreite für Kursschwankungen der beteiligten Währungen auf ± 1,125 % beschränkt (nachdem im internationalen Währungssystem eine Ausweitung der Bandbreite auf ± 2,25 % vereinbart worden war) und ein → Gruppenfloating gegenüber dem US-Dollar praktiziert. Zeitweise sind Länder (z. B. Frankreich) aus der E. W. ausgetreten. Sie wurde vom → Europäischen Währungssystem (EWS) abgelöst.

Europäische Währungsunion (**EWU**). Kurzbez. f. d. seit 01.01.1999 bestehende → Europäische Wirtschafts- und Währungsunion (WWU).

Europäische Wirtschaftsgemeinschaft (EWG). Die wichtigste der drei ursprünglich rechtlich selbstständigen Institutionen der → Europäischen Gemeinschaften. Gegr. am 25.03.1957 in Rom mit der Unterzeichnung des zweiten der beiden „Römischen Verträge"; in Kraft getreten am 01.01.1958. Die EWG ist eine supranationale Körperschaft des Völkerrechts. Im Unterschied zu EGKS und EAG, mit deren Hilfe nur eng abgegrenzte Wirtschaftsbereiche integriert werden sollten, war die EWG von Anfang an auf eine umfassende wirtschaftliche Integration der beteiligten Länder ausgerichtet; auf die Schaffung eines → Gemeinsamen Marktes in Europa, die freie Mobilität der Produktionsfaktoren, die schrittweise Harmonisierung aller dazu erforderlichen Wirtschafts-, Sozial- und Rechtsbereiche. Mit dem Inkrafttreten des → Maastrichter Vertrags am 01.11.1993 trat an die Stelle der EWG die EG, die → Europäische Gemeinschaft.

Europäische Wirtschafts- und Währungsunion (EWWU oder WWU). Sie existiert in ihrer heutigen Form seit dem 01.01.1999. Sie hat eine längere Entstehungsgeschichte. So sah bereits 1970 der sog. → Werner-Plan vor, eine Europäische Wirtschafts- und Währungsunion in drei Stufen innerhalb von 10 Jahren zu schaffen. Mit der Schaffung des → Europäischen Währungssystems im Jahre 1979 wurde ein tragfähiger Grundstein für die heutige WWU gelegt. 1991 beschlossen die Staats- und Regierungschefs der damaligen EG-Mitgliedstaaten (→ Europäischer Rat) einen Dreistufenplan über die Errichtung neuer geldpolitischer Gemeinschaftsinstitutionen (→ Europäisches Währungsinstitut und → Europäische Zentralbank), über die Kriterien für die Aufnahme der Länder in die WWU (→ Konvergenzkriterien) und die zeitliche Abfolge über die Einführung der Einheitswährung. Dieser Stufenplan ist Bestandteil der → Maastrichter Verträge. Er führte 1993 zum → Europäischer Binnenmarkt mit freiem Personen-, Waren-, Dienstleistungs- und Kapitalverkehr; 1994 zur Gründung des EWI, 1998 zur Gründung der EZB sowie zur Entscheidung des Europäischen Rats über die Teilnehmerländer an der WWU anhand der Konvergenzkritierien und schließlich zur vorläufigen Vollendung der WWU mit der Einführung der gemeinsamen europäischen Währung → Euro zum 01.01.1999.

Europäische Zentralbank (EZB) – (engl.) European Central Bank (ECB). Sie wurde im Rahmen der → Europäischen Wirtschafts- und Währungsunion (WWU) am 01.06.1998 als Währungsbehörde errichtet. Ihre Vorläuferin war das → Europäische Währungsinstitut (EWI). Sitz: Frankfurt am Main. Die Rechtsgrundlage der EZB ist der → Vertrag zur Gründung der Europäischen Gemeinschaft; die Satzung der EZB ist diesem „Maastricht"-Vertrag als Protokoll beigefügt. Die EZB ist die Zentralbank der Staaten des → Eurosystems wie des → ESZB. Die EZB besitzt Rechtspersönlichkeit. Sie ist eine autonome Zentralbank; d. h., dass bei der Wahrnehmung der satzungsgemäßen Befugnisse, Aufgaben und Pflichten weder die EZB noch eine NZB noch ein Mitglied ihrer Beschlussorgane Weisungen von Organen oder Einrichtungen der Gemeinschaft, Regierungen der Mitgliedstaaten oder anderen Stellen einholen oder entgegennehmen darf.

Die EZB hat drei Organe: den → EZB-Rat, das oberstes Beschlussorgan; das → Direktorium, als zweites Beschlussorgan und den → Erweiterten Rat. Die operativen Einheiten der EZB gliedern sich in Generaldirektionen, Direktionen und Abteilungen; sie sind jeweils einzelnen Mitgliedern des Direktoriums unterstellt.

Vorrangiges Ziel der EZB ist (gem. Art. 105 EGV) die Gewährleistung der Preisstabilität im Eurosystem/ESZB. Die EZB/das ESZB unterstützt die allgemeine Wirtschaftspolitik der → Europäischen Gemeinschaft, soweit dies ohne die Beeinträchtigung des Zieles der Preisstabilität möglich ist. Die EZB handelt im Einklang mit dem Grundsatz einer offenen Marktwirtschaft mit freiem Wettbewerb.

Die grundlegenden Aufgaben der EZB/des ESZB liegen darin, die Geldpolitik der Gemeinschaft festzulegen und auszuführen, die Devisengeschäfte durchzuführen, die offiziellen Währungsreserven der Mitgliedstaaten zu halten und zu verwalten sowie das reibungslose Funktionieren der Zahlungssysteme zu fördern. Die EZB ist von den EU-Organen und von den nationalen Behörden zu allen Vorschlägen für Rechtsakte der Gemeinschaft bzw. zu allen Entwürfen für Rechtsvorschriften im Zuständigkeitsbereich der EZB zu hören. Des Weiteren hat die EZB zur reibungslosen Durchführung der von den zuständigen Behörden auf dem Gebiet der Aufsicht über die Kreditinstitute und der Stabilität des Finanzsystems ergriffenen Maßnahmen beizutragen. Der EU-Ministerrat kann (auf Vorschlag der EU-Kommission und nach Zustimmung des Europäischen Parlaments) der EZB besondere Aufgaben im Zusammenhang mit der Aufsicht über Kreditinstitute und sonstige Finanzinstitute übertragen. Die EZB hat das ausschließliche Recht, die Ausgabe von Banknoten innerhalb der Gemeinschaft zu genehmigen. Sie und die NZBn des Eurosystems sind zur Ausgabe von Banknoten berechtigt. Diese Banknoten sind die einzigen, die in der Gemeinschaft als gesetzliches Zahlungsmittel gelten. Die EZB genehmigt auch den Umfang der Ausgabe von Münzen; wobei aber das Recht zur Ausgabe von Münzen bei den Mitgliedstaaten liegt.

Die wichtigsten geldpolitischen Instrumente der EZB/ESZB sind: die → Offenmarktgeschäfte (→ Hauptrefinanzierungsgeschäft, → längerfristiges Refinazierungsgeschäft, → strukturelle Operationen, → Feinsteuerungsoperationen), die Haltung von → Mindestreserven und die → ständigen Fazilitäten (→ Spitzenrefinanzierungsfazilität und → Einlagefazilität). Offenmarktpolitik und Mindestreservenpolitik erfolgen auf Initiative der EZB; hingegen werden die ständigen Fazilitäten auf Initiative der monetären Finanzinstitute in Anspruch genommen.

Die geldpolitische Strategie der EZB beruht auf zwei Säulen: der Geldmenge und der fundierten Bewertung der Aussichten für die künftige Preisentwicklung und der Risiken für die Preisstabilität im Euro-Währungsgebiet. Die herausragende Rolle der Geldmenge wird durch die regelmäßige Bekanntgabe eines (jährlichen) Referenzwertes für das → Geldmengenwachstum unterstrichen. Die Bewertung der künftigen Preisentwicklung stützt sich auf eine breite Palette hierzu geeigneter Wirtschaftsindikatoren. Dazu zählen Löhne und Gehälter, Wechselkurs, langfristige Zinsen, Preis- und Kostenindices, fiskalpolitische Indikatoren, Unternehmens- und Verbraucherumfragen. Durch den Einsatz der geldpolitischen Instrumente auf der Grundlage der Ergebnisse sorgfältiger strategischer Analysen ist es der EZB möglich, die Zinssätze auf einem solchen Niveau festzulegen und am Markt so zu beeinflussen, die Liquidität innerhalb des Bankensystems so zu steuern und die allgemeine Richtung der Geldpolitik so zu signalisieren, dass der Preisstabilität bestmöglich gedient wird. Mit einer derartigen Geldpolitik wird nicht nur die Erhaltung der Kaufkraft des Euro im Binnenmarkt gewährleistet, sondern auch der Außenwert des Euro gefördert (der im Wechselkurs des Euro gegenüber anderen Währungen zum Ausdruck kommt). Der Wechselkurs an sich ist jedoch kein Ziel der Geldpolitik der EZB. Förmliche Vereinbarungen über ein Wechselkurssystem für den Euro gegenüber Drittlandswährungen können nur vom EU-Ministerrat – mit qualifizierter Mehrheit – getroffen werden. Die EZB betreibt nur laufende Wechselkurspolitik. Die Geldpolitik des Eurosystems wird dezentralisiert durchgeführt: Die erforderlichen Beschlussfassungen obliegen der EZB, für deren Umsetzung sind überwiegend die nationalen Zentralbanken zuständig. Das Rückgrat des einheitlichen Geldmarkts im Euro-Währungsgebiet ist das Zahlungsverkehrssystem → TARGET.

Zwischen der EZB und dem → EU-Ministerrat besteht eine wechselseitige Zusammenarbeit. Einerseits kann der Präsident des EU-Ministerrats an den Sitzungen des EZB-Rats und des Erweiterten Rats teilnehmen und Vorschläge zur Erörterung durch den EZB-Rat einbringen; er hat aber kein Stimmrecht. Andererseits wird der Präsident der EZB zu den Sitzungen des EU-Ministerrats eingeladen, wenn dieser über Angelegenheiten berät, die die Ziele und Aufgaben des ESZB betreffen. Auch die → EU-Kommission ist berechtigt, einen Vertreter zu den Sitzungen des EZB-Rats und des Erweiterten Rats zu entsenden. EZB und die NZB der EU-Mitgliedstaaten sind auch im → Europäischen Wirtschafts- und Sozialausschuss vertreten.

http://www.ecb.int

Europarat – (engl.) Council of Europe. Zwischenstaatliche Organisation, in der die europäischen Länder in politischen, kulturellen, sozialen und wirtschaftlichen Fragen zusammenarbeiten. Gegr. am 05.05.1949. Sitz: Straßburg. Zurzeit 44 Mitgliedstaaten. Der E. erarbeitet insb. gesamteuropäische Konventionen, z. B. in den Bereichen Schutz der Menschenrechte, Grundfreiheiten, Kultur und Bildung, soziale Sicherheit; diese schlägt er den Mitgliedstaaten zur Beschlussfassung vor. Der E. unterhält seit 1989 ein Programm zur Unterstützung der Entwicklung und Konsolidierung des demokratischen Stabilisierungsprozesses in Mittel- und Osteuropa. Er unterhält enge Beziehungen zur → EU; seine Arbeiten ergänzen die Tätigkeiten der EU. Z. B. seit 1993 mit gemeinsamen Programmen zur Unterstützung der mittel- und osteuropäischen Transformationsländer beim Aufbau des Rechtssystems, bei der Reform der Verwaltungsapparate, der Durchsetzung der Menschenrechte und Bekämpfung der organisierten Kriminalität. Der E. darf aber weder mit dem Europäischen Parlament noch mit dem Europäischen Rat oder dem Rat der Europäischen Union verwechselt werden.
http://www.coe.fr

Europay International SA. 1992 aus der Verschmelzung von Eurocard International und Eurocheque International hervorgegangene Institution. Sitz: Waterloo, Belgien. E. I. wurde geschaffen, um die ihr angehörenden und mit ihr kooperierenden Einrichtungen angesichts der rasanten Marktentwicklungen im Bereich des elektronischen Zahlungsverkehrs besser mit Zahlungsprodukten und Dienstleistungsbedingungen bedienen zu können.
http://www.europay.com

Europol. Das Europäisches Polizeiamt – (engl.) European Police Office. Es wurde durch Verordnung des EU-Ministerrats vom 26.07.1995 gegründet und nahm seine Arbeit offiziell zum 01.07.1999 auf. Sitz: Den Haag, Niederlande. Mit Europol soll die polizeiliche Zusammenarbeit bei der Verhütung und Bekämpfung schwer wiegender Formen von grenzüberschreitender organisierter Kriminalität in den EU-Staaten verbessert werden. Europol wird aktiv bei Fällen von Terrorismus, Geldfälschung, illegalem Drogenhandel, illegalem Handel mit nuklearen und radioaktiven Substanzen, Kinderpornographie und internationalem Menschenhandel, Schleuser- und Fahrzeugkriminalität. Vgl. → Interpol.
http://www.europol.eu.int

Euroraum → Euro-Währungsgebiet.

EUROSTAT. Das Statistische Amt der → Europäischen Union. Gegr. 1953 für Zwecke der EGKS; im Laufe der Jahre erweitert. Eurostat erhielt 1997 mit dem Vertrag von Amsterdam und der Verordnung über die Gemeinschaftsstatistik (das sog. Statistikgesetz) eine neue Rechtsgrundlage. Sitz: Luxemburg. Auftrag: Erstellung europäischer Statistiken, die qualifizierte Vergleiche zwischen Ländern und Regionen – auch international – ermöglichen. Eurostat stellt den Dienststellen und Regierungen der Mitgliedstaaten der EU einen hochwertigen statistischen Informationsdienst zur Verfügung. Eurostat hat das Europäische Statistische System (ESS) aufgebaut. Darunter: das → Europäische System Volkswirtschaftlicher Gesamtrechnungen (ESVG); → INTRASTAT; der → Harmonisierte Verbraucherpreisindex (HVPI, der Europäische Verbraucherpreisindex – EVPI). Eurostat arbeitet mit internationalen Organisationen und nationalen statistischen Ämtern zusammen. Sein statistisches Material ist für jeden fachlich Interessierten öffentlich zugänglich; es kann bestellt, über Internet eingesehen oder auch kostenlos heruntergeladen werden.
http://www.europa.eu.int/eurostat.html

Eurostat Data Shop Berlin. Gemeinsam vom Statistischen Amt der EU (→ EUROSTAT) und vom → Statistischen Bundesamt eingerichtet. Bietet Informations- und Beratungsdienste, aktuelle, harmonisierte und vergleichbare Statistiken über die EU, deren Mitgliedstaaten und wichtige Partnerländer betreffend.

Eurosystem. Es besteht aus der EZB und den (dzt. 12) nationalen Zentralbanken (NZBn) der EU-Mitgliedstaaten, die den Euro zu Beginn der dritten Stufe der WWU am 01.01.1999 eingeführt haben (s. a. → Euro-Währungsgebiet). Es wird vom EZB-Rat und dem EZB-Direktorium geleitet. Solange es EU-Mitgliedstaaten gibt, die den Euro noch nicht eingeführt haben, ist die Unterscheidung zwischen dem Eurosystem und dem ESZB (bestehend aus der EZB und allen – dzt. 15 – NZBn der EU-Mitgliedstaaten) erforderlich.

Euro-Währung. Währung, die auf dem Geldmarkt des → Euro-Marktes (außerhalb des Ursprungslandes der Währung) gehandelt wird; insbes. US-$, €, ¥, Schweizer Franken.

Euro-Währungsgebiet oder Euroraum (engl.: euro area). Gebiet der EU-Mitgliedstaaten, die den Euro als gemeinsame Währung eingeführt haben. Zu Beginn der dritten Stufe der WWU am 01.01.1999 waren dies Belgien, Deutschland, Finnland, Frankreich, Irland, Italien, Luxemburg, die Niederlande, Österreich, Portugal und Spanien; am 01.01.2001 kam Griechenland hinzu.

Euro-Währungsraum. Syn. zu → Euro-Währungsgebiet.

Eurozinsmethode. Zinsberechnungsmethode, die bei den geldpolitischen Operationen des ESZB angewandt wird. Dabei werden die Zinsen taggenau berechnet. Für die Ermittlung des Zinsdivisors wird das Jahr zu 360 Tagen angenommen; act/360 oder actual/360.

Euro-Zone → Euro-Währungsgebiet.

EUSt → Einfuhrumsatzsteuer.

EUV → Vertrag über die Europäische Union – Maastrichter Vertrag.

EVE. Abk. f. Endverbleibserklärung; ein → Endverbleibsdokument.

Event-Marketing. Damit soll für ein Produkt, eine Dienstleistung oder ein Unternehmen im Rahmen eines besonderen firmeninternen- oder -externen, informierenden und/oder unterhaltenden Ereignisses die Grundlage für eine erlebnisorientierte Unterhaltung geschaffen werden. Typische Veranstaltungen sind z. B. Außendienstkonferenzen oder Händlerpräsentationen. E.-M. ist kein eigenständiger Marketing-Ansatz, sondern Bestandteil der Kommunikationspolitik.

EVO. Abk. f. Eisenbahn-Verkehrs-Ordnung.

EVO-Frachtbrief. Kurz-Bez. f. Frachtbriefdoppel zum → Internationaler Eisenbahnfrachtbrief (CIM-Frachtbrief) gem. den Vorschriften der EVO.

EVPI. Abk. f. (harmonisierter) Europäischer Verbraucherpreisindex. S. → Eurostat, → Harmonisierter Verbraucherpreisindex (HVPI).

EVSt → Einfuhr- und Vorratsstellen.

EWG → Europäische Wirtschaftsgemeinschaft.

EWG-Vertrag. → Vertrag zur Gründung der Europäischen Wirtschaftsgemeinschaft. Er wurde am 25.03.1957 in Rom unterzeichnet und ist am 01.01.1958 in Kraft getreten. Der zweite der beiden → Römischen Verträge.

EWI. Abk. f. (1) → Europäisches Währungsinstitut. (2) East West Insitute (engl.); → Ost-West-Institut.

EWR → Europäischer Wirtschaftsraum.

EWS → Europäisches Währungssystem.

EWS I. Nachträgliche Bez. f. d. → Europäische Währungssystem von 1979 – 1998, um es vom sog. → EWS II zu unterscheiden.

EWS II. Mit dem 31.12.1998 war das ursprüngliche EWS (EWS I) beendet. An seine Stelle trat das sog. Europäische Währungssystem II. Es verbindet – als System fester, aber anpassungsfähiger Wechselkurse – die Länder der Europäischen Wirtschafts- und Währungsunion (die zur einheitlichen Währung übergegangen sind) mit jenen EU-Ländern, die zunächst den Euro noch nicht eingeführt haben. Solche „Pre-In-Staaten" waren am 01.01.1999 Dänemark und Griechenland; z. Zt. nur noch Dänemark. Festgelegt sind der Euro-Leitkurs (früher ECU-Leitkurs) und die Bandbreite; z. B. 1 EUR = 7,46038 DKK, Bandbreite ± 2,25 %. Die derzeitigen EU-Beitrittskandidaten könnten auch Mitglieder im EWS II werden.

EWU → Europäische Währungsunion – (engl.) European Monetary Union (EMU).

EWWU → Europäische Wirtschafts- und Währungsunion (Abk. auch WWU - Wirtschafts- und Währungsunion).

Export → Ausfuhr.

Exportelastizität. Begr. f. d. Verhältnis der relativen (prozentualen) Veränderung der mengenmäßigen Exportnachfrage oder des mengenmäßigen Exportangebots, bezogen auf die relative (prozentuale) Veränderung des Preises der Exportgüter. So bedeutet z. B. eine Export-Nachfrageelastizität von minus 3: Wenn der Preis eines Exportgutes um 1 % steigt (sinkt), dann sinkt (steigt) die nachgefragte Exportmenge um 3 %; eine Export-Angebotselastizität von 5: Steigt (sinkt) der Preis des Exportgutes um 1 %, dann steigt (sinkt) die angebotene Exportmenge um 5 %.

Export-Factoring. → Factoring, das dem Exporteur zur Refinanzierung eines dem Importeur gewährten Lieferantenkredits dient. Der Exporteur verkauft auf der Grundlage einer → Globalzession kurzfristige Forderungen aus Warenlieferungen und Dienstleistungen gegenüber dem Importeur an einen Factor. Der Exportfactor (inländische Factor) verpflichtet sich gegenüber dem Anschlusskunden (inländischen Exporteur), dessen Forderungen an alle oder nur bestimmte ausländischen Schuldner bis zu einer vereinbarten Höchstgrenze zu kaufen; er hat sich zuvor mit dem sog. Importfactor (dem ausländischen Korrespondenz-Factor) in Verbindung gesetzt und von diesem eine Bonitätsprüfung des (ausländischen) Importeurs durchführen und eine Haftungsanzeige geben lassen. Daraufhin kauft der Importfactor dem Exportfactor die entsprechende Forderung ab. Analog dazu → Import-Factoring. Ein Factor kann mehrere Funktionen übernehmen: die Finanzierungsfunktion (der Factoringkunde erhält den Gegenwert der Forderung unmittelbar nach ihrem Entstehen ausbezahlt), die Dekrederefunktion (Beitreibung der Forderung im eigenem Namen; Übernahme des Inkasso-/Zahlungsausfall-Risikos, wenn der Importeur die vereinbarte Zahlung teilweise oder vollständig nicht erbringt) und eine Dienstleistungsfunktion (Kreditwürdigkeitsprüfung, Inkasso- und Mahnwesen). Man spricht von einem Standardfactoring, wenn der Factor alle drei Funktionen übernimmt. Ferner wird unterschieden: Echtes Factoring (wenn der Factor die Delkrederefunktion mit übernimmt); Unechtes Factoring (der Factor übernimmt nur die Finanzierungsfunktion); → Fälligkeitsfactoring (der Factor übernimmt lediglich das Inkasso der Forderung bei Fälligkeit).

Exportfinanzierung aus ERP-Mitteln. S. → Kredite der Kreditanstalt für Wiederaufbau.

Exportförderung, Ausfuhrförderung. Sammel-Begr. f. alle Maßnahmen zur Erhaltung und Steigerung der Exporte. (1) Staatliche E.: Mit ihr können die gesamtwirtschaftlichen Deviseneinnahmen abgesichert bzw. erhöht und dadurch die Zahlungsbilanzsituation verbessert (Defizite in der Handelsbilanz beseitigt) werden. Sie trägt zu mehr Wirtschaftswachstum sowie zu höherer Beschäftigung im Inland bei. Zu den Maßnahmen staatlicher E. zählen Steuervergünstigungen, Finanzhilfen (direkte Subventionen), Messeförderung, Vergünstigungen bei den Transportkosten u. v. a. bei der → Außenhandelsfinanzierung (s. → Bundesdeckungen im Außenhandel, → Hermes-Deckungen); dazu gehören auch währungspolitische Maßnahmen, wie die Abwertung der eigenen Währung. (2) E. kann und wird in Deutschland auch von halbstaatlichen und privatrechtlich organisierten Einrichtungen betrieben. Kammern (wie → Industrie- und Handelskammern, → Handwerkskammern, → Auslandshandelskammern, Delegierte der deutschen Wirtschaft), Vereine und Verbände (z. B. → Ländervereine) fördern in vielfältiger Weise durch Veröffentlichungen, Informationsveranstaltungen, Seminare, Ländersprechtage, Beratungsdienste usw. die Exporttätigkeit ihrer Mitglieder und anderer Interessenten. S. → iXPOS.

Exportgarantie → Bundesgarantien im Außenhandel.

Exportieren nach ...... Eine Veröffentlichungsreihe der → Bundesagentur für Außenwirtschaft (bfai). Sie vermittelt wesentliche außenwirtschaftlich relevante Fakten über die wichtigsten Handelspartner Deutschlands. Sie trat an die Stelle der bfai-Serie „Geschäftspartner".

Exportkommissionär → Ausfuhrkommissionär.

Exportkontrolle → Ausfuhrkontrolle.

Exportkontrollgremien, international. Sie dienen der Harmonisierung der Exportkontrollvorschriften und der Genehmigungspolitiken der Mitgliedstaaten. Bes. bedeutsam sind die von den E. aufgestellten (und regelmäßig dem neuesten technischen Stand angepassten) Güterlisten. Diese bilden die Grundlage für nationale → Ausfuhrlisten bzw. → Embargolisten. S. → Australische Gruppe, → MTCR, → NSG, → Wassenaar Arrangement. Vgl. a. → Bundesamt für Wirtschaft und Ausfuhrkontrolle.

Exportkreditversicherung. Sichert Forderungen aus Warenlieferungen und Dienstleistungen an das Ausland gegen Ausfälle wegen Nichterfüllung von Zahlungsverpflichtungen eines Auslandskunden ab. Zur staatliche E. s. → Ausfuhrgewährleistungen des Bundes, → Hermes Kreditversicherung.

Export-Leasing. S. → Leasing im Außenhandel.

Exportmusterlager, Ausfuhrmusterlager. Räume, in denen Muster von Waren, die für den Export bestimmt sind, gelagert werden. Solche Musterlager sind praktisch nur noch für →

Ausfuhragenten relevant. In E. lagern Produkte von Herstellern, die der Ausfuhragent vertritt.

Exportrestriktion, Ausfuhrrestriktion. → Ausfuhrbeschränkung.

Exportspedition. → Spedition, zu deren Aufgaben die Ausfuhrabfertigung der ihr übergebenen Sendungen zählt. Dazu gehören zunächst die zollamtliche Vorabfertigung sowie die Erstellung der erforderlichen Ausfuhrdokumente, wie Ausfuhrerklärungen gem. Ausfuhrbestimmungen und → Ausfuhrverfahren. Besonders bedeutsam sind die Leistungen der E. bei Überseeverschiffungen. So obliegt dem Fob-Spediteur – neben der Organisation des Transports zum inländischen Hafen – die Verbringung der Ware auf das Schiff und die Besorgung des Nachweises der An-Bord-Lieferung: des → Mate´s Receipt. Gegen dieses erhält der Befrachter (Verlader) vom Verfrachter (Reeder) die → Konnossemente ausgehändigt. Der Fob-Spediteur kann die Verschiffung und die Konnossemente selbst besorgen. Wenn er in einem solchen Fall als „combined transport operator" die Beförderung selbst durchführt, dann stellt er ein → FBL (FIATA combined Bill of Lading) aus. Dieses dient wie das Konnossement der Reederei der Abwicklung eines → Akkreditivs. Die → internationale Spediteur-Übernahmebescheinigung (FCR) allein hat nur eine Sperrfunktion, d. h. der Verkäufer verliert mit ihrer Übergabe sein Verfügungsrecht über die Ware. Und der Käufer erlangt mit dem FCR – im Gegensatz zu Konnossement und FBL – kein Herausgaberecht gegenüber dem Verfrachter. So erfüllt der Exportspediteur mit der Besorgung und Erstellung der genannten Dokumente wesentliche Aufgaben bei der Abwicklung (auch der Zahlungen) von Exportgeschäften. Wenn im Kaufvertrag eine Cif-Lieferung vereinbart ist, dann hat der (Cif-)Exportspediteur neben der Verschiffung auch die Transportversicherung zu besorgen. In diesem Fall endet sein Verantwortungsbereich grundsätzlich im (gebietsfremden) Bestimmunghafen des Seetransports. Bei Vereinbarung von frachtfreier Anlieferung der Ware an den Bestimmungsort (im Importland) obliegt dem Exportspediteur auch noch die Organisation des sog. Nachlaufs ab Bestimmungshafen.

Externes T 1-Verfahren. → Gemeinschaftliches Versandverfahren (gem. Art. 91 ZK). Danach können Nichtgemeinschaftswaren befördert werden, ohne dass diese Waren Einfuhrabgaben oder handelspolitischen Maßnahmen unterliegen. Ferner Gemeinschaftswaren, die bei der Ausfuhr bestimmten Maßnahmen (z. B. im Agrarbereich der gemeinschaftlichen Marktordnung) unterliegen. Es gilt auch für die Beförderung von Waren mit dem → Carnet-TIR (unter der Voraussetzung, dass: die Warenbeförderung außerhalb des EG-Zollgebietes beginnt und endet; die Beförderung Warensendungen betrifft, die entweder im EG-Zollgebiet oder in einem Drittland abgeladen werden; die Beförderung zwischen zwei innerhalb der EG gelegenen Orten durch das Gebiet eines Drittlandes erfolgt). Das T 1-Verfahren ist auch für die Beförderung von Waren mit dem → Carnet-ATA als Versandschein zugelassen. Es kann ebenfalls für die Beförderung von Waren, die sich in einem → besonderen Zollverfahren mit wirtschaftlicher Bedeutung befinden (z. B. aktiver Veredelungsverkehr, Zolllagerverkehr, vorübergehende Verwendung), in Anspruch genommen werden.

Extrahandel. Begr. f. d. Warenverkehr eines EU-Staates bzw. der EU-Staaten mit → Drittländern. Gegensatz: → Intrahandel.

Extrahandelsstatistik. Teilbereich der → Außenhandelsstatistik. Erfasst den → Extrahandel. In Deutschland: den grenzüberschreitenden Warenverkehr zwischen Deutschland und den Ländern außerhalb der EU.

EXW. Abk. der Handelsklausel (engl.) Ex Works; → Ab Werk (...benannter Ort).

Ex Works (... named place) – EXW; → Ab Werk (... benannter Ort). S. a. → Incoterms 2000.

EZ → Ergänzende Zollanmeldung.

EZB → Europäische Zentralbank.

EZB-Direktorium → Direktorium der Europäischen Zentralbank.

EZB-Rat (engl.: Governing Council). Er ist das oberste Beschlussorgan der → Europäischen Zentralbank und setzt sich aus allen (sechs) Mitgliedern des → Direktoriums der EZB und den Präsidenten der nationalen Zentralbanken (NZBn) der EU-Staaten, die den Euro eingeführt haben, zusammen. Die Hauptaufgaben des EZB-Rats bestehen darin, die Leitlinien zu erlassen und die Entscheidungen zu treffen, die notwendig sind, um die Erfüllung der dem Eurosystem übertragenen Aufgaben zu gewährleisten. Er hat die diesbezüglich konkrete Geldpolitik (einschl. der geldpolitischen Zwischenziele) zu bestimmen, z. B. die Höhe der im Eurosystem bereitgestellten Zentralbankgeldmenge und die Leitzinssätze festzulegen. Die zur Ausführung seiner Geldpolitik notwendigen Leitlinien sind ebenfalls von ihm zu erlassen.

EZB-Zeit (engl.: ECB time). Zeit des Ortes, an dem die EZB ihren Sitz hat (Frankfurt am Main).

EZT → Elektronischer Zolltarif.

F

Fabrikationsrisikodeckung. Begr. f. ein Instrument der staatlichen Exportförderung in Deutschland (neben der → Ausfuhrdeckung und Sonderdeckungen) – im Rahmen der → Ausfuhrgewährleistungen des Bundes. S. → Bundesdeckungen im Außenhandel; → Hermes-Deckungen. Die F. sichert die Selbstkosten ab, die einem Exporteur bis zum vorzeitigen Ende der Herstellung/Bereitstellung infolge des Eintritts der gedeckten Risiken entstehen. Der Versicherungsfall tritt ein, wenn die Fertigstellung bzw. der Versand der Ware aufgrund politischer oder wirtschaftlicher Umstände nicht mehr möglich oder dem Exporteur nicht mehr zumutbar ist. Die Selbstbeteiligungsquote des Deckungsnehmers beträgt für alle Risiken 5 %; bei Fabrikationsrisiko-Garantien wie bei -Bürgschaften.

Fachverbände des Deutschen Handwerks. Sie bilden mit den Handwerkskammern die tragenden Säulen der Handwerksorganisation in Deutschland. Diese Fachverbände sind sog. „freiwillige" Organisationen und vertreten die spezifischen Interessen eines jeweiligen Handwerkszweiges bzw. Handwerksberufes. Sie haben zugleich die Funktion einer Arbeitgeberorganisation; als solche sind sie z. B. die Partner der Gewerkschaften bei Tarif(lohn)verhandlungen. Auf der Ebene der Bundesländer gibt es die Landesinnungsverbände, auf der Bundesebene die Bundesinnungsverbände. Die 46 Fachverbände des Deutschen Handwerks bilden die → Bundesvereinigung der Fachverbände des Deutschen Handwerks (BFH).

Factor. Käufer kurzfristiger Forderungen; Unternehmen, das sich gewerbsmäßig dem → Factoring widmet.

Factoring. Begr. f. den meist laufenden Ankauf von Geldforderungen (aus Warenlieferungen oder Dienstleistungen an gewerbliche Kunden) gegen einen Drittschuldner (z. B. Importeur) durch eine Factoringgesellschaft oder ein Kreditinstitut; den Factor. Zwischen dem Factor und dem F.-Kunde (z. B. Exporteur) wird ein F.-Vertrag abgeschlossen, der rechtlich gesehen ein Kaufvertrag ist. Der Kauf ist mit der Abtretung der Forderung (Zession) erfüllt. Der Factor stellt dem Forderungsverkäufer (dem sog. Anschlusskunden) die Liquidität sofort zur Verfügung; nach Abzug der F.-Kosten. Offenes (notifiziertes) Factoring liegt vor, wenn der Schuldner (Importeur) von der Abtretung in Kenntnis gesetzt und gleichzeitig aufgefordert wurde, nur noch an den Factor zu zahlen. Stilles Factoring ist gegeben, wenn der Debitor (Importeur) von der Abtretung nicht informiert wurde. Er kann weiterhin an den Kreditor (Exporteur) mit schuldbefreiender Wirkung zahlen. Der Factor wird dadurch von der Inkassofunktion befreit, nicht aber von der Finanzierungs- und Delkrederefunktion (→ Delkredererisiko). S. a. → Fälligkeitsfactoring, → Export-Factoring, → Import-Factoring.
www.factoring.de

Fair average quality – faq (engl.). Bez. f. mittlere Warenqualität, die allgemein im – internationalen – Handel angenommen bzw. erwartet wird. Vgl. → Middling.

FALEX. Abk. f. Fach-Lehrgänge Exportkontrolle, Kurse und Seminare für die exportierende Wirtschaft. Veranstaltungen zur Ausbildung von Ausfuhrspezialisten. Eine Gemeinschaftsinitiative deutscher Wirtschaftsverbände (→ BDI, → DIHT, → BGA, → BDEx), des → Bundesministeriums für Wirtschaft und Technologie (BMWi), des → Bundesamtes für Wirtschaft und Ausfuhrkontrolle (BAFA) und des Instituts zur Förderung von Auslandsgeschäften und Auslandsprojekten e. V. (IFAA) bei der Fachhochschule Worms.

Fälligkeit. Begr. f. d. Termin, zu dem eine Verbindlichkeit oder ein Anspruch einzulösen bzw. zu erfüllen ist. Der Gläubiger kann zum Zeitpunkt der F. die vereinbarte Leistung verlangen. Die F. stellt die Voraussetzung für den Eintritt eines Schuldnerverzugs dar.

Fälligkeitsfactoring. Form des → Factoring, bei der ein Factor nur das Inkasso der Forderungen bei Fälligkeit übernimmt. Der Factor stellt dem Anschlusskunden (dem Exporteur) den Gegenwert der abgetretenen Forderung erst nach Eingang der Zahlung (des Importeurs) zur Verfügung. Der Factor übernimmt beim F. nicht die Finanzierungsfunktion, i. d. R. auch nicht die Delkrederefunktion.

Fälligkeitstag (engl.: maturity date). Datum, an dem eine geld- oder währungspolitische Operation ausläuft. Der F. entspricht bei Rückkaufsvereinbarungen (Pensionsgeschäften) und Devisenswapgeschäften dem Rückkauftag.

Falsifikat. Fälschung einer Banknote.

FAO. Abk. f. (engl.) Food and Agriculture Organization; → Ernährung- und Landwirtschaftsorganisation der Vereinten Nationen.

faq → fair average quality.

FAS. Abk. der Handelsklausel (engl.) Free Alongside Ship; → frei Längsseite Seeschiff (... benannter Verschiffungshafen). S. a. → Incoterms 2000.

FATF → Financial Action Task Force on Money Laundering der → OECD.

FAZ-Aktienindex. Gewichteter, reiner → Kursindex, der aus den Einheitskursen von 100 an der Frankfurter Börse gehandelten Aktien berechnet wird. Die Ermittlung erfolgt nach der Paasche-Indexformel; die jeweilige Bedeutung eines Aktienkurses für das Gewicht im FAZ-A. ergibt sich aus der Höhe des Grundkapitals am Berechnungstag. Die durch Dividendenzahlungen bedingten Kursrückgänge werden wie Kursverluste behandelt. Die Basis bildet das Kursniveau von Ende 1958, Indexstand = 100. Zum FAZ-A. gibt es mehrere Subindices als Branchenindices.

FAZ-Performance-Index. Mit ihm wird die Wertentwicklung einer Anlage am deutschen Aktienmarkt dargestellt. Dieser → Performance-Index berücksichtigt neben der Kursentwicklung auch die Bardividenden, welche auf die im Index enthaltenen 167 Aktien gezahlt werden. Als Basiszeitpunkt wurde Ende 1962 gewählt; Indexstand = 100. Zum FAZ-P.-I. gibt es mehrere Subindices als Branchenindices.

Fazilitäten. Bez. von → Kreditfazilitäten oder → Kreditlinien von Banken. Zu den F. des Internationalen Währungsfonds zählen neben den (normalen) → Ziehungsrechten und den → Allgemeinen Kreditvereinbarungen insb. dessen → Sonderfazilitäten. S. a. → Swapabkommen zwischen den Zentralbanken.

FBF → Fördergesellschaft für Börsen und Finanzmärkte in Mittel- und Osteuropa.

FBL. Abk. f. FIATA combined Bill of Lading (engl.). Das seit 1994 zunehmend verwendete Multimodale Transportkonnossement; beschlossen von der → FIATA. S. → Konnossement.

FCA. Abk. der Handelsklausel (engl.) Free Carrier; → frei Frachtführer (... benannter Ort). S. a. → Incoterms 2000.

FCL. Abk. f. (engl.) Full Container Load; → Voll-Container-Ladung.

FCL for delivery FCL (FCL/FCL). International gebräuchliche Klausel in Beförderungsbedingungen der Linienschifffahrt für den Haus-zu-Haus-Containerverkehr. Sie besagt, dass der Reeder/Verfrachter von einem Absender einen räumlich und gewichtsmäßig voll ausgelasteten Container übernimmt und diesen an den Bestimmungsort eines Empfängers befördert. Der Container ist vom Absender des Gutes zu beladen und vom Empfänger des Gutes zu entladen ist. Vgl. → Voll-Container-Ladung (FCL), → Teil-Container-Ladung (LCL), → FCL for delivery LCL, → LCL for delivery LCL, → LCL for delivery FCL. S. a. → Carrier`s Haulage (CH), → Merchants` Haulage (MH).

FCL for delivery LCL (FCL/LCL). International gebräuchliche Klausel in Beförderungsbedingungen der Linienschifffahrt für den Haus-Hafen- bzw. Haus-Pier-Containerverkehr. Sie besagt, dass der Reeder/Verfrachter von einem Absender den mit Gütern für mehrere Empfänger beladenen Container übernimmt und diesen zum Bestimmungshafen befördert. In der dortigen Containerempfangsanlage erfolgt die Auslieferung der Güter an die einzelnen Empfänger. Vgl. → Voll-Container-Ladung (FCL), → Teil-Container-Ladung (LCL), → FCL for delivery FCL, → LCL for delivery LCL, → LCL for delivery FCL. S. a. → Carrier`s Haulage (CH), → Merchants` Haulage (MH).

FCR. Abk. f. (engl.) Forwarders Certificate of Receipt (FCR-Dokument); → Internationale Spediteur-Übernahmebescheinigung.

FED → Federal Reserve System (Zentralbank der USA).

FEDEMAC. Abk. f. (engl.) Federation of European Movers Associations; → Föderation der europäischen Möbelspediteure.

Federal Reserve System (FED). Zentralbanksystem der USA. Gegr. 1913. Sitz: Washington, DC. Das FED besteht aus dem Board of Governors und zwölf Federal Reserve Banks. Die sieben Mitglieder des Board of Governors werden – für eine Amtszeit von 14 Jahren – vom Präsidenten der USA ernannt und vom Senat der USA bestätigt. Sie sind für die Formulierung der Geldpolitik verantwortlich. Sie gehören auch neben fünf Präsidenten der Federal Reserve Banks (deren Amtszeit rotierend jeweils ein Jahr beträgt) dem Federal Open Market Committee (FOMC) an, das über Geld- und Kreditkosten in der Wirtschaft entscheidet. Anteilseigner der Federal Reserve Banks (in den zwölf Federal Reserve Districts) sind die angeschlossenen Commercial Banks (Member Banks; für National Banks gibt es die obligatorische Mitgliedschaft, für State Banks die freiwillige). Jede Federal Reserve Bank ist für die Durchführung der Notenbankpolitik in ihrem Zuständigkeitsbereich verantwortlich. Als geldpolitische Instrumente stehen zur Verfügung: → Mindestreserve-, → Refinanzierungs-, → Offenmarktpolitik; die Befugnis, den Eigenkapitalanteil bei Wertpapierkäufen festzulegen; mit Ermächtigung des Präsidenten eine vorübergehende → Kreditplafondierung vorzunehmen. Das FED soll mit Hilfe dieser Instrumente die folgenden wirtschaftspolitischen Zielsetzungen erreichen: Stabilität des Preisniveaus, hoher Beschäftigungsgrad, langfristiges Zahlungsbilanzgleichgewicht und angemessenes Wirtschaftswachstum. Es überwacht und reguliert die Institutionen des Bankgewerbes und schützt die Rechte der Kreditnehmer. Das FED kooperiert mit den Zentralbanken anderer Staaten und internationalen Finanzorganisationen.
http://www.federalreserve.gov

Federation of European Stock Exhanges (FESE). Vereinigung der führenden Börsen der Europäischen Wirtschafts- und Währungsunion und der Schweiz. Sitz: Brüssel. Börsen aus den mittel-/osteuropäischen Ländern sind assoziierte bzw. korrespondierende Mitglieder.
http://www.fese.be

Feederschiff. International gebräuchliche Klausel in Beförderungsbedingungen der Linienschifffahrt hinsichtlich der Abwicklungsform von Containerladungen. Als F. wird dasjenige Schiff benannt, das als Zubringerschiff die leeren Container zum Basishafen des Überseecontainer-Liniendienstes transportiert. S. a. → Containerklausel; vgl. → Carrier`s Haulage (CH), → Merchant`s Haulage (MH).

Feiertagshandel. Bez. für die Abwicklung von Börsengeschäften an gesetzlichen Feiertagen, wie z. B. am Tag der Deutschen Einheit oder Pfingstmontag. Diese zu normalen Handelstagen umgewandelten Feiertage werden in der Börsenfachsprache als zusätzliche Handelstage bezeichnet.

Feindliche Übernahme oder unfreundliche Übernahme eines Unternehmens (engl.: takeover). Das übernommene Unternehmen ist gegen seinen Willen in den Besitz des erwerbenden Unternehmens übergegangen. Vgl. → Akquisition.

Feingewichte, Troygewichte – (engl.: troy weights). S. → Anlage 3.

Feinsteuerungsoperationen (engl.: fine-tuning operations). Im Eurosystem unregelmäßig eingesetztes → Offenmarktgeschäft. Mit F. gleicht eine Zentralbank unerwartete Schwankungen der Bankenliquidität sowie damit verbundene kurzfristige Schwankungen der Geldmarktzinsen aus. Dies geschieht i. d. R. über → befristete Transaktionen; aber auch über → Devisenswaps oder → Outright-Geschäfte (definitive Käufe und Verkäufe). Ferner kann das ESZB den monetären Finanzinstituten auch die → Hereinnahme von Termineinlagen anbieten. Die Durchführung erfolgt – nur von Fall zu Fall – über → Schnelltender oder → bilaterale Geschäfte.

FESE → Federation of European Stock Exhanges.

Fester Wechselkurs. Von Regierung oder Zentralbank festgesetzter (fixierter) → Wechselkurs. Auf dem Prinzip f. W. beruhten das → Bretton-Woods-System und das → Europäische Währungssystem (EWS). Gegensatz: → flexibler Wechselkurs.

Festgeld. Termineinlage mit fester Laufzeit von 30 (mindestens), 60, 90, 180 oder 360 Tagen. Zwischen Kreditinstitut und Kunde wird vereinbart, an welchem genau vorherbestimmten Tag das F. fällig wird.

Festlaufzeit. Eigenschaft einer Schuldverschreibung (Anleihe), die den Gläubigern garantiert, dass es während der gesamten Laufdauer keine Änderung der Konditionen, v. a. keine vorzeitige Kündigung gibt.

Festsatztender (engl.: fixed rate tender). S. → Mengentender.

Festzinsdarlehen. Darlehen, bei dem ein fester Zinssatz für die gesamte Laufzeit oder für begrenzte Zeitspannen (mit erneuter → Zinsfestschreibung zu den dann jeweils am Markt geltenden Konditionen) vereinbart ist.

FFI. Abk. f. FIATA Forwarding Instructions (engl.); FIATA Speditionsvorschriften. S. → Internationale Föderation der Spediteurorganisationen.

FIATA. Abk. f. (frz.) Fédération Internationale des Associations de Transitaires et Assimilés; → Internationale Föderation der Spediteurorganisationen oder (engl.) International Federation of Freight Forwarders Associations.

FIATA FCR. Abk. f.: FIATA Forwarders Certificate of Receipt (engl.). FIATA Speditionsübernahmebescheinigung. S. → Internationale Föderation der Spediteurorganisationen.

FIATA FCT. Abk. f.: FIATA Forwarders Certificate of Transport (engl.). FIATA Speditionstransportbescheinigung. S. → Internationale Föderation der Spediteurorganisationen.

FIATA SDT. Abk. f.: FIATA Shippers Declaration for the Transport of Dangerous Goods (engl.). FIATA Verladungsbescheinigung für den Transport gefährlicher Güter. S. → Internationale Föderation der Spediteurorganisationen.

FIBAA. Abk. f. (engl.) Foundation for International Business Administration Accreditation. Die Fach-Akkreditierungsagentur für alle wirtschaftswissenschaflichen Bachelor- und Masterstudiengänge in Deutschland, Österreich und der Schweiz. Die FIBAA wurde 1994 als Gemeinschaftswerk von Unternehmen, Hochschulen und Spitzenverbänden der Wirtschaft gegründet. Ihr wurde vom deutschen Akkreditierungsrat (eingerichtet von der Kultusministerkonferenz – KMK und der Hochschulrektorenkonferenz – HRK) die Aufgabe übertragen, die Berufsrelevanz, die internationale Vergleichbarkeit und eine hohe Qualität der entsprechenden Studiengänge sicherzustellen.
http://www.fibaa.de
Informationen zu den von der FIBAA akkreditierten Studiengänge sind abrufbar unter
http://www.mba-info.de

FIBOR. Abk. f. (engl.) Frankfurt Interbank Offered Rate. Bis zum Jahresende 1998 der → Referenzzinssatz (Interbankenzinssatz), der von Banken am Frankfurter Bankplatz seit 1985 werktäglich ermittelt und anderen international tätigen Banken für Geldmarktanlagen (DM-Termingelder; Anlagen von Ein- bis Zwölf-Monatsgeld) angeboten wurde. Er wurde zum 01.01.1999 durch den → EURIBOR abgelöst.

FIBV → International Federation of Stock Exchanges.

FIDI. Abk. f. (frz.) Fédération Internationale des Déménageurs Internationaux; → Föderation der internationalen Möbelspediteure oder (engl.) Federation of international moving companies.

Financial Action Task Force on Money Laundering – FATF (engl.). Gegr. 1989, Sitz: Paris. Zwischenstaatliche Einrichtung bei der → OECD, deren Hauptaufgabe es ist, den politischen Willen zur gesetzlichen und administrativen Bekämpfung der nationalen und internationalen → Geldwäsche zu entwickeln und zu fördern; dazu werden einschlägige Strategien und Instrumente erarbeitet. In dieser Expertengruppe sind zurzeit 31 Staaten (darunter Deutschland) vertreten; hinzu kommen Anti-Geldwäsche-Organisationen mit Beobachterstatus, z. B. das Council of Europe → PC-R-EV Committee und mehrere internationale Organisationen, z. B. das → Büro für Drogenkontrolle und Kriminalitätsvorbeugung der Vereinten Nationen – (engl.) Office for Drug Control and Crime Prevention (ODCCP). FATF veröffentlicht regelmäßig Listen mit den Namen der Länder, die eine Kooperation im Kampf gegen Geldwäsche verweigern.
www.oecd.org/fatf

Finanzagentur. Die „Bundesrepublik Deutschland – Finanzagentur GmbH“ wurde am 19.09.2000 gegr.; alleiniger Gesellschafter ist die Bundesrepublik Deutschland, vertreten

durch das Bundesministerium der Finanzen. Sitz: Frankfurt am Main. Ihre Aufgabe ist es, das gesamte Schuldenmanagement des Bundes und seiner Sondervermögen kostenoptimiert auszurichten.
http://www.deutsche-finanzagentur.de

Finanzbericht. Bericht, der in Deutschland jährlich vom Bundesministerium der Finanzen erstellt und i. d. R. im August (für das kommende Haushaltsjahr) veröffentlicht wird. In ihm werden die volkswirtschaftlichen Grundlagen und die wichtigsten finanzwirtschaftlichen Probleme des Bundeshaushaltsplans dargestellt. Der F. enthält einen umfangreichen Anhang mit nationalen und internationen Finanz- und Wirtschaftsdaten. Er wird von der → Bundesanzeiger Verlagsgesellschaft vertrieben.

Finanzderivate. → Derivate Finanzinstrumente.

Finanz-Hedging. S. → Hedging.

Finanzholding. S. → Holdinggesellschaft.

Finanzielle Kapitalgesellschaften. Begr. d. Volkswirtschaftlichen Gesamtrechnungen für einen Wirtschaftssektor, der im Wesentlichen Banken, Versicherungen sowie das entsprechende Hilfsgewerbe (Effekten- und Warenterminbörsen, Versicherungsmakler, Versicherungsvertreter usw.) umfasst.

Finanzierungshilfen für Direktinvestitionen. Zur Förderung deutscher Direktinvestitionen im Ausland können spezielle F. f. D. von folgenden Finanzierungsinstitutionen des Bundes in Anspruch genommen werden: (1) → Deutsche Investitions- und Entwicklungsgesellschaft (DEG). Sie finanziert Investitionen in Entwicklungs- und Reformländern durch Beteiligung am Kapital des Unternehmens im Investitionsland und Gewährung von langfristigen Darlehen. Sie berät darüber hinaus Unternehmen bei der Planung und Realisierung von Investitionsvorhaben. Die Rahmen des → PPP-Programms (Abk. f. engl.: Public Private Partnership-Programme), das die DEG im Auftrag der deutschen Bundesregierung ausführt, können für investitionsvorbereitende oder -begleitende Maßnahmen deutscher Tochtergesellschaften oder Joint Ventures in Entwicklungsländern, Südosteuropa, Zentralasien und dem Kaukasus – z. B. bei Umwelt- und Bildungsmaßnahmen – bis zu 50 % der Kosten, i. d. R. nicht mehr als 200.000 € pro Projekt, getragen werden. (2) → Kreditanstalt für Wiederaufbau (KfW). Sie fördert Direktinvestitions-Vorhaben insb. kleiner und mittelständischer Unternehmen durch das KfW-Mittelstandsprogramm – Ausland und das KfW-Umweltprogramm – Ausland. In deren Rahmen werden zinsgünstige Kredite – mit teilweiser Haftungsfreistellung der durchleitenden Bank – von i. d. R. bis zu 5 Mio. € gewährt. Vgl. → Kredite der Kreditanstalt für Wiederaufbau.
http://www.deginvest.de
http://www.kfw.de

Finanzierungs-Leasing. Form des → Leasing, bei der in mittel- und langfristig laufenden Leasing-Verträgen eine meist unkündbare Grundmietzeit (die kürzer als die gewöhnliche Nutzungsdauer eines Leasing-Objektes ist) vereinbart wird. Eine bes. Variante stellt das → Sale-and-lease-back-Leasing dar. Mit dem F.-L. überwälzt der Leasing-Geber das Investitionsrisiko auf den Leasing-Nehmer; er selbst trägt das Kreditrisiko und evtl. vereinbarte Dienstleistungen. Das kennzeichnende Merkmal des F.-L., die Grundmietzeit, kann zur Ausschöpfung von Steuervorteilen unterschiedlich gestaltet werden. Zudem kann dem Leasing-Nehmer das Recht auf Kaufoption oder Vertragsverlängerungsoption (Call-Option) nach Ablauf der Grundmietzeit eingeräumt werden.

Finanzierungsschätze des Bundes. Dies sind Diskontpapiere mit einer Laufzeit von 12 oder 24 Monaten. Sie werden mit einem der Verzinsung entsprechenden Abschlag („Verkaufszinssatz") ohne Berechnung von Kosten und Gebühren verkauft und zum Nennwert zurückgezahlt. Ein vorzeitiger Verkauf ist nicht möglich. Pro Person und Geschäftstag können max. 250.000 Euro erworben werden. Der Mindestauftragswert beträgt 500 Euro. Der Verkauf erfolgt in Serien; der Verkaufszinssatz wird der Marktentwicklung angepasst. F. können direkt bei der → Bundeswertpapierverwaltung erworben werden.
http://www.bsv.de

Finanzierung von Auslandsprojekten. S. dazu → Kredite der Kreditanstalt für Wiederaufbau (KfW); deren KfW-Mittelstandsprogramm - Ausland, KfW-Umweltprogramm - Ausland, Niederlassungs- und Technologieprogramm sowie die Kapitalhilfe des Bundes.

Finanzinnovationen. Sammel-Begr. f. neuartige Anlageinstrumente an den → Finanzmärkten, die (insb. seit Beginn der 1970er Jahre) zur Bildung neuer Teilmärkte (z. B. → Euromarkt) und Geschäftsformen (z. B. → Forfaitierung) führten. F. können differenziert werden nach: (1) Produktinnovationen. Dies können reine Finanzierungsinstrumente (z. B. → Euro-Notes-Fazilitäten) oder Instrumente zur Absicherung bestimmter Risiken (z. B. → Forward Rate Agreement, → Hedging) sein. (2) Prozessinnovationen. Sie ergeben sich in erster Linie durch die konsequente Nutzung moderner Informations- und Kommunikationstechnologien und den damit verbundenen internationalen Zahlungsverkehrssystemen (z. B. → SWIFT und → Cash Management Systeme). (3) Kombinationen aus Produkt- und Prozessinnovationen. F. werden sowohl am Terminmarkt (s. → derivative Finanzinstrumente) als auch am Kassamarkt gehandelt. Auf letzterem handelt es sich um strukturierte Anleihen, bei denen Nominalzins (z. B. bei → Floating Rate Notes), Laufzeit (z. B. bei → Callable Bonds), Rückzahlungsbetrag (z. B. bei → Koppelanleihen) und Emissionspreis (vgl. → Doppelwährungsanleihe) bewusst verändert werden (können). Sie unterscheiden sich dadurch von den klassischen Anleihen (→ Straight Bonds). Auch → Optionsscheine zählen zu den Produkten, die als Derivate am Kassamarkt gehandelt werden. S. a. → Stripping, → Zero-Bonds (die z. B. in Deutschland vor der Restliberalisierung des Finanzmarktes seitens der Deutschen Bundesbank nicht möglich waren). In den letzten Jahren wurde eine Vielzahl – zunehmend exotischer – F. auf den Markt gebracht. Von Zentralbanken und nationalen Bankenaufsichtsbehörden werden etliche F. durchaus kritisch beurteilt, weil mit der Anwendung der neuen Instrumente bzw. Techniken teilweise erhebliche Zins-, Liquiditäts- und/oder Währungsrisiken einhergehen; z. B. Konterkarierung nationaler (Hoch-/Niedrig-) Zinspolitik durch zinsvariable Kredite und Anleihen, weltweit verfügbar; Schwankungen der definierten → Geldmengen, wenn klassische Einlagen bei Banken durch F. – erratisch – substituiert werden. Daher resultieren auch die Forderungen nach einer stärkeren international koordinierten Finanzmarktaufsicht.

Finanzinstrumente. Sammelbegriff f. → Wertpapiere, → Devisen, → Geldmarktinstrumente und → Derivate. Sie sind Gegenstand von Bankgeschäften (z. B. Emissionsgeschäft) und Finanzdienstleistungsgeschäften (z. B. Finanz-Anlageberatung und -Portfolioverwaltung).

Finanzintermediäre. Bez. f. alle Institutionen, die im geldwirtschaftlichen Bereich einer Volkswirtschaft tätig sind; Finanzierungsinstitutionen, Finanzdienstleistungsinstitute (wie Anlagevermittlung, Abschlussvermittlung, Finanzportfolioverwaltung), Finanzunternehmen, die banknahe Tätigkeiten ausüben (wie → Factoring, → Leasing, Ausgabe von → Kreditkarten und → Reiseschecks).

Finanzkredite im Außenhandel. S. → gebundene Finanzkredite, → ungebundene Finanzkredite, → Gewährleistungen für ungebundene Finanzkredite an das Ausland.

Finanzmarkt, Kreditmarkt. Sammel-Begr. aller Teilmärkte des Angebots und der Nachfrage von Krediten. Der F. wird nach der Fristigkeit der monetären Transaktionen in den → Geldmarkt und → den Kapitalmarkt unterteilt. Nach räumlichen Gesichtspunkten wird zwischen dem inländischen (nationalen) F., dem ausländischem F. sowie dem sich über Staatsgrenzen hinweg erstreckenden internationalen F. (vgl. → Euro-Markt) unterschieden. Hinsichtlich des Erfüllungszeitpunktes von Finanzierungsgeschäften wird nach → Kassamarkt und → Terminmarkt differenziert. Letzterer kann nach der Art des Termingeschäftes weiter aufgegliedert werden in → Optionsmarkt und Märkte für unbedingte Termingeschäfte, diese wiederum in den → Forward-Markt und → Future-Markt.

FinanzVerbund. Das dezentrale Verbundsystem der genossenschaftlich organisierten Finanzwirtschaft in Deutschland. Eine Vielfalt von Finanzdienstleistungen (Hypothekendarlehen, Versicherungen, Leasing, Bausparen, Investment- oder Immobilienfonds ...) wird von jeder Genossenschaftsbank, egal wie groß sie ist, ohne Zentralisierung angeboten. S. a. → Bundesverband der Deutschen Volksbanken und Raiffeisenbanken.
http://www.vr-networld.de

Finanzwechsel. S. → Wechsel.

Finanzzölle. Zölle, die nur aus fiskalpolitischen Gründen – zur Erzielung von Staatseinnahmen – erhoben werden. Dies kann ein Zoll sein, der auf Waren erhoben wird, die im Importland nicht gewonnen werden (können), aber verwendet werden (müssen); z. B. Kaffee, Tabak, Mineralöl. F. belasten dann die Waren wie eine inländische → Verbrauchsteuer.

FIPS. Abk. f. (engl.) → Foreign Interest Payment Securities.

Firma. Bez. für den Namen, unter dem ein → Kaufmann seine Geschäfte betreibt, seine Unterschrift abgibt, seinerseits klagen und von anderen verklagt werden kann (§ 17 II HGB). Er muss seine F. zur Eintragung im → Handelsregister anmelden, ebenso ihre Änderung, ihr Erlöschen, ihre Verlegung an einen anderen Ort und eine Änderung der Inhaber.

F-Klauseln. → FAS, → FCA, → FOB. Handelsklauseln, nach denen der Importeur (Käufer) den Haupttransport zu übernehmen hat. Der Kosten- und Gefahrenübergang erfolgt am Lieferort. S. → Incoterms 2000.

Flexibler Wechselkurs, freier oder freischwankender Wechselkurs. Aktueller (Tages-)Wechselkurs, der sich frei nach Angebot und Nachfrage auf dem Devisenmarkt bildet; ohne wirtschafts- oder währungspolitisch bedingte Eingriffe einer Zentralbank oder Regierung. Gegensatz: → fester Wechselkurs.

Fliegende Ware. Bez. f. Ware, die sich auf dem Lufttransportweg befindet. Analog: → rollende Ware, → schwimmende Ware.

Fliegender Händler. Bez. f. einen Händler, der seine Ware an wechselnden Orten mit zeitlicher Nachfrageballung (ohne stationäres Geschäftslokal) verkauft; z. B. bei Sportfesten. → Ambulanter Handel.

Fließhandel. Begr. d. Börsewesens für den fortlaufenden Handel. Geschäfte werden während der gesamten Börsezeit abgeschlossen. Laufend werden alle Aufträge erfüllt, die hinsichtlich des Preises und der Menge zusammenpassen.

Floor. Minimal- oder Mindestzinssatz. Instrument zur Absicherung gegen Zinssenkungen (→ Hedging). Bei einer variabel verzinslichen Finanzierung garantiert der F.-Verkäufer dem F.-Käufer (Kreditgeber) die Zahlung des Unterschiedsbetrages zwischen dem vereinbarten F. und einem niedrigeren tatsächlichen Marktzinssatz. Der F.-Verkäufer kassiert bei Vertragsabschluss eine einmalige Prämie; der Kreditgeber begrenzt sein Zinsrisiko. Gegenteil: → Cap. S. a. → Collar.

Floater. Kurzbez. f. variabel verzinsliche Anleihen, → Floating Rate Notes.

Floating. Freies Schwanken der Wechselkurse an den Devisenmärkten – je nach Angebot und Nachfrage. Die Zentralbanken sind nicht verpflichtet, mit Devisenkäufen oder -verkäufen zu intervenieren; sie können die Kursbildung den Marktkräften überlassen. Vgl. → Schmutziges Floating.

Floating Rate. → Wechselkurs, der ohne vereinbarte → Bandbreite und ohne Interventionsverpflichtungen von Zentralbanken an den Devisenmärkten frei schwanken darf. → Floating.

Floating Rate Note. Variabel verzinsliche Schuldverschreibung. Die Verzinsung wird während der Laufzeit in bestimmten Zeitabständen an das jeweilige Marktzinsniveau angepasst. Sie kann sich aus einem festen und einem veränderlichen Bestandteil zusammensetzen; z. B. kann die Verzinsung lauten: 2 % über dem → Euribor für Sechsmonatsgeld. F. R. N. können mit einem vorzeitigen Kündigungsrecht (→ Call Option) des Emittenten ausgestattet sein. Vgl. → Callable Bonds.

Flusskonnossement. S. → Ladeschein.

FOB. Abk. der Handelsklausel (engl.) Free On Bord; → frei an Bord (... benannter Verschiffungshafen). S. a. → Incoterms 2000.

Fob-Spediteur. S. → Exportspedition.

Föderation der europäischen Möbelspediteure – (engl.) Federation of European Movers Associations (FEDEMAC). Gegr. 01.01.1995. Sitz: Hattersheim/Main. Vertritt über 3.400 Möbelspediteure in 13 europäischen Staaten. Vgl. → FIDI.
http://www.fedemac.com

Föderation der internationalen Möbelspediteure – (frz.) Fédération Internationale des Déménageurs Internationaux (FIDI) oder (engl.) Federation of international moving companies. Gegr. 1950. Sitz: Brüssel, Belgien. Vereinigt zurzeit 22 nationale Verbände mit über 700 Mitgliedsbetrieben in der ganzen Welt, die sich alle den strikten gemeinsamen Finanz-, Arbeits- und Verwaltungsbedingungen unterworfen haben. In Deutschland: Die Gruppe internationaler Möbelspediteure e. V. (GIM). S. a. → Bundesverband Möbelspedition.
http://www.fidi.com

FOMC. Abk. f. (engl.) Federal Open Market Committee. S. → Federal Reserve System.

Fonds. Sondervermögen einer Kapitalanlagegesellschaft. → Investmentfonds (wie Geldmarktfonds, Wertpapierfonds, Beteiligungsfonds, Immobilienfonds).

Förderdatenbank der → Bundesagentur für Außenwirtschaft (bfai). Mit Hilfe der bfai-Datenbank „Außenwirtschaftsförderung und wirtschaftliche Zusammenarbeit“ können Interes-

senten einfach, schnell und kostenlos Informationen einholen, welche Fördereinrichtungen (des Bundes, der Bundesländer, der EU; der durch die öffentliche Hand finanzierten, geförderten oder beauftragten Institutionen, Kammern, Verbände u. a.) bei der Anbahnung und Abwicklung von Auslandsgeschäften behilflich sein können sowie ob und an welcher Stelle für Produkte oder Projekte Fördergelder bereitgestellt werden (aus allen Programmen des Bundes, der Bundesländer und der EU, die auf die Förderung der Außenwirtschaft abzielen); jetzt im Serviceverbund Außenwirtschaft: → iXPOS, der deutschen Internet-Informationsplattform für den Weltmarkt. S. a. → Datenbanken zur Außenwirtschaft.
http://www.bfai.de

Förderdatenbank des Bundes im Internet (→ BMWi). Damit gibt die deutsche Bundesregierung einen vollständigen und stets aktuellen Überblick (alle 2 Wochen überarbeitet) über die Programme der Wirtschaftsförderung des Bundes, der Länder und der Europäischen Union. Die F. d. B. i. I. richtet sich als zentrale Informationsquelle sowohl an Privatpersonen (z. B. Existenzgründer) als auch an Unternehmen (v. a. des Mittelstandes) und Berater. S. a. → iXPOS.
http://db.bmwi.de

Fördergesellschaft für Börsen und Finanzmärkte in Mittel- und Osteuropa (FBF). Gegr. 1992 durch eine gemeinsame Initiative der deutschen Bundesregierung, der Arbeitsgemeinschaft der Deutschen Wertpapierbörsen, der Kreditwirtschaft und der Maklerschaft. Sie engagiert sich im Rahmen ihres öffentlichen Auftrags beim Aufbau effizienter Kapitalmärkte in Mittel- und Osteuropa. Dreh- und Angelpunkt des dortigen wirtschaftlichen Transformationsprozesses war und ist die breit angelegte Privatisierung der Unternehmen, vor allem durch die Schaffung von Aktiengesellschaften. Hand in Hand damit erfolgte der Aufbau von Wertpapierbörsen. Durch diese entstanden stabile Rahmenbedingungen für die Marktteilnehmer. Nationalen und internationalen Investoren wurde der Marktzugang erleichtert. Nationale Unternehmen können in zunehmendem Maße die Börsen zur effizienten Eigenkapitalbeschaffung nutzen und damit zugleich neue Anlagemöglichkeiten bieten. Beispiele für Förderprojekte in Russland: Beratung der Moskauer Interbanken-Devisenbörse (MICEX) beim Ausbau ihres Handelssystems; Beratung der St. Petersburger Devisenbörse beim Aufbau eines integrierten Systems der Börsengeschäftsabwicklung; Beratung der russischen Wertpapierkommission und der Staatsduma bei verschiedenen Regulierungsvorhaben sowie der Neustrukturierung des Wertpapiermarktes; Ausbildungsmaßnahmen an der russischen Finanzakademie. Die Aktivitäten der FBF werden vom Central and Eastern Europe Department (→ CEED) im Rahmen der Gruppe Deutsche Börse koordiniert.
http://www.deutsche-boerse.de

Fördermittel-Datenbank der IHK Stuttgart. Vermittelt Informationen über die wichtigsten, sorgfältig recherchierten und zusammengestellten Förderprogramme und Finanzierungshilfen des Landes Baden-Württemberg, Deutschlands, der Europäischen Union und internationaler Organisationen; für die Außenwirtschaft, Berufsbildung, Existenzgründung u.a.
http://www.stuttgart.ihk.de/foerdermittel

Foreign Currency Bond (engl.). Anleihe, bei der die Zinszahlungen in einer anderen Währung als die der Emission erfolgen. Vgl. → Doppelwährungsanleihe.

Foreign Interest Payment Securities – FIPS (engl.). Form einer → Doppelwährungsanleihe, deren Laufzeit unbegrenzt ist; wobei aber den Gläubigern mit einer Put-Option und den Schuldnern mit einer Call-Option ein Kündigungsrecht – im Abstand von jeweils zehn Jahren – eingeräumt wird.

Forex. Abk. f. (engl.) Foreign Exchange Club; ein Vereinigung von Devisenhändlern. Forex dient der Pflege persönlicher Kontakte zwischen in- und ausländischen Devisenhändlern, vermittelt berufliche Anregungen und Fortbildungen für jüngere Händler. Er gliedert sich in einzelne nationale Vereinigungen, z. B. den Forex Club Deutschland, mit Sitz in Hamburg. Dachorganisation ist die → Internationale Devisenhändlervereinigung – (frz.) Association Cambiste Internationale (ACI) oder (engl.) International Association of Exchange Dealers (IAED).

Forex linked Bond. Spezielle Form der Indexanleihe, deren Tilgungsbetrag an den Wechselkurs einer anderen Währung gebunden ist.

Forfaiteur. Spezielles Finanzierungsinstitut (Forfaitierungs-Gesellschaft) oder Kreditinstitut, das von Exporteuren (Forderungsverkäufern) mittel- und langfristige Forderungen unter Verzicht auf Regress „à forfait" (in Bausch und Bogen) ankauft.

Forfaitierung. Eine Form der Außenhandelsfinanzierung, bei der ein Exporteur (Forfaitist) einzelne mittel- und langfristige Auslandsforderungen – rückgriffsfrei – an einen Forfaiteur verkauft. Alle Rechte des Forfaitisten gegenüber dem Schuldner (Importeur) gehen auf den Forfaiteur über. Auf diesen werden auch – bei echter F. – das → Delkredererisiko, das → Währungsrisiko und ggf. das → Länderrisiko abgewälzt. Der Forfaitierung können Wechsel- oder Buchforderungen zu Grunde liegen.
Die F. ist meistens eine Finanzierung über einen → Wechsel, weil dieser ein abstraktes Schuldversprechen dokumentiert, unabhängig vom Basisgeschäft. F. kann sowohl zur Export- als auch zur Importfinanzierung eingesetzt werden.
Der Exporteur kann einen gewährten Lieferantenkredit durch den Verkauf seiner Wechselforderung gegenüber dem Importeur refinanzieren. Nach Ablauf des Zahlungsziels präsentiert der Forfaiteur dem Importeur den Wechsel und löst ihn ein. Die F.-Kosten (Diskont) trägt der Exporteur (die dieser i. d. R. vorweg im Kaufpreis einkalkuliert).
Dem Importeur ermöglicht die Forfaitierung die Durchführung eines Bargeschäftes. Er verkauft einen → Sola-Wechsel an den Forfaiteur und begleicht mit dem Erlös seine Verbindlichkeit gegenüber dem Exporteur. Dabei wird der Exporteur nicht in das Finanzierungsgeschäft eingebunden. Die F.-Kosten trägt hier unmittelbar der Importeur.
Bei F. von Buchforderungen wird eine abstrakte Zahlungserklärung des Importeurs und eine Zahlungsgarantie einer Bank (Bankaval) vorausgesetzt. So können z. B. wechselfreie → Akkreditive (wie ein → Deferred-Payment-Akkreditiv) vom Forfaiteur finanziert werden, wenn die Akkreditivbank bestätigt hat, dass der Importeur die Dokumente vorbehaltslos entgegengenommen hat.
Vorteil der F. für den Forfaitisten: er braucht sich nicht an der Exportkreditfinanzierung zu beteiligen; das Warengeschäft ist genau kalkulierbar; für die gesamte Laufzeit ist der feste Zinssatz (der vereinbarte F.-Satz) bekannt. Nachteil: Höhere Kreditkosten, weil sich der Forfaiteur sein Risiko zusätzlich zu seinen Kosten für die Refinanzierung (am Euro-Geldmarkt) honorieren lässt. F.-Verträge werden (im Gegensatz zum → Factoring) für jeden Einzelfall abgeschlossen. Die max. Laufzeit ankaufsfähiger Forderungen ist abhängig vom Schuldnerland. Weist dieses insgesamt eine eher geringe Kreditwürdigkeit auf, begrenzen die Forfaiteure die Höchstlaufzeit auf ca. ein bis drei Jahre. Für Länder mit höherer Kreditwürdigkeit sind Forderungen mit einer Laufzeit bis zu sieben und in Ausnahmefällen auch noch mehr Jahren forfaitierungsfähig. F. ist eine Alternative zu → Krediten der Ausfuhrkredit-Gesellschaft (AKA). Sie stellt eine interessante Finanzierung ohne jegliche Außenhandelsförderung dar.

Forfaitierungsinstitute sind häufig Tochtergesellschaften von international tätigen (Groß-) Banken. Wichtige Bankplätze für Forfaitierungen sind Zürich, London, Luxemburg, New

York. Zunehmend belassen aber auch Hausbanken forfaitierte Forderungen im eigenen Portefeuille.

Forfaitist. Verkäufer von mittel- und langfristigen Forderungen im Rahmen einer → Forfaitierung.

Formulare für den Außenhandel. Alle Formulare für den Außenhandel – von Anhänger, Aufnagler, Ausfuhr, Ausfuhrerstattung, Ausfuhrnachweise über Bahnverkehr, Bankverkehr, Carnet A.T.A., Einfuhr, EG-Einheitspapier, Freiverkehrsbescheinigung, Gefahrguttransport, Hafen Hamburg, Handelsfakturen, Kaibetriebe, Kapitalverkehr, Küstenschifffahrt, LKW-Verkehr, Luftverkehr, Post, Präferenznachweise, Quittungen, Schiffsausrüster, Seeschifffahrt, Tratten, Unfallmerkblätter, Ursprungserklärungen, Ursprungszeugnisse, Warenverkehrsbescheinigungen, Wechsel bis Zahlungsverkehr, Zollfakturen, Zollvordrucke – sind über den Fachverlag für Außenhandel, Carl H. Dieckmann, Hamburg, erhältlich. S. a. → Telos Alpha 4.1.
http://www.dieckmann-verlag.de

Foro Empresarial Mercosur/Unión Europea. → Mercosur/European Union Business Forum (MEBF).

Fortlaufende Notierung oder variable Notierung. Kursnotierung, die beim → variablen Handel während der gesamten Börsenzeit fortlaufend neu ermittelt wird – in Abhängigkeit von den eingehenden und abgeschlossenen Kauf- und Verkaufsaufträgen. Der erste variable Kurs einer Börsensitzung wird als Anfangskurs, der letzte als Schlusskurs bezeichnet. Gegensatz: → Kassakurs, Einheitskurs.

Forum für Finanzmarktstabilität (FSF). Gegr. 1999 zur weltweiten Zusammenarbeit und zum Informationsaustausch zwischen unterschiedlichen für die internationale Finanzmarktstabilität zuständigen Stellen der Finanzaufsicht und -überwachung. Das FSF dient der Beurteilung, Definition und Beseitigung der Quellen finanzieller Schwachstellen. Durch die Beachtung international anerkannter Standards und Kodizes sollen die Finanzsysteme aller Länder krisenfester gemacht werden. Zu Beginn des Jahres 2000 existierten insgesamt nicht weniger als 66 derartige Regelwerke. Bei ihrer Implementierung spielen IWF und Weltbank eine wichtige Rolle. Mitglieder des FSF sind zurzeit: G 7-Länder, Niederlande, Australien, Singapur, Hongkong; verschiedene internationale Organisationen und Foren wie IWF, Weltbank, BIZ, OECD, → BCBS, → IOSCO, → IAIS und → CGFS. Auch die EZB nimmt an den Sitzungen des FSF teil. Das FSF wird von einem zur BIZ gehörenden Sekretatiat unterstützt.

Forward-Kontrakt. Ein nicht standardisierter → Terminkontrakt. Ein Termingeschäft mit individuellem Vertragsinhalt und außerbörslicher Abwicklung. S. → Forward Rate Agreement, → Devisenterminhandel. Gegensatz: → Future-Kontrakt.

Forward-Markt. → Finanzmarkt für unbedingte Termingeschäfte in Form von nicht standardisierten → Terminkontrakten. S. → Forward Rate Agreement. Gegensatz: → Future-Markt.

Forward Rate (engl.). Zukünftiger Zinssatz; z. B. der in einem Jahr gültige Zinssatz (ermittelt aus der aktuellen → Zinsstrukturkurve). F. R. werden bei allen Zinsinstrumenten ermittelt, deren Erfüllung in der Zukunft liegt.

Forward Rate Agreement (FRA). Ein unbedingtes, nicht börsengängiges Termingeschäft. Mit diesem vereinbaren zwei Vertragspartner, den Unterschiedsbetrag zwischen einem vereinbarten Basiszinssatz (engl.: contract rate; der Forward Rate) und dem an einem bestimmten zukünftigen Termin tatsächlich geltenden Marktzinssatz auf einen (fiktiven) nominalen Kapitalbetrag untereinander auszutauschen. Ein Kapitaltransfer erfolgt nicht. Die Gesamtlaufdauer eines FRA beträgt höchstens 24 Monate; sie ist in eine Vorlaufzeit (von mindestens einem Monat) und die sich daran anschließende Referenzperiode (von maximal 12 Monaten) gegliedert. Ein FRA ist vorwiegend ein → Hedging-Instrument, mit dem sich der eine Vertragspartner (der Kreditnehmer, z. B. ein Importunternehmen als Käufer) gegen das Risiko steigender Zinsen, und der andere (der Kreditgeber, z. B. eine Bank als Verkäufer) gegen das Risiko sinkender Zinsen absichert. Wenn zu dem – in der Zukunft liegenden – Zeitpunkt der Mittelaufnahme oder -anlage der aktuelle Geldmarktzinssatz über der Forward Rate liegt, dann zahlt der Verkäufer des FRA einen Ausgleich an den Käufer; liegt hingegen die Forward Rate über dem aktuellen Geldmarktzinssatz, dann zahlt der Käufer des FRA an den Verkäufer den Unterschiedsbetrag. Die Ausgleichszahlung erfolgt zu Beginn der Referenzperiode, also des Zeitraums der tatsächlichen Mittelaufnahme oder -anlage.

FRA → Forward Rate Agreement.

Fracht. (1) Zu befördernde Güter (Frachtgut). (2) Entgelt für die Beförderung von Gütern.

Frachtbrief – (engl.) waybill oder (frz.) lettre de voiture. → Beweisurkunde über den Abschluss und Inhalt eines → Frachtvertrages. Wird vom Absender ausgefüllt und bescheinigt den Auftrag des Absenders an den Frachtführer, die Ware an den im F. benannten Empfänger auszuliefern. Das F.-Original ist das Begleitpapier im Frachtgeschäft (Güterverkehr); es wird vom Frachtführer mit der Ware dem Empfänger ausgehändigt. Vgl. → Internationaler Eisenbahnfrachtbrief, → Internationaler Frachtbrief im Straßengüterverkehr, → Luftfrachtbrief.

Frachtbriefdoppel oder Duplikatfrachtbrief. Bestimmte Ausfertigung des → Frachtbriefs, die mit dem Original in allen Einzelheiten übereinstimmt (Duplikat). Das F. erhält der Absender der Ware bei Übergabe an den Frachtführer. Es ist ein → Traditionspapier (Dispositionspapier). Der Absender kann über die (rollende) Ware disponieren (z. B. die Ware anhalten; ihre Ablieferung bei einem anderen Empfänger oder einem anderen Bestimmungsort veranlassen; die Ware zurückrufen), solange sie am Bestimmungsort dem Empfänger noch nicht zur Verfügung gestellt worden ist. Das Dispositionsrecht ist an die Vorlage des F. gebunden. Bei dessen Hinterlegung können F. auch finanzierungsfähig sein.

Frachtdokumente: (1) → Konnossement (engl.: bill of lading – B/L). Im Seefrachtverkehr das wichtigste Transportdokument. (2) → Internationaler Eisenbahnfrachtbrief (CIM-Frachtbrief). Er wird beim kontinentalen Eisenbahn-Gütertransport vom Abgangs- bis zum Bestimmungsbahnhof verwendet. (3) → Internationaler Frachtbrief im Straßengüterverkehr (CMR-Frachtbrief). Die vom Absender und vom Frachtführer zu unterschreibende Beweisurkunde über den Abschluss eines Frachtvertrages; ein Warenbegleitpapier. (4) Einheitlicher IATA→ Luftfrachtbrief (engl.: airway bill). Er muss im internationalen Luftfrachtverkehr z. T. vom Versender (engl.: shipper) und z. T. vom Luftfrachtführer (engl.: carrier) ausgefüllt werden. (5) → Internationale Spediteur-Übernahmebescheinigung. Mit ihr erklärt der Spediteur, dass er eine genau spezifizierte Ladung empfangen hat und diese mit der unwiderruflichen Weisung des Versenders an die Empfänger-Adresse befördert.

Frachteinheit. Im (See-)Schiffsverkehr häufig die Frachttonne (Frt); als Raum- bzw. Gewichtsmaß, z. B. 1 m^3 (cbm), 1.000 kg; oder ein Containermaß, wie → TEU.

Frachtenkonventionen. Die in der Binnenschifffahrt bestehenden Tarife für bestimmte Produktgruppen. Für den deutschen Außenhandel sind im grenzüberschreitenden Verkehr z. B. besonders wichtig: (1) Rheinschifffahrtskonvention (Beförderungstarif für Getreide, Ölsaaten und Futtermittel); (2) Schweizer Rheinschifffahrtskonvention (Gütertransporte auf dem Rhein von und in die Schweiz); (3) Duisburger Frachtenkonvention (Beförderungstarif für chemische Produkte, Produkte der Eisen-, Stahl- und Automobilindustrie u. a.).

Frachtenpool. Begr. d. Seeverkehrs für eine erweiterte → Schifffahrtskonferenz, wobei die Reedereien innerhalb bestimmter Zeiträume die anfallenden Frachten nach Ladekapazitäten untereinander aufteilen.

Frachtfrei (... benannter Bestimmungsort) – (engl.) Carriage Paid To (CPT). International verwendete Handelsklausel, die besagt, dass der Exporteur die Ware dem von ihm benannten Frachtführer liefert, der Exporteur aber auch die Frachtkosten übernimmt, die erforderlich sind, um die Ware bis zum Bestimmungsort zu befördern. Das bedeutet, dass der Importeur alle Gefahren sowie alle sonstigen Kosten trägt, die nach der erfolgten Lieferung der Ware auftreten. Wenn mehrere aufeinander folgende Frachtführer für die Beförderung bis zum benannten Bestimmungsort eingesetzt werden, dann trägt der Importeur bereits die Gefahr, sobald die Übergabe der Ware an den ersten Frachtführer erfolgt ist. Die CPT-Klausel verpflichtet den Exporteur, die Ware zur Ausfuhr freizumachen. Diese Handelsklausel gilt für jede Transportart. S. a. → Incoterms 2000.

Frachtfrei versichert (... benannter Bestimmungsort) – (engl.) Carriage and Insurance Paid to (CIP). International verwendete Handelsklausel, die besagt, dass der Exporteur (wie bei der CPT-Klausel) die Ware dem von ihm benannten Frachtführer liefert und die Frachtkosten bis zum Bestimmungsort übernimmt. Der Exporteur trägt aber auch die Kosten der Transportversicherung gegen die vom Importeur zu tragende Gefahr des Verlustes oder der Beschädigung der Ware während der Beförderung. D. h., dass der Exporteur die Versicherung abschließt und die Versicherungsprämie bezahlt. Der Exporteur ist aber nur zum Abschluss einer Versicherung mit Mindestdeckung verpflichtet. Wenn der Importeur einen Schutz mit höherer Deckung wünscht, dann muss er dies entweder ausdrücklich mit dem Exporteur vereinbaren oder eine eigene zusätzliche Versicherungsvorkehrung treffen. Mit der CIP-Klausel verpflichtet sich der Exporteur ebenfalls, die Ware zur Ausfuhr freizumachen. Auch diese Handelsklausel gilt für jede Transportart, einschl. des multimodalen Transports. S. a. → Incoterms 2000.

Frachtführer ist, wer gewerbsmäßig die Beförderung von Gütern zu Lande (Straße, Schiene), auf Flüssen und sonstigen Binnengewässern oder in der Luft – oder in einer Kombination dieser Transportarten – ausführt. Nach § 425 des deutschen → HGB ist der F. ein Kaufmann. Er wird aufgrund eines → Frachtvertrages tätig. Er unterscheidet sich vom Spediteur: Der F. transportiert die Güter selbst; der → Spediteur besorgt die Güterversendung. Dem F. entspricht bei der Güterbeförderung zur See der → Verfrachter.

Frachtgeschäft. Ein Dienstleistungsgeschäft, bei dem sich aufgrund eines Frachtvertrages ein Frachtführer gegenüber einem Auftraggeber verpflichtet, die Beförderung von Gütern gegen Entgelt durchzuführen.

Frachtgut oder Cargo, → Ladung.

Frachtrate. Preis für die Beförderung (i. d. R. einschl. der Verladung und Löschung) von Gütern auf Seeschiffen. Die Regel-F. besteht aus der Grund-F. und einem möglichen → Frachtzuschlag. Die Grund-F. ist auf die → Frachteinheit bezogen; Frachtzuschläge können für Schwergut (z. B. große Spezialmaschinen) oder für Überlängen hinzukommen. Vgl. → Frachtsatz.

Frachtsatz. Im Güterverkehr der Preis für die Beförderung einer Gewichtseinheit, z. B. 100 oder 1000 kg. Im Seeverkehr die → Frachtrate.

Frachtstundung. Stundung (Zahlungsaufschub) von Forderungen aus Verkehrs-(Transport-) Dienstleistungen, insb. der → Fracht.

Frachttonne (Frt). Als Raum- oder Gewichtsmaß die → Frachteinheit bei vielen Transporten; z. B. 1 m^3 (cbm) oder 1.000 kg.

Frachtvermerk auf einem → Konnossement. Aus ihm ist ersichtlich, wer gem. Lieferbedingungen die Frachtkosten trägt; z. B. → FOB, → CPT; s. → Incoterms 2000.

Frachtvertrag. Ist im Sinne der §§ 631ff. des deutschen → BGB ein spezieller → Werkvertrag zwischen dem → Absender (im Seefrachtgeschäft dem → Befrachter) und dem → Frachtführer (im Seefrachtgeschäft dem → Verfrachter) über die Beförderung von Gütern zu Gunsten Dritter (dem Empfänger); der Absender kann auch ein → Spediteuer sein. → Frachtbrief.

Frachtvorlage. Auslagen (vorgestrecktes Geld) eines Beförderungsunternehmens, die z. B. einer Spedition bei der Übernahme oder Abgabe von Gütern für Forderungen Dritter an seinen Kunden entstanden sind, wie für Frachten, Lagergelder, Nachnahmen, Steuern, Versicherungsprämien, Zölle.

Frachtzuschlag, Nachgebühr, (frz.) Surcharge. Wird im Seefrachtgeschäft als Zuschlag zur Grund-→Frachtrate für Schwergut (z. B. massive Transformatoren), für Überlängen (z. B. bei Stahlträgern) sowie für unvorhergesehene Ereignisse auf dem Frachtweg oder im Bestimmungshafen (die zusätzliche Transportkosten verursachen) erhoben. Dadurch kann sich die Frachtrate auf das Mehrfache der Grundfrachtrate verteuern. International gebräuchliche F. sind → BAF, → CAF, → CHC, → THC, → Congestion Surcharge, → War Risk Surcharge.

Franc CFA – (frz.) Franc de la Coopération Financière de l'Afrique Centrale – Franc der finanziellen Zusammenarbeit in Zentralafrika. Der Franc CFA – ISO Währungscode XAF – wird von der → Bank von Zentralafrika emittiert. S. → Franc-Zone; vgl. → CFA-Franc.

Franchise (frz.). Begr. d. Versicherungswesen, insb. der Transportversicherung. Wenn die Franchise-Klausel (eine Bagatell-Klausel) vertraglich vereinbart ist, dann erfolgt die Versicherungsleistung erst beim Überschreiten einer bestimmten Schadenshöhe. Es wird eine Selbstbeteiligung des Versicherungsnehmers vorbehalten. Eine solche Prozentfranchise kann z. B. lauten: „frei von den ersten 5 %". Im Frachtgeschäft wird dadurch der Versicherungsnehmer angehalten, Verpackung und Transportmittel sorgfältig auszuwählen, so dass während des Transports kleinere Schäden erst gar nicht entstehen. Es ist zu unterscheiden nach: (1) Abzugsfranchise. Der Versicherer deckt nur den über der Franchise liegenden Schaden; die Franchisequote wird vom Schaden abgezogen. (2) Integralfranchise. Hierbei besteht für den Versicherer Zahlungspflicht für den gesamten Schaden, sobald dieser die Selbstbeteiligung übersteigt.

Franchising. (Handels-)Vertriebsbindung, bei der ein Franchisegeber einem Franchisnehmer das Recht zum Verkauf von Waren oder den Vertrieb von Dienstleistungen einräumt. Eine spezifische Form der vertikalen Kooperation. Der Franchisenehmer ist ein selbstständiger Unternehmer mit eigenem Kapitaleinsatz. Von ihm werden die vom Franchisegeber hergestellten oder bearbeiteten Waren vertrieben bzw. die vom Franchisegeber organisierten und dirigierten Dienstleistungen erbracht – unter einem einheitlichen Marketingkonzept. Rechte und Pflichten der kooperierenden Partner sind vertraglich geregelt. Der Franchisenehmer hat dem Franchisegeber für die Einräumung des Franchiserechts ein Entgelt zu zahlen; dieses beträgt i. d. R. einen bestimmten Prozentsatz vom Umsatz des Franchisenehmers. Typische Beispiele für F. sind im Automobilhandel und bei Schnellgaststätten zu finden.

Franc-Zone in Afrika oder CFA-Franc Zone. Gebildet 1945. Direktion: Paris. Dieser Währungsverbund besteht heute aus 15 (französischsprachigen) afrikanischen Ländern und Frankreich. Ihr gehören 8 westafrikanische Staaten (organisiert in der → Westafrikanischen Wirtschafts- und Währungsgemeinschaft), 6 zentralafrikanische Staaten (die in der → Zentralafrikanische Wirtschafts- und Währungsgemeinschaft zusammenarbeiten) und die Komoren an. Gemeinsame Währungseinheit ist der → CFA-Franc. Er wird aber von getrennten Notenbanken emittiert. Im westafrikanischen Bereich von der → Zentralbank westafrikanischer Staaten und im zentralafrikanischen Bereich von der → Bank von Zentralafrika (er heißt hier → Franc CFA); auf den Komoren gibt es den Komoren-Franc. Die gemeinsamen Währungsreserven dieser afrikanischen Zentralbanken werden bei der Banque de France (der französischen Zentralbank; s. → Bank von Frankreich) verwaltet.

Frankfurt Interbank Offered Rate. → FIBOR.

Frankfurter Wertpapierbörse (FWB). Die mit Abstand größte und traditionsreichste der acht deutschen Wertpapierbörsen. Sie wurde schon 1585 gegründet. Trägerin der FWB ist heute die → Deutsche Börse AG. Vom Umsatz der deutschen Wertpapierbörsen entfallen über 75 % auf die FWB. Die FWB ist der weltweit drittgrößte börsenmäßig organisierte Umschlagplatz für Wertpapiere; hinter → NYSE und → NASDAQ. Neben der traditionellen → Präsenzbörse stellt sie seit 1997 mit → Xetra® eine elektronische Plattform für den weltweiten Wertpapierhandel. Sie entwickelte den → DAX. Die FWB setzt die modernsten Informations-, Handels- und Abwicklungssysteme ein. Dadurch konnte sie ihre Wettbewerbsposition im grenzüberschreitenden Börsenhandel festigen und ihre Attraktivität auch für ausländische Investoren und Marktteilnehmer steigern. Unter den über 450 Mitgliedern der FWB sind über 170 ausländische Banken und Finanzdienstleister.
Oberstes Organ der FWB ist der Börsenrat. Er setzt sich aus max. 24 Mitgliedern (Kreditinstitute, Kurs- und Freimakler, Versicherungsunternehmen, Emittenten und Anleger) zusammen; sie werden für die Dauer von drei Jahren gewählt. Der Börsenrat entscheidet über Grundsätzliches, wie Erlass von Börsen-, Gebühren- und Geschäftsordnung, Festlegung der Börsengeschäftsbedingungen. Er bestellt und überwacht die Börsengeschäftsführung. Diese nimmt die laufenden Leitungsfunktionen der Börse in eigener Verantwortung wahr. Die Geschäftsführer werden für max. fünf Jahre gewählt. Über die Transparenz und ordnungsgemäße Kursfeststellung beim Börsenhandel wacht die Marktaufsicht. Diese besteht aus der → Bundesanstalt für Finanzdienstleistungsaufsicht (BAFin – Allfinanzaufsicht), der Börsenaufsicht auf Landesebene (dies ist für die FWB das Hessisches Ministerium für Wirtschaft, Verkehr und Landesentwicklung) und der Handelsüberwachungsstelle der Börse (eigenverantwortliches Organ der FWB).
http://www.deutsche-boerse.com

Free Alongside Ship (... named port of shipment) – FAS; → frei Längsseite Seeschiff (... benannter Verschiffungshafen). S. a. → Incoterms 2000.

Free Carrier (... named place) – FCA; → frei Frachtführer (... benannter Ort). S. a. → Incoterms 2000.

Free Floating Capital (engl.). Begr. f. d. Kapitalwert der Aktien, die sich nicht im Besitz von Familien- oder Beteiligungsgesellschaften befinden und frei an der Börse gehandelt werden (Streubesitz).

Free On Bord (... named port of shipment) – FOB; → frei an Bord (... benannter Verschiffungshafen). S. a. → Incoterms 2000.

Frei an Bord (... benannter Verschiffungshafen) – (engl.) Free On Bord (FOB). Internationale Handelsklausel, die nur für den See- oder Binnenschiffstransport verwendet werden kann. Sie besagt, dass der Exporteur liefert, wenn die Ware die Schiffsreling im benannten Verschiffungshafen überschritten hat. Danach trägt der Importeur alle Kosten und Gefahren des Verlustes oder der Beschädigung der Ware. Die FOB-Klausel verpflichtet den Exporteur, die Ware zur Ausfuhr freizumachen. S. a. → Incoterms 2000.

Freier oder freischwankender Wechselkurs. → Flexibler Wechselkurs.

Freier Verkehr. → Freiverkehr.

Frei Frachtführer (... benannter Ort) – (engl.) Free Carrier (FCA). International verwendete Handelsklausel, die besagt, dass der Exporteur die zur Ausfuhr freigemachte Ware dem vom Importeur benannten Frachtführer am benannten Ort liefert. Wenn die Lieferung beim Exporteur stattfindet, dann ist der Exporteur für die Beladung des vom Frachtführer bereitgestellten Beförderungsmittels verantwortlich. Wenn die Lieferung an einem anderen Ort stattfindet, dann stellt der Exporteur die Ware unentladen zur Verfügung. Die FCA-Klausel kann für jede Transportart, einschl. des multimodalen Transports verwendet werden. S. a. → Incoterms 2000.

Freigut. Begr. d. Zollwesens. Ein → Zollgut wird zum Freigut, sobald seine zollamtliche Behandlung abgeschlossen ist. Über F. kann beliebig verfügt werden (→ Gemeinschaftsgut).

Freigutverwendung. Das Zollrecht lässt in einigen förderungswürdigen Fällen (z. B. bei Waren für die wissenschaftliche Forschung) Zollvergünstigungen zu. Solche Waren werden zwar auch zum freien Verkehr abgefertigt, sie unterliegen aber zur Sicherstellung des begünstigten Zweckes der zollamtlichen Überwachung. Diese Überführung in den freien Verkehr unter Vorbehalt wurde im deutschen Zollrecht F. genannt. Sie wird nunmehr als Verwendung für besondere Zwecke bezeichnet. Sie ist beim zuständigen Hauptzollamt zu beantragen und wird nur vertrauenswürdigen Unternehmen genehmigt. Die zollamtliche Überwachung endet mit dem Erreichen des Begünstigungszweckes.

Freihafen. Frühere Bez. f. → Freizone

Freihandel. Begr. d. → Außenwirtschaftstheorie und -politik für den internationalen Waren- und Dienstleistungsverkehr, der frei von staatlichen → Handelshemmnissen jeglicher Art ist (sein soll).

Freihandelszone. (1) Form der wirtschaftlichen → Integration mehrerer Länder, bei der auf die Erhebung von Zöllen und auf die Anwendung von Beschränkungsbestimmungen des Waren-, Dienstleistungs- und Kapitalverkehrs untereinander größtenteils oder ganz verzichtet wird. Sie führt zur regionalen Liberalisierung des Handels zwischen den beteiligten Zollgebieten. Dabei wird – im Unterschied zur → Zollunion – den Mitgliedstaaten aber das Recht belassen, ihre Zollbestimmungen und anderen nationale Maßnahmen der Handelsbeschränkung bzw. -förderung gegenüber Drittländern selbstständig anzuwenden. Eine Folge davon ist, dass in einer F. nur → Ursprungswaren der beteiligten Staaten begünstigt sind. Da eine F. prinzipiell gegen das Gebot der → Meistbegünstigung verstößt, sind in Art. XXIV GATT-(WTO)-Abkommen die Voraussetzungen ihrer Zulässigkeit definiert. Beispiele für F. sind → EFTA, → CEFTA, → NAFTA. (2) Ein von Entwicklungs- und Transformationsländern formal-juristisch aus ihrem Binnenmarkt ausgegliedertes Gebiet, das Produktions- und Handelsunternehmen – aus dem eigenen Land und aus anderen Ländern – als weltmarktorientierter Standort dient. Mit solchen F. wollen sich die betreffenden Länder bessere Eingliederungsbedingungen und internationale Wettbewerbsfähigkeit auf den globalen Märkten verschaffen.

Freihändiger Rückkauf. Der Emittent von Schuldverschreibungen kauft zur Tilgung seiner Schulden die eigenen Wertpapiere an der Börse; sofern die Anleihebedingungen den f. R. vorsehen, wie z. B. bei Pfandbriefen. Dies ist für den Emittenten lohnend, wenn der Tageskurs niedriger ist als der Rückzahlungskurs.

Freihandvergabe oder freihändige Vergabe. Vergabe öffentlicher Aufträge ohne offenes Ausschreibungsverfahren (EU-weite Ausschreibung) oder nicht offenes Ausschreibungsverfahren (beschränkte Ausschreibung). Auch nach den EU-Richtlinien (RL) ist die F. im „Verhandlungsverfahren" möglich; z. B. nach der Jahrhundert-Hochwasserkatastrophe 2002 in Ostdeutschland. Gegensatz: Auftragsvergabe nach einer öffentlichen → Ausschreibung.

Freikurs, Freimarktkurs. Devisenkurs, der zwischen zwei Partnern frei ausgehandelt wird. Bez. f. einen Devisenkurs, der weder offiziell festgesetzt noch als amtlicher Börsenpreis festgestellt wird.

Freilager. Begr. f. die → Freizonen gleichgestellte, zollamtlich bewilligte und überwachte Räumlichkeiten, die v. a. dem Warenumschlag und der Warenlagerung dienen; z. B. auch im Rahmen des → Konsignationshandels.

Frei Längsseite Seeschiff (... benannter Verschiffungshafen) – (engl.) Free Alongside Ship (FAS). Internationale Handelsklausel, die nur für den See- und Binnenschiffstransport verwendet werden kann. Sie besagt, dass der Exporteur liefert, wenn die Ware längsseits des Schiffs im benannten Verschiffungshafen gebracht ist. Danach trägt der Importeur alle Kosten und Gefahren des Verlusts oder der Beschädigung der Ware. Der Exporteur ist verpflichtet, die Ware zur Ausfuhr freizumachen. (In der früheren Fassung der FAS-Klausel war dies die Aufgabe des Importeurs.) S. a. → Incoterms 2000.

Freimakler (Privatmakler). Freie, nicht vereidigte Makler, die neben den amtlichen → Kursmaklern als Vermittler von Börsengeschäften zur Teilnahme am Börsenhandel zugelassen sind. Sie übernehmen entweder im → geregelten Markt oder im Optionshandel die Kursfeststellung. Ferner sind F. für die im → Freiverkehr gehandelten Wertpapiere zuständig. Sie unterliegen der Aufsicht der Börsenaufsichtsbehörde (soweit das Gesetz nichts anderes vorsieht).

Freiverkehr (freier Verkehr). (1) Begr. aus dem Zollrecht für den Verkehr von Waren, die zollrechtlich nicht gebunden – frei (→ Freigut) – sind; im Gegensatz zu den im Zollverkehr gebundenen Waren (→ Zollgut). (2) Börsenwesen: Begr. f. d. Börsenhandel mit Wertpapieren, die nicht zur amtlichen Notierung zugelassen sind. Für Wertpapiere dieses sog. „dritten Börsensegmentes" (des „3. Marktes") gelten keine so strengen Zulassungsvoraussetzungen wie für Wertpapiere des → amtlichen Handels und des → geregelten Marktes.

Freiverkehrsbescheinigung. Spezielle → Warenverkehrsbescheinigung bei Warenimporten aus der Türkei in die EG. Nachweisdokument für den begünstigten Warenverkehr (Freiverkehr) aufgrund der Zollunion mit der Türkei als assoziiertem Staat.

Freiwillige Exportbeschränkung. Eine Form der → nicht tarifären Handelshemmnisse. Das Exportland kontingentiert die Menge ausgewählter Ausfuhrwaren für ein bestimmtes Partnerland. Die f. E. stellt eine protektionistische Maßnahme zu Gunsten des betreffenden Importlandes dar und wird dadurch gelegentlich als politisch attraktiv empfunden.

Freizone. Begr. f. zollfreie Gebiete der EU; sie gehören zwar in den Hoheitsbereich der EU, unterliegen aber keiner zollamtlichen Warenbehandlung und keinen Zollabgaben (frühere Bez.: Freihafen). F. dienen dem Umschlag und der Lagerung von Waren aller Art zum Zwecke des Außenhandels und des Schiffbaus. Vgl. → Freilager.

Freizonen-Veredelung. Veredelung, die in einer → Freizone (z. B. dem Alten Freihafen Hamburg) oder einem Freilager stattfindet. S. a. → Veredelungsverkehr.

Fremdes Wirtschaftsgebiet. Ausland. Im außenwirtschaftsrechtlichen Sinne definiert als Bez. f. alle Gebiete außerhalb des Geltungsbereiches des deutschen → Außenwirtschaftsgesetzes.

Fremdwährungsanleihe. Anleihe, deren Emissionsdenomination nicht der Währung des Landes entspricht, in dem sie aufgelegt wird.

Fremdwährungsklausel. → Wertsicherungsklausel in Außenhandelsverträgen, mit der die Absicherung gegen einen etwaigen Währungsverfall bezweckt wird. Vgl. → Devisenklausel, → Währungsklausel, → Valutaklausel.

Fremdwährungskonto. Bankkonto, das bei einem inländischen Kreditinstitut geführt wird, aber auf ausländische Währung lautet.

Freundliche Übernahme eines Unternehmens. → Akquisition.

Frontloading → Vorverteilung.

Frt. Abk. f. Frachttonne. S. → Frachteinheit.

Frühjahrs- und Herbstgutachten. Die Gemeinschaftsgutachten der sechs führenden wirtschaftswissenschaftlichen Forschungsinstitute Deutschlands (→ Deutsches Institut für Wirtschaftsforschung – DIW, Berlin; → Hamburgisches Welt-Wirtschafts-Archiv – HWWA, Hamburg; → Ifo-Institut, München; → Institut für Weltwirtschaft an der Universität Kiel – IfW, Kiel; → Institut für Wirtschaftsforschung Halle – IWH, Halle; → Rheinisch-Westfälisches Institut für Wirtschaftsforschung – RWI, Essen). Sie beurteilen – jährlich zweimal – die Lage der Weltwirtschaft und der deutschen Wirtschaft.

FSF → Forum für Finanzmarktstabilität.

FSI. Abk. f. (engl.) Financial Stability Institute. Ein von der → BIZ und vom → BCBS geschaffenes Institut zur Unterstützung der Aufsichtsbehörden bei der Verbesserung und Stärkung ihrer Finanzsysteme.
http://www.bis.org/about/fsi.htm

FTAA. Abk. f. (engl.) Free Trade Area of the Americas; → Amerikanische Freihandelszone.

FTSE. Abk. f. (engl.) Financial Times Stock Exchange. Registriertes Markenzeichen der London Stock Exchange und The Financial Times für FTSE, einem führenden Spezialisten für Indexberechnungen; als autonome Organisation 1995 gegründet. FTSE ermittelt tausende von Indices, davon einige hundert in Echtzeit.
http://www.ftse.com

FTSE World Index. Er fasst die Benchmark-Indices aus 49 Ländern mit knapp 3000 Aktien zusammen. Im Rahmen der FTSE All World Serie werden ca. 2500 Indices berechnet.

FTSE Eurotop 300. Anerkannter Benchmark-Index der 300 größten europäischen Aktiengesellschaften. Täglich werden im Rahmen der FTSE-Europa-Serie ungefähr 2100 Indices berechnet.

FTSE Eurobloc 100. Enthält die Werte von 100 Benchmark-Aktien aus den Ländern der Eurozone.

FTSE-100 Index. Ein im Rahmen der UK-Serie ermittelter Index, der die Aktienwerte der 100 größten Gesellschaften des Vereinigten Königreiches enthält.

Führungsholding. S. → Holdinggesellschaft.

Fünf Weise. Bez. f. d. fünf Mitglieder des → Sachverständigenrates zur Begutachtung der gesamtwirtschaftlichen Entwicklung (SVR).

Fundstellennachweis A und B. Das → Bundesministerium der Justiz veröffentlicht alljährlich im Fundstellennachweis A das gesamte Bundesrecht; mit Ausnahme der völkerrechtlichen Vereinbarungen. Diese sind im Fundstellennachweis B zusammengefasst. Beide F. erscheinen im → Bundesanzeiger.

Fundstellennachweis des geltenden (EU-)Gemeinschaftsrechts von A – Z. S. Internet-Portal zum Recht der Europäischen Union.
http://www.europa.eu.int/eur-lex/de

Fungible Wertpapiere oder vertretbare Wertpapiere. Wertpapiere, welche die → Fungibilität aufweisen.

Fungibilität. Bez. f. d. Marktgängigkeit (Austauschbarkeit, Vertretbarkeit) von Sachen und Rechten gleichmäßiger sowie gleichbleibender Beschaffenheit. Sie liegt vor, wenn einzelne Stücke oder Mengen solcher Sachen und Rechte nach Maß, Zahl und Gewicht im Handelsverkehr bestimmbar und ohne weiteres untereinander austauschbar sind. F. ist v. a. bei → Effekten, → Devisen, → Terminkontrakten gegeben und wird bei Waren (z. B. Getreide) durch deren Typisierung erreicht. Sie ist Voraussetzung für deren börsenmäßigen Handel.

Fusion → Verschmelzung.

Fusionsvertrag. Mit diesem am 08.04.1965 in Brüssel unterzeichneten und am 01.07.1967 in Kraft getretenen Vertrag wurden die Exekutiv- und Legislativ-Organe der drei bis dahin rechtlich selbstständigen europäischen Gemeinschaften zusammengelegt. → EGKS, → EWG und → EAG erhielten eine gemeinsame Kommission (s. → EU-Kommission) sowie einen gemeinsamen Rat (s. → EU-Ministerrat) und wurden unter der Bezeichnung → Europäische Gemeinschaften (EG) organisatorisch zusammengefasst. Die anderen drei gemeinsamen EG-Organe, → Europäischer Gerichtshof, Gemeinsame Versammlung (→ Europäisches Parlament) und → Europäischer Wirtschafts- und Sozialausschuss (WSA) existierten bereits seit dem 01.01.1958.

Future. Begr. f. einen standardisierten Vertrag (Kontrakt) am → Terminmarkt. F. sind börsenmäßig handelbare Finanztitel. Sie zählen zu den unbedingten Termingeschäften. Dabei verpflichtet sich die eine Partei, den Basiswert (ein bestimmtes Finanzinstrument oder eine bestimmte Ware) zu einem im Voraus vereinbarten Preis und festgelegten zukünftigen Zeitpunkt zu kaufen (→ Long-Position) bzw. zu verkaufen (→ Short-Position). Die Gegenpartei verpflichtet sich umgekehrt zur Lieferung bzw. Übernahme des Basiswertes oder, wenn vorgesehen, zum → Barausgleich. Besonders verbreitet sind F. auf Aktien, Rentenpapiere, Zinsen, Devisen, Rohstoffe; es gibt auch F. auf Gruppen von Wertpapieren, die in einem Index (z. B. Aktienindex → DAX oder → Major Market Index) zusammengefasst sind. Vgl. → Option.

Future-Markt – (engl.) Future Market. Eine Terminbörse, an der standardisierte Waren-Terminkontrakte (engl.: commodity futures) oder standardisierte Finanz-Terminkontrakte (engl.: financial futures) gehandelt werden. Gegensatz: → Forward-Markt.

Future-Kontrakt. Ein standardisierter → Terminkontrakt. Der Begr. → Future allein steht schon für einen standardisierten Terminvertrag. Gegensatz: → Forward-Kontrakt.

FWB → Frankfurter Wertpapierbörse.

G

GAB. Abk. f. (engl.) General Arrangements to Borrow; → Allgemeine Kreditvereinbarungen (AKV).

G 8. Gruppe der 8. → G 7-Staaten und Russland.

Garant. Der Garantiegeber; derjenige, der etwas garantiert.

Garantie. Rechtlich einseitiger Vertrag (verbindliches einseitiges Versprechen), nach dem sich der Garant zu Gunsten eines Dritten verpflichtet, für einen bestimmten zukünftigen Erfolg bzw. ein Verhalten einzutreten und/oder das Risiko eines zukünftigen Schadens zu tragen; den Begünstigten also bei Eintritt des Garantiefalles schadlos zu halten. Im internationalen Handel geschieht dies vielfach durch → Bankgarantien, aber auch durch staatliche Garantien (s. → Bundesgarantien). Die G. unterscheidet sich rechtlich und wirtschaftlich von der → Bürgschaft. Die G. ist im Unterschied zur Bürgschaft nicht gesetzlich geregelt. Es gibt – je nach dem zu besichernden Risiko – mehrere Formen von G.

Garantieformen im Außenhandel: → Bietungsgarantie, → Anzahlungsgarantie, → Zahlungsgarantie, → Ausfallzahlungsgarantie, → Liefer- oder Leistungsgarantie, → Gewährleistungsgarantie, → Konnossementsgarantie, → Unstimmigkeitsgarantie, → Qualitäts- und Gewichtsgarantie, → Rücklieferungsgarantie, → Vertragserfüllungsgarantie, → Transfergarantie, → Pönalegarantie, → Rückgarantie, → Schlusszahlungsgarantie, → Zollgarantie. Vgl. a. → direkte Garantie und → indirekte Garantie.

Garantien und Bürgschaften für ungebundene Finanzkredite an das Ausland. S. → Gewährleistungen für ungebundene Finanzkredite des Bundes.

GARIOA-Programm – (engl.) Government Appropriations for Relief In Occupied Arias. Unterstützungsprogramm der US-amerikanischen Regierung für besetzte Gebiete. Es wurde auf der Grundlage der „Haager Landkriegskonvention zur Verhinderung von Seuchen und Unruhen“ 1945 geschaffen. Grundstock des heutigen → ERP-Programms.

GASP → Gemeinsame Außen- und Sicherheitspolitik der EU.

GATS. Abk. f. (engl.) General Agreement on Trade in Services. → Allgemeines Abkommen über den Handel mit Dienstleistungen.

GATS-Rat. Rat für Handel und Dienstleistungen; ein Unterorgan der → Welthandelsorganisation (WHO/WTO).

GATT. Abk. f. (engl.) General Agreement on Tariffs and Trade. → Allgemeines Zoll- und Handelsabkommen.

GATT-Rat. Rat für den Warenhandel; ein Unterorgan der → Welthandelsorganisation.

GATT-Zollwert-Kodex. Ein Ergebnis der Verhandlungen des → GATT (→ Tokio-Runde) im Jahr 1979. Die Zollwertermittlung soll weltweit einheitlich, neutral und überschaubar erfolgen. Das Übereinkommen trat allgemein am 01.01.1981 in Kraft. Der G.-Z.-K. ist in der EG als unmittelbar geltendes Gemeinschaftsrecht umgesetzt; er führte auch in anderen Ländern zur Vereinheitlichung der Zollwertvorschriften, z. B. in den USA, Kanada, Brasilien, Südafrika.

GBP. ISO-Währungscode Währung des Vereinigten Königreichs (Großbritannien und Nordirland): Pfund Sterling (£).

GbR → Gesellschaft bürgerlichen Rechts. BGB-Gesellschaft.

GCB. Abk. f. (engl.) German Convention Bureau; → Deutsches Kongressbüro.

GCC. Abk. f. (engl.) Gulf Cooperation Council; → Kooperationsrat der arabischen Golfstaaten.

Gebietsansässige. Im außenwirtschaftsrechtlichen Sinne und im Sinne der → VGR gelten als G.: (1) Natürliche Personen, die ihren ordentlichen Wohnsitz oder gewöhnlichen Aufenthalt im → Wirtschaftsgebiet haben; unabhängig von ihrer Staatsangehörigkeit. (2) Juristische Personen und Personenhandelsgesellschaften mit Sitz oder Ort der Leitung im Wirtschaftsgebiet. (3) Zweigniederlassungen Gebietsfremder im inländischen Wirtschaftsgebiet bzw. Zweigniederlassungen Gebietsansässiger in fremden Wirtschaftsgebieten, wenn sich deren Leitung, Verwaltung und gesonderte Buchführung im Inland befinden. Im devisenrechtlichen Sinne sind G. → Deviseninländer.

Gebietsfremde. Im außenwirtschaftsrechlichen Sinne und im Sinne der → VGR gelten als G.: (1) Natürliche Personen, die ihren ordentlichen Wohnsitz oder gewöhnlichen Aufenthalt in → fremden Wirtschaftsgebieten haben. (2) Juristische Personen und Personenhandelsgesellschaften mit Sitz und Ort der Geschäftsführung in fremden Wirtschaftsgebieten. (3) Zweigniederlassungen Gebietsansässiger in fremden Wirtschaftsgebieten bzw. Zweigniederlassungen Gebietsfremder im inländischen Wirtschaftsgebiet, wenn sie im Ausland ihre Leitung haben und es für sie dort eine eigene Buchführung gibt. Im devisenrechtlichen Sinne sind G. → Devisenausländer.

Gebietszoll. Bez. f. ein Zollsystem, das die Verpflichtung zur Entrichtung einer Zollschuld von einem außenwirtschaftlichen Vorgang (Ausfuhr, Einfuhr, Durchfuhr) abhängig macht.

Geborenes (gesetzliches) Orderpapier. → Wertpapier, das kraft Gesetzes → Orderpapier ist; dazu zählen → Scheck, → Wechsel, → Namensaktie, auf Namen lautendes → Investmentzertifikat.

GebrMG. Abk. f. → Gebrauchsmustergesetz.

Gebrauchsmustergesetz (GebrMG) i. d. F. vom 28.08.1986 (BGBl. I 1455) mit spät. Änd., zuletzt geändert am 23.07.2002 (BGBl. I 2852).
http://www.gebrauchsmustergesetz.de/

Gebrochener Güterverkehr. Begr. f. d. kombinierten Transport von Gütern zu Lande, zur See und in der Luft. Insb. bei der Abwicklung von Außenhandelsgeschäften sind Exporteure und Importeure auf die Inanspruchnahme mehrerer Transportarten angewiesen.

Gebrochener Transithandel. Begr. f. ein Transithandelsgeschäft, bei dem ein Transithändler die ausländische Ware an einen anderen Gebietsansässigen veräußert, bevor die Ware einfuhrrechtlich abgefertigt worden ist.

Gebundene Finanzkredite. Oberbegr. f. Kredite, die zweckgebunden der Finanzierung von Exportgeschäften durch inländische Geschäfts- oder Spezialbanken dienen; s. → Kredite der

Ausfuhrkredit-Gesellschaft mbH (AKA) oder → Kredite der Kreditanstalt für Wiederaufbau (KfW). Bei mittel- und langfristigen Zahlungszielen haben sich zwei Arten herausgebildet: (1) → Bestellerkredit. Der g. F. wird vom inländischen Exporteur bzw. von dessen Bank dem ausländischen Importeur in seiner Eigenschaft als Besteller (Käufer) gewährt. (2) → Bank-zu-Bank-Kredit. Die inländische Bank des Exporteurs gewährt den g. F. einer Bank im Land des Importeurs; daraufhin kreditiert diese Importeurbank ihrerseits dem Importeur den analogen Betrag.

Gefälligkeitswechsel oder Kreditwechsel. Art des Finanzwechsels. S. → Wechsel.

Gegenakkreditiv. Sonderform des → Dokumentenakkreditivs; Unterakkreditiv zu einem bereits bestehenden (Haupt- oder Original-)Akkreditiv. Das Hauptakkreditiv dient zur Sicherstellung des G. Der Begünstigte des (nicht übertragbaren) Hauptakkreditivs ist der Auftraggeber des G. Damit kann z. B. ein Exporteur seinem Lieferanten akkreditivgemäße Sicherheit gewähren. G. und Originalakkreditiv beziehen sich auf die gleiche Warenlieferung; sie können aber verschiedenen Bedingungen unterliegen.

Gegengeschäft. Variante eines → Kompensationsgeschäftes, bei dem die gegenseitige Lieferung von Exporteur und Importeur in Geld bewertet wird. Im Gegensatz zum → Bartergeschäft, bei dem Ware gegen Ware geliefert wird. Man spricht von Vollkompensation, wenn sich die Lieferwerte vollkommen entsprechen; andernfalls von Teilkompensation.

Gekorenes (gewillkürtes) Orderpapier. → Wertpapier, das erst durch die positive → Orderklausel in der Urkunde seinen Rechtscharakter als Orderpapier erhält; dazu zählen z. B. → Warenwertpapiere (wie → Konnossement, → Ladeschein, → Lagerschein) und → Transportversicherungspolice.

Geld. Allgemein anerkanntes Tauschmittel. Die Recheneinheit einer Volkswirtschaft. Geld ist Zahlungsmittel (Geldhaltung aus dem Transaktionsmotiv) und Wertaufbewahrungsmittel (Geldhaltung aus dem Vermögensanlagemotiv).

Geldfunktionen. Grundsätzlich wird nach zwei von Geld geleisteten ökonomischen Funktionen unterschieden. Geld erfüllt zum einen die Transaktionsfunktion: Es wird von den Marktteilnehmern benötigt, um den laufenden Zahlungsverpflichtungen nachkommen zu können. Dies ist das Geld i. e. S., wie es in der Erfassung der Geldmenge M 1 zum Ausdruck kommt. Darüber hinaus erfüllt Geld aber auch die Wertaufbewahrungsfunktion: Diese Funktion erfüllen die Komponenten der gesamtwirtschaftlichen Geldmenge im weitesten Sinne, die nicht Transaktionsgeld sind; die also in der Differenz zwischen M 3 und M 1 enthalten sind. Durch sie wird „Vermögen in der Form höchster Liquidität" über die Zeit hinweg aufbewahrt. Geld, das aus dem Vermögensanlagemotiv gehalten wird, kann kurzfristig in Transaktionsgeld umgewandelt werden und wird daher als hochliquide eingestuft. → S. Geldmenge.

Geldkapital. Begr. f. d. Summe aller längerfristigen Forderungen inländischer Nichtbanken gegenüber dem Bankensystem, die definitionsgemäß nicht Bestandteil der → Geldmenge (M 3) sind. Zu diesen in Geldwerten längerfristig gehaltenen Vermögen zählen in Deutschland die Einlagen mit vereinbarter Laufzeit von mehr als zwei Jahren, die Einlagen mit vereinbarter Kündigungsfrist von mehr als drei Monaten, die Bankschuldverschreibungen mit Laufzeit von mehr als zwei Jahren sowie das Kapital und die Rücklagen der Banken.

Geldkarte. Eurocheque- oder Bankkundenkarte, die zusätzlich mit einem aufladbaren Chip versehen ist (daher auch die Bez. → Chipkarte). Der G.-Besitzer kann an entsprechenden

„Ladestationen“ oder Geldausgabeautomaten zulasten seines Kontos einen bestimmten Geldbetrag auf diesen Chip übertragen und dann mit diesem → „elektronischen Geld“ an den → POS-Kassen in Geschäften und an anderen Automaten (z. B. im Parkhaus) bargeldlos bezahlen. Die G. wird auch als „elektronische Geldbörse“ bezeichnet. Ist sie „leer“, muss sie wieder neu aufgeladen werden.

Geldkredit oder → Geldleihe. S. → Kredit. Gegensatz zum G.: → Warenkredit.

Geldkurs – (engl.) Bid. (1) Der (Nachfrage-)Preis, zu dem ein Käufer bereit ist, ein Wertpapier zu kaufen; den G. „bietet“ der Käufer eines Finanzinstrumentes. (2) Der Ankaufskurs für Devisen durch Banken. Gegensatz: → Briefkurs.

Geldleihe. Begr. f. die Ausleihe von Geld unter bestimmten Bedingungen als Kredit; z. B.: Eine Bank stellt ihrem Kunden im Rahmen eines gewährten Kontokorrentkredits Buch- oder Bargeld zur Verfügung.

Geldmarkt. I. w. S. der Markt für kurzfristige und mittelfristige Kredite und Geldanlagen (Finanzmittelbeschaffungen und -anlagen). I. e. S. der Markt für Zentralbankgeld und Geldmarktpapiere. S. a. → Euro-Geldmarkt.

Geldmarktfonds. → Investmentfonds, der bis zu 100 Prozent der ihm zufließenden Mittel in kurzfristigen Anlageformen investieren darf, z. B. in Bankeinlagen, variabel verzinslichen Wertpapieren und festverzinslichen Wertpapieren mit einer Restlaufzeit von höchstens zwölf Monaten. In G. investierende Anleger erhalten Anteilscheine. Diese können jederzeit an den G. zurückverkauft werden. G. sind in Deutschland seit dem 01.08.1994 zugelassen.

Geldmarktinstrumente. Sind verzinsliche Wertpapiere und Schuldscheindarlehen, die zum Zeitpunkt des Erwerbs seitens eines Geldmarkt-Sondervermögens (Geldmarktfonds) entweder eine Restlaufzeit von max. 12 Monaten haben oder deren Verzinsung während der Gesamtlaufzeit mindestens einmal jährlich marktgerecht angepasst wird. G. i. e. S. des → KWG sind auch nicht wertmäßig verbriefte oder als Wertrechte ausgestaltete Forderungsrechte; z. B. kürzerfristige Schuldscheindarlehen und → Deposit Notes.

Geldmarktpapiere. Kurzfristige Schuldverschreibungen mit Laufzeiten von i. d. R. bis zu einem Jahr. In Deutschland zählen dazu i. e. S. Staatspapiere, wie z. B. → Schatzwechsel. I. w. S. werden dazu auch unterjährige Schuldverschreibungen von Banken (→ Einlagenzertifikate) und von Unternehmen (→ Commercial Papers) gezählt.

Geldmarktsätze. Zinssätze auf dem → Geldmarkt. Sie richten sich v. a. nach der Liquiditätssituation der Teilnehmer am Geldmarkt (die von der → Offenmarktpolitik der Zentralbank abhängig ist) und nach der Fristigkeit. Am Frankfurter Bankplatz sind dies die Sätze für Tagesgeld und Dreimonatsgeld. G. sind → EONIA und die → Euribor-Sätze für Wochen-, Monats-, Dreimonats-, Sechsmonats-, Neunmonats- und Zwölfmonatsgeld.

Geldmenge (Geldvolumen). Bestand an Geld bei → Nichtbanken. Die Geldmenge wird in der → Europäischen Wirtschafts- und Währungsunion nach M 1, M 2 und M 3 differenziert; im Eurosystem wie folgt definiert: M 1 (die Geldmenge i. e. S.): → Bargeldumlauf (ohne die Kassenbestände der → Monetären Finanzinstitute) und die → täglich fälligen Einlagen von Ansässigen des Euroraums (außer Zentralregierungen) bei geldschöpfenden Institutionen des Euroraums. M 2 (die Geldmenge i. w. S.): M 1 zuzüglich der Einlagen mit vereinbarter Laufzeit von bis zu zwei Jahren und der Einlagen mit vereinbarter Kündigungsfrist von bis zu drei

Monaten. M 3 (die Geldmenge im weitesten Sinne): M 2 zuzüglich der → Repogeschäfte, der → Geldmarktfondsanteile und → Geldmarktpapiere sowie der Schuldverschreibungen mit einer Ursprungslaufzeit von bis zu zwei Jahren. Diese Geldmengen-Aggregate werden auf der statistischen Grundlage der → Konsolidierten Bilanz der MFIs regelmäßig ermittelt und analysiert. Das im Ausland umlaufende Bargeld wird – gesamtwirtschaftlich betrachtet – dem Sektor → Übrige Welt und damit eben auch dem Nichtbanken- bzw. Nicht-MFI-Sektor zugerechnet. Wegen der weltweiten Attraktivität der „harten" DM-Währung befanden sich bis 2002 schätzungsweise mehr als 30 % der DM-Bargeldmenge in Händen von Ausländern.

Geldmengenwachstum. Hierfür gibt der → EZB-Rat regelmäßig eine Wachstumsrate der Geldmenge M 3 als Referenzwert an. Dieser wird auf der Basis von mittelfristigen Annahmen über die reale Wachstumsentwicklung des BIP und die → Umlaufgeschwindigkeit von M 3 ermittelt. Der Referenzwert für das G. soll im Einklang mit der Definition des EZB-Rates von Preisniveaustabilität stehen und der Erreichung dieses zentralen Zieles der EZB dienen.

Geldpolitik. Begr. f. d. Gesamtheit aller Regelungen und Maßnahmen der Träger der G. (meist der → Zentralbank) zur Gestaltung der monetären Rahmenbedingungen und Sicherung der Währung einer Volkswirtschaft bzw. einer Gemeinschaft von Volkswirtschaften. In der → WWU ist das → ESZB für die G. zuständig – unabhängig von Weisungen von Organen oder Einrichtungen der Gemeinschaft und Regierungen der Mitgliedstaaten. Vorrangiges Ziel ist die Gewährleistung der → Preisstabilität. Das ESZB hat die allgemeine Wirtschaftspolitik der Gemeinschaft zu unterstützen (soweit dies ohne Beeinträchtigung des Zieles der Preisstabilität möglich ist). Dazu stehen die geldpolitischen Instrumente der → Offenmarktgeschäfte, der → Ständigen Fazilitäten und der → Mindestreservenpolitik zur Verfügung. Sie ermöglichen die Steuerung der Zinskonditionen und der Liquiditätsverhältnisse am Geldmarkt.

Geldschöpfung. Begr. f. d. Vermehrung der Geldmenge durch die Aktiv- und Passivgeschäfte des Bankensystems. Hauptquelle der G. ist heutzutage die Kreditgewährung der Geschäftsbanken (aktive G.). Dem Kreditnehmer wird in Höhe des aufgenommenen Kredits ein Sichtguthaben eingeräumt; verfügt dieser darüber bargeldlos, steigt die → Buchgeldmenge und damit auch unmittelbar die gesamtwirtschaftliche → Geldmenge. Wenn Nichtbanken Teile ihrer Bankeinlagen, die dem → Geldkapital zugerechnet werden, in Einlageformen umwandeln, die zur Geldmenge (M 3) gerechnet werden, entsteht ebenfalls Geld (passive G.). Mit der G. der Geschäftsbanken erhöht sich zugleich der Bedarf an → Zentralbankgeld: Zum einen wird den Geschäftsbanken i. d. R. ein Teil des kreditierten Betrages in Form von → Bargeld abverlangt; zum anderen wachsen im Bankensystem mit den zusätzlichen Buchgeldüberweisungen auch die Bankeinlagen und damit die → Mindestreserveverpflichtungen der Geld- und Kreditinstitute.

Geld- und Kreditinstitute. → Banken.

Geldvolumen → Geldmenge.

Geldwäsche. Begr. f. d. Transferieren von „schmutzigem Geld", z. B. aus dem Bereich der Drogenkriminalität und des internationalen organisierten Verbrechens, in den legalen Wirtschaftskreislauf. Durch ein solches Einschleusen von illegal erworbenen Vermögenswerten entziehen sich Personen und/oder kriminelle Vereinigungen dem Zugriff der Strafverfolgungsbehörden. Zur Bekämpfung der G. vgl. → Financial Action Task Force on Money Laundering (FATF).

Geldwäschegesetz. Kurzform f. d. deutsche Gesetz über das Aufspüren von Gewinnen aus

schweren Straftaten v. 25.10.1993 (BGBl. I 1770). Nach ihm sind die diversen monetären Finanzinstitute, aber auch Vermögensverwalter und Spielbanken verpflichtet, bei der Annahme oder Abgabe von Bargeld, Wertpapieren oder Edelmetallen ab einem bestimmten Wert (15.000 €) die Person zu identifizieren, die ihnen gegenüber auftritt. Im Falle des Verdachts, dass eine Finanztransaktion der Geldwäsche dient bzw. dienen würde, hat das betroffene Institut unverzüglich mündlich, fernmündlich, fernschriftlich oder durch elektronische Datenübermittlung bei der zuständigen Strafverfolgungsbehörde Anzeige zu erstatten.
http://bgbl.makrolog.de

Geldwertstabilität, Preis-/Preisniveaustabilität, Währungsstabilität. Ein wichtiges Ziel der Wirtschaftspolitik. Für die gesamtwirtschaftliche G., d. h. für die Aufrechterhaltung der Kaufkraft des Geldes, ist insb. die → Geldpolitik der EZB verantwortlich. G. kann aufrechterhalten werden, wenn es gelingt, die → Inflation in sehr engen Grenzen zu halten. In einer dynamischen, global orientierten Volkswirtschaft wird es einen absolut inflationsfrei verlaufenden Marktprozess nicht geben können. Die EZB geht derzeit davon aus, dass dem Ziel der G. angemessen entsprochen werden kann, wenn die → Inflationsrate (gemessen an der Steigerungsrate des → Harmonisierten Verbraucherpreisindex – HVPI) zwischen null und zwei Prozent liegt. Die gesamtwirtschaftliche G. könnte auch durch eine → Deflation gefährdet werden. Faktisch haben sich aber die allermeisten Länder über die letzten Jahrzehnte hinweg vor allem den Inflationsgefahren und teils auch großen Inflationsproblemen und kaum Deflationsgefahren im Rahmen ihrer konkreten Politik der Geldwertstabilisierung widmen müssen.

Geliefert ab Kai (... benannter Bestimmungshafen) – (engl.) Delivered Ex Quay (DEQ). International verwendete Handelsklausel für die Lieferung der Ware über See oder Binnengewässer oder bei multimodalem Transport einschl. der Entladung von einem Schiff auf den Kai im Bestimmungshafen. Die DEQ-Klausel besagt, dass der Exporteur liefert, wenn die – zur Einfuhr nicht freigemachte – Ware dem Importeur am Kai des benannten Bestimmungshafens bereitgestellt wird. Bis dahin trägt der Exporteur alle Kosten und Gefahren. Der Importeur hat die Ware zur Einfuhr freizumachen, alle diesbezüglichen Formalitäten zu erledigen und Zölle, Steuern sowie sonstige Einfuhrabgaben zu bezahlen. (In der früheren Fassung der Incoterms hatte der Exporteur die Importfreimachung vorzunehmen). S. a. → Incoterms 2000.

Geliefert ab Schiff (... benannter Bestimmungshafen) – (engl.) Delivered Ex Ship (DES). International verwendete Handelsklausel für die Lieferung der Ware auf dem Seeweg oder einem Binnengewässer oder bei multimodalem Transport auf einem Schiff in den Bestimmungshafen. Die DES-Klausel besagt, dass der Exporteur liefert, wenn die – zur Einfuhr nicht freigemachte – Ware dem Importeur an Bord des Schiffes im benannten Bestimmungshafen bereitgestellt wird. Der Exporteur trägt alle Kosten und Gefahren der Beförderung bis zur Entladung der Ware. S. a. → Incoterms 2000.

Geliefert Grenze (... benannter Ort) – (engl.) Delivered At Frontier (DAF). International verwendete Handelsklausel, die besagt, dass der Exporteur liefert, wenn die zur Ausfuhr – aber nicht zur Einfuhr! – freigemachte Ware an der benannten Stelle des benannten Grenzortes – vor der Zollgrenze des Importlandes – dem Importeur zur Verfügung gestellt wird, u. z. unentladen auf dem ankommenden Beförderungsmittel. Die DAF-Klausel gilt für jede Transportart, wenn die Lieferung der Ware an eine Landesgrenze erfolgt. Wenn im Bestimmunghafen (an Bord eines Schiffes oder auf dem Kai) geliefert werden soll, ist die DES- oder DEQ-Klausel zu verwenden. S. a. → Incoterms 2000.

Geliefert unverzollt (... benannter Bestimmungsort) – (engl.) Delivered Duty Unpaid (DDU). International verwendete Handelsklausel, die besagt, dass der Exporteur die – zur Einfuhr nicht freigemachte – Ware dem Importeur auf dem ankommenden Beförderungsmittel – unentladen – am benannten Bestimmungsort im Importland zur Verfügung stellt. Der Exporteur trägt bis dahin alle Kosten und Gefahren der Beförderung; aber ohne jeglichen „Zoll". D. h., der Importeur hat die Kosten für Zölle, Steuern und sonstige Einfuhrabgaben sowie die Gefahren der Erledigung der Zollformalitäten (z. B. durch die nicht rechtzeitige Gestellung und Einfuhrfreimachung der Ware) zu tragen. Die DDU-Klausel kann für jede Transportart verwendet werden. Wenn die Lieferung aber im Bestimmungshafen (an Bord des Schiffes oder auf dem Kai) erfolgen soll, dann ist die DES- oder die DEQ-Klausel zu verwenden. S. a. → Incoterms 2000.

Geliefert verzollt (... benannter Bestimmungsort) – (engl.) Delivered Duty Paid (DDP). International verwendete Handelsklausel, die besagt, dass der Exporteur die zur Einfuhr freigemachte Ware dem Importeur auf dem ankommenden Beförderungsmittel – unentladen – am benannten Bestimmungsort im Importland bereitstellt. Der Exporteur trägt bis dorthin alle Kosten und Gefahren der Beförderung der Ware, einschl. des „Zolls". (Der Begr. Zoll umfasst hier – wie bei der DDU-Klausel – die Verantwortung und die Gefahr der Erledigung der Zollformalitäten; er schließt die Bezahlung von Zöllen, Steuern und sonstigen Einfuhrabgaben ein.) Die DDP-Klausel kann für jede Transportart verwendet werden. Es sollte aber die DES- oder die DEQ-Klausel verwendet werden, wenn die Lieferung im Bestimmungshafen (an Bord des Schiffes oder auf dem Kai) vereinbart wird. Für den Exporteur stellt die DDP-Klausel eine Maximalverpflichtung dar; im Gegensatz zu seiner Mindestverpflichtung bei Vereinbarung der → EXW-Klausel. S. a. → Incoterms 2000.

Gemeinsame Außen- und Sicherheitspolitik (GASP) der EU. Wurde gem. → Vertrag über die Europäische Union (Titel V) – in Kraft seit dem 01.11.1993 – zur Wahrung gemeinsamer Werte und grundlegender Interessen der EU-Staaten geschaffen. Dazu gehören die Stärkung der Sicherheit der EU wie der internationalen Staatengemeinschaft gem. den Grundsätzen der Charta der Vereinten Nationen und den Prinzipien der KSZE-Schlussakte bzw. den Zielsetzungen der → OSZE. Außen- und sicherheitspolitische Fragen von allgemeiner Bedeutung werden im → EU-Ministerrat erörtert. Beschlüsse zur GASP werden grundsätzlich einstimmig gefasst. Wenn ein Ratsmitglied beabsichtigt, aus wichtigen Gründen der nationalen Politik einen zu fassenden Beschluss abzulehnen, erfolgt keine Abstimmung. Die Angelegenheit kann an den → Europäischen Rat (ER) verwiesen werden. Die EU wird in GASP-Angelegenheiten vom jeweiligen Vorsitzenden des Rates vertreten. GASP stellt neben der → Europäischen Gemeinschaft (EG) und der „polizeilichen und justiziellen Zusammenarbeit in Strafsachen" eine der drei tragenden Säulen der EU dar.

Gemeinsame Markt-Organisationen (GMO). S. → Marktorganisationen, gemeinsame.

Gemeinsamer Markt. Begr. für den seit dem 01.01.1993 bestehenden europäischen Binnenmarkt der → EU; mit freiem Personen-, Güter-, Dienstleistungs- und Kapitalverkehr. Er ist zurzeit der größte g. M. der Welt. In der EU werden die Begr. Gemeinsamer Markt und Binnenmarkt synonym verwendet.

Gemeinsamer Markt des ganzen Südens – Gemeinsamer Markt im südlichen Lateinamerika; → Gemeinsamer Südamerikanischer Markt.

Gemeinsamer Südamerikanischer Markt – (span.) Mercado Común del Cono Sur (Mercosur) – (port.) Mercado Comun do Sul (Mercosul). Gegr. am 26.03.1991 durch den Vertrag von Asunción. Sitz: Montevideo. Mitglieder: Die vier Gründerstaaten Argentinien, Brasilien, Paraguay, Uruguay und zwei assoziierte Staaten: Chile und Bolivien. Ziele: Freier Waren- und

Dienstleistungsverkehr (durch Beseitigung von Zöllen und anderen Handelshemmnissen) zwischen den Mitgliedstaaten; gemeinsames Außenzollsystem; Handelsliberalisierung mit Drittstaaten und Staatengruppen, z. B. der EU. Organe: Oberstes Beschlussorgan ist der Rat des Gemeinsamen Marktes; er besteht aus den Außen- und Wirtschaftsministern und tagt halbjährlich als Gipfelkonferenz mit den Staatspräsidenten. Exekutivorgan ist die Gruppe Gemeinsamer Markt. Zur Beschleunigung der nationalen Prozeduren zur Umsetzung der Mercosur-Beschlüsse ist die Gemeinsame Parlamentarierkommission aus Abgeordneten der Mitgliedstaaten zuständig. Zudem gibt es ein Schiedsgericht; Sitz: Asunción.
http://www.mercosur.com

Gemeinsamer Zolltarif der EG (GZT). Einheitlicher Außenzolltarif der EG; am 01.07.1968 in Kraft getreten. Gilt in allen Mitgliedstaaten unmittelbar. (Daneben → Deutscher Teil-Zolltarif). Vgl. → Deutscher Gebrauchs-Zolltarif (DGebrZT).

Gemeinsames Verzeichnis der industriellen Erzeugnisse – (frz.) Nomanclature commune des produits industriels (NIPRO). Vgl. → Internationale Waren- und Gütersystematiken.

Gemeinsame Versammlung. Seit 1979 das → Europäische Parlament.

Gemeinschaftliche Rechtsakte. Soweit die Mitgliedstaaten der EG/EU durch die Gemeinschaftsverträge (Römische Verträge, Maastrichter Vertrag und Amsterdamer Vertrag) Hoheitsrechte auf die EG/EU übertragen haben, besitzt die Gemeinschaft autonome Entscheidungsbefugnisse; eine eigene Rechtsordnung und eigene Rechtsetzungsbefugnisse. Die vom EU-Ministerrat im Zusammenwirken mit dem Europäischen Parlament auf Initiative der EU-Kommission erlassenen Rechtsakte (das sog. sekundäre Gemeinschaftsrecht) besitzen in allen Mitgliedstaaten Gesetzeskraft. Es ist nach folgenden Rechtsakten zu unterscheiden: (1) Verordnungen: Sie sind in jedem Mitgliedstaat für jedermann unmittelbar verbindlich. (2) Richtlinien: Sie schreiben die zu erreichenden Ziele verbindlich vor, wobei die Wahl der Mittel zur Zielerreichung dem einzelnen Mitgliedstaat überlassen bleibt. (3) Entscheidungen: Diese können an einen Mitgliedstaat, ein Unternehmen oder an Einzelpersonen gerichtet sein; ein derartiger Rechtsakt ist für den Adressaten verbindlich. (4) Empfehlungen und Stellungnahmen: Rechtsakte, die keinen zwingenden Charakter haben.

Gemeinschaftliches Sortenamt (GS) – (frz.) Office Communautaire des Variétés Végétales (OCVV) oder (engl.) Community Plant Variety Office (CPVO). S. → Europäische Union (→ Gemeinschaftsagenturen).

Gemeinschaftliche Versandverfahren (gVV). → Externes T 1-Verfahren und → internes T 2-Verfahren. S. → Versandverfahren.

Gemeinschaftsagentur. Begr. f. eine nicht mit den Hauptorganen der Europäische Union (dem EU-Ministerrat, der EU-Kommission und dem Europäischen Parlament) zusammenhängende Einrichtung des europäischen öffentlichen Rechts mit eigener Rechtspersönlichkeit. Sie wird durch einen Rechtsakt des abgeleiteten Gemeinschaftsrechts geschaffen, in dem die technischen, wissenschaftlichen und administrativen Aufgaben der Agentur geregelt sind. Zurzeit gibt es dreizehn dezentralisierte Einrichtungen, die dieser Definition entsprechen; dennoch tragen sie unterschiedliche Bezeichnungen, wie Amt, Agentur, Beobachtungsstelle, Stiftung, Zentrum. S. → Europäische Union.

Gemeinschaftsansässige. Gem. Art. 4 Nr. 2 ZK und § 4 Abs. 1 Nr. 6 AWG sind G.: (1) natürliche Personen, die in der EG ihren normalen Wohnsitz haben (ansässig sind). (2) Juristische

Personen oder Personenvereinigungen, die in der EG ihren satzungsgemäßen Sitz, ihre Hauptverwaltung oder eine dauernde Niederlassung haben.

Gemeinschaftsfremde. Im Sinne des Außenwirtschafts- und des Zollrechts alle Personen, die nicht → Gemeinschaftsansässige sind.

Gemeinschaftsgebiet. Begr. f. d. → Zollgebiet der EG.

Gemeinschaftsgut. Bez. f. die in der EU erzeugte Ware bzw. für ein zum freien Verkehr (zollamtlich) abgefertigtes → Drittlandsgut.

Gemeinschaftsgutachten der sechs führenden wirtschaftswissenschaftlichen Forschungsinstitute Deutschlands. S. → Frühjahrs- und Herbstgutachten.

Gemeinschaftsrecht. Recht der EU, insb. der EG.

Gemeinschaftswaren. Begr. d. Außenwirtschaftsrechts (Art. 4 Nr. 7 ZK), nach dem folgende Waren – zollrechtlich – G. sind: (1) Waren, die vollständig im → Gemeinschaftsgebiet (und nur mit anderen Waren aus dem Gemeinschaftsgebiet) hergestellt worden sind. (2) Waren, die aus Ländern, die nicht zum Zollgebiet der EG gehören, eingeführt und im Gemeinschaftsgebiet in den → Freiverkehr überführt worden sind. (3) Waren, die im Gemeinschaftsgebiet entweder ausschließlich mit verzollten oder unter Verwendung von in der EG gewonnenen Waren hergestellt worden sind. Sobald solche Waren tatsächlich in ein Zollgebiet außerhalb der EG verbracht worden sind, verlieren sie ihren Status als G.

Gemeinschaft unabhängiger Staaten (GUS) – (engl.) Commonwealth of Independent States (CIS). Gegr. durch die Abkommen von Minsk (08.12.1991) und Almaty (21.12.1991). Sitz: Minsk. Nachfolgerin der ehemaligen Sowjetunion. 12 Mitgliedstaaten: Armenien, Aserbaidschan, Georgien, Kasachstan, Kirgistan, Moldau, Russland, Tadschikistan, Turkmenistan, Ukraine, Usbekistan und Weißrussland (Belarus). Zu den Zielen zählen u. a. die Zusammenarbeit bei der internationalen Friedenssicherung, Koordinierung der Außenpolitik, Schaffung eines gemeinsamen Wirtschaftsraums, Zusammenarbeit im Transport- und Zollwesen sowie beim Umweltschutz und der Bekämpfung des organisierten Verbrechens. Eine gemeinsame Aufgabe war auch die geordnete Auflösung der Sowjetunion. Hauptorgane: Rat der Staatsoberhäupter (GUS-Gipfel); er tagt mindestens zweimal im Jahr (jedes Mitglied hat ein Vetorecht). Exekutivsekretariat mit rd. 90 Mitgliedern; es dient der Vorbereitung und Durchführung der Sitzungen des Rats der Staatsoberhäupter.
http://www.cis.minsk.by

Genannter Kurs. Börsenbegr. f. d. Sachverhalt, dass es beim g. K. zu keinem Börsenabschluss gekommen ist; es fehlte entweder das Angebot oder die Nachfrage.

General Agreement on Tariffs and Trade (GATT); → Allgemeines Zoll- und Handelsabkommen.

Generalhandel. Begr. a. d. amtlichen Statistik für den Warenverkehr im Außenhandel, wobei die Transaktionen vom Standpunkt des (Zoll-)Auslands her erfasst und dargestellt werden. Er umfasst die gesamte Wareneinfuhr und Warenausfuhr – mit Ausnahme der → Warendurchfuhr (des → Transithandels) und des → Zwischenauslandsverkehrs. Er unterscheidet sich vom → Spezialhandel durch eine unterschiedliche Berücksichtigung des → Lagerverkehrs. Der G. schließt die Wareneinfuhr auf Lager und die Warenausfuhr aus Lager ein.

Generalpolice. Begr. f. d. aufgrund einer „laufenden Versicherung" (laufenden Deckung) ausgestellten → Versicherungsschein. Im Außenhandel werden z. B. üblicherweise G. dann ausgestellt, wenn regelmäßige oder oftmals wiederkehrende Transporte gleicher Art und Risiken vertraglich abgesichert werden. Der Versicherungsnehmer ist verpflichtet, dem Versicherer die einzelnen Transporte – getrennt oder zu bestimmten Terminen gesammelt – für einen in der G. vereinbarten Zeitraum zu melden. Im Rahmen einer G. kann für den einzelnen Warentransport ein → Versicherungszertifikat ausgefertigt werden.

GenG. Abk. f. Genossenschaftsgesetz; Gesetz betreffend die Erwerbs- und Wirtschaftsgenossenschaften v. 01.05.1889 (RGBl 55, RGBl 1898 369, 810). Neu gefasst durch Bekanntmachung v. 19.08.1994 (BGBl I 2202).
http://jurcom5.juris.de/bundesrecht/geng/

GENIOS Wirtschaftsdatenbanken. Gegr. 1985. Sitz: Frankfurt am Main. Zurzeit größter Online-Anbieter von Wirtschafts- und Presseinformationen im deutschsprachigen Raum mit rd. 500 Online-Datenbanken.
www.genios.de

Genossenschaft. Die G. ist (gem. dem Reichsgesetz betreffend die Erwerbs- und Wirtschaftsgenossenschaften, aus dem Jahre 1889 – GenG) ein Verein mit nicht geschlossener Mitgliederzahl (freier und wechselnder Mitgliedschaft). Zweck der G. ist die Förderung des Erwerbs und der Wirtschaft der Mitglieder (Genossen) mittels gemeinschaftlichen Geschäftsbetriebs. Die G. muss im → Genossenschaftsregister eingetragen werden. Sie ist eine juristische Person und einer Handelsgesellschaft gleichgestellt. Ihre Organe sind: Vorstand (mindestens zwei Mitglieder. Ihnen obliegt die Geschäftsführung und Vertretung der G.; grundsätzlich gemeinsam), Aufsichtsrat und Generalversammlung. Je nach dem Zweck der G. unterscheidet man z. B. Produktions-, Absatz-, Verbraucher-, Wohnungsbau- oder Kredit-G.

Genossenschaftsbank oder Kreditgenossenschaft. Geld- oder Kreditinstitut in der Rechtsform einer eingetragenen Genossenschaft (e. G.). Die Mitglieder – die sog. Genossen – haben ein oder mehrere, auf feste Beträge lautende Geschäftsguthaben erworben, die dem Geschäftsergebnis entsprechend verzinst werden. In Deutschland sind G. die Volksbanken und Raiffeisenbanken. Beide arbeiten seit 1972 im Bundesverband der Deutschen Volksbanken und Raiffeisenbanken e. V. (BVR) zusammen.
http://www.vrnet.de

Genossenschaftsregister. Das vom Amtsgericht als Registergericht geführte Register. Es dient der Eintragung der Genossenschaften und ihrer Rechtsverhältnisse. Es wird nach ähnlichen Grundsätzen wie das Handelsregister geführt.

Geregelter Markt. Begr. f. d. „Zweite → Börsensegment" an den deutschen Wertpapierbörsen. Der g. M. eröffnet Unternehmen, welche die Minimalanforderungen des → amtlichen Handels nicht erfüllen, den Zugang zu den Börsen. Auf diesem sog. „2. Markt" findet keine amtliche Notierung statt; dennoch unterliegt die nichtamtliche Preisfeststellung einer gesetzlichen Regelung. S. a. → Freiverkehr.

Gerichtshof der Europäischen Gemeinschaften; → Europäischer Gerichtshof (EuGH).

Gerichtsverfassungsgesetz (GVG); in der Fassung der Bekanntmachung vom 09.05.1975 (BGBl. I 1077), zuletzt geändert durch Gesetz vom 22.08.2002 (BGBl. I 3390).
http://dejure.org/gesetze/GVG/

German Centres; → Deutsche Industrie- und Handelszentren.

German Convention Bureau (GCB); → Deutsches Kongressbüro.

Germanischer Lloyd (GL). Eine der weltweit führenden Gesellschaften für die → Klassifikation von Schiffen. Gegr. 1867. Hauptsitz: Hamburg. Der GL ist in über 120 Ländern vertreten. Der GL ist eine private, finanziell unabhängige Gesellschaft; eine nicht gewinnorientierte Aktiengesellschaft. Zurzeit fahren rd. 4.500 Schiffe mit GL-Klassifikation.
http://www.germanlloyd.org

Gesamtkurs. An den Börsen stellt ein G. das Ergebnis von Kauf- und Verkaufsverhandlungen zwischen mehreren Händlern dar. Es ist dies dann der Kurs, zu dem der Markt weitgehend geräumt ist. Zum G. wird eine Vielzahl von Börsenaufträgen abgerechnet. Gegensatz: → Einzelkurs.

Gesamtwirtschaftliche Entstehungsrechnung. Methode zur Ermittlung des Bruttoinlands- bzw. Bruttonationalprodukts im Rahmen der → VGR. Dabei wird vom → Produktionswert der in → Wirtschaftsbereiche gegliederten einzelnen produzierenden Einheiten und deren Vorleistungen ausgegangen. Gesamtwirtschaftlicher Produktionswert abzüglich gesamtwirtschaftliche Vorleistungen ergibt die gesamtwirtschaftliche Bruttowertschöpfung (unbereinigt). Wenn von dieser der Wert der unterstellten Bankgebühr (unterstellte Entgelte für Bankdienstleistungen) abgesetzt wird, erhält man die bereinigte Bruttowertschöpfung. Zur Bruttowertschöpfung (bereinigt) sind die Gütersteuern abzüglich der Gütersubventionen zu addieren, um zum → Bruttoinlandsprodukt zu Marktpreisen zu gelangen. Dazu die Primäreinkommen aus der übrigen Welt hinzugezählt und die Primäreinkommen an die übrige Welt abgezogen, führt zum → Bruttonationalprodukt zu Marktpreisen.

Gesamtwirtschaftliche Geldmenge. → Geldmenge.

Gesamtwirtschaftliches Gleichgewicht. Begr. f. d. Übereinstimmen von gesamtwirtschaftlichem Angebot und gesamtwirtschaftlicher Nachfrage. Ein grundlegendes Ziel der Wirtschaftspolitik. Ein allgemeines g. G. setzt Gleichgewichte auf den makroökonomischen Teilmärkten – Gütermarkt: Güterangebot = Güternachfrage; Geldmarkt: Geldangebot = Geldnachfrage; Arbeitsmarkt: Arbeitsangebot = Arbeitsnachfrage – voraus.

Gesamtwirtschaftliche Verteilungsrechnung. Teil der → VGR, der im Zuge der Ermittlung des Bruttoinlands- bzw. Bruttonationalproduktes das → Volkseinkommen, differenziert nach Einkommensarten und nach Sektoren, darstellt. Zum Volkseinkommen oder Nettonationaleinkommen (früher Nettosozialeinkommen) zu Faktorkosten gelangt man auf folgendem Wege: Bruttonationaleinkommen (= Bruttonationalprodukt) zu Marktpreisen minus → Abschreibungen ergibt das Nettonationaleinkommen (= Nettonationalprodukt) zu Marktpreisen. Von diesem die → Produktions- und Importabgaben abgezogen und die Subventionen hinzugerechnet, führt zum Nettonationaleinkommen zu Faktorkosten (= Nettonationalprodukt zu Faktorkosten) = Volkseinkommen. Dessen Gliederung nach Einkommensarten zeigt die Zusammensetzung aus dem Arbeitnehmerentgelt (dem Bruttoeinkommen aus unselbstständiger Arbeit) und dem Unternehmens- und Vermögenseinkommen (dem Bruttoeinkommen aus Unternehmertätigkeit und Vermögen). Die Gliederung nach Sektoren zeigt die Anteile der privaten Haushalte, des Unternehmenssektors und des Staatssektors am gesamten Volkseinkommen auf.

Gesamtwirtschaftliche Verwendungsrechnung. Teil der → VGR. Methode zur Ermittlung des Bruttoinlands- bzw. des Bruttonationalprodukts einer Volkswirtschaft. Sie zeigt, welcher

Wert an produzierten Gütern in einer Rechnungsperiode im Inland verbraucht und investiert sowie an die Übrige Welt exportiert und von dort importiert wurde. Die Zusammenfassung des privaten Konsums, des Staatskonsums und der Bruttoinvestitionen ergibt die „Letzte inländische Verwendung“; zu dieser den Export hinzugezählt, führt zur „Letzten Verwendung“. Davon den Import abgezogen, ergibt das → Bruttoinlandsprodukt (nach dem → Inlandskonzept) bzw. das → Bruttonationalprodukt (nach dem → Inländerkonzept).

Geschäftsbank. Bez. für eine → Bank, die nicht → Zentralbank (Notenbank) ist. Meist gleichbedeutend verwendet wie → Kreditinstitut. Begr. f. ein Institut, das sich mit allen wesentlichen Sparten des → Bankgeschäftes befasst. Vgl. → Spezialbank.

Geschäftsbesorgungsvertrag. Dies ist gemäß § 675 des deutschen BGB ein → Dienstvertrag oder ein → Werkvertrag, der auf eine selbstständige Tätigkeit wirtschaftlicher Art gerichtet ist, die für einen anderen und in dessen Interesse entgeltlich vorgenommen wird.

Geschlossene Volkswirtschaft. Volkswirtschaft, die keine außenwirtschaftlichen Beziehungen zu anderen Volkswirtschaften unterhält. Die Geschlossenheit kann sich auf den Gütermarkt (kein Export und Import von Waren- und Dienstleistungen), auf den Geld- und Kapitalmarkt sowie auf den Arbeitsmarkt beziehen. Gegenteil: → Offene Volkswirtschaft. Vgl. → Autarkie.

Geschmacksmustergesetz (GeschmMG) v. 11.01.1876 (RGBl. 11) mit spät. Änd., zuletzt geändert am 13.12.2001 (BGBl. I 3678 sowie 3682).
http://www.geschmacksmustergesetz.de/

GeschmMG. Abk. f. → Geschmacksmustergesetz.

Gesellschaft bürgerlichen Rechts – GbR. BGB-Gesellschaft. Grundform einer Personengesellschaft. Bei einer GbR verpflichten sich (gem. § 705 BGB) mindestens zwei Gesellschafter durch einen Gesellschaftsvertrag, die Erreichung eines genau bestimmten gemeinsamen (Gesellschafts-/Geschäfts-)Zwecks zu fördern. Die Ausübung eines → Handelsgewerbes (das dem Handelsrecht – HGB – unterliegt) kann nicht Zweck einer GbR sein. Die GbR ist nicht rechtsfähig, hat keine Firma. Sie ist keine juristische Person. Eine GbR kann kurzfristig als Gelegenheitsgesellschaft, langfristig als Partnerschaftsgesellschaft bestehen; z. B. als ARGE (Arbeitsgemeinschaft)-Bau, Kartell, Anwaltsozietät.

Gesellschaft für Handwerksmessen (GHM). Führender Messeveranstalter mit ausgezeichnetem internationalen Ruf. Die von der GHM veranstalteten Messen und Verkaufsausstellungen ziehen Besucher und Aussteller aus aller Welt an. Dem deutschen Handwerk werden auf diese Weise Brücken zum Weltmarkt gebaut bzw. erhalten; ihm wird dadurch ein globales Investitionsgüterangebot erschlossen. Damit wird ein wesentlicher Beitrag zur Steigerung seiner Wettbewerbsfähigkeit geleistet.
http://www.ghm.de

Gesellschaft für Zahlungssysteme (GZS); Sitz: Bad Vilbel. Erbringt Dienstleistungen für Kreditinstitute sowie für Unternehmen aus Handel, Industrie und Dienstleistungsgewerbe. Die GZS ist Partner der Kreditinstitute für deren Kartengeschäft (→ Eurocard: Abrechnung, Pflege des Akzeptanzstellennetzes und Sicherheitsmanagements). Sie unterstützt Unternehmen u. a. beim → E-commerce, → CAPS, → POS-Banking. Sie führte die Verrechnung für das → Eurocheque-System in Deutschland durch. Unter der Internetadresse kann ein umfangreiches Glos-

sar mit (englischen) Begriffen rund um das Kartengeschäft eingesehen werden.
http://www.gzs.de

Gesellschaft mit beschränkter Haftung (GmbH). Die GmbH ist eine Kapitalgesellschaft mit eigener Rechtspersönlichkeit. Sie wurde als Rechtsform ohne historisches Vorbild 1892 geschaffen. Rechtsgrundlage ist das → GmbH-Gesetz. Die GmbH ist eine juristische Person, die selbst unbeschränkt mit ihrem Vermögen haftet. Sie ist stets Handelsgesellschaft und damit Kaufmann. Organe der GmbH sind (mindestens ein) Geschäftsführer und die Gesellschafterversammlung (Gesamtheit der Gesellschafter). Sie kann einen Aufsichtsrat, Beirat und Verwaltungsrat haben (wenn die Satzung dies vorsieht); bei mehr als 500 Arbeitnehmern muss sie jedoch einen Aufsichtsrat haben. Die GmbH unterliegt nicht der Publikationspflicht, d. h., sie muss ihren Jahresabschluss nicht veröffentlichen.

Gesellschaftsrecht. Das Recht von Personenvereinigungen des Privatrechts, die durch ein Rechtsgeschäft gegründet werden, um einen bestimmten gemeinsamen Zweck zu erreichen. Demnach umfasst das G. insb. alle Rechtsnormen mit Bezug auf die → Gesellschaft des bürgerlichen Rechts, auf die offene Handelsgesellschaft, die Kommanditgesellschaft, die stille Gesellschaft, die → Aktiengesellschaft, die Kommanditgesellschaft auf Aktien, die → Gesellschaft mit beschränkter Haftung, die eingetragene → Genossenschaft, die → Reederei und auf den Versicherungsverein auf Gegenseitigkeit.

Gesetze, die Bundesrepublik Deutschland insgesamt, also den Bund betreffend, werden im → Bundesgesetzblatt (BGBl.) veröffenlicht. Sie sind alle über das Internet abrufbar.
http://www.jura.uni-sb.de/BGBl
http://bgbl.makrolog.de
http://www.dejure.org

Gesetz gegen Wettbewerbsbeschränkungen (GWB; Kartellgesetz), in der Neufassung v. 26.08.1998, in Kraft getreten am 01.01.1999 (BGBl. I 2546). Mit ihm soll im Bereich der privaten Wirtschaft das Prinzip der Wettbewerbsfreiheit im Interesse der Erhaltung und Förderung einer marktwirtschaftlichen Grundordnung gewährleistet werden. Wirtschaftliche Macht soll dort beseitigt bzw. nicht erlaubt werden, wo sie die Wirksamkeit des Wettbewerbs und die ihm innewohnende Tendenz zur Leistungssteigerung beeinträchtigt und eine bestmögliche Versorgung der Verbraucher in Frage stellt. Teil 1 des GWB enthält die Bestimmungen über Kartelle, Preisbindungen, marktbeherrschende Unternehmen und Wettbewerbsregeln. Teil 2 behandelt die Ordnungswidrigkeiten, Teil 3 und 4 die Kartellbehörden und das Verfahren in Kartellsachen.
http://rechtliches.de/info_GWB.html

Gesetzliches Zahlungsmittel. Geld, das jeder Gläubiger einer Geldforderung als Erfüllung seiner Forderung vom Schuldner annehmen muss (jeder Schuldner zur Tilgung seiner Geldschuld verwenden kann). G. Z. sind in den Staaten der WWU ab dem Jahr 2002 die vom ESZB in Umlauf gebrachten Euro-Banknoten (in unbegrenzter Höhe) und Euro- sowie Cent-Münzen (in begrenzter Höhe; nicht mehr als 50 bei einer einzelnen Zahlung).

Gesetz über das Kreditwesen, Kreditwesengesetz (KWG) v. 11.07.1985 (BGBl. I 1472), i. d. F. v. 09.09.1998 (BGBl. I 2776). Es dient der Sicherung der Funktionsfähigkeit der deutschen Kreditwirtschaft; im Interesse des Gläubigerschutzes, insb. des Einlegerschutzes. Im Mittelpunkt stehen die Vorschriften über Organisation, Aufgaben und Mittel der staatlichen Bankenaufsicht. Vgl. → Bundesanstalt für Finanzdienstleistungsaufsicht (Allfinanzaufsicht). In der zuletzt geänderten Lesefassung v. 08.12.1999 abrufbar über
http://www.bafin.de/

Gesetz über die Errichtung eines Bundesausfuhramtes

Gesetz über die Errichtung eines Bundesausfuhramtes v. 01.04.1992 (BGBl. I 376).
http://bgbl.makrolog.de

Gesetz über die Gesellschaften mit beschränkter Haftung (GmbH-Gesetz) v. 20.04.1892 (RGBl. 477) i. d. F. v. 20.05.1898 (RGBl. 846), zuletzt geändert durch das Handelsrechtsreformgesetz v. 22.06.1998 (BGBl. I 1474).
http://www.gmbh-gesetz.de

Gesetz über die Statistik des grenzüberschreitenden Warenverkehrs (Außenhandelsstatistikgesetz). v. 01.05.1957 (BGBl. I 413) u. spät. Änd. Rechtsgrundslage für die Erfassung des Warenverkehrs (Spezialhandel) und seiner Ergänzungen (z. B. Lagerverkehr) in der Außenhandelsstatistik des Statistischen Bundesamtes, in Verbindung mit EWG-Verordnung Nr. 3330/91 des Rates über die Statistiken des Warenverkehrs zwischen Mitgliedstaaten und der EG-Verordnung Nr. 1172/95 des Rates über die Statistiken des Warenverkehrs der Gemeinschaft und ihrer Mitgliedstaaten mit Drittländern.
http://recht.makrolog.de

Gesetz über die Statistik für Bundeszwecke (Bundesstatistikggesetz) v. 22.01.1987 (BGBl. I 462). Es stellt, in Verbindung mit dem Grundgesetz (Art. 73 Nr. 11 und Art. 83), die Rechtsgrundlage für die amtlichen statistischen Tätigkeiten in Deutschland dar; so z. B. auch für die Zahlungsbilanzstatistik.
http://jurcom5.juris.de/bundesrecht/bstatg_1987/inhalt.html

Gesetz zur Förderung der Stabilität und des Wachstums der Wirtschaft v. 08.06.1967 (BGBl. I 582); Stabilitäts- und Wachstumsgesetz (StWG) oder Stabilitätsgesetz (StabG). In Deutschland die gesetzliche Grundlage für die Maßnahmen der Wirtschafts- und → Konjunkturpolitik von Bund und Ländern.
http://rechtliches.de/info_StWG.html

Gespaltende Wechselkurse. → Multiple Wechselkurse.

Gestellung. Begr. f. d. Mitteilung eines → Zollbeteiligten an die Zollbehörde, dass sich die Ware bei der zuständigen Zollstelle oder an dem von ihr zugelassenen Ort befindet. Die in ein Zollgebiet verbrachten (importierten) Waren sind vom Verbringer grundsätzlich zu gestellen.

Gestellungspflicht. Begr. aus dem Zollwesen. Wer Waren einführt, hat (im Rahmen der → Zollbeschau) das → Zollgut bereitzuhalten und dessen ordnungsgemäße Besichtigung zu ermöglichen.

Gesundheitszertifikat, Gesundheitszeugnis oder -attest (engl.: health certificate). Im Außenhandel für den Import bestimmter Güter erforderliche amtliche Bescheinigung, aus der hervorgeht, dass die Güter frei von Krankheiten sind bzw. nicht aus verseuchten Gebieten stammen. In den meisten Staaten der Welt werden G. für den Import von landwirtschaftlichen Erzeugnissen (Saaten, Pflanzen, Getreide, Früchte) und lebenden Tieren sowie von bestimmten pflanzlichen und tierischen Futter- und Nahrungsmitteln verlangt, um die Einschleppung von Krankheiten und Schädlingen zu verhindern. S. → Warenbegleitdokumente.

Getreidebörse. (Teil einer) Waren- oder Produktenbörse, an der bestimmte standardisierte Getreidearten gehandelt werden. Zu den wichtigsten G. der Welt zählen die in Buenos Aires, Chicago, London und Winnipeg (Kanada).

Gewähr. Als Rechtsbegriff aus dem Zollwesen stellt die G. die persönliche Bewilligungsvoraussetzung für das → Zolllagerverfahren und diverse andere Zollverfahren dar. Die Zollbehörden betrachten den Inhaber einer diesbezüglichen Bewilligung als vertrauenswürdige Person.

Gewährleistungen für ungebundene Finanzkredite an das Ausland seitens des Bundes. Der Bund übernimmt für → ungebundene Finanzkredite inländischer Kreditgeber an ausländische Schuldner Garantien und Bürgschaften. Voraussetzung hierfür ist, dass die Kredite der Finanzierung besonders förderungswürdiger Projekte im Ausland dienen oder im besonderen Interesse der Bundesrepublik Deutschland liegen. Garantien werden für ungebundene Finanzkredite an private ausländische Schuldner, Bürgschaften für ungebundene Finanzkredite an Regierungen und Körperschaften des öffentlichen Rechts im Ausland übernommen. Durch Garantien werden grundsätzlich nur → politische Risiken, durch Bürgschaften bestimmte politische Risiken (z. B. → Zahlungsverbotsrisiko, → Konvertierungsrisiko) abgesichert. Gegenstand der Deckung ist die vertraglich vereinbarte Forderung gegen den ausländischen Schuldner auf Rückzahlung des Darlehens; auf Antrag können auch Zinsen in gewissem Umfang in die Deckung einbezogen werden. Gewährleistungsanträge sind bei der → PwC Deutsche Revision AG zu stellen. Sie ist ermächtigt, Erklärungen für den Bund abzugeben und entgegenzunehmen. Über die Garantie- bzw. Bürgschaftsanträge entscheidet der Interministerielle Ausschuss für ungebundene Finanzkredite unter Vorsitz des → Bundesministeriums für Wirtschaft und Technologie.

Gewährleistungsgarantie (engl.: guarantee for warranty obligations, frz.: garantie du bon fin). Wird vom Garantieauftraggeber (Lieferant, Verkäufer) bei einem Garantiegeber (i. d. R. einer Bank, → Bankgarantie) zu Gunsten eines Garantienehmers (Begünstigter, Käufer) besorgt. Sie sichert bei der Abwicklung von Außenhandelsgeschäften die Gewährleistungsansprüche des Importeurs gegenüber dem Exporteur ab. Eine Bank garantiert, dass gemäß vertraglicher Regelung und gesetzlichen Bestimmungen die Güter technisch einwandfrei und funktionstüchtig sind, u. z. während der vereinbarten Gewährleistungszeit. Mängel können vielfach nicht gleich bei der Lieferung, sondern erst im Zuge des Einsatzes von Investitionsgütern oder von ganzen Industrieanlagen festgestellt werden. Die G. löst i. d. R. eine → Liefer- oder Leistungsgarantie ab. Sie kann in die → Vertragserfüllungsgarantie einbezogen werden. Die G. umfasst meist 5 bis 10 % des Auftragswertes; sie hat i. d. R. eine Laufzeit von einem Jahr.

Gewerbe. Eine i. d. R. selbstständig ausgeübte wirtschaftliche Betätigung, die allgemein erlaubt und auf Dauer angelegt ist. Ein G. (Gewerbebetrieb, Handelsgewerbe) wird in der Absicht ausgeübt, Gewinn zu erzielen.

Gewerbeordnung (GewO) v. 01.01.1987 (BGBl. I 425) mit spät. Änd. Sie stellt in Deutschland immer noch eine wichtige Grundlage der öffentlich-rechtlichen Gewerbeüberwachung dar. Die GewO unterscheidet nach verschieden Gewerbearten. Sie enthält die zulässigen Maßnahmen der Gewerbeüberwachung, insb. die Voraussetzungen zur Gewerbeausübung. Sie enthält Vorschriften über die Beziehungen zwischen Gewerbetreibenden und gewerblichen Arbeitnehmern; wie z. B. zum Arbeitsrecht und Arbeitsschutz.
http://bgbl.makrolog.de

Gewerblicher Rechtsschutz. Dieser befasst sich i. e. S. mit dem Schutz der gewerblich verwertbaren technischen und ästhetischen Leistungen sowie mit dem Schutz der kaufmännischen Kennzeichnungsrechte (→ gewerbliche Schutzrechte). Er umfasst i. w. S. auch den → unlauteren Wettbewerb und das → Urheberrecht.

Gewerbliche Schutzrechte. Sammelbegriff für den besonderen Rechtsschutz geistiger und gewerblicher Leistungen. Dazu zählen: „technische" Schutzrechte, wie Patente, Gebrauchsmuster und das Sortenschutzrecht; (dem Urheberrecht verwandte) „ästhetische" Schutzrechte, wie Geschmacksmuster und typographische Schriftzeichen; zwischen dem Gebrauchs- und dem Geschmacksmuster liegende Halbleiterschutzrechte (Schutzgegenstand ist die dreidimensionale topographische Struktur mikroelektronischer Halbleitererzeugnisse); Kennzeichnungsrechte (an Marken, einschl. der Ausstattung und geschäftlichen Bezeichnung). In Europa erfolgt die Eintragung von g. S. vorrangig beim → Europäischen Patentamt. Eine Registrierung bzw. Nachmeldung für andere (Auslands-)Märkte ist bei den zuständigen Institutionen vorzunehmen. S. a. → Harmonisierungsamt für den Binnenmarkt (Europäisches Markenamt); → Weltorganisation für geistiges Eigentum.

Gewichtsliste. S. → Pack- und Gewichtsliste.

Gewichtszoll. → Zoll, der nach dem Gewicht des → Zollguts zu bemessen ist. Im → GZT gibt es den G. (als → Mengenzoll) nur noch in Ausnahmefällen. Gegensatz: → Wertzoll.

Gewinnobligation. Schuldverschreibung, bei der neben einem festen Basiszinssatz zusätzlich ein mit der Dividende gekoppelter Gewinnanspruch (engl.: participating bond) oder nur ein Gewinnanteil ohne Basiszinsanspruch (engl.: income bond) verbrieft ist.

GewO. Abk. f. → Gewerbeordnung.

GewStG. Abk. f. das deutsche Gewerbesteuergesetz (v. 01.12.1936, RGBl. I 979) in der Neufassung v. 15.10.2002 (BGBl. I 4167).
http://jurcom5.juris.de/bundesrecht/gewstg/index.html

Gezogener Wechsel. Gegensatz: → Solawechsel oder Eigenwechsel. S. → Wechsel.

G 5. Gruppe der 5; sie trifft sich regelmäßig anlässlich von IWF-/Weltbanktagungen oder aus anderen aktuellen wirtschaftspolitischen Anlässen in der Zusammensetzung der Finanzminister und der Zentralbankpräsidenten. Zur G 5 gehören Deutschland, Frankreich, Japan, das Vereinigte Königreich und die USA. Die Währungen dieser Staaten bilden auch den Korb der → Sonderziehungsrechte (SZR).

G 15. Gruppe der 15. Sie wurde 1989 als Gegengewicht zu den führenden Industrienationen in Belgrad gegründet. Die G 15 vertritt die wichtigsten Entwicklungsländer Afrikas, Asiens und Lateinamerikas. Die zurzeit 19 Mitgliedstaaten verlangen einen größeren Anteil am weltweiten Technologietransfer, Vorzugsbehandlung bei internationalen Handelsabkommen und eine gerechtere Weltordnung. Die negativen Auswirkungen der Globalisierung sollen dadurch aufgefangen werden. Ein Drittel der Weltbevölkerung lebt in den G 15-Staaten.

GG. Abk. f. Grundgesetz v. 23.05.1949; zuletzt geändert am 26.07.2002 (BGBl. I 2862 und 2863).
http://www.jura.uni-sb.de/BIJUS/grundgesetz/

GGVSee. Abk. f. Gefahrgutverordnung See – Verordnung über die Beförderung gefährlicher Güter mit Seeschiffen v. 4. März 1998 (BGBl. I 419; 1999 I 1435; 2001 I 2785-2870, 2878).
http://www.umwelt-online.de/recht/gefahr.gut/see_ges.htm

GHM → Gesellschaft für Handwerksmessen.

GIM. Abk. f. Gruppe Internationaler Möbelspediteure e. V.; s. → Bundesverband Möbelspedition.

Gipfeltreffen. S. → Europäischer Rat; → G 7 – Weltwirtschaftsgipfel.

Giralgeld oder → Buchgeld.

Girant → Indossant.

GL → Germanischer Lloyd.

GLA. Abk. f. Gesprächskreis Latein-Amerika. → Lateinamerika-Gesprächskreis.

Glattes Akkreditiv. → Barakkreditiv.

Gleitklausel. → Wertsicherungsklausel in Außenhandelsverträgen, mit der die Geldzahlung des Schuldners von Währungsschwankungen unabhängig gestellt wird. Der vereinbarte Preis kann durch Bezugnahme auf den Wechselkurs einer anderen Währung (→ Fremdwährungsklausel), auf den Goldpreis/eine Menge von Feingold (→ Goldklausel), auf den Preis/eine Menge von anderen Gütern (→ Warenpreisklausel) oder einen bestimmten Index (→ Indexklausel) abgesichert werden.

Gleitzölle. Zölle, deren Höhe mit steigenden Preisen der Importwaren sinken und mit sinkenden Preisen der Importwaren steigen. Dadurch kann – bei einem Preisrückgang auf den Weltmärkten – ein übermäßiges Eindringen solcher Waren auf den Binnenmarkt verhindert bzw. ein Preisverfall im Inland vermieden werden. Der → GZT enthält keine G.

Global Coordinator oder Global Leader (engl.). Federführende Bank(en) an der Spitze eines internationalen → Emissionskonsortiums. Der G. C. sorgt für die globale Platzierung eines zu emittierenden Wertpapiers. Vgl. → Lead Manager; → Konsortialführer.

Globale Branche. Begr. f. eine Branche, deren Unternehmen international tätig sind; z. B. Luftfahrt- und Autoindustrie, Chip- und Handyhersteller. Die Wettbewerbssituation eines solchen globalen Unternehmens innerhalb eines bestimmten Landes wird erheblich von seinen Marktpositionen in anderen Ländern beeinflusst.

Globaler Wettbewerb. Wettbewerb, der im weltweiten Rahmen zwischen Unternehmen herrscht, die grenzüberschreitend tätig sind.

Globales Management. Management von Unternehmen, deren grenzüberschreitende Aktivitäten sich auf den gesamten Weltmarkt erstrecken. G. M. ist auf die Realisierung von internationalen Wettbewerbsvorteilen ausgerichtet. Diese können in den Economies of Scale, in der Ausschöpfung von Synergieeffekten, in der Ausnutzung unterschiedlicher Lohnniveaus, Sozial(rechts)standards, Umweltschutzbestimmungen, Steuerregelungen u. a. m. liegen.

Globalisierung. Bez. f. d. (Tendenz der) Zunahme weltweiter Aktivitäten und Verflechtungen auf den Gebieten der Ökonomie, der Informations-, Kommunikations- und Transporttechnik, aber auch der Ökologie, Kultur und Politik. Unternehmen agieren vermehrt grenzüberschreitend (global) und verschaffen sich dadurch Wettbewerbsvorteile gegenüber Unternehmen, welche die unterschiedlichen Standortbedingungen nicht zum eigenen Vorteil weltweit ausnutzen (können). Mit der G. wachsen die internationalen Waren-, Geld- und Kapitalmärkte zusammen; Transaktionen werden vermehrt ohne zeitliche Beschränkungen möglich. Den daraus entspringenden Vorteilen stehen aber auch Nachteile aus der internationalen Übertragung wirtschaftlicher Probleme gegenüber. Der Druck des internationalen Wettbewerbs wird größer. Nationale Wirtschaftspolitik verliert an Einfluss und Wirkungskraft.

Global Leader oder → Global Coordinator.

Globalzession. → Abtretung bestehender Forderungen, verbunden mit einer Zessionsvereinbarung auch für künftig entstehende Forderungen, die dann bereits zum Zeitpunkt ihrer Entstehung auf den → Zessionar übergehen sollen; z. B. auf eine Factoringgesellschaft beim → Export-Factoring.

GmbH → Gesellschaft mit beschränkter Haftung.

GmbH-Gesetz. → Gesetz über die Gesellschaften mit beschränkter Haftung.

GMO. Abk. f. Gemeinsame → Marktorganisationen.

Gold-Devisen-Standard. Grundlage des → Bretton-Woods-Systems. Die Leitwährung dieses Systems – der US-Dollar – folgte dem → Goldstandard; die → Goldparität betrug (vom 18.12.1946 bis zum 18.12.1971) 1 US-$ = 0,888671 g Feingold. Für die anderen Währungen wurden Paritäten zur Leitwährung vereinbart; z. B. 1 US-$ = 4,00000 DM. Wegen der → Goldkonvertibilität des US-Dollars waren die USA verpflichtet, von Schuldnern Gold (zum Ausgleich von deren Verbindlichkeiten) entgegenzunehmen bzw. an Gläubiger Gold (zum Ausgleich von deren Forderungen) auszuhändigen.

Goldeinlösungspflicht. Diese bestand im → Gold-Devisen-Standard des → Bretton-Woods-Systems für die USA. Sie waren verpflichtet, jederzeit US-Dollar gegen Gold zum festgelegten Kurs von 35 US-$ je Feinunze Gold (also zur Goldparität) von anderen Staaten zu kaufen oder an andere Staaten zu verkaufen.

Goldexportpunkt. Wenn im Rahmen des → Goldstandards der Wechselkurs einer Währung diesen „oberen" Goldpunkt erreicht, dann verkauft die betroffene Zentralbank Gold gegen Devisen (und gleicht damit auf dem Devisenmarkt einen Devisennachfrageüberschuss aus). S. a. oberer → Interventionspunkt.

Goldimportpunkt. Wenn im Rahmen des → Goldstandards der Wechselkurs einer Währung diesen „unteren" Goldpunkt erreicht, dann kauft die betroffene Zentralbank Gold gegen Devisen (und gleicht damit auf dem Devisenmarkt einen Devisenangebotsüberschuss aus). S. a. unterer → Interventionspunkt.

Goldklausel. → Wertsicherungsklausel in internationalen Handelsverträgen, nach der eine Geldschuld (einschl. der Zinsen) in Gold bzw. Goldwert zurückzuzahlen ist. S. a. → Goldwertklausel.

Goldkonvertibilität. Bez. f. d. Goldeinlösungs- bzw. Goldeintauschpflicht seitens der Zentralbank. So kauften und verkauften z. B. die USA im Rahmen des alten → internationalen Währungssystems (von Bretton Woods) bis 1971 Gold zum Preis von 35 US-$ je Feinunce.

Goldparität. Die für eine Währungseinheit festgelegte Goldmenge. Über die G. der Währungen konnte deren Austauschverhältnis ermittelt werden. So betrugen z. B. die G. des US-Dollars: 1 US-$ = 0,888671 g Feingold; die der D-Mark: 1 DM = 0,222168 g Feingold (rein rechnerisch; vom 06.03.1961 bis zum 27.10.1969). Somit entsprachen 1 US-$ = 4,00000 DEM (in der → Preisnotierung) oder 1 DM = 0,250000 US-$ (in der → Mengennotierung).

Goldstandard. Internationales Währungssystem, in dem das Gold entweder als → gesetzliches Zahlungsmittel dient oder eine Umtauschverpflichtung der Währung in Gold besteht (→ Goldkonvertibilität). Beim G. sind die Paritäten in Gold fixiert (→ Goldparität) und der Bargeldumlauf an die Goldreserven gebunden. Die sich auf dem Devisenmarkt ergebenden Schwankungen der Wechselkurse waren durch den oberen Goldpunkt (→ Goldexportpunkt) und den unteren Goldpunkt (→ Goldimportpunkt) begrenzt. Wenn die Devisennachfrage größer war als das Devisenangebot (der Preis/Wechselkurs der ausländischen Währung bis zum oberen Goldpunkt stieg), dann wurde durch den Verkauf (Export) von Gold gegen Devisen der Devisennachfrageüberschuss beglichen. Wenn hingegen das Devisenangebot größer als die Devisennachfrage war (der Preis/Wechselkurs der ausländischen Währung bis zum unteren Goldpunkt sank), dann wurde durch den Kauf (Import) von Gold gegen Devisen der Devisenangebotsüberschuss ausgeglichen. Der G. spielte in der internationalen Währungsordnung zwischen 1870 und 1914 eine dominierende Rolle. Mit ihm war der Sicherung des außenwirtschaftlichen Gleichgewichts absolute Priorität eingeräumt. Der G. war nicht das Ergebnis internationaler Vereinbarungen. Er funktionierte, weil sich die wichtigsten Welthandelsländer – autonom – an die gleichen Grundsätze für die Gestaltung/Erhaltung der internationalen Währungsordnung hielten; im Gegensatz zum → Bretton-Woods-System (das auf vertraglichen Vereinbarungen beruhte).

Goldumlaufswährung. Goldwährungssystem, in dem Gold als gesetzliches Zahlungsmittel dient.

Goldwährung → Goldstandard.

Goldwertklausel. → Wertsicherungsklausel, mit der die Höhe einer Forderung nach dem Preis einer bestimmten Menge Goldes vertraglich vereinbart ist. Um eine einseitige Begünstigung eines Vertragspartners aus der Aufwertung bzw. Abwertung einer Währung auszuschließen, können entsprechende Ausgleichsregelungen vertraglich vorgesehen werden. S. a. → Goldklausel.

Golfkooperationsrat – (engl.) Gulf Cooperation Council (GCC); → Kooperationsrat der arabischen Golfstaaten.

Goskomstat von Russland. → Staatliches Komitee der Russischen Föderation für Statistiken.

Government Bonds. Staatsanleihen. Langfristige staatliche → Schuldverschreibungen (Obligationen). Bez. in den USA: → Treasury Bonds.

Grenzhauptzollamt. → HZA, dessen Bezirk an einer Drittlandsgrenze endet.

Grenzspediteur (Zollspediteur, Umschlagsspediteur). Ein Gr. ist kein Spediteur i. e. S., weil er keine Frachten vermittelt. Er besorgt den Warenumschlag an der Grenze für fremde Rechnung und erledigt die damit verbundenen verwaltungsmäßigen Einfuhr-, Ausfuhr-, Durchfuhr- und Zollformalitäten. Mit dem Wegfall der Binnengrenzen innerhalb des → Gemeinsamen Marktes haben viele Spediteure ihre Funktion als G. im Warenhandel mit EU-Staaten verloren.

Grenzübergangsschein. Ist beim Grenzüberschreiten von Waren gem. → Gemeinschaftsrecht von demjenigen auszufüllen und abzugeben, der die Waren im → gemeinschaftlichen Versandverfahren befördert, z. B. vom Spediteur.

Grenzübergangsstelle. Zollstelle, an der eine Warenlieferung vom Hoheitsgebiet des einen Landes in das des anderen Landes überwechselt.

Grenzüberschreitendes Leasing (engl.: cross-border-leasing). Oberbegr. f. d. Export- und Import-Leasing. S. → Leasing.

Große Havarie, Havarie grosse. S. → Havarie.

Gruppenfloating oder Blockfloating. Internationales Währungssystem, in dem eine Gruppe (ein Block) von Ländern untereinander → feste Wechselkurse aufrechterhält, gemeinsam aber gegenüber Drittländern die Wechselkurse ihrer Währungen frei schwanken lässt (also flexible Wechselkurse zulässt).

GS. Abk. f. Gemeinschaftliches Sortenamt – (engl.) Community Plant Variety Office (CPVO) oder (frz.) Office Communautaire des Variétés Végétales (OCVV). S. → Europäischen Union (→ Gemeinschaftsagenturen).

G 7. Gruppe der 7; gegr. 1975 in Rambouillet, Frankreich. Einmal im Jahr kommen die Staats- und Regierungschefs der wichtigsten Industriestaaten zur Erörterung globaler Entwicklungen zusammen. Neben Fragen der Wirtschafts-, Finanz- und Währungspolitik spielen dabei zunehmend auch wirtschaftlich relevante Sonderprobleme (wie Energiepolitik, Umweltschutz, Drogen- und Waffenhandel, Wanderungsbewegungen, Transformationsprozess im früheren Ostblock) eine Rolle. Mitglieder dieser G 7 sind: Deutschland, Frankreich, Italien, Japan, Kanada (seit 1976), die USA und das Vereinigte Königreich. 1998 wurde Russland offiziell in die Beratungen politischer Fragen einbezogen; man sprach von G 7 plus Russland oder G 7 plus 1. → G 8. Die G 7-Gruppe wurde (zu Beratungen wirtschafts- und finanzpolitischer Fragen) formal nicht aufgelöst. Die sog. Weltwirtschaftsgipfel werden durch ein Treffen der Finanzminister und Zentralbankpräsidenten (an dem auch der Exekutivdirektor des IWF und der Präsident der EZB teilnehmen), durch Treffen der Außen- und Wirtschaftsminister sowie durch das ständige Gremium der Staatssekretäre vorbereitet. Die G 7 hat kein eigenständiges Sekretariat. Der Vorsitz wechselt jährlich. Ein auf dem Gipfeltreffen erreichter Konsens kann eine politische Orientierungshilfe für die internationale Wirtschaftspolitik und Zusammenarbeit sein.

G 77. Gruppe der 77; gegr. 1964 als gemeinsames Forum der wirtschaftlichen Zusammenarbeit und Interessenvertretung von ursprünglich 77 Entwicklungsländern. Zurzeit gehören 133 Entwicklungs- und Schwellenländer der G 77 an. Dieses informelle Gremium bereitet die wirtschaftspolitischen Diskussionen und Verhandlungen mit den Industriestaaten im System der Vereinten Nationen vor. Angestrebt wird die Vertretung einer einheitlichen Position; insb. innerhalb der → Konferenz der Vereinten Nationen für Handel und Entwicklung (UNCTAD) und der → Welthandelsorganisation (WTO).
http://www.g77.org

GTZ → Deutsche Gesellschaft für Technische Zusammenarbeit.

GUS → Gemeinschaft Unabhängiger Staaten oder (engl.) Commenwealth of Independent States (CIS).

GUS-Gipfel. Der Rat der Staatsoberhäupter der → Gemeinschaft unabhängiger Staaten.

GUS-CONTACT. Erscheint alle zwei Monate als Beilage im Wirtschaftsmagazin → OST-WEST-CONTACT. Bietet aktuelle Wirtschaftsinformationen zu den GUS-Ländern.

Güterlisten. Die von internationalen → Exportkontrollgremien oder von nationalen Staaten im Rahmen ihrer Außenwirtschaftsgesetzgebung aufgestellten Listen von Gütern, deren Ausfuhr genehmigungspflichtig ist (→ Ausfuhrlisten) oder einem Embargo unterliegt (→ Embargolisten).

Güter mit doppeltem Verwendungszweck – Dual-Use-Güter. Güter, die sowohl zivil als auch militärisch genutzt werden können.

Gütersteuern. In Deutschland Begr. f. alle Steuern und ähnliche Abgaben, die für die gehandelten Waren oder Dienstleistungen (pro Einheit) von Unternehmen und z. T. auch von Behörden und Einrichtungen des Staates sowie von privaten Organisationen ohne Erwerbscharakter zu entrichten sind. Dazu zählen die → Mehrwertsteuer (→ nichtabziehbare Umsatzsteuer), die → Importabgaben (ohne Einfuhrumsatzsteuer) und die sonstigen Gütersteuern (wie Verbrauchsteuern – ohne Verbrauchsteuer auf Einfuhren, Vergnügung- und Versicherungsteuer). Vgl. → Produktions- und Importabgaben.

Gütersubventionen. In Deutschland Begr. f. → Subventionen in Form von Finanzhilfen, die bei produzierten oder eingeführten Waren oder Dienstleistungen (pro Einheit) gewährt werden.

Gütersystematik nach Herkunftsbereichen – (engl.) Classification of Commodities by Industrial Origin (CCIO).

Gutschrift. Begr. d. (betrieblichen) Rechnungswesens für die Buchung einer Leistung zu Gunsten einer Person oder eines Unternehmens auf der Haben-Seite des betreffenden Kontos. Gegensatz zu → Lastschrift.

GVG → Gerichtsverfassungsgesetz.

G 24. 1972 gegr.; währungspolitisches Sondergremium der → G 77-Gruppe zur Untersuchung und Begutachtung internationaler Währungs- und Finanzprobleme. Die G 24 tagt auf Minister- bzw. Stellvertreterebene jeweils unmittelbar vor den Sitzungen des Internationalen Währungs- und Finanzausschusses (IMFC) des IWF.

gVV. Abk. f. → gemeinschaftliche Versandverfahren.

GWB → Gesetz gegen Wettbewerbsbeschränkungen.

G 10. Gruppe der 10; 1962 gegr. informeller Zusammenschluss der – heute – 11 wichtigsten Industriestaaten. Die G 10 entstand im Zuge der mit dem → IWF und diesen Ländern abgeschlossenen → Allgemeinen Kreditvereinbarungen (AKV). Die „Zehnergruppe" ist ein Forum zur Klärung von Fragen des internationalen Währungssystems. Mitglieder sind: Belgien, Deutschland, Frankreich, Italien, Japan, Kanada, Niederlande, Schweden, Schweiz (seit 1983), die USA und das Vereinigte Königreich. Saudi-Arabien ist den AKV assoziiert. Die Finanzminister und Zentralbankpräsidenten der G 10 treffen sich zweimal pro Jahr im Rahmen der

Frühjahrs- und Jahrestagungen des IWF und der Weltbank. Der Präsident der EZB nimmt als Beobachter an den Treffen teil.

GZS → Gesellschaft für Zahlungssysteme.

GZT → Gemeinsamer Zolltarif der EG.

G 20. Die Gruppe der 20 wurde 1999 auf Initiative der G 7 in Berlin gegründet. Sie stellt ein informelles Forum für einen offenen und vertraulichen Dialog zwischen Industrie- und Schwellenländern dar. Aufgabe der G 20 es ist, zentrale Fragen des internationalen Wirtschafts-, Finanz- und Währungssystems zu erörtern. Mitglieder: → G 8-Länder plus Argentinien, Australien, Brasilien, China, Indien, Indonesien, Mexiko, Saudi-Arabien, Südafrika, Südkorea, Türkei. An den Treffen nehmen auch teil: der Ratspräsident der EU, der Präsident der EZB, der Präsident der Weltbank, der geschäftsführende Direktor des IWF sowie die Vorsitzenden des → Internationalen Währungs- und Finanzausschusses (IMFC) und des gemeinsamen Entwicklungsausschusses (DC) von IWF und Weltbank. Das Gremium der Finanzminister und Zentralbankpräsidenten tagt einmal jährlich; die vorbereitenden Treffen der Stellvertreter finden zweimal jährlich statt. Die G 20 vertritt knapp zwei Drittel der Weltbevölkerung; über 85 % des Weltsozialprodukts und 80 % des Welthandels entfallen auf die G 20-Staaten.

H

Haager Abkommen über die internationale Hinterlegung gewerblicher Muster oder Modelle v. 06.11.1926; mit diversen Änderungen und Ergänzungen. Unterabkommen der → Pariser Verbandsübereinkunft; nach der auch → Prioritätsrechte in Anspruch genommen werden können. Die Hinterlegung erfolgt direkt entweder beim → Internationalen Büro oder indirekt durch Vermittlung der nationalen Behörden der Mitgliedstaaten (in Deutschland des → Deutschen Patent- und Markenamtes). Musterschutzfähigkeit, Dauer, Bestand und Rechtsschutz der Hinterlegung bestimmen sich nach nationalem Recht.

Haager einheitliches Kaufgesetz. → Einheitliches Gesetz über den internationalen Kauf beweglicher Sachen (EKG).

Haager Einheitliches Kaufrechtsabkommen. Sammelbez. f. zwei internationale Abkommen: (1) Übereinkommen v. 01.07.1964 zur Einführung eines → Einheitlichen Gesetzes über den internationalen Kauf beweglicher Sachen aufgrund des Gesetzes v. 17.07.1973 (BGBl. II 885). (2) Übereinkommen vom 01.07.1964 zur Einführung eines Einheitlichen Gesetzes über den Abschluss von internationalen Kaufverträgen über bewegliche Sachen aufgrund des Gesetzes v. 17.07.1973 (BGBl. II 885, 919). In Deutschland traten die Zustimmungsgesetze zu beiden Abkommen ab 01.01.1991 außer Kraft. An ihre Stelle trat das → Übereinkommen der Vereinten Nationen über den internationalen Warenverkauf v. 11.04.1980.

Haager Regeln (engl.: Hague Rules). Sie wurden mit dem Internationalen Abkommen zur Vereinheitlichung von Regeln über Konnossemente v. 25.08.1924 vereinbart. Rd. 40 Staaten haben dieses Abkommen in der Zwischenzeit ratifiziert. In Deutschland trat es am 01.01.1940 in Kraft; die H. R. sind auch in das → HGB eingeflossen. Viele Staaten haben die H. R. in ihr nationales Recht übernommen, ohne selbst das Abkommen ratifiziert zu haben. Mit den H. R. ist ein einheitliches Recht im Bereich der Güterbeförderung auf See im Hinblick auf das Einladen, die Handhabe, das Verstauen, das Befördern, das Verwahren, das Betreuen und das Ausladen von Seefracht geschaffen worden. 1968 wurden auf der 12. Diplomatischen Seerechtskonferenz in Brüssel Änderungen und Ergänzungen der H. R. beraten und beschlossen, die sog. Haager-Visby-Regeln. Diese sind aber nie in Kraft getreten. Erst eine UN-Konferenz in Hamburg brachte im Jahre 1978 mit der Unterzeichnung eines Übereinkommens über die Beförderung auf See die erforderliche Weiterentwicklung, die sog. → Hamburger Regeln.

Haager Schiedsgerichtshof – (frz.) Court Permanent d'Arbitration (CPA). 1899 durch die Unterzeichnerstaaten der 1. Haager Friedenskonferenz als Schiedsgericht zur friedlichen Beilegung internationaler Streitfälle errichtet. Sitz: Den Haag, Niederlande. Der CPA arbeitet parallel zum → Internationalen Gerichtshof (IGH) der Vereinten Nationen.
http://www.pca-cpa.org

Habenzinsen. Zinsen, die Banken ihren Kunden für Einlagen zahlen. Für die Höhe der H. sind – in Abhängigkeit vom gesamtwirtschaftlichen Zinsniveau – maßgebend: Art der Einlagen; wie täglich fällige Einlagen (Sichteinlagen), Einlagen mit vereinbarter Laufzeit (Termineinlagen), Einlagen mit vereinbarter Kündigungsfrist (Spareinlagen); Dauer der Einlagenbindung (Fristigkeit); Höhe der Einlagen; Verhandlungsmacht des Kunden. Da für die Banken die Entgegennahme von Einlagen zu deren Passivgeschäft zählt, werden die H. auch als Passivzinsen bezeichnet. Die H. sind grundsätzlich niedriger als die → Sollzinsen; die Differenz stellt die → Zinsspanne der Banken dar.

HABM → Harmonisierungsamt für den Binnenmarkt (Marken, Muster und Modelle) oder (span.) Oficina de Armonización del Mercado Interior (Marcas, Dibujos y Modelos) –

(OAMI) oder (engl.) Office for Harmonization in the Internal Market (Trade marks and Designs) – (OHIM).

HADDEX → Handbuch der Deutschen Exportkontrolle.

Hafenabgaben. Gebühren, die ein Seeschiff bei Anlaufen eines Hafens an die Hafenbehörde zu zahlen hat. Die H. richtet sich i. d. R. nach der Größe des Schiffes.

Hafenkonnossement – (engl.) Port Bill of Lading/Port B/L). S. → Konnossement.

Haltezeichen und Bordezeichen. Diese dienen Zollansageposten, Zollbooten und Zollflugzeugen dazu, in den Gewässern und Watten zwischen der Hoheitsgrenze und der Zollgrenze an der Küste, in den vom Zollgebiet ausgeschlossenen Küstengewässern, im Zollgrenzgebiet und in den der Grenzaufsicht unterworfenen Gebieten, Schiffsführer zum Halten zu bewegen und/oder das Borden zu ermöglichen.

Hamburger Regeln (engl.: Hamburg Rules). Auf einer UN-Konferenz, an der Regierungsvertreter von 78 Staaten teilnahmen, wurde am 31.03.1978 in Hamburg ein Übereinkommen über die Beförderung von Gütern auf See (engl.: United Nations Convention on the Carriage of Goods by Sea) unterzeichnet; die sog. H. R.. Sie beziehen sich auf Seefrachtverträge und enthalten detaillierte Regeln hinsichtlich der Rechte und Verpflichtungen des Verfrachters. Sie stellen eine Weiterentwicklung der → Haager Regeln in Bezug auf Einladen, Stauen, Lagern, Betreuen und Löschen von Seefracht dar. Sie gelten heute – im Unterschied zu den Haager Regeln – nicht nur für Verfrachtungen unter → Konnossementen, sondern für alle → Stückgut-Beförderungen auf See. Sie sind auch für einige Aspekte der → Incoterms 2000 von Bedeutung. Die H. R. treten in Kraft, wenn mindestens 20 Unterzeichnerstaaten das Übereinkommen ratifiziert haben. Dies ist bis heute nicht der Fall.

Hamburgisches Welt-Wirtschafts-Archiv (HWWA). Sitz: Hamburg. Dieses Institut für Wirtschaftsforschung wurde 1908 als Kolonialinstitut (Zentralstelle für die wissenschaftliche Erforschung der Kolonien) gegründet. Sein Arbeitsgebiet erstreckt sich heute vornehmlich auf die Beobachtung und Erforschung der internationalen wirtschaftlichen Entwicklung. Die Publikationen des HWWA informieren über Fragen des Außenhandels, der Währungspolitik und der Dritten Welt. Das „Konjunkturforum" unterrichtet aktuell u. a. über die Weltkonjunktur, die Weltrohstoffmärkte und deren Preisentwicklungen. Das HWWA ist an der Erstellung der → Gemeinschaftsgutachten der sechs führenden wirtschaftswissenschaftlichen Forschungsinstitute Deutschlands beteiligt.
http://www.hwwa.de

Handbuch der Deutschen Exportkontrolle (HADDEX). Hrsg. v. → Bundesamt für Wirtschaft und Ausfuhrkontrolle (BAFA). Im Band 1 wird das geltende Exportkontrollrecht erläutert (Verbote und Genehmigungspflichten, Genehmigungsverfahren und Verfahrenserleichterungen). Band 2 enthält die wichtigsten einschlägigen Gesetze, Verordnungen und Bekanntmachungen, wie AWG, AWV, Ausfuhrliste, Umschlüsselungsverzeichnis, Formulare, Muster. Das HADDEX kann über die → Bundesanzeiger Verlagsgesellschaft bezogen werden.

Handelsabkommen. Im Unterschied zu → Handelsverträgen sind dies zwischenstaatliche Vereinbarungen zwischen zwei oder mehreren Staaten von eher kurzfristiger Natur. Sie werden meist im Vorfeld eines späteren Handelsvertrages oder zur Konkretisierung der grundsätzlichen Bestimmungen eines Handelsvertrages abgeschlossen. Durch H. wird ein zeitlich und mengenmäßig begrenzter Austausch bestimmter Güter zwischen Vertragspartnern vereinbart.

Wenn – nach Waren aufgelistet – vorgegeben wird, welche Einfuhr und/oder Ausfuhr, z. B. innerhalb eines Jahres, zugelassen ist, stellen H. die Rechtsgrundlage für die Erteilung von Einfuhr- und Ausfuhrlizenzen dar. S. a. → Selbstbeschränkungsabkommen. H. regeln die Formalitäten bezüglich der (dokumentarischen) Außenhandelsabwicklung, der Auslandsinvestitionen, der Besteuerung, des Geld-, Gewinn- und Kapitaltransfers. Bilaterale H. fördern die Entwicklung des Welthandels in bestimmten Bahnen, internationale H. (wie → GATT, → GATS, → TRIPS, → TRIMS) darüber hinaus die weltwirtschaftliche Integration. Die H. Deutschlands werden jährlich im → Fundstellennachweis B (Sachgebiet VI) veröffentlicht.

Handelsbilanz. Frühere Bez. (in Deutschland) f. d. → Außenhandelsbilanz und die → Bilanz der Ergänzungen zum Warenverkehr.

Handelsbrauch oder **Usance**. Verhaltensweisen (Gebräuche und Gewohnheiten), die in den geschäftlichen Beziehungen unter Kaufleuten anerkannt und praktiziert werden. Sie haben sich an einem Markt, an einer Börse, in bestimmten Handelskreisen oder im kaufmännischen Verkehr regional oder international herausgebildet und sind i. d. R. weder gesetzlich noch vertraglich festgelegt.

Handelsgesellschaft. Vereinigung von zwei oder mehreren Personen, die notwendig oder wenigstens i. d. R. ein Handelsgewerbe betreiben. Eine H. unterliegt daher den handelsrechtlichen Vorschriften und ist infolgedessen immer → Kaufmann. H. sind die Offene Handelsgesellschaft (OHG), die Kommanditgesellschaft (KG), die Reederei, die Aktiengesellschaft (AG), die Kommanditgesellschaft auf Aktien (KGaA) und die Gesellschaft mit beschränkter Haftung (GmbH). Genossenschaften und die Versicherungsvereine auf Gegenseitigkeit (die als sog. Formkaufmann dem Handelsrecht unterliegen) sind den H. weitgehend gleichgestellt. Gegensatz: → Einzelkaufmann.

Handelsgesetzbuch (HGB). Das erste deutsche HGB vom 10.05.1897 (RGBl. I 219) ist – zusammen mit dem BGB – am 01.01.1900 in Kraft getreten; es wurde zuletzt geändert am 10.12.1998 (BGBl. I 3836). Es enthält die Kodifikation des deutschen → Handelsrechts.
http://www.handelsgesetzbuch.de

Handelsgewerbe. Begr. f. d. Betrieb eines Gewerbes, das dem Handelsrecht unterliegt. Wer ein H. betreibt, ist kraft Gesetzes Kaufmann. Bei einem sog. Grundhandelsgewerbe liegt ein H. allein auf Grund seiner Art und Ausübung vor (§ 1 II HGB).

Handelsgewichte (engl.: avoirdupois weights). S. → Anlage 3.

Handelshemmnisse. Bez. f. alle staatlichen Maßnahmen, die den internationalen → Freihandel mit Waren und Dienstleistungen beeinträchtigen. Es wird nach → tarifären, → nicht tarifären und anthropologischen H. unterschieden. Zu letzteren zählen Aufrufe zum Boykott ausländischer Waren bzw. zum Kauf inländischer Waren (z. B. „buy british“) und andere Diskriminierungen.

Handelshilfe. Teil der Entwicklungshilfe, die darauf abzielt, die Exportsituation der → Entwicklungsländer zu verbessern. H. kann z. B. durch Einräumung von Zollpräferenzen für Entwicklungsländer, durch internationale Abkommen über Waren- und Rohstofflieferungen zur Stabilisierung der Weltmarktpreise (und damit der Exporterlöse der Entwicklungsländer), durch die Finanzierung von Marktausgleichslagern (engl.: buffer-stocks) oder durch die Indexierung, die Koppelung der Preise der Rohstoffe der Entwicklungsländer an die Preisentwicklung der Industriegüter der „ersten Welt“ geleistet werden.

Handelskammer Hamburg. Gegr. 1517 als der „gemene kopman", ein Zusammenschluss Seehandel treibender Hamburger Kaufleute. Sie zählt heute als branchenübergreifende Interessenvertretung der Hamburger Wirtschaft zu den wichtigsten Außenwirtschaftskammern Europas und betreut als kundenorientierter Dienstleister über 100.000 Mitgliedsunternehmen. www.hamburg.ihk.de

Handelsklauseln sind eingebürgerte Kurzformeln für Vertragsvereinbarungen, die im nationalen und internationalen Handelsverkehr verwendet werden. Sie geben einem Handelsvertrag einen von Käufern und Verkäufern anerkannten bestimmten Inhalt. Im Außenhandel sind hierfür insb. die → Incoterms 2000 bedeutsam. Vgl. auch → Versandklauseln, → Lieferbedingungen, → Zahlungsbedingungen.

Handelsmakler ist gem. § 93 I HGB, wer gewerbsmäßig für andere Personen die Vermittlung von Verträgen über Gegenstände des Handelsverkehrs übernimmt, ohne dabei in einem ständigen Vertragsverhältnis zu seinem Auftraggeber zu stehen. Der H. stellt über das vermittelte Geschäft eine Schlussnote aus, mit der alle wichtigen Punkte beurkundet werden. Sie wird jeder Partei unverzüglich nach Abschluss des Geschäfts zugestellt. Der H. hat die Interessen beider Parteien wahrzunehmen. Er erhält als Vergütung für seine Tätigkeit Provision (Maklercourtage); wenn nicht anders vereinbart: je zur Hälfte von den Vertragsparteien.

Handelsmakler im Außenhandel sind meist an den wichtigen Verkehrsknotenpunkten der internationalen Handelswege tätig. Sie sind häufig auf bestimmte Waren oder Branchen spezialisiert. Sie werden insb. bei der Vermittlung und auch bei der Anbahnung von unregelmäßigen oder spontanen Außenhandelsgeschäften in Anspruch genommen. Zwischen H. i. A. und Exporteuren sowie Importeuren werden aber durchaus auch regelmäßige Geschäftsbeziehungen aufrechterhalten.

Handelsmittler im Außenhandel. Spezieller Waren- und Leistungsvermittler. Der H. i. A. (Absatzmittler oder → Handelsvertreter im Außenhandel) ist für ein oder mehrere Unternehmen tätig (die kein firmeneigenes Distributions- bzw. Einkaufsnetz in anderen Ländern haben bzw. nicht überall auf dem Weltmarkt selbst vertreten sein können). Er ist an das ihn beauftragende Unternehmen gebunden; je nach Vermittlungsfunktion und Vermittlungsvertrag mehr oder minder fest. H. i. A. sind → Auslandsagenten (Außenhandelsvertreter), → Cif-Agenten, → Handelsmakler, → Kommissionäre für den Einkauf bzw. Verkauf.

Handelspolitik. Begr. f.: (1) die gezielt beabsichtigte wirtschaftspolitische Beeinflussung des internationalen Güterhandels seitens des Staates, einer Staatengemeinschaft (z. B. der EU) oder einer internationalen Organisation (z. B. der → WTO). Mittel und Maßnahmen hierfür sind die → tarifären und die → nicht tarifären Handelshemmnisse bzw. deren Abbau oder Aufhebung. (2) den Teilbereich der realen → Außenwirtschaftstheorie, der sich mit den Wirkungen der (einzelnen) handelspolitischen Maßnahmen befasst. S. a. → Außenhandelspolitik.

Handelsrechnung (engl.: commercial invoice). Beweisurkunde im Außenhandel über die Vertragserfüllung. Mit ihr macht der Exporteur seine Geldforderung gegenüber dem Importeur geltend. Die H. wird vom Exporteur ausgefertigt und enthält detaillierte Angaben über die Vertragsparteien (Namen und Anschriften); Ausstellungsdatum; Warenbezeichnung; Warenmenge und -gewicht; Preis je Einheit und Gesamtpreis; Art der Markierung und Verpackung; Liefer- und Zahlungsbedingungen; Fracht- und Versicherungskosten. Der Exporteur bestätigt mit seiner Unterschrift die Korrektheit der Angaben. Die H. dient dem Importeur als Prüfunterlage für die Übereinstimmung mit dem Kaufvertrag und für die Zahlungsanweisung. Sie ist ein wichtiges Dokument für die Zollabfertigung (wofür vielfach weitere Angaben erforderlich sind, z. B. zu Zolltarifnummer, Frachtbriefnummer, Rabatt). Die H. liefert aber auch anderen Stellen, wie Finanzamt, Bank, Versicherung, Spedition genaue Angaben über das zu Stande gekommene Geschäft. Vgl. → Proforma-Rechnung, → legalisierte Handelsrechnung.

Handelsrecht. Es ist das Sonderrecht des → Kaufmanns. Handelsrecht ist im Wesentlichen Privatrecht; subsidiär gilt auch das bürgerliche Recht (→ BGB), dem aber die Rechtsnormen des HGB als spezielle Regelung vorgehen. Unter H. i. e. S. versteht man das im → HGB, in seinen Nebengesetzen und in verschiedenen Verordnungen geregelte Recht. Hierbei nimmt das → Seehandels- und das Binnenschifffahrtsrecht eine Sonderstellung ein. I. w. S. gehört zum H. das → Gesellschaftsrecht, das Recht des → gewerblichen Rechtsschutzes, das → Wertpapierrecht und das Bank- und Börsenrecht.

Handelsregister. Amtliches Verzeichnis der Kaufleute (s. → Kaufmann), sowohl der → Einzelunternehmungen als auch der → Handelsgesellschaften (nicht der → Genossenschaften, die im → Genossenschaftsregister erfasst sind). Das H. wird in Deutschland beim Amtsgericht (Registergericht) geführt, ist öffentlich, kann von jedermann eingesehen werden (§ 91 HGB). Es gibt Auskunft über Tatsachen, die für den Handelsverkehr bedeutsam sind. Online können das Handelsregister und die dazu tagesaktuellen Veröffentlichungen des → Bundesanzeigers eingesehen werden über:
http://www.ecodata.de

Handels- und Entwicklungskonferenz. → Konferenz der Vereinten Nationen für Handel und Entwicklung – (engl.) UN Conference on Trade and Development (UNCTAD).

Handels- und Wirtschaftsbüro Berlin (HWB) des → Ministeriums für wirtschaftliche Entwicklung und Handel der Russischen Föderation (seit dem 20.12.2000; vormals Handelsvertretung). Bestandteil der Botschaft der Russischen Föderation in Deutschland.
http://www.rfhwb.de

Handels- und Zollpapiere. Dazu zählen → Handelsrechnung, → Konsulatsfaktura, → Zollfaktura, → Ursprungszeugnis und → Ursprungserklärung, → Warenverkehrsbescheinigung und sonstige Warenbegleitdokumente (wie → Gesundheitszertifikat, → Inspektionszertifikat, → Analysezertifikat, Wiegezertifikat – insb. bei Massengütern, IMO-Erklärung für gefährliche Güter gemäß § 8 GGVSee); ferner Transporterklärungen. Zur besseren Kontrolle können z. B. auch Gewichtslisten, Aufmaßlisten, Werksatteste und → Packlisten verwendet werden. Vgl. → Beweisurkunden im Außenhandel.

Handelsvertrag. Meist längerfristige zwischenstaatliche Vereinbarung, mit der die grundlegenden Handelsbeziehungen im Hinblick auf Zielsetzung, Abwicklung und gegenseitige Vergünstigungen (rechtlicher, zollmäßiger, administrativer Art) zwischen den Vertragspartnern geregelt werden. Es wird nach bilateralen und multilateralen H. unterschieden. Erstere werden zwischen zwei, letztere zwischen mehreren Staaten (zur Regelung gemeinsamer oder weltwirtschaflicher Probleme) abgeschlossen. H. bedürfen wegen ihrer grundsätzlichen Bedeutung der Ratifizierung seitens des (Bundes-)Parlaments. Vgl. → Handelsabkommen.

Handelsvertreter. Eine Person, die nach § 84 I des deutschen HGB selbstständig ein → Gewerbe betreibt und ständig damit betraut ist, für einen anderen Unternehmer (der nicht unbedingt → Kaufmann sein muss) Geschäfte zu vermitteln oder in dessen Namen abzuschließen (auf der Grundlage eines → Geschäftsbesorgungsvertrags). Der H. erhält für alle vereinbarungsgemäß abgeschlossenen Geschäfte eine → Provision. S. a. → Handelsmittler im Außen-

handel. Das → Euro Info Centre (EIC) hat einen Leitfaden für Handelsvertreter erarbeitet, der u. a. Ausführungen zum Handesvertreterrecht in allen EU-Staaten enthält.
http://www.cdh.de/

Handelswechsel oder Warenwechsel. S. → Wechsel.

Handwerkskammern. Sind – als Körperschaften des öffentlichen Rechts – Selbstverwaltungseinrichtungen der Wirtschaft. Sie bilden zusammen mit den → Fachverbänden des Handwerks die tragenden Säulen der Handwerksorganisation in Deutschland. Für jeden Handwerksbetrieb besteht Pflichtmitgliedschaft. Die H. führen die Handwerksrolle, in der alle Mitgliedsbetriebe erfasst sind. Die H. bieten ihren Mitgliedern ein breites Spektrum von Dienstleistungen an; es reicht von der Beratung in betriebswirtschaftlicher, technischer und rechtlicher Hinsicht bis zur beruflichen Bildung und Weiterbildung. Die H. sind auch für das Prüfungswesen verantwortlich. Sie vertreten die Interessen des Handwerks gegenüber Politik und Verwaltung in ihren Bezirken. Auf Länderebene übernehmen diese Aufgaben die regionalen Handwerkskammertage bzw. die Landeshandwerksvertretungen. In Deutschland gibt es 55 H.; sie sind im → Deutschen Handwerkskammertag zusammengeschlossen und gehören auch dem → Zentralverband des Deutschen Handwerks an. Die einzelnen H. sind im Internet über „hwk-jeweiliger Stadtname.de“ zu erreichen. Z. B.
http://www.hwk-reutlingen.de

Handwerksrolle. Verzeichnis aller selbstständigen Handwerker eines Handwerkskammer-Bezirks. Die H. wird von der Handwerkskammer geführt. Die Eintragung in die H. ist die Voraussetzung für die Berechtigung zum selbstständigen Betrieb eines Handwerks.

Hang-Seng-Index (HSI). Aktienindex der → Hong Kong Exchange and Clearing Limited (HKEx).
www.hkex.com

Harmonisierter Verbraucherpreisindex (HVPI). Seit 1997 in der EU von allen Mitgliedstaaten verwendeter, gleich definierter Index zur Erfassung der Lebenshaltungskosten der privaten Haushalte. Er wird von den nationalen statistischen Ämtern monatlich ermittelt und an → Eurostat weitergeleitet. Auf der Basis der nationalen HVPI berechnet Eurostat den (harmonisierten) Europäischen Verbraucherpreisindex (EVPI). Die harmonisierten Verbraucherpreisindices dienen der Messung der Inflation(sraten) in den EU-Mitgliedstaaten, der Überwachung der Einhaltung der → Konvergenzkriterien durch die Teilnehmer der → Europäischen Wirtschafts- und Währungsunion sowie auch der Gestaltung der Geldpolitik des → ESZB.

Harmonisiertes System. Bez. f. d. Zolltarif der Europäischen Gemeinschaft, der die Grundlage für die Erhebung der Einfuhr- und Ausfuhrabgaben bildet und die Aufgabe hat, alle Waren systematisch zu erfassen und die jeweilige Position für eine Abgabenerhebung zu bestimmen. Er beruht auf dem → Harmonisierten System zur Beschreibung und Codierung von Waren (HS) und wird von zwei Säulen getragen: (1) dem zolltechnischen Instrument für die lückenlose Erfassung der Waren und (2) dem zollpolitischen Element mit verschiedenen Zollsätzen als Bemessungsfaktoren. Zur Datenverarbeitung für den Integrierten Zolltarif der EG s. → TARIC.

Harmonisiertes System zur Beschreibung und Codierung der Waren (HS). Das vom → Rat für die Zusammenarbeit auf dem Gebiet des Zollwesens (RZZ) in Zusammenarbeit mit EG und UN vorbereitete System (es hat die Rechtsform einer internationalen Konvention) ist am 01.01.1988 in die internationalen und nationalen Zoll- und Außenhandelsnomenklaturen eingeführt worden. Das HS ist vollständig von der EG in das → Warenverzeichnis für die Statistik des Außenhandels der Gemeinschaft und des Handels zwischen ihren Mitgliedstaaten (→ NIMEXE) übernommen worden. Es ist Basis für eine Harmonisierung der → internationalen Waren- und Gütersystematiken; z. B. auch für die → Weltzollorganisation.

Harmonisierungsamt für den Binnenmarkt (Marken, Muster und Modelle) – (HABM) oder (span.) Oficina de Armonización del Mercado Interior (Marcas, Dibujos y Modelos) – (OAMI) oder (engl.) Office for Harmonization in the Internal Market (Trade marks and Designs) – (OHIM). Auch als Europäisches Markenamt bezeichnet. Sitz: Alicante, Spanien. Es ist ein europäisches Amt für den → gewerblichen Rechtsschutz, zuständig für die Eintragung von Gemeinschaftsmarken sowie von Gemeinschaftsmustern und -modellen. Das HABM ist eine → Gemeinschaftsagentur; keine nachgeordnete Dienststelle der EU. Es hat am 01.01.1996 seine Tätigkeit aufgenommen. Das HABM finanziert sich selbst über Gebühren, die von den Unternehmen für die Markenanmeldungen und als Entgelt für die „Gegenleistung" der Eintragung der Gemeinschaftsmarken gezahlt werden. Die Gemeinschaftsmarke gewährt dem Inhaber ein in allen EU-Staaten einheitlich geltendes Recht; hierfür ist nur ein einziges Eintragungsverfahren erforderlich.
http://www.oami.eu.int

Harte Währung. Bez. f. die Währung eines Landes, die frei konvertibel ist und als besonders wertbeständig gilt, z. B. US-Dollar, Schweizer Franken, (früher: Deutsche Mark). Gegensatz: → Weiche Währung.

Hartwährungsland. Land, dessen Währung international als besonders wertbeständig angesehen wird und die volle → Konvertibilität seiner Währung gewährleistet.

Hartgeld. Die → Münzen (die neben dem Papiergeld als gesetzliches Zahlungsmittel im Umlauf sind).

Hauptrefinanzierungsgeschäft (HRG) – (engl. main refinancing operation). Das regelmäßig im Eurosystem in Form von → befristeten Transaktionen durchgeführte → Offenmarktgeschäft. Das HRG wird im Wege wöchentlicher → Standardtender mit einer 14-tägigen Laufzeit durchgeführt. Mit ihm werden die Bankenliquidität und die Zinsen auf dem Geldmarkt gesteuert. Das HRG spielt die dominierende Rolle im Rahmen der Geldpolitik des ESZB; es stellt dem Finanzsektor den größten Teil seiner Liquidität zur Verfügung. Daher spricht man auch vom → Haupttender. Der → Hauptrefinanzierungssatz ist der wichtigste der drei → Leitzinssätze in der → Europäische Wirtschafts- und Währungsunion. Er ist niedriger als der Zinssatz für die → Spitzenrefinanzierungsfazilität und höher als der Zinssatz für die → Einlagefazilität.

Hauptrefinanzierungsinstrument. Syn. f. → Hauptrefinanzierungsgeschäft.

Hauptrefinanzierungssatz. Zinssatz, zu dem die Banken im Rahmen des → Hauptrefinanzierungsgeschäfts der EZB über → befristete Transaktionen Zentralbankgeld erwerben können.

Haupttender. Syn. f. → Hauptrefinanzierungsgeschäft, das der revolvierenden kürzerfristigen Bereitstellung oder Absorption von Zentralbankgeld seitens der EZB dient und damit zugleich deren generellen geldpolitischen Kurs signalisiert. Vgl. → Basistender.

Hauptverwaltungen der Deutschen Bundesbank. Sie stellen die neun Untergliederungen (Zweiganstalten) der → Deutschen Bundesbank dar und traten gem. dem 7. Gesetz zur Änderung des Gesetzes über die Deutsche Bundesbank mit Wirkung vom 30.04.2002 an die Stelle der bisherigen → Landeszentralbanken. Sie haben ihren Sitz in: Berlin (für die Länder Berlin und Brandenburg), Düsseldorf (für Nordrhein-Westfalen), Frankfurt am Main (für Hessen), Hamburg (für die Freie und Hansestadt Hamburg und die Länder Mecklenburg-Vorpommern und Schleswig-Holstein), Hannover (für die Freie Hansestadt Bremen und die Länder Niedersachsen und Sachsen-Anhalt), Leipzig (für die Freistaaten Sachsen und Thüringen), Mainz (für Rheinland-Pfalz und das Saarland), München (für den Freistaat Bayern) und Stuttgart (für Baden-Württemberg). Ihnen nachgeordnet sind 126 Filialen (Zweigstellen) in den größeren Städten Deutschlands. Die H. werden von je einem Präsidenten geleitet, der dem Vorstand der Deutschen Bundesbank unterstellt ist.

Hauptzollämter (HZA) sind örtliche Behörden der → Zollverwaltung. Zu ihren Aufgaben zählen insb. die Ausfüllung der gesetzlich vorgegebenen Rahmenbedingungen für eine ordnungsgemäße Zollabfertigung und die Ergreifung und Durchsetzung von Maßnahmen bei diesbezüglichen Zuwiderhandlungen. Dazu wurde das IT-Verfahren ATLAS (→ Automatisiertes Tarif- und Lokales Zoll-Abwicklungs-System) entwickelt und bei allen HZA und Zollämtern eingeführt. Die verschiedenen Arbeitsbereiche der HZA sind in Sachgebiete unterteilt. So gehören z. B. zum Sachgebiet A die Zahlstelle (zuständig für die Überwachung des rechtzeitigen Zahlungseingangs fälliger Einfuhrabgaben, Verbrauchsteuern, Bußgelder u. a. m.); zum Sachgebiet B die Zölle (Umsetzung des Zoll- und Zolltarifrechts in die Praxis; Schaffung der Voraussetzungen für die Anwendung bestimmter → Zollverfahren; Klärung zollrechtlicher und zolltarifrechtlicher Fragen; Bearbeitung eingelegter Rechtsbehelfe); zum Sachgebiet C die Abfertigung (Abwicklung bzw. Abrechnung bestimmter Abfertigungsverfahren, wie → Zolllagerverfahren, → Sammelzollverfahren, → Veredelungsverkehr); zum Sachgebiet D die Prüfungsdienste (wie die der Mobilen Kontrollgruppen – MKG; diese führen nach dem Wegfall der Kontrollen an den Grenzen zu den Schengener Vertragsstaaten Kontrollen im Hinterland durch und nehmen in Bezirken mit Drittlandsgrenze neben der Grenzkontrolle eine zusätzliche Filterfunktion bei der Schmuggelbekämpfung wahr). Das Sachgebiet E befasst sich mit der Bekämpfung der illegalen Beschäftigung, das Sachgebiet F mit Bußgeld- und Strafsachen (Ahndung aufgedeckter Verstöße gegen Rechtsvorschriften des Zoll- und Verbrauchsteuerrechts; wie Verletzung der Gestellungspflicht, Nichtbeachtung von Einfuhrverboten, Hinterziehung der Eingangsabgaben durch Nicht- oder Falschanmelden bzw. durch unzulässigen Erwerb unversteuerter Waren u. a. m.). Die → Zollämter und → Zollkommissariate sind Dienststellen (Zollstellen) der HZA.

Hauskonnossement, Haus-B/L. S. → Spediteur-Sammelkonnossement.

Hausse. Börsen-Begr. f. eine länger anhaltende positive Entwicklung, die sich in gleichgerichteten Kurssteigerungen (auf allen Märkten oder auf Teilmärkten) ausdrückt. Die H. wird insb. an Aktienbörsen mit dem Symbol des Bullen dargestellt (engl.: bull market). Allgemein: Über Erwartungen stark hinausgehende wirtschaftliche Aufwärtsentwicklung. Gegenteil: → Baisse.

Haussier – (engl.) Bull. Bez. für Investor, der auf steigende Kurse setzt (und dementsprechend Wertpapiere kauft). Gegenteil: → Baissier.

Haus-zu-Haus-Kredit. S. → gebundene Finanzkredite, → Kredite der KfW.

Havanna Charta. Kurzbez. f. die (engl.) Charta for an International Trade Organisation (ITO), die am 24.03.1949 auf einer UN-Konferenz in Havanna von 54 Staaten unterzeichnet wurde (als Ergänzung des Abkommens von → Bretton-Woods). Ziel: Wiederaufbau und Integration der Weltwirtschaft auf handelspolitischem Gebiet nach dem Zweiten Weltkrieg. Es sollte – als Pendant zum → Internationalen Währungsfonds (IWF) – eine Internationale Handelsorganisation (ITO) errichtet werden. Dazu kam es nicht, weil die USA die H. Ch. nicht ratifizierten. Der handelspolitische Teil führte aber 1948 zum → Allgemeinen Zoll- und Handelsabkommen (GATT), dem bis Ende 1994 einzigen internationalen Abkommen zur Schaffung einer internationalen Welthandelsorganisation. Erst am 01.01.1995 wurde dann die → Welthandelsorganisation (WHO/WTO) gegründet.

Havarie. Begr. f. alle durch Unfall verursachten Beschädigungen an Schiff und Ladung sowie für die Kosten der Schifffahrt. Man unterscheidet folgende Arten der H.: (1) Große Havarie (Havarie grosse; engl.: general average). Darunter fallen (nach § 700 HGB) alle Schäden, die dem Schiff und/oder der Ladung zur Errettung aus gemeinsamer Gefahr vom Schiffseigner vorsätzlich zugefügt worden bzw. vom Kapitän zu verantworten sind. Diese Schäden sowie die zur Vermeidung weiterer Vermögensverluste (Totalverlust) aufgewendeten Kosten, wie auch Kosten aus Folgeschäden, sind gemeinsam von Schiff, Fracht und Ladung bzw. deren Versicherer zu tragen. Die Haftung der Beteiligten – nämlich Reeder, Frachtschuldner und Ladungseigentümer – ist auf diese Gegenstände beschränkt. Die Beteiligten haften nicht persönlich. (2) Kleine Havarie. Darunter fallen (nach § 621 HGB) alle typischen Kosten der Schifffahrt auf dem Transportweg, wie Hafen-, Leuchtfeuer- und Lotsengeld, Schlepplohn oder Kanalgebühr. Diese Kosten trägt (nach § 621 HGB) der Reeder/Verfrachter. Sie werden i. d. R. durch einen Zuschlag zur Frachtrate überwälzt. (3) Besondere Havarie (engl.: particular average). Nach §§ 701 – 707 HGB sind dies Kosten der Schifffahrt, die nicht unter die Große und Kleine H. fallen. Sie entstehen durch unmittelbare zufällige Unfalleinwirkungen und sind daher reine Schiffs- oder Ladungsschäden. Deshalb sind sie auch getrennt von Schiff und Ladung – i. d. R. vom Geschädigten – zu tragen. Zu den besonderen Havarieschäden können z. B. Schiffskollisionen, Brand, Leckage, Strandung gerechnet werden. Inwieweit solche Schäden durch die Schiffs- oder die Transportversicherung gedeckt sind, hängt – insb. hinsichtlich der Ladung – von der vereinbarten Versicherungsklausel ab. Bei Schiffskollisionen haftet der Reeder, dessen Besatzung den Schaden schuldhaft verursacht hat, nach Maßgabe des – etwa beiderseitigen – Verschuldens; seine Haftung ist auf das Schiff begrenzt. Die besondere H. kann sich zur großen H. ausweiten, wenn z. B. nach einer Schiffskollision auch Container über Bord geworfen werden müssen, um Schiff und Ladung vor einem Totalverlust zu retten. Vgl. → Strandungsfalldeckung, → volle Deckung.

Havarie-Kommissar. Die von einem Versicherer zur Feststellung der Ursache eines Schiffsunfalles und des dadurch entstandenen Schadens beauftragte Person. Der H.-K. darf beschädigte Ware für Rechnung des Versicherers verkaufen. Er ist aber grundsätzlich nicht befugt, über die Anerkennung oder Ablehnung der Versicherungsleistung zu entscheiden; er kann aber dazu sowie zur Auszahlung von Schäden bevollmächtigt werden. H.-K. werden oftmals von Verbänden und Vereinigungen angestellt bzw. beauftragt; z. B. vom Verein Hamburger Assecuradeure (für die Hamburger Kaskoversicherer), vom Verein Bremer Seeversicherer (für die Bremer Kaskoversicherer) oder von der (engl.) Salvage Association (für die Londoner Seeversicherer Lloyd`s).

Havariezertifikat. Der von einem Havarie-Kommissar erstellte Bericht über die Feststellung des Schadens einer → Havarie.

HDI. Abk. f. (engl.) Human Development Index, „Index der menschlichen Entwicklung"; s. → Entwicklungsländer.

Hedge-Geschäfte. → Hedging.

Hedging. (Abgeleitet aus dem engl. hedge = eingrenzen, einschränken). Eine Termintransaktion im Warenhandel (Rohstoff-Hedging) sowie im Wertpapier- und Devisenhandel (Finanz-Hedging) zur Absicherung einer bestehenden Position gegen Preis- bzw. Zins- und Kursschwankungen. Dadurch kann z. B. ein tatsächlicher Kursverlust durch einen Gewinn im Termingeschäft kompensiert werden. Solche Hedge-Geschäfte sind gängige Praxis großer Marktteilnehmer, um ein vorhandenes Risiko – vor allem im internationalen Handel – durch die Übernahme eines zweiten – kompensatorischen – Risikos (also durch ein Gegengeschäft) auszugleichen.

Herbstgutachten. S. → Frühjahrs- und Herbstgutachten.

Hereinnahme von Termineinlagen (engl.: collection of fixed-term deposits). Geldpolitisches Instrument des ESZB, das für → Feinsteuerungsoperationen eingesetzt werden kann. Zur Liquiditätsabschöpfung am Markt wird Geschäftspartnern eine Verzinsung für befristete Einlagen auf Konten bei den nationalen Zentralbanken (NZB) angeboten.

Hermes-Avalkredit. Damit übernimmt → Hermes Bürgschaften, Garantien und Bonds, mit denen Unternehmen – v. a. im Außenhandel – ihre vertraglichen oder gesetzlichen Verpflichtungen gegenüber Avalbegünstigten absichern können. Der H.-A. hat gegenüber einem Bankaval den Vorteil, dass durch ihn die Kreditlinie eines Unternehmens bei der Bank nicht belastet wird.

Hermes-Garantien und -Bürgschaften oder Hermes-Deckungen. S. → Ausfuhrgewährleistungen des Bundes.

Hermes-Deckungen. Kreditversicherungs-Instrument zur staatlichen Förderung der deutschen Exportwirtschaft durch → Ausfuhrgarantien und → Ausfuhrbürgschaften.

Hermes Forderungsmanagement GmbH (Nachfolgegesellschaft von Delcreda Finanz-Service). Tochtergesellschaft der Hermes Kreditversicherungs-AG. Übernimmt das Mahnverfahren und den Einzug notleidender Forderungen. Zum umfangreichen Service gehört auch die Überwachung bereits ausgeklagter und vermeintlich uneinbringlicher Ansprüche.

Hermes Kreditversicherungs-AG. Gegr. 1917. Hauptsitz: Hamburg. Ein Unternehmen der → Allianz-Gruppe. Führender erwerbswirtschaftlicher Kreditversicherer in Deutschland; zugleich einer der weltweit größten auf diesem Spezialgebiet. Unterhält in Deutschland 17 Niederlassungen und Geschäftsstellen. Verfügt über ein internationales Netzwerk aus Tochtergesellschaften, Niederlassungen, Repräsentanzen, Beteiligungen und Kooperationen (in über 60 Ländern). Verhilft Unternehmen aus Industrie, Handel und Dienstleistungsbereich kompetent zu maßgeschneiderten Lösungen beim Risiko-Management. Hermes-Versicherungen gewähren Risikoabsicherungen (→ Hermes-Schutz vor Forderungsausfall, → Hermes-Schutz vor Veruntreuung) und Liquidität/Finanzierung (→ Hermes-Avalkredit); hinzu kommen Information/Beratung/Service (Hermes-Fakten, Hermes-Inkasso, Hermes-Rating, Hermes-Dialog). Der Hermes schützt mit einem dreifachen Sicherheitskonzept: Schaden wird nicht nur ersetzt, sondern auch reduziert (durch Übernahme des Inkassos und des Mahnverfahrens) und verhindert (durch Übernahme von Kreditprüfungs- und Kreditüberwachungsaufgaben). Ein weltweites Datennetz versorgt den Hermes-Infopool kontinuierlich mit umfangreichen und ständig aktuellen Informationen.
Von großer Bedeutung ist die Mitwirkung bei der staatlichen Exportförderung. Die H. K.-AG wickelt im Auftrag des Bundes die staatlichen Ausfuhrgarantien und -bürgschaften sowie auch Wechselkursgarantien und -bürgschaften ab. S. a. → Ausfuhrgewährleistungen des Bundes.
www.hermes.de

Hermes-Schutz vor Forderungsausfall. Bewahrt Unternehmen vor den finanziellen Folgen von Forderungsausfällen und dadurch verursachten Zahlungsschwierigkeiten. Der Hermes bietet diesen Versicherungsschutz in drei Varianten an: für große und mittlere Unternehmen (Jahresumsatz ab 2,5 Mio. €), für den Mittelstand (Jahresumsatz bis ca. 2,5 Mio. €; einfache Handhabung, eingeschlossener Pauschalteil, feste Prämientabelle) und für Einzelgeschäfte (mit Forderungshöhen zwischen 10.000 und 250.000 €). Der Hermes entschädigt schnell (um die eigene Liquidität der Hermes-Versicherten nicht zu gefährden); schon vor Eröffnung des gerichtlichen Insolvenzverfahrens. Der Versicherungsschutz tritt bereits bei „längerem Zahlungsverzug" ein; spätestens 90 Tage, nachdem Hermes die Verantwortung für die Forderung übertragen bekam.

Hermes-Schutz vor Veruntreuung. Schützt die Hermes-Versicherten vor finanziellen Schäden aus vorsätzlichen unerlaubten Handlungen wie Unterschlagung, Diebstahl, Untreue und Betrug, einschl. Computermissbrauch.

Hersteller-Leasing oder direktes L.; s. → Leasing.

HGB. Abk. für das deutsche → Handelsgesetzbuch.

Hibor. Abk. f. (engl.) Hong Kong Interbank Offered Rate.

Historische Volatilität. → Volatilität von Kursen oder Renditen eines Basiswertes in der Vergangenheit. Gegensatz: → implizite Volatilität.

HKEx → Hong Kong Exchange and Clearing Limited.

Höchstkurs. In einem System fester Wechselkurse (wie z. B. dem ehemaligen → Europäischen Währungssystem I) ist dies der Kurs einer Währung an der oberen Grenze der → Bandbreite; der obere → Interventionspunkt oder der „obere" Kurs (zu dem die Zentralbank Devisen verkauft; und dadurch einen Nachfrageüberschuss auf dem Devisenmarkt ausgleicht).

Hohe Behörde. Von 1952 bis 1967 das Exekutivorgan der → Europäischen Gemeinschaft für Kohle und Stahl (EGKS), der Montanunion. Mit Inkrafttreten des sog. Fusionsvertrages am 01.07.1967 ist an die Stelle der H. B. (wie auch der Kommission der EWG und der Kommission der Europäische Atomgemeinschaft – EURATOM) die Kommission der Europäischen Gemeinschaften (EG) getreten; heutige Bez.: → EU-Kommission.

Hoher Kommissar für Flüchtlinge der Vereinten Nationen – (engl.) United Nations High Commissioner for Refugees (UNHCR). → Spezialorgan der UN. Gegr. 1950. Sitz: Genf; mit rd. 280 Büros in 120 Ländern. Organe: Hoher Flüchtlingskommissar und Exekutivkomitee (mit Delegierten aus 53 Mitgliedstaaten). Die Hauptaufgabe von UNHCR besteht darin, Flüchtlingen internationalen Rechtsschutz zu gewähren und dauerhafte Lösungen für ihre Probleme zu suchen.
http://www.unhcr.ch

Hoher Kommissar für Menschenrechte der Vereinten Nationen – (engl.) United Nations High Commissioner for Human Rights (UNHCHR). Einger. 1993. Sitz: Genf. → Spezialorgan der UN, an dessen Spitze der (die) Hochkommissar(in) im Rang eines Untergeneralsekretärs der Vereinten Nationen steht. Zu den Aufgaben gehören die Förderung der internationalen Zusammenarbeit innerhalb und außerhalb des UN-Systems zu Gunsten der Menschenrechte, die öffentliche Anklage von Menschenrechtsverletzungen, die Förderung von inter-

nationalen Menschenrechtsstandards und von Organisationen, die sich dem Schutz der Menschenrechte widmen.
http://www.unhchr.ch

Holdinggesellschaft, Beteiligungs- oder Dachgesellschaft, (engl.) Holding Company. Gesellschaft, die Aktien bzw. Gesellschaftsanteile anderer Unternehmen erwirbt, um diese entweder zu verwalten oder zu beherrschen. Im ersten Fall handelt es sich um eine Finanzholding. Diese ist vorrangig vermögensverwaltend und kontrollierend tätig und übt selbst keine Führungsfunktionen in den Tochtergesellschaften aus. Im zweiten Fall ist es eine Führungsholding. Diese beschränkt sich nicht auf das Beteiligungsmanagement, sondern bestimmt die strategischen Geschäftsfelder, die strategische Steuerung, die Besetzung der Führungspositionen und die Steuerung des Kapitalflusses innerhalb des Holding-Verbundes. Eine H. kann auch gegründet werden, um die finanziellen Transaktionen und andere Aktivitäten eines international tätigen Konzerns (einer Muttergesellschaft) besser bündeln bzw. ausrichten zu können. In diesem Fall werden Aktien bzw. Geschäftsanteile auf die H. übertragen bzw. bei ihrer Gründung eingebracht. H. haben i. d. R. kein eigenes operatives Geschäft. Die rechtliche Selbstständigkeit der zur H. gehörenden Unternehmen bleibt – zumindest nach außen – erhalten. Deren wirtschaftliche Selbstständigkeit geht hinsichtlich der Finanzierung gänzlich, bezüglich der Unternehmenspolitik weitgehend auf die H. über. Eine H. kann in Deutschland gem. → UBGG nur als AG, GmbH, KG und KGaA betrieben werden.

Holländisches Zuteilungsverfahren. Ausschreibungsverfahren, bei dem im Rahmen eines → Zinstenders alle zum Zuge kommenden Gebote zum marginalen Zinssatz (dem von allen Bietern akzeptierten niedrigsten Zinssatz) bedient werden. S. a. → Repartierung.

Home-Banking (engl.). Erledigung von Bankgeschäften mittels Telefon (Telefon-Banking) oder Personalcomputer (PC) mit Modem (Online-Banking) von zu Hause aus. Beim Telefon-Banking nehmen die Banken die Wünsche ihrer Kunden telefonisch entgegen. Beim Online-Banking verwalten die Kunden ihre Bankkonten über das Internet. Sie können online Kontoinformationen einsehen und ausdrucken, Überweisungsaufträge erteilen, Zinssätze erfragen, Geldanlagen tätigen, Börsenkurse abrufen, Wertpapiere kaufen und verkaufen. Da sich beim Online-Banking die Kunden nicht persönlich durch ihre Unterschrift legitimieren können, benötigen sie zur Abwicklung der Bankgeschäfte eine Persönliche Identifikations-Nummer (→ PIN) sowie für jeden Auftrag eine Transaktionsnummer (→ TAN). S. a. → Electronic Banking.

Homepage. Bez. f. d. → html-Seite, die als Startseite für eine → Website dient. Über die H. sollten alle Seiten über → Hyperlinks erreicht werden, die der H.-Bereitsteller zum Abruf zugänglich machen will.

Hong Kong Exchange and Clearing Limited (HKEx). Die Holding-Gesellschaft von The Stock Exchange of Hong Kong Limited, Hong Kong Futures Exchange Limited und Hong Kong Securities Clearing Company Limited. HKEx entwickelte sich von einem auf die regionale Wirtschaft eingestellten Unternehmen zu einem der bedeutendsten „global player".
www.hkex.com

HRG → Haupt-Refinanzierungs-Geschäft.

HS → Harmonisiertes System zur Beschreibung und Codierung von Waren.

HSI → Hang Seng Index.

html. Abk. f. (engl.) hyper text markup language – Hypertext Auszeichnungssprache. Eine definierte Auszeichnungssprache, die mit Hilfe der SGML – (engl.) Standard Generalized Markup Language – (ISO-Norm 8879) festgeschrieben ist und die logischen Bestandteile eines Dokumentes wie Überschriften und Aufzählungen beschreibt; html wird benutzt, um Dokumente für das → World Wide Web zu erstellen, die mit Hilfe eines → Browsers angezeigt werden.

http. Abk. f. (engl.) hyper text transfer/transmission protocol – Hypertext Übertragungsprotokoll. Eines von vielen Protokollen, das im Internet für die Übertragung und Verknüpfung von Web-Seiten zuständig ist. Web-Adressen muss formell ein „http://" vorangestellt werden. Damit dekodiert der Browser die in html-Dokumenten enthaltenen Auszeichnungsanweisungen und stellt diese dar.

Huckepackverkehr. Bes. Form des → gebrochenen Güterverkehrs, bei dem eine oder mehrere Teilstrecken jeweils von Straßen- und Schienenfahrzeugen übernommen werden; in der Regel in der Reihenfolge Straße-Schiene-Straße. Dabei wird entweder der gesamte LKW oder nur der Ladeteil ohne Zugmaschine mit der Eisenbahn transportiert.

Hub-and-Spoke-System. Begr. aus dem Seefrachtverkehr. Zwischen den Kernregionen der Weltwirtschaft haben sich Seewege von herausragender Bedeutung gebildet, die sog. (engl.) Mainstreams; z. B. zwischen Europa und Nordamerika, Europa und Süd-Ostasien. Auf sie entfällt ein besonders hohes Ladeaufkommen. Beim H.-a.-Sp.-S. werden die Ladungsströme – vor allem in der Containerschifffahrt – in den großen Häfen (den sog. Mainports) einerseits gebündelt und andererseits von ihnen aus verteilt. Z. B.: Kleinere Ladungen (von kleineren Schiffen) aus europäischen Häfen werden im Mainport Hamburg gesammelt, von dort aus in großen Ladungen mit großen Schiffen – im Mainstream (Hub) – zum Mainport Singapur verbracht und von dort aus wieder in kleineren Ladungen (auf kleineren Schiffen) in asiatische Häfen verteilt; und umgekehrt.

HVPI → Harmonisierter Verbraucherpreisindex.

HWB → Handels- und Wirtschaftsbüro Berlin des Ministeriums für wirtschaftliche Entwicklung und Handel der Russischen Föderation.

HWWA → Hamburgisches Welt-Wirtschafts-Archiv.

Hyperlink. Hyper(text)-Verbindung. Üblicherweise blaufarbige und blau unterstrichene Wörter im Fließtext von Web-Seiten, die man anklicken kann und die einen Querverweis auf bzw. Absprungspunkt zu einer anderen Adresse im → www darstellen. Per Mausklick kann somit ein (anderes) → html-Dokument aktiviert werden.

Hypothek. Das zur Sicherung der Forderung eines Gläubigers bestellte Pfandrecht an Grund und Boden; eingetragen im Grundbuch.

Hypothekenbrief. Eine vom Grundbuchamt ausgestellte öffentliche Urkunde. Sie verbrieft die Erstellung einer Hypothek und deren Eintragung ins Grundbuch. Der H. ist ein → Rektapapier, das nur durch Zession und Übergabe übertragen werden kann. Der H. darf nicht mit dem → Hypothekenpfandbrief verwechselt werden.

Hypothekenpfandbrief. → Pfandbrief, der von privaten Hypothekenbanken ausgestellt wird. Nicht mit dem → Hypothekenbrief zu verwechseln.

Hypothekarkredit (Realkredit). Langfristiges Darlehen, das durch ein im Grundbuch eingetragenes Grundpfandrecht (heute überwiegend Grundschuld, seltener Hypothek) gesichert ist. Beliehen werden v. a. Grundstücke und Gebäude.

HZA. Abk. f. Hauptzollamt. S. → Hauptzollämter.

I

IAA. Abk. f. Internationales Arbeitsamt. S. → Internationale Arbeitsorganisation.

IAB. Abk. f. Institut für Arbeitsmarkt- und Berufsforschung der → Bundesanstalt für Arbeit in Nürnberg.

IADB. Abk. f. (engl.) Inter-American Development Bank; → Interamerikanische Entwicklungsbank.

IAEA. Abk. f. (engl.) International Atomic Energy Agency; → Internationale Atomenergie-Organisation (IAEO).

IAED. Abk. f. (engl.) International Association of Exchange Dealers; → Internationale Devisenhändlervereinigung (Forex Club) oder (frz.) Association Cambiste Internationale (ACI).

IAEO → Internationale Atomenergie-Organisation oder (engl.) International Atomic Energy Agency (IAEA).

IAIS. Abk. f. (engl.) International Association of Insurance Supervisors; → Internationale Vereinigung der Versicherungsaufsichtsbehörden.

IAO → Internationale Arbeits-Organisation oder (engl.) International Labour Organization (ILO).

IATA. Abk. f. (engl.) International Air Transport Association; → Internationaler Luftverkehrsverband.

IAV → Ibero-Amerika Verein.

IBCC. Abk. f. (engl.) International Bureau of Chambers of Commerce; → Internationales Büro der Handelskammern.

Ibero-Amerika-Verein e.V. (IAV). Gegr. 1916. Sitz: Hamburg. Er fördert die wirtschaftlichen Aktivitäten seiner Mitglieder in Lateinamerika, der Karibik und der Iberischen Halbinsel (Spanien, Portugal). Dies geschieht durch Beratung in Außenwirtschaftsfragen, aktuelle Berichterstattung über wirtschaftliche und politische Entwicklungen, Erfahrungsaustausch über die Länder sowie Kontakte zu den Entscheidungsträgern dieser Region. Der IAV setzt sich darüber hinaus für die Pflege der gesellschaftlichen und kulturellen Beziehungen Deutschlands und der EU zu diesen Ländern ein.
http://www.ibero-amerikaverein.de

IBF → International Banking Facilities.

IBIS → Integriertes Börsenhandels- und Informations-System; abgelöst durch → Xetra®.

IBRD. Abk. f. (engl.) International Bank for Reconstruction and Development; Internationale Bank für Wiederaufbau und Entwicklung, kurz: → Weltbank (engl.: World Bank).

IC. Abk. f. (engl.) Interim Committee – Interimsausschuss des Gouverneursrats für das Internationale Währungssystem; 1999 ersetzt durch → IMFC.

ICA. Abk. f. (engl.) International Coffee Agreement; → Internationales Kaffeeabkommen.

ICAO. Abk. f. (engl.) International Civil Aviation Organization; → Internationale Zivilluftfahrtorganisation der Vereinten Nationen.

ICC. (1) Abk. f. (engl.) International Chambre of Commerce; → Internationale Handelskammer oder (frz.) Chambre de Commerce International (CCI). (2) Die Abk. ICC wird in Russland auch für (engl.) Inter-Agency Coordinating Committee for Banking Sector Development verwendet. S. → Zentralbank der Russischen Föderation.

ICC Russia. → Internationale Handelskammer Russland.

ICDT. Abk. f. (engl.) Islamic Centre for Development of Trade; → Islamisches Zentrum für die Entwicklung des Handels.

ICGS. Abk. f. (engl.) International Standard Classification of all Goods and Services; → Internationale Systematik aller Waren und Dienstleistungen nach Herkunftsbereichen.

ICJ. Abk. f. (engl.) International Court of Justice; → Internationaler Gerichtshof (IGH).

ICPO. Abk. f. (engl.) International Criminal Police Organization; → Interpol.

ICSID. Abk. f. (engl.) International Centre for Settlement of Investment Disputes; → Internationales Zentrum zur Beilegung von Investitionsstreitigkeiten der Vereinten Nationen.

IDA. Abk. f. (engl.) International Development Association; → Internationale Entwicklungsorganisation der Vereinten Nationen.

IDB. (1) Abk. f. (engl.) Inter-American Development Bank; → Interamerikanische Entwicklungsbank. (2) Abk. f. (engl.) Islamic Development Bank (abgekürzt auch IsDB); → Islamische Entwicklungsbank.

IEA. Abk. f.: (1) → Internationale Energie-Agentur oder (engl.) International Energy Agency. (2) → Interministerieller Einfuhr-Ausschuss.

IEB → Internationale Einfuhrbescheinigung.

IECOMM. Internet-Portal zu Informationen und Dienstleistungen rund um den internationalen elektronischen Geschäftsverkehr. Das Besondere dieses mit EU-Mitteln geförderten Projektes liegt in der Verbindung von landesspezifischen Informationen, praktischer Anwendung, beispielhaften Lösungen, persönlicher Beratung und europaweiter Vermittlung von Spezialdienstleistern. Ein Leitfaden beschreibt, wie ein Unternehmen seinen Webauftritt in einem anderen Markt erfolgreich gestaltet. Interessenten können den regelmäßig erscheinenden Newsletter beziehen, registrierte Nutzer Softwaretools herunterladen und für sich einsetzen.
www.iecomm.net

IETS. Abk. f. (engl.) Internet Export Trading System. Das Produktinformationssystem von → Obermeit mit angeschlossenem Onlineshop für Groß- und Außenhändler. IETS bietet speziell auf den Außenhandel zugeschnittene → E-commerce-Lösungen.
www.iets.de

IFAD. Abk. f. (engl.) International Fund for Agricultural Development; → Internationaler Fonds für landwirtschaftliche Entwicklung der Vereinten Nationen.

IFC. Abk. f. (engl.) International Finance Corporation; → Internationale Finanz-Corporation.

Ifo Institut für Wirtschaftsforschung. Gegr. 1949. Sitz: München. Es sieht sich dem Auftrag „Information und Forschung" (ifo) verpflichtet und zählt zu den führenden Wirtschaftsforschungsinstituten Deutschlands. Das ifo Institut erbringt als forschungsbasiertes Serviceinstitut Dienstleistungen für die Forschung und die wirtschaftspolitisch interessierte Öffentlichkeit, leistet wirtschaftswissenschaftliche Politikberatung und ist auch selbst in der wirtschaftswissenschaftlichen Forschung aktiv. Es veröffentlicht die Ergebnisse der regelmäßigen Befragungen von insg. über 10.000 deutschen Unternehmen; wie z. B. den → Ifo Geschäftsklima-Index, → ifo Investitionstest, → ifo Konjunkturtest. Das ifo Institut erarbeitet eigene → ifo Konjunkturprognosen und wirkt an der Erstellung der → Frühjahrs- und Herbstgutachten mit. Es berichtet mit seinem „Konjunkturtest International" und dem (engl.) World Economic Survey (→ WES) über die gesamtwirtschaftliche Lage und Entwicklung in über 60 Ländern.
http://www.ifo.de

Ifo Geschäftsklima-Index. Er resultiert aus der monatlichen Befragung von über 7.000 Unternehmen. Er ist aus den Meldungen zum → ifo Konjunkturtest abgeleitet und stellt einen auch international viel beachteten Frühindikator für die konjunkturelle Entwicklung in Deutschland dar. Er wird von der Fachwelt jeden Monat mit Spannung erwartet und regelmäßig in den Medien kommentiert.

Ifo Investitionstest. Mit ihm werden (jährlich zweimal) die geplanten und realisierten Investitionen in Industrie, Handel, Bau- und Energiewirtschaft, Groß- und Einzelhandel sowie im Leasingsektor erfasst. Gefragt wird auch nach den Investitionsmotiven, nach Erweiterung, Rationalisierung, Ersatz sowie der Einführung neuer Produkte bzw. Produktionstechniken.

Ifo Konjunkturprognose. Das ifo Institut erstellt viermal jährlich eine Vorschau auf die Entwicklung des Bruttoinlandsproduktes, des Arbeitsmarktes, der Preise sowie der staatlichen Einnahmen und Ausgaben in Deutschland und in der EU.

Ifo Konjunkturtest. Er gibt Aufschluss über die konjunkturelle Lage und über die kurzfristige Planung in Industrie, Bauwirtschaft, Groß- und Einzelhandel. Er ist in mehr als 300 Produktgruppen bzw. Märkte untergliedert. Die Ergebnisse werden bereits drei Wochen nach Ende des jeweiligen Berichtsmonats bekannt gegeben.

ifo Weltwirtschaftklima. Der Indikator des ifo Instituts für die internationale Konjukturentwicklung, → WES. Die Indexwerte werden (zurzeit) auf Basis 1995 = 100 als arithmetisches Mittel der Bewertung der gegenwärtigen Lage und der erwarteten Entwicklung ermittelt.

IFV. Abk. f. Investitions-Förderungs-Verträge. S. → Investitionsschutzverträge.

IfW → Institut für Weltwirtschaft an der Universität Kiel.

IGH → Internationaler Gerichtshof oder (engl.) International Court of Justice (ICJ).

IHK/IHKn → Industrie- und Handelskammer(n).

IHK Gesellschaft zur Förderung der Außenwirtschaft und der Unternehmensführung

mbH. Gegr. 1990 als Tochter des Deutschen Industrie- und Handelstages und der BAO Berlin Marketing Service GmbH. Ihre Tätigkeit konzentriert sich auf die Erschließung ausländischer Märkte auf der Grundlage der Sammlung und Weitergabe von Informationen an kleine und mittlere Unternehmen (KMU).
www.ihk-gmbh.com

IIC. Abk. f. (engl.) Inter-American Investment Corporation; → Interamerikanische Investitionsgesellschaft.

ILO. Abk. f. (engl.) International Labour Organization; → Internationale Arbeitsorganisation (IAO) der Vereinten Nationen.

IMA. Abk. f. Interministerieller Ausschuss für Ausfuhrgarantien und Ausfuhrbürgschaften.

IMCO. Abk. f. (engl.) Inter-Governmental Maritime Consultative Organization; von 1948 – 1982 Vorgängerin der → Internationalen Seeschifffahrtsorganisation, (engl.) International Maritime Organization (IMO).

IMF. Abk. f. (engl.) International Monetary Fund; → Internationaler Währungsfonds (IWF).

IMFC. Abk. f. (engl.) International Monetary and Financial Committee; → Internationaler Währungs- und Finanzausschuss.

Immaterialgüterrechte. Dazu zählen Persönlichkeitsrechte (Rechte an unkörperlichen – eben immateriellen – Gütern, wie z. B. Urheber- und Patentrechte) und Vermögensrechte (– positive – Benutzungsrechte und – negative – Abwehrrechte an verkehrsfähigen geistigen Gütern, wie den → gewerblichen Schutzrechten). Gegensatz: → Sachenrecht; vgl. → Schuldrecht.

IMO. Abk. f. (engl.) International Maritime Organization; → Internationale Seeschifffahrtsorganisation der Vereinten Nationen.

IMOE – Informationsagentur für Mittel- und Osteuropa. Stellt Interessenten (aus der Vielzahl der gesammelten Daten) Informationen zur Verfügung, die speziell auf ihre Bedürfnisse abgestimmt sind: Markt- und Branchenstudien, Medienbeobachtungen, Länder-, Förderungsprogramm- und Zolldienstinformationen, kostenlose Downloads u. a. m. Bietet zurzeit einmal monatlich den kostenlosen „iMEO-Osteuropa aktuell"-Newsletter und „iMOE-Russia review"-Newsletter (beides per e-mail).
www.imoe.de

Implizite Volatilität. Antizipierte (vorweggenommene) → Volatilität von Kursen oder Renditen des Basiswertes einer Option für deren Restlaufzeit. Gegensatz: → Historische Volatilität.

Import → Einfuhr.

Importabgaben. Sie umfassen die von Unternehmen, Behörden und Einrichtungen des Staates sowie von privaten Organisationen ohne Erwerbscharakter bei der Einfuhr von Gütern an den Staat abzuführenden Abgaben. Dazu zählen Zölle, → Verbrauchsteuern auf Einfuhren, → Abschöpfungen und Währungsausgleichsbeträge bei der Einfuhr von landwirtschaftlichen Erzeugnissen. Die → Einfuhrumsatzsteuer wird nicht zu den I. gerechnet.

Importakkreditiv. Ein zur Abwicklung eines Importgeschäftes zulasten des Importeurs eröffnetes → Dokumentenakkreditiv.

Importelastizität. Begr. f. d. Verhältnis der relativen (prozentualen) Veränderung der mengenmäßigen Importnachfrage, bezogen auf die relative (prozentuale) Veränderung des Preises der Importgüter. So bedeutet z. B. eine I. von (minus) 5: Wenn der Preis eines Importgutes um 1 % steigt (sinkt), dann sinkt (steigt) die importierte Menge um 5 %.

Import-Factoring. Hier übernimmt der Importfactor (inländische Factor) vom ausländischen Factor (Exportfactor) des ausländischen Exporteurs die Haftung für die Zahlungsunfähigkeit des inländischen Importeurs. Analoges Verfahren wie beim → Export-Factoring.

Importfinanzierung → Außenhandelsfinanzierung.

Importkonsignationsgeschäft. → Konsignationsgeschäft, bei dem ein inländischer Importeur (Konsignatar) für einen ausländischen Exporteur (Konsignant) ein Auslieferungslager führt. Solche I. werden gerne über Zolllager abgewickelt. Sie bedürfen keines besonderen Einfuhrverfahrens. Die Konsignationsware ist erst bei Auslieferung an den Empfänger dem Zoll zu gestellen.

Import-Leasing. S. → Leasing im Außenhandel.

Importspedition. → Spedition, zu deren Aufgaben die Erledigung von Zollformalitäten für die von einem Importeur im Ausland eingekauften Waren zählt: Besorgen und Ausstellen der erforderlichen Zollpapiere; → Gestellung der Waren; Entrichtung der Einfuhrabgaben und Erledigung des weiteren Versands. Oftmals geht die I. über die bloße Zollabwicklung hinaus: Der Importspediteur organisiert auch den Transport aus dem Ausland; er empfängt die Waren gegen → Konnossement (beim Seefrachtverkehr), wahrt die Rechte aus dem Frachtvertrag (einschl. eventueller Schadenersatzforderungen), führt die Qualitätskontrollen beim Warenempfang durch, lagert die Ware ein und liefert sie wieder aus, sorgt für den Transport zum jeweiligen Empfänger im Importland.

IMT 2000. Abk. f. (engl.) International Mobile Telecommunications 2000; → Internationale mobile Telekommunikationen 2000.

Incoterms 2000. Abk. f. (engl.) International Commercial Terms. Incoterms sind internationale Regeln zur Auslegung der hauptsächlich verwendeten Vertragsformeln in Außenhandelsverträgen. Damit werden Unsicherheiten, die durch unterschiedliche Auslegung solcher Klauseln in den verschiedenen Ländern entstehen, vermieden oder doch erheblich eingeschränkt. Die → ICC hat erstmals die „Incoterms 1936" herausgegeben; diese wurden mehrmals der veränderten bzw. neuen internationalen Handelspraxis angepasst; zuletzt zum 01.01.2000. Die I. befassen sich ausschließlich mit den Rechten und Pflichten von Käufer und Verkäufer in Bezug auf einige ganz bestimmte Punkte des Kaufvertrags. Sie beschränken sich auf die Lieferung von Ware, deren Verkauf abgeschlossen ist (im Sinne von beweglicher Ware und nicht von körperlich nicht greifbarer Ware, wie z. B. Computersoftware); sie sind nicht relevant für Beförderungs-, Versicherungs- und Finanzierungsverträge. Die I. werden in vier Gruppen gegliedert. Gruppe E – Abholklausel: Der Verkäufer stellt dem Käufer die Ware lediglich am benannten Ort, i. d. R. auf seinem eigenen Gelände, zur Verfügung; → EXW. Die „E"-Klausel stellt für den Verkäufer die Mindestverpflichtung dar. Gruppe F – der Haupttransport wird vom Käufer bezahlt. Der Verkäufer hat die Ware einem vom Käufer benannten → Frachtführer so zur Beförderung zu übergeben, wie es der Käufer angewiesen hat. „F"-Klauseln sind: →

FCA, → FAS, → FOB. Gruppe C – der Haupttransport wird vom Verkäufer bezahlt. Der Verkäufer hat den Beförderungsvertrag auf eigene Kosten abzuschließen, ohne die Haftung für Verlust oder Beschädigung der Ware oder zusätzliche Kosten, die aufgrund von Ereignissen nach dem Abtransport entstehen, zu übernehmen. „C"-Klauseln sind: → CFR, → CIF, → CPT, → CIP. Sie stellen Absendeverträge dar. Gruppe D – Ankunftsklauseln: Der Verkäufer hat alle Kosten und Gefahren bis zur Ankunft der Ware am benannten Bestimmungsort bzw. -hafen zu tragen. „D"-Klauseln sind: → DAF, → DES, → DEQ, → DDU, → DDP. Sie entsprechen Ankunftsverträgen.
www.incoterms2000.org
www.icc-deutschland.de

Index. Kennzahl für statistische, zeitliche und örtliche Vergleiche. Von einem Basiswert (meist 100) ausgehend, werden alle Veränderungen auf diesen bezogen. Mit I.-Zahlen werden viele einzelne Mengen-, Preis-, Umsatz-, Wechselkurs- und andere Entwicklungen charakterisiert; z. B. → effektiver Wechselkurs des Euro gegenüber 13 anderen Ländern/Währungen: 1999 (1.Vj.) = 100; Oktober 2002 = 91,7.

Indexklausel. Bes. Form der → Wertsicherungsklausel, die in Außenhandelsverträgen verwendet werden kann, um vertraglich vereinbarte Nominalwerte (wie Preise, Zinsen u. a.) an die Erhöhung bestimmter Preisindices (z. B. Preisindex für die Lebenshaltung, für Rohstoffe, für importierte Güter oder für exportierte Güter) anzupassen. Nach der I. ist dann zum Zeitpunkt der Zahlung der Geldschuld ein entsprechender Zuschlag auf den Ursprungsbetrag zu leisten.

Indexoptionsschein. Optionsschein, der einen Index (i. d. R. Aktienindex) als Basiswert hat. Er verbrieft das Recht auf Erhalt einer Ausgleichszahlung bei Überschreiten (Call-I.) bzw. bei Unterschreiten (Put-I.) des definierten Indexstandes.

Indirekte Garantie. Bei dieser beauftragt der Garantiegeber im Inland (die Hausbank des Exporteurs) einen Dritten (eine Korrespondenzbank im Ausland), zu Gunsten des dortigen Garantiebegünstigen (des Importeurs) eine Garantie abzugeben. Dabei bleibt die Hausbank der Korrespondenzbank gegenüber in der Haftung, wenn der Garantiefall eintritt und die Korrespondenzbank vom Importeur in Anspruch genommen wird. Gegensatz: → direkte Garantie.

Indirekter Export. Der Export erfolgt über einen inländischen Zwischenhändler. Der inländische Hersteller verkauft an ein inländisches → Außenhandelsunternehmen; seine Exporttätigkeit beschränkt sich somit auf die Bereitstellung der Ware zum Export. Der inländische Zwischenhändler verkauft seinerseits an einen Endabnehmer, ein Groß- oder Außenhandelsunternehmen im Ausland. I. E. wird von (meist mittelständischen) Unternehmen bei nur geringem und/oder unregelmäßigem Auslandsabsatz bevorzugt. Sie können durch ihn den Aufbau und die Unterhaltung eines eigenen Auslandsvertriebsnetzes vermeiden. Gegensatz: → direkter Export.

Indirekter Import. Der Import erfolgt über einen inländischen Zwischenhändler. Der inländische Hersteller kauft die ausländische Ware von einem inländischen → Außenhandelsunternehmen, das seinerseits die Ware vom Hersteller, Groß- oder Außenhandelsunternehmen im Ausland bezieht. I. I. empfiehlt sich bei nur zeitweiligem oder jeweils nur geringem Bedarf an importierten Mengen bzw. bei sehr breit gestreutem Bedarf aus vielen Ländern. Gegensatz: → direkter Import.

Indirekte Steuern. Steuern und ähnliche Abgaben, die der Staat oder Einrichtungen der EU bei Produzenten erheben. (Sie sind bei deren Gewinnermittlung abzugsfähig.) Sie werden in den VGR und finanzpolitischen Berichterstattungen als → Produktions- und Importabgaben ausgewiesen.

Indossament. Übertragungsvermerk auf einem → Orderpapier; schriftliche Erklärung, mit welcher der bisherige Inhaber (→ Indossant) das Eigentum (mit den damit verbundenen Rechten) an dem Papier an den von ihm im I. Genannten (→ Indossatar) überträgt.

Indossant oder Girant. Bez. f. diejenige Person, die ein → Orderpapier durch ein → Indossament an einen anderen (→ Indossatar) weitergibt.

Indossatar. Bez. f. diejenige Person, auf die das Recht an einem → Orderpapier durch → Indossament übertragen wird.

Indossieren. Übertragen der Rechte aus einem → Orderpapier durch ein → Indossament.

Industrie- und Handelskammern (IHK/IHKn). Sie sind eigenverantwortliche öffentlich-rechtliche Körperschaften. Alle deutschen Unternehmen im Inland – ausgenommen Handwerksbetriebe, freie Berufe und landwirtschaftliche Betriebe – sind per Gesetz Mitglied der – insg. 82 – IHKn. Die Unternehmen zahlen einen Pflichtbeitrag, der sich nach der jeweiligen wirtschaftlichen Leistungsfähigkeit richtet. Alle Mitglieder haben die gleichen Rechte; jedes Unternehmen – ob internationaler Konzern oder → Tante-Emma-Laden – hat nur eine Stimme. Die IHKn stellen → Ursprungszeugnisse und → Carnets aus. Sie stehen ihren Mitgliedsunternehmen als direkte Berater oder sachkundige Vermittler, so u. a. insb. bei außenwirtschaftlichen Fragen und Problemlösungen zur Verfügung; auch über den → Deutschen Industrie- und Handelskammertag und die → Auslandshandelskammern.
http://www.ihk.de

INF-Gemeinschaftsvordrucke. Informations- und Auskunftsformulare der EG, die bei der Abwicklung des Außenhandels mit Drittländern verwendet werden. INF 1: zur gegenseitigen Information von Zollbehörden beim aktiven Veredelungsverkehr. INF 2: zur Feststellung der Nämlichkeit beim passiven Veredelungsverkehr. INF 3: zur Feststellung der Nämlichkeit von Waren, die als → Rückwaren zollfrei wieder eingeführt werden sollen. INF 4: zu Auskunftszwecken, wenn an der Glaubwürdigkeit einer → Lieferantenerklärung gezweifelt wird. INF 5: bei → Dreiecksgeschäften im aktiven Veredelungsverkehr. INF 6: bei vorübergehender → Zollgutverwendung in Verbindung mit dem → Carnet-TIR. Vgl. → Nämlichkeitsschein.

Inflation. Begr. f. den über mehrere Perioden hinweg anhaltenden Anstieg des → Preisniveaus. Für eine (gesamtwirtschaftliche) Inflation ist kennzeichnend, dass die Preissteigerungen grundsätzlich alle Gütergruppen (einer Volkswirtschaft) betreffen und damit ein allgemeiner Kaufkraftverlust des Geldes verbunden ist. Zur I. kommt es, wenn die gesamtwirtschaftliche Nachfrage größer als das gesamtwirtschaftliche Angebot ist, und dadurch allgemein die Preise steigen. Es kann nicht von Inflation gesprochen werden, wenn nur die Preise einzelner Güter steigen. Die I. wird über Preisindices gemessen. Zur Messung der Veränderung des gesamtwirtschaftlichen Preisniveaus wird grundsätzlich der → Preisindex für die Lebenshaltung aller privaten Haushalte herangezogen. Die Inflation in der EU wird über den → Harmonisierten Verbraucherpreisindex (HVPI) gemessen. Gegensatz: → Deflation.

Inflationsrate. Prozentuale Veränderung des → Preisniveaus, die sich innerhalb eines bestimmten Zeitraums ergeben hat; i. d. R. innerhalb eines Jahres. Wenn im ersten Jahr nach dem Basisjahr (= 100) das Preisniveau beispielsweise auf 105 Indexpunkte gestiegen ist, so bedeutet dies eine I. von 5 % (5 : 100 = 0,05). Wenn hingegen nach vier Jahren das Preisniveau z. B. auf 125 Punkte angestiegen ist und im fünften Jahr der Index abermals um 5 Punkte zunimmt, dann bedeutet dies eine I. von 4 % (5 : 125 = 0,04).

Informatics – Informationszentrum, das allein berechtigt ist, die amtlichen statistischen Veröffentlichungen des → Staatlichen Komitees der Russischen Föderation für Statistiken (Goskomstat) zu verteilen; die gedruckten wie die elektronischen Versionen (Disketten, CD-ROM, via Internet und die dazugehörenden → Updates). Vgl. → Russian Economic Trends (RET).
www.info.gks.ru

Informationstechnologie (IT). Zusammenfassender Begriff für die den Informationssystemen zu Grunde liegenden Informations- und Kommunikationstechnologien; Gesamtheit von Hardware, Software und Kommunikationstechnik, einschließlich der Systemplanungs- und Systementwicklungsverfahren.

Informationszentrum Steuern im In- und Ausland. S. → Bundesamt für Finanzen.

Inhaberaktie. Aktie, die auf den Inhaber lautet. I. dürfen nur ausgegeben werden, wenn zuvor die Einlage zur Gänze eingezahlt wurde. Diese Aktien sind bestens für den Börsenhandel geeignet, da ihre Übertragung durch bloße Einigung und Übergabe erfolgen kann. Die Beziehung zwischen der Aktiengesellschaft und dem Aktionär ist anonym. Gegensatz: → Namensaktie.

Inhaberpapier. → Wertpapier, bei dem der Berechtigte namentlich nicht genannt ist; jeder Inhaber ist legitimiert, die Rechte aus dem I. zu beanspruchen. Gegensatz: → Orderpapier.

Inhaberscheck. → Scheck, der von jedem Inhaber zum Inkasso vorgelegt werden kann („Zahlen Sie gegen diesen Scheck ..... an ..... oder Überbringer").

Inhaberschuldverschreibung. Anleihe, die den Emittenten verpflichtet, Zinsen und Rücknahmekurs bei Fälligkeit an den jeweiligen Inhaber des Wertpapiers zu zahlen. → Inhaberpapier.

Inkasso. International übliche Bez. für den Einzug fälliger Forderungen durch Dritte (z. B. Wechsel-, Scheck-, Lastschriftinkasso durch Kreditinstitute). Im Außenhandel ist das → Dokumenteninkasso bes. bedeutsam; s. dazu → Einheitliche Richtlinien für Inkassi (ERI) der Internationalen Handelskammer (ICC) Paris. Weiteres auch über
www.inkasso.de

Inkassowechsel oder Einzugswechsel. S. → Wechsel.

Inkassoindossament. Sonderform eines Vollmachts- oder Prokuraindossaments. → Indossament auf einem → Finanzwechsel mit dem Zusatz „zum Inkasso" oder zum „Einzug", durch welches eine Bank nur zur Einziehung des Wechselbetrages berechtigt wird.

Inland. Gebiet innerhalb der Grenzen eines Staates. Hoheitsgebiet eines Staates. Im Außenwirtschaftsrecht gibt es hierfür die Bez. → Wirtschaftsgebiet.

Inländer. Im außenwirtschaftsrechtlichen Sinne und im Sinne der → VGR sind dies die → Gebietsansässigen. Das sind die natürlichen und juristischen Personen, die ihren Wohnsitz oder gewöhnlichen Aufenthalt bzw. ihren Sitz im Inland haben.

Inländerbehandlung. Grundsatz, nach dem Ausländer den Inländern gleichgestellt werden. Er ist für alle → Immaterialgüterrechte im → Abkommen über handelsbezogene Aspekte der Rechte am geistigen Eigentum (TRIPS) festgelegt. I. gilt: (1) im internationalen → gewerblichen Rechtsschutz und Wettbewerbsrecht. Nach der → Pariser Verbandsübereinkunft genießen Angehörige eines Verbandsstaates unabhängig davon, ob sie in den anderen Ländern einen Wohnsitz oder eine Niederlassung haben, gleichen Schutz für Erfindungen, Marken etc. wie Inländer. Und auch Angehörige von Nichtverbandsstaaten können I. beanspruchen, wenn sie einen Wohnsitz oder eine Niederlassung in einem Verbandsstaat haben. (2) im → Urheberrecht; nach der → Revidierten Berner Übereinkunft, dem → Welt-Urheber-Rechtsabkommen und einigen bilateralen Abkommen. Die I. ist im → Europäischen Binnenmarkt verwirklicht und wird als Prinzip der Weltwirtschaft vom → GATT und der → WTO gefordert.

Inländerkonvertibilität. Recht von Gebietsansässigen (Deviseninländern), jede Währung in beliebiger Menge jederzeit gegen in- oder ausländische Währung zu erwerben oder zu verwenden. Gegensatz: → Ausländerkonvertibilität.

Inländerkonzept (Inländerabgrenzung). Konzept, nach dem im Rahmen der → Volkswirtschaftlichen Gesamtrechnungen die ökonomischen Aktivitäten aller → Inländer (im Inland und im Ausland) erfasst werden. Gegensatz: → Inlandskonzept. Vgl. → Bruttonationalprodukt, → Volkseinkommen.

Inlandsanleihe. Begr. f. Anleihe, die im Inland von einem Inländer in inländischer Währung emittiert wird, inländischem Recht unterliegt und i. d. R. von einem inländischen → Konsortium abgewickelt wird. Vgl. → Auslandsanleihe, → Euro-Anleihe.

Inlandskonzept (Inlandsabgrenzung). Konzept, nach dem im Rahmen der → Volkswirtschaftlichen Gesamtrechnungen alle ökonomischen Aktivitäten innerhalb des Wirtschaftsgebietes einer Volkswirtschaft – also im Inland (erbracht von Inländern und Ausländern) – erfasst werden. Gegensatz: → Inländerkonzept. Vgl. → Bruttoinlandsprodukt.

Innertageskredit (engl.: intraday credit). Kredit, der mit einer Laufzeit von weniger als einem Geschäftstag gewährt wird. Er wird im Rahmen des ESZB zugelassenen Geschäftspartnern für Zwecke des Zahlungsverkehrs (und auf der Grundlage von Sicherheiten) gewährt.

Insider. Bez. f. Personen, die aufgrund ihrer amtlichen Funktionen oder beruflichen Stellung auf legalem Wege über Informationen zu (noch) nicht veröffentlichen Sachverhalten verfügen. I. können mit ihrem Wissen wirtschaftliche Entscheidungen (z. B. im Bereich der Geld- und Kapitalanlagen oder der Börsen) von erheblicher Tragweite vor anderen treffen. Daher sind z. B. in Deutschland gem. § 14 WpHG Insidergeschäfte im Wertpapierhandel verboten.

Insolvenz oder Zahlungsunfähigkeit. Begr. f. d. voraussichtlich andauernde Unvermögen eines Schuldners, fällige oder in absehbarer Zeit fällig werdende Zahlungsverpflichtungen erfüllen zu können.

Insolvenzverfahren. Bis zum 31.12.1998: Konkursverfahren. In den → Neuen Bundesländern das Gesamtvollstreckungsverfahren. Das einheitliche gerichtliche Verfahren, in dem durch Vollstreckung in das gesamte pfändungsfreie Vermögen des Gemeinschuldners alle persönlichen Insolvenzgläubiger bestmöglich und anteilig befriedigt werden sollen. Mit dem I. sollen alle Gläubiger eine gleichmäßige, aber nur teilweise Erfüllung ihrer Insolvenzforderungen erlangen. Das I. wird durch das Insolvenzgericht (ein Amtsgericht) auf Antrag eröffnet. Damit verliert der Gemeinschuldner das Recht, sein Vermögen, das zur Insolvenzmasse gehört, zu verwalten und darüber zu verfügen; es geht an den Insolvenzverwalter über. Dieser verwaltet, verwertet und verteilt die Insolvenzmasse; er erstellt den Insolvenzplan. Sämtliche Benachrichtigungen der Amtsgerichte bezüglich I., insb. die Ankündigungen von Meldefristen für Gläubigerforderungen, veröffentlicht im Bundesanzeiger, können online eingesehen werden: http://www.ecodata.de

Inspektionszertifikat. Bez. f. ein → Warenkontrollzertifikat, das im internationalen Warenhandel der Importeur vom Exporteur verlangen kann. Es wird von Sachverständigen und Instituten ausgestellt, die zur diesbezüglichen Kontrolle bestimmt sind. Ein I. bescheinigt, dass die bestellte Ware auch in der vertragsgemäßen Güte zur Auslieferung gebracht worden ist.

Institute Cargo Clauses – A-/B-/C-Deckung. Die im internationalen Handel im Rahmen der Seeversicherung verwendeten englischen → Versicherungsklauseln des Institute of London Underwriters.

Institut für Auslandsbeziehungen (ifa); vormals Deutsches Auslands-Institut. Sitz: Stuttgart. Das ifa leistet seit vielen Jahrzehnten wertvolle Beiträge zur auswärtigen Kulturpolitik. U. a. bietet das ifa Menschen aus der ganzen Welt Begegnungen und Auseinandersetzungen mit der zeitgenössischen Kunst Deutschlands. Es zeigt dem deutschen Kunstpublikum Werke von Künstlerinnen und Künstlern, insb. aus Entwicklungs- und Transformationsländern. Das ifa berät Bürger vor ihrer Ausreise und bereitet Manager deutscher Firmen auf ihre Auslandsaufenthalte vor. Es unterstützt die deutsche Minderheit in Mittel- und Osteuropa in kultureller Hinsicht.
http://www.ifa.de

Institut für Weltwirtschaft an der Universität Kiel (IfW). Gegr. 1914 als „Königliches Institut für Seeverkehr und Weltwirtschaft". Das IfW ist heute eines der großen Zentren weltwirtschaftlicher Forschung und Dokumentation. Forschungsschwerpunkte sind u. a. der Strukturwandel in international offenen Volkswirtschaften, die internationale Arbeitsteilung, die Entwicklungsökonomie und weltwirtschaftliche Integration. Bei Letzterem hat die Erforschung der Bedingungen einer erfolgreichen Integration von Entwicklungs-, Schwellen- und Transforma-tionsländern in globale und regionale Güter- und Kapitalmärkte hohen Stellenwert. Das IfW wirkt an der Erstellung der → Frühjahrs- und Herbstgutachten mit. Seine Bibliothek ist zugleich → Deutsche Zentralbibliothek für Wirtschaftswissenschaften (ZBW) und weltweit die größte Fachbibliothek für volkswirtschaftliche Literatur. Die Titel werden in der im Internet frei recherchierbaren Datenbank → ECONIS nachgewiesen und inhaltlich erschlossen. Die Bibliothek bietet umfangreiche Dokumentlieferdienste; darunter Fernleihe, internationaler Lie-ferdienst und internationaler Online-Lieferdienst → Subito.
http://www.uni-kiel.de/IfW

Institut für Wirtschaftsforschung Halle (IWH). Gegr. zum 01.01.1992 vom Bund und dem Land Sachsen-Anhalt. Sitz: Halle (Saale). Seine Aufgaben bestehen in der empirischen Wirtschaftsforschung. Dabei liegen die Schwerpunkte in der wissenschaftlichen Begleitung der Transformationsprozesse in Ostdeutschland und in den Ländern Mittel- und Osteuropas. Bes. Gewicht haben Fragen zur Positionierung der deutschen Wirtschaft in dem sich nach Mittel- und Osteuropa erweiternden europäischen Wirtschaftsraum und der damit verbundenen Intensivierung der Standortkonkurrenz. Das IWH wirkt an der Erstellung der → Gemeinschaftsgutachten der sechs führenden wirtschaftswissenschaftlichen Forschungsinstitute Deutsch-

lands mit.
http://www.iwh.uni-halle.de

Institutionen des Außenhandels. Diese sind zur Gestaltung und Effektiverhaltung außenwirtschaftlicher Strukturen, Instrumente, Abwicklungsverfahren, Informationserarbeitung und -weitergabe von großer gesamtwirtschaftlicher Bedeutung; für die einzelnen Importeure und Exporteure von großem Nutzen. Dazu gehören: → Industrie- und Handelskammern, → Auslandshandelskammern, → Internationale Handelskammer, → Auslandsvereine, → Auslandsvertretungen, im Auslandsgeschäft tätige Kreditinstitute, → Bundesagentur für Außenwirtschaft, Forschungsinstitute.

Integralfranchise. S. → Franchise.

Integration. Außenwirtschaftlicher Begr. f. d. Zusammenführung von zwei oder mehreren Ländern zu einem einheitlichen Wirtschaftsgebiet. Sie erfolgt über Erleichterungen bzw. den Abbau → tarifärer und nicht tarifärer Handelshemmnisse (im Bereich des Waren-, Dienstleistungs- und Kapitalverkehrs) und die Harmonisierung verschiedener Bereiche der Wirtschaftspolitik (wie der Geld-, Währungs-, Steuer- und Finanzpolitik). Vgl. → Freihandelszone (bei der die Mitgliedsländer ihre eigene Handelspolitik gegenüber Drittländern aufrechterhalten) und → Zollunion (bei der die Mitgliedsländer eine gemeinsame Handelspolitik gegenüber Drittländern betreiben).

Integrierter Zolltarif der Europäischen Gemeinschaften. S. → TARIC.

Integriertes Börsenhandels- und Informations-System (IBIS) der Frankfurter Wertpapierbörse AG. Ein vollelektronisches (Computer-)Handelssystem, das standortunabhängig Banken und Maklern bis zum 01.11.1997 die Möglichkeit bot, ausgewählte Wertpapiere täglich in der Zeit von 8.30 – 17.00 Uhr zu handeln. V. a. institutionelle Anleger nutzten IBIS – vor Präsenzbörsenbeginn bzw. nach Präsenzbörsenschluss – zum Handel mit umsatzstarken Papieren. IBIS war kein Präsenzhandel; wurde durch → Xetra® abgelöst.

Integriertes System von Wirtschaftszweig- und Gütersystematiken – (engl.) Integrated System of Classifications of Activities and Products (ISCAP) oder (frz.) Système intégré de nomenclatures d'activités et de produits (SINAP). Keine eigenständige, zusätzliche Systematik. ISCAP/SINAP ist mit der Aufgabe der Revision, Harmonisierung und Verknüpfung der internationalen Wirtschaftszweig- und Gütersystematiken – der UN und der EU – unter Berücksichtigung der wirtschaftlich-technischen Entwicklung betraut.

Interamerikanische Entwicklungsbank – (engl.) Inter-American Development Bank (IADB oder IDB). Gegr. 1959. Sitz: Washington, D.C. 46 Mitglieder, darunter Deutschland. Spezielles Finanzierungsinstitut für die lateinamerikanische und karibische Region. Schwerpunktmäßig werden die landwirtschaftliche Entwicklung, Umweltprojekte und die Schaffung sozialer Infrastrukturen gefördert. Neben ihr ist die → Interamerikanische Investitionsgesellschaft (IIC) tätig.
http://www.iadb.org.

Interamerikanische Investitionsgesellschaft – (eng.) Inter-American Investment Corporation (IIC). Gegr. 1986. → Tochterorganisation der Interamerikanischen Entwicklungsbank. Ziele: Förderung privatwirtschaftlicher Unternehmen, Bereitstellung von Risikokapital und -investitionskrediten, v. a. Eigenkapitalfinanzierung exportorientierter Klein- und Mittelbetriebe. Vergleichbare Aufgabenstellung wie die → Internationale Finanz-Corporation (IFC) der Weltbankgruppe.

Interbankenhandel. Handel mit Geld, Devisen, Wertpapieren, Edelmetallen, der zwischen den Banken (telefonisch) abgewickelt wird.

Interbankenmarkt. Internationaler Geldmarkt, auf dem Geschäfte des Geld- und Kreditverkehrs nur zwischen → monetären Finanzinstituten abgewickelt werden.

Interbankensatz oder Interbankenrate (engl.: interbank rate). Zinssatz, zu dem Geldgeschäfte unter Banken auf dem Geldmarkt abgeschlossen werden. Vgl. → Referenzzinssatz.

Interbank rate (engl.). → Interbankensatz.

Interbank bid rate (engl.). Referenzzinssatz, den Banken am internationalen Geldmarkt für die Aufnahme von Krediten bieten (Geldnachfragekurs).

Interbank offered rate (engl.). Referenzzinssatz, den Banken am internationalen Geldmarkt für die Gewährung von Krediten offerieren (Geldangebotskurs).

Interest margin (engl.). Die Zinsspanne (Zinsmarge) einer Bank; die Differenz zwischen ihren jeweiligen Soll- und ihren Habenzinssätzen.

Interest netting (engl.). Gegenseitige Aufrechnung von Zinszahlungsströmen, z. B. bei Zinsswapgeschäften oder Forward-Terminkontrakten (zu Roll-over-Terminen). Ausgezahlt werden nur die errechneten Differenzbeträge.

Interlinking-System oder Interlinking-Mechanismus. Begr. f. d. Infrastrukturen und Verfahren, die die nationalen → RTGS-Systeme miteinander verknüpfen, um grenzüberschreitende Zahlungen im → TARGET-System taggleich abwickeln zu können.

Interministerieller Ausschuss für Ausfuhrgarantien und Ausfuhrbürgschaften (IMA). Ausschuss beim → Bundesministerium für Wirtschaft und Technologie, in dem mit Zustimmung des → Bundesministeriums der Finanzen, des → Auswärtigen Amtes und des → Bundesministeriums für wirtschaftliche Entwicklung und Zusammenarbeit über Anträge auf Übernahme von → Ausfuhrgewährleistungen des Bundes (→ Bundesdeckungen im Außenhandel) entschieden wird.

Interministerieller Einfuhrausschuss (IEA). Er setzt sich aus Vertretern des Bundesministeriums für Wirtschaft und Technologie, des Bundesministeriums für Verbraucherschutz, Ernährung und Landwirtschaft und der Deutschen Bundesbank zusammen. Der IEA erlässt Richtlinien für die Erteilung von → Einfuhrgenehmigungen und die Durchführung von → Einfuhrausschreibungen.

International Banking Facilities – IBF (engl.). (1) Erleichterungen, die 1981 vom Gouverneursrat des → Federal Reserve System für US-amerikanische Finanzinstitute und für ausländische (in den USA tätige) Banken zugelassen wurden. Dadurch konnten diese Institute Buchungsstellen mit getrennter Buchhaltung für Kapitalanlage- und Darlehensgeschäfte einrichten, die nicht den US-amerikanischen Regelungen der Bankenaufsicht (z. B. der Mindestreservepflicht) unterliegen und teils mit Steuervergünstigungen verbunden sind. Die IBF ermöglichten es den Banken in den USA, sich an den Aktivitäten auf dem → Euro-Markt zu beteiligen. (2) Die IBF werden auch als Bez. f. → Bankenfreizonen in den USA (z. B. New

York, Miami, Chicago, Los Angeles, San Francisco) verwendet.

International Commercial Terms. → Incoterms 2000.

International Court of Arbitration der Internationalen Handelskammer (ICC). → Internationales Schiedsgericht der Internationalen Handelskammer.

Internationale Arbeitsorganisation (IAO) – (engl.) International Labour Organization (ILO). Gegr. 1919. Seit 1946 → Sonderorganisation der UN mit zurzeit 175 Mitgliedstaaten. Sitz: Genf. Die IAO unterhält weltweit rund 40 Außenstellen. Ihre Tätigkeit konzentriert sich auf die Durchsetzung von internationalen, völkerrechtlich verbindlichen Normen (z. B. Verbot der Zwangsarbeit, Vereinigungsfreiheit, Recht auf Kollektivverhandlungen, Schutz vor Diskriminierung), die Schaffung angemessener Beschäftigungsmöglichkeiten mit ausreichendem Einkommen für Männer und Frauen, die Erweiterung und Erhöhung der Wirksamkeit des sozialen Schutzes sowie die Stärkung des Prinzips der Dreigliedrigkeit (Gewerkschaften, Arbeitgeberverbände, Staat) und des soziales Dialogs. Organe der IAO sind: Internationale Arbeitskonferenz (diese Vollversammlung aller Mitgliedstaaten tagt jährlich einmal; dazu entsendet jeder Mitgliedstaat zwei Regierungs-, einen Arbeitgeber- und einen Arbeitnehmervertreter); Verwaltungsrat (mit 56 Mitgliedern: 28 Regierungs-, je 14 Arbeitgeber- und Arbeitnehmervertreter); Internationales Arbeitsamt (IAA), das ständige IAO-Sekretariat.
http://www.ilo.org

Internationale Arbeitsvermittlung. S. → Zentralstelle für Arbeitsvermittlung (ZVA).

Internationale Atomenergie-Oganisation (IAEO) – (engl.) International Atomic Energy Agency (IAEA). Gegr. 1957. Autonome Organisation im Rahmen der Vereinten Nationen (ohne Anbindung an den → Wirtschafts- und Sozialrat). Sitz: Wien. Die IAEO stellt Mitgliedstaaten kerntechnische Materialien, Dienstleistungen und Ausrüstungen zur friedlichen Nutzung zur Verfügung. Sie gibt Richtlinien und Empfehlungen für Reaktorsicherheit, Strahlenschutz und physische Sicherheit von Kernmaterial, Wiederaufbereitung und Abfallentsorgung heraus. Sie organisiert den Austausch wissenschaftlich-technischer Erfahrungen durch Fachtagungen und Förderprogramme (z. B. auch zur Unterstützung der Entwicklungs- und Transformationsländer). Die IAEA ist das Kontrollorgan des Atomwaffensperrvertrags von 1968.
http://www.iaea.org

Internationale Bank für Wiederaufbau und Entwicklung – (engl.) International Bank for Reconstruction and Development (IBRD); → Weltbank (engl.: World Bank).

Internationale Devisenhändlervereinigung – (frz.) Association Cambiste Internationale (ACI) oder (engl.) International Association of Exchange Dealers (IAED). Gegr. am 11.05.1957. Ihr gehören zurzeit 56 nationale → Forex-Clubs mit über 2.500 Mitgliedern an. Jährlich findet eine Vollversammlung statt und zweimal jährliche eine Ratssitzung. Das seit 1994 in London ansässige ACI-Institut entwickelt Konzepte und Methoden zur systematischen Ausbildung von Devisenhändlern.

Internationale Devisenspekulation. Durch Erwartungen von Wechselkursänderungen verursachte Käufe und Verkäufe auf den internationalen Devisenbörsen. Übermäßig nachgefragt werden Währungen, bei denen mit einer → Aufwertung gerechnet wird; übermäßig angeboten werden Währungen, deren → Abwertung erwartet wird. Durch vorübergehend anhaltende starke Devisenkäufe bzw. -verkäufe kann eine tatsächliche Aufwertung bzw. Abwertung erzwungen (und der Spekulationsprozess beendet) werden. Damit verbundene internationale

Liquiditätsverschiebungen beruhen nicht auf den realwirtschaftlichen internationalen Gegebenheiten und stellen einen destabilisierenden Faktor auf den Weltmärkten dar.

Internationale Einfuhrbescheinigung (IEB) oder (engl.) international Import-Certificate (IC). Dieses → Endverbleibsdokument wird bei genehmigungs- und überwachungspflichtigen Waren i. d. R. zur „end user control" (gem. Anlage E 6 zur AWV) verlangt. In Deutschland ist das → Bundesamt für Wirtschaft und Ausfuhrkontrolle (BAFA) für die Ausstellung der IEB zuständig. Antragsberechtigt ist der gebietsansässige Einführer. Die Erteilung einer IEB setzt die Anforderung des ausländischen Lieferanten voraus, der seinerseits die IEB zur Erlangung einer Ausfuhrgenehmigung benötigt.

Internationale Energie-Agentur – (engl.) International Energy Agency (IEA). Autonome Agentur; verbunden mit der → Organisation für wirtschaftliche Zusammenarbeit und Entwicklung (OECD). Sitz: Paris. 25 Mitgliedstaaten arbeiten in der IEA auf den Gebieten Energiepolitik, Entwicklung von neuen Energieprogrammen, Informationsaustausch, Vermeidung von Störungen in der Öl-Versorgung u. a. zusammen.
http://www.iea.org

Internationale Entwicklungsbanken. S. → Regionale Entwicklungsbanken.

Internationale Entwicklungsorganisation – (engl.) International Development Association (IDA). Gegr. 1960. Teil der → Weltbankgruppe mit zurzeit 161 Mitgliedern. Sitz: Washington. Sie spielt eine wichtige Rolle bei der Bekämpfung der Armut in der Welt. IDA gewährt finanzielle Hilfen zu besonders günstigen Bedingungen (wie zinslose Darlehen) den ärmsten (der armen Entwicklungs-)Ländern, deren mangelhafte Kreditwürdigkeit eine Darlehensvergabe seitens der Weltbank ausschliesst.
http://worldbank.org/ida

Internationale Fernmeldeunion – (engl.) International Telecommunication Union (ITU). Gegr. 1865. Seit 1947 → Sonderorganisation der UN mit zurzeit 189 Mitgliedstaaten. Sitz: Genf, Schweiz. Aufgaben: Zwischenstaatliche Zusammenarbeit auf den Gebieten des Fernmeldewesens, der Fernmeldetechnik, der Frequenzverteilung und -registrierung, der Gebührengestaltung, der Forschung in den genannten Bereichen sowie der technisch-wissenschaftlichen Dokumentation und Publikation. Vgl. → IMT, → UMTS.
http://www.itu.int

Internationale Finanz-Corporation – (engl.) International Finance Corporation (IFC). Gegr. 1956. Teil der → Weltbankgruppe mit zurzeit 174 Mitgliedern. Sitz: Washington. Die IFC ergänzt die Tätigkeit der → Weltbank, v. a. durch die Finanzierung von Investitionen und die Beteiligung am Kapital privater Industrieunternehmen in Entwicklungsländern. Sie tritt als → Underwriter bei der Emission von Aktien und Schuldverschreibungen auf; wirkt als Vermittler für → Joint Ventures zwischen in- und ausländischen Investoren.
http://www.ifc.org

Internationale Finanzmärkte. Grenzüberschreitende Märkte, auf denen finanzielle Transaktionen, die aus der Sicht des Anbieters oder/und des Nachfragers von liquiden Mitteln an einem ausländischen Finanzplatz oder/und in einer ausländischen Währung abgewickelt werden. Nur dort, wo nationale Regierungen nicht durch → Kapitalverkehrskontrollen grenzüberschreitende Finanztransaktionen beeinträchtigen oder verhindern und die wichtigsten Währungen für Inländer wie für Ausländer frei konvertierbar sind, können sich bedeutsame i. F. entwickeln. Sie können z. B. differenziert werden nach: → Devisenmärkten (→ Devisenkassamärkte und → Devisenterminmärkte) und → Internationalen Geld- und Kapitalmärkten (Auslandseinlagen und -kredite, → Auslandsanleihen; → Euro-Geldmarkt → Euro-Kapitalmarkt). Seit den 80er Jahren veränderte sich die Struktur der internationalen Finanzmärkte durch die Einführung von → Finanzinnovationen und die Beseitigung von nationalen Kapitalverkehrsbeschränkungen in zahlreichen Ländern. Deregulierungen führten zu einer zunehmenden Integration von nationalen und internationalen Finanzmärkten. Vgl. → Globalisierung.

Internationale Föderation der Spediteurorganisationen – (frz.) Fédération Internationale des Associations de Transitaires et Assimilés (FIATA) oder (engl.) International Federation of Freight Forwarders Associations. Gegr. am 31.05.1926. Sitz: Zürich, Schweiz. Aufgaben dieser privaten (engl.: non-governmental) Organisation: Vereinheitlichung des weltweiten Speditionswesens. Vertretung und Förderung der Interessen des Speditionswesens; u. a. durch Beraterstatus bei → ECOSOC, → UNCTAD, → ECE, → ESCAP. Von staatlichen Behörden und Organisationen sowie von privaten internationalen Organisationen anerkannte Repräsentantin des Speditionsgewerbes; wie z. B. von → ICC, → IATA, → UIC, → IRU, → WCO. FIATA hat eine Reihe von Dokumenten und Formularen geschaffen, die hohe Anerkennung genießen und die Abwicklung des Welthandels wesentlich erleichtern. Z. B. → FBL, → FIATA FCR, → FIATA FCT, → FIATA SDT, → FFI u. a. FIATA ist in 150 Ländern vertreten. In Deutschland durch den → Bundesverband Spedition und Logistik e. V. (BSL).
http://www.fiata.com

Internationale Handelskammer – (frz.) Chambre de Commerce International (CCI) oder (engl.) International Chamber of Commerce (ICC). Gegr. 1919. Hauptsitz: Paris. Weltumfassender Unternehmensverband mit Mitgliedern aus über 130 Ländern; in ihm sind mehr als 1.500 Wirtschaftsorganisationen und über 5.000 Unternehmen der internationalen Wirtschaft organisiert. Aufgaben: Förderung der internationalen Wirtschaftsbeziehungen (einer liberalen Weltwirtschaftsordnung); Wahrung der Mitgliederinteressen. Enge Zusammenarbeit mit den → Vereinten Nationen und ihren → Sonderorganisationen. Die ICC ist als Schiedsgericht (vgl. → Arbitrage) tätig. S. → Internationales Schiedsgericht der ICC.
http://www.iccwbo.org
Die ICC–Deutschland hat ihren Sitz in Köln.
http://www.icc-deutschland.de

Internationale Handelsorganisation – (engl.) International Trade Organization (ITO). Sie sollte mit dem Abkommen von Havanna im Jahre 1949 – der → Havanna Charta – geschaffen werden, um den Wiederaufbau und die Integration der Weltwirtschaft auf handelspolitischem Gebiet nach dem Zweiten Weltkrieg voranzutreiben. Sie war als Pendant zum → Internationalen Währungsfonds und zur → Weltbank gedacht, die aufgrund des Abkommens von → Bretton-Woods geschaffen wurden. Wegen der Nichtratifizierung der Havanna Charta seitens der USA ist es aber nicht zur Errichtung der ITO gekommen. Vgl. → Allgemeines Zoll- und Handelsabkommen (GATT), → Welthandelsorganisation (WHO/WTO).

Internationale Kaffeeorganisation – (engl.) International Coffee Organization.
http://www.ico.org/aico/history.htm

Internationale Kakaoorganisation – (engl.) International Cocoa Organization.
http://www.icco.org

Internationale Kooperation. Grenzüberschreitende Zusammenarbeit rechtlich selbstständiger Unternehmen, die auf einer vertraglichen Grundlage beruht. Zu unterscheiden sind: (1) i. K. mit Kapitalbeteiligung. Dazu gehören → internationale Joint Ventures, → internationale strategische Allianzen und internationale Unternehmensnetzwerke. (2) i. K. ohne Kapitalbeteiligung. Darunter fallen die Vergabe von → internationalen Lizenzen, → internationales Franchising und die gemeinsame Realisierung internationaler Projekte.

Internationale Lizenz. Sie spielt eine wichtige Rolle bei der → internationalen Kooperation ohne Kapitalbeteiligung. Ein Lizenzgeber, der über staatlich verliehene Lizenz-Rechte verfügt, räumt aus seiner Rechtsposition entspringende, wirtschaftlich verwertbare Teilrechte einem Lizenznehmer zu dessen alleiniger Nutzung vertraglich ein. Lizenzgeber und -nehmer stammen aus verschiedenen Ländern. Letzterer hat für die exklusiven Nutzungrechte Lizenzgebühren zu zahlen. Über internationale Lizenzverträge ist es dem Lizenzgeber möglich, ausländische Märkte v. a. in den Ländern, die Direktinvestitionen und/oder Importe ausländischer Unternehmen erschweren, zu erschließen. Die Vergabe von i. L. ist insb. auch für Unternehmen des Mittelstandes von Interesse, deren Kapitalausstattung gering und deren Erfahrungen mit Auslandsmärkten nicht ausreichend bzw. nicht differenziert genug sind.

Internationale mobile Telekommunikationen 2000 – (engl.) International Mobile Telecommunications 2000 – IMT 2000. Bekannt auch unter der Bez. „Dritte Generation der mobilen Systeme". IMT 2000 ist ein flexibler Standard für den drahtlosen Zugang zur weltweiten Telekommunikations-Infrastruktur durch die Verbindung verschiedener – an das Festland und/oder an Satelliten gebundener – Netze. Er dient den Benutzern mobiler (Handys) wie fixierter Geräte (Festnetzanschlüsse); sowohl in öffentlichen wie auch in privaten Netzen. Der Entwicklung von IMT 2000 räumt die → Internationale Fernmeldeunion (ITU) Priorität ein. Dadurch soll den informations- und kommunikationstechnischen Anforderungen eines globalen freien Wettbewerbs im 21. Jahrhundert entsprochen werden. Vgl. → UMTS.
http://www.itu.int/imt

Internationale Organisation der Wertpapieraufsichtsbehörden – (engl.) International Organization of Securities Commissions (IOSCO). Ihr gehören über 160 Wertpapier- und Börsenaufsichtsbehörden aus rd. 90 Ländern an. Gegr. 1983. Sitz: Madrid, Spanien. Aufgaben: Informations- und Erfahrungsaustausch zur Förderung der Entwicklung der Wertpapiermärkte; Bündelung der Bemühungen um die Erarbeitung von Standards und die effektive Überwachung internationaler Wertpapiergeschäfte. Durchsetzung hoher Aufsichtsstandards zur Gewährleistung effizienter und stabiler nationaler und internationaler Wertpapiermärkte. S. a. → BCBS, → IAIS, → Joint Forum.
http://www.iosco.org

Internationaler Eisenbahnfrachtbrief – (→)CIM-Frachtbrief. Versandpapier des europäischen Eisenbahnfrachtverkehrs; wird in fünffacher Ausfertigung ausgestellt. Kein Wertpapier im Sinne eines → Konnossements. Ist nur Beweisurkunde über den Abschluss eines Frachtvertrages und Warenbegleitpapier. (Frachtbrief-Original). Der Absender erhält mit der Warenübergabe an den Frachtführer das sog. → Frachtbriefdoppel (das Duplikat des Frachtbriefes), den → EVO-Frachtbrief. Die anderen drei Ausfertigungen des CIM-Frachtbriefes dienen der bahninternen Verwendung (Frachtkarte, Empfangsschein, Versandschein). Der Empfänger erhält die Ware ohne Vorlage einer Urkunde.

Internationaler Eisenbahnverband – (frz.) Union Internationale des Chemins de Fer (UIC) oder (engl.) International Union of Railways. Weltorganisation zur Förderung der Zusammenarbeit der Bahnen in allen Bereichen des Schienenverkehrs. Gegr. 1922. Zurzeit 147 Mitglieder in allen 5 Kontinenten. Sitz: Paris. Aufgabe: Erhaltung und Weiterentwicklung der Bahnen als effiziente und wettbewerbsfähige Verkehrsmittel.
http://www.uic.asso.fr

Internationaler Fonds für landwirtschaftliche Entwicklung – (engl.) International Fund for

Agricultural Development (IFAD). → Sonderorganisation der UN mit zurzeit 161 Mitgliedstaaten. Sitz: Rom. Der IFAD wurde 1977 gegründet, um Ressourcen (zumeist langfristige Kredite zu Vorzugsbedingungen) für die ärmsten Entwicklungsländer zur Linderung der ländlichen Armut und zur Verbesserung der quantitativen und qualitativen Ernährungssituation zu mobilisieren. Die Hilfe kommt v. a. Kleinbauern, landlosen Landarbeitern, nomadisierenden Hirten, Fischern und Frauen in ländlichen Gebieten zugute.
http://www.ifad.org

Internationaler Frachtbrief im Straßengüterverkehr – (→)CMR-Frachtbrief. Transportdokument des grenzüberschreitenden Straßengüterverkehrs. Kein → Wertpapier im Sinne eines → Konnossements. Ist nur Beweisurkunde über den Abschluss eines Frachtvertrages und Warenbegleitpapier. Der CMR-Frachtbrief wird in vierfacher Ausfertigung ausgestellt; er ist vom Absender und vom Frachtführer zu unterschreiben. Der Absender erhält mit der Warenübergabe an den Frachtführer das sog. → Frachtbriefdoppel; eine Ausfertigung begleitet die Ware und wird dem Empfänger ausgehändigt, eine Ausfertigung ist für den Frachtführer bestimmt und eine dient der Tarifkontrolle. Die Ware wird dem Empfänger ohne Vorlage einer Urkunde ausgehändigt. Der CMR-Frachtbrief unterscheidet sich im Wesentlichen nicht vom CIM-Frachtbrief. Vgl. → Internationaler Eisenbahnfrachtbrief.

Internationaler Geldhandel. Der Handel mit → Buchgeld (unter Banken, großen/multinationalen Unternehmen) in Währungen außerhalb der Heimatländer der Beteiligten.

Internationaler Gerichtshof (IGH) – (engl.) International Court of Justice (ICJ) oder (frz.) Cour Internationale de Justice (CIJ). Hauptorgan der → Vereinten Nationen. Sitz: Den Haag. Ihm gehören 15 unabhängige Richter aus 15 verschiedenen Ländern an; gewählt auf 9 Jahre von der Vollversammlung der Vereinten Nationen und dem Sicherheitsrat. Seine Funktion erstreckt sich auf internationale Streitigkeiten. Als Parteien können nur Staaten auftreten. Der IGH kann nur tätig werden, wenn beide Parteien der Behandlung des Streitfalls vor dem IGH zustimmen. Er hat nicht die Möglichkeit, seine Entscheidungen auch durchzusetzen. Nur etwa ein Drittel der UN-Mitgliedsstaaten hat sich dem Urteil des IGH unterworfen; daraus erklären sich die eingeschränkten Möglichkeiten, internationales Recht auf internationaler Ebene auch umzusetzen. Der IGH erstellt auch Rechtsgutachten. Vgl. → Haager Schiedsgerichtshof.
http://www.icj-cij.org

Internationaler Luftverkehrsverband – (engl.) International Air Transport Association (IATA). Dachverband von zurzeit etwa 230 Linienfluggesellschaften aus rd. 130 Ländern. Gegr. 1945 in Havanna, Kuba. Sitz: Montreal, Kanada. Der IATA gehören fast alle international tätigen Luftverkehrsgesellschaften an. Sie hat „Allgemeine Beförderungsbedingungen" ausgearbeitet. Die IATA ist in den sog. Tarifbildungskonferenzen für die Bildung und Überprüfung der Flugtarife auf internationaler Ebene zuständig; die Beschlüsse dieser Konferenzen sind nur für die teilnehmenden Mitglieder bindend. IATA fördert die Sicherheit und Modernisierung des internationalen Luftverkehrs. IATA arbeitet eng mit der → Internationalen Zivilluftfahrtorganisation (ICAO) der Vereinten Nationen zusammen.
http://www.iata.org

Internationaler Währungsfonds (IWF) – (engl.) International Monetary Fund (IMF). Autonome Organisation im System der → Vereinten Nationen. Gegr. 1944. Das IWF-Übereinkommen (von → Bretton Woods) ist am 27.12.1945 in Kraft getreten. Sitz: Washington, D.C. Zurzeit 183 Mitgliedstaaten. Ziele: Förderung der internationalen Zusammenarbeit auf dem Gebiet der Währungspolitik. Erleichterung der Ausweitung und eines ausgewogenen Wachstums des Welthandels. Förderung der Stabilität der Währungen, Aufrechterhaltung geordneter

Internationaler Währungs- und Finanzausschuss

Währungsbeziehungen unter den Mitgliedern und Vermeidung von Währungsabwertungen aus Wettbewerbsgründen. Zeitweilige Überlassung von Fondsmitteln (unter angemessenen Sicherheiten) an die Mitglieder, damit diese Unausgeglichenheiten in ihrer Zahlungsbilanz bereinigen können. Die beschlussfassenden Organe des IWF sind: Der Gouverneursrat, der einmal im Jahr zusammentritt. Jeder Mitgliedstaat ernennt einen Gouverneur und einen Stellvertreter; dies sind in der Regel der Finanzminister und der Zentralbankpräsident. Der → Internationale Währungs- und Finanzausschuss (IMFC). Das Exekutivdirektorium, das für den laufenden Geschäftsbetrieb des IWF zuständig ist. Den Vorsitz führt der Geschäftsführende Direktor; ihm stehen 24 stellvertretende Exekutivdirektoren zur Seite.
www.imf.org.

Internationaler Währungs- und Finanzausschuss – (engl.) International Monetary and Financial Committee (IMFC). Gegr. 2000 als ständiges Gremium des IWF; trat an die Stelle des früheren Interimsausschusses (IC). Der IMFC erfüllt als Ausschuss des Gouverneursrats gegenüber den Entscheidungsorganen des IWF (Gouverneursrat und Exekutivdirektorium) eine wichtige Steuerungs- und Vermittlungsfunktion in Fragen der internationalen Währungsordnung und des internationalen Finanzsystems. Der Ausschuss tagt halbjährlich auf der Ebene der Finanzminister, unter Beteiligung der Zentralbanken.

Internationaler Zahlungsverkehr. → Auslandszahlungsverkehr.

Internationales Büro. Sekretariat der → Weltorganisation für geistiges Eigentum (WIPO). Sitz: Genf. Es verwaltet diese Organisation und mehrere andere völkerrechtliche Instrumente des weltweiten Schutzes geistigen Eigentums – wie Abkommen auf den Gebieten des → Urheberrechts (→ Revidierte Berner Übereinkunft), des → gewerblichen Rechtsschutzes, des → Madrider Markenabkommens, des → Patentzusammenarbeitsvertrages, des → Haager Abkommens über die internationale Hinterlegung gewerblicher Muster oder Modelle.
http://www.wipo.org

Internationales Büro der Handelskammern – (engl.) International Bureau of Chambers of Commerce (IBCC). Sitz: Paris. Mitglieder: Alle Handelskammern (über 800) und deren Vereinigungen, die der → Internationalen Handelskammer angehören. Das IBCC nimmt eine Schlüsselrolle bei der Anpassung der Handelskammern und deren Dienstleistungen an geänderte (Welt-)Marktbedingungen im Zuge der Globalisierung ein. Dem dient auch das globale elektronische Netzwerk der Handelskammern – World Chambers Network (→ WCN). Das IBCC verwaltet u. a. das → A.T.A. Carnet System und organisiert die alle zwei Jahre stattfindenden Weltkongresse der Handelskammern.
http://www.worldchambers.com

Internationale Schiedsgerichte. Streitigkeiten, die sich aus den bei Außenhandelsgeschäften auftretenden Rechtsproblemen ergeben, werden bevorzugt über i. S. abgewickelt. Zu den namhaften zählen:
American Arbitration Association, New York.
http://www.adr.org
London Court of International Arbitration, London.
http://dialspace.dial.pipex.com/town/square/xvc24
Schiedsgericht der Zürcher Handelskammer, Zürich.
http://www.zurichcci.ch
St. Petersburg International Commercial Arbitration Court (SPICAC), St. Petersburg.
http://www.pravocom.spb.ru/
Deutsche Institution für Schiedsgerichtsbarkeit e. V., Bonn/Berlin.
http://www.dis-arb.de

Aus Gründen der Vereinfachung und Beschleunigung kann das → Internationale Schiedsgericht der Internationalen Handelskammer in Paris in Anspruch genommen werden. Dort können Schiedsrichter Urteile ohne Berufungsmöglichkeit fällen, wenn vertraglich vereinbart ist, dass Streitigkeiten gemäß der „Vergleichs- und Schiedsordnung der IHK Paris endgültig entschieden werden".

Internationale Schiedsklauseln. In Außenhandelsverträge aufgenommene Klauseln, nach denen sich die Vertragsparteien bei etwaigen Ungewissheiten oder Streitigkeiten bereit erklären, den Spruch eines vereinbarten Schiedsgerichts zu akzeptieren. → Internationales Schiedsgericht der Internationalen Handelskammer, → Internationales Zentrum zur Beilegung von Investitionsstreitigkeiten.

Internationale Seeschifffahrtsorganisation – (engl.) International Maritime Organization (IMO). Von 1948 bis 1982: (engl.) Inter-Governmental Maritime Consultative Organization (IMCO). → Sonderorganisation der UN mit zurzeit 158 Mitgliedstaaten. Sitz: London. Aufgabe: Schaffung gemeinsamer (technischer) Regeln und Standards für die Seeschifffahrt (der Mitgliedsländer). Dadurch soll v. a. die Sicherheit im Seeverkehr erhöht und der Umweltverschmutzung durch die Seeschifffahrt vorgebeugt werden.
http://www.imo.org

Internationales Franchising. Grenzüberschreitendes → Franchising. Ein Franchisegeber kann damit die Marktkenntnisse ausländischer Franchisenehmer mit relativ wenig eigenem Aufwand nutzen. Er kann Auslandsmärkte mit geringem unternehmerischem Risiko erschließen und durchdringen.

Internationales Güterverzeichnis für die Verkehrsstatistik in Europa – (engl.) Commodity Classification for Transport Statistics in Europe (CSTE). Vergleichbar mit dem → Einheitlichen Güterverzeichnis für die Verkehrsstatistik der EU (NST). Im Rahmen der → Integrierten Systeme von Wirtschaftszweig- und Gütersystematiken (ISCAP) werden revidierte Fassungen der internationalen verkehrsstatistischen Güterverzeichnisse erarbeitet.

Internationales Handelszentrum UNCTAD/WTO – (engl.) International Trade Center UNCTAD/WTO (ITC). Gegr. 1964 als Arbeitseinheit innerhalb des → GATT; seit 1968 gemeinsames Tochterorgan von → UNCTAD und GATT (an dessen Stelle die → WTO trat). Sitz: Genf, Schweiz. Das ITC ist die zentrale Einrichtung für die Durchführung von UN-Unterstützungen im Bereich der internationalen Handelsförderung von Entwicklungs- und Reformländern. Diesen soll durch Maßnahmen der technischen Zusammenarbeit geholfen werden, die Marktstellung der in diesen Ländern ansässigen Unternehmen zu verbessern und dadurch eine vermehrte Teilnahme am internationalen Handel zu erreichen. Das ITC fungiert als direkte Austauschbörse für Erfahrungen auf dem Gebiete der Handelsförderung. Es organisiert Kontakte, Seminare und Workshops. Es veröffentlicht und vertreibt Informationen zum Management von Außenhandelsorganisationen, zu Verfahren der internationalen Handelsabwicklung, zu internationalen Qualitätsanforderungen und Marktentwicklungen. Das ITC unterhält umfangreiche Markt-Analyse-Portale (MAPs) zu Ländern, Produkten und Außenhandels-Förderungsinstitutionen (Trade Support Institutions – TSI). Es berät auch einzelne Länder bzw. einzelne Unternehmen bei der Markterkundung und entwickelt mit ihnen Handelsstrategien.
http://www.intracen.org

Internationales Joint Venture. Form der → internationalen Kooperation (→ Joint Venture), bei der von mindestens zwei rechtlich und wirtschaftlich selbstständigen Unternehmen aus verschiedenen Ländern eine gemeinsame rechtlich selbstständige Gesellschaft im Ausland (i. d. R. im Herkunftsland eines Partners) gegründet und betrieben wird. Durch die Kombination der Stärken beider Partnerunternehmen können Vorteile beim Markteintritt und der Marktbearbeitung erzielt werden. Vgl. a. → internationale Kooperation, → internationale strategische Allianz.

Internationales Kaffeeabkommen – (engl.) International Coffee Agreement (ICA).
http://www.ico.org/ica/ica2001.htm

Internationales Kakaoabkommen – (engl.) International Cocoa Agreement.
http://www.icco.org/agreement/agree93english.pdf

Internationale Spediteur-Übernahmebescheinigung – (engl.) Forwarders Certificate of Receipt (FCR); FCR-Dokument. → Beweisurkunde für die Übernahme von Einzelsendungen – in äußerlich guter Beschaffenheit – durch den Spediteur. Sie enthält die Verpflichtung des Spediteurs, die Waren selbst oder durch einen Frachtführer gem. Speditionsvertrag zum Empfänger zu transportieren. Wenn zugleich der tatsächliche Versand bestätigt werden soll, dann erfolgt dies i. d. R. über einen besonderen Vermerk, z. B. „goods actually en route". FCR-Dokumente dürfen in Deutschland nur von bestimmten Spediteuren ausgegeben werden, die dazu staatlich ermächtigt sind. FCR-Dokumente können finanzierungsfähig sein; dazu muss als Empfänger die Korrespondenzbank des Kreditinstituts des Auftraggebers (Exporteurs) eingesetzt und das Dokument diesem Kreditinstitut ausgehändigt werden. Das FCR-Dokument wird meist in Form des von der → FIATA autorisierten Textes ausgestellt. S. → Frachtdokument; → Exportspedition.

Internationale Spedition. Bez. für einen → Spediteur, der sich auf den Güterverkehr mit dem Ausland spezialisiert hat. Dieser übernimmt für Exporteure bzw. Importeure die Planung und Durchführung der gesamten grenzüberschreitenden Güterversendung vom Absender bis zum Empfänger; einschl. aller Nebendienste, z. B. der Erstellung von Dokumenten, des Abschlusses von Versicherungsverträgen, der Abgabe von Zollerklärungen, der Entrichtung von Zollgebühren. Der Versender kann die Ausstellung einer → Spediteur-Übernahmebescheinigung verlangen. I. Sp. haben oftmals eigene Tochtergesellschaften oder Niederlassungen im Ausland; oder sie arbeiten mit dortigen → Korrespondenzspediteuren zusammen. Man unterscheidet → Grenzspediteure, → Messespediteure, → Seehafenspediteure.

Internationales Privatrecht (IPR). Enthält als Bestandteil der jeweiligen Rechtsordnung der meisten Staaten (in Deutschland: → Einführungsgesetz zum Bürgerlichen Gesetzbuch) Vorschriften, die der Lösung von Konflikten zwischen Angehörigen aus verschiedenen Staaten dienen sollen. Das IPR enthält kein materielles Recht, sondern bestimmt nur die Kollisionsrechte. Es legt fest, welche Rechtsordnung jeweils bei internationalen Rechtsgeschäften anzuwenden ist. Internationale Vereinbarungen haben immer Vorrang; ausländische Rechtsnormen dürfen nicht gegen die Grundrechte verstoßen.

Internationales Schiedsgericht der Internationalen Handelskammer – (engl.) International Court of Arbitration – International Chamber of Commerce (ICC). Hier können grundsätzlich alle Streitigkeiten vorgetragen werden, die sich zwischen Unternehmen oder zwischen Unternehmen und Staaten bzw. staatlichen Organisationen aus dem internationalen Handelsverkehr ergeben. Es gibt zwei Möglichkeiten der Schlichtung. (1) Vergleichsverfahren: Streitigkeiten werden im gegenseitigen Einverständnis beigelegt (ohne Anstrengung eines Schiedsverfahrens). (2) Schiedsverfahren: Dabei werden Streitfälle durch Richter und Schiedsgerichtsspruch entschieden. Der Schiedsgerichtshof klärt die Sachverhalte bis zum Schiedsge-

richtstermin. Die Schiedsverhandlung findet unter Ausschluss der Öffentlichkeit statt, um Unternehmensgeheimnisse zu wahren. Der vollständige Text der Regeln für beide Verfahren kann kostenlos dem Internet (über acrobat reader) entnommen werden.
http://www.iccwbo.org/index_court.asp

Internationales Seeschifffahrtsregister (ISR). Es wird in Deutschland vom → Bundesamt für Seeschifffahrt und Hydrographie (BSH) geführt. Deutsche Handelsschiffe können zusätzlich in das ISR eingetragen werden; vgl. → Schiffsregister. Das BSH entscheidet auch über Anträge für deutsche Handelsschiffe, zeitweise eine ausländische Flagge führen zu dürfen. Hierfür bedarf es nur eines formlosen Antrags, dem u. a. eine wirtschaftliche Begründung beizufügen ist. Des Weiteren ist das BSH für die Zuteilung von Unterscheidungssignalen an die Seeschiffsregister und an Behördenfahrzeuge sowie für die Vergabe von IMO-Nummern für Seeschiffe zuständig. S. a. → Internationale Seeschifffahrtsorganisation der Vereinten Nationen.

Internationales Spediteur(durch-)konnossement – (engl.) Forwarders Certificate of Transport (FCT) – Through Bill of Lading (Through B/L), FCT-Dokument; (frz.) Connaissement direct (aller). Ein → Wertpapier, ausgestellt von einem Spediteur, der eine Einzelsendung übernommen und sich zugleich verpflichtet hat, die Ware am Bestimmungsort an den Empfänger auszuliefern; aber nur gegen Vorlage des FCT-Originals. Der Transport beginnt meist mit der Verladung auf einem Seeschiff. Der Reeder stellt über die Gesamtladung ein Konnossement aus, das der Spediteur seinem Korrespondenten (→ Korrespondenzspediteur) am Bestimmungsort zusendet. Dieser nimmt im Bestimmungshafen die Gesamtladung entgegen und verbringt die Einzelsendungen an den jeweiligen Bestimmungsort. Dort kann der durch das FCT-Dokument Legitimierte seine Einzelsendung abholen. Ein FCT-Konnossement ist übertragbar, wenn es an Order ausgestellt ist. Verfügungsberechtigt ist immer der FCT-Inhaber.

Internationales Transferzentrum für Umwelttechnik (ITUT). Es unterstützt deutsche → KMU aus dem Bereich Umwelttechnik auf Auslandsmärkten.
http://www.itut.de.

Internationale Straßenföderation – (engl.) International Road Federation (IRF). Sie vertritt rd. 600 Mitglieder. Zentren: Washington, DC und Genf, Schweiz. Die IRF unterstützt die Entwicklung besserer Straßen- und Transportsysteme; berät Regierungs- und Finanzinstitutionen; erarbeitet Gutachten; organisiert den Erfahrungsaustausch zwischen den Mitgliedern; erstellt die Welt-Straßen-Statistiken.
http://www.irfnet.org

Internationale Straßentransport Union – (engl.) International Road Transport Union (IRU). Gegr. am 23.03.1948. Sitz: Genf. Internationale Vereinigung nationaler Straßentransportverbände mit zurzeit 156 Mitgliedern in 67 Ländern. Aufgabe: Förderung des nationalen und internationalen Straßentransportverkehrs; weltweite Interessenswahrnehmung des gewerblichen Straßentransports im Personen-, Güter- und Werkverkehrsbereich. Vereinheitlichung der Frachtbriefe (IRU-Frachtbriefe), der Zollabfertigung (→ Carnet TIR) und des Tarifssystems. Delegation bei der EU in Brüssel: E-mail: brussels@iru.org
http://www.iru.org

Internationale strategische Allianz. Eine Form der → internationalen Kooperation, bei der sich mindestens zwei rechtlich selbstständige Unternehmen aus unterschiedlichen Ländern formal verbinden, um gemeinsam eine Marktposition und Wettbewerbsvorteile zu erlangen, die aus eigener Kraft nicht erarbeitet werden könnten. Eine i. str. A. unterscheidet sich von einem → internationalen Joint Venture dadurch, dass in ihrem Mittelpunkt ein Mutterunternehmen steht. I. d. R. gibt es bei einer solchen Zusammenarbeit gegenseitige Kapitalbeteiligungen.

Internationales Übereinkommen für den Straßengüterverkehr. → Übereinkommen über den Beförderungsvertrag im internationalen Straßengüterverkehr (CMR).

Internationales Übereinkommen über den Eisenbahnfrachtverkehr – (frz.) Convention Internationale concernant le transport des Marchandises par chemin de fer (CIM) oder (engl.) International convention on the transport of goods by rail; v. 07.02.1970 (BGBl. 1974 II 381). Rechtsgrundlage für den Abschluss von Frachtverträgen (→ CIM-Frachtbrief) im grenzüberschreitenden Eisenbahnverkehr. Von besonderem Interesse sind die Bestimmungen über die Begrenzungen und Ausschlüsse für die Haftung der Eisenbahn. Fast alle europäischen Staaten sind CIM beigetreten.

Internationales Währungssystem. → Internationale Währungsordnung.

Internationales Warenverzeichnis für den Außenhandel – (engl.) Standard International Trade Classification (SITC). UN-System der Warencodierung im internationalen Handel; neben der → Nomenklatur des Rates für die Zusammenarbeit auf dem Gebiete des Zollwesens (NRZZ) und dem → Warenverzeichnis für die Statistik des Außenhandels der Gemeinschaft und des Handels zwischen ihren Mitgliedstaaten (NIMEXE). Das SITC ist Grundlage für die internationalen Außenhandelsstatistiken der Vereinten Nationen. Es wurde in der EU 1988 durch das → Harmonisierte System zur Bezeichnung und Codierung der Waren (HS) ersetzt.

Internationale Systematik aller Waren und Dienstleistungen nach Herkunftsbereichen der UN – (engl.) International Standard Classification of all Goods and Services (ICGS). Entwurf i. d. F. v. 1976; ersetzt durch → Zentrale Güterklassifikation der Vereinten Nationen – (engl.) Central Product Classification (CPC).

Internationale Systematik der Wirtschaftszweige – (engl.) International Standard Industrial Classification of all Economic Activities (ISIC). Die Grundlage für eine weltweit einheitliche Statistik der Wirtschaftszweige. ISIC wird allen institutionell gegliederten internationalen Statistiken der Vereinten Nationen und ihren Sonderorganisationen sowie der OECD zu Grunde gelegt; ist nicht so tief gegliedert wie die → Statistische Systematik der Wirtschaftszweige in der Europäischen Gemeinschaft (NACE). S. a. → WZ 93.

Internationales Zentrum zur Beilegung von Investitionsstreitigkeiten – (engl.) International Centre for Settlement of Investment Disputes (ICSID). Gegr. 1966. Autonome internationale Organisation mit zurzeit 133 Mitgliedern; Teil der → Weltbankgruppe. Sitz: Washington. Aufgaben: Ermöglichung und Verbesserung der Beilegung von juristischen Auseinandersetzungen, die sich im direkten Zusammenhang mit Investitionen zwischen Regierungen der Empfängerländer und ausländischen Investoren ergeben. Ein → Vergleich oder Schiedsspruch erfolgt auf freiwilliger Basis. Die Zustimmung zu einer einmal angenommenen ICSID-Entscheidung kann von einem am Rechtsstreit Beteiligten nicht einseitig zurückgenommen werden. Von allen ICSID-Vertragsstaaten wird gefordert, ICSID-Schiedssprüche anzuerkennen und durchzusetzen. Dadurch sollen Auslandsinvestitionen sicherer und gesteigert werden. Das ICSID unterhält eine Zusammenarbeit mit dem → Internationalen Schiedsgericht der Internationalen Handelskammer.
http://www.worldbank.org/icsid

Internationale Union der Handelsvertreter und Handelsmakler – (engl.) International Union of Commercial Agents and Brokers (IUCAB). Gegr. am 21.09.1953. Sitz: Amsterdam. Der IUCAB gehören zurzeit 17 nationale Vereinigungen von selbstständigen Handelsvertretern und -maklern aus der gesamten EU und den USA an. Sie repräsentiert ungefähr 470.000 Personen des einschlägigen Gewerbes. Die → Centralvereinigung Deutscher Wirtschaftsverbände für Handelsvermittlung und Vertrieb (CDH) ist Mitglied der IUCAB. Dadurch bietet die CDH ihren Mitgliedern ein weitgespanntes Netz an internationalen Kontakten und sichert ihnen einen wichtigen Vorteil im Wettbewerb mit anderen Vertriebsunternehmen in Deutschland.
http://www.iucab.nl

Internationale Unternehmung. Oberbegriff für verschiedene Ausprägungen der grenzüberschreitenden Geschäftstätigkeit von Unternehmungen. S. → transnationale Unternehmung; vgl. → globales Management.

Internationale Vereinigung der Gesellschaften für den kombinierten Verkehr Schiene-Straße – (frz.) Union Internationale des sociétés de transport combiné Rail-Route (UIRR) oder (engl.) International Union of combined Road-Rail transport companies. Genossenschaft belgischen Rechts. Zurzeit 18 Mitglieder aus 18 europäischen Ländern. Sitz: Brüssel. Hauptaufgabe des UIRR-Büros ist die Vertretung und Förderung des kombinierten Verkehrs in Europa. Ziel der UIRR-Operateure ist es, so viel wie möglich Straßentransporte auf die Schiene zu verlagern. Dazu werden – oft in Zusammenarbeit mit Ihren Kunden – mehrere Produkte entwickelt. Die UIRR pflegt offizielle Kontakte zu den Behörden der EU und beeinflusst verkehrspolitische Initiativen und Richtlinien. Denn der Erfolg der Operateure des kombinierten Verkehrs hängt hochgradig von politischen Entscheidungen und den sich daraus ergebenden verkehrspolitischen Rahmenbedingungen ab.
http://www.uirr.com

Internationale Vereinigung der Versicherungsaufsichtsbehörden – (engl.) International Association of Insurance Supervisors (IAIS). Ihr gehören Versicherungsaufsichtsbehörden aus etwa 100 Rechtssystemen an. Gegr. 1994. Sitz: Basel. Zu den Aufgaben gehören die Förderung der Zusammenarbeit zwischen Versicherungsaufsichtsbehörden, die Erarbeitung gemeinsamer internationaler Normen für die Versicherungsaufsicht sowie die Unterstützung bei deren Beachtung auf nationaler und internationaler Ebene. IAIS betreibt die Schulung der Mitglieder und koordiniert die Arbeit mit Aufsichtsbehörden anderer Finanzsektoren und mit internationalen Finanzmarktinstitutionen. Vgl. → BCBS, → IOSCO, → Joint Forum.
http://www.iaisweb.org

Internationale Währungsordnung, internationales Währungssystem. Begr. f. alle vertraglichen internationalen Vereinbarungen, „ungeschriebenen Gesetze", anerkannten Verhaltensweisen und institutionellen Einrichtungen, die der internationalen währungspolitischen Zusammenarbeit dienen. Die Regelungen betreffen einerseits die währungspolitischen Beziehungen der beteiligten Länder untereinander, andererseits die gemeinsame Gestaltung des Außenwertes ihrer Währungen. Konkret funktioniert ein internationales Währungssystem immer dann, wenn die meisten und v. a. die wichtigsten am internationalen Handel beteiligten Länder tatsächlich nach den gleichen Grundsätzen und Regeln verfahren. Zu solch historisch bedeutsamen i. W. zählen das System der Goldwährung (→ Goldstandard) und das System von → Bretton-Woods; in Europa auch das → Europäische Währungssystem (EWS I).

Internationale Währungspolitik. Sie umfasst alle Maßnahmen der → Währungspolitik, die von mehreren Staaten gemeinsam ergriffen werden. Z. B.: Im System → fester Wechselkurse die multinationale Anpassung der Wechselkurse oder die Veränderung der → Bandbreite (das → Realignment); die Schaffung neuer oder die Veränderung bestehender internationaler Institutionen der Währungspolitik (wie → IWF, → BIZ); die Formulierung der währungspolitischen Aufgabenstellungen; die Festlegung der währungspolitischen Instrumente.

Internationale Waren- und Gütersystematiken sind neben den internationalen Wirtschaftszweigsystematiken wichtige Voraussetzungen für international vergleichbare Statistiken. Zu den weltweiten i. W. u. G. gehören: die → Internationale Systematik aller Waren und Dienstleistungen nach Herkunftsbereichen (ICGS) der UN; das → Internationale Warenverzeichnis für den Außenhandel (SITC) der UN. Zu den regionalen i.W.u. G. zählen: → Warenverzeichnis für die Statistik des Außenhandels der Gemeinschaft und des Handels zwischen ihren Mitgliedstaaten (NIMEXE); → Gemeinsames Verzeichnis der industriellen Erzeugnisse (NIPRO); → Einheitliches Güterverzeichnis für die Verkehrsstatistik (NST) der EU; → Internationales Güterverzeichnis für die Verkehrsstatistik in Europa (CSTE). UN, EU und der → Rat für Zusammenarbeit auf dem Gebiet des Zollwesens (RZZ) sind dabei, die internationalen Waren- und Güterverzeichnisse zu harmonisieren und sie zugleich eng mit den internationalen Wirtschaftszweigsystematiken (→ NACE, → ISIC) abzustimmen. Das → Harmonisierte System zur Beschreibung und Codierung der Waren (HS) ist Grundlage für ein → Integriertes System von Wirtschaftszweig- und Gütersystematiken (ISCAP).

Internationale Wertpapier-Identifikationsnummer – (engl.) International Securities Identification Number (ISIN). Nummer, mit welcher die an den Finanzmärkten begebenen Wertpapiere international gleich gekennzeichnet werden.

Internationale Zivilluftfahrtorganisation – (engl.) International Civil Aviation Organization (ICAO). → Sonderorganisation der UN zur Förderung des internationalen zivilen Luftverkehrs; mit zurzeit 187 Mitgliedstaaten. Sitz: Montreal, Kanada. Völkerrechtliche Grundlage für den internationalen Luftverkehr bildet das sog. Chicagoer Abkommen; die (engl.) Convention on International Civil Aviation aus dem Jahre 1944. Sie trat am 04.04.1947 in Kraft. Die ICAO sorgt für Entwicklung, Planung und Sicherheit des internationalen Luftverkehrs, überwacht dessen Wirtschaftlichkeit und befasst sich mit Fragen des öffentlichen und privaten Luftverkehrsrechts. Sie soll die gleichberechtigte Teilnahme aller Mitglieder am internationalen Luftverkehr ermöglichen. Vgl. → IATA und → ECAC.
http://www.icao.int

International Federation of Stock Exchanges – FIBV (engl.). Gegr. 1961. Internationale Vereinigung der zurzeit 56 wichtigsten Börsen aus allen Kontinenten. Auf sie entfallen 97 % der weltweiten Marktkapitalisierung. Sitz: Paris. Die Internetseite bietet Links zu weiteren Börsen; auch zu solchen, die nicht Mitglieder sind (z. B. in Russland).
http://www.fibv.com

International Securities Market Association – ISMA (engl.; bis 1991 → AIBD). Sitz: Zürich. Selbstverwaltungsorganisation von (rund 1.000) Finanzinstituten (aus rd. 40 Ländern) zur Vereinbarung, Veröffentlichung und Durchsetzung einheitlicher Richtlinien und Regeln für den Wertpapierhandel am → Eurokapitalmarkt und anderen Wertpapiermärkten. Sie gewährleistet die Funktionsfähigkeit des internationalen Wertpapierhandels und damit weitgehend einen von staatlichen Reglementierungen freien internationalen Wertpapierhandel. ISMA sammelt und verbreitet Marktinformationen.
www.isma.co.uk

International Trade Center (ITC); → Internationales Handelszentrum von → UNCTAD/→

WTO.

Internes T 2-Verfahren. → Gemeinschaftliches Versandverfahren gem. Art. 163 – 165 ZK. Danach konnten Gemeinschaftswaren zwischen zwei innerhalb des EG-Zollgebietes gelegenen Orten ohne Änderung ihres zollrechtlichen Status über das Gebiet eines Drittlandes befördert werden, z. B. von Deutschland über die Schweiz nach Italien. Zurzeit gilt es nur noch im Warenverkehr mit EFTA-Staaten. Nach dem Internen T 2-Verfahren können Waren auch mit dem Carnet TIR, mit dem Carnet ATA, durch die Post u. a. befördert werden.

Internet. Weltweiter Verbund von Computernetzwerken, an den unzählige Rechner angeschlossen sind, die über ein Internet-Protokoll (IP) miteinander kommunizieren. Das Internet ist heute ein Massenphänomen mit kommerziellen Anbietern und Providern (Versorgern), Suchmaschinen und → Browsern, Newsgroups (öffentliche „schwarze Bretter") und FTP(File Transfer Protocol)-Servern (die Dateien – vielfach anonym – zur Verfügung stellen), elektronischen Zeitschriften und geschäftlichen Transaktionen (→ e-commerce); über das I. ist auch das Telefonieren möglich.

Internet-Plus. Der Auslandsinformationsdienst des → Rationalisierungs- und Innovationszentrums der Deutschen Wirtschaft (RKW); bietet Unternehmen bewertete Informationen zur Vorbereitung ihrer Auslandsaktivitäten und vermittelt Wirtschaftskontakte ins Ausland.
www.rkw.de/62_rkw_internet_plus.html

Interpol – (engl.) International Criminal Police Organization (ICPO). Gegr. 1956. Sitz: Lyon, Frankreich; zurzeit 179 Mitgliedsstaaten. Diese internationale kriminalpolizeiliche Institution unterstützt weltweit alle Organisationen, Behörden und Dienste, deren Auftrag es ist, der Kriminalität vorzubeugen, sie aufzudecken und abzustellen. Interpol stellt essentielle Dienstleistungen für die internationale Rechtsdurchsetzung zur Verfügung und trägt dazu bei, die globale Kriminalitätsbekämpfung zu optimieren. Vgl. → Europol.
http://www.interpol.int

Interventionspunkt. Bez. f. d. Grenze der → Bandbreite in einem internationalen → Währungssystem mit festen Wechselkursen (→ Leitkursen). Der obere Interventionspunkt (→ Goldexportpunkt) gibt die obere Bandbreitengrenze – den höchstmöglichen Wechselkurs – an. Zu diesem hat die interventionspflichtige Zentralbank einen Devisennachfrageüberschuss auszugleichen; sie muss Devisen verkaufen. Der untere Interventionspunkt (→ Goldimportpunkt) gibt die untere Bandbreitengrenze – den niedrigstmöglichen Wechselkurs – an. Zu diesem hat die interventionspflichtige Zentralbank einen Devisenangebotsüberschuss zu übernehmen; sie muss Devisen kaufen.

In-the-Money, im Geld. Börsen-Begr. f. d. Verhältnis zwischen dem Ausübungspreis (Basispreis) einer Option oder eines Optionsscheins und dem Kassakurs des zu Grunde liegenden Basiswertes. Der Kassakurs liegt bei „Im Geld"→ Calls (Kaufoptionen) über dem Basispreis; er liegt bei „Im Geld"→ Puts (Verkaufsoptionen) unter dem Basispreis. Es handelt sich also um eine Option mit positivem Ausübungswert. Vgl. → At-the-Money, → Out-of-the-Money.

INTRA-EU-Warenbegleitpapier. Es ist im Intra-EU-Handel für die → Verbringung von Waffen, Munition und Rüstungsmaterial (gem. Teil I, Abschnitt A der → Ausfuhrliste) erforderlich. Das entsprechende Formular ist vom Versender (nach bestem Wissen und Gewissen) auszufüllen. Die Exemplare Nr. 3, 4 und 5 werden in Deutschland vom → Bundesamt für Wirtschaft und Ausfuhrkontrolle abgestempelt; diese sind vom Warenführer mitzuführen und den zur Warenkontrolle Befugten auf Verlangen zur Prüfung auszuhändigen. Das INTRA-

EU-W. wird nur aufgrund einer vorliegenden → Ausfuhr-/Verbringungsgenehmigung bescheinigt. Es dient auch der Erhebung von Daten für das Waffenregister der Vereinten Nationen.

Intrahandel. Bez. f. d. Warenverkehr zwischen den Staaten innerhalb des → Europäischen Binnenmarktes; u. z. sowohl mit Gemeinschaftswaren als auch mit Nichtgemeinschaftswaren. Gegensatz: → Extrahandel.

Intrahandelsstatistik. Teilbereich der → Außenhandelsstatistik. Erfasst den → Intrahandel. In Deutschland: den grenzüberschreitenden Warenverkehr zwischen Deutschland und den anderen Mitgliedstaaten der EU.

INTRASTAT. I. ist seit dem 01.01.1993, dem Zeitpunkt der Verwirklichung des → Europäischen Binnenmarktes und der Abschaffung der Zollformalitäten innerhalb der gemeinschaftlichen Grenzen, das statistische System von → Eurostat und damit auch vom → Statistischen Bundesamt zur Erfassung des Warenverkehrs zwischen den EU-Mitgliedstaaten bzw. innerhalb der EU (→ Intrahandelsstatistik).

Inverse Zinsstruktur. Ist gegeben, wenn der Geldmarktzins höher als der Kapitalmarktzinssatz ist; wenn für kurzfristige Geldanlagen eine höhere Rendite als für langfristige Geldanlagen erzielt wird oder – anders ausgedrückt: wenn die Renditen von Wertpapieren um so niedriger ausfallen, je länger deren (Rest-) Laufzeit ist.

Investitionsgarantien. Die deutsche Bundesregierung übernimmt auf Antrag zu Gunsten von Unternehmen mit Sitz in Deutschland gegen Entgelt Garantien für Investitionen im Ausland. Mit solchen I. werden politische Risiken abgesichert; nicht aber wirtschaftliche Risiken (s. → Risiken im Außenhandel). Voraussetzung für die Gewährung von I. ist, dass deren Beantragung vor der Ausführung neuer Auslandsinvestitionen erfolgt und dass die Investitionen in den betreffenden Ländern einen ausreichenden Rechtsschutz genießen (s. → Investitionsschutzverträge). Über die Anträge entscheidet ein Interministerieller Ausschuss unter Federführung des → Bundesministeriums für Wirtschaft und Technologie und unter Mitwirkung von Sachverständigen aus der Wirtschaft. Ein Anspruch auf Übernahme einer I. besteht nicht. Gedeckt werden können folgende Investitionen: Beteiligungen, beteiligungsähnliche Darlehen eines Gesellschafters oder einer Bank, Dividenden und Zinserträge (im Rahmen bestimmter Höchstsätze), Kapitalausstattungen von Niederlassungen oder Betriebsstätten (Dotationskapital), Service Contracts im Öl- und Gasbereich. I. umfassen folgende Risiken: Verstaatlichung, Enteignung oder enteignungsgleiche Maßnahmen; Bruch rechtsverbindlicher Zusagen staatlicher oder staatlich kontrollierter Stellen; Krieg, kriegerische Auseinandersetzungen, Revolution und Aufruhr; Zahlungsmoratorien und Konvertierungs- oder Transferbeschränkungen. I. werden i. d. R. für 15 Jahre übernommen; sie können vor Ablauf jeweils um bis zu 5 Jahren verlängert werden. Für die Übernahme einer I. sind eine Bearbeitungsgebühr von zurzeit höchstens 10.000 € (für Deckungssummen bis zu 5 Mio. € 1 Promille; darüber ½ Promille) und ein Entgelt von 0,5 % p. a. auf Kapital und gedeckte Erträge (für noch nicht geleistete Beträge ein Sechstel von 0,5 %) zu zahlen. Der Garantienehmer hat bei einer Entschädigung einen Selbstbehalt von i. d. R. 5 % zu tragen.

Investitionsrisiko. Gefahr für einen Investor, dass eingesetztes Kapital unsichere (geringe, keine oder gar negative) Renditen einbringt.

Investitionsschutzverträge. Die deutsche Bundesregierung hat durch – dzt. 126 bilaterale – I. (und Investitionsförderungsverträge – IFV) mit Entwicklungs- und Schwellenländern stabile Rahmenbedingungen für deutsche Direktinvestitionen im Ausland geschaffen. I. gewährleisten den Investoren einen umfassenden, völkerrechtlich abgesicherten Rechtsschutz ihrer Investitionen und erleichtern es somit, insb. kleinen und mittleren Unternehmen, sich ausländische Märkte zu erschließen. Zu den wichtigsten Elementen von I. gehören: die Gewährleistung der → Inländerbehandlung und der → Meistbegünstigung; die Garantie des freien Transfers von Kapital und Erträgen; der Eigentumsschutz, die wertgerechte Entschädigung im Fall einer Enteignung sowie die Rechtsweggarantie; die Vereinbarung einer internationalen Schiedsgerichtsbarkeit bei Streitigkeiten zwischen Investor und Gastland. I. sind grundsätzlich Voraussetzung für die Übernahme von → Investitionsgarantien des Bundes (vgl. auch → Bundesdeckungen im Außenhandel).

Investment Bank. Bank, die über Anlagen in Wertpapieren und wertpapierähnlichen Finanzinstrumenten berät, diese auf den Märkten platziert und handelt, sich mit deren Verwahrung und Verwaltung befasst. Gegensatz: → Commercial Bank.

Investment Banking. Umfasst die Aktivitäten einer → Investment Bank. I. w. S. zählen auch die Unternehmensberatung, Anbahnung von Fusionen, Vermittlung von Unternehmenskäufen/-verkäufen und Beteiligungen (engl.: Mergers & Acquisitions) zum I. B.

Investmentfonds. Sondervermögen, das bei einer Kapitalanlagegesellschaft (KAG) – unter Beachtung des Grundsatzes der Risikomischung – gebildet wird. Private Personen oder Unternehmen vertrauen einer KAG Geld(Kapital) an. Mit diesem werden im Namen der KAG für gemeinschaftliche Rechnung der Anleger Vermögenswerte gekauft (z. B. Wertpapiere, Bankeinlagen, Beteiligungen, Immobilien). Die Anleger erhalten hierfür Anteilscheine, → Investmentzertifikate. Vgl. → Geldmarktfonds.

Investmentzertifikat. Verbriefter Anteil am Gesamtvermögen eines → Investmentfonds. Über I. können Anleger auch mit geringem Kapitaleinsatz Miteigentümer eines breit gestreuten → Portefeuilles werden.

IOSCO. Abk. f. (engl.) International Organization of Securities Commissions; → Internationale Organisation der Wertpapieraufsichtsbehörden.

IPO. Abk. f. (engl.) Initial Public Offering. US-amerik. Bez. f. eine Erstemission (Neuemission) von Aktien bislang nicht börsennotierter Unternehmen (engl.: „going public").

IRC. Abk. f. (engl.) International Relations Committee; → Ausschuss für internationale Beziehungen des → ESZB.

IRF. Abk. f. (engl.) International Road Federation; → Internationale Straßenföderation.

IR-Marke. Abk. für international registrierte Marke gem. → Madrider Markenabkommen.

IRU. Abk. f. (engl.) International Road Transport Union; → Internationale Straßentransport Union.

ISCAP. Abk. f. (engl.) Integrated System of Classifications of Activities and Products; → Integriertes System von Wirtschaftszweig- und Gütersystematiken oder (frz.) Système intégré de nomenclatures d'activités et de produits (SINAP).

IsDB. Abk. f. (engl.) Islamic Development Bank (abgekürzt auch IDB); → Islamische Entwicklungsbank.

ISIC. Abk. f. (engl.) International Standard Industrial Classification of all Economic Activities; → Internationale Systematik der Wirtschaftszweige.

ISIN. Abk. f. (engl.) International Securities Identification Number; → Internationale Wertpapier-Identifikationsnummer.

Islamische Entwicklungsbank – (engl.) Islamic Development Bank (IsDB oder auch IDB). Gegr. 1975. Sitz: Djidda, Saudi-Arabien. Mitglieder sind 53 Länder, die der → Organisation der Islamischen Konferenz angehören. Aufgabe: Förderung der wirtschaftlichen und sozialen Entwicklung von Mitgliedsländern und muslimischen Einrichtungen (individueller wie gemeinschaftlicher Art) in Übereinstimmung mit dem Islamischen Recht (der Scharia). Dies erfolgt in Form günstiger Kredite mit langen Laufzeiten; für Projekt- und überwiegend für Importfinanzierungen. Das autorisierte Kapital beträgt 6 Mrd. Islamische Dinare.
http://www.isdb.org

Islamischer Dinar. Rechnungseinheit der Organisation der Islamischen Konferenz. Ein Is. D. hat grundsätzlich den gleichen Wert wie ein Sonderziehungsrecht (SZR) des IWF.

Islamischer Solidaritätsfonds. Einger. von der → Organisation der Islamischen Konferenz und verwaltet von der → Islamischen Entwicklungsbank. Er unterstützt islamische Gemeinschaften in ärmeren Mitgliedstaaten mit zurzeit rd. 10 Mio. US-$ jährlich beim Bau von Moscheen, Koranschulen, Krankenstationen und anderen nicht religiösen Einrichtungen.

Islamisches Zentrum für die Entwicklung des Handels – (engl.) Islamic Centre for Development of Trade (ICDT). Ein subsidiäres Organ der → Organisation der Islamischen Konferenz, das mit der Förderung des Handels zwischen den Mitgliedern der OIC betraut ist.
http://www.icdt.org

ISMA → International Securities Market Association (engl.).

ISO. Abgeleitet vom griechischen Wort „isos" – gleich. Der Name ISO wird als Bezeichnung für die Internationale Organisation für Normung – (engl.) International Organization for Standardization verwendet. Diese private (engl.: non-governmental) Organisation wurde 1947 gegründet. Sitz: Genf, Schweiz. Ihre Aufgabe besteht darin, die Entwicklung von Standards und die damit verbundene weltweite Zusammenarbeit auf den Gebieten der intellektuellen, wissenschaftlichen, technologischen und wirtschaftlichen Aktivitäten zu fördern.
http://www.iso.ch

ISO-Währungscodes. Abgekürzte und EDV-schreibbare Währungsbezeichnungen; von → ISO entwickelt und zur einheitlichen Verwendung im internationalen Geld- und Kapitalverkehr empfohlen; z. B. EUR für Euro, USD für US-Dollar, JPY für japanische Yen, RUB für russische Rubel. S. → Währungscodes.

ISR → Internationales Seeschifffahrtsregister.

IT. Abk. für → Informationstechnologie.

ITC. Abk. f. (engl.) International Trade Center. Der offizielle Name lautet seit 1995: → Internationales Handelszentrum UNCTAD/WTO.

ITO. Abk. f. (engl.) International Trade Organization; → Internationale Handelsorganisation.

ITU. Abk. f. (engl.) International Telecommunication Union; → Internationale Fernmeldeunion.

ITUT → Internationales Transferzentrum für Umwelttechnik.

IT-Verfahren ATLAS. → Automatisiertes Tarif- und Lokales Zoll-Abwicklungs-System.

IT-Verfahren MUSYC – Multimediasystem for Customs (engl.). Dient der Bekämpfung der Produktpiraterie. S. → MUSYC.

IT-Verfahren NIZZA. Neues IT-unterstütztes Zollstellenverfahren; s. → NIZZA.

IUCAB. Abk. f. (engl.) International Union of Commercial Agents and Brokers; → Internationale Union der Handelsvertreter und Handelsmakler.

IWH → Institut für Wirtschaftsforschung Halle.

IWF → Internationaler Währungsfonds – (engl.) International Monetary Fund (IMF).

iXPOS. Der Serviceverbund Außenwirtschaft, initiiert vom → Bundesministeriums für Wirtschaft und Technologie, von der → Bundesagentur für Außenwirtschaft (bfai) zentral koordiniert. Das deutsche Außenwirtschaftsportal im Internet; eine Informationsplattform für den Weltmarkt. Hier stellen sich Bundesministerien, Bundesländer, Verbände/Kammern, → Auslandshandelskammern, → Ländervereine, → AUMA, Finanzierungsinsitute (→ DEG, → Hermes, → KfW, → PwC) u. a. mit ihren Kernkompetenzen und Ansprechpartnern zur Förderung und Unterstützung der Auslandsgeschäfte vor. Die neuesten Nachrichten und Mitteilungen aus den Bereichen Auslandsmärkte, Kontaktbörsen, Messetermine usw. können eingesehen und über diesbezügliche aktuelle Links ergänzt werden. Sämtliche außenwirtschaftlich relevanten Online-, Beratungs- und Dienstleistungs-Angebote der iXPOS-Mitglieder sind abrufbar. Vgl. → Förderdatenbank.
http://www.ixpos.de

IZA. Abk. f. Informationszentrale für steuerliche Auslandsbeziehungen. S. → Bundesamt für Finanzen.

J

JAA. Abk. f. (engl.) Joint Aviation Authorities. JAA repräsentiert die Regulierungsbehörden der Zivilluftfahrt europäischer Staaten. Aufgaben: Zusammenarbeit bei der Entwicklung und Einführung gemeinsamer hoher Sicherheitsstandards; Gewährleistung eines fairen Wettbewerbs durch die Anwendung einheitlicher Standards; Durchsetzung der JAA-Standards zur Förderung der Sicherheit der weltweiten Luftfahrt im Rahmen internationaler Kooperationen. Partner der → ECAC. Das deutsche → Luftfahrt-Bundesamt (LBA) ist Gründungsmitglied der JAA.
http://www.jaa.nl

Jahresgutachten des → Sachverständigenrates zur Begutachtung der gesamtwirtschaftlichen Entwicklung (SVR).

Jahreswirtschaftsbericht. Die deutsche Bundesregierung ist nach dem → Gesetz zur Förderung der Stabilität und des Wachstums der Wirtschaft (StWG) verpflichtet, im Januar eines jeden Jahres dem Parlament (Deutscher Bundestag) einen Wirtschaftsbericht vorzulegen. Sie hat darin (1.) zum Jahresgutachten des → Sachverständigenrates zur Begutachtung der gesamtwirtschaftlichen Entwicklung Stellung zu beziehen; (2.) eine Jahresprojektion der von ihr für das laufende Jahr angestrebten wirtschafts- und finanzpolitischen Ziele vorzustellen; (3.) die von ihr für notwendig und richtig gehaltenen Maßnahmen der Wirtschafts- und Finanzpolitik begründet darzustellen.

Japan External Trade Organization – JETRO (engl.). 1958 gegr. japanische Außenhandelsorganisation; Institution des öffentlichen japanischen Rechts. Sitz: Tokio. Zurzeit in Japan mit 36 Büros und weltweit mit 80 Büros in 58 Ländern vertreten. JETRO informiert aktuell über Wirtschaftstrends, Handel, Industrie, Technologie sowie Geschäftspraktiken in Japan (stellt dazu kostenlos eine Vielzahl von Publikationen zur Verfügung) und unterstützt außenwirtschaftlich tätige Unternehmen; insb. auch solche, die ihre Produkte nach Japan exportieren, mit japanischen Unternehmen zusammenarbeiten oder in Japan investieren wollen.
http://www.jetro.go.jp

Jedermann-Einfuhr. Bez. für den Warenimport, der durch jede Person in geringen Mengen bzw. in wertmäßig niedriger Höhe erfolgen kann. Bei solchen „Kleineinfuhren“ ist die Vorlage von Einfuhrpapieren nicht erforderlich. Es sind lediglich zollrechtliche Bestimmungen und ggf. Vorschriften der Außenhandelsstatistik zu beachten.

JETRO. Abk. f. (engl.) → Japan External Trade Organization.

JI → Zusammenarbeit in den Bereichen Justiz und Inneres im Rahmen der EU.

Jobber oder Dealer. Bez. f. Wertpapierhändler, die bis 1986 an der Londoner Börse im Unterschied zu den → Brokern nur für eigene Rechnung und im eigenen Namen kaufen und verkaufen durften. J. waren auf einzelne (Gruppen von) Wertpapieren spezialisiert. Sie nannten auf Anfrage zwei Preise: den (niedrigeren) Geldkurs, zu dem sie ankauften und den (höheren) Briefkurs, zu dem sie verkauften. Partner waren Broker oder andere Jobber, aber nicht das Publikum. S. → Marketmaker.

Joint Forum on Financial Conglomerates (engl.). Gegr. 1996. Sitz: Basel. Das Joint Forum ist das wichtigste Fachgremium für die internationale sektorübergreifende Zusammenarbeit im Bereich der Finanzmarktaufsicht. Ihm gehören hochrangige Vertreter von Regulierungsgremien aus dem Banken-, Versicherungs- und Wertpapierbereich sowie Aufsichtsbehörden aus den → BCBS-Mitgliedsländern und Australien an. Es befasst sich mit aufsichtsrechtlichen Fra-

gen im Zusammenhang mit Finanzkonglomeraten aller drei Finanzsektoren. Es arbeitet diesbezügliche Leitlinien und Grundsätze („Best-Practice-Verfahren") aus und untersucht Verfahren zur Verbesserung der Koordination auf sektorübergreifender Ebene. Das J. F. legt selbst keine Standards fest; es unterbreitet nur Empfehlungen. S. a. → IOSCO und → IAIS.
http://www.bis.org/bcbs/jointforum.htm

Joint Stock Company. Engl. Bez. f. Aktiengesellschaft.

Joint Venture. (1) Bedeutet i. w. S. Kooperation im Ausland von nicht gebietsansässigen Unternehmen mit Partnern aus dem Gastland (engl.: joint venturing). Dies kann in unterschiedlichen Formen wie Lizenzvergabe, Vertragsmanagement, Vertragsfertigung, Gemeinschaftsunternehmen erfolgen. (2) I. e. S. sind J. V. Gemeinschaftsunternehmen (engl.: joint ownership ventures; Beteiligungsunternehmen), an denen die aus verschiedenen Ländern kommenden Vertragspartner kapitalmäßig beteiligt sind, anteilig das Risiko tragen und eine längerfristige bzw. dauerhafte Zusammenarbeit vertraglich vereinbart haben. Mindestens ein Vertragspartner muss seinen Geschäftssitz im Gründungsland des J. V. haben. Die Vertragspartner als auch das J. V. haben unterschiedliche Interessenslagen und dürfen diese auch eigenständig unterhalten. Vgl. → internationales Joint Venture.

JOPP. Abk. f. (engl.) Joint Venture Phare Programme. Ein Förderprogramm, mit dem → Joint Ventures zwischen Klein- und Mittelbetrieben der Europäischen Union und Partnern aus den mittel- und osteuropäischen Ländern (→ Phare-Ländern) unterstützt werden. Es kennt vier Fazilitäten: (1) für Maßnahmen von Industrie- und Handelskammern, Verbänden, Wirtschaftsförderungsgesellschaften oder Finanzinstituten, durch die potentielle Vorhaben und Partner ermitteln werden. (2) für die Erstellung von Machbarkeitsstudien als Vorbereitung für Joint Venture-Gründungen. (3) zur Unterstützung der mittel- und langfristigen Finanzierung beim Aufbau bzw. bei Umstrukturierungen von Joint Ventures. (4) zur Bereitstellung von Darlehen, z. B. für die Aus- und Weiterbildung von Personal von Joint Ventures.

JPY. ISO-Währungscode der japanischen Währung Yen (¥).

Jumbo-Bonds. Bez. für Anleihen, die durch große Emissionsvolumina, fortlaufende Marktpflege der Wertpapiere und verbindliche Preisstellungen (permanente Brief- und Geldkurse) gekennzeichnet sind. J.-B. gibt es insb. bei Pfandbrief-Emissionen.

Junge Aktien. Bez. f. d. im Rahmen einer Grundkapitalerhöhung einer Aktiengesellschaft neu emittierten Aktien. Gegensatz: Alte Aktien. Inhaber alter Aktien erhalten i. d. R. ein Bezugsrecht auf (einen Teil) j. A.

Junk Bonds. „Ramschanleihen". Dies sind „Wertpapiere" von Schuldnern in wirtschaftlich unsicheren Verhältnissen; von Unternehmen mit niedrigem → Rating. Als Ausgleich für das Risiko wird dem Anleger eine deutlich höhere „Rendite" als bei bonitätsmäßig einwandfreien Wertpapieren in Aussicht gestellt.

Junktimgeschäft. Variante eines → Kompensationsgeschäftes, bei dem das Gegengeschäft dem Basisgeschäft zeitlich vorgelagert ist. So kann sich ein Importeur, der am Erwerb ausländischer Waren interessiert ist, einen Exporteur suchen, der (gegen Bezahlung einer entsprechenden Prämie) bereit ist, seine übertragungsfähige Abnahmeverpflichtung gegenüber dem Importland an den Importeur abzutreten. Es wird also die Anrechnung der Gegenlieferung auf spätere Warenlieferungen vereinbart. Ein J. ist somit ein → Parallelgeschäft, aber in umgekehrter Reihenfolge.

Jura-Lotse. Juristisches Informationssystem, → juristische Datenbank.

Juris. Abk. f. d. elektronische Juristische Informations-System. Seit 1980 beteiligt sich auch der → Bundesgerichtshof an der Dokumentation für juris. S. → juristische Datenbanken.

Juristische Datenbanken. Die Universität Saarbrücken bietet mit ihrem juristischen Internetprojekt einen umfassenden Überblick über länderübergreifende bibliographische und Informations-Datenbanken; mit Hinweisen auf kostenfreien und kostenpflichtigen Zugriff. Über zielführende Links können rasch gewünschte Gesetzes- und Verordnungstexte – Deutschlands, anderer Länder und internationaler Organisationen – gefunden, gelesen und auch ausgedruckt werden.
http://www.jura.uni-sb.de
Eine umfangreiche, tagesaktuelle juristische Datenbank für Deutschland bietet juris GmbH, Saarbrücken. Auf dieses Informationssystem kann online oder über CD-ROM von jedem Interessenten (kostenpflichtig) zugegriffen werden. Juris enthält aus und zu allen deutschen Rechtsgebieten Gesetzestexte, Verwaltungsvorschriften, Gerichtsurteile, Literatur und Aufsätze.
http://www.juris.de
Hier gibt es auch Links zu anderen Datenbanken (z. B. zu: Jura-Lotse, Suchdienst für Recht: Gesetze, Gerichte, Urteile, Anwälte, Ministerien und Behörden etc.) und Partnern.
http://www.jura-lotse.de
S. ferner
http://www.rechtliches.de
und
http://www.recht-in.de
Auch die Suchmaschine „Google" ermöglicht das schnelle, einfache und qualitativ hochwertige Auffinden gezielt gesuchter Gesetze und Verordnungen.
http://www.google.de

juris-Rechtssprechungsdatenbank. In ihr werden die Entscheidungen des → Bundesgerichtshofs – BGH (und sämtlicher Instanzen) aufgenommen.
http://www.juris.de

K

Kabelkurs. Telegraphisch übermittelter Kurs.

Kabotage. (1) Im Seeverkehrsrecht: Recht der einzelnen Staaten, die Küstenschifffahrt den Schiffen unter eigener Flagge vorzubehalten. Man unterscheidet: Große K. (Seeschifffahrtsverkehr zwischen den Häfen des gleichen Staates); Kleine K. (Seeschifffahrt zwischen Häfen des gleichen Staates und Meeres); Fluß-K. (Schifffahrt zwischen den Binnenhäfen eines Staates). In der EU ist die Kabotage für Unternehmen aus den Mitgliedstaaten freigegeben. (2) Internationales Luftverkehrsrecht: Recht eines Staates zur Genehmigung der Beförderung von Passagieren und Fracht durch Luftfahrzeuge innerhalb des eigenen Staatsgebietes.

KAD. Abk. f. Kontoauszugsdrucker (bei Banken).

Kai-Receipt oder (engl.) quay receipt. Empfangsschein im Seefrachtgeschäft. Das K.-R. wird vom Kai-Lagerhalter ausgestellt. Dieser bescheinigt mit dem K.-R., dass die an ihn gelieferte Ware am Kai oder im Lager abgeladen bzw. zur Verschiffung übernommen wurde. Das K.-R. zählt zu den → Versandpapieren im Außenhandel.

Kai-Teilschein. Wird neben der → Delivery Order als Variante des → Konnossement-Teilscheins verwendet. Er stellt eine Anweisung des Importeuers an die Kaiverwaltung dar, die gelöschte Ware dem namentlich Benannten oder dem Inhaber gegen Rückgabe des Kai-Teilscheins auszuhändigen. I. d. R. wird das Originalkonnossement der Kaiverwaltung übergeben, die daraufhin die einzelnen Kai-Teilscheine abstempelt. Auf diese Weise kann der Importeur die Ware verkaufen, ohne sie selbst in Empfang genommen zu haben.

Kameralismus. Deutsche Variante des → Merkantilismus. Die Vertreter der K. haben verwaltungstechnische Verfahrensgrundsätze aufgestellt und systematisiert, die für die deutsche Finanzwissenschaft von bleibender Bedeutung sind.

Kapitalbilanz. Eine der (vier) grundlegenden Teilbilanzen der → Zahlungsbilanz. In der K. werden auf der Soll-Seite die ausländischen Netto-Kapitalanlagen im Inland (Eingänge), auf der Haben-Seite die inländischen (z. B. deutschen) Netto-Kapitalanlagen im Ausland (Ausgänge) eines bestimmten Zeitraums erfasst. Somit zeigt ein Haben-Saldo den Netto-Kapitalimport, ein Soll-Saldo den Netto-Kapitalexport einer Volkswirtschaft an; ersterer wird in der staffelförmigen Darstellung der Zahlungsbilanz mit einem Plus-Vorzeichen, letzterer mit einem Minus-Vorzeichen ausgewiesen. Die K. ist ihrerseits in die → Bilanz der Direktinvestitionen, die → Bilanz der Wertpapiertransaktionen (Portfolio-Investitionen) und Finanzderivate, die → Bilanz des Kreditverkehrs und in die Bilanz des übrigen Kapitalverkehrs gegliedert.

Kapitaldienst. Zins- und Tilgungsdienst für aufgenommene Kredite.

Kapitalflucht. Massive (überstürzte) Übertragung von finanziellen Vermögenswerten aus dem Inland in das Ausland; meist nicht aus Rentabilitätsgründen, sondern aus Sicherheitsgründen: Schutz vor instabiler politischer Lage, Vermeidung von Wertverlusten durch hohe Inflation, Ausweichen vor hoher Besteuerung im Inland; Erwartung einer Abwertung der eigenen Währung.

Kapitalintensität. Begr. f. d. Relation zwischen (gesamtwirtschaftlichem) Kapitaleinsatz und (gesamtwirtschaftlichem) Arbeitseinsatz. In Deutschland betrugen z. B. im Jahre 2001 der → Kapitalstock 10.222 Mrd. € (in Preisen von 1995) und der Arbeitseinsatz 38,771 Mio. Erwerbs-

Erwerbstätige; dementsprechend die gesamtwirtschaftliche Kapitalintensität 263,651 (in Tausend). D. h., dass im Durchschnitt auf einen Erwerbstätigen ein gesamtwirtschaftlicher Kapitaleinsatz von 263.651 Euro entfiel.

Kapitalkoeffizient. Begr. f. d. Relation zwischen (gesamtwirtschaftlichem) Kapitaleinsatz und damit erbrachter (gesamtwirtschaftlicher) Leistung. In Deutschland betrug z. B. im Jahre 2001 der gesamtwirtschaftliche Kapitaleinsatz 10.222 Mrd. €, das reale Bruttoinlandsprodukt zu Marktpreisen 1.980 Mrd €; dementsprechend der gesamtwirtschaftliche Kapitalkoeffizient rd. 5,16. D. h., dass zur Erbringung der gesamtwirtschaftlichen Leistung ein 5,16 mal höherer Kapitaleinsatz verwendet wurde. Der K. ist der Kehrwert der → (gesamtwirtschaftlichen) Kapitalproduktivität.

Kapitalmarkt. Allg. der Markt für langfristige Finanzmittelbeschaffung und -anlagen (für langfristige Kredite, Anleihen, Beteiligungen). Er besteht aus dem nicht organisierten K., auf dem langfristiges Kapital außerhalb von Banken und Börsen gehandelt wird, und aus dem von Banken und Börsen organisierten Markt für langfristiges Kapital (wie → Schuldscheindarlehen, → Hypothekarkredite, Wertpapiere). Der → Wertpapiermarkt (oft als syn. für K. verwendet), wird in den → Rentenmarkt (Markt für → Schuldverschreibungen) und den → Aktienmarkt (Markt für Beteiligungskapital) unterteilt.

Kapitalmarktpapiere. Anleihen (→ Schuldverschreibungen), die lang- und mittelfristige Laufzeiten haben; im Gegensatz zu → Geldmarktpapieren. Daher wird an den internationalen Kapitalmärkten nach (engl.) → Bonds (Long-term-Papiere) und nach (engl.) → Notes (Medium-term-Papiere) unterschieden. K. sind auch Aktien (als Beteiligungskapital).

Kapitalmarktsammelstellen. Begr. f. d. am → Kapitalmarkt tätigen Institutionen, die Anlagemittel entgegennehmen und diese an Kapitalnachfrager weiterleiten. Dazu gehören in Deutschland Bausparkassen, Investmentfonds, Versicherungen. Im Unterschied zu den Banken entstehen bei den K. grundsätzlich keine Zahlungsmittel (durch Sichteinlagen). K. betreiben daher keine → Geldschöpfung.

Kapitalproduktivität. Begr. für die Relation zwischen (gesamtwirtschaftlicher) Leistung und (gesamtwirtschaftlichem) Kapitaleinsatz. In Deutschland betrug z. B. im Jahre 2001 das reale Bruttoinlandsprodukt zu Marktpreisen 1.980 Mrd. €, der → Kapitalstock 10.222 Mrd. €; dementsprechend die gesamtwirtschaftliche Kapitalproduktivität 0,1937. D. h., dass mit dem Einsatz von 1 Mrd. € ein Beitrag zur gesamtwirtschaftlichen Leistung in der Höhe von 193,7 Mio. € geleistet wurde. Die K. ist der Kehrwert des → Kapitalkoeffizienten.

Kapitalrentabilität → Rentabilität.

Kapitalschutzabkommen. Vertrag, nach dem Kapitalanlagen (Investitionen) und deren Betreibung durch Gebietsansässige der einen Vertragspartei im Hoheitsgebiet der anderen Vertragspartei keine schlechtere Behandlung seitens des Staates erfahren dürfen als Kapitalanlagen der eigenen Staatsbürger. K. beinhalten Vereinbarungen zum Transfer von Kapital, Gewinnen, Liquidationserlösen sowie zu Voraussetzungen von Enteignungen und deren Entschädigung. Deutschland hat K. v. a. mit Entwicklungsländern, auch mit GUS-Staaten, abgeschlossen. Sie werden auch als Investitionsförderungsabkommen bezeichnet und sind Voraussetzung für die Gewährung von → Bundesgarantien im Außenhandel.

Kapitalstock. Begr. f. d. Bruttoanlagevermögen zu konstanten Preisen einer Volkswirtschaft. Der K. ist das Maß für den Einsatz des Produktionsfaktors Kapital im gesamtwirtschaftlichen

Produktionsprozess; errechnet aus dem arithmetischen Mittel aus Jahresanfangsbestand und Jahresendbestand.

Kapitalverkehrskontrolle. Staatliche Maßnahme, die zur Steuerung – meist spekulativer – internationaler Kapitalbewegungen ergriffen wird.

Karibische Entwicklungsbank – (engl.) Caribbean Development Bank (CDB). Gegr. 1970. Sitz: Wildey, St. Michael, Barbados. Mitglieder sind 17 karibische und 8 nicht karibische Staaten (darunter Deutschland). Aufgabe der CDB ist es, zur harmonischen Entwicklung und zum Wirtschaftswachstum in der Karibik beizutragen, die wirtschaftliche Zusammenarbeit und Integration der karibischen Länder zu fördern; dabei soll der dringende Bedarf der weniger entwickelten Länder vorrangig berücksichtigt werden. Die CDB vergibt für ausgewählte Projekte und Industrialisierungsvorhaben langfristige Kredite (wozu spezielle Fonds eingerichtet wurden) und betreibt ein eigenes Ausbildungszentrum.
http://www.caribank.org

Karibische Gemeinschaft und Gemeinsamer Markt – (engl.) Caribbean Community and Common Market (CC – CARICOM). Entstand 1973; als Nachfolgeorganisation der (engl.) West Indies Federation (WIF) und der (engl.) Carribean Free Trade Area (CARIFTA). Sitz: Georgetown/Guyana. Zielsetzung der CC ist, die Außenpolitiken der Mitgliedsländer zu koordinieren und gleichzeitig deren wirtschaftliche Integration durch die Errichtung eines Gemeinsamen Marktes voranzubringen. In 15 nicht wirtschaftlichen Bereichen wird die Kooperation durch die Errichtung gemeinsamer Dienste gefördert. Zurzeit gehören CARICOM 15 Mitgliedstaaten an: Antigua und Barbadu, Barbados, Belize, die Bahamas, Dominica, Grenada, Guyana, Haiti, Jamaika, Montserrat, St. Kitts und Nevis, St. Lucia, St. Vincent and Grenadi nes, Suriname sowie Trinidad und Tobago. Hinzu kommen drei assoziierte und neun Beobachter-Staaten.
http://www.caricom.org

Kartellgesetz → Gesetz gegen Wettbewerbsbeschränkungen.

Kassadevisen. Fremde Währung, die nach Abschluss eines Devisenkaufs an der → Devisenbörse binnen zwei Geschäftstagen als Kontoguthaben verfügbar ist. Gegensatz: → Termindevisen.

Kassageschäft. Bez. für ein (Börsen-)Geschäft, bei dem der Vertrag sofort oder (sehr) kurzfristig zu erfüllen ist. Erfüllungsfrist auf dem Inlandsmarkt: 2 Tage; auf dem Euromarkt: 7 Tage. Gegensatz: → Termingeschäft.

Kassahandel. Form des (Börsen-)Handels, bei dem das Vertragsgeschäft mit sofortiger gegenseitiger Erfüllung (am Kassamarkt) abgewickelt wird. Gegensatz: → Terminhandel.

Kassakurs, Einheitskurs. Kurs, der bei → Kassageschäften börsentäglich nur einmal während der Börsenzeit amtlich festgestellt wird. Dies ist der Kurs, zu dem der größte Umsatz möglich ist. Gegensatz: → Fortlaufende Notierung.

Kassamarkt oder → Spotmarkt. Markt, an dem nur → Kassageschäfte getätigt werden. Gegensatz: → Terminmarkt.

Kassenobligationen. In Deutschland bis 1991 Bez. f. → Bundesschatzanweisungen.

Kassenverein → Wertpapiersammelbank. S. a. → Deutscher Kassenverein.

Kategorie-1-Sicherheiten (engl.: tier one assets). Zu diesen → refinanzierungsfähigen Sicherheiten im Rahmen des ESZB gehören marktfähige Schuldverschreibungen, die bestimmte – für den gesamten Euro-Währungsraum einheitliche, von der EZB festgelegte – Zulassungskriterien erfüllen. Zu diesen Kriterien zählen die Denominierung in Euro, die Emission (oder Garantie) durch Stellen – mit einwandfreier Bonität – in den Ländern des Euro-Währungsgebietes und die Hinterlegung bei einer nationalen Zentralbank oder zentralen Wertpapierverwahrstelle des Euro-Währungsgebietes.

Kategorie-2-Sicherheiten (engl.: tier two assets). Darunter fallen → refinanzierungsfähige Sicherheiten im Rahmen des ESZB, für welche die jeweilige nationale Zentralbank (NZB) – vorbehaltlich der Zustimmung der EZB – die Zulassungskriterien festlegt. Es sind dies weitere marktfähige, aber auch nicht marktfähige Sicherheiten (z. B. Handelswechsel und bestimmte Kreditforderungen von Banken gegenüber Unternehmen), die für die nationalen Finanzmärkte und Bankensysteme von besonderer Bedeutung sind.

Käuferland. Begr. des Außenwirtschaftsrechts (§ 8 Abs. 4 AWV) für das Land, in dem der Gebietsfremde, der Inlandsware (→ Gemeinschaftsware) erwirbt, ansässig ist. I. d. R. ist das K. auch das → Bestimmungsland.

Kaufkraftparität. Umrechnungsgröße der Kaufkraft (gemessen in erwerbbaren Gütereinheiten) verschiedener Währungen. K. können zweckmäßigerweise nur für ein bestimmtes Gut oder für einen bestimmten Warenkorb ermittelt bzw. angegeben werden. Die K. des Inlands gegenüber dem Ausland (K^I_A) gibt an, welche Kaufkraft eine ausländischen Währungseinheit im Ausland, ausgedrückt in inländischen Währungseinheiten im Inland hat. Sie wird wie folgt ermittelt:

$$K^I_A = \frac{\Sigma q_I \cdot p_I}{\Sigma q_I \cdot p_A}$$

Die K. – K^I_A – multipliziert mit dem Wechselkurs (der Preisnotierung: 1 ausländische Währungseinheit = ... inländische Währungseinheiten) gibt die Kaufkraftrelation für den Fall an, dass inländische Verbrauchergewohnheiten (gemäß inländischem Warenkorb) im Ausland aufrechterhalten werden.

Die K. des Auslands gegenüber dem Inland wird folgendermaßen bestimmt: $K^A_I = \frac{\Sigma q_A \cdot p_I}{\Sigma q_A \cdot p_A}$

K^A_I multipliziert mit dem Wechselkurs (der Preisnotierung: 1 ausländische Währungseinheit = ... inländische Währungseinheiten) gibt die Kaufkraftrelation für den Fall an, dass ausländische Verbrauchergewohnheiten (gemäß ausländischem Warenkorb) im Inland beibehalten werden.
K. zeigen somit, dass man mit einer bestimmten Geldsumme in anderen Ländern die gleiche Gütermenge erwerben kann. Anders ausgedrückt: Würden die tatsächlichen Wechelkurse den K. entsprechen, wären die Preisniveauunterschiede zwischen den Ländern aufgehoben.

Kaufmann ist nach § 11 des deutschen HGB derjenige, der ein → Handelsgewerbe betreibt. K. ist grundsätzlich jeder Gewerbetreibende, dessen Geschäftsbetrieb nach Art und Umfang kaufmännische Einrichtungen erfordert (§ 1 HGB). Dann besteht Eintragungszwang in das → Handelsregister und einer → Firma (§ 29 HGB).

Kauftag (engl.: purchase date). Datum, an dem der Verkauf von Vermögenswerten durch den

Verkäufer an den Käufer wirksam wird.

Kautionswechsel oder Depotwechsel. Art des Finanzwechsels. S. → Wechsel.

Kellerwechsel. S. → Wechsel.

Kennedy-Runde. Die sechste Zollsenkungsrunde (1964 – 1967) im Rahmen des → GATT. Sie brachte Fortschritte beim internationalen Zollabbau. Dabei standen multilaterale Verhandlungen über lineare Zollsenkungen bei Industriegütern im Mittelpunkt. Derselbe Prozentsatz sollte für möglichst viele Tarifpositionen verwendet werden.

KfW → Kreditanstalt für Wiederaufbau.

KfW-Mittelstandsprogramm – Ausland. S. → Kredite der Kreditanstalt für Wiederaufbau.

KfW-Umweltprogramm – Ausland. S. → Kredite der Kreditanstalt für Wiederaufbau.

KG. Abk. f. Kommanditgesellschaft. Gem. § 161 HGB II/2 ist eine Gesellschaft, deren Zweck auf den Betrieb eines Handelsgewerbes unter gemeinschaftlicher Firma gerichtet ist, dann eine Kommanditgesellschaft, wenn bei einem oder bei einigen von den Gesellschaftern die Haftung gegenüber Gesellschaftsgläubigern auf den Betrag einer bestimmten Vermögenseinlage beschränkt ist (Kommanditisten), während bei dem anderen Teil der Gesellschafter eine Beschränkung der Haftung nicht stattfindet (persönlich haftende Gesellschafter).

KGaA. Abk. f. Kommanditgesellschaft auf Aktien. Gem. § 278 AktG ist die KGaA eine Gesellschaft mit eigener Rechtspersönlichkeit, bei der mindestens ein Gesellschafter den Gesellschaftsgläubigern gegenüber unbeschränkt haftet (persönlich haftender Gesellschafter) und die übrigen an dem in Aktien zerlegten Grundkapital beteiligt sind, ohne persönlich für die Verbindlichkeiten der Gesellschaft zu haften (die Kommanditaktionäre).

Kinderhilfswerk der Vereinten Nationen – (engl.) United Nations Children's Fund (UNICEF). Ein → Spezialorgan der UN. Gegr. 1946. Sitz: New York; mit sieben Regionalbüros. Organe: Exekutivrat und Exekutivdirektor/in. UNICEF arbeitet in über 160 Staaten; v. a. im Bereich der Unterstützung von Kindern und Müttern und deren Grundversorgung (Ernährung, Erziehung, Gesundheitsfürsorge). Es leistet Soforthilfe in Notsituationen.
http://www.unicef.org

KISS → Kurs-Informations-Service-System.

Klassifikation der Wirtschaftszweige, Ausgabe 93 (WZ 93). Stellt in Deutschland seit dem 01.01.1995 die Grundlage für die einheitliche Erfassung wirtschaftlicher Tätigkeiten der einzelnen Wirtschaftsbereiche (ihrer Betriebe und Unternehmen) und anderer statistischer Einheiten in allen amtlichen Statistiken dar. (Vorläufer : WZ 79). WZ 93 baut auf → NACE auf, ist aber weitergehend differenziert und trägt dadurch den besonderen deutschen Wirtschaftsstrukturen Rechnung.

Klassifikation oder Klassifizierung **von Schiffen**. Einstufung von Schiffen in bestimmte Gruppen: nach Größe, Bauart, Tragfähigkeit, Zustand; regelmäßige Überprüfung der Fahr- und Ladetüchtigkeit von Schiffen für einen bestimmten Seeweg (z. B. für den Nordatlantikverkehr – Eisklasse). Wichtig für die Beurteilung des Risikos bei der Versicherung der Schiffe und ihrer Ladung. Die K. wird von bestimmten anerkannten Gesellschaften durchgeführt, z. B.

in Deutschland vom → Germanischen Lloyd. Die weltweit bekannteste K.-Gesellschaft ist in London ansässig: → Lloyd's Register of Shipping.

Kleine Havarie. S. → Havarie.

Kleine Kabotage. S. → Kabotage.

Kleingewerbetreibender. Person, die ein Grundhandelsgewerbe (s. → Handelsgewerbe) betreibt, das nach Art und Umfang keinen kaufmännisch eingerichteten Geschäftsbetrieb erfordert. Daher ist ein K. ein sog. Minderkaufmann. Nur wenn ein K. im Handelsregister eingetragen ist, ist er Kaufmann; Kannkaufmann.

Kleineinfuhr → Jedermann-Einfuhr.

Kleingut. Bez. f. → Stückgut bis zu einem Gewicht von 30 kg.

Klimakonferenz. S. → UN-Umweltkonferenzen.

KMU. Abk. f. kleine und mittlere Unternehmen. → Mittelstand.

KN → Kombinierte Nomenklatur.

Knoten (kn). Die Einheit der Geschwindigkeit im (See-)Schiffsverkehr: 1 kn = 1,852 km/h (pro Stunde). Vgl. → Seemeile.

Kohäsion. Begr. f. d. wirtschaftlichen und sozialen Zusammenhalt. Die EU fördert z. B. die K. zwischen ihren Mitgliedstaaten in bes. Weise. Rückstände in benachteiligten Gebieten sollen abgebaut und dadurch Unterschiede in der regionalen Leistungskraft verringert werden. Über die diesbezügliche Entwicklung berichtet die Europäische Kommission alle drei Jahre. Wie wichtig die EU das Kohäsionsziel nimmt, ist daran zu erkennen, dass sie neben den drei Strukturfonds – → Europäischer Sozialfonds (ESF), → Europäischer Fonds für Regionale Entwicklung (EFRE), → Europäischer Ausrichtungs- und Garantiefonds für die Landwirtschaft (EAGFL) – einen weiteren – eigenen → Kohäsionsfonds – errichtete.

Kohäsionsfonds der EU. Der vierte → Strukturfonds der EU, errichtet 1994. Mit ihm sollen Vorhaben in den Bereichen Umwelt und transeuropäischer Verkehrsnetze gefördert werden. Durch diesbezügliche Verbesserungen der Infrastruktur sollen potenzielle Integrationsvorteile erschlossen (z. B. durch Senkung der Transportkosten) und dadurch das wirtschaftliche Gefälle zwischen den EU-Mitgliedstaaten verringert werden; dies betraf anfangs primär die Länder Griechenland, Irland, Portugal und Spanien.

Kolli. Frachtstücke. (Abgeleitet vom ital. collo, Gepäckstück.) Kollo; ein Frachtstück.

Kombinierte Nomenklatur (KN). Warenverzeichnis der EU, das sowohl zolltariflichen Zwecken als auch der Erhebung und dem Austausch statistischer Daten über den Außenhandel der EU und ihrer Mitgliedstaaten dient. Die KN basiert auf dem → Harmonisierten System zur Bezeichnung und Codierung der Waren (HS) und ist so unterteilt, dass die Ergebnisse nach dem → Internationalen Warenverzeichnis für den Außenhandel der UN zusammengefasst werden können. Sie wird laufend an die neuesten Entwicklungen angepasst und (auf der Grundlage von Verordnungen der EU-Kommission) zum 01. Januar eines Jahres in der geänderten Fassung in die Außenhandelsstatistik der EU eingeführt.
http://europa.eu.int/eur-lex/pri/de/oj/dat/2002/l_290/l_29020021028de00010932.pdf

Kombiniertes Transportkonnossement – (engl.) Combined Transport Bill of Lading/CT-B/L). S. → Konnossement (vgl. dort multimodales Transportkonnossement).

Kommission. Begr. f. d. Vergütung, die ein (Einkaufs- bzw. Verkaufs-) → Kommissionär für seine Tätigkeit von seinem Auftraggeber erhält.

Kommissionär. Nach deutschem Recht (§ 383 HGB) eine Person, die es gewerbsmäßig übernimmt, Waren oder Wertpapiere im eigenen Namen für Rechnung eines anderen zu kaufen oder zu verkaufen. Er hat das Interesse seines Auftraggebers (→ Kommittent) wahrzunehmen und dessen Weisungen zu befolgen. Er hat das Geschäft mit der Sorgfalt eines ordentlichen Kaufmanns auszuführen. Der K. hat Anspruch auf Provision und Ersatz seiner Aufwendungen.

Kommissionäre für den Einkauf oder Verkauf im Außenhandel. → Handelsmittler im Außenhandel, die im eigenen Namen für fremde Rechnung tätig sind. Der Einkaufskommissionär übernimmt für einen inländischen Importeur den Einkauf von Waren im Ausland; s. → Einfuhrkommissionär. Der Verkaufskommissionär übernimmt für den inländischen Exporteur den Vertrieb von Waren im Ausland; s. → Ausfuhrkommissionär. Beide erhalten für ihre Leistungen → Provision (und Auslagenersatz).

Kommission der Europäischen Union. → EU-Kommission.

Kommission der Vereinten Nationen für Internationales Handelsrecht – (engl.) United Nations Commission on International Trade Law (UNCITRAL); Sitz: Wien. Eine Unterorganisation der UN. Aufgabe: Überarbeitung des → Haager einheitlichen Kaufgesetzes; Abbau von rechtlichen Hindernissen im internationalen Handel und die Vereinheitlichung des internationalen Handelsrechtes.
http://www.uncitral.org

Kommission für nachhaltige Entwicklung – (engl.) Commission on Sustainable Development (CSD). Sie wurde 1992 als Fachkommission des → Wirtschafts- und Sozialrats der Vereinten Nationen eingesetzt. Sitz: New York. Ihre Hauptaufgabe besteht in der Betreibung und Überwachung der lokalen, nationalen, regionalen und internationalen Umsetzung der Beschlüsse der → Konferenz der Vereinten Nationen über Umwelt und Entwicklung von Rio de Janeiro; insb. ihres Aktionsprogramms „Agenda 21". Mit diesem soll eine weltweite nachhaltige Entwicklung im 21. Jahrhundert erreicht werden. Die CSD legt jährlich einen Bericht vor, der Empfehlungen zu den jeweiligen Tagungsthemen bzw. zur Umsetzung von Arbeitsprogrammen gibt. Ihr gehören 53 Staaten an, die vom ECOSOC für jeweils drei Jahre gewählt werden. Über 1000 akkreditierte Nicht-Regierungsorganisationen wirken bei der CDS mit.
www.un.org/esa/sustdev

Kommissionsgeschäft. Begr. f. d. gewerbsmäßige Betätigung eines Kommissionärs; eines Kaufmanns, der im eigenen Namen für fremde Rechnung ein Geschäft mit Dritten ausführt. Das K. beruht auf einem Werkvertrag oder einem Dienstvertrag zwischen Kommissionär und Kommittent, der eine Geschäftsbesorgung zum Gegenstand hat. Bei der Geschäftsausführung hat der Kommissionär das vom Kommittenten festgesetzte Limit einzuhalten: den Höchstpreis bei Einkaufs(Import)kommission; den Mindestpreis bei Verkaufs(Export)kommission. Der Kommissionär hat das Ausführungsgeschäft mit dem Dritten abzuwickeln, dem Kommittenten Rechnung abzulegen und ihm das aus der Geschäftsbesorgung Erlangte herauszugeben.

Kommittent. Beim Kommissionsgeschäft der Auftraggeber, für dessen Rechnung ein → Kommissionär tätig ist.

Kommunen. In Deutschland Sammelbegr. f. Gemeinden, kreisfreie und kreisangehörige Städte, Kreise und kommunale Zweckverbände.

Kompensationsgeschäft oder (engl.) Counter-trade-Geschäft. Ein Gegenseitigkeitsgeschäft, das insb. im Außenhandel relevant ist. Dabei wird ein reines Tauschgeschäft zwischen inländischen und ausländischen Vertragspartnern auf der Basis Ware gegen Ware abgewickelt. Z. B. relevant im Handel mit osteuropäischen Ländern, wenn die dort ansässigen Unternehmen ihre Importschulden mangels Devisen mit Warenlieferungen ausgleichen. Man spricht von Vollkompensation, wenn sich die Warenströme wertmäßig vollständig ausgleichen (S. → Bartergeschäft); von Teilkompensation, wenn ein Teil des Warenwertes in → Valuta bezahlt wird. Bes. Formen des K. sind → Clearinggeschäfte, → Dreiecksgeschäfte, → Gegengeschäfte, → Junktimgeschäfte, → Offsetgeschäfte, → Parallelgeschäfte, → Rückkaufgeschäfte (engl.: Buy-back-Geschäfte).

Konferenz der Vereinten Nationen für Handel und Entwicklung – (engl.) United Nations Conference on Trade and Development (UNCTAD). → Spezialorgan der UN mit zurzeit 191 Mitgliedstaaten. Gegr. 1964. Sitz: Genf. Organe: „Konferenz"; tagt alle 3 bis 4 Jahre. → Rat für Handel und Entwicklung – (engl.) Trade and Development Board (TDB); das Organ zwischen den Konferenzen. Sekretariat mit einem Generalsekretär. Aufgabe: Förderung der wechselseitigen Beziehungen zwischen Handel, wirtschaftlicher Entwicklung und internationaler Wirtschaftshilfe. War über viele Jahre hinweg wichtigstes Forum des Nord-Süd-Dialogs. Hat seit Gründung der → Welthandelsorganisation (WTO) an Bedeutung verloren. Industriestaaten benutzen die WTO als Verhandlungsplattform zwischen Nord und Süd. Die meisten Entwicklungsländer halten an einer reformierten UNCTAD fest, die sich auf Diskussion und Dialog, auf Analyse, Beratung und technische Hilfe für Entwicklungs- und Reformländer in Handelsfragen beschränkt. Entscheidungskompetenzen sind auf die WTO übergegangen. S. → Internationales Handelszentrum UNCTAD/WTO (ITC). Vgl. → Entwicklungsprogramm der Vereinten Nationen (UNDP).
http://www.unctad.org

Konferenz der Vereinten Nationen über Umwelt und Entwicklung – (engl.) United Nations Conference on Environment and Development (UNCED). In Anerkennung des globalen Charakters vieler Umweltprobleme wurde die diesbezügliche Diskussion in den 1970er Jahren zunehmend auch auf internationaler Ebene geführt und in das System der Vereinten Nationen integriert. Vorläufiger Höhepunkt dieser Entwicklung war die UNCED 1992 in Rio de Janeiro. Die Vertreter von 178 Teilnehmerstaaten (darunter über 100 Staatsoberhäupter) erhoben die Idee einer nachhaltigen bzw. zukunftsfähigen Entwicklung in den Rang eines gemeinsamen politischen Leitbildes. Sie bedeutet: Die Lebenschancen der gegenwärtigen Generation sollen verbessert werden, ohne dadurch die gleichen Chancen zukünftiger Generationen einzuschränken. Die globalen Umweltprobleme werden im Zusammenhang mit den globalen Armuts- und Entwicklungsproblemen gesehen, deren Lösung in einem wechselseitigen Prozess zwischen sozialer, ökologischer und ökonomischer Entwicklung erfolgen soll. Dazu wurde auf der Rio-Konferenz ein Handbuch verabschiedet, die „Agenda 21". Deren effektive Umsetzung soll die → Kommission für nachhaltige Entwicklung (CSD) forciert betreiben. S. a. → UN-Umweltkonferenzen.

Konferenzschifffahrt. Begr. f. den von mehreren Reedern gemeinsam betriebenen Schifffahrtsdienst. Dabei werden die Waren auf festgelegten Routen zu fest vereinbarten Zeiten und Frachttarifen befördert. Vgl. → Schifffahrtskonferenz, → Linienschifffahrt.

Konjunktur. Begr. f. d. zyklischen Auf- und Abwärtsbewegungen der gesamtwirtschaftlichen

Entwicklung (um das langfristige tendenzielle Wachstum herum). Als Bezugsgröße dient v. a. die Veränderungsrate des realen Bruttoinlandsprodukts zu Marktpreisen. Als Konjunkturzyklus wird ein vollständiger Bewegungsablauf vom unteren Wendepunkt eines Aufschwungs über den Abschwung bis zum unteren Wendepunkt des nächsten Aufschwungs bezeichnet.

Konjunkturpolitik. I. w. S. Begr. f. alle Maßnahmen im Rahmen der staatlichen Wirtschaftsprozesspolitik. (→ Prozesspolitik). Nach dem → Stabilitäts- und Wachstumsgesetz sind in Deutschland Bund und Länder verpflichtet, bei ihrer Finanz- und Haushaltspolitik das → gesamtwirtschaftliche Gleichgewicht zu beachten. Die wirtschaftspolitischen Maßnahmen sind so zu treffen, dass sie unter Wahrung der marktwirtschaftlichen Ordnung gleichzeitig zur Stabilität des Preisniveaus, zu einem hohen Beschäftigungsstand, zum außenwirtschaftlichen Gleichgewicht und zu einem stetigen und angemessenen Wirtschaftswachstum beitragen. I. e. S. Begr. f. d. wirtschaftspolitischen Maßnahmen des Staates, die zur Dämpfung der konjunkturellen Schwankungen der gesamtwirtschaftlichen Nachfrage ergriffen werden.

Konkurs. Seit dem 01.01.1999: Insolvenz. S. → Insolvenzverfahren.

Konkursverfahren. Seit dem 01.01.1999 das → Insolvenzverfahren.

Konnossement – (engl.) Bill of Lading (B/L). Es stellt das wichtigste Transportdokument im Seefrachtverkehr dar. Das K. ist ein handelsrechtliches Wertpapier (→ Warenwertpapier) und → Traditionspapier, das den Anspruch auf Auslieferung bestimmter zur Beförderung übernommener Güter verbrieft. Es wird auf Verlangen vom → Verfrachter (→ Reeder oder vertretungsweise durch den Schiffsmakler) dem → Ablader (Güterabsender, also dem Exporteur oder Spediteur) ausgestellt; aus Sicherheitsgründen in zwei oder meist drei Originalausfertigungen. Jedes Exemplar vertritt allein die Ware und berechtigt zur Herausgabe der Ware. Jede Originalausfertigung enthält den Hinweis, dass mit der Erfüllung eines der Originale die übrigen erledigt sind („kassatorische Klausel"). Die Gesamtzahl der Originale wird im K. vermerkt; bezeichnet als voller Satz (engl.: full set). Bei Akkreditiven wird z. B. die Vorlage von 2/3 oder 3/3 des vollen Satzes verlangt; dann müssen zwei der drei bzw. alle drei Originale vorgelegt werden.

Mit dem K. bestätigt der Verfrachter zum einen, dass er das Frachtgut unbeschädigt („in äußerlich guter Verfassung") übernommen hat und zum anderen, dass er sich verpflichtet, das Frachtgut an den als Empfänger angegebenen Inhaber des K. (Spediteur oder Empfänger der Ware) abzuliefern. Das K. ist somit eine Empfangsbestätigung und zugleich auch eine Ablieferungsverpflichtung. → Frachtdokument. Das K. ist ein gekorenes → Orderpapier; d. h., der Ablader bzw. der Exporteur als Befrachter kann seine Rechte aus dem K. durch → Indossament übertragen. Das K. vertritt die Ware, die somit schon vor Erreichen des Bestimmungshafens weiterverkauft werden kann. Dem Importeuer wird das K. i. d. R. erst nach Bezahlung ausgehändigt; dazu werden meistens Banken eingeschaltet. Diese sichern den Zahlungsanspruch des Exporteurs gegenüber dem Importeur durch ein → Dokumentenakkreditiv oder → Dokumenteninkasso – Zug um Zug gegen Aushändigung des K. – ab. Zu Finanzierungszwecken können K. einer Bank (i. d. R. per → Blankoindossament) eingereicht werden. Aus einem → Frachtvermerk muss ersichtlich sein, wer gem. Lieferbedingungen die Fracht zu bezahlen hat. Das K. hat seine Internationalität durch die im Wesentlichen weltweit einheitliche Abwicklung erlangt. In Deutschland bilden dazu die §§ 642 ff. HGB die gesetzl. Grundlage.

Es gibt verschiedene Arten von K.:

(1) Bordkonnossement – An-Bord-Konnossement – (engl.: Shipped on Board B/L). Damit bestätigt der Verfrachter dem Absender (Ablader), die angegebenen Waren tatsächlich an Bord des namentlich genannten Seeschiffes genommen zu haben. Im Rahmen der Außenhandelsfinanzierung wird für ein → Dokumentenakkreditiv (gem. Art. 23 → ERA) grundsätzlich

ein B. verlangt. Vgl. → Mate's Receipt.

(2) Übernahmekonnossement (engl.: Received for Shipment B/L). Hiermit bestätigt der Reeder nur, die bezeichneten Waren zur Verschiffung übernommen zu haben. Bei Anlieferung wird die Ware noch nicht an Bord genommen. Mit dem Ü. verpflichtet sich der Reeder nicht zur Verladung auf ein bestimmtes Schiff. Ein Ü. kann nachträglich in ein – finanzierungsfähiges – Bordkonnossement umgewandelt werden, wenn der → Frachtführer auf ihm den Vermerk (engl.) „Goods are actually on board ..." oder (engl.) „Shipped on board ..." anbringt und das Verladedatum und den Schiffsnamen angibt.

(3) Durchkonnossement, auch Durchfrachtkonnossement bez. (engl.: Through B/L). Wird verwendet, wenn vom Abladehafen bis zum Bestimmungshafen kein durchgehender Liniendienst besteht und dadurch andere Schiffe oder Reedereien für Teilstrecken einbezogen werden; z. B. Verschiffung von Hamburg nach Miami; nicht direkt, sondern über New York. Als D. wird auch das im Stückgutverkehr verwendete Dokument bezeichnet, das für den Transport mit verschiedenen Transportmitteln ausgestellt wird, z. B. für den Vortransport zum Hafen mit einem Lkw und den Haupttransport mit einem Seeschiff. Ein D. ist also erforderlich, wenn es auf dem Weg vom Absendeort zum Bestimmungsort zur Umladung der Ware in Seehäfen oder zu einem kombinierten Land-, Fluß- und Seetransport kommt.

(4) Multimodales Transportkonnossement (engl.: Multimodal Transport B/L). Multimodaler Transport liegt vor, wenn mindestens zwei verschiedene Beförderungsarten genutzt werden. Dokumente des multimodalen Transports (gem. Art. 26 → ERA) werden bei sog. „unitisierten Ladungen" (Versendung von Waren auf Paletten und in Containern) ausgestellt. Früher wurden bei der Beförderung in Containern, insb. im Haus-zu-Haus-Verkehr, das kombinierte Transportkonnossement (engl.: Combined Transport Bill of Lading/CT-B/L) verwendet; heutzutage ist es das von der → FIATA empfohlene Multimodale Transportkonnossement (→ FBL – FIATA combined Bill of Lading). Ein FBL ist finanzierungsfähig, wenn ersichtlich ist, dass die Ware während des gesamten Transportweges in demselben Container oder → Leichter befördert wird und sich das FBL auf den gesamten Transportweg erstreckt. Es muss den Namen des Frachtführers oder des (engl.) → Multimodal Transport Operators enthalten und von diesem oder seinem Agenten unterschrieben sein; Übernahme- und Bestimmungsort müssen angegeben sein. Das FBL-Dokument begleitet die Ware bis zum Empfänger. Es tritt an die Stelle der sonst für die unterschiedlichen Abschnitte des Warentransports üblichen Transportdokumente (z. B. des → Internationalen Eisenbahnfrachtbriefs, der → Internationalen Spediteurübernahmebescheinigung u. a.).

(5) Hafenkonnossement (engl.: Port B/L). Es bescheinigt, dass die Ware zur Verschiffung übernommen wurde und dass das für den Transport vorgesehene Schiff bereits im Hafen zur Übernahme des Frachtgutes vor Anker liegt. H. werden heutzutage selten ausgestellt.

(6) Lagerhallenkonnossement oder Lagerhalterkonnossement (engl. Custody B/L). Es bescheinigt, dass die Ware zur Verschiffung übernommen und vorübergehend eingelagert wurde. Der Verfrachter verpflichtet sich, die Ware innerhalb einer bestimmten Frist zu verschiffen. L. sind heutzutage selten.

(7) Spediteur-Konnossement. Ein von einem Spediteur ausgestelltes Transportdokument. Soweit das Akkreditiv nichts anderes zulässt, weisen Banken Sp.-K. zurück, wenn sie nicht den Namen des Spediteurs als Frachtführer oder → Multimodal Transport Operator ausweisen.

(8) Charter-Konnossement (engl.: Charter-Party B/L). Kommt vor, wenn Waren nicht im Rahmen der → Linienschifffahrt befördert werden, sondern der Befrachter ein ganzes Schiff (→ Voll- oder Ganzcharter), einen Teil eines Schiffes (→ Teilcharter) oder einen bestimmten Laderaum (→ Raumcharter) zur Befrachtung anmietet. Ein Ch.-K. stellt nur eine Beweisurkunde dar; eine Bescheinigung über den vom Reeder bereitgestellten Schiffsraum mit der Verpflichtung, den Transport gem. Chartervertrag abzuwickeln. Somit kann aus dem Ch.-K. keine Verfügungsberechtigung über die Ware abgeleitet werden. Es ist daher auch nicht finanzierungsfähig. Ch.-K. sind nur dann als dem Stückgutkonnossement gleichwertig anzusehen,

wenn sie diesem formal und inhaltlich entsprechen (genaue Warendeklaration, Bestätigung der An-Bord-Verladung auf einem benannten Schiff, Ausstellung und Unterzeichnung durch den Reeder oder dessen Agenten).
(9) Teilkonnossement. Wird i. d. R. vom Reeder nach Übergabe des Gesamtkonnossements ausgestellt. Mit ihm wird der Empfang einer Teilmenge einer Gesamtlieferung bescheinigt. Der Importeur wird damit in die Lage versetzt, die erworbenen Waren auch in Teilmengen weiterzuverkaufen. T. enthalten den gleichen Text wie das Originalkonnossement; sie verbriefen die gleichen Rechtsansprüche, aber eben nur auf eine bestimmte Teilmenge. Somit enthalten T. auch den Namen des Abladers/Exporteurs und unterscheiden sich dadurch vom → Konnossementanteilschein. T. stellen → Traditionspapiere dar. T. werden auch ausgestellt, wenn nicht die gesamte Warenlieferung auf einem Schiff transportiert werden kann. In der Praxis werden T. nicht so häufig verwendet wie → Konnossement-Teilscheine.
(10) → Seekonnossement.
Vom K. unterscheiden sich → Mate's receipt, → Quay receipt, → Parcel receipt, Konnossement-Teilschein und Lieferschein im Seefrachtverkehr.

Konnossementanteilscheine – (engl.: Delivery Order – D/O). Sind Auslieferungsanweisungen über Teilmengen an verschiedene Empfänger. Sie werden vom Konnossementshalter (z. B. Importeur, Treuhänder) ausgestellt und beinhalten die Verpflichtungserklärung, die benannten Teilmengen an den D/O-Inhaber auszuliefern, wenn das Schiff im Bestimmungshafen angekommen ist. So kann ein Importeuer über D/O Warenteilmengen weiterverkaufen, ohne dass seine Abnehmer Näheres über die Geschäftsbeziehungen zum Lieferanten des Importeurs erfahren; außerdem kann er bereits verkaufen, wenn das Konnossement (im Rahmen der Außenhandelsfinanzierung) seiner Bank noch als Kreditsicherheit dient. Die D/O ist nur ein → Rektapapier, kein Traditionspapier; der Berechtigte ist namentlich in der Urkunde genannt. Vgl. → Kai-Teilschein.

Konnossementersatzdokumente. Dazu zählen Schiffsankunftsavis (engl.: arrival notice) oder (engl.) Express Cargo Bill. Sie sind Rektapapiere; ähnlich der D/O. Sie werden v. a. im Containerverkehr verwendet; zum einen, wenn ein übertragbares Versanddokument nicht erforderlich ist und zum anderen, wenn der Postversand der Dokumente länger dauert als der Warentransport. K. werden direkt an den namentlich benannten Empfänger der Ware gesandt.

Konnossementsgarantie – (engl.: Bill of Lading Guarantee; frz.: garantie pour connaissement) Eine Form der → Bankgarantie, die den Garantiebegünstigten vor missbräuchlicher Verwendung eines Konnossements schützen soll. Eine K. kann im Auftrag des Exporteurs oder des Importeurs gewährt werden. Im Auftrag des Exporteurs verpflichtet sich ein Kreditinstitut gegenüber dem Importeur, Schadenersatz dann zu leisten, wenn ihm Nachteile daraus entstehen, dass nicht alle Dokumente (rechtzeitig) vorliegen bzw. dass Dokumente verloren gegangen sind. Im Auftrag eines Importeurs sichert eine Bank im Importland einen einheimischen Reeder oder Spediteur (Garantiebegünstigter) vor den finanziellen Folgen von Schäden oder Nachteilen ab, die dadurch entstehen, dass er die Ware ohne Vorlage des → Konnossements (bei Verlust desselben) oder durch die Ausstellung eines Ersatzdokuments aushändigt und sich später herausstellen sollte, dass der Abholer nicht der rechtmäßige Empfänger war. Solche Konnossementsgarantien werden gegeben bzw. verlangt, damit bei einem → Importakkreditiv der inländische Importeur schon über die im Bestimmungshafen eingetroffenen Waren verfügen kann, ehe die zu ihrer Auslösung erforderlichen Dokumente vorliegen.

Konnossement-Teilschein. Er resultiert aus der Aufteilung eines Gesamtkonnossements. K.-T. werden ausgestellt, wenn ein Importeur die erworbene Ware an mehrere Abnehmer bzw. Empfänger weitergeben will. Varianten des K.-T. sind → Konnossementanteilschein, → Kai-

Teilschein und → Reeder-Lieferschein.

Konsignant. Der Auftraggeber eines Konsignationsgeschäftes. Vgl. → Kommittent.

Konsignatar. Der Beauftragte eines Konsignationsgeschäftes. Vgl. → Kommissionär.

Konsignation. Die Lieferung der Ware erfolgt – auf Kommission – in ein Konsignationslager in einem ausgewählten (ausländischen) Vertriebsstandort. Dort wird die Ware dann von einem Beauftragten (dem Konsignatar) ab Lager verkauft; der Auftraggeber wird als Konsignant bezeichnet.

Konsignationslager. Besondere Form der Lagerhaltung. Ein Kaufmann/Exporteur (der Konsignant) richtet auf seine Kosten ein → Auslieferungslager bei einem anderen Kaufmann/Importeur (dem Konsignatar) ein. Die Ware verbleibt im Eigentum des Konsignanten. Der Konsignatar verwaltet die Ware treuhänderisch; die verkaufte Ware rechnet er in bestimmten Zeitabständen mit dem Konsignanten ab. Zollrechtlich ist ein K. ein → Freilager; nur die entnommene Ware ist zu verzollen.

Konsignationshandel. Eine Form des → Kommissionsgeschäftes im Außenhandel. Die Ware wird vom Konsignanten (einem → Ausfuhrkommissionär) in das Konsignationslager des gebietsfremden Konsignatars (des ausländischen Verkaufskommissionärs) geliefert. Sie bleibt dabei im Eigentum des Konsignanten. Der Konsignatar versucht, die Ware zum höchstmöglichen Preis für Rechnung des Konsignanten auf dem ausländischen Markt zu verkaufen. Er muss in gewissen Zeitabständen über die aus dem Lager entnommene Ware abrechnen und die Zahlung leisten; er selbst erhält eine Provision. Über den K. können in Staaten mit Devisenbewirtschaftung Waren in großen Mengen in Zeiten eingeführt werden, in denen Devisen ausreichend vorhanden sind. Der Konsignant kann dadurch auch dann Waren aus seinem Lagerbestand abgeben, wenn das Importland über keine Devisenbestände mehr verfügt. Wenn das Konsignationslager als → Freilager geführt wird, muss nur die zum Verkauf entnommene Ware verzollt werden. Unverkäufliche Ware kann zurückgeschickt werden, ohne dass die i. d. R. umständliche Zollrückerstattung beantragt werden muss. K. ist bes. bei Waren üblich, die nur nach Besichtigung gekauft werden, z. B. Schmuck oder Teppiche).

Konsolidierte Bilanz (konsolidierter Abschluss). Zusammenfassung von Einzelbilanzen (Gewinn- und Verlustrechnungen) von Unternehmen oder Wirtschaftssektoren; z. B. Konzernbilanz oder → Konsolidierte Bilanz der Monetären Finanzinstitute.

Konsolidierte Bilanz der Monetären Finanzinstitute (engl.: consolidated Monetary Financial Institutions balance sheet). In der konsolidierten Bilanz des Sektors der → MFIs werden die in der aggregierten Bilanz enthaltenen Inter-MFI-Positionen (z. B. Einlagen bei MFIs und an MFIs vergebene Kredite, Einlagen von Geldmarktfonds) saldiert. Sie enthält die Forderungen und Verbindlichkeiten des MFI-Sektors gegenüber dem Nicht-MFI-Sektor im Euro-Währungsgebiet (wie öffentliche und private Haushalte, Nicht-MFI-Unternehmen und sonstige Nicht-MFIs) sowie gegenüber Ansässigen außerhalb des Euro-Währungsgebietes. Die konsolidierte Bilanz der MFIs ist die wichtigste statistische Grundlage für die Ermittlung der → Geldmengen und deren regelmäßiger Analyse.

Konsortialführer. Die an einem → Konsortium federführend beteiligte Bank. Vgl. (engl.) → Lead Manager und (engl.) → Global Coordinator (Global Leader).

Konsortialgeschäft. (1) Betätigung im Rahmen eines Emissionskonsortiums. Dabei ist zu unterscheiden zwischen dem durch Vertrag geregelten Innenverhältnis der beteiligten Banken (Konsorten) untereinander und deren Außenbeziehung zum Emittenten der Aktien oder anderer Wertpapiere. (2) Betätigung im Rahmen eines Kreditkonsortiums. Wird gebildet, wenn das Volumen eines Großkredites die Leistungsfähigkeit einer einzelnen Bank oder Bankengruppe übersteigen würde.

Konsortialkredit. Ein von mehreren Banken (einem Bankenkonsortium) – vielfach des Euro-Marktes – Unternehmen oder Institutionen gemeinschaftlich eingeräumter Kredit. K. werden z. B. auch bei größeren → Roll-over-Krediten gewährt.

Konsortium. Zusammenschluss mehrerer Banken zur gemeinsamen Durchführung eines → Konsortialgeschäftes; i.d.R. in Form einer → Gesellschaft bürgerlichen Rechts – GbR.

Konsul. Der bevollmächtigte, aber nicht mit diplomatischem Status ausgestattete Vertreter eines Landes in einem anderen Land. Er genießt daher im Gegensatz zum Botschafter nur in beschränktem Umfang Vorrechte im Empfangsstaat. Er nimmt v. a. wirtschaftliche Interessen des Entsendestaates wahr, ist aber meist auch befugt, auf dem Gebiet des Urkunden- und Passwesens tätig zu sein. Das deutsche Konsularrecht regelt das Konsulargesetz v. 11.09.1974 (BGBl. I 2317).

Konsulargut. Gut, das für den persönlichen Gebrauch oder Verbrauch von Mitgliedern konsularischer Vertretungen bestimmt ist. Diese genießen nach völkerrechtlichen Regelungen bestimmte Vorrechte bei der Einfuhr solcher Waren. S. dazu das Wiener Abkommen über konsularische Beziehungen v. 24.04.1963 (Gesetz v. 26.08.1969, BGBl. II 1585).

Konsulat. Das Amt (die Büroräume) des Konsuls.

Konsulatsfaktura (engl.: consular invoice). Rechnung, die vom Konsulat des Importlandes im Exportland auf eigenem (vorgeschriebenem) Formular ausgestellt wird. Sie bescheinigt – neben den üblichen Angaben einer Handelsrechnung – das Ursprungsland der Ware und die Angemessenheit des Preises. (Rechnungswert und Handelswert im Exportland sollen übereinstimmen, wodurch es zu keinen Manipulationen zulasten des Importlandes kommen kann). Die K. dient als Unterlage für die Verzollung im Importland. Ihre Ausstellung erfordert manchmal eine längere Bearbeitungszeit und erfolgt nicht kostenfrei.

Konsulatsgebühren. Gebühren, die konsularischen Vertretungen für amtliche Ausfertigungen bzw. Beglaubigungen zu leisten sind, z. B. für Konsulatsfakturen, Handelsrechnungen, Ursprungszeugnisse, Kaufverträge, Packlisten, Inspektions-Zertifikate, Frachtrechnungen, Legalisierungen von Schiffsfracht-, Luftfracht- und Luftpostsendungen u. a. m.

Konsulats- und Mustervorschriften („K und M“). Sie enthalten die Bestimmungen der am internationalen Handel teilnehmenden Staaten hinsichtlich Inhalt und Beglaubigung von Rechnungen, Einfuhrlizenzen, Ursprungszeugnissen und sonstigen Warenbegleitdokumenten. Den „K und M“ sind ferner die Konsulatsgebühren sowie Vorschriften über die Zollbehandlung zu entnehmen. Sie werden von der → Handelskammer Hamburg in deren Export-Nachschlagewerk (und in laufenden Nachträgen) veröffentlicht. S. http://www.dieckmann-verlag.de

Konsumentenkredit. Kredit, der den privaten Haushalten zur Finanzierung des Konsums dient (Verbraucherkredit). Er wird entweder als → Ratenkredit über Darlehenskonten oder als → Dispositionskredit über Kontokorrentkonten gewährt.

Kontaktadressen. Eine Datenbank der → Bundesagentur für Außenwirtschaft (bfai). Sie beinhaltet zwei Datenpools: Auskunfts- und Kontaktstellen (Anschriften zur Außenwirtschaftsförderung im In- und Ausland) und Rechts- und Patentanwälte (Anschriften ausländischer Anwälte und deren Fachgebiete).

Konterbande. Bez. f. Waren, für die es ein Einfuhrverbot oder eine Verzollungspflicht gibt, die aber als Schmuggelgut in unzulässiger Weise ins Inland verbracht werden.

Kontingente. Begr. d. Außenwirtschaftsrechts für die wert- und/oder mengenmäßige Begrenzung von Warenimporten und -exporten. K. werden auf der Grundlage bilateraler oder multilateraler Abkommen durch staatliche oder internationale Maßnahmen festgelegt und überwacht. Sie dienen der Marktregulierung, z. B. in der EG im Rahmen der gemeinsamen Agrarmarktordnung.

Kontingentschein. Dieser wird auf Antrag im Rahmen der Überwachung von → Zollkontingenten erteilt; in Deutschland vom → Bundesamt für Wirtschaft und Ausfuhrkontrolle (gewerbliche Waren) und von der → Bundesanstalt für Landwirtschaft und Ernährung (landwirtschaftliche Erzeugnisse). Der K. berechtigt zur zollfreien oder zollbegünstigten Einfuhr einer bestimmter Kontingentmenge innerhalb eines festgelegten Zeitraums. Der K. darf nur von demjenigen verwendet werden, der darin als Berechtigter genannt ist. Nicht ausgeschöpfte K. müssen nach Fristablauf der ausstellenden Behörde zurückgegeben werden.

Kontokorrentkredit. Kredit, den ein Finanzinstitut einem Kreditnehmer dergestalt einräumt, dass dieser innerhalb einer bestimmten Laufzeit bis zu einer vereinbarten Kreditlinie frei über sein Konto verfügen kann. → Dispositionskredit.

Kontrakte. Begr. f. Verträge im Rahmen von → Termingeschäften, deren Inhalt hinsichtlich der Mengen, der Qualität und der Erfüllungstermine standardisiert ist. Dadurch erfüllen K. die Anforderung der → Fungibilität und sind zum börsenmäßigen Handel geeignet.

Konvergenz. Bez. f. d. Annäherung verschiedener Volkswirtschaften hinsichtlich ihres gesamtwirtschaftlichen Entwicklungsniveaus. Sie kann anhand einer Vielzahl ökonomischer Meßgrößen ausgedrückt werden, wie durch die Wirtschaftswachstumsrate, Arbeitslosenquote, Steigerungsrate der Arbeitsproduktivität u. a. m. Vgl. → Konvergenzkriterien der WWU.

Konvergenzkriterien. Begr. aus der Endphase der Bildung der → Europäischen Wirtschafts- und Währungsunion. Für die Entscheidung, welcher EU-Staat Mitglied werden konnte, wurden im → Vertrag über die Europäische Union die folgenden K. festgelegt. 1. Kriterium der Preisstabilität: Die Inflationsrate eines Landes sollte nicht um mehr als 1,5 Prozentpunkte über der Inflationsrate der drei preisstabilsten Länder liegen. 2. Kriterien der öffentlichen Finanzen: Im Staatshaushalt sollte die jährliche → Defizitquote max. 3 % und die → Verschuldungsquote max. 60 % des Bruttoinlandsproduktes betragen. 3. Wechselkurskriterium: Die teilnehmenden Länder sollten in den zwei Jahren vor dem Beitritt die im Rahmen des → Wechselkursmechnismus des Europäischen Währungssystem (EWS) vorgesehenen normalen Bandbreiten ohne starke Spannungen eingehalten und innerhalb des gleichen Zeitraums den Leitkurs ihrer Währung im EWS nicht von sich aus abgewertet haben. 4. Zinssatzkriterium: Der durchschnittliche langfristige Zinssatz in einem Land sollte den entsprechenden Zinssatz der drei preisstabilsten Länder nicht um mehr als 2 Prozentpunkte überschreiten. S. a. → Stabilitäts- und Wachstumspakt.

Konvergenzprogramme (engl.: convergence programmes) der nicht an der WWU teilnehmenden Mitgliedstaaten der EU. Vgl. → Stabilitätsprogramme; → Konvergenzkriterien der WWU.

Konvertibilität oder Konvertierbarkeit. Begr. f. d. Berechtigung, die eigene Währung frei und ungehindert in eine fremde Währung zum allgemein gültigen Wechselkurs umzutauschen oder zu transferieren. Sie ist Voraussetzung für einen freien internationalen Wirtschafts- und Zahlungsverkehr. Eine Zentralbank kann die K. ihrer Währung nur garantieren, wenn sie über ausreichende → Währungsreserven verfügt, um kurzfristige Defizite im Zahlungsverkehr mit dem Ausland auszugleichen. Die K. von Währungen lässt sich langfristig nur aufrechterhalten, wenn es keine → internationale Devisenspekulation gibt. Neben der vollen K. (jedermann kann jederzeit und unbeschränkt Transaktionen in allen Währungen durchführen) gibt es die beschränkte K. (→ Ausländer-K., → Inländer-K., → Teil-K.). Gegensatz: → Devisenbewirtschaftung.

Konvertierungsrisiko. Es besteht im Außenhandel darin, dass die Devisenforderung eines inländischen Exporteurs vom ausländischen Importeur (trotz dessen Zahlungswilligkeit und -fähigkeit) nicht oder nur teilweise erfüllt werden kann, weil durch staatliche Eingriffe in den Handels- und Zahlungsverkehr die Konvertibilität aufgehoben oder eingeschränkt wird. S. a. → Währungsrisiko.

Kooperationsrat der arabischen Golfstaaten oder Golfkooperationsrat – (engl.) Gulf Cooperation Council (GCC). Am 25.05.1981 in Abu Dhabi (VAE) gegründet. Sitz: Riyadh (Saudi-Arabien). Mitglieder: Bahrein, Katar, Kuwait, Oman, Saudi-Arabien, Vereinigte Arabische Emirate. Der GCC entstand aus der Sorge um die innere Festigkeit der Regime der Mitgliedstaaten und um die regionale Stabilität, die beide seit der iranischen Revolution von 1979 und den kriegerischen Auseinandersetzungen zwischen dem Irak und dem Iran im Jahre 1980 unmittelbar gefährdet zu sein schienen. Der GCC stellt ein exklusives Bündnis der konservativen, rohstoffreichen und verhältnismäßig bevölkerungsarmen Staaten am Persischen Golf und auf der arabischen Halbinsel dar. Er hat bisher eine gewisse Distanz gegenüber bewusst ausgeklammerten bedeutenden Staaten der Region, wie dem Irak, Iran und auch dem Jemen gewahrt.

Koppelanleihe. Anleihe, die mit einem Rückzahlungs-Wahlrecht des Emittenten verbunden ist. Der Emittent hat die Option, die Rückzahlung der K. zum Nennwert oder in Abhängigkeit von einem Basiswert (z. B. einem Aktienindex) oder durch Lieferung einer festgelegten Anzahl von Aktien einer anderen Aktiengesellschaft vorzunehmen. Vgl. → Finanzinnovationen.

Körperschaft. Begr. f. eine juristische Person mit eigener Rechtsfähigkeit; ein Zusammenschluss, der im Wesentlichen auf der Mitgliedschaft der ihr zugehörigen Personen aufgebaut ist. Die K. wird durch eigene Organe vertreten. (1) K. des öffentlichen Rechts sind die Gebietskörperschaften (wie Gemeinden, Gemeindeverbände; maßgebend für die Mitgliedschaft einer Person ist ihr Wohnsitz), die Personal- oder Vereinskörperschaften (z. B. Berufskammern; maßgebend für die Mitgliedschaft ist der freiwillige Beitritt oder die Zugehörigkeit zu einer bestimmten Berufsgruppe), Verbandskörperschaften (z. B. gemeindliche Zweckverbände; Mitglieder sind nur Personen des öffentlichen Rechts); dazu gehören ferner Handwerksinnungen und -kammern, Träger der Sozialversicherung; auch die Hochschulen. (2) K. des Privatrechts sind z. B. Aktiengesellschaften, Kommanditgesellschaften auf Aktien, Gesellschaften mit beschränkter Haftung, Genossenschaften; auch rechtsfähige Vereine. Die Mitgliedschaft in einer K. kann freiwillig sein oder auf Zwang beruhen (Zwangsmitgliedschaft gibt es in Deutschland z. B. in Ärzte-, Apotheker- und Rechtsanwaltskammern).

Korrespondenzbank. Bezeichnung für eine Bank im Ausland, die mit einer gebietsansässigen Bank in ständigem Zahlungs- und Verrechnungsverkehr steht. K. unterhalten i. d. R. gegenseitige Konten – die mit Kreditlinien verbunden sein können – (→ Nostro- und → Lorokonten) und wickeln über diese ihren Zahlungsverkehr ab; dadurch können Transaktionen in den Währungen der beiden Länder direkt miteinander verrechnet werden.

Korrespondenzbankbeziehung (engl.: correspondent banking). Eine Bank erbringt für eine andere Bank Zahlungsverkehrs- und andere Dienstleistungen. Korrespondenzbankdienste werden vor allem grenzüberschreitend erbracht. → Korrespondenzbank.

Korrespondenzspediteur. Spediteur im Ausland, mit dem ein gebietsansässiger Spediteur ständige Geschäftsbeziehungen unterhält.

Korrespondenz-Zentralbankmodell (engl.: Correspondent Central Banking Model – CCBM). Vom ESZB 1998 eingerichtet. Das Verfahren ermöglicht es den Geschäftspartnern, → refinanzierungsfähige Sicherheiten (sofern sie marktfähig sind) grenzüberschreitend zu nutzen. Die → NZB fungieren dabei gegenseitig (und für die EZB) als Verwahrer (Depotbanken für Wertpapiere).

Kosten und Fracht (... benannter Bestimmungshafen) – (engl.) Cost and Freight (CFR). International verwendete Handelsklausel für den See- und Binnenschiffstransport. Sie besagt, dass der Exporteur die Kosten und die Fracht für die Warenbeförderung bis zum benannten Bestimmungshafen zu tragen hat. CFR bedeutet, dass der Exporteur liefert, wenn die Ware die Schiffsreling im benannten Verschiffungshafen überschritten hat. Die CFR-Klausel verpflichtet den Exporteur, die Ware zur Ausfuhr freizumachen. S. a. → Incoterms 2000.

Kosten, Versicherung und Fracht (... benannter Bestimmungshafen) – (engl.) Cost, Insurance and Freight (CIF). International verwendete Handelsklausel für den See- und Binnenschiffstransport. Sie besagt, dass der Exporteur liefert, wenn die Ware die Schiffsreling im benannten Verschiffungshafen überschritten hat. Der Exporteur hat die Kosten und die Fracht für die Warenbeförderung bis zum benannten Bestimmungshafen (wie bei der CFR-Klausel), zusätzlich aber auch die Kosten der Seetransportversicherung zu tragen. Der Importeur trägt aber die Gefahr des Verlustes oder der Beschädigung der Ware während des Transports. Zu beachten ist, dass der Exporteur nur verpflichtet ist, eine Versicherung mit Mindestdeckung abzuschließen. Wenn der Importeur einen höheren Deckungsschutz wünscht, muss er diesen entweder ausdrücklich mit dem Exporteur oder auf eigene Kosten zusätzlich mit einer Versicherungsgesellschaft vereinbaren. Die CIF-Klausel verpflichtet den Exporteur, die Ware zur Ausfuhr freizumachen. S. a. → Incoterms 2000.

Kostgeschäfte. (In Österreich) Begr. f. d. Kauf oder Verkauf von Wertpapieren mit von vornherein begrenzter Dauer. S. → Pensionsgeschäfte.

Kotierung. In der Schweiz Bez. f. für die Zulassung eines Wertpapiers zum dortigen amtlichen Börsenhandel. Vgl. → Quotieren.

Kredit. Abgeleitet vom lat. credere, Vertrauen schenken. (1) I. e. S. Begr. für die Überlassung von Kaufkraft (i .d. R. in Geldform) auf Zeit und unter bestimmten Bedingungen. Dafür ist dem Kreditgeber ein Zins als Entschädigung für den Nutzungsverzicht zu zahlen. (2) I. w. S. Begr. für das Vertrauen in die Fähigkeit und Bereitschaft einer Person oder eines Unternehmens, Schuldverpflichtungen zu erfüllen (→ Kreditwürdigkeit). Kredit ist gegenüber → Darlehen der umfassende Begr., da er sich nicht nur auf den Geldkredit (die Geldleihe) erstreckt, sondern auch andere Kreditarten, wie → Akzeptkredit, → Avalkredit, → Diskontkredit, → Warenkredit umfasst.

Kreditanstalt für Wiederaufbau (KfW). Gegr. 1948 als Körperschaft des öffentlichen Rechts. Sitz: Frankfurt am Main; Niederlassung in Berlin. Die KfW ist eine Förderbank der deutschen Wirtschaft. Ihre ursprüngliche Aufgabe war es, den Wiederaufbau der deutschen Wirtschaft mit zu finanzieren. Dabei wurde sie – und blieb sie – ein wichtiges Institut für die Vergabe von → ERP-Krediten. Heute unterhält die KfW Kreditprogramme (schwerpunktmäßig für die langfristige Finanzierung von gewerblichen Investitionen kleiner und mittlerer Unternehmen im In- und Ausland und von kommunalen Infrastrukturmaßnahmen) und gewährt langfristige Kredite für Exporte deutscher Unternehmen und für Projekte im In- und Ausland (an denen ein deutsches Interesse besteht). Sie hat den gesetzlichen Auftrag, den deutschen Export zu fördern, verwaltet im Auftrag des Bundes auch öffentliche Finanzierungshilfen zur Exportfinanzierung, ist als Entwicklungsbank für die Entwicklungsländer tätig und erbringt darüber hinaus zahlreiche Beratungs- und andere Dienstleistungen im In- und Ausland; z. B. beim Aufbau von Förderbanken in → MOE/→ GUS-Staaten. Zu ihrer Rolle im Rahmen mittel- und langfristiger Außenhandelsfinanzierungen s. → Kredite der KfW.
http://www.kfw.de

Kreditbanken. Nach der Klassifikation der Deutschen Bundesbank sind dies Universalbanken, die nicht dem → Sparkassen- und Genossenschaftsbankensektor angehören und vor allem das traditionelle kurzfristige Kreditgeschäft betreiben. Darunter fallen die Großbanken, Regionalbanken, Privatbankiers und Zweigstellen ausländischer Banken. Sie spielen auch im Emissionsgeschäft eine bedeutende Rolle.

Kredite der → Ausfuhrkredit-Gesellschaft mbH (AKA). Für mittel- und langfristige Lieferanten-, Besteller- und Margenkredite unterhält die AKA mehrere revolvierend einsetzbare → Plafonds. Die eingesetzten Mittel sind in aller Regel Marktmittel. Sie werden von den Gesellschafterbanken bereitgestellt, soweit die AKA nicht eigene, einschl. am Geld- und Kapitalmarkt aufgenommener Mittel einsetzt. Jede Finanzierung setzt ein bereits abgeschlossenes Exportgeschäft voraus. Exporteure können sich aber bereits vor Abschluss eines Exportgeschäftes über ihre Hausbank die voraussichtlich benötigten Mittel reservieren lassen.
Lieferantenkredite (die inländische Exporteure ausländischen Importeuren gewähren) werden aus dem Plafond A refinanziert. Dies ist eine eigene Kreditlinie der AKA (mit einer kumulativen Inanspruchnahmespitze von zurzeit 250 Mio. €). Antragsberechtigt sind nur die Mitgliedsbanken. Es können sowohl die Aufwendungen des Exporteurs während der Produktionszeit wie auch das Zahlungsziel refinanziert werden; für Exportgeschäfte in alle Länder. Grundsätzlich beträgt die Laufzeit eines solchen Kredits mindestens 1 Jahr, höchstens 10 Jahre. Kredite mit einer Laufzeit von über 24 Monaten sollen durch eine → Ausfuhrgewährleistung des Bundes abgesichert werden. Ansprüche des Exporteurs aus der → Hermes-Deckung sind an die AKA abzutreten. Da die Finanzierung kleinerer Exportgeschäfte mit verschiedenen Importeuren durch Einzelkredite unwirtschaftlich oder nicht möglich wäre (wegen der Mindestkredithöhe), können hierfür Globalkredite in Anspruch genommen werden. Die Höhe eines Globalkredites richtet sich grundsätzlich nach dem Finanzierungsbedarf des Exporteurs. Dem Kredit sollen mindestens Forderungen des Exporteurs gegenüber seinen Abnehmern in Höhe von 130 % des Kreditbetrages gegenüberstehen, d. h. die Selbstfinanzierungsquote soll mindestens 30 % betragen. Lieferantenkredite wurden bis 1995 auch aus der Plafond B gewährt, einer Rediskontlinie der Deutschen Bundesbank. Sie stellte den staatlich initiierten Teil der Exportförderung dar. Daher waren alle Kreditinstitute berechtigt, solche Lieferantenkredite zu beantragen. Sie waren bei deutschen Exporteuren (v. a. aus Kostengründen) sehr beliebt.

Kredite der Ausfuhrkredit-Gesellschaft

Bestellerkredite (als → gebundene Finanzkredite) werden an ausländische Importeure aus dem Plafond C gewährt; einer weiteren eigenen Kreditlinie der AKA, die es seit 1973 gibt. Antragsberechtigt sind demgemäß ebenfalls nur Mitgliedsbanken. Finanziert werden Lieferungen und Leistungen deutscher Exporteure in grundsätzlich alle Länder; bis zu einer kumulativen Inanspruchnahmespitze – gemeinsam mit dem Plafond D – von zurzeit 3 Mrd. €). Diese Bestellerkredite können anstelle von Lieferantenkrediten oder als Anschlussfinanzierung an einen Kredit aus dem Plafond A eingeräumt werden. Die Mindestkredithöhe betrug bisher 500.000 €. Der Kreditvertrag wird zwischen dem Importeur und der AKA geschlossen. Die Auszahlung erfolgt im Auftrag und für Rechnung des Importeurs durch die AKA an den Exporteur (nach Lieferung, Leistungsfortschritt oder Ablauf einer Gewährleistungsfrist). Den Kapitaldienst leistet der Importeur an die AKA. Die Sicherstellung erfolgt durch eine Hermes-Deckung zugunsten der AKA; deren Kosten trägt der Exporteur.
Margenkredite werden aus dem Plafond D gewährt. 1993 wurde diese ebenfalls eigene Kreditlinie der AKA geschaffen. Somit können auch hier Anträge nur von Mitgliedsbanken gestellt werden. Der Plafond D ist vorrangig für Forderungsankäufe aus Exporten von Waren und Dienstleistungen (aber nicht für Transithandelsgeschäfte) bestimmt. Dabei haftet der Exporteur insb. für den rechtlichen Bestand der angekauften – hermesgedeckten – Exportforderung. Aus dem Plafond D können auch → gebundene Finanzkredite an ausländische Banken der Importeure (Bank-zu-Bank-Kredite) sowie Bestellerkredite (analog zu denen des Plafond C) gewährt werden. Hierzu gehören auch Finanzkredite mit vereinfachter Dokumentation. Dazu hat die AKA mit einer Reihe von Ländern sog. Grundverträge (ohne Betragslimit) oder Rahmenverträge (mit betraglichem Limit) abgeschlossen; z. B. auch mit Russland. Mit ihrer Hilfe soll insb. kleineren und mittelständischen Exporteuren verholfen werden, die Vorteile eines Finanzkredits auch bei relativ niedrigen Auftragswerten nutzen zu können. Margenkredite werden auf der Grundlage eines Referenzzinssatzes (EURIBOR, LIBOR) in Euro oder Fremdwährung eingeräumt. Die Marge wird für jeden Einzelfall in Abhängigkeit vom Länderrisiko festgelegt. Damit soll der jeweiligen Interessenlage des ausländischen Importeurs wie auch der besonderen Markt- und Währungssituation Rechnung getragen werden.
Es können auch Projektfinanzierungen über gebundene Finanzkredite auf Antrag der Hausbank abgewickelt werden. Dabei beruht die Kreditgewährung nicht auf der Bonität des Kreditnehmers oder auf den von ihm gestellten Sicherheiten. Sie ist vielmehr auf die Hartwährungserlöse und die Ertragskraft des Projektes abgestellt.
Über Kreditanträge für Plafond-A-, -C- und -D-Finanzierungen entscheidet der Kreditausschuss der AKA in seinen turnusmäßigen Sitzungen.
Margenkredite können auch über den Plafond E gewährt werden. Diese Kreditlinie für Finanzkredite wurde 1998 (als ergänzende Variante des Plafonds D) für ausländische Importeure oder Banken geschaffen. Sie erlaubt alle marktorientierten Konditionsgestaltungen. Diese Kredite können hermesgedeckt, ggf. aber auch ungedeckt sein. Im Unterschied zu den anderen Plafonds der AKA gibt es hier kein festgesetztes Volumen. Die Anträge werden über die Hausbank gestellt. Die Geschäftsleitung der AKA entscheidet darüber unmittelbar (ohne Behandlung im Kreditausschuss).
Die AKA stellt auch → CIRR-Kredite zur Verfügung.

Kredite der → Kreditanstalt für Wiederaufbau (KfW), die zur Finanzierung von Exporten und Auslandsprojekten vergeben werden:
Exportfinanzierung aus ERP-Mitteln (→ ERP-Sondervermögen). Diese erfolgt im Rahmen der Refinanzierung mittel- und langfristiger Kredite, die deutsche Exporteure ausländischen Importeuren, insb. in Entwicklungsländern einräumen. Mit der sog. allgemeinen Exportfinanzierung werden Exporte langlebiger Investitionsgüter (insb. des Maschinenbaus, der Elektrotechnik; auch von Industrieanlagen und damit verbundenen Beratungs- und Ingenieurleistungen), mit der speziellen Exportfinanzierung Branchenexporte (von Schiffen, Flugzeugen,

Kernkraftwerken) gefördert. Dabei werden (wie auch beim Einsatz anderer Fördermittel) die → OECD-Konsensusregeln eingehalten. Nach diesen dürfen bei öffentlich unterstützten Exportkrediten Mindestzinssätze nicht unterschritten (s. → CIRR), Kreditlaufzeiten, je nach Länderkategorie, nicht überschritten werden (z. B. max. 5 bis max. 10 Jahre); An- und Vorauszahlungen sollen in der Höhe von mindestens 15 % des Auftragswertes geleistet werden oder anders ausgedrückt: Max. 85 % des Auftragswertes können finanziert werden.
Die KfW gewährt v. a. → Bestellerkredite (die Inanspruchnahme von Lieferantenkrediten ist – wie bei der → AKA – stark zurückgegangen). Solche → gebundenen Finanzkredite aus ERP-Mitteln sind sehr gefragt (niedrige Selbstbeteiligungquote, günstiger Festzinssatz, lange Laufzeit). Der Bestellerkredit wird dem ausländischen Importeur von Investitionsgütern gewährt. Der inländische Exporteur erhält unmittelbar nach ordnungsgemäßer Lieferung den Betrag seiner Exportforderung von der KfW ausbezahlt.
Es werden auch Bank-zu-Bank-Kredite gewährt, bei denen eine ausländische Bank im Land des Importeurs als Kreditnehmer der KfW fungiert (diese Importeurbank leitet ihrerseits den Kredit an den Importeur weiter). I. d. R. werden diese Kredite durch eine → Hermes-Deckung abgesichert (inländische Besicherung). Es kann aber auch eine ausländische Besicherung in Form einer abstrakten → Zahlungsgarantie seitens einer erstklassigen privaten Bank oder staatlichen Institution im Importland erfolgen.
Lieferantenkredite werden inländischen Exporteuren gewährt (faktisch nur noch selten) und dienen der Refinanzierung des vom Exporteur dem Importeur eingeräumten Zahlungsziels. Solche Kredite bilden manchmal die Voraussetzung dafür, dass ein Importeur überhaupt in Deutschland einkauft. Lieferantenkredite können von allen Exporteuren über ihre Hausbank beantragt werden. Die Hausbank muss die Primärhaftung übernehmen; d. h. sie muss unaufgefordert zu den jeweiligen Zahlungsterminen den Kapitaldienst an die KfW leisten, unabhängig davon, ob der Exporteur seinerseits leistet oder nicht.
Zur Finanzierung von Auslandsprojekten unterhält die KfW folgende Programme:
KfW-Mittelstandsprogramm – Ausland. Dient zur Finanzierung deutscher Direktinvestitionen mittelständischer Unternehmen im Ausland. Kredite können bis zu zwei Drittel oder drei Viertel des Investitionsvolumens gewährt werden; die Obergrenze liegt dzt. bei 5 Mio. €. Ein Antrag ist über die Hausbank zu stellen, die – wie bei den anderen ERP-Krediten – Primärhaftung, Besicherung u. a. übernimmt. Solche Kredite werden in Euro oder in Fremdwährung, zu festen oder variablen Zinsen, mit einer Laufzeit bis zu 10 Jahren (inkl. 2 Freijahren) vergeben.
KfW-Umweltprogramm – Ausland. In dessen Rahmen werden ebenfalls zinsgünstige Kredite – mit teilweiser Haftungsfreistellung der durchleitenden Bank – von i. d. R. bis zu 5 Mio. € gewährt.
Niederlassungs- und Technologieprogramm. Wird vom → Bundesministerium für wirtschaftliche Zusammenarbeit und Entwicklung über die KfW bereitgestellt. Es dient der Finanzierung deutscher Direktinvestitionen in Entwicklungsländern, der Finanzierung des Technologietransfers wie auch zur Studienfinanzierung für geplante Auslandsprojekte. Kredite werden bis zu 50 % des Investitionsvolumens und einem Höchstbetrag von bisher 1,25 Mio. €. vergeben; max. Laufzeit 15 Jahre (inkl. höchstens 5 Freijahren).
Kapitalhilfe des Bundes. Damit werden – ebenfalls im Auftrag des Bundesministerium für wirtschaftliche Zusammenarbeit und Entwicklung – Auslandslandsprojekte in Entwicklungsländern, insb. zur Verbesserung der Infrastruktur und im Produktionsbereich finanziert. Die hierfür bereitgestellten FZ-Mittel (Bundesmittel zur finanziellen Zusammenarbeit) werden – nach entsprechenden Projektstudien – von der KfW entweder dem deutschen Exporteur unmittelbar nach erbrachter Lieferung/Leistung ausgezahlt oder dem ausländischen Importeur/Investor nach Bezahlung der Lieferung/Leistung erstattet. Der Exporteur muss sich um den zuvor ausgeschriebenen Auftrag beworben und diesen erhalten haben. Die Kreditbedingungen (die von Fall zu Fall unterschiedlich sind) sind für den Exporteur ohne Bedeutung, da er keine Finanzierung übernimmt. Informationen zu derartigen Ausschreibungen erteilt die →

Bundesagentur für Außenwirtschaft (bfai); sie können auch deren Veröffentlichungen und Datenbanken entnommen werden.
Schließlich gewährt die KfW auch noch → Avalkredite, um deutschen Exporteuren den Zugang zu Kapitalmarktmitteln von Geschäftsbanken zu erleichtern.

Kreditfazilität. Kreditmöglichkeiten (Kreditrahmen), die Banken ihren Kunden zur Deckung ihres Finanzierungsbedarfs bereithalten.

Kreditgenossenschaft. → Genossenschaftsbank.

Kreditinstitut. Unternehmen, das → Bankgeschäfte betreibt. Meist als Syn. für → Geschäftsbank (Bank) verwendet. Zu den K. zählt nicht die Zentralbank (in Deutschland auch nicht die → Kreditanstalt für Wiederaufbau und die Versicherungsunternehmen).

Kreditkarte. („Bonitäts"-)Ausweis, der von einem Kreditkartenemittenten aufgrund einer vertraglichen Vereinbarung einem namentlich genannten Kreditkarteninhaber (bei nachgewiesener → Kreditwürdigkeit) ausgestellt wird. Die K. kann auf nationaler und internationaler Ebene für die bargeldlose Bezahlung von Leistungen der dem Kreditkartensystem angeschlossenen Vertragsunternehmen – z. B. des Hotel- und Gaststättengewerbes, des Handels, vieler Dienstleistungsbereiche (wie bei Reisen, Theater- und Konzertbesuchen) etc. – verwendet werden. Dabei hat der K.-Inhaber seine K. nur vorzulegen und auf einem speziellen Rechnungsformular seine Unterschrift zu leisten. Der Rechnungsbetrag wird dem Vertragsunternehmen vom K.-Emittenten (unter Abzug einer Provision) vergütet. Das Konto der K.-Inhabers wird – meist nur monatlich einmal – in Höhe der gesammelten Rechnungsbeträge (bei Auslandseinsatz mit geringem Aufschlag; z. B. 1 % des Rechnungsbetrages) belastet. Neben der Zahlungsfunktion hat die K. auch eine Kreditfunktion (Zahlungsaufschub für den K.-Inhaber bis zur Abrechnung – im Wege des → Lastschriftverfahrens – seitens des K.-Emittenten). Bekannteste K.: American Express, Diners Club, VISA, Japanese Credit Bureau (JCB), → EUROCARD/MasterCard.
Neben den Universalkreditkarten (Drei-Parteien-System: K.-Emittent – K.-Inhaber – Vertragsunternehmen) gibt es Spezialkreditkarten (Zwei-Parteien-System: wie → Kundenkreditkarten von Handelsunternehmen). Vgl. → vorausbezahlte Karten.

Kreditleihe. Bez. für einen Kreditleihgeschäft, bei dem eine Bank auf der Grundlage ihrer Bonität und eigenen Kreditwürdigkeit verspricht, nach Erfüllung bestimmter Voraussetzungen (z. B. Vorlage akkreditivkonformer Dokumente) zu zahlen. Sie leiht sozusagen ihren „guten Namen". Die Bank stellt keine liquiden Mittel zur Verfügung. So wird z. B. im Zuge der Abwicklung eines → Akkreditivs das Konto eines Importeurs seitens der die K. gewährenden Bank erst zum Auszahlungstermin belastet.

Kreditlinie oder Kreditrahmen. Bez. f. d. Obergrenze, bis zu der ein Kunde eines Kreditinstitutes den ihm eingeräumten Kredit (immer wieder) in Anspruch nehmen kann. K. sind für eine zügige Abwicklung von Auslandsgeschäften bes. bedeutsam: Bei Akkreditivgeschäften (Dokumentenakkreditiven) werden K. für Akkreditivbestätigungen und Negoziierungen eingeräumt. Für die Gewährung von → indirekten Garantien im Außenhandel werden vielfach offene K. (nicht ausgeschöpfte Kreditlimits) vorausgesetzt.

Kreditplafondierung. Geldpolitisches Instrument einer Zentralbank zur Beschränkung des Kreditvolumens, das Geschäftsbanken den Nichtbanken zur Verfügung stellen. Die Europäische Zentralbank setzt die K. nicht ein.

Kreditprovision. Entgelt für die Bearbeitung oder Bereitstellung eines Kredites (seitens der Banken). → Provision.

Kreditrisiko. Es besteht im Außenhandel in der Gefahr der Zahlungsunfähigkeit und/oder Zahlungsunwillligkeit sowie des Zahlungsverzugs, wenn ein Exporteur einem Importeur einen Lieferantenkredit einräumt. Das K. tritt seinerseits unterschiedlich in Erscheinung: Bonitätsrisiko (Gefahr, dass der Importeur selbst die vereinbarten Zins- und Tilgungszahlungen nicht erbringt oder wegen gesamtwirtschaftlicher Liquiditätsprobleme seines Heimatlandes – Devisenmangels – nicht erbringen kann; → Länderrisiko). Refinanzierungsrisiko (Gefahr, dass der Importeur bei einer allgemeinen Finanzierungskrise den gewährten Kredit nicht wie gewünscht refinanzieren kann; z. B. die kreditgebende Bank einen – weiteren – → Roll-over-Kredit nicht gewährt). Rentabilitätsrisiko (Gefahr, dass ein kalkulierter wirtschaftlicher Erfolg einer Kreditgewährung wegen vorzeitiger Kreditkündigung seitens des Schuldners oder infolge staatlicher Eingriffe nicht erreicht wird).

Kredittranchen. Begr. f. d. bedingten → Ziehungsrechte. Sie können über die Ziehungen im Rahmen der → Reservetranche hinaus nochmals im Ausmaß von 100 % der → Quote in Anspruch genommen werden; von der ersten K. (in der Höhe von 25 % der Quote) bis zu den sog. höheren K. (in der Höhe von z. B. jeweils drei mal 25 % der Quote). Bei Ziehungen in den K. kauft ein Land Fremdwährungen (Devisen) oder SZR vom IWF gegen eigene Währung. Es handelt sich somit – wirtschaftlich betrachtet – um die Aufnahme eines Devisenkredites. Dieser wird durch den Rückkauf der eigenen Währung gegen SZR oder vom IWF verwendbare Devisen getilgt. Für die Inanspruchnahme dieser „Kreditfazilität" ist ein einheitlicher Zins in der Höhe eines bestimmten Prozentsatzes vom → SZR-Zinssatz zu zahlen. Er wird wie der SZR-Zinssatz wöchentlich angepasst und schwankt daher mit den kurzfristigen Marktzinsen. Bei Ziehungen in den K. werden den Mitgliedstaaten Auflagen gemacht. Je höher die K., desto stringenter sind die Anforderungen an die vom kreditnehmenden Land angebotenen bzw. vom IWF verlangten wirtschaftspolitischen Maßnahmen und diesbezüglichen Berichterstattungen zur Verbesserung der Zahlungsbilanzsituation.

Kreditversicherungspolice. → Beweisurkunde, die den Abschluss einer Kreditversicherung belegt. Die Kreditversicherung schützt den Versicherungsnehmer vor Risiken und Gefahren, die aufgrund von Zahlungsunfähigkeit eines Kreditnehmers entstehen können. Versicherungsnehmer kann der Gläubiger, aber auch der Schuldner sein.

Kreditwechsel oder Gefälligkeitswechsel. Art des Finanzwechsels. S. → Wechsel.

Kreditwesengesetz (KWG). → Gesetz über das Kreditwesen.

Kreditwürdigkeit oder Bonität. Begr. f. d. allg. Umschreibung der von einem Kreditnehmer erwarteten Leistungsfähigkeit (Zahlungsfähigkeit). Sie ist gegeben, wenn die Kreditvergabe unter persönlichen und sachlichen Gesichtspunkten vertretbar erscheint; wenn erwartet werden darf, dass der Kreditnehmer die sich aus dem Kreditvertrag ergebenden Verpflichtungen reibungslos erfüllen kann.

Kreuzkurs (engl.: cross rate). Wechselkurs zweier Währungen, der sich aus den Wechselkursen dieser beiden Währungen gegenüber einer dritten Währung ergibt; z. B. der Kurs des Euro gegenüber dem Rubel, errechnet aus den Kursen des US-Dollars gegenüber dem Euro und des US-Dollars gegenüber dem Rubel.

KStG. Abk. f. d. deutsche Körperschaftsteuergesetz. Neufassung v. 22.04.1999 (BGBl. I 817);

zuletzt geändert durch Gesetz v. 20.12.2000 (BGBl. I 1850).
http://www.steuernetz.de/gesetze/kstg/20001220/index.html

KSZE. Abk. f. Konferenz über Sicherheit und Zusammenarbeit in Europa. S. → Organisation für Sicherheit und Zusammenarbeit in Europa (OSZE).

KT-Risiko. → Konvertierungsrisiko und → Transferrisiko.

Kundenkarten. Sind → Zahlungskarten, die von Kreditinstituten und anderen Unternehmen, z. B. Kaufhäusern, an ihre Kunden ausgegeben werden. Sie sind aber im Vergleich mit international akzeptierten → Kreditkarten oder der → ec-Karte nur eingeschränkt einsetzbar; z. B. zur Bargeldabhebung an Bankautomaten, zum Ausdruck von Kontoauszügen und → zum POS-Banking.

Kundenkreditkarte. Spezielle (Zwei-Parteien-) → Kreditkarte. Sie wird Kunden von Warenhäusern, Fluggesellschaften, Versicherungs- und anderen Unternehmen (zur besseren Kundenanbindung) zur Verfügung gestellt und nur vom ausgebenden Unternehmen akzeptiert.

Kündigungsgeld. Termineinlage, die nach Kündigung und Ablauf der Kündigungsfrist fällig wird. Zwischen Kreditinstitut und Kunde wird i. d. R. eine Kündigungsfrist von 30, 60, 90 oder 180 Tagen vereinbart.

K und M. → Konsulats- und Mustervorschriften.

Kurantmünzen. Vollwertig ausgesprägte → Münzen. Der Materialwert stimmt mit dem aufgeprägten Nominalwert überein. Gegensatz: → Scheidemünzen.

Kurs. Börsen- oder Marktpreis von Wertpapieren, Devisen, Münzen oder Waren.

Kursarbitrage. → Arbitrage, die sich aus der Ausnutzung von Kursdifferenzen börsennotierter Güter ergibt.

Kursblatt. Verzeichnis der im amtlichen Börsenhandel festgestellten Kurse. Es wurde in der Vergangenheit börsentäglich veröffentlicht. Heute sind die Kursnotierungen weltweit über das Internet rund um die Uhr abrufbar. Vgl. → Kurszettel.

Kursfeststellung. Begr. f. d. Kursermittlung und -festsetzung im → amtlichen Handel an Börsen. Der Kurs bildet sich gemäß Angebot und Nachfrage. Die K. erfolgt – je nach Börsenordnung – durch den → Börsenrat (Börsenvorstand) unter Mitwirkung der → Kursmakler oder ausschließlich durch letztere. Dazu gibt es drei Verfahren: (1) Der Kurs wird für jedes zustande gekommene Geschäft getrennt festgestellt. Dies ist der variable Kurs oder die → fortlaufende Notierung; für den → variablen Handel. (2) Der Kurs – zu dem die größtmögliche Zahl von Kauf- und Verkaufsaufträgen abgerechnet werden kann – wird nur einmal täglich festgestellt. Dies ist der → Einheitskurs (die Einheitsnotierung); für den → amtlichen Handel. (3) Auktionsverfahren. Dabei kommt es zur laufenden Kursbildung nach folgenden Regeln: Die höher limitierte Kauforder hat Vorrang vor der niedrigeren; die niedriger limitierte Verkaufsorder hat Vorrang vor der höheren. Die zuerst eingehende Order hat Vorrang vor einer späteren. Vorliegende Order werden nach Möglichkeit abgerechnet; die restlichen werden neu gehandelt. Dieses Verfahren ist an US-amerikanischen Börsen üblich.

Kursindex. Bei einem reinen Kursindex wird nur die Entwicklung der Börsenkurse (Kursgewinne bzw. -verluste) zur Berechnung hergezogen. Nicht auch Zinszahlungen bei Rentenpapieren bzw. Dividendenzahlungen bei Aktien und deren Wiederanlage, wie dies im Falle eines → Performance-Index geschieht.

Kurs-Informations-Service-System (KISS) der Frankfurter Wertpapierbörse. Seit dem 16.09.1987 erfasst und übermittelt dieses System in Echtzeit alle an der Frankfurter Wertpapierbörse amtlich festgestellten Kurse.

Kursmakler. → Handelsmakler, der an der Börse Geschäfte zwischen Käufern und Verkäufern vermittelt. Er ist amtlich bestellt und vereidigt (von einer zuständigen Aufsichtsbehörde; in Deutschland von den jeweiligen Landesregierungen). K. stellen die amtlichen Börsenpreise fest (Wertpapierbörsen) bzw. wirken an der amtlichen Börsenpreis-Feststellung mit (Warenbörsen). Sie dürfen keine anderen Handelsgeschäfte betreiben; Eigengeschäfte sind ihnen nur zum → Spitzenausgleich gestattet. K. sind zur Führung des → Maklerbuches verpflichtet. Für ihre Tätigkeit erhalten sie eine Vermittlungsgebühr, die → Courtage. Vgl. → Broker, → Freimakler.

Kurspflege. Bez. f. d. Intervention an Börsen in Form von Käufen bzw. Verkäufen und/oder die umfassende und tatsachengerechte Information der Öffentlichkeit über die Unternehmens- bzw. Marktlage. Z. B. soll dadurch auf dem Aktienmarkt eine Disproportionalität zwischen tatsächlicher Geschäftsentwicklung des Unternehmens und der Aktienkursentwicklung vermieden werden. Auf dem Rentenmarkt soll durch K. verhindert werden, dass der Börsenkurs unter den Emissionkurs fällt. Emissionskonsortien bedienen sich des Instruments der Kurspflege in der Weise, dass sie einen Teil des Emissionsvolumens für sich behalten und die Titel erst später schrittweise für eigene Rechnung im Markt unterbringen. K. kann im Rahmen der → Offenmarktpolitik auch ein Instrument der Zentralbank sein.

Kursquotierung. Begr. f. d. Kursnotierung an (Devisen-)Märkten. Die Devisenkurse werden i. d. R. weltweit im Wege der → Preisnotierung quotiert. Ausnahmen bilden Großbritannien und die Eurozone, die sich der → Mengennotierung bedienen. Die meisten Kurse werden mit fünf signifikanten Ziffern quotiert. Z. B. 1 US-$ = 1,0193 € oder 1 € = 0,9811 US-$ (Oktober 2002).

Kursrisiko. S. → Wechselkursrisiko.

Kurssicherung. Sie ist für Exporteure und Importeure wie auch für Kapitalanleger als Maßnahme zur Ausschaltung des → Wechselkursrisikos von Bedeutung. Instrumente zur K. sind das Finanz-→Hedging, der → Devisenterminhandel, das Devisen- bzw. Währungs-→Optionsgeschäft, → Futures auf Devisen, Diskontierung von Fremdwährungswechseln, → Wertsicherungsklauseln (Währungsklauseln), Wechselkursversicherung. Zur langfristigen K. sind auch bestimmte Finanzierungsformen geeignet, wie die Aufnahme von Fremdwährungskrediten, die Emission von Fremdwährungsanleihen, das → Exportfactoring und die → Forfaitierung.

Kursvolatilität. → Volatilität, die auf der Grundlage der relativen (prozentualen) Kursveränderungen eines Finanzinstruments berechnet wird. → Renditevolatilität.

Kurszettel (Kursbericht). Liste der Kurse, die von der amtlichen Börsenbehörde herausgegeben wird. K. enthalten die im → amtlichen Handel und im → geregelten Markt festgestellten sowie die im → Freiverkehr ermittelten Kurse; ferner die von Banken zusammengestellten Kurse sonstiger unnotierter Papiere (als Beilagen). K. enthalten neben den Tageskursen auch

Vortageskurse und geben Auskunft über die Wertpapier-Kennnummer und Stückelung. Wichtig für die Beurteilung der Marktlage des jeweiligen Wertpapiers sind auch die Kurszusätze. K. werden in Börsen- und/oder Tageszeitungen veröffentlicht.

Kurszusätze. Erläuternde Hinweise (hinter) den Kursangaben im amtlichen Kurszettel. Z. B.:

B = Brief, Angebot: Dem Angebot stand keine oder nur ganz geringe Nachfrage zu einem vertretbaren Kurs gegenüber; keine Umsätze.

G = Geld, Nachfrage: Der Nachfrage stand kein oder nur ein ganz geringfügiges Angebot zu einem vertretbaren Kurs gegenüber; keine Umsätze.

b = bezahlt: Alle unlimitierten, alle zum notierten Kurs erteilten Kauf- und Verkaufsaufträge sowie alle höher limitierten Kauf- und alle niedriger limitierten Verkaufsaufträge ausgeführt. Zum notierten Kurs waren Angebot und Nachfrage ausgeglichen.

bB = bezahlt Brief: Zum notierten Kurs (→ Einheitskurs) limitierte Verkaufsaufträge konnten nicht vollständig ausgeführt werden. Das Angebot überstieg die Nachfrage.

bG = bezahlt Geld: Zum notierten Kurs (→ Einheitskurs) limitierte Kaufaufträge konnten nicht vollständig ausgeführt werden. Die Nachfrage überstieg das Angebot.

T = Taxkurs: geschätzter Kurs; es lagen keine Umsätze vor.

xD = nach Dividendenabschlag: Aktie wird ohne Dividendenanspruch für das abgelaufene Jahr gehandelt.

xB = nach Bezugsrechtabschlag: Aktie wird ohne Anspruch auf Bezug junger Aktien gehandelt.

xBA = ohne Berichtigungsaktien: Aktie wird ohne Anspruch auf Bezug von Berichtigungs- oder Zusatzaktien gehandelt.

rep = repartiert: Aufträge wurden nur teilweise ausgeführt (Zuteilung). S. a. → Repartierung.

rbG = repartiert bezahlt Geld: Ausgeführt wurden alle unlimitierten und zum Einheitskurs oder niedriger limitierten Verkaufsaufträge, die unlimitierten, zum Einheitskurs oder höherlimitierten Kaufaufträge, jedoch alle nur zum Teil. Der Kurs wurde von der Börsenaufsicht festgesetzt.

rbB = repartiert bezahlt Brief: Ausgeführt wurden alle unlimitierten, zum Einheitskurs und höher limitierten Kaufaufträge, die unlimitierten, zum Einheitskurs und niedriger limitierten Verkaufsaufträge, jedoch alle nur zum Teil. Der Kurs wurde von der Börsenaufsicht festgesetzt.

* = kleine Kauf- und Verkaufsaufträge konnten nicht gehandelt werden.

– = Kurs gestrichen; kein Kurs festgestellt. Mögliche Ursachen: Keine Kauf- und Verkaufsaufträge zu einem vertretbaren Kurs; oder amtliche Streichung, z. B. auf Anordnung der Aufsichtsbehörde.

–B = gestrichen Brief: Kurs wurde gestrichen, da nur Angebote vorlagen; keine Umsätze.

–G = gestrichen Geld: Kurs wurde gestrichen, da nur Nachfragen vorlagen; keine Umsätze.

Auf außergewöhnlich hohe positive oder negative Abweichungen des notierten Kurses vom Vortageskurs wird (neben der Namensbezeichnung) mit einem Plus- oder Minuszeichen aufmerksam gemacht.

Kurtage → Courtage.

Kurzfristige Außenhandelsfinanzierung. (1) Importfinanzierung. Sie beginnt für den Importeur meist mit der Eröffnung eines → Akkreditivs bei einem Kreditinstitut zu Gunsten des Exporteurs. Kreditwürdigen Kunden gewähren Banken auch eine ungesicherte → Kreditleihe oder → Geldleihe. Die Importvorfinanzierung erstreckt sich bei einem Kreditleihgeschäft von der Akkreditiveröffnung bis zur Einlösung der Dokumente (während oder nach Abschluss des Warentransports); sie kann dem Importeur auch zur Refinanzierung von An- und Zwischenzahlungen dienen. Eine Anschlussfinanzierung erstreckt sich über den Zeitraum nach Vorlage der Dokumente bis zum Weiterverkauf der Ware. (2) Exportfinanzierung. Sie kann bereits mit der Warenherstellung bzw. dem Einkauf der zu exportierenden Waren beginnen und umfasst die Zeit des Transports sowie gegebenenfalls der Zahlungszielgewährung. Traditionelle Formen der k. A. sind → Wechselkredit und → Wechseldiskontkredit, → Akzeptkredit, → Lombardkredit; bes. bedeutsam sind → Rembourskredit, → Negoziationskredit, Euro-Kredite (→ Euro-Kreditmarkt), → Zessionskredit, → Factoring, → Avalkredit.

Kurzläufer. Begr. f. ein → Zinsinstrument mit einer kurzen Restlaufzeit (von weniger als einem Jahr; z. B. → Bulis). Gegensatz: → Langläufer.

KWG. Abk. f. Kreditwesengesetz. → Gesetz über das Kreditwesen.

KWKG. Abk. f. Kriegswaffenkontrollgesetz v. 22.11.1990 (BGBl. I 2506).
http://www.umwelt-online.de/recht/allgemei/kwkg_gs.htm

L

Ladeeinheit. Begr. f. das güteraufnehmende Verpackungsmittel (wie Container, Fass, Kiste, Palette u. a.), das vom Versand- bis zum Empfangsort (bei Transport-, Umschlags- und Lagervorgängen) eine geschlossene Gütereinheit mit dem/den enthaltenen Gut/Gütern bildet.

Ladeschein, auch Flusskonnossement genannt. Bes. Form des Versandpapiers in der Binnenschifffahrt (geregelt gem. §§ 444 bis 450 HGB). Der L. ist ein → Wertpapier, das den Empfang der zur Beförderung übergebenen Ware bescheinigt und dem legitimierten Inhaber des L. einen schuldrechtlichen Anspruch auf Auslieferung der Ware im Bestimmungshafen verbrieft. Der L. hat grundsätzlich die gleiche rechtliche Wirkung wie das → Konnossement. L. werden meistens „an Order" ausgestellt (vgl. → gekorenes Orderpapier); sie sind dann durch Indossament übertragbar. Es können auch Namensladescheine (als → Rektapapiere) verwendet werden.

Ladung, Cargo oder Frachtgut. Bez. f. Güter, die sich im Laderaum bzw. in den Laderäumen eines Transportmittels befinden. Vgl. → Ladeeinheit.

LAFTA. Abk. f (engl.) Latin American Free Trade Association; → Lateinamerikanische Freihandelsvereinigung oder (span.) Asociatión Latino-Americano de Libre Comercio (ALALC).

Lagerempfangsschein. Der L. bescheinigt den Empfang der Ware durch den Lagerhalter mit der Verpflichtung, die Ware an den durch die Vorlage des L. Legitimierten auszuhändigen (Einlösungspflicht). Der L. ist ein → Legitimationspapier.

Lagerhallenkonnossement oder Lagerhalterkonnossement (engl.: Custody Bill of Lading/ Custody B/L). S. → Konnossement.

Lagerhalter. Derjenige, der im Sinne des § 416 HGB die gewerbsmäßige (Ein-)Lagerung und Aufbewahrung von Gütern übernimmt. Der L. hat für die Erhaltung von Quantität und Qualität der Ware zu sorgen.

Lagerhalterkonnossement oder Lagerhallenkonnossement (engl.: Custody Bill of Lading/ Custody B/L). S. → Konnossement.

Lagerhaltungspapiere. Sie werden zum Nachweis der Einlagerung von Waren ausgestellt. Es wird nach drei Arten von → Lagerscheinen, die unterschiedliche rechtliche Funktionen haben, unterschieden: → Lagerempfangschein, → Namenslagerschein, → Orderlagerschein.

Lagerschein (→ Lagerhaltungspapier). Er verbrieft gem. §§ 475c ff. HGB die Verpflichtung des → Lagerhalters zur Auslieferung der eingelagerten Güter. Der L. ist ein handelsrechtliches Wertpapier (→ Warenwertpapier). Er ist als → Orderlagerschein ein → Traditionspapier, als → Namenslagerschein ein → Rektapapier.

Lagerverkehr. Begr. a. d. Zollrecht für den Warenverkehr über → Freizonen und → Zollgutlager. In der deutschen Außenhandelsstatistik wird der L. differenziert nach → Generalhandel und → Spezialhandel dargestellt. Der Generalhandel weist die gesamt Einfuhr auf Lager und die gesamte Ausfuhr aus Lager aus. Hingegen erfasst der Spezialhandel nur die Übergänge aus Lager in den Freiverkehr und die aktive (Lohn-)Veredelung.

Lagerzollstelle. Die für ein → Zoll(gut)lager zuständige → Zollstelle.

LAI → Lateinamerika-Initiative der Deutschen Wirtschaft.

LAIA → Lateinamerikanische Integrationsassoziation.

Länderliste. Genehmigungs- und Meldepflichten für Exporte und Importe hängen davon ab, ob Waren (gem. → AWG und → AWV) in ein bestimmtes Land (fremdes Wirtschaftsgebiet) geliefert oder von dort Waren bezogen werden dürfen. Hierfür gab es in der Vergangenheit besondere L. als Anlagen zum AWG (Länderlisten A/B, AKP, C) oder zur AWV (Länderlisten D, F_1 und F_2, G_1 und G_2, K, L). Z. B.: Länder-liste A/B: Länder und Gebiete, deren Einfuhr nach Deutschland weitgehend liberalisiert ist. Länderliste AKP: Länder, die das → AKP-Abkommen mit der EG unterzeichnet haben. Länderliste C: Länderliste des früheren Ostblocks und Kubas. Der Wirtschaftsverkehr mit diesen Ländern unterlag einer Reihe von bes. Vorschriften; vgl. → COCOM-Liste. Inzwischen überholt. S. → Ausfuhrlisten und → Einfuhrlisten.

Länderrating. → Rating.

Länderrisiko. Begr. f. d. auf einzelne Länder oder Regionen bezogene Gefahr im Außenhandel, dass es zum teilweisen oder vollständigen Ausfall vertraglich vereinbarter Kapital- und Kapitaldienstzahlungen, zum Wertverfall von Wertpapieren, Derivaten und der (einheimischen) Währung(en) und zu anderen Be- und Verhinderungen kommt, u. z. wegen staatlicher – politisch-ideologisch und/oder wirtschaftlich bedingter – Eingriffe und Entwicklungen (nicht aus einzelwirtschaftlichen Gründen); z. B. Asien-Krise 1997/98. Vgl. → politische Risiken, → Zahlungsverbots- und → Moratoriumsrisiko (ZM-Risiko), → Konvertierungs- und → Transferrisiko (KT-Risiko), → rechtliches Risiko, → sozio-politisches Risiko.

Ländervereine. In Deutschland sind L. als privatwirtschaftliche branchenübergreifende Vereinigungen organisiert. Sie fördern die bilateralen Wirtschaftsbeziehungen zu den jeweiligen Zielregionen und bieten ihren Mitgliedern umfassende außenwirtschaftliche Dienstleistungen. Zu ihren Aufgaben gehört auch die wirtschaftspolitische Interessenvertretung. Vgl. → Auslandsvereine (→ Afrika-Verein, → Australien-Neuseeland-Verein, → Ibero-Amerika Verein, → Nah- und Mittelost-Verein, → Ostasiatischer Verein, → Ost- und Mitteleuropa Verein).

Landesbanken/Girozentralen. In Deutschland Begr. f. Kreditinstitute, die auf Landesebene den Oberbau des Sparkassensektors darstellen. Sie erfüllen für die ihnen angeschlossenen → Sparkassen die Funktion einer Sparkassen-Zentralbank im regionalen Bereich und sind als Universalbanken tätig. L./G. haben die Rechtsform einer öffentlich-rechtlichen Anstalt bzw. einer öffentlich-rechtlichen Körperschaft. Anteilseigner sind – je nach Entstehung – der regionale Sparkassen- und Giroverband, die angeschlossenen Sparkassen, andere L./G. und das jeweils betreffende Bundesland. Landesbanken besorgen die Bankgeschäfte ihres Landes. Sie gehören dem → Deutschen Sparkassen- und Giroverband sowie dem → Bundesverband öffentlicher Banken an. Auf der Ebene des Bundes ist ihr Spitzeninstitut die → DGZ-Deka-Bank (Deutsche Girozentrale – DGZ). Die Landesbank Baden-Württemberg ist z. B. über folgende Internetadresse zu erreichen:
http://www.lbbw.de

Landeszentralbanken. In Deutschland die – heutigen – Hauptverwaltungen der dezentral organisierten → Deutschen Bundesbank. Sie hatten/haben ihren Sitz in: Berlin, Düsseldorf, Frankfurt am Main, Hamburg, Hannover, Leipzig, Mainz, München und Stuttgart. Bis zum Inkrafttreten des 7. Gesetzes zur Änderung des Gesetzes über die Deutsche Bundesbank zum 30.04.2002 wurden die Geschäfte jeweils von einem Vorstand, bestehend aus dem Präsidenten und Vizepräsidenten (gegebenenfalls bis zu zwei weiteren Mitgliedern) durchgeführt. Die Präsidenten der L. wurden bis zur Neugliederung der Deutschen Bundesbank im Frühjahr 2002 vom Bundespräsidenten auf Vorschlag des Bundesrates ernannt. Sie waren bis dahin auch Mitglieder des → Zentralbankrats der Deutschen Bundesbank. Die L. waren für die Durchführung der Geschäfte der Deutschen Bundesbank mit den Kreditinstituten und den öffentlichen Verwaltungen in ihrem jeweiligen Bereich zuständig. Rd. 140 Zweiganstalten/ Zweigstellen in den größeren Städten waren den L. nachgeordnet. S. → Hauptverwaltungen der Deutschen Bundesbank.

Längerfristige Refinanzierungsgeschäfte (LRG) – (engl.: longer-term refinancing operations). Im Eurosystem regelmäßig durchgeführte → Offenmarktgeschäfte in Form von → befriseten Transaktionen. Sie erfolgen im Wege monatlicher → Standardtender mit einer dreimonatigen Laufzeit zur revolvierenden längerfristigen Bereitstellung von Bankenliquidität. Da LRG der Grundversorgung des Bankensystems mit Zentralbankgeld dient, spricht man auch vom → Basistender. Vgl. → Basiszinssatz.

Langfristige Außenhandelsfinanzierung. → Mittel- und langfristige Außenhandelsfinanzierung.

Langläufer. Begr. f. ein → Zinsinstrument mit einer langen Restlaufzeit (von mehreren Jahren). Gegensatz: → Kurzläufer.

LAS. Abk. f. (engl.) League of Arab States; Liga der Arabischen Staaten, → Arabische Liga.

Lash-Carrier. Hochseeschiff, das → Leichter aufnimmt. Lash ist die Abk. f. (engl.) lighter aboard ship.

Lash(Leichter)-Verkehr, Barge-Verkehr. Bes. Art des kombinierten Binnen- und Seeschiffverkehrs. Ein → Leichter bringt Container vom Binnenhafen zum Seehafen, direkt auf das Hochseeschiff (den → Lash-Carrier). Dabei fährt der Leichter entweder direkt in das Schiff oder er schiebt den „Schwimmcontainer" in das Schiff hinein. Im Bestimmungshafen werden die Leichter gewässert. Sie können dann ihre Reise ohne weitere Umschlagsprobleme im Hafen bzw. auf Flüssen fortsetzen.

Lastschrift. (1) Rechnungswesen (betrieblich): allg. Begr. f. d. Buchung einer Leistung zulasten einer Person oder eines Unternehmens auf der Soll-Seite des betreffenden Kontos. Gegensatz: → Gutschrift. (2) Bankwesen: Vollmacht, mit deren Hilfe ein Gläubiger durch Vermittlung seiner Bank fällige Forderungen zulasten des Kontos seines Schuldners bei dessen Bank einziehen lässt. Die Bank des Zahlungsempfängers ist die Inkassostelle, die des Zahlungspflichtigen die Zahlstelle.

Lastschriftverfahren. Verfahren zum Einzug von Rechnungsbeträgen mittels → Lastschrift. Das L. eignet sich insb. bei regelmäßigen Zahlungen unterschiedlich hoher Beträge.

Lateinamerika-Gesprächskreis. Der Gesprächskreis Lateinamerika (GLA) der → Lateinamerika-Initiative der Deutschen Wirtschaft wurde eingerichtet, um die verschiedenen Aktivitäten in Lateinamerika und in Deutschland besser zu bündeln und strategisch auszurichten. Im GLA wirken mit: Auswärtiges Amt, → Bundesministerium für Wirtschaft und Technologie, → Bundesministerium für wirtschaftliche Zusammenarbeit und Entwicklung, → BDI, → DIHK, → Ibero-Amerika Verein (IAV) sowie der Sprecher der deutschen Auslandshandelskammern in Lateinamerika.

Lateinamerika-Initiative der Deutschen Wirtschaft (LAI). Gegr. 1994. Trägerverbände sind der → Bundesverband der Deutschen Industrie (BDI), der → Bundesverband des Deutschen Groß- und Außenhandels (BGA), der → Deutsche Industrie- und Handelskammertag (DIHK) und der → Ibero-Amerika-Verein (IAV). Aufgabe der LAI ist es, das Gesamtimage Lateinamerikas in Deutschland – und umgekehrt – zu verbessern sowie den Ausbau der deutschen Wirtschaftsposition, insb. des Mittelstandes, in dieser Region zu sichern. Dafür sind mehrere Gremien und Facharbeitsgruppen tätig. Der BDI koordiniert z. B. die Arbeitsgruppe „Privatisierung/Investionen", deren Ziel es ist, das Engagement deutscher Unternehmen bei Privatisierungs- und Investitions- bzw. Konzessionsprojekten in Lateinamerika auszubauen. Der → Lateinamerika-Gesprächskreis bündelt die diversen Aktivitäten in den Beziehungen zwischen Lateinamerika und Deutschland. Die LAI führt alternierend Konferenzen in Lateinamerika und Deutschland durch. Sie organisiert Delegationsreisen und Informationsveranstaltungen, die den Markteintritt für deutsche Unternehmen erleichtern und auf Geschäftsmöglichkeiten hinweisen sollen. Mit dem 1995 von der deutschen Bundesregierung verabschiedeten Lateinamerikakonzept erhält die LAI die notwendige politische Flankierung.

Lateinamerikanische Freihandelsvereinigung – (span.) Asociatión Latino-Americana de Libre Comercio (ALALC) oder (engl.) Latin American Free Trade Association (LAFTA). Gegr. 1960. Ersetzt durch die → Lateinamerikanische Integrationsassoziation.

Lateinamerikanische Integrationsassoziation (LAIA) – (span.) Asociación Latino-Americana de Integración (ALADI). Nachfolgeorganisation der → Lateinamerikanischen Freihandelsvereinigung. Gegr. am 12.08.1980 durch den Vertrag von Montevideo. Sitz: Montevideo, Uruguay. 11 Mitgliedstaaten: Argentinien, Bolivien, Brasilien, Chile, Ecuador, Kolumbien, Mexiko, Paraguay, Peru, Uruguay, Venezuela. Aufgabe ist die Förderung des freien regiona len Handels zwischen den Mitgliedstaaten. Charakteristisch für das ALADI-Konzept ist die Differenzierung nach drei Ländergruppen mit unterschiedlichem Entwicklungsniveau. Dementsprechend gewähren die Mitgliedstaaten innerhalb des regionalen Präferenzrahmens unterschiedlich hohe Zollpräferenzen. Ziel ist die Errichtung eines Gemeinsamen Marktes (analog zum → Gemeinsamen Markt der EU).
http://www.aladi.org

Lateinamerikanisches Wirtschaftssystem – (span.) Sistema Económico Latinoamericano (SELA). Gegr. 1975. Sitz: Caracas. Mitglieder sind 28 lateinamerikanische und karibische Länder. Aufgabe von SELA ist die Förderung der wirtschaftlichen und sozialen Entwicklung durch regionale Zusammenarbeit.
http://www.sela.org

Laufende Steuereinnahmen. Begr. f. d. gesamten Steuereinnahmen des Staates während einer Rechnungsperiode. Sie setzen sich aus den → Produktions- und Importabgaben (den → indirekten Steuern, v. a. des Unternehmenssektors) und den → Einkommen- und Vermögensteuern (den → direkten Steuern; in erster Linie des privaten Haushaltssektors) zusammen.

Laufzeit. Begr. f. d. Zeitraum, für den ein Kredit/eine Einlage überlassen wird. Das Ende der L. ist durch den (letzten) Rückzahlungstermin definiert. Eine Verkürzung der Laufzeit – durch vorgezogene Tilgung oder vorzeitige Kündigung – kann bei entsprechenden vertraglichen Vereinbarungen möglich sein.

LBA → Luftfahrt-Bundesamt.

LCL. Abk. f. (engl.) Less than Container Load; → Teil-Containerladung.

LCL for delivery FCL (LCL/FCL). International gebräuchliche Klausel in Beförderungsbedingungen der Linienschifffahrt für den Hafen-Haus- bzw. Pier-Haus-Containerverkehr. Sie besagt, dass daran mehrere Absender von Gütern für einen Empfänger beteiligt sind. Die von den Versendern einzeln bei der Containerpackanlage angelieferten Ladungen sind vom Reeder/Verfrachter zu einer → Voll-Container-Ladung (FCL) zusammenzustellen; das Verstauen übernimmt der Reeder/Verfrachter. Dieser befördert die Güter bis zum Bestimmungsort. Dort übernimmt der Empfänger das Ausladen des Containers. Vgl. → LCL for delivery LCL, → FCL for delivery FCL, → FCL for delivery LCL.

LCL for delivery LCL (LCL/LCL). International gebräuchliche Klausel in Beförderungsbedingungen der Linienschifffahrt für den Hafen-Hafen- bzw. Pier-Pier-Containerdienst. Sie besagt, dass mehrere Absender und mehrere Empfänger am Ladegut beteiligt sind. Die Absender haben ihre Ladungen bei der Containerpackanlage des Reeders/Verfrachters zum Einstau in einen Container mit anderen Ladungen für denselben Bestimmungshafen anzuliefern. Die Güter werden vom Verfrachter im Sammelcontainer zum Bestimmungshafen befördert. Die Containerbeförderung endet in der Containerempfangsanlage des Reeders/Verfrachters. Dieser übernimmt die Entladung des Containers. Die Auslieferung der Ladungen an die Empfänger der Güter erfolgt in der Containerempfangsanlage des Bestimmungshafens. Vgl. → Voll-Container-Ladung (FCL), → Teil-Container-Ladung (LCL), → LCL for delivery FCL, → FCL for delivery FCL, → FCL for delivery LCL. S. a. → Carrier`s Haulage (CH), → Merchants` Haulage (MC).

LDC. Abk. f. (engl.) least developed countries. Die „am wenigsten entwickelten Länder“, die „ärmsten der armen“ → Entwicklungsländer; die → Vierte Welt.

Lead Manager (engl.). Federführende Bank(en) an der Spitze eines → Emissionskonsortiums. Der L. M. sorgt für die → Platzierung des zu emittierenden Wertpapiers am nationalen Markt. Vgl. → Global Coordinator (Global Leader); → Konsortialführer.

LEAS EUROPE. Europäischer Dachverband der Verbände von Leasing-Gesellschaften. Gegr. 1972. Sitz: Brüssel. S. a. → Bundesverband Deutscher Leasing-Gesellschaften (BDL).
www.leaseurope.org

Leasing. Begr. f. eine besondere Vertragsform der Vermietung oder Verpachtung von beweglichen oder unbeweglichen Gütern durch ein Finanzierungsinstitut (Leasing-Gesellschaft; indirektes L.) oder durch den Hersteller (direktes L.). Der Leasing-Geber bleibt juristisch Eigentümer des Leasing-Gutes. Dieses wird dem Leasing-Nehmer gegen Zahlung einer meist monatlichen Leasing-Rate zur wirtschaftlichen Nutzung für eine bestimmte Zeit überlassen. L. hat für den L.-Nehmer Vorteile und Nachteile: Zum einen können Investitionen ohne entsprechende Eigenmittel getätigt und die laufenden L.-Ratenzahlungen aus den Erträgen, die der Einsatz des L.-Gutes erbringt, während der Laufzeit des L.-Vertrages geleistet werden. Zum anderen können keine Abschreibungen (angepasst an die Unternehmensbedürfnisse) und auch keine Sonderabschreibungen vorgenommen (keine steuerlichen Vergünstigungen in Anspruch genommen) werden.

Leasing-Gesellschaften. S. → Bundesverband Deutscher Leasing-Gesellschaften und → LEAS EUROPE.

Leasing im Außenhandel (engl.: crossborder-leasing) ist die grenzüberschreitende Überlassung von Realkapital, bei der gemäß vertraglicher Vereinbarung der Kapitaldienst durch regelmäßige Zahlung von Leasing-Raten zu leisten und das Leasing-Objekt zum vorherbe-

stimmten Zeitpunkt an den Leasing-Geber zurückzugeben ist.
Das Export-Leasing läuft grundsätzlich wie folgt ab: (1) Der inländische Exporteur verkauft ein Investitionsgut an eine inländische Leasing-Gesellschaft; dadurch wird das Exportgeschäft für ihn zum Inlands-Bargeschäft. Der Exporteur vermeidet somit alle mit einem Exportgeschäft verbundenen Risiken. Die inländische Leasing-Gesellschaft überlässt das Investitionsgut über eine ausländische Niederlassung oder Korrespondenz-Leasing-Gesellschaft dem ausländischen Leasing-Nehmer (Importeur) gegen Zahlung von Leasing-Raten und Rückgabe zu einem bestimmten Zeitpunkt. Der Leasing-Vertrag wird zwischen der ausländischen Leasing-Gesellschaft und dem Importeur abgeschlossen. Die inländische Leasing-Gesellschaft refinanziert sich ihrerseits auf dem (Euro-)Kapitalmarkt oder z. B. über einen Kredit aus dem Plafond A der → Ausfuhrkredit-Gesellschaft (AKA). (2) Der inländische Exporteur kann auch direkt mit der ausländischen Leasing-Gesellschaft einen Kaufvertrag abschließen. Dies geschieht in der Praxis vor allem dann, wenn im Importland besondere steuerliche Vergünstigungen genutzt werden können. (3) Der inländische Exporteur kann auch direkt an den ausländischen Importeur liefern. Der Importeur leistet für diesen Kauf zunächst nur eine Anzahlung. Der Importeur verkauft dann seinerseits das Investitionsgut an eine Leasing-Gesellschaft im Importland; auf der Basis eines Leasing-Vertrages. Mit dem Kaufpreis der Leasing-Gesellschaft bezahlt der Importeur den Restkaufpreis an den Exporteur (→ Sale-and-lease-back-Leasing). Das Export-Leasing gibt es vor allem bei Maschinen, Fahrzeugen, Anlagen der Kommunikations- und Nachrichtentechnik. Leasing-Gesellschaften können Leasing-Verträge auch zur → Forfaitierung (also zur Refinanzierung) verwenden.
Beim Import-Leasing least ein inländischer Importeur ein Investitionsgut aus einem anderen Land. Beim indirekten Import-Leasing ist der Vertragspartner des Leasing-Nehmers nicht der ausländische Exporteur, sondern eine inländische (Korrespondenz-)Leasing-Gesellschaft. Dieser Leasing-Geber hat das Leasing-Gut gekauft und dem ausländischen Exporteur bezahlt. Das Finanzierungsgeschäft wird zwischen dem inländischen Leasing-Nehmer und dem inländischen Leasing-Geber vereinbart und damit auch nach inländischem Recht abgewickelt. Beim direkten Import-Leasing wird der Leasing-Vertrag zwischen dem inländischen Importeur und dem ausländischen Hersteller/Exporteur abgeschlossen. Dazu kommt es vor allem dann, wenn mit dem geleasten Gut zugleich laufende Dienstleistungen vereinbart werden, wie z. B. Wartung bei Büromaschinen, Baumaschinen, Fahrzeugen. Bei der Entscheidung, ob Leasing oder Kauf für einen Importeur finanzwirtschaftlich günstiger ist, spielen die jeweiligen – bisweilen sehr unterschiedlichen – steuer- und bilanzierungsrechtlichen Rahmenbedingungen eine wesentliche Rolle. Leasing-Raten können beim Leasing-Nehmer voll als Aufwand in der Gewinn- und Verlustrechnung berücksichtigt werden. Ob das Leasing-Objekt beim Leasing-Geber oder beim Leasing-Nehmer zu bilanzieren ist, hängt von der Grundmietzeit in Relation zur betriebsgewöhnlichen Nutzungsdauer des Leasing-Objektes ab. Es haben sich unterschiedliche Erscheinungsformen des Leasing herausgebildet: s. → Finanzierungs-Leasing, → Operating-Leasing, → Maintenance-Leasing.

Leerverkauf. Verkauf von Gütern, Aktien oder Wertpapieren auf dem Kassamarkt, die der Verkäufer selbst zum Zeitpunkt des Verkaufs tatsächlich gar nicht besitzt bzw. noch nicht erworben hat. Der Verkäufer spekuliert auf fallende Preise bzw. Kurse, um dann die von ihm bereits verkauften Güter, Aktien oder Wertpapiere selbst billiger kaufen zu können. Z. B. kann eine Bank in Erwartung fallender Kurse Aktien morgens um 11 Uhr leerverkaufen, abwarten, bis der Kurs gefallen ist und dann nachmittags um 16 Uhr die zur Vertragserfüllung erforderlichen Aktien selbst – billiger – kaufen. Vgl. → Spekulation.

Legalisierte Handelsrechnung. Bez. f. eine von der örtlich zuständigen Industrie- und Handelskammer oder vom Konsulat des Importlandes beglaubigte → Handelsrechnung; insb. hinsichtlich der Angemessenheit des Preises. Sie ist in manchen Ländern (mit Devisenbewirtschaftung) vorgeschrieben. Durch l. H. soll vermieden werden, dass aufgrund privater Vereinbarungen zwischen Exporteur und Importeur überhöhte Rechnungsbeträge ausgewiesen werden und dadurch dem Importeur mehr Devisen bereitgestellt werden als eigentlich erforderlich. Vgl. → Konsulatsfaktura.

Legitimationspapiere im Außenhandel. Urkunden, aufgrund derer ein Schuldner mit befreiender Wirkung an jeden Vorlegenden leisten kann. Der Schuldner ist nicht verpflichtet, die Berechtigung des Gläubigers nachzuprüfen. Der Gläubiger könnte seinen Berechtigungsanspruch auch auf andere Art und Weise geltend machen, wenn er z. B. das Legitimationspapier verloren hätte. L. i. A. verbriefen daher eine Einlösungspflicht des Schuldners, aber keine Vorlegungspflicht des Gläubigers. Ihnen fehlt somit die Funktion eines → Wertpapiers (das seinerseits immer auch die Legitimationsfunktion besitzt). Zu den L. i. A. zählen: → Parcel Receipt; → Lagerempfangsschein; als qualifiziertes Legitimationspapier die Versicherungspolice auf den Inhaber (s. → Transportversicherungspolice).

Leichter. Schwimmfähige Fahrzeuge; mit oder ohne eigenen Antrieb. S. → Lash(Leichter)-Verkehr.

Leistungsbilanz. Eine der (vier) grundlegenden Teilbilanzen der → Zahlungsbilanz. Die L. ist ihrerseits in die → Außenhandelsbilanz, die → Bilanz der Ergänzungen zum Warenverkehr, die → Dienstleistungsbilanz, die → Bilanz der Erwerbs- und Vermögenseinkommens und die → Bilanz der laufenden Übertragungen gegliedert.

Leistungsgarantie oder → Liefergarantie.

Leitbörse. Bez. f. d. führende Börse eines Landes oder eines größeren Wirtschaftsraums. Die Kursentwicklung an der L. ist richtungweisend für die anderen (kleineren „Nachbar"-)Börsen. In Deutschland (und weit darüber hinaus) nimmt die → Frankfurter Wertpapierbörse (FWB) die Funktion einer L. wahr. Andere weltwirtschaftlich bedeutsame L. sind: → New York Stock Exchange (NYSE); → London Stock Exchange (LSE); → Tokyo Stock Exchange (TSE); → Singapur Exchange (SGX); → Hong Kong Exchange and Clearing Limited (HKEx); → Australien Stock Exchange (ASX); → Toronto Stock Exchange.

Leitfaden für die Abfassung von Verträgen über die Erstellung von großen Industrie-Anlagen, veröffentlicht von der UN→Wirtschaftskommission für Europa. Er dient der Abfassung komplizierter Verträge (z. B. im Großanlagenbau), die häufig eine Vielzahl von Beteiligten – aus mehreren Ländern – aufweisen. Wegen der vielschichtigen technischen, rechtlichen, wirtschaftlichen und finanziellen Probleme werden Empfehlungen zu klaren und detaillierten Formulierungen zu folgenden Bereichen gegeben: Lieferfristen; Preisgestaltung und Preisklauseln; Währung bzw. Kursrelationen; Zahlungs- und Kreditbedingungen; Haftung und Gewährleistung; Kündigung und ihre Folgen, Folgen der Nichterfüllung; Vertragsstrafe; Rechtsanwendung und Beilegung von Streitigkeiten; verbindliche Sprachregelung; Qualitätsprüfung. In solchen Verträgen über eine umfangreiche Gesamtleistung sollte für jede Einzelleistung ein besonderes Vertragskapitel vorgesehen werden, um die Haftung von Planungsbüro, Ingenieurbüro, Baufirmen, Maschinenlieferanten usw. nicht zu verwischen. Die Beseitigung von auftretenden Mängeln hat der Generalunternehmer zu veranlassen.

Leitkurs. Der von der Währungsbehörde eines Landes festgelegte Mittelkurs der Währung dieses Landes gegenüber der Währung eines anderen Landes (→ bilateraler Leitkurs) oder gegenüber einem gemeinsamen internationalen Nenner, z. B. von 1971 bis 1978 gegenüber den → Sonderziehungsrechten (am 31.03.1978 entsprach 1 SZR = 3,15665 DM); oder im →

Europäischen Währungssystem von 1979 bis 1998 gegenüber der ECU (zuletzt entsprach 1 ECU = 1,97738 DM). Der Begr. L. wird heute meist identisch mit → Parität verwendet.

Leitwährung, Ankerwährung. Eine (Landes-)Währung, die im internationalen Währungs- und Finanzsystem eine führende Rolle innehat. Die L. wird im internationalen Handel als Transaktionswährung bevorzugt; von den Zentralbanken anderer Länder in erster Linie als Währungsreserve gehalten. Zurzeit ist der US-Dollar die weltweit anerkannte Leitwährung.

Leitzins. Der von der Zentralbank festgesetzte Zinssatz (in Deutschland früher der → Diskontsatz) oder der von großen Geschäftsbanken vorgegebene Zinssatz (in den USA z. B. die → Prime Rate), der wesentlich das gesamtwirtschaftliche Zinsniveau bestimmt. → Leitzinsen.

Leitzinsen. Zinssätze, die eine Zentralbank festsetzt, um damit die Zinsverhältnisse am Geldmarkt und darüber hinaus auch die allgemeine Zinsentwicklung in einer Volkswirtschaft maßgebend zu beeinflussen (zu „leiten"). Über die L. entscheidet die Zentralbank, zu welchem Zinssatz (Preis) sie den Kreditinstituten Zentralbankgeld zur Verfügung stellt. Die L. zeigen den geldpolitischen Kurs der Zentralbank an. Eine Anhebung der L. erfolgt bei restriktiver, eine Senkung bei expansiver Geldpolitik. Mit der Änderung dieser „Zentralbankzinsen" kommt es auch zur Änderung der anderen (Soll- und Haben-)Zinsen der Kreditinstitute; also der Zinssätze im Kreditgeschäft mit den Nichtbanken. L. in der → Europäischen Wirtschafts- und Währungsunion sind seit dem 01.01.1999 die folgenden Zinssätze der EZB: Zinssatz für die → Hauptrefinanzierungsgeschäfte, Zinssatz für die → Spitzenrefinanzierungsfazilität, Zinssatz für die → Einlagefazilität.

Letter of intend. → Absichtserklärung.

Letter of unterstanding. → Vorvertrag.

LIBID. Abk. f. (engl.) London Interbank Bid Rate. Zinssatz, den eine Londoner Bank mit erstklassiger Adresse (prime bank) bietet, um kurzfristige Kredite am internationalen Interbankenmarkt aufzunehmen (Geldnachfragekurs). Er gilt auf den internationalen Finanzmärkten als der wichtigste → Referenzzinssatz. Vgl. → LIBOR, → LIMEAN.

LIBOR. Abk. f. (engl.) London Interbank Offered Rate. Kurzfristiger Geldmarktzinssatz am Londoner → Interbankenmarkt. → Referenzzinssatz (gebildet als arithmethisches Mittel aus den Zinssätzen, welche von am Londoner Bankenplatz im Depositenhandel tätigen Finanzinstituten – als Referenzbanken – genannt werden), zu dem Londoner Banken bereit sind, anderen Banken Kredite zu gewähren (Geldangebotskurs). Vgl. → LIBID, → LIMEAN.

Lieferantenerklärung. Schriftlich ausgefertigte Erklärung eines Exporteurs über den Warenursprung. In der EG benötigt ein Importeur zur Erlangung einer → Warenverkehrsbescheinigung einer Zollstelle (und damit zur Gewährung von Zollfreiheit oder von Vorzugszöllen) einen Nachweis über den Ursprung der importierten Waren.

Lieferantenkredit. Im Außenhandel üblicher, i. d. R. mittel- oder langfristiger Kredit, den ein inländisches Finanzierungsinstitut einem inländischen Exporteur gewährt; zur Refinanzierung seiner Aufwendungen für die zu erbringenden/erbrachten Exportleistungen und/oder zur Refinanzierung seiner kreditierten Exportforderung (also zur Refinanzierung des vom Exporteur dem Importeur gewährten Zahlungsziels). Vgl. → Kredite der AKA, → Kredite der KfW. Gegensatz: → Bestellerkredit.

Lieferbarkeitsbescheinigung. Schriftliche Bescheinigung, dass ein Wertpapier ordnungsgemäß erworben wurde und allen Anforderungen eines börsenfähigen Wertpapiers entspricht. S. a. → Affidavit.

Lieferbedingungen. Im Handelsverkehr übliche, vertraglich vereinbarte Einzelheiten über die Vertragsabwicklung, wie Abmachungen über Verpackung, Aufmachung, Liefertermin, Erfüllungsort u. a. Im Außenhandel sind hierfür v. a. die → Incoterms 2000 bedeutsam. L. sind meist mit → Zahlungsbedingungen gekoppelt. Vgl. → Handelsklauseln.

Liefergarantie oder Leistungsgarantie (engl.: delivery guarantee, frz.: garantie de livraison). Dient dem Importeur als Sicherheit dafür, dass der Exporteur seinen Liefer- bzw. Leistungsverpflichtungen nachkommt. Mit der L. verpflichtet sich ein Garant (i. d .R. eine Bank) bei nicht vertragsgemäßer, nicht termingerechter und/oder nicht sachgemäßer Lieferung einer Ware (Liefergarantie) oder Erbringung einer Dienstleistung (z. B. bei Montagen, Softwareinstallationen; Leistungsgarantie) Schadenersatz zu leisten. Es wird sozusagen eine Konventionalstrafe garantiert. Die Höhe der L. liegt i. d. R. zwischen 10 bis 20 % (in Ausnahmefällen auch bei 100 %) des Auftragswertes. Die L. kann mit der → Gewährleistungsgarantie kombiniert werden; dann handelt es sich um eine → Vertragserfüllungsgarantie.

Lieferung ab Werk. → Versandklausel, die besagt, dass der Käufer sämtliche Versandkosten ab Werk des Verkäufers zu tragen hat.

Lieferung frachtfrei. → Versandklausel, die besagt, dass der Verkäufer alle Versandkosten bis zur vereinbarten Empfangsstation, z. B. Bahnhof des Käufers, zu tragen hat. (Im Angebotspreis sind alle Transportkosten bis zur Empfangsstation enthalten.)

Lieferung frei Haus. → Versandklausel, die besagt, dass der Verkäufer alle Versandkosten bis zum Betriebsort des Käufers zu tragen hat. (Im Angebotspreis sind alle Transportkosten enthalten.)

Lieferung frei Waggon. → Versandklausel, die besagt, dass der Verkäufer die Versandkosten bis zur ersten Verladung (im Waggon), der Käufer die Versandkosten nach der Erstverladung zu tragen hat.

Lieferung unfrei. → Versandklausel, die besagt, dass der Käufer sämtliche Versandkosten ab der ersten Versandstation zu tragen hat.

Lieferungsrisiko. Es besteht im Außenhandel für den Importeur. Es liegt in der Einhaltung von Lieferfrist, Liefermenge, Lieferqualität und anderer Vereinbarungen bezüglich der Lieferung seitens des Exporteurs. Analog dazu besteht ein → Annahmerisiko für den Exporteur.

LIFFE. Abk. f. (engl.) → London International Financial Futures and Options Exchange.

Liga der Arabischen Staaten oder → Arabische Liga.

LIMEAN. Abk. f. (engl.) London Interbank Mean Rate. Dient als → Referenzzinssatz (gebildet als arithmethisches Mittel aus dem → LIBID und dem → LIBOR) im internationalen Interbankenhandel.

Linien-Konnossement. S. → Containerklausel.

Linienschifffahrt. Sie befördert Güter nach festem Fahrplan auf bestimmten Seewegen; mit festgelegten Häfen durch benannte Reedereischiffe. Der Fahrplan wird unabhängig von der Auslastung des Laderaums der Seeschiffe eingehalten. Gegensatz: → Trampschifffahrt.

Liquidität. Begr. f. d. Fähigkeit eines Wirtschaftenden (z. B. eines Unternehmens), laufende Zahlungsverpflichtungen erfüllen oder neue eingehen zu können. Der Liquiditätsstatus hängt von der Verfügbarkeit über Zahlungsmittel (Bargeld und Buchgeld), den kurzfristigen Kreditmöglichkeiten und dem erwarteten Liquidationswert von sonstigen Vermögensbeständen ab.

Liquiditätszuführende → Pensionsgeschäfte (engl.: repurchase operation, repo). Begr. aus dem → Offenmarktgeschäft des ESZB. Die Zentralbank kauft monetären Finanzinstituten auf der Basis einer → Rückkaufsvereinbarung Vermögenswerte (→ refinanzierungsfähige Sicherheiten, z. B. Schuldverschreibungen) ab und führt dadurch den monetären Finanzinstituten Bankenliquidität zu; vorübergehend, da Pensionsgeschäfte grundsätzlich → befristete Transaktionen sind.

Lizenz (engl. und frz.: licence). Begr. f. d. vertragliche Überlassung des Rechts zur Nutzung bestimmter → gewerblicher Schutzrechte oder von Verwertungsrechten nach dem → Urheberrecht. Mit einer Lizenz wird das dem Rechtsinhaber/Urheber vorbehaltene Nutzungs-/Verwertungsrecht einem Dritten eingeräumt. Für das eingeräumte Nutzungsrecht (z. B. an Patenten, Gebrauchsmustern, Geschmacksmustern, Marken, Warenzeichen) bzw. Verwertungsrecht (z. B. Vervielfältigungsrecht, Aufführungsrecht, Ausstellungsrecht) hat der Lizenznehmer dem Lizenzgeber eine Lizenzgebühr zu zahlen.

Lizenzfertigung oder Herstellungslizenz. Herstellung von Waren im Ausland auf der Grundlage einer Lizenzvergabe. D. h. ein inländischer Lizenzgeber räumt einem ausländischen Lizenznehmer vertraglich das Recht ein, Patente, Gebrauchsmuster, besondere betriebliche Kenntnisse (engl.: know how) u. a. für die eigene Produktion und den eigenen Vertrieb zu nutzen. Diese Form des Außenhandels ist insb. für Entwicklungländer interessant, die vorrangig ihre Rohstoffe im eigenen Land verarbeiten wollen, weil sie Fertigprodukte nicht einführen können/wollen. L. kann für den Lizenzgeber mit Vor- und Nachteilen verbunden sein. Zum einen besteht für ihn kein Risiko der Kapitalbindung bzw. nicht ausreichender Kapitalverzinsung (wie dies bei Direktinvestitionen und Joint Ventures der Fall ist). Zum anderen trägt er das Risiko, dass Lizenznehmer Qualitätsstandards nicht einhalten und dadurch der Ruf eigener Produkte auf dem Auslandsmarkt geschädigt wird.

Lloyd's Register of Shipping. Die weltweit bekannteste Gesellschaft für die Klassifikation von Schiffen. Hauptsitz: London. Lloyd's Register (LR) besteht schon seit 1760. Seine Objektivität und Integrität beruhen auf einer finanziellen, wirtschaftlichen und politischen Unabhängigkeit.
http://www.lr.org
Die LR-Gruppe unterhält weltweit mehr als 200 Büros; darunter mehrere in Deutschland (das Hauptbüro in Hamburg).

local@global – Außenwirtschaft online. Internet-Portal – gemeinsam mit → VWD – für die gesamte Außenwirtschaft. Bietet reichhaltige und qualifizierte Informationen und Dienstleistungen für das Auslandsgeschäft, nach Ländern, Branchen, Themen gegliedert, in 11 Fremdsprachen. Im Chat geben Experten der Außenwirtschaft online Antworten auf Fragen. Veröffentlicht wird eine Online-Ausgabe der „Nachrichten für den Außenhandel". local@global unterhält eine umfassende Linksammlung u. a. m. (z. B. → Ost-West-Contacter).
http://www.localglobal.de.

Logistisches Marktrisiko. S. → Marktrisiko.

Lohn-Veredelung. Bez. f. jene wirtschaftlichen Tätigkeiten, bei denen Waren zum Bearbeiten, Verarbeiten und Ausbessern in ein gebietsfremdes Land verbracht werden. Die jeweilige Ware verbleibt im Eigentum des Auftraggebers, der die Ware nach der L.-V. wieder zurücknimmt; er bezahlt den vereinbarten „Lohn". Es wird zwischen → aktiver Lohnveredelung (bei dem die Veredelung im Inland stattfindet) und → passiver Lohnveredelung (bei dem die Veredelung im Ausland erfolgt) unterschieden. Vgl. → besonderer Zollverkehr.

Lokales Marktrisiko. S. → Marktrisiko.

Lombardkredit. Kreditgewährung seitens der Finanzinstitute gegen Verpfändung von Wertpapieren.

Lombardsatz. Zinsatz, den die Deutsche Bundesbank bis zum 31.12.1998 für die Gewährung von Lombardkrediten an Kreditinstitute in Rechnung stellte. An seine Stelle trat ab 01.01.1999 der Zinsatz der EZB für die → Spitzenrefinanzierungsfazilität (SRF-Satz).

Lomé-Abkommen. Abkommen zwischen der → Europäischen Union – zuvor → Europäische Wirtschaftsgemeinschaft (EWG) bzw. → Europäische Gemeinschaft (EG) – und den (anfangs 46) → AKP-Staaten. Deren wirtschaftliche Leistungsfähigkeit sollte durch die Intensivierung der Handelsbeziehungen zwischen AKP- und EU-Ländern gesteigert werden. Z. B. durch den freien Zugang von Produkten mit Ursprung in den AKP-Staaten zu den EU-Märkten. Durch vermehrte Exporte, Stabilisierung der Exporterlöse (→ STABEX) und ein spezielles Finanzierungssystem für Bergbauerzeugnisse (→ SYSMIN) sollten die Wettbewerbsfähigkeit und die Lebensbedingungen insg. in den AKP-Staaten verbessert werden. Diesen entwicklungspolitischen Interessen entsprach zugleich die Interessenlage der EU-Länder: Zugang zu strategisch wichtigen Rohstoffen wie auch Sicherung eines langfristigen Ausbaus von Absatzmärkten. Das grundlegende Vertragswerk – Lomé I aus dem Jahr 1975 – wurde in fünfjährigen Intervallen erneuert und ergänzt. Lomé II (1979), Lomé III (1984) und Lomé IV (1990; dies für einen Zeitraum von 10 Jahren). Zurzeit sind 15 EU-Staaten und 70 Staaten aus den AKP-Regionen über → Assozierungsabkommen miteinander verbunden. Im Zuge zunehmender Globalisierung ist die Zukunft des Lomé-Abkommens ungewiss. Bei fortschreitender Liberalisierung der Weltmärkte wird kritisch angemerkt, dass die Lomé-Vereinbarungen eine Diskriminierung der nicht an die EU gebundenen Länder bewirken und die STABEX- und SYSMIN-Ausgleichssysteme nur die rohstoffreichen AKP-Länder begünstigen, nicht aber die eigentlich bedürftigen Entwicklungsländer dieser Staatengruppe.

Londoner Börse. → London Stock Exchange.

Londoner Club. Informeller Zusammenschluss privater Banken zur Abstimmung des gemeinsamen Vorgehens bei Zahlungsunfähigkeit (hoch-)verschuldeter Staaten. Der L. C. hat z. B. Russland im Jahre 2000 einen großzügigen Schuldenerlass eingeräumt. Vgl. → Pariser Club.

London International Financial Futures and Options Exchange (LIFFE). Gegr. 1982. Bedeutendste europäische Börse für Finanzmarktkontrakte; Terminbörse für den Handel mit → Futures und → Optionen (auf Zinstitel, Devisen und Aktienindizes).
http://www.liffe.com

London Stock Exchange (LSE). Der Welt ältester Marktplatz für den Aktienhandel. 1760 schufen 150 Broker den Jonathan's (Coffee House) Club. Seit 1773 als Stock Exchange

geführt; 1802 Status einer privaten Gesellschaft. Die LSE war im 19. Jhdt. die führende Börse der Welt. 1973 fusionierten britische Provinz-Börsen mit der LSE. Die LSE hat die Rechtsform einer Aktiengesellschaft. Aktien können nur von Börsenmitgliedern erworben werden. Börsenmitglieder (zurzeit ca. 4.000) müssen nicht Aktionäre sein. → „Big Bang" brachte 1986 eine Reihe struktureller Veränderungen in der Börsenorganisation: Mitglieder der Börse (mit Stimmrecht) können nur noch Firmen, keine Privatpersonen sein; sie haften nur noch beschränkt. Das Trennsystem von → Broker und → Jobber wurde aufgehoben; es gibt nur noch → „Market Maker" (knapp 40 im Aktienbereich, 30 im Bankenbereich). Die Mindestcourtagen wurden abgeschafft; die Gebühren können jetzt frei ausgehandelt werden. Übernahmen englischer Broker-/Jobber-Firmen können nunmehr zu 100 % (durch „outside corporations", also auch ausländische Firmen) erfolgen. Das elektronische System → SEAQ wurde eingeführt, das weitgehend den Parketthandel in der LSE ersetzt. Es kam zur Fusion zwischen LSE, der Organisation der internationalen Wertpapierhändler (London) und der Internationalen Wertpapierüberwachungs-Organisation (ISRO). 1991 trat an die Stelle des Börsenvorstands (engl.: Council of the Stock Exchange) das Direktorium (engl.: Board of Directors). Durch all diese Veränderungen wurde die Bedeutung und internationale Wettbewerbsfähigkeit des Börsenplatzes London gestärkt – v. a. gegenüber den beiden anderen weltweit großen Börsenplätzen in New York und Tokio. An der LSE sind auf dem „main market" die meisten britischen und internationalen Aktien gelistet; auf dem „Alternative Investment Market" (AIM) die Wachstums- und Jungunternehmen; auf dem „techMARK" die innovativen Technologieunternehmen. Bezogen auf die Marktkapitalisierung ist die LSE zurzeit die viertgrößte Aktienbörse der Welt.
http://www.londonstockexchange.com

Long-Position. (1) Begr. f. d. Position des Käufers in einem → Futures-, → Swap- oder → Optionskontrakt. (2) Devisenposition, bei der die Forderungen in einer bestimmten Währung die Verbindlichkeiten in der gleichen Währung übersteigen (Fremdwährungs-Plusposition). (3) Position, die an einem Kassamarkt durch den Kauf eines Finanztitels eingenommen wird. Gegenteil: → Short-Position.

Long-term-Papiere, → Bonds; → Kapitalmarktpapiere. Vgl. → Medium-term-Note.

Lorokonto. (Nicht mehr übliche) Bez. f. ein Konto, das von einem Kreditinstitut (A) für ein anderes Kreditinstitut (B) geführt wird. Aus der Sicht des Kontoinhabers handelt es sich um ein → Nostrokonto. Loroverbindlichkeiten von A entsprechen Nostroguthaben von B; Loroforderungen von A entsprechen Nostroverbindlichkeiten von B.

LR → Lloyd's Register of Shipping.

LRG → Längerfristiges Refinanzierungs-Geschäft.

LSE → London Stock Exchange.

Luftfahrt-Bundesamt (LBA). Bundesoberbehörde im Geschäftsbereich des → Bundesministeriums für Verkehr, Bau- und Wohnungswesen. Errichtet 1954. Sitz: Braunschweig. Zuständig für zahlreiche Aufgaben auf dem Gebiete der Sicherheit des Luftverkehr; u. a. für die Zulassung des Luftfahrtgerätes, Überwachung von dessen Verkehrssicherheit; für Fluglinien- und Streckengenehmigungen; für Flugunfalluntersuchungen. Das LBA führt die → Luftfahrzeugrolle. Es ist Gründungsmitglied der → JAA.
http://www.lba.de

Luftfahrtunfallversicherung. Versicherung für Personen, die als Flugpersonal oder als Fluggäste in einem Luftfahrzeug mitfliegen.

Luftfahrzeugrolle. Register, in dem die zum Luftverkehr zugelassenen Luftfahrzeuge eingetragen sind. In Deutschland führt das → Luftfahrt-Bundesamt die L.; in ihr sind alle zugelassenen, im Eigentum deutscher Staatsbürger oder bestimmter inländischer Gesellschaften stehender Luftfahrzeuge verzeichnet.

Luftfrachtbrief (engl.: air waybill/air consignment note – frz.: lettre de transport aérien). Transportdokument, das den Abschluss eines Frachtvertrages zwischen dem Ablader und der Fluggesellschaft bzw. ihres namentlich genannten Agenten über die Beförderung von Waren per Luftfahrzeug dokumentiert. Besteht aus drei Originalen: Je eine Ausfertigung erhalten Fluggesellschaft, Empfänger (Warenbegleitpapier), Absender; daneben erhält der L. mehrere Kopien, die für den Flughafen am Versand- und Bestimmungsort, für die Auslieferung und für evtl. weitere Frachtführer bestimmt sind. Der L. ist gem. den Regeln des → Warschauer Abkommens und den Allgemeinen Beförderungsbedingungen der → IATA gestaltet. Der L. stellt kein dem → Konnossement vergleichbares (Wert-)Papier dar. Wenn sichergestellt werden soll, dass der Empfänger nur gegen Erbringung der vereinbarten Leistung (z. B. Zahlung) in den Besitz des Luftfrachtgutes gelangen kann, empfiehlt es sich, die Ware an einen im Transportwesen tätigen Dritten (z. B. einen → Spediteur) zu senden, der seinerseits das Frachtgut per Konnossement an den Empfänger ausliefert.

Luftfrachtgeschäft. Bez. f. d. gewerbsmäßige Beförderung von Gütern durch Luftfahrzeuge. Das L. wird durch Luftfahrtgesellschaften (als Beförderer), Flughafengesellschaften (zuständig für den Umschlag der Güter auf dem Boden) und durch Luftfrachtagenten abgewickelt.

Luftgewicht. Im Eisenbahngüterverkehr die Gewichtsmenge, die über das tatsächliche Gewicht hinaus der Frachtberechnung zu Grunde gelegt wird; z. B. wenn der → Frachtsatz ein bestimmtes Mindestgewicht vorsieht oder für ein höheres Gewicht ein niedrigerer Frachtsatz herangezogen wird.

Luxemburgische Zentralbank – (frz.) Banque centrale du Luxembourg (BCL). Die → nationale Zentralbank (NZB) von Luxemburg.
http://www.bcl.lu/html/fr/index.html

Luxibor. Abk. f. (engl.) Luxembourg Interbank Offered Rate. Vgl. → FIBOR.

M

Maastrichter Vertrag. → Vertrag über die Europäische Union (EU-Vertrag – EUV). Auch Maastrichter Verträge, wenn nach dem EUV einerseits und dem → Vertrag zur Gründung der Europäischen Gemeinschaft (EG-Vertrag – EGV), dem fortentwickelten und erweiterten Vertrag zur Gründung der Europäischen Wirtschaftsgemeinschaft (EWG-Vertrag – EWGV) andererseits, unterschieden wird.

Made in Germany. Die international anerkannte Ursprungsbezeichnung für Güter, die in Deutschland hergestellt wurden.

Madrider Markenabkommen (MMA). Völkerrechtlicher Vertrag und Unterabkommen der → Pariser Verbandsübereinkunft zum Schutz des gewerblichen Eigentums (PVÜ); in Madrid am 14.4.1891 abgeschlossen, revidiert in Brüssel (1900), Washington (1911), Haag (1925), London (1934), Nizza (1957) und Stockholm (1967). Das MMA gilt zwischen den Verbandsstaaten in der jeweils gemeinsam ratifizierten Fassung und ermöglicht die internationale Registrierung von Marken (→ IR-Marke), die aber vorweg im Ursprungsland eingetragen sein müssen. Die internationale Registrierung erfolgt durch das → internationale Büro auf Vermittlung der nationalen Behörde (in Deutschland ist dies das → Deutsche Patent- und Markenamt) und führt zum internationalen Schutz der Marke nach Maßgabe des jeweiligen nationalen Rechts; wobei sich der Zeitvorrang in den jeweiligen Staaten nicht nach dem Tag der Anmeldung (wie im deutschen Recht), sondern nach dem Tag der internationalen Registrierung richtet.

Maestro. Produktname der international einsetzbaren → Debitkarte (und zugleich der Tochtergesellschaft) des US-amerikanischen Kreditkartenkonzerns → Mastercard. Was für Europa → edc, ist M. für die wichtigsten Länder weltweit.
http://www.maestrocard.com

Maghreb-Staaten. Bez. f. d. im westlichen Nordafrika gelegenen Staaten Algerien, Marokko und Tunesien. Die EU unterhält mit diesen Staaten enge (handelspolitische, finanzielle und technische) Kooperationen aufgrund mehrerer Maghreb-Abkommen. Vgl. → Union des Arabischen Maghreb (UAM).

Maintenance-Leasing. Längerfristiger → Leasing-Vertrag, mit dem ein Leasing-Geber die Wartung (Instandhaltung) des Leasing-Objektes übernimmt.

Major Market Index (MMI). Kursgewichteter Aktienindex. Er wird aus den Kursen von 20 Aktien der erstklassigen amerikanischen Gesellschaften (→ Blue Chips) errechnet. An der größten Terminbörse der Welt, der → CBOT in Chicago, werden z. B. Aktienindex-Futures auf den MMI gehandelt.

Makler → Handelsmakler, → Kursmakler, Vgl. → Broker.

Maklerbuch. Tagebuch des amtlichen → Kursmaklers, in dem alle Kauf- und Verkaufsaufträge sowie die ermittelten Kurse eingetragen werden. Das M. wird heute vom Börsencomputer (→ KISS) übernommen.

Maklercourtage, Maklergebühr → Courtage.

Maklergebühr, Maklercourtage → Courtage.

Manager-Unternehmen. Bez. f. Unternehmen, die nicht von Eigentümern, sondern von angestellten Personen in den Führungspositionen (Managern) geleitet werden. Gegensatz: → Eigentümer-Unternehmen.

Mantel. Bez. f. d. Teil einer Wertpapierurkunde, der das Hauptrecht verbrieft; z. B. bei Aktien das Mitgliedschaftsrecht, bei Schuldverschreibungen das Forderungsrecht, bei Investmentzertifikaten das Miteigentumsrecht. Der M. ist die gefaltete Doppelseite der „eigentlichen" Wertpapierurkunde. Beigefügt ist der → Bogen (mit → Coupons und → Talon), in dem die Nebenrechte verbrieft sind; z. B. das Recht auf Gewinnanteile (Dividenden) bei Aktien, des Recht auf Zinszahlungen bei Schuldverschreibungen, das Recht auf Ertragsanteile bei Investmentzertifikaten.

MAPs. Abk. f. Markt-Analyse-Portale des → Internationalen Handelszentrums UNCTAD/ WTO (ITC).

Margenkredit. S. → Kredite der Ausfuhrkredit-Gesellschaft (AKA); deren Plafond D- und Plafond E-Kredite.

Margin. Begr. f. d. Sicherheitsleistung im Future- und Optionshandel. Käufer und Verkäufer von Terminkontrakten und Verkäufer von Optionen haben für übernommene Verpflichtungen der Clearing-Stelle der Terminbörse Sicherheit zu leisten; in bar oder in Form von Wertpapieren. Bei Abschluss eines Geschäftes ist ein erster „Einschuss" (engl.: initial margin) zu leisten. Die Börsengeschäfte werden täglich verrechnet. Teilnehmer mit höheren Lastschriften als Gutschriften haben einen Nachschuss zu leisten. Vgl. (engl.) → Margin Call.

Marginaler Swapsatz (engl.: marginal swap point quotation). Swapsatz, bei dem das gewünschte Zuteilungsvolumen im Rahmen eines → Tenderverfahrens erreicht wird.

Marginaler Zinssatz (engl.: marginal interest rate). Zinssatz, bei dem das gewünschte Zuteilungsvolumen im Rahmen eines → Tenderverfahrens (s. → Zinstender) erreicht wird.

Margin Call. Bez. f. d. Verpflichtung bei Termingeschäften, zur Sicherheit des Brokers oder Kreditgebers einen Nachschuss zu leisten. Eine solche zusätzliche Geld-/Wertpapierleistung wird fällig, wenn der erste "Einschuss" aufgezehrt ist.

MarkenG. Abk. f. → Markengesetz.

Markengesetz (MarkenG). Gesetz zur Reform des Markenrechts und zur Umsetzung der Ersten Richtlinie 89/104/EWG des Rates vom 21.12.1988 zur Angleichung der Rechtsvorschriften der Mitgliedstaaten über die Marken (Markenrechtsreformgesetz) v. 25.10.1994 (BGBl. 1994 I 3082, 1995 I 156), i. F. d. Markenrechtsänderungsgesetzes vom 19.07.1996 (BGBl. I 1014) mit spät. Änd., zuletzt geändert am 23.07.2002 (BGBl. I 2852).
http://www.markengesetz.de/

Market Access Database. Eine Datenbank der Europäischen Gemeinschaft, die umfassende und stets aktuelle Informationen über Drittlands-Märkte bereitstellt; v. a. über Verfahrensvorschriften beim Export und Import, Zölle (die angewandeten Zolltarife vieler Länder sowie die WTO-gebundenen Zolltarife), Steuern, GATS-Informationen und Besonderheiten, die zu beachten sind.
http://mkaccdb.eu.int

Marketmaker. Begr. f. d. professionellen Börsenhändler, der gleichzeitig bestimmte handelbare Papiere (wie Wertpapiere; Futures, Optionen) zu einem (relativ niedrigen) Geldkurs nachfragt und zu einem (relativ höheren) Briefkurs anbietet. Der M. stellt also verbindliche → Bids und → Asks, zu denen er bereit ist, näher quantifizierte Mengen der genannten Papiere für eigene Rechnung zu kaufen oder zu verkaufen. Er ermöglicht dadurch die Marktpreisfindung der betreffenden Papiere. Der M. nennt potenziellen Kontrahenten auf Anfrage Preise, ohne zu wissen, ob die Nachfragenden auch tatsächlich kaufen oder verkaufen wollen. Aus dieser Funktion ergeben sich für die Marktpartner mehrere Vorteile: Der M. hat stets einen Partner für einen sofortigen Geschäftsabschluss – unabhängig von der Marktlage; er bietet einen „Sofortigkeitsservice". Die Bonität des M. ist zweifelsfrei. Seine Kurse sind marktgerecht (er kauft und verkauft ja tatsächlich). Da die M. ihrerseits in Konkurrenz zueinander stehen, sind die von ihnen festgelegten Preise i. d. R. marktnah. Der Gewinn des M. liegt in der Realisierung der Differenz zwischen Brief- und Geldkurs. Das M.-Prinzip wird – im Vergleich mit dem traditionellen „Auktionsprinzip" – als das effizientere Kursermittlungsverfahren an den Börsen betrachtet. An der → London Stock Exchange trat der M. 1986 an die Stelle der → Broker und → Jobber im früheren Trennsystem.

Market-to-Market (engl.: daily settlement). Bez. f. d. an Terminbörsen seitens der Clearingstelle angewandte Regelungsprinzip, börsentäglich die von den Marktteilnehmern gestellten Sicherheiten den Preisveränderungen anzupassen. Die sich ergebenden Gewinne bzw. Verluste werden auf den Konten der Kontrahenten verrechnet. Überwiegen auf einem Konto die Lastschriften, erfolgt ein (engl.) → Margin Call.

Märkte der Welt mit Außenhandelsdienst. Wöchentlich erscheinender Newsletter für professionelle Exporteure und Importeure der → Vereinigten Wirtschaftsdienste (VWD). Er fasst die wichtigsten aktuellen Nachrichten über Außenwirtschaftspolitik, Auslandsaktivitäten deutscher Unternehmen, neue Zollbestimmungen, Handelsrecht, Logistik, Kooperationsangebote und Geschäftswünsche zusammen.

Markt in Kürze. Eine Veröffentlichungsreihe für Marktanalysen der → Bundesagentur für Außenwirtschaft (bfai). Wichtige Daten und Prognosen zu ausgewählten Auslandsmärkten, recherchiert von den weltweit eingesetzten Marktbeobachtern der bfai, bieten – mit Kontaktanschriften – branchenbezogene Entscheidungshilfen für Export, Import und Investitionsvorhaben in einzelnen Ländern.

Marktkapitalisierung oder Börsenkapitalisierung. Kennzahl für den Börsenwert eines Unternehmens. Ihre Berechnung erfolgt durch die Multiplikation des aktuellen Börsenkurses einer Aktie mit der Anzahl der ausgegebenen Aktien der jeweiligen Gesellschaft.

Marktordnung gem. → Marktordnungsgesetz. Das Interventionssystem von Maßnahmen zur Beeinflussung und Lenkung von Angebot und Nachfrage, Preisen und Qualitäten bestimmter Agrarprodukte (der → Marktordnungswaren). Zur Erreichung der Ziele der gemeinsamen Agrarpolitik ist ein Katalog von Maßnahmen (Art. 39 EWG-Vertrag) vereinbart worden: Produktivitätssteigerung in der Landwirtschaft (mit der für die landwirtschaftliche Lebenshaltung erforderlichen Einkommenssicherung), Marktstabilisierung, Versorgungssicherheit und Versorgung der Verbraucher mit Agrarprodukten zu angemessenen Preisen. Zur Verwirklichung dieser Ziele sind die gemeinsamen → Marktorganisationen der EG geschaffen worden. S. a. → Europäischer Ausrichtungs- und Garantiefonds für die Landwirtschaft (EAGFL).

Marktordnungsgesetz (MOG). Gesetz zur Durchführung der gemeinsamen Marktorganisation v. 31.08.1972 (BGBl. I 1617), i. d. F. v. 27.08.1986 (BGBl. I 1397) mit spät. Änderungen.

Marktordnungsstellen

Das MOG stellt die Rechtsgrundlage für die Durchführung der gemeinsamen → Marktorganisationen der EG für landwirtschaftliche Erzeugnisse in Deutschland dar. Es bestimmt die für den innerstaatlichen Vollzug zuständigen Behörden; v. a. die Marktordnungs- und Interventionsbehörden. S. → Marktordnungsstellen. Das MOG ermächtigt zu umfangreichen Vollzugsvorschriften, regelt den Verwaltungsvollzug und die hierfür gegebenen sonstigen Behördenzuständigkeiten; z. B. der Bundesfinanzverwaltung (Vorschriften der staatlichen Finanzverwaltung – VSFM – 0310).

Marktordnungsstellen. Die nach § 28 AWG i. V. m. § 3 MOG zuständigen Anstalten des öffentlichen Rechts. Dies sind in Deutschland die → Bundesanstalt für Landwirtschaft und Ernährung (BLEG) und das → Bundesamt für Wirtschaft und Ausfuhrkontrolle (BAFA). S. a. gemeinsame → Marktorganisationen (GMO).

Marktordnungswaren. Nach EG-Verordnungen gehören zu den M. Agrarprodukte, für die im Rahmen der GMO ständige Interventionen, ein starres Preissystem und Qualitätsnormen vorgesehen sind; sowohl im Bereich des EG-Binnenmarktes als auch im Bereich des Außenhandels mit Drittländern. Dazu zählen: Eier, Fette, Geflügelfleisch, Gemüse, Obst, Verarbeitungserzeugnisse aus Obst und Gemüse, Getreide, Milch, Milcherzeugnisse, Reis, Rindfleisch, Rohtabak, Schaf- und Ziegenfleisch, Schweinefleisch, Trockenfutter, Zucker.
Bei anderen M., wie z. B. bei Fischereierzeugnissen und Wein, wird auf ein starres Preissystem verzichtet. Die GMO beschränken sich auf Beihilfen, Lagerungsmaßnahmen und → Abschöpfungen bei der Einfuhr bzw. Erstattungen bei der Ausfuhr. Diese können von Fall zu Fall angeordnet werden.
GMO ohne ständige Interventionen bestehen für Flachs, Hanf, künstlich getrocknetes Futter, Hopfen, lebende Pflanzen, Waren des Blumenhandels, Saatgut.

Marktorganisationen, gemeinsame (GMO). Begr. f. d. gemeinsamen Interventionsstellen der EG i. S. d. MOG. Sie bilden ein System der Marktordnung für Agrarprodukte; die → Marktordnungswaren. Die GMO regeln den Binnenhandel innerhalb und zwischen den Mitgliedstaaten sowie den Außenhandel der EG und z. T. auch die Produktion. Die Regelungen für bestimmte Produkte oder Produktgruppen sind im Einzelnen – den Marktverhältnissen und Versorgungsbedürfnissen entsprechend – unterschiedlich.
Am bedeutsamsten sind die GMO mit ständiger Intervention zur Aufrechterhaltung eines festgesetzten Preisniveaus. Hierzu setzt die EU-Kommission periodisch (meist jährlich) Richtpreise fest. An diesen soll sich die Erzeugung orientieren. Sie bilden auch die Grundlage für Interventionsmaßnahmen (Ankauf, Abgabe und Verwertung von Marktordnungswaren durch innerstaatliche Stellen, Subventionierung der privaten Lagerhaltung, Exportsubventionen u.a.). Für die Einfuhr in die EG werden sog. Schwellenpreise („Einschleusungspreise" = Richtpreis für den Übergangsgrenzort der EG) festgesetzt. Auf niedrigere Einfuhrpreise wird eine sog. → Abschöpfung erhoben. Die Preisregulierung wird durch eine Abnahmeverpflichtung der Interventionsstellen zum Richtpreis bewirkt.
Die übrigen GMO enthalten Regelungen der Produktionsförderung durch Maßnahmen organisatorischer Art (Erzeugerverbände, Vermarktungseinrichtungen, Standardisierung u. Ä.) und durch Subventionen.
Soweit wegen Überproduktion der Gemeinschaft Exportsubventionen gezahlt werden müssen, ist die Produktion quotenmäßig auf die Mitgliedstaaten verteilt.
Das System der EG-Agrarmarktordnung wird durch einheitliche, mit EG-Verordnungen festgesetzte Qualitäts- und Vermarktungsnormen sowie durch organisatorische Maßnahmen zur Erzeugungs- und Marktbeobachtung ergänzt. Für den EG-Binnenhandel enthalten alle GMO ein generelles Verbot von Zöllen, Abgaben, Kontingenten und sonstigen Handelsbeschränkungen.

Marktrisiko. Besteht im Außenhandel in der Verlustgefahr, die auf einer falschen unternehmerischen Einschätzung des Auslandsmarktes beruht. Das M. kann seinerseits in unterschiedlicher Weise auftreten: quantitatives M. (Fehleinschätzung des Marktvolumens; zu geringe Mengen – Käufer gehen zu anderen Produkten über; zu hohe Mengen – Überangebot führt zu Preisverfall), qualitatives M. (ungeeignetes Sortiment, nicht marktgerechte Produktqualität), lokales M. (Auswahl des falschen Absatz-/Beschaffungsmarktes), logistisches M. (Entscheidung für unzweckmäßigen Distributions-/Beschaffungsweg), temporales M. (Verfehlung des richtigen Absatz-/Beschaffungszeitpunktes, z. B. bei neuen Produkten).

Marshall-Plan. Bez. f. d. → Europäische Wiederaufbauprogramm (ERP) nach dem Zweiten Weltkrieg. Dieses wurde nach den Vorschlägen von George C. Marshall (als Staatssekretär, dann als amerikanischer Außenminister) am 03.04.1948 erlassen und nach ihm benannt. Es blieb auf Westeuropa beschränkt, da sich die Ostblockländer einer Mitarbeit verweigerten und einen eigenen Molotov-Plan initiierten (aus dem der → Rat für gegenseitige Wirtschaftshilfe – RGW/COMECON – hervorging).

Massengut. Begr. f. unverpackte, flüssige oder trockene Schüttgüter (z. B. Mineralöl, Weizen). Beim Transport werden die Beförderungseinheiten nicht nach der Stückzahl (s. → Stückgut), sondern nach Gewicht und Volumen bestimmt.

Maßgut. Begr., der umschreibt: (1) In der Seeschifffahrt die Frachtberechnung für sog. messende Güter nach Raummaß (→ Frachttonne). 1.000 kg nehmen mehr Raum ein als 1 m^3 (cbm); dann heißt dreimal messend: Eine Gewichtstonne misst 3 m^3 (cbm). (2) In der Luftfahrt: M. ab sechsmal messend. (3) Bei Eisenbahnfracht: M., wenn 150 kg mehr als 1 m^3 (cbm) Raum einnehmen.

MasterCard. Das weltweite Kreditkarten-Zahlungssystem des gleichnamigen US-amerikanischen Konzerns. MasterCard unterhält eine Kooperation mit → Eurocard.
http://www.mastercard.com

Mate's Receipt (Steuermannsquittung). Geht häufig dem → Bordkonnossement voraus; als vorläufige Bescheinigung einer Schiffsgesellschaft (Verfrachter) oder ihres Vertreters (z. B. des Kapitäns des Schiffes), dass sich die Ware als Frachtgut an Bord des Schiffes befindet und sich der Verfrachter vorbehält, Bordkonnossemente gegen Rückgabe des M. R. auszuhändigen. Der Ablader füllt dann die erforderliche Zahl der Bordkonnossemente aus und legt sie mit dem M. R. dem Verfrachter zur Unterschrift vor.

MAX-Index. Abk. f. Mittelstands-Aktien-Index, entwickelt von der Deutschen Industriebank AG. Er umfasst 100 Aktien (Stamm- oder Vorzugsaktien), notiert im amtlichen Handel oder am geregelten Markt, mit einer Börsenkapitalisierung von max. 300 Mio. €. Ultimo 1987 wurde die Basis des MAX auf 1000 Punkte gesetzt. Dadurch ist ein Vergleich mit dem → DAX gut möglich.

MCCA. Abk. f. (span.) Mercado Común Centro-Americano; → Zentralamerikanischer Gemeinsamer Markt oder (engl.) Central American Common Market (CACM).

M-Commerce. Bez. für den → E-Commerce, der über Mobil-Telefone (Handys) abgewickelt wird.

MDAX. Abk. f. Mid Cap DAX. Wird als → Performance-Index von (9.00 bis 20.00 Uhr aus Xetra®-Preisen) und als Kursindex (einmal täglich aus Kassakursen) von 70 an der Deutschen

Börse variabel gehandelten Aktien der „zweiten Reihe", den sog. → Mid Caps, ermittelt. Er liefert die statistische Messzahl für die Kursentwicklung der 70 Aktien des → DAX 100, die nicht im → DAX enthalten sind, aber ein erhebliches Gewicht am deutschen Aktienmarkt haben; zum einen aufgrund ihrer → Börsenkapitalisierung und zum anderen wegen ihres → Free Floating Capital. Der MDAX wird auf der Basis Ultimo 1987 gleich 1000 Punkte ermittelt.
http://www.mdax.de

MEBF. Abk. f. (engl.) → Mercosur European Business Forum.

Medium Term Note (MTN). Mittelfristiges Geldmarktpapier. Eine flexible Fazilität, bei der Emittenten zu unterschiedlichen Zeitpunkten ungesicherte → Notes (auf den Euro-Märkten) begeben können. Das MTN-Volumen, die -Währung und -Laufzeit können dem Finanzierungsbedarf genau angepasst werden. Die Verzinsung ist fest bzw. – an einen Index gekoppelt – variabel. Das Platzierungsrisiko bleibt beim Emittenten, da die beteiligten Banken – im Unterschied zu den Euro-Notes-Fazilitäten – i. d. R. keine Übernahmeverpflichtung übernehmen. Vgl. → Long-term-Papiere; → Kapitalmarktpapiere.

Mehrwertsteuer (MWSt) – (engl.) Value Added Tax (VAT) oder (frz.) Taxe sur la Valeur Ajoutée (T.V.A.). Die MWSt ist (seit dem 01.01.1968 in der EU eingeführt) eine → Umsatzsteuer mit → Vorsteuerabzug; eine nicht-kumulative Allphasen-Nettoumsatzsteuer. In den EU-Staaten gilt grundsätzlich für alle Umsatzarten ein jeweils einheitlicher Mehrwertsteuersatz; dieser Normalsatz beträgt zurzeit in Deutschland 16 % (in EU-Staaten mindestens 15 %). Für bestimmte lebensnotwendige Güter ist die Anwendung eines ermäßigten Mehrwertsteuersatzes gestattet; er beträgt dzt. in Deutschland 7 % (in EU-Staaten mindestens 5 %).

M 1, M 2, M 3. S. → Geldmenge.

Meistbegünstigung. Begr. f. d. vertragliche Verpflichtung eines Staates, alle handelspolitischen Vergünstigungen (insb. im Zollbereich), die er irgendeinem Staat gegenüber eingeräumt hat, auch allen anderen Staaten gegenüber zu gewähren, mit denen M. vereinbart ist. Die M. gehört zu den wichtigsten Fundamenten der → WTO; sie ist für ihre Mitglieder nach allen drei Teilabkommen, → GATT, → GATS und → TRIPS, verbindlich. Von der Verpflichtung zur M. sind → Freihandelszonen, → Zollunionen und die Commonwealth-Präferenz ausdrücklich ausgenommen. Die M. wird zurzeit nur bei rd. 50 % des Welthandels angewendet. Sie wird auch durch → nicht tarifäre Handelshemmnisse unterlaufen, z. B. durch Kontingentierungen der Wareneinfuhr. Deutschland hat mit nahezu allen Staaten, mit denen es Handelsverträge abgeschlossen hat, die M. – auf Gegenseitigkeit – vereinbart.

Meistbegünstigungsklausel. Vertragliche Nebenbestimmung in internationalen Abkommen zwischen Staaten (meist bilateralen Handelsverträgen), mit der die → Meistbegünstigung vereinbart wird.

Meldepflichten im Außenwirtschaftsverkehr. Sie ergeben sich in Deutschland aus dem → Außenwirtschaftsgesetz; § 26 Abs. 2 AWG. Danach kann angeordnet werden, dass Rechtsgeschäfte und Handlungen im Außenwirtschaftsverkehr, insb. auch hinsichtlich der sich aus ihnen ergebenden Forderungen und Verbindlichkeiten sowie Vermögensanlagen und die Leistung oder Entgegennahme von Zahlungen unter Angabe des Rechtsgrundes zu melden sind. Die diversen Bestimmungen zur Durchführung des AWG enthält im Einzelnen die → Außenwirtschaftsverordnung AWV). Die aufgrund der Meldepflicht gewonnenen Daten dienen der Erstellung der Zahlungsbilanz und damit der fortlaufenden Registrierung der internationalen Wettbewerbsfähigkeit einer Volkswirtschaft, ihrer außenwirtschaftlichen Strukturen und deren Veränderungen. Sie sind unentbehrlich für die realitätsgemäße Wahrnehmung und für die Gestaltung der außenwirtschaftlichen Beziehungen. Erforderlich insb. auch im Hinblick auf die Erhaltung der Fähigkeit einer Volkswirtschaft, ihren internationalen wirtschaftlichen, aber auch anderen kulturellen und politischen (Zahlungs-) Verpflichtungen auf die Dauer möglichst störungsfrei nachkommen zu können.

Meldepflichten im internationalen Dienstleistungsverkehr, Vorführungs- und Senderechte bzw. Braurechte betreffend. (1) Gem. § 50a AWV haben in Deutschland Gebietsansässige zu melden: Zum einen Lizenzausgaben, die sich aus Verträgen ergeben, mit denen von Gebietsfremden Vorführungs-, Video- oder Senderechte an Spiel-, Kinder- oder Jugendfilmen (Abspieldauer von mindestens 45 Minuten) erworben werden. Zum andern Lizenzerlöse aus Verträgen, in denen Gebietsfremden analoge Rechte eingeräumt werden. (2) Gem. § 50b AWV haben Gebietsansässige den Abschluss von Verträgen zu melden, mit denen Gebietsfremden das Recht eingeräumt wird, in ihrem Gebiet Bier herzustellen und mit einer Bezeichnung oder Ausstattung zu vertreiben, die mit Ursprungs-Kennzeichnungen Gebietsansässiger übereinstimmt oder verwechselt werden könnte.

Meldpflichten im internationalen Zahlungs- und Kapitalverkehr. Gem. § 26 AWG gibt es in Deutschland eine Reihe von Meldevorschriften. Sie beziehen sich auf folgende Bereiche, für die es jeweils umfassend formulierte Einzelbestimmungen gibt. (1) Vermögensanlagen Gebietsansässiger in fremden Wirtschaftsgebieten (§§ 55, 56 AWV). (2) Vermögen Gebietsansässiger in fremden Wirtschaftsgebieten (§§ 56a, 56b AWV). (3) Vermögensanlagen Gebietsfremder im Wirtschaftsgebiet (§§ 57, 58 AWV). (4) Vermögen Gebietsfremder im Wirtschaftsgebiet (§§ 58a, 58b AWV). (5) Meldung von Zahlungen (§§ 59, 60, 61 AWV). (6) Meldungen von Forderungen und Verbindlichkeiten (§§ 62, 63 AWV). (7) Meldung von Zahlungen im Transithandel (§ 66 AWV). (8) Meldung von Zahlungen der Seeschifffahrtsunternehmen (§ 67 AWV). (9) Meldungen der Geldinstitute (§ 69 AWV).

Meldepflichtige Überweisungen nach der → Außenwirtschaftsverordnung. Bei grenzüberschreitenden → Überweisungen von Geldbeträgen in Staaten außerhalb der EU und der → EWR-Staaten (→ Drittländer) hat der Überweisende (Kunde einer Geschäftsbank) die Meldepflichten nach den §§ 59ff. AWV zu beachten. Zurzeit beträgt der Schwellenbetrag 12.500 € oder dessen Gegenwert in einer anderen Währung.

Mengennotierung. (In Deutschland seit Einführung des Euro die „amtliche") Form der Angabe des → Wechselkurses bzw. Devisenkurses: Einer inländischen Währungseinheit entsprechen soundso viele ausländische Währungseinheiten; z. B. 1 € = 0,98 US-$. Der M. vom Standpunkt des einen Landes entspricht die → Preisnotierung vom Standpunkt des anderen Landes.

Mengensteuer. (→ Verbrauch)Steuer, deren Bemessungsgrundlage die physische Einheit (Mengeneinheit) des besteuerten Gutes ist. In Deutschland ist z. B. die Mineralölsteuer eine M. Gegensatz: → Wertsteuer.

Mengentender (engl.: volume tender) oder Festsatztender (engl.: fixed rate tender). → Tenderverfahren, bei dem die EZB den Zinsatz vorgibt, zu dem die teilnehmenden monetären Finanzinstitute (MFIs) die Betragsgebote bei ihrer nationalen Zentralbank einreichen können. Wenn die gesamte Bietungssumme den von der EZB insgesamt bestimmten Zuteilungsbetrag übersteigt, dann kommt es zur → Repartierung. Den MFIs wird anteilig im Verhältnis des Zuteilungsbetrages zum gesamten Bietungsaufkommen Zentralbankgeld zugeteilt. Alle Einzelgebote werden gleichmäßig repartiert, d. h. mit demselben Repartierungsatz bedient. Vgl. → Zinstender.

Mengenzoll. Eine Steuer auf Außenhandelsgüter; s. → Zoll. Die Bemessungsgrundlage sind Mengeneinheiten, z. B. Meter, Stück oder Tonne. Bei einem M. kann die Zollbelastung eines Gutes bei steigenden Preisen relativ sinken. Vgl. → Spezifischer Zoll.

Mercado Común Centroamericano (MCCA) oder (engl.) Central American Common Market (CACM). → Zentralamerikanischer Gemeinsamer Markt.

Mercado Común del Cono Sur (MERCOSUR). → Gemeinsamer Südamerikanischer Markt.

Merchant Banks. Britische Finanzinstitute, die sich überwiegend mit der Finanzierung des Handels und der Industrie befassen. Sie betreiben aber auch Emissiongeschäfte, Fondsverwaltung, Anlageberatung und andere Geschäfte, denen sich in der Regel die (engl.) → Clearing Banks nicht widmen. Unter den M. B. spielen die (engl.) → Accepting House Banks eine führende Rolle.

Merchants' Haulage (MH). In Seefrachtverträgen international verwendete Klausel. Sie besagt, dass der → Versender den Transport im Zuge der Abwicklung von Containerladungen bzw. Dienstleistungen im Seefrachtgeschäft vom bzw. zum Seehafen (den Vor- und Nachlauf) in Eigenregie übernimmt oder durch einen beauftragten Spediteur vornehmen lässt. Vgl. → Carrier's Haulage (CH), → Voll-Container-Ladung (FCL), → Teil-Container-Ladung (LCL), → FCL for delivery FCL, → LCL for delivery LCL, → Feederschiff.

Mercosul – (port.) Mercado Comun do Sul – (span.) Mercado Común del Cono Sur (Mercosur). → Gemeinsamer Südamerikanischer Markt.

Mercosur – (span.) Mercado Común del Cono Sur – (port.) Mercado Comun do Sul (Mercosul). → Gemeinsamer Südamerikanischer Markt.

Mercosur/European Union Business Forum (MEBF) – (span.) Foro Empresarial Mercosur/ Unión Europea. Anlässlich der Deutsch-Brasilianischen Wirtschaftstage im September 1997 in Rio de Janeiro plädierten die Regierungs- und Unternehmervertreter für ein Freihandelsabkommen zwischen dem Mercosur und der EU. Vor diesem Hintergrund wurde das MEBF ins Leben gerufen. Es ist ein Forum von rd. 60 hochrangigen Unternehmern aus dem Mercosur und der EU. Sie identifizieren Hemmnisse in den gegenseitigen Wirtschaftsbeziehungen und erarbeiten Vorschläge und Empfehlungen für deren Abbau. Die Empfehlungen des MEBF fließen in die Verhandlungen der EU mit dem Mercosur ein. Eine direkte Beteiligung des Forums an den Regierungsgesprächen ist nicht vorgesehen. Die Ergebnisse der MEBF-Konferenzen werden auch in die jährlichen Gipfeltreffen der Staats- und Regierungschefs EU/Lateinamerika eingebracht. Bisher befasste man sich mit den Themenbereichen Marktzugang (Zollverfahren, Schutz geistigen Eigentums, Standards/Zertifizierungen), Investitionen/Privatisierung (strategische Allianzen in Lateinamerika, öffentliches Auftragswesen, Verbesserung der Rahmenbedingungen) und Dienstleistungen (Informationsgesellschaft, Finanzdienstleistungen, Tourismus).
http://mebf.repsol-ypf.com.

Merkantilismus. Begr. f. d. Wirtschaftssystem, das (vom 16. bis zum 18. Jhdt.) die ständisch gebundene Wirtschaft ablöste. An die Stelle der dezentralistischen, überwirtschaftlich bestimmten Gemeinschafts- und Selbstversorgungswirtschaft des Mittelalters trat eine zentralistische Staatswirtschaft. Träger der Wirtschaftspolitik wurde der Staat selbst. Es entstand ein System der „fürstenstaatlichen Wohlfahrtspolizei" mit einheitlicher, absolutistisch-bürokratischer Verwaltung. Im M. wurde die Naturalwirtschaft immer mehr durch die Geldwirtschaft abgelöst. Großbetriebe (staatliche Manufakturen) sprengten die herkömmlichen Zunftbindungen. Unzählige Maßnahmen staatlicher Gewerbe-, Verkehrs-, Handels- und Bevölkerungspolitik wurden ergriffen, um den Reichtum des (neuen, souveränen) Territorialstaats zu mehren. Es kam zu einer bewussten Außenwirtschaftspolitik vom Staate her. Dabei wurde eine aktive Handelsbilanz angestrebt; zu deren Erreichung wurde der Export gefördert und der Import Beschränkungen unterworfen. Durch größere Export- als Importwerte strömte Geld ins Land. Geld, das für die Macht- und Prachtentfaltung des absolutistischen Fürstenstaates benötigt wurde; z. B. für das Militär (stehendes Heer), für die Staatsverwaltung (durch Beamte), für die (barocke) Hofhaltung. Vgl. → Neomerkantilismus.

Merkblätter über die gewerbliche Wareneinfuhr mit nützlichen Tipps – für alle Länder. Inhalt: Zollrecht, Verbrauchsteuerrecht, Zollausfuhr, Zolldurchfuhr, Abfertigung zum freien Verkehr, Einfuhrverfahren, nicht tarifäre Handelshemmnisse, Ausfuhrverfahren. Sie werden von der → Bundesagentur für Außenwirtschaft (bfai) herausgegeben.

Messe. Eine öffentliche behördliche Marktveranstaltung, die regelmäßig periodisch (innerhalb eines oder im Laufe mehrerer Jahre) und i. d. R. am selben Ort durchgeführt wird. Auf einer M. wird innerhalb eines bestimmten Bezirks (Messegelände) und in einem bestimmten Zeitraum (Messezeit) unter Vorlage von Mustern (Mustermesse) ein repräsentatives Warenangebot dargeboten. Beschränkt sich dieses auf Erzeugnisse eines Wirtschaftsbereiches, spricht man von Fachmesse; bezieht es sich auf mehrere Wirtschaftsbereiche, handelt es sich um eine allgemeine oder Universalmesse. Den Zugang zur M. regelt die Messeordnung. Eine M. ist grundsätzlich offen für Erzeuger, Großhändler und Handelsvertreter als Aussteller sowie für jeden, der Erzeugnisse zu gewerblichen Zwecken erwerben will. Private Endverbraucher können eine Messe an allen Messetagen besuchen. Der Verkauf an sie ist zeitlich eingeschränkt. Der Verkauf an nicht gewerbliche Letztverbraucher und der sog. Handverkauf (sofortige Aushändigung der Ware) ist grundsätzlich zulässig, solange er im Rahmen des Gesamtumsatzes unbedeutend ist. National und international bedeutende deutsche Messeplätze sind z. B. Berlin, Düsseldorf, Frankfurt, Hamburg, Hannover, Köln, Leipzig, München, Nürnberg und Stuttgart.

Messekaufvertrag. Kaufvertrag, der zur Messezeit und am Messeort auf einem bei der Messeleitung erhältlichen Vordruck zwischen einem Gebietsansässigen und einem gebietsfremden Messeaussteller (der über ein zugeteiltes → Messekontingent für eine Messe im Inland verfügt) abgeschlossen wird. Der M. steht unter dem Vorbehalt der Erteilung einer Einfuhrgenehmigung. Er muss von der Messeleitung bestätigt werden.

Messekontingente für Ausstellungen und Messen im Ausland. Für Gebietsansässige, die an internationalen Ausstellungen und Messen im Ausland teilnehmen, gelten besondere Ausfuhrbestimmungen der Bundesrepublik Deutschland und der EG sowie Einfuhrbestimmungen des jeweiligen Gastgeberlandes. Die zollrechtliche Behandlung der transferierten Waren erfolgt immer dann gem. Übereinkommen über Erleichterungen für die Einfuhr von Waren, die auf Ausstellungen, Messen, Kongressen oder ähnlichen Veranstaltungen präsentiert oder verwendet werden, wenn der Staat, in dem die Veranstaltung durchgeführt wird, diesem Übereinkommen beigetreten ist.

Messekontingente für Ausstellungen und Messen im Wirtschaftsgebiet. Drittländern werden für Ausstellungen und Messen im inländischen Wirtschaftsgebiet besondere Messekontingente eingeräumt. Diese werden von einer amtlichen Stelle oder einem Beauftragten des Drittlandes auf Unternehmen des Drittlandes aufgeteilt. Hierüber werden die inländischen Stellen, die für die Erteilung einer Einfuhrgenehmigung zuständig sind, unterrichtet. Gebietsansässigen wird eine diesbezügliche Einfuhrgenehmigung nur aufgrund eines → Messekaufvertrages mit einem gebietsfremden Aussteller erteilt. Der gebietsfremde Verkäufer muss also über ein zugeteiltes Messekontingent verfügen und im Übrigen Muster der betreffenden Ware in „messewürdiger" Weise präsentiert haben. In Deutschland werden die bei der Antragstellung auf Erteilung einer Einfuhrgenehmigung zu beachtenden Einzelheiten von den zuständigen Stellen öffentlich im → Bundesanzeiger bekannt gegeben.

Messen weltweit. Ein umfangreiches Internet-Messe-Informationssystem mit Ausstellerservice. Die Nutzung aller Leistungen der Datenbank (zu Messestädten, -Terminen, -Produkten, -Veranstaltern, -Ausstellern, -Katalogen) ist kostenlos.
http://www.phone-fax.com/index1.htm.

Messespediteur. → Internationaler Spediteur, der für seine Auftraggeber Speditionsleistungen im Zusammenhang mit in- und ausländischen Ausstellungen und Messen erbringt, einschl. der damit verbundenen Einfuhr-, Ausfuhr-, Durchfuhr- und Zollformalitäten.

Metageschäft. Bez. f. d. Form eines Geschäftes zwischen Vertragspartnern (den Metisten), die sich verpflichten, Gewinne und Verluste zu teilen; z. B. bei Gelegenheitsgeschäften. Die Metisten sind im eigenen Namen, aber für Rechnung der Meta tätig. (M. ist vom ital. metà, Hälfte, abgeleitet.)

MEZ. Abk. f. Mitteleuropäische Zeit.

MFIs – (engl.) Monetary Financial Institutions; → Monetäre Finanzinstitute (im Euro-Währungsgebiet).

MKG. Abk. f. → Mobile Kontroll-Gruppen. S. → Hauptzollämter.

MH → Merchants' Haulage.

MIACR – (engl.) Moscow Interbank Actual Credit Rate. → Referenzzinssatz, ermittelt als gewogener Durchschnittssatz, zu dem Geschäftsbanken auf dem Moskauer Interbankenmarkt tatsächlich Geldmarkt-Transaktionen getätigt haben.

MIBID – (engl.) Moscow Interbank Bid. → Referenzzinssatz, der täglich als Durchschnittssatz aus den Geldnachfrage-Zinssätzen (Bids) von Geschäftsbanken am Moskauer Bankenplatz ermittelt wird.

MIBOR – (engl.) Moscow Interbank Offered Rate. → Referenzzinssatz, der täglich als Durchschnittssatz aus den Geldangebots-Zinssätzen (Asks) von Geschäftsbanken am Moskauer Bankenplatz ermittelt wird.

Mid Caps. Abk. f. (engl.) Medium Capitalisation Stocks. M. C. sind Aktien von Unternehmen mit mittlerer Börsenkapitalisierung (von 250 Mio. bis 1,5 Mrd. €). Hierfür gibt es eigene Aktienindices, z. B. → MDAX.

Middling. Bez. f. mittlere Qualität (engl.: medium quality) im internationalen Rohstoffhandel, z. B. eines Baumwolltypus. Vgl. → fair average quality.

MIGA. Abk. f. (engl.) Multilateral Investment Guarantee Agency; → Multilaterale Investitions-Garantie Agentur der Vereinten Nationen.

Milleniumsrunde. Dritte Ministerkonferenz der WTO in Seattle, USA (30.11. - 03.12.1999). S. → Welthandelsorganisation.

Mindestreserve. Im ESZB sind die Kreditinstitute verpflichtet (gem. EZB-Verordnung über Mindestreserven nach Art. 19.1 EZB/ESZB-Statut), einen bestimmten Teil ihrer Verbindlichkeiten als Pflichtguthaben auf Reservekonten bei den nationalen Zentralbanken zu halten. Die M. wird zum Satz für die → Hauptrefinanzierungsgeschäfte verzinst. Das Mindesreserve-Soll eines Institutes errechnet sich aus der → Mindestreservebasis und den → Mindestreservesätzen. Zu den reservepflichtigen Verbindlichkeiten, die zurzeit mit einem Reservesatz von 2 % belegt werden, zählen täglich fällige Einlagen sowie Einlagen mit vereinbarter Laufzeit und Kündigungsfrist von bis zu zwei Jahren, die Schuldverschreibungen mit vereinbarter Laufzeit von bis zu zwei Jahren und die Geldmarktpapiere. Für reservepflichtige Verbindlichkeiten in Form von Einlagen mit vereinbarter Laufzeit und Kündigungsfrist von mehr als zwei Jahren, von Repogeschäften und von Schuldverschreibungen mit vereinbarter Laufzeit von mehr als zwei Jahren gilt zurzeit der Reservesatz von 0 %. Kreditinstitute, deren Mindestreserve-Ist größer als das Mindestreserve-Soll ist, verfügen über eine sog. Überschussreserve; darüber können sie jederzeit frei (kostenlos) verfügen.

Mindestreservebasis (engl.: reserve base). Summe der Bilanzpositionen (insb. Verbindlichkeiten), die der Berechnung des Mindestreserve-Solls eines Kreditinstituts zu Grunde zu legen sind.

Mindestreserve-Erfüllungsperiode (engl.: maintenance period). Der Zeitraum, für den die Einhaltung der Mindestreservepflicht berechnet wird. Die M.-E. des Eurosystems beträgt einen Monat; beginnend mit dem 24. eines Monats und endend am 23. des Folgemonats.

Mindestreservepflicht (engl.: reserve requirement). Verpflichtung der Kreditinstitute, → Mindestreserven auf einem Reservekonto bei der Zentralbank zu halten. Im ESZB ist es den Kreditinstituten gestattet, einen Freibetrag vom Mindestreserve-Soll abzuziehen; Mindestreserveguthaben bei den nationalen Zentralbanken werden zum → Hauptrefinanzierungssatz verzinst.

Mindestreservepolitik. Teilbereich der → Geldpolitik (des → ESZB). Die M. ist ein Instrument zur Liquiditätssteuerung des Bankensystems. Die (Europäische) Zentralbank kann die Mindestreservesätze erhöhen oder senken. Bei gegebener Mindestreservebasis führt eine Erhöung der Mindestreservesätze zu einer höheren Mindestreservehaltung; dies bewirkt bei den Kreditinstituten eine Liquiditätsverknappung. Hingegen führt eine Senkung der Mindestreservesätze – ceteris paribus – zu einer geringeren Mindestreservehaltung; dies erhöht die Liquidität der Kreditinstitute.

Mindestreservesätze (engl.: reserve ratios). Von der (Europäischen) Zentralbank für jede Kategorie mindestreservepflichtiger Bilanzpositionen festgelegte Sätze, die zur Berechnung des Mindestreserve-Solls heranzuziehen sind.

Mindestreserve-Soll. S. → Mindestreserve, → Mindestreservepflicht.

Mindestzuteilung (engl.: minimum allotment). Begr. f. d. niedrigsten (Zentralbankgeld-)Betrag, der Geschäftspartnern bei Offenmarktgeschäften, die nach dem Tenderverfahren abgewickelt werden, zugeteilt wird. Das ESZB kann eine solche M. beschließen.

Mischzoll: Verbindung von → Wertzoll und → spezifischem Zoll. Einer dieser beiden Zollsätze gibt die Höchst- oder Mindestgrenze des anzuwendenden Zollsatzes an. Mit dem M. können Nachteile dieser beiden → Zollsätze – in ihrer getrennten Auswirkung – ausgeglichen werden. Durch M. können Preisveränderungen bei Importwaren weitgehend neutralisiert werden. Die Höhe des definitiv zu tragenden Zollsatzes ist variabel; er fällt mit steigenden Importpreisen und steigt mit sinkenden Importpreisen. Der GZT der EU enthält für einige Güter modifizierte Mischzölle, z. B. f. Gemüse und Obst (Wertzoll in Verbindung mit Gewichtsmindestzoll).

Mitteleuropäische Initiative – (engl.: Central European Initiative – CEI). Die M. I. wurde 1988 als politisches Abstimmungsforum zur projektbezogenen, unbürokratischen Zusammenarbeit in Politik, Wirtschaft, Kultur und Umweltschutz gegründet. Ihr gehören zurzeit an: Albanien, Bosnien-Herzegowina, Bulgarien, Italien, Bundesrepublik Jugoslawien, Kroatien, Mazedonien, Moldau, Österreich, Polen, Rumänien, Slowakei, Slowenien, Tschechische Republik, Ukraine, Ungarn, Weißrussland. Arbeitsgruppen befassen sich mit der Vorbereitung grenzüberschreitender Gemeinschaftsprojekte.

Mitteleuropäisches Freihandelsabkommen – (engl.) Central European Free Trade Agreement (CEFTA). 1992 in Krakau von Polen, Ungarn, Tschechien und der Slowakei unterzeichnetes Abkommen. Hinzu kamen Slowenien (1996), Rumänien (1997), Bulgarien (1999). Ziele: Stufenweise Liberalisierung des gegenseitigen Handels mit industriellen Waren; der Abbau der nicht tarifären Handelshemmnisse soll analog zu den Assoziierungsabkommen dieser Staaten mit der → EU erfolgen. Für landwirtschaftliche Erzeugnisse wurde eine selektive Handelsliberalisierung vereinbart. Beitrittskandidaten sind zurzeit Kroatien, Lettland, Estland, Litauen und die Ukraine.
www.cefta.org

Mittelkurs. (1) In einem System fester Wechselkurse: der → bilaterale Leitkurs (wie z. B. im → Europäischen Währungssystem). Im Rahmen der Bandbreite eines solchen Systems kann der aktuelle Tageskurs bis zum → Höchstkurs steigen bzw. bis zum → Niedrigstkurs sinken. (2) Im Devisenhandel: Kurs, der in der Mitte zwischen → Geldkurs und → Briefkurs liegt.

Mittelstand, mittelständische Unternehmen. Mit diesem Begr. werden kleinere und mittlere Unternehmen (KMU) gegenüber großen Unternehmen abgegrenzt. Als Unterscheidungskriterien werden v. a. die Zahl der Beschäftigten und die Höhe des Umsatzes herangezogen. Z. B.: bis 9 Beschäftigte oder Jahresumsatz unter 1 Mio. DM – Kleinunternehmen; von 10 bis 499 Beschäftigte oder Jahresumsatz von weniger als 100 Mio. DM – Mittelunternehmen; über 500 Beschäftigte oder Jahresumsatz von mehr als 100 Mio. DM – Großunternehmen. Neben diesen quantitativen Merkmalen wird als qualitativer Gesichtspunkt hervorgehoben: Einheit von Eigentum und unternehmerischer Verantwortung. Mittelständische Unternehmen sind i. d. R. → Eigentümer-Unternehmen.

Mittelstandsförderungszentrum der Region Ural. Bietet ausländischen Unternehmen eine Vielzahl von Dienstleistungen bei der Erschließung des russischen Marktes an; wie Informationsbereitstellung, Marktforschungen, Unterstützung bei der Geschäftspartnersuche, Organisation und Durchführung von Veranstaltungen, Internetdienstleistungen.
www.uralonline.ru/deutsch/Home.htm

Mittelstandsprogramm – Ausland der KfW zur Finanzierung von Auslandsprojekten. S. → Kredite der Kreditanstalt für Wiederaufbau.

Mittel- und langfristige Außenhandelsfinanzierung. Unterscheidet sich erheblich von der → kurzfristigen Außenhandelsfinanzierung; durch die Art der Außenhandelsgeschäfte, der Kapitalquellen und der Finanzierungsförderung. Ist insb. relevant beim Export von langlebigen Investitionsgütern, Industrieanlagen, Großanlagen im Dienstleistungsbereich, Investitionen zur Verbesserung der Infrastruktur. Auf diesen Gebieten herrscht einerseits harter Wettbewerb zwischen den Industrieländern, andererseits sind v. a. Entwicklungsländer nicht in der Lage, solche Güter und Dienstleistungen kurzfristig zu bezahlen. Für den Importeur ist vielfach das Finanzierungsangebot des Exporteurs entscheidend für den Kauf. Da aber auch leistungsstarke Unternehmen meist nicht in der Lage sind, Kapitalbindungsfristen von mehreren Jahren mit eigenen Mitteln zu verkraften, wurden besondere Finanzierungsalternativen und Kapitalquellen erschlossen; zudem vielfach staatlich gefördert. S. → Kredite der Ausfuhrkredit-Gesellschaft mbH (AKA), → Kredite der Kreditanstalt für Wiederaufbau (KfW); → Forfaitierung, → Leasing im Außenhandel.

MKG. Abk. f. Mobile Kontrollgruppen (zur Schmuggelbekämpfung). S. → Hauptzollämter.

MMA → Madrider Marken-Abkommen.

MMI → Major Market Index.

Mobile Kontrollgruppen (MKG) zur Schmuggelbekämpfung. S. → Hauptzollämter.

MOE-Staaten. Abk. f. Mittel- und Ost-Europäische Staaten.

MOEL. Abk. f. Mittel- und Ost-Europäische Länder.

MOG → Marktordnungsgesetz.

Monatsgeld. Begr. f.: (1) Form des Termingeldes im Geldhandel zwischen Banken; die Laufzeit von solchem M. beträgt mindestens 30 Tage. (2) Form der Termineinlage, die mit einer Laufzeit oder Kündigungsfrist von einem Kalendermonat angelegt ist; eine Frist von 30 Zinstagen ist nicht in jedem Fall ausreichend.

Monetäre Finanzinstitute – (engl.) Monetary Financial Institutions (MFIs). Dazu zählen – im Euro-Währungsgebiet – alle Finanzinstitute, die dem Geldschöpfungssektor angehören. Es sind dies die Kreditinstitute und anderen Finanzinstitute, die Einlagen (die gemäß der statistischen Abgrenzungen der EZB der → Geldmenge zugerechnet werden) bzw. Einlagensubstitute von anderen Wirtschaftssubjekten als MFIs entgegennehmen und die auf eigene Rechnung Kredite gewähren und/oder die in Wertpapieren investieren. In Deutschland sind dies Banken, Bausparkassen und Geldmarktfonds. Im Euroraum gab es Ende 2000 über 9000 MFIs (die EZB, 11 nationale Zentralbanken, nahezu 7.500 Kreditinstitute, rd. 1.600 Geldmarktfonds und 8 sonstige Finanzinstitute). Die Liste der MFIs (im Euroraum) ist über die Website der → EZB, Rubrik „MFIs und assets", Stichwort „Publications" abrufbar.

Moneyline Telerate. Ein führender globaler Provider von integrierten Echtzeit-Informations- und -Transaktions-Dienstleistungen für die Finanzmärkte. Gegr. 1998. Hauptsitz: New York. Über M. T. werden → EONIA und → EURIBOR (seit dem 30.12.1998) veröffentlicht.
http://telerate.com

Monitur. Begr. aus dem Transportwesen für Beanstandungen, die beim Hafenumschlag von Gütern auffallen. Sie werden im Kai-Receipt vermerkt. Die angelieferte Ware wird erst dann auf das Seeschiff verladen, wenn dem → Ablader Gelegenheit gegeben worden ist, den Mangel zu beheben.

Monopolkommission. Ein Sachverständigengremium, das gem. dem → Gesetz gegen Wettbewerbsbeschränkungen aus fünf unabhängigen Mitgliedern besteht und zur regelmäßigen Begutachtung der Entwicklung der Unternehmenskonzentration in Deutschland und der Anwendung der §§ 22 bis 24a GWB (Mißbrauchsaufsicht, Marktbeherrschungsvermutungen, Anzeige und Kontrolle von Unternehmenszusammenschlüssen) verpflichtet ist. Die M. unterrichtet hierüber die Bundesregierung sowie die Öffentlichkeit. Sie veröffentlicht alle zwei Jahre ein Hauptgutachten und zudem Sondergutachten. Darin würdigt die M. die Entscheidungen des → Bundeskartellamtes. Sie ist in Ministererlaubnisverfahren beim Bundesministerium für Wirtschaft und Technologie eingebunden. Geschäftsstelle: Bonn.
http://www.monopolkommission.de

Montanunion. Syn. f. → Europäische Gemeinschaft für Kohle und Stahl (EGKS).

Moral Hazard. Bez. f. d. moralische Risiko, das darin liegt, dass zwischen Vertragspartnern (nachträgliche) Informationsasymmetrien bestehen können. Der besser informierte Teil kann Vorteile zulasten des schlechter Informierten erreichen.

Moralisches Risiko → Moral Hazard.

Moral Suasion. Instrument der Wirtschaftspolitik, mit dem die Öffentlichkeit oder gezielt bestimmte gesellschaftliche Gruppen in Form von Appellen (z. B. zum „Maßhalten") beeinflusst bzw. überzeugt werden sollen, sich „vernünftig" im Hinblick auf die Erreichung angestrebter gesamtwirtschaftlicher Zielsetzungen zu verhalten; z. B. „Preisdisziplin" auf der Arbeitgeberseite oder „Lohndisziplin" auf der Arbeitnehmerseite zu wahren.

Moratorium. Zahlungsaufschub, den Unternehmen und Staaten in wirtschaftlich schwierigen Zeiten mit Ihren Kreditgebern vereinbaren. M. steht auch für einen Vertrag oder ein Gesetz, mit dem die befristete Stundung fälliger Zinsen und Tilgungen privater und staatlicher, in- und ausländischer Verbindlichkeiten vereinbart wurde.

Moratoriumsrisiko. Bei der Abwicklung des internationalen Zahlungsverkehrs kann die Gefahr auftreten, dass durch gesetzgeberische oder behördliche Maßnahmen eines Staates Zahlungen vorübergehend – teilweise oder gänzlich – eingestellt werden. Dann kann es zu Teilzahlungen (nach staatlich verordneten Prioritäten) oder zu Zahlungsverzögerungen (wenn z. B. nur so viele Zahlungen an ein Land geleistet werden dürfen wie von diesem Zahlungen eingehen) kommen. Es unterscheidet sich vom Risiko des generellen → Zahlungsverbots.

Morgan Stanley Dean Witter. Unternehmen, das Finanzdienstleistungen für institutionelle Investoren, Unternehmen und Regierungen in der ganzen Welt erbringt. Liefert täglich Online-Berichte, u. a. über die Entwicklung von über 3000 Morgan Stanley Indices.
http://www.msdw.com

Mortgage. Angelsächsiche Bez. f. Hypothek.

Mortgage Bonds. Im englischsprachigen Bereich Bez. f. hypothekarisch gesicherte Anleihen; z. B. Hypothekenpfandbriefe.

MPC. Abk. f. (engl.) Bank's Monetary Policy Committee. S. → Bank von England.

MSAC. Abk. f. (engl.) most seriously affected countries; die am schwersten betroffenen Länder. Bez. f. → Entwicklungsländer, die nach Einschätzung der UN unter den Preissteigerungen, v. a. des Erdöls (seit 1974) wirtschaftlich am meisten zu leiden haben. Die UN-Liste der MSAC enthält zurzeit fast 50 Staaten Afrikas, Asiens und Lateinamerikas.

MTCR. Abk. f. (engl.) Missile Technology Control Regime – Trägertechnologie-Kontrollregime. 1987 von den G 7-Staaten eingerichtet. Zurzeit gehören ihm neben den EU-Mitgliedsländern 17 weitere Staaten an; darunter Russland. Das MTCR soll die Verbreitung von Trägerraketen für Massenvernichtungswaffen durch strikte Exportkontrolle verhindern. Es wurden gemeinsame Exportrichtlinien vereinbart, die auf eine gemeinsame Liste kontrollierter Güter Anwendung finden. Jeder Mitgliedstaat kontrolliert im Rahmen seiner innerstaatlichen Exportkontrollgesetzgebung die Ausfuhr möglicherweise für die Raketenherstellung verwendbarer („sensitiver") Güter in eigener Verantwortung. In Deutschland entscheiden über die Genehmigung eines Ausfuhrantrages gelisteter Güter gemeinsam das → Bundesamt für Wirtschaft und Ausfuhrkontrolle (BAFA), → Bundesministerium für Wirtschaft und Technologie (BMWi), → Bundesnachrichtendienst (BND) und → Auswärtiges Amt (AA). Vgl. → Exportkontrollgremien.

MTN → Medium Term Note.

MTO → Multimodal Transport Operator.

MTP → Managers' Training Programme der EU

MTRS. Abk. f. (engl.) Moneyline Telerate Trading Room System. Der Online-Börsendienst von → Moneyline Telerate. MTRS ermöglicht dem Benutzer auf Knopfdruck den Zugang zum Börsengeschehen, zu Echtzeit-Preisen und gut präsentierten Marktdaten.
http://telerate.com/productMtrs.html

MUDAB. Abk. f. Meeresumwelt-Datenbank. S. → Bundesamt für Seeschifffahrt und Hydrographie (BSH).

Multicurrency Clause → Multiple Währungsklausel.

Multicurrency Option. Option, die mit einer → multiplen Währungsklausel in internationalen Anleihe- oder Kreditverträgen vereinbart werden kann. Sie bedeutet, dass der Schuldner sich das Recht vorbehält, die Währung des Anleihe- oder Kreditbetrages zu Beginn einer Zinsperiode zu bestimmen.

Multifunktionale vorausbezahlte Karte (engl.: multi-purpose prepaid card). Elektronisches Zahlungsmittel, das auf ein bestimmtes Gebiet beschränkt, im Prinzip aber national oder international einsetzbar sein kann. Eine aufladbare m. v. K. wird auch als elektronische Geldbörse bezeichnet. S. a. → elektronisches Geld.

Multilaterale Investitions-Garantie Agentur (MIGA) – (engl.) Multilateral Investment Guarantee Agency. Gegr. 1985; in Kraft seit 1988. Teil der → Weltbankgruppe mit zurzeit 154 Mitgliedern. Sitz: Washington. Aufgabe: Förderung ausländischer Direktinvestitionen in Entwicklungs- und Transformationsländern durch Absicherung der Investoren gegen nicht kommerzielle (politische) Risiken (wie Enteignung, Transfersbeschränkungen, Vertragsbruch, Kriege und Unruhen); dadurch werden nationale Garantiesysteme für Kapitalanlagen im Ausland ergänzt. Verbesserung der Investitionsmarketing-Dienstleistungen; die MIGA stellt

online Geschäftsinformationen (z. B. den „PrivatizationLinkRussia") bereit und erweitert die Kapazität, Investitionsförderungsprogramme effektiv zu formulieren und zu betreuen.
http://www.miga.org

Multimodales Transportkonnossement – (engl.) Multimodal Transport Bill of Lading/Multimodal Transport B/L). S. → Konnossement (vgl. dort kombiniertes Transportkonnossement).

Multimodal Transport Operator (MTO). Ein weltweit tätiger Transportdienstleister, der vorrangig den Haus-zu-Haus-Transport organisiert. Er setzt dabei eigene und/oder fremde Transportmittel ein, v. a. auch Seeschiffe. Er ist → Frachtführer (gem. Art. 26 → ERA). Seinen besonderen Leistungen tragen z. B. die Lieferbedingung → FCA der Incoterms 2000 und das Multimodale Transportkonnossement (→ FBL) Rechnung. Vgl. → gebrochener Güterverkehr.

Multiple Währungsklausel – (engl.) Multicurrency Clause. Klausel in internationalen Anleihe- oder Kreditverträgen (insb. bei → Roll-over-Krediten), mit der dem Darlehensnehmer das Recht zugesprochen wird, die Währung, in der er sich den Darlehensbetrag auszahlen lässt, zu wechseln. Das Darlehen kann auch in verschiedenen Währungen in Anspruch genommen werden. Vgl. → Multicurrency Option.

Multiple Wechselkurse oder gespaltene Wechselkurse. Wechselkurse, die für verschiedene außenwirtschaftliche Transaktionen unterschiedlich festgesetzt sind. Sie dienen Regierungen bei der Durchsetzung außenwirtschaftspolitischer Ziele; bestimmte Transaktionen oder Länder werden dadurch begünstigt, andere Transaktionen erschwert bzw. andere Länder benachteiligt.

Multiplier Bond. Bes. Art der Anleihe, bei der dem Investor ein Wahlrecht hinsichtlich des Schuldendienstes eingeräumt ist. Er kann zwischen Barzahlung und dem Bezug neuer Anleihestücke wählen.

Multis. International verwendete Kurzform f. Multinationale Unternehmen.

Municipal Bonds (Municipals). Engl. Bez. f. Kommunalschuldverschreibungen.

Münzen. Metallstücke, die Geldfunktionen ausüben (Hartgeld). Sie können vollwertig ausgeprägt sein, d. h. der Metallwert (Stoffwert) stimmt mit dem Nennwert der Münze überein; dies sind sie sog. → Kurantmünzen. In der WWU gibt es im Zahlungsverkehr nur unterwertig ausgeprägte Münzen, die sog. → Scheidemünzen.

Münzhoheit. Begr. f. d. hoheitliche Recht eines Staates, das gesamte Münzwesen zu regeln. Die M. umfasst das Recht zur Festlegung der Stückelung, der Größe, des Gewichts, der Metallart, des Metallgehalts der Münzen sowie das Recht, Münzen zu prägen oder prägen zu lassen. Vgl. → Münzregal.

Münzregal. Das Recht, Münzen auszuprägen und als Zahlungsmittel in Umlauf zu bringen. Vgl. → Münzhoheit.

Münzstätte. Die Prägestätte für Münzen. In Deutschland gibt es fünf staatliche Prägeanstalten. Jeder ist ein Buchstabe zugeordnet, mit dem die Herkunft der Münzen dokumentiert wird. A: Berlin; D: München; F: Stuttgart; G: Karlsruhe; J: Hamburg.

MUSYC. Abk. f. (engl.) Multimediasystem for Customs – IT-Verfahren. Mit diesem Verfahren soll der Zollverwaltung in Deutschland dazu verholfen werden, die Produktpiraterie wirk-

samer als bisher bekämpfen zu können. Die deutsche Zollverwaltung hat eine Zentralstelle für die Bearbeitung von Anträgen auf Grenzbeschlagnahme für ganz Deutschland bei der Oberfinanzdirektion Nürnberg, Außenstelle München, eingerichtet. Durch schnelle Übersendung von Daten und Informationen mittels MUSYC von den Rechtsinhabern an die Zentralstelle (und umgekehrt) wird der Schutz gegen die Produktpiraterie effektiver.
http://www.bundesfinanzministerium.de/abteilungIII/index.htm

Mutual Fund. (US-amerikanischer) Begr. f. einen offenen (engl.: open end) Investmentfonds – mit unbeschränkter Emissionshöhe.

MWSt → Mehrwertsteuer.

N

NACE. Abk. f. (frz.) Nomenclature générale des activités économiques dans les Communautés Européenes, → Statistische Systematik der Wirtschaftszweige in der Europäischen Gemeinschaft. Vgl. → internationale Waren- und Gütersystematiken.

Nach Bedarf. → Handelsklausel, die besagt, dass sich der Käufer (Importeur) das Recht vorbehält, die bestellte Ware – nach Bedarf – beim Verkäufer (Exporteur) abzurufen.

Nach Belieben. → Handelsklausel, die besagt, dass der Zeitpunkt der Lieferung der bestellten Ware nach Belieben des Käufers („... Abruf n. B. ...“) oder des Verkäufers („... Lieferung n. B. ...“) bestimmt wird.

Nachbörse. Geschäft (z. B. mit Wertpapieren), das nach offiziellem Börsenschluss zwischen Banken abgewickelt wird. S. a. → Vorbörse, → Vor- und Nachbörse.

Nachgebühr. Begr. aus dem Seefrachtgeschäft für → Frachtzuschlag.

Nachfrageoligopol. Oligopolistische Marktform, bei der wenige (starke) Nachfrager vielen (kleinen) Anbietern gegenüberstehen.

Nachfrageüberschuss. Marktsituation, in der bei gegebenem Marktpreis die nachgefragte Gütermenge die angebotene Gütermenge übersteigt.

Nachnahmezahlung → Zahlung durch Nachnahme.

Nachrichten für Außenhandel. Börsentäglich erscheinende Veröffentlichung der → VWD. Die aktuellen Informationen richten sich an Unternehmen, die Produkte und Dienstleistungen exportieren und importieren, die Auslandsinvestitionen bzw. Kooperationen planen oder die auf dem Gebiete der Außenwirtschaft beratend tätig sind. Wird als Online-Ausgabe von → local@global veröffentlicht.

Nachschuss. Eine zusätzliche Geldzahlung/Einlagenleistung, die von Gesellschaftern/Beteiligten aufgrund gesetzlich, satzungsgemäß oder vertraglich festgelegter Voraussetzungen zu erbringen ist. Eine Verpflichtung zur Leistung eines N., der beschränkt oder unbeschränkt sein kann, gibt es z. B. bei Gesellschaften mit beschränkter Haftung und Genossenschaften. Vgl. auch → Margin; → Margin Call.

Nachsichtakkreditiv. Art des → Dokumentenakkreditivs, bei welchem der Begünstigte (Exporteur) die Auszahlung des Akkreditivbetrages erst nach Ablauf einer vereinbarten Frist verlangen kann. N. gibt es in zwei Varianten: → Deferred-payment-Akkreditiv oder → Remboursakkreditiv.

Nachsichttratte. → Tratte (vom Bezogenen noch nicht unterschriebener gezogener Wechsel), die eine bestimmte Zeit nach Sicht (nach Vorlage) fällig ist. Die Verfallszeit richtet sich nach dem in der Annahmeerklärung angegebenen Tag. Der Bezogene hat daher sein Akzept mit dem Datum zu versehen. N. sind v. a. bei Außenhandelsgeschäften gebräuchlich.

Nachsichtwechsel. S. → Wechsel.

NAFTA. Abk. f. (engl.) North-American Free Trade Agreement; → Nordamerikanische Freihandelszone. Oder: (frz.) Accord de libre-échange nord-américain (ALÉNA); (span.) Tratado de Libre Comercio de Américana del Norte (TLCAN).

Nah- und Mittelost-Verein (NuMOV). Gegr. 1934. Sitz: Hamburg. Organisation zur gemeinnützigen Förderung der wirtschaftlichen Beziehungen Deutschlands zum Nahen und Mittleren Osten. Zur betreuten Region gehören: Ägypten, Afghanistan, Bahrain, Irak, Iran, Israel, Jemen, Jordanien, Katar, Kuwait, Libanon, Oman, Palästinensische Autonomiegebiete, Pakistan, Saudi-Arabien, Syrien, Türkei, Vereinigte Arabische Emirate und Zypern. NUMOV informiert und berät Unternehmen, die Wirtschaftskontakte mit dieser Region anbahnen oder vertiefen wollen und vertritt deren einschlägige Interessen.
http://www.numov.de

Namensaktie. Aktie, die auf den Namen des Aktionärs lautet. Der Eigentümer ist mit Adresse und Stand im Aktienbuch der Aktiengesellschaft eingetragen. Die N. ist ein Orderpapier; sie kann durch Indossament oder Zession übertragen werden. Gegensatz: → Inhaberaktie.

Namenskonnossement (engl.: Straight B/L). Konnossement, das auf eine namentlich genannte Person als Empfänger lautet. Das N. ist ein → Rektapapier; nur die genannte Person ist zum Empfang der Ware berechtigt.

Namenslagerschein. Ein → Lagerhaltungspapier (Lagerschein). Der Lagerhalter darf die Ware nur dem in der Urkunde Genannten herausgeben. Eine Abtretung kann nur durch Zession erfolgen. Sollte der N. zu Finanzierungszwecken verpfändet werden, dann muss der Lagerhalter hiervon benachrichtigt werden. Der N. ist ein → Rektapapier.

Nämlichkeitsschein. Wird von der Zollbehörde für Ausfuhrwaren ausgestellt, deren Wiedereinfuhr vorgesehen ist und die dann zollfrei bleiben sollen. Der N. ist u. a. deshalb erforderlich, weil ansonsten → Freigut (Zollfreigut), das in ein anderes Zollgebiet verbracht wird, grundsätzlich seine Eigenschaft als Freigut verliert und im Falle der Wiedereinfuhr als → Zollgut behandelt werden müsste.

Nämlichkeitssicherung. Begr. d. Zollrechts f. alle Vorkehrungen, durch welche die Identität (Nämlichkeit) von Waren gesichert werden kann. Die N. ist für Waren, die im Zollverkehr vorübergehend ein- und ausgeführt (→ Veredelelungsverkehr) oder im Zollgebiet der EG unter Zollkontrolle befördert werden (vgl. gemeinschaftliches → Versandverfahren), wichtig. Mittel zur N. sind z. B. Zollverschluss (Raum- oder Packstückverschluss), Nämlichkeitszeichen (wie Plomben, Siegel, Stempel), zollamtliche Bewachung oder Begleitung, hilfsweise auch Abbildungen, Beschreibungen, Fakriknummern u.a.

NASD. Abk. f. (engl.) National Association of Security Dealers. NASD ist der weltweit führende private Provider von Dienstleistungen für die Durchführung von Finanztransaktionen. Im Jahre 2000 wurde → NASDAQ verkauft, um sich ganz auf die Kernaufgaben konzentrieren zu können.
www.nasd.com

NASDAQ. Abk. f. (engl.) National Association of Securities Dealers Automated Quotation. Bez. f. d. 1971 gegr. US-amerikanische Computerbörse; sie stellt den größten elektronischen Aktienmarkt der Welt dar. Gehandelt werden insb. Aktien des Technologiebereiches (weshalb auch von der Technologiebörse N. gesprochen wird). Der Handel findet standortunabhängig statt. Dies wird durch ein anspruchsvolles Computer- und Telekommunikations-Netzwerk ermöglicht, das Echtzeit-Notierungen und Handelsdaten für zurzeit über 1,3 Mio. Benutzer in 83 Länder überträgt. Innerhalb des Gesamtmarktes bestehen zwei Teilmärkte: N. National

Market und N. Small Cap Market. N. ist eine sog. Selbstregulierungs-Organisation (engl.: self regulatory organization). Sie unterliegt in den USA der staatlichen Wertpapier- und Börsenaufsicht (→ SEC). N. ermöglicht v. a. jungen und innovativen Unternehmen einen verhältnismäßig leichten Zugang zum internationalen Kapitalmarkt.
www.nasdaq.com

NASDAQ Europe. Abk. f. (engl.) European Association of Securities Dealers Automated Quotation (EASDAQ). Das Gegenstück zu NASDAQ in den USA. Sitz: London, Brüssel. Diese paneuropäische Computerbörse nahm 1996 ihren Geschäftsbetrieb mit einheitlicher Börsenordnung auf. Ihr Ziel ist es, die grenzüberschreitende Kapitalbeschaffung v. a. für junge und innovative Unternehmen mit hohem Zukunftspotential (z. B. aus den Bereichen Spitzentechnologie und Biotechnik) zu erleichtern. Am Börsenhandel kann standortunabhängig teilgenommen werden.
http://www.nasdaqeurope.com

Nationale Zentralbanken des Eurosystems/ESZB (NZB/NZBen). Das Europäische System der Zentralbanken (ESZB) besteht aus der → Europäischen Zentralbank (EZB) und den nationalen Zentralbanken (NZBen) aller (zurzeit) 15 EU-Mitgliedstaaten. Der Begriff Eurosystem bezeichnet die EZB und die NZBen der Mitgliedstaaten, die den Euro eingeführt haben. Dazu gehörten Anfang 2003 die folgenden nationalen Zentralbanken:
Belgien: Belgische Nationalbank – Nationale Bank van België/Banque Nationale de Belgique.
http://www.bnb.be/sg/index.htm
Deutschland: → Deutsche Bundesbank.
http://www.bundesbank.de/
Finnland: Bank von Finnland – Suomen Pankki – Finlands Bank.
http://www.bof.fi/
Frankreich: Bank von Frankreich – Banque de France.
http://www.banque-france.fr/
Griechenland: Bank von Griechenland – Bank of Greece.
http://www.bankofgreece.gr/
Irland: Zentralbank von Irland – Central Bank of Ireland.
http://www.centralbank.ie/
Italien: Bank von Italien – La Banca d'Italia – Bank of Italy.
http://www.bancaditalia.it/
Luxemburg: Zentralbank von Luxemburg – Banque centrale du Luxembourg (BCL).
http://www.bcl.lu/html/fr/index.html
Niederlande: Die Niederländische Bank – De Nederlandsche Bank.
http://www.dnb.nl/
Österreich: Österreichische Nationalbank (OeNB).
http://www.oenb.co.at/
Portugal: Bank von Portugal – Banco de Portugal.
http://www.bportugal.pt/
Spanien: Bank von Spanien – Banco de España.
http://www.bde.es/
Die NZBen der EU-Mitgliedstaaten, die nicht am Euro-Währungsgebiet teilnehmen, sind Mitglieder des ESZB mit einem besonderen Status. Es ist ihnen gestattet, ihre jeweilige nationale Geldpolitik durchzuführen. Sie sind nicht am Entscheidungsprozess hinsichtlich der einheitlichen Geldpolitik für das Euro-Währungsgebiet und der Umsetzung dieser Entscheidungen beteiligt.
Dänemark: Dänische Nationalbank – Danmarks Nationalbank.
http://www.nationalbanken.dk/
Schweden: Schwedische Reichsbank – Sveriges Riksbank.
http://www.riksbank.se/

Vereinigtes Königreich: → Bank von England – Bank of England.
www.bankofengland.co.uk

Natürliche Person. Im rechtlichen Sinne ist dies jeder Mensch. Wesentliches Merkmal einer n. P. ist ihre Rechtsfähigkeit; das bedeutet, dass sie selbstständiger Träger von (subjektiven) Rechten und Pflichten, also Rechtssubjekt sein kann. Hinzu kommt ihre Handlungsfähigkeit; darunter ist die Möglichkeit zu verstehen, durch eigenes verantwortliches Handeln Rechtswirkungen hervorzurufen, insb. Rechte zu erwerben und Pflichten zu begründen. Den Gegensatz zur n. P. stellt die juristische Person dar.

Navire de Ligne oder Navire Régulier (frz.) – (engl.) Liner. Begr. d. → Linienschifffahrt für ein Linienschiff, das regelmäßig als Fracht- oder Passagierschiff eingesetzt wird und planmäßig bestimmte Verbindungen bzw. Destinationen im Überseeverkehr bedient.

NCB. Abk. f. (engl.) National Central Bank – Nationale Zentralbank (NZB) im Euro-Währungsgebiet.

NCTS. Abk. f. (engl.) New Computerised Transit System. Durch dieses System automatisieren das → ATLAS-Subsystem Versand und das EU/EFTA IT-Projekt TCP (engl.: Transit Computerisation Project) das → gemeinschaftliche Versandverfahren auf der Grundlage der Spezifikation der Europäischen Kommission. Internationale Versandvorgänge mit NCTS-Bestimmungsstellen sind von allen deutschen NCTS-Zollstellen zu eröffnen; im NCTS eröffnete Versandvorgänge sind IT-gestützt zu beenden.

Nebenplatz. Begr. f. einen Ort, an dem die Deutsche Bundesbank – im Gegensatz zu einem → Bankplatz – keine Zweiganstalt bzw. eine ehemalige Landeszentralbank (heute Hauptverwaltung) keine Zweigstelle unterhielt. An einem Nebenplatz zahlbare Wechsel waren z. B. nicht rediskontfähig.

Negativbescheinigung. Ein amtliches Dokument, mit dem bescheinigt wird, dass die Ausfuhr einer Ware nicht genehmigt werden muss. In Deutschland wird die N. auf Antrag des Exporteurs vom → Bundesamt für Wirtschaft und Ausfuhrkontrolle (BAFA) ausgestellt. Sie ist immer dann erforderlich, wenn sich die Zollstelle bei der Kontrolle der zu exportierenden Ware nicht sicher ist, ob es hierfür einer Ausfuhrgenehmigung bedarf oder nicht. Auch ausländische Importeure können den Vertragsabschluss von der Vorlage einer N. seitens des gebietsansässigen Exporteurs abhängig machen.

Negativklausel. Mit dieser verpflichtet sich der Emittent einer Anleihe, während der gesamten Laufzeit keine Sicherheiten (z. B. Pfandrechte auf Vermögenswerte) zu stellen (gewähren), ohne an diesen (oder gleichwertigen Sicherheiten) nicht gleichzeitig und im gleichen Rang auch die Anleihegläubiger teilnehmen zu lassen.

Negativliste. Umfassendes Verzeichnis von Waren, deren Einfuhr einer mengen- oder wertmäßigen Beschränkung unterworfen ist. Vgl. → Einfuhrliste.

Negativzins. (Straf-)Zins, den gebietsfremde Bankkunden (in Ausnahmefällen) auf ihre Kontoguthaben zu zahlen haben. Er dient zur Abwehr unerwünschter (spekulativer) Geldzuflüsse aus dem Ausland.

Negoziationskredit, Negoziierungkredit oder Trattenankaufkredit. Finanzierungsform im Außenhandelsgeschäft (ähnlich dem → Rembourskredit), bei der die Bank des Exporteurs von der Bank des Importeurs ermächtigt wird, zu deren Lasten eine vom Exporteur auf den Importeur oder seine Bank ausgestellte → Tratte gegen Vorlage der Exportdokumente anzukaufen, also bereits vor dem Wechselakzept seitens des Importeurs. Die Kreditgewährung (Bevorschussung) an den Exporteur kann in Verbindung mit → Dokumenteninkassi, → Dokumentenakkreditiven oder → Ziehungsermächtigungen erfolgen.

Negoziierung. Begr. f. die Übernahme von Wertpapieren durch Finanzinstitute; im Außenhandel z. B. für den Ankauf von → Dokumententratten (deren → Diskontierung) und die Entgegennahme von unter dem Akkreditiv vorgelegten Dokumenten.

Negoziierungsakkreditiv. Art des → Dokumentenakkreditivs, bei dem die eröffnende Bank (Akkreditivbank) eine andere Bank benennt, die zur → Negoziierung von Sicht- und Nachsichttratten und/oder von Dokumenten berechtigt ist.

NEMAX All Share Index. Misst – als Performance-Index – seit dem 30.12.1997 die Entwicklung des Segmentes → Neuer Markt und enthält sowohl deutsche als auch ausländische „Wachstums"-Unternehmen. Am 01.07.1999 führte die Deutsche Börse den
NEMAX 50 ein, um das ständig wachsende Segment des Neuen Marktes für die Investoren transparenter zu gestalten. Der N. 50 umfasst die 50 liquidesten Wachstumswerte des Neuen Marktes. Er wird von 9.00 bis 20.00 Uhr minütlich aus Xetra®-Preisen ermittelt. Basis = 1000; Ultimo 1997. Es gibt ihn auch als Kursindex. Zu dem wird eine Reihe von
NEMAX Branchenindices geführt. Basis = 100; Ultimo 1999.
http://www.deutsche-boerse.com/nm

Nennwertaktie. Aktie, die auf einen bestimmten in Geldeinheiten (Euro) angegebenen Betrag (Nennwert) lautet. Vgl. → Quotenaktie, → Stückaktie.

Neomerkantilismus. Begriff f. ein System, das sich (im 20. Jhdt.) wirtschaftspolitischer (protektionistischer) Maßnahmen im Stile des → Merkantilismus bedient(e). Dazu zählen Exportsubventionen, Importbeschränkungen, Währungsabwertungen. Unter N. ist auch das zu verstehen, was unter dem Begriff der (engl.) → beggar-my-neighbour-policy diskutiert und praktiziert wird.

Netting. Bez. f. d. Verrechnung gegenläufiger Zahlungsbewegungen. Dadurch werden Anzahl und Volumen von Zahlungsbewegungen verringert.

Netto-Auslandsposition der Zentralbank (in Deutschland: Netto-Auslandsaktiva der Deutschen Bundesbank). Begr. f. d. Saldo der Bilanz der Veränderung der Netto-Auslandsposition (Netto-Auslandsaktiva) der Zentralbank (Deutschen Bundesbank). Dieser gibt – jeweils für einen bestimmten Zeitraum – an, ob die Netto-Auslandsforderungen der Zentralbank einer Volkswirtschaft zugenommen oder abgenommen haben.

Nettodividende. Brutto-(Bar-)Dividende abzüglich Kapitalertragsteuer.

Nettoinlandsprodukt zu Faktorkosten = → Nettoinlandsprodukt zu Marktpreisen abzüglich → Produktions- und Importabgaben an den Staat und zuzüglich der Subventionen vom Staat. Das Nettoinlandsprodukt zu Faktorkosten zeigt den Wert der Arbeitnehmerentgelte sowie des Unternehmens- und Vermögenseinkommens, der Arbeitnehmern und Selbstständigen im Inland (→ nach dem Inlandskonzept) zugeflossen ist.

Nettoinlandsprodukt (NIP) **zu Marktpreisen**. Das NIP errechnet sich aus dem → Bruttoinlandsprodukt zu Marktpreisen abzüglich der gesamtwirtschaftlichen → Abschreibungen. Oder: Nettoinlandsprodukt zu Faktorkosten zuzüglich der Produktions- und Importabgaben an den Staat und abzüglich der Subventionen vom Staat.

Netto-Kurs. Verkaufskurs neu emittierter festverzinslicher Wertpapiere abzüglich einer Bonifikation für Großabnehmer (z. B. Kreditinstitute oder Versicherungen)

Netto-Leasing. Bes. Form des → Leasing. Der Leasing-Geber stellt nur den Leasing-Gegenstand zur Verfügung; er übernimmt keine Serviceleistungen.

Nettonachfrage des Auslands. Andere Bez. f. d. → Außenbeitrag; errechnet aus den Salden der → Außenhandelsbilanz, der → Bilanz der Ergänzungen zum Warenverkehr und der → Dienstleistungsbilanz.

Nettonationaleinkommen zu Faktorkosten = Nettonationaleinkommen zu Marktpreisen abzüglich der Produktions- und Importabgaben an den Staat und zuzüglich der Subventionen vom Staat. Das Nettonationaleinkommen zu Faktorkosten (oder Nettonationalprodukt zu Faktorkosten) ist identisch mit dem → Volkseinkommen. Es umfasst (nach dem → Inländerkonzept) das von Inländern empfangene Arbeitnehmerentgelt sowie die Unternehmens- und Vermögenseinkommen, die Arbeitnehmern und Selbstständigen, auch dem Staat in Form von Vermögenseinkommen (Zinseinnahmen) in einer Rechnungsperiode zufließen.

Nettonationaleinkommen zu Marktpreisen = → Bruttonationaleinkommen zu Marktpreisen abzüglich der gesamtwirtschaftlichen → Abschreibungen. Oder: Nettonationaleinkommen zu Faktorkosten, zuzüglich der Produktions- und Importabgaben an den Staat und abzüglich der Subventionen vom Staat, ergibt das Nettonationaleinkommen zu Marktpreisen. Syn. f. → Primäreinkommen.

Nettonationalprodukt (NNP) **zu Faktorkosten**; Syn. f. → Nettonationaleinkommen zu Faktorkosten.

Nettonationalprodukt (NNP) **zu Marktpreisen** (in Deutschland bis 1999 als Nettosozialprodukt – NSP – bezeichnet); Syn. für → Nettonationaleinkommen zu Marktpreisen und damit auch für → Primäreinkommen.

Nettoregistertonne (NRT). Maßeinheit für den verdienenden Raum eines Schiffes, d. h. für den nutzbaren Lade-/Passagierraum. Ist Grundlage für die Bemessung von Hafen- und Kanalgebühren. Vgl. → Bruttoregistertonne, → tdw.

Nettosozialprodukt (NSP) zu Marktpreisen. Begr. d. VGR, der in Deutschland bis 1999 als Syn. f. das → Nettonationalprodukt (Nettonationaleinkommen) zu Marktpreisen verwendet wurde. Das NSP zu Faktorkosten war somit identisch mit dem Volkseinkommen.

Nettoumsatzsteuer. S. → Mehrwertsteuer.

Netzwerk Technologiekooperation zur Förderung der internationalen Forschungskooperation innovativer mittelständischer Unternehmen. In diesem Netzwerk sind zurzeit 20 „Kontaktbüros Forschungskooperation" in 18 Ländern erfasst. Zu den unentgeltlichen Serviceleistungen der Kontaktstellen zählen: Bereitstellung von Informationen über die Forschungslandschaft des Sitzlandes; organisatorische und sprachliche Unterstützung für deutsche KMU; Partnervermittlung; laufende Betreuung von wirtschaftsnahen Forschungskooperationen;

Unterstützung deutscher KMU bei Regierungsstellen und Behörden des Sitzlandes; flankierende Rechtsberatung und Vertragsgestaltung; Einspeisung von Kooperationswünschen nach Deutschland; Unterstützung bei der Komplementärförderung der ausländischen Partner; Organisation von Kontaktseminaren. Dieses Netzwerk erfüllt auch eine zentrale Markterschließungsfunktion für weitergehende wirtschaftliche Unternehmenskooperationen.
http://www.bmwi.de/Homepage/Politikfelder/Au%dfenwirtschaft%20%26%20Europa/Au%dfenwirtschaftspolitik/Au%dfenwirtschaftsf%f6rderung/aussen/nff.jsp

Neudenominierung. Begr. f. d. Verfahren, nach dem die ursprüngliche → Denominierung eines in nationaler EWS-Währung emittierten Wertpapiers zum unwiderruflich festgelegten Umrechnungskurs in Euro geändert wurde.

Neue Bundesländer. Die deutschen Bundesländer auf dem Gebiete der ehemaligen Deutschen Demokratischen Republik: Brandenburg, Mecklenburg-Vorpommern, Sachsen, Sachsen-Anhalt und Thüringen.

Neue Kreditvereinbarungen (NKV). 1998 nach dem Beispiel der → Allgemeinen Kreditvereinbarungen (AKV), zwischen dem IWF und einer Gruppe aus 25 Industrie- und Schwellenländern abgeschlossen. Die NKV-Vertreter treffen sich regelmäßig am Rande der Jahresversammlung von IWF und Weltbank.

Neuer Markt. Seit dem 10.03.1997 ein eigenes Marktsegment der → Frankfurter Wertpapierbörse für den Aktienkassahandel mit Wachstumswerten. Der N. M. unterstützt Emittenten aus dem Bereich der kleinen und mittleren, innovativen jungen Wachstumsunternehmen mit internationaler Orientierung. → Nemax.
http://www.neuer-markt.de

NeuerMarkt.com AG. Tochterunternehmen der → Deutsche Börse AG, gegr. im Juni 2000. Sitz: Frankfurt am Main. Betreibt das neue Investmentportal speziell für Privatanleger. Bietet hochwertige und umfassende Finanzinformationen von den bedeutendsten Kapitalmärkten der ganzen Welt, Dienstleistungen für die effiziente Kommunikation börsennotierter Unternehmen mit Online-Investoren, elektronische Orderausführung an verschiedenen Handelsplätzen.
http://www.neuermarkt.com

Newex. Abk. f. (engl.) New Europe Exchange. Gemeinschaftsunternehmen von → Deutsche Börse AG und Wiener Börse AG („Osteuropa-Börse"). Sitz: Wien. Spezialbörse nach österreichischem Recht für den Handel mit Titeln (Aktien) mittel- und osteuropäischer Unternehmen. Newex setzt als moderner Börsenplatz neue Standards für Emittenten aus Mittel- und Osteuropa. Die Zulassungskriterien gleichen jenen des → Neuen Marktes. Ziel ist es, Liquidität zu bündeln, den Handel transparenter zu gestalten und eine effiziente internationale Abwicklung und Überwachung zu gewährleisten. Die Transaktionen laufen über das elektronische Handelssystem → Xetra®. Die Abwicklung übernimmt → Clearstream.
http://www.newex.com

New York Stock Exchange (NYSE). Führt ihren Anfang auf das sog. Buttonwood-Abkommen aus dem Jahre 1792 zurück. Sitz: Wallstreet. Seit 1817 fest organisiert. Die NYSE ist als Privatvereinigung und nationale Wertpapierbörse gem. dem Security Exchange Act am 01.10.1934 registriert. Zutritt haben nur Mitglieder: die Broker (Makler) und die Dealer (Händler). 1997 wurden Futures und Optionen auf Basis des → DJIA als handelbare Instrumente zugelassen; es wurde die New York Futures Exchange (NYFE) gebildet. Die NYSE ist nach wie vor der Welt bedeutendste Wertpapierbörse, deren globale Marktkapitalisierung

(Börsenwert) 1999 rund 17 Billionen US-Dollar betrug.
http://www.nyse.com

Nichtabziehbare (nicht abzugsfähige) Steuern. Im Rahmen der nicht abzugsfähigen Betriebsausgaben eines Unternehmens oder der Kosten der privaten Lebensführung der privaten Haushalte sind die Körperschaftsteuer, Einkommensteuer und die Umsatzsteuer auf den Eigenverbrauch nicht von den steuerpflichtigen Einnahmen abziehbar.

Nichtabziehbare Umsatzsteuer oder nicht abzugsfähige Umsatzsteuer. Sie umfasst (nach der Einführung des Systems der Mehrwertsteuer im Jahr 1968) den Teil der in Rechnung gestellten → Mehrwertsteuer und der abgeführten → Einfuhrumsatzsteuer, der nicht im Wege des → Vorsteuerabzugs von der geschuldeten → Umsatzsteuer abgezogen werden kann.

Nicht amtlicher Verkehr. (1) Bez. f. d. internationalen Handel, der frei von staatlichen Zoll- und Mengenrestriktionen oder sonstigen Handelshemmnissen stattfinden kann (Freihandel). (2) Begr. d. Börsewesens für den Handel mit Wertpapieren, die nicht zur amtlichen → Notierung zugelassen sind; → Freiverkehr.

Nichtbanken. Private Haushalte einschl. der privaten Organisationen ohne Erwerbscharakter (wie z. B. Vereine, Kirchen), Unternehmen (ohne Banken) und öffentliche Haushalte (Bund, Länder, Gemeinden; Sozialversicherung). In einer → offenen Volkswirtschaft zählt auch der Sektor → Übrige Welt zum Nichtbankensektor.

Nichterhebungsverfahren. Nach dem ZK der EG kann bei der Verbringung von Nichtgemeinschaftsware in das inländische Zollgebiet zum Zwecke der aktiven → Veredelung gänzlich auf die Erhebung von Einfuhrabgaben verzichtet werden. Bedingung hierfür ist, dass die veredelten Erzeugnisse nachweislich und innerhalb einer bestimmten Frist wieder ausgeführt werden. Vgl. → Zollrückvergütung.

Nichtfinanzielle Kapitalgesellschaften. Begr. d. Volkswirtschaftlichen Gesamtrechnungen für einen Wirtschaftssektor, dem die Kapitalgesellschaften (wie Aktiengesellschaft – AG – und Gesellschaft mit beschränkter Haftung – GmbH) sowie die Personengesellschaften (wie Offene Handelsgesellschaft – OHG – und Kommanditgesellschaft – KG), die rechtlich unselbstständigen Eigenbetriebe des Staates und die privaten Organisationen ohne Erwerbszweck (wie Krankenhäuser und Pflegeheime) sowie die Wirtschaftsverbände zugerechnet werden.

Nichtgemeinschaftsware. Begr. f. eine Ware aus → Drittländern, die noch nicht in die EG eingeführt ist oder die noch keine zollamtliche Behandlung erfahren hat (und somit → Zollgut ist).

Nicht revolvierendes Akkreditiv. Bei dieser Art des → Dokumentenakkreditivs kann der Begünstigte den festlegten Höchstbetrag nur einmal in Anspruch nehmen; danach erlischt das n. r. A.

Nicht tarifäre Handelshemmnisse. Sammel-Begr. f. Handelshemmnisse in Form von mengenmäßigen Kontingenten (z. B. beim Import und bei → freiwilligen Exportbeschränkungen), von Subventionen, administrativen Vorschriften (zur Einhaltung besonderer Verarbeitungs-, Qualitäts-, Kennzeichungs-, Verpackungs-, Hygiene- und Sicherheitsstandards), restriktive Praktiken bei der öffentlichen Auftragsvergabe u. a.. Gegensatz: → tarifäre Handelshemmnisse.

Nicht übertragbares Akkreditiv. Bei dieser Art des → Dokumentenakkreditivs ist ausschließlich der im Akkreditvvertrag genannte Begünstigte berechtigt, Zahlungen oder Akzepte zu verlangen.

Niedrigstkurs. In einem System fester Wechselkurse (wie z. B. dem ehemaligen → Europäischen Währungssystem I) der Kurs einer Währung an der unteren Grenze der → Bandbreite; der untere → Interventionspunkt oder der „untere" Kurs (zu dem die Zentralbank Devisen kauft; zu dem die Zentralbank den Angebotsüberschuss des Devisenmarktes übernimmt).

NIF. Abk. f. (engl.) → Note Issuance Facility.

Nikkei-Index. Der Name ist abgeleitet von Nihon Keizai Shimbun-Sha, einem bekannten Finanznachrichtenverlag. Die Bez. N.-I. steht für eine Reihe von Aktienindices der → Tokyo Stock Exchange. Bei fehlendem näherem Hinweis dürfte der Nikkei Dow Jones Average Index gemeint sein. → Nikkei-Index-225.

Nikkei-Index-225. Wird seit dem 16.05.1949 veröffentlicht. Er ist ein preisgewichteter Aktienindex, der sich aus den 225 → Blue Chips, die in der ersten Sektion der Tokyo Stock Exchange gehandelt werden, zusammensetzt.

NIMEXE. Abk. f. Nomenklatur Import Export Europa – (frz.) Nomenclatur des marchandises pour les statistiques du commerce extérieure de la Communauté et du commerce entre ses etats membres; → Warenverzeichnis für die Statistik des Außenhandels der Gemeinschaft und des Handels zwischen ihren Mitgliedstaaten.

NIP → Nettoinlandsprodukt.

NIPRO. Abk. f. Nomanclature commune des produits industriels; → Gemeinsames Verzeichnis der industriellen Erzeugnisse.

NIZZA. Abk. f. Neues-IT-unterstütztes Zoll-Zahlstellenverfahren. Dient der Vereinheitlichung des Zollzahlstellenverfahrens, der Konzentration der Zahlstellengeschäfte bei zentralen Zollzahlstellen, der Vereinheitlichung der Zahlstellenprüfung, der beleglosen Zuarbeit und dem Datenaustausch mit anderen IT-Verfahren (wie ATLAS und MUSYC) in der Zollverwaltung sowie mit externen Stellen. Die Arbeitsabläufe werden dank NIZZA verbessert, die Papierflut vermindert; die Daten bleiben verfügbar und können jederzeit über Bildschirm sichtbar gemacht oder auch ausgedruckt werden. Mit Einführung von NIZZA wurde die Anzahl der Zollzahlstellen von ca. 600 auf 51 reduziert, die Vorgangsbearbeitung beschleunigt und der Abrechnungsverkehr mit den Bundeskassen reduziert.
http://www.bundesfinanzministerium.de/abteilungIII/index.htm

NKV → Neue Kreditvereinbarungen.

NMI. Abk. f. → Nordafrika-Mittelost-Initiative der deutschen Wirtschaft.

NNP → Nettonationalprodukt.

Nomenklatur des → Rates für die Zusammenarbeit auf dem Gebiete des Zollwesens (NRZZ). Dient als verbindlicher Rahmen für die nationalen Zolltarife der Mitgliedstaaten.

Nominalzins. (1) Der auf den Nennwert eines Wertpapiers oder einer Kreditaufnahme bezogene Zins; ausgedrückt in Prozent. (2) Zins einer (Geld-/Kapital-)Anlage oder eines Kredits, bei dem die Inflationsrate nicht berücksichtigt ist. Gegensatz: → Effektivzins.

Nominalzoll. Zollsatz, wie er im Zolltarif angegeben ist. Die N. können für verschiedene Fertigungs(Behandlungs)stufen eines Gutes voneinander abweichen.

Non-Affektations-Prinzip. Grundsatz der öffentlichen Haushaltsplanung (nach § 7 Haushaltsgrundsätzegesetz und § 8 Bundeshaushaltsordnung), wonach alle staatlichen Einnahmen als Deckungsmittel für alle staatlichen Ausgaben dienen. Eine Zweckbindung bestimmter Mittel für bestimmte Aufgaben bzw. Ausgaben ist grundsätzlich unzulässig.

Non Vessel Operator (NVO). Unternehmer, der Schiffe chartert; der selbst über keine eigenen Seeschiffe verfügt. Ein NVO ist ein (engl.) Carrier (→ Frachtführer, → Verfrachter), der Eigentümer von Containern ist und diese bei Seetransporten auf gecharterten Schiffen einsetzt.

Nordafrika-Mittelost-Initiative der deutschen Wirtschaft (NMI). NMI wurde vom Bundesverband der Deutschen Industrie (BDI), dem Bundesverband des Deutschen Groß- und Außenhandels (BGA), dem Deutschen Industrie- und Handelskammertag (DIHK), dem Nah- und Mittelost-Verein (NuMOV), dem Afrika-Verein (AV) und dem Bundesverband deutscher Banken (BdB) gegründet. Die NMI will durch Informationen, Kontaktvermittlungen bei Delegationsreisen und Besuche von Delegationen in Deutschland den Zugang zu den Märkten der Region (die von Nordafrika bis Pakistan reicht) und bilaterale Kooperationen erleichtern.

Nordamerikanische Freihandelszone – (engl.) North-American Free Trade Agreement (NAFTA) oder (frz.) Accord de libre-échange nord-américain (ALÉNA) oder (span.) Tratado de Libre Comercio de Américana del Norte (TLCAN). Die nach Inkrafttreten des NAFTA-Vertrags am 01.01.1994 zwischen den USA, Kanada und Mexiko zustande gekommene Freihandelszone. Sekretariate in Washington, Ottawa und Mexiko-City. Der NAFTA-Vertrag sieht den Abbau von Handelsbarrieren zwischen den beteiligten Staaten innerhalb einer Übergangsperiode von 10 bis 15 Jahren vor. Ausdrücklich ist beabsichtigt, keinen Block mit neuen Zollschranken gegenüber Drittstaaten zu bilden, sondern die multilateralen Regelungen für die internationalen Handelsbeziehungen der WTO zu unterstützen. Hauptpunkte des Vertrags sind der Zollabbau, die Gleichbehandlung von Investoren innerhalb der NAFTA-Staaten, die Liberalisierung der Märkte von Finanzdienstleistungen, der Schutz des geistigen Eigentums, die Regelung des Schiedsgerichtsverfahrens bei Handelsstreitigkeiten, Bestimmungen zum Umweltschutz sowie zum Arbeitsrecht. Die NAFTA soll 2005 in der → FTAA aufgehen.
http://www.nafta-sec-alena.org

Nostrogeschäft. Wertpapiergeschäft, das ein monetäres Finanzinstitut für eigene Rechung abschließt.

Nostroguthaben. Guthaben, die ein Kreditinstitut bei einem anderen monetären Finanzinstitut unterhält.

Nostrokonto. (Nicht mehr übliche) Bezeichnung für ein Konto, das von einem Kreditinstitut (A) bei einem anderen Kreditinstitut (B) unterhalten wird. Es kann sowohl für die Abwicklung von Geldanlagen als auch von Geldaufnahmen (Darlehen) verwendet werden. Aus der Sicht der kontoführenden Bank handelt es sich um ein → Lorokonto. Nostroguthaben von A entsprechen Loroverbindlichkeiten von B und Nostroverbindlichkeiten von A sind zugleich Loroforderungen von B.

Note Issuance Facility – NIF (engl.). Bes. Form einer Absicherungsfazilität, durch die Liquidität über die revolvierende Ausgabe kurzfristiger Schuldtitel (z. B. → Euro-Notes) mit einer Laufzeit von jeweils bis zu sechs Monaten beschafft werden kann. Dabei garantiert eine Bank oder Bankengruppe die Unterbringung der Papiere auf dem Geldmarkt. Vgl. → Revolving Underwritung Fazilität, → Transferable Revolving Underwriting Fazilität.

Notenbank. Bez. f. Bank, die zur Banknotenausgabe berechtigt ist. Früher konnte dies eine private Notenbank sein. Heute ist es die staatliche → Zentralbank. Daher werden die Begr. N. und Zentralbank gleichbedeutend verwendet.

Notes. Mittelfristige Schuldverschreibungen, z. B. → Euro-Notes. Abgrenzung gegenüber → Bonds.

Notierung. Begr. für die Festsetzung der amtlichen Börsenkurse. Sie erfolgt durch den Börsenvorstand, der diese Aufgabe den amtlichen Börsenmaklern übertragen kann. Die N. erfolgte in Deutschland ursprünglich fast ausschließlich als Prozentnotierung (in v. H. vom Nennwert); seit 01.07.1969 wird sie für Aktien nur noch in der Stücknotierung (Preis/Euro pro Stück) vorgenommen. Vgl. → fortlaufende Notierung, → Einheitskurs. S. a. → Circa-Notierung.

Notifiziertes Factoring. → Offenes Factoring.

Notify-Address. Bez. f. d. in Frachtbriefen oder Konnossementen angegebene Anschrift der Person, die zu benachrichtigen ist, wenn der eigentliche Empfänger der zur Herausgabe bereitgestellten Ware nach Ablauf einer bestimmten Frist nicht zur Abnahme der Ware erscheint.

NRO. Abk. f. Nicht-Regierungs-Organisation.

NRT → Nettoregistertonne.

NRZZ → Nomenklatur des Rates für die Zusammenarbeit auf dem Gebiete des Zollwesens.

NSG. Abk. f. (engl.) Nuclear Suppliers Group. Bez. (seit 1992) der Staaten (zurzeit 34), die sich verpflichtet haben, den Export von Gütern, die sich für die Verwendung im Kernenergiebereich eignen (d. h. für Einrichtungen, Waffenprojekte und damit im Zusammenhang stehende Aktivitäten), durch besondere Lizenzverfahren zu überwachen und die Sicherheitsauflagen der → Internationalen Atomenergie-Organisation zu beachten. Solche Güter sind im Anhang zu den „Richtlinien für die Kontrolle von Atomwaffen" der IAEO aufgelistet. Diese Richtlinien wurden in Übereinstimmung mit den Bestimmungen des Atomwaffensperrvertrages (gängige Bez. f. d. Vertrag über die Nichtverbreitung von Kernwaffen) v. 01.07.1968 (in London, Moskau und Washington geschlossen) herausgegeben. Vgl. → Exportkontrollgremien.

NSP → Nettosozialprodukt.

NST. Abk. f. (frz.) Nomenclature uniforme de marchandises pour les statistiques de transport; → Einheitliches Güterverzeichnis für die Verkehrsstatistik der EU.

N-Titel. Unverzinsliche Schatzanweisungen (des Bundes, seiner Sondervermögen und der Bundesländer), die vor ihrer Fälligkeit nicht zurückgenommen werden müssen.

Nullbescheid. Ein vom → Bundesamt für Wirtschaft und Ausfuhrkontrolle erteilter Bescheid, aus dem hervorgeht, dass nach Prüfung eines Antrages auf Ausfuhrgenehmigung das Ausfuhrvorhaben keiner Genehmigung bedarf. Der N. ist nicht auf andere Vorhaben übertragbar.

Nullkuponanleihe (engl.: zero coupon bond). S. → Zero Bonds. Vgl. a. → Strips.

Nullwachstum. Bez. f. d. Lage einer Volkswirtschaft, in der das reale Bruttoinlandsprodukt nicht mehr zunimmt.

Nummernkonto. Ein anonymes Bankkonto, das nur unter einer bestimmtes Kontonummer geführt wird. Name und Anschrift des Kontoinhabers sind nur wenigen Bankmitarbeitern bekannt. N. können z. B. in der Schweiz geführt werden. Sie sind in Deutschland untersagt.

NuMOV → Nah- und Mittelost-Verein.

Nürnberger Bundesanstalt. Populäre Bez. f. d. → Bundesanstalt für Arbeit in Nürnberg.

NVO → Non Vessel Operator.

NYBOR. Abk. f. (engl.) → New York Interbank Offered Rate.

NYFE. Abk. f. (engl.) New York Futures Exchange. → New York Stock Exchange.

NYSE → New York Stock Exchange.

NYSE Composite Index. US-amerikanischer Börsenindex; 1966 eingeführt. Er besteht aus allen Aktien, die an der NYSE gelistet sind. Die im Index enthaltenen notierten Aktien sind nach dem Marktwert der Einzelwerte gewichtet. Als Basis wurden zum 31.12.1965 50 Indexpunkte gewählt. Zum NYSE C. I. gibt es vier Untergruppen-Indices: Industrial, Transportation, Ultilities und Finance.

NZB/NZBen. Abk. für Nationale Zentral-Bank/nationale Zentralbanken (im Euro-Währungsgebiet) – (engl.) National Central Bank (NCB).

NZB-Geschäftstag (engl.: NCB business day). Jeder Tag, an dem die NZB eines bestimmten Mitgliedstaates des Euroraums zur Ausführung von geldpolitischen Operationen geöffnet ist.

O

OAMI. Abk. f. (span.) Oficina de Armonización del Mercado Interior (Marcas, Dibujos y Modelos); → Harmonisierungsamt für den Binnenmarkt (Marken, Muster und Modelle) – (HABM) oder (engl.) Office for Harmonization in the Internal Market (Trade marks and Designs) – (OHIM).

OAPEC. Abk. f. (engl.) Organization of Arab Petroleum Exporting Countries. Organisation arabischer Erdöl exportierender Länder. Gegr. 1968. Sitz: Kuwait. Es können nur arabische Länder Mitglied werden, deren Einnahmen aus dem Ölgeschäft einen signifikanten Anteil am Bruttonationalprodukt (BNP) haben. Ein Treffen findet alle 4 Jahre statt. Vgl. → OPEC.
http://www.oapecorg.org

OAS. Abk. f. (engl.) Organization of American States; → Organisation amerikanischer Staaten (OAS) oder (span.) Organización de los Estados Americanos (OEA).

OAU. Abk. f. (engl.) Organization of African Unity; → Organisation für Afrikanische Einheit.

OAV → Ostasiatischer Verein.

Oberfinanzdirektion (OFD). Eine Bundes- und Landesmittelbehörde der deutschen Finanzverwaltung. Sie nimmt zugleich Bundes- und Landesaufgaben wahr. Ihre Zoll- und Verbrauchsteuerabteilung (eine Verwaltungsbehörde nach dem Außenwirtschafts- und EU-Marktordnungsrecht) koordiniert und beaufsichtigt die Tätigkeit der nachgeordneten örtlichen Zollbehörden. S. → Hauptzollämter. In Deutschland gibt es zurzeit 8 OFD.
http://www.zoll-d.de

Obermeit Planungs- und Datentechnik GmbH. Bietet EDV-Komplettlösungen für Exporteure und Importeure. Entwickelt für Unternehmen deren Intranet/Extranet sowie Webpräsenz. S. → OfficeReady, → IETS, → ZAPP.
www.obermeit.de

Oberste Gerichte. In Deutschland gibt es fünf: → Bundesverfassungsgericht, → Bundesgerichtshof, → Bundesarbeitsgericht, → Bundesfinanzhof , → Bundessozialgericht.

Obligation. Langfristige, meist festverzinsliche → Schuldverschreibung, ausgegeben von öffentlich rechtlichen Körperschaften (in Deutschland z. B. vom Bund) oder von privaten Unternehmen. Sie dient dem Schuldner zur Deckung des langfristigen Kapitalbedarfes, dem Gläubiger zur langfristigen Kapitalanlage.

OBS → Otto Benecke Stiftung e. V.

OCDE. Abk. f. (frz.) Organisation de coopération et de développement économiques; → Organisation für wirtschaftliche Zusammenarbeit und Entwicklung oder (engl.) Organization for Economic Cooperation and Development (OECD).

OCVV. Abk. f. (frz.) Office Communautaire des Variétés Végétales; Gemeinschaftliches Sortenamt (GS) oder (engl.) Community Plant Variety Office (CPVO). S. → Europäische Union (→ Gemeinschaftsagenturen).

ODCCP. Abk. f. (engl.) Office for Drug Control and Crime Prevention; → Büro für Drogenkontrolle und Kriminalitätsvorbeugung der Vereinten Nationen (abgekürzt auch: → UNODCCP).

OEA. Abk. f. (span.) Organización de los Estados Americanos; → Organisation amerikanischer Staaten (OAS) oder (engl.) Organization of American States (OAS).

OECD. Abk. f. (engl.) Organization for Economic Cooperation and Development; → Organisation für wirtschaftliche Zusammenarbeit und Entwicklung oder (frz.) Organisation de coopération et de développement économiques (OCDE).

OECD-Konsensusregeln. Im Rahmen der handels- und entwicklungspolitischen Bemühungen, den Bereich der Kreditbedingungen und Exportkreditversicherungen weltweit einheitlich zu gestalten, haben die Mitglieder der OECD 1978 das „Übereinkommen über Leitlinien für staatlich unterstützte Exportkredite" beschlossen. Es sieht Mindeststandards vor (z. B. darf ein öffentlich unterstützter Exportkredit max. 85 % des Auftragswertes betragen; bestimmte Laufzeiten dürfen nicht überschritten und Mindestzinssätze nicht unterschritten werden) und soll der Eindämmung internationaler Subventionswettläufe dienen. In Deutschland werden nach den OECD-K. z. B. → Kredite der Kreditanstalt für Wiederaufbau (KfW) vergeben.

OEEC. Abk. f. (engl.) Organization for European Economic Cooperation; → Organisation für europäische wirtschaftliche Zusammenarbeit.

OeNB → Österreichische Nationalbank.

Offenbarungseid. Frühere Bez. f. Eidesstattliche Versicherung. Der O. stellt ein Mittel zur Glaubhaftmachung einer Tatsache in verschiedenen Gerichts- und Verwaltungsverfahren dar. Damit wird die Richtigkeit der Aussage an Eides statt versichert. Im Prozessrecht ist der O. ein Hilfsmittel der → Zwangsvollstreckung. Wenn wegen einer Geldforderung die Zwangsvollstreckung in das bewegliche Vermögen erfolglos blieb (§ 807 ZPO) oder wenn die Herausgabe bestimmter beweglicher Sachen (die der Gerichtsvollzieher nicht vorfindet) erzwungen werden soll (§ 883 II ZPO), dann muss ein Vermögensverzeichnis erstellt werden und dessen Richtigkeit an Eides statt versichert werden. Der O. ist vor dem → Vollstreckungsgericht abzugeben. Wer einen O. nach § 807 ZPO abgeben musste, wird in das Schuldnerverzeichnis eingetragen. Im Zivilrecht ist der O. ein Zwangsmittel, wenn eine Pflicht zur Rechnungslegung oder zur Auskunftserteilung über einen Bestand an Gegenständen (z. B. Inventarerrichtung im Erbfall) besteht (§§ 259, 260, 2006, 2028, 2057 BGB). Danach ist der O. bei Verfahren der freiwilligen Gerichtsbarkeit beim → Amtsgericht abzugeben.

Offene Ausschreibung. S. → Ausschreibung.

Offenes Akkreditiv. → Barakkreditiv.

Offene Schiffahrt. Begr. a. d. Seeschifffahrtswesen für die Schifffahrt, die durch Eisgang nicht behindert ist.

Offene Schifffahrt vorbehalten. Klausel in Lieferverträgen. Mit ihr versucht der Verkäufer bzw. Lieferant, das Risiko der Lieferverzögerung auf dem Schifffahrtsweg in den Wintermonaten (bei Eisgang) abzuwälzen. Diese Klausel findet auch hinsichtlich der Behinderung des Ausladens in Häfen infolge Hoch- oder Niedrigwasser Anwendung.

Offenes Factoring. Bes. Form des → Factoring. Der Zahlungsgläubiger (Exporteur) zeigt dem Zahlungsschuldner (Importeur) den Verkauf seiner Forderung an den Factor an und bringt zugleich einen entsprechenden Abtretungshinweis an. Dadurch ist der Schuldner nur noch berechtigt, an den Factor in schuldbefreiender Wirkung zu zahlen.

Offene Volkswirtschaft. Volkswirtschaft, die außenwirtschaftliche Beziehungen zu anderen Volkswirtschaften unterhält. Die Offenheit kann sich auf den Gütermarkt (Export und Import von Waren- und Dienstleistungen), auf den Geld- und Kapitalmarkt und auf den Arbeitsmarkt beziehen. Gegenteil: → geschlossene Volkswirtschaft.

Offenmarktgeschäfte (engl.: open market operations). Im Rahmen der → Offenmarktpolitik des ESZB kommen grundsätzlich vier Arten von O. zum Einsatz: Sie kommen alle auf Initiative der → Europäischen Zentralbank zustande und werden grundsätzlich dezentral durch die nationalen Zentralbanken abgewickelt. (Im Unterschied zu den → Ständigen Fazilitäten, die auf Initiative der Geschäftsbanken in Anspruch genommen werden.) Es sind dies das → Hauptrefinanzierungsgeschäft, das → längerfristige Refinanzierungsgeschäft, die → Feinsteuerungsoperationen und die → strukturellen Operationen. Ihre Durchführung erfolgt über unterschiedliche Verfahren (→ Standardtender, → Schnelltender, → bilaterale Geschäfte) und verschiedene Instrumente: (1) → Befristete Transaktionen. Entweder über Kauf und Verkauf von Vermögenswerten seitens der Zentralbank im Rahmen einer → Rückkaufsvereinbarung oder über Kreditgewährung/Kreditaufnahme gegen → refinanzierungsfähige Sicherheiten. (2) Definitive Käufe oder Verkäufe von Vermögenswerten (Wertpapieren); per Kassa und Termin (→ Outright-Geschäfte). (3) Emission von Zentralbank-Schuldverschreibungen (bei strukturellen Operationen). (4) Hereinnahme von Termineinlagen (bei Feinsteuerungsoperationen). (5) → Devisenswaps zwischen inländischer und ausländischer Währung.

Offenmarktpolitik (engl.: open market policy). Teilbereich der → Geldpolitik, der den Kauf und Verkauf von Wertpapieren, die Kreditgewährung gegen refinanzierungsfähige Sicherheiten sowie die Übernahme von Termineinlagen durch die Zentralbank am offenen Markt gestaltet. Mit der O. werden sowohl die Zinssätze als auch die Liquidität am Geldmarkt gesteuert. Darüber hinaus gehen von der O. deutliche Signale in Bezug auf die Richtung der Geldpolitik (Expansion oder Kontraktion) aus. In der Geldpolitik des ESZB spielt die O. eine zentrale Rolle. Das ESZB setzt viererlei Arten von → Offenmarktgeschäften ein. Dessen Offenmarktoperationen werden nach den Vorgaben seitens der EZB grundsätzlich dezentral durch die nationalen Zentralbanken (NZB) durchgeführt. In Ausnahmefällen kann die EZB selbst bilaterale Abschlüsse tätigen.

Off-hire-Klausel. Eine Abweichungs- oder Deviationsklausel. Sie wird in der Seeschifffahrt im Rahmen von → Zeitcharter-Verträgen vereinbart. Mit ihr behält sich der → Reeder oder → Verfrachter die Ausübung des Rechts zur Abweichung von dem vereinbarten Reiseweg im Falle wichtiger Gründe (z. B. Naturereignis, Unfall von Schiff und Ladung, Rettung auf hoher See von Menschenleben und Eigentum) vor. Vgl. → Overcarriage clause.

OfficeReady (Export und Import). Die Standard-Software-Lösung von → Obermeit für Exporteure und Importeure. Der Kauf von Formular-Vordrucken und deren Ausfüllung mit der Schreibmaschine kann entfallen, da die entsprechenden Formulare (z. B. das → Einheitspapier) auf elektronischem Wege erstellt, ausgefüllt und versandt bzw. ausgedruckt werden können.
www.officeready.de

Offsetgeschäft. Variante eines → Kompensationsgeschäftes, bei dem sich der Exporteur von Großlieferungen – meist im Zusammenhang mit staatlichen Aufträgen – verpflichtet, Teilfertigungen bzw. -lieferungen und/oder Unteraufträge von im Importland ansässigen Unternehmen ausführen zu lassen. Solche Aufträge seitens des Exporteurs müssen nicht immer mit seinem Projekt direkt verbunden sein.

Offshore. Bez. f. Gebiete, die außerhalb des Einflussbereiches nationaler Bestimmungen und

Behörden liegen (wie Aufsichts- und → Steueroasen).

Offshore-Finanzierung. Finanzierung (von Unternehmen) durch Institute, die ihren juristischen Sitz (aus aufsichts- und steuerrechtlichen Gründen) „offshore" haben.

Offshore-Finanzzentren. Internationale Finanzplätze, an denen Banken mit Gebietsfremden Finanzgeschäfte (mit Großbeträgen) abwickeln; außerhalb des Hoheitsgebietes der gehandelten Währung (→ Außenmarkt); ohne Beschränkungen oder Kontrollen des Kapitalverkehrs seitens einer Zentralbank; mit keiner (oder nur sehr geringer) Steuerbelastung. O.-F. unterscheiden sich von den → Euro-Märkten v. a. dadurch, dass weder die Geldgeber noch die Kreditnehmer gebietsansässig sind. Wichtige O.-F. sind: Anguilla, Aruba, Bahamas, Bahrain, Barbados, Bermudas, Britische Jungferninseln, Hongkong, Isle of Man, Kaimaninseln, die Kanalinseln, Libanon, Liberia, Montserrat, Niederländische Antillen, Panama, Singapur, St. Christoph (St. Kitts)-Nevis, Vanuata.

Offshore Fund (engl.). Investitionsfonds, der seinen Sitz im Ausland hat. Er bietet im Vergleich zu einem Onshore (Inlands-)Fund den Vorteil einer geringen oder entfallenden behördlichen Beaufsichtigung sowie der weitgehenden oder totalen Steuerfreiheit.

Offshore-Märkte. Internationale Finanzplätze, die besonders günstige Standortbedingungen – insb. steuerlicher und/oder aufsichtsrechtlicher Art – bieten.

OHIM. Abk. f. (engl.) Office for Harmonization in the Internal Market (Trade marks and Designs); → Harmonisierungsamt für den Binnenmarkt (Marken, Muster und Modelle) – (HABM) oder (span.) Oficina de Armonización del Mercado Interior (Marcas, Dibujos y Modelos) – (OAMI).

Ohne Lotsen fahren. Eine Abweichungs- oder Deviationsklausel, die in Seeschifffahrtsverträgen vereinbart werden kann. Sie entbindet den → Reeder oder → Verfrachter von der Haftung für Ladungsschäden, die dadurch entstehen, dass der Kapitän des Schiffes auf einen Lotsen verzichtet, obwohl dessen Hinzuziehung nautisch geboten wäre.

OIC. Abk. f. (engl.) Organization of the Islamic Conference; → Organisation der Islamischen Konferenz.

Ökologische Steuerreform. Begr. f. eine grundlegende Reform des Steuersystems. Bestehende Steuern sollen verringert oder aufgehoben und durch Steuern auf umweltbelastende und ressourcenverzehrende Produktionsverfahren, Konsumentenverhalten oder Produkte (Umwelt- oder → Ökosteuern) stufenweise ergänzt oder ersetzt werden. In Deutschland informieren hierüber das → Bundesministerium der Finanzen („Ökologische Steuerreform"), das → Bundesministerium für Umwelt, Naturschutz und Reaktorsicherheit, der Förderverein ökologische Steuerreform, s.
http://www.foes-ev.de
und der Bund für Umwelt und Naturschutz Deutschland, s.
http://www.oeko-steuer.de

Ökologische Steuerreform in Europa (engl.: Environmental Taxation Reform – ETR). Darüber informiert – u. a. für Osteuropa – das Europäische Umweltbüro (engl.: European Environmental Bureau – EEB).
http://www.ecotax.info

Ökonomische → Risiken im Außenhandel. Diese liegen im ökonomischen Umfeld der einzelnen Unternehmen und beruhen auf deren eigenen Entscheidungen; im Unterschied zu den → Länderrisiken. Zu den Ö. R. i. A. zählen: → Marktrisiko, → Preisrisiko, → Kreditrisiko, → Lieferungs/→Annahme(Abnahme)risiko, → Wechselkursrisiko, → Transportrisiko, → Standortrisiko.

Ökosteuer. Begr. f. Steuern, deren Bemessungsgrundlage (Steuerobjekt) der Grad der Umweltbelastung bzw. Ressourceninanspruchnahme ist. Durch die Ö. sollen „externe Kosten internalisiert", relative Preise bewusst verändert werden. Durch stufenweise, „künstliche" Preisanhebungen soll das Verhalten von Produzenten wie Konsumenten indirekt (marktkonform) so beeinflusst werden, dass Umweltbelastungen und Ressourcenverzehr verringert oder vermieden werden. Dies kann z. B. durch Steuern und Abgaben in den Bereichen Energieverwendung (Strom-, Mineralölsteuer), Verkehr (Kraftfahrzeugsteuer), Abfall (Verpackungssteuer), Luft (CO_2-Abgabe, FCKW-Steuer), Wasser (Wasserabgaben) erfolgen. Zur Diskussion der ökologischen Steuerreform in Deutschland s. → ökologische Steuerreform.

OLAF. Abk. f. (frz.) Office européen de lutte antifraud – Amt für Betrugsbekämpfung; seit dem 01.06.1999 eine Dienststelle der → EU-Kommission.

Omega Ω. Kennziffer. Sie zeigt, um wie viel Prozent sich eine Wertveränderung einer Option einstellt, wenn sich der Wert des Basisobjekts, das dem Optionskontrakt zu Grunde liegt, um einen Prozentpunkt verändert.

OMV → Ost- und Mitteleuropa Verein.

OMV-Telegramm. Monatspublikation des → Ost- und Mitteleuropa Vereins. Informiert über aktuelle wirtschaftliche Investitionsvorhaben. Gibt praktische Tips zu internationalen Ausschreibungen, Zoll- und Steuerfragen, Gesetzesnovellen. Enthält Kooperationsangebote und Stellengesuche. Bringt Hinweise auf Veranstaltungen und Veröffentlichungen.

Online. Begr. f. d. Datenfernübertragung, bei der periphere Geräte (z. B. PCs, Heimcomputer) unmittelbar über Fernmeldewege (z. B. Telefonleitung) mit der Datenverarbeitungsanlage verbunden sind. Beim Online-Verfahren/-Betrieb besteht ein direkter Steuerungszusammenhang zwischen Eingabe-/Erfassungsgerät und Datenverarbeitungsanlage (und nicht wie beim Offline-Verfahren nur ein indirekter über einen Sekundärträger).

Online-Banking. S. → Home-Banking.

Online Dienste. Dienstleistungen aller Art, die Unternehmen den Nutzern von Personalcomputern → online anbieten; z. B. → Home-Banking, → E-Commerce, Electronic Shopping, E-Mail-Versand, Downloads (Bezug von EDV-Programmen und Veröffentlichungen), Online-Recherchen in Datenbanken.

OPEC. Abk. f. (engl.) Organization of the Petroleum Exporting Countries; → Organisation Erdöl exportierender Länder.

Operating-Leasing. Form des → Leasing mit kurzfristigen Laufzeiten und jederzeitigem Kündigungsrecht (saisonale Ausrüstungsvermietung). Beim O.-L. sind meistens auch Dienstleistungen (regelmäßige Wartung, Stellung von Fachpersonal, Übernahme von Betriebskosten) mit eingeschlossen. Die Anschaffungskosten werden nur zu einem (sehr) geringen Teil vom Leasing-Nehmer abgegolten. Das Investitionsrisiko verbleibt beim Leasing-Geber. Vgl. →

Finanzierungs-Leasing, → Maintenance-Leasing.

Opting-out-Klausel. Vereinbarung im EG-Vertrag, nach der Dänemark und dem Vereinigten Königreich die Entscheidungsfreiheit eingeräumt wurde, nicht gleich zu Beginn der Wirtschafts- und Währungsunion (WWU) an dieser teilzunehmen.

Option. Recht, ein bestimmtes Finanzinstrument oder eine bestimmte Ware innerhalb eines bestimmten Zeitraums oder zu einem bestimmten künftigen Zeitpunkt zu einem festgesetzten Preis zu kaufen (→ Call; Kaufoption) oder zu verkaufen (→ Put; Verkaufsoption). Der Käufer einer Option hat (im Gegensatz zum → Future) die Wahl, sein Recht in Anspruch zu nehmen oder es verfallen zu lassen; er befindet sich in der → Long-Position. Hingegen muss der Verkäufer (Stillhalter) einer Option den Vertrag erfüllen, wenn der Käufer seine Option ausübt; der Optionsverkäufer befindet sich in der → Short-Position.

Optional Stowage. Stauwahlklausel in Beförderungsbedingungen der Linienschifffahrt bei Containerladungen. S. → Containerklausel.

Optionsanleihe (engl.: warrant issue oder warrant bond). Schuldverschreibung, die in ihrer klassischen Form dem Inhaber das Recht verbrieft, innerhalb einer definierten Frist und zu einem bestimmten Kurs Aktien der Emittentin zu erwerben (engl. equity-linked issue). Eine solche O. bleibt – im Gegensatz zur → Wandelanleihe – auch nach der Optionsausübung bis zur Tilgung als normale – festverzinsliche – Anleihe weiter bestehen. Darüber hinaus gibt es heutzutage weitere Varianten der O.: z. B. O. mit Bond-Warrant (die den Inhaber unter bestimmten Bedingungen berechtigt, einen Teil oder mehrere Teile einer festverzinslichen Folgeanleihe der Emittentin zu beziehen); O. mit Aktien- und Bond-Warrant; O. mit Währungs-Warrant (die dem Inhaber die Möglichkeit bietet, während einer bestimmten Optionsfrist eine definierte Menge von Währungseinheiten zu einem festgelegten Kurs zu kaufen. Mit den Währungs→Optionsscheinen ist es dem Anleger möglich, in die Aufwertung der betreffenden Währung zu spekulieren.)

Optionsbörse. Eigene Abteilung der → Wertpapierbörse. Gehandelt werden verschiedene Arten von Optionen, z. B. Aktienoptionen, → DAX-Optionen, Optionen auf → Futures.

Optionsgeschäft. Bedingtes → Termingeschäft. Es berechtigt den Optionskäufer, verpflichtet ihn aber nicht, gegen Zahlung einer Optionsprämie einen → Basiswert zum → Basispreis zu kaufen (→ Call-Option) oder zu verkaufen (→ Put-Option). Das O. kann als → „amerikanische Option“ (in einer bestimmten Optionsfrist) oder als → „europäische Option“ (zu einem bestimmten Optionsfälligkeitstermin) abgewickelt werden. Wichtige internationale Optionsbörsen: Chicago, New York, London, → Deutsche Terminbörse.

Optionsmarkt. Markt für → Optionsgeschäfte.

Optionsprämie. Preis, den der Optionskäufer an den Optionsverkäufer für die Ausübung des Optionsrechtes zahlt. Vgl. → Basispreis.

Optionsschein oder Warrant. In ihm ist das eigenständige Optionsrecht zum Kauf (Call) oder zum Verkauf (Put) eines → Basiswertes verbrieft.

Order-Driven-Market. (Engl.) Bez. f. einen Börsenmarkt, auf dem unter Einschaltung von → Kursmaklern nach dem Auktionsprinzip verfahren wird. Je nach der Preisfestsetzungsform wird – an den deutschen Präsenzbörsen – nach zwei grundsätzlichen Typen des O.-D.-M.

unterschieden: (1) → Einheitsmarkt, auf dem die Kauf- und Verkaufsaufträge zum → Einheitskurs abgerechnet werden, u. z. so, dass bei gegebener Orderlage der höchste Umsatz realisiert wird. Die Angabe von → Kurszusätzen erhöht die Markttransparenz. (2) → Variabler Markt, auf dem die eingehenden Kauf- und Verkaufsaufträge im fortlaufenden Handel bei → variabler Kursnotierung abgerechnet werden. Dies trifft z. B. beim Wertpapierhandel mit hohen Umsätzen zu. Gegensatz: → Quote-Driven-Market.

Orderklausel. Sie lautet z. B.: „an die Order der Frau N.", „an Herrn N. oder dessen Order"; durch einen solchen Vermerk auf Wertpapieren werden diese zu → gekorenen Orderpapieren und können durch Indossament übertragen werden (positive Orderklausel). Oder: „nicht an Order"; durch diesen Vermerk werden → geborene Orderpapiere zu → Rektapapieren (negative Orderklausel, → Rektaklausel).

Orderlagerschein. Ein → Lagerhaltungspapier (Lagerschein), das (der) an „Order" ausgestellt wird. Zu seiner Übertragung ist nur die Einigung und Übergabe der indossierten Urkunde erforderlich. Der O. ist als → gekorendes Orderpapier und → Traditionspapier (Dispositionspapier) bestens als Außenhandelsdokument geeignet und wird in der Außenhandelsfinanzierung verwendet. Zur Sicherungsübereignung oder Verpfändung übergibt der Gläubiger den blankoindossierten O. an das Kreditinstitut. O. dürfen (in Deutschland) nur von Lagerhaltern ausgestellt werden, die eigens dazu staatlicherseits ermächtigt sind.

Orderpapier. Begr. f. ein → Wertpapier, das eine bestimmte, namentlich genannte Person als berechtigt ausweist, das aber durch Indossament und Übergabe des Papiers an eine andere Person übertragen werden kann. Dadurch erlangt der neue Eigentümer alle Rechte aus dem O. (unabhängig vom Voreigentümer). Man unterscheidet nach → geborenem Orderpapier und → gekorenem Orderpapier. Gegensatz: → Inhaberpapier.

Ordersatz. Ein Schriftsatz, in dem sämtliche von einer Großhandlung lieferbaren Artikel aufgelistet sind, getrennt nach verschiedenen Mengenabpackungen und versehen mit den Großhandelsverkaufspreisen (sowie Vorschlägen für Verkaufspreise des Einzelhandels). O. dienen der Rationalisierung der Bestellvorgänge im Handel; der Einzelhändler braucht nur die gewünschte Stückzahl einzutragen.

Orderscheck. → Scheck, der mittels Indossament auf den Begünstigten übertragen werden kann bzw. übertragen worden ist. Ein O. kann nur von demjenigen zum Inkasso vorgelegt werden, der sich als letzter Berechtigter einer geschlossenen Indossamentenkette ausweisen kann („Zahlen Sie gegen diesen Scheck ..... an ..... oder Order").

Ordnungspolitik. Begr. f. d. Teilgebiet der allgemeinen Wirtschaftspolitik, das sich mit den rechtlich-organisatorischen Maßnahmen befasst, durch welche die Träger der Wirtschaftspolitik (wie Bund, Länder und Verbände) die Wirtschaftsverfassung und damit die längerfristigen Rahmenbedingungen für den Ablauf des Wirtschaftsprozesses innerhalb der Wirtschaftsordnung eines Staates (z. B. einer Sozialen Marktwirtschaft) gestalten. Vgl. → Prozesspolitik.

Organisation amerikanischer Staaten (OAS) – (engl.) Organization of American States (OAS) oder (span.) Organización de los Estados Americanos (OEA). Gegr. am 30.04.1948 in Bogotá, Kolumbien. Sitz: Washington. Mitglieder sind 35 nord-, mittel- und südamerikanische Staaten; dazu kommen 31 Länder mit Beobachterstatus. Ziele: Förderung des Friedens und der Sicherheit in der Region durch wirtschaftliche, soziale und kulturelle Zusammenarbeit. Solidarische Aktionen bei einer Aggression von außen oder untereinander, einschl. Streitschlichtung. Sanktionen bei Nichtanerkennung von Schlichtungsverfahren u. a. Verstößen. Hauptor-

gane der OAS sind: die Generalversammlung (die einmal im Jahr tagt), das Konsultativtreffen der Außenminister, der Ständige Rat der Botschafter und das Sekretariat (mit einem Generalsekretär an der Spitze).
http://www.oas.org

Organisation der Islamischen Konferenz – (engl.) Organization of Islamic Conference (OIC). Sitz: Djidda, Saudi-Arabien. Die Abschaffung des Kalifats im Jahre 1924 führte zu verstärkten Bestrebungen, eine umfassende politische Organisation der islamischen Welt über die Grenzen der entstandenen modernen Nationalstaaten zu schaffen. Doch erst 1962 kam es zur Gründung der nicht staatlichen – von Saudi-Arabien dominierten – Liga der Islamischen Welt. Nach dem im Juni 1967 verlorenen Sieben-Tage-Krieg gegen Israel gewann die Rückbesinnung auf den Islam als Möglichkeit einer nicht von westlichen Normen abgeleiteten Identität an Bedeutung. Die erste Gipfelkonferenz der OIC fand 1969 in Rabat, Marokko statt. Auf der ersten Außenministerkonferenz 1971 in Djidda gab sich die OIC ihre Charta (Satzung). Hauptorgane sind: die Islamische Gipfelkonferenz der Staats- und Regierungschefs, die in unregelmäßigen Abständen stattfindet; die Islamische Außenministerkonferenz, das Exekutivorgan, das mindestens einmal im Jahr zusammentritt; das Generalsekretariat und der Internationale Islamische Gerichtshof. Hinzu kommen Sonderausschüsse, subsidiäre Organe und Unterorganisationen, wie z. B. das → Islamische Zentrum für die Entwicklung des Handels, die → Islamische Entwicklungsbank und die Islamische Kammer für Handel, Industrie und Warenaustausch. Die OIC hat Beobachterstatus bei den Vereinten Nationen. Die Rolle der OIC (v. a. das Interesse Saudi-Arabiens), über den Islam konservative Staaten zu unterstützen, hat sich überlebt. In den Auseinandersetzungen zwischen gemäßigtem und radikalem Islamismus scheint sich die OIC auch weiterhin primär mit dem Machterhalt im bestehenden nationalstaatlichen Rahmen abzufinden. Die Attraktivität für die Mitglieder beruht v. a. in der Aussicht auf finanzielle Unterstützung der armen durch die reichen islamischen Länder.

Organisation der Vereinten Nationen für Erziehung, Wissenschaft und Kultur – (engl.) United Nations Educational, Scientific and Cultural Organization (UNESCO). Eine → Sonderorganisation der UN. Gegr. am 04.11.1946. Sitz: Paris. Zurzeit 188 Mitgliedstaaten. Der Beitrag der UNESCO zum Frieden und zur Sicherheit in der Welt besteht in der Förderung der Zusammenarbeit der Nationen in folgenden Programmbereichen: Bildung und Erziehung (den Schwerpunkt bildet die Bekämpfung des Analphabetismus in den Entwicklungsländern), Naturwissenschaften (insb. Förderung der Grundlagenforschung und des weltweiten Austauschs von Forschungsergebnissen), Kulturarbeit (Führung der Liste des Weltkulturerbes), Kommunikation, Information und Informatik (Förderung des freien Informationsflusses und einer ausgeglichenen Verbreitung von Informationen, Ausbau der Kommunikationskapazitäten, insb. in Entwicklungsländern). Die UNESCO will zu einer „Kultur des Friedens und der Demokratie" beitragen, in der Menschenrechte, fundamentale Freiheiten, Regeln der Gerechtigkeit und des Rechts künftig universal respektiert werden. Organe sind die Generalkonferenz (die alle zwei Jahre stattfindet) und der Exekutivrat (der zurzeit aus 58 Mitgliedern besteht).
http://www.unesco.org

Organisation der Vereinten Nationen für industrielle Entwicklung – (engl.) United Nations Industrial Development Organization (UNIDO). Eine → Sonderorganisation der UN. Gegr. am 17.11.1966 auf Beschluss der Generalversammlung der Vereinten Nationen durch Umwandlung des UN-Zentrums für industrielle Entwicklung. Sitz: Wien. Zurzeit 169 Mitgliedstaaten. UNIDO unterstützt Entwicklungsländer und Transformationsländer in Osteuropa in ihren Bemühungen, in einer globalisierten Welt nicht am Rande zu verbleiben bzw. nicht an den Rand gedrängt zu werden. Sie fördert als einzige Organisation im UN-System die Industrialisierung in diesen Ländern sowie die industrielle Zusammenarbeit dieser Länder mit den

Industriestaaten. Dies erfolgt über technische Hilfe, Beratung und Vermittlung, Forschungs- und Studienprogramme. Die Steigerung der Produktivität in diesen Ländern wird als wichtiger Beitrag zur Überwindung von deren Armut angesehen. Schwerpunktmäßig werden daher die Verbesserung der Wettbewerbsfähigkeit von Unternehmen in der Dritten Welt und in den Transformationsländern sowie umweltschonende industrielle Produkte bzw. Produktionsverfahren gefördert. Organe der UNIDO sind die Generalkonferenz (die alle zwei Jahre stattfindet), der Rat für industrielle Entwicklung (mit zurzeit 53 Mitgliedern) und das Sekretariat (mit einem Generaldirektor an der Spitze).
http://www.unido.org

Organisation Erdöl exportierender Länder – (engl.) Organization of the Petroleum Exporting Countries (OPEC). Gegr. am 14.09.1960 in Bagdad. Sitz: Wien. Mitglieder: Algerien, Indonesien, Irak, Iran, Katar, Kuwait, Libyen, Nigeria, Saudi-Arabien, die Vereinigten Arabischen Emirate und Venezuela. Ziele: Koordinierung der Erdölpolitik der Mitgliedstaaten, Stabilisierung der Erdölpreise auf dem Weltmarkt (u. a. durch Regulierung der Fördermengen), Sicherung angemessener Erträge für die Investoren. Organe: Konferenz der Erdöl- bzw. Finanzminister (sie legt die Erdöl-Preise und -Förderquoten fest; tagt halbjährlich) und Sekretariat (mit einem Generalsekretär an der Spitze).
http://www.opec.org

Organisation für Afrikanische Einheit – (engl.) Organization of African Unity (OAU) oder (frz.) Organisation de l'Unité Africaine (OUA). Gegr. am 25.05.1963. Sitz: Addis Abeba, Äthiopien. 53 Mitglieder. Die OAU verfolgt (gem. ihrer Charta) die folgenden Ziele: Förderung der Einheit und Solidarität zwischen afrikanischen Staaten. Intensivierung und Koordinierung der Anstrengungen zur Verbesserung des Lebensstandards in Afrika. Verteidigung der Souveränität, der territorialen Integrität und der Unabhängigkeit der afrikanischen Staaten (die OAU ist aber kein Verteidigungsbündnis). Auslöschung aller Formen von Kolonialismus in Afrika. Förderung der internationalen Zusammenarbeit im Einklang mit der Charta der Vereinten Nationen. Hauptorgane sind: die Gipfelkonferenz (sie tagt jährlich; Beschlüsse können nur mit einer Zweidrittelmehrheit gefasst werden), der Ministerrat (er kommt halbjährlich zusammen) und das Sekretariat. Am 11.07.2001 wurde in Lusaka, Sambia, beschlossen, die OAU in eine Afrikanische Union (AU) umzuwandeln.

Organisation für europäische wirtschaftliche Zusammenarbeit – (engl.) Organization for European Economic Cooperation (OEEC). Ging am 16.04.1948 aus dem → CEEC hervor. Aufgabe der OEEC war es, für (West-)Europa koordinierte Wiederaufbau-Pläne aufzustellen. Diese wurden von den USA bei der Gewährung der → Marshall-Plan-Hilfe gefordert. Von der OEEC gingen wichtige Impulse für eine europäische Wirtschaftsunion aus, die bald zur Errichtung der → Europäischen Gemeinschaft für Kohle und Stahl (EGKS), danach der → Europäischen Wirtschaftsgemeinschaft (EWG) und schließlich der → Europäischen Gemeinschaft (EG) führten. Nachdem die OEEC ihren Auftrag erfüllt hatte, wurde 1961 die → Organisation für wirtschaftliche Zusammenarbeit und Entwicklung (OECD) als nachfolgende atlantische Organisation gegründet.

Organisation für Sicherheit und Zusammenarbeit in Europa (OSZE). Gegr. am 01.08.1975 in Helsinki; mit der Schlussakte der Konferenz über Sicherheit und Zusammenarbeit in Europa (KSZE). Seit dem 01.01.1995 umbenannt in OSZE. Sitz: Wien. 55 Mitglieder. Ziele: Stabilität und Sicherheit in ganz Europa; engere wirtschaftliche, wissenschaftliche und kulturelle Zusammenarbeit; Schaffung einer europäischen „Sicherheitsstruktur für das 21. Jahrhundert".
http://www.osce.org

Organisation für wirtschaftliche Zusammenarbeit und Entwicklung – (engl.) Organization for Economic Cooperation and Development (OECD) oder (frz.) Organisation de coopération et de développement économiques (OCDE). Seit dem 30.09.1961 die Nachfolgeorganisation der → Organisation für europäische wirtschaftliche Zusammenarbeit (OEEC). Sitz: Paris. Zurzeit 30 Mitglieder; neben den EU-Staaten sind dies Australien, Island, Japan, Kanada, Republik Korea, Mexiko, Neuseeland, Norwegen, Polen, Schweiz, Slowakei, Tschechische Republik, Türkei, Ungarn und die USA. Die EU-Kommission nimmt an der Arbeit der OECD teil. Heutige Ziele: Zusammenarbeit der Mitgliedstaaten, um ein dauerhaftes wirtschaftliches Wachstum und soziales Wohlergehen zu erreichen. Dies soll durch Koordinierung der Wirtschaftspolitik und der Entwicklungshilfe geschehen. Dazu werden Vergleiche der verschiedenen Länderentwicklungen erarbeitet und die Politik der Mitgliedstaaten durch entsprechende Beratungen und Empfehlungen unterstützt. Die OECD fungiert bei Verhandlungen zu multilateralen Vereinbarungen als Schiedsrichter und stellt Kodizes auf, die auf freiwilliger Basis umgesetzt werden können (z. B. die → OECD-Konsensusregeln). Ihre Tätigkeit erstreckt sich auf alle Bereiche der staatlichen Politik. Hierfür gibt es über 200 Fachausschüsse und Arbeitsgruppen; darunter auch den → Ausschuss für Entwicklungshilfe (DAC). Hauptorgane der OECD sind: (1) Der Rat. In ihm sind alle Mitglieder durch die Leiter der ständigen Delegationen (Sonderbotschafter in Paris) vertreten. Er tagt einmal jährlich auf Ministerebene. Der Rat entscheidet auch über den Haushalt, der von den Mitgliedstaaten nach der jeweiligen Gewichtung ihrer Volkswirtschaften finanziert wird. Seine Beschlüsse oder Empfehlungen bedürfen der Einstimmigkeit; bei Enthaltungen gelten Vereinbarungen nur für die zustimmenden Mitglieder. (2) Exekutivausschuss. Er besteht aus 14 Mitgliedern und unterstützt den Rat. (3) Internationales Sekretariat. Ihm steht ein Generalsekretär vor, der auch den Vorsitz im Ständigen Rat führt.
http://www.oecd.org

OSHA. Abk. f. (engl.) European Agency for Safety and Health at Work; Europäische Agentur für Sicherheit und Gesundheitsschutz am Arbeitsplatz. S. → Europäischen Union (→ Gemeinschaftsagenturen).

Ostafrikanische Entwicklungsbank – (engl.) East African Development Bank (EADB). Gegr. 1967. Sitz: Kampala, Uganda. Eine der überlebenden Unterorganisationen der (1983 aufgelösten) Ostafrikanischen Gemeinschaft. Mitglieder: Kenia, Uganda, Tansania (diese drei Staaten halten den größten – jeweils gleichen – Kapitalanteil), aber auch die Niederlande, Deutschland, die Afrikanische Entwicklungsbank und andere Staaten und Organisationen. Die EADB gewährt finanzielle und technische Unterstützung zur wirtschaftlichen Entwicklung in den ostafrikanischen Mitgliedstaaten. Durch die jeweiligen Projekte soll die regionale Zusammenarbeit gestärkt werden.
http://www.transafrica.org/eadb

Ostasiatischer Verein e. V. (OAV). Ein branchenübergreifender, gemeinnütziger Wirtschaftsverband. Sitz: Hamburg. Der OAV unterstützt Unternehmen und Verbände, die Geschäftsbeziehungen im asiatisch-pazifischen Raum unterhalten bzw. auf- und ausbauen. Zurzeit gibt es 17 Länderausschüsse. Der OAV stellt eine wichtige Plattform für Kontakte, Meinungs-, Informations- und Interessenausgleich dar und gewährt zahlreiche Serviceleistungen. Er bietet mit APOLDA (Abk. f.: Asien Pazifik OnLine DAten) einen Online-Recherchen-Dienst an. Der OAV ist auch (Mit-)Trägerorganisation des → Asien-Pazifik-Ausschusses der Deutschen Wirtschaft (APA). Er veröffentlicht u. a. das Wirtschaftshandbuch Asien-Pazifik und → Asia Bridge.
http://www.oav.de
Der OAV arbeitet eng mit anderen Wirtschaftsverbänden in Deutschland und im asiatisch-

pazifischen Raum zusammen; z. B. mit Industrie- und Handelskammern sowie → Deutschen Industrie- und Handelszentren.

Australien: http://www.germany.org.au
VR China: http://www.ahkbj.org.cn
http://www.china-net.de
Hong Kong: http://www.ahk.org.hk
Indien: http://www.indo-german.com
Indonesien: http://www.io.com/ekonid
Japan: http://www.dihkj.or.jp
Korea: http://www.kgcci.com
Malaysia: http://www.mgcc.com.my
Myanmar: http://www.oav.de
Philippinen: http://www.eccp.com
Singapur: http://www.diht.com.sg
Taiwan: http://www.dwb-taipei.org.tw
Thailand: http://www.gtcc.org
Vietnam: http://www.ahk.org.hk

ÖSTAT. Abk. f. Österreichisches Statistisches Zentralamt.
http://www.statistik.at/index.shtml

Ost-Ausschuss der Deutschen Wirtschaft. Gebildet 1952; als Gemeinschaftsorgan der Spitzenverbände der deutschen Wirtschaft. Sitz: Berlin. Er vertritt und bündelt die länderspezifischen Interessen der deutschen Wirtschaft in Russland, Mittel- und Osteuropa, Südosteuropa, im Baltikum, Kaukasus und in Zentralasien. Damit fördert er die Wirtschaftsbeziehungen mit diesen Regionen, insb. die zunehmende Präsenz deutscher Unternehmen vor Ort. Der O.-A. ist Ansprechpartner für Unternehmen und Regierungsstellen in diesen Regionen und in Deutschland.
www.bdi-online.de

Ost-Ausschuss Informationen; 6x jährlich erscheinende Zeitschrift des → Ost-Ausschusses der Deutschen Wirtschaft. Berichtet aktuell über Länder, (Messe-, Seminar-)Termine, Ausschreibungen, Kooperationswünsche, Publikationen.

Österreichische Nationalbank (OeNB). Die nationale Zentralbank (NZB) Österreichs.
http://www.oenb.co.at/

Osteuropabank → Europäische Bank für Wiederaufbau und Entwicklung (EBWE) oder (engl.) European Bank for Reconstruction and Development (EBRD).

Ostseerat. Seine Einrichtung wurde 1992 beschlossen. Er hat keinen formalisierten Sitz. Die Präsidentschaft und damit auch die Geschäftsführung übernimmt für jeweils ein Jahr ein Mitgliedstaat. Dem O. gehören an: Dänemark, Deutschland, Estland, Finnland, Lettland, Litauen, Norwegen, Polen, Russland, Schweden und die EU-Kommission. Die Mitgliedstaaten werden bei den einmal jährlich stattfindenden Ratstagungen durch die Außenminister vertreten. Entscheidungen werden einstimmig beschlossen. Der O. bildet das Forum für die institutionalisierte Zusammenarbeit der Ostseeanrainerstaaten zur Steuerung und Koordinierung der sie gemeinsam betreffenden Politikbereiche. Er soll die Bindungen der Europäischen Union mit den noch nicht in der EU vertretenen Ostseeanrainern verbessern. So soll z. B. der „Baltische Ring“ den freien Verkehr von Kapital, Waren, Personen und Ideen ermöglichen.

Ost- und Mitteleuropa Verein e.V. (OMV). Gegr. 1989. Sitz: Hamburg. Branchenübergrei-

fender Verband zur Förderung der Wirtschaftsbeziehungen zwischen Deutschland und den mittel- und osteuropäischen Ländern des ehemaligen → Rats für gegenseitige Wirtschaftshilfe (RGW). Der OMV unterstützt deutsche Unternehmen, die Geschäftsbeziehungen nach Ost- und Mitteleuropa unterhalten oder aufbauen wollen, durch Einzelberatungen, individuelle Recherchen, Fachtagungen, Präsenz auf Fachmessen; Kontakte zu Botschaften, deutschen Außenhandelskammern, Repräsentanten der deutschen Wirtschaft im Ausland. Er organisiert Exportförderungsveranstaltungen in Osteuropa. Der OMV unterhält u. a. einen Länderausschuss Russische Föderation. Er veröffentlicht monatlich „OMV-Telegramm" und → „OST-WEST-CONTACT".
http://www.omv.de

OST-WEST-CONTACT. Das monatlich erscheinende Wirtschaftsmagazin für Ost-West-Kooperation. Es berichtet aktuell, umfassend und praxisorientiert über die Wirtschaftsbeziehungen zwischen Deutschland und den Ländern Ost- und Mitteleuropas, Russlands und den anderen GUS-Staaten. Offizielles Organ des Außenwirtschaftsverbandes des → Ost- und Mitteleuropa Vereins.
http://www.owc.de

OST-WEST-CONTACTer. Internet-Datenbank mit etwa 1.500 außenwirtschaftlich relevanten Anschriften. Erscheint auch zweimal jährlich als gedruckte Broschüre.

Ost-West-Institut – (engl.) East West Insitute (EWI). Das 1981 gegr. EWI ist eine unabhängige gemeinnützige Organisation mit Kontaktzentren in Belgrad, Brüssel, Victoria (Britisch Kolumbien, Kanada), Helsinki, Kiew, Moskau, New York und Prag. Die Mission besteht darin, Spannungen und Konflikte zu entschärfen, die das geopolitische Gleichgewicht gefährden. Das EWI setzt sich ein für Demokratie, freies Unternehmertum und Wohlstand in Mittel- und Osteuropa, Russland und anderen Staaten Eurasiens.
http://www.iews.org

Ostwirtschaftsreport. Diese alle zwei Wochen erscheinende Publikation der → Vereinigten Wirtschaftsdienste (VWD) bringt einen aktuellen Überblick über das Marktgeschehen in allen osteuropäischen Staaten.

OSZE → Organisation für Sicherheit und Zusammenarbeit in Europa.

OTC-Markt. → Over-the-Counter-Markt.

ÖTOB. Abk. f. Österreichische Termin- und Optionsbörse. Ein Marktsegment der Wiener Börse (WBAG); gehandelt werden Futures und Optionen.

Ottawa-Konvention. Die am 28.05.1988 in Ottawa, Kanada, beschlossene Konvention über internationales → Factoring. Sie ist 1999 in Deutschland in Kraft getreten. Mit der O.-K. wurde eine international vereinheitlichte und vereinfachte Anwendung des echten und unechten Factoring erreicht.
http://www.unidroit.org/english/conventions/c-fact.htm

Otto Benecke Stiftung e. V. (OBS). Gegr. 1965. Sitz: Bonn. Die OBS ist im Auftrag der Bundesregierung tätig. Sie nimmt Aufgaben der Eingliederung von Aussiedlern und asylberechtigten Ausländern in Deutschland wahr. Diese können im Rahmen der humanitären Bildungshilfe eine Hochschulausbildung aufnehmen bzw. fortsetzen. Hochschulabsolventen können sich für ausbildungsadäquate Beschäftigungsmöglichkeiten weiterbilden lassen (Akademikerhilfe).
http://www.obs-ev.de

OUA. Abk. f. (frz.) Organisation de l'Unité Africaine; → Organisation für Afrikanische Einheit oder (engl.) Organization of African Unity (OAU).

Out-of-the-Money, aus dem Geld. Börsen-Begr. f. d. Verhältnis zwischen dem Ausübungspreis (Basispreis) einer Option oder eines Optionsscheins und dem Kassakurs des zu Grunde liegenden Basiswertes. Der Kassakurs liegt bei „Aus dem Geld"→Calls (Kaufoptionen) unter dem Basispreis; er liegt bei „Aus dem Geld"→Puts (Verkaufsoptionen) über dem Basispreis. Es handelt sich also um eine Option mit negativem Ausübungswert. Vgl. → At-the-Money, → In-the-Money.

Outright-Devisengeschäft. Dabei wird ein Devisenbetrag per Termin (zu einem bestimmten Erfüllungstag) gekauft oder verkauft, ohne dass gleichzeitig ein Gegengeschäft abgeschlossen wird (s. → Devisenswap). O.-D. können bei erwarteten Devisenkursschwankungen als Instrument zur Absicherung von Währungsforderungen oder -verbindlichkeiten aus Export- und Importgeschäften eingesetzt werden.

Outright-Geschäft. Ein Termingeschäft ohne Kassageschäft oder ein Kassageschäft ohne Termingeschäft (eine reines Solo-Geschäft). Beim O.-G. wird per Termin gekauft oder verkauft, ohne – als Gegengeschäft – per Kassa zu verkaufen oder zu kaufen. Umgekehrt wird beim O.-G. per Kassa gekauft oder verkauft, ohne zugleich per Termin zu verkaufen oder zu kaufen (im Unterschied zum → Swap-Geschäft). Definitiver Kauf oder Verkauf von Vermögenswerten durch die Zentralbank am offenen Markt (→ Offenmarktgeschäfte) stellen ein O.-G. dar. Solche Geschäfte werden im ESZB nur im Rahmen von → Feinsteuerungsoperationen und → strukturellen Operationen getätigt. Sie werden als → bilaterale Geschäfte (nicht im → Tenderverfahren) durchgeführt. O.-G. werden auch zur Kurssicherung oder bei Spekulation auf Devisenkursänderung getätigt.

Outsider-Seeverkehr. Er wird von Reedereien betrieben, die keiner → Schifffahrtskonferenz angehören. Sie haben ihren Sitz in Ländern mit vergleichsweise niedrigem Lohn- und Auflagenniveau bzw. fahren sie unter einer → Billigflagge.

Overcarriage clause (engl.). Eine Abweichungs- oder Deviationsklausel, die in Seeschifffahrtsverträgen vereinbart werden kann. Sie gestattet es dem → Reeder oder → Verfrachter, Waren über den Bestimmungshafen hinaus mitzunehmen und später abzuliefern. Diese „Überbeförderung" von Ladung muss aber gerechtfertigt sein; sie darf nicht Folge vergessener Entladung oder von Unterstauung von Ladung für einen späteren Löschhafen sein. Vgl. → Off-hire-Klausel.

Over-the-Counter-Markt – OTC-Markt. Begr. für einen (internationalen) Markt, auf dem der Handel mit Finanztiteln außerhalb der Börsen abgewickelt wird. Gehandelt wird zwischen Banken, Brokern und Wertpapierhäusern einerseits und Anlegern (Investoren) andererseits; wie z. B. auch auf dem → Euro-Kapitalmarkt. Der OTC-Markt weist keine bestimmte Lokalisierung und keine eng begrenzten Handelszeiten auf; auf ihm vollzieht sich der „internationale Freiverkehr" per Telekommunikation.

P

Packing Credit, (engl.) anticipatory credit, (frz.) crédit anticipatoire. Ein Bevorschussungskredit, der im Zusammenhang mit einem → Dokumentenakkreditiv gewährt wird. Dazu wird die akkreditiveröffnende Bank durch eine → red clause ermächtigt, dem Begünstigten (Exporteur oder dessen Bank) aus dem Akkreditiv einen Vorschuss zu leisten. Dieser dient dem Exporteur zur (teilweisen) Finanzierung des Einkaufs und Transports der zu exportierenden Ware. Der Exporteur hat der Bank die akkreditivgemäßen Dokumente erst zu dem im Akkreditivvertrag vereinbarten späteren Zeitpunkt (Zeitraum) zu übergeben.

Pack- und Gewichtsliste (engl.: packing and weight list). Im Außenhandel gebräuchliches Dokument, in dem die verpackten Waren genau spezifiziert sind. Der Exporteur erstellt diese detaillierte Auflistung aller Frachtstücke (z. B. Kisten, Pakete, Paletten, Container) mit Angaben zur Art der Ware, zu Codenummern, Markierung, Anzahl, Größe, Brutto- und Nettogewicht u. a. m. Die P. u. G. geben somit Auskunft über die in einer Verpackungseinheit enthaltenen Waren und deren Gewichte. Sie begleiten die Waren vom Absender bis zum Empfänger (s. → Warenbegleitdokumente). Sie werden u. a. zur Vorlage bei den Zollbehörden und aufgrund versicherungsrechtlicher Bestimmungen benötigt.

Pacto Andino (span.). → Andenpakt.

Panel-Verfahren. Bez. f. ein Streitschlichtungsverfahren im Rahmen des → GATT. Jeder Mitgliedstaat kann die Einsetzung eines Schiedsgerichts (Panel) verlangen, wenn zuvor Konsultationen und Vermittlungsverfahren gescheitert sind. Das P.-V. ist ein nicht öffentliches. Über das Verfahren und den Spruch des Panels wird ein Bericht verfasst und dem GATT-Rat vorgelegt. Dieser fasst den abschließenden Beschluss.

PANHOLIB. Abk. f. d. drei Billigflaggenländer Panama, Honduras und Liberia.

Papiergeld. Die → Banknoten, die (neben dem Hartgeld, den → Münzen) als gesetzliches Zahlungsmittel im Umlauf sind.

Para-Banking. Finanzdienstleistungen, die von Nichtbanken angeboten werden; sie treten an die Stelle traditioneller Bankdienstleistungen. Zum P.-B. werden gezählt: Konsumfinanzierung (z. B. über Konsumentenkredite des Einzelhandels); → Finanzierungs-Leasing, → Factoring; → Forfaitierung; → Bartergeschäft; die Ausgabe von → Kreditkarten und → Reiseschecks; die Bereitstellung von Bürgschaften und Garantien; der Devisenhandel zwischen (großen) Nichtbanken-Unternehmen.

Parallelanleihe. Schuldverschreibung, die zur gleichen Zeit an den Kapitalmärkten verschiedener Länder platziert wird. Die Ausstattungen einer P. (wie z. B. Währungseinheit, Zinssatz) können den Gegebenheiten des jeweiligen Marktes entsprechen und insofern voneinander abweichen. Bei gleicher Nominalverzinsung kann das Zinsgefälle zwischen den Ländern durch den → Emissions- und/oder Tilgungskurs sowie durch die Laufzeit ausgeglichen werden.

Parallelgeschäft. Besondere Form eines → Kompensationsgeschäftes, bei dem sich der Exporteur in einem getrennten Vertrag verpflichtet, Waren vom Importeur zu erwerben. Eine solche Abnahmeverpflichtung des Exporteurs kann nicht nur gegenüber dem Importeur eingegangen werden. Sie kann sich auch auf andere Waren(gruppen) des Importlandes beziehen. Die Abnahmeverpflichtung des Exporteurs ist i. d. R. veräußerbar. Vgl. → Dreiecksgeschäft.

Parallelkurs. Bez. f. d. Kurs einer Währung auf einem unkontrollierten Devisenmarkt. Der Kurs, zu dem außerhalb der amtlichen Devisenbörse eine Währung gehandelt wird.

Parallelwährung. Eine (stabile, harte) ausländische Währung, die an die Stelle der (schwachen) Währung des Inlands (z. B. bei galoppierender Inflation) tritt. In der P. werden dann im Inland die Preise angegeben und Transaktionen abgewickelt.

Paramount-Klausel. Klausel, mit der die → Hamburger Regeln in das → Konnossement einbezogen werden.

Parcel Receipt (engl.). Paketschein, der anstelle eines Konnossements für kleine Warensendungen ausgestellt wird. Das P. R. dokumentiert den Empfang der Ware und die Verpflichtung zu deren Auslieferung an den legitimierten Empfänger. Es ist ein → Legitimationspapier, kein → Traditionspapier. Es kann nicht auf Order ausgestellt werden, also nicht durch Indossament übertragen werden. Der Versand mittels P. R. ist kostengünstiger als der Versand mittels Konnossement. Das P. R. wird im Seeverkehr bei wertvollen Paketen verwendet. Diese können noch bis kurz vor Abgang des Schiffes direkt beim Ladungsoffizier angeliefert werden.

Pari. Übereinstimmung von Nennwert und Kurswert.

Pari-Emission. Wertpapieremission, bei welcher der Emissionskurs dem Nennwert entspricht.

Pari-Kurs. Kurs des Wertpapiers, der genau dem Nennwert des Wertpapiers entspricht.

Pariser Club. „Club der Regierungsgläubiger". Eine von den Regierungen der (westlichen) OECD-Staaten geschaffene informelle Institution zur Abstimmung der gemeinsamen Vorgehensweise bei internationaler Zahlungsunfähigkeit (hoch-)verschuldeter Entwicklungsländer sowie von Nachfolgestaaten der ehemaligen Sowjetunion. An den Neuverhandlungen über bestehende Auslandsschulden (Umschuldungen) nehmen auf Antrag des Schuldnerlandes die jeweiligen Hauptgläubiger, der IWF und die Weltbank teil. Vgl. → Londoner Club.

Pariser Verbandsübereinkunft zum Schutz des gewerblichen Eigentums (PVÜ). Völkerrechtlicher Vertrag v. 20.03.1883 mit Änderungen von Haag (1925), London (1934), Lissabon (1958) und Stockholm (1967). Gegenstand des Vertrages ist der internationale Schutz des gewerblichen Eigentums (wie Patente, Gebrauchs- und Geschmacksmuster, Marken, Handelsnamen, Herkunftsangaben und Ursprungsbezeichnungen, Bekämpfung des unlauteren Wettbewerbs). Mit der PVÜ wurde kein einheitliches internationales Recht geschaffen. Sie begründet aber Rechte und Pflichten, auf die sich die Angehörigen der Verbandsstaaten berufen können, wie die → Inländerbehandlung, die Begründung von → Prioritätsrechten für die Auslandsanmeldung von → gewerblichen Schutzrechten und deren internationale Registrierung. S. a. → Madrider Markenabkommen, → Haager Abkommen, → TRIPS-Abkommen, → Wiener Abkommen über Schriftzeichen.

Pariser Vertrag. Vertrag zur Gründung der → Europäischen Gemeinschaft für Kohle und Stahl; am 18.04.1951 unterzeichnet, am 27.07.1952 in Kraft getreten und am 23.07.2002 ausgelaufen.

Paris Interbank Offered Rate. → PIBOR.

Parität. Bez. f. das in einem System fester Wechselkurse offiziell (von staatlichen Instanzen) festgesetzte Austauschverhältnis zwischen einer nationalen Währung und einem durch internationale Vereinbarungen festgelegten gemeinsamen Nenner; dies war z. B. im internationalen Währungssystem von 1948 – 1973 (→ Bretton-Woods-System) das Gold bzw. der US-Dollar; im Europäischen Währungssystem von 1979 – 1998 die ECU. So betrug z. B. die Goldparität der DM (vom 27.10.1969 bis zum 15.02.1973): 1 DM = 0,242806 g Feingold; die US-Dollar-Parität am 14.02.1973: 1 US-$ = 2,9003 DM. Nach der offiziellen Abschaffung der Goldparität wird P. meist identisch mit → Leitkurs verwendet.

Paritätische Auslandshandelskammern. S. → Auslandshandelskammern.

Parkettbörse → Präsenzbörse.

Partikuliere, Partikulierschiffer; Einzelschiffer in der → Binnenschifffahrt. Selbstständige Schiffseigentümer mit höchstens drei Schiffen und ohne eigene Frachtzuführungsorganisation an Land.

Passive Handelsbilanz. S. → Außenhandelsbilanz.

Passive Lohnveredelung. Begr. f. d. → Veredelungsverkehr, bei dem einheimische Waren (→ Gemeinschaftsgut) in ein fremdes Wirtschaftsgebiet zur Bearbeitung, Verarbeitung oder Ausbesserung verbracht werden. Beim Verlassen des eigenen Wirtschaftsgebietes wird die zu veredelnde Ware zollrechtlich abgefertigt (in der EG auf der Grundlage des → Einheitspapiers); sie bleibt bei der Wiedereinfuhr gänzlich oder teilweise abgabenfrei. Es erfolgt nur eine → Differenzverzollung in der Höhe des Mehrwerts nach der Veredelung. Vgl. → aktive Lohnveredelung.

Passiver Reiseverkehr. Begr. f. d. Reiseverkehr aus dem Inland (Deutschland) nach dem Ausland.

Passiver Transithandel. → Transithandel, bei dem ein ausländischer Transithändler Waren aus einem anderen Drittland an gebietsansässige Unternehmen oder Inlandswaren an gebietsfremde Abnehmer in einem anderen Drittland verkauft. Die von einem gebietsansässigen Importeur von einem gebietsfremden Transithändler erworbenen Waren werden außenwirtschafts- und zollrechtlich als Einfuhren behandelt, sobald die Waren in das inländische Wirtschaftsgebiet verbracht worden sind. Für Waren, die ein gebietsansässiger Exporteur an einen gebietsfremden Transithändler verkauft (und von diesem in ein Drittland weiterverkauft werden), gelten die Ausfuhrbestimmungen.

Passive Veredelung. → Besonderes Zollverfahren (gem. Art. 4 Nr. 16 g ZK), nach dem Inlandswaren (Gemeinschaftswaren) zur Durchführung von Veredlungsvorgängen vorübergehend ausgeführt werden, um sie danach wieder einzuführen; alles unter zollamtlicher Überwachung. S. → passive Lohnveredelung.

Passivgeschäft. Sammel-Bez. für alle Geschäfte, die den Banken zur Beschaffung von Finanzierungsmitteln dienen; sie werden auf der Passivseite einer Bankbilanz ausgewiesen. Dazu zählen: Einlagengeschäft (Entgegennahme von Spareinlagen, Einlagen mit vereinbarter Laufzeit und mit vereinbarter Kündigungsfrist), Aufnahme von Finanzierungsmitteln auf dem Geldmarkt, Ausgabe von Bankschuldverschreibungen und von Bankaktien; die Ausgabe von Banknoten (sie ist den Zentralbanken vorbehalten). Gegensatz: → Aktivgeschäft.

Passivisches Devisenkursrisiko. S. → Wechselkursrisiko.

Passivwechsel oder Schuldwechsel. → Wechsel, der aus der Ausstellung eines eigenen Wechsels (Solawechsel) oder aus der Annahme (dem Akzept) eines gezogenen Wechsels entsteht. P. sind als Verbindlichkeit auf der Passivseite der Bilanz auszuweisen. Gegensatz: → Besitzwechsel.

Passivzinsen → Habenzinsen.

Patengesetz (PatG), i. d. F. v. 16.12.1980 (BGBl 1981 I 1) mit spät. Änd., zuletzt geändert durch Art. 21 (2) des Gesetzes zur Bereinigung von Kostenregelungen auf dem Gebiet des geistigen Eigentums vom 13.12.2001 (BGBl. I 3671 sowie 3681).
http://www.patentgesetz.de

Patentzusammenarbeitsvertrag – (engl.) Patent Cooperation Treaty (PCT). Multilateraler völkerrechtlicher Vertrag v. 19.06.1970 (mit Nebenabkommen). Er ermöglicht Anmeldern aus Vertragsstaaten, multinationalen Schutz in den mit der Anmeldung benannten Bestimmungsstaaten zu erlangen. Das → Europäische Patentamt ist internationale Recherchebehörde. Die internationale Anmeldung wird vom → Internationalen Büro veröffentlicht.

PatG → Patentgesetz.

PC-R-EV – (engl.) Select Committee of Experts on the Evaluation of Anti-Money Laundering Measures. Dieses ausgewählte Expertenkomitee für die Evaluierung von Maßnahmen zur Bekämpfung der Geldwäsche gibt es seit 1997. Es ist ein Unterkomittee des Europäischen Komitees für Probleme der Kriminalität des Rates der EU (engl.: European Committee on Crime Problems – CDPC). Vgl. → Financial Action Task Force on Money Laundering (FATF).

PCS → Port Communication System.

PCT. Abk. f. (engl.) Patent Cooperation Treaty; → Patentzusammenarbeitsvertrag.

Penalty. (Engl.) Bez. f. d. Bußgeld, das bei Nichterfüllung eines Kontraktes zu zahlen ist.

Pendlersaldo. Differenz zwischen der Zahl der → Einpendler und → Auspendler. Zur Zahl der Erwerbstätigen (Inländer) ist der P. hinzuzuzählen, um zur Zahl der Erwerbstätigen (Inland) zu gelangen. Oder: Von der Zahl der Erwerbstätigen (Inland) ist der Pendlersaldo abzuziehen, um zur Zahl der Erwerbstätigen (Inländer) zu gelangen.

Penny Shares, Penny Stocks (engl.). In den USA und Kanada existierende Aktien mit sehr niedrigen Nennbeträgen und Kursen. Sie werden meist von jungen, unbekannten, nicht kapitalmarktfähigen Unternehmen emittiert (teils für weniger als einen US-Dollar) und unter fünf US-Dollar pro Stück gehandelt; aber weder an Börsen noch an → OTC-Märkten. P. Sh. sind i. d. R. hochspekulative Papiere, die meist per Telefon oder über Briefpost angeboten werden. P. Sh. dürfen nur noch dann an private Investoren verkauft werden, wenn diese vorher schriftlich bestätigen, dass sie über die hohen Risiken und die realen Chancen der Kursentwicklung informiert worden sind.

Pensionsgeschäfte. Begr. f. Geschäfte, bei denen Vermögensgegenstände (z. B. Wertpapiere und Devisen) seitens des Pensionsnehmers – per Kassa – gekauft und gleichzeitig deren Rückkauf seitens des Pensionsgebers – per Termin – vereinbart werden. Es handelt sich also um die Koppelung eines Kassa- und Termingeschäftes. Der Kauf-/Verkaufsgegenstand wird in Pension genommen/gegeben. Der Rückkaufpreis ist um den Betrag der zu zahlenden Zinsen (gem. dem Pensionssatz) höher als der Kaufpreis. Im Rahmen der → Offenmarktgeschäfte des ESZB führen P., welche grundsätzlich die nationalen Zentralbanken mit den Geschäftsbanken betreiben, zur befristeten Bereitstellung bzw. Absorption von Zentralbankgeld. Solche → befristeten Transaktionen werden auch mittels Verpfändung von Wertpapieren (über Pfandkredite) abgewickelt.

Per Aval. Dieser Zusatz hinter der Unterschrift des Bürgenden bei Wechselbürgschaften wird dann auf dem Wechsel angebracht, wenn sich der Bürge zur Haftung als Selbstschuldner verpflichtet.

Per Erscheinen. Börsenbegriff für den Handel mit noch nicht erschienenen Wertpapieren.

Perfect Hedge (engl.). → Hedging, mit dem eine offene Kassa-Position durch eine gegenläufige Terminkontrakt-Position vollständig abgedeckt wird.

Performance. Begr. f. d. Wertzuwachs eines → Portfolios, ausgedrückt in Prozent der Kapitalanlage; z. B. bei Investmentgesellschaften die Wertentwicklung eines Investmentfonds oder einer Investmentanlage. Der Wertzuwachs (Anlageertrag) ergibt sich aus der Kursentwicklung und den Dividenden-/Zinszahlungen.

Performance-Index. Er zeigt die längerfristige Wertentwicklung eines Index-Portfolios an. Bei seiner Berechnung werden außer der Kursentwicklung (der Kursgewinne bzw. -verluste) auch Zinszahlungen bei Rentenpapieren bzw. Dividendenzahlungen bei Aktien sowie deren Wiederanlage berücksichtigt, wie z. B. bei den → Deutschen Aktienindices (DAX). Vgl. → Kursindex.

Perpetual Bonds, Perpetuals. Anleihen ohne Laufzeitbegrenzung. P. B. werden in Deutschland nicht emittiert.

Perpetual Floater. → Perpetual Floating Rate Note.

Perpetual Floating Rate Note. Variante einer → Floating Rate Note, deren Laufzeit unbegrenzt ist. Perpetual Floaters können mit einem vorzeitigen Kündigungsrecht des Emittenten (einer Call-Option) und/oder einem vorzeitigen Kündigungsrecht des Anleihegläubigers (Put-Option) ausgestattet sein. Kündigungsrechte können erst nach Ablauf einer definierten Frist (ex Emissionszeitpunkt) ausgeübt werden; wobei es keinen zeitgleichen Ausübungsbeginn für die Call- und Put-Option geben muss.

Per ultimo (lat.). Zum letzten Tag eines Monats (dem letzten Bank-/Börsentag). Zahlungen, die per ultimo fällig werden, sind an diesem Tag zu leisten; ohne besondere Kündigung.

PEX → Deutscher Pfandbriefindex.

Pfandbrief. Begr. f. festverzinsliche Schuldverschreibungen, die von Hypothekenbanken (Realkreditinstituten, Pfandbriefanstalten) i. d. R. als Inhaberpapiere, in Ausnahmefällen als Namenspapiere auf der Grundlage des Hypothekenbankgesetzes und des Pfandbriefgesetzes emittiert werden. Sie dienen der → Refinanzierung von → Realkrediten. Pf. müssen in der Höhe des Nennwertes jederzeit durch Hypotheken oder Grundschulden (von wenigstens gleicher Höhe und gleichem Zinsertrag) gedeckt sein. Sie gelten als mündelsichere Papiere, sind also zur Anlegung von Mündelgeldern zugelassen. Ihre Rendite liegt i. Allg. etwas über der von Staatspapieren. Pf. werden an der Börse (bei meist sehr beständigen Kursen) gehandelt. Der Pf.-Inhaber hat kein Kündigungsrecht. Die Rückzahlung erfolgt meist durch Auslosung, globale Kündigung oder → freihändigen Rückkauf.

Pfd. Abk. f. (deutsches) Pfund. 1 Pfd = 0,5 kg = 500 g.

Phare. Abk. f. (engl.) Poland and Hungary Aid for Restructuring of the Economies. 1989 vom EG-Ministerrat ins Leben gerufen, um – zunächst – diesen beiden Ländern finanziell und technisch helfen zu können, ihre wirtschaftlichen, sozialen und politischen Reformprozesse voranzubringen. Zurzeit sind die folgenden Länder in das Phare-Programm eingebunden: Albanien, Bosnien-Herzegowina, Bulgarien, Estland, Lettland, Litauen, Mazedonien, Polen, Rumänien, Slowakei, Slowenien, Tschechische Republik und Ungarn. Zu den Förderschwerpunkten zählen: Umstrukturierung und Privatisierung staatlicher Unternehmen; Förderung des privaten → Mittelstandes; Modernisierung des Bank-, Finanz- und Steuerwesens; Reform der Verwaltung; Aufbau demokratischer Institutionen. S. → Tempus; vgl. → Tacis. Nähere Informationen erteilt u. a. das Amt für Zusammenarbeit – EuropeAid – der Europäischen Kommission.
http://europa.eu.int/comm/europeaid

Physische Erfüllung. Begr. f. d. Erfüllung der Lieferverpflichtung eines → derivaten Finanzinstruments durch tatsächliche Lieferung des → Basiswertes. Im Gegensatz dazu steht der → Barausgleich.

PIBOR. Abk. f. (engl.) Paris Interbank Offered Rate. Der ehemalige Referenzzinssatz des französischen Geldmarktes. Er wurde zum 01.01.1999 durch den → EURIBOR ersetzt. Vgl. → FIBOR.

PIN. Abk. f. Persönliche Identifikations-Nummer (Codezahl). Eine nur dem Kontoinhaber bekannt gegebene/bekannte persönliche Geheimzahl. Sie ist für die Ausführung diverser Geldgeschäfte im Rahmen des → Electronic Banking erforderlich. Ohne die Eingabe der PIN kann z. B. kein Geld an Geldautomaten mit der Scheck-/Kreditkarte abgehoben werden. Sie ist für die Teilnahme am → Electronic Cash und → Home Banking erforderlich. Die PIN dient dem Schutz vor Missbrauch. Vgl. → TAN.

Pips. (1) Im Devisenhandel gebräuchliche Bez. für einen Punkt an der letzten Stelle der Quotierung. So entspricht z. B. der Unterschied zwischen einer Notierung von 1,7532 und 1,7531 einem P. (2) Ein P. entspricht 1/100 des Nominalwertes eines Wertpapiers; steigt z. B. eine Schuldverschreibung von 100,00 auf 100,30, so entspricht dies einer Kurssteigerung von 30 P. Das P.-Maß bezieht sich immer auf Kurse. Im Gegensatz dazu bezieht sich das Maß → Basispunkte immer auf Nominalzinsen und Renditen.

Placement (engl.). Bez. für die Unterbringung neu emittierter Wertpapiere im → Primärmarkt. → Platzierung.

Plafond (Kreditplafond). Bez. f. d. Höchstbetrag, der zur Kreditgewährung zur Verfügung steht bzw. bis zu welchem ein Finanzinstitut insgesamt eine Deckungsverpflichtung (Kreditlinie) einräumt.

Plafond A, C, D, E-Kredite. S. → Kredite der Ausfuhrkredit-Gesellschaft (AKA).

Platzierung (engl.: placement). Unterbringung neuer Wertpapiere auf dem Kapitalmarkt oder durch (engl.) Private Placement. Unter Letzterem ist die Weitergabe von Wertpapieren an einen bestimmten Kreis von Personen und/oder institutionellen Anlegern (z. B. → Fonds) zu verstehen; durch freihändigen Verkauf oder durch öffentliche Zeichnung.

Platzierungsinstitut (engl.: placing agent). Bank, die eigenständig oder als Mitglied eines → Konsortiums die → Platzierung von Wertpapieren betreibt.

Plaza-Abkommen. Die auf dem Treffen der → G 5 am 22.09.1985 getroffene Vereinbarung zur Beendigung der Phase der von makroökonomischen Fundamentaldaten weitgehend losgelösten starken US-Dollarabwertungen. Dies sollte durch international koordinierte wirtschaftspolitische Maßnahmen und durch konzentrierte Interventionen auf dem Devisenmarkt erfolgen.

Point of sale banking (engl.); abgekürzt: POS-Banking. Im Rahmen der Automatisierung des bargeldlosen Zahlungsverkehrs eingesetztes, kartengesteuertes, belegloses Zahlungssystem. POS umfasst grundsätzlich: (1) die bargeldlose Zahlung mittels → Zahlungskarte (z. B. → eurocheque-Karte, → Kreditkarte, → Geldkarte) an der elektronischen (Laden-)Kasse am Ort des Verkäufers einer Ware bzw. Erbringers einer Dienstleistung. (2) die Autorisierung der Zahlungsabwicklung; online durch mehrere Prüfungsvorgänge (wie Kontrolle der Geheimzahl, der Echtheit der Karte, des Verfügungslimits, eventueller Sperren) oder offline durch Speicherung der Zahlungsbeträge und Kartendaten und deren gesammelte Übertragung an das abwickelnde Kreditinstitut zu einem späteren Zeitpunkt. (3) den Inkassovorgang. Bei Zahlung mit eurocheque- oder Kreditkarte schreibt das Kreditinstitut des Zahlungsempfängers diesem die erfassten Umsätze in einem Gesamtbetrag gut und zieht die einzelnen Rechnungsbeträge bei den Kreditinstituten der Zahlungspflichtigen im Lastschrifteinzugsverfahren ein. Bei Zahlung mit Geldkarte wird der geforderte Betrag direkt von der Geldkarte abgebucht (das POS-Terminal zeigt den verbleibenden Saldo der Geldkarte an). Es gibt eine Vielzahl unterschiedlicher Zahlungskarten, dementsprechend unterscheiden sich auch Zahlungsvorgang (z. B. mit oder ohne Unterschrift des Käufers auf dem Zahlungsbeleg), Autorisierung und Inkasso.

Politische Risiken. Sammel-Begr. f. d. insb. mit dem Außenwirtschaftsverkehr verbundenen Gefahren der Verzögerung, der Beschädigung oder des Verlustes von Leistung und/oder Gegenleistung aufgrund allgemein-, verwaltungs- und wirtschaftspolitischer Maßnahmen oder sozialer Sachverhalte. Dazu zählen Krieg, Blockade, Boykott, Embargo zwischen zwei oder mehreren Staaten; Beschlagnahme von Waren und Bankkonten; Streik und Aussperrung im Partnerland; Bürgerkrieg, innere Unruhen, Kriminalität, mangelnde Rechtssicherheit. S. → Länderrisiko, → Transferrisiko, → Konvertierungsrisiko, → Moratoriumsrisiko, → Zahlungsverbotsrisiko. Zur Absicherung gegen p. R. bietet die Bundesrepublik Deutschland gebietsansässigen Unternehmen die → Hermes-Kreditversicherung und → Bundesgarantien im Außenhandel. S. a. → Investitionsgarantien.

Pönale. Vertraglich vereinbarte Konventionalstrafe. S. → Vertragsstrafe.

Pönalegarantie. Bei Außenhandelsgeschäften kann eine Pönale (Vertragsstrafe) für den Fall vereinbart werden, dass ein Exporteur die vereinbarte Lieferung bzw. Leistung nicht zum vertraglich zugesicherten Termin erbringt. Kommt es tatsächlich zu einer Terminüberschreitung, hat der Importeur Anspruch auf die Auszahlung der Pönale. Zur deren Besicherung kann der Importeur eine P. in Form einer Bankgarantie verlangen bzw. der Exporteur diese geben.

Port B/L; Hafenkonnossement. S. → Konnossement.

Port Communication System (PCS). System, das Teilnehmer von multimodalen Transport-

und Versorgungsketten durch Datenkommunikations-Systeme der Seehäfen miteinander verbindet. In diesem Netz sind Nachfrager nach Verkehrsleistungen (wie Exporteure, Importeure, Versender), Anbieter solcher Leistungen (wie Spediteure, Frachtführer, Agenten, Kai- und Umschlagbetriebe, → Tallybetriebe, Reeder) und Hafenbehörden miteinander verknüpft.

Portefeuille → Portfolio.

Portfolio, Portefeuille. Begr. f. (1) den Gesamtbestand aller Vermögensklassen (z. B. Aktien, Beteiligungen, Immobilien) oder (2) den Gesamtbestand von Wertpapieren (wie Aktien und → Rentenpapiere).

Portfolio-Investition, Wertpapieranlage. S. → Auslandsinvestition; → Bilanz der Wertpapiertransaktionen und Finanzderivate.

POS-Banking. → Point of sale banking.

Posteinlieferungsschein, Postversandbescheinigung. Empfangsbescheinigung des Postamtes ohne Warenbeschreibung. Der P. ist eine → Beweisurkunde; sie dokumentiert die Verpflichtungserklärung der Post zur Beförderung der entgegengenommenen Warensendung an den benannten Empfänger. Der P. wird nur in einer Ausfertigung ausgestellt. Er ist im Rahmen eines Akkreditivs aufnahmefähig, wenn er an dem vorgeschriebenen Versandort ordnungsgemäß abgestempelt ist; dieses Datum gilt als Versandtermin.

POS-Terminal. Bez. f. eine automatisierte Kasse (in Handels- und Dienstleistungsunternehmen), die Daten elektronisch erfasst, bearbeitet und weiterleitet. Sie ist zur Abwicklung des bargeldlosen Zahlungsverkehrs mittels Zahlungskarten (wie z. B. → eurocheque-Karte, → Kreditkarte, → Kundenkarte) erforderlich. → Electronic cash; → POS-Banking.

Postlaufakkreditiv. Sonderform eines → Dokumentenakkreditivs, bei dem die ausländische/ inländische → Akkreditivstelle der inländischen/ausländischen → Akkreditivbank für die Dauer des Postlaufs der Dokumente einen Kredit gewährt. Die Akkreditivbank braucht den Gegenwert des Akkreditivs (die → Valuta) erst dann anzuschaffen, wenn bei ihr die Benachrichtigung seitens der Akkreditivstelle über die erfolgte Dokumentenübernahme eingegangen ist.

POZ. Abk. f. Point of sale ohne Zahlungsgarantie. Der Käufer zahlt mittels Bankkarte an der (automatisierten) Kasse. Er berechtigt den Verkäufer durch seine Unterschrift auf dem Rechnungsbeleg, den geschuldeten Betrag durch Lastschrifteinzug von seinem Konto abbuchen zu lassen. Der Verkäufer erhält dadurch keine Zahlungsgarantie seitens der Bank des Käufers. Vgl. → Electronic cash.

ppa. Abk. f. (lat.) per prokura (pp.), durch Prokura. (Vorgeschriebener) Zusatz zur namentlichen Unterschrift des Prokuristen.

PPP-Programm. Abk. f. (engl.) Public Private Partnership-Programme. Das Programm des → Bundesministeriums für wirtschaftliche Zusammenarbeit und Entwicklung zur öffentlichen Förderung des privatwirtschaftlichen Engagements in Entwicklungsländern. Mit dem PPP-Programm können Vorhaben (westeuropäischer Unternehmen und anderer Wirtschaftseinrichtungen) in vielen Bereichen gefördert werden; sie reichen von der Gründung eines Joint Ventures, über Aktivitäten im Bereich der beruflichen Aus- und Weiterbildung bis zu Investitionen in neue Technologien, besseren Umweltschutz, Qualitätssicherung oder Arbeitssicherheit. Mit der Durchführung des PPP-Programms ist die Stiftung für wirtschaftliche Entwicklung und berufliche Qualifizierung (→ SEQUA), neben der → Deutschen Investitions- und Entwicklungsgesellschaft (DEG), der → Deutschen Gesellschaft für Technische Zusammenarbeit (GTZ) und der → Kreditanstalt für Wiederaufbau (KfW), beauftragt.

Präsentation. Bez. f. d. Vorlage eines → Wechsels zum → Akzept (Unterschrift) oder zur Zahlung.

Präsenzbörse. Börse, bei welcher der Handel traditionell in eigenen Räumen (im Börsensaal – als Parkettbörse) und nur unter Anwesenheit und manueller Mitwirkung der Börsenhändler und -makler (durch Zuruf, Notizen, Handschlag) stattfindet. Gegensatz: → Computerbörse.

Präferenzraum. Bez. f. eine lose Form der wirtschaftlichen Integration zwischen zwei oder mehreren Volkswirtschaften. Im P. gewähren sich die beteiligten Staaten gegenseitig Handelsvorteile.

Präferenzspanne. Bez. f. d. Differenz zwischen dem (höheren) allgemeinen Zollsatz und dem (niedrigeren) → Präferenzzoll, der gegenüber den Staaten zur Anwendung kommt, mit denen ein Präferenzsystem vereinbart ist.

Präferenz-Ursprungsnachweis. Bei Vorlage dieser → Warenverkehrsbescheinigung räumt die Zollbehörde Zollfreiheit bzw. Vorzugszölle bei der Wareneinfuhr ein. Ein Pr.-U. kann ersatzweise auch als allgemeines → Ursprungszeugnis dienen.

Präferenzzölle. Zölle, die gegenüber Ländern mit besonderen Präferenzabkommen erhoben werden. Sie liegen unterhalb der „normalen" Zollsätze für Importgüter aus anderen Staaten (vgl. → GZT). P. verstoßen gegen den Grundsatz der → Meistbegünstigung; sie werden vom → GATT bzw. der → WTO unter bestimmten Bedingungen zugelassen.

Preisindex des Bruttoinlandsproduktes. Er repräsentiert die Preisentwicklung aller Verwendungskomponenten des → BIP. Er wird nach der Paasche-Formel errechnet, ist also ein Preisindex mit wechselnder Gewichtung, weil ihm der Warenkorb des jeweiligen Berichtsjahres zu Grunde liegt. Er ist deshalb zur laufenden Messung der gesamtwirtschaftlichen Inflation weniger geeignet. Seine Bedeutung liegt vor allem in der Preisbereinigung (Deflationierung) des nominalen BIP und seiner Komponenten. Er dient dazu, das BIP in jeweiligen Preisen als BIP in konstanten Preisen (in Preisen eines Basisjahres) angeben zu können.

Preisindex für die Lebenshaltung aller privaten Haushalte. Er wird als Maßstab für die gesamtwirtschaftliche Preisniveauveränderung (→ Inflation) herangezogen. Er wird nach der Laspeyres-Formel berechnet, d. h., seiner Berechnung wird ein Warenkorb (das Wägungsschema) des Basisjahres zu Grunde gelegt. Da das Waren- und Dienstleistungsangebot wie auch die Verbrauchsgewohnheiten der Haushalte Veränderungen unterworfen sind, ist der → Warenkorb von Zeit zu Zeit den neuen Gegebenheiten anzupassen und dazu ein neues Basisjahr zu bestimmen. Dies geschieht in der EU alle fünf Jahre. Im Basisjahr wird der Index auf 100 Prozentpunkte (oder 1000 Promillepunkte) gesetzt. Vgl. → Harmonisierter Verbraucherpreisindex.

Preisniveau. Begr. f. d. Durchschnittsstand aller (wichtigen) Preise für Waren und Dienstleistungen einer Volkswirtschaft. Die Veränderung des P. wird mit Hilfe von Preisindices gemessen. Der reziproke Wert lässt Schlussfolgerungen auf die Entwicklung der Kaufkraft des Geldes zu. Die Stabilisierung des P. (bei geringer → Inflation) zählt zu den wichtigsten Aufgaben der Wirtschaftspolitik.

Preisnotierung. (In Deutschland bis zur Einführung des Euro die „amtliche") Form der Angabe des → Wechselkurses bzw. Devisenkurses: Einer (oder 100 bzw. 1000) ausländischen Währungseinheit(en) entsprechen soundso viele inländische Währungseinheiten; z. B. 1 US-$ = 1,0195 € oder 100 Rbl = 3,2354 €. Der P. vom Standpunkt des einen Landes entspricht die → Mengennotierung vom Standpunkt des anderen Landes.

Preisrisiko. Es liegt in der Gefahr von Preisveränderungen; im Außenhandel sowohl auf den Auslands- als auch auf den Inlandsmärkten. Der Importeur trägt einerseits das Preissteigerungsrisiko (hinsichtlich der auf Auslandsmärkten gekauften Produkte) als auch das Preissenkungsrisiko (hinsichtlich der am Inlandsmarkt angebotenen Konkurrenzprodukte und damit evtl. verbundenem sinkendem Preisniveau). Den Exporteur trifft ebenfalls zum einen das Preissenkungsrisiko (bei verschärftem Preiswettbewerb auf den Auslandsmärkten), zum anderen auch das Preissteigerungsrisiko (durch Kostensteigerungen auf dem Inlandsmarkt, z. B. bei Löhnen). Importeur und Exporteur haben natürlich auch die Chance von Preisentwicklungen zu ihren Gunsten auf den Auslands- und Inlandsmärkten.

Preisstabilität. Kurzbez. f. Preisniveaustabilität. S. → Geldwertstabilität.

Preisvorbehaltsklausel. Vertragliche Vereinbarung im Rahmen eines Außenhandelsgeschäftes, aufgrund derer der Exporteur berechtigt ist, den Preis zu erhöhen, wenn bestimmte Kosten steigen. Demnach trägt allein der Importeur das Risiko der Preissteigerung.

PricewaterhouseCoopers (PwC). → PwC Deutsche Revision.

Primäreinkommen. Begr. d. → VGR. Syn. f. → Nettonationaleinkommen zu Marktpreisen. Es ist von zwei Seiten her berechenbar: (1) Bruttonationaleinkommen zu Marktpreisen minus Abschreibungen = P. Oder (2) → Volkseinkommen plus Produktions- und Importabgaben an den Staat abzüglich Subventionen vom Staat = P.

Primäreinkommen an die übrige Welt. Begr. d. VGR für das Einkommen, das in einer Rechnungsperiode in Form von Arbeitnehmerentgelten, Vermögenseinkommen und Subventionen vom Inland in die Übrige Welt transferiert wird. D. i. das Einkommen, das Ausländer (als Eigentümer der Produktionsfaktoren Arbeit und Kapital) aufgrund ihrer Mitwirkung bei der Erwirtschaftung des Inlandsproduktes im Inland erwerben, das sie aber ins Ausland (ihr Wohnsitzland) übertragen.

Primäreinkommen aus der übrigen Welt. Begr. d. VGR für das Einkommen, das in einer Rechnungsperiode in Form von Arbeitnehmerentgelten, Vermögenseinkommen und Subventionen aus der Übrigen Welt in das Inland transferiert wird. D. i. das Einkommen, das Inländer (als Eigentümer der Produktionsfaktoren Arbeit und Kapital) aufgrund ihrer Mitwirkung bei der Erwirtschaftung der Inlandsprodukte fremder Wirtschaftsgebiete (also im Ausland) erwerben, das sie aber ins Inland (ihr Wohnsitzland) übertragen.

Primärmarkt (engl.: primary market). Markt, auf dem neu aufgelegte Wertpapiere untergebracht werden. Auch als Emissionsmarkt, auf dem sich der Erstabsatz von Wertpapieren vollzieht, bezeichnet. Gegensatz: → Sekundärmarkt.

Prima Ware. → Handelsklausel in Bezug auf die Beschaffenheit der zu liefernden Ware. Sie besagt, das Ware erster Güte zu liefern ist.

Prime Rate. Zinssatz, zu dem große US-amerikanischen Geschäftsbanken ihren „erstklassigen“ Kunden kurzfristige Kredite gewähren. Eine Art des → Leitzinses.

Prioritätsrecht. Begr. für das Recht des Anmelders oder Hinterlegers (sowie seines Rechtsnachfolgers) eines → gewerblichen Schutzrechtes, den Tag einer früheren Anmeldung (Prioritätstag) für eine Nachanmeldung zu beanspruchen. Dadurch wird zwar die Laufzeit des Schutzrechtes nicht an den Tag der früheren Anmeldung gebunden, es wird aber der → Altersrang der Anmeldung bei zwischenzeitlich eingetretenen Veränderungen (wie Fortschreiten der technologischen Entwicklung und neu entstandene Rechte Dritter) auf den Tag der Erstanmeldung zurückverlegt. S. a. → Pariser Verbandsübereinkunft; → Haager Abkommen; → Wiener Abkommen.

Privatbank. Kreditinstitut, dessen wirtschaftliche Tätigkeit sich am erwerbswirtschaftlichen Prinzip orientiert; also zum Zwecke der Gewinnerzielung erfolgt. Träger einer P. sind private Kapitalgeber.

Privatbörse. Terminus für einen lokalen Markt, auf dem fungible Waren (z. B. alte Münzen, Briefmarken) ohne staatliche Genehmigung oder Überwachung gehandelt werden.

Private Haushalte. Begr. d. → Volkswirtschaftlichen Gesamtrechnungen für einen Wirtschaftssektor, der Einzelpersonen und Gruppen von Einzelpersonen als Konsumenten und gegebenenfalls auch als Produzenten (wie selbständige Landwirte, Einzelunternehmer, Händler, Gastwirte, „Freiberufler“ usw.) umfasst.

Private Organisationen ohne Erwerbscharakter. Begr. d. Volkswirtschaftlichen Gesamtrechnungen für einen Wirtschaftssektor, dem politische Parteien, Gewerkschaften, Kirchen, Wohlfahrtsverbände, Vereine usw. zugerechnet werden.

Produktenbörse. S. → Warenbörse.

Produktionssteuern. Steuern, die Unternehmen, z. T. auch Behörden und Einrichtungen des Staates sowie private Organisationen ohne Erwerbscharakter an den Staat zahlen. Dazu zählen Gewerbesteuer, → Verbrauchsteuern (ohne Verbrauchsteuern auf die Einfuhr), Grundsteuer, Grunderwerbsteuer, Kapitalverkehrsteuer, Wechselsteuer, Abführungen von Lotterien, Lotto und Toto, Abgaben von Spielbanken und sonstige steuerähnliche Abgaben wie Jagd- und Fischereiabgabe u. a. m. Soweit nicht von privaten Haushalten bezahlt, gehören dazu auch die Kraftfahrzeugsteuer und Verwaltungsgebühren.

Produktions- und Importabgaben. In Deutschland Begr. für einen Teil der → laufenden Steuereinnahmen des Staates; der → indirekten Steuern. Dazu zählen die → Gütersteuern und die sonstigen Produktionsabgaben.

Produktionswert (Bruttoproduktionswert). Begr. der Volkswirtschaftlichen Gesamtrechnungen für den Wert der Verkäufe von Waren und Dienstleistungen der Unternehmen aus eigener Produktion sowie von Handelswaren an andere (in- und ausländische) Wirtschaftseinheiten, vermehrt um den Wert der Bestandsveränderung an Halb- und Fertigwaren aus eigener Produktion und um den Wert der selbsterstellten Anlagen. Der Wert der Verkäufe schließt die in Rechnung gestellte Umsatzsteuer nicht ein. Der P. der sog. „Nichtmarktproduzenten“ (aus den Sektoren Staat und private Organisationen ohne Erwerbszweck), die ihre Leistungen der Allgemeinheit überwiegend ohne direktes Entgelt (ohne Marktpreis) zur Verfügung stellen, wird durch die Addition der Aufwandsposten dieser Wirtschaftsbereiche ermittelt.

Produktpiraterie. Absichtliche Verletzung von → Markenrechten und sonstigen gewerblichen Schutzrechten und deren illegale Nutzung. Bekämpfung seitens der deutschen Zollverwaltung durch Einsatz des → IT-Verfahrens MUSYC.

Proformarechnung (Pro-Forma-Rechnung). Sie enthält bis auf die Unterschrift die gleichen Angaben wie eine → Handelsrechnung, wird jedoch „nur-der-Form-halber" als Vorausrechnung ausgestellt, also vor der Erbringung der Lieferung oder Leistung. Dies geschieht, wenn der Importeur genaue Angaben über ein Handelsgeschäft benötigt, z. B. zur Beantragung einer Importlizenz oder zur Eröffnung eines Akkreditivs. Die P. wird auch im Rahmen eines Angebots oder bei Mustersendungen und Lieferungen in ein → Konsignationslager verwendet.

Prohibitivzoll. Überhöhter → Zoll, der den Import der betreffenden Güter zum Erliegen bringen soll.

Prolongation. Bez. f. d. Verlängerung der vereinbarten bzw. bestimmten Erfüllungsfrist; z. B. die Verschiebung des Fälligkeitstermins einer Zahlungsverpflichtung (Stundung).

Promesse. Bez. f. ein verbrieftes Zahlungsversprechen (z. B. dokumentiert als Schuldanerkenntnis, Schuldschein, Wechsel) oder ein verbrieftes Lieferungsversprechen (z. B. die im Rahmen eines Effektengeschäftes dokumentierte Erklärung zur Lieferung handelbarer Effekten).

Prompt ship. Bez. f. ein Seeschiff, das innerhalb kurzer Zeit zur Beladung bereit liegt. Im Chartergeschäft sind i. d. R. für „prompt ship" höhere Frachtraten zu bezahlen.

Protektionismus. Begr. der Außenwirtschaftspolitik für alle Maßnahmen (→ Handelshemmnisse), durch welche (1) die Gesamtheit der gebietsansässigen Wirtschaft, einzelne Branchen oder auch Unternehmen vor Importkonkurrenz seitens gebietsfremder Wettbewerber geschützt oder (2) der eigenen Exportwirtschaft zu Vorteilen auf den internationalen Märkten verholfen wird.

Provider. Bez. f. einen „Lieferanten"/„Versorger", der Verbindungen zum Internet (oder Teilen davon) und Dienstleistungen im Internet (gegen eine Gebühr) anbietet.

Provision. (1) Vergütung gemäß § 354 I HGB; auf diese hat jeder → Kaufmann, der in Ausübung seines → Handelsgewerbes für eine andere Person Geschäfte besorgt (gem. → Geschäftsbesorgungsvertrag) oder Dienste (auch ohne besondere Vereinbarung) leistet, in (orts-)üblicher Höhe Anspruch. Vergütung für → Handelsvertreter, → Handelsmakler oder → Kommissionäre. (2) I.w. S. Bez. für jedes Entgelt, das Banken ihren Kunden für bestimmte Leistungen berechnen, z. B. → Kreditprovision, → Überziehungsprovision.

Prozentfranchise. S. → Franchise.

Prozentnotierung. S. → Notierung.

Prozesspolitik. Begr. f. d. Teilgebiet der allgemeinen Wirtschaftspolitik, das sich mit den Eingriffen des Staates in den wirtschaftlichen Ablauf (Wirtschaftsprozess) und deren Auswirkungen befasst. Vgl. → Ordnungspolitik.

PublG → Publizitätsgesetz.

Publizitätsgesetz (PublG). Gesetz über die Rechnungslegung von bestimmten Unternehmen und Konzernen vom 15.08.1969 (BGBl. I 1189, 1970 I 1113), zuletzt geändert durch Gesetz zur Kontrolle und Transparenz im Unternehmensbereich vom 27.04.1998 (BGBl. I 786, 792). Es regelt die Pflicht zur Veröffentlichung von Jahresabschlüssen von Unternehmen; unabhängig von ihrer Rechtsform. S. a. Transparenz- und Publizitätsgesetz vom 19.07.2002, verkündet im BGBl. I 2002 Nr. 50 vom 25.07.2002.
http://www.rechtliches.de/info_Transparenz-_und_Publizitaetsgesetz.html

Publizitätspflicht → Veröffentlichungspflicht.

P & I Club. Abk. f. (engl.) Protection and Indemnity Club. Versicherungsverein auf Gegenseitigkeit für Reeder.

Put → Put-Option.

Putable Bond. → Schuldverschreibung, bei der dem Erwerber ein vorzeitiges Kündigungsrecht eingeräumt wird (→ Put-Option).

Put Exercise Price. Engl. Bez. f. d. → Basispreis einer → Verkaufsoption (Vgl. → Optionsgeschäft).

Put-Leasing. Leasing-Vertrag, nach dem der Leasing-Geber das Recht hat, das Leasing-Objekt zu einem vertraglich vereinbarten Preis dem Leasing-Nehmer oder einer dritten Person zum Kauf anzubieten.

Put-Option. (1) Börsenbez. f. Verkaufsoption. Damit erwirbt der Optionskäufer die Berechtigung, aber nicht die Verpflichtung, einen bestimmten → Basiswert zu einem vorab vereinbarten Basispreis innerhalb einer bestimmten Frist (→ amerikanische Option) oder zu einem bestimmten Endfälligkeitstermin (→ europäische Option) an den Optionsverkäufer (den → Stillhalter) zu verkaufen. Für das Optionsrecht zahlt der Optionskäufer dem Stillhalter den Optionspreis (→ Optionsprämie). (2) Bez. f. das vorzeitige Kündigungsrecht des Gläubigers einer Schuldverschreibung (Gläubigerkündigungsrecht). Gegenteil → Call-Option.

PvP. Abk. f. (engl.) payment versus payment; → Zahlung gegen Zahlung.

PVÜ → Pariser Verbandsübereinkunft zum Schutz des gewerblichen Eigentums.

PwC Deutsche Revision AG. 1998 aus dem Zusammenschluss von C&L (Coopers & Lybrand) Deutsche Revision und Price Waterhouse Deutschland hervorgegangen. Hauptsitz: Frankfurt am Main. In Deutschland an 40 Standorten, weltweit in über 150 Ländern (als rechtlich unabhängige Mitgliedsfirma bei PricewaterhouseCoopers International) präsent. Bietet ihren Mandanten Dienstleistungen auf den Gebieten der Wirtschaftsprüfung, Unternehmens- und Steuerberatung, Global Corporate Finance Beratung u. a.). PwC Deutsche Revision ist gemeinsam mit der → Hermes Kreditversicherungs-AG Mandatar der Bundesregierung für → Ausfuhrgewährleistungen des Bundes (→ Bundesdeckungen im Außenhandel); federführend für Garantien für Kapitalanlagen im Ausland.
www.pwc.de

Q

Qualitatives Marktrisiko. S. → Marktrisiko.

Qualitätsarbitrage im Rahmen der Internationalen Schiedsgerichtsbarkeit. Für viele Rohstoffe (wie Kaffee, Tee, Baumwolle usw.) gibt es institutionalisierte Qualitätsarbitragen, die von Vertragsparteien in Fragen der Warenqualität angerufen werden bzw. für diese schlichtend tätig sein können.

Qualitätsgewicht. Begr. f. d. Gewicht einer Ware, das gleichzeitig deren Qualität bezeichnet. Qu.-Angaben sind z. B. bei Getreide, Holz, Papier üblich; so ist 100 g-Papier von höherer Qualität als 80 g-Papier.

Qualitätsklausel. Auch in internationalen Handelsverträgen gebräuchliche Klausel, die besagt, dass mangels besonderer Abrede Ware mittlerer Qualität als vereinbart gilt. Vgl. → faq, → Middling, → Tel-quel-Klausel.

Qualitätsstaffeln. Bez. f. gestaffelte (gestufte) Preise für Waren, die qualitativ unterschiedlich sind, aber für den gleichen Zweck verwendet werden können.

Qualitätstypen. Begr. f. d. Klassifizierung von Handelswaren zur Standardisierung der Handelsqualitäten. Qu. spielen im internationalen Handel mit Massengütern eine wichtige Rolle.

Qualitäts- und Gewichtsgarantie. Im Außenhandel wird eine solche Garantie vom Exporteur im Zusammenhang mit einem Inkasso-Auftrag über den vollen Warenwert gegeben. Der Importeur ist nämlich bei Vorlage der Inkassodokumente zunächst zur Bezahlung des vollen Rechnungsbetrages verpflichtet. Wenn sich nach Abholung und Prüfung der Ware herausstellt, dass Qualitätsbeeinträchtigungen (z. B. durch Fäulnis) vorliegen und ein zu geringes Gewicht festzustellen ist, dann ist der Garant – nach Vorlage einer einschlägigen Bescheinigung – verpflichtet, den gerechtfertigten Preisabschlag aus der Qualitäts- und Gewichtsgarantie zu ersetzen.

Qualitätszeugnis oder Qualitätszertifikat. Schriftliche Bescheinigung seitens des Herstellers oder Lieferanten, dass nur einwandfreies und vertragsgemäßes Material bei der Herstellung der Ware verwendet wurde. Im Außenhandelsgeschäft gebräuchlich. Qu. können auch Garantieerklärungen bzw. -verträge darstellen; auf deren Grundlage können Garantienehmer vertragliche Ansprüche auf Erfüllung oder Schadenersatz geltend machen.

Quantitatives Marktrisiko. S. → Marktrisiko.

Quart. (1) Engl. Volumeneinheit; 1 qt = 1,136521 l. (2) In den USA Volumeneinheit für Flüssigkeiten – 1 liq qt (liquid quart) = 0,9463529 l – oder für Trockensubstanzen – 1 dry qt = 1,101221 l.

Quartiersmann. Bez. f. Fachleute, die im Hamburger Hafen berufsmäßig als warenkundige Treuhänder für Einfuhrhändler importierte Güter besichtigen und begutachten sowie Lagerungen und Behandlungen von „Kolonialwaren" (z. B. Gewürze), Baumwolle, Tabak u. a. vornehmen.

Quay receipt (engl.). → Kai-Receipt.

Quasiforfaitierung. Form der → Fortaitierung, bei der ein inländischer Exporteur Forderungen gegenüber einem ausländischen Importeur an eine inländische Bank verkauft. Wenn diese Forderungen durch eine → Ausfuhrgewährleistung des Bundes gedeckt sind, dann dürfen sie nur mit ausdrücklicher Genehmigung der → Hermes-Kreditversicherung „quasiforfaitiert" werden.

Quasi-Geld oder Beinahegeld. Dazu zählen die Komponenten der → Geldmenge, die – vorübergehend – aus dem Wertaufbewahrungsmotiv gehalten werden, aber kurzfristig in Transaktionsgeld umgewandelt werden können; in gesetzliche Zahlungsmittel (Bargeld) und/oder in täglich fällige Einlagen (Buchgeld/Giralgeld). Es sind dies die kurzfristigen Spar- und Termineinlagen: die Einlagen mit vereinbarter Kündigungsfrist bis zu drei Monaten und die Einlagen mit vereinbarter Laufzeit bis zu zwei Jahren. Zum Qu. werden i. w. S. auch Wechsel (als Zahlungsverpflichtung) und Scheck (als Zahlungsanweisung) sowie geldnahe Forderungen (Beinahegeld) gerechnet, die (als Geldersatzmittel) an die Stelle von gesetzlichen Zahlungsmitteln treten können.

Quellenlandprinzip. Begr. aus dem internationalen Steuerrecht. Die Kapitalertragbesteuerung von Personen, die steuerrechtlich Ausländer sind, soll nach dem Steuerrecht des Staates erfolgen, in dem die Kapitalerträge erzielt worden sind.

Quellenstaat. Begr. des Außensteuerrechts. Qu. ist der Staat, in dem der Steuerpflichtige weder seinen gewöhnlichen noch ständigen Wohnsitz hat, aber seiner wirtschaftlichen Tätigkeit nachgeht; dieser Staat somit die Quelle des Einkommens bzw. Vermögens darstellt. Der Steuerpflichtige hat seine Einkünfte i. d. R. im Qu. zu versteuern. Vgl. → Doppelbesteuerung.

Quellensteuern (engl.: withholding taxes oder frz.: impôts à la source retenue). Sammel Bez. f. Steuern, deren Erhebung nicht im Wege der Steuerveranlagung, sondern des vorläufigen oder endgültigen Steuerabzugs „an der Quelle" erfolgt; wie z. B. bei der Lohnsteuer oder – international bedeutsam – bei der Besteuerung von Kapitalerträgen (insb. v. Dividenden und Wertpapier-Zinseinnahmen).

Quickcard. Wertkarte mit eingebautem Mikrochip; → Chipkarte.

Quotation → Quotieren.

Quote. (1) Im Außenhandel Begr. f. d. Zuteilungsmenge bzw. den Zuteilungswert im Zusammenhang mit Einfuhrgenehmigungen und Einfuhrlizenzen bei → Einfuhrkontingentierung sowie im Rahmen einer Devisenbewirtschaftung. (2) Im internationalen Währungssystem Begr. f. d. Einzahlungsverpflichtung (Subskription) eines jeden IWF-Mitgliedstaates, also dessen Anteil am Kapital des IWF. Ursprünglich war ein Viertel der Subskription in Gold, der Rest in Landeswährung einzuzahlen. Mit der zweiten Änderung des IWF-Übereinkommens sind an die Stelle des Goldes die SZR getreten (der IWF kann aber auch hierfür Zahlungen in fremder und sogar in eigener Währung zulassen). Nach der Quote eines Mitgliedstaates bemessen sich dessen Stimmrecht, → Ziehungsrechte wie auch die Zuteilung von → Sonderziehungsrechten.

Quote-Driven-Market. (Engl.) Bez. f. einen Börsenmarkt, an dem → Marketmaker die Geld- und Briefkurse verbindlich stellen und die Kauf- und Verkaufsaufträge entsprechend ausführen. Nach diesem Prinzip erfolgt z. B. der Handel an der → Deutschen Terminbörse. Gegensatz: → Order-Driven-Market.

Quotenaktie oder Anteilsaktie. Aktie, die auf einen bestimmten Anteil am Grundkapital einer

Aktiengesellschaft lautet (z. B. 1/1.000 oder 1/50.000). Solche echten nennwertlosen Aktien sind in Deutschland gem. § 8 AktG nicht zulässig; hingegen stellen sie in den USA und in Kanada die gebräuchliche Form der Aktienanlage dar. Vgl. → Nennwertaktie, → Stückaktie (unechte nennwertlose Aktie).

Quotenreferenzverfahren bei Einfuhrkontingentierungen. S. → Verfahren zur Aufteilung von Einfuhrkontingenten.

Quotenverfahren bei Einfuhrkontingentierungen. S. → Verfahren zur Aufteilung von Einfuhrkontingenten.

Quotieren, Quotation. Beschluss der Börse (ihrer Zulassungsstelle) über die Zulassung eines Wertpapiers zum amtlichen Börsenhandel und die damit verbundene Aufnahme in das amtliche Börsenkursblatt. Auch als Kotieren bez. Ausdruck für die in Preisen (und nicht in Prozentsätzen vom Nennwert) erfolgende → Notierung der Kurse. Vgl. → Kotierung.

Quotierte Währung – notierte Währung.

R

RAIF. Abk. f. (engl.). → Russian Association of International Forwarders.

Raiffeisenbanken. Als Vorläufer der heutigen R. wurde 1862 in Anhausen auf Betreiben von Friedrich Wilhelm Raiffeisen (1818 – 1888) als Instrument der Selbsthilfe für die ländliche Wirtschaft der erste Darlehenskassen-Verein gegründet. Vgl. → Volksbanken; → Genossenschaftsbank. Spitzenverband der R. ist heute der Deutsche Raiffeisenverband e. V. (DRV).
http://www.raiffeisen.de

Rat. In der Europäischen Union die Kurz-Bez. f. d. Rat der Europäischen Union, den EU-Rat oder → EU-Ministerrat.

Rat der Europäischen Union oder → EU-Ministerrat; auch kurz EU-Rat oder nur: der Rat. Das primäre politische Steuerungsorgan der EU sowie das zentrale Rechtssetzungsorgan der EG.

Rat der Gemeinden und Regionen Europas (RGRE). Europaweiter Zusammenschluss von zurzeit 42 nationalen Kommunalverbänden aus 29 Ländern, der rd. 100.000 kommunale Gebietskörperschaften repräsentiert. Sitz: Paris; mit eigenem Büro in Brüssel. Damit trägt der RGRE der zunehmenden Bedeutung der europäischen Gesetzgebung für die Kommunen und Regionen Europas Rechnung. Die Deutsche Sektion des RGRE ist ein Zusammenschluss von rd. 830 europaengagierten deutschen Städten, Gemeinden und Landkreisen; in ihr sind auch die kommunalen Spitzenverbände auf Bundesebene (Deutscher Städtetag, Deutscher Städte- und Gemeindebund und Deutscher Landkreistag) vertreten. Die Geschäftsstelle befindet sich in Köln. RGRE unterhält EUFIS, das internetgestützte EU-Förder-Informations-System.
http://www.rgre.de

Ratenkredit. Begr. f. einen auf ein bestimmtes Finanzierungsprojekt bezogenen Teilzahlungskredit (in Raten zu tilgendes Darlehen) zur Finanzierung von privatem Konsum, z. B. eines Autos. Der R. wird dem Kreditnehmer nicht in bar ausbezahlt; er kann (als Abzahlungskredit) nur zweckgebunden im Rahmen eines Kaufvertrages mit einem bestimmten Unternehmen in Anspruch genommen werden (Kaufkredit).

Rat für Handel und Entwicklung – (engl.) Trade and Development Board (TDB). Organ der → Konferenz der Vereinten Nationen für Handel und Entwicklung. Organ zwischen den alle drei bis vier Jahren stattfindenden UNCTAD-Konferenzen.

Rat für die Zusammenarbeit auf dem Gebiet des Zollwesens (RZZ); (engl.) Customs Cooperation Council (CCC). In ihm arbeiten seit 1950/52 über 100 Staaten zusammen; frühere Bez.: Brüsseler Zollrat. Ziel: Vereinfachung und Vereinheitlichung der Zollformalitäten. Die Arbeiten des RZZ führten zur → Nomenklatur des Rates für die Zusammenarbeit auf dem Gebiete des Zollwesens (NRZZ; die das frühere Brüsseler Zolltarifschema – BZT – ablöste), zur Konvention über den Zollwert (inzwischen ersetzt durch den → GATT-Zollwert-Kodex), zur Konvention über → Carnets ATA und zur Entwicklung eines → Harmonisierten Systems zur Beschreibung und Codierung von Waren (HS). S. a. → NIMEXE, → SITC.

Rat für gegenseitige Wirtschaftshilfe (RGW) – (engl.) Council for mutual economic assistance (COMECON). Wurde 1948 als Antwort der Ostblockstaaten auf den → Marshall-Plan und als Gegenstück zur → OEEC (der späteren → OECD) gegründet und 1991 aufgelöst. Sitz: Moskau. Der RGW diente der Vernetzung der Volkswirtschaften der Ostblockstaaten; insb. zur Rationalisierung und Optimierung der industriellen Produktion. Instrumente der wirtschaftlichen Zusammenarbeit waren koordinierte Fünf-Jahres-Pläne. Zur effektiveren Ausgestaltung des multilateralen Zahlungsverkehrs innerhalb des RGW wurde ein Verrechnungssystem auf Basis des Transferrubels geschaffen.

Rating. Standardisiertes Verfahren zur Beurteilung der Kreditwürdigkeit von Staaten (Länder-R.), Unternehmen (z. B. Banken-R., Industriebranchen-R.) oder Wertpapieren (wie Emissions-R.). Durch unabhängige Institutionen (R.-Agenturen) erfolgt nach einheitlichen und konsistenten Verfahren eine bonitätsmäßige Einstufung der jeweils Betroffenen. Diese liefert international gültige Maßstäbe für Kauf-, Absatz- und Investitionsentscheidungen. R. steigert die Transparenz und Effizienz der Märkte.

Rating-Symbole. Die bekanntesten und weltweit anerkannten sind die von → Standard & Poor`s und Mood`s. Sie verlaufen von der allerersten Adresse bis zur niedrigsten Einstufung beispielsweise wie folgt:

Von der allerersten Staats-, Unternehmensadresse/risikolosen Anlage	AAA	Aaa
	AA	Aa
über gutes bis durchschnittliches Standing/sichere Anlage	A	A
	BBB	Baa
wirtschaftliche und finanzielle Schwierigkeiten/spekulative Anlage	BB	Ba
	B	B
	CCC	Caa
	CC	Ca
bis zu notleidend/Kapital-/Zinszahlungen eingestellt (hochspekulative Anlage)	C	C
	D	

Rationalisierungs- und Innovationszentrum der Deutschen Wirtschaft e. V. (RKW). Sitz: Eschborn. Gegr. am 10.06.1921 als Reichskuratorium für Wirtschaftlichkeit in Industrie und Handwerk. Seit 1950 arbeitet das RKW unter der Bez. Rationalisierungskuratorium der Deutschen Wirtschaft; seit Juni 1998 unter dem eingangs genannten Namen. Aufgabe des RKW ist es, die Wettbewerbsfähigkeit mittelständischer Unternehmen in wirtschaftlicher, technologischer, sozialer und ökologischer Hinsicht durch innovative Leistungen zu verbessern. Im RKW arbeiten Wirtschaft, Gewerkschaften, Wissenschaft und Politik zusammen. Das Netzwerk des RKW besteht aus elf rechtlich selbstständigen Landesverbänden, mit einer Bundesgeschäftsstelle an der Spitze. Es unterstützt v. a. kleine und mittlere Unternehmen durch Information, Beratung, Weiterbildung, Erfahrungsaustausch, Kooperationsförderung und Innovationstransfer. Deren Auslandsengagement wird durch die Abteilung „Internationale Beziehungen" gefördert. Das RKW ist in die außenwirtschafts- und technologiepolitischen Maßnahmen von Bund und Ländern sowie in die EU-Förderprogramme eingebunden. Es hilft mit seiner „Kooperationsbörse" Unternehmen, neue internationale Märkte zu erschließen. Kooperationsanliegen werden im → Business Cooperation Network (BC-Net) der EU-Kommission weltweit veröffentlicht.
http://www.rkw.de

Raumcharter. Begr. d. Seefrachtverkehrs. Beim R. werden bestimmte Laderäume eines Schiffes (z. B. Kühlräume, lange Räume) gechartert. → Chartervertrag.

Rbl. Abk. f. d. russische Währung Rubel. ISO-Währungscode: RUB.

RBÜ → Revidierte Berner Übereinkunft.

Realignment. Begr. f. d. Neufestlegung von → Leitkursen (Paritäten) und → Bandbreiten im Rahmen eines internationalen → Systems fester Wechselkurse. Mehrere solcher R. fanden

z. B. im → Europäischen Währungssystem bis 1998 statt.

Realkredit. Ein durch Grundpfandrechte (Grundschulden, Hypotheken oder Rentenschulden) abgesicherter langfristiger Kredit. → Hypothekarkredit.

Real Time. Echtzeit. Eingegebene Daten werden kontinuierlich zeitgleich verarbeitet und wiedergegeben; z. B. bei den Börseninformationsdiensten (wie → Bridge u. a.) und → RTGS-Systemen.

Real-Time-Settlement (RTS). Begr. d. Wertpapierleihegeschäfts. Betrifft die Art der Stückelung, welche die taggleiche Belieferung (bis 13.30 Uhr desselben Tages) ermöglicht.

Received for shipment B/L. → Konnossement.

Rechtliche Rahmenbedingungen im Außenhandel. Dazu zählen insb. das Außenwirtschaftsrecht und das → Zollrecht. Das erste legt die Grundsätze, die Beschränkungsmöglichkeiten und die Abwicklung des Außenwirtschaftsverkehrs fest; das zweite die zolltechnische Warenbehandlung und die Ermittlung der Abgabenbelastung. Hinzu kommen das internationale Privatrecht und Kaufvertragsrecht, das grenzüberschreitende Vollstreckungswesen, die internationale Schiedsgerichtsbarkeit; ferner Niederlassungsrecht, Steuerrecht und Patentrecht.

Rechtliche Risiken. Für Exporteure wie für Importeure bestehen diese in der Rechts- und Verwaltungsordnung eines Staates und der Art von deren Durchsetzung. So können aus staats- und/oder wirtschaftspolitischen Gründen z. B. Zoll-, Steuer-, Arbeits-, Sozial-, Niederlassungs- und gewerbliches Schutzrecht verändert werden, mit erheblichen Auswirkungen auf außenwirtschaftliche Möglichkeiten und Erfolge.

Rechtsakte der Europäischen Union. → Gemeinschaftliche Rechtsakte.

Rechtsdatenbank der → Bundesagentur für Außenwirtschaft (bfai). Sie enthält Informationen über alle rechtlich relevanten Aspekte außenwirtschaftlicher Tätigkeit: Berichte, die Juristen der bfai verfassen; Auswertungen der täglich eingehenden Gesetzesblätter der verschiedensten Länder; Informationen der Marktbeobachter des behördeneigenen weltweiten Korrespondentennetzes; Expertisen von im Ausland tätigen und auf das Wirtschaftsrecht spezialisierten Rechtsanwälten. In der R. der bfai sind Adressen von Rechtsanwälten und Patentanwälten in der ganzen Welt gespeichert; unter Angabe der jeweiligen Spezialgebiete und Korrespondenzsprachen. Sie enthält Rechtspublikationen aus aller Welt; von A (wie Allgemeine Rechtslage) bis Z (wie Zivilrecht).

Rechtsetzung durch die EG/EU. → Gemeinschaftliche Rechtsakte.

Rechtstipps für Exporteure. Eine Reihe der Standardpublikationen der → Bundesagentur für Außenwirtschaft (bfai). Deren Länderrechtsexperten haben darin die für das Auslandsgeschäft wichtigen Aspekte des Wirtschaftsrechts – in den jeweiligen Ländern – allgemeinverständlich zusammengefasst. Die juristischen Informationen werden durch Anschriften von Institutionen, Behörden und Anwälten abgerundet.

Recht und Steuern international. Das Neueste aus Wirtschaft- und Steuerrecht weltweit. Eine Monatszeitschrift der → Bundesagentur für Außenwirtschaft (bfai).

Red clause. Die in einem Akkreditivschreiben in der Regel rot vermerkte Klausel in einem →

Dokumentenakkreditiv, durch die eine Bank (in Übersee) ermächtigt wird, an den Akkreditivbegünstigten schon vor der Dokumentenvorlage Vorauszahlungen zu leisten. Vgl. → Vorschussakkreditiv.

Rediskontfähige Wechsel. Wechsel, die von der Deutschen Bundesbank bis zum Jahresende 1998 im Rahmen des Diskontkredits angekauft wurden. Es mussten „gute Handelswechsel" sein. Solche beruhten auf einem Waren- oder Dienstleistungsgeschäft, aus dem drei als zahlungsfähig bekannte Verpflichtete hafteten; die Wechsel mussten innerhalb von drei Monaten fällig sein. Nach dem Übergang zur WWU können Geschäftsbanken im Rahmen → liquiditätszuführender Pensionsgeschäfte Wechsel als Sicherheit für die → Refinanzierung bei der Zentralbank verwenden.

Rediskontkontingent. Höchstgrenze für einen → Diskontkredit. Bis Ende 1998 war von der Deutschen Bundesbank für jede einzelne Geschäftsbank das R. festgesetzt. Mit dem Übergang zur WWU ist das R. weggefallen.

Rediskontierung. Weiterverkauf von bereits diskontierten (angekauften) Wechseln; insb. seitens der Geschäftsbanken an die Zentralbank. Sie spielte im Rahmen der → Diskontpolitik der Deutschen Bundesbank bis zum 31.12.1998 eine wichtige Rolle.

Reeder. Eigentümer eines Schiffes, das ihm zum Erwerb durch die Seefahrt dient. Der Reeder kann auch der → Verfrachter sein. Vgl. → Schiffseigner.

Reederei. Allg. Bez. für Schifffahrtsbetrieb; unabhängig davon, ob dieser einen oder mehrere → Reeder (Mitreeder) hat (und gleichgültig, ob Binnen-, Küsten- und/oder Seeschifffahrt betrieben wird).

Reeder-Lieferschein. Form des Konnossement-Teilscheins. R.-L. werden von der Reederei ausgestellt, nachdem ihr der Importeur das Konnossement überlassen hat. Wie viele und mit welchem Inhalt R.-L. für den Importeur ausgefertigt werden, hängt von der Anzahl der Kunden des Importeurs und deren Nachfrage ab. Gegen Rückgabe des R.-L. wird die Ware am Kai ausgehändigt.

Referenzkurse des Euro. Diese werden von der EZB börsentäglich auf der Grundlage der Konzertation zwischen den Zentralbanken um 14.15 Uhr ermittelt und danach veröffentlicht.

Referenzpreise → Richtpreise. Bestandteil der EG-Agrar-Marktorganisation. Aufgrund von Marktbeobachtung festgesetzte Mindestpreise – frei EG-Marktgrenze – für in die EG-Agrarmarktordnung einbezogene landwirtschaftliche Produkte.

Referenzverfahren bei Einfuhrkontingentierungen. S. → Verfahren zur Aufteilung von Einfuhrkontingenten.

Referenzwert (der EZB) **für das Geldmengenwachstum** (engl.: reference value for monetary growth). S. → Geldmengenwachstum.

Referenzwert (der EWWU) **für die Lage der öffentlichen Finanzen** (engl.: reference value for the fiscal position). Nach dem → Vertrag über die EU gibt es die expliziten Referenzwerte für die → Defizitquote (von max. 3 % des BIP) und die → Schuldenquote (von max. 60 % des BIP) des Gesamtstaates. S. a. → Stabilitäts- und Wachstumspakt; → Konvergenzkriterien.

Referenzzinssatz. Repräsentativer (Basis-)Zinssatz auf dem freien Markt, der für eine bestimmte Laufzeit und Währung gilt und sowohl für Anlagen als auch für Kredite verwendet wird. Kreditgeber und -nehmer einigen sich auf einen R. als Grundlage für andere Zinssätze. Auf internationalen Finanzmärkten verwendete R. sind z. B. → EURIBOR, → LIBOR, → TIBOR. Der R. dient Vertragspartnern bei der Festlegung des Zinssatzes für ihr Finanzierungsgeschäft als Orientierungsgröße. Die Zinsvereinbarung lautet dann: R. plus Aufschlag (→ spread); beispielsweise: 2 % über dem Dreimonats-EURIBOR. Der R. ist kein offizieller Zinssatz (wie z. B. der → Hauptrefinanzierungssatz der EZB; vgl. → Leitzins.)

Refinanzierung. R. ist immer erforderlich, wenn ein Kreditgeber nicht aus eigenen Mitteln einen Kredit gewähren kann, sondern sich dazu die erforderlichen Mittel erst beschaffen muss. Im Bereich der Geldpolitik trifft dies für das auf dem Kreditwege von den Geschäftsbanken bei der Zentralbank beschaffte Zentralbankgeld zu. Die einzelnen Geschäftsbanken könnten sich zwar am (Interbanken-)Geldmarkt refinanzieren. Aber für das Geschäftsbankensystem insgesamt besteht die Notwendigkeit, sich bei der Zentralbank zu refinanzieren. Denn nur diese stellt Zentralbankgeld zur Verfügung. Dies geschieht i. d. R. über → Offenmarktgeschäfte (bei denen die Initiative von der Zentralbank ausgeht) und über → Ständige Fazilitäten (bei denen die Initiative von den Geschäftsbanken ausgeht).

Refinanzierungsfähige Sicherheiten. Begr. aus dem ESZB für die Vermögenswerte, die → Kreditinstitute zur Besicherung kurzfristiger Liquiditätskredite der Zentralbank (z. B. Innertageskredite im Rahmen des → TARGET-Systems) bei dieser hinterlegen (Pfandkredite), sowie für die Vermögenswerte, welche die Zentralbank von Kreditinstituten im Zuge → liquiditätszuführender Pensionsgeschäfte ankauft. Das ESZB akzeptiert eine breite Palette von Sicherheiten. Zu den Kategorie-1-Sicherheiten zählen marktfähige Schuldverschreibungen, welche die von der EZB einheitlich für den gesamten Euro-Währungsraum festgelegten Kriterien erfüllen und deren Emittenten eine einwandfreie Bonität zugesprochen wurde. Zu den Kategorie-2-Sicherheiten zählen weitere marktfähige (aber auch nicht marktfähige) Sicherheiten (z. B. auch Handelswechsel und bestimmte Kreditforderungen der Banken gegenüber Unternehmen), die von den nationalen Zentralbanken als r. S. zugelassen und für die nationalen Finanzmärkte und Bankensysteme von besonderer Bedeutung sind.

Refinanzierungsgeschäfte der EZB. → Hauptrefinanzierungsgeschäft, → längerfristiges Refinanzierungsgeschäft, → Feinsteuerungsoperationen, → strukturelle Operationen; → Spitzenrefinanzierungsfazilität.

Refinanzierungspolitik. S. → Offenmarktpolitik.

Refinanzierungsrisiko. S. → Kreditrisiko im Außenhandel.

Regionale Entwicklungsbanken. Internationale Spezialinstitute zur Förderung und Finanzierung der wirtschaftlichen und sozialen Entwicklung (insb. auch öffentlicher Projekte) mit regionalem Tätigkeitsbereich. → Afrikanische Entwicklungsbank (AfDB), → Asiatische Entwicklungsbank (AsDB), → Europäische Bank für Wiederaufbau und Entwicklung (EBRD), → Europäische Investitionsbank (EIB), → Interamerikanische Entwicklungsbank (IADB oder IDB), → Islamische Entwicklungsbank (IsDB oder auch IDB), → Karibische Entwicklungsbank (CDB), → Ostafrikanische Entwicklungsbank (EADB), → Westafrikanische Entwicklungsbank (BOAD).

Regionale Wirtschaftskommissionen des → Wirtschafts- und Sozialrats der Vereinten Nationen (ECOSOC). → Wirtschaftskommission für Afrika – (engl.) Economic Commission for Africa (ECA); → Wirtschaftskommission für Europa – (engl.) Economic Commission for Europe (ECE); → Wirtschaftskommission für Lateinamerika und die Karibik – (engl.) Economic Commission for Latin America und the Caribbean (ECLAC); → Wirtschafts- und Sozialkommission für Asien und den Pazific – (engl.) Economic and Social Commission for Asia and the Pacific (ESCAP); → Wirtschafts- und Sozialkommission für Westasien – (engl.) Economic and Social Commission for Western Asia (ESCWA).

Regionalkommissionen des Wirtschafts- und Sozialrats der Vereinten Nationen. → Regionale Wirtschaftskommissionen.

Reisecharter (engl.: voyage-charter). Begr. d. → Charterverkehrs. Der R. bezieht sich auf eine einmalige Reise oder auf gleiche Reisen in bestimmten Zeitabständen. Im → Chartervertrag ist i. d. R. vereinbart, dass die Miete eines ganzen Schiffes oder eines Teils davon die Stellung des Kapitäns und der Mannschaft einschließt.

Reisescheck. Ein „an eigene Order" ausgestellter → Scheck, der insbesondere im internationalen Reiseverkehr zur Bargeldbeschaffung und als Zahlungsmittel verwendet wird (Travellerscheck). R. lauten auf feste Beträge, werden v. a. von Kreditinstituten – in verschiedenen Währungen – gegen sofortige Bezahlung verkauft und sind unbegrenzt gültig. Der Käufer hat beim Erwerb jeden R. das erste Mal zu unterschreiben; er muss bei der Auszahlung bzw. Verwendung eine zweite Unterschrift auf jedem R. leisten. (Dadurch sind R. gegen die Einlösung durch Unbefugte – relativ gut – abgesichert.) Sie können bei vielen in- und ausländischen Kreditinstituten eingelöst, in Landeswährung ausgestellt z. B. auch in Hotels, Gaststätten und im Handel als Zahlungsmittel eingesetzt werden. Durch die zunehmenden Einsatzmöglichkeiten von international akzeptierten → Kreditkarten ist die Bedeutung des R. stark zurückgegangen.

Reitwechsel. S. → Wechsel.

Rektaindossament → Rektaklausel.

Rektaklausel (negative → Orderklausel). „Nicht an Order". Durch diesen Vermerk können → geborene Orderpapiere zu → Rektapapieren gemacht werden; z. B. kann dadurch der Aussteller eines Wechsels oder Schecks dessen Indossierung unterbinden.

Rektakonnossement. Variante des normalen → Konnossements, das auf den Namen eines Berechtigten und nicht an dessen Order lautet. → Rektaklausel.

Rektapapier. Wertpapier, das auf den Namen einer bestimmten Person lautet; nur diese (oder ihr Rechtsnachfolger) kann den verbrieften Anspruch geltend machen; z. B. Rektascheck und Rektawechsel. Die Übertragung erfolgt durch → Zession. Vgl. → Orderpapier.

Rektascheck. Scheck, der nur vom namentlich in der Urkunde Genannten zum Inkasso vorgelegt werden kann („Zahlen Sie gegen diesen Scheck .... an X. X. nicht an Order").

Rembours. Begr. aus dem Auslandszahlungs- und Auslandsfinanzierungsgeschäft der Finanzinstitute (abgeleitet vom frz. rembourser; ersetzen, erstatten). Ausdruck für den Erstattungsanspruch für eine erbrachte Leistung.

Rembours-Akkreditiv. Eine Variante des → Nachsichtakkreditivs, wobei ein Finanzinstitut gegen Einreichung der akkreditivgemäßen Dokumente eine auf sich ausgestellte → Nachsichttratte des Exporteurs akzeptiert. Akzeptbank ist häufig die Bank des Exporteurs. R.-A. werden v. a. dann eröffnet, wenn der Exporteur dem Importeur zwar ein Zahlungsziel gewährt, er sich jedoch zugleich die Refinanzierung des Akkreditivbetrages (durch eine → Wechseldiskontierung) sichern will. → Akzeptakkreditiv.

Remboursbank Bez. f. ein Finanzinstitut, das im Rahmen eines → Remboursgeschäftes ein → Akzept abgibt; mit Erstattungsanspruch (Rembours). R. kann im Rahmen eines Außenhandelgeschäfts die Bank des Importeurs, die Bank des Exporteurs oder eine Korrespondenzbank (z. B. eine renommierte Bank an international wichtigen Finanzplätzen, an denen die meist verwendeten Welthandelswährungen gehandelt werden) sein.

Remboursgeschäft. Allg. Bez. f. die Mitwirkung von Finanzinstituten bei der Begleichung von Außenhandelsgeschäften, besonders in Verbindung mit der Kreditgewährung (→ Rembourskredit). Als Unterlagen für das R. dienen die sog. „Dokumente“: Fracht- und Versicherungspapiere (→ Konnossemente, → Versicherungsscheine), Rechnungen und Prüfungszertifikate für Gewicht und Qualität (→ Qualitätszeugnis). → Wechselrembours.

Rembourskredit. Im Außenhandel gebräuchlicher → Akzeptkredit. Die → Remboursbank akzeptiert gegen Einreichung der vereinbarten Dokumente (wie Verschiffungsdokument, Versicherungsschein, Rechnung) einem vom Exporteur auf sie gezogenen Wechsel, den sie am Fälligkeitstag einlöst. Diesen (Bankakzept-)Wechsel kann der Exporteur bei seiner Hausbank (oder einer anderen Bank; es kann auch die Remboursbank selbst sein) diskontieren lassen, so dass er sofort über die Wechselsumme (nach Abzug von Diskont und Spesen) verfügen kann. Dergestalt stellt der R. eine Kopplung von Akzeptkredit (beim Importeur) und → Diskontkredit (beim Exporteuer) dar. Ein R. wird häufig in Verbindung mit einem → Akkreditiv gewährt. Dann kann z. B. die Bank des Exporteurs durch eine ihr eingeräumte Rembourslinie eine → Nachsichttratte des Exporteurs bereits vor Einholung des Akzeptes diskontieren; auch im Rahmen der Rembourslinie der Remboursbank (→ Rembours-Akkreditiv). Unabhängig von der Art der Abwicklung hat der Importeur der Remboursbank den Wechselbetrag spätestens am Fälligkeitstag zur Verfügung zu stellen. Ein R. kann sowohl für den Exporteur (Absicherung des Zahlungszieles) als auch für den Importeur (Vermeidung der Bindung von Finanzmitteln durch Vorauszahlung) vorteilhaft ist. Vgl. → Negoziationskredit.

Rembourswechsel. → Tratte des Exporteurs im Rahmen eines → Remboursgeschäftes, die von der Bank des Importeurs gegen Übergabe der vereinbarten Dokumente akzeptiert wird.

Remittent. Bez. f. den → Wechselnehmer.

Rendite. Maß für die tatsächliche Verzinsung einer Kapitalanlage; i. d. R. als Prozentsatz pro Jahr ausgedrückt. Die Anlagerendite oder Effektivverzinsung festverzinslicher Wertpapiere ist die für die Laufzeit (oder Restlaufzeit) ermittelte Durchschnittsrendite. Sie berücksichtigt neben der Nominalverzinsung auch den Gewinn oder Verlust, der sich aus der Differenz zwischen Ausgabe-(Ankaufs-)Kurs und dem Fälligkeits-(Verkaufs-)Kurs des Wertpapiers ergibt. So kann ein Wertpapier mit einer Nominalverzinsung von 5 % eine höhere Rendite (z. B. 5,25 %) oder eine niedrigere Rendite (z. B. nur 4,78 %) erbringen. Vgl. → Effektivzins.

Renditevolatilität. → Volatilität, die auf der Grundlage der relativen (prozentualen) Renditeveränderungen eines Finanzinstruments berechnet wird. Die R. wird für → Zinsinstrumente ermittelt. → Kursvolatilität.

Rentabilität. Verhältnis des Gewinns zum eingesetzten Kapital einer Rechnungsperiode

(i. d. R. als Prozentsatz pro Jahr ausgedrückt). Diese Kennzahl dient der Beurteilung der erwirtschafteten – internen – Kapitalverzinsung eines Unternehmens. Sie kann als Eigenkapital- oder als Gesamtkapital-Rentabilität ermittelt werden. Beide R. können „vor und nach Steuern" ausgewiesen werden, also zum einen mit und zum anderen ohne die Steuern, die auf den Gewinn zu entrichten sind. Vgl. → Umsatzrentabilität.

Rentabilitätsrisiko. S. → Kreditrisiko im Außenhandel.

Rentenanleihe. Staatliche Anleihe ohne vorgesehene Tilgungsleistung. Der Schuldner ist nicht zur Tilgung seiner Anleihe verpflichtet. Im Falle einer unechten R. behält sich der Staat aber ein Kündigungsrecht vor; er tilgt seine Schuld zu nicht vorherbestimmten Terminen. Vgl. → ewige Anleihe.

Rentenfonds. → Investmentfonds, dessen Mittel nur in festverzinslichen Wertpapieren angelegt werden.

Rentenmarkt. Markt für Gläubigerpapiere mit mittel- und langfristigen Laufzeiten (→ Schuldverschreibungen; → Rentenpapiere). Auch als Anleihemarkt bezeichnet. Er umfasst die Ausgabe festverzinslicher und variabel verzinslicher Wertpapiere und den Handel mit diesen Papieren. → Vertretbare Wertpapiere (→ Effekten) werden an der Börse gehandelt. Dabei ist zwischen dem → Primärmarkt (der als Emissionsmarkt die Funktion der Mittelbereitstellung erfüllt) und dem → Sekundärmarkt (der die Funktion der → Fungibilität erfüllt und damit den Gläubigertausch ermöglicht) zu unterscheiden. Der R. ist Teil des → Wertpapiermarktes (und damit des → Kapitalmarktes). Vgl. → Deutscher Rentenindex (REX).

Rentenpapiere oder Rentenwerte. Begr. f. festverzinsliche Wertpapiere (mit laufender Verzinsung).

Repartierung. Begr. f. d. Beschränkung der Zuteilung (1) von Zentralbankgeld im Rahmen der Offenmarktpolitik, (2) von Aktien und Anleihen im Zuge einer Emission und (3) von Wertpapieren im Börsenhandel. Zu (1): Bei Übernachfrage nach Zentralbankgeld seitens der monetären Finanzinstitute erfolgt die Zuteilung von Geboten nach Quoten. Jeder Bieter erhält nur einen bestimmten Prozentsatz seines Gebots. Beim → Hauptrefinanzierungsgeschäft im ESZB übersteigt i. d. R. die Summe der Einzelgebote der MFIs den von der Zentralbank als bedarfsgerecht festgelegten Zuteilungsbetrag, sodass repartiert werden muss. Bei einem → Mengentender werden alle Gebote zu einem einheitlichen → Repartierungssatz zugeteilt. Bei einem → Zinstender werden allein die Gebote, die zum marginalen Zinssatz zugeteilt werden, repartiert. Zu (2): Bei überzeichneten Emissionen erfolgt die Zuteilung der neu begebenen Wertpapiere anteilsmäßig. Zu (3): Im Börsenhandel kommt es dann zur Zuteilung, wenn eine übermäßige Nachfrage bzw. ein zu geringes Angebot in gehandelten Wertpapieren vorliegt. Zum amtlich festgestellten Kurs wird dann repartiert. Dies wird durch → Kurszusätze angezeigt; so bedeutet rbG (repartiert bezahlt Geld), dass Kaufaufträge und rbB (repartiert bezahlt Brief), dass Verkaufsaufträge nur teilweise ausgeführt werden konnten.

Repartierungssatz. Prozentsatz, errechnet aus dem Zuteilungsbetrag(-volumen), dividiert durch den Gesamtbetrag der Gebote (Zeichnungen, Aufträge); z. B. 80 %.

Repo-Geschäfte, → Rückkaufsvereinbarung, → Pensionsgeschäft. Im Zuge von R.-G. werden Wertpapiere verkauft und zugleich deren Rückkauf – zu einem im Voraus festgesetzten Preis und i. d. R. zu einem bestimmten Termin vereinbart. R.-G. haben unterschiedliche Laufzeiten; die Dauer kann festgelegt (meist ein bis zwölf Monate) oder offen gelassen („bis auf weiteres") werden. Der Käufer eines Repos (der Pensionsnehmer) erhält als Verzinsung für sein investiertes Kapital die Repo-Rate. Der Verkäufer (Pensionsgeber) erzielt seinen Ertrag aus der Differenz der Verzinsung des Wiederanlagebetrages am Geldmarkt abzüglich der von ihm an den Pensionsnehmer gezahlten Repo-Rate.

Repo-Rate. Zinssatz, der zur Finanzierung der Geldaufnahme im Rahmen eines → Repo-Geschäftes dem Pensionsnehmer (Repo-Käufer) vom Pensionsgeber (Repo-Verkäufer) bezahlt wird. Die R.-R. ist i. d. R. niedriger als die Sätze der Geldmarktverzinsung.

Report. → Swapsatz, der sich als positive Differenz – aus Terminkurs minus Kassakurs – ergibt. Aufschlag auf den Devisenkassakurs zur Bestimmung des Devisenterminkurses.

Reserveposition im Internationalen Währungsfonds. Bestandteil der → Währungsreserven eines Staates. Dazu zählen die → Ziehungsrechte in der → Reservetranche und die (eventuellen) Forderungen aus der Gewährung von Krediten an den IWF gem. besonderer Vereinbarungen (den → Allgemeinen Kreditvereinbarungen – AKV und den → Neuen Kreditvereinbarungen – NKV). Ein Mitgliedstaat des IWF kann zur Finanzierung eines Defizits in der Zahlungsbilanz auf diese Mittel jederzeit automatisch zurückgreifen. Der IWF ist nicht befugt, vom ziehenden Land eine Rechtfertigung hierfür zu verlangen oder ihm gar wirtschaftspolitische Auflagen zu machen.

Reservetranche. Ein Teil der → Reserveposition im IMF; stellt ein unbedingtes → Ziehungsrecht dar. Die R. eines Landes entspricht den von ihm vorher selbst erbrachten „echten" Finanzierungsleistungen. Dazu zählen die gezeichnete → Quote eines Landes, abzüglich des in eigener Währung gezahlten IWF-Mitgliedsbeitrags, zuzüglich des Anteils hiervon, der vom IWF für Kredite an andere Länder verwendet wurde. Ein IWF-Mitgliedstaat mit konvertierbarer Währung kann somit Ziehungen im Rahmen der R. in der Höhe von maximal 100 % seiner Quote in Anspruch nehmen. Hingegen verfügt ein IWF-Mitgliedstaat, dessen Währung nicht konvertierbar und vom IWF für Ausleihungen nicht verwendbar ist, nur über eine R. in Höhe des in SZR eingezahlten Betrages (25 % der Quote); dies betrifft v. a. Entwicklungsländer. Ziehungen in der R. sind – im Unterschied zu Ziehungen in den → Kredittranchen – kostenlos.

Reservewährung. Nationale Währung oder Korbwährung (wie das → Sonderziehungsrecht), die von den Währungsbehörden der einzelnen Staaten zur Sicherung ihrer internationalen Liquidität als → Währungsreserve gehalten wird. Eine solche Währung muss grundsätzlich voll konvertibel sein (→ Konvertibilität), um als R. international anerkannt zu werden. Die weltweit bedeutendsten R. sind der US-Dollar, der Euro und der japanische Yen. Bis Ende 1998 war die D-Mark die zweitwichtigste internationale R.

RET → Russian Economic Trends.

Reuters. Führende (Wirtschafts-)Nachrichtenagentur.
http://www.reuters.com

Reuters Business Briefing. Damit können in den Reuters-Datenbanken gewünschte Wirtschafts- und Finanzinformationen eingesehen und ausgedruckt werden – in zehn Weltsprachen. Ein Zugriff besteht nicht nur auf Nachrichten von Reuters Journalisten. Tausende von Zeitungen, Zeitschriften und andere Nachrichtenquellen aus aller Welt sind hier verfügbar.
http://www.briefing.reuters.com

Revidierte Berner Übereinkunft (RBÜ). Völkerrechtlicher Vertrag zum Schutz von Werken der Literatur und Kunst, basierend auf der → Berner Übereinkunft, mit Änderungen von Paris (1896), Berlin (1908), Bern (1914), Rom (1928), Brüssel (1948), Stockholm (1967) und Paris (1971). Mit der RBÜ wurde kein einheitliches Urheberrecht geschaffen. Grundsätzlich gilt das nationale Recht des Schutzlandes (Territorialitätsprinzip) weiterhin; die RBÜ garantiert aber den Mitgliedstaaten, dass Urheberrechte in jedem anderen Mitgliedstaat denselben Schutz erhalten wie die Werke der eigenen Staatsangehörigen (es sei denn, im Ursprungsland gilt eine kürzere Schutzfrist). Die Verwaltungsaufgaben des Verbandes werden vom → internationalen Büro wahrgenommen. S. a. → Weltorganisation für geistiges Eigentum (WIPO).

Revolvierendes Akkreditiv. Art des → Dokumentenakkreditivs, bei dem es dem Begünstigten erlaubt ist, das Akkreditiv innerhalb einer bestimmten Frist bis zu einem festgelegten Höchstbetrag wiederholt in Anspruch zu nehmen. Es kann kumulativ oder nicht kumulativ revolvierend sein und dient der Abwicklung von Dauergeschäften zwischen zwei Geschäftspartnern.

Revolving-Geschäft. Gem. § 1 KWG ein Bankgeschäft, das in der „Eingehung der Verpflichtung, Darlehensforderungen vor Fälligkeit zu erwerben" besteht. Das R. ist also eine besondere Form der Refinanzierung eines langfristigen Kredites mit kurzfristigen Mitteln, die von vielen Geldgebern stammen. Wenn diese ihre Gelder zurückrufen, werden sie durch neu hinzutretende Kreditgeber ersetzt.

Revolving-Kredit oder revolvierender Kredit. (Kurzfristiger) Kredit, der dem Begünstigten während eines bestimmten Zeitraums zur wiederholten Inanspruchnahme gewährt wird. Er wird nach den wirtschaftlichen Möglichkeiten des Kreditnehmers getilgt und steht diesem automatisch ein- oder mehrmals – bis zu einem bestimmten Höchstbetrag – wieder zur Verfügung. Dabei wird der Zinssatz dem jeweiligen Marktzinsniveau angepasst. Der R.-K. wird z. B. beim → revolvierenden Akkkreditiv angewandt.

Revolving Underwriting Fazilität (RUF; engl.). Variante der → Euro-Notes-Fazilität, nach der auf revolvierender Basis kurzfristige Geldmarkttitel (Laufzeiten von einem, drei oder sechs Monaten) von einem → Underwriter am Markt platziert werden; wobei sich die Underwriter verpflichten, nicht platzierte Papiere selbst zu übernehmen.

REX → Deutscher Rentenindex.

RF. Abk. f. Russische Föderation.

RGRE → Rat der Gemeinden und Regionen Europas.

RGW → Rat für gegenseitige Wirtschaftshilfe; COMECON.

Rheinisch-Westfälisches Institut für Wirtschaftsforschung (RWI). Gegr. 1926 als „Abteilung Westen des Instituts für Konjunkturforschung" (des heutigen → DIW). Es arbeitet seit 1943 unter dem Namen RWI in rechtlicher Selbständigkeit als eingetragener Verein (e. V.). Sitz: Essen. Standortbedingt lagen die Schwerpunkte der Arbeiten bei Diagnosen und Prognosen der konjunkturellen und strukturellen Entwicklung in Regionen sowie in den Bereichen Energie und Stahl. Heute betreffen die Aufgabenbereiche auch den Mittelstand und die Umweltökonomie. Das RWI wirkt an der Erstellung der → Frühjahrs- und Herbstgutachten mit.
http://www.rwi-essen.de

Richtpreis → Referenzpreis.

Rimesse. Nur noch selten verwendete Bez. f. einen → Wechsel, der vom Wechselaussteller an den Wechselnehmer geschickt wird. Früher auch gebräuchliche Bez. f. einen Wechsel (oder Scheck), der einem Kreditinstitut zum → Inkasso übergeben wurde. Vgl. → Besitzwechsel.

Risiko. Mit einem Wagnis verbundene Verlustgefahr. Sie ist infolge zukünftiger Ungewissheiten mit jeder wirtschaftlichen Tätigkeit, im Besonderen mit der außenwirtschaftlichen, verbunden. Jedes R. hat Auswirkungen auf die Liquidität, Rentabilität und Kreditwürdigkeit eines Unternehmens.

Risiken im Außenhandel. Dies sind zum einen ökonomische Risiken, die durch eigene unternehmerische Fehleinschätzungen oder nicht beeinflussbare wirtschaftliche Ereignisse den Erfolg bedrohen und erwartete Gewinne schmälern. Zum anderen sind es → Länderrisiken, bei denen die Verlustgefahr in bes. Situationen oder Aktivitäten in den Ländern der Vertragspartner steckt. Ökonomische Risiken: → Erfüllungsrisiko, → Kreditrisiko, → Lieferungs-/→ Annahme(Abnahme)risiko, → Marktrisiko, → Preisrisiko, → Standortrisiko, → Transportrisiko, → Wechselkursrisiko. Länderrisiken: → Politische Risiken, → Zahlungsverbotsrisiko, → Moratoriumsrisiko, → Transferrisiko, → Konvertierungsrisiko, → rechtliche Risiken, → sozio-politische Risiken. Das → Währungsrisiko umfasst das Wechselkurs-, Transfer- und Konvertierungsrisiko.

Risikokapitalfonds → Venture-Capital-Fonds.

Risikopolitik. Aufgabe der Risikopolitik ist es, Entscheidungen über Maßnahmen und Instrumente zu treffen, mit denen Risiken vermieden, gestaltet oder gegebenenfalls auch hingenommen werden. Im Außenhandel kann z. B. das Kursrisiko vermieden werden, wenn keine Fremdwährungsgeschäfte abgeschlossen werden. Risiken können durch Umverteilung (z. B. Ausfuhrkreditversicherung, Devisentermingeschäfte), Verminderung (z. B. Verteilung des Absatzes auf mehrere Auslandsmärkte) oder Kompensation (z. B. Hedging) gestaltet werden. Sie können auch einfach übernommen werden, z. B. wenn keine Absicherung von Fremdwährungsgeschäften erfolgt.

RKW → Rationalisierungs- und Innovationszentrum der Deutschen Wirtschaft e. V.

Rohgewicht. Nach dem Zollrecht das Gewicht der Ware, einschl. aller → Umschließungen. Vgl. → Eigengewicht.

Rohstoff-Hedging. S. → Hedging.

Rollende Ware. Bez. f. Ware, die sich auf dem Straßentransport- und Schienentransportweg befindet. Analog: → schwimmende Ware, → fliegende Ware.

Roll on/Roll off-Verkehr – RoRo-Verkehr. Bez. f. bes. Form des kombinierten Verkehrs, der Spezialschiffe (RoRo-Schiffe, Fähren mit aufklappbarem Bug oder Heck) voraussetzt. Dadurch können Straßenfahrzeuge und/oder Schienenfahrzeuge über spezielle Laderampen mit eigener Kraft an und von Bord fahren (rollen).

Roll-over-Kredit. Inbes. auf dem Euro-Geldmarkt üblicher mittel- bis langfristiger Kredit. Die Kreditlaufzeit (i. d. R. bis zu vier Jahren) wird in Zinsperioden (Roll-over-Perioden) von zumeist einem bis zwölf Monaten unterteilt. Das Zinsänderungsrisiko trägt der Kreditnehmer, der nach Ablauf einer Roll-over-Periode den dann relevanten Markt-/Referenzzinssatz (z. B. → LIBOR oder → EURIBOR) akzeptieren muss.

Römische Verträge. Begr. f. d. in Rom am 23.03.1957 und am 25.03.1957 unterzeichneten Verträge, die zur Gründung der → Europäischen Atomgemeinschaft (EURATOM) und der → Europäischen Wirtschaftsgemeinschaft (EWG) führten. Die beiden Verträge von Rom traten am 01.01.1958 in Kraft.

Rom-Abkommen. Internationales Abkommen über den Schutz der ausübenden Künstler, der Hersteller von Tonträgern und der Sendeunternehmen v. 26.10.1996. Es gewährt z. B. ausübenden Künstlern in den Verbandsstaaten → Inländerbehandlung, wenn ihre Darbietung in einem anderen Verbandsstaat stattfindet, auf einem nach dem Abkommen geschützten Tonträger festgehalten ist oder die nicht auf einem Tonträger festgehaltene Darbietung durch eine nach dem Abkommen geschützte Sendung ausgestrahlt wird.

RoRo-Verkehr. → Roll on/Roll off-Verkehr.

RT. Abk. f. Registertonne. 1 RT = 2,832 m^3 oder 100 (engl.) cubic feet (Kubikfuß).

RTGS^{plus}. Das von der Deutschen Bundesbank seit dem 05.11.2001 im Großzahlungsverkehr eingesetzte innovative → Echtzeit-Bruttozahlungssystem. Dabei werden alle Aufträge einzeltransaktionsorientiert disponiert und bei verfügbarer Liquidität sofort verrechnet. Zahlungen, für die nicht genügend Liquidität bereitsteht, werden in Warteschlangen eingestellt. Gegenläufige Zahlungen werden bereits bei der Eingangsdisposition berücksichtigt. Dadurch sowie dank mehrstufiger, hocheffizienter Algorithmen zur Warteschlangenauflösung kann für alle Aufträge eine liquiditätsschonende Zahlungsverarbeitung erreicht und die Verweildauer der Zahlungen im System minimiert werden.

RTGS-System (engl.: Real-Time Gross Settlement system). → Echtzeit-Bruttozahlungssystem. S. a. → TARGET-System.

RUB. ISO-Währungscode der russischen Währung Rubel (Rbl).

Rückgarantie oder Gegengarantie. Im Zusammenhang mit → indirekten Garantien wird von der mit der eigentlichen Garantiestellung gegenüber dem Importeur beauftragten ausländischen Korrespondenzbank regelmäßig eine R. von der Inlandsbank (der Hausbank des Exporteurs) verlangt.

Rückkaufgeschäft (engl.: Buy-back-Geschäft). Bes. Form eines → Kompensationsgeschäfts, bei dem Lieferung und Gegenlieferung in einer unmittelbaren (technischen) Beziehung zueinander stehen: Bereitgestellte Produktionsanlagen, Rohstoffe oder Lizenzen werden langfristig (teilweise) dadurch finanziert, dass damit (später) produzierte Waren abgenommen werden.

Rückkaufspreis (engl.: repurchase price). Preis, zu dem im Rahmen einer Rückkaufsvereinbarung (z. B. → Devisenswap, → Pensionsgeschäft) der Käufer verpflichtet ist, dem Verkäufer Vermögenswerte zurückzuverkaufen. Der R. setzt sich aus dem Kaufpreis und einem Preisaufschlag, der dem Zins für den während der Laufzeit der Operation zur Verfügung gestellten Liquiditätsbetrag entspricht, zusammen.

Rückkaufstag (engl.: repurchase date). Datum, zu dem im Rahmen einer Rückkaufsvereinbarung der Käufer verpflichtet ist, dem Verkäufer Vermögenswerte zurückzuverkaufen.

Rückkaufsvereinbarung (engl.: repurchase agreement). Vereinbarung über den Verkauf eines Vermögenswertes, die den Verkäufer zugleich berechtigt und verpflichtet, diesen Vermögenswert zu einem bestimmten Preis zu einem späteren Zeitpunkt oder auf Anforderung zurückzukaufen. Eine R. gleicht wirtschaftlich einem besicherten Kredit, wobei aber kein Eigentum an den → Sicherheiten übertragen wird. Das Eurosystems bedient sich im Rahmen der → befristeten Transaktionen der Rückkaufsvereinbarungen mit fester Fälligkeit.

Rücklieferungsgarantie. Eine Form der → Bankgarantie im Außenhandel. Der Garant trägt im Auftrag des Importeurs den Schadenersatz beim Lohnveredelungsverkehr dann, wenn die zur Veredelung ausgelieferte Ware nicht vertragsgemäß zurückgeliefert wird.

Rückschein (Exemplar 5 des → Einheitspapiers). Wenn ein Unternehmen, ansässig in der EG, Waren aus einem → Drittland im → Versandverfahren importiert, dann erfolgt die Zollbehandlung erst bei der Bestimmungszollstelle in der EG durch den Zollbeteiligten – weil die Waren zur → Nämlichkeitssicherung und Zollabfertigung bei dieser zu gestellten sind. Die Bestimmungszollstelle übersendet dann nach erfolgter Zollabfertigung den R. aus Kontrollgründen an die Abgangszollstelle.

Rückwaren. Begr. f. Waren (in der EU: Gemeinschaftswaren), die nachweislich aus dem → Freiverkehr des eigenen Zollgebietes ausgeführt und innerhalb eines bestimmten Zeitraums (bei Marktordnungswaren höchstens sechs Monate, sonst längstens 3 Jahre) von demjenigen oder für denjenigen wieder eingeführt werden (ohne Veränderung; im gleichen Zustand), der sie ausgeführt hat oder hat ausführen lassen. Sie sind auf einem besonderen Formblatt, der Rückwarenerklärung, zur Zollabfertigung anzumelden.

Rückwarenerklärung. Sie ist bei der Einfuhrabfertigung von → Rückwaren der zuständigen Zollstelle vorzulegen; zu ergänzen durch ein Exemplar der seinerzeitigen Ausfuhranmeldung.

Rückzahlungsgarantie. S. → Anzahlungsgarantie.

RUF → Revolving Underwriting Fazilität.

Russian Association of International Forwarders – RAIF (engl.). Sitz: Moskau. Vertretung des Speditionsgewerbes in Russland (Mitglied der → FIATA); dem → BSL in Deutschland entsprechend. E-mail-Adresse:
raif@oneline.ru

Russian Economic Trends – RET. Bedeutsame Publikation im Zusammenhang mit der Kommentierung der offiziellen Statistiken und wichtigsten wirtschaftlichen Entwicklungen Russlands.
www.hhs.se/site/ret/ret.htm

RussianExport. Internet-Portal, das russische exportorientierte Unternehmen und deren (potentielle) Partner aus anderen Ländern aktuell und zuverlässig über den Stand und die Förderungsmöglichkeiten russischer Exporte im internationalen Marktgeschäft informiert.
http://www.russianexport.ru

Russian Offer. Außenwirtschaftsmagazin der Russischen Regierung (erscheint monatlich, seit Anfang 2000 in russisch und englisch). Informiert allgemein über das Wirtschafts- und Wissenschaftspotential Russlands und detailliert über Außenwirtschaftsmöglichkeiten einzelner Regionen und Betriebe.

RusslandWeb. Auf Initiative des → Deutsch-Russischen Forums geschaffenes Internet-Portal. Erleichtert das Auffinden aktueller Informationen zu vielen Bereichen der russischen Gesellschaft, Politik, Wirtschaft und Kultur sowie die Suche nach Ansprechpartnern.
www.russlandweb.de

RWI → Rheinisch-Westfälisches Institut für Wirtschaftsforschung.

RZZ → Rat für die Zusammenarbeit auf dem Gebiet des Zollwesens; (engl.) Customs Cooperation Council (CCC).

S

Sachenrecht. Absolutes (gegenüber jedermann wirkendes) und dingliches (die Sache – das Ding – unmittelbar umfassendes) Recht. Stärkstes S. ist das Eigentum; zu den beschränkten S. gehören z. B. Nießbrauch, (Grund-)Dienstbarkeiten, Vorkaufsrecht. In Deutschland ist das S. im Dritten Buch des → Bürgerlichen Gesetzbuches (BGB) geregelt. Vgl. → Immaterialgüterrechte; → Schuldrecht.

Sachenrechtliche Wertpapiere. → Wertpapiere, die ein Sachenrecht verbriefen; dazu zählen Hypothekenbriefe und → Warenwertpapiere, wie → Konnossement, → Ladeschein und → Lagerschein. S. W. sind von Wertpapieren, die eine Mitgliedschaft verbriefen (wie z. B. Aktien und Investmentzertifikate) und von schuldrechtlichen Wertpapieren, die Forderungen verbriefen (wie z. B. Inhaberschuldverschreibungen, Wechsel und Scheck), zu unterscheiden.

Sachinvestitionen. Investitionen in das Anlagevermögen. Im Rahmen der Volkswirtschaftlichen Gesamtrechnungen werden als Anlagen alle dauerhaften reproduzierbaren Produktionsmittel angesehen; mit Ausnahme der nur militärisch genutzten Anlagen und der Güter, die in den privaten Konsum eingehen. Als dauerhaft gelten diejenigen Produktionsmittel, deren Nutzungsdauer mehr als ein Jahr beträgt und die normalerweise in der betriebswirtschaftlichen Buchführung aktiviert werden. Die Anlageinvestitionen werden in Ausrüstungen (wie Maschinen, Geräte, Fahrzeuge), Bauten (wie Wohnbauten, gewerblich genutzte Bauten) und sonstige Anlagen (wie Nutzvieh und Nutzpflanzungen, Computersoftware) unterteilt.

Sachverständigenrat zur Begutachtung der gesamtwirtschaftlichen Entwicklung (SVR). Ein autonomes Beratungsgremium gem. dem Gesetz über die Bildung des SVR v. 14.08.1963 (BGBl. I 685). Die Geschäftsstelle befindet sich beim Statistischen Bundesamt in Wiesbaden. Der SVR besteht aus fünf Mitgliedern („Fünf Weise"), die über besondere wirtschaftswissenschaftliche Kenntnisse und volkswirtschaftliche Erfahrungen verfügen und auf Vorschlag der Bundesregierung vom Bundespräsidenten für die Dauer von jeweils fünf Jahren berufen werden. Der SVR ist weder der Bundesregierung noch dem Bundesparlament verantwortlich, sondern nur an seinen gesetzlichen Auftrag gebunden. Er hat jährlich ein umfassendes Gutachten zu erstellen, in dem absehbare Ursachen von aktuellen und potentiellen Spannungen zwischen der gesamtwirtschaftlichen Nachfrage und dem gesamtwirtschaftlichen Angebot kritisch zu analysieren sind und Wege zur Vermeidung von Fehlentwicklungen im Hinblick auf die wirtschaftspolitischen Zielsetzungen (Stabilität des Preisniveaus, hoher Beschäftigungsstand, außenwirtschaftliches Gleichgewicht sowie stetiges und angemessenes Wirtschaftswachstum im Rahmen eine marktwirtschaftlichen Ordnung) aufzuzeigen sind. Dabei hat der SVR keine Empfehlungen für bestimmte wirtschafts- und sozialpolitischen Maßnahmen zu erteilen. Der SVR hat sein Jahresgutachten (jeweils bis zum 15. November) der Bundesregierung zur Verfügung zu stellen, die ihrerseits in ihrem → Jahreswirtschaftsbericht zum Jahresgutachten des SVR Stellung beziehen muss. Es dient der qualifizierten Urteilsbildung bei allen wirtschaftspolitisch verantwortlichen Instanzen sowie in der Öffentlichkeit. Der SVR erstellt in bes. Problemlagen oder nach Auftrag der Bundesregierung auch Sondergutachten.
http://www.sachverstaendigenrat-wirtschaft.de

Sachwertklausel → Warenpreisklausel.

SADC. Abk. f. (engl.) Southern African Development Community; → Entwicklungsgemeinschaft des Südlichen Afrika.

SAFE. Abk. f. (engl.) Synthetic Agreement for Forward Exchange. Dabei schließen zwei Parteien einen Vertrag, durch den sie einander (1) entweder den Unterschiedsbetrag zwischen einem zum Zeitpunkt des Vertragsabschlusses vereinbarten Swapsatz für eine zu einem künftigen Zeitpunkt beginnende Periode und dem zwei Geschäftstage vor Beginn dieser Periode am Devisenmarkt hierfür geltenden Swapsatz ausgleichen oder (2) zusätzlich zu diesem sog. ERA-Ausgleich (engl.: exchange rate agreement) noch den Unterschiedsbetrag zwischen einem bei Vertragsabschluss festgesetzten Outrightkurs und dem zwei Geschäftstage vor Beginn der Swapsatzperiode geltenden Kassakurs ausgleichen; FXA-Ausgleich (engl.: forward exchange agreement).

SAFRI → Südliches Afrika Initiative der Deutschen Wirtschaft.

SAG → Sammel-Ausfuhr-Genehmigung.

Saldo der statistisch nicht aufgliederbaren Transaktionen. Der Saldo einer Teilbilanz der → Zahlungsbilanz; nämlich der Bilanz der statistisch nicht aufgliederbaren Transaktionen. Aus dem inneren Zusammenhang der Teilbilanzen der Zahlungsbilanz ergibt sich, dass der Wert des Saldos der Leistungsbilanz zuzüglich des Saldos der Bilanz der Vermögensübertragungen definitionsgemäß gleich groß sein muss wie der Wert des Saldos der Kapitalbilanz zuzüglich des Saldos der Bilanz der Netto-Auslandsposition der Zentralbank (Bundesbank). Wenn die Zusammenfassung von Leistungsbilanz und Bilanz der Vermögensübertragungen zu einem Haben-Saldo führt, also zu einem Bilanz-Überschuss, dann entspricht dieser einem Nettozuwachs an Forderungen gegenüber der übrigen Welt. Dieser Wert muss identisch sein mit dem Soll-Saldo, der sich aus der Zusammenfassung von Kapitalbilanz und Bilanz der Netto-Auslandsposition der Zentralbank ergibt, also dem hier ebenfalls ausgewiesenen Nettozuwachs an Forderungen gegenüber der Übrigen Welt. Wenn hingegen die Zusammenfassung von Leistungsbilanz und Bilanz der Vermögensübertragungen zu einem Soll-Saldo führt, also einem Bilanz-Defizit, dann entspricht dieser einem Nettozuwachs an Verbindlichkeiten gegenüber der übrigen Welt. Dieser Wert muss wiederum identisch sein mit dem Haben-Saldo, der sich aus der Zusammenfassung von Kapitalbilanz und Bilanz der Netto-Auslandsposition der Zentralbank ergibt, also dem hier ebenfalls ausgewiesenen Nettozuwachs an Verbindlichkeiten gegenüber der Übrigen Welt. Da aber eine periodengerechte Zuordnung der Transaktionen nicht immer möglich ist und zudem in allen Teilbilanzen der Zahlungsbilanz (mit Ausnahme der Währungsreserven und der sonstigen Aktiva und Passiva der Zentralbank) statistische Erfassungslücken bestehen, ist diese Übereinstimmung in der Praxis nicht gegeben. All diese Abweichungen schlagen sich im Saldo der statistisch nicht aufgliederbaren Transaktionen nieder.

Sale-and-lease-back-Leasing. → Finanzierungs-Leasing, bei dem ein Unternehmen ein Investitionsgut, das sich zunächst in seinem Eigentum befindet, an einen Leasing-Geber verkauft und anschließend von diesem zurück least.

Sammel B/L → Spediteur-Sammelkonnossement.

Sammelausfuhrgenehmigung (SAG). Sie wird Exporteuren auf Antrag vom → Bundesamt für Wirtschaft und Ausfuhrkontrolle für die Ausfuhr von bestimmten Waren und unter bestimmten Voraussetzungen erteilt. Aufgrund einer SAG (§ 2 AWV) kann eine Vielzahl von Waren an verschiedene Empfänger in mehreren Ländern ausgeführt werden.

Sammeldeckung. Eine Form der → Bundesdeckungen im Außenhandel. S. a. → Ausfuhrgewährleistungen des Bundes.

Sammelladungsverkehr, Sammelgutverkehr, Spediteur-Sammelgutverkehr. Gemeinsame

Beförderung vieler kleinerer Sendungen als Sammelladung im sog. Hauptlauf einer Transportkette. Im Vorlauf werden die Sendungen bei ihren Versendern von einem → Versandspediteur eingesammelt; im Nachlauf werden die Sendungen durch einen → Empfangsspediteur an ihre Empfänger verteilt.

Sammelverwahrung. Bez. f. d. Art der Verwahrung von Wertpapieren gleicher Gattung. Die S. erfolgt durch eine → Wertpapiersammelbank auf ausdrücklichen Wunsch des Kunden. Bei der S. hat der Kunde kein Eigentumsrecht an den von ihm abgegebenen Wertpapieren; er ist nur Miteigentümer nach Bruchteilen am Gesamtbestand der gleichen Wertpapiere.

Sammelzollanmeldung. Das zuständige Hauptzollamt kann unter bestimmten Voraussetzungen vertrauenswürdigen Unternehmen aus Vereinfachungsgründen die Vorlage stark verkürzter Einzel-Zollanmeldungen genehmigen. Es sind dann in bestimmten Zeitabständen mit einer S. die vollständigen Angaben nachzureichen. S. a. → Vereinfachte Verfahren. Eine S. auf Datenträgern ist zulässig. Vgl. → ATLAS (vorherige Insellösung: → ZADAT); → Zollanmeldung für Einzelsendungen, → Ergänzende Zollanmeldung.

Sammelzollverfahren. Neben der Zollanmeldung von Einzelsendungen gibt es vereinfachte Verfahren der Zollbehandlung. Dazu zählen v. a. das → gemeinschaftliche Versandverfahren und das S. Bei diesem unterscheidet man: (1) Zollabfertigung nach vereinfachter Zollanmeldung (ZnV). Für die einzelne Warensendung ist nur eine vereinfachte Zollanmeldung (mit wenigen Angaben) bei der Zollstelle abzugeben. (2) Zollbehandlung nach Gestellungsbefreiung (ZnG). Die eingeführte Ware wird allein durch „Anschreiben“ erfasst; sie wird dadurch ohne Mitwirkung der Zollstelle in das betreffende Zollverfahren überführt. (3) Zollabfertigung nach Aufzeichnung (ZnA). Dabei werden im Zollgutversand beförderte Waren in Aufzeichnungen erfasst. Die Waren werden im Betrieb des Warenempfängers abgefertigt, ohne unmittelbare Mitwirkung der Zollstelle. Durch die Anwendung dieser drei S. wird die Zollbehandlung wesentlich vereinfacht. Die in einem bestimmten Zeitraum (z. B. einem Monat) eingeführten Waren können in einer Sammelzollanmeldung zusammengefasst, die Zollabgaben in einer Summe entrichtet werden. Da die Mitwirkung der Zollstelle weitgehend entfällt, können die Empfänger schneller über die eingeführte Ware verfügen. Die Zulassung zum S. muss beantragt und vom zuständigen Hauptzollamt genehmigt werden.

Samurai Bonds. Von ausländischen Emittenten in Japan begebene Yen-Anleihen.

S & P → Standard & Poor‘s.

S & P 500 → Standard & Poor’s 500 Index.

Schanghaier Organisation für Zusammenarbeit – (engl.) Shanghai Cooperation Organization (SCO). Zur Festigung der regionalen Sicherheit sowie zur politischen und wirtschaftlichen Stabilisierung in Zentralasien am 15.06.2001 in Schanghai gegründet. Mitglieder: China, Russland, Kasachstan, Kirgisien, Tadschikistan (diese Länder arbeiteten bereits seit 1996 in der „Fünferrunde von Schanghai“ zusammen) und Usbekistan.

Schatzanweisungen. Überwiegend kurz- und mittelfristige Schuldverschreibungen der öffentlichen Haushalte zur Finanzierung eines vorübergehenden Geldbedarfs. Die sog. verzinslichen Sch. sind mit → Zinsscheinen ausgestattet und haben eine Laufzeit von sechs Monaten bis zu mehreren Jahren. Daneben gibt es die → unverzinslichen Sch. (U-Schätze). Vgl. → Bundesschatzanweisungen.

Schatzwechsel. Sind → Solawechsel der öffentlichen Hand mit einer Laufzeit von wenigen Tagen bis zu sechs Monaten. Der Erwerber zahlt nur den abgezinsten Wechselbetrag und erhält bei Fälligkeit den Nennbetrag zurück.

Scheck. Unbedingte schriftliche Anweisung an ein Kreditinstitut seitens des Ausstellers, zulasten seines Kontos einen bestimmten Geldbetrag an einen Dritten auszuzahlen. Rechtsgrundlage: → Scheckgesetz (ScheckG). Der Scheck muss folgende gesetzliche Merkmale aufweisen: Bez. als Scheck im Text der Urkunde (Scheckklausel); unbedingte Zahlungsanweisung („Zahlen Sie ..."); das bezogene Kreditinstitut (das zahlen soll); Zahlungsort, Ausstellungsort, Ausstellungstag, die (handschriftliche) Unterschrift des Ausstellers. Als streng förmliches → Wertpapier ist der Sch. ein → geborenes Orderpapier. Aufgrund der → Überbringerklausel („oder Überbringer") ist er aber grundsätzlich ein → Inhaberpapier; → Überbringerscheck. (Wird auf dem Sch. die → Rektaklausel – „nicht an Order" – vermerkt, wird dieser zum Rektascheck.) Nach der Einlösungsart werden → Barscheck und → Verrechnungsscheck unterschieden. Der Sch. ist ein relativ sicheres Zahlungsinstrument, bes. als → Eurocheque und → Reisescheck auch im internationalen Zahlungsverkehr. Dennoch nimmt seine Bedeutung mit zunehmendem → Electronic Banking deutlich ab.

Scheckgesetz (ScheckG) vom 14.08.1933 (RGBl. 597); zuletzt geändert durch Gesetz vom 23.7.2002 (BGBl. I 2850) m. W. v. 01.08.2002.
http://dejure.org/gesetze/ScheckG

Scheckkarte. Vom Kreditgewerbe an Kontoinhaber unter bestimmten Voraussetzungen ausgegebene Legitimationskarte zur Förderung der Bezahlung mit → Scheck. Das bezogene Kreditinstitut garantiert den (unbekannten) Schecknehmern die Einlösung der im Zusammenhang mit der Sch. begebenen Schecks. → Eurocheque-Karte.

Scheidemünzen. Dies sind „unterwertig" ausgeprägte → Münzen. D. h., der Substanzwert (Materialwert) ist geringer als der aufgeprägte Nominalwert (beispielsweise lautend auf bestimmte Euro- oder Cent-Beträge). Das in der WWU umlaufende Münzgeld besteht ausschließlich aus Sch.. Diese sind – im Gegensatz zu den → Banknoten – nicht einheitlich. Es gibt sie in acht Stückelungen (zu 1, 2, 5, 10, 20 und 50 Cent sowie zu 1 und 2 Euro). Sie haben jeweils eine einheitliche Vorderseite und eine von Land zu Land unterschiedlich gestaltete nationale Rückseite. Bei acht Denominierungen und zwölf Ländern gibt es daher 96 unterschiedliche Münzen. Sie sind aber in allen Teilnehmerstaaten der WWU → gesetzliches Zahlungsmittel. In Deutschland kamen im Zuge der Erstausstattung mit neuem Bargeld zum 01.01.2002 rund 15,5 Mrd. Münzen im Wert von ca. 4,8 Mrd. € in Umlauf. Sch. sind grundsätzlich nur in begrenzter Höhe gesetzliches Zahlungsmittel.

Schengener Übereinkommen. Mit diesen vereinbarten Belgien, Deutschland, Frankreich, Luxemburg und die Niederlande zunächst am 14.06.1985 in Schengen, Luxemburg, die Grenzkontrollen im Binnenverkehr zum 01.01.1990 abzuschaffen; Schengen I. Dem folgte – nach Umsetzungsschwierigkeiten – am 19.06.1990 ein Durchführungsübereinkommen; Schengen II. Damit wurden die Personenkontrollen an den gemeinsamen Binnengrenzen völlig abgebaut und an die Außengrenzen verlegt. Zudem wurden die Kontrollen im Warenverkehr reduziert. Bis Ende 1996 sind die EU-Staaten Dänemark, Finnland, Griechenland, Italien, Österreich, Portugal, Schweden und Spanien, sowie als Nicht-EU-Staaten Norwegen und Island den Übereinkommen beigetreten.

Schiedsgericht. Organ zur Entscheidung privatrechtlicher Streitigkeiten zwischen Vertragspartnern im → Schiedsgerichtsverfahren.

Schiedsgerichtsverfahren. Bei einem Sch. entscheidet über privatrechtliche Streitigkeiten nicht ein ordentliches Gericht, sondern das von den betroffenen Vertragspartnern (gemäß → Schiedsklausel) eingesetzte Schiedsgericht.

Schiedsklausel oder Arbitrageklausel. Eine in (internationalen) Handelsverträgen übliche Klausel, mit der die Vertragspartner vereinbaren, eventuelle Streitigkeiten nicht von einem ordentlichen Gericht, sondern von einem → Schiedsgericht beilegen zu lassen. Mit dieser Sch. unterwerfen sich die Vertragspartner freiwillig dem privatrechtlichen Schiedsgerichtsverfahren (z. B. nach der Vergleichs- und Schiedsordnung der → Internationalen Handelskammer in Paris).

Schifferbörse. Markt, an dem Binnenschifffahrts-Frachten börsenmäßig gehandelt werden, differenziert nach Berg- und Talfahrten; z. B. in Duisburg oder Rotterdam. An der Sch. sind Reeder, Spediteure und → Partikuliere zugelassen.

Schifffahrtskonferenz. Zusammenschluss mehrerer Reedereien zur Festlegung einheitlicher Frachtraten in der Linienschifffahrt.

Schiffsbrief. Die von der Registerbehörde des Heimathafens ausgestellte Urkunde über die Eintragung eines Binnenschiffes im → Schiffsregister. Vgl. → Schiffszertifikat.

Schiffseigner. Eigentümer eines der Binnenschifffahrt dienenden Schiffes. Vgl. → Reeder.

Schiffsmanifest. Bez. f. d. Aufstellung der auf einem Schiff geladenen Güter, geordnet nach Menge und Verpackung; mit Angabe des Bestimmungsortes. Das Sch. wird für die Verzollung verwendet.

Schiffsmakler. Makler, der Schiffsraum, Ladungen, Liegeplätze und damit Zusammenhängendes vermittelt; als solcher ist er → Handelsmakler und unterliegt den für diese geltenden Rechtsvorschriften.

Schiffsregister. Öffentliches Register, in dem ein Schiff mit seinen wesentlichen Merkmalen, seinem(n) Eigentümer(n) (→ Reeder oder → Schiffseigner), seinen Schiffshypotheken und event. Nießbrauchrechten, verzeichnet ist (entspricht weitgehend dem Grundbuch für Grundstücke). Ein Schiff ist in das Sch. des Heimathafens oder Heimatortes einzutragen. Nach der Schiffsregisterordnung werden in Deutschland die Sch. von Amtsgerichten geführt, die von der Landesjustizverwaltung als Registerbehörden bestimmt worden sind.

Schiffszertifikat, Registerbrief. Die von der Registerbehörde des Heimathafens ausgestellte Urkunde über die Eintragung eines Seeschiffes im → Schiffsregister. Vgl. → Schiffsbrief.

Schleichhandel → Schwarzhandel.

Schlusskurs. Der am Ende der Börsensitzung eines Börsentages beim → variablen Handel letztmals festgestellte Kurs. S. a. → Fortlaufende Notierung. Vgl. → Einheitskurs.

Schlusszahlungsgarantie (engl.: retention money guarantee). Durch diese wird der Verkäufer (Exporteur) dagegen abgesichert, dass der Käufer (Importeur) die letzte Rate (Abschlusszahlung) aus Sicherheitsgründen nicht leistet; wird bei größeren Projekten verlangt und gegeben.

Schmutziges Floating. Begr. f. gelegentliche oder regelmäßige Interventionen auf dem Devisenmarkt seitens staatlicher Instanzen in einem System → freier Wechselkurse.

Schnelltender (engl.: quick tender). → Tenderverfahren für die → Feinsteuerungsoperationen im Rahmen der → Offenmarktgeschäfte des ESZB. Sch. werden von den Zentralbanken nur einem beschränkten Kreis von geldmarktaktiven Geschäftspartnern angeboten und in der Regel innerhalb einer Stunde abgewickelt; die Laufzeit beträgt meist nur wenige Tage. Vgl. → Standardtender.

Schufa. Abk. f. Schutzgemeinschaft für allgemeine Kreditsicherung.

Schuldbuch. Öffentliches Register, in dem Darlehensforderungen gegen öffentliche Haushalte (z. B. den Bund) eingetragen und beurkundet sind.

Schuldbuchforderungen. Darlehensforderungen gegen öffentliche Haushalte, die nicht als Wertpapiere verbrieft sind, sondern nur im → Schuldbuch eingetragen und beurkundet sind. Sch. des Bundes sind zum Börsenhandel zugelassen.

Schuldenquote (engl.: debt ratio) eines → Staates. Definiert als das Verhältnis zwischen dem öffentlichen Gesamtschuldenstand und dem Bruttoinlandsprodukt zu Marktpreisen eines Jahres. Begr. f. ein fiskalpolitisches → Konvergenzkriterium gem. Art. 104c Abs. 2 des EG-Vertrages. Vgl. → Defizitquote.

Schuldrecht. Das Recht der Schuldverhältnisse; in Deutschland im BGB geregelt. Es enthält allgemeine Vorschriften (z. B. zur Begründung eines Schuldverhältnisses, Schadensersatzpflicht, Erfüllung, Abtretung, Aufrechnung, zum Erlass, Rücktritt, Verzug) und besondere Bestimmungen über einzelne Schuldverhältnisse (wie Kauf, Miete, Darlehen u. a.). Vgl. → Sachenrecht.

Schuldschein. Urkunde, in welcher der Darlehensnehmer bei → Schuldscheindarlehen dem Darlehensgeber bestätigt, Zinsen und Tilgung zu bezahlen.

Schuldscheindarlehen. Lang- oder mittelfristiges Darlehen, das gegen Schuldschein oder Schuldurkunde (z. B. Darlehensvertrag) gewährt bzw. in Anspruch genommen wird. Der Schuldschein ist nur eine → Beweisurkunde, kein Wertpapier. Die Übertragung erfolgt durch Abtretung. Der Vorteil v. Sch. liegt in der Möglichkeit der individuellen und flexiblen Abwicklung, der Nachteil in der geringen → Fungibilität und damit der niedrigen Liquidierbarkeit. Sch. dienen der langfristigen Fremdfinanzierung.

Schuldverschreibungen. Sammel-Begr. f. verzinsliche Wertpapiere, in denen sich der Aussteller verpflichtet, bei Fälligkeit einen bestimmten Geldbetrag auszuzahlen sowie nach einem bestimmten Modus Zinszahlungen zu leisten. Sie dienen i. d. R. der langfristigen Fremdfinanzierung größeren Umfangs und verbriefen die Forderungsrechte der Gläubiger. Sie können sowohl von staatlichen Stellen als auch von Banken (Bankschuldverschreibungen, → Pfandbriefe) und Industrieunternehmen emittiert werden. Sie werden auch als Anleihen oder → Obligationen bezeichnet (dies trifft sowohl für eine Gesamtemission als auch für deren „Stücke", die Teilschuldverschreibungen zu). Fungible Sch. können an Wertpapierbörsen gehandelt werden; sie werden als börsenfähige Sch. auch → Effekten genannt.

Schuldwechsel. Begr. f. → Wechsel, aus dem der Aussteller (Solawechsel) oder der → Bezogene als Hauptschuldner verpflichtet ist. S. → Passivwechsel; vgl. → Akzept; → Besitzwechsel.

Schutzzölle. Sind ein wirtschaftspolitisches Instrument zum Schutz inländischer Produzenten vor ausländischer Konkurrenz. Wenn die inländischen Produzenten ihre Waren nur zu höheren Preisen anbieten (können) als ausländische Produzenten, dann können importierte Waren durch Sch. derart verteuert werden, dass sich deren Import in engen Grenzen hält oder gar nicht mehr lohnt.

Schwankungsbreiten. S. → Bandbreite.

Schwarzer Markt. Bez. f. einen Markt, auf dem aufgrund staatlicher Eingriffe in Form von Höchstpreisfestsetzungen oder Mengenkontingentierungen (zu Festpreisen) die Nachfrage größer ist als das Angebot. Bei einem gegebenen mengenmäßigen Nachfrageüberschuss sind Nachfrager bereit, für das von ihnen begehrte Gut einen höheren Preis als den staatlich vorgeschriebenen Höchst(Fest)preis zu bezahlen; Anbieter sind versucht und bereit, für das knappe Gut einen höheren Preis als behördlicherseits erlaubt zu verlangen. Wer sich an solch illegalen Transaktionen außerhalb des offiziell geregelten Marktes beteiligt, hat i. d. R. mit – teils drastischen – staatlichen Sanktionen zu rechnen.

Schwarzhandel. Begr. f. d. Warenhandel, der unter Umgehung gesetzlicher oder behördlicher Vorschriften getätigt wird. Dazu zählt der („Schleich"-)Handel mit Drogen, Schmuggel-, Hehlerware oder zum Verkauf nicht freigegebenen bzw. nicht zugelassenen Gütern (wie z. B. mit verdorbenen, gesundheitsgefährdenden Waren oder jugendgefährdenden Schriften und Videos).

Schweizerische Nationalbank (SNB) – (frz.) Banque Nationale Suisse, (ital.) Banca Nazionale Svizzera, (engl.) Swiss National Bank.
http://www.snb.ch/d/index3.html

Schwellenländer. International nicht exakt definierte Bez. f. Länder, die aufgrund ihrer wirtschaftlichen und infrastrukturellen Entwicklung nicht mehr eindeutig die Merkmale von Entwicklungsländern aufweisen, sondern sich bereits auf dem Weg zu einem Industrieland befinden. Ihre soziale Entwicklung (z. B. durch Indikatoren zum Gesundheits- und Bildungswesen ausgedrückt) kann aber mit der wirtschaftlichen Entwicklung noch nicht Schritt halten. Solche typischen „Newly Industrializing Countries" (engl.) sind zurzeit z. B. Brasilien, Mexiko, Südafrika.

Schwellenpreise. S. → Marktorganisationen, gemeinsame. Vgl. a. → Abschöpfung.

Schwimmende Ware. Bez. f. Ware, die sich auf dem Wassertransportweg (auf Binnen- oder Seeschiffen) befindet. Analog: → rollende Ware, → fliegende Ware.

SCO. Abk. f. (engl.) Shanghai Cooperation Organization; → Schanghaier Organisation für Zusammenarbeit.

SDAX. Der → Smallcap-Index (als → Performance-Index), der sich aus den 100 größten und umsatzstärksten deutschen Unternehmen des → SMAX zusammensetzt. Die Basis wurde zum 30.12. 1987 auf 1000 Punkte gesetzt. Der SDAX schließt sich somit an den → MDAX an.
http://www.smax.de

SDR. Abk. f. (engl.) Special Drawing Rights; → Sonderziehungsrechte (SZR).

SEAQ. Abk. f. (engl.) Stock Exchange Automated Quotations. Das elektronische System der

SEC

→ London Stock Exchange.

SEC. Abk. f. (engl.) Securities and Exchange Commission. Die Wertpapier- und Börsenaufsichtsbehörde in den USA.
http://www.sec.gov

Seefrachtführer. Syn. für → Verfrachter.

Seefrachtgeschäft. Betrifft die Güterbeförderung auf Seeschiffen. Rechtsgrundlage dieser Dienstleistung ist ein → Chartervertrag oder ein → Stückgutvertrag. Im S. entspricht der → Verfrachter (der → Reeder und Ausrüster sein kann) dem → Frachtführer des Land-, Binnengewässer- und Luftfrachtgeschäftes; der → Befrachter dem Absender.

Seefrachtvertrag. Vertragliche Vereinbarung zur Beförderung von Gütern mit Schiffen im Seeverkehr zu einem bestimmten Empfänger (→ Frachtvertrag). Der S. kann sich auf das ganze Schiff – einen Teil davon bzw. einen bestimmten Raum – beziehen (s. → Chartervertrag) oder aber nur auf Stückgüter (→ Stückgutvertrag). Im Rahmen des S. werden → Konnossemente ausgefertigt.

Seehafenspediteur. → Internationaler Spediteur, i. d. R. in Hafenstädten ansässig. Der S. veranlasst (als Vermittlungsspediteur) im Seehafen die Anlieferung von Gütern und deren Weiterlieferung von dort, den Umschlag von Gütern von Landverkehrsmitteln auf Seeschiffe und umgekehrt, die Zusammenstellung und Verteilung von Sammelladungen (→ Sammelladungsverkehr). Der S. ist bei Transitverkehr zugleich → Grenzspediteur.

Seehandelsrecht. Es ist in Deutschland im fünften Buch des → Handelsgesetzbuches geregelt. Subsidiär gilt das allgemeine → Handelsrecht und das → BGB.

Seekonnossement (engl.: Marine/Liner/Ocean Bill of Lading, B/L). Das „klassische" → Konnossemente der Seeschifffahrt, das nur für die Hafen-zu-Hafen-Verladung von Waren anwendbar ist.

Seemeile (sm) – (engl.: nautical mile) Im Schiffsverkehr verwendete Längeneinheit; internationales Standardmaß: 1 sm = 1,852 km. Die sm unterscheidet sich von der angelsächsischen Meile (mile): 1 mile = 1,60934 km. Vgl. → Knoten.

Seeprotest. Die vor einem Notar oder Konsulat beeidigte Erklärung des Kapitäns (oder des ihn vertretenden Schiffsoffiziers) eines Seeschiffes, Reiseunfälle oder Schlechtwetterereignisse betreffend.

SEFEX. Abk. f. Seminare für die exportierende Wirtschaft, die von der Export-Akademie Baden-Württemberg, mit Sitz in Reutlingen, angeboten werden. Diese Seminare richten sich an Unternehmer, Führungskräfte, Führungsnachwuchskräfte und Sachbearbeiter, die in Bereichen tätig sind, die direkt oder indirekt mit dem Auslandsgeschäft zusammenhängen; auch an Personen, die außenwirtschaftlich tätig werden wollen. Die zahlreichen Veranstaltungen – zu einem breiten Spektrum außenwirtschaftlich relevanter u. v. a. aktueller Themenbereiche – werden in einem jährlich erscheinenden Katalog „Erfolg im Auslandsgeschäft" bekannt gegeben; zu dem werden auch nach Absprache In-House-Seminare angeboten.
http://www-ea.fh-reutlingen.de

Sektorengliederung in den Volkswirtschaftlichen Gesamtrechnungen. Das → ESVG 1995 teilt die Gesamtwirtschaft in folgende Sektoren ein: → Nichtfinanzielle Kapitalgesellschaften, → Finanzielle Kapitalgesellschaften, → Staat, → Private Haushalte, → Private Organisationen ohne Erwerbszweck und → Übrige Welt.

Sekundärmarkt (Umlaufmarkt). Markt, auf dem bereits umlaufende Wertpapiere gehandelt werden. Wichtigste S. sind die einschlägigen Börsen. Gegensatz: → Primärmarkt.

SELA. Abk. f. (span.) Sistema Económico Latino-Americano; → Lateinamerikanisches Wirtschaftssystem.

Selbstständige. Personen, die einen Betrieb bzw. ein Unternehmen als Eigentümer oder Pächter führen. Sie sind als solche berufstätig und erzielen ein eigenes Einkommen (aus selbstständiger Erwerbstätigkeit). Gegensatz: → Unselbstständige.

Selbstbeschränkungsabkommen. Internationale Vereinbarungen zwischen Staaten, nach denen sich einerseits Exportländer ihren Partnerländern gegenüber verpflichten, innerhalb eines bestimmten Zeitraums eine festgelegte Exportmenge nicht zu überschreiten. Andererseits verpflichten sich die Importländer, die Lieferungen dieser Gütermengen zuzulassen.

SEQUA. Abk. f. Stiftung für wirtschaftliche Entwicklung und berufliche Qualifizierung. Sie wurde 1991 als gemeinnützige Tochtergesellschaft des Deutschen Industrie- und Handelskammertages (DIHK), des Zentralverbandes des Deutschen Handwerks (ZDH) und der Bundesvereinigung der Deutschen Arbeitgeberverbände (BDA) gegründet. Sitz: Bonn. SEQUA ist eine Einrichtung zur Förderung der weltweiten marktwirtschaftlichen Entwicklung und beruflichen Qualifizierung im Ausland. Sie mobilisiert das Know-how und Engagement von Einzelpersonen, Unternehmen und Organisationen zugunsten der internationalen wirtschaftlichen und sozialen Entwicklung. Schwerpunktmäßig werden Projekte in den Reformstaaten Mittel- und Osteuropas sowie in den Entwicklungsländern gefördert. Die Förderung gilt gezielt kleinen und mittleren Unternehmen, dem Aufbau von Selbstverwaltungseinrichtungen der Wirtschaft und der Stärkung der beruflichen Aus- und Weiterbildung.
http://www.sequa.de

SGX → Singapur Exchange .

Shareholder Value. Aktionärsvermögen, Nutzen der Aktionäre. Der Shareholder-Value-Ansatz beinhaltet alle Aspekte einer Unternehmensführung, die sich am Aktionärsvermögen als Zielgröße orientiert. Sichtweise, die die Erwartungen der Kapitalgeber zur Messlatte erfolgreicher Unternehmenstätigkeit macht.

Shipped on Board B/L. → Konnossement.

Short-Position. (1) Begr. f. d. Position des Verkäufers in einem → Futures-, → Swap- oder → Optionskontrakt. (2) Devisenposition, bei der die Verbindlichkeiten in einer bestimmten Währung die Forderungen in der gleichen Währung übersteigen (Fremdwährungs-Minusposition). (3) Position, die an einem → Kassamarkt nach einem → Leerverkauf eingenommen wird. Gegenteil: → Long-Position.

Sicherheiten (engl.: collaterals). S. → Refinanzierungsfähige Sicherheiten (→ Kategorie-1- und Kategorie-2-Sicherheiten).

Sicherungseinbehalt. Betrag, der von einer Factoringgesellschaft beim Forderungsankauf einbehalten wird. Er dient der Verrechnung von nachträglich eingeräumten Rabatten, Skonti und anderen Abzügen, die der Zahlungspflichtige (z. B. der Importeur als Kunde des die Forderung verkaufenden Exporteurs; s. → Export-Factoring) an der angekauften Forderung eventuell vornimmt. Wenn der Factor auch das → Delkredererisiko übernommen hat, dann wird der S. auch im Falle der Nichtzahlung seitens des Zahlungspflichtigen (des Importeurs) an den Factor-Kunden (den Exporteur) ausbezahlt.

Sicherungsübereignung. Hiermit überträgt ein Schuldner – zur Absicherung einer Schuld – das Eigentum (nicht aber den unmittelbaren Besitz) an einer beweglichen Sache (z. B. einem Auto, einer Maschine) oder an einer Sachgesamtheit (z. B. einem Warenlager) an seinen Gläubiger. Zugleich wird die Rückübertragung des Eigentums vereinbart, sobald die Forderung des Gläubigers erfüllt ist. Der Gläubiger darf die übereignete Sache nur dann verwerten, wenn die gesicherte Forderung nicht erfüllt wird. Bei der S. bedarf es – anstelle der Übergabe der Sache – der vertraglichen Vereinbarung eines konkreten Besitzkonstituts (nach § 930 BGB), womit mittelbarer Besitz begründet wird. Der Besitzer (Schuldner) räumt dem Gläubiger unter Beibehaltung des unmittelbaren Besitzes nur den mittelbaren Besitz ein. D. h., der Schuldner bleibt im unmittelbaren Besitz seiner Sachen, die er zur Fortführung seiner Geschäfte benötigt. Hierdurch unterscheidet sich die S. von der → Verpfändung. Die S. ist die wirtschaftlich wichtigste Form des eigennützigen Treuhandeigentums.

Sichtakkreditiv oder **Sichtzahlungsakkreditiv**. Bei dieser Art von → Dokumentenakkreditiv wird dem Akkreditierten (Exporteur) bei Vorlage der vereinbarten Dokumente und nach deren Überprüfung der Akkreditivbetrag ausbezahlt (meistens von der → Akkreditivstelle).

Sichteinlagen oder täglich fällige Einlagen. Dies sind die von monetären Finanzinstituten (von einer Vielzahl von Geldgebern aufgrund typisierter Verträge) entgegengenommenen Gelder (wozu auch Gutschriften im bargeldlosen Zahlungsverkehr oder aus der Kreditgewährung zählen), für die keine Laufzeit oder Kündigungsfrist vereinbart wird. Die auf Konten bei monetären Finanzinstituten gehaltenen S. sind größtenteils nicht bzw. nur sehr gering verzinslich. S. dienen dem laufenden Zahlungsverkehr; nicht der Geldanlage, wie z. B. → Spareinlagen. Vgl. → Termineinlagen.

Sichttratte. → Tratte, die bei Vorlage (Sicht) zahlbar ist. S. werden im Außenhandelsgeschäft bei Dokumentenakkreditiven und Dokumenteninkassi verwendet.

Sichtwechsel. S. → Wechsel.

SIMA. Abk. f. System zur integrierten Marktüberwachung der Deutschen Börse AG.

SINAP. Abk. f. (frz.) Système intégré de nomenclatures d'activités et de produits; → Integriertes System von Wirtschaftszweig- und Gütersystematiken oder (engl.) Integrated System of Classifications of Activities and Products (ISCAP).

Singapur Exchange (SGX). Am 01.12.1999 aus der Vereinigung der Stock Exchange of Singapore (SES) und der Singapore International Monetary Exchange Limited (SIMEX) hervorgegangen. SGX war die erste vollelektronische Börse (ohne Parketthandel) in Asien. Sie ist eine der innovativsten Börsen der Welt, deren Leistungen von einem großen Kreis heimischer und internationaler Investoren, darunter die größten Finanzierungsunternehmen der Welt, in Anspruch genommen werden.
http://www.sgx.com

sis. Abk. f. Stellen-Informations-Service der → Zentralstelle für Arbeitsvermittlung. Vgl. → ais und → asis.

SITC. Abk. f. (engl.) Standard International Trade Classification; → Internationales Warenverzeichnis für den Außenhandel.

Skonto. Der dem Käufer vom Verkäufer gem. Zahlungsbedingungen gewährte Abzug eines gewissen Prozentsatzes (i. d. R. 2 – 3 %) vom Rechnungsbetrag bei Zahlung innerhalb einer bestimmten Frist. Skonti können gestaffelt gewährt werden; z. B. 3 % bei sofortiger Barzahlung (Kassenskonto) oder 2 % bei Zahlung binnen 1 Monat. Sk. als zeitbedingter Nachlass ist vom Rabatt als mengenbedingtem Nachlass zu unterscheiden.

Skontro. Hilfs-/Nebenbuch der Buchhaltung zum Nachweis von Veränderungen in Bestandsmengen. So werden z. B. im Waren-, Effekten-, Sorten- oder Devisenskontro eines Unternehmens die jeweiligen mengenmäßigen Ein- und Ausgänge verzeichnet.

sm → Seemeile.

Small Caps. Abk. f. Small Capitalisation Stock. Bez. f. Aktien mit niedriger Börsenkapitalisierung. In Deutschland werden den Sm. C. die Aktien der Unternehmen zugerechnet, die eine Marktkapitalisierung von unter 250 Mio. € aufweisen, sich aber zugleich durch innovative Leistungen und hohe Wachstumschancen auszeichnen. Für Sm. C. werden eigene Aktienindices ermittelt, wie NASDAQ Composite Index oder → SMAX (→ SDAX). Vgl. → Benchmark-Aktien, → Mid Caps.

SMAX-All-Share-Index. Das Qualitätssegment für in- und ausländische → Smallcaps an der → Frankfurter Wertpapierbörse (FWB). Dieser → Performance-Index (minütlich berechnet) wird als Gütesiegel gewertet und zeichnet (zurzeit 124) etablierte Unternehmen aus, die sich freiwillig zur Einhaltung besonders hoher Transparenz- und Liquiditätsstandards verpflichtet haben. Die Basis ist Ultimo 1987 gleich 100 Punkte. Daneben gibt es den → SDAX.
http://www.smax.de

SMS. Abk. f. (engl.) Short Message Service. Der Kurznachrichtendienst der Anbieter von Mobiltelefonen. Er ermöglicht die bidirektionale Übertragung von kurzen (schriftlichen) Nachrichten. Über Drittanbieter können auch aus dem Internet Kurznachrichten an ein Mobiltelefon gesendet werden. Als SMS werden auch die Kurznachrichten selbst bezeichnet. Vgl. → UMS; → UMTS.

SNA. Abk. f. System of National Accounts. Der von den Vereinten Nationen vorgegebene systematische Rahmen für die Erststellung der → Volkswirtschaftlichen Gesamtrechnungen. Jüngste Fassung: SNA 1993. Vgl. → ESVG (1995).

SNB → Schweizerische Nationalbank.

Soffex. Abk. f. Swiss Options and Financial Futures Exchange. Gegr. 1988. Sitz: Zürich. Vollelektronische Terminbörse der Schweiz für den Handel in Futures und Optionen. S. bildet seit 1998 gemeinsam mit der → Deutschen Terminbörse (DTB) → Eurex®.

Software für den Außenhandel. → Außenhandels-Software.

Solawechsel oder Eigenwechsel. Er verbrieft das Versprechen des Ausstellers, eine bestimmte

Geldsumme bei Fälligkeit an eine im Wechsel bezeichnete Person oder deren Order zu zahlen. „Gegen diesen Wechsel zahle ich .....“ Gegensatz: Gezogener Wechsel. S. → Wechsel.

Sollzinsen. Zinsen, die Banken ihren Kunden für gewährte Kredite in Rechnung stellen. Da die Kreditgewährung zum Aktivgeschäft der Banken gehört, werden die S. auch als Aktivzinsen bezeichnet. Die S. sind grundsätzlich höher als die → Habenzinsen; die Differenz stellt die → Zinsspanne der Banken dar.

Solvenzrisiko (engl.: solvency risk). Verlustrisiko, das aufgrund der Zahlungsunfähigkeit (des Konkurses) des Emittenten eines Finanzinstrumentes oder aufgrund der Insolvenz des Geschäftspartners eintreten kann.

Sonderfazilitäten. Finanzierungs-(Kredit-)→Fazilitäten des → Internationalen Währungsfonds. Sie dienen der Finanzierung spezieller Zahlungsbilanz-Ungleichgewichte und stehen grundsätzlich allen IWF-Mitgliedern zur Verfügung. Sie sind aber inbs. im Hinblick auf die Bedürfnisse der Entwicklungsländer eingeführt und von diesen in Anspruch genommen worden. Solche S. sind: Fazilität zur kompensatorischen Finanzierung von Exporterlösschwankungen (seit 1963), Fazilität zur Finanzierung von Rohstoff-Ausgleichslagern (seit 1969), Ölfazilität (1974 - 1976), → Erweiterte Fondsfazilität (seit 1974), Witteveen-Fazilität (seit 1977), → Systemtransformationsfazilität – STF (seit 1993), Fazilität zur Stärkung der Währungsreserven (seit 1997). Seit 1999 wird die erweiterte Strukturanpassungsfazilität (ESAF) unter der Bezeichnung Poverty Reduction and Growth Facility (PRGF) für die ärmsten IWF-Mitglieder weitergeführt.

Sonderorganisationen (engl.: Specialized Agencies) im System der UN. Dies sind rechtlich, organisatorisch und finanziell selbstständige zwischenstaatliche internationale Organisationen. Sie haben eigene General-/Vollversammlungen bzw. -Konferenzen und ausgeprägte internationale Zuständigkeiten. Die Mitgliedschaft ist nicht von einer UN-Zugehörigkeit abhängig. Zu den durch Abkommen mit dem → Wirtschafts- und Sozialrat (ECOSOC) der Vereinten Nationen verbundenen S. gehören: → Ernährung- und Landwirtschaftsorganisation (FAO); → Internationale Arbeitsorganisation (ILO); → Internationale Fernmeldeunion (ITU); → Internationaler Fonds für landwirtschaftliche Entwicklung (IFAD); → Internationaler Währungsfonds (IMF); → Internationale Seeschifffahrtsorganisation (IMO); → Internationale Zivilluftfahrtorganisation (ICAO); → Organisation der Vereinten Nationen für industrielle Entwicklung (UNIDO); → Organisation der Vereinten Nationen für Erziehung, Wissenschaft und Kultur (UNECSO); → Weltbankgruppe mit Weltbank (IBRD), → Internationaler Entwicklungsorganisation (IDA), → Internationaler Finanz-Corporation (IFC), → Multilateraler Investitions-Garantie Agentur (MIGA) und → Internationalem Zentrum für die Beilegung von Investitionsstreitigkeiten (ICSID); → Weltgesundheitsorganisation (WHO); → Weltorganisation für geistiges Eigentum (WIPO); → Weltorganisation für Meteorologie (WMO) und → Weltpostverein (UPU). Ferner sind → Welthandelsorganisation (WHO oder WTO) und → Welt-Tourismus-Organisation (WTO) Sonderorganisationen der Vereinten Nationen. Alle zusammen bilden gemeinsam mit der → Internationalen Atomenergie-Organisation (IAEA) – die nicht an den ECOSOC angebunden ist – die „UN-Familie“, die Gemeinschaft der den Vereinten Nationen angeschlossenen Organisationen.

Sonderziehungsrechte (SZR), (engl.) Special Drawing Rights (SDR). Internationales Buchgeld, das vom Internationalen Währungsfonds erstmals 1970 an die Zentralbanken der Mitgliedstaaten ausgegeben wurde. Damit wollte man einer damals erwarteten internationalen Liquiditätsverknappung und der damit einhergehenden Beeinträchtigung des Welthandels vorbeugen. SZR können nur vom IWF, den Währungsbehörden der Mitgliedstaaten und anderen eigens zugelassenen offiziellen Stellen (als → Währungsreserven) gehalten und für Zahlungen sowie für andere internationale Transaktionen untereinander verwendet werden. Sie zählen zur → Reserveposition im IWF. Einerseits zahlt der IWF den Mitgliedstaaten auf seine (aus Quoteneinzahlungen stammenden) SZR-Bestände Zinsen. Andererseits müssen die Mitgliedstaaten dem IWF für die kreditmäßige Inanspruchnahme von SZR Zinsen zahlen; der Zinssatz wird vierteljährlich dem Marktzinsniveau angepasst. Ursprünglich war 1 SZR = 1 US-$. Der Wert des SZR wird über einen sog. SZR-Korb berechnet. Er enthielt bis Ende 1980 sechzehn nationale Währungsanteile; dann bis Ende 1998 fünf. Seit dem 01.01.1999 sind es nur mehr vier. Die Zusammensetzung des Währungskorbes, das Gewicht (in %) und die Menge der nationalen Währungseinheiten im Korb werden im Abstand von fünf Jahren überprüft und – wenn erforderlich – Veränderungen angepasst.

Anteile an nationaler Währung und i. v. H.

1.1.1996 – 31.12.1998			Seit dem 01.02.2001		
USA	0,582 USD	39 %	USA	0,577 USD	45 %
Deutschland	0,446 DEM	21 %	Euro-Zone	0,426 EUR	29 %
Japan	27,2 JPY	18 %	Japan	21,0 JPY	15 %
Frankreich	0,813 FRF	11 %	Verein. Königreich	0,0984 GBP	11 %
Verein. Königreich	0,105 GBP	11 %			

Der SZR-Kurs einer nationalen Währung wird über die im SZR-Korb enthaltenen nationalen Währungsanteile und die jeweils aktuellen Wechselkurse berechnet. So entspach z. B. im Dezember 1998: 1 SZR = 2,3396 DM; am 01. Januar 1999: 1 SZR = 1,20988 €; am 31.12.2002: 1 SZR = 1,29639 €.

Sorten. Begr. f. ausländische gesetzliche Zahlungsmittel, also ausländisches Bargeld; in Form von Banknoten (die Gegenstand des Geldwechselgeschäftes der Banken sind) und von Münzen. S. werden im Unterschied zu den → Devisen nicht amtlich gehandelt. S. → Wechselstuben.

Sortengeschäft. Es umfasst den Austausch von inländischen gegen ausländische sowie – v. a. – den Austausch von ausländischen gegen inländische Banknoten und/oder Münzen, die gesetzliches Zahlungsmittel sind. Zum S. gehört auch der Verkauf und Ankauf von → Reiseschecks.

Sortimentsgroßhändler. Großhändler, der seinen Kunden eine Vielzahl unterschiedlicher Waren anbietet (ein sehr breites Sortiment führt), z. B. Lebensmittelgroßhändler. Gegensatz: → Spezialgroßhändler.

Sozio-politische Risiken. Für Exporteure und Importeure liegen diese in den unterschiedlichen kulturellen und gesellschaftlichen Werten und Strukturen der Länder. Religion(en), Bildungswesen, Sitten und Gebräuche, Rechts(un)sicherheit, sozialer (Un)Friede eines Landes beeinflussen wesentlich die Markteintritts- und Marktbehauptungschancen, bergen bisweilen ein sehr hohes Verlustpotential für außenwirtschaftlich agierende Unternehmen.

Spannkursverfahren. S. → Circa-Notierung.

Sparbrief (Sparkassenbrief). Von Kreditinstituten ausgegebenes mittelfristiges (teils auch langfristiges) Anlagepapier; die Laufzeit liegt i. Allg. zwischen vier und sechs Jahren. Der Sp. wird i. d. R. auf den Namen des Erwerbers (als Namensschuldverschreibung) oder auch nur auf den Inhaber (als Inhaberschuldverschreibung) ausgestellt und muss zu einem bestimmten Zeitpunkt ausgezahlt werden. Er dient der Fremdfinanzierung von Banken und Sparkassen.

Für deren Kunden stellt der S. eine Anlagealternative zu Spareinlagen mit vereinbarter Kündigungsfrist dar.

Spareckzinssatz. Der Zinssatz für die „normalen" Spareinlagen mit dreimonatiger Kündigungsfrist (früher: Spareinlagen mit gesetzlicher Kündigungsfrist). Er ist i. d. R. der niedrigste Zinssatz für Sparguthaben und Anhaltspunkt für höhere Zinsen, die Sparer im Rahmen anderer Sparformen erhalten.

Spareinlagen oder Einlagen mit vereinbarter Kündigungsfrist. Einlagen bei Banken, die gem. § 21 KWG durch die Ausfertigung einer Urkunde, insb. eines Sparbuches, als solche gekennzeichnet sind. Es wird nach Spareinlagen mit vereinbarter Kündigungsfrist bis zu drei Monaten (frühere Bez.: Spareinlagen mit gesetzlicher Kündigungsfrist) und nach Spareinlagen mit vereinbarter Kündigungsfrist von mehr als drei Monaten (frühere Bez.: Spareinlagen mit vereinbarter Kündigungsfrist; sie musste mindestens sechs Monate betragen) unterschieden. Sp. dienen grundsätzlich der Geldvermögens-Ansammlung und -Anlage; nicht zur Erfüllung laufender Zahlungsverpflichtungen (s. → Sichteinlagen). Vgl. → Termineinlagen.

Sparkassen. In Deutschland öffentlich-rechtliche Kreditinstitute, deren Träger meist die → Kommunen sind. Daneben gibt es die sog. „freien" Sparkassen. Sie sind den „öffentlichen" Sp. insofern gleichgestellt, als sie sich auch dem Gemeinnützigkeitsprinzip verpflichtet haben. Sie waren ursprünglich die „Banken des kleinen Mannes". Sp. sind → Universalbanken, die im Rahmen der sparkassenrechtlichen und satzungsmäßigen Bestimmungen Bankgeschäfte i. S. d. KWG betreiben. Die lokalen Sp. stehen in einem organisatorischen und finanzwirtschaftlichen Verbund mit den → Landesbanken/Girozentralen. Das Spitzeninstitut auf Bundesebene ist die → DGZ-DekaBank (Deutsche Girozentrale – DGZ). 2002 gehörten der Sp.-Finanzgruppe rd. 750 Institute mit 25.000 Geschäftsstellen, über 392.000 Mitarbeiter und mehr als 50 Mio. Kunden an. Das kumulierte Geschäftsvolumen belief sich auf rd. 3,0 Billionen €. Die Sp.-Finanzgruppe unterhält Geschäftsverbindungen zu drei Vierteln aller mittelständischen Unternehmen in Deutschland. Die Sp. werden vom → Deutschen Sparkassen- und Giroverband (DSGV) vertreten.
http://www.sparkasse.de

Sparkassenstiftung für internationale Kooperation e. V.. Gegr. 1992. Sie fördert die institutionelle und wirtschaftliche Weiterentwicklung von Sparkassen und sparkassenähnlichen Institutionen, vorrangig in den Transformationsländern Mittel- und Osteuropas sowie den Entwicklungsländern in Afrika, Asien und Lateinamerika. Ziel der Beratungen ist es, die Partnerinstitute bei der Bereitstellung von adäquaten Finanzdienstleistungen für breite Bevölkerungsschichten sowie kleine und mittlere Betriebe zu unterstützen. Sitz: Bonn.
http://www.sparkassenstiftung.de

Special Drawing Rights (SDR). → Sonderziehungsrechte (SZR).

Spediteur. Sp. ist derjenige, der es gewerbsmäßig übernimmt, im eigenen Namen die Güterversendung durch → Frachtführer oder durch → Verfrachter für Rechnung eines anderen (des → Versenders) zu besorgen (§ 407 HGB). Der Sp. ist somit grundsätzlich ein Transportmittler; er kann aber auch selbst der Frachtführer (z. B. auch nur auf Teilstrecken) sein. Als Vergütung für seine Leistungen kann der Sp. gegenüber seinem Auftraggeber entweder einen Pauschalbetrag (fester Übernahmetarif) oder einzeln alle Transportkosten zuzüglich einer Provision abrechnen. Der Sp. hat ein gesetzl. Pfandrecht an der übernommenen Ware bis zur Bezahlung seiner Auslagen; daher erfolgt die Frachtzahlung häufig im Voraus oder als Abschlagszahlung.

Vgl. → Internationale Spedition.

Spediteurdokumente. Urkunden, die bescheinigen, dass der Spediteur Waren entgegengenommen und sich verpflichtet hat, diese zum Empfänger zu befördern bzw. am Bestimmungsort auszuliefern. Sp. werden in erster Linie für Übersee-Sammelladungen, daneben auch für Einzelsendungen ausgestellt. Konkret handelt es sich dabei um die → Internationale Spediteurübernahmebescheinigung und das → Internationale Spediteur(durch-)konnossement. Diese Dokumente wurden von der → Internationalen Föderation der Spediteurorganisationen (FIATA) entwickelt.

Spediteur-Konnossement. S. → Konnossement.

Spediteur-Sammelgutverkehr. → Sammelladungsverkehr.

Spediteur-Sammelkonnossement, Sammel B/L. Um die relativ hohen Minimalfrachten für Einzelsendungen zu vermeiden, kann ein Seehafenspediteur die Warensendungen mehrerer Versender sammeln und hierfür ein Sammel-Konnossement ausstellen; dieses wird an den Korrespondenzspediteur im überseeischen Bestimmungshafen gerichtet. Der Absender erhält vom beauftragten Seehafenspediteur ein sog. Hauskonnossement (Haus-B/L) für die übergebenen Waren. Wenn aber der Empfänger der Ware ein eigenes Konnossement verlangt, dann ist die Verfahrensweise mittels Sammel B/L nicht möglich.

Spediteur-Übernahmebescheinigung. → Internationale Spediteur-Übernahmebescheinigung.

Speditions- und Rollfuhrversicherung . Mit ihr kann der Spediteur seine Haftung auf dem Transportweg abwälzen. Die Speditionsversicherung bezieht sich auf die Ausführung der Beförderung; die Rollfuhrversicherung auf das An- und Abrollen von Gütern im örtlichen Verkehr. Der Abschluss einer solchen Versicherung ist i. d. R. gem. den → Allgemeinen Deutschen Spediteurbedingungen (ADSp) mit einem Speditionsvertrag verbunden. Versichert sind alle Schäden, die sich aus einer gesetzlichen Haftpflicht aufgrund eines Verkehrsvertrages ergeben. Diese Versicherung deckt nur die unmittelbar mit dem Verkehrsauftrag zusammenhängenden Schäden; z. B. die Verwechslung von Gütern und Verspätungsschäden; Schäden aus Nichterfüllung von Nebenaufträgen, etwa der Nachnahmeerhebung. Die Höhe der Versicherung wird vereinbart. Für die Haftung der Versicherer gelten bestimmte Höchstgrenzen.

Speditions- und Rollfuhrversicherungsschein (SVS/RVS). Vom Spediteur (nach den → ADSp) auszustellende Bescheinigung über die → Speditions- und Rollfuhrversicherung, die er für Rechnung seines Auftraggebers bei Verkehrsaufträgen abzuschließen hat. Versichert ist nicht der Spediteur, sondern der durch den Schaden Betroffene: der Auftraggeber, der Empfänger; immer derjenige, der die Transportgefahr trägt.

Spekulation. Begr. für den Kauf (Verkauf) eines Gutes aus dem alleinigen Grund, bei einem erwarteten zukünftigen Preisanstieg (Preisverfall) durch Wiederverkauf (Rückkauf) einen Gewinn zu erzielen. Bei der Sp. werden intertemporale Preisdifferenzen auf demselben Markt Gewinn bringend ausgenutzt. Im Unterschied zur → Arbitrage, bei der Preisdifferenzen auf ver-schiedenen Märkten profitabel abgeschöpft werden.

Spezialbank. → Geschäftsbank, die nur eine oder nur wenige Arten von → Bankgeschäften durchführt. Sp. sind typisch für Staaten mit → Trennbankensystem. In Deutschland bestehen Sp. (z. B. Hypothekenbanken, Bausparkassen, Investment-Banken, Wertpapiersammelbanken) und → Universalbanken nebeneinander.

Spezialgroßhändler. Großhändler, der seinen Kunden nur wenige Warenarten oder auch nur eine Warenart anbietet; ein schmales, aber tiefes Sortiment führt, wie Getränkegroßhändler, Weingroßhändler. Letzterer verkauft z. B. nur Weine; aber Weine aus Baden, Franken, Rheinland-Pfalz, Württemberg; Weine aus Frankreich, Italien, Österreich; Rot- und Weißweine; Tafel-, Kabinett-, Spätlese-, Auslese-, Trockenbeerenauslese- und Eisweine. Gegensatz: → Sortimentsgroßhändler.

Spezialhandel. Begr. a. d. amtlichen Statistik für den Warenverkehr im Außenhandel, wobei die Transaktionen aus der Sicht des (Zoll-)Inlands erfasst und dargestellt werden. Er umfasst im Wesentlichen die eingeführten Waren, die zum Ge- und Verbrauch sowie zur Be- und Verarbeitung ins Inland verbracht wurden, und die ausgeführten Waren, die im Inland hergestellt, be- oder verarbeitet wurden. Er unterscheidet sich vom → Generalhandel durch einen anderen Nachweis des → Lagerverkehrs. Der Sp. berücksichtigt nur die Übergänge aus Lager in den Freiverkehr und die aktive Veredelung. Also: Einfuhr (Spezialhandel) = Einfuhr (Generalhandel) + Übergang aus Lager – Einfuhr auf Lager. Ausfuhr (Spezialhandel) = Ausfuhr (Generalhandel) – Ausfuhr aus Lager. Das Statistischen Bundesamt erstellt die deutsche → Außenhandelsbilanz in der Abgrenzung des Spezialhandels.

Spezialorgane, -Programme und -Konferenzen der Vereinten Nationen. Sie verfügen über eigene Bugdets. Die Leiter werden vom Generalsekretär der Vereinten Nationen ernannt. Dazu zählen → Entwicklungsprogramm der Vereinten Nationen (UNDP), → Konferenz der Vereinten Nationen für Handel und Entwicklung (UNCTAD), → Umweltprogramm der Vereinten Nationen (UNEP), → Bevölkerungsfonds der Vereinten Nationen (UNFPA), → UN Hoher Kommissar für Menschenrechte (UNHCHR), → UN Hoher Kommissar für Flüchtlinge (UNHCR), → UN-Weltkinderhilfswerk (UNICEF), → Welternährungsprogramm der Vereinten Nationen (WFP); → UN-Umweltkonferenzen u. a. m.

Spezifische Zölle. Zölle, die sich nach messbaren (z. B. m, l oder hl), wägbaren (wie kg oder t) und zählbaren (z. B. Stück) Maßstäben oder aus Kombinationen daraus (z. B. Volumen und Alkoholgehalt) bemessen. Dadurch soll der Einfluss von Schwankungen des Wertes der Ware auf den Zollbetrag ausgeschaltet werden. Der → Gemeinsame Zolltarif der EG (GZT) enthält i. d. R. keine sp. Z. Gegensatz: → Wertzoll. Vgl. → Zollsätze.

Spitzenausgleich. Begr. f. d. Ausgleich eines Angebots- oder Nachfrage-Überhanges an Börsen. → Kursmakler dürfen gegebenenfalls Aufträge, die nicht erfüllt werden können, selbst – zum amtlich festgestellten → Einheitskurs – übernehmen.

Spitzenrefinanzierungsfazilität – SRF (engl.: marginal lending facility). Eine der beiden → Ständigen Fazilitäten im ESZB. Damit wird den Geschäftsbanken die kontinuierliche Möglichkeit eingeräumt, sich auf eigene Initiative gegen → refinanzierungsfähige Sicherheiten Liquidität für einen Geschäftstag zu einem vorgegebenen Zinssatz von den nationalen Zentralbanken zu beschaffen (Übernachtkredit). Der Spitzenrefinanzierungssatz ist der höchste der drei → Leitzinsen der EZB; er bildet i. d. R. die Obergrenze für den Tagesgeldsatz am Geldmarkt.

Spitzenverbände der deutschen Kreditwirtschaft. Dies sind fünf im → Zentralen Kreditausschuss (ZKA) vereinigte Verbände: Bundesverband der Deutschen Volksbanken und Raiffeisenbanken e. V. (BVR); → Bundesverband deutscher Banken e. V.; → Bundesverband öffentlicher Banken Deutschlands e. V. (VÖB); → Deutscher Sparkassen- und Giroverband e. V. (DSGV); → Verband deutscher Hypothekenbanken e. V. (VDH).

Spitzenverbände der deutschen Wirtschaft. Dazu zählen der → Bundesverband der Deutschen Industrie (BDI), der → Bundesverband des Deutschen Groß- und Außenhandels (BGA), der Deutsche Bauernverband (DBV), der → Deutsche Industrie- und Handelskammertag (DIHK), der → Zentralverband des Deutschen Handwerks (ZDH) u. a.

Sponsoring. Finanzielle Unterstützung von Personen, Ereignissen und Medien gegen Nennung des Namens und/oder Produkts des Sponsors zu Werbezwecken.

Spotkurs oder **Spotpreis**. Kurs oder Preis, der sich auf einem Spotmarkt bildet; z. B. → Devisenkassakurs .

Spotmarkt oder Kassamarkt. Markt, auf dem die Geschäfte gegen sofortige Zahlung und Lieferung abgewickelt werden; z. B. → Devisenkassamarkt.

Spread. Zinsaufschlag auf einen Referenzzinssatz.

SRF → Spitzenrefinanzierungsfazilität.

SRF-Satz. Zinsatz der EZB für die → Spitzenrefinanzierungsfazilität.

Staat (öffentliche Hand; engl.: general government). Der Begr. umfasst Zentralstaat (Zentralregierung), regionale und/oder lokale Gebietskörperschaften sowie Sozialversicherungseinrichtungen im Sinne des → Europäischen Systems der Volkswirtschaftlichen Gesamtrechnungen. In Deutschland sind dies Bund, Länder und Gemeinden sowie die Sozialversicherung (Renten-, Kranken-, Pflege-, Unfall- und Arbeitslosenversicherung).

Staatliches Komitee der Russischen Föderation für Statistiken (Goskomstat). Sitz: Moskau. Dieses zentrale Amt stellt amtliche statistische Veröffentlichungen der RF zur Verfügung. Vgl. auch → Zwischenstaatliches statistisches Komitee der Gemeinschaft Unabhängiger Staaten (CIS STAT).
http://www.gks.ru oder www.gks.ru/eng

STABEX. Abk. f. System der STABilisierung der EXporterlöse für Agrarprodukte; es dient der Verstetigung der Deviseneinnahmen der → AKP-Staaten gem. → Lomé-Abkommen (engl.: System for the Stabilization of Export Earnings; frz.: Fonds de Stabilisation des Recettes de l'Exportation). Mit STABEX wird den AKP-Staaten ab einer bestimmten Auslöseschwelle (dem festgelegten Anteil des jeweiligen Produkts an den gesamten Devisenerlösen des betreffenden AKP-Staates) ein Mindesterlös aus dem Export landwirtschaftlicher Produkte in die EG garantiert. Nach Lomé IV enthält die Liste der begünstigten Produkte 49 Positionen. Die Mittel für solche Ausgleichszahlungen werden von der EG im Rahmen einer Sonderfazilität (→ Europäischer Entwicklungsfonds – EEF) bereitgestellt. Vgl. → SYSMIN.

StabG. Abk. f. Stabilitätsgesetz; → Gesetz zur Förderung der Stabilität und des Wachstums der Wirtschaft.

Stabilisierung des Außenwertes. Dies kann seitens der Zentralbank einer Volkswirtschaft bzw. eines gemeinsamen Währungsgebietes (z. B. der Eurozone) als angestrebtes Nebenziel ihrer eigentlichen Aufgabe (der Stabilisierung des binnenwirtschaftlichen Preisniveaus im Rahmen ihrer Geldpolitik) erreicht werden. Bei der St. d. A. geht es um die Aufrechterhaltung der Kaufkraft der eigenen Währung in anderen Ländern. Wenn z. B. in den Ländern der Eurozone die Inflationsrate ständig niedriger als in Russland wäre, dann müsste der Euro gegenüber dem Rubel aufgewertet werden. Dadurch könnte die höhere Inflation in Russland kompensiert, die Kaufkraft des Euro in Russland stabilisiert werden. S. a. → Außenwert der Währung.

Stabilitätsprogramme (engl.: stability programmes). Mittelfristige Regierungspläne und Prognosen der Mitgliedstaaten der → Europäischen Wirtschafts- und Währungsunion (WWU) über die Entwicklung der wirtschaftlichen Eckdaten; v. a. im Hinblick auf die Erreichung eines nahezu ausgeglichenen oder einen Überschuss aufweisenden öffentlichen Haushalt gem. dem → Stabilitäts- und Wachstumspakt. Die St. werden jährlich überarbeitet und von der → Europäischen Kommission und dem → Wirtschafts- und Finanzausschuss der EU überprüft. Die Ergebnisse dieser Prüfung dienen dem → Rat der Europäischen Union (ECOFIN) als Beurteilungsgrundlage, insb. der Frage, ob die mittelfristigen Budgetziele einen angemessenen Spielraum zur Vermeidung übermäßiger Defizite sicherstellen. Nicht an der WWU teilnehmende Mitgliedstaaten der EU müssen Konvergenzprogramme vorlegen.

Stabilitäts- und Wachstumsgesetz (StWG) oder Stabilitätsgesetz (StabG). → Gesetz zur Förderung der Stabilität und des Wachstums der Wirtschaft.

Stabilitäts- und Wachstumspakt (engl.: stability and growth pact). Er beruht auf zwei Verordnungen („Über den Ausbau der haushaltspolitischen Überwachung und der Überwachung der Koordinierung der Wirtschaftspolitiken" sowie „Über die Beschleunigung und Klärung des Verfahrens bei einem übermäßigen Defizit") und aus der beim Amsterdamer Treffen angenommenen Entschließung des EU-Rats vom 17.06.1997 über den Stabilitäts- und Wachstumspakt. Ziel: Gewährleistung einer gesunden öffentlichen Finanzlage der WWU als Mittel zur Verbesserung der Voraussetzungen für anhaltende Preisniveaustabilität und für nachhaltiges Wirtschaftswachstum, das der Erhaltung und Schaffung von Arbeitplätzen förderlich ist. Mittelfristig sollen die Mitgliedstaaten ausgeglichene oder einen Überschuss aufweisende Haushalte anstreben, damit sie in der Lage sind, „normale" Konjunkturschwankungen zu bewältigen und zugleich die → Defizitquote unterhalb des Referenzwertes von 3 % des BIP zu halten. Mitgliedstaaten der WWU müssen → Stabilitätsprogramme vorlegen.

Stammaktien (engl.: ordinary shares oder common stock). Sie verbriefen dem Inhaber sämtliche Rechte gem. Aktiengesetz: Stimmrecht, Bezugsrecht (auf neue/junge Aktien und Wandelanleihen), Recht auf Dividendenanteil, auf Teilnahme an der Hauptversammlung, auf Auskunftserteilung, auf Anfechtung der Hauptversammlungsbeschlüsse sowie auf Anteil am Liquidationserlös. St. können als → Namensaktien oder als → Inhaberaktien ausgegeben werden. Sie gewähren im Gegensatz zu → Vorzugsaktien keine Vorrechte.

Standard & Poor's. Gegr. 1860. International bedeutsame Rating-Agentur. Ratet über 10.000 Emittenten von Wertpapieren. S & P differenziert nach Geldmarktpapieren und nach Bonds (Kapitalmarktpapieren). In der Short-Term Rating-Klasse werden die → Rating-Symbole von A-1 – sehr starker Grad der Rückzahlungsfähigkeit – über A-2, A-3, B, C bis D – Verzug bei der Rückzahlung ist zu erwarten oder bereits eingetreten – verwendet; in der Long-Term Rating-Klasse die Symbole von AAA – beste Qualität des Schuldners – über AA+, AA, AA-; A+,A, A-; BBB+, BBB, BBB-; BB+, BB, BB-; B+, B, B-; CCC, CC, C; bis D – hochspekulative Anlage.
http://www.standardandpoors.com

Standard & Poor's 500 Index. In den USA der wichtigste Aktienindex neben dem → Dow Jones Index. Der S & P 500 ist nach dem Wert der umlaufenden Aktien einer Gesellschaft gewichtet (und unterscheidet sich dadurch vom DJ).

Standardfactoring. S. → Export-Factoring.

Standard International Trade Classification (SITC). → Internationales Warenverzeichnis für den Außenhandel der UN.

Standardtender (engl.: standard tender). Standardisiertes Ausschreibungs- und Zuteilungsverfahren, dessen sich das ESZB bei regelmäßigen → Offenmarktgeschäften bedient. An diesem Tenderverfahren können sich alle geldpolitischen Geschäftspartner mit Geboten beteiligen, die zur Zentralbankrefinanzierung berechtigt sind. St. werden innerhalb von 24 Stunden abgewickelt. Sie werden vor allem für die → Hauptrefinazierungsgeschäfte und die → längerfristigen Refinanzierungsgeschäfte, aber auch für → strukturelle Operationen herangezogen und können in Form von → Mengentendern oder → Zinstendern durchgeführt werden. Vgl. → Schelltender. S. a. → Basistender, → Haupttender.

Standardwert. Begr. f. d. Aktie einer erstklassigen Gesellschaft. Der → Deutsche Aktienindex (DAX) enthält 30 deutsche St.; s. a. → Blue Chips.

Ständige Fazilitäten (engl.: standing facilities). Geldpolitische Instrumente der ESZB, die von den Geschäftsbanken – auf deren eigene Initiative hin – kontinuierlich in Anspruch genommen werden können. (Im Unterschied zu den → Offenmarktgeschäften, die auf Initiative der EZB erfolgen.) Damit ist es den Geschäftsbanken im Eurosystem kurzfristig möglich, entweder Liquidität bis zum nächsten Geschäftstag (Übernachtliquidität) auf dem Kreditwege zu erhalten (d. i. die → Spitzenrefinanzierungsfazilität) oder bei der Zentralbank verzinslich anzulegen (d. i. die → Einlagefazilität). Die Zinssätze für die St. F. bilden den Korridor, innerhalb dessen Bandbreite sich die Geldmarktsätze für Tagesgelder bewegen.

Standortrisiko. Es liegt in der Gefahr, nicht die richtige Wahl des Standortes eines Außenhandelsunternehmens getroffen zu haben. Für die Wettbewerbsfähigkeit sowohl der Exporteure als auch der Importeure spielen Standortfaktoren (wie Lohnstruktur, Steuergesetzgebung und -durchsetzung, Arbeitsmoral, Rechtssicherheit, Infrastruktur, Konkurrenzsituation, Käuferstruktur, Kaufkraftverhältnisse) eine wichtige Rolle.

Starttag (engl.: start day). Datum, an dem das erste Teilgeschäft einer geld- oder währungspolitischen Operation abgewickelt wird. Der St. entspricht bei Rückkaufsvereinbarungen (Pensionsgeschäften) und Devisenswapgeschäften dem Kauftag.

Stationärer Handel. Darunter fallen alle Handelsbetriebe, die an einem festen Standort über eingerichtete Verkaufsräume verfügen. Gegensatz: → ambulanter Handel.

STATIS-BUND. EDV-gestütztes „Statistisches Informationssystem des Bundes". Eine Service-Einrichtung des → Statistischen Bundesamtes. Über STATIS-BUND können Benutzer die Ergebnisse der deutschen → VGR beziehen; auf Magnetband, auf Diskette oder via Internet – auch im Abonnement.

Statistische Güterklassifikation in Verbindung mit den Wirtschaftszweigen in der Europäischen Wirtschaftsgemeinschaft – (engl.) Classification of Products by Activity (CPA). Die verbindliche Güterklassifikation in der EG; abgeleitet aus der → Zentralen Güterklassifikation der Vereinten Nationen (CPC), jedoch teilweise feiner untergliedert als diese. Im Warenbereich findet die Gliederung des → Harmonisiertes System zur Beschreibung und Codierung der Waren (HS) und der → Kombinierten Nomenklatur (KN) Anwendung. CPA ist eng mit der → Statistischen Systematik der Wirtschaftszweige in der Europäischen Gemeinschaft (NACE) verknüpft. CPA wird seit 1995 sowohl für die Erhebung als auch für die Darstellung der entsprechenden Güterdaten verwendet.

Statistische Kommission der Vereinten Nationen. Mitglieder sind Vertreter aus 24 Staaten; sie werden vom → Wirtschafts- und Sozialrat der Vereinten Nationen (ECOSOC) für jeweils vier Jahre gewählt. Das weltweit höchste Fachgremium der amtlichen Statistik; es tagt jährlich einmal (vier Tage) und legt die statistischen Prioritäten in den Regionalkommissionen der UN fest.
http://www.un.org/Depts/unsd/statcom/statcom.htm

Statistisches Bundesamt (StBA). Eine selbstständige Bundesoberbehörde im Geschäftsbereich des → Bundesministeriums des Inneren. Sitz: Wiesbaden. Die Vorgängereinrichtung wurde am 23.07.1872 als Kaiserliches Statistisches Amt gegründet. Die Grundsätze für die Arbeit und Aufgaben des StBA sind im → Gesetz über die Statistik für Bundeszwecke geregelt. Das StBA gewinnt seine „amtlichen" Daten gemeinsam mit den Statistischen Landesämtern der 16 Bundesländer. Die Bundesstatistik ist somit – dem föderalen Staats- und Verwaltungsaufbau der Bundesrepublik Deutschland entsprechend – weitgehend dezentralisiert. Dabei übt das StBA eine koordinierende Funktion aus. Es sorgt dafür, dass die Bundesstatistiken überschneidungsfrei, nach einheitlichen Methoden und termingerecht erstellt und veröffentlicht werden. Mit dem Prädikat „amtlich" ist die Verpflichtung verbunden, zuverlässige Daten nach den Grundsätzen der Objektivität, Neutralität und wissenschaftlichen Unabhängigkeit zu gewinnen. Das StBA erstellt selbst die → Außenhandelsstatistik, die → Volkswirtschaftlichen Gesamtrechnungen und führt eine allgemeine statistische Datenbank. Mit der fortschreitenden europäischen Integration werden die Bundesstatistiken zunehmend durch die Rechtssetzung der EU und deren Harmonisierungsziele bestimmt. Das StBA nimmt die Aufgabe einer Geschäftsstelle des → Sachverständigenrates zur Begutachtung der gesamtwirtschaftlichen Entwicklung wahr.
http://www.destatis.de

Statistisches Zentralamt der Russischen Föderation. → Staatliches Komitee der Russischen Föderation für Statistiken (Goskomstat).

Statistische Systematik der Wirtschaftszweige in der Europäischen Gemeinschaft – (frz.) Nomenclature générale des activités économiques dans les Communautés Européenes (NACE). Sie baut auf der → Internationalen Systematik der Wirtschaftszweige (→ ISIC) auf, ist jedoch teilweise weitergehend differenziert als diese. Die Untergliederungen entsprechen den Einteilungen der → Statistische Güterklassifikation in Verbindung mit den Wirtschaftszweigen in der Europäischen Wirtschaftsgemeinschaft (CPA). NACE ist in der EG die verbindliche Klassifikation, sowohl für die Erhebung der entsprechenden Daten als auch für die diesbezügliche Berichterstattung. S. a. deutsche → Klassifikation der Wirtschaftszweige, Ausgabe 93 (WZ 93).

Stauwahlklausel → Containerklausel.

Stauzuschlag, Stau-Surcharge – (engl.) Congestion Surcharge. → Frachtzuschlag, der für erhöhte Kosten bei übermäßigen Wartezeiten in einzelnen Seehäfen erhoben wird.

StBA. Abk. f. → Statistisches Bundesamt.

Steueroase. Bez. für Länder, die entweder keine oder erheblich niedrigere Steuern als die übrigen Länder erheben bzw. Steuerprivilegien für bestimmte Einkommen und Vermögen gewähren. Durch ein solches Steuergefälle ist ein Anreiz gegeben, Einkommen und Vermögen aus Hoch- in Niedrigststeuerländer zu verlagern. Zum Zwecke der Steuerersparnis kommt es daher zu Wohnsitzverlegungen und zur Gründung von → Basisgesellschaften. Bekannte „Steuerparadiese" sind z. B.: die Bahamas, die Bermuda-Inseln; mit Einschränkungen auch Liechtenstein, Luxemburg, Monaco, Schweiz.

STF → Systemtransformationsfazilität.

Stichkursverfahren. S. → Circa-Notierung.

Stilles Factoring. Form des → Factoring, bei der ein Zahlungsgläubiger (Exporteur) dem Zahlungsschuldner (Importeur) die Forderungsabtretung nicht anzeigt. Der Schuldner kann weiterhin mit schuldbefreiender Wirkung an seinen Gläubiger zahlen.

Stillhalter. Begr. f. d. Verkäufer einer Option, der im Falle der Ausübung der Option seitens des Optionskäufers verpflichtet ist, den Basiswert gegen Zahlung des vereinbarten Basispreises zu liefern oder zu übernehmen. Der St. muss also im Falle einer Kaufoption (→ Call) verkaufen, im Falle einer Verkaufsoption (→ Put) kaufen.

STOXX Limited. Ein Joint Venture von → Dow Jones & Company, → Deutsche Börse AG, → Euronext Paris SA und → SWX Swiss Exchange. Ermittelt und veröffentlicht laufend eine Vielzahl europäischer → Dow Jones STOXX Aktienindices.
http://www.stoxx.com

Straddle. Variante einer kombinierten Optionsstrategie, die in zwei Ausprägungen besteht. (1) Long St.: Gleichzeitiger Kauf einer gleichen Anzahl von → Calls und → Puts auf denselben → Basiswert mit gleichem → Basispreis und gleicher Fälligkeit. (2) Short St.: Gleichzeitiger Verkauf einer gleichen Anzahl von Calls und Puts auf denselben Basiswert mit gleichem Basispreis und gleicher Fälligkeit. Vgl. → Strangle.

Straight Bonds. Festverzinsliche Inhaberschuldverschreibungen (engl.: fixed rate bond), deren Nominalverzinsung sich an der relevanten Kapitalmarktrendite zum Emissionszeitpunkt orientiert. St.-B. sind herkömmliche, „klassische" Schuldverschreibungen (in Deutschland z. B. → Bundesobligationen und → Bundesschatzanweisungen). Im Unterschied zu → Finanzinnovationen, die am Kassamarkt für strukturierte Anleihen und Produkte gehandelt werden (z. B. den → Floating Rate Notes).

Strandungsfalldeckung. Deckungsform in der Seeversicherung. Der Versicherer leistet hierbei Ersatz für Verlust oder Beschädigung der versicherten Güter auf dem Transportweg für Schadensfälle, die in einer Positivliste aufgezählt sind: Strandung (liegt vor, wenn das Schiff auf Grund stößt, kentert, sinkt; mit anderen Fahrzeugen oder Sachen zusammenstößt; durch Eis beschädigt wird); Unfall eines anderen Transportmittels; Einsturz von Lagergebäuden; Brand, Blitzschlag, Explosion, Naturkatastrophen; Überbordgehen, -spülen oder -werfen bei schwerem Wetter; Entladen, Zwischenlagern und Verladen von Gütern in einem Nothafen; Totalverlust ganzer → Kolli, z. B. bei Sabotage oder infolge Beschädigung beim Be- und Entladen des Transportmittels; Havarie-grosse-Beiträge. In allen in der Positivliste aufgezählten Fällen zahlt der Versicherer ohne → Franchise. In den nicht genannten Fällen besteht keine Leistungspflicht. Für → Deckladungsgüter gilt grundsätzlich nur die Strandungsfalldeckung. Vgl. → Volle Deckung.

Strangle. Variante einer kombinierten Optionsstrategie, die in zwei Ausprägungen besteht.

Straßburger Übereinkommen

(1) Long St.: Gleichzeitiger Kauf einer gleichen Anzahl von → Calls und → Puts auf dasselbe Basisgut bei gleichen Verfallsdaten, jedoch mit unterschiedlichen Basispreisen. (2) Short St.: Gleichzeitiger Verkauf einer gleichen Anzahl von → Calls und → Puts auf dasselbe Basisgut (denselben Basiswert) bei gleichen Verfallsdaten, jedoch mit unterschiedlichen Basispreisen (Ausübungspreisen). Vgl. → Straddle.

Straßburger Übereinkommen über die Beschränkung der Haftung in der Binnenschifffahrt (CLNI). Es ist im Jahre 1988 nach langjährigen Vorarbeiten (u. a. der Zentralkommission für die Rheinschifffahrt – ZKR) zwischen den Rheinanliegerstaaten verabschiedet worden und nach Ratifizierung durch Luxemburg, die Niederlande und die Schweiz am 01.09.1997 in Kraft getreten. Andere Staaten mit Verbindung zum westeuropäischen Wasserstraßennetz können dem Übereinkommen beitreten. Ein Interesse hieran haben vor allem die Reformstaaten an der Donau bekundet, die teilweise über kein spezielles Binnenschifffahrtsrecht verfügen und eine unbeschränkte Gefährdungshaftung auf den Schifffahrtsbetrieb anwenden. Das Straßburger Übereinkommen ist in Deutschland nicht unmittelbar innerstaatliches Recht, sondern durch das Gesetz zur Änderung der Haftungsbeschränkung in der Binnenschifffahrt vom 25.08.1998 in die §§ 4 bis 5 m des Binnenschifffahrtsgesetzes und somit in nationales Recht eingearbeitet worden. S. → CLNI.
http://www.uni-mannheim.de/fakul/jura/ls/otte/transportrecht_content/1027072055.pdf

Strike Price (engl.). → Basispreis, Ausübungspreis.

Stripping (abgeleitet vom Akronym → Strips). Es ermöglicht dem Anleger, die Anleihe in einen Kapitalstrip (Kapitalanspruch) und in einen Zinsstrip (Zinsansprüche) aufzuteilen.

Strips (engl.: seperate trading of registered interest and principal of securities; getrennte Handelbarkeit von Zins- und Kapitalansprüchen von Wertpapieren) oder Stripped Bonds. Bes. Art von → Nullkuponanleihen, bei denen das Recht auf Kapitalrückzahlung (der → Mantel) und der → Zinsschein (→ Bogen) voneinander getrennt sind und auch getrennt gehandelt werden können.

Strukturelle Operationen (engl.: structural operations). Begr. f. → Offenmarktgeschäfte, die in erster Linie der Anpassung der längerfristigen Liquiditätsposition der Monetären Finanzinstitute (MFIs) gegenüber dem ESZB dienen. St. O. können in regelmäßigen oder unregelmäßigen Abständen in Form von → Befristeten Transaktionen, → Outright-Geschäften oder durch die Emission von Schuldverschreibungen der EZB erfolgen.

Strukturfonds der EU. Strukturpolitische Instrumente, die nachhaltig dazu beitragen sollen, das wirtschaftliche und soziale Leistungsgefälle innerhalb der EU, insb. zwischen zentralen und periphären Regionen, zu verrringern. Im Einzelnen sind dies der → Europäische Ausrichtungs- und Garantiefonds für die Landwirtschaft (EAGFL), der → Europäische Fonds für Regionale Entwicklung (EFRE), der → Europäische Sozialfonds (ESF) und der → Kohäsionsfonds. Über diese Fonds werden gemeinschaftliche Finanzierungshilfen zur Verbesserung der Standortbedingungen und der Erwerbsmöglichkeiten in den weniger weit entwickelten Gebieten der EU gewährt. Dies soll der Stärkung des Zusammenhalts in der EU (der Kohäsion) dienen. Die erforderlichen Mittel werden im Haushalt der Europäischen Kommission bereitgestellt.

Stückaktie. Aktie, die auf keinen Nennwert lautet. Gegensatz zur → Nennwertaktie. Jede St. verbrieft den gleichen Anteil am Grundkapital einer Aktiengesellschaft. Alle Aktien zusammengenommen ergeben den Gesamtwert des Grundkapitals; dividiert man diesen durch die

Zahl der ausgegebenen Aktien, erhält man den Anteil der einzelnen Aktie am Grundkapital. Der anteilige Betrag einer St. darf 1 Euro nicht unterschreiten. St. sind in Deutschland erst seit 1998 zugelassen. St. sind unechte nennwertlose Aktien. Vgl. → Quotenaktie.

Stückgut. Begr. f. Waren, die individuell verpackt sind (z. B. in Kisten, Säcken, Fässern), in Ladungseinheiten zusammengefasst sind (z. B. in Containern oder Paletten) oder sich einzeln in Form, Gewicht und Abmessungen voneinander unterscheiden. Dadurch kann St. bei Transport-, Lagerungs- und Umschlagsvorgängen als Beförderungseinheit behandelt werden. St. bis zu einem Gewicht von 30 kg wird als Kleingut bezeichnet. Gegensatz: → Massengut.

Stückgutvertrag. Begr. aus dem → Seefrachtgeschäft. Ein St. ist ein Frachtvertrag (meist ein schablonenhafter Massenvertrag ohne Berücksichtigung spezifischer Gegebenheiten im Einzelfall), der sich auf die Beförderung einzelner Güter bezieht. Hingegen wird bei einem → Chartervertrag ein ganzes Schiff, ein Teil oder nur ein bestimmter Raum eines Schiffes für die Beförderung in Anspruch genommen.

Stücknotierung. S. → Notierung.

Stückzinsen. Zinsen, die für Schuldverschreibungen seit dem Fälligkeitstag des letzten eingelösten Kupons aufgelaufen sind. Sie werden beim Kauf bzw. Verkauf der Wertpapiere zwischen den Kontrahenten verrechnet.

StWG. Abk. f. Stabilitäts- und Wachstumsgesetz; → Gesetz zur Förderung der Stabilität und des Wachstums der Wirtschaft.

Sub-Frontloading. S. → Vorverteilung.

Subito. Der Online-Dokumentlieferdienst internationaler Bibliotheken über das Internet. Er ermöglicht standortunabhängige Oneline-Recherchen zu einem millionenfachen elektronischen Titelangebot. Über subito können Kopien von Zeitschriftenaufsätzen und Teilen von Büchern versandt sowie die Ausleihe von Büchern unterstützt werden; Fachliteratur kann bestellt und direkt an den PC-Arbeitsplatz des Benutzers übertragen werden. S. → Institut für Weltwirtschaft an der Universität Kiel.
http://www.subito-doc.de

Submission → Ausschreibung.

Subsidiarität. Wichtiges Prinzip der Europäischen Gemeinschaft. Nach Art. 5 des EG-Vertrags wird die EG in den Bereichen, die nicht in ihre ausschließliche Zuständigkeit fallen, nur tätig, sofern und soweit die Ziele der Maßnahmen auf der Ebene der Mitgliedstaaten nicht ausreichend erreicht werden können; die entsprechenden Ziele daher – wegen ihres Umfangs oder ihrer Wirkungen – besser auf der Gemeinschaftsebene in Angriff genommen und durchgesetzt werden können.

Subventionen. Begr. f. laufende Zahlungen (Finanzhilfen) oder Steuervergünstigungen zu Gunsten von Gebietsansässigen (insb. Unternehmen), gewährt von öffentlichen Haushalten (wie Bund, Länder und Gemeinden oder Institutionen der EU). Sie erfolgen ohne direkte marktwirtschaftliche Gegenleistung und bezwecken in erster Linie eine Förderung der Güterproduktion (durch Senkung der Güterpreise oder der Kosten der Entlohnung der Produktionsfaktoren); teils auch eine spezielle Haushaltsförderung. S. können auch gezielt für die Exportförderung eingesetzt werden.

Südliches Afrika Initiative der Deutschen Wirtschaft (SAFRI). Gegr. 1996. Trägerverbände sind der Bundesverband der Deutschen Industrie (BDI), der Deutsche Industrie- und Handelskammertag (DIHK) und der Afrika-Verein (AV). Über SAFRI sollen die Beziehungen Südafrikas, insb. der → Entwicklungsgemeinschaft des Südlichen Afrika (SADC) und der deutschen Wirtschaft, durch Hilfe zur Selbsthilfe und durch engere wirtschaftliche Kooperation gestärkt werden. SAFRI will durch sein Engagement für Investitionen und Know-how-Transfer zur Steigerung der Wettbewerbsfähigkeit der SADC-Staaten und ihrer Integration in den Weltmarkt beitragen. Auf der Grundlage eines breiten Rohstoffpotentials in Südafrika ist langfristig ein beachtliches und stetiges Wirtschaftswachstum zu erwarten.
http://www.safri.de

Surcharge (frz.). Begr. aus dem Seefrachtgeschäft f. → Frachtzuschlag.

SVS/RVS → Speditions- und Rollfuhrversicherungsschein.

SVR. Abk. f. → Sachverständigenrat zur Begutachtung der gesamtwirtschaftlichen Entwicklung.

Swap. Begr. f. (1) den gleichzeitigen Abschluss eines Kassa- und eines Termingeschäftes am Devisenmarkt (→ Devisenswap) oder (2) für die vertragliche Vereinbarung zwischen zwei Parteien, Zins und/oder Währungspositionen zu tauschen; Zins- und Währungsswap, → Zinsswap, → Währungsswap.

Swapabkommen. Mit S. verpflichten sich Zentralbanken bilateral zur Gewährung kurzfristiger Devisenkredite; durch die gegenseitige Zurverfügungstellung ihrer eigenen – konvertierbaren – Währung. Dabei wird gleichzeitig der Rückzahlungstermin (meist nach drei Monaten) und der Rückkaufkurs (i. d. R. ist dies der Wechselkurs des Kassageschäfts) vereinbart.

Swapgeschäfte des ESZB. Sie werden in Form von → Devisenswaps als Instrument der geldpolitischen Feinsteuerung des ESZB durchgeführt.

Swapsatz (engl.: swap point). Relative Differenz zwischen dem Termin- und dem Kassakurs für Devisen. Der S. wird auf den Kassakurs bezogen; als Aufschlag (→ Report) oder Abschlag (→ Deport). Er liegt Devisenswapgeschäften zu Grunde, mit denen sich z. B. Akteure auf internationalen Märkten gegen das Risiko von Wechselkursänderungen absichern können.

Swaption. Option auf einen Swap. Diese Vereinbarung berechtigt den Käufer einer solchen Option, gegen Zahlung einer Optionsprämie innerhalb einer definierten zukünftigen Zeitperiode oder zu einem festgelegten künftigen Zeitpunkt in einen bestimmten Swap einzutreten. Die Bedingungen des künftigen Swaps (hinsichtlich Laufzeit und Zinshöhe) werden im Voraus fixiert.

SWIFT. Abk. f. (engl.) Society for Worldwide Interbank Financial Telecommunication. 1973 begann eine kleine Gruppe ambitionierter Menschen in Brüssel – unterstützt von 230 Banken in 15 Ländern – mit der Schaffung einer gemeinsamen Sprache für internationale Finanztransaktionen und einer damit zusammenhängenden weltweiten Datenverarbeitung und -kommunikation.

SWIFT-System. Mit ihm wird seit 1977 gearbeitet. Anfangs wurde es von 518 Banken in 22 Ländern genutzt; es wurden 3,4 Mio. Mitteilungen übertragen. Es ermöglicht die Anweisung von Auslandszahlungen, Nachrichten zu Dokumentenakkreditiven, Dokumenteninkassi, Devi-

senhandels- und Wertpapiergeschäften und zu anderen Interbankgeschäften. Zur Beschleunigung und Verbesserung des internationalen Zahlungs- und Nachrichtenverkehrs werden die Möglichkeiten der sicheren elektronischen Fernübertragung genutzt. Im Jahr 2002 bedienten sich über 7.000 Benutzer (Banken, Broker/Dealer, Investment-Manager und andere Finanzinstitute) in 198 Ländern des S.-S.; nahezu 1,7 Mrd. finanzbezogene, standardisierte und codierte Mitteilungen wurden übertragen.
http://www.swift.com

Switchgeschäfte. Kommen dadurch zustande, dass Finanztransaktionen (die sich meist aus Warengeschäften ergeben) über Drittländer unter Einschaltung von hierauf spezialisierten Handelshäusern (Switchhändlern) abgewickelt werden. S. sind erforderlich, wenn für die Abwicklung internationaler Geschäfte keine (oder nicht ausreichend) Devisen zur Verfügung stehen. Es wird zwischen originären und derivativen Switchgeschäften unterschieden; erstere sind (reine) Finanzswitchgeschäfte, letztere sog. Warenswitchgeschäfte. S. → Dreiecksgeschäft.

SWX Swiss Exchange. 1995 aus dem Zusammenschluss der drei regionalen Börsen von Basel, Genf und Zürich entstanden. Sie ist am Umsatz gemessen der sechstgrößte Börsenplatz der Welt; Hauptadressen: Zürich und Genf. Sie zählt zu Europas führenden Märkten für → Blue Chips und ist führend im → Warrant-Handel.
http://www.swx.com

Syndizierung. Vergabe von Krediten oder Emission von Wertpapieren unter Einschaltung eines → Konsortiums.

SYSMIN. Abk. f. SYStem – gem. → Lomé-Abkommen – zur langfristigen Verbesserung und Stabilisierung der Devisenerlöse aus dem Export bestimmter MINeralischer Rohstoffe aus den → AKP-Staaten in die EU. Damit soll ein Beitrag zum Auf- und Ausbau der Förderkapazität der AKP-Staaten bei solchen Bergbauprodukte geleistet werden, an denen die EU-Staaten im Hinblick auf eine langfristige Versorgungssicherheit besonders interessiert sind. Vgl. → STABEX.

System fester Wechselkurse. Es beruht auf festgesetzten → Paritäten (→ Leitkursen), die zwischen den beteiligten Staaten – offiziell – vereinbart werden, der Festlegung der → Bandbreiten und der Berechtigung sowie Verpflichtung der beteiligten Zentralbanken, im Bedarfsfall am Devisenmarkt zu intervenieren. Die aktuellen Wechselkurse dürfen nur um einen bestimmten Prozentsatz über bzw. unter der Parität liegen. Erreicht ein Wechselkurs den oberen oder unteren → Interventionspunkt, dann müssen die betroffenen Zentralbanken Devisen verkaufen oder kaufen, um ihn innerhalb der Bandbreite zu halten. Ein S. f. W. kann also nur funktionieren, wenn die Zentralbanken über Währungsreserven verfügen bzw. bereit sind, Währungsreserven anzulegen. Wenn die Wechselkurse wegen gewichtiger und anhaltender gesamtwirtschaftlicher Verschiebungen (z. B. unterschiedlicher Preisniveau- und/oder realer Produktivitätssteigerungen) nicht mehr innerhalb der Bandbreite gehalten werden können, dann muss es zu einer Neufixierung (einem → Realignment) kommen. Bedeutsame Beispiele für solche Systeme fester, aber anpassungsfähiger Wechselkurse waren das → Bretton-Woods-System und das → Europäische Währungssystem (I).

System freier Wechselkurse oder System flexibler (freischwankender) Wechselkurse. In diesem können sich die → Wechselkurse grundsätzlich ohne staatliche Eingriffe bzw. ohne Interventionen von Zentralbanken frei nach Angebot und Nachfrage auf den Devisenmärkten bilden. In der → Preisnotierung bedeutet dies: Ist die Nachfrage nach Devisen größer als das

Angebot, steigt der Wechselkurs. Übersteigt das Angebot an Devisen die Nachfrage, sinkt der Wechselkurs. Zurzeit soll die Devisenkursbildung zwischen dem US-Dollar, dem Euro und dem japanischen Yen grundsätzlich nach diesem Prinzip erfolgen. Ein System völlig frei schwankender Wechselkurse ist von den bedeutenden Welthandelsnationen über einen längeren Zeitraum noch nie verwirklicht worden. Daher spricht man auch vom „schmutzigen" Floating, wenn es in einem S. fr. W. zu gelegentlichen oder gar regelmäßigen Interventionen auf dem Devisenmarkt durch staatliche Instanzen kommt.

Systemtransformationsfazilität (STF). Eine → Sonderfazilität des IWF zur Unterstützung der osteuropäischen Reformländer (insb. Russlands) und asiatischer Volkswirtschaften.

SZR → Sonderziehungsrechte.

SZR-Zinssatz. Zinssatz des IWF, der dem gewogenen Durchschnitt der kurzfristigen Zinsen in den USA, der Euro-Zone, Japan und Großbritannien entspricht. Zu seiner Ermittlung wird derselbe Währungskorb wie zur Bewertung der → Sonderziehungsrechte (SZR) herangezogen. Der SZR-Zinssatz wird entsprechend der Marktentwicklung wöchentlich neu festgesetzt.

T

T 1-Versandverfahren. Das externe gemeinschaftliche → Versandverfahren in Bezug auf Nichtgemeinschaftswaren.

T 2-Versandverfahren. Das interne gemeinschaftliche → Versandverfahren in Bezug auf Gemeinschaftswaren.

Tacis. Programm der Europäischen Union, durch das seit 1991 – analog zu → Phare – der Transformationsprozess in osteuropäischen und zentralasiatischen Ländern (der ehemaligen Sowjetunion) unterstützt wird. Nach den vereinbarten Regularien für die Jahre 2000 bis 2006 konzentrieren sich die Kooperationen auf strategische Projekte, die sich gegenseitig ergänzen. Bereiche sind: Institutionelle, gesetzliche und administrative Reformen; wirtschaftliche Entwicklung des privaten Sektors; Konsequenzen der gesellschaftlichen Veränderungen, Infrastruktur; Umweltschutz und nukleare Sicherheit. Tacis-Länder sind zurzeit: Armenien, Aserbaidschan, Georgien, Kasachstan, Kirgisien, Moldavien, Mongolei, Russland, Tadschikistan, Turkmenistan, Ukraine, Usbekistan und Weißrussland. Nähere Informationen gibt u. a. das Amt für Zusammenarbeit – EuropeAid – der Europäischen Kommission. S. a. → Tempus.
http://europa.eu.int/comm/europeaid
Für Russland erteilt die Delegationstelle der EU-Kommission in Moskau nähere Auskünfte.
http://www.delrus.cec.eu.int

Tackle-to-tackle-Zeitraum. Im Seetransportrecht der Begr. f. d. Haftungszeitraum von der Anlieferung der Ware über die Reling eines Seeschiffes im Verschiffungshafen bis zur Abladung der Ware über die Reling des Seeschiffes im Bestimmungshafen. In diesem Zeitraum haftet der → Verfrachter für alle während des Seetransports an der Ware auftretenden Schäden.

Tafelgeschäft oder Schaltergeschäft. Ein am Bankschalter mit einem persönlich nicht bekannten und nicht gem. § 154 AO (Kontenwahrheit) legitimierten Kunden abgewickeltes Bargeschäft. Ein solches → Zug-um-Zug-Geschäft liegt z. B. vor, wenn ein anonymer Kunde bei der Bank ausländisches Geld an der Sortenkasse einwechselt, Wertpapiere (mit Übergabe der effektiven Stücke) erwirbt oder Kapitalerträge gegen Vorlage von Zinsscheinen einlöst – gegen Barzahlung.

Tägliches Geld. Bankeinlagen, für die eine Kündigungsfrist von einem Tag vereinbart wurde (im deutschen Bankenhandel nicht mehr üblich). Wird im Handel am Euro-Geldmarkt als → Call-Money bezeichnet.

Täglich fällige Einlagen (engl.: overnight deposits). → Sichteinlagen bei Monetären Finanzinstituten, über die seitens der Gläubiger jederzeit frei verfügt werden kann (z. B. mittels Überweisungen, Schecks, diverser Geld- oder Kreditkarten).

Tagesgeld. (1) Bankeinlagen bzw. -kredite mit einer Laufzeit von i. d. R. nur 1 Tag (von 12 Uhr mittags bis 12 Uhr mittags). (2) Zentralbankguthaben, die auf dem Geldmarkt „bis auf weiteres" mit einer Mindestlaufzeit von einem Geschäftstag überlassen und genommen werden.

Tageskurs. (1) Der amtliche Kurs oder Freiverkehrskurs eines bestimmten Tages. (2) Beim Wertpapierkauf oder -verkauf der Kurs des Ausführungstages.

Tagwechsel, Tages- oder Datumswechsel. S. → Wechsel.

T.A.I. Abk. f. (frz.: transports aériens internationaux) Internationale Lufttransporte.

Takeover → feindliche Übernahme.

Tallieren. Bez. f. das im Auftrag und für Rechnung der Reederei erfolgende Kontrollieren der ein- und ausgehenden Schiffsladung im Hinblick auf Stückzahl, Markierung und Beschaffenheit.

Tallybetrieb. Ladungskontrollbetrieb im Seefrachtverkehr. Zu seinen Aufgaben zählen: die Bestimmung der → Kolli hinsichtlich der Stückzahl, des Gewichts und der Abmessungen; die Überprüfung der Markierung; die Kontrolle der äußeren Beschaffenheit der Packstücke.

Tallymann. Ladungskontrolleur; s. Tallybetrieb.

Talon oder Erneuerungsschein. Unterster Teil des → Bogens eines Wertpapiers, der zum Bezug eines weiteren Dividendenschein- bzw. Zinsscheinbogens berechtigt. Der T. ist ein Legitimationspapier.

TAN. Abk. f. Trans-Aktions-Nummer. Eine Legitimierungsnummer, die jeder Teilnehmer des → Home Banking von seinem Kreditinstitut zur Verfügung gestellt bekommt. Sie ist erforderlich, um Online-Aufträge erteilen zu können. Dabei ist für jede Transaktion eine eigene TAN einzugeben; ohne TAN-Angabe führt das Kreditinstitut die gewünschte Transaktion nicht aus. Jede TAN kann nur einmal benutzt werden. Sie ist von der → PIN zu unterscheiden, mit der eine Person nicht legitimiert, sondern identifiziert wird.

Tante-Emma-Laden. Kleiner Einzelhandelsbetrieb (Gemischtwarengeschäft). Versorgt vorwiegend in Wohngegenden die Bevölkerung der Nachbarschaft mit Lebensmitteln und einigen Gütern des kurzfristigen Haushaltsbedarfs.

Tara. Begr. f. d. Gewicht der Verpackung; Differenz zwischen Brutto- und Nettogewicht einer Ware bzw. → Ladung.

TARGET-System – (engl.) Trans-European Automated Real-time Gross settlement Express Transfer-System – Transeuropäisches Automatisiertes Echtzeit-Brutto-Express-Überweisungssystem. Das (Groß-)Zahlungsverkehrssystem im Euro-Währungsgebiet. Das Anfang 1999 eingeführte System setzt sich aus den nationalen → RTGS-Systemen der 15 EU-Mitgliedstaaten und dem EZB-Zahlungsverkehrsmechanismus zusammen. Es ermöglicht den sicheren Transfer großer Summen zwischen Banken in der gesamten Europäischen Union innerhalb weniger Minuten oder im Idealfall innerhalb weniger Sekunden. Grenzüberschreitende Überweisungen können nunmehr taggleich abgewickelt werden. TARGET gewährleistet einen raschen Liquiditäts- und Zinsausgleich zwischen den nationalen Geldmärkten, woraus ein gemeinsamer Geldmarktzins resultiert; als Ausdruck und im Sinne einer einheitlichen Geldpolitik der Europäischen Wirtschafts- und Währungsunion. Brutto-Echtzeitsystem bedeutet, dass Zahlungen sofort und endgültig durchgeführt werden. Dies ist aber nur möglich, wenn die einzelnen Zahlungsverkehrsteilnehmer auch stets über ausreichende Liquidität verfügen. Zu deren Sicherstellung können daher die einzelnen Kreditinstitute von den nationalen Zentralbanken Innertageskredite erhalten (bei entsprechenden → refinanzierungsfähigen Sicherheiten). Über TARGET, dem wichtigsten europäischen Zahlungssystem und einem der drei größten weltweit, werden sowohl Interbanken- als auch Kundenzahlungen abgewickelt.

TARIC. Abk. f. (frz.) Tarif Intégré Communautaire. Integrierter Zolltarif der Europäischen Gemeinschaft. Er berücksichtigt alle notwendigen Angaben wie (1) Zollkontingente und Plafonds, (2) Zollpräferenzen, (3) Antidumping- und Ausgleichszölle, (4) bewegliche Teilbeträge,

(5) Währungsausgleichs- und Beitrittsausgleichsbeträge, (6) Referenzpreise für Wein und (7) Überwachungs- und Schutzmaßnahmen. Auf TARIC beruhen alle Gebrauchs-Zolltarife der Mitgliedstaaten, so auch der → Deutsche Gebrauchs-Zolltarif (DGebrZT). Wegen oftmaliger Änderungen des Gemeinschaftsrechts werden die TARIC-Angaben in einer Datenbank erfasst und fortlaufend aktualisiert. → TARIC2.

TARIC2-Datenbank der Europäischen Union. Der Kern des → Elektronischen Zolltarifs (EZT).

Tarifäre Handelshemmnisse. Sammel-Begr. f. Handelshemmnisse steuer- und abgabenpolitischer Natur. Durch diese werden Güter im grenzüberschreitenden Verkehr einer indirekten Steuer- und Abgabenbelastung (und damit einer Verteuerung) unterworfen. Einfuhrsteuern sind v. a. Einfuhrzölle: erhoben als → spezifischer (→ Mengen-) oder → Wertzoll; in Form von Abwehr-, Antidumping-, Finanz-, Erziehungs- oder Schutzzoll. Dazu können Zuschlags-, Hafen-, Konsular-, Stempel- und statistische Gebühren sowie sonstige → Ausgleichsabgaben kommen. Gegensatz: → nicht tarifäre Handelshemmnisse.

Tauschgeschäft. Bes. Form eines → Kompensationsgeschäftes. S. → Bartergeschäft.

Taxation and Customs Union DG (engl.; DG ist die Abk. f. Directorate General oder frz.: Direction Générale). Die Webseite der Generaldirektion Steuern und Zollunion der EU-Kommission. Sie informiert über die Steuer- und Zollpolitik der Europäischen Union; z. B. auch über elektronische Datenbanken: QUOTA – Zollkontingente und Zollplafonds; → TARIC; TRANSIT – Liste der Versandzollstellen; BTI (Abk. f. engl.: Binding Tariff Information), die nur für die EU-Zollbehörden zugänglich ist; ECICS (Abk. f. engl.: European Customs Inventory of Chemical Substances); VIES (Abk. f. engl.: VAT Information Exchange System oder – MIAS – Mehrwertsteuer-Informationsaustauschsystem). „Fiscalis“ stellt das Aktionsprogramm zur Verbesserung des Systems der indirekten Besteuerung innerhalb des Binnenmarktes dar. Die Auskunftdienste von „Europe Direct“ können auch über eine gebührenfreie Telefonnummer in Anspruch genommen werden.
http://europa.eu.int/comm/taxation_customs/sitemap_en.htm

Taxkurs. Der geschätzte Kurs eines Wertpapiers, für das es keine Umsätze gibt. Der T. wird vom Makler gebildet, wenn es keine Kauf- und Verkaufsaufträge gibt. S. a. → Kurszusätze.

TAXUD. Abk. f. (frz.) TAXation et Union Douanière. S. → Taxation and Customs Union DG der EU-Kommission.
http://europa.eu.int/comm/dgs/taxation_customs/index_en.htm

TDB. Abk. f. (engl.) Trade and Development Board; → Rat für Handel und Entwicklung. Organ der → Konferenz der Vereinten Nationen für Handel und Entwicklung (UNCTAD).

tdw. Abk. f. (engl.) tons dead weight. Gewichtsmaß für die Tragfähigkeit eines Schiffes als max. Ladegewicht einschl. der Betriebslasten (wie Öl und Wasser), wenn die Wasseroberfläche die Lademarke für den Seeweg berührt. Vgl. → Bruttoregistertonne, → Nettoregistertonne.

Technologische Zahlungsbilanz. Bez. f. einen Teil der → Dienstleistungsbilanz einer Volkswirtschaft, der die Einnahmen und Ausgaben aus dem technologischen Dienstleistungsverkehr enthält. Dazu zählen: Patente und Lizenzen; deren laufende Nutzungsgebühren wie auch der Kauf oder Verkauf von Patenten, Erfindungen, Verfahren und sonstigen Schutz- und Urheberrechten (wie Warenzeichen, Gebrauchs- und Geschmacksmuster). Forschungs- und Entwicklungsleistungen; sie betreffen v. a. Entgelte für die Entwicklung neuer Produkte und Verfahren einschl. wissenschaftlicher Beratung. EDV-Leistungen; in erster Linie für die Entwicklung und Pflege von EDV-Programmen sowie die Einrichtung von EDV-Anlagen. Ingenieur- und sonstige technische Dienstleistungen, wie Entgelte für planende und gestaltende Leistungen, für Information, Beratung und Schulung auf wissenschaftlichem Gebiet.

TED. Abk. f. (engl.) Tenders Electronic Daily. Datenbank der täglich aktualisierten Online-Ausgabe des Supplement S zum → Amtsblatt der Europäischen Gemeinschaften; enthält über 500 neue Ausschreibungen pro Tag aus allen Bereichen des öffentlichen Beschaffungswesens. Der Zugang zu TED ist kostenlos.
http://ted.eur-op.eu.int

Teilcharter. Begr. d. Seefrachtverkehrs. Beim T. werden einzelne, unbestimmte Laderäume eines Schiffes gechartert. → Chartervertrag.

Teil-Container-Ladung – (engl.) Less than Container Load (LCL). International gebräuchliche Klausel in Beförderungsbedingungen der Linienschifffahrt hinsichtlich der Abwicklungsform von Containerladungen. Sie besagt, dass der Absender seine Ladung an die Containerbeladungsanlage des Reeders/Verfrachters liefert. Der Reeder/Verfrachter ist für die Beladung des Containers in seiner Containerpackanlage verantwortlich. Die angelieferten Waren werden in alleiniger Verantwortung des Verfrachters im Reederei-Sammelcontainer zusammengestellt (verstaut) und verfrachtet. Der Verfrachter löscht die Waren am Bestimmungsort und stellt sie dem Empfänger zu. Für jede LCL-Ware stellt der Reeder ein eigenes Konnossement aus. Vgl. → Voll-Containerladung (FCL). S. a. → LCL for delivery LCL, → LCL for delivery FCL, → FCL for delivery FCL, → FCL for delivery LCL.

Teilkompensation. S. → Kompensationsgeschäft.

Teilkonnossement. S. → Konnossement.

Teilkonvertibilität. Die Umtauschbarkeit (→ Konvertibilität) gilt nur für bestimmte ausländische Währungen (die gegen inländische eingetauscht werden können) oder nur für bestimmte Transaktionen (z. B. nur für den Waren- und Dienstleistungsverkehr oder den Schuldendienst).

Teilschuldverschreibung. Schuldverschreibung, mit der ein Käufer das Recht auf einen dem Nominalbetrag entsprechenden Teil der Emission erwirbt. I. d. R. werden Schuldverschreibungen in Serien und „gestückelt", z. B. in 100, 500, 1.000, ... 10.000 Euro oder deren Mehrfaches, eben als T. aufgelegt.

Teilzahlungskredit. → Ratenkredit.

Telefon-Banking. S. → Home-Banking.

Telefonhandel. (1) Der außerbörsliche Handel (→ Vor- und Nachbörse) per Telefon. Gehandelt werden alle Effekten der Börsensegmente → amtlicher Handel, → geregelter Markt und → Freiverkehr. (2) Der Handel mit Effekten per Telefon auf dem sog. ungeregelten Freiverkehrsmarkt. Gegenstand sind Effekten, die in keinem der → Börsensegmente vertreten sind.

Telekurs. Unternehmensgruppe für Finanzinformationen und Zahlungssysteme. Liefert Marktdaten von über 180 Wertpapier- und Warenbörsen; zusammen mit Wechselkursen, Edelmetall-

preisen, Zinssätzen und Wirtschaftsnachrichten. Die T. Informationen AG hat ihren Hauptsitz in Zürich. Sie ist in Deutschland mit Telekurs GmbH vertreten.
http://www.telekurs-financial.com

Telekurs (Deutschland) GmbH. Sitz: Frankfurt am Main. Die Datenbank von Telekurs Finanz umfasst 1,5 Mio. Finanzinstrumente. Niederlassungen an allen wichtigen Börsenplätzen der Welt ermöglichen die Beschaffung und Aufbereitung aktueller Fundamental- und Ereignisdaten sowie die Bereitstellung von Echtzeit (→ Real-Time) Börseninformationen.
http://www.telekurs.de

Telle-quelle-Marke. Marke (Name, Bezeichnung, Design, Symbol, Zeichen oder Kombination dieser Bestandteile zum Erkennen eines Produkts oder einer Dienstleistung eines Anbieters und zur Unterscheidung von Konkurrenz-Produkten/Dienstleistungen), die nach der → Pariser Verbandsübereinkunft zum Schutz des gewerblichen Eigentums (PVÜ) aufgrund der Eintragung im Ursprungsland in einem anderen Verbandsstaat eingetragen wird. T.-q.-M. nach Art. 6 ^{quinquies} PVÜ genießen den Auslandsschutz so, wie sie im Ursprungsland eingetragen sind, unabhängig davon, ob sie im Schutzland eintragungsfähig sind oder nicht.

Telos Alpha 4.1. Ein Formular-Ausfüllprogramm für den Außenhandel mit integrierter Datenbankfunktion. Es bietet für alle wichtigen Außenhandelsformulare eine adäquate Maske. Das jeweils gewünschte Formular kann auf den Bildschirm geholt, einfach und schnell ausgefüllt werden. Eine optimale Datenbankanbindung ermöglicht es, bestehende Datensätze in die Formulare aufzunehmen. Alle lieferbaren Formular-Masken sind zu beziehen über:
http://www.dieckmann-verlag.de

Tel-quel-Klausel. Vom frz. tel(le) quel(le) abgeleitet: im augenblicklichen/jetzigen Zustand. Internationale Handelsklausel, die insb. im Überseehandel als → Qualitätsklausel verwendet wird. Danach hat der Käufer die Ware in der Qualität abzunehmen, die sie bei der Lieferung aufweist. Der Verkäufer übernimmt mit der T.-q.-K. keine Gewähr für eine bestimmte Qualität der gelieferten Ware. Es muss nicht Ware mittlerer Art und Güte sein. Es kann auch Ware der schlechtesten Sorte sein, aber unbeschädigt und unverdorben. Die gelieferte Ware muss gem. dem Handelsbrauch als Handelsgut anzusehen sein und darf nicht Ausschussware sein. Handelsüblich ist oftmals, eine mittlere Qualität vertraglich besonders zu vereinbaren.

Tel-quel-Kurs. Bez. f. d. Devisenkurs, „so wie er (jetzt) ist"; d. h. ohne Angabe/Berechnung von Spesen.

Temporales (zeitliches) Marktrisiko. S. → Marktrisiko.

Tempus. Das Programm fördert die Hochschulzusammenarbeit der EU mit den mittel- und osteuropäischen Ländern, den Balkanländern, den Staaten der ehemaligen Sowjetunion sowie der Mongolei. Es soll zum Gelingen der dortigen Wirtschaftsreformen und zur Konsolidierung der Demokratisierung beitragen. T. wird von der Generaldirektion Bildung und Kultur der Europäischen Kommission verwaltet.
http://europa.eu.int/comm/dgs/education_culture/index_en.htm
An der Durchführung der T.-Programme wirkt die → Europäische Stiftung für Berufsbildung mit.
http://www.etf.eu.int/tempus
In den EU-Staaten gibt es nationale Tempus-Kontaktstellen (engl.: National Contact Points - NCPs; in Deutschland ist dies der → DAAD); in den → Phare-Partnerstaaten Tempus-Büros (engl.: National Tempus Offices – NTOs), in den → Tacis-Partnerstaaten Tempus-Informationsstellen (engl.: Tempus Information Points – TIPs).

Tender. Bez. f. eine i. d. R. öffentliche Aufforderung zur Abgabe eines Angebotes. Vgl. → Auslandsausschreibung, → Bietungsgarantie. Zu unterscheiden sind: (1) Internationale Tender (global tender): Ausländische Unternehmen können sich an der → Ausschreibung beteiligen und direkt Angebote einreichen. (2) Inoffizielle Tender: Die Ausschreibung ist nur an einen begrenzten Bieterkreis gerichtet (z. B. an bestimmte Banken). (3) Lokale Tender: Ausländische Unternehmen können sich an der Ausschreibung beteiligen, müssen aber ihre Angebote über Vertreter im Inland einreichen.

Tender bond, tender guarantee (engl.). → Bietungsgarantie.

Tender due date (engl.). Letzter Termin zur Abgabe eines Angebotes im Rahmen einer öffentlichen → Ausschreibung.

Tender Issue (engl.). Emission von Wertpapieren auf dem Wege eines → Tenderverfahrens.

Tender panel (engl.). S. → Tenderverfahren.

Tenderverfahren (engl.: tender procedure). (1) Im nationalen und internationalen Wertpapierhandel angewandtes Ausschreibungsverfahren zur Unterbringung einer bestimmten Emission von Wertpapieren im Zuge einer Auktion. Der Emittent bzw. eine Führungsbank lädt die Mitglieder eines Bankenkonsortiums (engl.: tender panel) zur Einreichung von Angeboten ein. Dabei wird nur ein Mindestkurs genannt. Die Gebote liegen meist über dem vorgegebenen Mindestpreis. Das Emissionsvolumen wird dann an die Meistbietenden verteilt; dabei werden nicht selten große institutionelle Bieter bevorzugt. In Deutschland werden z. B. → Bundesanleihen und Bundesschatzanweisungen nach dem T. zugeteilt. Dabei steht der Nominalzins von vornherein fest; abgegeben werden Kursgebote (wodurch die Rendite dieser Wertpapiere höher oder niedriger als die Nominalverzinsung sein kann). Auch U-Schätze kommen über das T. in Umlauf. (2) Bez. f. d. Verfahren, bei dem eine Zentralbank auf der Grundlage konkurrierender Gebote Monetärer Finanzinstitute (MFIs) dem Markt Liquidität in Form von Zentralbankgeld zuführt oder entzieht. Das ESZB verwendet im Zuge seiner regelmäßigen Offenmarktgeschäfte sog. → Standardtender (dies können → Mengentender oder → Zinstender sein); für Feinsteuerungsoperationen → Schnelltender.

Termindevisen. Erst in der Zukunft verfügbare Kontoguthaben in fremder Währung. Gegensatz: → Kassadevisen.

Termineinlagen, Termingelder oder Einlagen mit vereinbarter Laufzeit. Einlagen, die Geld- und Kreditinstitute von ihren Kunden oder von anderen Instituten für eine bestimmte Zeit und gegen einen festen Zinssatz überlassen werden. In den Bankenstatistischen Gesamtrechnungen der Europäischen Währungsunion werden die T. nach Einlagen mit einer vereinbarten Laufzeit bis zu einem Jahr, von über einem bis zu zwei Jahren und von mehr als zwei Jahren differenziert. Die Verzinsung von T. ist i. d. R. höher als die von → Spareinlagen. Vgl. → Sichteinlagen.

Termingeschäft. (Börsen-)Geschäft, bei dem die Erfüllung eines Vertrages, d. h. die Abnahme oder Lieferung von Devisen, Wertpapieren oder Waren zu einem vertraglich festgelegten späteren Termin, aber zu einem am Abschusstag festgestellten (Börsen-)Kurs bzw. Preis erfolgt. Gegensatz: → Kassageschäft.

Terminhandel. Form des (Börsen-)Handels, bei dem die Vertragserfüllung nicht sofort, sondern zu einem späteren Zeitpunkt erfolgt. Gegensatz: → Kassahandel.

Terminkontrakt. Vertrag über ein → Termingeschäft. Darin verpflichten sich die Partner, eine bestimmte Menge des vereinbarten → Basiswertes (einer bestimmten Ware oder eines bestimmten → Finanzinstruments) zu einem fixierten Preis, zu einem festgelegten Zeitpunkt und an einem bestimmten Erfüllungsort zu kaufen bzw. zu verkaufen. Der Käufer verpflichtet sich zur vertragsgemäßen Abnahme, der Verkäufer zur vertragsgemäßen Lieferung des Vertragsgegenstandes. Es ist zu unterscheiden zwischen nicht standardisiertem T. (→ Forward-Kontrakt) und standardisiertem T. (→ Future; → Option, bei der es der zusätzlichen Angabe des → Basispreises bedarf). Letztere sind börsenmäßig handelbar, da ihr Gegenstand den Anforderungen der → Fungibilität entspricht.

Terminkurs. Preis/Kurs für ein → Termingeschäft oder einen Terminkontrakt. Wechselkurs einer Währung, die erst zu einem späteren Termin geliefert bzw. übernommen wird.

Terminmarkt. Markt, an dem nur → Termingeschäfte getätigt werden; z. B. Future-Markt. Gegensatz: → Kassamarkt.

Terms of Payment. → Zahlungsbedingungen im Auslandszahlungsverkehr.

Terms of trade. Das reale Austauschverhältnis zwischen Volkswirtschaften. Die t. o. t. werden durch das Verhältnis des Preisindex der ausgeführten Güter und des Preisindex der eingeführten Güter (etwas genauer: Index der Durchschnittswerte der ausgeführten Güter dividiert durch den Index der Durchschnittswerte der eingeführten Güter) – einer bestimmten Periode (z. B. eines Jahres) – operational ermittelt. Demnach steigen die t. o. t. einer Volkswirtschaft, wenn in einem bestimmten Zeitraum die Einfuhrpreise konstant bleiben (oder sinken), die Ausfuhrpreise hingegen steigen. Bei steigenden t. o. t. verbessert sich das reale Austauschverhältnis einer Volkswirtschaft. Für die gleiche Exportgüter-Menge kann real eine höhere Importgüter-Menge erworben werden; oder anders ausgedrückt: Zum Erwerb der gleichen Menge an Importgütern ist eine geringere Exportgüter-Menge erforderlich. Die t. o. t. stellen eine Maßzahl dar, mit der die Kaufkraft einer realen Exporteinheit, gemessen in realen Importeinheiten, ausgedrückt wird; im Vergleich zu einer Vorperiode bzw. zu einem Basisjahr.

TEU. Abk. f. (engl.) Twenty-foot-Equivalent-Unit. Maßeinheit f. d. Angabe der Ladekapazität eines Containerschiffes. Dieses Containermaß entspricht der Raum- oder Stellfläche eines 20-Fuß-Containers. Container verschiedener Länge werden zur Vereinheitlichung der Kapazitäts- und Durchsatzmessung auf diese Längeneinheit umgerechnet. Moderne Containerschiffe haben heutzutage eine Ladekapazität von bis zu 5.000 TEU; noch größere sind in Planung. S. → Frachteinheit.

THC. Abk. f. (engl.) Terminal Handling Charge. → Frachtzuschlag, der für die Beförderung des Containers im Hafen erhoben wird.

Through Bill of Lading (Through B/L, engl.); frz. Connaissement direct (aller); → Internationales Spediteur(durch)konnossement.

TIBOR. Abk. f. (engl.) Tokyo Interbank Offered Rate. Vgl. → Referenzzinssatz.

Time sheet. Bez. f. d. genauen schriftlichen Nachweis über Vorgänge im Verschiffungs- oder Bestimmungshafen, die mit dem Überschreiten der im Chartervertrag vereinbarten Lade- bzw. Löschzeiten zusammenhängen.

TIR (Transport International Routier)-**Verfahren**. Mehr als 60 Staaten sowie die EU sind

Vertragspartner des TIR-Übereinkommens. Rechtsgrundlage: Zollübereinkommen über den internationalen Warentransport mit → Carnet-TIR v. 14.11.1975 (BGBl. 1979 II 445).

tkm → Tonnenkilometer.

TLCAN. Abk. f. (span.) Tratado de Libre Comercio de Américana del Norte; → Nordamerikanische Freihandelszone. Oder: (frz.) Accord de libre-échange nord-américain (ALÉNA); (engl.) North-American Free Trade Agreement (NAFTA).

Tokio-Runde. Siebente Zollsenkungsrunde (1973 – 1979) im Rahmen des → GATT. Standen in den vorhergehenden Runden, wie z. B. auch in der → Kennedy-Runde, der Abbau und die Angleichung tarifärer Handelshemmnisse im Mittelpunkt der Verhandlungen, so befasste sich die T.-R. mit der Beseitigung → nicht tarifärer Handelshemmnisse (der Bekämpfung des Neo-Protektionismus), allerdings im Wesentlichen nach wie vor nur bei Industriegütern. Vgl. → Uruguay-Runde.

Tokyo Stock Exchange (TSE). Wichtigste Börse Japans. Bedeutender Platz für den Aktienhandel und damit verbundener Futures und Optionen; seine internationale Bedeutung ist gestiegen. Gegr. am 15.05.1878. Sitz: Tokio. Wichtige Aktienindices dieser Börse sind der → Nikkei und → TOPIX.
http://www.tse.or.jp

Toll. Engl. Bez. f. (Wege-, Brücken-)Zoll(geld); Maut-, Hafengebühr; Standgeld auf dem Markt.

T.O.M. Abk. f. (frz.: territoire d'outre-mer) Überseeisches Hoheitsgebiet von Frankreich.

Tonnage. In der Seeschifffahrt der Begr. f. d. zur Verfügung stehenden Schiffsraum in Registertonnen. Eine Registertonne stellt das Raummaß für 100 Kubikfuß oder 2,8317 Kubikmeter dar. Die Brutto-Tonnage umfasst den gesamten umbauten (geschlossenen) Schiffsraum; sie wird in Brutto-Registertonnen (BRT) angegeben. Die Netto-Tonnage umfasst den für die Ladung und die Passagiere nutzbaren („verdienenden") Schiffsraum; er wird in Netto-Registertonnen ausgewiesen. Die Gesamttragfähigkeit eines Schiffes (einschl. Ladung, Brennstoff, Trinkwasser, Ausrüstung und Besatzung wird in Gewichtstonnen (1 Gewichtstonne = 1.000 kg) – (engl.) tons dead weight (→ tdw) – gemessen.

Tonnenkilometer (tkm). Kennzahl/Maß für die Beförderungs(Verkehrs)leistung zu Lande, zu Wasser und in der Luft; errechnet aus dem Gewicht der beförderten Waren und der Länge der Versandstrecke; 1 tkm = Beförderung von Waren im Gewicht von 1 t über 1 km.

TOPIX. Abk. f. (engl.) Tokyo Stock Price Index. Eingeführt im Juli 1969. Dieser Preisindex setzt sich aus allen an der Tokyo Stock Exchange gelisteten Aktien der ersten Sektion zusammen. Zusätzlich wird eine Reihe weiterer Subindices (z. B. auch für große, mittlere und kleinere Unternehmen) berechnet und veröffentlicht.

Toronto Stock Exchange (TSE). Eine vollelektronische → Computerbörse, die unter den ersten Börsen der Welt rangiert.
http://www.tse.com

TPND. Abk. f. (engl.) theft, pilferage, non-delivery – Diebstahl, Raub, Nichtauslieferung; internationale Handelsklausel.

T.Q. Abk. f. (frz.) tel(le) quel(le). S. → Tel-quel-Klausel.

Trade and Development Board (TDB); → Rat für Handel und Entwicklung. Organ der → Konferenz der Vereinten Nationen für Handel und Entwicklung.

Trade Mark. Angloamerik. Bez. f. geschütztes Markenzeichen.

Traditionspapier (Dispositionspapier). Ist ein handelsrechtliches Warenwertpapier. Es verbrieft den Anspruch auf Herausgabe von übernommenen Waren u. z. dergestalt, dass mit dem Papier über die Ware selbst verfügt werden kann. Der Besitz dieser Urkunde repräsentiert den Besitz der Ware. Mit T. kann daher über rollende, schwimmende oder lagernde Waren disponiert werden. T. im Außenhandel sind : → Konnossement, → Ladeschein, → Orderlagerschein.

Trägertechnologie-Kontrollregime – (engl.) Missile Technology Control Regime. S. → MTCR.

Trampschifffahrt. Sie befördert Güter nach Bedarf; auf individuell gewünschten Seewegen, nach frei vereinbartem Fahrplan. Route und Fahrplan richten sich also nach dem Frachtangebot; dieses bestimmt auch im Zusammenspiel mit dem verfügbaren Laderaum die Frachtrate. Gegensatz: → Linienschifffahrt.

Transfer. Bez. f.: (1) Übertragung von Werten zwischen zwei Staaten im internationalen Zahlungsverkehr, bei denen die Währung des einen Staates (z. B. des Schuldnerlandes) in die Währung des anderen Staates (z. B. des Gläubigerlandes) umgewandelt wird. Oder (2) Einseitige (unentgeltliche) Übertragungen im internationalen Zusammenhang, die ihren Niederschlag in der Zahlungsbilanz finden; vgl. dazu → Bilanz der laufenden Übertragungen oder → Bilanz der Vermögensübertragungen.

Transferable Revolving Underwriting Fazilität (TRUF; engl.). Variante der → Revolving Underwriting Fazilität (RUF), bei der Vereinbarungen über die Übertragung der Underwriting-Verpflichtungen (bezüglich nicht platzierter Geldmarktpapiere) getroffen werden. Demnach kann sich bei der TRUF die Zusammensetzung der Platzierungsgaranten ändern.

Transfergarantie. → Garantie bei Auslandsgeschäften, mit der dem Exporteur der Zahlungs- und Devisentransfer gewährleistet wird. Der Exporteur sichert sich mit einer T. gegen das → Konvertierungsrisiko und das → Transferrisiko ab. Sind Garantiebank – die von sich aus die Zahlung gewährleisten kann – und die für den Devisentransfer zuständige Institution (z. B. eine Zentral- oder Staatsbank) identisch, kann die T. in einem mit der → Zahlungsgarantie gegeben werden. Ist dies nicht der Fall, ist neben einer Bankgarantie für die Zahlung auch eine Genehmigung für den Devisentransfer seitens der zuständigen Behörde erforderlich.

Transferklausel. Klausel in internationalen Schuldenabkommen. Mit ihr wird vereinbart, dass ein Schuldnerland Zins- und Tilgungszahlungen unterbrechen kann, wenn der Transfer fälliger Beträge seine Zahlungsbilanz außergewöhnlich belasten würde oder auch aus anderen Gründen nicht erfolgen kann.

Transfer-Pricing. Begr. f. d. Gestaltung von Verrechnungspreisen für Lieferungen von Waren und Dienstleistungen innerhalb multinationaler Unternehmen im grenzüberschreitenden Wirtschaftsverkehr. Ihre Festsetzung erfolgt i. d. R. nach anderen unternehmerischen Gesichtpunkten als die der Preise für Waren und Dienstleistungen, die an außenstehende Unternehmen abgegeben werden; z. B. aus Gründen der Gewinnverlagerung ins Ausland, der

Steuerersparnis, der Kapitalverteilung.

Transferrisiko. Es besteht im internationalen Zahlungsverkehr darin, dass die Devisenforderungen eines Gläubigerlandes (eines Exporteurs) nicht oder nicht zum fälligen Termin beglichen werden, weil das Schuldnerland die hierfür erforderlichen Devisen (dem Importeur) nicht zur Verfügung stellt; mangels Devisenbeständen oder wegen anderer politischer Umstände. Es besteht aber kein grundsätzliches Konvertierungsverbot. Vgl. → Konvertierungsrisiko.

Transitausfuhr. Ausfuhr von Waren, die über ein Drittland in das Empfängerland geleitet werden. → Switchgeschäft.

Transiteinfuhr. Einfuhr von Waren, die über ein Drittland aus dem Ursprungsland (Lieferland) bezogen werden.

Transithandel. Neben dem direkten und indirekten Export und Import ist der T. eine Grundform des Außenhandels. Er ist dadurch gekennzeichnet, dass die Warenlieferung nicht unmittelbar vom Exporteur zum Importeur erfolgt, sondern ein Dritter aus einem anderen Land dazwischen geschaltet ist. Dieser Transithändler lässt die Ware in seinem Land ein- und ausfuhrrechtlich als Transitware (Durchfuhrware) abfertigen. Die Ware erfährt im Transitland keinerlei Veränderung, Be- oder Verarbeitung, auch keine Lagerung. Vgl. → aktiver Transithandel, → passiver Transithandel, → gebrochener Transithandel.

Transithändler. Person, die Transithandel betreibt. Er hat im Bezug auf Exporteur und Importeur seinen Sitz in einem Drittland.

Transithandelsspitze. Begr. f. d. Restbetrag, der einem Transithändler bei einem aktiven Transithandelsgeschäft verbleibt, nachdem er von seinem Brutto-Verkaufserlös den Kaufpreis (einschl. Nebenkosten), den er an den ausländischen Warenlieferanten zu zahlen hat, abgezogen hat.

Transitlager. → Zollgutlager.

Transitzölle. → Durchfuhrzölle.

Transnationale Unternehmung. Bez. f. eine Unternehmung, die global tätig ist und multinationale Flexibilität mit spezifischer Marktnähe verbindet. Die internationale Innovationskraft – und damit die internationale Wettbewerbsfähigkeit – soll dadurch gefestigt bzw. gesteigert werden, dass das Management der t. U. einerseits nach einer einheitlichen Vision gemeinsame Entwicklungen und Synergieeffekte weltweit durchsetzt, andererseits aber auf die individuellen Motivationen der ausländischen Tochtergesellschaften setzt, um so in einem integrierten Netzwerk die unterschiedlichen Ressourcen möglichst effizient global nutzen zu können.

Transplant. Bez. f. ein Tochterunternehmen im Ausland, das dort andere wirtschaftliche, politische und soziale Rahmenbedingungen vorfindet, als sie für das Stammunternehmen im Inland (Mutterland) gegeben sind. Es ist vor die Aufgabe gestellt, die wesentlichen Erfolgsmerkmale des Unternehmenskonzepts im Mutterland auf das Ausland zu übertragen („überpflanzen").

Transportrisiko. Es liegt im Außenhandel in der Gefahr der Beschädigung oder des Verlustes der Ware auf dem Transportweg, z. B. durch einen Unfall auf dem Landweg, eine Havarie auf dem Seeweg, durch (banden-)kriegerische Auseinandersetzungen oder andere Ereignissse sowie in der Verzögerung der Transportabwicklung. Das T. kann seinerseits in unterschiedlicher Weise auftreten: qualitatives T. (Beschädigung und Verschlechterung der Ware), quantitatives T. (Verringerung oder Verlust der Ware), lokales T. (Versand der Ware an den falschen Ort), temporales T. (Verzögerung oder Verhinderung der Warenbeförderung).

Transportversicherungsdokumente. Sammel-Bez. f. → Transportversicherungspolice und → Transportversicherungszertifikat. Im Zuge der Finanzierung eines Außenhandelsgeschäftes verlangt ein Kreditinstitut immer eine Transportversicherung.

Transportversicherungspolice oder Transportversicherungsschein. Transportversicherungsdokument, das bei Abschluss eines Transportversicherungsvertrages vom Versicherer ausgestellt wird. Dies kann unterschiedlich erfolgen: (1) Als Einzelpolice bei einmaligem/getrenntem Versicherungsabschluss für einzelne Warentransporte (für die Bedingungen und Prämien von Fall zu Fall vereinbart werden). Die Einzelpolice kann ihrerseits als → gekorenes Orderpapier (und dadurch als Wertpapier) oder als qualifiziertes Legitimationspapier (s. dazu → Transportversicherungsschein auf den Inhaber) ausgestellt werden. (2) Als Generalpolice bei Versicherung von regelmäßigen oder häufigen Transporten gleicher Art und vergleichbarer Risiken („laufende Versicherung"). In diesem Fall kann für den einzelnen Warentransport ein → Transportversicherungszertifikat ausgefertigt werden.

Transportversicherungsschein auf den Inhaber. Als solcher können Einzelversicherungspolice und Versicherungszertifikat ausgestellt werden. Zu erkennen am Vermerk: „... für Rechnung, wen es angeht ..." (engl.: for account of whom it may concern) und „... Schäden zahlbar an den Inhaber ..." (engl.: claims payable to the holder of this certificate). Der T. a. d. I. ist ein qualifiziertes → Legitimationspapier. Der Versicherer kann mit befreiender Wirkung an jeden Vorlegenden leisten; er muss die Berechtigung des Vorlegenden nicht überprüfen.

Transportversicherungszertifikat. Bei Vorliegen einer Generalpolice kann der Versicherer für die einzelnen Warentransporte ein T. ausstellen. Dies kann (wie im Fall der Einzelpolice) in Form eines gekorenen Orderpapiers oder eines qualifizierten Legitimationspapiers erfolgen.

Trassant. Aussteller eines gezogenen → Wechsels (einer → Tratte); auch eines Schecks. Allg.: Aussteller eines Wertpapiers.

Trassat. Schuldner eines gezogenen → Wechsels (einer → Tratte) oder eines Schecks; derjenige, an den sich der Zahlungsauftrag richtet (Adressat).

Trassiert-eigener Wechsel. Gezogener → Wechsel, bei dem der Name des Ausstellers und des Bezogenen identisch sind. Ist bei Kaufleuten gebräuchlich, die mehrere Niederlassungen unterhalten. So kann z. B. die Hauptniederlassung einen solchen Wechsel auf die Zweigniederlassung ziehen.

Trassierung (Wechseleinziehung). Anweisung des Ausstellers (Trassant) an den Bezogenen, einen bestimmten Betrag an den legitimierten Inhaber zu zahlen. Im Ergebnis ein gezogener Wechsel, ohne Akzept; also eine Tratte.

Tratte. Ausgestellter gezogener → Wechsel (durch den der Bezogene zwar angewiesen wird, an den Wechselnehmer (Remittenten) einen bestimmten Betrag zu zahlen), der aber vom Bezogenen – noch – nicht akzeptiert worden ist. Tratten sind v. a. im Auslandsgeschäft gebräuchlich.

Travellerscheck. → Reisescheck.

Treasury Bills. Bez. in den USA und im Vereinigten Königreich (dort auch Exchequer Bill genannt) f. kurzfristige staatliche Schuldtitel (→ Schatzwechsel), die der Kreditfinanzierung (bis zu 90 Tagen) dienen.

Treasury Bonds. Langfristige Staatsanleihen, die vom Finanzministerium („Schatzamt") der USA (U.S. Treasury) pari emittiert werden und eine Laufzeit von mindestens zehn Jahren haben. Die Zinszahlungen erfolgen halbjährlich. Sie sind von einzelstaatlichen wie von örtlichen Steuern befreit. → Government Bonds.

Trennbankensystem. System von → Spezialbanken. In den USA ist z. B. das Geschäftsbankensystem institutionell in die Bereiche Commercial Banking (Einlagen-, Kredit-, Zahlungsverkehrsgeschäft) und Investment Banking (Wertpapier-, Kapital- und Geldmarktgeschäft) gegliedert. Vgl. → Universalbank.

Treppenzins. Zinssatz, der mit zunehmender Laufzeit einer Anlage/Anleihe steigt.

Treuhandanstalt. Juristische Person zur Privatisierung und Verwertung volkseigenen Vermögens der ehemaligen Deutschen Demokratischen Republik (DDR). Sie wurde durch Beschluss des Ministerrates der ehemaligen DDR vom 01.03.1990 auf der Grundlage des Gesetzes zur Privatisierung und Reorganisation des volkseigenen Vermögens (Treuhandgesetz) vom 17.06.1990 (GBl. I 300; zuletzt geändert durch Gesetz vom 09.08.1994, BGBl. I 2062), errichtet. Sie bestand gem. Art. 25 des Einigungsvertrages zwischen der BRD und der DDR über die Herstellung der Einheit Deutschlands vom 31.08.1990 als rechtsfähige bundesunmittelbare Anstalt des öffentlichen Rechts unter der Fach- und Rechtsaufsicht des → Bundesministeriums der Finanzen fort. Sitz: Berlin. Ihre Aufgabe bestand darin, aus den rd. 8.000 Volkseigenen Betrieben (VEB) – mit rd. 40.000 Betriebsstätten – der ehemaligen DDR marktfähige Unternehmen zu bilden. Die T. war nur für das volkseigene Betriebsvermögen zuständig; nicht für Grund und Boden in Volkseigentum, nicht für landwirtschaftliche Produktionsgenossenschaften (LPG), nicht für die den Städten/Gemeinden unterstellten Betriebe mitsamt dem dazugehörenden Vermögen und auch nicht für das Vermögen der Deutschen Reichsbahn und der Deutschen Post – der DDR. Zum 01.07.1990 wurden die VEB in Kapitalgesellschaften umgewandelt, deren alleinige Anteilseigentümerin zunächst die T. war. Nach marktwirtschaftlichen Grundsätzen sollten die Betriebe wettbewerblich neu strukturiert, privatisiert oder stillgelegt werden. Die T. wurde zum 31.12.1994 aufgelöst. Die ursprüngliche Einschätzung, die T. werde ihre Aufgaben weitgehend durch Privatisierungserlöse finanzieren (Präambel des Treuhandgesetzes), stellte sich als unrealistisch heraus. Die Schulden der T., die sich aus Altkrediten, Neukrediten und Ausgleichsforderungen zusammensetzen, gingen zum 01.01.1995 in der Höhe von über 170 Mrd. Euro in den Erblastentilgungsfonds des Bundes über. Die Aufgaben der T. übernahmen zum gleichen Zeitpunkt ihre Nachfolger: (1) Die Bundesanstalt für vereinigungsbedingte Sonderaufgaben (BVS), die insb. die Einhaltung der Treuhandverträge (rd. 85.000) überwachte, stillgelegte Betriebsstätten (rd. 3.500) abwickelte und mit Fragen der ökologischen Altlasten befasst war. Die BVS hat ihre operative Tätigkeit zum 31.12.2000 eingestellt. (2) Die Bodenverwertungs- und -verwaltungs-GmbH (BVVG); eine Tochtergesellschaft der BVS. Sie verwaltet und verwertet die ehemals volkseigenen land- und forstwirtschaftlich genutzten Flächen sowie Gebäude und Anlagen in den neuen Bundesländern. (3) Die Treuhand Liegenschaftsgesellschaft mbH (TLG). Ihr obliegt die Verwaltung, Verwertung und Entwicklung der sonstigen Immobilienbestände (im Wesentlichen Gewerbegebiete, Büro- und Wohnimmobilien) in den neuen Bundesländern. (4) Die Beteiligungs-Management-Gesellschaft Berlin mbH (BMGB). Unter ihrem Dach waren zunächst nicht privatisierte Treuhandbeteiligungen zusammengefasst; sie war für die Sanierung und Privatisierung dieser Unternehmen zuständig. Nach Abschluss ihrer Kernaufgaben wurde sie zum 01.01.2000 durch Verschmelzung auf (5) die Lausitzer und Mitteldeutsche Bergbau-Verwaltungsgesellschaft mbH (LMBV) beendet. Einziger Anteilseigner von TLG und LMBV ist die Bundesrepublik Deutschland, vertreten durch das Bundesministerium der Finanzen (BMF).

Treu und Glauben. Grundsatz insb. des Schuldrechts, aber auch im gesamten Privatrecht (z. B. im Arbeitsrecht) und im gesamten öffentlichen Recht und Verfahrensrecht. Nach § 242 BGB ist der Schuldner verpflichtet, die Leistung so zu bewirken, wie es mit Rücksicht auf die Verkehrssitte geboten ist. Der Grundsatz T. u. G. verbietet nicht nur, dass eine Leistung in unzumutbarer Weise (z. B. zur Nachtzeit) erbracht wird; er schützt auch den Glauben des anderen Beteiligten an einen redlichen Geschäftsverkehr, indem er jede mißbräuchliche Rechtsausübung untersagt. Ihm kommt bes. Bedeutung bei der Kündigung aus wichtigem Grund, bei einer möglichen Änderung des Leistungsinhaltes wegen Wegfalls der Geschäftsgrundlage wie auch bei der Verwirkung (wenn ein Anspruch/Recht längere Zeit nicht geltend gemacht wird; eine verspätete Geltendmachung als unzulässige, unzumutbare Rechtsausübung anzusehen ist) zu. Der unbestimmte Rechtsbegriff T. u. G. bedarf im Übrigen der Konkretisierung durch die Gerichte.

TRIMS. Abk. f. (engl.) Agreement on Trade Related Investment Measures. Regelt im Rahmen des → GATT/der → Welthandelsorganisation die handelsbezogenen Aspekte von Investitionen.

TRIPS-Abkommen. (Engl.) Agreement on Trade-Related Aspects of Intellectual Property Rights; → Abkommen über handelsbezogene Aspekte der Rechte am geistigen Eigentum.

TRIPS-Rat. Rat für handelsbezogene Aspekte der Rechte des geistigen Eigentums; ein Unterorgan der → Welthandelsorganisation.

Triptik. Dokumente, die zum einmaligen Grenzübertritt mit Kraftfahrzeugen berechtigen. Sie werden durch die nationalen Kraftfahrerverbände ausgestellt.

Trockengewicht. Das Gewicht der Ware in absoluter Trockenheit. Es wird aus dem Gewicht der aus einer Warenlieferung gezogenen Muster nach dem Trocknungsprozess errechnet.

Troygewicht, Feingewicht – (engl.) troy weight. S. → Anlage 3.

TRUF → Transferable Revolving Underwriting Fazilität.

TSE. (1) → Tokyo Stock Exchange oder auch (2) Abk. f. (engl.) Toronto Stock Exchange.

TSI. Abk. f. (engl.) Trade Support Institutions; Außenhandels-Förderungsinstitutionen, die in den Markt-Analyse-Portalen (MAPs) des → Internationalen Handelszentrums UNCTAD/WTO (ITC) erfasst sind.

T.T. Abk. f. (frz.) transit temporaire. Bez. f. (Registrierung der Kraftfahrzeuge im) zeitweiligen Durchgangsverkehr; z. B. im Transitverkehr.

TÜV. Abk. f. Technischer Überwachungs-Verein. Gegr. 1884 durch den Zusammenschluss von 22 Dampfkessel-Überwachungs-Vereinen (DÜV); seit 1949 TÜV. Seine Ziele sind die Gewährleistung der Sicherheit technischer Anlagen entsprechend dem Stand der Technik und die Gefahrenabwehr. Er ist internationaler technischer Dienstleister für Sicherheit, Qualität, Umweltschutz und Wirtschaftlichkeit in den Bereichen Industrie, Produkte und Verkehr mit Beratung, Prüfung, Tests, Gutachten, Zertifizierung und Ausbildung. Zu den Aufgaben zählen: Überprüfung der Betriebs- und Verkehrssicherheit technischer Anlagen vor Inbetriebnahme und die spätere Betriebsüberwachung; Prüfung der Qualifikation von Personen zur Bedienung technischer Anlagen; Immissionsmessungen; Bauartenprüfung bei technischen Geräten und Arbeitsmitteln; Vergabe des Gütesiegels – GS; chemische Untersuchungen. Der TÜV ist für den technischen Öffentlichkeitschutz zuständig. Im Internet zu erreichen z. B. über http://www.tuev-sued.de

T.V.A. Abk. f. (frz.) taxe sur (oder à) la valeur ajoutée. Frz. Bez. f. → Mehrwertsteuer.

Twenty-foot-Equivalent-Unit. → TEU (20-Fuß-Einheit).

Typischer Preis (engl.: typical price). Begr. f. d. durchschnittliche Kurs einer bestimmten Handelsperiode (z. B. Tag, Woche, Monat). Er wird als arithmetisches Mittel aus dem Höchstkurs, dem Tiefstkurs und dem → Schlusskurs ermittelt.

Typschein. Amtlicher Nachweis für die allgemeine Betriebserlaubnis, die Herstellern von reihenweise gefertigten Fahrzeugen erteilt wird.

U

U → Ursprungszeugnis.

UAM → Union des Arabischen Maghreb oder Arabische Maghreb-Union (AMU).

UBA → Umweltbundesamt.

Überbringerklausel. Auf Scheckvordrucken der Kreditinstitute (hinter dem Namen des berechtigten Zahlungsempfängers) angebrachter Vermerk: „oder Überbringer“. Dadurch kann nicht nur der Inhaber, sondern auch der Überbringer über die Rechte aus dem Scheck verfügen.

Überbringerscheck. Ein Scheck ist als → Inhaberpapier aufgrund der → Überbringerklausel ein Ü. Er wird v. a. (noch) im Inland als Zahlungsmittel (→ Barscheck bzw. → Verrechnungsscheck) verwendet. Der Ü. verliert im Zeitalter des → Electronic Banking zunehmend an Bedeutung.

Überbrückungskredit. (1) → Zwischenkredit, der einer kurzfristigen, vorläufigen Finanzierung dient. (2) Kurzfristiger Kredit, der zur Überwindung eines vorübergehenden, überschaubaren und einmaligen Liquiditätsengpasses dient; z. B. ein Saisonkredit (von einem Unternehmen des Fremdenverkehrsgewerbes in Anspruch genommen). Ein solcher Ü. wird von den Banken i. d. R. als Kontokorrentkredit gewährt; abgesichert z. B. durch Bürgschaft, Grundbucheintragung.

Übereinkommen der Vereinten Nationen über den internationalen Warenverkauf v. 11.04.1980 (BGBl. 1989 II 586); in Deutschland seit dem 01.01.1991 in Kraft. Es regelt den Vertragsabschluss, die Rechte und Pflichten der Vertragsparteien bei Kaufverträgen mit gewerblichen Abnehmern. Es löst die → Haager Einheitlichen Kaufrechtsabkommen ab. Engl. Bez.: United Nations Convention on Contracts for the International Sale of Goods (CISG); (frz.) Convention des Nations Unies sur les Contracts de Vente Internationale des Marchandises (CVIM). S. → UN-Kaufrecht; vgl. → Wiener Kaufrecht.

Übereinkommen über den Beförderungsvertrag im internationalen Straßengüterverkehr – (frz.) Convention relative au contract de transport international des Marchandises par Route (CMR) v. 19.05.1956 (BGBl. 1961 II 1119; BGBl. 1980 II 721, 733). Wichtigste Rechtsgrundlage für privatrechtliche Verträge über die entgeltliche Beförderung von Gütern auf der Straße (→ CMR-Frachtbrief), wenn Versandort und Bestimmungsort in verschiedenen Staaten liegen; wobei mindestens einer ein Vertragsstaat ist. Das CMR-Übereinkommen regelt u. a. auch die Haftung des Frachtführers.

Überfremdung. Außenwirtschaftsrechtliche Bez. für die Zunahme des Einflusses Gebietsfremder auf gebietsansässige Unternehmen. Ü. kann auf dem Wege des Kaufs von (Sperr- oder Mehrheits-)Kapitalanteilen (Aktienpakete von AGs; Gesellschafteranteile von GmbHs) zustande kommen. Die Möglichkeiten einer Ü. können durch die Emission von Mehrstimmrechts-Aktien oder → vinkulierten Namensaktien eingeschränkt werden; auch durch die Stimmrechtsbeschränkung (gem. §§ 134 und 139 AktG) der Aktionäre.

Überführung zum freien Verkehr. Zollverfahren, bei dem das Zollgut (in der EU die Nichtgemeinschaftsware) nach der Zollabfertigung und der Verzollung zur Inlandsverwendung freigestellt (also Gemeinschaftsware, Freigut) wird.

Überkapitalisierung. Diese liegt in einem Unternehmen vor, wenn das Eigenkapital (Grund- oder Stammkapital) im Verhältnis zur Ertragskraft oder zum realen Vermögenswert eines Unternehmens zu hoch ist. Ü. kann durch zu hohe Bewertung von Sacheinlagen und/oder durch Gewinnansammlung zustande kommen. Durch Ü. kommt es zur Verringerung der Rentabilität; der erzielte Gewinn muss auf ein zu hohes Kapitalvolumen bezogen werden. Größere praktische Bedeutung hat der Gegensatz: die → Unterkapitalisierung.

Überlassung von Waren. Vor In-Kraft-Treten des Zollkodex (ZK) entsprach die „Freigabe" dem zollrechtlichen Begriff der Überlassung. Dies ist – nach Art. 4 Nr. 20 ZK – die Beendigung der vorübergehenden zollamtlichen Verwahrung. Danach kann der Zollanmelder frei über die Ware verfügen. Importierte Waren, die in das → Zolllagerverfahren überführt werden, sind nach der Überlassung unverzüglich in die Lagereinrichtung zu verbringen.

Überliegegebühr oder (engl.) Demurrage. International gebräuchliche Bez. f. Liegegeld, das im internationalen Schiffsverkehr für die Inanspruchnahme einer längeren Lade- und/oder Löschzeit im Verschiffungs- bzw. Bestimmungshafen zu entrichten ist. Wenn diese die im Chartervertrag vereinbarten Zeiten überschreiten – und hierfür der Auftraggeber (Charterer) verantwortlich ist, dann kann der Reeder von diesem Ü. verlangen.

Übernachtzinssätze. Die Zinssätze für die → Einlagefazilität und die → Spitzenrefinanzierungsfazilität. Im ESZB können Geschäftsbanken – über Nacht – im Rahmen der Einlagefazilität Liquidität bei den nationalen Zentralbanken anlegen oder sich im Rahmen der Spitzenrefinanzierungsfazilität Liquidität von den nationalen Zentralbanken beschaffen. Der (niedrigere) Zinssatz für die Einlagefazilität bildet im Allgemeinen die Untergrenze des Tagesgeldsatzes, der (höhere) Zinssatz für die Spitzenrefinanzierungsfazilität die Obergrenze des Tagesgeldsatzes.

Übernahmekonnossement – (engl.) Received for Shipment Bill of Lading/Received for Shipment B/L. S. → Konnossement.

Übernahmekonsortium. → Emissionskonsortium, das die Emission von Wertpapieren gegen eine entsprechende Vergütung fest übernimmt. Die Höhe der Vergütung hängt ab von der Kapitalmarktsituation, dem Volumen der Emission und dem Rating des Emittenten. Die Wertpapiere werden dann anschließend auf dem Markt untergebracht.

Übernahmeladeschein. Dokument des Außenhandels, mit dem der Frachtführer bescheinigt, die Ware übernommen, aber noch nicht verladen zu haben.

Überpari-Emission. Diese ist gegeben, wenn der Ausgabekurs neuer Wertpapiere über deren Nominalwert liegt. Vgl. → Agio.

Überschuldung. Diese liegt vor, wenn der Verlust eines Unternehmens größer ist als das gesamte Eigenkapital (Grund-, Stammkapital; einschl. ausgewiesener Reserven). Ü. einer juristischen Person (wie AG oder GmbH) erfordert (wie Zahlungsunfähigkeit), das gerichtliche → Insolvenzverfahren zu beantragen.

Überschussreserve. Differenz zwischen dem (höheren) Mindestreserve-Ist und dem (niedrigeren) Mindestreserve-Soll eines Kreditinstitutes; gehalten bei der Zentralbank. Die Ü. zählt zu den freien Liquiditätsreserven der Kreditinstitute. Diese können jederzeit frei (kostenlos) über ihre Ü. verfügen.

Überseeische Länder und Gebiete (ÜLG) – (engl.) Overseas Countries and Territories (OCTs) oder (frz.) Pays et Territoires d'Outre-Mer (PTOM). Begr. d. Europarechts und des deutschen Außenwirtschaftsrechts für Kolonien, Treuhandgebiete, Überseeprovinzen u. Ä., die noch keine Selbstständigkeit erlangt haben. Die ÜLG sind gem. Art. 131 EG-Vertrag mit der Europäischen Gemeinschaft assoziiert; sie erhalten Hilfen aus dem → Europäischen Entwicklungsfonds.

Überseetratte. Bez. f. einen Wechsel, der auf einen Importeur in Übersee gezogen (und mit den üblichen Dokumenten versehen) ist. Bei einem Übersee-Sichtwechsel erfolgt die Aushändigung der Dokumente gegen Bezahlung; bei einem Übersee-Nachsichtwechsel erfolgt die Aushändigung der Dokumente gegen Akzept der Überseetratte.

Übersetzungszentrum für die Einrichtungen der Europäischen Union – (frz.) Centre de Traduction des organes de l'Union Européenne (CDT); (engl.) Translation Centre for the bodies of the EU. Gegr. 1994. Sitz: Luxemburg. Das CDT hat die Aufgabe, die erforderlichen Übersetzungen für die dezentralisierten → Gemeinschaftsagenturen der EU durchzuführen.
http://www.cdt.eu.int

Übertragbares Akkreditiv. Art des → Dokumentenakkreditivs, bei dem der Akkreditierte (Erstbegünstigte) berechtigt ist, seine Ansprüche ganz oder teilweise an Dritte (Zweitbegünstigte) abzutreten. Dadurch können z. B. Lieferanten des Exporteurs an dessen Rechten aus dem Akkreditiv zur Sicherung ihrer Forderungen gegenüber dem Erstbegünstigten beteiligt werden.

Übertragungsbilanzen. Teilbilanzen der → Zahlungsbilanz. S. → Bilanz der laufenden Übertragungen und → Bilanz der Vermögensübertragungen.

Überwachungszollstelle. Die im Bewilligungsbescheid für das → Zolllagerverfahren zur Überwachung bestimmte Zollstelle (gem. Art. 496 a ZK-DVO)

Überweisung. Häufig gebrauchte Form des bargeldlosen Zahlungsverkehrs, bei dem aufgrund eines Auftrags eines Bankkunden von dessen Konto ein bestimmter → Giralgeldbetrag auf das Konto eines anderen Kunden bei der gleichen oder einer anderen Bank übertragen wird.

Überzeichnung. Begr. f. d. Sachverhalt, dass die Nachfrage bzw. der insg. gezeichnete Betrag das tatsächliche Volumen einer → Emission überschreitet. Die Differenz kann durch → Repartierung (Beschränkung der Zuteilung) oder durch Erhöhung des Emissionsbetrages ausgeglichen werden.

Überziehungskredit. Form des → Kontokorrentkredites, bei dem der Kontoinhaber einen höheren Kredit als mit seiner Bank ursprünglich vereinbart in Anspruch nimmt; entweder stillschweigend oder aufgrund einer mündlichen/schriftlichen Absprache mit der Bank. Die Überziehung eines laufenden Kontos bzw. eines Kreditlimits hat mit der Einräumung eines Dispositionskredites (für Lohn- und Gehaltsempfänger in der Höhe von bis zu drei Monatsgehältern) eine weit verbreitete Institutionalisierung erfahren.

Überziehungsprovision. → Provision, die Banken ihren Kunden in Rechnung stellen, wenn diese ihr Konto überziehen oder Kredit ohne Vereinbarung – über den vereinbarten Kreditrahmen oder über den vereinbarten Termin hinaus – in Anspruch nehmen. Die Ü. ist zusätzlich zur Verzinsung des beanspruchten Kredits zu zahlen. Sie wird nur vom überzogenen Betrag berechnet.

UBGG. Abk. f. d. Unternehmens-Beteiligungs-Gesellschaften-Gesetz. Gesetz über Unternehmensbeteiligungsgesellschaften, i. d. F. v. 09.09.1998 (BGBl. I 2765).

Übrige Welt. Begr. a. d. Sektorengliederung des → ESVG für die Gesamtheit der Wirtschaftseinheiten, die ihren ständigen Sitz (z. B. Unternehmen) oder Wohnsitz (private Haushalte) außerhalb des inländischen Wirtschaftsgebietes, also im Ausland haben.

UCC. Abk. f. (engl.) Universal Copyright Convention; → Welt-Urheberrechts-Abkommen (WUA).

UCP. Abk. f. (engl.) Uniform Customs and Practice for Documentary Credits – Einheitliche Richtlinien und Gebräuche für Dokumentenakkreditive (ERA).

UDEAC. Abk. f. (frz.) Union Douanière et Economique de l'Afrique Central; → Zentralafrikanische Zoll- und Wirtschaftsunion oder (engl.) Central African Customs and Economic Union (CACEU).

UE. (1) → Ursprungserklärung. (2) Abk. f. (frz.) Union Européenne; → Europäische Union.

UEAPME. Abk. f. (frz.) Union Européenne de l'Artisanat et des Petites et Moyennes Entreprises; → Europäische Union des Handwerks und der Klein- und Mittelbetriebe.

UEMOA. Abk. f. (frz.) Union Economique et Monétaire Ouest Africaine; → Westafrikanische Wirtschafts- und Währungsunion oder (engl.) West African Economic and Monetary Union (WAEMU).

UIC. Abk. f. (frz.) Union Internationale des Chemins de Fer; → Internationaler Eisenbahnverband oder (engl.) International Union of Railways.

UIRR. Abk. f. (frz.) Union Internationale des sociétés de transport combiné Rail-Route; → Internationale Vereinigung der Gesellschaften für den kombinierten Verkehr Schiene-Straße oder (engl.) International Union of combined Road-Rail transport companies.

UK. Abk. f. (engl.) United Kingdom of Great Britain and Northern Ireland; → Vereinigtes Königreich von Großbritannien und Nordirland.

ÜLG → Überseeische Länder und Gebiete.

Ultimo. Begr. aus dem Bank- und Börsenwesen für den letzten Tag eines Monats. Zahlungen, die per ultimo fällig werden, sind an diesem Tag zu leisten.

Ultimogeld. Geldschuld, die am letzten Tag des Monats ohne besondere Kündigung zur Zahlung fällig wird.

Ultimogeschäft. Termingeschäft, dessen Erfüllung für den Monatsletzten vereinbart wurde; das am letzten Börsentag des Monats fällig wird.

UMA. Abk. f. (frz.) Union de Maghreb Arabe; → Union des Arabischen Maghreb (UAM) oder Arabische Maghreb-Union (AMU).

UMAC. Abk. f. (frz.) Union Monétaire de l'Afrique Centrale; → Zentralafrikanische Währungsunion.

Umfinanzierung. Vorgang, bei dem bereits vorhandene Finanzierungsmittel eines Unternehmens ausgetauscht werden. U. stellt einerseits eine Kapitalbeschaffung dar, führt aber andererseits zu keiner Vermehrung des Betriebskapitals. Beispiele hierfür sind: Umwandlung von Fremdkapital in Eigenkapital (von Darlehen in Beteiligungen; wie durch den Umtausch von Wandelschuldverschreibungen in Aktien). Umwandlung von Eigenkapital in Fremdkapital (wenn ein ausscheidender Gesellschafter seinen frei werdenden Anteil dem Unternehmen als Darlehen zur Verfügung stellt). Umwandlung von Fremdkapital (von kurzfristigen Krediten in langfristige). Umwandlung von Eigenkapital (von offenen Rücklagen in Grund/Stammkapital). Bei einer U. kommt es lediglich zum Tausch von Passivpositionen einer Unternehmensbilanz (nicht zu einer Bilanzverlängerung).

Umlaufgeschwindigkeit des Geldes im gesamtwirtschaftlichen Einkommenskreislauf. Sie errechnet sich aus der Division des gesamtwirtschaftlichen Nominaleinkommens durch die gesamtwirtschaftliche Geldmenge. Sie drückt die Leistung des Geldes als Tauschmittel (Transaktionsfunktion) für alle gesamtwirtschaftlichen Transaktionen in einer Rechnungsperiode aus.

Umlaufvermögen. Vermögensgegenstände mit relativ kurzfristiger Bindungs- bzw. Umschlagsdauer im Unternehmen. Im Unterschied zum Anlagevermögen wird das U. immer nur vorübergehend genutzt. Dazu gehören: Vorräte (Roh-, Hilfs- und Betriebsstoffe, Halb- und Fertigwaren; auch geleistete Anzahlungen), Forderungen jeglicher Art, Wertpapiere (die kurzfristig oder nur zu spekulativen Zwecken gehalten werden), flüssige Finanzierung-/Zahlungsmittel, wie Bankguthaben und Kassenbestände (Banknoten und Münzen).

UMOA. Abk. f. (frz.) Union Monétaire Ouest Africaine; → Westafrikanische Währungsunion oder (engl.) West African Monetary Union (WAMU).

UMS. Abk. f. (engl.) Unified Messaging Services. S. → Vereinheitlichte Nachrichtenabwicklungen.

Umsatzrentabilität. Verhältnis des Gewinns zum Umsatz eines Unternehmens; i. d. R. als Prozentsatz pro Jahr ausgedrückt.

Umsatzsteuer. Steuer, die auf alle Verkehrsakte von Waren und Leistungen zu entrichten ist, die Unternehmen und z. T. auch Behörden und Einrichtungen des Staates sowie private Organisationen ohne Erwerbscharakter durchführen. Die Erhebung der Umsatzsteuer erstreckt sich auf alle inländischen Einkommensverwendungsakte; im Unterschied dazu werden → Verbrauchsteuern nur auf partielle Einkommensverwendungen erhoben. In Deutschland wird die U. in Form der → Mehrwertsteuer von den Finanzämtern (der Länder) erhoben. Rechtsgrundlagen sind das → Umsatzsteuergesetz (UStG) und die Umsatzsteuer-Durchführungsverordnung (UStDV; v. 20.12.1979, BGBl. I 2359). S. a. → Einfuhrumsatzsteuer.

Umsatzsteuerbefreiung bei der Ausfuhr. Gem. § 4 UStG sind steuerfrei: Ausfuhrlieferungen (nach § 6 UStG), innergemeinschaftliche Lieferungen (nach § 6 a), Lohnveredelungen an Gegenständen der Ausfuhr (§ 7), Umsätze für die Seeschiffahrt und für die Luftfahrt (§ 8) sowie grenzüberschreitende Beförderungen von Gegenständen, die Beförderungen im internationalen Eisenbahnfrachtverkehr und andere sonstige Leistungen, wenn sich die Leistungen unmittelbar auf Gegenstände der Ausfuhr beziehen oder auf eingeführte Gegenstände beziehen, die im externen Versandverfahren in das Drittlandsgebiet befördert werden.

Umsatzsteuergesetz 1999 (UStG 99). Neufassung vom 09.06.1999 (BGBl. I 1270); zuletzt geändert durch Gesetz vom 19.12.2000 (BGBl. I 1790).
http://www.steuernetz.de/gesetze/ustg/20001219/

Umsatzsteuer-Indentifikations-Nummer (USt-IdNr.). Diese wird in Deutschland vom → Bundesamt für Finanzen für umsatzsteuerliche Zwecke an Unternehmen ausgegeben, die am innergemeinschaftlichen Handel teilnehmen. Sie dient als Anzeichen dafür, dass diese Unternehmen Einfuhren aus anderen Mitgliedstaaten der EU zu versteuern haben. Die USt-IdNr. ist nicht mit der Umsatzsteuernummer zu verwechseln, die jedem Unternehmen vom zuständigen Finanzamt zugeteilt wird.

Umschließungen. Nach dem Zollrecht der Begr. f. alle Verpackungen (Behältnisse, Aufmachungen, Umfüllungen und Unterlagen), welche die Waren während des Transportes oder der Aufbewahrung schützen. Vgl. → Rohgewicht, → Eigengewicht.

Umschlüsselungsverzeichnis. Dessen Neufassung vom 26.03.2002 wurde im Bundesanzeiger Nr. 84 a vom 07.05.2002 – vom Bundesamt für Wirtschaft und Ausfuhrkontrolle (BAFA) – veröffentlicht. Das U. ist ein Hilfsmittel für die Prüfung, ob Güter von Exportkontrolllisten erfasst werden und damit der Exportkontrolle unterliegen. Der Grundsatz der freien Güterausfuhr aus dem deutschen Wirtschaftsgebiet wird in § 7 AWG außen- und sicherheitspolitischen Beschränkungen unterworfen. Es bestehen umfangreiche Genehmigungspflichten für „gelistete" Güter; nach der in der gesamten EU geltenden Güterliste für Dual-use-Güter und nach der nationalen Ausfuhrliste (AL). Jeder Exporteur hat vor jedem Export eine entsprechende Prüfung der Genehmigungspflicht vorzunehmen, da sonst strafbewehrte Verbote und Genehmigungspflichten verletzt werden könnten. Das U. erleichtert die technische Prüfung der Einstufung. Es geht von der Nummer des Warenverzeichnisses für die Außenhandelsstatistik (WVZ-Nummer) aus und stellt ihr die entsprechende Position der Ausfuhrliste gegenüber. Die Anwendung des U. ersetzt aber nicht die eigenverantwortliche Prüfung der Gütereinstufung durch den Exporteur; denn das U. ist nur ein Hilfsmittel ohne rechtsverbindlichen Charakter.

UMTS. Abk. f. (engl.) Universal Mobile Telecommunications System. Wichtiger Teil des → IMT 2000-Projektes der → Internationalen Fernmeldeunion (ITU). Das System für die „dritte Generation" des Mobilfunks. UMTS wird von einigen hundert Netzwerkbetreibern, Geräteherstellern und Ausrüstungshändlern in der ganzen Welt unterstützt. Mit diesem Mobilfunkstandard (mit Datenübertragungsgeschwindigkeit von bis zu zwei Megabit pro Sekunde) wird es im 21. Jahrhundert möglich sein, über das Handy Bilder, Graphiken sowie große Datenmengen weltweit, superschnell, kostengünstig und in hoher Qualität zu übertragen, Video-Kommunikation zu betreiben, Multimedia einzusetzen. Verwaltungen, Wissenschaft, Wirtschaft, Unterhaltungsbranchen stehen mit diesem mobilen Internet-Zugang vor revolutionären neuen Entwicklungen. UMTS eröffnet den Menschen (auch unterwegs) einen bisher ungeahnten personalisierten, anwenderfreundlichen Zugang zur „Informationsgesellschaft" der Zukunft.
http://www.umts-forum.org

Umwandlung. Begr. f. d. Änderung der Rechtsform einer Unternehmung. So kann eine → Einzelunternehmung in eine Personengesellschaft (z. B. eine → KG), eine Personengesellschaft in eine Kapitalgesellschaft (z. B. eine → AG) umgewandelt werden. Gründe für eine solche U. können in der Erhöhung der Kapitalbasis, der Steigerung der Kreditwürdigkeit, der

Erweiterung der Gesellschafterzahl, der Erlangung von Besteuerungsvorteilen u. a. m. liegen.

Umwandlungserzeugnisse. Die aus einem zollamtlich genehmigten → Umwandlungsverfahren von Einfuhrwaren hervorgegangenen Erzeugnisse.

Umwandlungsverfahren. Begr. d. → besonderen Zollverkehrs. Nichtgemeinschaftswaren werden im binnenwirtschaftlichen Zollgebiet ohne Erhebung von Einfuhrabgaben einer zollamtlich überwachten Be- oder Verarbeitung unterzogen. Dabei werden die Waren in eine andere Beschaffenheit oder einen anderen Zustand – einer meist niedrigeren Produktionsstufe – umgestaltet; z. B. können Nahrungsmittel denaturiert, Waren in Reste oder Abfälle umgewandelt oder die ursprünglichen Bestandteile eines Gutes wiedergewonnen werden. Erst danach werden die umgewandelten Erzeugnisse zu den für sie geltenden Einfuhrabgaben in den zollrechtlich freien Verkehr übergeführt. Dies ist für importierende Unternehmen vorteilhaft, weil niedrigere Zollsätze erhoben werden. Die Anwendung des U. ist nur zulässig, wenn sie schriftlich beantragt und von den zuständigen Zollbehörden genehmigt wurde. Eine Genehmigung wird nur unter bestimmten Voraussetzungen (gem. Art. 133 ZK) erteilt.

Umwandlungsvorgänge. Bez. f. d. im Zuge des → Umwandlungsverfahrens erfolgenden Be- und Verarbeitungen von eingeführten Waren, wodurch deren Beschaffenheit, Charakter oder Substanz verändert wird.

Umweltbundesamt (UBA). Eine zentrale Umweltbehörde (Bundesoberbehörde) im Geschäftsbereich des → Bundesministeriums für Umwelt, Naturschutz und Reaktorsicherheit. Zu den Aufgaben gehören die wissenschaftliche Beratung der Bundesregierung wie die Aufklärung der Öffentlichkeit in Fragen des Umweltschutzes. Umweltorientierte Informations- und Managementinstrumente sind zu unentbehrlichen Grundlagen für nachhaltiges Wirtschaften geworden. Dazu liefert das UBA zuverlässige und aussagekräftige Basisdaten, die Unternehmen (aller Größen und Branchen), Verbände und Behörden für Ökobilanzen, Öko-Audits (Umweltbetriebsprüfungen), Umweltcontrolling sowie Umweltberichterstattungen benötigen.
http://umweltbundesamt.de

Umweltgiftekonferenz. S. → UN-Umweltkonferenzen.

Umweltprogramm – Ausland der KfW. S. → Kredite der Kreditanstalt für Wiederaufbau.

Umweltprogramm der Vereinten Nationen – (engl.) United Nations Environment Programme (UNEP.) → Spezialprogramm der UN. Gegr. 1972. Sitz: Nairobi, Kenia. Organe: Verwaltungsrat und Sekretariat mit einem Exekutivdirektor. UNEP agiert als zentrale internationale Koordinierungsstelle für Umweltaktivitäten von staatlichen und nichtstaatlichen Umwelteinrichtungen. Innerhalb und außerhalb des UN-Systems ist UNEP aktiv bei der Förderung der Ausarbeitung globaler Umweltschutzrichtlinien und internationaler Abkommen zur Schaffung eines Umweltschutz-Völkerrechts. UNEP leistet Hilfestellung für nationale Umweltgesetzgebung und -politik; dazu werden Überwachungs- und Informationsdienste zum Datenaustausch bereitgestellt.
http://www.unep.org

Umweltsteuer (engl.: environmental tax). → Ökosteuer.

UN. Abk. f. (engl.) United Nations; → Vereinte Nationen oder (frz.) Union Européenne (UE).

Unbedenklichkeitsbescheinigung. Sie wird – nur auf Antrag – vom Bundesamt für Wirtschaft

schaft und Ausfuhrkontrolle (BAFA) erteilt. Mit der U. bescheinigt das BAFA, dass die Ausfuhr der genau spezifizierten Güter gem. der geltenden Rechtslage unbedenklich ist. Da bestimmte Güter im Grenzbereich zu genehmigungspflichtigen Gütern (Dual-Use-Gütern) liegen, ist es für Exporteure sinnvoll, schon vor Abschluss des Exportgeschäftes eine U. beim BAFA einzuholen. S. a. → Ausfuhrkontrolle, → Exportkontrollgremien.

Unbestätigtes Akkreditiv. Art des → Dokumentenakkreditivs. U. A. liegt vor, wenn eine andere Bank (Korrespondenzbank oder Hausbank des Exporteurs) als Akkreditivstelle den Begünstigten über die Akkreditiveröffnung ohne eigenes → abstraktes Schuldversprechen benachrichtigt; also mit diesem → Avis keine eigene Haftung übernimmt. Gegensatz: → bestätigtes Akkreditiv.

UNCED. Abk. f.(engl.) United Nations Conference on Environment and Development; → Konferenz der Vereinten Nationen über Umwelt und Entwicklung.

UNCITRAL. Abk. f. (engl.) United Nations Commission on International Trade Law; → Kommission der Vereinten Nationen für Internationales Handelsrecht.

UNCTAD. Abk. f. (engl.) United Nations Conference on Trade and Development; → Konferenz der Vereinten Nationen für Handel und Entwicklung.

Underlying (Instrument). (Engl.) Bez. f. → Basiswert.

Underwriter. (Engl.) Bez. für die an einem → Emissionskonsortium Beteiligten, z. B. (Investment-)Banken. Die U. übernehmen im Rahmen eines Emissionsgeschäftes Wertpapiere vom → Emittenten und tragen das damit verbundene Risiko für den weiteren Absatz (die → Platzierung). Im internationalen Geschäft gehören einer Underwriting Group (an deren Spitze ein → Lead Manager steht) i. d. R. weniger Teilnehmer an als einer „Selling Group" (die sich mit der Unterbringung der Emission befasst/die den Verkauf von Wertpapieren geschäftsmäßig betreibt).

Underwriting. (Engl.:) Beteiligung als → Underwriter an der Emission von Wertpapieren.

UNDP. Abk. f. (engl.) United Nations Development Programme; → Entwicklungsprogramm der Vereinten Nationen.

Unechtes Factoring. S. → Export-Factoring.

Unechte → Valutaklausel. Währungsklausel, nach der ein in ausländischer Währung geschuldeter Betrag in inländischer Währung beglichen werden kann (und somit die tatsächliche Höhe des Betrages vom jeweiligen Wechselkurs abhängt).

Uneinbringliche Forderungen. Forderungen, die der Gläubiger als nicht mehr eintreibbar betrachtet. Der Gläubiger kann zur Abdeckung von Schäden aus Forderungsausfall (wegen konkreter Zahlungsunfähigkeit des Schuldners) Wertberichtigungen auf den Forderungsbestand vornehmen. Er ist berechtigt, die Ausbuchung u. F. auch ohne die Betreibung der öffentlich-rechtlichen Zwangsvollstreckung vorzunehmen.

Unentgeltliche Ausfuhr. Gem. Außenwirtschaftsrecht die Verbringung von Waren in → fremdes Wirtschaftsgebiet, für die kein Gegenwert bzw. keine Bezahlung geleistet wird; z. B.

Geschenksendungen, Heirats-, Übersiedlungs- und Erbschaftsgüter, Nach- oder Ersatzlieferungen.

Unentgeltliche Leistungen, unentgeltliche oder einseitige Übertragungen. Güter-, Geld- und Kapitaltransaktionen, die ohne wirtschaftliche Gegenleistung an das Ausland fließen bzw. vom Ausland empfangen werden. Ihr monetärer Wert (Gegenwert) wird in der Zahlungsbilanz erfasst. S. → Bilanz der laufenden Übertragungen und → Bilanz der Vermögensübertragungen.

UNEP. Abk. f. (engl.) United Nations Environment Programme; → Umweltprogramm der Vereinten Nationen.

UNESCO. Abk. f. (engl.) United Nations Educational, Scientific and Cultural Organization; → Organisation der Vereinten Nationen für Erziehung, Wissenschaft und Kultur.

UN-Familie. Bez. f. d. Gemeinschaft der den → Vereinten Nationen angeschlossenen Organisationen; d. s. die → Sonderorganisationen und die → Internationalen Atomenergie-Organisation (IAEA).

UNFPA. Abk. f. (engl.) United Nations Population Fund; → Bevölkerungsfond der Vereinten Nationen.

Unfrei. (1) Vereinbarung in Kaufverträgen, nach der die Frachtkosten vom Empfänger zu tragen sind. (2) Vereinbarung in Frachtverträgen, nach der die Frachtkosten vom Empfänger der Ware an den Frachtführer zu leisten sind (wobei aber bei Zahlungsausfall des Empfängers der Absender haftbar bleibt).

Ungebundene Finanzkredite an das Ausland. Dabei handelt es sich um Darlehen inländischer Kreditgeber an ausländische Schuldner. Sie werden zur Finanzierung bestimmter kommerzieller Vorhaben im Ausland gewährt. Sie dürfen – gem. dem Grundsatz der Projektbindung – nicht im Zusammenhang mit deutschen Lieferungen oder Leistungen ins Ausland stehen; sie dürfen auch nicht zur Umschuldung (Ablösung von Verpflichtungen aus in- oder ausländischen Liefer- und Leistungsgeschäften) verwendet werden. Vgl. → Gewährleistungen für ungebundene Finanzkredite an das Ausland.

UN-Handels- und Entwicklungskonferenz. → Konferenz der Vereinten Nationen für Handel und Entwicklung.

UNHCHR. Abk. f. (engl.) United Nations High Commissioner for Human Rights; → Hoher Kommissar für Menschenrechte der Vereinten Nationen.

UNHCR. Abk. f. (engl.) United Nations High Commissioner for Refugees; → Hoher Kommissar für Flüchtlinge der Vereinten Nationen.

UniCash. Das gemeinsames Cash Management System der UNICO-Bankengruppe. Es wurde auf CEE (Abk. f. Central and Eastern Europe) ausgedehnt und wird zurzeit auch in Bulgarien, der Tschechischen Republik, der Slowakei, in Ungarn, Polen, Rumänien, Kroatien, Russland und der Ukraine angeboten.

UNICEF. Abk. f. (engl.) United Nations Children's Fund; → Kinderhilfswerk der Vereinten Nationen.

UNICO-Bankengruppe. Sie setzt sich aus den Zentralinstituten genossenschaftlicher Bankengruppen aus Deutschland, Finnland, Frankreich, Italien, den Niederlanden, Österreich, der Schweiz und Spanien zusammen. In diesem Verbund arbeiten insgesamt fast 40.000 Bankstellen und Niederlassungen an allen wichtigen Finanzplätzen der Welt im Bereich internationaler Bankgeschäfte zusammen. Die Grundlage des gemeinsamen Handelns bilden die geschäftspolitischen Entscheidungen des gemeinsamen Lenkungsausschusses, die Schulung der Mitarbeiter im internationalen Devisen-, Kredit-, Wertpapier- und Zahlungsverkehrsgeschäft sowie der ständige Informationsaustausch zwischen den Mitgliedsinstituten. Die UNICO-B. unterhält mit UniCash ein gemeinsames Cash Management System.

UNIDO. Abk. f. (engl.) United Nations Industrial Development Organization; → Organisation der Vereinten Nationen für industrielle Entwicklung.

Union des Arabischen Maghreb (UAM) oder Arabische Maghreb-Union (AMU) – (frz.) Union de Maghreb Arabe (UMA). Maghreb ist das arabische Wort für Westen. Gegr. wurde die UMA am 17.02.1989 durch die Staatschefs der fünf nordafrikanischen Staaten (des „arabischen Westens") Algerien, Libyen, Marokko, Mauretanien und Tunesion. Sitz: Marakkesch, Marokko. Gem. Art. 3 des Gründungsvertrages sind auf wirtschaftlichem Gebiet die industrielle, landwirtschaftliche und kommerzielle sowie die soziale Entwicklung anzustreben und alle dazu notwendigen Maßnahmen, inbes. für gemeinsame Unternehmen und Projekte, zu ergreifen. Das Bildungswesen soll gemeinsam entwickelt, die geistigen und moralischen Werte des Islam sollen erhalten sowie die arabische Identität gesichert werden. Organe: in erster Linie der Präsidialrat (Maghreb-Gipfel); ferner die Tagungen der Außenminister sowie anderer Fachminister und das Generalsekretariat.

United Nations (UN). → Vereinte Nationen.

United Nations Conference on Trade and Development – UNCTAD (engl.); → Konferenz der Vereinten Nationen für Handel und Entwicklung.

United Nations Convention on Contracts for the International Sale of Goods – CISG (engl.); → Übereinkommen der Vereinten Nationen über den internationalen Warenverkauf (UN-Kaufrecht) oder (frz.) Convention des Nations Unies sur les Contracts de Vente Internationale des Marchandises (CVIM).

United Nations Development Programme – UNDP (engl.); → Entwicklungsprogramm der Vereinten Nationen.

United Nations Economic and Social Council – ECOSOC (engl.); → Wirtschafts- und Sozialrat der Vereinten Nationen.

United Nations Educational, Scientific and Cultural Organization – UNESCO (engl.); → Organisation der Vereinten Nationen für Erziehung, Wissenschaft und Kultur.

United Nations Industrial Development Organization – UNIDO (engl.); → Organisation der Vereinten Nationen für Industrielle Entwicklung.

Unitization Clause–Bill of Lading (engl.), Optional Stowage; → Containerklausel.

Universalbank. → Geschäftsbank, die alle → Bankgeschäfte betreibt; sowohl das Einlagen- und das Kreditgeschäft als auch das Wertpapiergeschäft. Gegensatz: → Spezialbank (oder →

Trennbank).

Universalmesse. → Messe, deren Warenangebot sich auf die Erzeugnisse mehrerer Wirtschaftsbereiche bezieht.

Universal Postal Union – UPU (engl.); → Weltpostverein.

UN-Kaufrecht. Amtl. Kurzbez. f. → Übereinkommen der Vereinten Nationen über den internationalen Warenverkauf v. 11.04.1980; (engl.) United Nations Convention on Contracts for the International Sale of Goods (CISG); (frz.) Convention des Nations Unies sur les Contracts de Vente Internationale des Marchandises (CVIM). Vgl. → Wiener Kaufrecht. Es löst die → Haager Einheitlichen Kaufrechtsabkommen ab.

UN-Klimaschutzkonferenz. S. → UN-Umweltkonferenzen.

Unlauterer Wettbewerb. In Deutschland durch das Gesetz gegen den unlauteren Wettbewerb (→ UWG) geregelt. Damit soll der Wettbewerb gegen unlautere Wettbewerbsmethoden (wie sittenwidrige und irreführende Werbung) geschützt werden. Das UWG wird durch das Gesetz gegen Wettbewerbsbeschränkungen (GWB) ergänzt. Es verbietet die Kartellbildung (Ausschaltung des Wettbewerbs) grundsätzlich und erlaubt ein wirtschaftspolitisch gebotenes Vorgehen gegen marktbeherrschende Unternehmen.

UNODCCP. Abk. f. (engl.) United Nations Office for Drug Control and Crime Prevention; → Büro für Drogenkontrolle und Kriminalitätsvorbeugung der Vereinten Nationen (abgekürzt auch: ODCCP).

Unreine Dokumente (engl.: unclean documents). Bez. f. im Außenhandel verwendete Transportdokumente, die einen Vermerk über einen mangelhaften Zustand der Ware oder der Verpackung enthalten; z. B. (engl.) goods in bad order/g. b. o.

Unreines Konnossement. → Konnossement, in dem der Reeder vermerkt hat, dass die verladene Ware Verpackungs-/Ladungsmängel aufweist.

Unselbstständige. Personen, die als Arbeiter, Angestellte, Beamte, Auszubildende abhängig beschäftigt sind (in Unternehmen, Verbänden, staatlichen Einrichtungen, privaten Organisationen). Sie beziehen aus ihrer Berufstätigkeit Einkommen aus unselbständiger Arbeit; Arbeitnehmereinkommen. Gegensatz: → Selbstständige.

Unstimmigkeitsgarantie. Eine Form der → Bankgarantie, die bei Außenhandelsgeschäften dem Exporteur vom Importeur abverlangt wird; u. z. für den Fall, dass dem Importeur im Inkassoweg vorgelegte Dokumente nicht den Zahlungsbedingungen bzw. den Akkreditivbestimmungen entsprechen oder der Umfang der Lieferung nicht mit der Kaufvertragsvereinbarung übereinstimmt. Dann ist der Importeur nur bereit, die Dokumente entgegenzunehmen und die Zahlung zu leisten, wenn ihm – im Auftrag des Exporteurs – von einer Bank eine U. gegeben wurde. Denn diese garantiert ihm entsprechende Schadenersatzleistungen, wenn die fehlenden Dokumente nicht nachgereicht bzw. die fehlenden Mengen nicht nachgeliefert werden.

UN-System. → Vereinte Nationen.

Untergang von Zollgut. Begr. d. deutschen Zollrechts für → Zollgut, das im Zuge eines gebundenen Zollverfahrens untergeht; d. h. ohne bewusstes menschliches Zutun in einen Zustand versetzt wird, in dem es sich überhaupt nicht mehr oder wirtschaftlich nicht mehr sinnvoll nutzen lässt, z. B. durch Einwirkung von Feuer, Wasser oder Chemikalien.

Unterkapitalisierung. Diese ist gegeben, wenn ein Unternehmen im Verhältnis zu seinem Anlagevermögen, seiner (Umsatz-)Größe oder seiner Zielsetzung über eine zu geringe Eigenkapitalausstattung (oder auch über zu wenig langfristiges Fremdkapital) verfügt. Gründe einer U. können sein: unzureichende Kapitalausstattung bei der Unternehmenserrichtung, rasches Ansteigen des Kapitalbedarfs auf Grund der Unternehmensexpansion oder auch starke Kapitalverluste. Ein unterkapitalisiertes Unternehmen unterliegt der Gefahr, illiquide (zahlungsunfähig) zu werden. Gegensatz: → Überkapitalisierung.

Unternehmen. V. a. in Gesetzestexten und in der Statistik der Wirtschaftszweige verwendete Bezeichnung für → Unternehmung; s. a. → internationale Unternehmung.

Unternehmung. Wirtschaftlich-finanziell und rechtlich organisierte Einheit, ausgerichtet auf eine nachhaltige Ertragserbringung; nach dem Prinzip der maximalen oder angemessenen Gewinnerzielung. Als Syn. für Unternehmen verwendet; umgangssprachlich (fälschlicherweise) auch für → Betrieb.

Unterpari-Emission. Diese liegt vor, wenn der Ausgabekurs neuer Wertpapiere niedriger als deren Nominalwert ist. Vgl. → Disagio.

UN-Umweltgiftekonferenz. S. → UN-Umweltkonferenzen.

UN-Umweltkonferenzen. UN-Wüstenkonferenz: Die vierte Vertragsstaatenkonferenz der Konvention zur Bekämpfung der Wüstenbildung fand vom 11. – 22.12.2000 in Bonn statt. Sie diskutierte die am 26.12.1996 in Kraft getretene, rechtsverbindliche Konvention zur Bekämpfung der Wüstenbildung. Weltweit wird das Leben von mehr als 1,2 Mrd. Menschen unmittelbar durch die Wüstenbildung bedroht. UN-Klimakonferenz: An der sechsten UN-Klimaschutzkonferenz vom 13. – 25.11.2000 in Den Haag nahmen 180 Vertragsstaaten teil. Deren Umweltminister konnten sich v. a. wegen des Widerstands der USA, Kanadas und Australiens nicht darauf einigen, das auf der Kyoto-Konferenz 1997 angenommene Klimaschutzprotokoll für eine Ratifizierung vorzubereiten. Der Ausstoß wichtiger Treibhausgase sollte im Durchschnitt der Jahre 2008 bis 2012 um durchschnittlich 5,2 % im Vergleich zum Basisjahr 1990 verringert werden. Auf der Folgekonferenz vom 16. – 27.07.2001 in Bonn wurde ein Abkommen gebilligt, das eine durchschnittliche Verringerung der Treibhausgase von 1,8 % bis zum Jahr 2012 vorsieht. UN-Umweltgiftekonferenz: Auf der UN-Konferenz über ein weltweites Verbot schwer abbaubarer Chemikalien vom 04. – 10.12.2000 in Johannesburg einigten sich 122 Staaten über einen Vertrag zu einem Anwendungsverbot hochgiftiger Substanzen, den sog. POPs (engl.: Persistant Organic Pollutions). Sie überdauern in der Umwelt, breiten sich weiter aus und reichern sich im Bindegewebe der meisten Lebewesen an; dies führt zu Krebs und Störungen des Immun- und Hormonsystems. Während diese hochgradigen Umweltgifte teilweise schon seit Jahrzehnten in Industriestaaten verboten sind, wurden sie bisher noch in großem Umfang in den Entwicklungsländern eingesetzt. Auf der Folgekonferenz vom 22. – 23.05.2001 in Stockholm unterzeichneten 110 Staaten die in Johannesburg ausgehandelte Konvention; sie tritt erst nach der Ratifizierung durch mindestens 50 Staaten in Kraft.

Unverzinsliche Schatzanweisungen (U-Schätze). → Geldmarktpapiere, die in Deutschland regelmäßig vom Bund, den Sondervermögen des Bundes und den Bundesländern emittiert werden. U-Schätze haben Laufzeiten von drei Monaten bis zu zwei Jahren. U-Schätze sind →

Abzinsungspapiere. Ihre Rendite ergibt sich dadurch, dass der Erwerber den Zinsbetrag vorweg abgezogen erhält; er also einen geringeren Betrag bezahlt als er bei Fälligkeit zurückbekommt (nämlich den vollen Nennbetrag). Bez. f. U-Schätze des Bundes: Bubills. Diese werden von der → Finanzagentur GmbH für Rechnung des Bundes im Wege der Ausschreibung angeboten. Bietungsberechtigt sind die Mitglieder der Bietergruppe Bundesemissionen. Die Gebote müssen über einen Nennbetrag von mindestens 1 Mio. € lauten; Kursgebote auf volle 0,005-Prozentpunkte.

Unvollständige Zollanmeldung (UZA). → Vereinfachte Verfahren.

Unwiderrufliches Akkreditiv. Bei diesem kann ein → Dokumentenakkreditiv nur mit Wissen und Zustimmung aller Beteiligten geändert oder annulliert werden.

UN-Wüstenkonferenz. S. → UN-Umweltkonferenzen.

Update. Bez. f. d. Erweiterung oder Verbesserung eines Softwareproduktes oder für die Anpassung des Inhalts gespeicherter Daten (etwa eines Datenbanksystems) an erfolgte Veränderungen.

UPU. Abk. f. (engl.) Universal Postal Union; → Weltpostverein der Vereinten Nationen oder (frz.) Union Postale Universelle (UPU).

Urheber. Bez. für den Schöpfer eines urheberrechts- oder geschmacksmusterfähigen Werkes. Er bleibt nach der Betrachtungsweise des Persönlichkeitsrechts (Urheberpersönlichkeitsrecht) mit seinem Werk verbunden und ist Inhaber der urheberrechtlichen Verwertungsrechte und Vergütungsansprüche.

Urheberrecht. In Deutschland im Gesetz über Urheberrechte und verwandte Schutzrechte geregelt; es wird durch das Verlagsrecht ergänzt. Das U. schützt den Urheber durch das Urheberpersönlichkeitsrecht (Recht zu bestimmen, ob und wie ein Werk veröffentlicht wird; ob und wie es vervielfältigt, bearbeitet werden darf u. ä. m.) und das Verwertungsrecht (das mit der Entstehung eines Werkes beginnt und im Unterschied zu den → gewerblichen Schutzrechten keiner Hinterlegung oder Registrierung bedarf). Dem U. zugänglich sind z. B. Sprachwerke (wie Literatur und Computerprogramme), Werke der Musik, der bildenden und angewandten Kunst, Darstellungen wissenschaftlicher und technischer Art. Zum internationalen U. s. → Revidierte Berner Übereinkunft, → Welt-Urheberrechts-Abkommen, → TRIPS-Abkommen.

Urkunde. Allgemein verständliche oder für einen bestimmten Personenkreis verständliche schriftliche Erklärung, die den Aussteller erkennen lässt und zum Beweis einer rechtserheblichen Tatsache geeignet und bestimmt ist.

Ursprungserklärung (UE). Bei bestimmten Außenhandelsgeschäften kann an die Stelle des → Ursprungszeugnisses die einfachere UE treten. Sie ist vom Exporteur und einem Zeugen (i. d. R. ein Mitarbeiter) zu unterzeichnen und muss keine bestimmten Formvorschriften erfüllen. Sie kann auf der Handelsrechnung oder auf anderen mit der Ausfuhr zusammenhängenden Dokumenten eingetragen werden. Die UE muss bestätigen, dass die Ware ihren Ursprung im Sinne der EG-Verordnungen im angegebenen Drittland hat.

Ursprungsland. Bez. im außenwirtschaftsrechtlichen Sinne für dasjenige Land, in dem Waren des Außenwirtschaftsverkehrs gewonnen oder hergestellt worden sind. Sind mehrere Länder an der Gewinnung oder Herstellung einer Ware beteiligt, dann hat diese ihren Ursprung in dem

Ursprungsware

Land, in dem die letzte wesentliche und wirtschaftlich gerechtfertigte Be- oder Verarbeitung in einem dazu eingerichteten Betrieb stattgefunden hat. Der Ursprung der Ware wird durch das → Ursprungszeugnis dokumentiert.

Ursprungsware. Als U. im Sinne des Zollrechtes gilt eine Ware, die in einem Land (Ursprungsland) entweder vollständig oder – unter Verwendung von Waren aus einem anderen Land – in ausreichendem Maße be- oder verarbeitet worden ist. Für die entsprechende Beurteilung sind im → Harmonisierten System in den Kap. 84 bis 91 alternative Prozentsätze festgesetzt.

Ursprungszeugnis – U (engl.: certificate of origin). Ein → Warenbegleitdokument im Außenwirtschaftsverkehr. Mit ihm soll sichergestellt werden, dass eine Ware, deren Import nur aus einem bestimmten Land zulässig ist, auch tatsächlich ihren Ursprung in diesem Land hat. Das U. bescheinigt oder beglaubigt die Herkunft einer Ware; mit allen zur Feststellung der Identität der betreffenden Ware erforderlichen Angaben, wie z. B. Namen des Absenders, eindeutige Angabe des → Ursprungslandes („Nämlichkeitsfeststellung"). Ein U. ist für die genehmigungspflichtige Einfuhr vorzulegen, wenn dies nach der Einfuhrliste (gem. Anlage zum AWG) oder nach der Einfuhrgenehmigung vorgeschrieben ist. Das U. muss von dazu berechtigten Stellen ausgestellt sein. In Deutschland werden diese vom → Bundesministerium für Wirtschaft und Technologie im → Bundesanzeiger bekanntgegeben. Es sind dies z. B. die → Industrie- und Handelskammern und die → Handwerkskammern. Das U. unterscheidet sich von der → Ursprungserklärung.

Uruguay-Runde. Achte Zollsenkungsrunde (1986 – 1993) im Rahmen des → GATT. Während es in den vorhergehenden Runden (wie der → Kennedy- und der →Tokio-Runde) im Wesentlichen um den Zollabbau und die tendenzielle Zollangleichung bei Industriegütern ging, wurden nunmehr eine Reihe neuer Bereiche in die Verhandlungen aufgenommen, wie die Liberalisierung des Agrar- und Textilbereiches und der Dienstleistungen sowie der Schutz geistigen Eigentums im internationalen Verkehr. Die U.-R. brachte einen weiteren internationalen Zollabbau von durchschnittlich 38 %.

Urversender (Urverlader). Begr. aus dem Spediteursammelladungsverkehr. U. ist, wer verschiedene Güter an einen Spediteur zur Versendung/Beförderung/Lieferung an bestimmte Empfänger übergibt. Der Spediteur sammelt die Güter und stellt sie zu einer Transportladung zusammen. Die rechtliche Grundlage stellt der Speditionsvertrag dar, den der U. mit dem Spediteur abschließt. Vgl. → Versender.

Usance-Kurs → Cross-Rate.

Usance → Handelsbrauch.

U-Schätze → Unverzinsliche Schatzanweisungen.

USD. ISO-Währungscode der US-amerikanischen Währung Dollar ($).

UStDV. Abk. f. Umsatzsteuer-Durchführungsverordnung.

UStG → Umsatzsteuergesetz.

USt-IdNr. Abk. f. → Umsatzsteuer-Indentifikations-Nummer.

UWG. Abk. f. Gesetz gegen den unlauteren Wettbewerb v. 07.06.1909, i. d. F. v. 01.09.2000 (BGBl. I 1374).
http://transpatent.com/gesetze/uwg.html

UZA. Abk. f. Unvollständige Zoll-Anmeldung. S. → Vereinfachte Verfahren; vgl. → Ergänzende Zollanmeldung.

V

VAE → Vereinigte Arabische Emirate.

Valorennummer oder Wertpapiernummer. Jedes Wertpapier ist mit einer solchen Nummer versehen. Sie kennzeichnet das Wertpapier mit einer Ziffernfolge, die für die Gattung typisch ist. Die V. dient v. a. der Erleichterung der Wertpapiertransaktionen und dem Schutz vor Fälschung.

Valuta. Bez. für (1) ausländische Währung; (2) Gelder in ausländischer Währung; (3) Gelder in einer bestimmten Währung (z. B. EUR-Valuta, RUB-Valuta). (4) Auch Bez. f. den Zeitpunkt der Gutschrift oder Lastschrift auf einem Bankkonto; → Wertstellung/Valutierung.

Valuta kompensiert. Vertragsklausel im Devisenhandel, die besagt, dass eine Devisenlieferung und deren Bezahlung am gleichen Tag erfolgen muss.

Valuta-Anleihe → Auslandsanleihe.

Valuta-Bond → Auslandsanleihe.

Valutaklausel. (1) → Wertsicherungklausel (→ Fremdwährungsklausel), die in internationalen Handelsverträgen der Absicherung von Geldforderungen gegen Währungsverfall dient. Die Höhe der Forderung wird nicht in der eigenen (z. B. Euro), sondern in einer ausländischen Währung (z. B. US-Dollar) ausgedrückt. Mit der V. wird ein bestimmtes Verhältnis zwischen der inländischen (eigenen) und der ausländischen (fremden) Währung festgelegt. Man unterscheidet zwischen der echten V., wenn und solange eine Fremdwährungsschuld in einer bestimmten Währung und nur in dieser Währung zu erfüllen ist und der unechten V., wenn eine Fremdwährungsschuld in einer fremden Währung erfüllt werden kann, aber nicht muss. (2) Vertragklausel in internationalen Anleiheverträgen, die dem Gläubiger gestattet (den Schuldner verpflichtet), Zins- und Tilgungszahlungen in einer anderen als der ursprünglich gewährten (erhaltenen) Währung zu verlangen (zu leisten).

Valuta-Kredit. Ein in fremder (ausländischer) Währung gewährter/in Anspruch genommener Kredit.

Valuta-Papiere. Wertpapiere, die auf ausländische Währung lauten; Zins-, Tilgungs- und Dividendenzahlungen erfolgen in ausländischer Währung. → Zinsscheine von V.-P. werden zu den → Valuten gezählt.

Valuta-Risiko. Begr. f. d. Gefahr einer Wechselkursänderung.

Valuten. Bez. f.: (1) – ausländische – Währungen (→ Devisen). (2) → Zinsscheine von → Valuta-Papieren.

Valutierung → Wertstellung.

Variable Kurse. → Fortlaufende Notierung oder variable Notierung.

Variable Notierung. → Fortlaufende Notierung.

Variabler Handel. Bez. f. einen (Wertpapier-)Markt (mit großen Umsätzen), auf dem es während der gesamten Börsenzeit – der jeweiligen Angebots- und Nachfragesituation entsprechend – zu getrennten Abschlüssen mit → variabler Notierung kommt; es also für jeden zustande gekommenen Abschluss eine eigene Kursfestsetzung gibt. Im Gegensatz zum → Einheitsmarkt.

Variabler Markt. → Variabler Handel.

Variable Werte. Wertpapiere des → variablen Handels (der variablen Notierung).

VAT. Abk. f. (engl.) Value Added Tax. → Mehrwertsteuer.

VAV. Abk. f. Vereinfachtes Anmelde-Verfahren. S. → Vereinfachte Verfahren; vgl. → Ergänzende Zollanmeldung.

VDAX. Abk. f. d. → Votalitätsindex für den → Deutschen Aktienindex (DAX). Er wurde von der Deutschen Börse AG am 05.12.1995 eingeführt und ermöglicht eine Aussage über die von den Marktteilnehmern erwartete → implizite Votalität innerhalb der nächsten 45 Kalendertage. Der VDAX wird auf Basis der impliziten Votalitäten von acht → Call(Kaufoptions)- und → Put(Verkaufsoptions)Serien auf den DAX, die → At-the-Money (am Geld) sind, ermittelt. Dazu werden → Geldkurse (Bid) und → Briefkurse (Ask) aus den acht Optionsserien aufgenommen und verarbeitet. Der VDAX wird einmal börsentäglich um 13.30 Uhr als Prozentzahl (% p. a.) veröffentlicht. Er drückt die vom Terminmarkt erwartete Schwankungsbreite aus. Je höher der Wert des VDAX ist, desto größer sind die antizipierten Kursausschläge des DAX. So bedeutet z. B. ein Wert von 12, dass eine Schwankungsbreite des DAX von 12 % (auf Jahresbasis gerechnet) erwartet wird.

VDH → Verband deutscher Hypothekenbanken e. V.

VEB. Abk. f. Volkseigene Betriebe – der ehemaligen Deutschen Demokratischen Republik (DDR).

Vedomosti. Seit 1999 in Russland publizierte Wirtschaftszeitung. Sie wird – in russischer Sprache – von → Dow Jones (in einem Joint Venture mit Financial Times und Independent Media) herausgegeben.
http://www.vedomosti.ru

Venture Capital. Begr. f. Risiko- oder Wagniskapital, das für einen bestimmten Zeitraum ohne herkömmliche Sicherheiten allein aufgrund zukünftiger positiver Markterwartungen und damit verbundener geschätzter Ertragschancen bereitgestellt wird. Der (mit)haftende (Eigen-)Kapitalgeber wird vom Kapitalnehmer über die diesbezüglichen innovativen „Projekt-ideen" unternehmerisch beraten. Mit V. C. werden Risikoprojekte, z. B. Produktinnovationen, Forschung und Entwicklung finanziert.

Venture-Capital-Fonds. Fonds, der Mittel für Gründungs- und Innovationsfinanzierungen sammelt und bereitstellt. Kapitalnehmer sind – meist kleine – Unternehmen, die Projekte mit hohen Ertragschancen, aber auch mit hohem Verlustrisiko verwirklichen wollen.

Verband der Deutschen Wirtschaft in der Russischen Föderation. Am 15.03.1995 als russische juristische Person in Moskau gegründet. Ein Selbstverwaltungsorgan von derzeit ca. 360 deutschen Unternehmern und Unternehmen, die in der Russischen Föderation wirtschaftlich tätig sind. Vertritt deren Anliegen in Russland und fördert die Zusammenarbeit mit den russischen Partnern in beiderseitigem Interesse. Mit diesem Verband hat sich die deutsche

Wirtschaft eine „zentrale Stimme“ geschaffen, um einen wirtschaftspraktischen und wirtschaftspolitischen Dialog mit der russischen Regierung und Administration konstruktiv fortführen zu können.
www.vdw.ru

Verband deutscher Hypothekenbanken e. V. (VDH). Mitglieder sind zurzeit 21 private deutsche Hypothekenbanken. Sitz: Berlin; mit Verbindungsbüros in Brüssel und Tokio. Der VDH vertritt die Interessen der Mitgliedsinstitute auf den Gebieten der Wirtschafts-, Kapitalmarkt-, Steuer-, Wohnungs- und Immobilienpolitik sowie der Rechtsgestaltung. Er unterstützt und berät die gesetzgebenden Körperschaften und Behörden auf nationaler, europäischer und internationaler Ebene in allen die Hypothekenbanken betreffenden Angelegenheiten. Er nimmt die Interessen der Hypothekenbanken im Rahmen des → Bundesverbandes deutscher Banken und gegenüber anderen nationalen und internationalen Berufsverbänden wahr.
http://www.hypverband.de

Verband südostasiatischer Staaten – (engl.) Association of South-East Asian Nations (ASEAN). Gegr. am 08.08.1967 in Bangkok. Sitz des Generalsekretariats: Jakarta, Indonesion. Mitglieder: Brunei, Indonesien, Kambodscha, Laos, Malaysia, Myanmar, Philippinen, Singapur, Thailand, Vietnam. Ziel: Förderung der regionalen Zusammenarbeit auf politischem, wirtschaftlichem, sozialem, kulturellem, technischem, wissenschaftlichem und administrativem Gebiet zur Festigung der Stabilität und des Friedens in Südostasien. Organe: Gipfelkonferenz der Staats- und Regierungschefs; auf ihr werden politische Richtungsentscheidungen getroffen (Asean-Gipfel). Ministerkonferenz; dies ist der jährlich tagende Rat der Außenminister, der die politischen Leitlinien formuliert und das wichtigste Entscheidungsorgan darstellt. (Ihr ist ein Ständiger Ausschuss unterstellt, der sich aus dem Außenminister des – jährlich in alphabetischer Reihenfolge wechselnden – Gastgeberlandes und den dort akkreditierten Botschaftern der anderen Mitgliedstaaten zusammensetzt; er führt die laufenden Geschäfte.) Treffen der Fachminister. Hinzu kommen noch sechs Ausschüsse. Jedes Mitgliedsland verfügt über ein nationales ASEAN-Sekretariat, das für die Durchführung von Programmen im eigenen Land zuständig ist und eng mit dem Generalsekretariat zusammenarbeitet. ASEAN pflegt intensive Kontakte zu den wichtigsten Welthandelsländern (z. B. durch die Abhaltung gemeinsamer Konferenzen). Die Fortschritte auf dem Gebiet der Handesliberalisierung sind relativ unbedeutend. Die enorme kulturelle, religiöse, ideologische und politische Vielfalt sowie die beträchtlichen ökonomischen Unterschiede innerhalb der ASEAN-Staaten erschweren ein engeres Zusammenrücken. Der Dialog wird auch durch unterschiedliche Haltungen gegenüber dem „Westen“ im Allgemeinen und die Einstellung zur Globalisierung im Besonderen erschwert. S. a. → Asiatische Freihandelszone (AFTA). Der weltpolitische Einfluss der ASEAN-Staaten ist aber gestiegen.
http://www.aseansec.org

Verbindliche Zolltarifauskunft. Sie ist in Deutschland nur bei 5 Oberfinanzdirektionen (Berlin, Frankfurt, Hamburg, Köln, München) erhältlich. V. Z. ist nach Art. 12 des Zollkodex bei der zuständigen Zollbehörde förmlich zu beantragen. Sie dient der Einreihung in die Zollnomenklatur. Jede natürlich und juristische Person hat Anspruch auf Erteilung einer verbindlichen Zolltarifauskunft. Seit dem 01.01.1993 ist die von einer zuständigen Zollbehörde in einem EU-Mitgliedstaat erteilte v. Z. gemeinschaftsweit bindend. Vgl. → TARIC, → EZT.

Verbindlichkeiten. Verpflichtungen (Schulden) eines Unternehmens. Sie sind gem. § 253 (1) HGB mit dem Rückzahlungsbetrag in der Handelsbilanz auszuweisen.

Verbote und Beschränkungen im internationalen Warenverkehr. Hierfür gibt es im Zolltarif das Zeichen VuB. Darunter fallen alle Vorschriften, die das Verbringen von Waren über die Hoheits- oder Zollgrenzen eines Staates verbieten oder einschränken. Sie sind von allen Zolldienststellen bei der zollamtlichen Überwachung des grenzüberschreitenden Warenverkehrs zu beachten.

Verbraucherkredit. → Konsumentenkredit.

Verbrauchsteuern. Sie zählen zu den historisch ältesten Steuern und knüpfen an die Einkommensverwendung durch Verbrauch an. Zu den V. zählen → Mengensteuern wie Mineralöl-, Branntwein-, Essigsäure-, Bier-, Kaffee-, Schaumwein-, Spielkartensteuer (bis zum 01. 01. 1993 auch Leuchtmittel-, Salz-, Tee- und Zuckersteuer); → Wertsteuern wie Vergnügung-, Rennwett- und Lotterie-, Getränke-, Versicherung-, Feuerschutz-, Jagd- und Fischereisteuer; sonstige (kombinierte) V. wie Tabak-, Hunde- und Schankerlaubnissteuer, Spielbankenabgabe.

Verbriefung. Bez. f. d. durch Wertpapiere dokumentierten Rechte.

Verbringung. Der Begriff der Verbringung in § 4 c AWV als die Ausfuhr von Gütern gem. § 4 Abs. 2 Nr. 3 des AWG aus dem Wirtschaftsgebiet in andere Mitgliedstaaten der Europäischen Union einschl. der nicht gegenständlichen Übermittlung von Datenverarbeitungsprogrammen (Software) und Technologie durch Daten- oder Nachrichtenübertragungstechnik definiert. Somit ist V. – auch nach dem EU-Außenwirtschaftsrecht – die Güterlieferung aus dem deutschen Wirtschaftsgebiet in einen anderen Mitgliedstaat der EU; dies trifft auch für die Ausfuhr von → Gütern mit doppeltem Verwendungszweck zu. Eine V. liegt auch dann vor, wenn der Verbringer weiß, dass das endgültige Bestimmungsziel außerhalb der EU liegt (vgl. § 7 Abs. 2 bis 4 AWV); das Land, in das die Güter verbracht werden, lediglich Empfangsland der Güter ist und die Güter von dort aus dem Gemeinschaftsgebiet in das Bestimmungsland ausgeführt werden (vgl. § 7 Abs. 4 bis 8 AWV).

Verbringungsgenehmigung. Ist für die → Verbringung (Ausfuhr) von Gütern mit doppeltem Verwendungszweck aus dem Wirtschaftsgebiet der EU erforderlich (gem. AWG, AWV, EU-Verordnungen, Kriegswaffenkontrollgesetz).

Verbringungsort. Begr. aus dem Zollwesen. Als V. gilt: Im Seeverkehr: der Entlade- oder Umladehafen. Im Luftverkehr: der Ort, an dem die (EU-)Grenze überflogen wird. Im Eisenbahn-, Binnenschiffahrts- und Straßengüterverkehr: die erste Zollstelle im Zollgebiet. Der V. ist bei der Aufteilung der Transportkosten im Zusammenhang mit der Ermittlung des → Zollwertes von Bedeutung

Verdingung → Ausschreibung.

Veredelungsverkehr. → Besonderes Zollverfahren. Im Sinne des Zollrechts ist unter V. das Bearbeiten, Verarbeiten oder Ausbessern von Waren zu verstehen. Dabei sind zu unterscheiden: Nach der Bewilligungsart: ständige, zeitlich unbegrenzte Veredelung, nicht ständige, zeitlich begrenzte Veredelung, einmalige Veredelung. Nach der Geschäftsart: → Lohn-Veredelung und → Eigen-Veredelung. Nach dem Veredelungsort: → aktive Veredelung, → passive Veredelung und → Freizonen-Veredelung.

Vereinbarung von Wassenaar über die Exportkontrolle konventioneller Waffen und Dual-Use-Güter und -Technologien – (engl.) Wassenaar Arrangement on Export Control for Conventional Arms and Dual-Use Goods and Technologies (WA). In Wassenaar, Niederlande,

am 29.12.1995 unterzeichnet; in Kraft getreten am 01.11.1996. Nachfolgeregime des → COCOM. Sitz: Wien. Ziel: Durch erhöhte Transparenz und gemeinsame Verantwortlichkeit destabilisierenden Anhäufungen von konventionellen Waffen und dazu gehörender Dual-Use-Technologie vorzubeugen. Damit soll ein Beitrag zu regionaler und internationaler Sicherheit und Stabilität geleistet werden. Die zurzeit 33 Teilnehmerstaaten (darunter Deutschland) sorgen im Rahmen ihrer nationalen Außenwirtschaftspolitik dafür, dass durch die Weitergabe solcher Güter nicht zur Entwicklung oder Vergrößerung militärischer Kapazitäten, die die Sicherheits- und Stabilitätsziele des WA untergraben, beigetragen wird. Vgl. → Exportkontrollgremien.
http://www.wassenaar.org

Vereinfachte Verfahren. Zollrechtliche Verfahren nach Art. 76 ZK. Sie bestehen neben dem normalen Verfahren der schriftlichen → Zollanmeldung. Die v. V. führen zu wesentlichen Erleichterungen bei rund drei Viertel aller Einfuhren: Der Importeur wird bei der Erledigung der Zollformalitäten spürbar entlastet und kann schneller über die Ware verfügen. Die Zollverwaltungen müssen nur einen geringeren Arbeitsaufwand betreiben und sparen dadurch Kosten. Bei den v. V. handelt es sich um → Sammelzollverfahren: (1) Unvollständige Zollanmeldung (UZA); auf bestimmte Angaben im → Einheitspapier darf verzichtet werden. (2) Vereinfachte Anmeldeverfahren (VAV); dabei wird das Einheitspapier durch ein Handels- oder Verwaltungspapier ersetzt. (3) Anschreibeverfahren (ASV); die eingeführten Waren werden im Anschluss an ein → Versandverfahren zunächst nur in der Buchführung des Zollanmelders aufgezeichnet (angeschrieben), wobei die Gestellung der Ware nicht am Ort der Bestimmungszollstelle erfolgen muss, sondern im eigenen Betrieb zulässig ist. Bei allen drei Verfahren werden die Waren anschließend in einer zusammengefassten vollständigen → Ergänzenden Zollanmeldung erfasst und von der zuständigen Zollstelle abgerechnet. Der Zollkodex wird zurzeit überarbeitet.

Vereinfachtes Anmeldeverfahren (VAV). Zollrechtlicher Begriff. → Vereinfachte Verfahren.

Verein Hamburger Exporteure e. V. (VHE). Verband für Export-, Transit- und Kompensationshandel. Gegr. 1903. Interessenvertretung der Hamburger Außenhandelsfirmen. Mitglied im → Bundesverband des Deutschen Exporthandels.
www.wga-hh.de/vhe.html

Vereinheitlichte Nachrichtenabwicklungen – (engl.) Unified Messaging Services (UMS). Bez. f. verschiedene Formen der Kommunikation (Telefon, Fax, SMS, E-Mail), die über eine einheitliche Schnittstelle mittels unterschiedlicher Clients, wie PCs, Laptops, Telefon- und Faxgeräte, Handys, bearbeitet werden. Eine Mailbox sammelt alle Nachrichten und gibt sie an jedes Empfangsgerät weiter. Gesprochene Nachrichten können als Text wiedergegeben, Texte können vorgelesen werden. So kann z. B. per E-Mail eine SMS an ein Mobiltelefon versandt werden.

Vereinigte Arabische Emirate. Föderation von 7 autonomen Emiraten: Abu Dhabi, Umm-al-Qaywayn, Al-Fujayrah, Ra`s al-Khaymah, Ash-Shāriqah, Dubai, `Ujmān.

Vereinigtes Königreich. Bez. f. Großbritannien (England, Schottland, Wales) und Nordirland – (engl.) United Kingdom of Great Britain and Northern Ireland (UK).

Vereinigte Wirtschaftsdienste GmbH (VWD). Sitz: Eschborn. Führender Anbieter von Wirtschafts- und Finanzinformationen im deutschen Sprachraum. Beliefert mit professionellen

Finanzinformations-Lösungen Finanzdienstleister, Unternehmen, Medien, Privatanleger und die Mehrheit der erfolgreichsten Finanzwebseiten. Gibt wichtige Veröffentlichungen zur Außenwirtschaft heraus (→ Nachrichten für Außenhandel, → Business Global, → Märkte der Welt, → Einkäufer im Markt); insb. zu Osteuropa (→ Ostwirtschaftsreport, → vwd Mittel- und Osteuropa, → vwd Russland, → vwd GUS-Republiken).
www.vwd.de

Vereinte Nationen (VN) – (engl.) United Nations (UN), inoffiziell auch: United Nations Organization (UNO); (frz.) Nations Unies (NU); (span.) Naciones Unidas (NU). Die Nachfolge-Institution des 1919 gegr. Völkerbundes; dieser hatte seinen Sitz in Genf und wurde 1946 formell aufgelöst. Die Gründungs-„Konferenz der VN über die Internationale Organisation" fand vom 25.04. bis 26.06.1945 in San Francisco (USA) statt. Die ausgearbeitete Satzung – Charta der VN – wurde von 50 Teilnehmerstaaten unterzeichnet; sie ist am 24.10.1945 in Kraft getreten. Hauptsitz: New York. Den VN gehören zurzeit 189 Mitgliedstaaten an. Die Bundesrepublik Deutschland ist seit dem 18.09.1973 Mitglied. Die allgemeinen Hauptziele der VN sind nach Art. 1 der Charta: Wahrung des Weltfriedens und der internationalen Sicherheit durch Kollektivmaßnahmen; Entwicklung freundschaftlicher, auf der Gleichberechtigung und Selbstbestimmung der Völker beruhender zwischenstaatlicher Beziehungen; Stärkung der internationalen Zusammenarbeit auf wirtschaftlichem, sozialem, kulturellen und humanitärem Gebiet sowie Durchsetzung der Menschenrechte und Grundfreiheiten ohne Berücksichtigung von Rasse, Geschlecht, Sprache und Religion.
Das System der VN setzt sich aus zahlreichen – teils rechtlich selbstständigen – Organisationen zusammen. Den Kern bilden heutzutage fünf (bis 1994 sechs) Hauptorgane, die bei Bedarf Neben- und Hilfsorgane (mit Unterorganen und Arbeitsgruppen) einsetzen können:
(1) UN-Vollversammlung (engl.: UN General Assembly – UNGA), das zentrale politische Beratungs-, Beschluss- und Empfehlungsorgan aller Mitgliedstaaten. Die UNGA tagt jährlich im September (bei Bedarf auch öfter). Sie ist berechtigt, über alle durch die Charta gedeckten Angelegenheiten sowie über alle Fragen, welche die Befugnisse der anderen UN-Organe betreffen, zu beraten. Sie kann Untersuchungen veranlassen und (rechtlich unverbindliche) Empfehlungen aussprechen. Jeder Mitgliedstaat ist mit einer Stimme vertreten. Die Vollversammlung beschließt i. d. R. mit einfacher Mehrheit; bei wichtigen Angelegenheiten (wozu z. B. die Aufstellung von UN-Friedenstruppen, die Aufnahme neuer Mitglieder oder der zeitweilige Entzug der Mitgliedsrechte gehören) ist jedoch Zweidrittelmehrheit erforderlich.
(2) UN-Sicherheitsrat (engl.: UN Security Council – UNSC), der mit weitreichenden Kompetenzen zur Wahrung des Weltfriedens ausgestattet ist und als einziges UN-Gremium verbindliche Beschlüsse für alle Mitgliedstaaten fassen kann; zur Konfliktverhütung und -lösung z. B. auch die Durchführung militärischer Maßnahmen beschließen kann. Er hat u. a. folgende Nebenorgane eingesetzt: UN-Friedenstruppen („Blauhelme") – (engl.) UN Peacekeeping Operations; Überwachungs-, Verifikations- und Inspektionskommission der VN – (engl.) UN Monitoring, Verification and Inspection Commission – UNMOVIC; Internationales Tribunal für Kriegsverbrechen in Ruanda – (engl.) International Criminal Tribunal for Rwanda – ICTR; Internationales Tribunal für Verbrechen im früheren Jugoslawien – (engl.) International Criminal Tribunal for the former Yugoslavia – ICTY.
(3) → Wirtschafts- und Sozialrat (engl.: Economic and Social Council – ECOSOC), mit einer Vielzahl von Fachkommissionen, → Regionalkommissionen, Nebenorganen und Ausschüssen; er unterhält enge Kooperationen mit → Sonderorganisationen der Vereinten Nationen.
(4) → Internationaler Gerichtshof (engl.: International Court of Justice – ICJ).
(5) Sekretariat (engl.: Secretariat); mit dem Zentralbüro in New York und Büros in Genf, Nairobi und Wien. Die oberste Leitung des S. liegt beim Generalsekretär (engl.: Secretary General).
(6) Treuhandschaftsrat (engl.: Trusteeship Council). Ihm oblag – gemeinsam mit der Vollver-

sammlung – die Aufsicht über die den VN unterstellten Treuhandgebiete. Er suspendierte seine Arbeit am 01.11.1994 (nachdem zuletzt Palau in die Unabhängigkeit entlassen wurde). Hinzu kommen noch → Sonderorganisationen und viele → Spezialorgane, -Programme und -Konferenzen.
http://www.un.org
UN-Büro Genf: http://www.unog.ch
UN-Büro Wien: http://www.un.or.at
UN-Informationsbüro Bonn: http://www.uno.de
Zum System der Vereinten Nationen – UN-System – s.
http://www.unsystem.org

Verfahren zur Aufteilung von Einfuhrkontingenten. (1) Windhundverfahren: Danach werden → Einfuhrgenehmigungen und → Einfuhrlizenzen in der Reihenfolge ihrer Beantragung erteilt. Bei Zollkontingenten wird der entsprechende Zollsatz so lange angewendet, bis das Kontingent erschöpft ist; dann gilt wieder der Drittlandszoll. (2) Referenzverfahren: Anträge werden auf der Grundlage von Vergleichswerten, wie z. B. dem Vorjahresvolumen, entschieden. Mit diesem Verfahren kann Rücksicht auf traditionelle Handelsbeziehungen genommen werden. Für Antragsteller, die im Referenzzeitraum keine Anträge gestellt hatten, kann eine sog. (engl.) Newcomer-Quote reserviert werden. (3) Einfaches Quotenverfahren: Das Einfuhrkontingent wird gleichmäßig auf alle Antragsteller verteilt (Kontingentscheinverfahren). (4) Quotenreferenzverfahren: Dabei wird ein Teil des Einfuhrkontingents zu gleichen Teilen (gem. Verfahren 3) und der Rest nach Referenzwerten (gem. Verfahren 2) zugeteilt. (5) Verteilung durch das Lieferland: Das Importland kann dann nicht entscheiden, welcher Importeur in welcher Höhe Waren importieren darf. Dieses Verfahren kommt insb. bei Selbstbeschränkungsabkommen zur Anwendung.

Verfalldatum (engl.: expiration/expiry date). Bez. f.: (1) Letzter Zeitpunkt (Tag), bis zu dem bei Optionsgeschäften/Optionsscheinen die Optionsausübung möglich ist. (2) Endgültiger Erfüllungstermin bei Futures oder Forward Kontrakten.

Verfrachter ist, wer es übernimmt, gewerbsmäßig im eigenen Namen und für fremde Rechnung Güter auf dem Seeweg zu transportieren. Er kann dazu ein eigenes Schiff einsetzen (also zugleich → Reeder sein) oder ein ihm nicht gehörendes Schiff für eigene Rechnung führen oder führen lassen. Der V. wird auch als Seefrachtführer bezeichnet; vgl. → Non Vessel Operator. Dem V. im Seeverkehr entspricht der → Frachtführer bei Land-, Binnenschiff- und Lufttransporten.

Verfügbares Einkommen. Begr. aus d. → VGR. Es wird wie folgt ermittelt: Volkseinkommen plus Produktions- und Importabgaben abzüglich Subventionen = Nettonationaleinkommen zu Marktpreisen oder Primäreinkommen; zu diesem die empfangenen laufenden Transfers aus der übrigen Welt addiert und von diesem die geleisteten laufenden Transfers an die übrige Welt subtrahiert, ergibt das verfügbare Einkommen – der gesamten Volkswirtschaft.

Verfügungsgeschäft. Rechtsgeschäft, durch das ein Recht unmittelbar aufgehoben, übertragen, seinem Inhalt nach verändert oder belastet wird; z. B. durch Übereignung, Verpfändung einer Sache, → Abtretung einer Forderung.

Vergleich. Als jur. Begr.: Beilegung eines Streits oder einer Ungewissheit von (Vertrags-) Parteien über ein Rechtsverhältnis im Wege des gegenseitigen Einvernehmens (Nachgebens). Ein V. kann außergerichtlich oder gerichtlich (vor Gericht) erfolgen. Im Rahmen eines →

Insolvenzverfahrens kann ein V. auch Zweck des Insolvenzplans (zur Unternehmenssanierung) sein.

Verkaufsoption → Put-Option.

Verlustabzug. Begr. des Steuerrechts für die Möglichkeit, Verluste früherer Jahre oder – rückwirkend – auch Verluste späterer Jahre bei der Ermittlung des zu versteuernden Einkommens abzuziehen. Dies kann als Verlustvortrag (Saldierung früherer negativer mit späteren positiven Einkünften) oder als Verlustrücktrag (Saldierung früherer positiver mit späteren negativen Einkünften) erfolgen. Der V. unterscheidet sich vom → Verlustausgleich.

Verlustausgleich. Begr. f. die Saldierung positiver und negativer Einkünfte innerhalb eines Steuerjahres. Man spricht vom horizontalen V., wenn die Saldierung innerhalb einer Einkunftsart erfolgt und von vertikalem V., wenn die Saldierung verschiedene Einkunftsarten (z. B. Verlust bei Einkünften aus Gewerbebetrieb und Gewinn bei Einkünften aus Vermietung und Verpachtung) umfasst.

Verlustzuweisung. S. → Verlustzuweisungsgesellschaft.

Verlustzuweisungsgesellschaft oder Abschreibungsgesellschaft. Personenvereinigung, deren beschränkt haftende Gesellschafter in erster Linie beabsichtigen, durch Ausnutzung von (fehlerhaften) Bestimmungen der Steuergesetzgebung („Steuerschlupflöchern") Vermögensvorteile durch Steuerersparnisse zu erreichen. Eine V. kann als Gewerbebetrieb oder als private Vermögensverwaltung (z. B. Wohnungseigentümergemeinschaft oder geschlossener Immobilienfonds) betrieben werden. Durch Verlustzuweisungen kann eine Kapitalanlage ganz oder teilweise aus ersparter Einkommensteuer finanziert werden. Mit Hilfe von V. war die Realisierung von Steuerersparnissen u. a. dadurch möglich, dass durch erhöhte Abschreibungen (Sonderabschreibungen), aber auch durch Bewertungsabschläge und die Bildung steuerfreier Rücklagen zustande gekommene Verluste zum vollen Grenzsteuersatz steuermindernd wirkten, während die Nachversteuerung späterer Veräußerungsgewinne nur zum halben durchschnittlichen Steuersatz erfolgen musste. V. werden in Deutschland seit 1999 steuerlich durch den § 2 b EStG restriktiv behandelt.

Veröffentlichungspflicht oder Offenlegungspflicht gem. gesetzl. Bestimmungen. Dazu zählen: (1) Registerpublizität: Unternehmen müssen bestimmte Informationen – wie Gründung, Kapitaleinlagen, Gesellschafter, Jahresabschlüsse – dem → Handelsregister zuleiten. (2) Rechnungslegungspublizität: Darunter fällt die Pflicht zur Bekanntgabe des Jahresabschlusses an Aufsichtsbehörden (z. B. der Banken an die → Bundesanstalt für Finanzdienstleistungsaufsicht), die Pflicht der Bekanntgabe des Jahresabschlusses an Mitglieder, Aktionäre bzw. die Hauptversammlung (z. B. bei Familien-AG), die Pflicht zur Veröffentlichung im → Bundesanzeiger (z. B. bei der AG), die Pflicht zur Veröffentlichung des Jahresabschlusses von Kapitalgesellschaften gem. HGB zum Schutz von Gläubigern und Anteilseignern. Der Rechnungslegungspublizität in Gesellschaftsmitteilungen unterliegen auch Aktiengesellschaften gem. Aktiengesetz sowie Unternehmen anderer Rechtsformen gem. → Publizitätsgesetz. (3) Börsenpublizität: Der diesbezüglichen Veröffentlichungspflicht unterliegen börsennotierte Aktiengesellschaften sowie die Börse selbst.

Verpfändung. Die zur Sicherung einer Forderung erfolgende Bestellung eines Pfandrechts an Sachen oder Rechten. Mit der V. ist der Gläubiger der gesicherten Forderung berechtigt, (wenn nötig) Befriedigung aus dem Pfandgegenstand zu suchen. Das Entstehen und der Bestand des Pfandrechts sind untrennbar mit der zu sichernden Forderung verbunden (akzessorisches Recht). Es ermäßigt sich und es erlischt gemeinsam mit ihr. Die V. erfolgt durch vertragliche Vereinbarung eines Pfandrechtes und durch die Übergabe der verpfändeten Sache oder durch die Anzeige an einen Dritten, dem gegenüber das Recht besteht, bei verpfändeten Rechten. V. wird in der wirtschaftlichen Praxis zur Sicherung von Krediten herangezogen.

Verrechnungsscheck. → Scheck, auf dessen Vorderseite (aus Sicherheitsgründen) der Vermerk „nur zur Verrechnung" angebracht ist. Bei einem V. kann der Scheckbetrag nur durch Gutschrift auf einem Konto eingelöst werden; bei ihm ist Barauszahlung ausgeschlossen.

Versandabfertigung. Begr. f. d. → Ausfuhrabfertigung bei der zuständigen Binnenzollstelle. Vgl. → Ausgangsabfertigung.

Versandanmeldung. S. → Versandschein. Im → gemeinschaftlichen Versandverfahren ist hierfür das → Einheitspapier zu verwenden. Bei unverzollten Nichtgemeinschaftswaren (Drittlandswaren) im → externen Verfahren die Versandanmeldung T 1, bei Gemeinschaftswaren im → internen Verfahren die Versandanmeldung T 2.

Versandanzeige (engl.: advice of shipment). Mit ihr gibt der Exporteur dem Importeur einen verbindlichen Zwischenbescheid über die abgeladene bzw. verladene Ware, deren Menge und Markierung, über das Transportmittel, den Ort und Zeitpunkt der Abladung bzw. Verladung sowie den Bestimmungshafen bzw. Bestimmungsort. Der Importeur kann nach Erhalt der V. erforderlichenfalls die Transportversicherung abschließen, seine Kunden über den voraussichtlichen Ankunftszeitpunkt der Ware in Kenntnis setzen, weitere Transportmittel und benötigten Lagerraum organisieren sowie die Verzollung der Waren vorbereiten.

Versandklauseln. Durch sie ist festgelegt (analog zu anderen → Handelsklauseln; vgl. a. → Incoterms 2000), welche Versand- oder Transportkosten vom Käufer und welche vom Verkäufer zu tragen sind: → Lieferung frei Haus, → Lieferung frachtfrei, → Lieferung frei Waggon, → Lieferung unfrei, → Lieferung ab Werk.

Versandpapiere im Außenhandel. Dazu zählen: → Konnossement, → Kai-Receipt, → Ladeschein, → Luftfrachtbrief, → Internationaler Eisenbahnfrachtbrief, → Internationaler Frachtbrief im Straßengüterverkehr, → Internationale Spediteurübernahmebescheinigung, → Internationales Spediteur(durch)konnossement, → Posteinlieferungsschein, → Parcel Receipt.

Versandschein, → Versandanmeldung. Zollpapier, das dem Zollbeteiligten von der Abgangszollstelle bei der Überlassung von Waren ausgehändigt wird, sobald diese zum → gemeinschaftlichen Versandverfahren abgefertigt sind. Der V. begleitet die Waren. Er ist der Bestimmungszollstelle bei der erneuten Gestellung vorzulegen.

Versandspediteur, Platzspediteur. → Spediteur, der für Versender von Waren den Transport besorgt.

Versandverfahren. → Zollverfahren im → besonderer Zollverkehr nach dem Zollrecht der EG. Es soll sicherstellen, dass Waren unverändert zwischen zwei Orten innerhalb des Zollgebietes der EG befördert werden können und dient im grenzüberschreitenden Warenverkehr einer möglichst zügigen Abfertigung. Das sog. „gemeinschaftliche Versandverfahren" (gVV) muss (seit dem 01.01.1988) durch die Übergabe der Versandanmeldung beantragt werden. Hauptverpflichteter ist die Person, die selbst oder durch einen befugten Vertreter die Anmeldung abgibt; er hat eine Sicherheit (im Hinblick auf die Erfüllung der Zollschuld und die Zahlung der übrigen Abgaben zu leisten) und haftet für die ordnungsgemäße Durchführung des

Verfahrens. Die Exportabfertigung erfolgt bereits durch eine Binnenzollstelle im Lieferland; im gVV als Abgangszollstelle bezeichnet. Bei dieser hat der Zollbeteiligte die Ware anzumelden, zu gestellen und zu dokumentieren. Die Ware wird unter → Zollverschluss (Raum- oder Packstückverschluss) versandt. Sie wird von der Grenzübergangsstelle nur im Verdachtsfalle überprüft. Die weitere Zollbehandlung erfolgt dann erst bei der Bestimmungszollstelle im Empfängerland. Der Zollbeteiligte hat die Ware zur → Nämlichkeitssicherung und Zollabfertigung zu gestellen. Nach erfolgter Zollabfertigung kann der Importeur über die Ware als → Freigut verfügen; die Binnenzollstelle übersendet der Abgangszollstelle zu Kontrollzwecken den → Rückschein. Für die EG-Mitgliedstaaten gibt es zwei gVV: → Externes T 1-Verfahren und → Internes T 2-Verfahren. Für beide Verfahren gelten die Bestimmungen hinsichtlich der Gestellung der Waren, der Sicherheitsleistungen und des Hauptverpflichteten in analoger Weise.

Versandzollstelle. Begr. des Außenwirtschaftsrechts für das Hauptzollamt oder die von ihr bestimmte Dienststelle, in deren Zuständigkeitsbereich der gebietsansässige → Ausführer seinen (Wohn-)Sitz, eine Niederlassung oder eine Betriebsstätte hat. Wenn der Ausführer ein Gebietsfremder ist, dann ist V. jedes Hauptzollamt, in dessen Bezirk sich die Ware befindet, oder auch die vom Hauptzollamt bestimmte Dienststelle. Gem. ZK ist die V. seit dem 01.01.1994 die → Ausfuhrzollstelle.

Verschmelzung, Fusion. Rechtliche und wirtschaftliche Vereinigung von zwei oder mehreren zuvor selbstständigen Unternehmen. Eine solche V. wird durch die Aufnahme eines anderen Unternehmens oder durch die Bildung eines neuen Unternehmens vollzogen. Dabei erfolgt die Übertragung des gesamten Vermögens eines Rechtsträgers auf einen anderen/neu gegründeten Rechtsträger im Wege der Gesamtrechtsnachfolge unter Auflösung ohne Abwicklung.

Verschuldungsgrad (engl.: debt-equity ratio). Kennzahl, die (im Rahmen der betriebswirtschaftlichen Bilanzanalyse) das Verhältnis des Fremdkapitals zum Eigenkapital angibt; ein Indikator für die Beurteilung der Kreditwürdigkeit eines Unternehmens. Der V. wird auch über die Eigenkapitalquote (das Verhältnis des Eigenkapitals zum Gesamtkapital) und die Fremdkapitalquote (das Verhältnis des Fremdkapitals zum Gesamtkapital) dargestellt.

Verschuldungsquote (engl.: debt ratio) eines → Staates. Definiert als das Verhältnis zwischen dem öffentlichen Gesamtschuldenstand und dem Bruttoinlandsprodukt zu Marktpreisen. Begr. f. ein fiskalpolitisches → Konvergenzkriterium gem. Art. 104 c Abs. 2 des EG-Vertrages. Vgl. → Defizitquote.

Versender. (1) Gem. deutschem Außenwirtschaftsrecht ist (gebietsansässiger) V., wer auf Veranlassung eines → Ausführers, dem er zur Lieferung verpflichtet ist, die Ware zur Erfüllung eines Liefervertrages des Ausführers an dessen gebietsfremden Abnehmer liefert. (2) Gem. deutschem Handelsrecht ist bei einem Speditionsgeschäft V. derjenige, für dessen Rechnung der Spediteur die Versendung durch einen Frachtführer oder einen Verfrachter im eigenen Namen besorgt (§ 407 HGB). Dabei ist der Spediteur im Verhältnis zum → Frachtführer der → Absender, im Verhältnis zum → Verfrachter der → Befrachter.

Versicherer. Bez. f. d. Vertragspartner eines → Versicherungsnehmers im Versicherungsvertrag. Syn.: Versicherungsgesellschaft, Versicherungsinstitut, Versicherungsunternehmen.

Versicherter. (1) Bei Versicherung für eigene Rechnung ist der → Versicherungsnehmer auch der V.; er deckt sein eigenes Interesse. (2) Bei Versicherung für fremde Rechnung deckt der Versicherungsnehmer das Interesse eines anderen, des V.

Versicherung. S. → Transportversicherung . Sie spielt bei der Abwicklung von Außenhandelsgeschäften eine wichtige Rolle.

Versicherungsnehmer ist, wer einen Versicherungsvertrag mit einem → Versicherer abgeschlossen hat. Dies können z. B. Privatpersonen, Unternehmen, Verbände, öffentliche Haushalte sein.

Versicherungshypothek. Ein → Hypothekarkredit, der von einer Lebensversicherungsgesellschaft gewährt wird. Dabei handelt es sich um eine Koppelung von Kreditgewährung und Lebensversicherung; Hypothekarkredit und Lebensversicherung werden in gleicher Höhe und mit gleicher Laufzeit abgeschlossen. Der Kreditnehmer leistet während der gesamten Laufzeit nur Zinszahlungen, keine Tilgungszahlungen; er leistet aber Prämienzahlungen für seine Lebensversicherung. Letztere sind steuerlich absetzbar (zum Unterschied zu Tilgungszahlungen bei einer Bankhypothek). Die Tilgung der V. erfolgt am Ende der Vertragslaufzeit durch Verrechnung mit dem Auszahlungsbetrag der Lebensversicherung. Im Falle des vorzeitigen Todes des Kredit- und Versicherungsnehmers ist die Tilgung des Kredits durch die Lebensversicherung garantiert.

Versicherungsklauseln, englische. Die im internationalen Handel im Rahmen der Seeversicherung häufig verwendeten V. des Institute of London Underwriters (Institute Cargo Clauses). (1) Institute Cargo Clauses C – C-Deckung: Die Leistungspflicht des Versicherers beschränkt sich auf Schäden aus Großer Havarie und einige weitere – im Einzelnen genannten – Risiken. Zu den versicherten benannten Gefahren (engl.: named perils) zählen z. B.: Güterentladung im Nothafen; Kollision von Schiffen oder anderen Transportmitteln; Feuer und Explosion; Stranden, Aufgrundlaufen oder Kentern des Schiffes; Entgleisung oder Überschlagung des Landtransportmittels. Diese C-Deckung entspricht in etlichen Punkten der deutschen → Strandungsfallversicherung; Letztere deckt aber weitergehende Risiken ab und ist insofern die vorteilhaftere Deckungsform. (2) Institute Cargo Clauses B – B-Deckung: Damit werden zusätzlich zur C-Deckung noch folgende Risiken abgesichert: Überbordspülen; Eindringen von See- oder Flusswasser in das Transportmittel, den Container oder auf den Ladeplatz; Totalverlust ganzer → Kolli beim Landen oder Löschen von See- und Flussfahrzeugen; Erdbeben, Vulkanausbruch und Blitzschlag. Der Deckungsumfang der Strandungsfallversicherung ist – bis auf die Abdeckung des Risikos des Eindringens von See- und Flusswasser – ebenfalls größer als der der B-Deckung. (3) Institute Cargo Clauses A – A-Deckung: Im Prinzip eine Allgefahrendeckung. Der Deckungsumfang entspricht im Wesentlichen dem der deutschen → vollen Deckung. Wie diese schließt auch die A-Deckung Sonderrisiken, wie z. B. Krieg und Aufruhr, nicht ein. Sie sind aber durch entsprechende Zusatzklauseln (wie „Institute war clauses" oder „Institute strike, riots and civil commotions clauses") versicherbar.

Versicherungspolice. Von einem Versicherer ausgestellte und unterschriebene Urkunde über den Abschluss eines Versicherungsvertrages; sie enthält den gesamten Vertragsinhalt. Eine solche Beweisurkunde kann als → Einzelpolice oder als → Generalpolice ausgestellt werden.

Versicherungsschein oder → Versicherungspolice.

Versicherungsvertragsgesetz (VVG). Deutsches Gesetz über den Versicherungsvertrag vom 30.05.1908 mit spät. Änd. Es regelt die Beziehungen der Vertragspartner in der Individualversicherung. Das VVG gliedert sich in Vorschriften, die für alle Versicherungsverträge gelten, in Bestimmungen für Schadens-, Lebens-, Kranken- und Unfallversicherung und in Schlussbestimmungen. Es wird durch das → Europäische Versicherungsvertragsgesetz ergänzt.
http://dejure.org/gesetze/VVG

Versicherungszertifikat. (1) Begr. f. das auf der Grundlage einer → Generalpolice (einer laufenden Versicherung) ausgestellte Versicherungsdokument für einen einzelnen Warentransport. (2) Wird auch als Bez. f. eine → Einzelpolice verwendet.

Versteigerung. Form einer einmaligen oder in (gleichen) zeitlichen Abständen wiederkehrenden Marktveranstaltung, bei der nicht vertretbare (nicht fungible) Sachen an den Meistbietenden veräußert werden. Sie findet nach einer öffentlichen Bekanntmachung seitens des Versteigerers an einem bestimmten Ort und zu einer bestimmten Zeit statt. Die Versteigerungsware muss sich – zur ungehinderten Besichtigung durch die Versteigerungsteilnehmer – am Versteigerungsort (oder in dessen unmittelbarer Nähe) befinden. Es ist zu unterscheiden zwischen: (1) Freiwilliger V.: Typisch hierfür sind Großhandelsauktionen (v. a. für leicht verderbliche Waren, wie Obst, Gemüse, Fische, aber auch für Landesprodukte, wie Felle, Holz, Vieh, Wein und für Übersee-Produkte, wie Pelze und Tabak) sowie Auktionen, die sich an Privatleute wenden (auf denen z. B. Antiquitäten, Briefmarken, Kunstgegenstände versteigert werden). Der gewerbsmäßige Versteigerer bedarf in Deutschland nach § 34b GewO einer behördlichen Erlaubnis. (2) V. aufgrund gesetzlicher Vorschriften: Typisch hierfür sind die behördliche V. (dazu werden die → Zwangsvollstreckung und die Zwangsversteigerung, z. B. von Grundstücken, grundstücksgleichen Rechten, Schiffen und Luftfahrzeugen gerechnet) und die öffentliche V., die gem. §§ 814 ff. ZPO der Verwertung gepfändeter beweglicher Sachen durch einen Gerichtsvollzieher dient. Die Übertragung der gepfändeten Sache erfolgt durch Zuschlag und Ablieferung an den meistbietenden Erwerber. Der Versteigerungserlös, den der Gerichtsvollzieher an Ort und Stelle in Empfang nimmt, wirkt wie die Zahlung des Schuldners an den Gläubiger. Ein event. Überschuss steht dem Schuldner zu, sofern er noch Eigentümer der versteigerten Sache war. Vgl. → Einschreibung.

Verteilungsrechnung → Gesamtwirtschaftliche Verteilungsrechnung.

Verträge von Rom. → Vertrag zur Gründung der → Europäischen Atomgemeinschaft (EURATOM), in Rom unterzeichnet am 23.03.1957 und der → Vertrag zur Gründung der → Europäischen Wirtschaftsgemeinschaft (EWG-Vertrag), in Rom unterzeichnet am 25.03.1957. Beide Römischen Verträge traten am 01.01.1958 in Kraft.

Vertragserfüllungsgarantie (engl.: performance guarantee, frz.: garantie de bonne exécution de contract). Beinhaltet → Liefer- oder Leistungsgarantie sowie → Gewährleistungsgarantie. Die V. sichert die gesamte Vertragserfüllung – durch eine entsprechende Bankgarantie – ab. Es werden also auch innerhalb eines bestimmten Zeitraums Schadenersatzleistungen für erforderliche Nachbesserungen übernommen, sofern nicht der Verkäufer/Exporteur des Gutes die Mängelbeseitigung auf eigene Kosten vornimmt.

Vertragsstrafe (engl.: forfeit), Konventionalstrafe oder Pönale. Strafgeld, das zwischen Vertragspartnern für den Fall vereinbart wird, dass bestimmte Verpflichtungen (z. B. hinsichtlich der Qualität und Quantität der Ware, des Liefertermins und/oder -ortes) nicht eingehalten werden. Die V. ist von dem betroffenen Vertragspartner meist unabhängig davon zu bezahlen, ob die Pflichtverletzung auf sein Verschulden zurückzuführen ist oder dem anderen Vertragspartner ein Schaden entstanden ist.

Vertragszölle. Zollsätze, die in bi- oder multilateralen Verträgen zwischen Staaten für bestimmte Waren vereinbart wurden. Sie werden gegenüber Staaten angewendet, denen → Meistbegünstigung zusteht. V. weichen von den nach nationalem Zolltarif geltenden → autonomen Zollsätzen ab.

Vertrag über die Europäische Union (EU-Vertrag – EUV). Vereinbart am 09./10.12.1991 in Maastricht, unterzeichnet am 07.02.1992 und am 01.11.1993 in Kraft getreten. Durch ihn wurden nach den → Einheitlichen Europäischen Akten (EEA – aus den Jahren 1986/87) die → Römischen Verträge (aus den Jahren 1957/58) zum zweiten Mal grundlegend geändert und erweitert. Dieser „Maastrichter Vertrag" ist ein wichtiger Meilenstein auf dem Weg zum langfristigen Ziel einer politischen Europäischen Union. Mit ihm wurde die rechtsstaatliche Grundlage für die Verbindung der drei Säulen der Europäischen Union, der → Europäische Gemeinschaft (EG), der → Gemeinsamen Außen- und Sicherheitspolitik (GASP) und der → Zusammenarbeit in den Bereichen Justiz und Inneres (JI) geschaffen. Die EU-Organe sind allerdings nach wie vor nur im Bereich der EG befugt, eigenes Recht zu setzen; nicht aber in den Bereichen GASP und JI. Die konsolidierte EUV-Fassung mit den Änderungen aufgrund des Vertrages von Amsterdam ist im Amtsblatt C 340 vom 10.11.1997 veröffentlicht. Über Internet (Format PDF) jedermann zugänglich. → EUR-Lex.

Vertrag von Amsterdam – Amsterdamer Vertrag – v. 02.10.1997, in Kraft getreten am 01.05.1999. Er stellt einen weiterer Meilenstein in der Entwicklung der → Europäischen Union dar. Mit ihm sind Bestimmungen des → Vertrages über die Europäische Union, des → Vertrages zur Gründung der Europäischen Gemeinschaft und einiger mit diesen Verträgen zusammenhängenden Rechtsakte geändert worden. Er ist nicht an die Stelle der übrigen Verträge getreten, sondern ergänzt sie. Der Amsterdamer Vertrag weitet die Kompetenzen der Union auf dem Gebiete der Beschäftigungs- und Sozialpolitik aus und verankert den Verbraucherschutz stärker im Gemeinschaftsrecht. Er verstärkt auch die Individualrechte der Bürger in der Union; diese wird als ein „Raum der Freiheit, der Sicherheit und des Rechts" definiert.

Vertrag von Maastricht. → Vertrag über die Europäische Union (EUV).

Vertrag von Nizza. Mit dem vom Europäischen Rat am 11.12.2000 in Nizza, Frankreich, beschlossenen und von den Außenministern der 15 EU-Staaten am 26.02.2001 unterzeichneten Vertrag wurden institutionelle Reformen vereinbart, die notwendig sind, um die Handlungs- und Entscheidungsfähigkeit der EU auch nach der Osterweiterung zu erhalten.

Vertrag von Rom. S. → Verträge von Rom.

Vertrag zur Gründung der Europäischen Gemeinschaft (EG-Vertrag – EGV) in der konsolidierten Fassung (mit den Änd. aufgrund des Vertrags von Amsterdam) v. 10.11.1997. Die rechtsstaatliche Grundlage für die älteste und mit eigenen Rechtssetzungskompetenzen ausgestattete – „erste" – Säule der → Europäischen Union, die → Europäische Gemeinschaft.

Vertrag zur Gründung der Europäischen Wirtschaftsgemeinschaft (Vertrag von Rom oder EWG-Vertrag – EWGV) vom 25.03.1957, seit dem 01.01.1958 in Kraft. Er wurde im Zuge dreier Vertragsreformen fortentwickelt und erweitert: 1986/87 durch die sog. → Einheitlichen Europäischen Akte, 1991/93 durch den → Vertrag über die Europäische Union (gem. dessen Titel II; wodurch der EWGV zum → Vertrag zur Gründung der Europäischen Gemeinschaft wurde) und 1997/99 durch den → Vertrag von Amsterdam.

Vertretbare Wertpapiere/Sachen oder fungible Wertpapiere/Sachen. Sie sind durch die → Fungibilität gekennzeichnet.

Verwahrstelle (engl.: depository). Einrichtung, deren Hauptfunktion in der Verwahrung von Wertpapieren besteht; entweder effektiv oder durch elektronisches Aufzeichnen. Ihr obliegt die Buchführung über das Eigentum an Wertpapieren. Vgl. → Zentrale Wertpapierverwahrstelle.

Verwendung für besondere Zwecke. Begr. d. Zollwesens; s. → Freigutverwendung.

Verwendungsrechnung. → Gesamtwirtschaftliche Verwendungsrechnung.

Verzollung. Eingeführtes Zollgut ist nach geltendem Zollrecht zu verzollen (sofern nicht die Voraussetzungen einer Zollfreiheit vorliegen). Unter V. ist die Erhebung des von der Zollbehörde mit dem Zollbescheid vom Zollbeteiligten als dem Zollschuldner geforderten – und damit auch fällig gewordenen – Zolles. V. erfolgt bei der Abfertigung von Zollgut zur → Überführung in den freien Verkehr oder zur → Zollgutverwendung sowie bei der Nichtbeachtung von Zollvorschriften.

Verzugszinsen. Zinsen, die ein Schuldner gem. §§ 284 ff. BGB zu zahlen verpflichtet ist, wenn er eine fällige und angemahnte Geldschuld nicht erfüllt hat.

VGR → Volkswirtschaftliche Gesamtrechnungen.

VHE → Verein Hamburger Exporteure.

Vierte Welt. Begr. f. d. „am wenigsten entwickelten Länder“ (engl.: least developed countries – LDC), die „ärmsten der armen“ → Entwicklungsländer. Merkmale: Sehr niedriges Pro-Kopf-Einkommen, hohe Defizite bei den Grundbedürfnissen (Ernährung, Erziehung, Gesundheit, Wasser), unzureichende Infrastruktur, Produktion überwiegend für den eigenen Bedarf (Subsistenzwirtschaft), sehr niedrige Produktivität der Landwirtschaft, äußerst schwache Außenhandelsverflechtung.

VIES. Abk. f. VAT Information Exchange System oder – Mehrwertsteuer-Informations-Austausch-System (MIAS). S. → Taxation and Customs Union DG; Generaldirektion Steuern und Zollunion der EU-Kommission.

Vinkulierte Aktien oder gebundene Aktien. Dabei handelt es sich gemäß aktienrechtlichen Bestimmungen um Namensaktien, deren Eigentumsübertragung auf andere Personen an die Zustimmung der Gesellschaft (erteilt durch den Vorstand oder – bei entsprechenden Satzungsvorschriften – durch den Aufsichtsrat oder die Hauptversammlung) gebunden ist. Einer solchen Zustimmung bedarf es aber nicht bei einem Rechtsübergang kraft Gesamtrechtsnachfolge (z. B. bei Erbfällen und Fusionen), Pfandverkauf oder Pfandkauf durch den Insolvenzverwalter im Zuge eines Insolvenzverfahrens.

Virt-X. Seit 2001 neue europäische Börsenplattform für den Handel mit Blue Chips. Sitz: London.
http://www.virt-x.com

VÖB → Bundesverband öffentlicher Banken Deutschlands e. V.

Volatilität. Schwankungsmaß der Variabilität von Zinssätzen, Wertpapier- und Devisenkursen. Je höher die V. eines Finanzinstrumentes ist, desto höher ist auch das mit einem Finanzinstrument verbundene Risiko. Die historische V. gibt Auskunft über die Schwankungsbreite von Kursen (→ Kursvolatilität) oder von Renditen (→ Renditevolatilität) eines Finanzinstrumentes in einem zurückliegenden Zeitraum und wird zur Prognose der möglichen zukünftigen

Volatilität eines Kurses oder Preises herangezogen. Sie ergibt sich aus der Berechnung der Standardabweichungen (auf ein Jahr umgerechnet) der prozentualen Kurs- oder Renditedifferenzen. Die Standardabweichung ist nur das Maß für die Schwankungsbreite der Bewegung, nicht aber für die Richtung der Bewegung. Die implizite V. stellt die antizipierte Schwankungsbreite dar. Sie beruht auf den Markterwartungen der Teilnehmer am Optionshandel und wird dadurch ermittelt, dass man die am Markt gehandelte Optionsprämie in ein Optionsbewertungsmodell (z. B. Black & Scholes-Modell) einsetzt. Ist die historische V. größer als die implizite V., gelten Optionsprämien als relativ niedrig und somit preiswert. Ist hingegen die historische V. geringer als die implizite V., sind Optionspreise vergleichsweise hoch und somit teuer.

Volatilitätsindex. Index einer Terminbörse (z. B. der → Chicago Mercantile Exchange – CME), der auf der Grundlage → impliziter Volatilitäten von Optionen, die an der Terminbörse gehandelt werden, berechnet wird. Der V. drückt die durchschnittliche implizite Volatilität aller im Index enthaltenen Optionen aus. Zur Ermittlung des V. an der → Eurex werden Optionen auf den → DAX herangezogen. S. → VDAX.

Volksaktien. In Deutschland Bez. f. Aktien, die im Zuge der (Re-)Privatisierung von Staats-(Bundes-)Vermögen geschaffen und an einen großen Personenkreis zu Vorzugsbedingungen abgegeben wurden.

Volksbanken. Als erste Vorstufe der späteren Volksbanken wurde 1850 der Eilenburger Vorschussverein gegründet. Pionier für diese ursprünglichen kreditgenossenschaftlichen Selbsthilfeeinrichtungen für Handwerker und Kleingewerbetreibende war Wilhelm Schulze-Delitzsch (1808 – 1883). Zweck solcher → Genossenschaftsbanken ist die wirtschaftliche Förderung ihrer Mitglieder durch banknübliche Geschäfte. Ihr Spitzeninstitut ist heute die Deutsche Genossenschaftsbank (DG-Bank). Vgl. auch → Raiffeisenbanken.
http://www.dgbank.de

Volkseinkommen. Syn. f. Nettonationaleinkommen (früher Nettosozialeinkommen) oder Nettonationalprodukt (früher Nettosozialprodukt) zu Faktorkosten. Das V. ist die Summe aller Erwerbs- und Vermögenseinkommen, die Inländern in einer Rechnungsperiode zufließen. Es umfasst also das von Inländern empfangene Arbeitnehmerentgelt (das Bruttoeinkommen aus unselbstständiger Arbeit) sowie die Unternehmens- und Vermögenseinkommen (die Bruttoeinkommen aus Unternehmertätigkeit und Vermögen); Letztere fließen Selbstständigen, Arbeitnehmern und öffentlichen Haushalten zu. S. → Gesamtwirtschaftliche Verteilungsrechnung.

Volkswirtschaftliche Gesamtrechnungen (VGR). Aufgabe der VGR ist es, ein möglichst umfassendes, übersichtliches, hinreichend gegliedertes, in sich widerspruchsfreies, quantitatives Gesamtbild des ökonomischen Geschehens in einer Volkswirtschaft zu geben. Dies geschieht im Rahmen der → gesamtwirtschaftlichen Entstehungsrechnung, der → gesamtwirtschaftlichen Verwendungsrechnung und der → gesamtwirtschaftlichen Verteilungsrechnung, der → Zahlungsbilanz-Statistik und der → Input-Output-Rechnungen. Dazu werden statistische Daten systematisch erfasst. Die Ergebnisse der amtlichen VGR werden in Deutschland vom → Statistischen Bundesamt in Form eines geschlossenen Kontensystems mit doppelter Buchung aller nachgewiesenen Vorgänge ermittelt. Hinzu kommt eine lange Reihe von (Standard-)Tabellen, in denen die Kontenpositionen teils tiefer untergliedert und nach Wirtschaftssektoren differenziert, teils in anderer Hinsicht erweitert (z. B. durch unterschiedliche → Preiskonzepte) dargestellt werden. Die VGR für Deutschland (und alle anderen Mitgliedstaaten der EU) wurden 1999 auf das → Europäische System Volkswirtschaftlicher Gesamtrechnungen (ESVG) 1995 umgestellt.

Vollcharter. Begr. d. Seefrachtverkehrs. Beim V. werden alle Laderäume eines Schiffes für eine Reise oder für einen bestimmten Zeitraum (→ Zeitcharter) gechartert. S. a. → Chartervertrag.

Voll-Container-Ladung – (engl.) Full Container Load (FCL). International gebräuchliche Klausel in Beförderungsbedingungen der Linienschifffahrt. Sie besagt, dass der Reeder vom → Ablader einen – räumlich und gewichtsmäßig voll ausgelasteten – Container zur Verfrachtung übernimmt. Der Absender ist für die Beladung und der Empfänger für die Entladung des Containers verantwortlich. Eine FCL-Ladung kann als → Carrier`s Haulage (CH) oder als → Merchant`s Haulage (MH) abgewickelt werden. Vgl. → Teil-Containerladung (LCL). S. a. → FCL for delivery FCL, → FCL for delivery LCL, → LCL for delivery LCL, → LCL for delivery FCL.

Volle Deckung. Die am häufigsten verwendete Deckungsform in der Seeversicherung. Sie gilt immer, wenn zwischen Versicherer und Versicherungsnehmer nichts anderes vereinbart ist. Bei voller Deckung leistet der Versicherer – ohne → Franchise – Ersatz für Verlust oder Beschädigung der versicherten Güter auf dem Transportweg. Ausgenommen sind z. B. Kriegsrisiken, politische Risiken, Kernenergierisiken oder Risiken durch Streiks, Aussperrungen, Unruhen, Terrorismus; diese Risiken können durch Zusatzklauseln des Deutschen Transportversicherungsverbandes (DTV) abgedeckt werden (DTV-Kriegsklauseln, DTV-Streik- und Aussperrungsklauseln, DTV-Kernenergieklauseln). Vgl. → Strandungsfalldeckung.

Vollkompensation. S. → Kompensationsgeschäft.

Vollstreckbare Ausfertigung. Begr. f. eine mit der → Vollstreckungsklausel versehene Ausfertigung eines → Vollstreckungstitels, die der → Zwangsvollstreckung dient.

Vollstreckbare Urkunde. Dies ist ein → Vollstreckungstitel, aufgenommen und ausgefertigt von einem Gericht oder Notar. Der Schuldner muss sich darin der sofortigen Zwangsvollstreckung gem. § 794 I Nr. 5 ZPO unterwerfen.

Vollstreckung. Begr. f. d. Erzwingung einer Anordnung, insb. einer richterlichen. Im zivilrechtlichen Bereich erfolgt die V. aufgrund von Vollstreckungstiteln im Wege der Zwangsvollstreckung. Im strafrechtlichen Bereich erfolgt die V. durch die zwangsweise Durchsetzung eines rechtskräftigen Strafspruchs; Vollstreckungsbehörde ist dabei die Staatsanwaltschaft.

Vollstreckung ausländischer Entscheidungen. → Vollstreckungsurteil.

Vollstreckungsanspruch. Anspruch eines Gläubigers gegen den Staat, dass dessen Organe (→ Vollstreckungsorgane) die Zwangsvollstreckung durchführen. Der V. unterscheidet sich vom vollstreckbaren Anspruch (der darin besteht, dass ein Gläubiger aufgrund eines Vollstreckungstitels gegen den Schuldner Befriedigung erreichen will).

Vollstreckungsfähigkeit eines → Vollstreckungstitels besagt, dass dieser nach Art und Inhalt überhaupt vollstreckt werden kann. Dem Inhalt nach können nur Leistungsurteile (Ansprüche auf Zahlung einer bestimmten Geldsumme oder auf Leistung einer bestimmten Menge vertretbarer Sachen oder Wertpapiere), aber nicht Feststellungs- und Gestaltungsurteile vollstreckt werden.

Vollstreckungsgericht ist stets das Amtsgericht, in dessen Bezirk das Vollstreckungsverfahren läuft. Es kann gem. § 764 ZPO ohne mündliche Verhandlung entscheiden.

Vollstreckungsklausel. Sie ist ein notwendiger Bestandteil einer → vollstreckbaren Ausfertigung. Sie lautet gem. § 725 ZPO: „Vorstehende Ausfertigung wird dem ..... (Bez. der Partei) zum Zwecke der Zwangsvollstreckung erteilt."

Vollstreckungsmaßnahme. Jede Handlung, die ein Vollstreckungsorgan zum Zwecke der Zwangsvollstreckung durchführt; z. B. Pfändung, → Versteigerung.

Vollstreckungsorgan ist, wer die Zwangsvollstreckung durchführt. Dies ist grundsätzlich der Gerichtsvollzieher. V. kann auch das → Vollstreckungsgericht oder das Prozessgericht sein; ferner das Grundbuchamt und die Schiffsregisterbehörde (für die Eintragung einer Zwangshypothek).

Vollstreckungstitel. Er muss die Parteien, den Inhalt, die Art und den Umfang der Zwangsvollstreckung enthalten. Inhaltlich muss eine → Vollstreckungsfähigkeit vorliegen. V. sind gerichtliche Entscheidungen (Urteile, Prozessvergleiche) sowie → vollstreckbare Urkunden. Sie stellen eine der Voraussetzungen der Zwangsvollstreckung dar. Ein V. kann erst dann beantragt werden, wenn zuvor ein Mahnbescheid (frühere Bez. Zahlungsbefehl) ohne Erfolg zugestellt worden war.

Vollstreckungsurteil. Schriftliche gerichtliche Entscheidung (nach Beratung über eine Klage), in dem gem. §§ 722, 723 ZPO die Zulässigkeit einer → Zwangsvollstreckung aus der Entscheidung eines ausländischen Gerichts ausgesprochen wird.

Von-bis-Kurse. S. → Circa-Notierung.

Vorausbezahlte Karte. → Zahlungskarte, bestückt mit einem Chip oder Magnetstreifen, der zulasten eines Girokontos oder gegen Bargeld mit elektronischen Zahlungseinheiten aufgeladen werden kann. Anders als bei → Kreditkarten oder → Debitkarten muss das Guthaben auf der Karte vorausbezahlt werden. Damit kann an entsprechenden (POS-)Kassen bzw. Automaten gegen Abbuchung der erforderlichen elektronischen Einheiten bezahlt werden. V. K. kommen in erster Linie für Zahlungen kleinerer Beträge (z. B. von Park- oder Telefongebühren) in Frage und stellen insofern einen Ersatz für Bargeld dar.

Vorauszahlung (engl.: advance payment). Bei V. leistet der Importeur dem Exporteur den vereinbarten Kaufpreis in voller Höhe vor Erhalt der Ware. Für den Exporteur stellt V. die günstigste und sicherste Zahlungsbedingung dar; das Risiko des Zahlungsausfalls ist für ihn vollständig ausgeschlossen. Zudem führt ihm V. Liquidität zu, wodurch er Zins- bzw. Finanzierungskosten spart. Für den Exporteur erfüllt V. somit eine Finanzierungsfunktion. Für den Importeur stellt hingegen V. die ungünstigste Zahlungsbedingung dar. Er hat keine Sicherheit dafür, dass er die Ware in der vereinbarten Quantität und Qualität erhält. V. kann für den Importeur nur insofern mit einem Vorteil verbunden sein, als er die Ware zu einem günstigeren Preis erhält (weil er die Finanzierungsfunktion übernimmt). In jedem Fall setzt der Importeur bei V. großes Vertrauen in den Exporteur. V. kommen in der Praxis häufiger vor als allgemein angenommen. Sie sind üblich bei Mustersendungen, bei Importeuren mit unsicherer Bonität, bei Importeuren mit Firmensitz in Krisenländern, bei Zahlungen innerhalb von multinationalen Konzernen wie auch unter langjährig zusammenarbeitenden Unternehmen. Zur teilweisen V. s. → Anzahlung.

Vorleistungen. Begr. der Volkswirtschaftlichen Gesamtrechnungen f. den Wert der Güter (Waren und Dienstleistungen), die inländische Wirtschaftseinheiten von anderen (in- und ausländischen) Wirtschaftseinheiten bezogen und im gleichen Zeitraum im Zuge ihrer eigenen

Produktion verbraucht haben. Dazu zählen z. B. Roh-, Hilfs- und Betriebsstoffe, Reparatur-, Brenn- und Treibstoffkosten, Mietzahlungen).

Vorbörse. Handel unter Börsenmitgliedern mit börsennotierten Wertpapieren vor Beginn der offiziellen Börsenzeit. Er erfolgt telefonisch – ohne Aufsicht. Die V. erfüllt v. a. eine Informationsfunktion hinsichtlich der tendenziellen Kursentwicklung. S. a. → Nachbörse, → Vor- und Nachbörse.

Vor- und Nachbörse. I. e. S. Bez. f. d. Handel mit börsennotierten Wertpapieren außerhalb der offiziellen Börsenzeit. I. w. S. Bez. f. d. gesamten Handel mit börsennotierten Wertpapieren, der nicht über Makler erfolgt.

Vorfinanzierung. Vorläufige kurzfristige Finanzierung eines an sich längerfristigen Kapitalbedarfs. Eine V. erfolgt z. B. in Zeiten relativ hoher Zinsen, wenn in absehbarer Zukunft ein niedrigeres Zinsniveau für mittel- und langfristiges Kapital erwartet wird; somit in Phasen restriktiver Geldpolitik seitens der Zentralbank. Sie erfolgt auch dann, wenn langfristig gesicherte Mittel (z. B. Bauspardarlehen) noch nicht zur Verfügung stehen. Vgl. → Zwischenkredit.

Vorgeschobene Zollstellen. Zollamtliche Abfertigungsstellen, die sich außerhalb des eigentlichen deutschen → Zollgebietes befinden, z. B. auf fremdem Hoheitsgebiet oder in Zollfreigebieten. In diesen dürfen deutsche oder befugte ausländische Zollorgane Zollabfertigungen nach deutschem Zollrecht vornehmen. V. Z. und deren Verbindungswege zum eigenen Zollgebiet (wenn auf ihnen ein- und/oder auszuführende Waren transportiert werden) gelten insofern aber als deutsches Zollgebiet.

Vorratsstellenwechsel. → Solawechsel der staatlichen → Einfuhr- und Vorratsstellen (verbürgt von der Bundesrespublik Deutschland) mit einer Laufzeit von bis zu 90 Tagen.

Vorschussakkreditiv. Mit besonderen Klauseln versehene Sonderform des → Dokumentenakkreditivs. Es dient insb. im internationalen Rohstoffhandel zur Gewährung von Vorauszahlungen an den Exporteur. S. a. → red clause.

Vorsteuerabzug. Begr. f. d. Abzug der Umsatzsteuer (gem. §§ 15, 15a UStG), die einem Unternehmen von einem anderen Unternehmen für Lieferungen oder sonstige Leistungen (→ Vorleistungen) in Rechnung gestellt wurde. Durch den V. wird die auf der jeweils vorhergehenden Umsatzstufe eingetretene Umsatzsteuerbelastung rückgängig gemacht. Dadurch wird eine Umsatzsteuerkumulierung vermieden. Unternehmen können auch die von ihnen entrichtete Einfuhrumsatzsteuer für eingeführte Gegenstände im Rahmen ihrer Umsatzsteuererklärung als Vorsteuer geltend machen. Vgl. → Mehrwertsteuer.

Vorübergehende Verwendung. Begr. d. → besonderen Zollverkehrs. Sie liegt dann vor, wenn Waren nur vorübergehend oder nur für bestimmte Zwecke eingeführt werden (z. B. Berufsausrüstungen, Messe- und Ausstellungsgüter, persönliche Gegenstände). Für die v. V. ist bei der Einfuhr grundsätzlich eine zollamtliche Bewilligung zu beantragen. Unter Umständen wird eine Sicherheitsleistung vom Zoll verlangt; Voraussetzung ist immer die → Nämlichkeitssicherung. Die Bewilligung der v. V. führt meist zur vollständigen Zollentlastung. Vgl. → Zollgutverwendung.

Vorverteilung. Begr. f. d. Abgabe von Euro-Banknoten und -Münzen an Kreditinstitute (Frontloading) sowie die Weitergabe durch die Kreditinstitute an bestimmte Zielgruppen, wie

Handelsunternehmen, Geldtransportunternehmen, Automatenbetreiber oder die Bevölkerung (Sub-Frontloading) schon vor dem 01.01.2002.

Vorvertrag (engl.: letter of unterstanding). V. werden v. a. bei größeren, internationalen Projekten zwischen den Vertragspartnern geschlossen. Der endgültige Vertragsabschluss wird meist von einem bestimmten Umstand oder einer Zustimmungsfrist für die zuständigen Gremien abhängig gemacht. Der V. begründet einen Rechtsanspruch auf den Abschluss eines Hauptvertrages; dessen wesentlicher Inhalt ist bereits im V. festgeschrieben.

Vorzugsaktien (engl.: priority shares oder preferred stock). Aktien, die dem Inhaber (im Vergleich zu → Stammaktien) Vorzüge einräumen, z. B. bei der Stimmrechtsausübung (Stimmrechtsvorzugsaktien; wie Mehrstimmrechtsaktie), beim Dividendenanspruch (Aktien mit → Vorzugsdividende) oder bei der Verteilung des Liquidationsvermögens (Aktien mit Sonderrechten im Liquidationsfall; sie sichern Vorzugsaktionären Zahlungen aus dem Liquidationserlös vor Zahlungen an Stammaktionäre).

Vorzugsdividende. Sie wird bei → Vorzugsaktien gewährt; als Vorabdividende, Überdividende, V. bis zu einem bestimmten Höchstbetrag oder Dividendenanspruch in Verlustjahren.

Vorzugsobligation. Schuldverschreibung, die mit bestimmten Sonderrechten ausgestattet ist; z. B. als → Optionsanleihe, → Wandelanleihe, → Gewinnobligation.

Voyage Charter. → Reisecharter.

VStG. Abk. f. d. deutsche Vermögensteuergesetz (i. d. F. v. 14.11.1990, BGBl. I 2467, zuletzt geändert am 29.10.2001). Das Gesetz gilt noch für die Abwicklung von Altfällen.
http://www.forium.net/gesetze/vermoegensteuergesetz.pdf

VuB. Zeichen im Zolltarif für → Verbote und Beschränkungen im Warenverkehr.

VVG. Gesetz über den Versicherungsvertrag; → Versicherungsvertragsgesetz.

VWD → Vereinigte Wirtschaftsdienste.

vwd Mittel- und Osteuropa. Mitteilungsblatt der → VWD für mittel- und osteuropäische Reformländer und die baltischen Republiken. Erscheint mit Unterstützung des → Ost- und Mitteleuropa Vereins (OMV) börsentäglich und berichtet über die neuesten Geschäfts- und Kooperationsmöglichkeiten.

vwd GUS-Republiken. Börsentäglich, mit Unterstützung des → OMV erscheinender Newsletter der → VWD, der aktuell über Geschäftsmöglichkeiten in Weißrussland, Moldau, Ukraine, den kaukasischen Republiken Armenien, Aserbaidschan und Georgien sowie in den zentralasiatischen Ländern Kasachstan, Kirgisistan, Tadschikistan, Turkmenistan und Usbekistan informiert.

vwd Russland – Chancen, Trends, Tipps. Börsentäglich, mit Unterstützung des → OMV erscheinender Newsletter der → VWD, abgestimmt auf die Bedürfnisse von Firmen und Führungskräften mit Russland-Kontakten. Berichtet über die Wirtschaftspolitik, Gesetzgebung, Termine, Märkte, Unternehmen, Ausschreibungen, Kontaktanschriften.

W

WA. Abk. f.: (1) Warenverzeichnis für die Außenhandelsstatistik. Diese Klassifikation für den Außenhandel baut auf der → Kombinierten Nomenklatur (KN) der EU auf. Sie wird sowohl für die Erstellung der → Intrahandelsstatistik als auch der → Extrahandelsstatistik verwendet. http://www.destatis.de/allg/d/klassif/wa.htm
(2) Engl.: Wassenaar Arrangement on Export Control for Conventional Arms and Dual-Use Goods and Technologies; → Vereinbarung von Wassenaar über die Exportkontrolle konventioneller Waffen und Dual-Use-Güter und -Technologien.

WADB. Abk. f. (engl.) West African Development Bank; → Westafrikanische Entwicklungsbank oder (frz.) Banque Ouest Africaine de Développement (BOAD).

WAEMU. Abk. f. (engl.) West African Economic and Monetary Union; → Westafrikanische Wirtschafts- und Währungsunion oder (frz.) Union Economique et Monétaire Ouest Africaine (UEMOA).

Wagnisfinanzierung → Venture Capital.

Wägungsschema. Das W. quantifiziert die Anteile (in Prozent- oder Promillepunkten), welche die einzelnen Waren und Dienstleistungen an einem → Warenkorb (an insgesamt 100 Prozent- oder 1000 Promillepunkte) haben. Im Warenkorb des deutschen → Preisindex für die Lebenshaltung aller privaten Haushalte (Basisjahr 1995) beträgt z. B. der Anteil der Nahrungsmittel und alkoholfreien Getränke 13,13 (Prozent) bzw. 131,26 (Promille), der von Bekleidung und Schuhen 6,88 (%) bzw. 68,76 (‰).

Währung. Unterschiedlich verwendeter Begriff für: (1) hoheitlich geordnetes Geldwesen eines Staates, einschl. aller Regelungen zur Sicherung der Geldwertstabilität (Geldverfassung). (2) Bez. f. d. Geldeinheit eines Landes, z. B. Euro, Rubel. (3) Bez. f. d. Deckungsart des umlaufenden Geldes, z. B. → Goldstandard oder Papiergeldwährung.

Währungsabwertung → Abwertung.

Währungsanleihe. Schuldverschreibung, die nicht in der eigenen Landeswährung begeben wird. In Russland z. B. eine Euro-Anleihe. Vgl. → Auslandsanleihe.

Währungsaufwertung → Aufwertung.

Währungsausschuss. Ein 1958 geschaffenes Beratungsgremium der → Europäischen Wirtschaftsgemeinschaft. Der W. bereitete die Arbeiten des Rates in bestimmten Bereichen vor. An seine Stelle trat am 01.01.1999 der → Wirtschafts- und Finanzausschuss der Europäischen Union.

Währungsbank. Begr., der u. a. zur Aufgabenbeschreibung der → Europäischen Zentralbank dient: Sicherung der Währung (des Geldwertes) des Eurogebietes – im Inneren und nach außen. Gleichbedeutende Begr.: → Zentralbank, → Notenbank.

Währungsbezeichnungen. → Währungscodes nach → ISO.

Währungscodes. → ISO-Währungscodes. Die nach ISO abgekürzten Währungsbezeichnungen. Sie lauten z. B. für die Währung der → WWU, den Euro/€ – EUR. Er trat zum 01.01.1999 an die Stelle der folgenden europäischen Währungen: ATS – Österreichischer Schilling, BEF

– Belgischer Franc, DEM – Deutsche Mark, ESP – Spanische Peseta, FIM – Finnmark, FRF – Französicher Franc, GRD – Griechische Drachme, IEP – Irisches Pfund, ITL – Italienische Lira, LUF – Luxemburgischer Franc, NLG – Niederländischer (Holländischer) Gulden, PTE – Portugiesischer Escudo.
Andere Währungen von EU-Ländern: DKK – Dänische Krone, GBP – Britisches Pfund Sterling, SEK –Schwedische Krone. Ferner: NOK – Norwegische Krone.
Währungen von EU-Beitrittskandidaten: BGN – Bulgar. Lew, CHF – Schweizer Franken, CZK – Tschechische Krone, CYP – Zypern-Pfund, EEK – Estnische Krone, HUF – Ungarischer Forint, LTL – Litauische Litas, LVL – Lettische Lats, MTL – Maltesische Lira, PLN – Polnischer Zloty, ROL – Rumän. Leu, SIT – Slowenischer Tolar, SKK – Slowakische Krone, TRL – Türkisches Pfund/Türkische Lira.
Währungen weiterer wichtiger Welthandelsländer: ARS – Argentinischer Peso, AUD – Australischer Doller, BRL – Brasilianischer Real, CAD – Kanadischer Dollar, CNY – Renminbi ¥uan/China, HKD – Hongkong-Dollar, IDR – Indonesische Rupiah, INR – Indische Rupie, IRR – Iran-Rial, JPY – Japanischer Yen, MXN – Mexikanischer Peso, NGN – Nigeria-Naira, SAR – Saudi Riyal, SGD – Singapur-Dollar, TWD – Neuer Taiwan-Dollar, USD – US-Dollar.
Nachrichtlich: XAG – Silber, XAU – Gold, XDR – Sonderziehungsrecht, XPD – Palladium, XPT – Platin.

Währungsgebiet. Bez. f. d. hoheitlichen Geltungsbereich einer Währung. I. d. R. identisch mit dem Staatsgebiet; kann aber auch das Wirtschaftsgebiet einer → Währungsunion sein. Das W. wird durch die jeweilige Währungsverfassung bestimmt.

Währungsklausel. S. → Wertsicherungsklausel.

Währungskorb. S. → Sonderziehungsrechte (SZR-Korb); vgl. → ECU.

Währungsordnung. Bez. f.: (1) die Geldordnung (Währungsverfassung) eines Wirtschaftsgebietes, die auf einer bestimmten Geldeinheit aufgebaut ist; z. B. die Ordnung der Euro-Währung in den Ländern des Euroraums, der Rubel-Währung in der Russischen Föderation (RF). (2) die → Internationale Währungsordnung.

Währungspolitik. (1) I. e. S. Begr. f. alle (staatlichen) Maßnahmen im Hinblick auf den Außenwert einer Währung, die sich auf dem → Devisenmarkt auswirken. Solche Maßnahmen zur Aufrechterhaltung bzw. Anpassung (Stabilisierung) des → Wechselkurses einer Währung bzw. der internationalen Zahlungsfähigkeit einer Volkswirtschaft können sein: Interventionen auf dem Devisenmarkt (Kauf oder Verkauf von Währungsreserven seitens der Zentralbank), → Aufwertung oder → Abwertung einer Währung, Herbeiführung oder Einschränkung/Beendigung der → Konvertibilität, → Devisenbewirtschaftung. (2) I. w. S. zählen zur W. alle Maßnahmen der Zentralbank einer Volkswirtschaft (der EZB für den Euroraum) hinsichtlich der Erhaltung bzw. Gestaltung des Binnen- und des Außenwertes ihrer Währung sowie zur reibungslosen Abwicklung des binnen- und außenwirtschaftlichen Zahlungsverkehrs. S. → Geldwertstabilität, → Geldpolitik. Ferner sind zur W. auch die Maßnahmen in Bezug auf die rechtlich-organisatorischen Rahmenbedingungen der Geld- und Währungsordnung zu rechnen; wie z. B. die Abhängigkeit oder Unabhängigkeit der Zentralbankpolitik von staatlicher Einflussnahme; s. → Zentralbankautonomie.

Währungsreform. Grundlegende Neugestaltung der Geldordnung eines Landes, verbunden mit der Einführung einer neuen Währung. Eine solche gab es 1948 in Deutschland (im sog. vereinigten Wirtschaftsgebiet der drei westlichen Besatzungszonen); an die Stelle der wertlos gewordenen Reichsmark (RM) trat die Deutsche Mark (DM).

Währungsreserven (engl.: international reservers). Bestände einer Währungsbehörde an Gold, Devisen und Sorten sowie Reservepositionen im Internationalen Währungsfonds einschließlich Sonderziehungsrechten. Die W. stammen überwiegend aus dem Zahlungsverkehr mit dem Ausland. Sie sichern die internationale Liquidität einer Volkswirtschaft und dienen zur Deckung möglicher Defizite im Zahlungsverkehr mit dem Ausland.

Währungsreserven des Eurosystems. Es sind dies die Währungsreserven der EZB und der NZB des Euroraums. Diese Währungsreserven müssen der effektiven Kontrolle der jeweils zuständigen Währungsbehördc unterliegen und sich auf hochliquide, marktfähige und kreditwürdige – in gebietsfremder Währung (also nicht auf Euro) denominierte – Forderungen gegenüber Ansässigen außerhalb der Euroraums beziehen; ferner auf Gold, Sonderziehungsrechte und Reservepositionen der NZB des Euroraums beim → Internationalen Währungsfonds. Zum Jahresanfang 2002 verfügte z. B. die Deutsche Bundesbank über W. in der Höhe von rd. 93 Mrd. €, das Eurosystem insg. über rd. 400 Mrd. €.

Währungsrisiko. Im Zuge der Abwicklung von Außenhandelsgeschäften hat der Exporteur oder der Importeur seine Leistung auf Fremdwährungsbasis zu erbringen. Mit dem Schwanken der Wechselkurse (Währungsaufwertung oder -abwertung) ergeben sich demnach immer für einen Beteiligten negative Auswirkungen. Anders als kalkuliert und zunächst erwartet, könnten die Einnahmen des Exporteurs niedriger, die Kosten des Importeurs höher ausfallen. Dieses W. ist i. e. S. ein → Wechselkursrisiko. Das W. beinhaltet aber auch das → Konvertierungsrisiko und/oder das → Transferrisiko; durch staatliche währungspolitische Eingriffe können der Devisenumtausch und/oder die Devisenzahlungen an ausländische Importeure eingeschränkt oder gänzlich untersagt werden.

Währungsswap (engl.: currency swap). Währungstausch zwischen zwei Parteien mit unterschiedlichem Zugang zu Devisenmärkten. Dabei treten häufig Banken als Vermittler auf. → Swap.

Währungsunion. Bez. f. den Zusammenschluss von Währungen (i. d. R. verbunden mit der Einführung einer neuen einheitlichen Währung) oder für die Ausweitung des Gebietes einer Währung auf das Gebiet einer (oder mehrerer) anderen (anderer). Beispiele aus der jüngeren Vergangenheit: Europäische Währungsunion von 1999 (Einführung des Euro); Deutsch-deutsche (BRD-DDR) Währungsunion von 1990.

Währungssystem → Währungsordnung.

Wallstreet. Gängige Bez. für die New Yorker Börse. → New York Stock Exchange.

Wall Street Journal. „The Wall Street Journal“ ist die weltweit führende Wirtschaftszeitung, in New York von → Dow Jones hrsg.; – seit 1889. Seit 1976 wird „The Asian Wall Street Journal“ in Hongkong und seit 1983 „The Wall Street Journal Europe“ in Brüssel publiziert. S. a. → Vedomosti.
http://www.wsj.com

WAMU. Abk. f. (engl.) West African Monetary Union; → Westafrikanische Währungsunion oder (frz.) Union Monétaire Ouest Africaine (UMOA).

Wandelanleihe oder Wandelschuldverschreibung (engl.: convertible bond). Festverzinsliche → Teilschuldverschreibung mit Wandlungsrecht. Dem Inhaber ist das Recht verbrieft, innerhalb einer bestimmten Frist und in einem festgelegten Wandelverhältnis (Umtauschverhältnis), die Teilschuldverschreibung in Aktien des Emittenten umzutauschen. Mit dem Umtausch erlischt das Forderungsrecht (der Zins- und Rückzahlungsanspruch) des Gläubigers; er wird zum Aktionär. Vgl. → Optionsanleihe.

Waren. Im Sinne des Außenwirtschaftsrechts (§ 4 Abs. 2 Nr. 2 AWG) Sammel-Bez. f. bewegliche Sachen, die Gegenstand des internationalen Handelsverkehrs sein können (z. B. auch Strom); davon ausgenommen sind Zahlungsmittel und Wertpapiere.

Warenakkreditiv. S. → Dokumentenakkreditiv.

Warenarbitrage. Bei börsenmäßig gehandelten Waren (insb. Rohstoffen) können unterschiedliche Preise an verschiedenen Börsenplätzen Gewinn bringend ausgenutzt werden. Die Waren werden auf dem Markt mit den niedrigsten Preisen gekauft und auf einem anderen Markt mit höheren Preisen verkauft.

Warenbegleitdokumente. Dokumente, die „mit der Ware auf die Reise gehen". Das wichtigste W. ist die → Handelsrechnung. Auf deren Grundlage werden andere Dokumente, wie → Proformarechnung, → Pack- und Gewichtsliste, → Versandanzeige, → Inspektionszertifikat, → Analysezertifikat, → Gesundheitszertifikat und → Ursprungszeugnis ausgestellt.

Warenbörse. Börse, deren Handelsobjekte bewegliche Sachen (soweit vertretbar und nicht leicht verderblich) sind. Es sind zwei Arten von W. zu unterscheiden: (1) Produktenbörse. An ihr werden Waren mit beschränkter → Fungibilität gehandelt. Wesentlich ist dabei das Effektivgeschäft, d. h., es werden Verträge über tatsächlich existierende Waren abgeschlossen und auch real erfüllt. Die körperliche Anwesenheit der Ware am Börsenort oder im Börsensaal ist nicht unbedingt erforderlich. Gehandelt werden meist Produkte von nur regional begrenzter Bedeutung, z. B. Getreide oder Futtermittel. (2) Warenterminbörse. An ihr werden (Welthandels-)Waren mit voller Fungibilität gehandelt. Bei solchen Termingeschäften erfolgt die Geschäftsabwicklung über mengen- und qualitätsmäßig standardisierte Einheiten (→ Kontrakte). Sie beziehen sich vornehmlich auf Rohstoffe und landwirtschaftliche Erzeugnisse (wie z. B. Heizöl, Kupfer; Baumwolle, Kaffee, Tee, Weizen, Zucker). Die Verträge müssen nicht sofort, sondern zu einem bestimmten zukünftigen Termin erfüllt werden. Ein Kontraktkäufer kann sich daher an der Warenterminbörse (im Unterschied zur Produktenbörse) durch ein Gegengeschäft (also einen Kontraktverkauf zum gleichen Termin) der effektiven Vertragserfüllung entziehen. Warenterminbörsen sind somit für die Abwicklung von → Arbitrage- und → Hedge-Geschäften von besonderer Bedeutung.

Warendurchfuhr. S. → Transithandel.

Wareneingangsbescheinigung (WEB). Sie bestätigt (gem. Anlage E 7 zur AWV) auf der Grundlage einer erteilten → Internationalen Einfuhrbescheinigung (IEB) den tatsächlichen Eingang der Ware im Bestimmungsland. Ihre Erteilung ist beim → Bundesamt für Wirtschaft und Ausfuhrkontrolle (BAFA) zu beantragen. Sie setzt eine Anforderung des ausländischen Lieferanten bzw. dessen Regierungsstelle voraus.

Warenkontrollzertifikat. Mit einem solchen Dokument wird – dem Importeur – bescheinigt, dass die zur Auslieferung bestimmte Ware mit der bestellten Ware (hinsichtlich Preis, Qualität, Menge, Funktion u. a.) übereinstimmt. Da aber die Prüfung der Ware mit nicht unerheblichen Kosten verbunden ist, lehnen Exporteure mit erstklassiger Reputation oder bei kleinen Sendungen handelsüblicher Waren die Stellung von W. bisweilen ab. Das Verlangen eines W. in solchen Fällen könnte als Misstrauen aufgefasst werden. Hingegen sind bei bestimmten Waren, wie z. B. bei Edelsteinen, Fleisch, großtechnischen Anlagen W. üblich. Sie senken das Warenrisiko. Zu den W. zählen z. B. → Inspektionszertifikate, Werkatteste, → Qualitätszeugnisse, pflanzenpolitische Zeugnisse.

Warenkorb. Bez. für die Zusammenstellung der Mengen ausgewählter Güter, die repäsentativ für die durchschnittliche Verwendung seitens einer bestimmten Gruppe (z. B. der privaten Haushalte) sind. Erforderlich zur Berechnung von Preis- und Mengenindices. Zur Berechnung des → Preisindex für die Lebenshaltung aller privaten Haushalte (Basisjahr 1995) wurde z. B. ein W. verwendet, der ca. 750 Waren und Dienstleistungen enthält. Die Gewichte, mit denen die einzelnen Positionen in die Indexberechnung eingehen, sind durch das → Wägungsschema festgelegt.

Warenkredit. Begr. f. d. vorübergehend unbezahlte Überlassung von Waren. In der Industrie und im Handel, aber auch gegenüber Konsumenten, ist die Kreditierung von Warenlieferungen gebräuchlich. Gegensatz: → Geldkredit.

Warenpreisklausel. Bes. → Wertsicherungsklausel in internationalen Kaufverträgen, nach der die Höhe einer Geldforderung nicht betragsmäßig, sondern über den Preis einer bestimmten Warenmenge vereinbart wird.

Waren-Switch. S. → Dreiecksgeschäft, → Switchgeschäfte.

Warenterminbörse. S. → Warenbörse.

Warenverkehrsbescheinigung (WVB). Gem. EG-Zollrecht ein Präferenznachweis (Präferenz-Ursprungsnachweis), der zur Erlangung einer Vorzugsbehandlung importierter Waren dient. Mit der WVB bestätigt eine Zollstelle in der EG oder in einem Land, das mit der Gemeinschaft durch ein Freihandels-, Präferenz-, Kooperations- oder Assoziierungsabkommen verbunden ist, dass die Voraussetzungen für die Gewährung der Zollfreiheit oder von Vorzugszöllen erfüllt sind. Vgl. → Lieferantenerklärung.

Warenverzeichnis für die Statistik des Außenhandels der Gemeinschaft und des Handels zwischen ihren Mitgliedstaaten – (frz.) Nomenclature des marchandises pour les statistiques du commerce extérieur de la Communauté et du commerce entre ses États membres; Nomenklatur Import Export Europa (NIMEXE). Warensystematik, die im Rahmen der EG bis 1988 für Zwecke der Außenhandelsstatistik anzuwenden war. An ihre Stelle trat 1988 die → Kombinierte Nomenklatur (KN).

Warenwechsel oder Handelswechsel. S. → Wechsel.

Warenwertpapier. Handelsrechtliches Wertpapier, das Rechte an schwimmenden oder lagernden Waren verbrieft, wie → Konnossement, → Ladeschein, → Lagerschein. W. sind → Traditionspapiere. Sie sind nur dann → Orderpapiere, wenn sie die → Orderklausel enthalten; andernfalls sind sie → Rektapapiere. Das → Indossament hat bei W. sowohl Transportwirkung als auch Legitimationswirkung.

Warrant. (1) → Optionsschein. (2) Engl. Bez. f. → Lagerschein (Warehouse Warrant).

War Risk Surcharge (engl.). → Frachtzuschlag, der als Gefährdungszuschlag bei Seeverschiffung in kriegsgefährdete Gebiete erhoben wird.

Warschauer Abkommen. Abkommen zur Vereinheitlichung von Regeln über die Beförderung im internationalen Luftverkehr von 1929 und 1955. Vgl. → Internationaler Luftverkehrsverband (IATA).

Wassenaar Arrangement on Export Control for Conventional Arms and Dual-Use Goods and Technologies (WA); → Vereinbarung von Wassenaar über die Exportkontrolle konventioneller Waffen und Dual-Use-Güter und -Technologien.

Waybill → Frachtbrief.

WBAG → Wiener Börse.

WCN. Abk. f. (engl.) World Chambers Network. Das weltweite Netzwerk der Handelskammern. Verhilft den Handelskammern zu einem modernen Service im Hinblick auf die internationalen Geschäftstätigkeiten ihrer Mitglieder; insbes. für → KMU.
http://worldchambers.com

WCO. Abk. f. (engl.) World Customs Organization; → Weltzollorganisation.

W3stat. Service-System des → Statistischen Bundesamtes. Es ermöglicht Unternehmen, Meldungen zur → Intrahandelsstatistik über das Internet vorzunehmen.

WEB → Wareneingangsbescheinigung.

Web.de. Nach Yahoo das zweitgrößte deutschsprachige Suchverzeichnis im World Wide Web; es wird von der Cinetic Medientechnik in Karlsruhe gepflegt.

Website (World-Wide-Web-Standort). Begr. f. die Gesamtheit aller → html-Seiten, die eine Privatperson, eine Vereinigung, ein Unternehmen oder eine staatliche/internationale Einrichtung im Internet zur Verfügung stellt. Die W. wird i. d. R. über die → Homepage des Betreibers erreicht. Vgl. auch → www.

Wechsel. Schuldrechtliches → Wertpapier, das die schriftliche unbedingte Anweisung des Ausstellers an den → Bezogenen enthält, einen bestimmten Betrag an einem bestimmten Ort bei Fälligkeit zu bezahlen. Der W. ist ein abstraktes Orderpapier: die Wechselverbindlichkeit ist unabhängig von dem einem Wechsel zu Grunde liegenden Rechtsgeschäft (→ abstraktes Schuldversprechen). Der Gläubiger ist allein durch das Eigentum am W. legitimiert. Der W. dient insbesondere der kurzfristigen Finanzierung von Handelsgeschäften.
Gezogener Wechsel: Als solcher ist gem. deutschem Wechselgesetz eine Urkunde gültig, wenn diese die folgenden acht gesetzlichen Bestandteile aufweist: Bez. als Wechsel im Text; unbedingte Anweisung, einen bestimmten Geldbetrag zu zahlen; Name des Bezogenen (Wechselschuldners, Trassaten); Verfallszeit; Zahlungsort; Angabe der Person, an die bzw. deren Order gezahlt werden soll (Name des Wechselbegünstigten, Remittenten); Ausstellungsort und -tag; Unterschrift des Ausstellers (Trassanten). S. a. → Tratte.
Eigenwechsel oder Solawechsel: Der Aussteller verspricht, selbst einen bestimmten Betrag an eine im Wechsel genannte Person oder deren Order bei Fälligkeit zu zahlen.
Aufgrund internationaler Abkommen ist ein in Deutschland begebener Wechsel auch in anderen Staaten rechtlich wirksam. Im Hinblick auf die dem W. zu Grunde liegenden Geschäfte

unterscheidet man:
Handels- oder Warenwechsel: Diesem W. liegt ein Waren- oder Dienstleistungsgeschäft zu Grunde.
Finanzwechsel: Dient ausschließlich Kreditzwecken (der Geldbeschaffung). Ihm liegt kein Waren- oder Dienstleistungsgeschäft zu Grunde. Als Finanzwechsel gelten Debitorenwechsel (ein Finanzinstitut zieht den W. auf einen Kreditnehmer), Kredit- oder Gefälligkeitswechsel (der Bezogene akzeptiert den W. aus Gefälligkeit; dient dem Aussteller zur Refinanzierung), und Depot- oder Kautionswechsel (dient der Besicherung einer Forderung und soll nicht in Umlauf kommen). Finanzwechsel (mit Ausnahme von Schatzwechseln der öffentlichen Hand) sind nicht rediskontfähig.
Inkasso- oder Einzugswechsel: W., der von einer Bank ausschließlich zum Einzug des Wechselbetrages übernommen wird. Die Bank verpflichtet sich dabei nicht durch Indossament. Sie schreibt den Wechselbetrag erst nach Eingang des Gegenwertes gut.
Tagwechsel, Tages- oder Datumswechsel: Der W. ist an einem bestimmten angegebenen Tag fällig.
Datowechsel: Der W. ist eine bestimmte Zeit nach dem Ausstellungstag fällig.
Sichtwechsel: Der Wechselbetrag ist bei Vorlage des W. fällig.
Nachsichtwechsel: Der Wechselbetrag ist nach einer bestimmten Zeit nach Sicht (nach Vorlage) fällig. Der Bezogene hat deshalb das Akzept zu datieren.
Domizilwechsel: Der W. ist nicht am Sitz des Bezogenen, sondern an einem anderen Ort zahlbar gestellt.
Zahlstellenwechsel (unechter Domizilwechsel): Zahlstelle ist die auf dem W. genannte Bankverbindung am Ort des Bezogenen.
Privatdiskonte: → Bankakzepte, die der Finanzierung bestimmter Außenhandelsgeschäfte dienen.
Umkehrwechsel: Der Bezogene ist auch der Wechselnehmer. Er lässt den Wechsel bei seinem Finanzinstitut diskontieren und zahlt den Betrag an den Wechselaussteller mittels Scheck (Wechsel-Scheck-System).
Reitwechsel: W., die zwei Personen gegenseitig auf sich ziehen. Ihnen liegt kein reales (Waren-)Geschäft zu Grunde.
Kellerwechsel: W., der vom Aussteller auf eine nicht existierende Person gezogen wird. Reitwechsel und Kellerwechsel dienen der illegalen Geldbeschaffung.

Wechselakkreditiv oder → Akzeptakkreditiv. → d/a credit. Kann ein → Remboursakkreditiv oder ein → Negoziationsakkreditiv sein. Beide sind → Nachsichtakkreditive.

Wechseldiskontkredit. Kurzfristiger Kredit, der von Banken durch den Ankauf von Wechseln gewährt wird. Die kaufende Bank zahlt dem Wechselverkäufer den Wechselbetrag abzüglich eines Diskontabschlags und erwirbt dafür die im Wechsel verbrieften Zahlungsansprüche. Bis Ende 1998 konnten die Geschäftsbanken Wechsel besonderer Qualität („bundesbankfähige Handelswechsel") bei der Deutschen Bundesbank rediskontieren. Mit Beginn der → WWU Anfang 1999 können die Geschäftsbanken im ESZB Wechsel nur noch im Rahmen ihrer allgemeinen Refinanzierung als Sicherheiten einsetzen. Vgl. → Refinanzierungsfähige (→ Kategorie-2-)Sicherheiten.

Wechseldiskontierung. Ankauf von Wechseln vor deren Fälligkeit unter Abzug von Zinsen (Diskont) für die Zeit bis zum Fälligkeitstag. → Diskontgeschäft.

Wechseleinziehung → Trassierung.

Wechselinkasso oder Akzeptinkasso. S. → d/a inkasso; vgl. → Dokumenteninkasso.

Wechselkredit. Im Rahmen der Außenhandelsfinanzierung kann ein W. als reiner Lieferantenkredit gewährt werden. Der Exporteur sichert seine Forderung gegen den Importeur wechselrechtlich ab. Er übernimmt die Finanzierung während der Laufzeit des Wechsels und präsentiert diesen bei Fälligkeit dem Importeur zur Zahlung.

Wechselkurs oder Devisenkurs (engl.: exchange rate oder rate of exchange; frz.: taux de change). Preis einer (oder 100/1000) ausländischen(r) Währungseinheit(en), ausgedrückt in inländischen Währungseinheiten. In dieser international üblichen Form, der sog. → Preisnotierung, wurden auch in Deutschland bis zur Einführung des Euro die W. „amtlich" angegeben; z. B. 1 RUB = 0,072 DM oder 100 RUB = 7,20 DM; 1000 Lit = 1,0100 DM (Jahresende1998). Der W. kann auch in Form der → Mengennotierung angegeben werden.

Wechselkursmechanismus I (WKM I) – (engl.) Exchange Rate Mechanism I (ERM I). Bez. f. d. im alten → Europäischen Währungssytem (EWS) praktizierten Wechselkurs- und Interventionsmechanismus, der den Wechselkurs jeder teilnehmenden Währung mittels eines Leitkurses gegenüber der ECU bestimmte. Mit diesen ECU-Leitkursen wurde ein bilaterales Paritätengitter der am WKM I teilnehmenden Währungen gebildet. Deren Wechselkurse durften nur innerhalb der festgesetzten Bandbreiten um die bilateralen Leitkurse schwanken. Mit Beginn der dritten Stufe der WWU verlor der WKM I am 31.12.1998 seine Gültigkeit.

Wechselkursmechanismus II (WKM II) – (engl.) Exchange Rate Mechanism II (ERM II). Er bildet den Rahmen für die wechselkurspolitische Zusammenarbeit zwischen dem Euro-Währungsgebiet und den EU-Mitgliedstaaten, die (ab Beginn der dritten Stufe der WWU) den Euro – noch – nicht eingeführt haben. Die Teilnahme ist freiwillig. Dzt. gehört dem WKM II nur die dänische Krone an; für sie gilt eine Bandbreite von ± 2,25 % um ihren Euro-Leitkurs. Wenn in der Zukunft EU-Beitrittskandidaten im EWS II aufgenommen werden wollten, könnten sie ebenfalls am WKM II teilnehmen.

Wechselkurspolitik. Begr. für die Gesamtheit aller Maßnahmen, die ergriffen werden können, um das → System der (festen oder freien) Wechselkurse zu gestalten und die → Wechselkurse zu beeinflussen. S. → Bretton-Woods-System, → Europäisches Währungssystem (EWS). Seit der Änderung des Abkommens über den → Internationalen Währungsfonds (IWF) im Jahre 1978 ist es jedem Mitgliedsland anheim gestellt, welche W. es betreibt; solange es für geordnete Wirtschafts- und Währungsverhältnisse sorgt und den Wechselkurs nicht zum eigenen Vorteil manipuliert. Die Mitgliedstaaten können sich für eines von mehreren Wechselkursregimen entscheiden: (1) Festlegung eines festen Wechselkurses zu einer anderen Währung. (2) Bindung des Wechselkurses an die Sonderziehungsrechte (also einen Währungskorb). (3) Fixierung des Wechselkurses gegenüber einigen Währungen und Floating gegenüber anderen. (4) Frei schwankender Wechselkurs gegenüber allen anderen Währungen. (5) Übernahme der Währung eines anderen Landes als gesetzliches Zahlungsmittel.

Wechselkursrisiko. Es liegt bei der Abwicklung von Außenhandelsgeschäften – sowohl für den Importeur als auch den Exporteur – in der Gefahr der ungünstigen Veränderung der Austauschrelation zwischen der fakturierten Währung und der jeweiligen Landeswährung in der Zeit zwischen (Kauf-/Verkaufs-)Vertragsabschluss und Zahlung.
Beim Importeur besteht bei Fakturierung in Fremdwährung dieses W. darin, dass er bei Bezahlung des Rechnungsbetrages mehr Geld in seiner Landeswährung aufzubringen hat, als dies zum Zeitpunkt des Vertragsabschlusses der Fall gewesen wäre (somit bei Abwertung der Inlandswährung des Importeurs). Unterhält also ein Inländer Fremdwährungspassiva (z. B. ein deutscher Importeur US-Dollar-Verbindlichkeiten), dann ist für ihn die Abwertung des Euro (die Aufwertung des US-Dollar) von Nachteil; dies ist das passivische Devisenkursrisiko.

Beim Exporteur besteht bei Fakturierung in Fremdwährung dieses W. darin, dass er beim Eingang des Rechnungsbetrages weniger Geld in seiner Landeswährung erhält, als dies zum Zeitpunkt des Vertragsabschlusses der Fall gewesen wäre (somit bei Aufwertung der Inlandswährung des Exporteurs). Anders ausgedrückt: Unterhält ein Inländer Fremdwährungsaktiva (z. B. ein deutscher Exporteur US-Dollar-Forderungen), dann ist für ihn die Aufwertung des Euro (die Abwertung des US-Dollar) von Nachteil; dies ist das aktivische Devisenkursrisiko.
Das W. beinhaltet aber auch die Chance auf Kursgewinne; denn eine Wechselkursänderung kann sich auch zugunsten des Importeurs bzw. des Exporteurs auswirken. S. a. → Währungsrisiko.

Wechselkurssystem. International vereinbartes System, in dem die Bildung der → Wechselkurse der Währungen der beteiligten Länder nach einheitlichen Prinzipien erfolgt. Man unterscheidet zwei Grundformen: → System fester Wechselkurse und → System freier (flexibler) Wechselkurse. S. a. → Internationale Währungsordnung.

Wechselnehmer. Person, an die der Betrag des → Wechsels zu zahlen ist.

Wechselpensionsgeschäfte. → Pensionsgeschäfte mit Wechseln, die Zentralbanken im Rahmen ihrer → Offenmarktpolitik (→ Feinsteuerungsoperationen am Geldmarkt) mit Geschäftsbanken oder die Geschäftsbanken untereinander durchführen.

Wechselprolongation. Verlängerung der Wechsellaufzeit. Dies erfolgt durch Ausstellung und Akzeptierung eines neuen Wechsels. Dadurch gewährt der Wechselaussteller dem → Bezogenen einen weiteren Zahlungsaufschub.

Wechselprotest. Von einem Notar oder einem Gerichtsvollzieher (ausnahmsweise von einem Postbeamten) ausgestellte öffentliche Urkunde (gem. § 440 Wechselgesetz), durch die bescheinigt wird, dass dem Bezogenen der Wechsel innerhalb der auf dem Wechsel genannten Frist vorgelegt wurde, er diesen aber nicht eingelöst hat. Diese Protesturkunde wird auch als Allonge bezeichnet. Der W. ist die formelle Voraussetzung für einen Wechselregress.

Wechselregress. Rückgriff seitens des Wechselinhabers auf die auf der Wechselurkunde sonst genannten Beteiligten (→ Indossanten), nach dem ein Wechsel erfolglos dem Bezogenen vorgelegt und ein → Wechselprotest ausgestellt wurde. Gem. § 87 Wechselgesetz haftet jeder Wechselbeteiligte dem Wechselinhaber als Gesamtschuldner. Der Wechselinhaber ist beim W. nicht an eine bestimmte Reihenfolge gebunden (Reihenregress). Er kann den W. gegenüber jedem Indossanten geltend machen (Sprungregress).

Wechselreiterei. Zwei Wechselbeteiligte ziehen gegenseitig Wechsel aufeinander (Reitwechsel). W. ist gem. § 138 BGB ein nichtiges Rechtsgeschäft. Im Außenverhältnis könnten solche Wechsel diskontiert und damit – illegal – zur Kapitalbeschaffung bei einer Bank verwendet werden. Das Verbot der W. schützt Kreditinstitute vor Kreditbetrügereien.

Wechselrembours. Wichtigste Form des → Remboursgeschäftes. Dabei akzeptiert die Bank des Importeurs die Tratte des ausländischen (überseeischen) Exporteurs.

Wechselrückgriff. S. → Wechselregress.

Wechselstrenge. Begr. f. die wechselrechtlichen Vorschriften und Regeln, welche die förmliche Natur des Wechsels begründen und die rasche und sichere Durchsetzbarkeit einer Wechselforderung ermöglichen. Die formelle W. (Form- und Fristvorschriften) und die materielle

W. (alle, die den Wechsel unterzeichnet haben, haften dem Wechselgläubiger nach Maßgabe des Urkundentextes) begründen die besondere Verkehrssicherheit und Umlauffähigkeit des Wechsels. Dabei ist die Loslösung vom zu Grunde liegenden Rechtsgeschäft ein wichtiges Kriterium.

Wechselstuben. Unternehmen, die ausschließlich oder als Nebentätigkeit (wie Hotels, Reisebüros, Kaufhäuser) das Geschäft mit → Sorten betreiben; sich also mit dem Austausch von Banknoten und Münzen, die gesetzliches Zahlungsmittel sind, befassen (inländische gegen ausländische Sorten und umgekehrt). W. unterliegen in Deutschland der Aufsicht der → Bundesanstalt für Finanzdienstleistungsaufsicht (früher: des → Bundesaufsichtsamtes für das Kreditwesen). Nach Erkenntnissen der (engl.) → Financial Action Task Force on Money Laundering der OECD wurden W. zunehmend zur → Geldwäsche missbraucht, nachdem es durch abgestimmte internationale Vereinbarungen schwieriger geworden war, illegale Gelder über Banken zu „waschen".

Wechselziehung → Trassieren.

WEF. Abk. f. (engl.) World Economic Forum. → Weltwirtschaftsforum.

Weiche Währung. Bez. f. die Währung eines Landes, die nicht konvertibel ist und/oder international wenig Vertrauen genießt; die angesichts der wirtschaftspolitischen Situation als abwertungsverdächtig gilt. Gegensatz: → Harte Währung.

Weltbank – (engl.) World Bank; Internationale Bank für Wiederaufbau und Entwicklung – (engl.) International Bank for Reconstruction and Development (IBRD). Errichtet 1945; nach der Konferenz von Bretton Woods 1944. Sitz: Washington. Autonome Organisation im System der Vereinten Nationen; zurzeit 183 Mitglieder. Voraussetzung für den Beitritt zur W. ist die Mitgliedschaft im Schwesterinstitut → Internationaler Währungsfonds. Hauptziel der W. ist die Entwicklungsförderung in Form der langfristigen Kreditgewährung für produktive Zwecke. Die W. darf Kredite nur vergeben, wenn die Empfängerländer ihre Rückzahlung garantieren. Oberstes Entscheidungsorgan (in Grundsatzfragen) ist der Gouverneursrat, in dem jedes Mitgliedsland mit einem Gouverneur und einem Stellvertreter vertreten ist. Die jährlich stattfindende gemeinsame Gouverneursversammlung von W. und IWF ist ein wichtiger Treffpunkt der staatlichen Finanzelite. Das ausführende Organ ist das Exekutivdirektorium, das z. B. für die Genehmigung von Projekten und Kreditauszahlungen zuständig ist. Die W. refinanziert sich hauptsächlich durch die Emission von Schuldverschreibungen. Sie braucht weder Steuern noch Gewinne abzuführen.
http://www.worldbank.org

Weltbankgruppe. Bez. für den engen Verbund folgender fünf internationaler Institutionen im System der Vereinten Nationen: der → Weltbank (IBRD) und ihrer Tochterorganisationen, → Internationale Entwicklungsorganisation (IDA), → Internationale Finanz-Corporation (IFC), → Multilaterale Investitions-Garantie Agentur (MIGA) und → Internationales Zentrum zur Beilegung von Investitionsstreitigkeiten (ICSID). Gemeinsame Aufgabe der rechtlich selbstständigen multilateralen Finanzierungsinstitutionen der IBRD ist die Förderung des wirtschaftlichen und sozialen Fortschritts der weniger entwickelten Mitgliedstaaten; durch Finanzhilfen, Beratung und technische Hilfe sowie als Katalysator für die Unterstützung durch Dritte.
http://www.wbg.org

Welternährungsprogramm der Vereinten Nationen – (engl.) World Food Programme (WFP). Ein → Spezialprogramm der UN, das 1961 von der UN-Vollversammlung und der →

Ernährungs- und Landwirtschaftsorganiation (FAO) eingerichtet wurde. Sitz: Rom. Organe: Exekutivrat und Exekutivdirektor/in. Das WFP stellt die weltweit größte Einrichtung zur multilateralen Nahrungsmittelhilfe dar. Diese wird v. a. in Ländern mit geringem Einkommen und als Katastrophenhilfe (z. B. in den Hungerregionen Afrikas und in von kriegerischen Auseinandersetzungen betroffenen Gebieten) geleistet. Das WFP koordiniert heutzutage auch die unterschiedlichen bilateralen, multilateralen und von Nicht-Regierungsorganisationen gewährten Nahrungsmittelhilfen.
http://www.wfp.org

Weltgesundheitsorganisation – (engl.) World Health Organization (WHO). → Sonderorganisation der UN. Sitz: Genf. Die Arbeit der WHO konzentriert sich auf die Bereiche weltweiter Gesundheitswarndienste, auf die Unterstützung beim Auf- und Ausbau leistungsfähiger Gesundheitsdienste in Staaten der Dritten Welt sowie auf die Aids-Bekämpfung.
http://www.who.int

Welthandelsflotte. Sie umfasst zurzeit ca. 80.000 Seeschiffe mit rd. 480 Mio. → Bruttoregistertonnen. Der größte Teil fährt unter der Flagge von Panama, Liberia und Griechenland. Die W. unterteilt sich in: Massengutfrachter, Öltanker, Stückgutfrachter, Containerschiffe, Ro-Ro-Fähren (→ Roll on-/Roll off-Verkehr), Flüssiggastanker, Fischtrawler, Chemikalienfrachter, Kühlschiffe und sonstige Schiffe.

Welthandelsorgansation (WHO) – (engl.) World Trade Organization (WTO). Gegr. am 15.04.1994 in Marrakesch, Marokko; in Kraft getreten am 01.01.1995. Die Nachfolgeorganisation des → Allgemeinen Zoll- und Handelsabkommens (GATT) von 1947. Sitz: Genf. Autonome → Sonderorganisation im System der Vereinten Nationen. Zurzeit 142 Mitglieder (141 Vertragsstaaten und die EU-Kommission). Voraussetzung für die Aufnahme in die WTO ist die Annahme der Ergebnisse der → Uruguay-Runde des GATT. Aufgabe der WTO ist es, bindende Regelungen für die internationalen Handelsbeziehungen zu organisieren. Hierfür gelten folgende Prinzipien: Gegenseitigkeit (die handelspolitischen Zugeständnisse, die sich die Mitglieder gegenseitig einräumen, müssen gleichwertig sein), Liberalisierung (Abbau von Zöllen und nicht tarifären Handelshemmnissen) und → Meistbegünstigung (Zoll- und Handelsvorteile, die sich zwei Mitgliedstaaten gegenseitig einräumen, sollen auch allen anderen Mitgliedstaaten zugute kommen). Hauptentscheidungsgremium ist die Ministerkonferenz. Sie findet mindestens alle zwei Jahre statt. Seit der ersten Ministerkonferenz (1996) wurden Abkommen zur Liberalisierung in den Bereichen Telekommunikation, Informationstechnologie und Finanzdienstleistungen (Banken-, Versicherungs- und Wertpapierdienste) geschlossen. Die dritte Ministerkonferenz („Milleniumsrunde", 30.11. – 03.12.1999 in Seattle, USA) ist gescheitert; wegen der Interessenkonflikte zwischen den USA und der EU (auf den Gebieten Landwirtschaft sowie der Verknüpfung von internationalem Handel und Arbeitnehmerrechten). Aber auch zwischen Entwicklungsländern und Industrienationen (in der Bereichen Sozialstandards, Exportsubventionen und internen nationalen Stützungsmaßnahmen für die Landwirtschaft) konnte man sich nicht auf eine neue Freihandelsrunde einigen. Die vierte Ministerkonferenz (09. – 14.11.2001 in Doha, Qatar) verlief auf einigen Gebieten (z. B. TRIPS-Abkommen) wiederum erfolgreich.
Neben der Ministerkonferenz besteht als wichtiges Organ der allgemeine Rat von Experten auf Beamtenebene. Er fungiert als Streitschlichtungsgremium und als Organ zur Überprüfung der Handelspraktiken; in beiden Organen gilt das Einstimmigkeitsprinzip. Unterorgane: Rat für den Warenhandel (GATT-Rat), Rat für Handel und Dienstleistungen (GATS-Rat), Rat für handelsbezogene Aspekte der Rechte des geistigen Eigentums (TRIPS-Rat). S. a. → TRIMS; → ITC.
http://www.wto.org

Weltinstitut der Sparkassen (WIS). Der Dachverband für mehr als 100 Sparkassen und Sparkassenorganisationen aus dzt. 91 Ländern der Welt. Darunter der → Deutsche Sparkassen- und Giroverband (DSGV), Berlin und Sherbank (Sparkasse der Russischen Föderation), Moskau. Sitz: Brüssel. Das WIS bildet eine Plattform für den weltweiten Erfahrungsaustausch unter den Sparkassenorganisationen und pflegt Kontakte zu internationalen Organisationen, wie der Weltbank und dem Internationalen Währungsfonds. Besonderes Gewicht hat auch die Entwicklungszusammenarbeit europäischer Sparkassen mit Sparkassenorganisationen in Afrika, Asien und Lateinamerika. Seit 1994 unterhält das WIS eine gemeinsame Geschäftsstelle mit der → Europäischen Sparkassenvereinigung (ESV).
http://www.savings-banks.com/wsbi/wsbi.htm

Weltorganisation für geistiges Eigentum – (engl.) World Intellectual Property Organization (WIPO). Gegr. 1967. Sie ist seit 1974 eine → Sonderorganisation der UN mit zurzeit 177 Mitgliedstaaten. Sitz: Genf. Vorläuferorganisationen, die auch heute noch bestehen, sind die → Pariser Verbandsübereinkunft zum Schutz des gewerblichen Eigentums und die → Berner Übereinkunft. Die WIPO fördert weltweit den Schutz des geistigen Eigentums (Literatur, Kunst, Wissenschaft, „Erfindungen auf allen Gebieten der menschlichen Tätigkeit"). Sie bemüht sich vor dem Hintergrund des raschen technologischen Wandels um die Revision bereits bestehender internationaler Vereinbarungen sowie um den Abschluss neuer Abkommen. Die WIPO informiert hierüber und über die Umsetzung der Organisationsziele. Sie gewährt – vor allem Entwicklungsländern – juristisch-technische Hilfe und verwaltet eine Reihe von Verbänden (bei Wahrung von deren Unabhängigkeit); s. → internationales Büro.
http://www.wipo.int

Weltorganisation für Meteorologie – (engl.) World Meteorological Organisation (WMO). Gegr. 1947. Seit 1951 → Sonderorganisation der UN mit zurzeit 185 Mitgliedsorganisationen. Sitz: Genf. Die WMO fördert die weltweite Kooperation meteorologischer Stationen mit dem Ziel, meteorologische Daten schnellstmöglich auszutauschen, Beobachtungsinstrumente und -methoden zu normieren, einheitliche Statistiken zu erstellen. Dadurch kann meteorologisches Wissen bezüglich Wetterentwicklung, Luftverschmutzung, Klimaveränderung u. a. weltweit gesichert und verbessert werden. Seine Anwendung kommt vielen Bereichen zugute, wie der Landwirtschaft, Luftfahrt, Schifffahrt, Wasserwirtschaft u. v. a.
http://www.wmo.ch

Weltpostverein – (engl.) Universal Postal Union (UPU) oder (frz.) Union Postale Universelle (UPU). Gegr. 1874 als Allgemeiner Postverein. Seit 1878 UPU und seit 1948 → Sonderorganisation der UN. Sitz: Bern. Der UPU gehören zurzeit 189 Mitgliedsländer an. Wichtigstes Ziel ist die rasche, sichere, effiziente und kostengünstige Beförderung von Postsendungen im internationalen Verkehr; u. z. nach dem Grundsatz der „Einheit des Vereinsgebietes". D. h., dass vom Ausland übergebene Sendungen wie eigene Post zu behandeln und weiterzuleiten sind (Freiheit des Durchgangsverkehrs). UPU-Regelungen gelten auch für die Gebührenabrechnung zwischen den Staaten. Ein weiteres Ziel ist die Angleichung der unterschiedlichen Qualität der nationalen Postverwaltungen auf hohem Niveau, v. a. durch die zunehmende Einbindung neuer Kommunikations- und Informationstechnologien.
http://www.upu.int

Weltsozialforum (WSF). Erstmals 2001 von Kritikern einer neoliberalen Globalisierung in Porto Alegre (Rio Grande do Sul, Brasilien) veranstaltet. Es versteht sich als Fortsetzung der Protestbewegung gegen das Treffen der WTO (Seattle 1999), Jahrestagung von IWF und Weltbank (Prag 2000) und als Gegenpol zum → Weltwirtschaftsforum. Beim Treffen 2002 wurde z. B. die Einführung der Tobinsteuer (Umsatzsteuer) auf internationale Devisentransaktionen, die Auflösung von Steueroasen und das Menschenrecht auf selbstbestimmte Ernäh-

rung eingefordert. S. a. → ATTAC.
http://www.forumsocialmundial.org.br/eng/index.asp

Welt-Tourismus-Organisation – (engl.) World Tourism Organization (WTO). Seit 1977 offizielle → Sonderorganisation der UN mit zurzeit 139 Mitgliedstaaten; hervorgegangen aus der Internationalen Union offizieller Tourismus-Organisationen (engl.: International Union for Official Tourism Organizations – IUOTO). Sitz: Madrid, Spanien. Aufgabe: Förderung und Entwicklung des Tourismus. Dieser soll das Wirtschaftswachstum stimulieren, Arbeitsplätze schaffen, zum Schutz der Umwelt und des Kulturerbes anspornen und den Frieden und die Verständigung zwischen allen Nationen der Welt fördern.
http://www.world-tourism.org

Welt-Urheberrechts-Abkommen (WUA) – (engl.) Universal Copyright Convention (UCC). Wurde am 6.9.1952 von 59 Mitgliedsstaaten der UNESCO unterzeichnet; 1971 revidiert, in Deutschland am 10.7.1974 in Kraft getreten. Nach ihm soll den Werken fremder Autoren der gleiche Schutz wie denen der inländischen Autoren gewährt werden; → Inländerbehandlung. Die Mindestschutzdauer beträgt grundsätzlich 25 Jahre nach dem Tod des Urhebers. Das WUA bietet zwar keinen so weit reichenden Schutz wie die → Revidierte Berner Übereinkunft; es schützt jedoch den deutschen Urheber auch in Staaten, die der RBÜ nicht beigetreten sind und mit denen es auch keine bilateralen Abkommen gibt. → Urheberrecht.

Weltwirtschaftsforum – (engl.) World Economic Forum (WEF). Als gemeinnützige Stiftung gegr. 1971. Sitz: Genf. Das WEF wird durch Beiträge von rd. 1000 Unternehmen finanziert, die eine führende Rolle als „Global Player“ innehaben. Es dient der Erhaltung bestehender und der Schaffung neuer Partnerschaften zwischen führenden Persönlichkeiten wirtschaftlicher, politischer und intellektueller Kreise aus der ganzen Welt. Auf den jährlich stattfindenden Treffen (in Davos, Schweiz) werden die globalen Hauptanliegen und -aufgaben diskutiert und entwickelt. Als „Gegengipfel“ wird (seit 2002) das → Weltsozialforum veranstaltet.
http://www.weforum.org

Weltwirtschaftsgipfel. S. → G 7.

Weltwirtschaftsklima. S. → ifo Weltwirtschaftklima.

Weltzollorganisation – (engl.) World Customs Organization (WCO). Sitz: Brüssel. Aufgabe: Registrierung der technischen Aspekte der Zollsysteme aller Mitgliedsländer (zurzeit rd. 150); Prüfung der Möglichkeiten zur Angleichung des internationalen Zollrechts- und Zollverkehrs; Vereinfachung der Formalitäten im internationalen Handel und Empfehlungen zur einheitlichen Anwendung; Schlichtung von Streitigkeiten bei der Anwendung und Auslegung der geltenden Konventionen.
http://www.wcoomd.org

Werkvertrag. Gegenseitiger Vertrag, durch den sich ein Auftragnehmer zur Herstellung eines Werkes körperlicher oder geistiger Art, der Auftraggeber zur Entrichtung einer Vergütung verpflichtet (des Werklohnes). §§ 631ff des deutschen → BGB. Im Gegensatz zum → Dienstvertrag wird nicht die Arbeit als solche, sondern ihr Erfolg geschuldet.

Werner-Plan. Der nach dem luxemburgischen Ministerpräsidenten und Finanzminister Pierre Werner benannte Plan zu einer stufenweisen Verwirklichung einer → Europäischen Wirtschafts- und Währungsunion (bis 1980). Er wurde vom Rat der EG am 22.03.1971 verabschiedet.

Wertkarte (engl.: prepaid card), → vorausbezahlte Karte.

Wertpapier. Urkunde, die ein Vermögensrecht (z. B. eine Kreditforderung in Form einer Schuldverschreibung oder ein Anteilsrecht in Form einer Aktie) in der Weise verbrieft, dass das Recht ohne die Urkunde weder übertragen noch geltend gemacht werden kann. Der durch eine solche Urkunde Verpflichtete muss die Leistung grundsätzlich nur dann erbringen, wenn ihm das W. vorgelegt und ausgehändigt wird. W. besitzen also immer eine Vorlegungs- und Einlösungspflicht. Sie sind immer auch → Beweisurkunde.

Wertpapiere im Außenhandel: → Konnossement, → Ladeschein, → Lagerschein, → Transportversicherungspolice. S. a. → Scheck, → Wechsel.

Wertpapierarbitrage. Liegt vor, wenn im Börsenhandel unterschiedliche Kurse des gleichen Wertpapiers Gewinn bringend ausgenutzt werden: An der Börse mit dem niedrigen Kurs wird gekauft, an der Börse mit dem höheren Kurs verkauft (Differenzarbitrage); oder ein (neues) Wertpapier wird am Platz mit dem niedrigsten Kurs gekauft (und gehalten), ein bereits vorhandenes Wertpapier am Platz mit dem höchsten Kurs verkauft (Ausgleichsarbitrage).

Wertpapierbörse. → Börse, an der Wertpapiere und → Derivate gehandelt werden (gem. § 1 V des Börsengesetzes). Syn. f. → Effektenbörse. An der W. wird nur das Verpflichtungsgeschäft (der Kauf) über Gattung, Art, Menge und Preis des Handelsobjektes abgeschlossen. Das Erfüllungsgeschäft (die Übereignung der verkauften Sache oder die Abtretung eines veräußerten Rechts) wird außerhalb der W. abgewickelt. In Deutschland gibt es zurzeit acht W. (in Klammer ist das Gründungsjahr angegeben). Die bedeutendste ist Frankfurt am Main (1885); ferner Berlin (1685), Bremen (1614), Düsseldorf (1875), Hamburg (1558), Hannover (1787), München (1830), Stuttgart (1860). Mit Ausnahme der → Eurex® und dem → Xetra® Handelssystem der FWB (→ Computerbörsen) handelt es sich um → Präsenzbörsen. Alle W. der Welt sind über folgende Website zu erreichen:
http://www.world-exchanges.org

Wertpapiermarkt. Begr. f. einen Teil des → Kapitalmarktes. Der W. besteht aus dem → Rentenmarkt und dem → Aktienmarkt.

Wertpapiernummer. S. → Valorennummer.

Wertpapierpensionsgeschäft. Besondere Form der → Offenmarktpolitik, bei der die Zentralbank von den Geschäftsbanken Wertpapiere per Kassa unter der Bedingung ankauft, dass die Geschäftsbanken diese Papiere gleichzeitig per Termin zurückkaufen. Im Rahmen des Europäischen Systems der Zentralbanken (ESZB) laufen diese Geschäfte unter der Bezeichnung → befristete Transaktionen. Die Zentralbanken kaufen jetzt die Wertpapiere nicht mehr; d. h. sie werden nicht mehr übereignet, sondern nur noch – vorübergehend – verpfändet. Die Europäische Zentralbank (EZB) stellt den Geschäftsbanken in der Europäischen Wirtschafts- und Währungsunion über solche befristete Transaktionen den größten Teil der Zentralbankgeldmenge zur Verfügung.

Wertpapierrecht. In Deutschland ist das W. nicht in einem Gesetz zusammengefasst. Es ist für die einzelnen → Wertpapiere verstreut in zahlreichen Gesetzen geregelt; z. B. im Wechselgesetz, Scheckgesetz, BGB (§§ 793 ff.), HGB (§§ 363 ff.) und Aktiengesetz.

Wertpapiersammelbank, Effektendepotbank, Kassenverein. Bank, die auf die Sammelverwahrung (Girosammelverwahrung) von Effekten spezialisiert ist und den Effektengiroverkehr durchführt. In Deutschland eine Bank, die gem. § 1 III des Depotgesetzes von der zuständigen Stelle eines Bundeslandes als W. bezeichnet wird. S. → Deutscher Kassenverein, → Deutsche Börse Clearing, → Clearstream International.

Wertrecht. Ein im Bank- und Börsenverkehr wie ein Wertpapier betrachtetes und behandeltes unverbrieftes Vermögensrecht; z. B. Bundeswertpapiere, die nur als → Schuldbuchforderungen begeben werden, also nur im → Schuldbuch eingetragen und beurkundet sind.

Wertschöpfung. Begr. f. d. in einem Unternehmen oder in einem Wirtschaftsbereich erbrachte neue wirtschaftlichen Leistung innerhalb eines bestimmten Zeitraums; deren Beitrag zum → Bruttoinlandsprodukt. S. → Bruttowertschöpfung.

Wertsicherungsklausel. Klausel in Außenhandelsverträgen, mit der die Höhe einer Forderung gegen Währungsverfall abgesichert wird. Der nominale Rechnungsbetrag kann an die Entwicklung des Preises eines Wechselkurses (→ Fremdwährungsklausel), des Goldes (→ Goldklausel), eines bestimmten Index (→ Indexklausel) oder einer sonstigen Ware oder Leistung (→ Warenpreisklausel) gebunden sein.

Wertstellung, Valutierung. Bez. f. d. Zeitpunkt, an dem eine Gutschrift oder eine Lastschrift auf einem Bankkonto erfolgt. Ab dem Zeitpunkt der Valutierung wird der betreffende Betrag verzinst.

Wertsteuer. (→ Verbrauch)Steuer, deren Bemessungsgrundlage der Preis (Wert) des besteuerten Gutes ist. Eine typische W. ist z. B. die Umsatzsteuer. Gegensatz: → Mengensteuer.

Wertzoll (ad-valorem Zoll). Begr. d. Zollrechts. Die Zollbemessung erfolgt in Prozentpunkten vom → Zollwert. Die entsprechenden Zollsätze enthält der jeweils gültige Zolltarif. In der EG gilt der → Gemeinsame Zolltarif (GZT). Er enthält – wie die Zolltarife der meisten Staaten – überwiegend W. Der W. kann als → tarifäres Handelshemmnis eingesetzt werden. Gegensatz: → Spezifischer Zoll (→ Mengenzoll); vgl.→ Zollsätze.

WES – (engl.) World Economic Survey. Der "Konjunkturtest International" des → ifo Instituts in München. Er resultiert aus der Befragung von Experten (im April 2002 waren es nahezu 1100). Befragt werden Repräsentanten multinationaler Unternehmen und Wirtschaftsexperten international agierender Institutionen in über 80 Ländern. Im Gegensatz zum → ifo Konjunkturtest, der sich auf unternehmens- und produktspezifische Fragen bezieht, werden bei diesem Indikator des → ifo Weltwirtschaftsklimas die Einschätzungen zur Lage und Entwicklung in gesamtwirtschaftlicher Hinsicht erfragt. Er wird auf der Basis 1995 (dzt.) = 100 viermal jährlich veröffentlicht; in Zusammenarbeit mit der ICC in Paris, finanziell unterstützt von der Europäischen Kommission.

Westafrikanische Entwicklungsbank – (frz.) Banque Ouest Africaine de Développement (BOAD) oder (engl.) West African Development Bank (WADB). Gegr. 1973. Sitz: Lomé, Togo. 8 Mitglieder: Benin, Burkina Faso, Elfenbeiküste, Guinea-Bissau, Mali, Niger, Senegal, Togo. Zu den Aufgaben der BOAD gehören die Förderung einer ausgewogenen regionalen Entwicklung und der Erreichung einer wirtschaftlichen Integration Westafrikas. Dabei sollen vorrangig Projekte in ländlichen Gebieten, Infrastrukturmaßnahmen und Investitionen in modernen Dienstleistungsbereichen (wie Telekommunikation, Tourismus) unterstützt werden; durch die Gewährung langfristiger Kredite und die Übernahme von Bürgschaften.
http://www.boad.org

Westafrikanische Währungsunion – (frz.) Union Monétaire Ouest Africaine (UMOA) oder (engl.) West African Monetary Union (WAMU). Gegr. 1962 durch die Mitglieder der → Zentralbank westafrikanischer Staaten. Sitz: Dakar, Senegal. Mitglieder: Benin, Burkina Faso, Elfenbeinküste, Guinea-Bissau, Mali, Niger, Senegal und Togo. Sie war durch die Anerkennung der gemeinsamen Währungseinheit, des Franc der afrikanischen finanziellen Gemeinschaft (Communauté Financière Africaine – CFA-Franc), charakterisiert. Bis 1994 Vorgängerorganisation der Westafrikanischen Wirtschafts- und Währungsunion.

Westafrikanische Wirtschaftsgemeinschaft – (frz.) Communauté Economique de l'Afrique de l'Ouest (CEAO). Gegr. 1973. Sitz: Lome, Togo. Bestand parallel zur Westafrikanischen Währungsunion. Die CEAO wurde 1994 aufgelöst und in die → Westafrikanische Wirtschafts- und Währungsunion überführt.

Westafrikanische Wirtschafts- und Währungsunion – (frz.) Union Economique et Monétaire Ouest Africaine (UEMOA) oder (engl.) West African Economic and Monetary Union (WAEMU). Gegr. 1994. Sitz: Ouagadougou, Burkina Faso. Mitglieder: Benin, Burkina Faso, Elfenbeinküste, Guinea-Bissau, Mali, Niger, Senegal und Togo. Ziele: Stärkung der wirtschaftlichen und finanziellen Wettbewerbsfähigkeit der Mitgliedstaaten. Koordinierung der Wirtschaftspolitiken und Errichtung eines Gemeinsamen Marktes mit gemeinsamem Außenzoll; nach EU-Vorbild. Aufrechterhaltung des → CFA-Franc (in der afrikanischen → Franc-Zone) mit einem festen Wechselkursverhältnis zum Französischen Franc (FRF)/Euro. Die Aufgabenstellung der UEMOA überschneidet sich mit der mehr Länder umfassenden → Wirtschaftsgemeinschaft westafrikanischer Staaten.
http://www.uemoa.int

WFA → Wirtschafts- und Finanzausschuss der EU.

WFP. Abk. f. (engl.) World Food Programme; → Welternährungsprogramm der Vereinten Nationen.

WGA → Wirtschaftsvereinigung Groß- und Außenhandel e. V.

WHO. Abk. f. (1) (engl.) World Health Organization, → Weltgesundheitsorganisation der Vereinten Nationen und (2) → Welthandelsorganisation oder (engl.) World Trade Organization (WTO) der Vereinten Nationen.

Widerrufliches Akkreditiv. Bei diesem kann ein → Dokumentenakkreditiv jederzeit ohne Benachrichtigung des Begünstigten vom Akkreditivsteller oder von der Akkreditivbank abgeändert oder annulliert werden. Kommt in der Praxis kaum vor.

Wiederausfuhrgeschäft. Begr. aus d. Bereich des Transithandels für den Fall, dass ein Transithändler in seinem Land die Ware einmal als Einfuhrware und anschließend als Ausfuhrware zollrechtlich abfertigen lässt.

Wiener Abkommen über den Schutz typographischer Schriftzeichen. Multilateraler völkerrechtlicherVertrag vom 12.06.1973, der die Verbandsstaaten zum Schutz typographischer Schriftzeichen verpflichtet, → Urhebern → Inländerbehandlung zusichert, die Inanspruchnahme von → Prioritätsrechten sowie die Hinterlegung von Schriftzeichen beim → internationalen Büro oder den dafür zuständigen nationalen Behörden ermöglicht.

Wiener Kaufrecht. Bez. f. d. → UN-Kaufrecht. Benannt nach dem Ort der Abschlusskonferenz (→ Übereinkommen der Vereinten Nationen über den internationalen Warenverkauf vom 11.04.1980) und zur Unterscheidung vom → Haager Einheitlichen Kaufrecht.

Wiener Börse (WBAG). Gegr. 1771. Anfangs wurden nur Anleihen, Wechsel und Devisen gehandelt. Eigene Makler, die sog. Sensale, sorgten für einen reibungslosen Handel. Mit der Zulassung ausländischer Aktienwerte, der Einführung des elektronischen Handelssystems PATS, einem neuen Börsengesetz (1989) und v. a. mit der Einführung des Handelssystems → Xetra® im Jahre 1999 sich die WBAG zu einem modernen Marktplatz entwickelt. Sie hat ihre tragende Rolle für den österreichischen Kapitalmarkt gefestigt und ausgebaut; für ausländische Investoren und Händler ist sie attraktiver geworden. Sie tritt auch erfolgreich als Consulter und Datenprovider im Finanzsektor auf. Im Juni 2001 wurde EXAA (Energy Exchange Austria), die neue österreichische Energiebörse gegründet.
http://www.wienerboerse.at

WIF – (engl.) West Indies Federation. Bis 1973 Vorläuferorganisation der → Karibischen Gemeinschaft (CARICOM).

Windaktien. Aktien von Unternehmen ohne nennenswertes Vermögen.

Windhundverfahren bei Einfuhrkontingentierungen. S. → Verfahren zur Aufteilung von Einfuhrkontingenten.

WIPO. Abk. f. (engl.) World Intellectual Property Organization; → Weltorganisation für geistiges Eigentum der Vereinten Nationen.

Wirtschaftsbereiche. S. → Sektorengliederung in den Volkswirtschaftlichen Gesamtrechnungen.

Wirtschaftsblockade. Begr. f. d. vollständige Unterbrechung der Handelsbeziehungen zu anderen Staaten. Vgl. → Embargo.

Wirtschaftsdaten aktuell. Eine Standardveröffentlichung der → Bundesagentur für Außenwirtschaft (bfai). Auf jeweils vier DIN-A-4-Seiten werden die wichtigsten ökonomischen Daten für mehr als 100 Länder dargestellt; kompakt, übersichtlich und mit graphischen Darstellungen veranschaulicht. Sie werden zweimal jährlich aktualisiert veröffentlicht.

Wirtschaftsgebiet. Der Begr. ist definiert als Bezeichnung für das gesamte Gebiet des Geltungsbereiches des deutschen → Außenwirtschaftsgesetzes; einschl. der → Zollfreigebiete und der → Freizonen. → Inland. Vgl. → fremdes Wirtschaftsgebiet;

Wirtschaftsgemeinschaft der zentralafrikanischen Staaten – (frz.) Communauté Economique des Etats de l'Afrique Centrale (CEEAC) oder (engl.) Economic Community of Central African States (ECCAS); → Zentralafrikanische Wirtschaftsgemeinschaft. Gegr. 1983. Sitz: Libreville, Gabun. Mitglieder: Angola, Äquatorial-Guinea, Burundi, Gabun, Kamerun, Republik Kongo, Demokratische Republik Kongo, Ruanda, Sao Tomé und Principe, Tschad, Zaire, Zentralafrikanische Republik. Ziel der CEEAC: Bildung einer Zollunion. Dazu sollen allmählich die gegenseitigen Zölle und anderen Handelsbeschränkungen abgebaut, ein gemeinsamer Außenzoll angewendet und längerfristig auch die Freizügigkeit von Personen, Gütern und Kapital erreicht werden. S. → Zentralafrikanische Wirtschafts- und Währungsgemeinschaft.

Wirtschaftsgemeinschaft westafrikanischer Staaten – (frz.) Communauté Economique des

Etats de l'Afrique de l'Ouest (CEDEAO) oder (engl.) Economic Community of West African States (ECOWAS). Gegr. 1975. Sitz: Abuja, Nigeria. Mitglieder: Benin, Burkina Faso, Elfenbeinküste, Gambia, Ghana, Guinea, Guinea-Bissau, Kap Verde, Liberia, Mali, Mauretanien, Niger, Nigeria, Senegal, Sierra Leone, Togo. Ziele: Förderung der wirtschaftlichen Stabilität, der Zusammenarbeit und Entwicklung der Mitgliedstaaten, Anhebung des allgemeinen Lebensstandards. Nach Bildung einer Freihandelszone wird die Schaffung einer Zollunion angestrebt, der ein Gemeinsamer Markt folgen soll. Ein Vertrag – orientiert an der → EU – sieht u. a. ein gemeinsames Parlament, einen Wirtschafts- und Sozialrat und einen Gerichtshof vor.
http://www.cedeao.org

Wirtschaftskammer Österreich (WKÖ). Interessenvertretung der rd. 300.000 österreichischen Unternehmerinnen und Unternehmer. Die WKÖ ist gegliedert in neun Wirtschaftskammern der Bundesländer (Wien, Niederösterreich, Oberösterreich, Salzburg, Tirol, Vorarlberg, Kärnten, Steiermark und Burgenland); in Sektionen und Fachorganisationen. Vgl. → Austrian Trade, → Außenwirtschaft Österreich.
http://www.wko.at

Wirtschaftskommission für Afrika – (engl.) Economic Commission for Africa (ECA). Regionalkommission des → Wirtschafts- und Sozialrats der Vereinten Nationen. Gegr. 1958. Sitz: Addis Abeba, Äthiopien. Auftrag: Unterstützung der wirtschaftlichen und sozialen Entwicklung der 53 Mitgliedsstaaten; Begünstigung der regionalen und kontinentalen Integration; Förderung der internationalen Zusammenarbeit zur Entwicklung Afrikas.
http://www.un.org/Depts/eca

Wirtschaftskommission für Europa – (engl.) Economic Commission for Europe (ECE). Regionalkommission des → Wirtschafts- und Sozialrats der Vereinten Nationen (ECOSOC). Gegr. 1947. Sitz: Genf. 55 Mitglieder; es sind dies die nordamerikanischen, die west-, zentral- und osteuropäischen sowie die zentralasiatischen Länder (einschl. Türkei, Zypern, Israel, Japan). Aufgabe: Harmonisierung der (wirtschafts)politischen Mittel und Maßnahmen der Mitgliedsländer, auf die etwa zwei Drittel der Weltproduktion, 60 % der Weltexporte, 65 bis 70 % der jährlich weltweit registrierten Patente entfallen. Dies verdeutlicht die bes. Verantwortung dieses Forums; gegenüber der eigenen Region wie auch gegenüber den anderen Regionen der Welt. Über die Zusammenarbeit mit den übrigen Organen der Vereinten Nationen erlangen ECE-Konventionen und -Standards weltweite Beachtung und Verbreitung. Die ECE ist Koordinierungs- und Vermittlungsinstanz zwischen der → Europäischen Union, den Ländern der → Nordamerikanischen Freihandelszone (NAFTA), der → Gemeinschaft unabhängiger Staaten (GUS) und den Transformationstaaten in Mittel- und Osteuropa. Sie spielt z. B. eine wichtige Rolle in der gemeinsamen europäischen Verkehrsplanung.
http://www.unece.org

Wirtschaftskommission für Lateinamerika und die Karibik – (engl.) Economic Commission for Latin America and the Caribbean (ECLAC) oder (span.) Comisión Económica para América Latina y el Caribe (CEPAL). Regionalkommission des → Wirtschafts- und Sozialrats der Vereinten Nationen (ECOSOC). Gegr. 1948 (als ECLA); seit 1984 ECLAC. Sitz: Santiago de Chile. Zurzeit 41 Mitgliedstaaten (31 lateinamerikanische und 8 außerregionale Länder; Kanada, Frankreich, Großbritannien, Niederlande, Italien, Spanien, Portugal und die USA) und 7 assoziierte Länder. Aufgaben: Formulierung und Förderung von Entwicklungshilfe-Aktivitäten und -Projekten, den regionalen Bedürfnissen und Prioritäten entsprechend; Regierungsberatung; Ausführung von Programmen der technischen Zusammenarbeit; Vermittlung regionaler Probleme und Perspektiven auf globaler Ebene bzw. Transformierung globaler

Anliegen auf regionale und subregionale Ebenen.
http://www.eclac.cl

Wirtschaftspolitik. (1) Begr. f. d. Teilgebiet der Wirtschaftswissenschaft, das sich mit der grundsätzlichen Systematik der Zielsetzungen, Träger, Instrumente und Bereiche der Wirtschaftsgestaltung befasst. (2) Begr. f. d. praktische Umsetzung der Gestaltungsaufgabe der Wirtschaft.

Wirtschaftstrends. Eine Veröffentlichungsreihe der → Bundesagentur für Außenwirtschaft (bfai). Die W. bieten einen schnellen Überblick über die wichtigsten deutschen Exportmärkte. Fakten, Trends, Branchenentwicklungen, nationale und internationale Prognosen werden von den weltweit vor Ort recherchierenden Marktbeobachtern der bfai für fast alle Handelspartnerländer Deutschlands vorgestellt und kommentiert. Die W. werden für über 100 Länder erstellt zweimal jährlich veröffentlicht.

Wirtschafts- und Finanzausschuss (WFA) der Europäischen Union. Er trat am 01.01.1999 – mit Beginn der dritten Stufe der → Europäischen Wirtschafts- und Währungsunion an die Stelle des 1958 auf der Grundlage des → EWG-Vertrages geschaffenen → Währungsausschusses. Der WFA ist ein beratendes Gemeinschaftsgremium. Es setzt sich aus je zwei Vertretern eines jeden EU-Mitgliedstaates (i. d. R. des Finanzministers und der nationalen Zentralbank) sowie aus zwei Vertretern der Europäischen Zentralbank und der EU-Kommission zusammen. Der WFA beobachtet die Wirtschafts- und Finanzlage der an der Europäischen Währungsunion teilnehmenden wie auch der daran noch nicht teilnehmenden Staaten. Mindestens jährlich prüft er die Lage des (freien) Kapital- und Zahlungsverkehrs und erstattet dem EU-Rat und der EU-Kommission Bericht.

Wirtschafts- und Sozialausschuss der Europäischen Union (WSA). → Europäischer Wirtschafts- und Sozialausschuss.

Wirtschafts- und Sozialkommission für Asien und den Pazifik – (engl.) Economic and Social Commission for Asia an the Pacific (ESCAP). Regionalkommission des → Wirtschafts- und Sozialrats der Vereinten Nationen (ECOSOC). Gegr. 1947 (als ECAFE – engl.: Economic Commission for Asia and Far East; neuer Name: 1974). Sitz: Bangkok, Thailand. Mitglieder: Insg. 51 Staaten (Staaten Süd-, Südost- und Ostasiens; ferner Frankreich, Großbritannien, Niederlande, USA und die → GUS-Staaten – außer Georgien) und 9 assoziierte Länder. Aufgaben: Seit einer Strukturreform 1992 konzentrieren sich die Anstrengungen auf die Ausdehnung der wirtschaftlichen und sozialen Entwicklung der weniger dynamischen Länder dieser Region; durch regionale Wirtschaftskooperation, Armutsbekämpfung durch Wirtschaftswachstum und nachhaltige Entwicklung.
http://www.unescap.org

Wirtschafts- und Sozialkommission für Westasien – (engl.) Economic and Social Commission for Western Asia (ESCWA). Jüngste und kleinste Regionalkommission des → Wirtschafts- und Sozialrats der Vereinten Nationen (ECOSOC). Gegr. 1973 (als ECWA, Nachfolgerin von UNESOB – engl.: United Nations Economic and Social Office in Beirut); seit 1985 ESCWA. Sitz: Beirut. ESCWA fördert durch seine Aktivitäten die wirtschaftliche und soziale Entwicklung der zurzeit 13 Mitglieder durch regionale und subregionale Zusammenarbeit und Integration; in Abstimmung mit anderen Einrichtungen der Vereinten Nationen und mit zwischenstaatlichen Organisationen, wie der → Arabischen Liga, des → Kooperationsrates der arabischen Golfstaaten und der → Organisation der Islamischen Konferenz.
http://www.escwa.org.lb

Wirtschafts- und Sozialrat der Vereinten Nationen – (engl.) United Nations Economic and Social Council (ECOSOC). Sitz: New York. Ein Hauptorgan der Vereinten Nationen, bestehend aus 54 Mitgliedern; jährlich werden 18 Mitglieder für eine dreijährige Amtszeit neu gewählt. Aufgabe: Zentrale Lenkung und Koordinierung in wirtschaftlichen, sozialen, kulturellen und humanitären Fragen. ECOSOC hat keine Exekutivbefugnis. Er regt Untersuchungen an und führt sie durch. Er gibt Empfehlungen an UN-Mitglieder und -Organe; beruft internationale Konferenzen ein und pflegt Verbindungen zu internationalen Organisationen. ECOSOC koordiniert die Arbeit von 14 → Sonderorganisationen, 10 Fachkommissionen (z. B. für Menschenrechte, nachhaltige Entwicklung, Wissenschaft und Technologie der Entwicklung, Statistik) und 5 → Regionalkommissionen; er erhält Berichte von 11 UN-Fonds und -Programmen. ECOSOC verfügt über viele Nebenorgane: Dazu gehören Ständige Ausschüsse (z. B. für Verhandlungen mit zwischenstaatlichen Organisationen; für transnationale Unternehmen), Ad-hoc-Ausschüsse und Expertengruppen. Beim ECOSOC sind über 2.100 Nicht-Regierungsorganisationen (NRO) akkreditiert. Diese haben dadurch – neben den Regierungsdelegierten (der Mitgliedstaaten) – Zugang zu internationalen Konferenzen und Seminaren der Vereinten Nationen, ihrer Sonderorganisationen sowie ihrer → Spezialorgane und -programme.
http://www.un.org/esa/coordination/ecosoc

Wirtschafts- und Währungsunion (WWU). S. → Europäische Wirtschafts- und Währungsunion (EWWU).

Wirtschaftsvereinigung Groß- und Außenhandel e. V. (WGA). Sitz: Hamburg. Ein Arbeitgeberverband für Händler, Hersteller und Dienstleister des Groß- und Außenhandels. Die WGA informiert und berät ihre Mitgliedsfirmen (über 1.000), vertritt deren Interessen regional, national und international. Sie ist auch bei politischen, gesellschaftlichen und anderen wirtschaftlichen Institutionen als kompetenter Ratgeber geschätzt. Übergreifende sozial- und handelspolitische Interessen werden zudem über den → Bundesverband des Deutschen Groß- und Außenhandels e. V. (BGA) vertreten.
http://www.wga-hh.de

WIS → Weltinstitut der Sparkassen.

WKM I und II. → Wechselkursmechanismus I und II.

WKÖ → Wirtschaftskammer Österreich.

WMO. Abk. f. (engl.) World Meteorological Organisation; → Weltorganisation für Meteorologie der Vereinten Nationen.

Wochenmarkt. Form des → ambulanten Handels. Ein solcher Markt findet regelmäßig am gleichen Ort zur gleichen – begrenzten – Zeit statt; z. B. in einer Stadt jeden Samstag, von 6 bis 14 Uhr. Auf W. werden v. a. frische Produkte von einer Vielzahl meist kleiner Anbieter verkauft; darunter vielfach auch preiswerte Produkte aus der unmittelbaren Umgebung: Gemüsemarkt, Fischmarkt, Blumenmarkt u. a. m.

World Customs Organization (WCO). → Weltzollorganisation.

World Health Organization (WHO). → Weltgesundheitsorganisation.

World Intellectual Property Organization (WIPO). → Weltorganisation für geistiges Eigentum.

World Meteorological Organisation (WMO). → Weltorganisation für Meteorologie.

World Trade Organization (WTO). → Welthandelsorgansation (WHO).

World Wide Web (www). Der auf dem → http basierende Internetdienst. Er besteht aus bereitgestellten → html-Seiten und Verweisen zwischen diesen.

WpHG. Abk. f. Wertpapierhandelsgesetz; i. d. F. v. 09.09.1998 (BGBl. I 2708), zuletzt geändert am 23.07.2002 (BGBl. I 2778).
http://www.bafin.de/gesetze/wphg.htm

WSA → Europäischer Wirtschafts- und Sozialausschuss.

WSF. Abk. f. (engl.) World Social Forum; → Weltsozialforum.

WTO. (1) Abk. f. (engl.) World Trade Organization; → Welthandelsorganisation (WHO). (2) Abk. f. (engl.) World Tourism Organization; → Welt-Tourismus-Organisation der Vereinten Nationen.

WUA → Welt-Urheberrechts-Abkommen; (engl.) Universal Copyright Convention (UCC).

Wüstenkonferenz. S. → UN-Umweltkonferenzen.

WVB → Warenverkehrsbescheinigung.

WVZ-Nummer. Abk. f. d. Nummer des → Warenverzeichnisses für die Außenhandelsstatistik; vgl. → Kombinierte Nomenklatur (KN).

WWU → Wirtschafts- und Währungsunion. S. → Europäische Wirtschafts- und Währungsunion (EWWU).

www → world wide web. (Ironische Intepretation dieses Kürzels: "weltweites Warten".)

WZ 93. Abk. f. d. deutsche → Klassifikation der Wirtschaftszweige, Ausgabe 93.

X

XAF. Der → ISO-Währungscode für den → Franc CFA der zentralafrikanischen Franc-Zone; emittiert von der → Bank von Zentralafrika.

XAG. Der ISO-Währungs-Code für Silber.

XAU. Der ISO-Währungs-Code für Gold.

XDR. Der ISO-Währungs-Code für Sonderziehungsrechte.

Xentric®. Produkte der → Deutsche Börse Systems AG, die den elektronischen Handel unterstützen. Zur innovativen X.-Produktfamilie zählen: Xentric® Order: Das Order-Routing-System, das den Marktteilnehmern für den Retailhandel (das Privatkundengeschäft) ein direktes und schnelles Überleiten von Orderströmen aus Inhouse-Systemen zu den elektronischen Handelssystemen Xetra® und Eurex® ermöglicht. Xentric® Data: Die Datenschnittstelle zur sicheren und vollständigen Nutzung aller Datenströme mit einem einfachen Tool. Xentric® Basket: Das Basket-Trading-Tool. Damit kann der Händler Baskets definieren (z. B. Standard-, Portfolio-, Index- oder Arbitrage-Baskets; Spreads festlegen; Limits angeben) und diese anschließend handeln. Er kann sich jederzeit seine eigenen Baskets, die sich im Markt befinden, anzeigen lassen.
http://www.xentric.de

Xelsius. Die → Deutsche Börse AG bietet seit Dezember 2000 europäische Wetterindices an. Sie bereitet damit die geplante Einführung von Wetterderivaten an der → Eurex® vor. Über diese Plattform können sich Teilnehmer bisher mit Futures und Optionen gegen Risiken am Finanzmarkt absichern. Analoge Absicherungsmöglichkeiten können auch auf das Wetter ausgedehnt werden. Denn der wirtschaftliche Erfolg vieler Branchen hängt in besonderem Maße vom Wetter ab (wie in der Landwirtschaft, im Bereich der Bau- und Stromwirtschaft, der Getränkehersteller oder des Fremdenverkehrs). So korreliert z. B. vielfach die tägliche Absatzmenge stark mit der Differenz zwischen aktueller Tagesdurchschnittstemperatur und einer festen Vergleichstemperatur. Die Wetterindex-Familie der Deutschen Börse umfasst für 30 europäische Städte tagesaktuelle, monatliche und saisonale Indices. Mit diesen können Wetterrisiken erkannt und gemessen werden. Die Indexstände können jederzeit abgerufen werden unter:
http://www.xelsius.com

Xetra®. Abk. f. Exchange Electronic Trading. Dieses vollelektronische Handelssystem für den → Kassamarkt der Gruppe → Deutsche Börse mit dezentralem Marktzugang gibt es seit November 1997. Mit Einführung von Xetra® wurde der elektronische IBIS-Handel eingestellt. Xetra® bietet eine attraktive Leistungsfähigkeit und Kosteneffizienz, gewährleistet eine hohe Transparenz und moderne Überwachung. Kauf- und Verkaufsaufträge lizensierter Händler werden von jedem beliebigen Standort weltweit durch Xetra® in einem zentralen Computer gegenübergestellt und – wenn Stückzahl und -preis übereinstimmen – automatisch ausgeführt. Alle Marktteilnehmer erhalten gleichberechtigt Zugang zur Handelsplattform. Xetra® ist börsentäglich von 9.00 bis 20.00 Uhr geöffnet. Dadurch können Anleger z. B. noch am gleichen Tag auf die Eröffnung der Wall Street reagieren. Auf Xetra® handeln bisher bereits weit über 400 Banken und Wertpapierhandelshäuser aus ganz Europa. Fast alle der ca. 5.500 an der → Frankfurter Wertpapierbörse (FWB) notierten Aktien und nahezu 11.000 Optionsscheine sind zurzeit auf Xetra® handelbar.
http://www.xetra.de

X.P. Abk. f. (frz.) exprès payé; Eilbote bezahlt.

XOF. Der ISO-Währungscode für den → CFA Franc der westafrikanischen Franc-Zone; emittiert von der → Zentralbank westafrikanischer Staaten.

XPD. Der ISO-Währungs-Code für Palladium.

XPF. Der ISO-Währungscode für den CFP-Franc. C.F.P. war ursprünglich die Abk. f. „Colonies Françaises du Pacifique"; heute als Währungssymbol gebräuchlich. Der CFP-Franc stand bis Ende 1998 in einem festen Wertverhältnis zum französichen Franc: 1 FF = 18,1818 CFP-Franc; 1 CFP-Franc = 0,055 FF. Seitdem gilt die mit dem unwiderruflichen Umrechnungskurs des FF ermittelte Relation zum Euro. 1000 XPF = 8,38 €; 1 € = 119,33 XPF.

XPT. Der ISO-Währungs-Code für Platin.

XTF Exchange Traded Funds. Das Marktsegment der → Deutschen Börse für börsengehandelte Fondsanteile. Die Anleger haben die Wahl zwischen: (1) Passiv gemanagten Fonds. Dies sind zurzeit über 60 Indexfonds, z. B. DAX EX ANTEILE, DOW JONES EURO STOXX 50 SM EX ANTEILE, DJ STOXX 50 EX ANTEILE, DJ EURO STOXX 50 LDRS, DJ STOXX 50 LDRS, FTSE 100 EX; diese folgen mit ihrem Kurs einem Indexbruchteil. (2) Aktiv gemanagten Fonds. Diese zurzeit über 20 Fonds – z. B. DWS Asiatische Aktien Typ 0, DWS Internet-Aktien Typ 0, DWS Russia, Xavex Dynamic Bond Portfolio – versuchen, mit ihrer Performance den als Benchmark angegebenen Index (z. B. den DOW JONES EURO STOXX 50 SM oder den DAX) zu übertreffen. Alle Fonds in XTF werden fortlaufend und ohne Ausgabeaufschlag auf Xetra® gehandelt - europaweit und transparent.
http://www.exchangetradedfunds.de

Y

¥. Symbol für die japanische Währung → Yen.

Yahoo. Internet-Suchsystem
http://de.yahoo.com/
http://www.yahoo.com

Yandex. Informations-Suchmaschine für Russland.
http://www.yandex.ru

Yankee Bonds. Anleihen, die auf US-Dollar lauten und von ausländischen Emittenten in den USA emittiert werden. Ihre Erträge unterliegen nicht dem US-Verrechnungssteuerabzug. Y. B. werden in Europa gehandelt.

Y.A.R. → York-Antwerpen-Regeln.

Yard. Angelsächsische Längeneinheit. 1 Y. = 0,9144 m.

Yankee CDs. → Certifikates of Deposit, die in den USA von Niederlassungen ausländischer monetärer Finanzinstitute emittiert werden. Am → Sekundarmarkt handelbare Geldmarkt-Einlagezertifikate.

YCAN. Abk. f. (engl.) Yield Curve Adjustable Note. Ein innovatives Finanzinstrument. Ein variabel verzinsliches Wertpapier als Variante einer → Floating Rate Note. Die laufende Verzinsung ergibt sich aus der Differenz zwischen einem festgelegten Höchstzinssatz und dem jeweiligen Marktzinssatz (z. B. EURIBOR). Die YCANs weisen somit eine zum Marktzinsniveau inverse Renditeentwicklung auf; steigt (sinkt) der Marktzinssatz, sinkt (steigt) die Rendite.

Yen (¥). Die offizielle japanische Währung; ISO-Währungscode – JPY. 1 ¥ = 100 Sen. Im Dezember 2002 betrug der Euro-Referenzkurs des Yen: 1 € = 124,20 ¥.

Yield. Angelsächsische Bez. f. d. Effektivverzinsung von Wertpapieren.

Yield Curve Option oder (engl.) Yield Spread Option. Option auf den → Spread zwischen zwei Kursen unterschiedlicher Laufzeit auf einer Zinskurve.

Yield Curve Swap. → Zinsswap.

Yield Management. Begr. f. die computerunterstützte Strategie der Preis-Mengen-Optimierung. Y. M. wird insb. von Dienstleistungsunternehmen mit vorgegebenen Gesamtkapazitäten (und damit hohen Fixkosten) zur dynamischen Steuerung der Preise und Kapazitätsauslastung im Hinblick auf die Gewinnmaximierung praktiziert, z. B. von Luftfahrt- und Hotelunternehmen. Mit Y. M. soll der Deckungsbeitrag eines jeden Angebotssegments erhöht werden (z. B. durch Preisvergünstigungen bei Frühbuchungen); der Wert nicht abgenommener Produkte (bei nicht ausgelasteten Kapazitäten) würde sonst verfallen.

Yield Paper. Geldmarktpapier, das mit → Zinsscheinen ausgestattet ist; es werden also (im Unterschied zu einem → Abzinsungspapier) laufend zu bestimmten Terminen Zinsen gezahlt.

York-Antwerpen-Regeln (Y.A.R.). Internationale Vereinbarung über die Verteilung der Kosten auf Schiff und Ladung bei großer → Havarie. Die Y.A.R. können in Form der Allgemeinen

Geschäftsbedingungen oder als Klauseln in Seefrachtverträgen vereinbart werden; sie ersetzen dann die jeweiligen nationalen Bestimmungen (in Deutschland gem. § 700 HGB).

You Choose Warrant oder (engl.) As-You-like-Warrant. Variante des → Optionsscheins (i. d. R. eines Indexoptionsscheins). Damit erhält der Inhaber eine zeitlich begrenzte Wahlmöglichkeit. Er kann dann entscheiden, ob der Optionsschein mit einem Put- oder einem Call-Optionsrecht ausgestattet sein soll.

Z

ZADAT. Abk. f. Zollanmeldung auf Datenträger. Softwareprogramm zur EDV-gestützten automatisierten Zollanmeldung, -abfertigung, -erhebung u. a. Seine Funktionen sind im → Automatisierten Tarif- und Lokalen Zoll-Abwicklungs-System (ATLAS) integriert.

Zahlstellensteuer. Steuer, die von der Stelle an die Finanzverwaltung des Staates (Finanzamt) abgeführt wird, die Kapitalerträge einbehält. Eine Z. ist z. B. die → Zinsabschlagsteuer.

Zahlstellenwechsel. S. → Wechsel.

Zahlung durch Nachnahme. → Zahlungsbedingung (engl.: → cash on delivery), die im Außenhandel meist nur noch bei Land- und Lufttransporten vereinbart wird. Dafür wird ein Frachtbrief ausgestellt. Die Ware wird dem Empfänger ohne weiteren Berechtigungsnachweis am Bestimmungsort zugestellt, der Nachnahmebetrag bei Auslieferung vom Spediteur oder Frachtführer eingezogen. Der Exporteur kann mit Z. d. N. bei Lieferungen an noch unbekannte oder weniger vertrauenswürdige Importeure den Zahlungseingang sicherstellen.

Zahlung gegen einfache Rechnung. Der Exporteur verzichtet mit dieser → Zahlungsbedingung auf jegliche Zahlungsabsicherung. Sie wird aber Importeuren mit hoher Vertrauenswürdigkeit eingeräumt. Der Exporteur trägt dabei allein die Kreditkosten und das Kreditrisiko; er gibt die Verfügungsgewalt über die gelieferten Waren vollständig auf. (Er kann aber seine Forderungen in eine Kreditversicherung einbeziehen oder an eine Factoring-Gesellschaft verkaufen.)

Zahlung gegen Zahlung (engl.: payment versus payment – PvP). Ein Mechanismus in Devisenhandels-Abwicklungssystemen. Z. g. Z. stellt sicher, dass die endgültige Überweisung der einen Währung erst erfolgt, wenn die endgültige Überweisung der anderen Währung(en) sichergestellt ist.

Zahlungsakkreditiv oder Auszahlungsakkreditiv. Seltene Bez. f. → Dokumentenakkreditiv, bei dem die eröffnende Bank (bei einem → bestätigten Akkreditiv auch die bestätigende Bank) verpflichtet ist, bei Vorlage der vereinbarten Dokumente und ordnungsgemäßer Erfüllung der Akkreditivbedingungen den Akkreditivbetrag zu zahlen. Vgl. → Akzeptakkreditiv oder Wechselakkreditiv.

Zahlungsauftrag im Außenwirtschaftsverkehr. Anweisung eines Importeurs an ein Kreditinstitut (einer inländischen Bank an ihre ausländische Korrespondenzbank), eine Zahlung an einen Gebietsfremden in einer bestimmten Währung zu leisten.

Zahlungsausgleichskonto (engl.: settlement account). Konto, das im Rahmen des ESZB von einem Direktteilnehmer am nationalen → RTGS-System bei der Zentralbank zu Zahlungszwecken unterhalten wird.

Zahlungsbedingungen im Auslandszahlungsverkehr (engl.: terms of payments). Sind für die Zahlungsabwicklung und -sicherung sehr bedeutsam. Die Z. i. A. ermöglichen dem Exporteur das Zahlungseingangsrisiko (Kreditrisiko), dem Importeur das Lieferungseingangsrisiko nach Zahlung (Lieferrisiko) möglichst gering zu halten. Mit ihnen werden Zahlungs- und Kreditkosten klar aufgeteilt; Weg, Zeitpunkt, Ort und Art der Zahlung festgelegt. Meistens ist mit den Z. i. A. auch die Entscheidung für eine bestimmte Finanzierungsform verbunden. S. dazu → kurzfristige, → mittel- und langfristige Außenhandelsfinanzierung. Z. i. A. können nach den üblichen kurzfristigen und nach wesentlichen langfristigen Z. unterteilt werden. Zu den einen gehören → Vorauszahlung, → Anzahlung, → Zahlung durch Nachnahme, → Zahlung gegen einfache Rechnung, Dokumente gegen Zahlung (→ d/p inkasso), Dokumente gegen Akzept (→ d/a inkasso), Dokumente gegen Zahlung auf Akkreditivbasis (→ d/p credit), Dokumente gegen Akzept auf Akkreditivbasis (→ d/a credit). Zu den anderen zählen Lieferantenkredit mit Refinanzierung durch die → Ausfuhrkredit-Gesellschaft (AKA) oder die → Kreditanstalt für Wiederaufbau (KfW), Bestellerkredit von AKA, KfW oder Geschäftsbanken, → gebundene Finanzkredite von supranationalen Spezialinstituten (wie → Weltbank, → IFC, → IDA, → MIGA; → Regionale Entwicklungsbanken; z. B. → EIB und → Osteuropabank), → Exportleasing und → Forfaitierung. Nach deutschem und EG-Außenwirtschaftsrecht können Z. i. A. frei vereinbart werden.

Zahlungsbilanz. In ihr werden die wirtschaftlichen Transaktionen zwischen Inländern und Ausländern einer Periode systematisch wertmäßig erfasst. Die deutsche Z. gliedert sich in die folgenden vier grundlegenden Teilbilanzen: → Leistungsbilanz, → Bilanz der Vermögensübertragungen, → Kapitalbilanz und → Bilanz der Veränderung der Netto-Auslandsaktiva der Deutschen Bundesbank (Devisenbilanz); s. dort deren weitere Untergliederungen. In der Z. wird nach dem Prinzip der doppelten Buchführung jede Transaktion zweimal erfasst – als Buchung und Gegenbuchung. Aus der Sicht des Inlandes erscheinen grundsätzlich auf der Aktivseite (aller Teilbilanzen) der Z. die Zahlungseingänge, auf der Passivseite die Zahlungsausgänge. So wird z. B. eine kreditfinanzierte Warenausfuhr zum einen im Soll der → Außenhandelsbilanz (Zahlungseingang durch Warenexport) und zum anderen im Haben der Kapitalbilanz (Zahlungsausgang durch Kapitalexport) verbucht. Eine Z. ist daher rein rechnerisch immer ausgeglichen; ihr Saldo beträgt definitionsgemäß Null. Somit können nur die Teilbilanzen der Z. „unausgeglichen“ sein, also einen positiven oder negativen Saldobetrag aufweisen. In der staffelförmigen Darstellung der Z. werden Haben-Salden immer mit einem Plusvorzeichen (mehr Zahlungseingänge als -ausgänge), Soll-Salden immer mit einem Minusvorzeichen (mehr Zahlungsausgänge als -eingänge) versehen. In Deutschland wird die Z. von der Deutschen Bundesbank (in Zusammenarbeit mit dem Statistischen Bundesamt; s. Außenhandelsbilanz) erstellt. Sie wird fortlaufend in den Statistischen Beiheften zu den Monatsberichten – Nr. 3 – der Deutschen Bundesbank, Zahlungsbilanzstatistik (in einer Monats- und in einer Jahresversion) veröffentlicht.
http://www.bundesbank.de

Zahlungsgarantie (engl.: payment guarantee, frz.: garantie de paiement). Sie wird im internationalen Zahlungsverkehr zugunsten des Exporteurs im Auftrag des Importeurs geleistet; meistens in Form einer Bankgarantie. Sie schützt den Garantiebegünstigten vor den finanziellen Folgen des Risikos, dass ein Importeur seine (Rest-)Zahlungspflicht nicht bzw. nicht rechtzeitig erfüllen kann oder will. Z. können an die Stelle von Akkreditiven oder Kreditversicherungen treten. Vgl. → Ausfallzahlungsgarantie.

Zahlungsinkasso. S. → d/p inkasso; vgl. → Dokumenteninkasso.

Zahlungskarten. Begr. f. d. im bargeldlosen Zahlungsverkehr eingesetzten (Ausweis-)Karten. Diese berechtigen den Karteninhaber, bei den am Z.-System angeschlossenen Vertragsunternehmen bargeldlos zu zahlen. Es gibt unterschiedliche Z.; sie können eingeteilt werden: (1) nach der Liquiditätswirkung für den Karteninhaber in → Kreditkarten, → Debitkarten, → vorausbezahlte Karten. (2) nach weltweiten (wie → EUROCARD, American Express, Diners Club), europäischen (wie → eurocheque-Karte) und nationalen Z. (wie → Kundenkarten). (3) nach dem Speichermedium in hochgeprägte Karten (in denen die Daten eingestanzt sind), Magnetstreifenkarten, → Chipkarten oder Hybridkarten (mit Magnetstreifen und Chip). Zudem können Z. mit Zusatzfunktionen versehen werden, wie z. B. Scheckgarantie, Bargeldbezug, internationaler Versicherungsschutz.

Zahlungsmeldungen im Auslandszahlungsverkehr. Sie haben gem. Anl. zur AWV auf den folgenden Z-Formularen an die Deutsche Bundesbank zu ergehen:

Z 1: für Zahlungen an Gebietsfremde über inländische Kreditinstitute und die Post (Zahlungsauftrag im Außenwirtschaftsverkehr).

Z 2: für Dienstleistungs- und Kapitalzahlungen von Gebietsfremden an Gebietsansässige auf Auslandsbankkonten (Auslandskontenmeldung – Eingang).

Z 3: für Dienstleistungs- und Kapitalzahlungen von Gebietsansässigen an Gebietsfremde auf Auslandsbankkonten (Auslandskontenmeldung – Ausgänge).

Z 4: für alle sonstigen ausgehenden Zahlungen, die nicht über Kreditinstitute gehen bzw. alle eingehenden Zahlungen (Zahlungen im Außenwirtschaftsverkehr).

Z 5: für Forderungen und Verbindlichkeiten aus Finanzbeziehungen mit gebietsfremden Geldinstituten (mindestens 1,5 Mio. €).

Z 5a: Blatt 1: Forderungen und Verbindlichkeiten aus Finanzbeziehungen mit gebietsfremden Nichtbanken.
Blatt 2: Forderungen und Verbindlichkeiten gegenüber Gebietsfremden aus dem Waren- und Dienstleistungsverkehr.

Z 8: für Einnahmen und Ausgaben der Seeschifffahrt.

Z 10: für Wertpapiergeschäfte im Außenwirtschaftsverkehr.

Z 11: für Wertpapiererträge im Außenwirtschaftsverkehr.

Z 12: für Zahlungseingänge im aktiven Reiseverkehr.

Z 13: für Zahlungsausgänge im passiven Reiseverkehr.

Z 14: für Zinseinnahmen und zinsähnliche Erträge von Gebietsfremden im Außenwirtschaftsverkehr

Z 15: für Zinsausgaben und zinsähnliche Aufwendungen an Gebietsfremde im Außenwirtschaftsverkehr.

Zahlungsunfähigkeit → Insolvenz.

Zahlungsverbotsrisiko. Ein → politisches Risiko, das darin besteht, dass wegen eines gesetzlichen oder administrativen Eingriffs des Staates Zahlungen an das Ausland generell unterbunden werden. Ein solches Zahlungsverbot kann im Zusammenhang mit zwischenstaatlichen Konflikten oder aufgrund anhaltend unüberbrückbarer nationaler Zahlungsbilanzschwierigkeiten (keine Währungsreserven) verhängt werden. Dadurch werden an sich zahlungswillige und zahlungsfähige inländische Importeure darin gehindert, ihre Verbindlichkeiten gegenüber ausländischen Exporteuren zu erfüllen. Vgl. → Moratoriumsrisiko.

Zahlungsverkehr, internationaler. S. → Auslandszahlungsverkehr; vgl. auch → Zahlungsbedingungen im Auslandszahlungsverkehr.

ZAPP. Abk. f. Zoll Ausfuhrüberwachung im Paperless Port. Seit dem 01.07.1997 ist im Hamburger Hafen eine Verladung nur noch mit einer auf „elektronischem Wege“ über ZAPP beantragten B-Nummer möglich. Alle Exporteure, die selbst verladen, müssen die Daten der Ausfuhrdokumente per EDV an den ZAPP-Rechner melden. Von diesem wird nach entsprechenden Plausibilitäts-Prüfungen als „Quittung“ die B-Nummer zurückgemeldet. Für die Erfassung von Gestellungs-Mitteilungen zum Erhalt der B-Nummern (Bestätigungs-Nummer Zoll) hat → Obermeit in Zusammenarbeit mit dem → Bundesverband des Deutschen Exporthandels (BDEx) ein Programmpaket entwickelt.

ZAV → Zentralstelle für Arbeitsvermittlung der → Bundesanstalt für Arbeit.

ZBW. Abk. f. Deutsche Zentralbibliothek für Wirtschaftswissenschaften. S. http://econis.zbw.ifw-kiel.de

ZDH → Zentralverband des Deutschen Handwerks.

Zedent. Derjenige, der eine Forderung an einen anderen abtritt. → Abtretung.

Zehnergruppe oder Zehnerclub. → G 10.

Zeichnungsfrist. Zeitraum, innerhalb dessen ein zur Emission angekündigtes Wertpapier von Kaufinteressenten gezeichnet werden kann.

Zeitcharter (engl.: time-charter). Begr. d. Seefrachtverkehrs. Beim Z. werden Ladekapazitäten für längere Zeiträume (meist mehrere Monate; können aber auch mehrere Jahre sein) gechartert. (Kann ein → Vollcharter sein.) Im → Chartervertrag ist i. d. R. vereinbart, dass die Miete die Stellung von Kapitän und Mannschaft für den gecharterten Zeitraum einschließt.

Zeitliches (temporales) Marktrisiko. S. → Marktrisiko.

Zeitschriften der → Bundesstelle für Außenhandelsinformation (bfai): Alle 14 Tage erscheinen die folgenden vier Titel: bfai-Info Asien, bfai-Info Lateinamerika, bfai-Info Nahost, bfai-Info Osteuropa (sie berichten über Wirtschaftslage und Branchentrends in den Regionen, geben Ratschläge zur Geschäftspraxis und zu Geschäftswünschen). Wöchentlich erscheinen: Geschäftswünsche und Ausschreibungen (wie Anfragen ausländischer Unternehmen, die Geschäftskontakte zu deutschen Firmen suchen) und Projekte und Ausschreibungen (wie staatliche Investitionsvorhaben und Entwicklungshilfeprojekte). Monatlich erscheinen: Recht und Steuern international (das Neueste aus Wirtschafts- und Steuerrecht weltweit) und Zoll spezial (aktuelle Entwicklungen bei Zoll- und Einfuhrfragen). Alle 14 Tage erscheint auch: Weltwirtschaft Kompakt (aktuelle Kurzberichte über wichtige Absatzmärkte; nach Ländern geordnet).

Zentralafrikanische Entwickungsbank – (frz.) Banque de Développement des États de l'Afrique Centrale (BDEAC) oder (engl.) Central African States Development Bank (CASDB). Gegr. 1975. Sitz: Brazzaville, Kongo. Mitglieder: Äquatorialguinea, Deutschland, Frankreich, Gabun, Kamerun, Kongo-Brazzaville, Kuwait, Tschad, Zentralafrikanische Republik. Aufgabe: Unterstützung der wirtschaftlichen Entwicklung durch Darlehensgewährung.

Zentralafrikanische Währungsunion – (frz.) Union Monétaire de l'Afrique Central (UMAC). S. → Zentralafrikanische Zoll- und Währungsunion.

Zentralafrikanische Wirtschaftsgemeinschaft. → Wirtschaftsgemeinschaft der zentralafrikanischen Staaten.

Zentralafrikanische Wirtschafts- und Währungsgemeinschaft – (frz.) Communauté Économique et Monétaire de l'Afrique Centrale (CEMAC). Gegr. 16.03.1994; als Folgeorganisation der → Zentralafrikanischen Währungsunion und der → Zentralafrikanischen Zoll- und Wirtschaftsunion (UDEAC). Sitz: Bangui, Zentralafrikanische Republik. Mitglieder: Äquatorialguinea, Gabun, Kamerun, Kongo-Brazzaville, Tschad und Zentralafrikanische Republik. Die langfristigen Ziele von CEMAC sind die Förderung der Konvergenz der gesamtwirtschaft-

lichen Entwicklung, die Stabilisierung der gemeinsamen Devisenreserven, die Harmonisierung der sektoralen Wirtschaftspolitik und die Schaffung eines Gemeinsamen Marktes nach EU-Vorbild. Die CEMAC ist, wie die → Westafrikanische Wirtschafts- und Währungsunion (UEMOA), Bestandteil der → Franc-Zone in Afrika. Der CEMAC gehören die → Zentralafrikanische Entwickungsbank (BDEAC) und die → Bank von Zentralafrika (BEAC) an.
http://www.izf.net

Zentralafrikanische Zoll- und Wirtschaftsunion – (frz.) Union Douanière et Économique de l'Afrique Central (UDEAC) oder (engl.) Central African Customs and Economic Union (CACEU). Gegr. am 08.12.1964. Sitz: Bangui, Zentralafrikanische Republik. Mitglieder: Äquatorialguinea, Gabun, Kamerun, Kongo-Brazzaville, Tschad, Zentralafrikanische Republik. Ziele: Harmonisierung der Wirtschaftspolitiken und Einigung auf einen gemeinsamen Außenzoll (Gemeinsamen Markt) der Mitgliedsstaaten. Die UDEAC ist der Kern der → Zentralafrikanischen Wirtschafts- und Währungsgemeinschaft. Sie bildet gemeinsam mit Frankreich die → Zentralafrikanische Währungsunion.

Zentralamerikanische Bank für wirtschaftliche Integration – (span.) Banco Centroamericano de Integración Económica (BCIE) oder (engl.) Central American Bank for Economic Integration (CABEI). Gegr. 1960. Sitz: Tegucigalpa, Hondoras. 5 regionale (Costa Rica, El Salvador, Guatemala, Honduras, Nicaragua) und 4 nicht regionale (Argentinien, Kolumbien, Mexiko, Taiwan) Mitglieder. Ziel: Förderung der wirtschaftlichen Integration und Entwicklung.
http://www.bcie.hn

Zentralamerikanischer Gemeinsamer Markt – (span.) Mercado Común Centroamericano (MCCA) oder (engl.) Central American Common Market (CACM). Gegr. 1960. Sitz: Guatemala-Stadt. Ziele: Bildung eines Gemeinsamen Marktes und einer Zollunion. Dazu Schaffung einer Freihandelszone und eines gemeinsamen Außenzolls. Zusammenarbeit auf den Gebieten Währung und Finanzen.

Zentralbank (auch → Notenbank und → Währungsbank). Bez. f. die oberste geldpolitische Entscheidungsinstanz einer Volkswirtschaft bzw. einer Gemeinschaft von Volkswirtschaften. Sie hat allein das Recht, die → gesetzlichen Zahlungsmittel auszugeben. Die Z. regelt den Geldumlauf und die Kreditversorgung; mit ihren geldpolitischen Instrumenten (→ Offenmarktpolitik, → Ständige Fazilitäten, → Mindestreservepolitik) steuert sie die → Bankenliquidität, die → Geldschöpfung und das Zinsniveau. Sie sorgt – in Zusammenarbeit mit den → Geschäftsbanken – für eine reibungslose bankmäßige Abwicklung des Zahlungsverkehrs im Inland und mit dem Ausland. Sie hält und verwaltet die offiziellen Währungsreserven. Ihr oberstes Ziel ist die Erreichung und Erhaltung der Geldwertstabilität; also die Sicherung der Währung nach innen und nach außen. In Deutschland war die → Deutsche Bundesbank bis zum 31.12.1998 die alleinige autonome Z. In den Ländern der → Europäischen Wirtschafts- und Währungsunion bilden deren nationale Zentralbanken (NZBn) und die → Europäische Zentralbank (EZB) seit dem 01.01.1999 zusammen das → Europäische System der Zentralbanken. http://www.bis.org/cbanks.htm

Zentralbankautonomie. Begr. f. die Unabhängigkeit der Zentralbank von Weisungen der staatlichen Politik (der Regierung und der Parlamente). Sowohl die EZB als auch ihre NZBn sind „autonome" Zentralbanken. Nach Art. 7 der Satzung des ESZB und der EZB darf „weder die EZB noch eine NZB noch ein Mitglied ihrer Beschlussorgane Weisungen von Organen oder Einrichtungen der Gemeinschaft, Regierungen der Mitgliedstaaten oder anderer Stellen einholen oder entgegennehmen".

Zentralbank der Russischen Föderation (Bank von Russland). Gegr.: 13.07.1990. Sitz: Moskau. Vorgängereinrichtung: Staatsbank der Sowjetunion. Die Z. d. RF hat das russische Bankensystem restrukturiert; mit dem Ziel der Verbesserung der Aktivitäten sowie der Erhöhung der Liquidität der Geschäftsbanken. Dazu wurde eine Agentur für die Restrukturierung der Kreditorganisationen (→ ARCO) und ein Koordinierungsausschuss für die Entwicklung des Bankensektors (→ ICC) gebildet. Die Z. d. RF ist an einer Erhöhung ausländischer Kapitalanlagen im russischen Bankensektor interessiert. Einzelheiten können den Jahresberichten entnommen werden, die über den freien Adobe Acrobat Reader im Internet eingesehen werden können bzw. erhältlich sind.
http://www.cbr.ru oder www.cbr.ru/eng

Zentralbankgeld. Das von der Zentralbank geschaffene Geld. Dazu zählt das umlaufende → Bargeld und die Sichteinlagen der Banken und Nichtbanken bei der Zentralbank. I. e. S. der Bankstatistischen Gesamtrechnungen umfasst das Z. den Bargeldbestand ohne die Kassenbestände der MFIs und die → Mindestreserven der Kreditinstitute auf ihre Inlandsverbindlichkeiten.

Zentralbankpolitik. S. → Geldpolitik der → Zentralbank.

Zentralbankrat der → Deutschen Bundesbank. Er war bis zum 30.04.2002 das oberste Organ der deutschen Zentralbank. Er setzte sich aus dem Präsidenten und dem Vizepräsidenten der Deutschen Bundesbank, den weiteren Mitgliedern des → Direktoriums sowie den Präsidenten der → Landeszentralbanken zusammen. Der Z. trat alle 14 Tage zusammen. Er erörterte die Auswirkungen seiner/seit dem 01.01.1999 der vom EZB-Rat bestimmten Geld- und Währungspolitik; danach richteten sich seine konkrete Beschlussfassungen. An seine Stelle trat der Vorstand.

Zentralbankrat der Europäischen Zentralbank. S. → EZB-Rat.

Zentralbank von Luxemburg – (frz.) Banque centrale du Luxembourg (BCL). Die → nationale Zentralbank (NZB) von Luxemburg.
http://www.bcl.lu/html/fr/index.html

Zentralbank westafrikanischer Staaten – (frz.) Banque Centrale des États de l'Afrique de l'Ouest (BCEAO) oder (engl.) Central Bank of West African States (CBWAS). Gegr. 1962. Sitz : Dakar, Senegal. Mitglieder: Benin, Burkina Faso, Elfenbeinküste, Guinea-Bissau, Mali, Niger, Senegal und Togo. Sie hat aktiv am wirtschaftlichen Integrationsprozess der westafrikanischen Staaten mitgewirkt und zur Schaffung der → Westafrikanischen Wirtschafts- und Währungsunion beigetragen. Die BCEAO ist im Rahmen der Franc-Zone in Afrika die Notenbank für den westafrikanischen Teil der Zone. Sie allein ist berechtigt, den → CFA-Franc in Umlauf zu bringen; ISO-Währungscode XOF. Die BCEAO stellt das Pendant zur → Bank von Zentralafrika (BEAC) dar, die als Notenbank für den zentralafrikanischen Teil der Franc-Zone fungiert (und den → Franc CFA emittiert; ISO-Währungscode XAF).
http://www.bceao.int

Zentralbörse. Bez. f. d. Hauptbörse (Leitbörse) eines Landes. Die deutsche Z. ist die Frankfurter Wertpapierbörse (FWB).

Zentrale Güterklassifikation der Vereinten Nationen – (engl.) Central Product Classification (CPC). Sie umfasst alle transferierbaren Güter; das sind Waren, Dienstleistungen, Vermögenswerte (einschl. Grund und Boden), immaterielle Güter (wie Patente, Lizenzen, Copyrights). Zur Gliederung der transportierbaren Waren werden i. d. R. die Positionen des → Harmonisierten Systems zur Beschreibung und Codierung der Waren (HS) verwendet. Daneben wird für den Ursprung der Waren und Dienstleistungen die → Internationale Systematik der Wirtschaftszweige (ISIC) herangezogen. Dadurch ermöglicht die CPC den systematischen Vergleich unterschiedlicher Statistiken (z. B. von Industrie-, Außenhandels- und Zahlungsbilanzstatistiken). Die Verabschiedung einer endgültigen Fassung der CPC durch die → Statistische Kommission der Vereinten Nationen steht noch bevor (da der Dienstleistungsteil noch nicht endgültig festgelegt werden konnte).

Zentraler Kreditausschuss (ZKA). Arbeitsgemeinschaft der → Spitzenverbände der deutschen Kreditwirtschaft. Der ZKA befasst sich v. a. mit Fragen des Handels- und Steuerrechts, der Standardisierung (z. B. beim kartengestützten elektronischen Zahlungsverkehr), der Regelungen der Bankenaufsicht, des Wertpapiergeschäfts. Die Federführung im ZKA wechselt jährlich zwischen den Verbänden.
http://www.zka.de

Zentraleuropäisches Freihandelsabkommen (CEFTA). → Mitteleuropäisches Freihandelsabkommen.

Zentrale Wertpapierverwahrstelle – (engl.) Central Securities Depository (CSD). Einrichtung für die Verwahrung von Wertpapieren, die es ermöglicht, Wertpapiertransaktionen nur durch reine Buchungen, also „stückelos", abzuwickeln. Effektive Wertpapiere können dadurch immobilisiert werden oder sind dematerialisiert (existieren nur in elektronischer Form). Eine solche Stelle kann neben der Verwaltung (z. B. Emissions- und Tilgungsaufgaben) auch Abstimmungs-, Verrechnungs- und Zahlungsabwicklungsaufgaben erledigen.

Zentralstelle für Arbeitsvermittlung (ZAV). Sitz: Bonn. Eine Dienststelle der → Bundesanstalt für Arbeit in Nürnberg. Die ZAV hat eine eigene Abteilung für Internationale Arbeitsvermittlung. Diese vermittelt Fach- und Führungskräfte aus und nach Deutschland; unterstützt die berufliche Fortbildung von ausländischen Fach- und Führungskräften in Deutschland; berät Unternehmen, die für ihre Niederlassungen im Ausland geeignetes Personal suchen; vermittelt jungen Arbeitnehmern sprachliche und berufliche Fortbildung (Jobs und Praktika im Ausland). Sie unterhält – online – den Stellen-Informations-Service (sis), den Arbeitgeber-Informations-Service (ais), den Ausbildungs-Stellen-Informations-Service (asis). Die ZAV ist in das Netz der European Employment Services (→ EURES) eingebunden.
http://www.arbeitsamt.de

Zentralstelle Zolldateien (ZZD). Eingerichtet bei der Oberfinanzdirektion Karlsruhe. Sie hat den → Deutschen Gebrauchszolltarif (DGebrZT) automationsgerecht gespeichert und aktualisiert ihn laufend. Die ZZD erstellt die Druckvorlage für den DGebrZT. Vgl. → Elektronischer Zolltarif.

Zentralverband des Deutschen Handwerks (ZDH). Sitz: Berlin. Im ZDH sind 55 → Handwerkskammern, 46 zentrale → Fachverbände des Handwerks sowie andere wirtschaftliche und sonstige Einrichtungen, z. B. der → Bundesverband der Deutschen Volksbanken und Raiffeisenbanken (BVR), die → Gesellschaft für Handwerksmessen (GHM) und der Bundesverband Kunsthandwerk) zusammengeschlossen. Er dient der einheitlichen Willensbildung in allen grundsätzlichen Fragen der Handwerkspolitik. Er vertritt die Gesamtinteressen des deutschen Handwerks gegenüber dem Bundestag, der Bundesregierung und anderen zentralen Behörden, der EU und internationalen Organisationen. Er ist Mitglied der → Europäischen Union des Handwerks und der Klein- und Mittelbetriebe (UEAPME). Der ZDH und seine

Mitglieder unterhalten ein weit verzweigtes Netz von Partnerschaften mit vergleichbaren Organisationen in Entwicklungsländern, v. a. auch in Mittel- und Osteuropa.
http://www.zdh.de

Zentralverwahrer. Länderübergreifende Institute, spezialisiert auf die Girosammelverwahrung sowie die damit verbundene Abwicklung der Transaktionen von Depotwertpapieren und Zahlungen. → Euroclear, → Clearstream International. Vgl. → Zentrale Wertpapierverwahrstelle.

Zentralverwaltungswirtschaft, zentrale Planwirtschaft. Wirtschaftsordnung, in der alle ablaufenden Wirtschaftsprozesse von einer zentralen staatlichen Instanz geplant und koordiniert werden. Der Staat ist letztlich – im Unterschied zu einer Marktwirtschaft – alleiniger Träger der gesamten Wirtschaftspolitik.

Zero Coupon Bond. → Zero Bond.

Zero Bonds. Null-Kupon-Anleihen (i. d. R. von international tätigen Finanzinstituten ausgegeben). Festverzinsliche Anleihen, auf die während der Laufzeit keine Zinsen gezahlt werden. Die Rendite ergibt sich aus der Differenz zwischen Emissions-(Kauf-)Kurs und dem Einlösungs-(Verkaufs-)Preis. Auf dem Finanzmarkt haben sich zwei Varianten durchgesetzt. (1) Aufzinsungsanleihen oder (engl.) Capital Growth Bonds, deren Rückzahlung einschließlich Zins und Zinseszinsen erfolgt. (2) Abzinsungsanleihen, deren Ausgabekurs unter dem Nennwert liegt. Der Käufer zahlt einen um den Diskont (Abschlag) verringerten Preis und erhält am Ende der Laufzeit den vollen Nennwert zurück (vgl. → Abzinsungspapiere). S. a. → Strips.

Zession → Abtretung.

Zessionar. Derjenige, an den eine Forderung abgetreten wird. → Abtretung.

Zessionskredit. Ein i. d. R. kurzfristiger Bankkredit, bei dem der Lieferant einer Ware als Gläubiger seine Forderung an den Schuldner sicherheitshalber an eine Bank als Zessionar abtritt. Er kommt im Außenhandel v. a. dann vor, wenn es bei Warenlieferungen keine Transportdokumente oder Wechsel gibt sowie bei grenzüberschreitenden Dienstleistungen. Die Banken achten besonders auf die Bonität des Schuldners, die Abtretbarkeit der Forderung sowie deren Durchsetzbarkeit auf dem Rechtsweg im Ausland.

Z-Formulare. → Zahlungsmeldungen im Auslandszahlungsverkehr.

Ziehungen. S. → Ziehungsrechte.

Ziehungsermächtigungen (engl.: → Drawing Authorizations) werden in Verbindung mit → Negoziationskrediten erteilt. Sie beinhalten oftmals nur die Bereitstellung eines Zahlungsweges bzw. einer Refinanzierungsmöglichkeit für den Exporteur, ohne eine Zahlungsverpflichtung in Form eines → abstrakten Schuldversprechens seitens einer Bank einzuschließen. S. → Authority to pay, → Authority to purchase. Vgl. → Authority to negotiate.

Ziehungsrechte (ZR) oder (engl.) Drawing rights (DR). Begr. f. d. Berechtigung eines Mitgliedstaates des IWF, von diesem fremde Währungen (Devisen) oder SZR gegen die Überlassung eigener Währung für einen bestimmten Zeitraum und im Rahmen vorgegebener Kontingente zum Ausgleich von Defiziten in der Zahlungsbilanz zu erhalten (zu ziehen). Es gibt unbedingte und bedingte ZR. Zu Ersteren zählen die ZR in der → Reservetranche (s. a. →

Reserveposition im IWF), zu Letzteren die ZR in den → Kredittranchen. Die ZR eines IWF-Mitgliedstaates können max. 200 % seiner → Quote betragen. Darüber hinaus können Ziehungen (Kredite) im Rahmen von → Sonderfazilitäten in Anspruch genommen werden. Vgl. a. → Sonderziehungsrechte.

Zins. Preis für die Überlassung von Geld bzw. Kapital. Er bildet sich auf dem Kreditmarkt durch Kreditangebot und Kreditnachfrage.

Zinsabschlagsteuer. Bes. Form der Kapitalertragsteuer. Sie wird als → Zahlstellensteuer auf bestimmte Kapitalerträge (gem. § 43 EStG) erhoben; z. B. auf Zinsen aus dem „Banksparen" (wie auf Einlagen mit vereinbarter Laufzeit oder mit vereinbarter Kündigungsfrist) und aus Wertpapieren.

Zinsanpassungsklausel (engl.: interest rate adjustment clause). → Zinsklausel in einem Kreditvertrag, nach der ein Kreditinstitut berechtigt ist, den vereinbarten Zinssatz in Anlehnung an gestiegene oder gesunkene Refinanzierungskosten (Geldbeschaffungskosten) zu erhöhen oder zu reduzieren. Vgl. → Zinsgleitklausel.

Zinsarbitrage. Begriff für die Gewinn bringende Ausnutzung des Zinsgefälles an den (internationalen) Geldmärkten. Geld wird zu niedrigen Zinsen aufgenommen und zu höheren Zinsen angelegt. Zinserhöhungen ziehen (ausländisches) Geld an; Zinsreduzierungen führen in diesem Zusammenhang zu Geldabfluss. Auf den internationalen Geldmärkten ist Z. nur bei freiem Devisenverkehr möglich.

Zinsberechnungsmethode (engl.: day-count convention). Methode, nach der die Anzahl der Tage für die Berechnung der Zinsen bestimmt wird. Zinsen können nach der sog. 360/360-Methode (deutsche Methode) oder nach der 365/365-Methode bzw. 365/360-Methode berechnet werden. Zähler: Die jeweils erste Zahl legt die Methode der Errechnung der Zinstage fest. So besagt die Zahl 360, dass jeder volle Monat mit 30 Zinstagen angesetzt wird (unabhängig von der tatsächlichen Zahl der Kalendertage); bei angefangenen Monaten werden die Zinstage kalendermäßig genau gezählt. Ist die erste Zahl mit 365 angegeben, dann werden die Zinszahlen kalendermäßig genau gezählt. Nenner: Die jeweils zweite Zahl gibt an, mit wie viel Tagen das Zinsjahr angesetzt wird – bei der Berechnung des Zinsdivisors (= Zinsjahr : Zinssatz). S. a. → Eurozinsmethode.

Zinsbogen → Zinsscheinbogen.

Zinsen, kalkulatorische. Zinsen, die auf der Grundlage des betriebsnotwendigen Kapitals errechnet werden. Sie sind in die betriebswirtschaftliche Kostenkalkulation – neben den effektiven Fremdkapitalzinsen – einzubeziehen. (Das Eigenkapital hätte ja alternativ auch außerhalb des Unternehmens – zinsbringend – angelegt werden können.) Kalkulatorische Zinsen sind Zusatzkosten (kalkulatorische Kosten).

Zinsfestschreibung. In Darlehensverträgen vereinbarter fester (gleichbleibender) Zinssatz. Die Z. kann für die gesamte Darlehenslaufzeit oder für begrenzte Vertragszeitspannen erfolgen. Vgl. → Festzinsdarlehen.

Zinsfuß. Begr. f. d. Höhe der Zinsen. Meist gleichbedeutend wie → Zinssatz verwendet.

Zinsgefälle. Begr. f.: (1) Unterschiedliches Zinsniveau in verschiedenen Ländern; insb. die Geld- und Kapitalmärkte betreffend. Dies kann dazu führen, dass einerseits Ländern mit höherem Zinsniveau Geld- und Kapitalmittel von ausländischen Anlegern zufließen und dass andererseits in Ländern mit niedrigerem Zinsniveau ausländische Unternehmen Kredite aufnehmen. Ob es zu solch zinsinduzierten internationalen Geld- und Kapitalbewegungen kommt oder nicht, hängt auch von der Stabilität der betroffenen Währungen/Wechselkurse bzw. den Kurssicherungskosten ab. (2) Zinsunterschiede innerhalb eines Landes; insb. zwischen dem Geld-und Kapitalmarkt; wobei i. d. R. die Zinsen auf Ersterem niedriger, auf Letzterem höher sind. Zudem treten auf den einzelnen Märkten weitere Differenzierungen auf, bedingt durch Bonität, Denomination, Laufdauer bzw. Bindungsfristen. Vgl. → Zinsstruktur.

Zinsgleitklausel (Zinsindexierung). Vertragliche Vereinbarung zur automatischen Bindung des Zinsatzes (eines Kredits) an einen → Referenzzinssatz (z. B. Euribor), an den Preis eines Gutes (z. B. des Goldes) oder an einen Preisindex (z. B. → Preisindex für die Lebenshaltung). Mit der Z. kann der Nominalzinssatz ohne Änderung des Kreditvertrages erhöht oder verringert werden. Das Zinsänderungsrisiko wird auf den Kreditnehmer übertragen.

Zinsinstrument. Begr. f. ein Finanzprodukt, dessen aktueller Wert (Kurs) maßgeblich durch die Veränderung der Zinshöhe bestimmt wird. Wenn bei einem Z. der Zeitpunkt des Vertragsabschlusses und der -erfüllung zusammenfallen, spricht man von einem Z. am Kassamarkt. Der Kassamarkt für Zinspapiere kann in einen kurzfristigen Geldmarkt und in einen langfristigen Kapitalmarkt eingeteilt werden. Wenn hingegen bei einem Z. die Zeitpunkte von Vertragsabschluss und -erfüllung voneinander abweichen, spricht man von einem Z. am Terminmarkt.

Zinsinversion. → Inverse Zinsstruktur.

Zinskanal am Geldmarkt. Der durch die Zinssätze für die → Spitzenrefinanzierungsfazilität und die → Einlagefazilität als Ober- und Untergrenze gebildete Korridor, innerhalb dessen sich die Tagesgeldsätze am europäischen Geldmarkt i. d. R. bewegen. Innerhalb dieses Kanals orientiert sich der Zins weitgehend am Zinssatz für das → Hauptrefinanzierungsgeschäft. Die Zinssätze für diese drei geldpolitischen Instrumente der EZB bilden die → Leitzinsen des ESZB.

Zinsklausel. Klausel, mit der in einem Kreditvertrag die automatische Zinssatzänderung (→ Zinsgleitklausel) oder Zinsanpassung (→ Zinsanpassungsklausel) vereinbart wird.

Zinskonvergenz. Eines der → Konvergenzkriterien der → Europäischen Wirtschafts- und Währungsunion (EWWU). Der durchschnittliche langfristige Zinssatz eines (Beitritts-)Landes soll den entsprechenden Zinssatz der drei preisstabilsten EWWU-Länder nicht um mehr als 2 Prozentpunkte überschreiten.

Zinsoption. (1) Verbrieftes Recht eines Optionsinhabers, einen bestimmten Zinstitel (festverzinsliches Wertpapier) zu einem vereinbarten Preis (→ Basispreis) bis zu einem festgelegten Auslauftag zu kaufen (→ Call-Option) bzw. zu verkaufen (→ Put-Option). Der Optionsinhaber hat für sein Wahlrecht an den → Stillhalter eine Prämie (den Optionspreis) zu zahlen. (2) Bei → Floating Rate Notes das im Einzelfall eingeräumte Recht des Emittenten, die Zinsbasis für die Folgeperiode zu bestimmen.

Zinssatz. Höhe der Zinsen, in vom Hundert oder in Prozent ausgedrückt. Der Preis für die zeitlich begrenzte Überlassung von Geld oder Kapital; z. B. 6 vom Hundert oder 6 % p. a. (pro anno; für ein Jahr). Meist als Syn. f. → Zinsfuß verwendet.

Zinsschein (engl.: interest coupon). Erträgnisschein, der festverzinslichen (Wert-)Papieren beigefügt ist. Z. verbriefen als selbständige Wertpapiere (Inhaberpapiere) den Zinsanspruch. Sie lauten auf feste Geldbeträge und bestimmte Fälligkeitstermine (Zinstermine). Banken zahlen gegen Einreichung des Z. die fälligen Zinsen aus. Vgl. → Coupon.

Zinsscheinbogen. Der → Bogen eines festverzinslichen Wertpapiers. Er enthält, als Teil der Wertpapierurkunde, die Zinsscheine für mehrere Jahre. Z. sind fortlaufend nummeriert. Wenn es mehr als 20 Zinstermine gibt, dann enthält der Z. – als letzten (untersten) Teil – einen → Talon (Erneuerungsschein). Dieser berechtigt zum Bezug einen weiteren Z.

Zinssicherungsgeschäft. Termingeschäft, mit dem das Risiko der Zinsänderung abgesichert wird.

Zinssicherungsinstrumente. Instrumente, die im Rahmen eines Zinssicherungsgeschäftes zur Steuerung des Zinsänderungsrisikos eingesetzt werden können. Dazu gehören → Cap, → Collar, → Floor, → Forward Rate Agreement, → Swaption, → Zinsoption, Zins→Future, → Zinsswap. S. a. → Hedging.

Zinsspanne. Differenz zwischen zwei Zinssätzen; z. B. zwischen dem Zins, den eine Bank im Rahmen ihres Aktivgeschäftes für die Gewährung eines Kredites verlangt (Sollzins) und dem Zins, den sie im Rahmen ihres Passivgeschäftes für übernommen Einlagen ihrer Kunden (Habenzins) oder die eigene Refinanzierung (z. B. bei der Zentralbank) zu zahlen hat.

Zinsstruktur. Begr. f. d. Verhältnis der verschiedenen effektiven Zinssätze auf den Geld-, Kredit- und Kapitalmärkten in einer bestimmten Periode zueinander; resultierend aus Angebot und Nachfrage auf den Finanzmärkten. Die unterschiedlichen Höhen der Zinssätze ergeben sich aus der Differenzierung der Bonität der Kreditnehmer, der Fristigkeit, der → Denominierung, der Art und dem Volumen der (Geld/Kapital)Anlage durch die Investoren. I. d. R. werden die Zinsstrukturen festverzinslicher Wertpapiere (Rentenpapiere) gleicher Bonität, Restlaufdauer und Höhe (Denomination) dargestellt. Im Regelfall liegen die langfristigen Zinssätze über den kurzfristigen; ist das Gegenteil der Fall, spricht man von einer inversen Zinsstruktur. Vgl. → Zinsgefälle.

Zinsstrukturkurven. Sie zeigen den Zusammenhang zwischen Zinssatz und Restlaufzeit von festverzinslichen Wertpapieren gleicher Bonität zu einem bestimmten Zeitpunkt.

Zinsstrukturgebirge. Sie stellen die graphische Entwicklung der Zinsstrukturkurven im Zeitablauf – dreidimensional – dar.

Zinsswap (engl.: interest rate swap). Tausch zwischen zwei Parteien von Zinszahlungen, die aus der Aufnahme zweier Kredite mit unterschiedlicher Zinsfixierung stammen. Beide Kreditnehmer können aus dem jeweils vom Partner gesuchten Kreditinstrument einen komparativen Zinsvorteil erzielen. → Swap.

Zinstender (engl.: variable rate tender). → Tenderverfahren, bei dem die EZB den Mindestzinssatz vorgibt, zu dem die teilnehmenden monetären Finanzinstitute die Betragsgebote bei ihrer nationalen Zentralbank einreichen können. Im Unterschied zum → Mengentender bieten hier die Geschäftspartner der NZB Betrag und Zinssatz. Bei der Zuteilung von Zentralbankgeld werden die Einzelgebote mit höheren Zinssätzen vorrangig bedient; u. z. so lange, bis der vorgesehene Gesamtzuteilungsbetrag erreicht ist. Dabei kann nach der „holländischen Methode“ (zu einem von allen zum Zuge kommenden Bietern akzeptierten niedrigsten Zinssatz, dem „marginalen Zinssatz"; vgl. dazu auch → Repartierung) oder nach der „amerikanischen Methode" (zu unterschiedlichen individuellen Bietungssätzen) zugeteilt werden. S. a. → holländisches Zuteilungsverfahren und → amerikanisches Zuteilungsverfahren.

Zinstermin. Zeitpunkt, zu dem Zinsen eines Zinsinstrumentes (z. B. eines festverzinslichen Wertpapiers) fällig bzw. gezahlt werden. Die Zinszahlung kann vierteljährlich (üblich bei zinsvariablen Wertpapieren), halbjährlich (zum Monatsersten), jährlich (zum Monatsende) oder am Ende der Laufzeit erfolgen. Ein größeres Wertpapierdepot lässt sich so gestalten, dass an jedem Monatsersten Zinszahlungen fällig werden.

Zinstitel. Allg. Bez. f. Wertpapiere, die am Geld- und Kapitalmarkt gehandelt werden.

Zinswucher. Liegt vor, wenn bei einem Darlehen ein wucherischer Zins verlangt wird. Der Tatbestand des Z. ist gegeben, wenn zum Zeitpunkt des Vertragsabschlusses ein objektiv auffälliges Missverhältnis zwischen Leistung und Gegenleistung besteht (der vereinbarte Zins etwa das Zweifache des Marktzinssatzes beträgt). Ein Vertrag ist gem. § 138 BGB nichtig, wenn durch ihn wucherische Zinsen versprochen werden.

ZK → Zollkodex.

ZKA. Abk. f. (1) → Zentraler Kreditausschuss und (2) → Zollkriminalamt.

ZK-DVO. Abk. f. Zollkodex-Durchführungsverordnung.

ZLEA. Abk. f. (frz.) Zone de Libre-Échange des Amériques; → Amerikanische Freihandelszone (FTAA).

ZM-Risiko. → Zahlungsverbotsrisiko und → Moratoriumsrisiko.

ZnA → Zollabfertigung nach Aufzeichnung.

ZnG → Zollbehandlung nach Gestellungsbefreiung.

ZNR → Zollnummer.

ZnV → Zollabfertigung nach vereinfachter Zollanmeldung.

Zoll. Bez. f. öffentliche Abgaben im grenzüberschreitenden Warenverkehr, die aufgrund gesetzlicher Bestimmungen erhoben werden. Es gibt mehrere unterschiedliche Zollbegriffe: → Ausfuhrzölle, → Einfuhrzölle, → Durchfuhr- oder Transitzölle, → autonome Zölle, → Antidumping- oder Ausgleichszölle, → Abwehrzölle. Vgl. → Zollsätze (Wertzollsatz, Spezifischer Zollsatz, Mischzollsatz), → besondere Zollsätze (Assoziierungs-, Beitritts-, Präferenz-, Vertragszölle). → Drittlandszoll. Mehr wirtschaftshistorische Bedeutung haben → Erziehungszölle, → Finanzzölle, → Gewichtszölle, → Gleitzölle, → Prohibitivzölle, → Schutzzölle. In Deutschland gelten Zölle als Steuern im Sinne der Abgabenordnung (AO). Sie werden gem. → Gemeinsamem Zolltarif der EG (GZT) und → Deutschem Teil-Zolltarif auf eingeführte Waren erhoben und seit dem 01.01.1975 insg. an die EG abgeführt; unter Aufsicht der → Bundeszollverwaltung.

Zollabfertigung nach Aufzeichnung (ZnA). → Sammelzollverfahren.

Zollabfertigung nach vereinfachter Zollanmeldung (ZnV). → Sammelzollverfahren.

Zoll aktuell. Zeitschrift, hrsg. in Zusammenarbeit mit dem Bundesministerium der Finanzen; 6 Ausgaben pro Jahr.

Zollämter. Dienststellen der → Hauptzollämter. Ihre Aufgabe ist es, die tatsächliche Aus-, Ein- und Durchfuhr zu überwachen, die zu erhebenden Einfuhrabgaben festzusetzen und auch zu vereinnahmen. Ausfuhrseitig werden bei den Z. alle Maßnahmen im Zusammenhang mit der Gestellung zur Ausfuhr, der Ausfuhrüberwachung und der Ausstellung der Präferenzpapiere wahrgenommen. Bei ihnen werden die → Versandverfahren eröffnet und beendet. Einfuhrseitig gehören zu den Aufgaben der Z.: Erfassung der eingeführten Waren, vorübergehende Verwahrung gestellter Waren, Annahme und Prüfung der Zollanmeldung (u. a. Beschau, Prüfung der Einhaltung der Vorschriften über die Verbote und Beschränkungen für den Warenverkehr, insb. der Einfuhrliste, Anerkennung von Präferenzpapieren), Berechnung der Einfuhrabgaben und deren buchmäßige Erfassung, Überlassung der Waren zum angemeldeten → Zollverfahren, Sicherstellung und Beschlagnahme der Waren, wenn deren Überlassung unzulässig ist oder nicht in Anspruch genommen wird.

Zollämter R. Dies sind bestimmte Grenzzollämter, deren Einfuhr- und Ausfuhrabfertigung auf Waren beschränkt ist, die im Reiseverkehr ein- oder ausgeführt werden und nicht zum Handel oder zur gewerblichen Verwendung bestimmt sind. Die Geschäftsaufsicht über diese Z. R. üben die → Zollkommissariate aus.

Zollanmelder ist, wer die Zollanmeldung bei der Zollstelle vornimmt. Das ist vielfach nicht der Importeur bzw. Exporteur selbst. Wenn diese einen Dritten mit der Zollabfertigung beauftragen, z. B. einen Spediteur, dann bleiben sie dennoch → Zollbeteiligte.

Zollanmeldung (Zollantrag). Die Z. stellt eine Steuererklärung im Sinne der Abgabenordnung (AO) dar. Sie hat grundsätzlich schriftlich auf dem → Einheitspapier der EG zu erfolgen. Eine mündliche Z. ist nur in Ausnahmefällen (z. B. Einfuhr von Waren zu nicht kommerziellen Zwecken) zugelassen. Das Einheitspapier (als vollständiger 8-seitiger Satz) kann für das gesamte Einfuhr-/Ausfuhr-/Durchfuhr-Zollverfahren verwendet werden. Eine vorschriftsgemäß ausgefüllte Anmeldung, der alle erforderlichen Unterlagen für das beantragte Verfahren beigefügt sind, wird unverzüglich von der Zollstelle entgegengenommen und auf ihre Richtigkeit überprüft. Vgl. → Ergänzende Zollanmeldung (EZ).

Zollanschluss. Bez. f. einen Teil eines fremden Hoheitsgebietes, das zum eigenen Zollgebiet gerechnet wird.

Zollantrag. Nach dem Zollrecht der EG eine einseitige, empfangsbedürftige Erklärung (schriftlich oder mündlich), wodurch ein Zollbeteiligter die Art der Zollbehandlung eines gestellten Zollgutes bestimmt. Wenn für ein gestelltes Zollgut nicht innerhalb einer bestimmten Frist der Z. gestellt wird, dann kann es zollamtlich sichergestellt und veräußert werden. Nach dem früheren deutschen Zollgesetz war der Z. vorrangig eine Willenserklärung über die Art der Zollbehandlung; die → Zollanmeldung eine Wissenserklärung als Steuererklärung. Der Zollkodex der EG fasst beide Maßnahmen zusammen.

Zollauskunft → verbindliche Zolltarifauskunft.

Zollausschluss. Bez. f. einen Teil des eigenen Hoheitsgebietes, der nicht in das eigene Zollgebiet einbezogen ist (zu einem fremden Zollgebiet gehört).

Zollbefund. Dies ist der Feststellungbescheid über die erfolgte Zollabfertigung gem. Zollantrag bzw. -anmeldung. Der Z. dient der Beweissicherung und ist Grundlage für den späteren Zollbescheid bzw. die Zollfreiheit. Die Beurkundung erfolgt i. d. R. auf einem Zusatzblatt zum Einheitspapier.

Zollbehandlung. Bez. für die Maßnahmen der Zollbehörde, die nach der Gestellung eines Zollgutes erfolgen. Dies können Abfertigungshandlungen (z. B. zum → Freiverkehr) und Überwachungshandlungen (bei Zollvergünstigungen, die von der Verwendung der eingeführten Waren, z. B. für wissenschaftliche und künstlerische Zwecke, abhängen) sein. Die Art der Z. ergibt sich aus dem Zollantrag. S. → Zollverfahren.

Zollbehandlung nach Gestellungsbefreiung (ZnG). → Sammelzollverfahren.

Zollbehandlung ohne Abfertigung. Noch einfachere Zollbehandlung als bei → Zoll-Einzelanmeldung. Sie muss beim zuständigen Hauptzollamt auf einem Formular beantragt und im Hinblick auf die erwarteten Warensendungen im Einzelnen erläutert werden. Nach Bewilligung ist der Zollbeteiligte von der → Gestellungspflicht befreit. Die Zollbehandlung erfolgt nach Eintritt des Zollgutes in das Zollgebiet durch die Anschreibung der Zollstelle. Die Anschreibung bewirkt einerseits die Entstehung der Zollschuld, andererseits den Übergang des Zollgutes zum Freigut.

Zollbehörden. S. → Zollverwaltung.

Zollbeschau. Zollamtliche Überprüfung der Menge und Beschaffenheit des Zollgutes. Der Zollbeteiligte (Zollanmelder) hat der → Gestellungspflicht nachzukommen. Für das Zollamt gibt es aber keine Zollbeschauungspflicht. Bei der Z. werden meistens nur Stichproben gemacht.

Zollbescheid. Schriftliche Aufforderung an den Zollschuldner, alle → Einfuhrabgaben (u. U. auch Ausfuhrabgaben) zu zahlen.

Zollbeteiligter ist, wer die Zollabfertigung von gestelltem Zollgut zum → Freigut bzw. die zollamtliche Überwachung bei der Ausfuhr, Vernichtung oder Umwandlung von Zollgut beantragt oder beantragen lässt (z. B. über einen Spediteur). → Zollantrag.

Zolldatenbank der → Bundesagentur für Außenwirtschaft (bfai). Sie enthält Erläuterungen zu Zollnomenklaturen, Hilfen zur Einreihung von Waren in das → Harmonisierte System zur Beschreibung und Codierung von Waren (HS), Erläuterungen des Ausfuhrverfahrens aus der EG. Die „Länderinfos“ bieten Informationen zum innergemeinschaftlichen Warenverkehr sowie zum Warenverkehr mit Drittländern. Sie enthält unter „Zolltarife“ die Gebrauchs-Zolltarife der Länder – weltweit; mit Zollsätzen, Einfuhrnebenabgaben, Einfuhrverboten und -beschränkungen wirtschaftlicher und nicht wirtschaftlicher Art – für jede einzelne Tariflinie. Sie ermöglicht einen direkten Ländervergleich für die Warencodes (= Warenlinie-Codenummer). Der Zugang ist sowohl über „Waren“ als auch über „Länder“ möglich. Für die Ansicht werden Kosten berechnet. Unter „Zollpublikationen“ ist das gesamte Broschüren- und Merkblätterangebot zum Thema Zoll zu erlangen.

Zoll-Einzelanmeldung. Das zuständige Hauptzollamt kann vertrauenswürdigen Unternehmen aus Gründen der Vereinfachung die Vorlage einer stark verkürzten Einzelanmeldung genehmigen. In gewissen Zeitabständen ist dazu aber eine → Sammelzollanmeldung nachzureichen.

Zollfahndungsämter. Örtliche Behörden der deutschen → Zollverwaltung (wie auch die → Hauptzollämter). Sie sind mit ihren Zweigstellen für die Ermittlung und Verfolgung von Zoll- und Steuervergehen bzw. -straftaten zuständig. Da auch der → Bannbruch zu den Steuerstraftaten zählt, sind die Z. auch für die Verfolgung von Rauschgiftschmuggeldelikten zuständig. Bei den Ermittlungen des Zollfahndungsdienstes nimmt die Bekämpfung der organisierten Kriminalität (einschl. der Geldwäsche) einen immer größer werdenden Stellenwert ein. Die Beamten der Zollfahndung haben die Befugnisse des Polizeivollzugsdienstes und sind Hilfsbeamte der Staatsanwaltschaft. Die deutschen Z. arbeiten eng mit ausländischen Zollfahndungsdiensten zusammen. Grundlage hierfür sind zahlreiche völkerrechtliche bilaterale und multilaterale Zollunterstützungsabkommen zur Verhinderung und Verfolgung von Zollzuwiderhandlungen sowie EG-Verordnungen und Empfehlungen der → Weltzollorganisation.

Zollfaktura (engl.: customs invoice). Eine Handelsrechnung, die auf Formularen der Zollämter des Importlandes ausgestellt wird. Sie ist vom Exporteur und ggf. einem Zeugen (Mitarbeiter) zu unterschreiben. Die Z. ist eine Unterlage für die Verzollung im Importland. Sie hat neben den üblichen Rechnungsangaben immer den Ursprung der Ware zu bescheinigen; dadurch kann das → Ursprungszeugnis entfallen. Die Z. ist also ein Wert- und Ursprungszertifikat (engl.: combined certificate of value and origin; wie es insb. von Commonwealth-Ländern und den USA verlangt wird). Sie dient im Wesentlichen demselben Zweck wie eine → Konsulatsfaktura.

Zollflugplätze. Bestimmte Flugplätze, über die Waren in das und aus dem Zollgebiet verbracht werden dürfen. Sie werden in Deutschland durch die Finanzbehörde im Bundesanzeiger bekannt gegeben. Zwischen dem In- und Ausland verkehrende Flugzeuge dürfen nur diese Z. benutzen.

Zollfreigebiet. Teil des eigenen Zollgebietes, in dem das Zollrecht nicht angewendet wird.

Zollgarantie (engl.: customs guarantee, frz.: garantie de douane). Durch diese sichern inländische Banken die Zollschuld von Importeuren gegenüber der Zollverwaltung ihres Landes ab. Im EU-Gemeinschaftsrecht ist das Recht der Sicherheitsleistung für Zollschulden in Verordnungen des Rates und der Kommission geregelt.

Zollgebiet. Umfasst grundsätzlich das Hoheitsgebiet eines Landes. Seit der Bildung des → Europäischen Binnenmarktes ist für Deutschland das Zollgebiet der Europäischen Union maßgeblich. Die Außengrenze ist die Grenze der EU-Mitgliedstaaten gegenüber Drittländern. Die Binnengrenze ist die gemeinsame Grenze zwischen EU-Mitgliedstaaten.

Zollgesetz (ZG). Das ZG v. 14.06.1961 stellte die Grundlage für das in Deutschland geltende Zollrecht dar. Es wurde mit Inkrafttreten des → Zollkodex (ZK) – nach Vollendung des EU-Binnenmarktes – zum 31.12.1992 (zusammen mit der → Allgemeine Zollordnung – AZO) aufgehoben.

Zollgut. Sind alle eingeführten Waren, die sich im zollrechtlich gebundenen Verkehr befinden; sie sind – bei Überschreiten der Grenze zum Zollgebiet – amtlich zu gestellen (→ Gestellungspflicht). Vgl. → Zollbeschau. Ein Z. wird nach Abschluss der zollamtlichen Behandlung zum → Freigut.

Zollgutlager (Zolllager). Dienen der Lagerung von Zollgut, das (1) erst zu einem späteren Zeitpunkt in den freien Verkehr abgefertigt werden soll, (2) wieder ausgeführt werden soll (→ Transitlager) oder (3) dessen Bestimmung der Zollbehandlung zunächst noch nicht erklärt worden ist. Zu unterscheiden sind öffentliche Z. und private Z. Öffentliche Z. stehen jedermann offen; sie werden auch als → Zollniederlagen bezeichnet. Private Z. stehen (nur) dem Lagerhalter zu eigenen Zwecken zur Verfügung. Lagerhalter und Einlagerer sind identisch. Der Lagerhalter darf auch für Rechnung Dritter Einlagerungen vornehmen. Solche Lagermöglichkeiten bieten auch Speditionen und Lagerhausgesellschaften an. Z. werden nur Personen bewilligt, die eine ordnungsgemäße Buchführung haben, regelmäßig Abschlüsse machen und nach Ermessen der Zollverwaltung vertrauenswürdig sind.

Zollgutveredelung. Begr. d. → Veredelungsverkehrs, bei dem dieselbe Ware (vgl. → Nämlichkeitssicherung) ein- und ausgeführt bzw. aus- und eingeführt wird (zuletzt im veredelten Zustand).

Zollgutverwendung. Begr. f. d. → vorübergehende Verwendung von Zollgut. Eingeführte Waren, die zur Wiederausfuhr bestimmt sind, werden im Zollgebiet unter zollamtlicher Überwachung zollfrei verwendet.

Zollkodex (ZK). Verordnung des Rates der Europäischen Union zur Festlegung des Zollkodex der Gemeinschaften v. 12.10.1992; Grundlage des Zollrechts der EG; am 01.01.1994 in Kraft getreten. Zusammen mit der ZK-Durchführungsverordnung (ZK-DVO) und der Zollbefreiungsverordnung erhielt das Zollrecht der EG eine systematische einheitliche Grundlage. Es ist in das formelle Zollrecht (allgemeine Regelungen und Verfahrensrecht) und das materielle Zollrecht (Abgabenrecht) gegliedert. Der ZK verkörpert das höherrangige Recht gegenüber eventuellen nationalen Bestimmungen; daher ist es grundsätzlich vorrangig anzuwenden (Abweichungen müssen ausdrücklich gestattet sein).

Zollkommissariate. Dienststellen der → Hauptzollämter. Sie sind mit ihren Grenzaufsichtsstellen, Zollschiffsstationen (die z. T. für die Durchsuchung von aus dem Ausland kommenden Schiffen sowie für die Abfertigung von Schiffen eingesetzt werden) und Küstenwachzentren (Teilbereich Zoll) für die Überwachung der Grenzen der Bundesrepublik Deutschland zuständig, soweit es sich dabei um EG-Außengrenzen handelt. Die Z. führen die Geschäftsaufsicht über die → Zollämter R.

Zollkontingente. Im Rahmen handelspolitischer Maßnahmen bestimmte, zeitlich festgelegte Warenmengen oder -werte, für die (vorübergehend) Zollermäßigung oder auch Zollfreiheit eingeräumt wird. Sie stehen meist in Zusammenhang mit besonderen Handelsabkommen. Das Z. gewährende Land kommt damit den Lieferwünschen eines Vertragslandes entgegen, ohne auf den Schutz der heimischen Wirtschaft gänzlich zu verzichten. Z. werden in Deutschland durch Ausschreibung im Bundesanzeiger bekannt gemacht. Die Vergabe erfolgt im Windhundverfahren (Genehmigung in der Reihenfolge der Antragseingänge) oder im Referenzverfahren (Zuteilung richtet sich nach den Einfuhrmengen eines Referenzzeitraums). Für den → Gemeinsamen Markt sind der Rat oder die Kommission der EU befugt, Z. festzulegen.

Zollkontingentschein. Schriftlicher Bescheid, mit dem einem Antragsteller (Importeur) die Genehmigung zur Einfuhr von Waren aus einem Zollkontingent erteilt wird.

Zollkriminalamt (ZKA). Deutsche Bundesoberbehörde; dem Bundesministerium der Finanzen unmittelbar nachgeordnete Behörde. Sitz: Köln. Das ZKA ist die Zentralstelle des Zollfahndungsdienstes. Es unterstützt die → Zollfahndungsämter und andere Dienststellen der Zollverwaltung bei der Verfolgung und Verhütung von Straftaten und Ordnungswidrigkeiten nach der Abgabenordnung (AO) und anderen Gesetzen. Zu den Aufgaben gehören u. a.: Überwachung des Brief-, Post-, und Fernmeldeverkehrs zur Verhütung von Straftaten nach

dem Außenwirtschaftsgesetz und dem Kriegswaffenkontrollgesetz; Mitwirkung bei der Bekämpfung des illegalen Technologietransfers, des Subventionsbetrugs im Agrarbereich und der Geldwäsche; Zentralstelle für den Informationsaustausch bei der Bekämpfung des Rauschgiftschmuggels durch die Zollverwaltungen sowie für den Bereich der internationalen Amts- und Rechtshilfe.
http://www.zollkriminalamt.de

Zollkurs. Von der Zollverwaltung periodisch festgesetzter Währungs-Umrechnungkurs für die Feststellung des → Zollwertes bzw. die Berechnung der Zollabgaben.

Zolllager → Zollgutlager.

Zolllagerverfahren. Zollverfahren, bei dem die Ware zollrechtlich noch nicht eingeführt bzw. ausgeführt wird, sondern bis zum späteren Versand oder bis zur Weiterverarbeitung zwischengelagert wird. Das Z. findet vor allem bei der Einfuhr Verwendung, wenn der Zoll erst bei Weiterverkauf oder kurz vor der Verarbeitung der Waren bezahlt werden soll; Importeure (Großhändler) können auf diese Weise Zollaufschub erhalten. S. a. → Überwachungszollstelle.

Zollmitverschluss. Mittel zollamtlicher Überwachung öffentlicher und privater Zollgutlager, die unter Verschluss des Halters einer Zollniederlage und gleichzeitig der Zollbehörde stehen. Solche Zollgutlager dürfen nur gemeinsam vom Niederlagehalter bzw. Lagerinhaber und dem beauftragten Zollbediensteten betreten werden.

Zollniederlagen. Öffentliche Zollgutlager; Räumlichkeiten, die unter → Zollverschluss oder → Zollmitverschluss stehen; in ihnen kann Zollgut bis zu fünf Jahren gelagert werden. Z. werden meist von Lagerhausgesellschaften oder Speditionen betrieben; auch von Hafenverwaltungen (selten von der Zollbehörde). Sie werden an Orten mit starkem Zollverkehr von der Zollbehörde bewilligt. Der Lagerhalter hat die Z. zollsicher einzurichten, zu erhalten und sie nach den zollamtlichen Anordnungen zu führen. Der Einlagerer hat die zollamtlichen Anordnungen über die Lagerung zu befolgen.

Zollnummer (ZNR). Siebenstellige Zahl, die einem Importeur in Deutschland auf Antrag vom Rechenzentrum der Bundesfinanzverwaltung (Oberfinanzdirektion Karlsruhe) zugeteilt wird. Sie ist im Antrag auf Erteilung einer Einfuhrgenehmigung vom Antragsteller als seine Firmennummer anzugeben.

Zollpapiere. S. a. → Handels- und Zollpapiere.

Zollpräferenzen. Begr. f. Zollvergünstigungen bei der Einfuhr von Waren. Sie werden auf der Grundlage von (Assoziierungs-, Freihandels-, Präferenz-)Abkommen gewährt; in der EG nach Maßgabe von Verordnungen.

Zollrecht. In der EU. Dazu zählen: Gemeinschaftszollrecht, das Zollrecht der EU; wie → Zollkodex (ZK), Zollkodex-Durchführungsverordnung (ZK-DVO), Zollverordnung (ZollV), → Gemeinsamer Zolltarif (GZT). Nationales Zollrecht: wie → Deutscher Teil-Zolltarif, Zollverwaltungsgesetz (ZollVG); Dienstanweisungen zum Zollkodex, zum Außenwirtschaftsgesetz und zur Außenwirtschaftsverordnung, Umsatzsteuergesetz (Einfuhrumsatzsteuer), Abgabenordnung. Internationales Zollwesen: → Allgemeines Zoll- und Handelsabkommen (GATT), das z. B. die Höhe von Zollsätzen bestimmt; Abkommen des → Rates für die Zusammenarbeit auf dem Gebiet des Zollwesens (RZZ), das zur Nomenklatur des Zolltarifs führte; → GATT-Zollwert-Kodex; → Harmonisiertes System zur Beschreibung und Codierung von Waren (HS). In Deutschland hat allein der Bund die Gesetzgebungsbefugnis über das Zollrecht.

Zollrückvergütung (engl.: draw back). Bes. Verfahren der Erstattung oder Erlassung von Einfuhrabgaben im Rahmen des aktiven Veredlungsverkehrs. Z. wird gewährt, wenn die zunächst in den freien Verkehr übergeführte Nichtgemeinschaftsware nach einer Bearbeitung oder Verarbeitung im Zollgebiet (oder auch in unverändertem Zustand) nachweislich und innerhalb einer bestimmten Frist wieder ausgeführt wird. Vgl. → Nichterhebungsverfahren.

Zollsätze. Der → Gemeinsame Zolltarif der EG (GZT) kennt unterschiedliche Zollsätze. Der Zollsatz ist ein in Prozent ausgedrückter Euro-Betrag je Wareneinheit vom Zollwert, z. B. 12 %. Der GZT enthält (wie die Tarife der meisten Staaten) in erster Linie den Wertzoll; → Wertzollsatz. Mit dem → GATT-Zollwert-Kodex wurde der Ermessensspielraum bei der Ansetzung des „richtigen Zollwertes" erheblich eingeschränkt und dadurch diesbezügliche Auseinandersetzungen verringert. → Spezifischer Zollsatz: Hier bestimmt sich der „gerechte Zollsatz" nach Länge, Fläche, Volumen, Gewicht oder Stückzahl (oder nach einer Kombination solcher Bemessungsfaktoren) einer Ware. → Mischzollsatz: Eine Kombination von Wertzollsatz und spezifischem Zollsatz; er soll die Einhaltung gewisser Ober- und Untergrenzen der Zollbelastung garantieren. „Keinen Zollsatz" gibt es für Waren, die im Zolltarif nicht genannt sind. Für sie ergeht ein Freistellungsbescheid; die Ware kann dann zollfrei eingeführt werden. Eine außertarifliche Zollfreiheit kann z. B. bei Warenmustern, Souvenirs, → Rückwaren vorliegen; also bei Waren, für die grundsätzlich ein Zollsatz vorgesehen ist.

Zollschuld. Begr. f. d. Verpflichtung einer Person, die nach geltenden zollrechtlichen Bestimmungen vorgeschriebenen Einfuhrabgaben (im Zuge des Einfuhrverfahrens die sog. Einfuhrzollschuld) oder Ausfuhrabgaben (im Zuge des Ausfuhrverfahrens die sog. Ausfuhrzollschuld) zu entrichten. Die Z. ist (gem. Art. 9 ZK) die persönliche Zahlungspflicht des Zollschuldners.

Zollschuldner. Die zur Erfüllung der Zollschuld verpflichtete Person. Dies ist i. d. R. der Importeur. Es kann aber auch ein mit der Zollabwicklung Beauftragter sein. Gem. Zollkodex gelten als Z. alle an der Warenverbringung unmittelbar und mittelbar Beteiligten als Gesamtschuldner.

Zoll spezial. Monatszeitschrift der → Bundesagentur für Außenwirtschaft (bfai). Sie berichtet über aktuelle Entwicklungen bei Zoll- und Einfuhrfragen.

Zollstelle. Dienststelle der Zollverwaltung, bei der die zollrechtlichen Förmlichkeiten erledigt werden. S. → Zollämter, → Zollkommissariate. Vgl. a. → Zollverwaltung.

Zollstraße. Zollrechtlicher Begr. f. Straßen, Wasserwege, Rohrleitungen (z. B. für Rohöl) und andere Beförderungswege, die als Z. amtlich bekannt gemacht wurden; in Deutschland von der → Zollverwaltung des Bundes, veröffentlicht im Bundesanzeiger. Z. beginnen an der Zollgrenze des Zollgebiets und enden jeweils bei einer Zollstelle.

Zollstraßenzwang. Zollrechtliche Vorschrift, nach der Waren bei der Ein-, Aus- und Durchfuhr auf → Zollstraßen zu befördern sind. Besagt auch, dass die Waren nur während der Öffnungszeiten der Zollämter die Grenze passieren dürfen. Der Z. ist ein wichtiges Instrument der zollamtlichen Überwachung. Vom Z. befreit ist nur die Ein- und Ausfuhr im öffentlichen Eisenbahn- und Luftverkehr sowie der gestellungsbefreite Warenverkehr.

Zolltarif. Er legt für sämtliche Waren die Zollsätze fest. In Deutschland gilt der → Gemein-

same Zolltarif (GZT) der EG. Auf der Grundlage des → Zollbefunds sind sämtliche Merkmale der Ware und des Geschäfts bei der Ermittlung der Zollsätze zu berücksichtigen. Der Aufbau des Zolltarifs entspricht dem Aufbau des Warenverzeichnisses für die Außenhandelsstatistik. In der Zollanmeldung sind 12-stellige Code-Nummern anzugeben: Stellen 1 – 6: Zolltarifnummern gem. → HS. Stellen 7 – 8: Nummern der → NIMEXE. Stelle 9: frei für nationale Außenhandelsstatistik. Stellen 10 – 11: Verschlüsselungen für besondere Fälle (z. B. Zollkontingente, Zollaussetzungen). Stelle 12: Verschlüsselung für Einfuhrumsatzsteuer und Besonderheiten gem. Einfuhrliste. Der GZT kennt den Wertzollsatz, den spezifischen Zollsatz, den Mischzollsatz und „keinen Zollsatz". S. → Zollsätze. Für die qualifizierte Zollabwicklung kann auf die Internet-Datenbank „Tarife" zugegriffen werden:
http://www.tarife-ezt.de
Vgl. a. → Elektronischer Zolltarif (EZT). Der Fachverlag für den Außenhandel, Carl H. Dieckmann, Hamburg, bietet alle Zolltarife (auf CD-ROM und zum tagesaktuellen Online-Abgleich). Sein EZT TIME ermöglicht einen ortsgebundenen Zugriff auf den EZT-Rechner der → Bundesanzeiger Verlagsgesellschaft; tagesaktuell.
http://www.dieckmann-verlag.de

Zolltarifauskünfte können bei den Zollämtern eingeholt werden, sind aber unverbindlich. Anders → verbindliche Zolltarifauskunft.

Zolltarife im Internet. In der Market Access Datenbank der Europäischen Kommission sind die Zollsätze der meisten Länder einzusehen.
http://mkaccdb.eu.int

Zolltipps. Standardveröffentlichung der → Bundesagentur für Außenwirtschaft (bfai). Bietet im Einzelnen Informationen zur Zollbehandlung der Waren im Ausland an, zu allen für die Exportabwicklung wichtigen Bereichen wie Einfuhrzollabfertigung, Importverfahren des Landes, Zollbegünstigungen, Zollfreizonen, UN-Abkommen über internationale Kaufverträge, Zahlungs- und Lieferbedingungen etc. Die bfai-Zolltipps liegen zurzeit für 30 Länder vor.

Zollunion. Zusammenschluss von mehreren (bisher unabhängigen) Zollgebieten zu einem gemeinsamen Zollgebiet, innerhalb dessen die Erhebung von Zöllen und andere Vorschriften zur Handelsbeschränkung für Waren aus der Z. (weitestgehend) entfallen. Die Mitgliedstaaten einer Z. wenden gegenüber Drittländern (annähernd) die gleichen Zoll- und Handelsvorschriften an. Art. XXIV GATT-(WTO)-Abkommen definiert völkerrechtlich verbindlich die Bedingungen, nach denen eine Z. unter WTO-Mitgliedern zulässig ist (weil prinzipiell eine Z. gegen den Grundsatz der → Meistbegünstigung verstößt). Vgl. → Freihandelszone.

Zollverfahren. Der ZK der EG kennt insg. acht Z. Im Rahmen der zollrechtlichen Bestimmung kann gewählt werden: → Überführung in den zollrechtlich freien Verkehr (→ Freiverkehr); → Ausfuhrverfahren; Abfertigung zum → besonderen Zollverkehr (aktiver und passiver → Veredelungsverkehr, → Zolllagerverfahren, → vorübergehende Verwendung, → Umwandlungsverfahren, → Versandverfahren). S. a. → Sammelzollverfahren.

Zollverschluss. Mittel zollamtlicher Überwachung zur Sicherung der Zollbelange. Der Zollbeteiligte hat Räume, Behälter, Container, Transportmittel auf seine Kosten so herzurichten, dass sie einfach und wirksam zollamtlich verschlossen werden können; z. B. durch Zollplomben oder Zollschlösser.

Zollverwaltung. Sie ist in Deutschland dreistufig organisiert: Oberste Bundesbehörde ist das → Bundesministerium der Finanzen. Innerhalb des BMF ist die Abteilung III für alle fachli-

chen, organisatorischen und personellen Angelegenheiten der Z. zuständig. Als Bundes-Mittelbehörden (zugleich auch Landes-Mittelbehörden) koordinieren und beaufsichtigen die → Oberfinanzdirektionen die ihnen nachgeordneten Zollbehörden. Es sind dies die → Hauptzollämter mit ihren Dienststellen (→ Zollämter und → Zollkommissariate) sowie die → Zollfahndungsämter mit ihren Zweigstellen. Diese örtlichen Zollbehörden sind für die Durchführung der Zollaufgaben zuständig. Hinzu kommen – zur Wahrung von Sonderaufgaben im Zoll- und Verbrauchsteuerbereich – zwei Bundesoberbehörden: die Bundesmonopolverwaltung für Branntwein und das → Zollkriminalamt.
http://www.zoll-d.de

Zollverwaltungsgesetz (ZollVG) v. 21.12.1992 (BGBl. I 2125). Es regelt seit dem 01.01.1994 – in Ergänzung zum → Zollkodex und der ZK-DVO – die Anwendung des gemeinschaftliche Zollrecht der EG in Deutschland. Das ZollVG stellt neben der Zollverordnung (BGBl. I 1993, S. 2449-2462) die Grundlage für das nationale Zollrecht dar.
http://www.google.de

ZollVG → Zollverwaltungsgesetz.

Zollwert. Bemessungsgrundlage für die Berechnung der Zollabgabe (Anwendung des Zollsatzes). Maßgeblich hierfür ist der Transaktionswert der eingeführten Ware (als tatsächlich zu zahlender Kaufpreis). Dieser ist aber nach festgelegten Bedingungen (je nach Skontoabzugsmöglichkeiten, Provisionszahlungen, Fracht-, Versicherungs- und Verpackungskosten u.a.) zu berichtigen.

Zollwertanmeldung. Diese ist bei Warensendungen mit einem Wert von über 5.000 € in Ergänzung zum Einheitspapier vorzunehmen. Die Z. enthält die Angaben, die zur Bestimmung des Zollwertes erforderlich sind, wie Art der Ware, Warenwert, Handelsstufe, Lieferungs- und Zahlungsbedingungen, Verpackungskosten, Umrechnungskurse, Rabatte u. ä.

ZPO. Abk. f. Zivilprozessordnung.

Ztr. Abk. f. (deutschen) Zentner. 1 Ztr. = 100 (deutsche) Pfund = 50 kg.

ZR → Ziehungsrechte.

Zug-um-Zug-Geschäft. Mit der Erbringung der Leistung des Verkäufers erfolgt zugleich die Gegenleistung des Käufers; z. B.: die Aushändigung einer Ware ist mit ihrer gleichzeitigen vollständigen Bezahlung verbunden.

Zu pari. Zum Nennwert. Der Kurs eines Wertpapiers ist gleich dem Nennwert.

Zusammenarbeit auf dem Gebiet der wissenschaftlichen und technischen Forschung im Rahmen der Europäischen Union; (engl.) European Cooperation in the field of Scientific and Technical Research (COST). 1971 in Brüssel durch Beschluss der Ministerkonferenz der für Forschung zuständigen Minister (→ EU-Ministerrat) konstituiert. Mit COST werden europäische Forschungseinrichtungen, Hochschulen und Unternehmen zur Verwirklichung gemeinsamer Forschungsvorhaben zusammengeführt und unterstützt. Europaweit vorhandene Kapazitäten von Wissen, technischer Ausstattung und finanziellen Ressourcen sollen effektiv genutzt und in dauerhaften Netzwerken miteinander verbunden werden. Dadurch soll die starke Position Europas auf dem Gebiet der wissenschaftlichen und technischen Forschung sichergestellt werden. Die Initiative für die Zusammenarbeit, die nach dem "Bottom-up"-

Konzept abläuft, geht von den Teilnehmern selbst auf nationaler Ebene aus. Den Mitgliedstaaten steht es frei, sich an den Aktionen je nach ihren eigenen Forschungsprioritäten zu beteiligen. In Deutschland wird COST vom Referat 115 des Bundesministeriums für Bildung und Forschung (BMBF) koordiniert. Teilnehmer können staatliche Fördermittel, z. B. der Fachprogramme des BMBF, der Deutschen Forschungsgemeinschaft (DFG) oder der Bundesländer beantragen. An COST sind zurzeit 33 europäische Staaten und die EU-Kommission beteiligt. Es sind dies neben den 15 EU-Staaten die Bundesrepublik Jugoslawien, Bulgarien, Estland, Island, Kroatien Lettland, Litauen, Malta, Norwegen, Polen, Rumänien, Schweiz, Slowakische Republik, Slowenien, Tschechische Republik, Türkei, Ungarn und Zypern.
http://cost.cordis.lu

Zusammenarbeit in den Bereichen Justiz und Inneres (JI) im Rahmen der EU, die „dritte Säule" der EU. Durch engere Zusammenarbeit der Polizei-, Zoll- und Justizbehörden der Mitgliedstaaten der EU sowie Angleichung von deren strafrechtlichen Vorschriften sollen Rassismus und Fremdenfeindlichkeit, Kriminalität, v. a. Terrorismus, Menschenhandel und Straftaten an Kindern, Drogen- und Waffenhandel, Korruption und Betrug verhütet und bekämpft werden. Dies soll sowohl unmittelbar als auch unter Einschaltung des Europäischen Polizeiamtes (→ Europol) geschehen. Die dazu erforderlichen Beschlussfassungen erfolgen im Rahmen der Regierungszusammenarbeit; den Gemeinschaftsorganen ist hierzu bislang nur eine begrenzte Rolle eingeräumt. Der diesbezügliche Titel VI des → Vertrags über die Europäische Union (seit 01.11.1993 in Kraft) ist durch den Vertrag von Amsterdam (seit 01.05.1999 in Kraft), der die Schaffung eines „Raums der Freiheit, der Sicherheit und des Rechts" bis 2004 vorsieht, neu gefasst worden. Er lautet nicht mehr „Justiz und Inneres", sondern „Polizeiliche und justizielle Zusammenarbeit in Strafsachen". Das diesbezüglich koordinierende und Maßnahmen verabschiedende Organ ist der → EU-Ministerrat.

Zuteilung. S. → Repartierung.

Zwangsanleihe. Anleihe, die auf staatliche Anordnung von natürlichen und/oder juristischen Personen gezeichnet werden muss.

Zwangsvollstreckung. Öffentlich-rechtliches Verfahren zur Durchsetzung privatrechtlicher Ansprüche in das Vermögen eines Schuldners durch staatliche Zwangsmaßnahmen. Z. wird auf Antrag des Gläubigers beim Vollstreckungsgericht (Amtsgericht) eingeleitet. Es vollzieht sich über das gerichtliche Mahnverfahren (Mahnbescheid) bis zur Vollstreckung (Pfändung und → Versteigerung). Die Z. erfasst nur einzelne Vermögensgegenstände des Schuldners. Sie unterscheidet sich daher als Einzelvollstreckung von der Gesamtvollstreckung, die im Zuge eines Insolvenzverfahrens das gesamte Vermögen des Schuldners erfasst. Rechtsgrundlage für die Z. sind die §§ 803 – 882a ZPO (bei Geldforderungen) und die §§ 883- 898 ZPO (zur Erwirkung der Herausgabe von Sachen).

ZBW → Deutsche Zentralbibliothek für Wirtschaftswissenschaften.

Zwischenauslandsverkehr. Zollrechtlicher Begr. f. die Auslandsbeförderung und Auslandslagerung von Waren. Das eine ist gegeben, wenn Waren aus dem inländischen Freiverkehr – ohne Erlass, Erstattung oder Vergütung von Zoll – ausgeführt, unverändert durch das ausländische Zollgebiet transportiert und wieder in das inländische Zollgebiet eingeführt werden. Das andere liegt vor, wenn Waren des Freiverkehrs ausgeführt, in einer → Freizone oder im Zollausland aufgrund einer besonderen Zulassung vorübergehend gelagert und dann wieder eingeführt werden. In beiden Fällen sind die Waren mit dem Antrag anzumelden und zu gestellen; ist die Ausfuhr zollamtlich zu überwachen. Daraufhin ist eine zollfreie Wiedereinfuhr gestattet.

Zwischenkredit (Überbrückungskredit). Kurzfristiger Kredit, der einer vorläufigen Finanzierung dient. Er wird durch einen langfristigen Kredit oder durch Eigenkapital für die endgültige Finanzierung abgelöst; z. B. bei einer (internationalen) Projektfinanzierung.

Zwischenschein (Anrechtsschein, Interimsschein). Urkunde, die von einer Aktiengesellschaft bei der Gründung bzw. einer Kapitalerhöhung vor Ausstellung der Aktienurkunden an die Aktionäre ausgegeben wird.

Zwischenstaatliches statistisches Komitee der Gemeinschaft Unabhängiger Staaten (CIS STAT). Gegr. im Dezember 1991. Sitz: Moskau. Unterstützt die staatlichen Stellen der GUS-Staaten bei der Transformation ihrer staatlichen Statistiken gemäß internationaler Standards und koordiniert die Anwendung einheitlicher statistischer Methoden sowie den multilateralen Austausch von statistischen Informationen innerhalb der GUS-Staaten. CIS STAT ist der offizielle Verteiler von Statistiken zur sozialen und wirtschaftlichen Situation in den GUS-Staaten. Vgl. a. → Goskomstat.
http://www.cisstat.com oder http://www.cisstat.com/eng

ZZD → Zentralstelle Zolldateien.

Verzeichnis der → ISO-Währungscodes; geordnet nach Ländern – mit Länderschlüssel gemäß Länderverzeichnis der Außenhandelsstatistik (in Klammer).

Ägypten (220)	EGP	1 Ägyptisches Pfund (ägypt£) = 100 Piasters (PT) = 1000 Milliems
Äquatorialguinea (310)	XAF	Franc CFA der zentralafrikanischen Franc-Zone. Vgl. XOF; → CFA-Franc. Der Franc CFA/CFA-Franc stand bis Ende 1998 in einem festen Wertverhältnis zum französischen Franc (FF): 1 FF = 100 CFA-Francs. Seitdem gilt die mit dem unwiderruflichen Umrechnungskurs des FF ermittelte Relation zum Euro. 1 € = 655,957 XAF/XOF; 1000 XAF/XOF = 1,52449 €.
Äthiopien (334)	ETB	1 Birr (Br) = 100 Cents (ct.)
Afghanistan (660)	AFN	1 Afghani (Af) = 100 Puls (Pl)
Albanien (070)	ALL	1 Lek = 100 Qindarka
Algerien (208)	DZD	1 Algerischer Dinar (DA) = 100 Centimes (CT)
Angola (330)	AOA	1 Kwanza (Kz) = 100 Cêntimos
Antigua und Barbuda (459)	XCD	1 Ostkaribischer Dollar (EC$) = 100 Cents
Argentinien (528)	ARS	1 Argentinischer Peso (arg$) = 100 Centavos
Armenien (077)	AMD	1 Dram (ARD) = 100 Luma (Lm)
Aruba (474)	AWG	1 Aruba-Florin (Afl.) = 100 Cent (c, ct)
Aserbaidschan (078)	AZM	1 Aserbaidschan-Manat (A.M.) = 100 Gapik
Australien (800)	AUD	1 Australischer Dollar ($A) = 100 Cents (c)
Bahamas (453)	BSD	1 Bahama-Dollar (B$) = 100 Cents (c)
Bahrain (640)	BHD	1 Bahrain-Dinar (BD) = 1000 Fils
Bangladesch (666)	BDT	1 Taka (Tk.) = 100 Poisha (ps.)
Barbados (469)	BBD	1 Barbados-Dollar (BDS$) = 100 Cents
Belarus/Weissrussland (073)	BYR	Belarus-Rubel
Belgien (017)	EUR	1 Euro (€) = 100 Cent
Belize (421)	BZD	1 Belize-Dollar (Bz$) = 100 Cents (c)
Benin (284)	XOF	CFA-Franc – der westafrikanischen Franc-Zone. 1 € = 655,957 XOF; 1000 XOF = 1,52449 €. Vgl. XAF.
Bermuda (413)	BMD	1 Bermuda-Dollar (BD$) = 100 Cents
Bhutan (675)	BTN	1 Ngultrum (NU) = 100 Chhetrum
Bolivien (516)	BOB	1 Boliviano (Bs) = 100 Centavos (c.)
Bosnien und Herzegowina (093)	BAM	1 Konvertible Mark (KM) = 100 Fening 1 € = 1,95583 BAM; 1 BAM = 0,51129 €.
Botsuana (391)	BWP	1 Pula (P) = 100 Thebe (t)
Brasilien (508)	BRL	1 Real (R$) = 100 Centavos
Brunei Darussalam (703)	BND	1 Brunei-Dollar (BR$) = 100 Cents (¢)
Bulgarien (068)	BGN	1 Lew (Lw) = 100 Stótinki (St)
Burkina Faso (236)	XOF	CFA-Franc
Burundi (328)	BIF	1 Burundi-Franc (F.Bu.) = 100 Centimes
Chile (512)	CLP	1 Chilenischer Peso (chil$) = 100 Centavos
China (720)	CNY	1 Renminbi ¥uan (RMB. ¥) = 10 Jiao = 100 Fen
China – Taiwan (736)	TWD	1 Neuer Taiwan-Dollar (NT$) = 100 Cents (¢)

Cookinseln (837)	NZD	1 Cookinseln-Dollar (Ci$) = 100 Cents (c)
Costa Rica (436)	CRC	1 Costa-Rica-Colón (₡) = 100 Céntimos (c)
Côte d'Ivoire/Elfenbeinküste (272)	XOF	CFA-Franc
Dänemark (008)	DKK	1 Dänische Krone (dkr) = 100 Øre
Deutschland (004)	EUR	1 Euro (€) = 100 Cent
Dominica (460)	XCD	1 Ostkaribischer Dollar (EC$) = 100 Cents
Dominikanische Republik (456)	DOP	1 Dominikanischer Peso (dom$) = 100 Centavos (cts)
Dschibuti (338)	DJF	1 Dschibuti-Franc (FD) = 100 Centimes (c)
Ecuador (500)	USD	1 US-Dollar (US-$) = 100 cents (c, ¢)
El Salvador (428)	SVC	1 El-Salvador-Colón = 100 Centavos
Eritrea (336)	ERN	1 Nafka (Nfa) = 100 Cents (cts)
Estland (053)	EEK	1 Estnische Krone (ekr) = 100 Sents
Falklandinseln (529)	FKP	1 Falkland-Pfund (Fl£) = 100 Pence (p)
Fidschi (815)	FJD	1 Fidschi-Dollar ($F) = 100 Cents (c)
Finnland (032)	EUR	1 Euro (€) = 100 Cent
Frankreich (001)	EUR	1 Euro (€) = 100 Cent
Gabun (314)	XAF	Franc CFA
Gambia (252)	GMD	1 Dalasi (D) = 100 Bututs (b)
Georgien (076)	GEL	1 Lari (GEL) = 100 Tetri
Ghana (276)	GHC	1 Cedi (₵) = 100 Pesewas (p)
Gibraltar (044)	GIP	1 Gibraltar-Pfund (Gib£) = 100 Pence (p)
Grenada (473)	XDC	1 Ostkaribischer Dollar (EC$) = 100 Cents
Griechenland (009)	EUR	1 Euro (€) = 100 Cent
Guatemala (416)	GTQ	1 Quetzal (Q) = 100 Centavos
Guinea (260)	GNF	Guinea-Franc (F.G.)
Guinea-Bissau (257)	XOF	CFA-Franc
Guyana (488)	GYD	1 Guyana-Dollar (G$) = 100 Cents (¢)
Haiti (452)	HTG	1 Gourde (Gde.) = 100 Centimes (cts.)
Honduras (424)	HNL	1 Lempira (L) = 100 Centavos (cts.)
Hongkong, Sonderverwaltungsregion (740)	HKD	1 Hongkong-Dollar (HK$) = 100 Cents (c)
Indien (664)	INR	1 Indische Rupie (iR) = 100 Paise (P.) Rechnungseinheiten für höhere Geldbeträge: 1 Lakh = 100.000 Rupees; 1 Crore = 100 Lakhs = 10,000.000 Rupees
Indonesien (700)	IDR	1 Rupiah (Rp.) = 100 Sen (S)
Irak (612)	IQD	1 Irak-Dinar (ID) = 1000 Fils
Iran (616)	IRR	1 Rial (Rl.) = 100 Dinars
Irland (007)	EUR	1 Euro (€) = 100 Cent
Island (024)	ISK	1 Isländische Krone (ikr) = 100 Aurar
Israel (624)	ILS	1 Neuer Schekel (NIS) = 100 Agorot
Italien (005)	EUR	1 Euro (€) = 100 Cent
Jamaika (464)	JMD	1 Jamaika-Dollar (J$) = 100 Cents (c)
Japan (732)	JPY	1 Yen (¥) = 100 Sen
Jemen (653)	YER	1 Jemen-Rial (Y. Rl) = 100 Fils

Jordanien (628)	JOD	1 Jordan-Dinar (JD) = 1000 Fils
Jugoslawien (094)	YUM	1 Jugoslawischer Neuer Dinar (N.Din) = 100 Para (p) In der jugoslawischen Teilrepublik Montenegro ist seit dem 01.04.2002 der Euro einziges gesetzliches Zahlungsmittel.
Kaimaninseln (463)	KYD	1 Kaiman-Dollar (CI$) = 100 Cents
Kambodscha (696)	KHR	1 Riel (CR) = 100 Sen
Kamerun (302)	XAF	Franc CFA
Kanada (404)	CAD	1 Kanadischer Dollar (kan$) = 100 Cents (c)
Kap Verde (247)	CVE	1 Kap-Verde-Escudo (KEsc) = 100 Centavos (CTS)
Kasachstan (079)	KZT	1 Tenge (T) = 100 Tiyn
Katar (644)	QAR	1 Katar-Riyal (QR) = 100 Dirham
Kenia (346)	KES	1 Kenia-Schilling (K.Sh.) = 100 Cents (cts)
Kirgisistan (083)	KGS	1 Kirgisistan-Som (K.S.) = 100 Tyins
Kiribati (812)	AUD	1 Australischer Dollar/Kiribati ($A/K) = 100 Cents
Kolumbien (480)	COP	1 Kolumbianischer Peso (kol$) = 100 Centavos
Komoren (375)	KMF	1 Komoren-Franc (FC) = 100 Centimes
Kongo (318)	XAF	Franc CFA
Kongo, Demokratische Republik (322)	CDF	1 Kongo-Franc (FC) = 100 Centimes
Korea, Demokratische Volksrepublik (724)	KPW	1 Won = 100 Chon
Korea, Republik (728)	KRW	1 Won = 100 Chon
Kroation (092)	HRK	1 Kuna (K) = 100 Lipa (lp)
Kuba (448)	CUP	1 Kubanischer Peso (kub$) = 100 Centavos
Kuwait (636)	KWD	1 Kuwait-Dinar (KD) = 1000 Fils
Laos (684)	LAK	Kip
Lesotho (395)	LSL	1 Loti (M) = 100 Lisente (s)
Lettland (054)	LVL	1 Lats (Ls) = 100 Santims (s)
Libanon (604)	LBP	1 Libanesisches Pfund (L£) = 100 Piastres (P.L.)
Liberia (268)	LRD	1 Liberianischer Dollar (Lib$) = 100 Cents
Libysch-Arabische Dschamahirija (216)	LYD	1 Libyscher Dinar (LD) = 1000 Dirham
Litauen (055)	LTL	1 Litas (LTL, Lt) = 100 Centas (ct)
Luxemburg (018)	EUR	1 Euro (€) = 100 Cent
Macau, Sonderverwaltungsregion (743)	MOP	1 Pataca (Pat.) = 100 Avos
Madagaskar (370)	MGF	1 Madagaskar-Franc (FMG) = 100 Centimes (c)
Malawi (386)	MWK	1 Malawi-Kwacha (MK) = 100 Tambala (t)
Malaysia (701)	MYR	1 Malaysischer Ringgit (RM) = 100 Sen (c)
Malediven (667)	MVR	1 Rufiyaa (Rf) = 100 Laari (L)
Mali (232)	XOF	CFA-Franc
Malta (046)	MTL	1 Maltesische Lira (Lm) = 100 Cents (c) = 1000 Mils (m)
Marokko (204)	MAD	1 Dirham (DH) = 100 Centimes
Mauretanien (228)	MRO	1 Ouguiya (UM) = 5 Khoums (KH)
Mauritius (373)	MUR	1 Mauritius-Rupie (MR) = 100 Cents (c)
Mazedonien (096)	MKD	1 Denar (Den) = 100 Deni

Mexiko (412)	MXN	1 Mexikanischer Peso (mex$) = 100 Centavos (¢)
Moldau, Republik (074)	MDL	1 Moldau-Leu (MDL) = 100 Bani
Mongolei (716)	MNT	1 Togrog = 100 Mongo
Mosambik (366)	MZM	1 Metical (MT) = 100 Centavos (CT)
Myanmar (676)	MMK	1 Kyat (K) = 100 Pyas (P)
Namibia (389)	NAD	1 Namibia-Dollar (N$) = 100 Cents (c)
Nepal (672)	NPR	1 Nepalesische Rupie (NR) = 100 Paisa (P.)
Neukaledonien (809)	XPF	CFP-Franc C.F.P. war ursprünglich die Abk. f. „Colonies Françaises du Pacifique"; heute als Währungssymbol gebräuchlich. Der CFP-Franc stand bis Ende 1998 in einem festen Wertverhältnis zum französichen Franc: 1 FF = 18,1818 CFP-Franc (1 CFP-Franc = 0,055 FF); seitdem gilt die mit dem unwiderruflichen Umrechnungskurs des FF ermittelte Relation zum Euro. 1000 XPF = 8,38 €. 1 € = 119,33 XPF
Neuseeland (804)	NZD	1 Neuseeland-Dollar (NZ$) = 100 Cents (c)
Nicaragua (432)	NIO	1 Córdoba (C$) = 100 Centavos
Niederländische Antillen	ANG	1 Niederländischer-Antillen-Gulden (Naf) = 100 Cent (c, ct)
Niederlande (003)	EUR	1 Euro (€) = 100 Cent
Niger (240)	XOF	CFA-Franc
Nigeria (288)	NGN	1 Naira (N) = 100 Kobo (k)
Norwegen (028)	NOK	1 Norwegische Krone (nkr) = 100 Øre (Ø)
Österreich (038)	EUR	1 Euro (€) = 100 Cent
Oman (649)	OMR	1 Rial Omani (R.O.) = 1000 Baizas (Bz.)
Pakistan (662)	PKR	1 Pakistanische Rupie (pR) = 100 Paisa (Ps)
Panama (442)	PAB	1 Balboa (B/.) = 100 Centésimos
Papua-Neuguinea (801)	PGK	1 Kina (K) = 100 Toea (t)
Paraguay (520)	PYG	1 Guarani (G) = 100 Céntimos
Peru (504)	PEN	1 Neuer Sol (S/.) = 100 Céntimos
Philippinen (708)	PHP	1 Philippinischer Peso (P) = 100 Centavos (¢)
Polen (060)	PLN	1 Zlozy (Zl) = 100 Groszy (Gr)
Portugal (010)	EUR	1 Euro (€) = 100 Cent
Ruanda (324)	RWF	1 Ruanda-Franc (F.Rw) = 100 Centimes
Rumänien (066)	ROL	1 Leu(l) = 100 Bani
Russische Föderation (075)	RUB	1 Rubel (Rbl) = 100 Kopeken
Salomonen (806)	SBD	1 Salomonen-Dollar (Sl$) = 100 Cents (¢)
Sambia (378)	ZMK	1 Kwacha (K) = 100 Ngwee (N)
Samoa (819)	WST	1 Tala (WS$) = 100 Sene (s)
São Tomé und Principe (311)	STD	1 Dobra (Db) = 100 Céntimos
Saudi-Arabien (632)	SAR	1 Saudi Riyal (S.Rl) = 100 Halalah
Schweden (030)	SEK	1 Schwedische Krone (skr) = 100 Öre
Schweiz (039)	CHF	1 Schweizer Franken (sfr) = 100 Rappen (Rp)/ Centimes (c)
Senegal (248)	XOF	CFA-Franc
Seychellen (355)	SCR	1 Seychellen-Rupie (SR) = 100 Cents (c)
Sierra Leone (264)	SLL	1 Leone (Le) = 100 Cents (c)
Simbabwe (382)	ZWD	1 Simbabwe-Dollar (Z.$) = 100 Cents (c)

Singapur (706)	SGD	1 Singapur-Dollar (S$) = 100 Cents (c)
Slowakei (063)	SKK	1 Slowakische Krone (Sk) = 100 Hellers (h)
Slowenien (091)	SIT	1 Tolar (SIT) = 100 Stotin
Somalia (342)	SOS	1 Somalia-Schilling (So.Sh.) = 100 Centesimi
Spanien (011)	EUR	1 Euro (€) = 100 Cent
Sri Lanka (669)	LKR	1 Sri-Lanka-Rupie (S.L.Re) = 100 Cents (S.L.Cts.)
St. Helena (329)	SHP	1 St.-Helena-Pfund (SH£) = 100 Pence (p)
St. Kitts und Nebis (449)	XCD	1 Ostkaribischer Doller (EC$) = 100 Cents
St. Lucia (465)	XCD	1 Ostkaribischer Doller (EC$) = 100 Cents
St. Vincent und die Grenadinen (467)	XCD	1 Ostkaribischer Doller (EC$) = 100 Cents
Sudan (224)	SDD	Sudanesischer Dinar (sD)
Südafrika (388)	ZAR	1 Rand R = 100 Cents (c)
Suriname (492)	SRG	1 Suriname-Gulden (Sf) = 100 Cent
Swasiland (393)	SZL	1 Lilangeni (E; plural: Emalangeni) = 100 Cent
Syrien (608)	SYP	1 Syrisches Pfund (syr£) = 100 Piastres (PS)
Tadschikistan (082)	TJS	1 Somoni (TJS) = 100 Diram
Tansania (352)	TZS	1 Tansania-Schilling (T.Sh.) = 100 Cent (Ct.)
Thailand (680)	THB	1 Baht = 100 Stangs (St., Stg.)
Togo (280)	XOF	CFA-Franc
Tonga (817)	TOP	1 Pa'anga (T$) = 100 Seniti (s)
Trinidad und Tobago (472)	TTD	1 Trinidad-und-Tobago-Dollar (TT$) = 100 Cents (cts)
Tschad (244)	XAF	Franc CFA
Tschechische Republik (061)	CZK	1 Tschechische Krone (Kč) = 100 Hellers (h)
Türkei (052)	TRL	1 Türkische Lira (TL.) = 100 Kuruş (krş)
Tunesien (212)	TND	1 Tunesischer Dinar (tD) = 1000 Millimes (M)
Turkmenistan (080)	TMM	1 Turkmenistan-Manat (TMM) = 100 Tenge
Uganda (350)	UGX	Uganda-Schilling (U.Sh.)
Ukraine (072)	UAH	1 Griwa (UAH) = 100 Kopeken
Ungarn (064)	HUF	1 Forint (Ft) = 100 Filler (f)
Uruguay (524)	UYU	1 Uruguayischer Peso (urug$) = 100 Centésimos
Usbekistan (081)	UZS	1 Usbekistan-Sum (U.S.) = 100 Tijin
Vanuatu (816)	VUV	Vatu (VT)
Venezuela (484)	VEB	1 Bolivar (Bs.) = 100 Céntimos
Vereinigte Arabische Emirate (647)	AED	1 Dirham (Dh.) = 100 Fils
Vereinigte Staaten von Amerika (400)	USD	1 US-Dollar (US-$) = 100 Cents (c, ¢)
Vereinigtes Königreich (006)	GBP	1 Pfund Sterling (£) = 100 Pence (p)
Vietnam (690)	VND	1 Dong (D) = 10 Hào = 100 Xu
Weissrussland/Belarus (073)	BYR	Belarus-Rubel
Zentralafrikanische Republik (306)	XAF	Franc CFA 1000 XAF = 1,52449 €; 1 € = 655,957 XAF.
Zypern (600)	CYP	1 Zypern-Pfund (Z£) = 100 Cents (c)

Verzeichnis der

ISO-Währungscodes; in alphabetischer Reihenfolge.

ISO-Code	Währung	Land
AED	1 Dirham (Dh.) = 100 Fils	Vereinigte Arabische Emirate (Abu Dhabi, Adschman, Dubai, Fudschaira, Ras al Chaima, Schardscha und Umm al Kaiwain)
AFN	1 Afghani (Af) = 100 Puls (Pl)	Afghanistan
ALL	1 Lek = 100 Qindarka	Albanien
AMD	1 Dram (ARD) = 100 Luma (Lm)	Armenien
ANG	1 Niederländischer-Antillen-Gulden (Naf) = 100 Cent (c, ct)	Niederländische Antillen
AOA	1 Kwanza (Kz) = 100 Cêntimos	Angola
ARS	1 Argentinischer Peso (arg$) = 100 Centavos	Argentinien
AUD	Australischer Dollar ($A) = 100 Cents (c)	Australien Heard und McDonald-inseln Kokosinseln Nauru Norfolkinseln Tuvalu Weihnachtsinseln
	1 Australischer Dollar/Kiribati ($A/K) = 100 Cents	Kiribati
AWG	1 Aruba-Florin (Afl.) = 100 Cents (c, ct)	Aruba
AZM	1 Aserbaidschan-Manat (A.M.) = 100 Gapik	Aserbaidschan
BAM	1 Konvertible Mark (KM) = 100 Fening 1 € = 1,95583 BAM; 1 BAM = 0,51129 €.	Bosnien und Herzegowina
BBD	1 Barbados-Dollar (BDS$) = 100 Cents	Barbados
BDT	1 Taka (Tk.) = 100 Poisha (ps.)	Bangladesch
BGN	1 Lew (Lw) = 100 Stótinki (St)	Bulgarien
BHD	1 Bahrain-Dinar (BD) = 1000 Fils	Bahrain
BIF	1 Burundi-Franc (F.Bu.) = 100 Centimes	Burundi
BMD	1 Bermuda-Dollar (BD$) = 100 Cents	Bermuda
BND	1 Brunei-Dollar (BR$) = 100 Cents (¢)	Brunei Darussalam
BOB	1 Boliviano (Bs) = 100 Centavos (c.)	Bolivien
BRL	1 Real (R$) = 100 Centavos	Brasilien
BSD	1 Bahama-Dollar (B$) = 100 Cents (c)	Bahamas
BTN	1 Ngultrum (NU) = 100 Chhetrum	Bhutan
BWP	1 Pula (P) = 100 Thebe (t)	Botsuana
BYR	Belarus-Rubel	Belarus/Weissrussland
BZD	1 Belize-Dollar (Bz$) = 100 Cents (c)	Belize

ISO-Währungscodes (alphabetisch) – CAD

CAD	1 Kanadischer Dollar (kan$) = 100 Cents (c)	Kanada
CDF	1Kongo-Franc (FC) = 100 Centimes	Kongo, Demokratische Republik
CHF	1 Schweizer Franken (sfr) = 100 Rappen (Rp)/Centimes (c)	Schweiz
CLP	1 Chilenischer Peso (chil$) = 100 Centavos	Chile
CNY	1 Renminbi ¥uan (RMB. ¥) = 10 Jiao = 100 Fen	China
COP	1 Kolumbianischer Peso (kol$) = 100 Centavos	Kolumbien
CRC	1 Costa-Rica-Colón (C) = 100 Céntimos (c)	Costa Rica
CUP	1 Kubanischer Peso (kub$) = 100 Centavos	Kuba
CVE	1 Kap-Verde-Escudo (KEsc) = 100 Centavos (CTS)	Kap Verde
CYP	1 Zypern-Pfund (Z£) = 100 Cents (c)	Zypern
CZK	1 Tschechische Krone (Kč) = 100 Hellers (h)	Tschechische Republik
DJF	1 Dschibuti-Franc (FD) = 100 Centimes (c)	Dschibuti
DKK	1 Dänische Krone (dkr) = 100 Øre	Dänemark
DOP	1 Dominikanischer Peso (dom$) = 100 Centavos (cts)	Dominikanische Republik
DZD	1 Algerischer Dinar (DA) = 100 Centimes (CT)	Algerien
EEK	1 Estnische Krone (ekr) = 100 Sents	Estland
EGP	1 Ägyptisches Pfund (ägypt£) = 100 Piasters (PT) = 1000 Milliems	Ägypten
ERN	1 Nafka (Nfa) = 100 Cents (cts)	Eritrea
ETB	1 Birr (Br) = 100 Cents (ct.)	Äthiopien
EUR	1 Euro (€) = 100 Cent	Belgien Deutschland Finnland Frankreich Griechenland Irland Italien Luxemburg Niederlande Österreich Portugal Spanien Andorra Französisch-Guayana Guadeloupe Martinique Mayotte Monaco Réunion San Marino St. Pierre und Miquelon Vatikanstadt
FJD	1 Fidschi-Dollar ($F) = 100 Cents (c)	Fidschi
FKP	1 Falkland-Pfund (Fl£) = 100 Pence (p)	Falklandinseln

GBP	1 Pfund Sterling (£) = 100 Pence (p)	Vereinigtes Königreich/ Großbritannien
GEL	1 Lari (GEL) = 100 Tetri	Georgien
GHC	1 Cedi (C) = 100 Pesewas (p)	Ghana
GIP	1 Gibraltar-Pfund (Gib£) = 100 Pence (p)	Gibraltar
GMD	1 Dalasi (D) = 100 Bututs (b)	Gambia
GNF	Guinea-Franc (F.G.)	Guinea
GTQ	1 Quetzal (Q) = 100 Centavos	Guatemala
GYD	1 Guyana-Dollar (G$) = 100 Cents (¢)	Guyana
HKD	1 Hongkong-Dollar (HK$) = 100 Cents (c)	Hongkong, Sonder-verwaltungsregion
HNL	1 Lempira (L) = 100 Centavos (cts.)	Honduras
HRK	1 Kuna (K) = 100 Lipa (lp)	Kroation
HTG	1 Gourde (Gde.) = 100 Centimes (cts.)	Haiti
HUF	1 Forint (Ft) = 100 Filler (f)	Ungarn
IDR	1 Rupiah (Rp.) = 100 Sen (S)	Indonesien
ILS	1 Neuer Schekel (NIS) = 100 Agorot	Israel
INR	1 Indische Rupie (iR) = 100 Paise (P.)	Indien
IQD	1 Irak-Dinar (ID) = 1000 Fils	Irak
IRR	1 Rial (Rl.) = 100 Dinars	Iran
ISK	1 Isländische Krone (ikr) = 100 Aurar	Island
JMD	1 Jamaika-Dollar (J$) = 100 Cents (c)	Jamaika
JOD	1 Jordan-Dinar (JD) = 1000 Fils	Jordanien
JPY	1 Yen (¥) = 100 Sen	Japan
KES	Kenia-Schilling (K.Sh.) = 100 Cents (cts)	Kenia
KGS	1 Kirgisistan-Som (K.S.) = 100 Tyins	Kirgisistan
KHR	1 Riel (CR) = 100 Sen	Kambodscha
KMF	1 Komoren-Franc (FC) = 100 Centimes	Komoren
KPW	1 Won = 100 Chon	Korea, Demokratische Volksrepublik
KRW	1 Won = 100 Chon	Korea, Republik
KWD	1 Kuwait-Dinar (KD) = 1000 Fils	Kuwait
KYD	1 Kaiman-Dollar (CI$) = 100 Cents	Kaimaninseln
KZT	1 Tenge (T) = 100 Tiyn	Kasachstan
LAK	Kip	Laos
LBP	1 Libanesisches Pfund (L£) = 100 Piastres (P.L.)	Libanon
LKR	1 Sri-Lanka-Rupie (S.L.Re) = 100 Cents (S.L.Cts.)	Sri Lanka
LRD	1 Liberianischer Dollar (Lib$) = 100 Cents	Liberia
LSL	1 Loti (M) = 100 Lisente (s)	Lesotho
LTL	1 Litas (LTL, Lt) = 100 Centas (ct)	Litauen
LVL	1 Lats (Ls) = 100 Santims (s)	Lettland
LYD	1 Libyscher Dinar (LD) = 1000 Dirham	Libysch-Arabische Dschamahirija

MAD	1 Dirham (DH) = 100 Centimes	Marokko
MDL	1 Moldau-Leu (MDL) = 100 Bani	Moldau, Republik
MGF	1 Madagaskar-Franc (FMG) = 100 Centimes (c)	Madagaskar
MKD	1 Denar (Den) = 100 Deni	Mazedonien
MMK	1 Kyat (K) = 100 Pyas (P)	Myanmar
MNT	1 Togrog = 100 Mongo	Mongolei
MOP	1 Pataca (Pat.) = 100 Avos	Macau, Sonderverwaltungsregion
MRO	1 Ouguiya (UM) = 5 Khoums (KH)	Mauretanien
MTL	1 Maltesische Lira (Lm) = 100 Cents (c) = 1000 Mils (m)	Malta
MUR	1 Mauritius-Rupie (MR) = 100 Cents (c)	Mauritius
MVR	1 Rufiyaa (Rf) = 100 Laari (L)	Malediven
MWK	1 Malawi-Kwacha (MK) = 100 Tambala (t)	Malawi
MXN	1 Mexikanischer Peso (mex$) = 100 Centavos (¢)	Mexiko
MYR	1 Malaysischer Ringgit (RM) = 100 Sen (c)	Malaysia
MZM	1 Metical (MT) = 100 Centavos (CT)	Mosambik
NAD	1 Namibia-Dollar (N$) = 100 Cents (c)	Namibia
NGN	1 Naira (N) = 100 Kobo (k)	Nigeria
NIO	1 Córdoba (C$) = 100 Centavos	Nicaragua
NOK	1 Norwegische Krone (nkr) = 100 Øre (Ø)	Norwegen
NPR	1 Nepalesische Rupie (NR) = 100 Paisa (P.)	Nepal
NZD	1 Neuseeland-Dollar (NZ$) = 100 Cents (c)	Neuseeland
		Niue
		Pitcairninseln
		Tokelau
	1 Cookinseln-Dollar (Ci$) = 100 Cents	Cookinseln
OMR	1 Rial Omani (R.O.) = 1000 Baizas (Bz.)	Oman
PAB	1 Balboa (B/.) = 100 Centésimos	Panama
PEN	1 Neuer Sol (S/.) = 100 Céntimos	Peru
PGK	1 Kina (K) = 100 Toea (t)	Papua-Neuguinea
PHP	1 Philippinischer Peso (P) = 100 Centavos (¢)	Philippinen
PKR	1 Pakistanische Rupie (pR) = 100 Paisa (Ps)	Pakistan
PLN	1 Zlozy (Zl) = 100 Groszy (Gr)	Polen
PYG	1 Guarani (G)= 100 Céntimos	Paraguay
QAR	1 Katar-Riyal (QR) = 100 Dirham	Katar
ROL	1 Leu(l) = 100 Bani	Rumänien
RUB	1 Rubel (Rbl) = 100 Kopeken	Russische Föderation
RWF	1 Ruanda-Franc (F.Rw) = 100 Centimes	Ruanda
SAR	1 Saudi Riyal (S.Rl) = 100 Halalah	Saudi-Arabien
SBD	1 Salomonen-Dollar (Sl$) = 100 Cents (¢)	Salomonen
SCR	1 Seychellen-Rupie (SR) = 100 Cents (c)	Seychellen
SDD	Sudanesischer Dinar (sD)	Sudan
SEK	1 Schwedische Krone (skr) = 100 Öre	Schweden
SGD	1 Singapur-Dollar (S$) = 100 Cents (c)	Singapur

SHP	1 St.-Helena-Pfund (SH£) = 100 Pence (p)	St. Helena
SIT	1 Tolar (SIT) = 100 Stotin	Slowenien
SKK	1 Slowakische Krone (Sk) = 100 Hellers (h)	Slowakei
SLL	1 Leone (Le) = 100 Cents (c)	Sierra Leone
SOS	1 Somalia-Schilling (So.Sh.) = 100 Centesimi	Somalia
SRG	1 Suriname-Gulden (Sf) = 100 Cent	Suriname
STD	1 Dobra (Db) = 100 Céntimos	São Tomé und Principe
SVC	1 El-Salvador-Colón – 100 Centavos	El Salvador
SYP	1 Syrisches Pfund (syr£) = 100 Piastres (PS)	Syrien
SZL	1 Lilangeni (E; plural: Emalangeni) = 100 Cent	Swasiland
THB	1 Baht = 100 Stangs (St., Stg.)	Thailand
TJS	1 Somoni (TJS) = 100 Diram	Tadschikistan
TMM	1 Turkmenistan-Manat (TMM) = 100 Tenge	Turkmenistan
TND	1 Tunesischer Dinar (tD) = 1000 Millimes (M)	Tunesien
TOP	1 Pa'anga (T$) = 100 Seniti (s)	Tonga
TRL	1 Türkische Lira (TL.) = 100 Kuruş (krş)	Türkei
TTD	1 Trinidad-und-Tobago-Dollar (TT$) = 100 Cents (cts)	Trinidad und Tobago
TWD	1 Neuer Taiwan-Dollar (NT$) = 100 Cents (¢)	China – Taiwan
TZS	1 Tansania-Schilling (T.Sh.) = 100 Cent (Ct.)	Tansania
UAH	1 Griwa (UAH) = 100 Kopeken	Ukraine
UGX	Uganda-Schilling (U.Sh.)	Uganda
USD	1 US-Dollar (US-$) = 100 Cents (c, ¢)	Vereinigte Staaten von Amerika (USA) Amerikanisch Samoa Ecuador Guam Jungferninseln, Amerik. Jungferninseln, Britische Marshallinseln Mikronesien, Föderierte Staaten von Nördliche Marianen Palau Panama Puerto Rico Timor-Leste Turks- und Caicoinseln
UYU	1 Uruguayischer Peso (urug$) = 100 Centésimos	Uruguay
UZS	1 Usbekistan-Sum (U.S.) = 100 Tijin	Usbekistan
VEB	1 Bolivar (Bs.) = 100 Céntimos	Venezuela
VND	1 Dong (D) = 10 Hào = 100 Xu	Vietnam
VUV	Vatu (VT)	Vanuatu
WST	1 Tala (WS$) = 100 Sene (s)	Samoa

Code	Währung	Land
XAF	Franc CFA (CFA-Franc) Dieser „CFA-Franc“ wird von der → Bank von Zentralafrika emittiert; für den zentralafrikanischen Teil der Franc-Zone. Der CFA-Franc stand bis Ende 1998 in einem festen Wertverhältnis zum französischen Franc: 1 FF = 100 CFA-Francs; seitdem gilt die mit dem unwiderruflichen Umrechnungskurs des FF ermittelte Relation zum Euro. 1 € = 655,957 XAF; 1000 XAF = 1,52449 €.	Äquatorialguinea Gabun Kamerun Kongo Tschad Zentralafrikanische Republik
XCD	1 Ostkaribischer Dollar (EC$) = 100 Cents	Anguilla Antigua und Barbuda Dominica Grenada St. Kitts und Nebis St. Lucia St. Vincent und die Grenadinen
XOF	CFA-Franc Dieser CFA-Franc wird von der → Zentralbank westafrikanischer Staaten in Umlauf gebracht; für den westafrikanischen Teil der Franc-Zone. 1 € = 655,957 XOF; 1000 XOF = 1,52449 €.	Benin Burkina Faso Elfenbeinküste Guinea-Bissau Mali Niger Senegal Togo
XPF	CFP-Franc C.F.P. war ursprünglich die Abk. f. „Colonies Françaises du Pacifique“; heute als Währungssymbol gebräuchlich. Der CFP-Franc stand bis Ende 1998 in einem festen Wertverhältnis zum französichen Franc: 1 FF = 18,1818 CFP-Franc; 1 CFP-Franc = 0,055 FF; seitdem gilt die mit dem unwiderruflichen Umrechnungskurs des FF ermittelte Relation zum Euro. 1000 XPF = 8,38 €; 1 € = 119,33 XPF.	Neukaledonien Französisch-Polynesien Wallis und Futuna
YER	1 Jemen-Rial (Y. Rl) = 100 Fils	Jemen
YUM	1 Jugoslawischer Neuer Dinar (N.Din) = 100 Para (p) In der jugoslawischen Teilrepublik Montenegro ist seit dem 01.04.2002 der Euro einziges gesetzliches Zahlungsmittel.	Jugoslawien
ZAR	1 Rand R = 100 Cents (c)	Südafrika
ZMK	1 Kwacha (K) = 100 Ngwee (N)	Sambia
ZWD	1 Simbabwe-Dollar (Z.$) = 100 Cents (c)	Simbabwe

Nachrichtlich:

XAG	Silber
XAU	Gold
XDR	Sonderziehungsrecht
XPD	Palladium
XPT	Platin

Internationale Maße und Gewichte

I. Britische und amerikanische Maße und Gewichte – British (Br.) and American (Am.) Measures and Weights

A. Längenmaße – Linear Measures

1 line			=	2,12 mm		
1 inch	=	12 lines	=	2,54 cm		
1 hand	=	4 inches	=	10,16 cm		
1 foot	=	12 inches	=	30,48 cm		
1 yard	=	3 feet	=	91,44 cm		
1 rod (perch, pole)	=	5 ½ yards	=	5,029 m		
1 chain	=	4 rods	=	20,117 m		
1 furlong	=	10 chains	=	201,168 m		
1 (statute) mile	=	1.760 yards	=	1,609 km		
1 (land) league	=	3 (statute) miles	=	4,827 km		

B. Nautische Maße – Nautical Measures

1 fathom	=	6 feet	=	1,829 m		
1 cable`s length	=	100 fathoms	=	182,9 m		
		Br. Marine	=	608 feet	=	185,3 m
		Am. Marine	=	720 feet	=	219,5 m
1 nautical mile	=	10 cables` length	=	1,852 km		
		oder				
	=	1,1508 (statute) mile	=	1,852 km (interkontinental)		
1 marine league	=	3 nautical miles	=	5,56 km		
60 nautical miles	=	1 Längengrad am Äquator			=	111,2 km

C. Flächenmaße – Square Measures

1 square inch			=	6,452 cm^2		
1 square foot	=	144 square inches	=	929,029 cm^2		
1 square yard	=	9 square feet	=	8.361,26 cm^2		
1 acre	=	4.840 square yards	=	4.046,8 m^2		
1 square mile	=	640 acres	=	259 ha	=	2,59 km^2
1 square rod (square pole, square perch)	=	30 ¼ square yards	=	25,293 m^2		
1 rood	=	40 square rods	=	1.011,72 m^2		
1 acre	=	4 roods	=	4.046,8 m^2		

D. Feldmaße – Field Measures

1 square link			=	404,7 cm^2
1 square pole	=	625 square links	=	25,29 m^2
1 square chain	=	16 square poles	=	404,7 m^2
1 acre	=	10 square chains	=	4047 m^2

1 square mile (Am.)	=	640 acres	=	259 ha
1 township (Am.)	=	36 square miles	=	9.324 ha

E. Garnmaße – Thread Measures

1. Baumwolle

1 thread	=	1½ yards			=	1,36 m
1 lea	=	80 threads	=	120 yards	=	109,73 m
1 hank	=	7 leas	=	840 yards	=	768,10 m
1 spindle	=	18 hanks	=	15.120 yards	=	13.825,70 m

2. Leinen

1 lea (cut)	=	300 yards			=	274,32 m
1 hank	=	10 leas	=	3.000 yards in England	=	2.743,20 m
oder	=	12 leas	=	3.600 yards in Irland und Schottland	=	3.291,84 m
1 spindle	=	4 hanks	=	48 leas	=	14.400 yards
					=	13.167,36 m

3. Wolle

1 lea	=	80 yards			=	73,15 m
1 hank	=	7 leas	=	560 yards	=	512,06 m

F. Raummaße – Cubic Measures

1 cubic inch			=	16,387 cm^3
1 cubic foot	=	1.728 cubic inches	=	0,02832 m^3
1 cubis yard	=	27 cubic feet	=	0,7646 m^3

G. Holzmaße

1 cord foot	=	16 cubic feet	=	0,453 m^3
1 cord	=	8 cord feet	=	3,625 m^3
1 board foot	=	144 bord inches	=	0,00236 m^3
1 cubic foot	=	12 board feet	=	0,02832 m^3
1000 board feet	=	2,36 m^3		
1980 board feet	=	1 St. Petersburg standard hundred		
	=	165 cubic feet	=	4,672 m^3
1 fathom	=	216 cubic feet	=	6,116 m^3
1 load	=			
(bearbeitetes Holz)	=	50 cubic feet	=	1,416 m^3
(unbearbeit. Holz)	=	40 cubic feet	=	1,1328 m^3

H. Schiffsmaße

1 register ton	=	100 cubic feet	=	2,8317 m^3
1 freight ton/ measurement ton/ shipping ton				
Br.	=	40 cubic feet	=	1,133 m^3
Am.	=	42 cubic feet	=	1,189 m^3
1 displacement ton	=	35 cubic feet	=	0,991 m^3

I. Britische Hohlmaße – British Measures of Capacity

1. Trocken- und Flüssigkeitsmaße – Dry and Liquid Measures

1 gill	=	5 fluid ounces	=	0,142 l		
1 pint	=	4 gills	=	0,568 l		
1 (imperial) quart	=	2 pints	=	1,136 l		
1 (imperial) gallon	=	4 quarts	=	4,5459 l		
1 quarter	=	8 bushels	=	64 gallons	=	290,935 l

2. Trockenmaße – Dry Measures

1 barrel	=	36 gallons	=	115,6 l (Obst)

3. Flüssigkeitsmaß – Liquid Measure

1 fluid ounce			=	0,0284 l
1 peck	=	2 gallons	=	9,092 l
1 bushel	=	4 pecks	=	36,368 l
1 barrel	=	36 gallons	=	163,656 l

J. Amerikanische Hohlmaße – American Measures of Capacity

1. Trockenmaße – Dry Measures

1 pint			=	0,5506 l
1 quart	=	2 pints	=	1,1012 l
1 gallon	=	4 quarts	=	4,405 l
1 peck	=	2 gallons	=	8,8096 l
1 bushel	=	4 pecks	=	35,2383 l

2. Flüssigkeitsmaße – Liquid Measures

1 gill			=	0,1183 l
1 pint	=	4 gills	=	0,4732 l
1 quart	=	2 pints	=	0,9464 l
1 gallon	=	4 quarts	=	3,7853 l
1 peck	=	2 gallons	=	8,8096 l
1 barrel	=	31,5 gallons	=	119,228 l
1 hogshead	=	2 barrels	=	238,456 l
1 barrel petroleum	=	42 gallons	=	158,97 l

K. Apothekermaße (Flüssigkeiten) – Apothecaries` (Fluid Measures)

1 minim				
Br.			=	0,0592 l
Am.			=	0,0616 l
1 fluid dram	=	60 mimims	=	3,5515 ml (Br.)
			=	3,6966 ml (Am.)
1 fluid ounce	=	8 drams	=	0,0284 l (Br.)
			=	0,0296 l (Am.)
1 pint				
Br.	=	20 fluid ounces	=	0,5683 l
Am.	=	16 fluid ounces	=	0,4732 l

L. Handelsgewichte – Avoirdupois Weights (abgekürzt: avdp.)

1 grain				=	0,0648 g		
1 dram	=	27,3438 grains		=	1,772 g		
1 ounce	=	16 drams		=	28,35 g		
1 pound	=	16 ounces		=	453,59 g		
1 hundredweight	=	1 quintal					
			Br.	=	112 pounds	=	50,802 kg
			Am.	=	100 pounds	=	45,359 kg
1 long ton (brit.)	=	20 hundredweights		=	1.016,05 kg		
1 short ton (amerik.)	=	20 hundredweights		=	907,185 kg		
1 stone	=	14 pounds		=	6,35 kg		
1 quarter							
Br.	=	28 pounds		=	12,701 kg		
Am.	=	25 pounds		=	11,339 kg		
Amerik.:							
1 bustel wheat	=	60 pounds		=	27,216 kg		
1 bustel rye, corn	=	56 pounds		=	25,401 kg		
1 bustel barley	=	48 pounds		=	21,772 kg		
1 bustel oats	=	32 pounds		=	14,515 kg		

M. Feingewichte, Troygewichte – Troy Weights (abgekürzt: troy)

1 grain			=	0,0648 g
1 pennyweight	=	24 grains	=	1,5552 g
1 ounce	=	20 pennyweights	=	31,1035 g
1 pound	=	12 ounces	=	373,2418 g

II. Deutsche Maße und Gewichte – German Weights and Measures

A. Längenmaße

1 mm (Millimeter)	=	1/1000 m	=	0,001 yards	=	0,003 feet	=	0,039 inches
1 cm (Zentimeter)	=	1/100 m	=	0,39 inches				
1 dm (Dezimeter)	=	1/10 m	=	3,94 inches				
1 m (Meter)	=	1,094 yards	=	3,28 feet	=	39,37 inches		

Internationale Maße und Gewichte

1 km (Kilometer)	=	1.000m	=	1.093,637 yards	=	0,621 Brit. oder Statue Miles
1 sm (Seemeile)	=	1 Seemeile/ nautical mile	=	1,852 km	=	1.852 m

B. Flächenmaße

1 mm^2 (Quadratmillimeter)	=	1/1,000.000 m^2	=	0,0015 square inches
1 cm^2 (Quadratzentimeter)	=	1/10.000 m^2	=	0,155 square inches
1 dm^2 (Quadratdezimeter)	=	1/100 m^2	=	15,5 square inches
1 m^2 (Quadratmeter)	=	1,195 square yards	=	10,76 square feet = 1.550 square inches
1a (Ar) = 100 m^2	=	119,59 square yards	=	1.076,41 square feet
1 ha (Hektar) = 100 a	=	10.000 m^2	=	11.959,90 square yards = 2,47 acres
1 km^2 (Quadratkilometer)	=	100 ha = 1,000.000 m^2	=	247,11 acres = 0,386 square miles
1 Morgen = 25,5322 a	=	2.553,22 m^2	=	0,63 acres

C. Raummaße

1 cm^3 (Kubikzentimeter)	=	1.000 mm^3 (Kubikmillimeter)			=	0,061 cubic inches
1 dm^3 (Kubikdezimeter)	=	1.000 cm^3			=	61,025 cubic inches
1 m^3 (Kubikmeter oder 1rm (Raummeter) oder 1 fm (Festmeter)	=	1.000 dm^3	=	1,307 cubic yards	=	35,31 cubic feet
1 RT (Registertonne)	=	2,832 m^3	=	100 cubic feet		

D. Holzmaße

1 m^3 (Kubikmeter)	=	1 Ster	=	423,3 board feet

E. Hohlmaße

1 ml (Milliliter)	=	1 cm^3	=	16,89 Br. minims		
				16,23 Am. minims		
1 cl (Zentiliter)	=	10 ml	=	0,352 Br. fluid ounces		
			=	0,338 Am. fluid ounces		
1 dl (Deziliter)	=	10 cl	=	0,1 l	=	3,52 Br. fluid ounces
					=	3,38 Am. fluid ounces
1 l (Liter)	=	10 dl	=	1,76 pints (Br.)		
			=	7,04 gills (Br.)		
			=	0,88 quarts (Br.)		
			=	0,22 gallons (Br.		
			=	2,11 pints (Am.)		
			=	8,45 gills (Am.)		
			=	0,26 gallons (Am.)		
			=	1,06 liquid quarts (Am.) oder 0,91 dry quarts (Am.)		

1 dkl (Dekaliter)	=	10 l	=	2,1998 gallons (Br.)		
			=	2,64 gallons (Am.) oder 0,284 bushels (Am.)		
1 hl (Hektoliter)	=	100 l	=	22,009 gallons (Br.)		
			=	2,75 bushels (Br.)		
			=	26,42 gallons (Am.)		
			=	2,84 bushels (Am.)		
1 kl (Kiloliter)	=	10 hl	=	3,437 quarters (Br.)		
			=	264,18 gallons (Am.)		

F. Gewichte

1 mg (Milligramm)	=	1/1000 g	=	0,015 grains (troy)		
1 cg (Zentigramm)	=	10 mg	=	0,1543 grains		
1 dg (Dezigramm)	=	10 cg	=	100 mg	=	1,543 grains
1 g (Gramm)	=	10 dg	=	1/1.000 kg	=	15,43 grains
1 dkg (Dekagramm)	=	10 g	=	1/100 kg	=	0,353 ounces (Br.)
					=	0,321 ounces (Am.)
1 Lot (alt)	=	1/30 – 1/32 Pfd	=	15,7 – 16,7 g		
1 hg (Hektogramm)	=	10 dkg	=	100g	=	3,527 ounces (Br.)
					=	3,215 ounces (Am.)
1 Pfd (Pfund)	=	½ kg	=	500 g	=	1,102 pounds (avdp.)
					=	1,34 pounds (troy)
1 kg (Kilogramm)	=	10 hg	=	1.000 g	=	2,204 pounds (avdp.)
					=	2,679 pounds (troy)
1 Ztr. (Zentner)	=	100 Pfd (deutsche)	=	50 kg	=	110,23 pounds (avdp.)
					=	0,98 hundredweights (Br.)
					=	1,102 hundredweights (Am.)
1 dz (Doppelzentner)	=	2 Ztr.	=	100 kg	=	1,9684 hundredweights (Br.)
					=	2,2046 hundredweights (Am.)
1 t (Tonne)	=	1.000 kg	=	0,984 Br. long tons		
			=	1,102 Am. short tons		

G. Metrische Karatgewichte

200 mg	=	1 carat		
100 mg	=	½ carat	=	0,5 carat
50 mg	=	¼ carat	=	0,25 carat
20 mg	=	1/10 carat	=	0,10 carat
10 mg	=	1/20 carat	=	0,05 carat
2 mg	=	1/100 carat	=	0,01 carat

H. Stückeinheiten

1 Dtz. (Dutzend)	=	12 Stück		
1 Gros	=	12 Dutzend	=	144 Stück
1 Mandel	=	15 Stück		
1 Schock	=	4 Mandel	=	60 Stück

Zeitunterschiede • Internationale telefonische Landeskennzahlen (Vorwahlnummern) • Hauptstädte

Land	Zeitunterschied in Stunden zur MEZ; regionale Sommerzeiten auf der jeweils anderen Erdhalbkugel sind nicht berücksichtigt[1].	Telefon-Landeskennzahlen. Alle Vorwahlnummern gelten von Deutschland aus. Für ein internationales Ferngespräch ist vor der Landeskennzahl grundsätzlich 00 zu wählen.[2]	Hauptstadt
Afghanistan	+ 3,5	93	Kabul
Ägyten	+ 1	20	Kairo
Albanien	0	355	Tirana
Algerien	0	213	Algier
Andorra	0	376	Andorra la Vella
Angola	0	244	Luanda
Anguilla	– 5	1264	The Valley
Antigua und Barbuda	– 5	1268	St. John`s
Äquatorialguinea	0	240	Malabo
Argentinien	– 4	54	Buenos Aires
Armenien	+ 3	374	Eriwan/Jerewan
Aruba	– 5	297	Oranjestad
Ascension	– 1	247	
Aserbaidschan	+ 3	994	Baku
Äthiopien	+ 2	251	Ad(d)is Abeba
Australien	+ 7 bis +9	61	Canberra (+ 9)
Bahamas	– 6	1242	Nassau
Bahrain	+ 2	973	Manama
Bangladesch	+ 5	880	Dakka/Dacca
Barbados	– 5	1246	Bridgetown
Belarus/ Weißrussland	+ 1	375	Minsk
Belgien	0	32	Brüssel
Belize	– 7	501	Belmopan
Benin	0	229	Porto Novo
Bermuda	– 5	1441	Hamilton
Bhutan	+ 5	975	Thimpu
Bolivien	– 5	591	Sucre
Bosnien-Herzegowina	0	387	Sarajewo/Sarajevo
Botsuana	+ 1	267	Gabarone
Brasilien	– 4 bis - 6	55	Brasilia (- 4)
Brunei Darussalam	+ 7	673	Bandar Seri Gegawan
Bulgarien	+ 1	359	Sofia
Burkina Faso/ Obervolta	– 1	226	Ouagadougou
Burundi	+ 1	257	Bujumbura

Chile	– 5	56	Santiago de Chile
China	+ 7 (Einheitszeit)	86	Peking/Beijing
Cookinseln	– 11	682	Avarua, Rarotonga
Costa Rica	– 7	506	San José
Côte d'Ivoire/ Elfenbeinküste	– 1	225	Yamoussoukro
Dänemark	0	45	Kopenhagen
Deutschland	0	49	Berlin
Dominica	– 5	1767	Roseau
Dominikanische Republik	– 6	1809	Santo Domingo
Dschibuti	+ 2	253	Dschibuti
Ecuador/Ekuador	– 6	593	Quito
Elfenbeinküste/ Côte d'Ivoire/	– 1	225	Yamoussoukro
El Salvador	– 7	503	San Salvador
England	– 1	44	London
Eritrea	+ 2	291	Asmera/Asmara
Estland	+ 1	372	Tallinn
Färöer	– 1	298	Torshavn
Falklandinseln	– 5	500	Port Stanley
Fidschi	+ 11	679	Suva
Finnland	+ 1	358	Helsinki
Frankreich	0	33	Paris
Französisch-Guayana	– 4	594	Cayenne
Französ.-Polynesien	– 13	689	Papeete
Gabun	0	241	Libreville
Gambia	– 1	220	Banjul
Gaza und Westbank (Palästina)	+ 1	972	
Georgien	+ 3	995	Tiflis/Tbilissi
Ghana	– 1	233	Accra
Gibraltar	0	350	City of Gibraltar
Grenada	– 5	1473	St. George`s
Griechenland	+ 1	30	Athen
Grönland	– 4	299	Nuuk (dänisch: Godthåb)
Großbritannien und Nordirland/Vereinigtes Königreich	– 1	44	London
Guadeloupe	– 5	590	Basse-Terre
Guam	+ 9	1671	Agaña
Guatemala	– 7	502	Guatemala
Guinea	– 1	224	Conakry
Guinea-Bissau	– 1	245	Bissau
Guyana	– 5	592	Georgetown
Guayana/Französisch	– 4	594	Cayenne
Haiti	– 6	509	Port-au-Prince
Honduras	– 7	504	Tegucigalpa
Hongkong	+ 7	852	

Zeitunterschiede, internationale telefonische Landeskennzahlen, Hauptstädte

Indien	+ 4,5	91	Neu-Delhi
Indonesien	+ 6 bis + 8	62	Jakarta (+ 6)
Inmarsat/Seefunkdienst; s. Seite 505			
Insel Man	– 1	44	Douglas
Irak	+ 2	964	Bagdad
Iran	+ 2,5	98	Teheran
Irland	– 1	353	Dublin
Island	– 1	354	Reykjavik
Isreal	+ 1	972	Jerusalem
Italien	0	39	Rom
Jamaika	– 6	1876	Kingston
Japan	+ 8	81	Tokio/Tokyo
Jemen	+ 2	967	Sana/Sanaa
Jordanien	+ 1	962	Amman
Jugoslawien (Serbien und Montenegro)	0	381	Belgrad
Jungferninseln, Amerikanisch	– 5	1340	Charlotte Amalie
Jungferninseln, Britisch	– 5	1284	Road Town, Tortola
Kaimaninseln	– 6	1345	George Town, Grand Cayman
Kambodscha	+ 6	855	Phnom Penh
Kamerun	0	237	Yaoundé
Kanada	– 4,5 bis - 9	1	Ottawa (- 6)
Kanalinseln	– 1	44	St. Peter Port, von Guernsey und St. Helier, von Jersey
Kap Verde	– 2	238	Cidade de Praia
Kasachstan	+ 3 bis + 5	7	Astana/ Amkola (+ 5)
Katar	+ 2	974	Al Dawhah (Doha)
Kenia	+ 2	254	Nairobi
Kirgisistan	+ 4	996	Biškek (Bischkek)
Kiribati	+ 11	686	Bairiki
Kolumbien	– 6	57	Bogotá
Kongo (früher: Zaire)	0 bis + 1	243	Kinshasa (0)
Kongo-Brazzaville	0	242	Brazzaville
Korea, Demokratische Volksrepublik/ Nordkorea	+ 8	850	Pjöngjang
Korea, Republik Südkorea	+ 8	82	Seoul
Kroatien	0	385	Zagreb
Kuba	– 6	53	Havanna
Kuwait	+ 2	956	Kuwait-Stadt
Laos	+ 6	856	Viangchan (Vientiane)

Lesotho	+ 1	266	Maseru
Lettland	+ 1	371	Riga
Libanon	+ 1	961	Beirut
Liberia	− 1	231	Monrovia
Libyen/Libysch-Arab. Dschamahirija	+ 1	218	Tripolis
Liechtenstein	0	423	Vaduz
Litauen	+ 1	370	Wilna/Vilnius
Luxemburg	0	352	Luxemburg
Macau	+ 7	853	Macau
Madagaskar	+ 2	261	Antanariva
Malawi	+ 1	265	Lilongwe
Malaysia	+ 7	60	Kuala Lumpur
Malediven	+ 4	960	Male`
Mali	− 1	223	Bamako
Malta	0	356	Valletta
Marianen; Nördliche	+ 9	1670	Saipan
Marokko	− 1	212	Rabat
Marshallinseln	+ 11	692	Dalap-Uliga-Darrit
Martinique	− 5	596	Fort-de-France
Mauretanien	− 1	222	Nouakchott
Mauritius	+ 3	230	Port Louis
Mayotte	+ 2	269	Dzaoudzi
Mazedonien	0	389	Skopje
Mexiko	− 7 bis − 9	52	Mexiko-Stadt (- 7)
Mikronesien	+ 9	691	Kolonia
Moldau, Republik (Moldawien)	+ 1	373	Chişinău (Chisinau)
Monaco	0	377	Monaco-Ville
Mongolei	+ 6 bis + 8	976	Ulan-Bator (+ 7)
Mon(t)serrat	− 5	1664	Plymouth
Mosambik	+ 1	258	Maputo
Myanmar (Birma)	+ 5,5	95	Rangun/Yangon
Namibia	0	264	Windhuk
Nauru	+ 10	674	Yaren
Nepal	+ 4,75	977	Katmandu
Neukaledonien	+ 10	687	Nouméa
Neuseeland	+ 11	64	Wellington
Nicaragua/Nikaragua	− 7	505	Managua
Niederlande	0	31	Amsterdam Regierungssitz: Den Haag
Niederländische Antillen	− 5	599	Willemstad
Niger	0	227	Niamey
Nigeria	0	234	Abuja
Nordirland	0	44	Belfast
Nordkorea, Korea Demokratische Volksrepublik	+ 8	850	Pjöngjang

Norfolkinseln	+ 10	6723	
Norwegen	0	47	Oslo
Obervolta/ Burkina Faso	– 1	226	Ouagadougou
Oman	+ 3	968	Masqat (Maskat)
Österreich	0	43	Wien
Osttimor	+ 7	670	Dili
Pakistan	+ 4	92	Islamabad
Palästina/Gaza und Westbank	+ 1	972	
Palau	+ 9	680	Koror
Panama	– 6	507	Panama-Stadt
Papua-Neuguinea	+ 9	675	Port Moresby
Paraguay	– 5	595	Asunción
Peru	– 5	51	Lima
Philippinen	+ 7	63	Manila
Polen	0	48	Warschau
Polynesien/Französ.	– 13	689	Papeete
Portugal	– 1	351	Lissabon
Puerto Rico	– 5	1787	San Juan
Réunion	+ 3	262	Saint Denis
Ruanda	+ 1	250	Kigali
Rumänien	+ 1	40	Bukarest
Russland (Russische Föderation)	+ 1 bis + 11	7	Moskau (+ 2)
Salamonen	+ 10	677	Honiara
Sambia	+ 1	260	Lusaka
Samoa, Amerik.	– 13	684	Pago Pago/Tutuila
Samoa, West-S.	– 13	685	Apia/Upolu
San Marino	0	378	San Marino
São Tomé und Príncipe	0	239	São Tomé
Saudi-Arabien	+ 2	966	Riad/Riadh
Schottland	– 1	44	Edinburgh
Schweden	0	46	Stockholm
Schweiz	0	41	Bern
Seefunkdienst; siehe Seite 505			
Senegal	– 1	221	Dakar
Seychellen	+ 3	248	Victoria
Sierra Leone	– 1	232	Freetown
Simbabwe	+ 1	263	Harare
Singapur	+ 7	65	Singapur
Slowakei	0	421	Bratislava/ Pressburg
Slowenien	0	386	Ljubljana/Laibach
Somalia	+ 2	252	Muqdisho/ Mogadischu
Spanien	0 (Kanarische Inseln: - 1)	34	Madrid
Sri Lanka	+ 5	94	Colombo

St. Helena	– 1	290	Jamestown
St. Kitts und Nevis	– 5	1869	Basseterre
St. Lucia	– 5	1758	Castries
St. Pierre und Miquelon	– 4	508	Saint Pierre
St. Vincent und die Grenadinen	– 5	1784	Kingstown
Südafrika	+ 1	27	Pretoria
Sudan	+ 1	249	Khartoum
Südkorea Korea, Republik	+ 8	82	Seoul
Suriname	– 4	597	Paramaribo
Swasiland	+ 1	268	Mbabane
Syrien	+ 1	963	Damaskus
Tadschikistan	+ 4	992	Dušanbe/ Duschanbe
Taiwan	+ 7	886	Taipeh
Tansania	+ 2	255	Dodoma
Thailand	+ 6	66	Bangkok
Togo	– 1	228	Lomé
Tonga	+ 11	676	Nuku`alofa
Trinidad und Tobago	– 5	1868	Port of Spain
Tschad	0	235	N`Djamena
Tschechische Rep.	0	420	Prag
Tunesien	0	216	Tunis
Türkei	+ 1	90	Ankara
Turkmenistan	+ 4	993	Aschabad/ Aschgabad
Turks- und Caicos-Inseln	– 6	1649	Cockburn Town
Uganda	+ 2	256	Kampala
Ukraine	+ 1	380	Kiew
Ungarn	0	36	Budapest
Uruguay	– 4	598	Montevideo
USA/Vereinigte Staaten von Amerika	– 6 bis – 11 (Hawai)	1	Washington, D.C.
Usbekistan	+ 4	998	Taschkent
Vanuatu	+ 10	678	Port Vila
Vatikanstadt	0	3906	
Venezuela	– 5	58	Caracas
Vereinigte Arabische Emirate	+ 3	971	Abu Dhabi
Vereinigte Staaten von Amerika/USA	– 6 bis – 11 (Hawai)	1	Washington, D.C.
Vereinigtes Königreich/ Großbritannien und Nordirland	– 1	44	London
Vietnam	+ 6	84	Hanoi
Wales	– 1	44	Cardiff

Zeitunterschiede, internationale telefonische Landeskennzahlen, Hauptstädte

Weißrussland/ Belarus	+ 1	375	Minsk
Zentralafrikanische Republik	0	236	Bangui
Zypern	+ 1	357	Levkosía/Lefkoşa
Zypern – Türk. Teil	+ 1	90	Nikosia

Seefunkdienst (Insarmat). Verbindungen zu Schiffen und mobilen Funktelefonen über Satellit:

Atlantischer Ozean Ost	871
Atlantischer Ozean West	874
Pazifischer Ozean	872
Indischer Ozean	873

1 Über die gerade aktuellen Uhrzeiten kann man sich im Internet informieren; z. B. über die deutsche Website
http://www.weltzeituhr.com
oder die englische Website
http://www.worldtimeserver.com

2 Stand: Ende 2002.

Anlage 5

Temperatur-Umrechnungstabelle – Temperature Conversion Table

°C (Celsius)	°F (Fahrenheit)
100	212
95	203
90	194
85	185
80	176
75	167
70	158
65	149
60	140
55	131
50	122
45	113
40	104
35	95
30	86
25	77
20	68
15	59
10	50
5	41
0	32
– 5	23
– 10	14
– 15	5
– 17,8	0
– 20	– 4
– 25	– 13
– 30	– 22
– 35	– 31
– 40	– 40
– 45	– 49
– 50	– 58

Umrechnungsregeln – Temperature Conversion Equations:

$$°F = 9/5\ °C + 32$$

$$°C = (°F - 32)\ 5/9$$

www.ingramcontent.com/pod-product-compliance
Lightning Source LLC
LaVergne TN
LVHW080746300926
849162LV00008BA/1767